圓佛教全書

원불교 전서 차례

원불교 교전(圓佛敎敎典) ········· 5
　정　전(正典)············· 19
　대종경(大宗經)············ 93

불 조 요 경(佛祖要經) ············ 409

예　　　전(禮典) ············· 545

정산종사 법어(鼎山宗師法語) ········ 721
　세　전(世典) ············· 725
　법　어(法語) ············· 755

원불교 교사(圓佛敎敎史) ·········· 1017

원불교 성가(圓佛敎聖歌) ·········· 1163

원불교교전

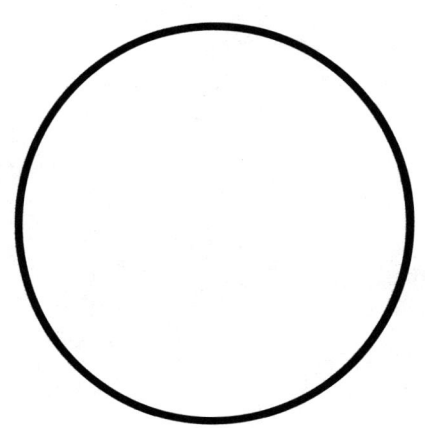

물질(物質)이 개벽(開闢)되니

정신(精神)을 개벽(開闢)하자

처 처 불 상　（處處佛像）
사 사 불 공　（事事佛供）

무　　시　　선　（無　時　禪）
무　　처　　선　（無　處　禪）

동 정 일 여　（動靜一如）
영 육 쌍 전　（靈肉雙全）

불 법 시 생 활　（佛法是生活）
생 활 시 불 법　（生活是佛法）

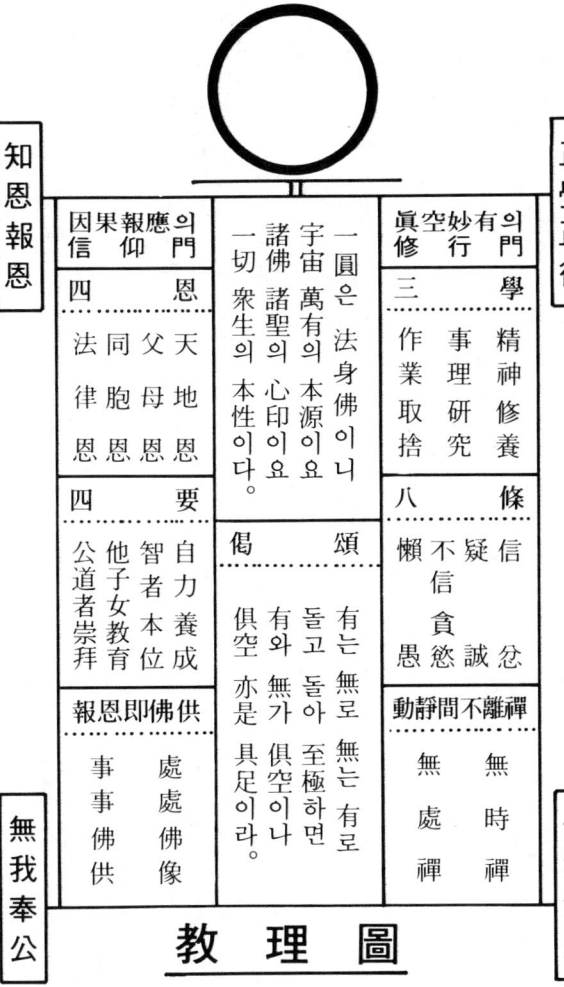

원불교 교전 차례

제 1 부 정   전

제 1 총서편 (總序編)

제 1 장 개교 (開敎) 의 동기 (動機) ·················· 21
제 2 장 교법 (敎法) 의 총설 (總說) ·················· 21

제 2 교의편 (敎義編)

제 1 장 일원상 (一圓相) ····························· 23
  제 1 절 일원상의 진리 (眞理) ······················ 23
  제 2 절 일원상의 신앙 (信仰) ······················ 23
  제 3 절 일원상의 수행 (修行) ······················ 24
  제 4 절 일원상 서원문 (誓願文) ···················· 24
  제 5 절 일원상 법어 (法語) ························ 25
  제 6 절 게 송 (偈頌) ······························ 26
제 2 장 사 은 (四恩) ······························· 27
  제 1 절 천지은 (天地恩) ··························· 27
  제 2 절 부모은 (父母恩) ··························· 31
  제 3 절 동포은 (同胞恩) ··························· 33
  제 4 절 법률은 (法律恩) ··························· 36

제 3 장 사 요 (四要) ······················· 39
　제 1 절 자력 양성 (自力養成)············· 39
　제 2 절 지자 본위 (智者本位)············· 41
　제 3 절 타자녀 교육 (他子女敎育)········· 42
　제 4 절 공도자 숭배 (公道者崇拜)········· 44
제 4 장 삼 학 (三 學) ······················ 46
　제 1 절 정신 수양 (精神修養)············· 46
　제 2 절 사리 연구 (事理硏究)············· 47
　제 3 절 작업 취사 (作業取捨)············· 49
제 5 장 팔 조 (八 條) ······················ 50
　제 1 절 진행 4조 (進行四條)·············· 50
　제 2 절 사연 4조 (捨捐四條)·············· 51
제 6 장 인생의 요도와 공부의 요도 ········· 52
제 7 장 사대 강령 (四大綱領)················ 52

제 3 수행편 (修行編)

제 1 장 일상 수행의 요법 (要法)············· 54
제 2 장 정기 (定期) 훈련과 상시 (常時) 훈련 ······ 55
　제 1 절 정기 훈련법 ······················ 55
　제 2 절 상시 훈련법 ······················ 57
　제 3 절 정기 훈련법과 상시 훈련법의 관계 ········ 59
제 3 장 염 불 법 (念佛法)··················· 60
제 4 장 좌 선 법 (坐禪法)··················· 63
제 5 장 의두 요목 (疑頭要目)················ 68

제 6 장　일 기 법 (日記法) ································· 70
제 7 장　무 시 선 법 (無時禪法) ······················· 72
제 8 장　참 회 문 (懺悔文) ································· 75
제 9 장　심 고 (心告) 와 기 도 (祈禱) ············· 78
제 10 장　불공 (佛供) 하는 법 ····························· 80
제 11 장　계 문 (戒文) ··· 81
제 12 장　솔성 요론 (率性要論) ························· 82
제 13 장　최초 법어 (最初法語) ························· 84
제 14 장　고락 (苦樂) 에 대한 법문 ··················· 86
제 15 장　병든 사회와 그 치료법 ······················· 88
제 16 장　영육 쌍전 법 (靈肉雙全法) ··············· 89
제 17 장　법위 등급 (法位等級) ························· 89

제 2 부　대 종 경

제 1　서　　　품 (序　　品) ······························ 95
제 2　교　의　품 (敎　義　品) ·························· 111
제 3　수　행　품 (修　行　品) ·························· 140
제 4　인　도　품 (人　道　品) ·························· 183
제 5　인　과　품 (因　果　品) ·························· 219
제 6　변　의　품 (辨　疑　品) ·························· 235
제 7　성　리　품 (性　理　品) ·························· 258
제 8　불　지　품 (佛　地　品) ·························· 269

제 9	천	도	품(薦	度	品)	284
제10	신	성	품(信	誠	品)	305
제11	요	훈	품(要	訓	品)	315
제12	실	시	품(實	示	品)	324
제13	교	단	품(敎	團	品)	346
제14	전	망	품(展	望	品)	376
제15	부	촉	품(附	囑	品)	399

정　　전(正典)

제 1 총서편 (總序編)

제 1 장 개교의 동기 (開敎-動機)

 현하 과학의 문명이 발달됨에 따라 물질을 사용하여야 할 사람의 정신은 점점 쇠약하고, 사람이 사용하여야 할 물질의 세력은 날로 융성하여, 쇠약한 그 정신을 항복 받아 물질의 지배를 받게 하므로, 모든 사람이 도리어 저 물질의 노예 생활을 면하지 못하게 되었으니, 그 생활에 어찌 파란 고해(波瀾苦海)가 없으리요.

 그러므로, 진리적 종교의 신앙과 사실적 도덕의 훈련으로써 정신의 세력을 확장하고, 물질의 세력을 항복 받아, 파란 고해의 일체 생령을 광대무량한 낙원(樂園)으로 인도하려 함이 그 동기니라.

제 2 장 교법의 총설 (敎法-總說)

 불교는 무상 대도(無上大道)라 그 진리와 방편이 호대하므로 여러 선지식(善知識)이 이에 근원하여 각

종 각파로 분립하고 포교문을 열어 많은 사람을 가르쳐 왔으며, 세계의 모든 종교도 그 근본되는 원리는 본래 하나이나, 교문을 별립하여 오랫동안 제도와 방편을 달리하여 온 만큼 교파들 사이에 서로 융통을 보지 못한 일이 없지 아니하였나니, 이는 다 모든 종교와 종파의 근본 원리를 알지 못하는 소치라 이 어찌 제불 제성의 본의시리요.

그 중에도, 과거의 불교는 그 제도가 출세간(出世間) 생활하는 승려를 본위하여 조직이 되었는지라, 세간 생활하는 일반 사람에 있어서는 모든 것이 서로 맞지 아니하였으므로, 누구나 불교의 참다운 신자가 되기로 하면 세간 생활에 대한 의무와 책임이며 직업 까지라도 불고하게 되었나니, 이와 같이 되고 보면 아무리 불법이 좋다 할지라도 너른 세상의 많은 생령이 다 불은(佛恩)을 입기 어려울지라, 이 어찌 원만한 대도라 하리요.

그러므로, 우리는 우주 만유의 본원이요, 제불 제성의 심인(心印)인 법신불 일원상을 신앙의 대상과 수행의 표본으로 모시고, 천지·부모·동포·법률의 사은(四恩)과 수양·연구·취사의 삼학(三學)으로써 신앙과 수행의 강령을 정하였으며, 모든 종교의 교지(敎旨)도 이를 통합 활용하여 광대하고 원만한 종교의 신자가 되자는 것이니라.

제 2 교의편 (教義編)

제1장 일 원 상 (一圓相)

제1절 일원상의 진리 (一圓相-眞理)

 일원(一圓)은 우주 만유의 본원이며, 제불 제성의 심인이며, 일체 중생의 본성이며, 대소 유무(大小有無)에 분별이 없는 자리며, 생멸 거래에 변함이 없는 자리며, 선악 업보가 끊어진 자리며, 언어 명상(言語名相)이 돈공(頓空)한 자리로서 공적 영지(空寂靈知)의 광명을 따라 대소 유무에 분별이 나타나서 선악 업보에 차별이 생겨나며, 언어 명상이 완연하여 시방 삼계(十方三界)가 장중(掌中)에 한 구슬같이 드러나고, 진공 묘유의 조화는 우주 만유를 통하여 무시광겁(無始曠劫)에 은현 자재(隱顯自在)하는 것이 곧 일원상의 진리니라.

제2절 일원상의 신앙 (一圓相-信仰)

 일원상의 진리를 우주 만유의 본원으로 믿으며, 제불 제성의 심인으로 믿으며, 일체 중생의 본성으로 믿으며, 대소 유무에 분별이 없는 자리로 믿으며, 생멸 거래에 변함이 없는 자리로 믿으며, 선악 업보가 끊어진 자리로 믿으며, 언어 명상이 돈공한 자리로 믿으며, 그 없는 자리에서 공적 영지의 광명을 따라 대소 유무에 분별이 나타나는 것을 믿으며, 선악 업보에 차별이 생겨나는 것을 믿으며, 언어 명상이 완연하여 시방 삼계가 장중에 한 구슬같이 드러나는 것을 믿으며, 진공 묘유의 조화는 우주 만유를 통하여 무시광겁에 은현 자재하는 것을 믿는 것이 곧 일원상의 신앙이니라.

제 3 절 일원상의 수행 (一圓相-修行)

일원상의 진리를 신앙하는 동시에 수행의 표본을 삼아서 일원상과 같이 원만 구족(圓滿具足)하고 지공 무사(至公無私)한 각자의 마음을 알자는 것이며, 또는 일원상과 같이 원만 구족하고 지공 무사한 각자의 마음을 양성하자는 것이며, 또는 일원상과 같이 원만 구족하고 지공 무사한 각자의 마음을 사용하자는 것이 곧 일원상의 수행이니라.

제 4 절 일원상 서원문 (一圓相 誓願文)

일원은 언어도단(言語道斷)의 입정처(入定處)이요, 유무 초월의 생사문(生死門)인 바, 천지·부모·동포·법률의 본원이요, 제불·조사·범부·중생의 성품으로 능이성 유상(能以成有常)하고 능이성 무상(無常)하여 유상으로 보면 상주 불멸로 여여 자연(如如自然)하여 무량 세계를 전개하였고, 무상으로 보면 우주의 성·주·괴·공(成住壞空)과 만물의 생·로·병·사(生老病死)와 사생(四生)의 심신 작용을 따라 육도(六途)로 변화를 시켜 혹은 진급으로 혹은 강급으로 혹은 은생어해(恩生於害)로 혹은 해생어은(害生於恩)으로 이와 같이 무량 세계를 전개하였나니, 우리 어리석은 중생은 이 법신불 일원상을 체받아서 심신을 원만하게 수호하는 공부를 하며, 또는 사리를 원만하게 아는 공부를 하며, 또는 심신을 원만하게 사용하는 공부를 지성으로 하여 진급이 되고 은혜는 입을지언정, 강급이 되고 해독은 입지 아니하기로써 일원의 위력을 얻도록까지 서원하고 일원의 체성(體性)에 합하도록까지 서원함.

제 5 절 일원상 법어 (一圓相法語)

이 원상(圓相)의 진리를 각(覺)하면 시방 삼계가 다 오가(吾家)의 소유인 줄을 알며, 또는 우주 만물이 이름은 각각 다르나 둘이 아닌 줄을 알며, 또는 제불·조사와 범부·중생의 성품인 줄을 알며, 또는 생·로·병·

사의 이치가 춘·하·추·동과 같이 되는 줄을 알며, 인과 보응의 이치가 음양상승(陰陽相勝)과 같이 되는 줄을 알며, 또는 원만 구족한 것이며 지공 무사한 것인 줄을 알리로다.

◯ 이 원상은 눈을 사용할 때에 쓰는 것이니 원만 구족한 것이며 지공 무사한 것이로다.

◯ 이 원상은 귀를 사용할 때에 쓰는 것이니 원만 구족한 것이며 지공 무사한 것이로다.

◯ 이 원상은 코를 사용할 때에 쓰는 것이니 원만 구족한 것이며 지공 무사한 것이로다.

◯ 이 원상은 입을 사용할 때에 쓰는 것이니 원만 구족한 것이며 지공 무사한 것이로다.

◯ 이 원상은 몸을 사용할 때에 쓰는 것이니 원만 구족한 것이며 지공 무사한 것이로다.

◯ 이 원상은 마음을 사용할 때에 쓰는 것이니 원만 구족한 것이며 지공 무사한 것이로다.

제 6 절　게　　　송 (偈頌)

유(有)는 무(無)로　　무 는 유 로
돌 고 돌 아　　지 극 (至極) 하 면
유 와 무 가　　구 공 (俱空) 이 나
구 공 역 시　　구 족 (具足) 이 라.

제2장 사　은 (四恩)

제1절　천　지　은 (天地恩)

1. 천지 피은(被恩)의 강령

우리가 천지에서 입은 은혜를 가장 쉽게 알고자 할진대 먼저 마땅히 천지가 없어도 이 존재를 보전하여 살 수 있을 것인가 하고 생각해 볼 것이니, 그런다면 아무리 천치(天痴)요 하우자(下愚者)라도 천지 없어서는 살지 못할 것을 다 인증할 것이다. 없어서는 살지 못할 관계가 있다면 그 같이 큰 은혜가 또 어디 있으리요.

대범, 천지에는 도(道)와 덕(德)이 있으니, 우주의 대기(大機)가 자동적으로 운행하는 것은 천지의 도요, 그 도가 행함에 따라 나타나는 결과는 천지의 덕이라, 천지의 도는 지극히 밝은 것이며, 지극히 정성한 것이며, 지극히 공정한 것이며, 순리 자연한 것이며, 광대 무량한 것이며, 영원 불멸한 것이며, 길흉이 없는 것이며, 응용에 무념(無念)한 것이니, 만물은 이 대도가 유행되어 대덕이 나타나는 가운데 그 생명을 지속하며 그 형각(形殼)을 보존하나니라.

2. 천지 피은의 조목

1. 하늘의 공기가 있으므로 우리가 호흡을 통하고 살게 됨이요,
2. 땅의 바탕이 있으므로 우리가 형체를 의지하고 살게 됨이요,
3. 일월의 밝음이 있으므로 우리가 삼라 만상을 분별하여 알게 됨이요,
4. 풍·운·우·로(風雲雨露)의 혜택이 있으므로 만물이 장양(長養)되어 그 산물로써 우리가 살게 됨이요,
5. 천지는 생멸이 없으므로 만물이 그 도를 따라 무한한 수(壽)를 얻게 됨이니라.

3. 천지 보은(報恩)의 강령

사람이 천지의 은혜를 갚기로 하면 먼저 마땅히 그 도를 체받아서 실행할 것이니라.

4. 천지 보은의 조목

1. 천지의 지극히 밝은 도를 체받아서 천만 사리(事理)를 연구하여 걸림 없이 알 것이요,
2. 천지의 지극히 정성한 도를 체받아서 만사를 작용할 때에 간단 없이 시종이 여일하게 그 목적을 달할 것이요,

제 2 장 사은

3. 천지의 지극히 공정한 도를 체받아서 만사를 작용할 때에 원·근·친·소(遠近親疎)와 희·로·애·락(喜怒哀樂)에 끌리지 아니하고 오직 중도를 잡을 것이요,
4. 천지의 순리 자연한 도를 체받아서 만사를 작용할 때에 합리와 불합리를 분석하여 합리는 취하고 불합리는 버릴 것이요,
5. 천지의 광대 무량한 도를 체받아서 편착심(偏着心)을 없이 할 것이요,
6. 천지의 영원 불멸한 도를 체받아서 만물의 변태와 인생의 생·로·병·사에 해탈(解脫)을 얻을 것이요,
7. 천지의 길흉 없는 도를 체받아서 길한 일을 당할 때에 흉할 일을 발견하고, 흉한 일을 당할 때에 길할 일을 발견하여, 길흉에 끌리지 아니할 것이요,
8. 천지의 응용 무념(應用無念)한 도를 체받아서 동정간 무념의 도를 양성할 것이며, 정신·육신·물질로 은혜를 베푼 후 그 관념과 상(相)을 없이 할 것이며, 혹 저 피은자가 배은 망덕을 하더라도 전에 은혜 베풀었다는 일로 인하여 더 미워하고 원수를 맺지 아니할 것이니라.

5. 천지 배은(背恩)

천지에 대한 피은·보은·배은을 알지 못하는 것과 설사 안다 할지라도 보은의 실행이 없는 것이니라.

6. 천지 보은의 결과

우리가 천지 보은의 조목을 일일이 실행한다면 천지와 내가 둘이 아니요, 내가 곧 천지일 것이며 천지가 곧 나일지니, 저 하늘은 비록 공허하고 땅은 침묵하여 직접 복락(福樂)은 내리지 않는다 하더라도, 자연 천지같은 위력과 천지같은 수명과 일월같은 밝음을 얻어 인천 대중(人天大衆)과 세상이 곧 천지같이 우대할 것이니라.

7. 천지 배은의 결과

우리가 만일 천지에 배은을 한다면 곧 천벌을 받게 될 것이니, 알기 쉽게 그 내역을 말하자면 천도(天道)를 본받지 못함에 따라 응당 사리간에 무식할 것이며, 매사에 정성이 적을 것이며, 매사에 과불급한 일이 많을 것이며, 매사에 불합리한 일이 많을 것이며, 매사에 편착심이 많을 것이며, 만물의 변태와 인간의 생·로·병·사와 길·흉·화·복을 모를 것이며, 덕을 써도 상에 집착하여 안으로 자만하고 밖으로 자랑할 것이니, 이러한 사람의 앞에 어찌 죄해(罪害)가 없으리요. 천지는 또한 공적하다 하더라도 우연히 돌아오는 고(苦)나 자기가 지어서 받는 고는 곧 천지 배은에서 받는 죄벌이니라.

제 2 절 부 모 은 (父母恩)

1. 부모 피은의 강령

우리가 부모에게서 입은 은혜를 가장 쉽게 알고자 할진대, 먼저 마땅히 부모가 아니어도 이 몸을 세상에 나타내게 되었으며, 설사 나타났더라도 자력(自力) 없는 몸으로서 저절로 장양될 수 있었을 것인가 하고 생각해 볼 것이니, 그런다면 누구나 그렇지 못할 것은 다 인증할 것이다. 부모가 아니면 이 몸을 나타내지 못하고 장양되지 못한다면 그 같이 큰 은혜가 또 어디 있으리요.

대범, 사람의 생사라 하는 것은 자연의 공도요 천지의 조화라 할 것이지마는, 무자력할 때에 생육(生育)하여 주신 대은과 인도의 대의를 가르쳐 주심은 곧 부모 피은이니라.

2. 부모 피은의 조목

1. 부모가 있으므로 만사 만리의 근본되는 이 몸을 얻게 됨이요,
2. 모든 사랑을 이에 다 하사 온갖 수고를 잊으시고 자력을 얻을 때까지 양육하고 보호하여 주심이요,

3. 사람의 의무와 책임을 가르쳐 인류 사회로 지도하심이니라.

3. 부모 보은의 강령

무자력할 때에 피은된 도를 보아서 힘 미치는 대로 무자력한 사람에게 보호를 줄 것이니라.

4. 부모 보은의 조목

1. 공부의 요도(要道) 삼학·팔조와 인생의 요도 사은·사요를 빠짐 없이 밟을 것이요,
2. 부모가 무자력할 경우에는 힘 미치는 대로 심지(心志)의 안락과 육체의 봉양을 드릴 것이요,
3. 부모가 생존하시거나 열반(涅槃)하신 후나 힘 미치는 대로 무자력한 타인의 부모라도 내 부모와 같이 보호할 것이요,
4. 부모가 열반하신 후에는 역사와 영상을 봉안하여 길이 기념할 것이니라.

5. 부모 배은

부모에 대한 피은·보은·배은을 알지 못하는 것과 설사 안다 할지라도 보은의 실행이 없는 것이니라.

6. 부모 보은의 결과

우리가 부모 보은을 한다면 나는 내 부모에게 보은

제 2 장 사은

을 하였건마는 세상은 자연히 나를 위하고 귀히 알 것이며, 사람의 자손은 선악간에 그 부모의 행하는 것을 본받아 행하는 것이 피할 수 없는 이치인지라, 나의 자손도 마땅히 나의 보은하는 도를 본받아 나에게 효성할 것은 물론이요, 또는 무자력한 사람들을 보호한 결과 세세 생생 거래간에 혹 나의 무자력한 때가 있다 할지라도 항상 중인의 도움을 받을 것이니라.

7. 부모 배은의 결과

우리가 만일 부모에게 배은을 한다면 나는 내 부모에게 배은을 하였건마는 세상은 자연히 나를 미워하고 배척할 것이요, 당장 제가 낳은 제 자손도 그것을 본받아 직접 앙화를 끼칠 것은 물론이며, 또는 세세 생생 거래간에 혹 나의 무자력한 때가 있다 할지라도 항상 중인의 버림을 받을 것이니라.

제 3 절 동 포 은 (同胞恩)

1. 동포 피은의 강령

우리가 동포에게서 입은 은혜를 가장 쉽게 알고자 할진대 먼저 마땅히 사람도 없고 금수도 없고 초목도 없는 곳에서 나 혼자라도 살 수 있을 것인가 하고 생각해 볼 것이니, 그런다면 누구나 살지 못할 것은 다 인증할 것이다. 만일, 동포의 도움이 없이, 동포의 의지가 없이, 동포의 공급이 없이는 살 수 없다면 그 같이 큰 은혜가 또 어디 있으리요.

대범, 이 세상은 사·농·공·상(士農工商)의 네 가지 생활 강령이 있고, 사람들은 그 강령 직업 하에서 활동하여, 각자의 소득으로 천만 물질을 서로 교환할 때에 오직 자리 이타(自利利他)로써 서로 도움이 되고 피은이 되었나니라.

2. 동포 피은의 조목

1. 사(士)는 배우고 연구하여 모든 학술과 정사로 우리를 지도 교육하여 줌이요,
2. 농(農)은 심고 길러서 우리의 의식 원료를 제공하여 줌이요,
3. 공(工)은 각종 물품을 제조하여 우리의 주처와 수용품을 공급하여 줌이요,
4. 상(商)은 천만 물질을 교환하여 우리의 생활에 편리를 도와 줌이요,
5. 금수 초목까지도 우리에게 도움이 됨이니라.

3. 동포 보은의 강령

동포에게 자리 이타로 피은이 되었으니 그 은혜를 갚고자 할진대, 사·농·공·상이 천만 학술과 천만 물질을 서로 교환할 때에 그 도를 체받아서 항상 자

제2장 사은

리 이타로써 할 것이니라.

4. 동포 보은의 조목

1. 사는 천만 학술로 교화할 때와 모든 정사를 할 때에 항상 공정한 자리에서 자리 이타로써 할 것이요,
2. 농은 의식 원료를 제공할 때에 항상 공정한 자리에서 자리 이타로써 할 것이요,
3. 공은 주처와 수용품을 공급할 때에 항상 공정한 자리에서 자리 이타로써 할 것이요,
4. 상은 천만 물질을 교환할 때에 항상 공정한 자리에서 자리 이타로써 할 것이요,
5. 초목 금수도 연고 없이는 꺾고 살생하지 말 것이니라.

5. 동포 배은

동포에 대한 피은·보은·배은을 알지 못하는 것과 설사 안다 할지라도 보은의 실행이 없는 것이니라.

6. 동포 보은의 결과

우리가 동포 보은을 한다면, 자리 이타에서 감화를 받은 모든 동포가 서로 사랑하고 즐거워하여, 나 자신도 옹호와 우대를 받을 것이요, 개인과 개인끼리 사랑할 것이요, 가정과 가정끼리 친목할 것이요, 사회와

사회끼리 상통할 것이요, 국가와 국가끼리 평화하여 결국 상상하지 못할 이상의 세계가 될 것이니라.

그러나, 만일 전 세계 인류가 다 보은자가 되지 못할 때에, 혹 배은자의 장난으로 인하여 모든 동포가 고해 중에 들게 되면, 구세 성자들이 자비 방편을 베푸사 도덕이나 정치나 혹은 무력으로 배은 중생을 제도하게 되나니라.

7. 동포 배은의 결과

우리가 만일 동포에게 배은을 한다면, 모든 동포가 서로 미워하고 싫어하며 서로 원수가 되어 개인과 개인끼리 싸움이요, 가정과 가정끼리 혐극(嫌隙)이요, 사회와 사회끼리 반목(反目)이요, 국가와 국가끼리 평화를 보지 못하고 전쟁의 세계가 되고 말 것이니라.

제 4 절 법 률 은 (法律恩)

1. 법률 피은의 강령

우리가 법률에서 입은 은혜를 가장 쉽게 알고자 할진대, 개인에 있어서 수신하는 법률과, 가정에 있어서 제가(齊家)하는 법률과, 사회에 있어서 사회 다스리는 법률과, 국가에 있어서 국가 다스리는 법률과, 세계에 있어서 세계 다스리는 법률이 없고도 안녕 질서

제 2 장 사은

를 유지하고 살 수 있겠는가 생각해 볼 것이니, 그런다면 누구나 살 수 없다는 것은 다 인증할 것이다. 없어서는 살 수 없다면 그 같이 큰 은혜가 또 어디 있으리요.

대범, 법률이라 하는 것은 인도 정의의 공정한 법칙을 이름이니, 인도 정의의 공정한 법칙은 개인에 비치면 개인이 도움을 얻을 것이요, 가정에 비치면 가정이 도움을 얻을 것이요, 사회에 비치면 사회가 도움을 얻을 것이요, 국가에 비치면 국가가 도움을 얻을 것이요, 세계에 비치면 세계가 도움을 얻을 것이니라.

2. 법률 피은의 조목

1. 때를 따라 성자들이 출현하여 종교와 도덕으로써 우리에게 정로(正路)를 밟게 하여 주심이요,
2. 사·농·공·상의 기관을 설치하고 지도 권면에 전력하여, 우리의 생활을 보전시키며, 지식을 함양하게 함이요,
3. 시비 이해를 구분하여 불의를 징계하고 정의를 세워 안녕 질서를 유지하여 우리로 하여금 평안히 살게 함이니라.

3. 법률 보은의 강령

법률에서 금지하는 조건으로 피은이 되었으면 그 도에 순응하고, 권장하는 조건으로 피은이 되었으면 그

도에 순응할 것이니라.

4. 법률 보은의 조목

1. 개인에 있어서는 수신(修身)하는 법률을 배워 행할 것이요,
2. 가정에 있어서는 가정 다스리는 법률을 배워 행할 것이요,
3. 사회에 있어서는 사회 다스리는 법률을 배워 행할 것이요,
4. 국가에 있어서는 국가 다스리는 법률을 배워 행할 것이요,
5. 세계에 있어서는 세계 다스리는 법률을 배워 행할 것이니라.

5. 법률 배은

법률에 대한 피은·보은·배은을 알지 못하는 것과 설사 안다 할지라도 보은의 실행이 없는 것이니라.

6. 법률 보은의 결과

우리가 법률 보은을 한다면, 우리 자신도 법률의 보호를 받아, 갈수록 구속은 없어지고 자유를 얻게 될 것이요, 각자의 인격도 향상되며 세상도 질서가 정연하고 사·농·공·상이 더욱 발달하여 다시 없는 안락세계(安樂世界)가 될 것이며, 또는 입법(立法)·치법

(治法)의 은혜도 갚음이 될 것이니라.

7. 법률 배은의 결과

우리가 만일 법률에 배은을 한다면, 우리 자신도 법률이 용서하지 아니하여, 부자유(不自由)와 구속을 받게 될 것이요, 각자의 인격도 타락되며 세상도 질서가 문란하여 소란한 수라장(修羅場)이 될 것이니라.

제3장 사 요 (四要)

제1절 자력 양성 (自力養成)

1. 자력 양성의 강령

자력이 없는 어린이가 되든지, 노혼(老昏)한 늙은이가 되든지, 어찌할 수 없는 병든 이가 되든지 하면이어니와, 그렇지 아니한 바에는 자력을 공부삼아 양성하여 사람으로서 면할 수 없는 자기의 의무와 책임을 다하는 동시에, 힘 미치는 대로는 자력 없는 사람에게 보호를 주자는 것이니라.

2. 과거의 타력 생활 조목

1. 부모·형제·부부·자녀·친척 중에 혹 자기 이상

의 생활을 하는 사람이 있으면 그에 의지하여 놀고 살자는 것이며, 또는 의뢰를 구하여도 들어주지 아니하면 동거하자는 것이며, 또는 타인에게 빚을 쓰고 갚지 아니하면 일족(一族)이 전부 그 빚을 갚다가 서로 못 살게 되었음이요,

2. 여자는 어려서는 부모에게, 결혼 후에는 남편에게, 늙어서는 자녀에게 의지하였으며, 또는 권리가 동일하지 못하여 남자와 같이 교육도 받지 못하였으며, 또는 사교(社交)의 권리도 얻지 못하였으며, 또는 재산에 대한 상속권도 얻지 못하였으며, 또는 자기의 심신이지마는 일동 일정에 구속을 면하지 못하게 되었음이니라.

3. 자력자로서 타력자에게 권장할 조목

1. 자력 있는 사람이 부당한 의뢰를 구할 때에는 그 의뢰를 받아주지 아니할 것이요,
2. 부모로서 자녀에게 재산을 분급하여 줄 때에는, 장자나 차자나 여자를 막론하고 그 재산을 받아 유지 못할 사람 외에는 다 같이 분급하여 줄 것이요,
3. 결혼 후 물질적 생활을 각자 자립적으로 할 것이며, 또는 서로 사랑에만 그칠 것이 아니라 각자의 의무와 책임을 주로 할 것이요,
4. 기타 모든 일을 경우와 법에 따라 처리하되 과거

와 같이 남녀를 차별할 것이 아니라 일에 따라 대우하여 줄 것이니라.

4. 자력 양성의 조목

1. 남녀를 물론하고 어리고 늙고 병들고 하여 어찌 할 수 없는 의뢰면이어니와, 그렇지 아니한 바에는 과거와 같이 의뢰 생활을 하지 아니할 것이요,
2. 여자도 인류 사회에 활동할 만한 교육을 남자와 같이 받을 것이요,
3. 남녀가 다 같이 직업에 근실하여 생활에 자유를 얻을 것이며, 가정이나 국가에 대한 의무와 책임을 동등하게 이행할 것이요,
4. 차자도 부모의 생전 사후를 과거 장자의 예로써 받들 것이니라.

제 2 절   지자 본위 (智者本位)

1. 지자 본위의 강령

지자는 우자(愚者)를 가르치고 우자는 지자에게 배우는 것이 원칙적으로 당연한 일이니, 어떠한 처지에 있든지 배울 것을 구할 때에는 불합리한 차별 제도에 끌릴 것이 아니라 오직 구하는 사람의 목적만 달하자는 것이니라.

2. 과거 불합리한 차별 제도의 조목

1. 반상(班常)의 차별이요,
2. 적서(嫡庶)의 차별이요,
3. 노소(老少)의 차별이요,
4. 남녀(男女)의 차별이요,
5. 종족(種族)의 차별이니라.

3. 지자 본위의 조목

1. 솔성(率性)의 도와 인사의 덕행이 자기 이상이 되고 보면 스승으로 알 것이요,
2. 모든 정사를 하는 것이 자기 이상이 되고 보면 스승으로 알 것이요,
3. 생활에 대한 지식이 자기 이상이 되고 보면 스승으로 알 것이요,
4. 학문과 기술이 자기 이상이 되고 보면 스승으로 알 것이요,
5. 기타 모든 상식이 자기 이상이 되고 보면 스승으로 알 것이니라.

이상의 모든 조목에 해당하는 사람을 근본적으로 차별 있게 할 것이 아니라, 구하는 때에 있어서 하자는 것이니라.

제 3 절 타자녀 교육 (他子女 敎育)

제3장 사요

1. 타자녀 교육의 강령

교육의 기관이 편소하거나 그 정신이 자타의 국한을 벗어나지 못하고 보면 세상의 문명이 지체되므로, 교육의 기관을 확장하고 자타의 국한을 벗어나, 모든 후진을 두루 교육함으로써 세상의 문명을 촉진시키고 일체 동포가 다같이 낙원의 생활을 하자는 것이니라.

2. 과거 교육의 결함 조목

1. 정부나 사회에서 교육에 대한 적극적 성의와 권장이 없었음이요,
2. 교육의 제도가 여자와 하천한 사람은 교육받을 생의도 못하게 되었음이요,
3. 개인에 있어서도 교육을 받은 사람으로서 그 혜택을 널리 나타내는 사람이 적었음이요,
4. 언론과 통신 기관이 불편한 데 따라 교육에 대한 의견 교환이 적었음이요,
5. 교육의 정신이 자타의 국한을 벗어나지 못한 데 따라, 유산자(有産者)가 혹 자손이 없을 때에는 없는 자손만 구하다가 이루지 못하면 가르치지 못하였고, 무산자는 혹 자손 교육에 성의는 있으나 물질적 능력이 없어서 가르치지 못하였음이니라.

3. 타자녀 교육의 조목

1. 교육의 결함 조목이 없어지는 기회를 만난 우리는, 자녀가 있거나 없거나 타자녀라도 내 자녀와 같이 교육하기 위하여, 모든 교육 기관에 힘 미치는 대로 조력도 하며, 또는 사정이 허락되는 대로 몇 사람이든지 자기가 낳은 셈 치고 교육할 것이요,
2. 국가나 사회에서도 교육 기관을 널리 설치하여 적극적으로 교육을 실시할 것이요,
3. 교단(教團)에서나 사회·국가·세계에서 타자녀 교육의 조목을 실행하는 사람에게는 각각 그 공적을 따라 표창도 하고 대우도 하여 줄 것이니라.

제 4 절 공도자 숭배 (公道者 崇拜)

1. 공도자 숭배의 강령

세계에서 공도자 숭배를 극진히 하면 세계를 위하는 공도자가 많이 날 것이요, 국가에서 공도자 숭배를 극진히 하면 국가를 위하는 공도자가 많이 날 것이요, 사회나 종교계에서 공도자 숭배를 극진히 하면 사회나 종교를 위하는 공도자가 많이 날 것이니, 우리는 세계나 국가나 사회나 교단을 위하여 여러 방면으로 공헌한 사람들을 그 공적에 따라 자녀가 부모에게 하는 도리로써 숭배하자는 것이며, 우리 각자도 그 공도 정신을 체받아서 공도를 위하여 활동하자는 것이니라.

제3장 사요

2. 과거 공도 사업의 결함 조목

1. 생활의 강령이요 공익의 기초인 사·농·공·상의 전문 교육이 적었음이요,
2. 사·농·공·상의 시설 기관이 적었음이요,
3. 종교의 교리와 제도가 대중적이 되지 못하였음이요,
4. 정부나 사회에서 공도자의 표창이 적었음이요,
5. 모든 교육이 자력을 얻지 못하고 타력을 벗어나지 못하였음이요,
6. 타인을 해하여서까지 자기를 유익하게 하려는 마음과, 또는 원·근·친·소에 끌리는 마음이 심하였음이요,
7. 견문과 상식이 적었음이요,
8. 가정에 헌신하여 가정적으로 숭배함을 받는 것과, 공도에 헌신하여 공중적으로 숭배함을 받는 것이 무엇인지 아는 사람이 적었음이니라.

3. 공도자 숭배의 조목

1. 공도 사업의 결함 조목이 없어지는 기회를 만난 우리는 가정 사업과 공도 사업을 구분하여, 같은 사업이면 자타의 국한을 벗어나 공도 사업을 할 것이요,
2. 대중을 위하여 공도에 헌신한 사람은 그 노력한

공적에 따라 노쇠하면 봉양하고, 열반 후에는 상주가 되어 상장(喪葬)을 부담하며, 영상과 역사를 보관하여 길이 기념할 것이니라.

제4장 삼　　학 (三學)

제1절　정신 수양 (精神修養)

1. 정신 수양의 요지

정신이라 함은 마음이 두렷하고 고요하여 분별성과 주착심이 없는 경지를 이름이요, 수양이라 함은 안으로 분별성과 주착심을 없이하며 밖으로 산란하게 하는 경계에 끌리지 아니하여 두렷하고 고요한 정신을 양성함을 이름이니라.

2. 정신 수양의 목적

유정물(有情物)은 배우지 아니하되 근본적으로 알아지는 것과 하고자 하는 욕심이 있는데, 최령한 사람은 보고 듣고 배우고 하여 아는 것과 하고자 하는 것이 다른 동물의 몇 배 이상이 되므로 그 아는 것과 하고자 하는 것을 취하자면 예의 염치와 공정한 법칙은 생각할 여유도 없이 자기에게 있는 권리와 기능과 무력을 다하여 욕심만 채우려 하다가 결국은 가패 신망도 하며, 번민 망상과 분심 초려로 자포 자기의 염세증도 나며, 혹은 신경 쇠약자도 되며, 혹은 실진자도 되며, 혹은 극도에 들어가 자살하는 사람까지도 있게 되나니, 그런 고로 천지 만엽으로 벌여가는 이 욕심을 제거하고 온전한 정신을 얻어 자주력(自主力)을 양성하기 위하여 수양을 하자는 것이니라.

3. 정신 수양의 결과

우리가 정신 수양 공부를 오래오래 계속하면 정신이 철석 같이 견고하여, 천만 경계를 응용할 때에 마음에 자주(自主)의 힘이 생겨 결국 수양력(修養力)을 얻을 것이니라.

제 2 절 사리 연구 (事理研究)

1. 사리 연구의 요지

사(事)라 함은 인간의 시·비·이·해(是非利害)를 이름이요, 이(理)라 함은 곧 천조(天造)의 대소 유무(大小有無)를 이름이니, 대(大)라 함은 우주 만유의 본체를 이름이요, 소(小)라 함은 만상이 형형색색으로 구별되어 있음을 이름이요, 유무라 함은 천지의 춘·하·추·동 사시 순환과, 풍·운·우·로·

상·설(風雲雨露霜雪)과 만물의 생·로·병·사와, 흥·망·성·쇠의 변태를 이름이며, 연구라 함은 사리를 연마하고 궁구함을 이름이니라.

2. 사리 연구의 목적

이 세상은 대소 유무의 이치로써 건설되고 시비 이해의 일로써 운전해 가나니, 세상이 넓은 만큼 이치의 종류도 수가 없고, 인간이 많은 만큼 일의 종류도 한이 없나니라. 그러나, 우리에게 우연히 돌아오는 고락이나 우리가 지어서 받는 고락은 각자의 육근(六根)을 운용하여 일을 짓는 결과이니, 우리가 일의 시·비·이·해를 모르고 자행 자지한다면 찰나찰나로 육근을 동작하는 바가 모두 죄고로 화하여 전정 고해가 한이 없을 것이요, 이치의 대소 유무를 모르고 산다면 우연히 돌아오는 고락의 원인을 모를 것이며, 생각이 단축하고 마음이 편협하여 생·로·병·사와 인과 보응의 이치를 모를 것이며, 사실과 허위를 분간하지 못하여 항상 허망하고 요행한 데 떨어져, 결국은 패가 망신의 지경에 이르게 될지니, 우리는 천조의 난측한 이치와 인간의 다단한 일을 미리 연구하였다가 실생활에 다달아 밝게 분석하고 빠르게 판단하여 알자는 것이니라.

3. 사리 연구의 결과

제4장 삼학

우리가 사리 연구 공부를 오래오래 계속하면, 천만 사리를 분석하고 판단하는 데 걸림 없이 아는 지혜의 힘이 생겨 결국 연구력을 얻을 것이니라.

제 3 절 작업 취사 (作業取捨)

1. 작업 취사의 요지

작업이라 함은 무슨 일에나 안·이·비·설·신·의(眼耳鼻舌身意) 육근을 작용함을 이름이요, 취사라 함은 정의는 취하고 불의는 버림을 이름이니라.

2. 작업 취사의 목적

정신을 수양하여 수양력을 얻었고 사리를 연구하여 연구력을 얻었다 하더라도, 실제 일을 작용하는 데 있어 실행을 하지 못하면 수양과 연구가 수포에 돌아갈 뿐이요 실효과를 얻기가 어렵나니, 예를 들면 줄기와 가지와 꽃과 잎은 좋은 나무에 결실이 없는 것과 같다 할 것이니라.

대범, 우리 인류가 선(善)이 좋은 줄은 알되 선을 행하지 못하며, 악이 그른 줄은 알되 악을 끊지 못하여 평탄한 낙원을 버리고 험악한 고해로 들어가는 까닭은 그 무엇인가. 그것은 일에 당하여 시비를 몰라서 실행이 없거나, 설사 시비는 안다 할지라도 불 같이 일어나는 욕심을 제어하지 못하거나, 철석같이 굳은 습관에 끌리거나하여 악은 버리고 선은 취하는 실행이 없는 까닭이니, 우리는 정의어든 기어이 취하고 불의어든 기어이 버리는 실행 공부를 하여, 싫어하는 고해는 피하고 바라는 낙원을 맞아 오자는 것이니라.

3. 작업 취사의 결과

우리가 작업 취사 공부를 오래오래 계속하면, 모든 일을 응용할 때에 정의는 용맹 있게 취하고, 불의는 용맹 있게 버리는 실행의 힘을 얻어 결국 취사력을 얻을 것이니라.

제 5 장 팔 조 (八條)

제 1 절 진행 사조 (進行四條)

1. 신 (信)

신이라 함은 믿음을 이름이니, 만사를 이루려 할 때에 마음을 정하는 원동력(原動力)이니라.

2. 분 (忿)

분이라 함은 용장한 전진심을 이름이니, 만사를 이

루려 할 때에 권면하고 촉진하는 원동력이니라.

3. 의 (疑)

의라 함은 일과 이치에 모르는 것을 발견하여 알고자 함을 이름이니, 만사를 이루려 할 때에 모르는 것을 알아내는 원동력이니라.

4. 성 (誠)

성이라 함은 간단 없는 마음을 이름이니, 만사를 이루려 할 때에 그 목적을 달하게 하는 원동력이니라.

제 2 절 사연 사조 (捨捐四條)

1. 불신 (不信)

불신이라 함은 신의 반대로 믿지 아니함을 이름이니, 만사를 이루려 할때에 결정을 얻지 못하게 하는 것이니라.

2. 탐욕 (貪慾)

탐욕이라 함은 모든 일을 상도에 벗어나서 과히 취함을 이름이니라.

3. 나 (懶)

나라 함은 만사를 이루려 할 때에 하기 싫어함을 이름이니라.

4. 우(愚)

우라 함은 대소 유무와 시비 이해를 전연 알지 못하고 자행 자지함을 이름이니라.

제6장　인생의 요도와 공부의 요도
（人生-要道　工夫-要道）

사은·사요는 인생의 요도(要道)요, 삼학·팔조는 공부의 요도인 바, 인생의 요도는 공부의 요도가 아니면 사람이 능히 그 길을 밟지 못할 것이요, 공부의 요도는 인생의 요도가 아니면 사람이 능히 그 공부한 효력을 다 발휘하지 못할지라, 이에 한 예를 들어 그 관계를 말한다면, 공부의 요도는 의사가 환자를 치료하는 의술과 같고, 인생의 요도는 환자를 치료하는 약재와 같나니라.

제7장　사 대 강 령 (四大綱領)

사대 강령은 곧 정각 정행(正覺正行)·지은 보은

제6장 인생의 요도와 공부의 요도

(知恩報恩)・불법 활용(佛法活用)・무아 봉공(無我奉公)이니,

정각 정행은 일원의 진리 곧 불조 정전(正傳)의 심인을 오득(悟得)하여 그 진리를 체받아서 안・이・비・설・신・의 육근을 작용할 때에 불편 불의(不偏不倚)하고 과불급(過不及)이 없는 원만행을 하자는 것이며,

지은 보은은 우리가 천지와 부모와 동포와 법률에서 은혜 입은 내역을 깊이 느끼고 알아서 그 피은의 도를 체받아 보은행을 하는 동시에, 원망할 일이 있더라도 먼저 모든 은혜의 소종래를 발견하여 원망할 일을 감사함으로써 그 은혜를 보답하자는 것이며,

불법 활용은 재래와 같이 불제자로서 불법에 끌려 세상 일을 못할 것이 아니라 불제자가 됨으로써 세상 일을 더 잘하자는 것이니, 다시 말하면 불제자가 됨으로써 세상에 무용한 사람이 될 것이 아니라 그 불법을 활용함으로써 개인・가정・사회・국가에 도움을 주는 유용한 사람이 되자는 것이며,

무아 봉공은 개인이나 자기 가족만을 위하려는 사상과 자유 방종하는 행동을 버리고, 오직 이타적 대승행으로써 일체 중생을 제도하는 데 성심 성의를 다 하자는 것이니라.

정전 제3 수행편

제3 수행편(修行編)

제1장 일상 수행의 요법 (日常修行-要法)

1. 심지(心地)는 원래 요란함이 없건마는 경계를 따라 있어지나니, 그 요란함을 없게 하는 것으로써 자성(自性)의 정(定)을 세우자.
2. 심지는 원래 어리석음이 없건마는 경계를 따라 있어지나니, 그 어리석음을 없게 하는 것으로써 자성의 혜(慧)를 세우자.
3. 심지는 원래 그름이 없건마는 경계를 따라 있어지나니, 그 그름을 없게 하는 것으로써 자성의 계(戒)를 세우자.
4. 신과 분과 의와 성으로써 불신과 탐욕과 나와 우를 제거하자.
5. 원망 생활을 감사 생활로 돌리자.
6. 타력 생활을 자력 생활로 돌리자.
7. 배울 줄 모르는 사람을 잘 배우는 사람으로 돌리자.
8. 가르칠 줄 모르는 사람을 잘 가르치는 사람으로 돌리자.
9. 공익심 없는 사람을 공익심 있는 사람으로 돌리자.

제 2 장 정기 훈련과 상시 훈련
(定期訓練 - 常時訓練)

제 1 절 정기 훈련법 (定期訓練法)

공부인에게 정기(定期)로 법의 훈련을 받게 하기 위하여 정기 훈련 과목으로 염불(念佛)·좌선(坐禪)·경전(經典)·강연(講演)·회화(會話)·의두(疑頭)·성리(性理)·정기 일기(定期日記)·상시 일기(常時日記)·주의(注意)·조행(操行) 등의 과목을 정하였나니, 염불·좌선은 정신 수양 훈련 과목이요, 경전·강연·회화·의두·성리·정기 일기는 사리 연구 훈련 과목이요, 상시 일기·주의·조행은 작업 취사 훈련 과목이니라.

염불은 우리의 지정한 주문(呪文) 한 귀를 연하여 부르게 함이니, 이는 천지 만엽으로 흩어진 정신을 주문 한 귀에 집주하되 천념 만념을 오직 일념으로 만들기 위함이요,

좌선은 기운을 바르게 하고 마음을 지키기 위하여 마음과 기운을 단전(丹田)에 주(住)하되 한 생각이라는

주착도 없이 하여, 오직 원적 무별(圓寂無別)한 진경에 그쳐 있도록 함이니, 이는 사람의 순연한 근본 정신을 양성하는 방법이요,

경전은 우리의 지정 교서와 참고 경전 등을 이름이니, 이는 공부인으로 하여금 그 공부하는 방향로를 알게 하기 위함이요,

강연은 사리간에 어떠한 문제를 정하고 그 의지를 해석시킴이니, 이는 공부인으로 하여금 대중의 앞에서 격(格)을 갖추어 그 지견을 교환하며 혜두(慧頭)를 단련시키기 위함이요,

회화는 각자의 보고 들은 가운데 스스로 느낀 바를 자유로이 말하게 함이니, 이는 공부인에게 구속 없고 활발하게 의견을 교환하며 혜두를 단련시키기 위함이요,

의두는 대소 유무의 이치와 시비 이해의 일이며 과거 불조의 화두(話頭) 중에서 의심나는 제목을 연구하여 감정을 얻게하는 것이니, 이는 연구의 깊은 경지를 밟는 공부인에게 사리간 명확한 분석을 얻도록 함이요,

성리는 우주 만유의 본래 이치와 우리의 자성 원리를 해결하여 알자 함이요,

정기 일기는 당일의 작업 시간 수와 수입 지출과 심신 작용의 처리건과 감각(感覺) 감상(感想)을 기재시킴이요,

상시 일기는 당일의 유무념 처리와 학습 상황과 계문에 범과 유무를 기재시킴이요,

주의는 사람의 육근을 동작할 때에 하기로 한 일과 안 하기로 한 일을 경우에 따라 잊어버리지 아니하고 실행하는 마음을 이름이요,

조행은 사람으로서 사람다운 행실 가짐을 이름이니, 이는 다 공부인으로 하여금 그 공부를 무시로 대조하여 실행에 옮김으로써 공부의 실효과를 얻게 하기 위함이니라.

제 2 절　상시 훈련법 (常時訓練法)

공부인에게 상시로 수행을 훈련시키기 위하여 「상시 응용 주의 사항(常時應用注意事項)」 육조(六條)와 「교당 내왕시 주의 사항(教堂來往時注意事項)」 육조를 정하였나니라.

1. 상시 응용 주의 사항

1. 응용(應用)하는 데 온전한 생각으로 취사하기를 주의할 것이요,
2. 응용하기 전에 응용의 형세를 보아 미리 연마하기를 주의할 것이요,
3. 노는 시간이 있고 보면 경전·법규 연습하기를 주

의할 것이요,
4. 경전·법규 연습하기를 대강 마칠 사람은 의두 연마하기를 주의할 것이요,
5. 석반 후 살림에 대한 일이 있으면 다 마치고 잠자기 전 남은 시간이나 또는 새벽에 정신을 수양하기 위하여 염불과 좌선하기를 주의할 것이요,
6. 모든 일을 처리한 뒤에 그 처리건을 생각하여 보되, 하자는 조목과 말자는 조목에 실행이 되었는가 못 되었는가 대조하기를 주의할 것이니라.

2. 교당 내왕시 주의 사항

1. 상시 응용 주의 사항으로 공부하는 중 어느 때든지 교당에 오고 보면 그 지낸 일을 일일이 문답하는 데 주의할 것이요,
2. 어떠한 사항에 감각된 일이 있고 보면 그 감각된 바를 보고하여 지도인의 감정 얻기를 주의할 것이요,
3. 어떠한 사항에 특별히 의심나는 일이 있고 보면 그 의심된 바를 제출하여 지도인에게 해오(解悟) 얻기를 주의할 것이요,
4. 매년 선기(禪期)에는 선비(禪費)를 미리 준비하여 가지고 선원에 입선하여 전문 공부하기를

주의할 것이요,
5. 매 예회(例會)날에는 모든 일을 미리 처결하여 놓고 그 날은 교당에 와서 공부에만 전심하기를 주의할 것이요,
6. 교당에 다녀갈 때에는 어떠한 감각이 되었는지 어떠한 의심이 밝아졌는지 소득 유무를 반조(返照)하여 본 후에 반드시 실생활에 활용하기를 주의할 것이니라.

제 3 절 정기 훈련법과 상시 훈련법의 관계

정기 훈련법과 상시 훈련법의 관계를 말하자면, 정기 훈련법은 정할 때 공부로서 수양·연구를 주체 삼아 상시 공부의 자료를 준비하는 공부법이 되며, 상시 훈련법은 동할 때 공부로서 작업 취사를 주체삼아 정기 공부의 자료를 준비하는 공부법이 되나니, 이 두 훈련법은 서로서로 도움이 되고 바탕이 되어 재세 출세의 공부인에게 일분 일각도 공부를 떠나지 않게 하는 길이 되나니라.

정전 제 3 수행편

제 3 장 염 불 법 (念佛法)

1. 염불의 요지(念佛-要旨)

　대범, 염불이라 함은 천만 가지로 흩어진 정신을 일념으로 만들기 위한 공부법이요, 순역(順逆) 경계에 흔들리는 마음을 안정시키는 공부법으로서 염불의 문구인 나무아미타불(南無阿彌陀佛)은 여기 말로 무량수각(無量壽覺)에 귀의한다는 뜻인 바, 과거에는 부처님의 신력에 의지하여 서방 정토 극락(極樂)에 나기를 원하며 미타 성호를 염송하였으나 우리는 바로 자심(自心)미타를 발견하여 자성 극락에 돌아가기를 목적하나니, 우리의 마음은 원래 생멸이 없으므로 곧 무량수라 할 것이요, 그 가운데에도 또한 소소영령(昭昭靈靈)하여 매(昧)하지 아니한 바가 있으니 곧 각(覺)이라 이것을 자심 미타라고 하는 것이며, 우리의 자성은 원래 청정하여 죄복이 돈공하고 고뇌가 영멸(永滅)하였나니, 이것이 곧 여여(如如)하여 변함이 없는 자성 극락이니라. 그러므로, 염불하는 사람이 먼저 이 이치를 알아서 생멸이 없는 각자의 마음에 근본하고 거래가 없는 한 생각을 대중하여, 천만 가지로 흩어지는 정신을 오직 미타 일념에 그치며 순역 경계에 흔

― 60 ―

제3장 염불법

들리는 마음을 무위 안락의 지경에 돌아오게 하는 것이 곧 참다운 염불의 공부니라.

2. 염불의 방법

염불의 방법은 극히 간단하고 편이하여 누구든지 가히 할 수 있나니,

1. 염불을 할 때는 항상 자세를 바르게 하고 기운을 안정하며, 또는 몸을 흔들거나 경동하지 말라.
2. 음성은 너무 크게도 말고 너무 작게도 말아서 오직 기운에 적당하게 하라.
3. 정신을 오로지 염불 일성에 집주하되, 염불 귀절을 따라 그 일념을 챙겨서 일념과 음성이 같이 연속하게 하라.
4. 염불을 할 때에는 천만 생각을 다 놓아 버리고 오직 한가한 마음과 무위의 심경을 가질 것이며, 또는 마음 가운데에 외불(外佛)을 구하여 미타 색상을 상상하거나 극락 장엄을 그려내는 등 다른 생각은 하지 말라.
5. 마음을 붙잡는 데에는 염주를 세는 것도 좋고 목탁이나 북을 쳐서 그 운곡(韻曲)을 맞추는 것도 또한 필요하니라.
6. 무슨 일을 할 때에나 기타 행·주·좌·와 간에 다른 잡념이 마음을 괴롭게 하거든 염불로써 그

잡념을 대치(對治)함이 좋으나, 만일 염불이 도리어 일하는、정신에 통일이 되지 못할 때에는 이를 중지함이 좋으니라.
7. 염불은 항상 각자의 심성 원래를 반조(返照)하여 분한 일을 당하여도 염불로써 안정시키고, 탐심이 일어나도 염불로써 안정시키고, 순경(順境)에 끌릴 때에도 염불로써 안정시키고, 역경에 끌릴 때에도 염불로써 안정시킬지니, 염불의 진리를 아는 사람은 염불 일성이 능히 백천 사마를 항복받을 수 있으며, 또는 일념의 대중이 없이 입으로만 하면 별 효과가 없을지나 소리 없는 염불이라도 일념의 대중이 있고 보면 곧 삼매(三昧)를 증득(證得)하리라.

3. 염불의 공덕

염불을 오래하면 자연히 염불 삼매를 얻어 능히 목적하는 바 극락을 수용(受用)할 수 있나니 그 공덕의 조항은 좌선의 공덕과 서로 같나니라.

그러나, 염불과 좌선이 한 가지 수양 과목으로 서로 표리가 되나니 공부하는 사람이 만일 번뇌가 과중하면 먼저 염불로써 그 산란한 정신을 대치하고 다음에 좌선으로써 그 원적의 진경에 들게 하는 것이며, 또 한 시간에 있어서는 낮이든지 기타 외경이 가까운 시간에는 염불이 더 긴요하고, 밤이나 새벽이든지 기타 외경이 먼 시간에는 좌선이 더 긴요하나니, 공부하는 사람이 항상 당시의 환경을 관찰하고 각자의 심경을 대조하여 염불과 좌선을 때에 맞게 잘 운용하면 그 공부가 서로 연속되어 쉽게 큰 정력(定力)을 얻게 되리라.

제4장 좌 선 법 (坐禪法)

1. 좌선의 요지(坐禪-要旨)

대범, 좌선이라 함은 마음에 있어 망념을 쉬고 진성을 나타내는 공부이며, 몸에 있어 화기를 내리게 하고 수기를 오르게 하는 방법이니, 망념이 쉰즉 수기가 오르고 수기가 오른즉 망념이 쉬어서 몸과 마음이 한결 같으며 정신과 기운이 상쾌하리라.

그러나, 만일 망념이 쉬지 아니한즉 불기운이 항상 위로 올라서 온 몸의 수기를 태우고 정신의 광명을 덮을지니, 사람의 몸 운전하는 것이 마치 저 기계와 같아서 수화의 기운이 아니고는 도저히 한 손가락도 움직이지 못할 것인 바, 사람의 육근 기관이 모두 머리에 있으므로 볼 때나 들을 때나 생각할 때에 그 육근을 운전해 쓰면 온 몸의 화기가 자연히 머리로 집중되어 온 몸의 수기를 조리고 태우는 것이 마치 저 등불을 켜면 기름이 닳는 것과 같나니라. 그러므로, 우리가 노심 초사를 하여 무엇을 오래 생각한다든지, 또는 안력을 써서 무엇을 세밀히 본다든지, 또는 소리를 높여 무슨 말을 힘써 한다든지 하면 반드시 얼굴이 붉어지고 입 속에 침이 마르나니 이것이 곧 화기가 위로 오르는 현상이라, 부득이 당연한 일에 육근의 기관을 운용하는 것도 오히려 존절히 하려든, 하물며 쓸데 없는 망념을 끄리어 두뇌의 등불을 주야로 계속하리요. 그러므로, 좌선은 이 모든 망념을 제거하고 진여(眞如)의 본성을 나타내며, 일체의 화기를 내리게 하고 청정한 수기를 불어내기 위한 공부니라.

2. 좌선의 방법

좌선의 방법은 극히 간단하고 편이하여 아무라도 행할 수 있나니,

1. 좌복을 펴고 반좌(盤坐)로 편안히 앉은 후에 머리와 허리를 곧게 하여 앉은 자세를 바르게 하라.
2. 전신의 힘을 단전에 툭 부리어 일념의 주착도 없이 다만 단전에 기운 주해 있는 것만 대중 잡되, 방심이 되면 그 기운이 풀어지나니 곧 다시 챙겨서 기운 주하기를 잊지 말라.
3. 호흡을 고르게 하되 들이쉬는 숨은 조금 길고 강하게 하며, 내쉬는 숨은 조금 짧고 약하게 하라.
4. 눈은 항상 뜨는 것이 수마(睡魔)를 제거하는 데

제 4 장 좌 선 법

필요하나 정신 기운이 상쾌하여 눈을 감아도 수마의 침노를 받을 염려가 없는 때에는 혹 감고도 하여 보라.

5. 입은 항상 다물지며 공부를 오래하여 수승 화강(水昇火降)이 잘 되면 맑고 윤활한 침이 혀 줄기와 이 사이로부터 계속하여 나올지니, 그 침을 입에 가득히 모아 가끔 삼켜 내리라.

6. 정신은 항상 적적(寂寂)한 가운데 성성(惺惺)함을 가지고 성성한 가운데 적적함을 가질지니, 만일 혼침에 기울어지거든 새로운 정신을 차리고 망상에 흐르거든 정념으로 돌이켜서 무위 자연의 본래 면목 자리에 그쳐 있으라.

7. 처음으로 좌선을 하는 사람은 흔히 다리가 아프고 망상이 침노하는 데에 괴로와하나니, 다리가 아프면 잠깐 바꾸어 놓는 것도 좋으며, 망념이 침노하면 다만 망념인 줄만 알아두면 망념이 스스로 없어지나니 절대로 그것을 성가시게 여기지 말며 낙망하지 말라.

8. 처음으로 좌선을 하면 얼굴과 몸이 개미 기어다니는 것과 같이 가려워지는 수가 혹 있나니, 이것은 혈맥이 관통되는 증거라 삼가 긁고 만지지 말라.

9. 좌선을 하는 가운데 절대로 이상한 기틀과 신기한 자취를 구하지 말며, 혹 그러한 경계가 나

타난다 할지라도 그것을 다 요망한 일로 생각하여 조금도 마음에 걸지 말고 심상히 간과하라.

이상과 같이, 오래오래 계속하면 필경 물아(物我)의 구분을 잊고 시간과 처소를 잊고 오직 원적 무별한 진경에 그쳐서 다시 없는 심락을 누리게 되리라.

3. 좌선의 공덕

좌선을 오래 하여 그 힘을 얻고 보면 아래와 같은 열 가지 이익이 있나니,

1. 경거 망동하는 일이 차차 없어지는 것이요,
2. 육근 동작에 순서를 얻는 것이요,
3. 병고가 감소되고 얼굴이 윤활하여지는 것이요,
4. 기억력이 좋아지는 것이요,
5. 인내력이 생겨나는 것이요,
6. 착심이 없어지는 것이요,
7. 사심이 정심으로 변하는 것이요,
8. 자성의 혜광이 나타나는 것이요,
9. 극락을 수용하는 것이요,
10. 생사에 자유를 얻는 것이니라.

4. 단전주(丹田住)의 필요

대범, 좌선이라 함은 마음을 일경(一境)에 주하여 모든 생각을 제거함이 예로부터의 통례이니, 그러므로 각각 그 주장과 방편을 따라 그 주하는 법이 실로 많으

제 4 장 좌 선 법

나, 마음을 머리나 외경에 주한즉 생각이 동하고 기운이 올라 안정이 잘 되지 아니하고, 마음을 단전에 주한즉 생각이 잘 동하지 아니하고 기운도 잘 내리게 되어 안정을 쉽게 얻나니라.

또한, 이 단전주는 좌선에만 긴요할 뿐 아니라 위생상으로도 극히 긴요한 법이라, 마음을 단전에 주하고 옥지(玉池)에서 나는 물을 많이 삼켜 내리면 수화가 잘 조화되어 몸에 병고가 감소되고 얼굴이 윤활해지며 원기가 충실해지고 심단(心丹)이 되어 능히 수명을 안보하나니, 이 법은 선정(禪定)상으로나 위생상으로나 실로 일거 양득하는 법이니라.

간화선(看話禪)을 주장하는 측에서는 혹 이 단전주법을 무기(無記)의 사선(死禪)에 빠진다 하여 비난을 하기도 하나 간화선은 사람을 따라 임시의 방편은 될지언정 일반적으로 시키기는 어려운 일이니, 만일 화두(話頭)만 오래 계속하면 기운이 올라 병을 얻기가 쉽고 또한 화두에 근본적으로 의심이 걸리지 않는 사람은 선에 취미를 잘 얻지 못하나니라. 그러므로, 우리는 좌선하는 시간과 의두 연마하는 시간을 각각 정하고, 선을 할 때에는 선을 하고 연구를 할 때에는 연구를 하여 정과 혜를 쌍전시키나니, 이와 같이 하면 공적(空寂)에 빠지지도 아니하고 분별에 떨어지지도 아니하여 능히 동정 없는 진여성(眞如性)을 체득할 수 있나니라.

제 5 장 의두 요목 (疑頭要目)

1. 세존(世尊)이 도솔천을 떠나지 아니하시고 이미 왕궁가에 내리시며, 모태 중에서 중생 제도하기를 마치셨다 하니 그것이 무슨 뜻인가.
2. 세존이 탄생하사 천상 천하에 유아 독존(唯我獨尊)이라 하셨다 하니 그것이 무슨 뜻인가.
3. 세존이 영산 회상에서 꽃을 들어 대중에게 보이시니 대중이 다 묵연하되 오직 가섭 존자(迦葉尊者)만이 얼굴에 미소를 띠거늘, 세존이 이르시되 내게 있는 정법 안장(正法眼藏)을 마하 가섭에게 부치노라 하셨다 하니 그것이 무슨 뜻인가.
4. 세존이 열반(涅槃)에 드실 때에 내가 녹야원(鹿野苑)으로부터 발제하(跋提河)에 이르기까지 이 중간에 일찌기 한 법도 설한 바가 없노라 하셨다 하니 그것이 무슨 뜻인가.
5. 만법이 하나에 돌아갔다 하니 하나 그것은 어디로 돌아갈 것인가.
6. 만법으로 더불어 짝하지 않은 것이 그 무엇인가.
7. 만법을 통하여다가 한 마음을 밝히라 하였으니 그것이 무슨 뜻인가.

제5장 의두 요목

8. 옛 부처님이 나시기 전에 응연(凝然)히 한 상이 둥글었다 하였으니 그것이 무슨 뜻인가.
9. 부모에게 몸을 받기 전 몸은 그 어떠한 몸인가.
10. 사람이 깊이 잠들어 꿈도 없는 때에는 그 아는 영지가 어느 곳에 있는가.
11. 일체가 다 마음의 짓는 바라 하였으니 그것이 무슨 뜻인가.
12. 마음이 곧 부처라 하였으니 그것이 무슨 뜻인가.
13. 중생의 윤회되는 것과 모든 부처님의 해탈하는 것은 그 원인이 어디 있는가.
14. 잘 수행하는 사람은 자성을 떠나지 않는다 하니 어떠한 것이 자성을 떠나지 않는 공부인가.
15. 마음과 성품과 이치와 기운의 동일한 점은 어떠하며 구분된 내역은 또한 어떠한가.
16. 우주 만물이 비롯이 있고 끝이 있는가 비롯이 없고 끝이 없는가.
17. 만물의 인과 보복되는 것이 현생 일은 서로 알고 실행되려니와 후생 일은 숙명(宿命)이 이미 매하여서 피차가 서로 알지 못하거니 어떻게 보복이 되는가.
18. 천지는 앎이 없으되 안다 하니 그것이 무슨 뜻인가.
19. 열반을 얻은 사람은 그 영지가 이미 법신에 합하였는데, 어찌하여 다시 개령(個靈)으로 나누어지

며, 전신(前身) 후신(後身)의 표준이 있게 되는가.
20. 나에게 한 권의 경전이 있으니 지묵으로 된 것이 아니라, 한 글자도 없으나 항상 광명을 나툰다 하였으니 그것이 무슨 뜻인가.

제 6 장 일 기 법 (日記法)

1. 일기법의 대요

재가·출가와 유무식을 막론하고 당일의 유무념 처리와 학습 상황과 계문에 범과 유무를 반성하기 위하여 상시 일기법을 제정하였으며, 학원이나 선원에서 훈련을 받는 공부인에게 당일내 작업한 시간 수와 당일의 수입·지출과 심신 작용의 처리건과 감각·감상을 기재시키기 위하여 정기 일기 법을 제정하였나니라.

2. 상시 일기법

1. 유념·무념은 모든 일을 당하여 유념으로 처리한 것과 무념으로 처리한 번수를 조사 기재하되, 하자는 조목과 말자는 조목에 취사하는 주의심을 가지고 한 것은 유념이라 하고, 취사하는 주의심이 없이 한 것은 무념이라 하나니, 처음에는 일이 잘 되었든지 못 되었든지 취사하는 주의심을 놓고 안

제 6 장 일 기 법

놓은 것으로 번수를 계산하나, 공부가 깊어가면 일이 잘되고 못된 것으로 번수를 계산하는 것이요,
2. 학습 상황 중 수양과 연구의 각 과목은 그 시간 수를 계산하여 기재하며, 예회와 입선은 참석 여부를 대조 기재하는 것이요,
3. 계문은 범과 유무를 대조 기재하되 범과가 있을 때에는 해당 조목에 범한 번수를 기재하는 것이요,
4. 문자와 서식에 능하지 못한 사람을 위하여는 따로이 태조사(太調査) 법을 두어 유념 무념만을 대조하게 하나니, 취사하는 주의심을 가지고 한 것은 흰 콩으로 하고 취사하는 주의심이 없이 한 것은 검은 콩으로 하여, 유념·무념의 번수를 계산하게 하는 것이니라.

3. 정기 일기법

1. 당일의 작업 시간 수를 기재시키는 뜻은 주야 24시간 동안 가치 있게 보낸 시간과 허망하게 보낸 시간을 대조하여, 허송한 시간이 있고 보면 뒷날에는 그렇지 않도록 주의하여 잠시라도 쓸데 없는 시간을 보내지 말자는 것이요,
2. 당일의 수입·지출을 기재시키는 뜻은 수입이 없으면 수입의 방도를 준비하여 부지런히 수입을 장만하도록 하며 지출이 많을 때에는 될 수 있는대로 지출을 줄여서 빈곤을 방지하고 안락을 얻게

함이며, 설사 유족한 사람이라도 놀고 먹는 폐풍을 없게 함이요,
3. 심신 작용의 처리건을 기재시키는 뜻은 당일의 시비를 감정하여 죄복의 결산을 알게 하며 시비 이해를 밝혀 모든 일을 작용할 때 취사의 능력을 얻게 함이요,
4. 감각이나 감상을 기재시키는 뜻은 그 대소 유무의 이치가 밝아지는 정도를 대조하게 함이니라.

제7장 무시선법 (無時禪法)

대범, 선(禪)이라 함은 원래에 분별 주착이 없는 각자의 성품을 오득하여 마음의 자유를 얻게 하는 공부인 바, 예로부터 큰 도에 뜻을 둔 사람으로서 선을 닦지 아니한 일이 없나니라.

사람이 만일 참다운 선을 닦고자 할진대 먼저 마땅히 진공(眞空)으로 체를 삼고 묘유(妙有)로 용을 삼아 밖으로 천만 경계를 대하되 부동함은 태산과 같이 하고, 안으로 마음을 지키되 청정함은 허공과 같이 하여 동하여도 동하는 바가 없고 정하여도 정하는 바가 없이 그 마음을 작용하라. 이같이 한즉, 모든 분별이 항상 정을 여의지 아니하여 육근을 작용하는 바가 다

제 7 장 무 시 선 법

공적 영지의 자성에 부합이 될 것이니, 이것이 이른바 대승선(大乘禪)이요 삼학을 병진하는 공부법이니라.

그러므로, 경(經)에 이르시되 「응하여도 주한 바 없이 그 마음을 내라」하시었나니, 이는 곧 천만 경계 중에서 동하지 않는 행을 닦는 대법이라, 이 법이 심히 어려운 것 같으나 닦는 법만 자상히 알고 보면 괭이를 든 농부도 선을 할 수 있고, 마치를 든 공장(工匠)도 선을 할 수 있으며, 주판을 든 점원도 선을 할 수 있고, 정사를 잡은 관리도 선을 할 수 있으며, 내왕하면서도 선을 할 수 있고, 집에서도 선을 할 수 있나니 어찌 구차히 처소를 택하며 동정을 말하리요.

그러나, 처음으로 선을 닦는 사람은 마음이 마음대로 잘 되지 아니하여 마치 저 소 길들이기와 흡사하나니 잠깐이라도 마음의 고삐를 놓고 보면 곧 도심을 상하게 되나니라. 그러므로, 아무리 욕심나는 경계를 대할지라도 끝까지 싸우는 정신을 놓지 아니하고 힘써 행한즉 마음이 차차 조숙(調熟)되어 마음을 마음대로 하는 지경에 이르나니, 경계를 대할 때마다 공부할 때가 돌아온 것을 염두에 잊지 말고 항상 끌리고 안 끌리는 대중만 잡아갈지니라. 그리하여, 마음을 마음대로 하는 건수가 차차 늘어가는 거동이 있은즉 시시로 평소에 심히 좋아하고 싫어하는 경계에 놓아 맡겨 보되 만일 마음이 여전히 동하면 이는 도심이 미숙한 것이요, 동하지 아니하면 이는 도심이 익어가는 증거인 줄로 알라. 그러나, 마음이 동하지 아니한다 하여 즉시에 방심은 하지 말라. 이는 심력을 써서 동하지 아니한 것이요, 자연히 동하지 않은 것이 아니니, 놓아도 동하지 아니하여야 길이 잘 든 것이니라.

사람이 만일 오래오래 선을 계속하여 모든 번뇌를 끊고 마음의 자유를 얻은즉, 철주의 중심이 되고 석벽의 외면이 되어 부귀 영화도 능히 그 마음을 달래어 가지 못하고 무기와 권세로도 능히 그 마음을 굽히지 못하며, 일체 법을 행하되 걸리고 막히는 바가 없고, 진세(塵世)에 처하되 항상 백천 삼매를 얻을지라, 이 지경에 이른즉 진대지(盡大地)가 일진 법계(一眞法界)로 화하여 시비 선악과 염정 제법(染淨諸法)이 다 제호(醍醐)의 일미(一味)를 이루리니 이것이 이른바 불이문(不二門)이라 생사 자유와 윤회 해탈과 정토 극락이 다 이 문으로부터 나오나니라.

근래에 선을 닦는 무리가 선을 대단히 어렵게 생각하여 처자가 있어도 못할 것이요, 직업을 가져도 못할 것이라 하여, 산중에 들어가 조용히 앉아야만 선을 할 수 있다는 주견을 가진 사람이 많나니, 이것은 제법이 둘 아닌 대법을 모르는 연고라, 만일 앉아야만 선을 하는 것일진대 서는 때는 선을 못 하게 될 것이니, 앉아서만 하고 서서 못하는 선은 병든 선이라 어찌 중생을 건지는 대법이 되리요. 뿐만 아니라, 성품의 자체가 한갓 공적에만 그친 것이 아니니, 만일 무정물과 같은 선을 닦을진대 이것은 성품을 단련하는 선 공부가 아니요 무용한 병신을 만드는 일이니라. 그러므로, 시끄러운 데 처해도 마음이 요란하지 아니하고 욕심 경계를 대하여도 마음이 동하지 아니하여야 이것이 참 선이요 참 정이니, 다시 이 무시선의 강령을 들어 말하면 아래와 같나니라.

「육근(六根)이 무사(無事)하면 잡념을 제거하고 일심을 양성하며, 육근이 유사하면 불의를 제거하고 정의를 양성하라.」

제8장 참 회 문 (懺悔文)

음양 상승(陰陽相勝)의 도를 따라 선행자는 후일에 상생(相生)의 과보를 받고 악행자는 후일에 상극(相克)의 과보를 받는 것이 호리도 틀림이 없으되, 영원히 참회 개과하는 사람은 능히 상생 상극의 업력을 벗어나서 죄복을 자유로 할 수 있나니, 그러므로 제불 조사가 이구 동음으로 참회문을 열어 놓으셨나니라.

대범, 참회라 하는 것은 옛 생활을 버리고 새 생활을 개척하는 초보이며, 악도를 놓고 선도에 들어오는 초문이라, 사람이 과거의 잘못을 참회하여 날로 선도를 행한즉 구업(舊業)은 점점 사라지고 신업은 다시

정전 제3 수행편

짓지 아니하여 선도는 날로 가까와지고 악도는 스스로 멀어지나니라. 그러므로, 경에 이르시되「전심 작악(前心作惡)은 구름이 해를 가린 것과 같고 후심 기선(後心起善)은 밝은 불이 어둠을 파함과 같나니라」하시었나니, 죄는 본래 마음으로부터 일어난 것이라 마음이 멸함을 따라 반드시 없어질 것이며, 업은 본래 무명(無明)인지라 자성의 혜광을 따라 반드시 없어지나니, 죄고에 신음하는 사람들이여./ 어찌 이 문에 들지 아니하리요.

그러나, 죄업의 근본은 탐·진·치(貪瞋痴)라 아무리 참회를 한다 할지라도 후일에 또다시 악을 범하고 보면 죄도 또한 멸할 날이 없으며, 또는 악도에 떨어질 중죄를 지은 사람이 일시적 참회로써 약간의 복을 짓는다 할지라도 원래의 탐·진·치를 그대로 두고 보면 복은 복대로 받고 죄는 죄대로 남아 있게 되나니, 비하건대 큰 솥 가운데 끓는 물을 냉(冷)하게 만들고자 하는 사람이 위에다가 약간의 냉수만 갖다 붓고, 밑에서 타는 불을 그대로 둔즉 불의 힘은 강하고 냉수의 힘은 약하여 어느 때든지 그 물이 냉해지지 아니 함과 같나니라.

세상에 전과(前過)를 뉘우치는 사람은 많으나 후과를 범하지 않는 사람은 적으며, 일시적 참회심으로써 한 두 가지의 복을 짓는 사람은 있으나 심중의 탐·진·치는 그대로 두나니 어찌 죄업이 청정하기를 바라리요.

제8장 참회문

참회의 방법은 두 가지가 있으니, 하나는 사참(事懺)이요 하나는 이참(理懺)이라, 사참이라 함은 성심으로 삼보(三寶) 전에 죄과를 뉘우치며 날로 모든 선을 행함을 이름이요, 이참이라 함은 원래에 죄성(罪性)이 공한 자리를 깨쳐 안으로 모든 번뇌 망상을 제거해 감을 이름이니 사람이 영원히 죄악을 벗어나고자 할진대 마땅히 이를 쌍수하여 밖으로 모든 선업을 계속 수행하는 동시에 안으로 자신의 탐·진·치를 제거할지니라. 이같이 한즉, 저 솥 가운데 끓는 물을 냉하게 만들고자 하는 사람이 위에다가 냉수도 많이 붓고 밑에서 타는 불도 꺼버림과 같아서 아무리 백천 겁에 쌓이고 쌓인 죄업일지라도 곧 청정해 지나니라.

또는, 공부인이 성심으로 참회 수도하여 적적 성성한 자성불을 깨쳐 마음의 자유를 얻고 보면, 천업(天業)을 임의로 하고 생사를 자유로 하여 취할 것도 없고 버릴 것도 없고 미워할 것도 없고 사랑할 것도 없어서, 삼계 육도(三界六途)가 평등 일미요, 동정 역순이 무비 삼매(無非三昧)라, 이러한 사람은 천만 죄고가 더운 물에 얼음 녹듯하여 고도 고가 아니요, 죄도 죄가 아니며, 항상 자성의 혜광이 발하여 진대지가 이 도량이요, 진대지가 이 정토라 내 외 중간에 털끝만한 죄상(罪相)도 찾아볼 수 없나니, 이것이 이른바 불조의 참회요, 대승의 참회라 이 지경에 이르러야 가히 죄업을 마쳤다 하리라.

근래에 자칭 도인의 무리가 왕왕이 출현하여 계율과 인과를 중히 알지 아니하고 날로 자행 자지를 행하면서 스스로 이르기를 무애행(無碍行)이라 하여 불문(佛門)을 더럽히는 일이 없지 아니하나니, 이것은 자성의 분별 없는 줄만 알고 분별 있는 줄은 모르는 연고라, 어찌 유무 초월의 참 도를 알았다 하리요. 또는, 견성만으로써 공부를 다 한 줄로 알고, 견성 후에는 참회도 소용이 없고 수행도 소용히 없다고 생각하는 사람이 많으나, 비록 견성은 하였다 할지라도 천만 번뇌와 모든 착심이 동시에 소멸되는 것이 아니요 또는 삼대력(三大力)을 얻어 성불을 하였다 할지라도 정업(定業)은 능히 면하지 못하는 것이니, 마땅히 이 점에 주의하여 사견(邪見)에 빠지지 말며 불조의 말씀을 오해하여 죄업을 경하게 알지 말지니라.

제 9 장 심고와 기도 (心告 - 祈禱)

사람이 출세하여 세상을 살아 가기로 하면 자력(自力)과 타력이 같이 필요하나니 자력은 타력의 근본이 되고 타력은 자력의 근본이 되나니라. 그러므로, 자신할 만한 타력을 얻은 사람은 나무 뿌리가 땅을 만남과 같은지라, 우리는 자신할 만한 법신불(法身佛) 사

제 9 장 심고와 기도

은의 은혜와 위력을 알았으니, 이 원만한 사은으로써 신앙의 근원을 삼고 즐거운 일을 당할 때에는 감사를 올리며, 괴로운 일을 당할 때에는 사죄를 올리고, 결정하기 어려운 일을 당할 때에는 결정될 심고와 혹은 설명 기도를 올리며, 난경을 당할 때에는 순경될 심고와 혹은 설명 기도를 올리고, 순경을 당할 때에는 간사하고 망녕된 곳으로 가지 않도록 심고와 혹은 설명 기도를 하자는 것이니, 이 심고와 기도의 뜻을 잘 알아서 정성으로써 계속하면 지성이면 감천으로 자연히 사은의 위력을 얻어 원하는 바를 이룰 것이며 낙있는 생활을 하게 될 것이니라.

그러나, 심고와 기도하는 서원에 위반이 되고 보면 도리어 사은의 위력으로써 죄벌이 있나니, 여기에 명심하여 거짓된 심고와 기도를 아니하는 것이 그 본의를 아는 사람이라고 할 것이니라.

심고와 기도를 올릴 때에는 「천지 하감지위(下鑑之位), 부모 하감지위, 동포 응감지위(應鑑之位), 법률 응감지위, 피은자 아무는 법신불 사은 전에 고백하옵나이다.」하고 앞에 말한 범위 안에서 각자의 소회를 따라 심고와 기도를 하되 상대처가 있는 경우에는 묵상 심고와 실지 기도와 설명 기도를 다 할 수 있고, 상대처가 없는 경우에는 묵상 심고와 설명 기도만 하는 것이니, 묵상 심고는 자기 심중으로만 하는 것이요, 실지 기도는 상대처를 따라 직접 당처에 하는 것이요,

설명 기도는 여러 사람이 잘 듣고 감동이 되어 각성이 생기도록 하는 것이니라.

제10장 불공하는 법 (佛供-法)

과거의 불공 법과 같이 천지에게 당한 죄복도 불상(佛像)에게 빌고, 부모에게 당한 죄복도 불상에게 빌고, 동포에게 당한 죄복도 불상에게 빌고, 법률에게 당한 죄복도 불상에게만 빌 것이 아니라, 우주 만유는 곧 법신불의 응화신(應化身)이니, 당하는 곳마다 부처님(處處佛像)이요, 일일이 불공 법(事事佛供)이라, 천지에게 당한 죄복은 천지에게, 부모에게 당한 죄복은 부모에게, 동포에게 당한 죄복은 동포에게, 법률에게 당한 죄복은 법률에게 비는 것이 사실적인 동시에 반드시 성공하는 불공 법이 될 것이니라.

또는, 그 기한에 있어서도 과거와 같이 막연히 한정 없이 할 것이 아니라 수만 세상 또는 수천 세상을 하여야 성공될 일도 있고, 수백 세상 또는 수십 세상을 하여야 성공될 일도 있고, 한 두 세상 또는 수십 년을 하여야 성공될 일도 있고, 수월 수일 또는 한 때만 하여도 성공될 일이 있을 것이니, 그 일의 성질을 따라 적당한 기한으로 불공을 하는 것이 또한 사실적인 동시에 반드시 성공하는 법이 될 것이니라.

제11장 계   문 (戒文)

1. 보통급(普通級) 십계문

1. 연고 없이 살생을 말며,
2. 도둑질을 말며,
3. 간음(姦淫)을 말며,
4. 연고 없이 술을 마시지 말며,
5. 잡기(雜技)를 말며,
6. 악한 말을 말며,
7. 연고 없이 쟁투(爭鬪)를 말며,
8. 공금(公金)을 범하여 쓰지 말며,
9. 연고 없이 심교간(心交間) 금전을 여수(與受)하지 말며,
10. 연고 없이 담배를 피우지 말라.

2. 특신급(特信級) 십계문

1. 공중사(公衆事)를 단독히 처리하지 말며,
2. 다른 사람의 과실(過失)을 말하지 말며,
3. 금은 보패 구하는 데 정신을 뺏기지 말며,
4. 의복을 빛나게 꾸미지 말며,
5. 정당하지 못한 벗을 좇아 놀지 말며,

6. 두 사람이 아울러 말하지 말며,
7. 신용 없지 말며,
8. 비단 같이 꾸미는 말을 하지 말며,
9. 연고 없이 때 아닌 때 잠자지 말며,
10. 예 아닌 노래 부르고 춤추는 자리에 좇아 놀지 말라.

3. 법마 상전급(法魔相戰級) 십계문

1. 아만심(我慢心)을 내지 말며,
2. 두 아내를 거느리지 말며,
3. 연고 없이 사육(四肉)을 먹지 말며,
4. 나태(懶怠) 하지 말며,
5. 한 입으로 두 말 하지 말며,
6. 망녕된 말을 하지 말며,
7. 시기심(猜忌心)을 내지 말며,
8. 탐심(貪心)을 내지 말며,
9. 진심(瞋心)을 내지 말며,
10. 치심(痴心)을 내지 말라.

제12장 솔 성 요 론 (率性要論)

1. 사람만 믿지 말고 그 법을 믿을 것이요,
2. 열 사람의 법을 응하여 제일 좋은 법으로 믿을

제12장 솔성요론

것이요,
3. 사생(四生) 중 사람이 된 이상에는 배우기를 좋아할 것이요,
4. 지식 있는 사람이 지식이 있다 함으로써 그 배움을 놓지 말 것이요,
5. 주색 낭유(酒色浪遊)하지 말고 그 시간에 진리를 연구할 것이요,
6. 한 편에 착(着)하지 아니할 것이요,
7. 모든 사물을 접응할 때에 공경심을 놓지 말고, 탐한 욕심이 나거든 사자와 같이 무서워할 것이요,
8. 일일 시시(日日時時)로 자기가 자기를 가르칠 것이요,
9. 무슨 일이든지 잘못된 일이 있고 보면 남을 원망하지 말고 자기를 살필 것이요,
10. 다른 사람의 그릇된 일을 견문하여 자기의 그름은 깨칠지언정 그 그름을 드러내지 말 것이요,
11. 다른 사람의 잘된 일을 견문하여 세상에다 포양하며 그 잘된 일을 잊어버리지 말 것이요,
12. 정당한 일이거든 내 일을 생각하여 남의 세정을 알아줄 것이요,
13. 정당한 일이거든 아무리 하기 싫어도 죽기로써 할 것이요,
14. 부당한 일이거든 아무리 하고 싶어도 죽기로써 아니할 것이요,

15. 다른 사람의 원 없는 데에는 무슨 일이든지 권하지 말고 자기 할 일만 할 것이요,
16. 어떠한 원을 발하여 그 원을 이루고자 하거든 보고 듣는 대로 원하는 데에 대조하여 연마할 것이니라.

제13장 최 초 법 어 (最初法語)

1. 수신(修身)의 요법

1. 시대를 따라 학업에 종사하여 모든 학문을 준비할 것이요,
2. 정신을 수양하여 분수 지키는 데 안정을 얻을 것이며, 희·로·애·락의 경우를 당하여도 정의를 잃지 아니할 것이요,
3. 일과 이치를 연구하여 허위와 사실을 분석하며 시비와 이해를 바르게 판단할 것이요,
4. 응용할 때에 취사하는 주의심을 놓지 아니하고 지행(知行)을 같이 할 것이니라.

2. 제가(齊家)의 요법

1. 실업과 의·식·주를 완전히 하고 매일 수입 지출을 대조하여 근검 저축하기를 주장할 것이요,

2. 호주는 견문과 학업을 잊어버리지 아니하며, 자녀의 교육을 잊어버리지 아니하며, 상봉 하솔의 책임을 잊어버리지 아니할 것이요,
3. 가권(家眷)이 서로 화목하며, 의견 교환하기를 주장할 것이요,
4. 내면으로 심리 밝혀 주는 도덕의 사우(師友)가 있으며, 외면으로 규칙 밝혀 주는 정치에 복종하여야 할 것이요,
5. 과거와 현재의 모든 가정이 어떠한 희망과 어떠한 방법으로 안락한 가정이 되었으며, 실패한 가정이 되었는가 참조하기를 주의할 것이니라.

3. 강자·약자의 진화(進化)상 요법

1. 강·약의 대지(大旨)를 들어 말하면 무슨 일을 물론하고 이기는 것은 강이요, 지는 것은 약이라, 강자는 약자로 인하여 강의 목적을 달하고 약자는 강자로 인하여 강을 얻는 고로 서로 의지하고 서로 바탕하여 친 불친이 있나니라.
2. 강자는 약자에게 강을 베풀 때에 자리 이타 법을 써서 약자를 강자로 진화시키는 것이 영원한 강자가 되는 길이요, 약자는 강자를 선도자로 삼고 어떠한 천신 만고가 있다 하여도 약자의 자리에서 강자의 자리에 이르기까지 진보하여 가는 것이 다시 없는 강자가 되는 길이니라. 강자가 강자 노릇

을 할 때에 어찌하면 이 강이 영원한 강이 되고 어찌하면 이 강이 변하여 약이 되는 것인지 생각 없이 다만 자리 타해에만 그치고 보면 아무리 강자라도 약자가 되고 마는 것이요, 약자는 강자 되기 전에 어찌하면 약자가 변하여 강자가 되고 어찌하면 강자가 변하여 약자가 되는 것인지 생각 없이 다만 강자를 대항하기로만 하고 약자가 강자로 진화되는 이치를 찾지 못한다면 또한 영원한 약자가 되고 말 것이니라.

4. 지도인으로서 준비할 요법

1. 지도 받는 사람 이상의 지식을 가질 것이요,
2. 지도 받는 사람에게 신용을 잃지 말 것이요,
3. 지도 받는 사람에게 사리(私利)를 취하지 말 것이요,
4. 일을 당할 때마다 지행을 대조할 것이니라.

제14장 고락에 대한 법문

1. 고락(苦樂)의 설명

대범, 사람이 세상에 나면 싫어하는 것과 좋아하는 것 두 가지가 있으니, 하나는 괴로운 고요 둘은 즐거

제14장 고락에 대한 법문

운 낙이라, 고에도 우연한 고가 있고 사람이 지어서 받는 고가 있으며, 낙에도 우연한 낙이 있고 사람이 지어서 받는 낙이 있는 바, 고는 사람 사람이 다 싫어하고 낙은 사람 사람이 다 좋아하나니라. 그러나, 고락의 원인을 생각하여 보는 사람은 적은지라, 이 고가 영원한 고가 될는지 고가 변하여 낙이 될는지 낙이라도 영원한 낙이 될는지 낙이 변하여 고가 될는지 생각 없이 살지마는 우리는 정당한 고락과 부정당한 고락을 자상히 알아서 정당한 고락으로 무궁한 세월을 한결같이 지내며, 부정당한 고락은 영원히 오지 아니하도록 행·주·좌·와·어·묵·동·정 간에 응용하는 데 온전한 생각으로 취사하기를 주의할 것이니라.

2. 낙을 버리고 고로 들어가는 원인

1. 고락의 근원을 알지 못함이요,
2. 가령 안다 할지라도 실행이 없는 연고요,
3. 보는 대로 듣는 대로 생각나는 대로 자행 자지로 육신과 정신을 아무 예산 없이 양성하여 철석 같이 굳은 연고요,
4. 육신과 정신을 법으로 질박아서 나쁜 습관을 제거하고 정당한 법으로 단련하여 기질 변화가 분명히 되기까지 공부를 완전히 아니한 연고요,
5. 응용하는 가운데 수고 없이 속히 하고자 함이니라.

정전 제 3 수행편

제15장 병든 사회와 그 치료법

 사람도 병이 들어 낫지 못하면 불구자가 되든지 혹은 폐인이 되든지 혹은 죽기까지도 하는 것과 같이, 한 사회도 병이 들었으나 그 지도자가 병든 줄을 알지 못한다든지 설사 안다 할지라도 치료의 성의가 없다든지 하여 그 시일이 오래되고 보면 그 사회는 불완전한 사회가 될 것이며, 혹은 부패한 사회가 될 수도 있으며, 혹은 파멸의 사회가 될 수도 있나니, 한 사회가 병들어가는 증거를 대강 들어 말하자면 각자가 서로 자기 잘못은 알지 못하고 다른 사람의 잘못하는 것만 많이 드러내는 것이며, 또는 부정당한 의뢰 생활을 하는 것이며, 또는 지도 받을 자리에서 정당한 지도를 잘 받지 아니하는 것이며, 또는 지도할 자리에서 정당한 지도로써 교화할 줄을 모르는 것이며, 또는 착한 사람은 찬성하고 악한 사람은 불쌍히 여기며, 이로운 것은 저 사람에게 주고 해로운 것은 내가 가지며, 편안한 것은 저 사람을 주고 괴로운 것은 내가 가지는 등의 공익심이 없는 연고이니, 이 병을 치료하기로 하면 자기의 잘못을 항상 조사할 것이며, 부정당한 의뢰 생활을 하지 말 것이며, 지도 받을 자리에서 정당한 지도를 잘 받을 것이며, 지도할 자리에서 정당한 지도로써 교화를 잘 할 것이며, 자리(自利) 주의를 버리고 이타 주의로 나아가면 그 치료가 잘 될 것이며 따라서 그 병이 완쾌되는 동시에 건전하고 평화한 사회가 될 것이니라.

제16장 영육 쌍전 법 (靈肉雙全法)

과거에는 세간 생활을 하고 보면 수도인이 아니라 하므로 수도인 가운데 직업 없이 놀고 먹는 폐풍이 치성하여 개인·가정·사회·국가에 해독이 많이 미쳐 왔으나, 이제부터는 묵은 세상을 새 세상으로 건설하게 되므로 새 세상의 종교는 수도와 생활이 둘이 아닌 산 종교라야 할 것이니라. 그러므로, 우리는 제불 조사 정전(正傳)의 심인인 법신불 일원상의 진리와 수양·연구·취사의 삼학으로써 의·식·주를 얻고 의·식·주와 삼학으로써 그 진리를 얻어서 영육을 쌍전하여 개인·가정·사회·국가에 도움이 되게 하자는 것이니라.

제17장 법 위 등 급 (法位等級)

공부인의 수행 정도를 따라 여섯 가지 등급의 법위

가 있나니 곧 보통급·특신급·법마상전급·법강항마위(法强降魔位)·출가위(出家位)· 대각여래위(大覺如來位)니라.

1. 보통급은 유무식·남녀·노소·선악·귀천을 막론하고 처음으로 불문에 귀의하여 보통급 십계를 받은 사람의 급이요,
2. 특신급은 보통급 십계를 일일이 실행하고, 예비 특신급에 승급하여 특신급 십계를 받아 지키며, 우리의 교리와 법규를 대강 이해하며,

   모든 사업이나 생각이나 신앙이나 정성이 다른 세상에 흐르지 않는 사람의 급이요,
3. 법마상전급은 보통급 십계와 특신급 십계를 일일이 실행하고 예비 법마상전급에 승급하여 법마상전급 십계를 받아 지키며,

   법과 마를 일일이 분석하고 우리의 경전 해석에 과히 착오가 없으며,

   천만 경계 중에서 사심을 제거하는 데 재미를 붙이고 무관사(無關事)에 동하지 않으며,

   법마상전의 뜻을 알아 법마상전을 하되 인생의 요도와 공부의 요도에 대기사(大忌事)는 아니하고, 세밀한 일이라도 반수 이상 법의 승(勝)을 얻는 사람의 급이요,
4. 법강항마위는 법마상전급 승급 조항을 일일이 실행하고 예비 법강항마위에 승급하여,

제17장 법위등급

　육근을 응용하여 법마상전을 하되 법이 백전 백승하며,
　우리 경전의 뜻을 일일이 해석하고 대소 유무의 이치에 걸림이 없으며,
　생·로·병·사에 해탈을 얻은 사람의 위요,
5. 출가위는 법강항마위 승급 조항을 일일이 실행하고 예비 출가위에 승급하여,
　대소 유무의 이치를 따라 인간의 시비 이해를 건설하며,
　현재 모든 종교의 교리를 정통하며,
　원근 친소와 자타의 국한을 벗어나서 일체 생령을 위하여 천신 만고와 함지 사지를 당하여도 여한이 없는 사람의 위요,
6. 대각여래위는 출가위 승급 조항을 일일이 실행하고 예비 대각여래위에 승급하여,
　대자 대비로 일체 생령을 제도하되 만능(萬能)이 겸비하며,
　천만 방편으로 수기 응변(隨機應變)하여 교화하되 대의에 어긋남이 없고 교화 받는 사람으로서 그 방편을 알지 못하게 하며,
　동하여도 분별에 착이 없고 정하여도 분별이 절도에 맞는 사람의 위니라.

대 종 경 (大宗經)

제 1 서 품 (序品)

1. 원기(圓紀) 원년 사월 이십팔일에 대종사(大宗師) 대각(大覺)을 이루시고 말씀하시기를 「만유가 한 체성이며 만법이 한 근원이로다. 이 가운데 생멸 없는 도(道)와 인과 보응되는 이치가 서로 바탕하여 한 두렷한 기틀을 지었도다.」
_(음 3월 26일)

2. 대종사 대각을 이루신 후 모든 종교의 경전을 두루 열람하시다가 금강경(金剛經)을 보시고 말씀하시기를 「서가모니 불(釋迦牟尼佛)은 진실로 성인들 중의 성인이라」하시고, 또 말씀하시기를 「내가 스승의 지도 없이 도를 얻었으나 발심한 동기로부터 도 얻은 경로를 돌아본다면 과거 부처님의 행적과 말씀에 부합되는 바 많으므로 나의 연원(淵源)을 부처님에게 정하노라」하시고, 「장차 회상(會上)을 열 때에도 불법으로 주체를 삼아 완전 무결한 큰 회상을 이 세상에 건설하리라.」하시니라.

3. 대종사 말씀하시기를 「불법은 천하의 큰 도라 참된 성품의 원리를 밝히고 생사의 큰 일을 해결하며 인과의 이치를 드러내고 수행의 길을 갖추어서 능히 모든 교법에 뛰어난 바 있나니라.」

4. 대종사 당시의 시국을 살펴 보시사 그 지도 강

령을 표어로써 정하시기를 「물질이 개벽(開闢)되니 정신을 개벽하자」하시니라.

5. 대종사 처음 교화를 시작하신 지 몇 달만에 믿고 따르는 사람이 사십여명에 이르는지라 그 가운데 특히 진실하고 신심 굳은 아홉 사람을 먼저 고르시사 회상 창립의 표준 제자로 내정하시고 말씀하시기를 「사람은 만물의 주인이요 만물은 사람의 사용할 바이며, 인도는 인의가 주체요 권모 술수는 그 끝이니, 사람의 정신이 능히 만물을 지배하고 인의의 대도가 세상에 서게 되는 것은 이치의 당연함이어늘, 근래에 그 주체가 위(位)를 잃고 권모 술수가 세상에 횡행하여 대도가 크게 어지러운지라, 우리가 이 때에 먼저 마음을 모으고 뜻을 합하여 나날이 쇠퇴하여 가는 세도(世道) 인심을 바로잡아야 할 것이니, 그대들은 이 뜻을 잘 알아서 영원한 세상에 대 회상 창립의 주인들이 되라.」

6. 대종사 앞으로 시방 세계(十方世界) 모든 사람을 두루 교화할 십인 일단(十人一團)의 단 조직 방법을 제정하시고 말씀하시기를 「이 법은 오직 한 스승의 가르침으로 모든 사람을 고루 훈련할 빠른 방법이니, 몇 억만의 많은 수라도 가히 지도할 수 있으나 그 공력은 항상 아홉 사람에게만 드리면 되는 간이한 조직이니라.」하시고, 앞서 고르신 구인 제자로 이 회상 최초의 단을 조직하신 후 「이 단은 곧 시방 세계를 응하

여 조직된 것이니 단장은 하늘을 응하고 중앙(中央)은 땅을 응하였으며 팔인 단원은 팔방을 응한 것이라, 펴서 말하면 이 단이 곧 시방을 대표하고 거두어 말하면 시방을 곧 한 몸에 합한 이치니라.」하시니, 단장에 대종사, 중앙에 송 규(宋奎), 단원에 이재철(李載喆) 이 순순(李旬旬) 김 기천(金幾千) 오 창건(吳昌建) 박 세철(朴世喆) 박 동국(朴東局) 유 건(劉巾) 김 광선(金光旋)이러라.

7. 대종사 회상 창립의 준비로 저축조합을 설시하시고, 단원들에게 말씀하시기를 「우리가 시작하는 이 사업은 보통 사람이 다 하는 바가 아니며 보통 사람이 다 하지 못하는 바를 하기로 하면 반드시 특별한 인내와 특별한 노력이 있어야 할 것인 바 우리의 현재 생활이 모두 가난한 처지에 있는지라 모든 방면으로 특별한 절약과 근로가 아니면 사업의 토대를 세우기 어려운 터이니, 우리는 이 조합의 모든 조항을 지성으로 실행하여 이로써 후진에게 창립의 모범을 보여 주자.」 하시고, 먼저 금주 금연과 보은미(報恩米) 저축과 공동 출역(出役)을 하게 하시니라.

8. 대종사 길룡리(吉龍里) 간석지(干潟地)의 방언(防堰)일을 시작하사 이를 감역하시며, 제자들에게 말씀하시기를 「지금 구인은 본래 일을 아니하던 사람들이로되 대 회상 창립 시기에 나왔으므로 남 다른 고생이 많으나 그 대신 재미도 또한 적지 아니하리라.

무슨 일이든지 남이 다 이루어 놓은 뒤에 수고 없이 지키기만 하는 것보다는 내가 고생을 하고 창립을 하여 남의 시조가 되는 것이 의미 깊은 일이니, 우리가 건설할 회상은 과거에도 보지 못하였고 미래에도 보기 어려운 큰 회상이라, 그러한 회상을 건설하자면 그 법을 제정할 때에 도학과 과학이 병진하여 참 문명 세계가 열리게 하며, 동(動)과 정(靜)이 골라 맞아서 공부와 사업이 병진되게 하고, 모든 교법을 두루 통합하여 한 덩어리 한 집안을 만들어 서로 넘나들고 화하게 하여야 하므로, 모든 점에 결함됨이 없이 하려함에 자연 이렇게 일이 많도다.」

9. 단원들이 방언 일을 진행할 때에 이웃 마을의 부호 한 사람이 이를 보고 곧 분쟁을 일으키어 자기도 간석지 개척원을 관청에 제출한 후 관계 당국에 자주 출입하여 장차 토지 소유권 문제에 걱정되는 바가 적지 아니한지라 단원들이 그를 깊이 미워하거늘, 대종사 말씀하시기를 「공사 중에 이러한 분쟁이 생긴 것은 하늘이 우리의 정성을 시험하심인 듯하니 그대들은 조금도 이에 끌리지 말고 또는 저 사람을 미워하고 원망하지도 말라. 사필 귀정(事必歸正)이 이 치의 당연함이어니와 혹 우리의 노력한 바가 저 사람의 소유로 된다 할지라도 우리에 있어서는 양심에 부끄러울 바가 없으며, 또는 우리의 본의가 항상 공중을 위하여 활동하기로 한 바인데 비록 처음 계획과 같이 널리 사용

되지는 못하나 그 사람도 또한 중인 가운데 한 사람은 되는 것이며, 이 빈궁한 해변 주민들에게 상당한 논이 생기게 되었으니 또한 대중에게 이익을 주는 일도 되지 않는가. 이 때에 있어서 그대들은 자타의 관념을 초월하고 오직 공중을 위하는 본의로만 부지런히 힘쓴다면 일은 자연 바른 대로 해결되리라.」

10. 하루는 이 춘풍(李春風)이 와서 뵈오니, 대종사 말씀하시기를 「저 사람들이 나를 찾아온 것은 도덕을 배우려 함이어늘, 나는 무슨 뜻으로 도덕은 가르치지 아니하고 이 같이 먼저 언(堰)을 막으라 하였는지 그 뜻을 알겠는가.」 춘풍이 사뢰기를 「저 같은 소견으로 어찌 깊으신 뜻을 다 알으오리까마는 저의 생각에는 두 가지 이유가 있는 듯하오니, 첫째는 이 언을 막아서 공부하는 비용을 준비하게 하심이요, 다음은 동심 합력으로 나아가면 이루지 못할 일이 없다는 증거를 보이시기 위함인가 하나이다.」 대종사 말씀하시기를 「그대의 말이 대개 옳으나 그 밖에도 나의 뜻을 더 들어보라. 저 사람들이 원래에 공부를 목적하고 온 것이므로 먼저 굳은 신심이 있고 없음을 알아야 할 것이니, 수 만년 불고하던 간석지를 개척하여 논을 만들기로 하매 이웃 사람들의 조소를 받으며 겸하여 노동의 경험도 없는 사람들로서 충분히 믿기 어려운 이 일을 할 때에 그것으로 참된 신심이 있고 없음을 알게 될 것이요, 또는 이 한 일의 시(始)와 종(終)을 볼

때에 앞으로 모든 사업을 성취할 힘이 있고 없는 것을 알 수 있을 것이요. 또는 소비 절약과 근로 작업으로 자작 자급하는 방법을 보아서 복록(福祿)이 어디로 부터 오는 근본을 알게 될 것이요, 또는 그 괴로운 일을 할 때에 솔성(率性)하는 법이 골라져서 스스로 괴로움을 이길 만한 힘을 얻을 수 있을 것이니, 이 모든 생각으로 이 일을 착수시켰노라.」

11. 방언 일이 준공되니 단원들이 서로 말하기를 「처음 시작할 때에는 평지에 태산을 쌓을 것같이 어려운 생각이 들더니, 이제 이 만큼 되고보니 방언은 오히려 쉬운 일이나 앞으로 도(道) 이룰 일은 얼마나 어려울꼬.」 하는지라, 대종사 들으시고 말씀하시기를 「그대들이 지금은 도 이루는 법을 알지 못하므로 그러한 말을 하거니와, 알고 보면 밥 먹기보다 쉬운 것이니 그 넉넉하고 한가한 심경이 어찌 저 언 막기 같이 어려우리요. 그대들이 이 뜻이 미상하거든 잘 들어 두었다가 공부 길을 깨친 뒤에 다시 생각하여 보라.」

12. 길룡리 옥녀봉(玉女峰) 아래에 이 회상 최초의 교당을 건축할 때, 대종사 그 상량에 쓰시기를 "사원기일월(梭圓機日月) 직춘추법려(織春秋法呂)"라 하시고 또 그 아래에 쓰시기를 "송수만목여춘립(松收萬木餘春立) 계합천봉세우명(溪合千峰細雨鳴)"이라 하시니라.

13. 대종사 구인 단원에게 말씀하시기를 「지금 물질 문명은 그 세력이 날로 융성하고 물질을 사용하는 사

람의 정신은 날로 쇠약하여, 개인·가정·사회·국가가 모두 안정을 얻지 못하고 창생의 도탄이 장차 한이 없게 될지니, 세상을 구할 뜻을 가진 우리로서 어찌 이를 범연히 생각하고 있으리요. 옛 성현들도 창생을 위하여 지성으로 천지에 기도하여 천의(天意)를 감동시킨 일이 없지 않나니, 그대들도 이 때를 당하여 전일한 마음과 지극한 정성으로 모든 사람의 정신이 물질에 끌리지 아니하고 물질을 사용하는 사람이 되어 주기를 천지에 기도하여 천의에 감동이 있게 하여 볼지어다. 그대들의 마음은 곧 하늘의 마음이라 마음이 한 번 전일하여 조금도 사가 없게 되면 곧 천지로 더불어 그 덕을 합하여 모든 일이 다 그 마음을 따라 성공이 될 것이니, 그대들은 각자의 마음에 능히 천의를 감동시킬 요소가 있음을 알아야 할 것이며, 각자의 몸에 또한 창생을 제도할 책임이 있음을 항상 명심하라.」하시고, 일자와 방위를 지정 하시어 일제히 기도를 계속하게 하시니라.

14. 원기 사년 팔월 이십일일(음 7월 26일)에 생사를 초월한 구인 단원의 지극한 정성이 드디어 백지 혈인(白指血印)의 이적으로 나타남을 보시고, 대종사 말씀하시기를 「그대들의 마음은 천지 신명이 이미 감응하였고 음부 공사(陰府公事)가 이제 판결이 났으니 우리의 성공은 이로부터 비롯하였도다. 이제, 그대들의 몸은 곧 시방 세계에 바친 몸이니, 앞으로 모든 일을 진행할

때에 비록 천신 만고와 함지 사지를 당할지라도 오직 오늘의 이 마음을 변하지 말고, 또는 가정 애착과 오욕(五欲)의 경계를 당할 때에도 오직 오늘 일만 생각한다면 거기에 끌리지 아니 할 것인 즉, 그 끌림 없는 순일한 생각으로 공부와 사업에 오로지 힘쓰라.」 하시고, 법호(法號)와 법명(法名)을 주시며 말씀하시기를 「그대들의 전날 이름은 곧 세속의 이름이요 개인의 사사 이름이었던 바 그 이름을 가진 사람은 이미 죽었고, 이제 세계 공명(公名)인 새 이름을 주어 다시 살리는 바이니 삼가 받들어 가져서 많은 창생을 제도하라.」

15. 대종사 말씀하시기를 「이제는 우리가 배울 바도 부처님의 도덕이요, 후진을 가르칠 바도 부처님의 도덕이니, 그대들은 먼저 이 불법의 대의를 연구해서 그 진리를 깨치는 데에 노력하라. 내가 진작 이 불법의 진리를 알았으나 그대들의 정도가 아직 그 진리 분석에 못 미치는 바가 있고, 또는 불교가 이 나라에서 여러 백년 동안 천대를 받아 온 끝이라 누구를 막론하고 불교의 명칭을 가진 데에는 존경하는 뜻이 적게 된지라 열리지 못한 인심에 시대의 존경을 받지 못할까 하여, 짐짓 법의 사정 진위를 물론하고 오직 인심의 정도를 따라 순서 없는 교화로 한갓 발심 신앙에만 주력하여 왔거니와. 이제 그 근본적 진리를 발견하고 참다운 공부를 성취하여 일체 중생의 혜·복(慧福) 두

제1 서 품 15

길을 인도하기로 하면 이 불법으로 주체를 삼아야 할 것이며, 뿐만아니라 불교는 장차 세계적 주교가 될 것이니라. 그러나, 미래의 불법은 재래와 같은 제도의 불법이 아니라 사·농·공·상을 여의지 아니하고, 또는 재가 출가를 막론하고 일반적으로 공부하는 불법이 될 것이며, 부처를 숭배하는 것도 한갓 국한된 불상에만 귀의하지 않고, 우주 만물 허공 법계를 다 부처로 알게 되므로 일과 공부가 따로 있지 아니하고, 세상 일을 잘하면 그것이 곧 불법 공부를 잘하는 사람이요, 불법 공부를 잘하면 세상 일을 잘하는 사람이 될 것이며, 또는 불공하는 법도 불공할 처소와 부처가 따로 있는 것이 아니라, 불공하는 이의 일과 원을 따라 그 불공하는 처소와 부처가 있게 되나니, 이리 된다면 법당과 부처가 없는 곳이 없게 되며, 부처의 은혜가 화피초목(化被草木) 뇌급만방(賴及萬方)하여 상상하지 못할 이상의 불국토가 되리라. 그대들이여./ 시대가 비록 천만 번 순환하나 이 같은 기회 만나기가 어렵거늘 그대들은 다행히 만났으며, 허다한 사람 중에 아는 사람이 드물거늘 그대들은 다행히 이 기회를 알아서 처음 회상의 창립주가 되었나니, 그대들은 오늘에 있어서 아직 증명하지 못할 나의 말일지라도 허무하다 생각하지 말고, 모든 지도에 의하여 차차 지내가면 멀지 않은 장래에 가히 그 실지를 보게 되리라.」

16. 대종사 말씀하시기를 「불교는 조선에 인연이 깊은 교로서 환영도 많이 받았으며 배척도 많이 받아 왔으나, 환영은 여러 백년 전에 받았고 배척받은 지는 오래지 아니하여, 정치의 변동이며 유교의 세력에 밀려서 세상을 등지고 산중에 들어가 유야 무야 중에 초인간적 생활을 하고 있었으므로 일반 사회에서는 그 법을 아는 사람이 적은지라, 이에 따라 혹 안다는 사람은 말하되 산수와 경치가 좋은 곳에는 사원이 있다고 하며, 그 사원에는 승려와 불상이 있다고 하며, 승려와 불상이 있는 데 따라 세상에 사는 사람은 복을 빌고 죄를 사하기 위하여 불공을 다닌다 하며, 승려는 불상의 제자가 되어 가지고 처자 없이 독신 생활을 한다 하며, 삭발을 하고 검박한 옷을 입으며, 단주를 들고 염불이나 송경을 하며, 바랑을 지고 동령을 하며, 혹 세속 사람을 대하면 아무리 천한 사람에게라도 문안을 올린다 하며, 어육 주초(魚肉酒草)를 먹지 아니한다 하며, 모든 생명을 죽이지 아니한다 하나, 우리 세상 사람은 양반이라든지 부자라든지 팔자가 좋은 사람이라면 승려가 아니 되는 것이요, 혹 사주를 보아서 운명이 좋지 못하다는 사람이나 혹 세간사에 실패하고 낙오한 사람들이 승려가 되는 것이라 하며, 승려 중에도 공부를 잘하여 도승이 되고 보면 사람 사는 집터나 백골을 장사하는 묘지나 호풍 환우(呼風喚雨)나 이산 도수(移山渡水)하는 것을 마음대로 한다고도 하지마

는, 그런 사람은 천에 하나나 만에 하나가 되는 것이니, 불법이라는 것은 허무한 도요 세상 사람은 못 하는 것이라 하며, 우리는 경치 찾아서 한 번씩 놀다 오는 것은 좋다고 하며, 누가 절에 다닌다든지 승려가 된다든지 하면 그 집은 망할 것이라 하며, 시체를 화장하니 자손이 도움을 얻지 못할 것이라 하여, 불법을 믿는 승려라면 별다른 사람같이 알아 왔나니라. 그러나, 승려들의 실생활을 들어 말하자면 풍진 세상을 벗어나서 산수 좋고 경치 좋은 곳에 정결한 사원을 건축하고 존엄하신 불상을 모시고, 사방에 인연 없는 단순한 몸으로 몇 사람의 동지와 송풍 나월(松風蘿月)에 마음을 의지하여, 새 소리 물 소리 자연의 풍악을 사면으로 둘러놓고, 신자들이 가져다 주는 의식으로 걱정 없이 살며, 목탁을 울리는 가운데 염불이나 송경도 하고 좌선을 하다가 화려하고 웅장한 대건물 중에서 나와 수림 사이에 소요하는 등으로 살아 왔나니, 일반 승려가 다 그러한 것은 아니나 거개가 이와 같이 한가한 생활, 정결한 생활, 취미 있는 생활을 하여 왔나니라. 그러나, 이와 같은 생활을 계속하여 오는 동안에 부처님의 무상 대도는 세상에 알려지지 못하고 승려들은 독선 기신(獨善其身)의 소승(小乘)에 떨어졌나니 이 어찌 부처님의 본회(本懷)시리요. 그러므로, 부처님의 무상 대도에는 변함이 없으나 부분적인 교리와 제도는 이를 혁신하여, 소수인의 불교를 대중의 불교로, 편벽된 수행을 원만한 수행으로 돌리자는 것이니라.」

17. 대종사 이어서 말씀하시기를 「부처님의 무상 대도는 한량 없이 높고, 한량 없이 깊고, 한량 없이 넓으며, 그 지혜와 능력은 입으로나 붓으로 다 성언하고 기록할 수 없으나, 대략을 들어 말하자면 우리는 모든 중생이 생사 있는 줄만 알고 다생이 있는 줄은 모르는데, 부처님께서는 생사 없는 이치와 다생 겁래에 한 없는 생이 있는 줄을 더 알으셨으며, 우리는 우리 일신의 본래 이치도 모르는데 부처님께서는 우주 만유의 본래 이치까지 더 알으셨으며, 우리는 선도와 악도의 구별이 분명하지 못하여 우리가 우리 일신을 악도에 떨어지게 하는데 부처님께서는 자신을 제도하신 후에 시방 세계 일체 중생을 악도에서 선도로 제도하는 능력이 계시며, 우리는 우리가 지어서 받는 고락도 모르는데 부처님께서는 중생이 지어서 받는 고락과 우연히 받는 고락까지 알으셨으며, 우리는 복락을 수용하다가도 못하게 되면 할 수 없는데 부처님께서는 못하게 되는 경우에는 복락을 다시 오게 하는 능력이 계시며, 우리는 지혜가 어두웠든지 밝았든지 되는 대로 사는데 부처님께서는 지혜가 어두워지면 밝게 하는 능력이 계시고, 밝으면 계속하여 어두워지지 않게 하는 능력이 계시며, 우리는 탐심이나 진심이나 치심에 끌려서 잘못하는 일이 많이 있는데 부처님께서는 탐・

진·치에 끌리는 바가 없으시며, 우리는 우주 만유 있는 데에 끌려서 우주 만유 없는 데를 모르는데 부처님께서는 있는 데를 당할 때에 없는 데까지 알으시고 없는 데를 당할 때에 있는 데까지 알으시며, 우리는 천도(天道) 인도(人道) 수라(修羅) 축생(畜生) 아귀(餓鬼) 지옥(地獄)의 육도(六途)와 태란습화(胎卵濕化) 사생(四生)이 무엇인지 알지도 못하는데 부처님께서는 이 육도 사생의 변화하는 이치까지 알으시며, 우리는 남을 해하여다가 자기만 좋게 하려 하는데 부처님께서는 사물을 당할 때에 자리 이타로 하시다가 못하게 되면 이해와 생사를 불고하고 남을 이롭게 하는 것으로써 자신의 복락을 삼으시며, 우리는 현실적으로 국한된 소유물 밖에 자기의 소유가 아니요, 현실적으로 국한된 집 밖에 자기의 집이 아니요, 현실적으로 국한된 권속 밖에 자기의 권속이 아닌데, 부처님께서는 우주 만유가 다 부처님의 소유요 시방 세계가 다 부처님의 집이요 일체 중생이 다 부처님의 권속이라 하였으니, 우리는 이와 같은 부처님의 지혜와 능력을 얻어 가지고 중생 제도하는 데에 노력하자는 바이니라.」

18. 대종사 또 말씀하시기를 「과거의 불교는 출세간 생활을 본위로 하여 교리와 제도가 조직이 되었으므로, 세간 생활하는 일반 사람에 있어서는 모든 것이 잘 맞지 아니하였으며, 세간 생활하는 신자는 주가 되지 못하고 객과 같이 되었으므로 그 중에서 특수한 사

업과 특별한 공부를 한 사람이 있다면이어니와, 그렇지 못한 보통 신자는 출세간 공부하는 승려와 같이 부처님의 직통 제자로나 불가의 조상으로 들어가기가 어렵게 되었으며, 또는 종교라 하는 것은 인간을 상대로 된 것인데, 인간이 없는 산간에 교당을 두었으니 세간 생활에 분망한 사람들이 어느 여가에 세간을 벗어나서 그 가르침을 받을 것이며, 또는 일반 사람이 배우기도 어렵고 알기도 어려운 숙어와 명사로 경전이 되어 있으므로 유무식·남녀·노소를 망라하여 가르쳐 주기가 어렵게 되었으며, 의식 생활에 있어서도 사·농·공·상의 직업을 놓아 버리고 불공이나 시주나 동령으로써 생활을 하였으니 어찌 대중이 다 할 생활이며, 결혼에 있어서도 출세간 공부인에게는 절대로 금하게 되었으며, 예법에 있어서도 여러 가지 형식 불공만 밝히고 세간 생활에 대한 예법은 밝히지 아니하였으니 어찌 그 생활이 또한 넓다 할 것인가. 그러므로, 우리는 재가와 출가에 대하여 주객의 차별이 없이 공부와 사업의 등위만 따를 것이며, 불제자의 계통에 있어서도 재가 출가의 차별이 없이 할 것이며, 수도하는 처소도 신자를 따라 어느 곳이든지 설치할 것이며, 경전도 그 정수를 가려서 일반 대중이 다 배울 수 있도록 쉬운 말로 편찬할 것이며, 출가 공부인의 의식 생활도 각자의 처지를 따라 직업을 갖게 할 것이며, 또는 결혼도 각자의 원에 맡길 것이며, 예법도 번잡한 형식 불공법을 다 준행할 것이 아니라 사실 불공을 주로하여 세간 생활에 적절하고 유익한 예법을 더 밝히자는 것이니라. 또는 출가를 하는 것도 특수한 경우를 제외하고는, 유년기에는 문자를 배우게 하고, 장년기에는 도학을 배우며 제도 사업에 노력하게 하고, 노년기에는 경치 좋고 한적한 곳에 들어가 세간의 애착·탐착을 다 여의고 생사 대사를 연마하면서 춘추로는 세간 교당을 순회하여 교화에 노력하고, 동하에는 다시 수양 생활을 주로하여서, 이와 같이 일생 생활에 결함된 점이 없게 하자는 것이며, 이 교리 이 제도를 운전하는 기관에 있어서도 시대와 인심을 따라 결함됨이 없도록 하자는 것이니라.」

19. 대종사 또 말씀하시기를 「과거 불가에서 가르치는 과목은 혹은 경전을 가르치며, 혹은 화두(話頭)를 들고 좌선하는 법을 가르치며, 혹은 염불하는 법을 가르치며, 혹은 주문을 가르치며, 혹은 불공하는 법을 가르치는데, 그 가르치는 본의가 모든 경전을 가르쳐서는 불교에 대한 교리나 제도나 역사를 알기 위함이요, 화두를 들려서 좌선을 시키는 것은 경전으로 가르치기도 어렵고 말로 가르치기도 어려운 현묘한 진리를 깨치게 함이요, 염불과 주문을 읽게 하는 것은 번거한 세상에 사는 사람이 애착 탐착이 많아서 정도(正道)에 들기가 어려운 고로 처음 불문에 오고 보면 번거한 정신을 통일 시키기 위하여 가르치는 법이요,

불공 법은 신자의 소원 성취와 불사(佛事)에 도움을 얻기 위하여 가르치나니, 신자에 있어서는 이 과목을 한 사람이 다 배워야 할 것인데 이 과목 중에서 한 과목이나 혹은 두 과목을 가지고 거기에 집착하여 편벽된 수행 길로써 서로 파당을 지어 신자의 신앙과 수행에 장애가 되었으므로, 우리는 이 모든 과목을 통일하여 선종의 많은 화두와 교종의 모든 경전을 단련하여, 번거한 화두와 번거한 경전은 다 놓아 버리고 그 중에 제일 강령과 요지를 밝힌 화두와 경전으로 일과 이치에 연구력 얻는 과목을 정하고, 염불·좌선·주문을 단련하여 정신 통일하는 수양 과목을 정하고, 모든 계율과 과보 받는 내역과 사은의 도를 단련하여 세간 생활에 적절한 작업 취사의 과목을 정하고, 모든 신자로 하여금 이 삼대 과목을 병진하게 하였으니, 연구 과목을 단련하여서는 부처님과 같이 이무애(理無碍) 사무애(事無碍) 하는 연구력을 얻게 하며, 수양 과목을 단련하여서는 부처님과 같이 사물에 끌리지 않는 수양력을 얻게 하며, 취사 과목을 단련하여서는 부처님과 같이 불의와 정의를 분석하고 실행하는 데 취사력을 얻게 하여, 이 삼대력(三大力)으로써 일상 생활에 불공하는 자료를 삼아 모든 서원을 달성하는 원동력을 삼게 하면 교리가 자연 통일될 것이요 신자의 수행도 또한 원만하게 될 것이니라.」

제2 교 의 품(教義品)

 1. 대종사 말씀하시기를 「과거에 모든 교주(敎主)가 때를 따라 나오시어 인생의 행할 바를 가르쳐 왔으나 그 교화의 주체는 시대와 지역을 따라 서로 달랐나니, 비유하여 말하자면 같은 의학 가운데도 각기 전문 분야가 있는 것과 같나니라. 그러므로, 불가(佛家)에서는 우주 만유의 형상 없는 것을 주체삼아서 생멸 없는 진리와 인과 보응의 이치를 가르쳐 전미 개오(轉迷開悟)의 길을 주로 밝히셨고, 유가(儒家)에서는 우주 만유의 형상 있는 것을 주체삼아서 삼강·오륜과 인·의·예·지를 가르쳐 수·제·치·평(修齊治平)의 길을 주로 밝히셨으며, 선가(仙家)에서는 우주 자연의 도를 주체삼아서 양성(養性)하는 방법을 가르쳐 청정 무위(淸靜無爲)의 길을 주로 밝히셨나니, 이 세 가지 길이 그 주체는 비록 다를지라도 세상을 바르게 하고 생령을 이롭게 하는 것은 다 같은 것이니라. 그러나, 과거에는 유·불·선(儒佛仙) 삼교(三敎)가 각각 그 분야만의 교화를 주로하여 왔지마는, 앞으로는 그 일부만 가지고는 널리 세상을 구원하지 못할 것이므로 우리는 이 모든 교리를 통합하여 수양·연구·취사의 일원화(一圓化)와 또는 영육 쌍전(靈肉

雙全)·이사 병행(理事並行)등 방법으로 모든 과정을 정하였나니, 누구든지 이대로 잘 공부한다면 다만 삼교의 종지를 일관할 뿐 아니라 세계 모든 종교의 교리며 천하의 모든 법이 다 한 마음에 돌아와서 능히 사통 오달의 큰 도를 얻게 되리라.」

2. 한 제자 여쭙기를「어떠한 것을 큰 도라 이르나이까.」대종사 말씀하시기를「천하 사람이 다 행할 수 있는 것은 천하의 큰 도요, 적은 수만 행할 수 있는 것은 작은 도라 이르나니, 그러므로 우리의 일원 종지와 사은 사요 삼학 팔조는 온 천하 사람이 다 알아야 하고 다 실행할 수 있으므로 천하의 큰 도가 되나니라.」

3. 광전(光田)이 여쭙기를「일원상과 인간과의 관계가 어떠하오니까.」대종사 말씀하시기를「네가 큰 진리를 물었도다. 우리 회상에서 일원상을 모시는 것은 과거 불가에서 불상을 모시는 것과 같으나, 불상은 부처님의 형체(形體)를 나타낸 것이요, 일원상은 부처님의 심체(心體)를 나타낸 것이므로, 형체라 하는 것은 한 인형에 불과한 것이요, 심체라 하는 것은 광대 무량하여 능히 유와 무를 총섭하고 삼세를 관통하였나니, 곧 천지 만물의 본원이며 언어도단의 입정처(入定處)라, 유가에서는 이를 일러 태극(太極) 혹은 무극(無極)이라 하고, 선가에서는 이를 일러 자연 혹은 도라 하고, 불가에서는 이를 일러 청정 법신불이라 하

였으나, 원리에 있어서는 모두 같은 바로서 비록 어떠한 방면 어떠한 길을 통한다 할지라도 최후 구경에 들어가서는 다 이 일원의 진리에 돌아가나니, 만일 종교라 이름하여 이러한 진리에 근원을 세운 바가 없다면 그것은 곧 사도(邪道)라, 그러므로 우리 회상에서는 이 일원상의 진리로써 우리의 현실 생활과 연락시키는 표준을 삼았으며, 또는 신앙과 수행의 두 문을 밝히었나니라.」

4. 또 여쭙기를 「일원상의 신앙은 어떻게 하나이까.」 대종사 말씀하시기를 「일원상을 신앙의 대상으로 하고 그 진리를 믿어 복락을 구하나니, 일원상의 내역을 말하자면 곧 사은이요, 사은의 내역을 말하자면 곧 우주 만유로서 천지 만물 허공 법계가 다 부처 아님이 없나니, 우리는 어느 때 어느 곳이든지 항상 경외심을 놓지 말고 존엄하신 부처님을 대하는 청정한 마음과 경건한 태도로 천만 사물에 응할 것이며, 천만 사물의 당처에 직접 불공하기를 힘써서 현실적으로 복락을 장만할지니, 이를 몰아 말하자면 편협한 신앙을 돌려 원만한 신앙을 만들며, 미신적 신앙을 돌려 사실적 신앙을 하게 한 것이니라.」

5. 또 여쭙기를 「일원상의 수행은 어떻게 하나이까.」 대종사 말씀하시기를 「일원상을 수행의 표본으로 하고 그 진리를 체받아서 자기의 인격을 양성하나니 일원상의 진리를 깨달아 천지 만물의 시종 본말과 인

간의 생·로·병·사와 인과 보응의 이치를 걸림 없이 알자는 것이며, 또는 일원과 같이 마음 가운데에 아무 사심(私心)이 없고 애욕과 탐착에 기울고 굽히는 바가 없이 항상 두렷한 성품 자리를 양성하자는 것이며, 또는 일원과 같이 모든 경계를 대하여 마음을 쓸 때 희·로·애·락과 원·근·친·소에 끌리지 아니하고 모든 일을 오직 바르고 공변되게 처리하자는 것이니, 일원의 원리를 깨닫는 것은 견성(見性)이요, 일원의 체성을 지키는 것은 양성(養性)이요, 일원과 같이 원만한 실행을 하는 것은 솔성(率性)인 바, 우리 공부의 요도인 정신 수양·사리 연구·작업 취사도 이것이요, 옛날 부처님의 말씀하신 계·정·혜(戒定慧) 삼학도 이것으로서, 수양은 정이며 양성이요, 연구는 혜며 견성이요, 취사는 계며 솔성이라, 이 공부를 지성으로 하면 학식 있고 없는 데에도 관계가 없으며 총명 있고 없는 데에도 관계가 없으며 남녀 노소를 막론하고 다 성불함을 얻으리라.」

6. 또 여쭙기를 「그러하오면 도형(圖形)으로 그려진 저 일원상 자체에 그러한 진리와 위력과 공부법이 그대로 갊아 있다는 것이오니까.」 대종사 말씀하시기를 「저 원상은 참 일원을 알리기 위한 한 표본이라, 비하건대 손가락으로 달을 가리킴에 손가락이 참 달은 아닌 것과 같나니라. 그런즉 공부하는 사람은 마땅히 저 표본의 일원상으로 인하여 참 일원을 발견하여야

제 2 교의품 6·7·8

할 것이며, 일원의 참된 성품을 지키고, 일원의 원만한 마음을 실행하여야 일원상의 진리와 우리의 생활이 완전히 합치되리라.」

7. 대종사 말씀하시기를 「일원의 진리를 요약하여 말하자면 곧 공(空)과 원(圓)과 정(正)이니, 양성에 있어서는 유무 초월한 자리를 관하는 것이 공이요, 마음의 거래 없는 것이 원이요, 마음이 기울어지지 않는 것이 정이며, 견성에 있어서는 일원의 진리가 철저하여 언어의 도가 끊어지고 심행처가 없는 자리를 아는 것이 공이요, 지량(知量)이 광대하여 막힘이 없는 것이 원이요, 아는 것이 적실하여 모든 사물을 바르게 보고 바르게 판단하는 것이 정이며, 솔성에 있어서는 모든 일에 무념행을 하는 것이 공이요, 모든 일에 무착행을 하는 것이 원이요, 모든 일에 중도행을 하는 것이 정이니라.」

8. 대종사 말씀하시기를 「공부하는 사람들이 현묘한 진리를 깨치려 하는 것은 그 진리를 실생활에 활용하고자 함이니 만일 활용하지 못하고 그대로 둔다면 이는 쓸 데 없는 일이라, 이제 법신불 일원상을 실생활에 부합시켜 말해 주리라. 첫째는 일원상을 대할 때마다 견성 성불하는 화두(話頭)를 삼을 것이요, 둘째는 일상 생활에 일원상과 같이 원만하게 수행하여 나아가는 표본을 삼을 것이며, 세째는 이 우주 만유 전체가 죄복을 직접 내려주는 사실적 권능이 있는 것을

알아서 진리적으로 믿어 나아가는 대상을 삼을 것이니, 이러한 진리를 아는 사람은 일원상을 대할 때마다 마치 부모의 사진 같이 숭배될 것이니라.」

9. 한 사람이 여쭙기를 「귀교에서는 어느 부처님을 본사(本師)로 모시나이까.」 대종사 말씀하시기를 「서가모니 불을 본사로 숭배하노라.」 또 여쭙기를 「서가모니 불이 본사일진대 법당에 어찌 서가모니 불상을 모시지 아니하고 일원상을 모셨나이까.」 대종사 말씀하시기를 「서가모니 불상이 우리에게 죄 주고 복 주는 증거는 사실적으로 해석하여 가르치기가 어려우나, 일원상은 곧 청정 법신불을 나타낸 바로서 천지·부모·동포가 다 법신불의 화신(化身)이요, 법률도 또한 법신불의 주신 바이라 이 천지·부모·동포·법률이 우리에게 죄 주고 복 주는 증거는 얼마든지 해석하여 가르칠 수가 있으므로 일원상을 신앙의 대상으로 모신 것이니라.」 또 여쭙기를 「그러하오면 서가모니 불을 본사로 모신다는 것은 말뿐이요, 특별히 숭배하는 행사는 없지 아니하나이까.」 대종사 말씀하시기를 「비록 법당에 불상을 모시지는 아니하였으나, 일반 신자들에게 부처님을 지극히 존숭하도록 신심을 인도하는 동시에 참다운 숭배는 부처님의 말씀하신 근본 정신을 존중히 받들고 또한 육근을 작용할 때에 그대로 행을 닦아서 부처님의 법통과 사업을 영원히 계승 발전시킴에 있다는 뜻을 역설하는 바인즉, 어찌 불상을 모시고 조석

예불하는 것만을 숭배라 하리요.」

10. 또 여쭙기를 「일원상을 모시고 죄복의 출처를 사실적으로 해석하여 가르치는 것이 인지가 발달된 이 시대에 지혜 있는 사람들에게는 극히 적합할 일이오나, 어느 세상을 물론하고 지혜 있는 사람은 적고 어리석은 사람이 많은 것은 사실이오니, 어리석은 대중에게 신심을 넣어 주는 데에는 불상을 모시는 것이 더 유리하지 아니하겠나이까.」 대종사 말씀하시기를 「법신불 사은이 우리에게 죄 주고 복 주는 증거는 아무리 어리석은 사람이라도 자상히 설명하여 주면 알기도 쉽고 믿기도 쉬울 줄로 생각하는 바이나, 불상이 아니면 신심이 나지 않는 사람은 불상을 모신 곳에서 제도를 받아도 또한 좋을 것이니, 그러한다면 불상을 믿는 사람도 제도할 수 있고 일원상을 믿는 사람도 제도할 수가 있지 아니하겠는가.」

11. 또 여쭙기를 「일원상과 서가모니 불과의 관계는 어떠하오니까.」 대종사 말씀하시기를 「일원은 곧 모든 진리의 근원이요, 서가모니 불은 이 진리를 깨치사 우리에게 가르쳐 주신 스승님이시니, 비록 이 세상에 아무리 좋은 진리가 있다 할지라도 그를 발견하여 가르쳐 주시는 분이 없다면 그 진리가 우리에게 활용되지 못할 것이요, 비록 서가모니 불이 이 세상에 나오셨다 할지라도 이 세상에 일원상의 진리가 없었다면 서가모니 불이 되실 수도 없고, 또는 사십 구년 동안 설법하

실 자료도 없었을지라, 그러므로 우리는 법신불 일원상을 진리의 상징으로 하고 서가모니 불을 본사로 하여 법신 여래(法身如來)와 색신 여래(色身如來)를 같이 숭배하노라. 그러나, 이것은 일원상과 서가모니 불을 구별하여 보는 자리에서 하는 말이요 만일 구별 없는 진리 자리에서 본다면 일원상과 서가모니 불이 둘이 아님을 또한 알아야 하리라.」

12. 한 제자 여쭙기를 「불상 숭배와 일원상 숭배의 다른 점은 어떠하옵나이까.」 대종사 말씀하시기를 「불상 숭배는 부처님의 인격에 국한하여 후래 제자로서 그 부처님을 추모 존숭하는 데에 뜻이 있을 뿐이나, 일원상 숭배는 그 뜻이 실로 넓고 크나니, 부처님의 인격만 신앙의 대상으로 모시는 것보다 우주 만유 전체를 다 부처님으로 모시고 신앙하여 모든 죄복과 고락의 근본을 우주 만유 전체 가운데에 구하게 되며, 또는 이를 직접 수행의 표본으로 하여 일원상과 같이 원만한 인격을 양성하자는 것이니, 그 다른 점이 대개 이러하나니라.」

13. 대종사 말씀하시기를 「불상을 숭배하는 것이 교화 발전에 혹 필요가 있기도 하였으나 현재로부터 미래를 생각하면 그렇지 못할 것이 사실이니, 사람들이 저 불상을 수 천년이나 모셔 보았으므로 이제는 점차 그 위력에 대한 각성이 생겨날 것이요, 각성이 생겨난다면 무상 대도의 이치는 알지 못하고 다만 그 한 방편만

허무하다 하여 믿지 않게 될 것이라 어찌 발전에 장해가 없을 것이며, 또는 존엄하신 불상을 한갓 각자의 생활 도모하는 수단으로 모시는 사람도 적지 아니할 것이니 어찌 유감스럽지 아니하리요. 그러므로, 우리는 법신불 일원상을 모시기로 한 것이니라.」

14. 또 말씀하시기를 「이 시대는 전세계 인류가 차차 장년기에 들어 그 지견이 발달되는지라, 모든 사람이 고락 경계를 당할 때에는 혹 죄복에 대한 이해가 있을 것이며, 죄복에 대한 이해가 있고 보면 그 죄복의 근본처를 찾을 것이며, 찾고 보면 그 뜻이 드러날 것이요, 그 뜻이 드러나고 보면 잘 믿을 것이니, 사실로 이해하기 좋은 신앙처를 발견하여 숭배하면 지자와 우자를 막론하고 안심 입명(安心立命)을 얻을 것이며, 또는 과거와 같이 자기 불공을 다른 사람에게 의뢰할 것이 아니라, 자기 불공은 자기가 주로 하여야할 것이며 불공하는 방식도 신자에 있어서는 다 알아야 할 것이니 그 방법의 강령은 곧 이 교리와 제도라 할 것이며, 불공하는 방법을 알아 불공을 한 후에 성공을 하는 것도 또한 구분이 있나니, 그 일의 형세를 따라서 정성을 계속하여야 성공이 있으리라. 그러므로, 인연 작복(因緣作福)을 잘하고 못하는 것과 부귀 빈천되는 것이 다 다생 겁래를 왕래하면서 불공 잘하고 못하는 데 있나니, 복이 많고 지혜가 많은 사람은 법신불 일원상의 이치를 깨치어 천지 만물 허공 법계를 다 부

처님으로 숭배하며, 성공의 기한 구별도 분명하며, 죄복의 근원처를 찾아서 불공하므로 무슨 서원이든지 반드시 성공할 것이니, 그러므로 우리는 불상 한 분만 부처로 모실 것이 아니라 천지 만물 허공 법계를 다 부처님으로 모시기 위하여 법신불 일원상을 숭배하자는 것이니라.」

15. 대종사 봉래 정사(蓬萊精舍)에 계실 때에 하루는 어떤 노인 부부가 지나가다 말하기를, 자기들의 자부(子婦)가 성질이 불순하여 불효가 막심하므로 실상사(實相寺) 부처님께 불공이나 올려 볼까 하고 가는 중이라고 하는지라, 대종사 들으시고 말씀하시기를 「그대들이 어찌 등상불에게는 불공할 줄을 알면서 산 부처에게는 불공할 줄을 모르는가.」 그 부부 여쭙기를 「산 부처가 어디 계시나이까.」 대종사 말씀하시기를 「그대들의 집에 있는 자부가 곧 산 부처이니, 그대들에게 효도하고 불효할 직접 권능이 그 사람에게 있는 연고라, 거기에 먼저 공을 드려 봄이 어떠하겠는가.」 그들이 다시 여쭙기를 「어떻게 공을 드리오리까.」 대종사 말씀하시기를 「그대들이 불공할 비용으로 자부의 뜻에 맞을 물건도 사다 주며 자부를 오직 부처님 공경하듯 위해 주어 보라. 그리하면, 그대들의 정성을 따라 불공한 효과가 나타나리라.」 그들이 집에 돌아가 그대로 하였더니, 과연 몇 달 안에 효부가 되는지라 그들이 다시 와서 무수히 감사를 올리거늘, 대종사 옆에

있는 제자들에게 말씀하시기를 「이것이 곧 죄복을 직접 당처에 비는 실지 불공(實地佛供)이니라.」

16. 김 영신(金永信)이 여쭙기를 「사은 당처에 실지 불공하는 외에 다른 불공법은 없나이까.」 대종사 말씀하시기를 「불공하는 법이 두 가지가 있으니, 하나는 사은 당처에 직접 올리는 실지 불공이요, 둘은 형상 없는 허공 법계를 통하여 법신불께 올리는 진리 불공이라, 그대들은 이 두 가지 불공을 때와 곳과 일을 따라 적당히 활용하되 그 원하는 일이 성공되도록까지 정성을 계속하면 시일의 차이는 있을지언정 이루지 못할 일은 없으리라.」 또 여쭙기를 「진리 불공은 어떻게 올리나이까.」 대종사 말씀하시기를 「몸과 마음을 재계(齋戒)하고 법신불을 향하여 각기 소원을 세운 후 일체 사념을 제거하고, 선정(禪定)에 들든지 또는 염불과 송경을 하든지 혹은 주문 등을 외어 일심으로 정성을 올리면 결국 소원을 이루는 동시에 큰 위력이 나타나 악도 중생을 제도할 능력과 백천 사마라도 귀순시킬 능력까지 있을 것이니, 이렇게 하기로 하면 일백 골절이 다 힘이 쓰이고 일천 정성이 다 사무쳐야 되나니라.」

17. 한 제자 심고의 감응되는 이치를 여쭙거늘 대종사 말씀하시기를 「심고의 감응은 심고하는 사람의 정성에 따라 무위 자연한 가운데 상상하지 못할 위력을 얻게 되는 것이라, 말로써 이를 다 증거하기가 어려

우나, 가령 악한 마음이 자주 일어나 없애기가 힘이 드는 때에 정성스럽게 심고를 올리면 자연중 그 마음이 나지 않고 선심으로 돌아가게 되며, 악을 범하지 아니하려하나 전일의 습관으로 그 악이 자주 범하여지는 경우에 그 죄과를 실심(實心)으로 고백하고 후일의 선행을 지성으로 발원하면 자연히 개과 천선의 힘이 생기기도 하나니, 이것이 곧 감응을 받는 가까운 증거의 하나이며, 과거 전설에 효자의 죽순이나 충신의 혈죽(血竹)이나 우리 구인의 혈인이 다 이 감응의 실적으로 나타난 바이니라. 그러나, 지성스러운 마음으로 꾸준히 그 서원을 계속하며, 한 번 고백한 서원에 결코 위반되는 일이 없어야만 결국 큰 감응과 위력이 나타나는 것이니, 이 점에 특히 명심하여야 할 것이며, 만일 이와 같이 하여 확호한 심력(心力)을 얻으면 무궁한 천권(天權)을 잡아 천지 같은 위력을 발휘할 수도 있나니라.」

18. 대종사 말씀하시기를 「우리 공부의 요도 삼학(三學)은 우리의 정신을 단련하여 원만한 인격을 이루는데에 가장 필요한 법이며, 잠간도 떠날 수 없는 법이니, 예를 들면 육신에 대한 의·식·주(衣食住) 삼건(三件)과 다름이 없다 하노라. 즉 우리의 육신이 이 세상에 나오면 먹고 입고 거처할 집이 있어야 하나니, 만일 한 가지라도 없으면 우리의 생활에 결함이 있게 될 것이요, 우리의 정신에는 수양·연구·취사의 세

가지 힘이 있어야 살 수 있나니, 만일 한 가지라도 부족하다면 모든 일을 원만히 이룰 수 없나니라. 그러므로, 나는 영육 쌍전의 견지에서 육신에 관한 의·식·주 삼건과 정신에 관한 일심·알음알이·실행의 삼건을 합하여 육대 강령이라고도 하나니, 이 육대 강령은 서로 떠날 수 없는 관계를 가지고 한 가지 우리의 생명선이 되나니라. 그러나, 보통 사람들은 육신에 관한 세 가지 강령은 소중한 줄 알면서도 정신에 관한 세 가지 강령이 중한 줄은 알지 못하나니, 이 어찌 어두운 생각이 아니리요. 그 실은 정신의 세 가지 강령을 잘 공부하면 육신의 세 가지 강령이 자연히 따라오는 이치를 알아야 할 것이니, 이것이 곧 본(本)과 말(末)을 알아서 행하는 법이니라.」

19. 대종사 말씀하시기를 「보통 사람들의 생활은 한갓 의·식·주를 구하는 데만 힘을 쓰고, 그 의·식·주를 나오게 하는 원리는 찾지 아니하나니 이것이 실로 답답한 일이라, 육신의 의·식·주가 필요하다면 육신 생활을 지배하는 정신에 일심과 알음알이와 실행의 힘은 더 필요할 것이 아닌가. 정신에 이 세 가지 힘이 양성되어야 그에 따라 의·식·주가 잘 얻어질 것이요, 이것으로 그 사람의 원만한 인격도 이루어질 것이며, 각자의 마음 근본을 알고 그 마음을 마음대로 쓰게 되어야 의·식·주를 얻는 데에도 정당한 도가 실천될 것이며, 생·로·병·사를 해탈하여 영생의 길

을 얻고 인과의 이치를 알아 혜복을 구하게 될 것이니, 이것이 또한 참답고 영원한 의·식·주 해결의 길이라. 그러므로 정신의 삼강령이 곧 의·식·주 삼건의 근본이 된다 하노라.」

20. 대종사 선원 대중에게 말씀하시기를 「재래 사원에서는 염불종(念佛宗)은 언제나 염불만 하고, 교종(敎宗)은 언제나 간경(看經)만 하며, 선종(禪宗)은 언제나 좌선만 하고, 율종(律宗)은 언제나 계(戒)만 지키면서, 같은 불법 가운데 서로 시비 장단을 말하고 있으나 그것은 다 계·정·혜 삼학의 한 과목들이므로 우리는 이것을 병진하게 하되, 매일 새벽에는 좌선을 하게 하고, 낮과 밤에는 경전·강연·회화·의두·성리·일기·염불 등을 때에 맞추어 하게 하여, 이 여러 가지 과정으로 고루 훈련하나니, 누구든지 이대로 정진한다면 재래의 훈련에 비하여 몇 배 이상의 실효과를 얻을 수 있으리라.」

21. 또 말씀하시기를 「우리가 경전으로 배울 때에는 삼학이 비록 과목은 각각 다르나, 실지로 공부를 해 나가는 데에는 서로 떠날 수 없는 연관이 있어서 마치 쇠스랑의 세 발과도 같나니, 수양을 하는 데에도 연구·취사의 합력이 있어야 할 것이요, 연구를 하는 데에도 수양·취사의 합력이 있어야 할 것이요, 취사를 하는 데에도 수양·연구의 합력이 있어야 하나니라. 그러므로, 삼학을 병진하는 것은 서로 그 힘을 어울려

공부를 지체 없이 전진하게 하자는 것이며, 또는 선원에서 대중이 모이어 공부에 대한 의견을 교환하는 것은, 그에 따라 혜두가 고루 발달되어 과한 힘을 들이지 아니하여도 능히 큰 지견을 얻을 수 있게 하자는 것이니라.」

22. 대종사 말씀하시기를 「공부하는 사람은 세상의 천만 경계에 항상 삼학의 대중을 놓지 말아야 할 것이니, 삼학을 비유하여 말하자면 배를 운전하는데 지남침 같고 기관수 같은지라, 지남침과 기관수가 없으면 그 배가 능히 바다를 건너지 못할 것이요, 삼학의 대중이 없으면 사람이 능히 세상을 잘 살아 나가기가 어렵나니라.」

23. 대종사 말씀하시기를 「나의 교화하는 법은 비하건대 나무의 가지와 잎사귀로부터 뿌리에 이르게도 하고, 뿌리로부터 가지와 잎사귀에 이르게도 하나니, 이는 각각 그 사람의 근기를 따라 법을 베푸는 연고이니라.」

24. 송 도성(宋道性)이 여쭙기를 「제가 전 일에 옛 성인의 경전도 혹 보았고 그 뜻의 설명도 들어보았사오나 그 때에는 한갓 읽어서 욀 뿐이요, 도덕의 참 뜻이 실지로 해득되지 못하옵더니 대종사를 뵈온 후로는 차차 사리에 밝아짐이 있사오나, 알고 보니 전에 보던 그 글이요, 전에 듣던 그 말씀이온데, 어찌하여 모든 것이 새로 알아지는 감이 있사온지 그 이유를 알고자

하나이다.」 대종사 말씀하시기를 「옛 경전은, 비유하여 말하자면, 이미 지어 놓은 옷과 같아서 모든 사람의 몸에 고루 다 맞기가 어려우나 직접 구전 심수(口傳心授)로 배우는 것은 그 몸에 맞추어 새 옷을 지어 입는 것과 같아서 옷이 각각 그 몸에 맞으니, 각자의 근기와 경우를 따라 각각 그에 맞는 법으로 마음 기틀을 계발하는 공부가 어찌 저 고정한 경전만으로 하는 공부에 비할 바이리요.」

25. 목사 한 사람이 말하기를 「예로부터 어느 교단을 막론하고 대개 계율(戒律)을 말하였으나 저의 생각으로는 그것이 도리어 사람의 순진한 천성을 억압하고 자유의 정신을 속박하여 사람을 교화하는 데 적지 않은 지장이 되는가 하나이다.」 대종사 말씀하시기를 「어떠한 점에서 그러한 생각을 하게 되었는가.」 목사 말하기를 「세상 사람들이 종교의 진리를 이해하지 못하여 공연히 배척하는 수도 없지 않지마는 대개는 교리의 신성함은 느끼면서도 사실로 믿음에 들지 않는 것은 그 이면에 계율을 꺼리어 주저하는 수도 적지 않사오니 이러한 사람들은 계율이 없었으면 구제의 범위에 들었을 것이 아니오니까.」 대종사 말씀하시기를 「귀하는 다만 그러한 사람들이 제도의 범위에 들지 못하는 것만 애석히 알고 다른 곳에 큰 영향이 미칠 것은 생각지 아니하는가. 우리에게도 서른 가지 계문이 있으나 한 가지도 삭제할 만한 것이 없으므로 그대로 지

키게 하노라. 다만 계율을 주는 방법에 있어서는 사람의 정도를 따라 계단적으로 주나니, 누구나 처음 입교하면 저 세상에서 젖은 습관이 쉽게 떨어지지 않을 것이므로 그들에게 능히 지킬 만한 정도로 먼저 십계를 주고 또 계단을 밟는 대로 십계씩을 주며 삼십 계를 다 마친 후에는 계율을 더 주지 아니하고 자유에 맡기나니, 그 정도에 이른 사람은 부당한 일과 당연한 일을 미리 알아 행하는 까닭이니라. 그러나, 그렇지 못한 사람은 도저히 그대로 방임할 수 없나니 자각 있는 공부인과 초학자 다스리는 방식이 어찌 서로 같을 수 있으리요. 세상에는 어리석은 사람이 더 많거늘 방금 귀하의 주장은 천 만인 가운데 한 두 사람에게나 적당할 법이라 어찌 한 두 사람에게 적당할 법으로 천 만인을 등한시하리요. 또는, 사람이 혼자만 생활한다면 자행 자지하여도 별 관계가 없을지 모르나 세상은 모든 법망(法網)이 정연히 벌여 있고 일반 사회가 고루 보고 있나니, 불의의 행동을 자행한다면 어느 곳을 향하여 설 수 있겠는가. 그러므로, 나는 생각하기를 사람이 세상에 나서면 일동 일정을 조심하여 엷은 얼음 밟는 것 같이 하여야 인도에 탈선됨이 없을 것이며, 그러므로 공부인에게 계율을 주지 않을 수 없다 하노라.」

26. 대종사 부산 지방에 가시었더니, 교도 몇 사람이 와서 뵈옵고 말하기를 「저희들이 대종사의 법을 한량 없이 흠앙하오나, 다만 어업으로써 생계를 삼으므로

항상 첫 계문을 범하게 되오니, 이것이 부끄러워 스스로 퇴굴심이 나나이다.」 대종사 말씀하시기를 「근심하지 말라. 사람의 생업(生業)은 졸지에 바꾸기 어렵나니, 그대들의 받은 삼십 계문 가운데에 그 한 계문은 비록 범한다 할지라도 그 밖의 스물 아홉 계를 성심으로 지킨다면 능히 스물 아홉 선을 행하여 사회에 무량한 공덕이 나타나리니, 어찌 한 조목을 수행하지 못한다 하여 가히 지킬 만한 남은 계문까지 범하게 되어 더욱 죄고의 구렁에 들어가리요. 또는, 남은 계문을 다 능히 지키면 그 한 계문도 자연히 지킬 길이 생기게 되리니 이와 같은 신념으로 공부에 조금도 주저하지 말라.」

27. 대종사 선원에 출석하여 말씀하시기를 「이인의화(李仁義華)가 지금 큰 발심이 나서 영업하는 것도 잊어 버리고, 예회를 본다 선원에 참예한다 하여 그 신성이 대단하므로 상을 주는 대신에 이 시간을 인의화에게 허락하노니 물을 일이 있거든 물어보라.」 인의화 여쭙기를 「어떤 사람이 너희 교에서는 무엇을 가르치고 배우느냐고 묻는다면 어떻게 대답하오리까.」 대종사 말씀하시기를 「원래 불교는 일체유심조(一切唯心造) 되는 이치를 스스로 깨쳐 알게 하는 교이니 그 이치를 가르치고 배운다고 하면 될 것이요, 그 이치를 알고 보면 불생 불멸의 이치와 인과 보응의 이치까지도 다 해결되나니라.」 또 여쭙기를 「그 이치를 안 후에는 어떻게

공부를 하나이까.」 대종사 말씀하시기를 「마음이 경계를 대하여 요란하지도 않고 어리석지도 않고 그르지도 않게 하나니라.」

28. 대종사 김 영신에게 물으시기를 「사람이 세상에서 생활하기로 하면 어떠한 것이 제일 긴요한 것이 되겠느냐.」 영신이 사뢰기를 「의·식·주에 관한 것이 제일 긴요하다고 생각하나이다.」 또 물으시기를 「네가 학교에서 배운 여러 과목 중에서는 어떠한 과목이 제일 긴요한 것이 되겠느냐.」 영신이 사뢰기를 「수신하는 과목이 제일 긴요하다고 생각되나이다.」 대종사 말씀하시기를 「네 말이 옳도다. 사람이 육신 생활을 하는 데에는 의·식·주가 중요하고 공부를 하는 데에는 수신이 중요하나니, 이는 곧 의·식·주나 수신이 생활과 공부의 근본이 되는 까닭이니라. 그러나, 지금 학교에서 가르치는 수신 과목만으로는 수신의 법이 충분하지 못할 것이요, 오직 마음 닦는 공부를 주장하는 도가가 아니면 그 진경을 다 발휘하지 못할 것이니, 그러므로 도학 공부는 모든 학술의 주인이요, 모든 공부의 근본이 되는 줄을 항상 명심하라.」

29. 대종사 선원 대중에게 물으시기를 「그대들은 여기서 무엇을 배우느냐고 묻는 이가 있다면 어떻게 대답하겠는가.」 하시니, 한 선원(禪員)은 「삼대력 공부를 한다 하겠나이다.」 하고, 또 한 선원은 「인생의 요도를 배운다 하겠나이다.」 하며, 그 밖에도 여러 사람

의 대답이 한결같지 아니한지라, 대종사 들으시고 말씀하시기를 「그대들의 말이 다 그럴 듯 하나 나도 또한 거기에 부연하여 한 말 하여 주리니 자세히 들으라. 무릇, 무슨 문답이나 그 상대편의 인물과 태도에 따라 그 때에 적당한 대답을 하여야 할 것이나 대체적으로 대답한다면 나는 모든 사람들의 마음 작용하는 법을 가르친다고 할 것이며, 거기에 다시 부분적으로 말하자면 지식 있는 사람에게는 지식 사용하는 방식을, 권리 있는 사람에게는 권리 사용하는 방식을, 물질 있는 사람에게는 물질 사용하는 방식을, 원망 생활하는 사람에게는 감사 생활하는 방식을, 복 없는 사람에게는 복 짓는 방식을, 타력 생활하는 사람에게는 자력 생활하는 방식을, 배울 줄 모르는 사람에게는 배우는 방식을, 가르칠 줄 모르는 사람에게는 가르치는 방식을, 공익심 없는 사람에게는 공익심이 생겨나는 방식을 가르쳐 준다고 하겠노니, 이를 몰아 말하자면 모든 재주와 모든 물질과 모든 환경을 오직 바른 도로 이용하도록 가르친다 함이니라.」

30. 또 말씀하시기를 「지금 세상은 물질 문명의 발전을 따라 사·농·공·상에 대한 학식과 기술이 많이 진보되었으며, 생활 기구도 많이 화려하여졌으므로 이 화려한 물질에 눈과 마음이 황홀하여지고 그 반면에 물질을 사용하는 정신은 극도로 쇠약하여, 주인된 정신이 도리어 물질의 노예가 되고 말았으니 이는 실로

크게 근심될 현상이라. 이 세상에 아무리 좋은 물질이라도 사용하는 마음이 바르지 못하면 그 물질이 도리어 악용되고 마는 것이며, 아무리 좋은 재주와 박람 박식이라도 그 사용하는 마음이 바르지 못하면 그 재주와 박람 박식이 도리어 공중에 해독을 주게 되는 것이며, 아무리 좋은 환경이라도 그 사용하는 마음이 바르지 못하면 그 환경이 도리어 죄업을 돕지 아니하는가. 그러므로, 천하에 벌여진 모든 바깥 문명이 비록 찬란하다 하나 오직 마음 사용하는 법의 조종 여하에 따라 이 세상을 좋게도 하고 낮게도 하나니, 마음을 바르게 사용하면 모든 문명이 다 낙원을 건설하는 데 보조하는 기관이 되는 것이요, 마음을 바르지 못하게 사용하면 모든 문명이 도리어 도둑에게 무기를 주는 것과 같이 되나니라. 그러므로, 그대들은 새로이 각성하여 이 모든 법의 주인이 되는 용심법(用心法)을 부지런히 배워서 천만 경계에 항상 자리 이타로 모든 것을 선용(善用)하는 마음의 조종사가 되며, 따라서 그 조종 방법을 여러 사람에게 교화하여 물심 양면으로 한 가지 참 문명 세계를 건설하는 데에 노력할지어다.」

31. 대종사 말씀하시기를 「안으로 정신 문명을 촉진하여 도학을 발전시키고 밖으로 물질 문명을 촉진하여 과학을 발전시켜야 영육이 쌍전하고 내외가 겸전하여 결함 없는 세상이 되리라. 그러나, 만일 현대와 같이

물질 문명에만 치우치고 정신 문명을 등한시하면 마치 철 모르는 아이에게 칼을 들려 준 것과 같아서 어느 날 어느 때에 무슨 화를 당할 지 모를 것이니, 이는 육신은 완전하나 정신에 병이 든 불구자와 같고, 정신 문명만 되고 물질 문명이 없는 세상은 정신은 완전하나 육신에 병이 든 불구자와 같나니, 그 하나가 충실하지 못하고 어찌 완전한 세상이라 할 수 있으리요. 그러므로, 내외 문명이 병진되는 시대라야 비로소 결함 없는 평화 안락한 세계가 될 것이니라.」

32. 대종사 말씀하시기를 「세상 사람들이 물질 문명과 도덕 문명의 두 가지 혜택으로 그 생활에 한 없는 편리와 이익을 받게 되나니, 여러 발명가와 도덕가에게 늘 감사하지 아니할 수 없나니라. 그러나, 물질 문명은 주로 육신 생활에 편리를 주는 것이므로 그 공효가 바로 현상에 나타나기는 하나 그 공덕에 국한이 있으며, 도덕 문명은 원래 형상 없는 사람의 마음을 단련하는 것이므로 그 공효가 더디기는 하나 그 공덕에 국한이 없나니, 제생 의세(濟生醫世)하는 위대한 힘이 어찌 물질 문명에 비할 것이며, 그 광명이 어찌 한 세상에 그치고 말 것이리요. 그러나, 지금 사람들은 아직까지 나타난 물질 문명은 찾을 줄 알면서도 형상 없는 도덕 문명을 찾는 사람은 적으니 이것이 당면한 큰 유감이니라.」

33. 대종사 말씀하시기를 「과거에는 부처님께서 모든

출가 수행자에게 잘 입으려는 것과 잘 먹으려는 것과 잘 거처하려는 것과 세상 낙을 즐기려는 것들을 다 엄중히 말리시고 세상 낙에 욕심이 나면 오직 심신을 적적하게 만드는 것으로만 낙을 삼으라 하시었으나, 나는 가르치기를 그대들은 정당한 일을 부지런히 하고 분수에 맞게 의·식·주도 수용하며, 피로의 회복을 위하여 때로는 소창도 하라 하노니, 인지가 발달되고 생활이 향상되는 이 시대에 어찌 좁은 법만으로 교화를 할 수 있으리요. 마땅히 원융(圓融)한 불법으로 개인·가정·사회·국가·세계에 두루 활용되게 하여야 할 것이니 이것이 내 법의 주체이니라.」

34. 대종사 영산에서 선원 대중에게 말씀하시기를 「지금 세상은 전에 없던 문명한 시대가 되었다 하나 우리는 한갓 그 밖으로 찬란하고 편리한 물질 문명에만 도취할 것이 아니라, 마땅히 그에 따르는 결함과 장래의 영향이 어떠할 것을 잘 생각해 보아야 할 것이니, 지금 세상은 밖으로 문명의 도수가 한 층 나아갈수록 안으로 병맥(病脉)의 근원이 깊어져서 이것을 이대로 놓아 두다가는 장차 구하지 못할 위경에 빠지게 될지라, 세도(世道)에 관심을 가진 사람들로 하여금 깊은 근심을 금하지 못하게 하는 바이니라. 그러면, 지금 세상은 어떠한 병이 들었는가. 첫째는 돈의 병이니, 인생의 온갖 향락과 욕망을 달성함에는 돈이 먼저 필요하다는 것을 알게 된 사람들은 의리나 염치

보다 오직 돈이 중하게 되어 이로 인하여 모든 윤기(倫氣)가 쇠해지고 정의(情誼)가 상하는 현상이라 이것이 곧 큰 병이며, 둘째는 원망의 병이니, 개인·가정·사회·국가가 서로 자기의 잘못은 알지 못하고 저 편의 잘못만 살피며, 남에게 은혜 입은 것은 알지 못하고 나의 은혜 입힌 것만을 생각하여, 서로서로 미워하고 원망함으로써 크고 작은 싸움이 그칠 날이 없나니, 이것이 곧 큰 병이며, 세째는 의뢰의 병이니, 이 병은 수 백년 문약(文弱)의 폐를 입어 이 나라 사람에게 더욱 심한 바로서 부유한 집안 자녀들은 하는 일 없이 놀고 먹으려 하며, 자기의 친척이나 벗 가운데에라도 혹 넉넉하게 사는 사람이 있으면 거기에 의세하려 하여 한 사람이 벌면 열 사람이 먹으려 하는 현상이라 이것이 곧 큰 병이며, 네째는 배울 줄 모르는 병이니, 사람의 인격이 그 구분(九分)은 배우는 것으로 이루어지는지라 마치 벌이 꿀을 모으는 것과 같이 어느 방면 어느 계급의 사람에게라도 나에게 필요한 지식이 있다면 반드시 몸을 굽혀 그것을 배워야 할 것이어늘 세상 사람들 중에는 제 각기 되지 못한 아만심에 사로잡혀 그 배울 기회를 놓치고 마는 수가 허다하나니, 이것이 곧 큰 병이며, 다섯째는 가르칠 줄 모르는 병이니, 아무리 지식이 많은 사람이라도 그 지식을 사물에 활용할 줄 모르거나, 그것을 펴서 후진에게 가르칠 줄을 모른다면 그것은 알지 못함과 다름이 없는 것이어늘 세상 사람들 중에는 혹 좀 아는 것이 있으면 그것으로 자만(自慢)하고 자긍(自矜)하여 모르는 사람과는 상대도 아니하려 하는 수가 허다하나니, 이것이 곧 큰 병이며, 여섯째는 공익심이 없는 병이니. 과거 수 천년 동안 내려온 개인 주의가 은산 철벽같이 굳어져서 남을 위하여 일하려는 사람은 근본적으로 드물 뿐 아니라 일시적 어떠한 명예에 끌려서 공중사를 표방하고 무엇을 하다가도 다시 사심의 발동으로 그 일을 실패 중지하여 이로 말미암아 모든 공익 기관이 거의 피폐하는 현상이라 이것이 곧 큰 병이니라.」

35 대종사 이어서 말씀하시기를 「그런즉 이 병들을 고치기로 할진대 무엇보다 먼저 도학을 장려하여 분수에 편안하는 도와, 근본적으로 은혜를 발견하는 도와, 자력 생활하는 도와, 배우는 도와, 가르치는 도와, 공익 생활하는 도를 가르쳐서 사람 사람으로 하여금 안으로 자기를 반성하여 각자의 병든 마음을 치료하게 하는 동시에, 선병자 의(先病者醫)라는 말과 같이 밖으로 세상을 관찰하여 병든 세상을 치료하는 데에 함께 노력하여야 할지니. 지금 세상의 이 큰 병을 치료하는 큰 방문은 곧 우리 인생의 요도인 사은 사요와 공부의 요도인 삼학 팔조라, 이 법이 널리 세상에 보급된다면 세상은 자연 결함 없는 세계가 될 것이요, 사람들은 모두 불 보살이 되어 다시 없는 이상의 천

국에서 남녀 노소가 다 같이 낙원을 수용하게 되리라.」

36. 대종사 말씀하시기를 「종교와 정치는 한 가정에 자모(慈母)와 엄부(嚴父) 같나니 종교는 도덕에 근원하여 사람의 마음을 가르쳐 죄를 짓기 전에 미리 방지하고 복을 짓게 하는 법이요, 정치는 법률에 근원하여 일의 결과를 보아서 상과 벌을 베푸는 법이라, 자모가 자모의 도를 다하고 엄부가 엄부의 도를 다하여, 부모가 각각 그 도에 밝으면 자녀는 반드시 행복을 누릴 것이나 만일 부모가 그 도에 밝지 못하면 자녀가 불행하게 되나니, 자녀의 행과 불행은 곧 부모의 잘하고 잘못하는 데에 있는 것과 같이 창생의 행과 불행은 곧 종교와 정치의 활용 여하에 달려 있는지라 제생 의세를 목적하는 우리의 책임이 어찌 중하지 아니하리요. 그러므로, 우리는 먼저 우리의 교의(敎義)를 충분히 알아야 할 것이요, 안 후에는 이 교의를 세상에 널리 베풀어서 참다운 도덕에 근본한 선정 덕치(善政德治)를 베풀어 모든 생령과 한 가지 낙원의 생활을 하여야 우리의 책임을 다하였다 하리라.」

37. 대종사 선원 해제식에서 대중에게 말씀하시기를 「나는 선중(禪中) 삼개월 동안에 바람 불리는 법을 그대들에게 가르쳤노니, 그대들은 바람의 뜻을 아는가. 무릇, 천지에는 동남과 서북의 바람이 있고 세상에는 도덕과 법률의 바람이 있나니, 도덕은 곧 동남풍이요 법률은 곧 서북풍이라, 이 두 바람이 한 가지 세상을

다스리는 강령이 되는 바, 서북풍은 상벌을 주재하는 법률가에서 담당하였거니와 동남풍은 교화를 주재하는 도가에서 직접 담당하였나니, 그대들은 마땅히 동남풍 불리는 법을 잘 배워서 천지의 상생 상화(相生相和)하는 도를 널리 실행하여야 할 것이니라. 그런즉, 동남풍 불리는 법은 어떠한 것인가. 이것은 예로부터 모든 부처님과 성자들의 교법이나 지금 우리의 교의가 다 그 바람을 불리는 법이요, 이 선기 중에 여러 가지의 과정(課程)이 또한 그 법을 훈련시킨 것이니, 그대들은 각자의 집에 돌아가 그 어떠한 바람을 불리겠는가. 엄동 설한에 모든 생령이 음울한 공기 속에서 갖은 고통을 받다가 동남풍의 훈훈한 기운을 만나서 일제히 소생함과 같이 공포에 싸인 생령이 안심을 얻고, 원망에 싸인 생령이 감사를 얻고, 상극(相克)에 싸인 생령이 상생을 얻고, 죄고에 얽힌 생령이 해탈을 얻고, 타락에 처한 생령이 갱생을 얻어서 가정·사회·국가·세계 어느 곳에든지 당하는 곳마다 화하게 된다면 그 얼마나 거룩하고 장한 일이겠는가. 이것이 곧 나의 가르치는 본의요, 그대들이 행할 바 길이니라. 그러나, 이러한 동남풍의 감화는 한갓 설교 언설만으로 주어지는 것이 아니요, 먼저 그대들의 마음 가운데에 깊이 이 동남풍이 마련되어서 심화 기화(心和氣和)하며 실천 궁행하는 데에 이루어지나니, 그대들은 이 선기 중에 배운 바 모든 교의를 더욱 연마하고 널리 활용하여, 가는 곳마다 항상 동남풍의 주인공이 되라.」

38 대종사 말씀하시기를 「종교와 정치가 세상을 운전하는 것은 수레의 두 바퀴 같나니, 만일 두 바퀴가 폐물이 되었다든지, 또는 한 바퀴라도 무슨 고장이 있다든지, 또는 그 운전사의 운전이 서투르다면 그 수레는 잘 운행되지 못할 것이니라. 그런즉, 어찌하여야 그 수레를 잘 운전하여 수레의 본분을 잃지 아니하게 할 것인가. 이는 곧 두 가지 방법이 있나니, 하나는 수레를 자주 수선하여 폐물이 되거나 고장이 생기지 않게 하는 것이요, 하나는 그 수레를 운전하는 사람이 지리(地理)를 잘 알아서 그에 맞추어 안전하게 운전하는 것이라, 종교와 정치도 또한 이와 같아서 세상을 잘 운전하기로 하면 시대를 따라서 부패하거나 폐단이 생기지 않게 할 것이요, 그 지도자가 인심의 정도를 맞추어서 적당하게 법을 쓰고 정사를 하여야 할 것이니라.」

39. 대종사 물으시기를 「우리가 기위 한 교문을 열었으니 어찌하여야 과거의 모든 폐단을 개선하고 새로운 종교로써 세상을 잘 교화하겠는가.」 박 대완(朴大完)이 사뢰기를 「모든 일이 다 가까운 데로부터 되는 것이오니 세상을 개선하기로 하오면 먼저 우리 각자의 마음을 개선하여야 하겠나이다.」 송 만경(宋萬京)이 사뢰기를 「우리의 교리와 제도가 이미 시대를 응하여 제정되었사오니 그 교리와 제도대로 실행만 하오

면 자연 세상이 개선되겠나이다.」조 송광(曺頌廣)이 사뢰기를「저는 아직 대종사의 깊으신 뜻을 다 알지 못하오나 대종사의 법은 지극히 원만하고 지극히 평등하사 세계의 대운(大運)을 따라 무위이화(無爲而化)로 모든 인류가 개선될 줄 믿나이다.」대종사 말씀하시기를「그대들의 말이 다 옳도다. 사람이 만일 세상을 개선하기로 하면 먼저 자기의 마음을 개선하여야 할 것이요, 마음을 개선하기로 하면 먼저 그 개선하는 법이 있어야 하는데, 우리는 이미 법이 있고 또는 그대들이 이 공부하는 이치를 알았으니 더욱 정성을 다하여 오늘의 이 문답이 반드시 실천으로 나타나게 하라. 각 종교가 개선되면 사람들의 마음이 개선될 것이요, 사람들의 마음이 개선되면 나라와 세계의 정치도 또한 개선되리니 종교와 정치가 비록 분야(分野)는 다르나 그 이면에는 서로 떠나지 못할 연관이 있어서 한 가지 세상의 선 불선(善不善)을 좌우하게 되나니라.」

제 3 수 행 품 (修行品)

1. 대종사 말씀하시기를「내가 그대들에게 일상 수행의 요법을 조석으로 외게 하는 것은 그 글만 외라는 것이 아니요, 그 뜻을 새겨서 마음에 대조하라는 것이니, 대체로는 날로 한 번씩 대조하고 세밀히는 경계를 대할 때마다 잘 살피라는 것이라, 곧 심지(心地)에 요란함이 있었는가 없었는가, 심지에 어리석음이 있었는가 없었는가, 심지에 그름이 있었는가 없었는가, 신·분·의·성의 추진이 있었는가 없었는가, 감사 생활을 하였는가 못하였는가, 자력 생활을 하였는가 못 하였는가, 성심으로 배웠는가 못 배웠는가, 성심으로 가르쳤는가 못 가르쳤는가, 남에게 유익을 주었는가 못 주었는가를 대조하고 또 대조하며 챙기고 또 챙겨서 필경은 챙기지 아니하여도 저절로 되어지는 경지에까지 도달하라 함이니라. 사람의 마음은 지극히 미묘하여 잡으면 있어지고 놓으면 없어진다 하였나니, 챙기지 아니하고 어찌 그 마음을 닦을 수 있으리요. 그러므로, 나는 또한 이 챙기는 마음을 실현시키기 위하여 상시 응용 주의 사항과 교당 내왕시 주의 사항을 정하였고 그것을 조사하기 위하여 일기법을 두어 물 샐 틈 없이 그 수행 방법을 지도하였나니 그

제 3 수행품 1·2

대들은 이 법대로 부지런히 공부하여 하루 속히 초범 (超凡) 입성 (入聖)의 큰 일을 성취할지어다.」

2. 대종사 말씀하시기를 「공부인이 동(動)하고 정(靜)하는 두 사이에 수양력(修養力) 얻는 빠른 방법은, 첫째는 모든 일을 작용할 때에 나의 정신을 시끄럽게 하고 정신을 빼앗아 갈 일을 짓지 말며 또는 그와 같은 경계를 멀리할 것이요, 둘째는 모든 사물을 접응할 때에 애착 탐착을 두지 말며 항상 담담한 맛을 길들일 것이요, 세째는 이 일을 할 때에 저 일에 끌리지 말고 저 일을 할 때에 이 일에 끌리지 말아서 오직 그 일 그 일에 일심만 얻도록 할 것이요, 네째는 여가 있는 대로 염불과 좌선하기를 주의할 것이니라. 또는, 동하고 정하는 두 사이에 연구력 얻는 빠른 방법은, 첫째는 인간 만사를 작용할 때에 그 일 그 일에 알음알이를 얻도록 힘쓸 것이요, 둘째는 스승이나 동지로 더불어 의견 교환하기를 힘쓸 것이요, 세째는 보고 듣고 생각하는 중에 의심 나는 곳이 생기면 연구하는 순서를 따라 그 의심을 해결하도록 힘쓸 것이요, 네째는 우리의 경전 연습하기를 힘쓸 것이요, 다섯째는 우리의 경전 연습을 다 마친 뒤에는 과거 모든 도학가(道學家)의 경전을 참고하여 지견을 넓힐 것이니라. 또는, 동하고 정하는 두 사이에 취사력 얻는 빠른 방법은, 첫째는 정의인 줄 알거든 크고 작은 일을 막론하고 죽기로써 실행할 것이요, 둘째는 불의

인줄 알거든 크고 작은 일을 막론하고 죽기로써 하지 않을 것이요, 세째는 모든 일을 작용할 때에 즉시 실행이 되지 않는다고 낙망하지 말고 정성을 계속하여 끊임 없는 공을 쌓을 것이니라.」

3. 대종사 말씀하시기를 「과거 도가(道家)에서 공부하는것을 보면, 정할 때 공부에만 편중하여, 일을 하자면 공부를 못 하고 공부를 하자면 일을 못 한다 하여, 혹은 부모 처자를 이별하고 산중에 가서 일생을 지내며 혹은 비가 와서 마당의 곡식이 떠 내려가도 모르고 독서만 하였나니 이 어찌 원만한 공부법이라 하리요. 그러므로, 우리는 공부와 일을 둘로 보지 아니하고 공부를 잘하면 일이 잘되고 일을 잘하면 공부가 잘되어 동과 정 두 사이에 계속적으로 삼대력 얻는 법을 말하였나니 그대들은 이 동과 정에 간단이 없는 큰 공부에 힘쓸지어다.」

4. 대종사 선원 대중에게 말씀하시기를 「전문 입선하는 것이 초학자에 있어서는 그 규칙생활에 혹 괴로운 감도 있고 혹 부자유한 생각도 있을 것이나, 공부가 점점 익어 가고 심신이 차차 단련되는 때에는 이보다 편안하고 재미있는 생활이 더 없을 것이니, 그대들은 매일 과정을 지킬 때에 괴로운 생활을 하는가 편안한 생활을 하는가 늘 그 마음을 대조하여 보라. 괴로운 생활을 하는 사람은 아직 진세의 업연이 남아 있는 것이요, 편안한 생활을 하는 사람은 점점 성불의 문이

열리는 것이니라.」

5. 대종사 말씀하시기를 「사람이 무슨 일이나 그 하는 일에 정성이 있고 없는 것은 그 일이 자기에게 어떠한 관계가 있는가를 알고 모름에 있나니, 가령 의식(衣食)을 구하는 사람이 의식을 구하는 데에 정성이 있는 것은 그 의식이 자기의 생활 유지에 직접 관계 있는 것을 아는 연고요, 병을 치료하는 사람이 치료에 정성이 있는 것은 그 치료가 자기의 건강 보존에 중요한 관계가 있는 것을 아는 연고며, 공부하는 사람이 공부에 정성이 있는 것은 그 공부가 자기의 앞 날에 중대한 관계가 있는 것을 아는 연고라, 이 관계를 아는 사람은 공부하기에 비록 천만 고통이 있을지라도 이를 능히 극복할 것이며, 스승이나 동지들이 혹 자기에게 무슨 범연한 일이 있다 하여도 조금도 트집이 나지 아니할 것이나, 이 관계를 알지 못하는 사람은 공부하는 데에도 인내력이 없을 것이요, 스승이나 동지에게도 공연한 불만을 품기가 쉬우며, 공부나 사업하는 것이 남의 일을 하여 주는 듯한 감을 가지게 되리니, 그대들은 이 공부를 하는 것이 각각 그대들에게 어떠한 관계가 있는 것을 깨치었는가 냉정한 정신으로 한 번 더 생각하여 보라.」

6. 대종사 말씀하시기를 「사자나 범을 잡으러 나선 포수는 꿩이나 토끼를 보아도 함부로 총을 쏘지 아니하나니, 이는 작은 짐승을 잡으려다가 큰 짐승을 놓칠

까 저어함이라, 큰 공부에 발심한 사람도 또한 이와 같아서 큰 발심을 이루는 데에 방해가 될까 하여 작은 욕심은 내지 않나니라. 그러므로, 성불을 목적하는 공부인은 세간의 모든 탐착과 애욕을 능히 불고하여야 그 목적을 이룰 것이니 만일 소소한 욕심을 끊지 못하여 큰 서원과 목적에 어긋난다면, 꿩이나 토끼를 잡다가 사자나 범을 놓친 셈이라 그 어찌 애석하지 아니하리요. 그러므로, 나는 큰 발심이 있는 사람은 작은 욕심을 내지 말라 하노라.」

7. 대종사 선원 대중에게 말씀하시기를 「영광(靈光)의 교도 한 사람은 품삯 얼마를 벌기 위하여 예회(例會)날 교당 근처에서 일을 하고 있더라 하니 그대들은 그 사람을 어떻게 생각하는가.」 한 제자 사뢰기를 「그 사람이 돈만 알고 공부에 등한한 것은 잘못이오나 만일 그 날 하루의 먹을 것이 없어서 부모 처자가 주리게 되었다 하오면, 하루의 예회에 빠지고라도 식구들의 기한(飢寒)을 면하게 하는 것이 옳지 아니하오리까.」 대종사 말씀하시기를 「그대의 말이 그럴 듯하나 예회는 날마다 있는 것이 아니니 만일 공부에 참 발심이 있고 법의 가치를 중히 아는 사람이라면 그 동안에 무엇을 하여서라도 예회 날 하루 먹을 것은 준비하여 둘 것이어늘, 예회 날을 당하여 비로소 먹을 것을 찾는 것은 벌써 공부에 등한하고 법에 성의 없는 것이라, 그러므로 "교당 내왕시 주의 사항"에도 미리

말하여 둔 바가 있는 것이며, 또는 혹 미리 노력을 하였으되 먹을 것이 넉넉지 못하더라도 그 사람의 마음 가운데 일호의 사심이 없이 공부한다면 자연 먹을 것이 생기는 이치도 있나니, 예를 들어 말하자면 어린 아이가 그 어머니의 배 밖에만 나오면 안 나던 젖이 나와져서 그 천록(天祿)을 먹고 자라나는 것과 같나니라.」

8. 대종사 예회에서 대중에게 말씀하시기를 「내가 오늘은 그대들에게 돈 버는 방식을 일러 주려 하노니 잘 들어서 각각 넉넉한 생활들을 하여보라. 그 방식이라 하는 것은 밖으로 무슨 기술을 말하는 것이 아니라 안으로 각자의 마음 쓰는 법을 이름이니, 우리의 교법이 곧 돈을 버는 방식이 되나니라. 보라./ 세상 사람들의 보통 생활에는 주색이나 잡기로 소모되는 금전이 얼마이며, 허영이나 외화로 낭비되는 물질이 얼마이며, 나태나 신용 없는 것으로 상실되는 재산이 또한 그 얼마인가. 생활의 표준이 없이 되는 대로 지내던 그 사람이 예회에 나와서 모든 법을 배우는 동시에 하라는 일과 말라는 일을 다만 몇 가지만 실행할지라도 공연히 허비하던 돈이 밖으로 새어 나가지 아니하고 근검과 신용으로 얻는 재산이 안에서 불어날 것이니, 이것이 곧 돈을 버는 방식이니라. 그러하거늘, 세상 사람들은 공부하는 것이 돈 버는 것과는 아무 관계가 없는 줄로 알고 돈이 없으니 공부를

못 한다 하며 돈을 벌자니 예회에 못 간다 하나니, 그 어찌 한 편만 보는 생각이 아니리요. 그러므로, 이 이치를 아는 사람은 돈이 없으니 공부를 더 잘 하고 돈을 벌자니 예회에 더 잘 나와야 하겠다는 신념을 얻어서 공부와 생활이 같이 향상의 길을 얻게 되리라.」

9. 대종사 말씀하시기를 「보통 사람들은 항상 조용히 앉아서 좌선하고 염불하고 경전이나 읽는 것만 공부로 알고 실지 생활에 단련하는 공부가 있는 것은 알지 못하나니, 어찌 내정정(內定靜) 외정정(外定靜)의 큰 공부 법을 알았다 하리요. 무릇, 큰 공부는 먼저 자성(自性)의 원리를 연구하여 원래 착(着)이 없는 그 자리를 알고 실생활에 나아가서는 착이 없는 행(行)을 하는 것이니, 이 길을 잡은 사람은 가히 날을 기약하고 큰 실력을 얻으리라. 공부하는 사람이 처지 처지를 따라 이 일을 할 때 저 일에 끌리지 아니하고, 저 일을 할 때 이 일에 끌리지 아니하면 곧 이것이 일심 공부요, 이 일을 할 때 알음알이를 구하여 순서 있게 하고, 저 일을 할 때 알음알이를 구하여 순서 있게 하면 곧 이것이 연구 공부요, 이 일을 할 때 불의에 끌리는 바가 없고, 저 일을 할 때 불의에 끌리는 바가 없게 되면 곧 이것이 취사 공부며, 한가한 때에는 염불과 좌선으로 일심에 전공도 하고 경전 연습으로 연구에 전공도 하여, 일이 있는 때나 일이 없는

때를 오직 간단 없이 공부로 계속한다면 저절로 정신에는 수양력이 쌓이고 사리에는 연구력이 얻어지고 작업에는 취사력이 생겨나리니, 보라./ 송 규는 입문(入門)한 이래로 지금까지 혹은 총부 혹은 지방에서 임무에 노력하는 중 정식으로는 단 삼개월 입선(入禪)도 못하였으나, 현재 그의 실력을 조사하여 본다면 정신의 수양력으로도 애착 탐착이 거의 떨어져서 희·로·애·락과 원·근·친·소에 끌리는 바가 드물고, 사리에 연구력으로도 일에 대한 시비 이해와 이치에 대한 대소 유무를 대체적으로 다 분석하고 작업에 취사력으로도 불의와 정의를 능히 분석하여 정의에 대한 실행이 십중 팔·구는 될 것이며, 사무에 바쁜 중에도 써 보낸 글들을 보면 진리도 깊으려니와 일반이 알기 쉬운 문체며 조리 강령이 분명하여 수정할 곳이 별로 없게 되었으니, 그는 오래지 아니하여 충분한 삼대력을 얻어 어디로 가든지 중인을 이익 주는 귀중한 인물이 될 것인 바, 이는 곧 동정간에 끊임 없는 공부를 잘 한 공덕이라, 그대들도 그와 같이 동정 일여(動靜一如)의 무시선(無時禪) 공부에 더욱 정진하여 원하는 삼대력을 충분히 얻을지어다.」

10. 대종사 말씀하시기를 「일이 없을 때에는 항상 일 있을 때에 할 것을 준비하고 일이 있을 때에는 항상 일 없을 때의 심경을 가질지니, 만일 일 없을 때에 일 있을 때의 준비가 없으면 일을 당하여 창황 전

도(蒼惶顚倒)함을 면하지 못 할 것이요, 일 있을 때에 일 없을 때의 심경을 가지지 못한다면 마침내 판국에 얽매인 사람이 되고 마나니라.」

11. 회화(會話) 시간에 전 음광(全飮光)이 공부인과 비공부인의 다른 점이란 문제로 말하는 가운데「이 공부를 하지 않는 사람들도 어떠한 경우에 이르고 보면 또한 다 삼학을 이용하게 되나, 그들은 그 때 그 일만 지내 가면 방심이요 관심이 없기 때문에 평생을 지내도 공부상 아무 진보가 없지마는, 우리 공부인은 때의 동·정과 일의 유·무를 헤아릴 것 없이 이 삼학을 공부로 계속하는 까닭에 법대로 꾸준히만 계속한다면 반드시 큰 인격을 완성할 것이라.」하는지라, 대종사 들으시고 말씀하시기를「음광의 말이 뜻이 있으나 내 이제 더욱 자상한 말로 그 점을 밝혀주리라. 가령, 여기에 세 사람이 모여 앉았는데 한 사람은 기계의 연구를 하고 있으며, 한 사람은 좌선을 하고 있으며, 한 사람은 그저 무료히 앉아 있다 하면, 외면으로 보아 그들이 앉아 있는 모양은 별로 다를 것이 없으나, 오랜 시일을 계속한 후에는 각각 큰 차이가 나타나게 될 것이니, 기계 연구를 한 사람은 어떠한 발명이 나타날 것이요, 좌선에 힘쓴 사람은 정신에 정력을 얻을 것이요, 무료도일(無聊度日)한 사람은 아무 성과가 없을지라, 이와 같이 무엇이나 그 하는 것을 쉬지 않은 결과는 큰 차이가 있나니라. 또는, 내가 어려서 얼맛동안 같이 글

배운 사람 하나가 있는데, 그는 공부에는 뜻이 적고 광대 소리 하기를 즐겨하여 책을 펴 놓고도 그 소리, 길을 가면서도 그 소리이더니 마침내 백발이 성성하도록 그 소리를 놓지 못하고 숨은 명창 노릇하는 것을 연전(年前)에 보았고, 나는 또 어렸을 때부터 우연히 진리 방면에 취미를 가지기 시작하여 독서에는 별로 정성이 적고, 밤낮으로 생각하는 바가 현묘한.그 이치이어서 이로 인하여 침식을 다 잊고 명상에 잠긴 적이 한 두번이 아니었으며, 그로부터 계속되는 정성이 조금도 쉬지 않은 결과 드디어 이날까지 진리생활을 하게 되었으니, 이것을 두고 볼지라도 사람의 일생에 그 방향의 선택이 제일 중요한 것이며, 이미 방향을 정하여 옳은 데에 입각한 이상에는 사심 없이 그 목적하는 바에 노력을 계속하는 것이 바로 성공의 기초가 되나니라.」

12. 대종사 말씀하시기를 「선종(禪宗)의 많은 조사가 선(禪)에 대한 천만 방편과 천만 문로를 열어 놓았으나, 한 말로 통합하여 말하자면 망념을 쉬고 진성을 길러서 오직 공적 영지(空寂靈知)가 앞에 나타나게 하자는 것이 선이니, 그러므로 "적적(寂寂)한 가운데 성성(惺惺)함은 옳고 적적한 가운데 무기(無記)는 그르며, 또는 성성한 가운데 적적함은 옳고 성성한 가운데 망상은 그르다" 하는 말씀이 선의 강령이 되나니라.」

13. 대종사 좌선 시간에 선원에 나오시어 대중에게 물으시기를 「그대들이 이와 같이 오는 잠을 참고 좌선을 하고 있으니 장차 무엇을 하려 함인가.」 권 동화(權動華) 사뢰기를 「사람의 정신은 원래 온전하고 밝은 것이오나, 욕심의 경계를 따라 천지 만엽으로 흩어져서 온전한 정신을 잃어 버리는 동시에 지혜의 광명이 또한 매(昧)하게 되므로, 일어나는 번뇌를 가라 앉히고 흩어지는 정신을 통일시키어 수양의 힘과 지혜의 광명을 얻기 위함이옵니다.」 대종사 말씀하시기를 「그대들이 진실로 수양에 대한 공덕을 안다면 누가 권장하지 아니할지라도 정성이 스스로 계속될 것이나, 한 가지 주의할 일은 그 방법에 대하여 혹 자상히 알지 못하고 그릇 조급한 마음을 내거나 이상한 자취를 구하여 순일한 선법(禪法)을 바로 행하지 못한다면, 공부하는 가운데 혹 병에 걸리기도 하고 사도(邪道)에 흐르기도 하며, 도리어 번뇌가 더 일어나는 수도 있나니, 우리의 좌선법에 자주 대조하고 또는 선진자에게 매양 그 경로를 물어서 공부에 조금도 그릇됨이 없게 하라. 만일 바른 공부를 부지런히 잘 행한다면 쉽게 심신의 자유를 얻게 되나니, 모든 부처 모든 성인과 일체 위인이 다 이 선법으로써 그만한 심력을 얻었나니라.」

14. 대종사 선원 대중에게 말씀하시기를 「근래에 선종 각파에서 선의 방법을 가지고 서로 시비를 말하

고 있으나, 나는 그 가운데 단전주(丹田住)법을 취하여 수양하는 시간에는 온전히 수양만 하고 화두 연마는 적당한 기회에 가끔 한 번씩 하라 하노니, 의두 깨치는 방법이 침울한 생각으로 오래 생각하는 데에만 있는 것이 아니요, 명랑한 정신으로 기틀을 따라 연마하는 것이 그 힘이 도리어 더 우월한 까닭이니라.」

15. 한 제자 수승 화강(水昇火降) 되는 이치를 묻자온데 대종사 말씀하시기를 「물의 성질은 아래로 내리는 동시에 그 기운이 서늘하고 맑으며, 불의 성질은 위로 오르는 동시에 그 기운이 덥고 탁하나니, 사람이 만일 번거한 생각을 일어내어 기운이 오르면 머리가 덥고 정신이 탁하여 진액(津液)이 마르는 것은 불 기운이 오르고 물 기운이 내리는 연고이요, 만일 생각이 잠자고 기운이 평순(平順)하면 머리가 서늘하고 정신이 명랑하여 맑은 침이 입 속에 도나니 이는 물 기운이 오르고 불 기운이 내리는 연고이니라.」

16. 대종사 말씀하시기를 「수양력을 얻어 나가는 데 두 길이 있나니, 하나는 기질(氣質)의 수양이요 둘은 심성(心性)의 수양이라, 예를 들면 군인이 실지 전쟁에서 마음을 단련하여 부동심(不動心)이 되는 것은 밖으로 기질을 단련한 수양이요, 수도인이 오욕의 경계 중에서 마군(魔軍)을 항복받아 순역 경계에 부동심이 되는 것은 안으로 심성을 단련한 수양이라, 군인이 비록 밖으로 기질의 수양력을 얻었다 할지라도

안으로 심성의 수양력을 얻지 못하면 완전한 수양력이 되지 못하고, 수도인이 또한 안으로 심성의 수양력은 얻었으나 실지의 경계에 단련하여 기질의 수양력을 얻지 못하면 또한 완전한 수양력이 되지 못하나니라.」

17. 양 도신(梁道信)이 여쭙기를 「대종사께옵서 평시에 말씀하시기를, 이 일을 할 때 저 일에 끌리지 아니하며, 저 일을 할 때 이 일에 끌리지 아니하고, 언제든지 하는 그 일에 마음이 편안하고 온전해야 된다 하시므로 저희들도 그와 같이 하기로 노력하옵던 바, 제가 이 즈음에 바느질을 하면서 약을 달이게 되었사온데 온 정신을 바느질 하는 데 두었삽다가 약을 태워버린 일이 있사오니, 바느질을 하면서 약을 살피기로 하오면 이 일을 하면서 저 일에 끌리는 바가 될 것이옵고, 바느질만 하고 약을 불고하오면 약을 또 버리게 될 것이오니, 이런 경우에 어떻게 하는 것이 공부의 옳은 길이 되나이까.」 대종사 말씀하시기를 「네가 그 때 약을 달이고 바느질을 하게 되었으면 그 두 가지 일이 그 때의 네 책임이니 성심 성의를 다하여 그 책임을 잘 지키는 것이 완전한 일심이요 참다운 공부니, 그 한 가지에만 정신이 뽑혀서 실수가 있었다면 그것은 두렷한 일심이 아니라 조각의 마음이며 부주의한 일이라, 그러므로 열 가지 일을 살피나 스무 가지 일을 살피나 자기의 책임 범위에서만 할

것 같으면 그것은 방심이 아니고 온전한 마음이며, 동할 때 공부의 요긴한 방법이니라. 다만, 내가 아니 생각하여도 될 일을 공연히 생각하고, 내가 안 들어도 좋을 일을 공연히 들으려 하고, 내가 안 보아도 좋을 일을 공연히 보려 하고, 내가 안 간섭하여도 좋을 일을 공연히 간섭하여, 이 일을 할 때에는 정신이 저 일로 가고 저 일을 할 때에는 정신이 이 일로 와서 부질없는 망상이 조금도 쉴 사이 없는 것이 비로소 공부인의 크게 꺼릴 바이라, 자기의 책임만 가지고 이 일을 살피고 저 일을 살피는 것은 비록 하루에 백천만 건(件)을 아울러 나간다 할지라도 일심 공부하는 데에는 하등의 방해가 없나니라.」

18. 대종사 말씀하시기를 「그대들이 일심 공부를 하는데 그 마음이 번거하기도 하고 편안하기도 하는 원인을 아는가. 그것은 곧 일 있을 때에 모든 일을 정당하게 행하고 못 하는 데에 원인이 있나니, 정당한 일을 행하는 사람은 처음에는 혹 복잡하고 어려운 일이 많은 것 같으나 행할수록 심신이 점점 너그럽고 편안하여져서 그 앞 길이 크게 열리는 동시에 일심이 잘 될 것이요, 부정당한 일을 행하는 사람은 처음에는 혹 재미 있고 쉬운 것 같으나 행할수록 심신이 차차 복잡하고 괴로와져서 그 앞 길이 막히게 되는 동시에 일심이 잘 되지 않나니, 그러므로 오롯한 일심 공부를 하고자 하면 먼저 부당한 원을 제거하고 부당한

행을 그쳐야 하나니라.」

19. 대종사 이 순순(李旬旬)에게 물으시기를 「그대는 재가 공부(在家工夫)를 어떻게 하는가.」 순순이 사뢰기를 「마음 안정하기를 주장하나이다.」 또 물으시기를 「어떠한 방법으로 안정을 주장하는가.」 순순이 사뢰기를 「그저 안정하고자 할 따름이옵고 특별한 방법을 알지 못하나이다.」 대종사 말씀하시기를 「무릇, 사람에게는 항상 동과 정 두 때가 있고 정정(定靜)을 얻는 법도 외정정과 내정정의 두 가지 길이 있나니, 외정정은 동하는 경계를 당할 때에 반드시 대의(大義)를 세우고 취사를 먼저 하여 망녕되고 번거한 일을 짓지 아니하는 것으로 정신을 요란하게 하는 마(魔)의 근원을 없이하는 것이요, 내정정은 일이 없을 때에 염불과 좌선도 하며 기타 무슨 방법으로든지 일어나는 번뇌를 잠재우는 것으로 온전한 근본 정신을 양성하는 것이니, 외정정은 내정정의 근본이 되고 내정정은 외정정의 근본이 되어, 내와 외를 아울러 진행하여야만 참다운 마음의 안정을 얻게 되리라.」

20. 송 도성이 신문을 애독하여 신문을 받으면 보던 사무라도 그치고 읽으며, 급한 일이 있을 때에는 기사의 제목이라도 본 후에야 안심하고 사무에 착수하더니, 대종사 하루는 경계하시기를 「네가 소소한 신문 하나 보는 데에 그와 같이 정신을 빼앗기니 다른 일에도 혹 그러할까 근심되노라. 사람마다 각각 하

고 싶은 일과 하기 싫은 일이 있는데 범부는 그 하고 싶은 일을 당하면 거기에 끌리어 온전하고 참된 정신을 잃어 버리고, 그 하기 싫은 일을 당하면 거기에 끌리어 인생의 본분을 잃어 버려서 정당한 공도(公道)를 밟지 못하고 번민과 고통을 스스로 취하나니, 이러한 사람은 결코 정신의 안정과 혜광(慧光)을 얻지 못하나니라. 내가 이러한 작은 일에 너를 경계하는 것은 너에게 정신이 끌리는 실상을 잡아 보이는 것이니, 너는 마땅히 그 하고 싶은 데에도 끌리지 말고, 하기 싫은 데에도 끌리지 말고, 항상 정당한 도리만 밟아 행하여 능히 천만 경계를 응용하는 사람은 될지언정 천만 경계에 끌려 다니는 사람은 되지 말라. 그러하면, 영원히 너의 참되고 떳떳한 본성을 여의지 아니하리라.」

21. 이 청춘(李青春)이 여쭙기를 「큰 도인도 애착심(愛着心)이 있나이까.」 대종사 말씀하시기를 「애착심이 있으면 도인은 아니니라.」 청춘이 여쭙기를 「정산(鼎山)도 자녀를 사랑하오니 그것은 애착심이 아니오니까.」 대종사 말씀하시기를 「청춘은 감각 없는 목석을 도인이라 하겠도다. 애착이라 하는 것은 사랑에 끌리어 서로 멀리 떠나지를 못한다든지 갈려 있을 때에 보고 싶은 생각이 나서 자신 수도나 공사(公事)에 지장이 있게 됨을 이름이니 그는 그러한 일이 없나니라.」

22. 대종사 말씀하시기를 「세상 사람들은 경전을 많이 읽은 사람이라야 도가 있는 것으로 인증하여, 같은 진리를 말할지라도 옛 경전을 인거하여 말하면 그것은 미덥게 들으나, 쉬운 말로 직접 원리를 밝혀 줌에 대하여는 오히려 가볍게 듣는 편이 많으니 이 어찌 답답한 생각이 아니리요. 경전이라 하는 것은 과거 세상의 성자 철인들이 세도 인심을 깨우치기 위하여 그 도리를 밝혀 놓은 것이지마는, 그것이 오랜 시일을 지내 오는 동안에 부연(敷衍)과 주해(註解)가 더하여 오거 시서(五車詩書)와 팔만 장경(八萬藏經)을 이루게 되었나니, 그것을 다 보기로 하면 평생 정력을 다하여도 어려운 바라, 어느 겨를에 수양·연구·취사의 실력을 얻어 출중 초범한 큰 인격자가 되리요. 그러므로, 옛날 부처님께서도 정법(正法)과 상법(像法)과 계법(季法)으로 구분하여 법에 대한 시대의 변천을 예언하신 바 있거니와, 그 변천되는 주요 원인은 이 경전이 번거하여 후래 중생이 각자의 힘을 잃게 되고 자력을 잃은 데 따라 그 행동이 어리석어져서 정법이 자연 쇠하게 되는지라, 그러므로 다시 정법 시대가 오면 새로이 간단한 교리와 편리한 방법으로 모든 사람을 실지로 훈련하여 구전 심수의 정법 아래 사람사람이 그 대도를 체험하고 깨치도록 하나니, 오거 시서는 다 배워 무엇하며 팔만 장경은 다 읽어 무엇하리요. 그대들은 삼가 많고 번거한 옛 경전들에 정

신을 빼앗기지 말고, 마땅히 간단한 교리와 편리한 방법으로 부지런히 공부하여, 뛰어난 역량(力量)을 얻은 후에 저 옛 경전과 모든 학설은 참고로 한 번 가져다 보라. 그러하면, 그 때에는 십년의 독서보다 하루 아침의 참고가 더 나으리라.」

23. 대종사 말씀하시기를 「그대들 가운데 누가 능히 끊임 없이 읽을 수 있는 경전을 발견하였는가. 세상 사람들은 사서 삼경 (四書三經)이나 팔만 장경이나 기타 교회의 서적들만이 경전인 줄로 알고 현실로 나타나 있는 큰 경전은 알지 못하나니 어찌 답답한 일이 아니리요. 사람이 만일 참된 정신을 가지고 본다면 이 세상 모든 것이 하나도 경전 아님이 없나니, 눈을 뜨면 곧 경전을 볼 것이요, 귀를 기울이면 곧 경전을 들을 것이요, 말을 하면 곧 경전을 읽을 것이요, 동하면 곧 경전을 활용하여 언제 어디서나 조금도 끊임 없이 경전이 전개되나니라. 무릇, 경전이라 하는 것은 일과 이치의 두 가지를 밝혀 놓은 것이니, 일에는 시비 이해를 분석하고 이치에는 대소 유무를 밝히어, 우리 인생으로 하여금 방향을 정하고 인도를 밟도록 인도하는 것이라, 유교·불교의 모든 경전과 다른 교회의 모든 글들을 통하여 본다 하여도 다 여기에 벗어남이 없으리라. 그러나, 일과 이치가 글에 있는 것이 아니라 세상 전체가 곧 일과 이치 그것이니 우리 인생은 일과 이치 가운데에 나서 일과 이치 가운

데에 살다가 일과 이치 가운데에 죽고 다시 일과 이치 가운데에 나는 것이므로 일과 이치는 인생이 여의지 못할 깊은 관계가 있는 것이며 세상은 일과 이치를 그대로 펴 놓은 경전이라, 우리는 이 경전 가운데 시비 선악의 많은 일들을 잘 보아서 옳고 이로운 일을 취하여 행하고 그르고 해 될 일은 놓으며, 또는 대소 유무의 모든 이치를 잘 보아서 그 근본에 깨침이 있어야 할 것이니, 그런다면 이것이 산 경전이 아니고 무엇이리요. 그러므로, 나는 그대들에게 많고 번거한 모든 경전을 읽기 전에 먼저 이 현실로 나타나 있는 큰 경전을 잘 읽도록 부탁하노라.」

24. 한 제자 여쭙기를 「저는 늘 사물(事物)에 민첩하지 못하오니 어찌하면 사물에 밝아질 수 있사오리까.」 대종사 말씀하시기를 「일을 당하기 전에는 미리 연마하고, 일을 당하여서는 잘 취사하고, 일을 지낸 뒤에는 다시 대조하는 공부를 부지런히 하며, 비록 다른 사람의 일이라도 마음 가운데에 매양 반조(返照)하는 공부를 잘 하면, 점점 사물에 능숙하여져서 모든 응용에 걸리고 막히지 아니하리라.」

25. 대종사 예회에서 대중에게 말씀하시기를 「그대들이 법설이나 강연을 들을 때에는 반드시 큰 보화나 얻을 듯이 정신을 고누고 들어야 할 것이니, 법사(法師)나 강사(講師)가 아무리 유익한 말을 한다 하더라도 듣는 사람이 요령을 잡지 못하고 범연히 듣는다

면 그 말이 다 실지 효과를 얻지 못하나니라. 그러므로, 무슨 말을 듣든지 내 공부와 내 경계에 대조하여 온전한 정신으로 마음에 새겨 듣는다면 그 얻음이 많아지는 동시에 실지 행사에 자연 반조가 되어 예회의 공덕이 더욱 드러나게 되리라.」

26. 대종사 봉래정사(蓬萊精舍)에 계시사 등잔 불을 가리키시며 말씀하시기를 「저 등잔 불이 그 광명은 사면을 다 밝히는데 어찌하여 제 밑은 저 같이 어두운고.」 김 남천(金南天)이 사뢰기를 「이는 실로 저와 같사오니, 저는 대종사의 문하에 직접 시봉하온 지 벌써 여러 해가 되었사오나 모든 일에 아는 것과 행하는 것이 멀리서 내왕하는 형제들만 같지 못하나이다.」 대종사 웃으시며 다시 송 규에게 물으시니, 송 규 사뢰기를 「저 등불은 불빛이 위로 발하여 먼 곳을 밝히고 등대는 가까운데 있어서 아래를 어둡게 하오니, 이것을 비유하오면 혹 사람이 남의 허물은 잘 아나 저의 그름은 알지 못하는 것과 같다고 하겠나이다. 어찌하여 그런가 하면, 사람이 남의 일을 볼 때에는 아무것도 거리낌이 없으므로 그 장단과 고저를 바로 비춰 볼 수 있사오나, 제가 저를 볼 때에는 항상 나라는 상(相)이 가운데 있어서 그 그림자가 지혜 광명을 덮으므로 그 시비를 제대로 알지 못하나이다.」 대종사 말씀하시기를 「그렇게 원만하지 못한 사람이 자타(自他)없이 밝히기로 하면 어찌하여야 될꼬.」송

규 사뢰기를 「희·로·애·락에 편착하지 아니하며, 마음 가운데에 모든 상을 끊어 없애면 그 아는 것이 자타가 없겠나이다.」 대종사 말씀하시기를 「그대의 말이 옳다.」

27. 대종사 말씀하시기를 「그대들이 원만한 사람이 되어 넓은 지견(知見)을 얻고자 하면 반드시 한 편에 집착(執着)하지 말라. 지금 세상의 모든 사람들이 거의 다 각각 한 편에 집착하여 원만한 도를 이루지 못하나니, 선비는 유가의 습관에, 승려는 불가의 습관에, 그 외에 다른 종교나 사회의 사업가들은 또한 다 각각 자기의 아는 바와 하는 바에 편착하여, 시비 이해를 널리 알지 못하고 다른 사람의 법을 취하여 쓸 줄 모르므로 원만한 사람을 이루지 못하나니라.」 한 제자 여쭙기를 「만일 자가(自家)의 전통과 주장을 벗어난다면 혹 주견(主見)을 잃지 않겠나이까.」 대종사 말씀하시기를 「이 말은 자가의 주견을 잃고 모든 법을 함부로 쓰라는 것이 아니라 정당한 주견을 세운 후에 다른 법을 널리 응용하라는 것이니 이 뜻을 또한 잘 알아야 하나니라.」

28. 대종사 말씀하시기를 「범상한 사람에게는 무슨 일에나 지혜 어두워지게 하는 두 가지 조건이 있나니, 하나는 욕심에 끌려 구하므로 중도를 잃어서 그 지혜가 어두워지는 것이요, 또 하나는 자기의 소질 있는 데에만 치우쳐 집착되므로 다른 데에는 어두워지는 것

제3 수행품 **27·28·29·30**

이라, 수도하는 사람은 이 두 가지 조건에 특히 조심하여야 하나니라.」

29. 동학(東學)의 한 교인이 와서 뵈옵고 말하기를 「제가 선생의 고명(高名)을 듣고 멀리 왔사오니 길이 애호하여 주소서.」 대종사 말씀하시기를 「그대의 뜻이 그러할진대 마음에 무엇을 구함이 있으리니 말하라.」 그 사람이 사뢰기를 「어찌하면 지식이 넓어지오리까.」 대종사 말씀하시기를 「그대가 나를 찾아와서 묻는 것이 곧 지식을 넓히는 법이요, 나는 그대를 대하여 그대의 말을 듣는 것이 또한 지식을 넓히는 법이라, 예를 들면 살림하는 사람이 살림 기구에 부족함이 있으면 저자에서 기구를 사오게 되고, 사업하는 사람이 사업의 지식에 부족함이 있으면 곧 세상에서 지식을 얻어 오나니라. 그러므로, 나는 무슨 일이든지 나 혼자 연구하여서만 아는 것이 아니요, 여러 사람을 응대할 때에 거기서 지식을 취하여 쓰노니, 그대를 대할 때에는 동학의 지식을 얻게 되고, 또 다른 교인을 대할 때에는 그 교의 지식을 얻게 되노라.」

30. 대종사 말씀하시기를 「사람의 성품은 원래 선악이 없는 것이나 습관에 따라 선악의 인품(人品)이 있어지나니 습관은 곧 당인의 처음 한 생각이 좌우의 모든 인연에 응하고 또 응하는 가운데 이루어지는 것이라, 가령 그대들이 공부에 발심하여 처음으로 이 도량에 와서 스승과 동지를 만나고 법과 규칙을 지켜

나갈 때에, 처음에는 모든 일이 서투르고 맞지 아니하여 감내하기가 어려우나, 그 발심을 변하지 아니하고 오래 계속하면 차차 마음과 행동이 익어져서, 필경에는 힘 들지 아니하고도 자연히 골라지게 되나니 이것이 곧 습관이라, 이와 같이 좌우의 인연을 따라 습관되는 이치가 선과 악이 서로 다르지 아니하나, 선한 일에는 습관되기가 어렵고 악한 일에는 습관되기가 쉬우며, 또는 선한 습관을 들이기 위하여 공부하는 중에도 조금만 방심하면 알지 못하는 가운데 악한 경계에 흘러가서 처음 목적한 바와는 반대로 되기 쉽나니 이 점에 늘 주의하여야 착한 인품을 이루게 되리라.」

31. 대종사 말씀하시기를 「많은 남녀 학인(學人)들을 지내 본 가운데 남자들은 대체로 너그러우나 허한 듯하여 견실성(堅實性) 없는 것이 병이 되고, 여자들은 대체로 주밀하나 고정하여 용납성 없는 것이 병이 되므로, 사람이 원만한 인품을 이루려 하면 남자는 너그러운 가운데 내심(內心)이 견고하고 진실되기에 주로 노력하고, 여자는 주밀한 가운데 내심이 원만하고 관대하기에 주로 노력하여야 되리라.」

32. 한 제자 급히 밥을 먹으며 자주 말을 하는지라, 대종사 말씀하시기를 「사람이 밥 하나 먹고 말 한 마디 하는 데에도 공부가 있나니, 만일 너무 급히 먹거나 과식을 하면 병이 따라 들기 쉽고, 아니 할 말을 하거나 정도에 벗어난 말을 하면 재앙이 따라 붙

기 쉬운 지라, 밥 하나 먹고 말 한 마디 하는 것을 작은 일이라 하여 어찌 방심하리요. 그러므로, 공부하는 사람은 무슨 일을 당하든지 공부할 기회가 이르렀다 하여 그 일 그 일을 잘 처리하는 것으로 재미를 삼나니 그대도 이 공부에 뜻을 두라.」

33. 문 정규(文正奎) 여쭙기를 「경계를 당할 때에 무엇으로 취사하는 대중을 삼으오리까.」 대종사 말씀하시기를 「세 가지 생각으로 취사하는 대중을 삼나니, 첫째는 자기의 세운 바 본래 서원(誓願)을 생각하는 것이요, 둘째는 스승이 가르치는 본의를 생각하는 것이요, 세째는 당시의 형편을 살펴서 한 편에 치우침이 없는가를 생각하는 것이라, 이 세 가지로 대중을 삼은즉 공부가 항상 매(昧)하지 아니하고 모든 처사가 자연 골라지나니라.」

34. 대종사 이 춘풍으로 더불어 청련암(靑蓮庵) 뒷산 험한 재를 넘으시다가 말씀하시기를 「험한 길을 당하니 일심 공부가 저절로 되는도다. 그러므로, 길을 가되 험한 곳에서는 오히려 실수가 적고 평탄한 곳에서 실수가 있기 쉬우며, 일을 하되 어려운 일에는 오히려 실수가 적고 쉬운 일에 도리어 실수가 있기 쉽나니, 공부하는 사람이 험하고 평탄한 곳이나 어렵고 쉬운 일에 대중이 한결같아야 일행 삼매(一行三昧)의 공부를 성취하나니라.」

35. 대종사 말씀하시기를 「그대들은 하늘 사람을

보았는가. 하늘 사람이 하늘 나라에 멀리 있는 것이 아니요, 저 어린이들이 바로 하늘 사람이니 저들은 마음 가운데 일호의 사심이 없으므로 어머니를 통하여 천록(天祿)이 나오나니라. 그러나, 차차 사심이 생기면 천록도 따라서 그치게 되나니, 수도인들도 사심만 없고 보면 한량 없는 천록이 따르지마는 사심이 일어나면 천록 길이 따라서 막히게 되나니라.」

36. 한 제자 여쭙기를 「무슨 방법으로 수양하여야 오욕을 다 없애고 수도에 전일하여 부처님과 같이 한가롭고 넉넉한 생활을 하오리까.」 대종사 말씀하시기를 「욕심은 없앨 것이 아니라 도리어 키울 것이니, 작은 욕심을 큰 서원으로 돌려 키워서 마음이 거기에 전일하면 작은 욕심들은 자연 잠잘 것이요, 그러하면 저절로 한가롭고 넉넉한 생활을 하게 되리라.」

37. 대종사 말씀하시기를 「나는 그대들에게 희·로·애·락의 감정을 억지로 없애라고 가르치는 것이 아니라, 희·로·애·락을 곳과 때에 마땅하게 써서 자유로운 마음 기틀을 걸림없이 운용하되 중도에만 어그러지지 않게 하라고 하며, 가벼운 재주와 작은 욕심을 미워할 것이 아니라 그 재주와 발심의 크지 못함을 걱정하라 하노니, 그러므로 나의 가르치는 법은 오직 작은 것을 크게 할 뿐이며, 배우는 사람도 작은 데에 들이던 그 공력을 다시 큰 데로 돌리라는 것이니, 이것이 곧 큰 것을 성취하는 대법이니라.」

38. 대종사 말씀하시기를 「그대들이 공부와 사업을 진행하는 가운데 크게 위태한 때가 있음을 미리 알아야 할 것이니, 공부하는 사람에게 크게 위태한 때는 곧 모든 지혜가 열리는 때요, 사업하는 사람에게 크게 위태한 때는 곧 모든 권리가 돌아오는 때라, 어찌하여 그런가 하면 근기가 낮은 사람은 약간의 지혜가 생김으로써 큰 공부를 하는 데 성의가 없어지고 작은 지혜에 만족하기 쉬우며, 약간의 권리가 생김으로써 사욕이 동하고 교만이 나게 되어 더 전진을 보지 못하는 까닭이라, 공부와 사업하는 사람이 이런 때를 조심하지 못하고 보면 스스로 한 없는 구렁에 빠지게 되나니라.」

39. 한 제자 수십 년간 독실한 신을 바치고 특히 좌선 공부에 전력하더니 차차 정신이 맑아져서 손님의 내왕할 것과 비 오고 그칠 것을 미리 아는지라, 대종사 말씀하시기를 「그는 수행하는 도중에 혹 반딧불 같이 나타나는 허령(虛靈)에 불과하나니 그대는 정신을 차려 그 마음을 제거하라. 만일 그것에 낙을 붙이면 큰 진리를 깨닫지 못할 뿐 아니라 사도(邪道)에 떨어져서 아수라(阿修羅)의 유가 되기 쉽나니 어찌 정법 문하에 그런 것을 용납하리요.」

40. 송 벽조(宋碧照) 좌선에만 전력하여 수승 화강을 조급히 바라다가 도리어 두통을 얻게 된지라, 대종사 말씀하시기를 「이것이 공부하는 길을 잘 알지

못하는 연고라, 무릇 원만한 공부 법은 동과 정 두 사이에 공부를 여의지 아니하여 동할 때에는 모든 경계를 보아 취사하는 주의심을 주로하여 삼대력을 아울러 얻어 나가고, 정할 때에는 수양과 연구를 주로하여 삼대력을 아울러 얻어 나가는 것이니, 이 길을 알아 행하는 사람은 공부에 별 괴로움을 느끼지 아니하고 바람 없는 큰 바다의 물과 같이 한가롭고 넉넉할 것이요, 수승 화강도 그 마음의 안정을 따라 자연히 될 것이나 이 길을 알지 못하면 공연한 병을 얻어서 평생의 고초를 받기 쉽나니 이에 크게 주의할지니라.」

41. 대종사 말씀하시기를 「나의 법은 인도상 요법(人道上要法)을 주체삼아 과거에 편벽된 법을 원만하게 하며 어려운 법을 쉽게 하여 누구나 바로 대도에 들게 하는 법이어늘, 이 뜻을 알지 못하고 묵은 생각을 버리지 못하는 사람은 공부를 하려면 고요한 산중에 들어가야 한다고 하며, 혹은 특별한 신통(神通)을 얻어서 이산 도수(移山渡水)와 호풍 환우(呼風喚雨)를 마음대로 하여야 한다고 하며, 혹은 경전·강연·회화는 쓸 데 없고 염불·좌선만 해야 한다고 하여, 나의 가르침을 바로 행하지 않는 수가 간혹 있나니, 실로 통탄할 일이니라. 지금 각도 사찰 선방이나 심산 궁곡에는 평생 아무 직업 없이 영통이나 도통을 바라고 방황하는 사람이 그 수가 적지 아니하나, 만일 세상을 떠나서 법을 구하며 인도를 여의고 신통만 바란

다면 이는 곧 사도(邪道)니라. 그런즉, 그대들은 먼저 나의 가르치는 바 인생의 요도와 공부의 요도에 따라 세간 가운데서 공부를 잘 하여 나아가라. 그러한다면, 마침내 복혜 양족(福慧兩足)을 얻는 동시에 신통과 정력도 그 가운데 있을 것이니 이것이 곧 순서 있는 공부요 근원 있는 대도니라.」

42. 대종사 말씀하시기를 「정법 회상에서 신통을 귀하게 알지 않는 것은 신통이 세상을 제도하는 데에 실다운 이익이 없을 뿐 아니라, 도리어 폐해가 되는 까닭이니, 어찌하여 그런가하면 신통을 원하는 사람은 대개 세속을 피하여 산중에 들며 인도를 떠나 허무에 집착하여 주문이나 진언(眞言) 등으로 일생을 보내는 것이 예사이니, 만일 온 세상이 다 이것을 숭상한다면 사·농·공·상이 무너질 것이요, 인륜 강기(人倫綱紀)가 묵어질 것이며, 또는 그들이 도덕의 근원을 알지 못하고 차서 없는 생각과 옳지 못한 욕심으로 남다른 재주를 바라고 있으니, 한 때 허령으로 혹 무슨 이적(異蹟)이 나타난다면 그것을 악용하여 세상을 속이고 사람을 해롭게 할 것이라, 그러므로 성인이 말씀하시기를 "신통은 말변(末邊)의 일이라"하였고, "도덕의 근거가 없이 나타나는 신통은 다못 일종의 마술(魔術)이라"고 하였나니라. 그러나, 사람이 정도(正道)를 잘 수행하여 욕심이 담박하고 행실이 깨끗하면 자성의 광명을 따라 혹 불가사의(不可思議)한 자취가

나타나는 수도 있으나 이것은 구하지 아니하되 자연히 얻어지는 것이라, 어찌 삿된 생각을 가진 중생의 견지로 이를 추측할 수 있으리요.」

43. 대종사 말씀하시기를 「처음 발심한 사람이 저의 근기도 잘 모르고 일시적 독공(篤工)으로 바로 큰 이치를 깨치고자 애를 쓰는 수가 더러 있으나 그러한 마음을 가지면 몸에 큰 병을 얻기 쉽고, 마음대로 되지 않을 때에는 퇴굴심(退屈心)이 나서 수도 생활과 멀어질 수도 있나니 조심할 바이니라. 그러나, 혹 한 번 뛰어서 불지(佛地)에 오르는 도인도 있나니 그는 다생 겁래에 많이 닦아 온 최상의 근기요 중·하(中下)의 근기는 오랜 시일을 두고 공을 쌓고 노력하여야 되나니, 그 순서는 첫째 큰 원이 있은 뒤에 큰 신(信)이 나고, 큰 신이 난 뒤에 큰 분(忿)이 나고, 큰 분이 난 뒤에 큰 의심이 나고, 큰 의심이 있은 뒤에 큰 정성이 나고, 큰 정성이 난 뒤에 크게 깨달음이 있으며, 깨달아 아는 것도 한 번에 끝나는 것이 아니라 천통 만통이 있나니라.」

44. 대종사 말씀하시기를 「어리석은 사람은 한 생각 나는 즉시로 초범 월성의 큰 지혜를 얻으려 하나 그것은 크게 어긋난 생각이라, 저 큰 바다의 물도 작은 방울 물이 합하여 이룬 것이요, 산야의 대지도 작은 먼지의 합한 것이며, 제불 제성의 대과를 이룬 것도 형상 없고 보이지도 않는 마음 적공(積功)을 합하여 이

룬 것이니, 큰 공부에 뜻하고 큰 일을 착수한 사람은 먼저 마땅히 작은 일부터 공을 쌓기 시작하여야 되나니라.」

45. 대종사 말씀하시기를 「도를 구하기 위하여 출가한 사람이 중간에 혹 본의를 잊어버리고 외학(外學)과 외지(外知) 구하는 데에 정신을 쓰는 수도 더러 있으나, 이러한 사람은 박식(博識)은 될지언정 정신 기운은 오히려 약해져서 참 지혜를 얻기가 어려울 것이니, 참 도를 구하는 사람은 발심한 본의를 반성하여 여러 방면으로 흩어지는 마음을 바로 잡아 삼대력 쌓는 데에 공을 들이면 자연히 외학과 외지의 역량도 갖추어지나니라.」

46. 대종사 말씀하시기를 「내가 한 생각을 얻기 전에는 혹 기도도 올렸고, 혹은 문득 솟아 오르는 주문도 외웠으며, 혹은 나도 모르는 가운데 적묵(寂默)에 잠기기도 하였는데, 우연히 한 생각을 얻어 지각(知覺)이 트이고 영문(靈門)이 열리게 된 후로는, 하루에도 밤과 낮으로, 한 달에도 선후 보름으로 밝았다 어두웠다 하는 변동이 생겼고, 이 변동에서 혜문(慧門)이 열릴 때에는 천하에 모를 일과 못할 일이 없이 자신이 있다가도 도로 닫히고 보면 내 몸 하나도 어찌할 방략이 없어서, 나의 앞 길을 어떻게 하면 좋을까 하는 걱정이 새로 나며 무엇에 홀린 것 같은 의심도 나더니, 마침내 그 변동이 없어지고 지각이 한결같이

계속되었노라.」

47. 대종사 겨울 철에는 매양 해수(咳嗽)로 괴로움이 되시사 법설을 하실 때마다 기침이 아울러 일어나는지라 인하여 대중에게 말씀하시기를 「나의 자라난 길룡리는 그대들이 아는 바와 같이 생활의 빈궁함과 인지의 미개함이 세상에 드문 곳이라, 내가 다행히 전세의 습관으로 어릴 때에 발심하여 성심으로 도는 구하였으나 가히 물을 곳이 없고 가히 지도 받을 곳이 없으므로, 홀로 생각을 일어내어 난행(難行) 고행(苦行)을 하지 아니함이 없었나니, 혹은 산에 들어가서 밤을 지내기도 하고, 혹은 길에 앉아서 날을 보내기도 하며, 혹은 방에 앉아 뜬 눈으로 밤을 새우기도 하고, 혹은 얼음 물에 목욕도 하며, 혹은 절식(絶食)도 하고, 혹은 찬 방에 거처도 하여, 필경 의식(意識)을 다 잊는 경계에까지 들었다가 마침내 그 의심한 바는 풀리었으나, 몸에 병근(病根)은 이미 깊어져서 기혈이 쇠함을 따라 병고는 점점 더해가나니, 나는 당시에 길을 몰랐는지라 어찌할 수 없었지마는, 그대들은 다행히 나의 경력을 힘입어서 난행 고행을 겪지 아니하고도 바로 대승 수행의 원만한 법을 알게 되었으니 이것이 그대들의 큰 복이니라. 무릇, 무시선·무처선의 공부는 다 대승 수행하는 빠른 길이라 사람이 이대로 닦는다면 사반 공배(事半功倍)가 될 것이요, 병들지 아니하고 성공하리니 그대들은 삼가 나의 길 얻지

못할 때의 헛된 고행을 증거하여 몸을 상하는 폐단에 들지 않기를 간절히 부탁하노라.」

48. 대종사 말씀하시기를 「저 학교에서도 학기 말이나 학년 말에는 시험이 있는 것과 같이 수도인에게도 법위가 높아질 때에나 불지(佛地)에 오를 때에는 순경·역경을 통하여 여러 가지로 시험이 있나니, 그러므로 부처님께서도 성도(成道)하실 무렵에 마왕 파순(波旬)이가 팔만 사천 마군을 거느리고 대적하였다 하며 후래 수행자들도 역시 그러한 경계를 지냈나니, 내가 지금 그대들을 살펴볼 때에 그대들 중에도 시험에 걸려서 고전(苦戰)을 하고 있는 사람과 패전하여 영생 일을 그르쳐 가는 사람과 또는 좋은 성적으로 시험을 마쳐서 그 앞 길이 양양한 사람도 있나니, 각자의 정도를 살피어 그 시험에 실패가 없기를 바라노라.」

49. 대종사 말씀하시기를 「기술을 배우는 사람은 그 스승에게 기술의 감정을 받아야 할 것이요, 도학을 배우는 사람은 그 스승에게 시비의 감정을 받아야 하나니, 기술을 배우는 사람이 기술의 감정을 받지 아니하면 그 기술은 줄맞은 기술이 되지 못할 것이요, 도학을 배우는 사람이 시비의 감정을 받지 아니하면 그 공부는 요령있는 공부가 되지 못하리라. 그러므로, 내가 항상 그대들에게 일과 이치 간에 잘 한다 잘못 한다 하는 감정을 내리는 것은 그대들로 하여금 굽은 길을 피하고 바른 길을 밟게 하고자 함이어늘, 만일 나에게

감정 받기를 꺼린다든지 그 잘 한다 잘못 한다 하는 데에 불만을 가진다면 본래 배우러 온 목적이 그 무엇이며 공부는 어떻게 진취될 것인가. 나뿐 아니라, 누구든지 정당한 비판과 충고는 그대들의 전도에 보감이 되는 것이어늘, 그 전도를 열어 주는 은인(恩人)에게 혹 원망을 가진다면 또한 배은자가 되지 아니하겠는가. 그런즉, 그대들은 내가 그대들에게 잘 한다 잘못 한다 하는 데에나 세상이 잘 한다 잘못 한다 하는 데에나 다 같이 감사하는 동시에 공부의 참된 요령을 얻어 나가기에 더욱 힘쓸지어다.」

50. 대종사 말씀하시기를 「수도인이 경계를 피하여 조용한 곳에서만 마음을 길들이려 하는 것은 마치 물고기를 잡으려는 사람이 물을 피함과 같나니 무슨 효과를 얻으리요, 그러므로, 참다운 도를 닦고자 할진대 오직 천만 경계 가운데에 마음을 길들여야 할 것이니 그래야만 천만 경계에 마음이 흔들리지 않는 큰 힘을 얻으리라. 만일, 경계 없는 곳에서만 마음을 단련한 사람은 경계 중에 나오면 그 마음이 바로 흔들리나니 이는 마치 그늘에서 자란 버섯이 태양을 만나면 바로 시드는 것과 같나니라. 그러므로, 유마경(維摩經)에 이르시기를 "보살은 시끄러운 데 있으나 마음은 온전하고, 외도(外道)는 조용한 곳에 있으나 마음은 번잡하다."하였나니, 이는 오직 공부가 마음 대중에 달린 것이요, 바깥 경계에 있지 아니함을 이르심이니라.」

제3 수행품 50·51·52·53

51. 대종사 여러 제자에게 말씀하시기를 「그대들은 마땅히 불법을 활용하여 생활의 향상을 도모할지언정 불법에 사로잡힌 바 되어 일생을 헛되이 지내지 말라. 무릇, 불법은 원래 세상을 건지는 큰 도이거늘, 도리어 세속을 피하고 산에 들어가서 다만 염불이나 간경(看經)이나 좌선 등으로 일 없이 일생을 보내고 마침내 아무런 제중의 실적도 없다면 이러한 사람은 다 불법에 사로잡힌 바이라, 자신에도 별 성공이 없으려니와 세상에도 아무 이익이 없나니라.」

52. 대종사 대중에게 말씀하시기를 「사람이 도를 알고자 하는 것은 용처(用處)에 당하여 쓰고자 함이니, 만일 용처에 당하여 쓰지 못한다면 도리어 알지 못함과 같을지라 무슨 이익이 있으리요.」하시고, 가지셨던 부채를 들어 보이시며 「이 부채를 가졌으나 더위를 당하여 쓸 줄을 모른다면 부채 있는 효력이 무엇이리요.」하시니라.

53. 대종사 말씀하시기를 「공부하는 사람이 밖으로는 능히 모든 인연에 대한 착심을 끊고 안으로는 또한 일심의 집착까지도 놓아야 할 것이니 일심에 집착하는것을 법박(法縛)이라고 하나니라. 사람이 만일 법박에 걸리고 보면 눈 한 번 궁글리고 몸 한 번 동작하는 사이에도 법에 항상 구애되어 자재(自在)함을 얻지 못하나니, 어찌 큰 해탈(解脫)의 문에 들 수 있으리요. 그러므로, 공부하는 사람이 성품을 기르되 모름지

기 자연스럽게 기르고 활발하게 운전하여 다만 육근이 일 없을 때에는 그 잡념만 제거하고 일 있을 때에는 그 불의만 제거할 따름이라, 어찌 일심 가운데 다시 일심에 집착하리요. 비하건데, 아기를 보는 사람이 아기의 가고 옴과 노는 것을 자유에 맡겨서 그 심신을 활발하게 하되, 다만 위태한 곳에 당하거든 붙잡아서 가지 못하게 하고 위태한 물건을 가지거든 빼앗아서 가지지 못하게만 하면 가히 아기를 잘 본다고 할 것이어늘, 아기를 본다 하여 아기를 붙잡고 굳게 앉아서 종일토록 조금도 움직이지 아니하면 아기는 자연히 구속에 괴로와 할 것이니 일심에 집착하는 폐단도 또한 이에 다름이 없나니라.」

54. 대종사 김 남천에게 말씀하시기를 「내가 일전에 어떤 사람이 소를 타고 가는 것을 보니, 사람의 권리대로 소를 끌지 못하고 소의 권리에 사람이 끌려 가는데, 그 소가 가시밭이나 구렁으로 들어가면 가시밭이나 구렁으로 끌려 들어가고 산이나 들로 가면 산이나 들로 끌려가서 자빠지고 엎어지니 의복은 찢어지고 몸은 상하여 차마 볼 수 없더라. 내가 그 광경을 보다가 그에게 말하기를 그 소를 단단히 잡아서 함부로 가지 못하게 하고 꼭 길로만 몰아 가면 그런 봉변이 없을 것이 아닌가 한즉, 그 사람이 말하기를 그러하면 오죽 좋으리요마는 제가 무식하여 이 소를 길들이지 못하고 모든 권리를 소에게 맡겼더니 저는 점점 늙어지고 소

는 차차 거칠어져서 이제는 도저히 어거할 능력이 없다 하더라. 오늘 그대의 오는 것을 본즉 역시 소를 타고 오니 그 소는 어디 있는가.」 남천이 사뢰기를 「방금 타고 있나이다.」 대종사 말씀하시기를 「그 소의 모양은 어떻게 생겼는가.」 남천이 사뢰기를 「키는 한 길이요, 빛은 누른 빛이요, 신은 삼으로 만든 신이오며, 수염은 혹 검고 혹 희게 났나이다.」 대종사 웃으시며 말씀하시기를 「그대가 소의 모양은 알았거니와 그러면 그대의 소는 그대의 하자는 대로 잘 하는가 그대도 역시 소에게 끌려 다니게 되는가.」 남천이 사뢰기를 「소가 대체로 저의 하자는 대로 하나이다. 만일 정당한 일에 소가 게으름을 부리오면 호령하여 아무쪼록 그 일을 하게 하오며, 부당한 일에 소가 동하려 하오면 또한 호령하여 그 일을 하지 못하도록 하나이다.」 대종사 말씀하시기를 「그대가 소를 이미 발견하였고, 길들이는 법을 또한 알았으며, 더구나 소가 그대의 말을 대체로 듣게 되었다 하니, 더욱 힘을 써서 백천 만사를 다 자유 자재하도록 길을 들이라.」

55. 대종사 선원 대중에게 말씀하시기를 「그대들의 입선 공부는 비하건대 소 길들이는 것과 같나니 사람이 세상에서 도덕의 훈련이 없이 보는 대로 듣는 대로 생각나는 대로 자행 자지하여 인도 정의에 탈선되는 행동을 하는 것은 어미 젖 떨어지기 전의 방종한 송아지가 자행 자지로 뛰어다닐 때와 같은 것이요,

사가를 떠나 선원에 입선하여 모든 규칙과 계율을 지켜 나갈 때에 과거의 습관이 떨어지지 아니하여 지도인의 머리를 뜨겁게 하며, 각자의 마음에도 사심 잡념이 치성하여 이 공부 이 사업에 안심이 되지 못하는 것은 젖 뗀 송아지가 말뚝에 매달리어 어미 소를 부르고 몸살을 치며 야단을 할 때와 같은 것이며, 매일 모든 과정을 지켜 나갈 때에 말귀도 차차 알아 듣고 사심과 잡념도 조금씩 가라앉으며 사리간에 모르던 것이 한 가지 두 가지 알아지는 데에 재미가 붙는 것은 그 소가 완전한 길은 들지 못하였으나 모든 일에 차차 안심을 얻어가는 때와 같은 것이요, 교의의 해석과 수행에 탈선되는 일이 없으며 수양력과 연구력과 취사력이 익어가는 동시에 정신·육신·물질을 희사하여, 가는 곳마다 공중을 이익 주게 되는 것은 길 잘든 소가 무슨 일이나 시키면 잘하여 가는 곳마다 그 주인에게 이익을 주는 것과 같나니라. 이와 같이, 농가에서 농부가 소를 길들이는 뜻은 전답을 갈 때에 잘 부리자는 것이요, 선원에서 그대들에게 전문 훈련을 시키는 뜻은 인류 사회에 활동할 때에 유용하게 활용하라는 것이니, 그대들은 이런 기회에 세월을 허송하지 말고 부지런히 공부하여 길 잘든 마음 소로 너른 세상에 봉사하여 제생 의세(濟生醫世)의 거룩한 사도가 되어주기 바라노라.」

56. 대종사 선원 결제식에서 대중에게 말씀하시기를

제 3 수행품 56

「그대들이 선원에 입선하는 것은 마치 환자가 병원에 입원하는 것과 같나니, 사람의 육신에 병이 생기면 병원에서 의약으로 치료하게 되고, 마음에 병이 생기면 도가에서 도덕으로 치료하게 되는지라, 그러므로 부처님을 의왕(醫王)이라 함과 같이 그 교법을 약재라 하고 그 교당을 병원이라 할 수 있나니라. 그러나, 세상 사람들은 육신의 병은 병으로 알고 시간과 돈을 들여 치료에 힘쓰지마는 마음의 병은 병인 줄도 모르고 치료해 볼 생각을 내지 않나니 이 어찌 뜻 있는 이의 탄식할 바 아니리요, 육신의 병은 아무리 중하다 할지라도 그 고통이 일생에 그칠 것이요, 경하면 짧은 시일에 가히 치료할 수도 있으나 마음의 병은 치료하지 아니하고 그대로 두면 영원한 장래에 죄고의 종자가 되나니, 마음에 병이 있으면 마음이 자유를 잃고 외경의 유혹에 끌리게 되어 아니 할 말과 아니 할 일과 아니 할 생각을 하게 되어 자기 스스로 죽을 땅에 들기도 하고, 자기 스스로 천대를 불러 들이기도 하고, 자기 스스로 고통을 만들기도 하여, 죄에서 죄로 고에서 고로 빠져 들어가 다시 회복할 기약이 없게 되나니라. 그러나, 마음에 병이 없으면 시방 세계 너른 국토에 능히 고락을 초월하고 거래에 자유하며 모든 복락을 자기 마음대로 수용할 수 있나니, 그대들이여 / 이 선기 중에 각자의 마음 병을 잘 발견하여 그 치료에 정성을 다하여 보라.」

57. 또 말씀하시기를 「공부하는 사람이 각자의 마음 병을 발견하여 그것을 치료하기로 하면 먼저 치료의 방법을 알아야 할 것이니, 첫째는 육신병 환자가 의사에게 자기의 병증을 속임 없이 고백하여야 하는 것 같이 그대들도 지도인에게 마음병의 증세를 사실로 고백하여야 할 것이요, 둘째는 육신병 환자가 모든 일을 의사의 지도에 순응하여야 하는 것 같이 그대들도 지도인의 가르침에 절대 순응하여야 할 것이요, 세째는 육신병 환자가 그 병이 완치 되도록까지 정성을 놓지 아니하여야 하는 것 같이 그대들도 끝까지 마음병 치료에 정성을 다하여야 할지니, 이와 같이 진실히 잘 이행한다면 마침내 마음의 완전한 건강을 회복하는 동시에 마음병에 허덕이는 모든 대중을 치료할 의술까지 얻게 되어, 너른 세상에 길이 제생 의세의 큰 일을 성취하게 되리라.」

58. 대종사 선원 대중에게 말씀하시기를 「우리의 공부법은 난리 세상을 평정할 병법(兵法)이요, 그대들은 그 병법을 배우는 훈련생과 같다 하노니, 그 난리란 곧 세상 사람의 마음 나라에 끊임 없이 일어나는 난리라. 마음 나라는 원래 온전하고 평안하며 밝고 깨끗한 것이나, 사욕의 마군을 따라 어둡고 탁해지며 복잡하고 요란해져서 한 없는 세상에 길이 평안할 날이 적으므로, 이와 같은 중생들의 생활하는 모양을 마음 난리라 한 것이요, 병법이라 함은 곧 우리의 마음 가운데

모든 마군을 항복받는 법이니 그 법은 바로 정(定)과 혜(慧)와 계(戒)를 닦으며, 법(法)과 마(魔)를 구분하는 우리의 수행 길이라, 이것이 곧 더할 수 없는 세계 정란(靖亂)의 큰 병법이니라. 그러나, 세상 사람들은 이 마음 난리는 난리로 생각하지도 아니하나니 어찌 그 본말을 안다 하리요. 개인·가정과 사회·국가의 크고 작은 모든 전쟁도 그 근본을 추구해 본다면 다 이 사람의 마음 난리로 인하여 발단되는 것이니, 그러므로 마음 난리는 모든 난리의 근원인 동시에 제일 큰 난리가 되고, 이 마음 난리를 평정하는 법이 모든 법의 조종인 동시에 제일 큰 병법이 되나니라. 그런즉, 그대들은 이 뜻을 잘 알아서 정과 혜를 부지런히 닦고 계율을 죽기로써 지키라. 오래오래 쉬지 아니하고 반복 수행하면 마침내 모든 마군을 항복받을 것이니, 그리 된다면 법강 항마의 법위를 얻게 되는 동시에 마음 난리에 편할 날이 없는 이 세상을 평정하는 훌륭한 도원수(都元帥)가 될 것으로 확신하노라.」

59. 대종사 말씀하시기를 「본래에 분별과 주착이 없는 우리의 성품(性稟)에서 선악간 마음 발하는 것이 마치 저 밭에서 여러 가지 농작물과 잡초가 나오는 것 같다 하여 우리의 마음 바탕을 심전(心田)이라 하고 묵은 밭을 잘 개척하여 좋은 밭을 만들 듯이 우리의 마음 바탕을 잘 단련하여 혜복을 갖추어 얻자는 뜻에서 심전 계발(啓發)이라는 말이 있게 되었나니라. 그

러므로, 심전을 잘 계발하는 사람은 저 농사 잘 짓는 사람이 밭에 잡초가 나면 매고 또 매어 잡초는 없애고 농작물만 골라 가꾸어 가을에 많은 수확을 얻는 것 같이, 선악간에 마음 발하는 것을 잘 조사하고 또 조사하여 악심이 나면 제거하고 또 제거해서 악심은 없애고 양심만 양성하므로 혜복이 항상 넉넉할 것이요, 심전 계발을 잘못 하는 사람은 저 농사 잘못 짓는 사람이 밭에 잡초가 나도 내버려 두고 농작물이 나도 그대로 두어서 밭을 다 묵히어 가을에 수확할 것이 없는 것 같이, 악한 마음이 나도 그대로 행하고 선한 마음이 나도 그대로 행하여 자행 자지하는지라 당하는 것이 고뿐이요, 혜복의 길은 더욱 멀어지나니라. 그러므로, 우리의 천만 죄복이 다른 데에 있는 것이 아니요, 오직 이 심전 계발을 잘하고 못하는 데에 있나니, 이 일을 어찌 등한히 하리요.」

60. 또 말씀하시기를 「예로부터 도가(道家)에서는 심전을 발견한 것을 견성(見性)이라 하고 심전을 계발하는 것을 양성(養性)과 솔성(率性)이라 하나니, 이 심전의 공부는 모든 부처와 모든 성인이 다 같이 천직(天職)으로 삼으신 것이요, 이 세상을 선도(善導)하는 데에도 또한 그 근본이 되는 것이니라. 그러므로, 우리 회상에서는 심전 계발의 전문 과목으로 수양·연구·취사의 세 가지 강령을 정하고 그를 실습하기 위하여 일상 수행의 모든 방법을 지시하였나니, 수양

은 심전 농사를 짓기 위하여 밭을 깨끗하게 다스리는 과목이요, 연구는 여러 가지 농사 짓는 방식을 알리고 농작물과 풀을 구분하는 과목이요, 취사는 아는 그대로 실행하여 폐농을 하지 않고 많은 곡식을 수확하게 하는 과목이니라. 지금 세상은 과학 문명의 발달을 따라 사람의 욕심이 날로 치성하므로 심전 계발의 공부가 아니면 이 욕심을 항복 받을 수 없고 욕심을 항복 받지 못하면 세상은 평화를 보기 어려울지라, 그러므로 이 앞으로는 천하의 인심이 자연히 심전 계발을 원하게 될 것이요, 심전 계발을 원할 때에는 그 전문가인 참다운 종교를 찾게 될 것이며, 그 중에 수행이 원숙(圓熟)한 사람은 더욱 한량 없는 존대를 받을 것이니, 그대들은 이 때에 한 번 더 결심하여 이 심전 농사에 크게 성공하는 모범적 농부가 되어볼지어다.」

61. 대종사 선원 대중에게 말씀하시기를 「내가 이번 선중에 많은 말을 하였는데 오늘도 말을 하게 되니 혹 싫은 생각이 날 사람도 있을지 모르나 내가 이와 같이 많은 말을 하고 또 하는 것은, 도덕에 대한 이해가 부족한 사람들에게는 자주 말을 하여 주어야 자연히 모든 사리가 밝아져서 실행까지 하게되는 연고라, 그러므로 과거의 모든 성현들도 모든 초학자들을 교화 지도하실 때에는 먼저 일과 이치 간에 알리는 데에 노력하시고 그에 따라 차차 실행을 하도록 추진하셨나니, 한 두 선(禪) 난 후에 지행이 바로 골라 맞지 못한다

하여 그것에 초조하고 답답하지도 말 것이며, 또는 그러한 사람을 비웃거나 책망하지도 말 것이니라. 그런즉, 그대들은 한 번 들은 법을 듣고 또 듣는다 하여 거기에 쉬운 생각을 내지도 말며, 아는 그대로 바로 실행이 다 되지 못한다 하여 스스로 타락심을 내지도 말고, 듣고 또 들으며 행하고 또 행하면 마침내 지행이 겸전한 완전한 인격을 이루리라.」

62. 대종사 선원 해제식에서 대중에게 말씀하시기를 「오늘의 이 해제식은 작은 선원에는 해제를 하는 것이나, 큰 선원에는 다시 결제를 하는 것이니, 만일 이 식을 오직 해제식으로만 아는 사람은 아직 큰 공부의 법을 알지 못함이니라.」

63. 김 대거(金大擧) 여쭙기를 「법강항마위 부터는 계문이 없사오니 취사 공부는 다 된 것이오니까.」 대종사 말씀하시기를 「법강항마위 부터는 첫 성위(聖位)에 오르는지라, 법에 얽매이고 계문에 붙잡히는 공부는 아니하나, 안으로는 또한 심계(心戒)가 있나니, 그 하나는 자신의 수도와 안일만 취하여 소승에 흐를까 조심함이요, 둘은 부귀 향락에 빠져서 본원이 매각될까 조심함이요, 셋은 혹 신통이 나타나 함부로 중생의 눈에 띄어 정법에 방해될까 조심함이라, 이 밖에도 수양·연구·취사의 삼학을 공부하여, 위로 불지를 더 갖추고 아래로 자비를 더 길러서 중생을 제도하는 것으로 공을 쌓아야 하나니라.」

제4 인 도 품(人道品)

1. 새로 입교한 교도 한 사람이 여쭙기를 「저는 마침 계룡산(鷄龍山) 안에 살고 있사와, 산 안에 있는 여러 교회의 인물들과 많이 담화하게 되옵는바, 그들이 항상 각자의 교리를 자랑하며 말마다 도덕을 일컬으오나, 아직도 그 뜻에 밝은 해답을 듣지 못하였사오니 대종사께서 그 도덕의 뜻을 가르쳐 주옵소서.」 대종사 말씀하시기를 「그대가 이제 도덕을 알고자 하니 그 마음이 기특하나 도덕이라 하면 그 범위가 심히 넓어서 짧은 시간에 가히 다 설명할 수 없나니라. 그러므로, 그대가 이 공부를 시작하여 상당한 훈련을 받은 후에야 점차로 알게 될 것이나. 이제 그 궁금한 마음을 풀기 위하여 우선 도덕의 제목만을 대강 해석해 줄 터이니 자세히 들으라. 무릇, 도(道)라 하는 것은 쉽게 말하자면 곧 길을 이름이요, 길이라 함은 무엇이든지 떳떳이 행하는 것을 이름이니, 그러므로 하늘이 행하는 것을 천도(天道)라 하고, 땅이 행하는 것을 지도(地道)라 하고, 사람이 행하는 것을 인도(人道)라 하는 것이며, 인도 가운데에도 또한 육신이 행하는 길과 정신이 행하는 길 두 가지가 있으니, 이 도의 이치가 근본은 비록 하나이나 그 조목은 심히 많아서 가히

수로써 헤아리지 못하나니라. 그러므로, 이 여러 가지 도 가운데에 우선 인도 하나만 들어 말하여도, 저 육신이 행하는 도로의 선(線)이 어느 지방을 막론하고 큰 길 작은 길이 서로 연락하여 산과 물과 들과 마을에 천만 갈래로 뻗어나간 수가 한이 없는 것같이, 정신이 행하는 법의 길도 어느 세상을 막론하고 큰 도와 작은 도가 서로 병진하여 개인·가정·사회·국가에 경계를 따라 나타나서 그 수가 실로 한이 없나니라. 그러나, 이제 몇 가지 예를 들면 부모·자녀 사이에는 부모·자녀의 행할 바 길이 있고, 상·하 사이에는 상·하의 행할 바 길이 있고, 부부 사이에는 부부의 행할 바 길이 있고, 붕우 사이에는 붕우의 행할 바 길이 있고, 동포 사이에는 동포의 행할 바 길이 있으며, 그와 같이 사사물물을 접응할 때마다 각각 당연한 길이 있나니, 어느 곳을 막론하고 오직 이 당연한 길을 아는 사람은 곧 도를 아는 사람이요, 당연한 길을 모르는 사람은 곧 도를 모르는 사람이며, 그 중에 제일 큰 도로 말하면 곧 우리의 본래 성품인 생멸 없는 도와 인과 보응되는 도이니, 이는 만법을 통일하며 하늘과 땅과 사람이 모두 여기에 근본하였으므로 이 도를 아는 사람은 가장 큰 도를 알았다 하나니라.」

2. 대종사 이어서 말씀하시기를 「덕(德)이라 하는 것은 쉽게 말하자면 어느 곳 어느 일을 막론하고 오직 은혜(恩惠)가 나타나는 것을 이름이니, 하늘이 도를

행하면 하늘의 은혜가 나타나고, 땅이 도를 행하면 땅의 은혜가 나타나고, 사람이 도를 행하면 사람의 은혜가 나타나서, 천만 가지 도를 따라 천만 가지 덕이 화하나니라. 그러므로, 이 여러 가지 덕 가운데에 우선 사람의 덕만 해석하여 본다 하여도 그 조건이 또한 한이 없나니, 부모·자녀 사이에 도를 행하면 부모·자녀 사이의 덕이 나타나고, 상·하 사이에 도를 행하면 상·하 사이의 덕이 나타나고, 부부 사이에 도를 행하면 부부 사이의 덕이 나타나고, 붕우 사이에 도를 행하면 붕우 사이의 덕이 나타나고, 동포 사이에 도를 행하면 동포 사이의 덕이 나타나서, 개인에 당하면 개인이 화하고, 가정에 당하면 가정이 화하고, 사회에 당하면 사회가 화하고, 국가에 당하면 국가가 화하고, 세계에 당하면 세계가 화하는 것이며, 그 중에 제일 큰 덕으로 말하면 곧 대도를 깨달은 사람으로서 능히 유무를 초월하고 생사를 해탈하며 인과에 통달하여 삼계 화택(三界火宅)에 헤매는 일체 중생으로 하여금 한 가지 극락에 안주하게 하는 것이니, 이러한 사람은 가히 대덕을 성취하였다 하리라.」

3. 대종사 이어서 말씀하시기를 「그러나, 만일 도덕의 원리를 알지 못하고 사사하고 기괴한 것을 찾으며 역리(逆理)와 패륜(悖倫)의 일을 행하면서 입으로만 도덕을 일컫는다면 이것은 사도와 악도를 행하는 것이니, 그 참 도에 무슨 상관이 있으며 또는 무슨 덕

이 화할 수 있으리요. 그러므로, 도덕을 배우고자 하는 사람은 반드시 먼저 도의 원리를 알아야 할 것이며, 도의 원리를 안 이상에는 또한 정성스럽게 항상 덕을 닦아야 할 것이니, 그러한다면 누구를 막론하고 점점 도를 통하고 덕을 얻으리라. 그러나, 범상한 사람들은 도덕의 대의를 알지 못하므로 사람 가운데에 대소 유무의 근본 이치는 알거나 모르거나 어떠한 이상한 술법만 있으면 그를 도인이라 말하고 또는 시비 이해의 분명한 취사는 알거나 모르거나 마음만 한갓 유순하면 그를 덕인이라 하나니 어찌 우습지 아니하리요. 그대가 이제 새로 입교한 사람으로서 먼저 도덕을 알고자 하는 것은 배우는 순서에 당연한 일이니, 나의 한 말을 명심하여 항상 도덕의 대의에 철저하고 사사한 도에 흐르지 말기를 바라노라.」

4. 대종사 말씀하시기를 「사람이 인도를 행하기로 하면 한 때도 가히 방심할 수 없나니 부모·자녀 사이나, 스승·제자 사이나, 상·하 사이나, 부부 사이나, 붕우 사이나, 일체 동포 사이나, 어느 처지에 있든지 그 챙기는 마음을 놓고 어찌 가히 인도를 다할 수 있으리요. 그러므로, 예로부터 모든 성인이 때를 따라 출세하사 정당한 법도를 제정하여 각각 그 사람답게 사는 길을 밝히셨나니, 만일 그 법도를 가벼이 알고 자행 자지를 좋아한다면 그러한 사람은 현세에서도 사람의 가치를 나타내지 못할 것이요, 내세에는 또한 악

도에 떨어져서 죄고를 면하지 못하리라.」

5. 대종사 말씀하시기를 「무릇, 천하 만사가 다 본말(本末)과 주종(主從)이 있나니, 근본을 알아서 근본에 힘쓰면 끝도 자연히 좋아질 것이나, 끝을 따라 끝에만 힘쓰면 근본은 자연 매하여질 것이요, 또한 주(主)를 알아서 주에 힘쓰면 종(從)도 자연히 좋아질 것이나, 종을 따라 종에만 힘쓰면 주가 자연 매하여질 것이니, 예를 들면 사람에 있어서 마음은 근본이 되고 육신은 끝이 되며, 세상에 있어서 도학은 주가 되고 과학은 종이 되는 바 이 본말과 주종을 분명히 알아야만 비로소 도를 아는 사람이라, 이러한 사람이라야 능히 천하사도 바로잡을 수 있나니라.」

6. 대종사 이 동진화(李東震華)에게 말씀하시기를 「사람이 세상에 나서 할 일 가운데 큰 일이 둘이 있으니 그 하나는 정법의 스승을 만나서 성불하는 일이요, 그 둘은 대도를 성취한 후에 중생을 건지는 일이라, 이 두 가지 일이 모든 일 가운데 가장 근본이 되고 큰 일이 되나니라.」

7. 대종사 "그 의(義)만 바루고 그 이(利)를 도모하지 아니하며, 그 도만 밝히고 그 공을 계교하지 아니 한다(正其義而不謀其利 明其道而不計其功)"한 동중서(董仲舒)의 글을 보시고 칭찬하신 후 그 끝에 한 귀씩 더 붙이시기를 "그 의만 바루고 그 이를 도모하지 아니하면 큰 이가 돌아오고 그 도만 밝히고 그 공

을 계교하지 아니하면 큰 공이 돌아오나니라(正其義而不謀其利大利生焉 明其道而不計其功大功生焉)"하시니라.

8. 대종사 말이 수레를 끌고 가는 것을 보시고 한 제자에게 물으시기를 「저 수레가 가는 것이 말이 가는 것이냐 수레가 가는 것이냐.」 그가 사뢰기를 「말이 가매 수레가 따라서 가나이다.」 또 말씀하시기를 「혹 가다가 가지 아니할 때에는 말을 채찍질하여야 하겠느냐, 수레를 채찍질하여야 하겠느냐.」 그가 사뢰기를 「말을 채찍질하여야 하겠나이다.」 또 말씀하시기를 「그대의 말이 옳으니 말을 채찍질하는 것이 곧 근본을 다스림이라, 사람이 먼저 그 근본을 찾아서 근본을 다스려야 모든 일에 성공을 보나니라.」

9. 김 기천(金幾千)이 여쭙기를 「사람이 어찌하면 순(順)과 역(逆)을 알게 되오리까.」 대종사 말씀하시기를 「순이라 함은 저 춘·하·추·동 사시의 변천이 차서를 잃지 아니함과 같이 모든 일에 그 순서를 찾아서 하는 것이요, 역이라 함은 일의 순서를 알지 못하고 힘에 감당 못할 일을 구태여 하고자 하며, 남의 원 없는 일을 구태여 권하며, 남의 마음을 매양 거슬려주는 것이니, 사람이 무슨 일을 할 때에 먼저 이 순과 역을 잘 구분해서 순을 주로하여 행한다면 성공하지 못할 일이 거의 없으리라.」

10. 대종사 말씀하시기를 「사람이 누구나 자기를 좋게 하려는 한 생각이 없지 아니하나, 구하는 데 있어

서는 혹은 순리로, 혹은 역리로, 혹은 사실로, 혹은 허망하게 각각 그 지견과 역량을 따라 구하므로 드디어 성공과 실패의 차를 내게 되나니라. 순리로 구하는 사람은 남을 좋게 하면서 자기가 좋아지는 도를 행하므로 한없는 낙원을 개척하게 되고, 역리로 구하는 사람은 자기만 좋고자 하여 남을 해하므로 한없는 죄고에 빠지게 되는 것이며, 사실로 구하는 사람은 모든 복락을 이치에 따라 당처에 구하므로 그 성과를 얻게 되고, 허망으로 구하는 사람은 모든 복락을 알 수 없는 미신처에 구하므로 필경 아무 성과를 얻지 못하나니라. 그런데, 세상에 순리와 사실로 구하는 사람은 적고 역리와 허망하게 구하는 사람이 많은 것은 아직도 정법이 널리 미치지 못한 연고요, 일체 인류의 정신이 고루 깨치지 못한 까닭이라. 만일 순리로 구하는 도와 사실로 구하는 도가 밝아질 때에는 곧 태양의 광명이 중천(中天)에 오름과 같아서 자타와 피차가 다 화(化)함을 얻으리라.」

11. 대종사 말씀하시기를 「자기 가정에서 부모에게 효도하고 형제 간에 우애하는 사람으로 남에게 악할 사람이 적고, 부모에게 불효하고 형제 간에 불목하는 사람으로 남에게 선할 사람이 적나니, 그러므로 유가에서 "효(孝)는 백행(百行)의 근본이라" 하였고, "충신(忠臣)을 효자의 문에서 구한다" 하였나니, 다 사실에 당연한 말씀이니라.」

12. 대종사 말씀하시기를 「내가 못 당할 일은 남도 못 당하는 것이요, 내게 좋은 일은 남도 좋아하나니, 내 마음에 섭섭하거든 나는 남에게 그리 말고, 내 마음에 만족하거든 나도 남에게 그리 하라. 이것은 곧 내 마음을 미루어 남의 마음을 생각하는 법이니, 이와 같이 오래오래 공부하면 자타의 간격이 없이 서로 감화를 얻으리라.」

13. 대종사 말씀하시기를 「큰 재주 있는 사람은 남의 재주를 자기 재주 삼을 줄 아나니, 그런 사람이 가정에 있으면 그 가정을 흥하게 하고, 나라에 있으면 나라를 흥하게 하고, 천하에 있으면 천하를 흥하게 하나니라.」

14. 대종사 말씀하시기를 「사람이 그 본의는 저 편에게 이 (利)를 주고자 한 일이 혹 잘못되어 해를 주는 수도 있나니, 남을 위하여 무슨 일을 할 때에는 반드시 미리 조심해야 할 것이요, 그러한 경우로 해를 입은 사람은 그 본의를 생각하여 감사할지언정 그 결과의 해로운 것만 들어서 원망하지 말아야 하나니라.」

15. 대종사 영산(靈山)에 계실 때에 새로 입교한 교도 한 사람이 음식과 폐백을 갖추어 올리는지라, 대종사 받으시고 말씀하시기를 「그대가 이와 같이 예를 표하는 것은 감사하나 그대의 마음 여하에 따라서는 오늘의 정의가 후일에 변하기도 하나니, 그대는 그 이치를 아는가.」 그 사람이 사뢰기를 「어찌 공연히 변할 리

가 있겠나이까.」 대종사 말씀하시기를 「그것은 그대의 구하는 마음 여하에 따라 좌우되나니, 그대가 나를 상종하되 그 구하는 것이 나에게 있는 것이라면 영구한 인연이 되려니와 만일 나에게 없는 것이라면 우리의 사귐은 오래 가지 못하나니라.」

16. 대종사 말씀하시기를 「사람이 서로 사귀는데 그 좋은 인연이 오래 가지 못하는 것은 대개 유념할 자리에 유념하지 못하고 무념할 자리에 무념하지 못하는 연고이니, 유념할 자리에 유념하지 못한다는 것은 자기가 무슨 방면으로든지 남에게 은혜를 입고도 그 은혜를 잊어버리며 그에 따라 혹 은혜 준 처지에서 나에게 섭섭함을 줄 때에는 의리(義理)없이 상대하는 것 등이요, 무념할 자리에 무념하지 못한다는 것은 자기가 무슨 방면으로든지 남에게 은혜를 준 후에 보답을 바라는 마음이 있으며 저 은혜 입은 사람이 혹 나에게 잘못할 때에는 전일에 은혜 입혔다는 생각으로 더 미워하는 마음을 일어내는 것이라, 그러므로 그 좋은 인연이 오래 가지 못하고 도리어 원진(怨瞋)으로 변하여지는 것이니, 그대들은 이 이치를 잘 알아서 유념할 자리에는 반드시 유념하고 무념할 자리에는 반드시 무념하여 서로 사귀는 사이에 그 좋은 인연이 오래 가게 할지언정 그 인연이 낮은 인연으로 변하지 않도록 주의할지어다.」

17. 이 공주(李共珠) 사뢰기를 「제가 저번에 이웃집

가난한 사람에게 약간의 보시를 하였삽더니 그가 그 후로는 저의 집 일에 몸을 아끼지 아니하오니 복은 지을 것이옵고 지으면 받는 것이 그와 같이 역력함을 알았나이다.」 대종사 말씀하시기를 「그대가 복을 지으면 받아지는 이치는 알았으나 잘못하면 그 복이 죄로 화하는 이치도 아는가.」 공주 사뢰기를 「복이 어찌 죄로 화하겠나이까.」 대종사 말씀하시기를 「지어 놓은 그 복이 죄가 되는 것이 아니라 복을 지은 그 마음이 죄를 짓는 마음으로 변하기도 한다 함이니, 범상한 사람들은 남에게 약간의 은혜를 베풀어 놓고는 그 관념과 상을 놓지 못하므로 저 은혜 입은 사람이 혹 그 은혜를 몰라 주거나 배은 망덕(背恩忘德)을 할 때에는 그 미워하고 원망하는 마음이 몇 배나 더하여 지극히 사랑하는 데에서 도리어 지극한 미움을 일어내고, 작은 은혜로 도리어 큰 원수를 맺으므로, 선을 닦는다는 것이 그 선을 믿을 수 없고 복을 짓는다는 것이 죄를 만드는 수가 허다하나니, 그러므로 달마(達磨)께서는 "응용 무념(應用無念)을 덕이라 한다" 하셨고, 노자(老子)께서는 "상덕(上德)은 덕이라는 상이 없다" 하셨으니, 공부하는 사람이 이 도리를 알고 이 마음을 응용하여야 은혜가 영원한 은혜가 되고 복이 영원한 복이 되어 천지로 더불어 그 덕을 합하게 될 것이니, 그대는 그 상 없는 덕과 변함 없는 복을 짓기에 더욱 꾸준히 힘쓸지어다.」

제 4 인도품 18

18. 이 정원(李正圓)이 여쭙기를 「어떻게 하여야 증애(憎愛)에 끌리지 아니하고 원만한 마음을 가질 수 있겠나이까.」 대종사 말씀하시기를 「증애에 끌리지 않는 방법은 매양 한 생각을 잘 돌리는 데에 있나니, 가령 저 사람이 나를 미워하거든 다만 생각 없이 같이 미워하지 말고, 먼저 그 원인을 생각하여 보아서 미움을 받을 만한 일이 나에게 있었거든 고치기에 힘쓸 것이요, 그러한 일이 없거든 전세의 밀린 업으로 알고 안심하고 받을 것이며, 한 편으로는 저 사람이 나를 미워할 때에 나의 마음이 잠시라도 좋지 못한 것을 미루어 나는 누구에게든지 미움을 주지 않으리라고 결심하라. 그리하면, 나를 미워하는 사람이 곧 나의 마음 쓰는 법을 가르치는 선생이 될 것이니, 그를 나의 선생으로 인정할 때에는 어찌 미운 생각이 나겠는가. 이것이 곧 미운 데에 끌리지 않게 하는 방법이니라. 또는, 저 사람이 나를 사랑하거든 다만 생각 없이 좋아만 할 것이 아니라, 또한 먼저 그 원인을 생각 하여 보아서 그만한 사랑 받을 일이 있었거든 그 일을 영원히 변하지 않기로 명심하고, 만일 그만한 일이 없이 받는 사랑이거든 그것을 빚으로 알아야 할 것이며, 또한 사랑 가운데에는 정당한 사랑과 부정당한 사랑이 있나니, 정당한 사랑이면이어니와 부정당한 사랑이면 그것을 끊을 줄도 알아야 할 것이며, 정당한 사랑일지라도 거기에 집착하여 다른 일에 방해될 기미가 있거

든, 반드시 용단심을 일어내어 대체 행사에 그르침이 없도록 노력하라. 이것이 곧 애착에 끌리지 않는 방법이니라. 그대가 이 두 가지에 끌리지 않는 공부를 계속하면 곧 원만한 마음을 얻게 되리라.」

19. 한 제자 자기의 부하 임원에게 지나치게 엄책하는 것을 보시고, 대종사 말씀하시기를 「그대가 증애에 끌린 바가 없이 훈계하였다면 그 말이 법이 될 것이나, 만일 끌린 바가 있었다면 법이 되지 못하리라. 천지의 이치도 더위나 추위가 극하면 변동이 생기는 것 같이 사람의 처사하는 것도 너무 극하면 뒷날의 쇠함을 불러들이나니라.」

20. 한 제자 어린 아이에게 경박한 말을 쓰는지라, 대종사 말씀하시기를 「사람이 어른을 대할 때에는 어른 섬기는 도가 있고, 어린이를 대할 때에는 어린이 사랑하는 도가 있어서, 그 경우를 따라 형식은 같지 않을지라도 저 편을 중히 알고 위해 주는 정신은 다르지 아니하나니 어찌 어린 아이라 하여 함부로 하리요.」

21. 대종사 말씀하시기를 「우리 속담에 말하고 다니는 것을 나팔 불고 다닌다고도 하나니, 사람사람이 다 나팔이 있어 그 나팔을 불되 어떤 곡조는 듣는 사람의 마음을 편안하게 하고, 어떤 곡조는 듣는 사람의 마음을 불안하게 하며, 어떤 곡조는 슬프게 하고, 어떤 곡조는 즐겁게 하며, 어떤 곡조는 화합하게 하고, 어떤 곡조는 다투게 하여, 그에 따라 죄와 복의 길이

나누이게 되나니라. 그런즉, 그대들은 모든 경계를 당하여 나팔을 불 때에, 항상 좋은 곡조로 천만 사람이 다 화하게 하며, 자기 일이나 공중의 일이 흥하게는 할지언정 서로 다투게 하고 망하게는 하지 않도록 하라. 그러하면, 그 나팔이 한량없는 복을 장만하는 좋은 악기가 되려니와 그렇지 못하면 그 나팔이 한량없는 죄를 불러들이는 장본이 되리라.」

22. 대종사 말씀하시기를 「부모 자녀와 같이 무간한 사이라도 자기가 실행하지 못하는 조건으로 지도하면 그 지도를 잘 받지 아니하고, 부부와 같이 친절한 사이라도 내가 실행하지 못하는 조건으로 권면하면 그 권면을 잘 받지 아니하나니, 그러므로 남을 가르치는 방법은 먼저 내가 실행하는 데 있나니라.」

23. 어느 날 밤에 조실 문을 지키던 개가 무슨 인기척에 심히 짖는지라, 한 제자 일어나서 개를 꾸짖거늘 대종사 말씀하시기를 「개의 책임은 짖는 데에 있거늘 그대는 어찌하여 그 책임 이행하는 것을 막는가. 이 세상에는 모든 사람과 모든 물건이 다 각각 책임이 있으며, 사람 하나에도 눈·귀·코·혀·몸·마음이 각각 다 맡은 책임이 있나니, 상하와 귀천을 막론하고 다 그 책임만 이행한다면 이 세상은 질서가 서고 진보가 될 것이니라. 그런즉, 그대들은 각자의 책임 이행도 잘 하려니와 또한 남의 책임 이행을 방해하지도 말라. 그런데, 이 모든 책임 가운데에는 모든 책임을 지

배하는 중추(中樞)의 책임이 또한 있나니, 사람은 그 마음이 중추의 책임이 되고, 사회·국가는 모든 지도자가 그 중추의 책임이 되어 모든 기관을 운영하고 조종하게 되나니라. 그러므로, 중추의 책임을 가진 사람으로서 조금이라도 그 책임에 등한하다면 거기에 따른 모든 책임 분야가 다 같이 누그러져서 그 기관은 자연 질서를 잃게 되나니 그대들은 각자의 처지를 살펴 보아서 어떠한 책임이든지 그 이행에 정성을 다할 것이며, 모든 책임의 중추가 되는 마음의 운용에 주의하여 자신의 운명과 대중의 전도에 지장이 없도록 하라.」

24. 대종사 여러 제자들에게 말씀하시기를 「무릇, 세상은 강과 약 두 가지로 구성이 되었나니 강자와 약자가 서로 마음을 화합하여 각각 그 도를 다 하면 이 세상은 영원한 평화를 이루려니와, 만일 그렇지 못하면 강자와 약자가 다 같이 재화를 입을 것이요, 세상의 평화는 영원히 얻지 못하리니, 옛 성현의 말씀에 윗 사람이 아랫 사람 보기를 적자같이 하면 아랫 사람이 윗 사람 보기를 부모와 같이 하고, 윗 사람이 아랫 사람 보기를 초개같이 하면 아랫 사람이 윗 사람 보기를 원수같이 한다는 말이 다 이를 이름이니라.」

25. 대종사 말씀하시기를 「모든 사람이 다 남에게 존대 받는 사람 되기를 원하건마는 행하는 데 있어서는 홀대 받을 일을 더 하나니 어찌 바라는 바를 이루리요. 저 사람의 존대를 받는 방법은 곧 내가 먼저 저

사람을 존대하며 위해 주는 것이니, 내가 그를 존대하고 위해 주면 그도 나를 존대하고 위해 주나니라.」

26. 대종사 말씀하시기를 「나는 항상 강자로서 강자 노릇할 줄 모르는 사람들을 애석히 여기노니, 자신이 이미 강자일진대 늘 저 약자를 도와 주고 인도하여 그로 하여금 자기같은 강자가 되도록 북돋아 주어야 그 강이 영원한 강이 될 것이며, 어느 때까지라도 선진자(先進者)요 선각자(先覺者)로 받들어질 것이어늘, 지금 강자들은 흔히 약자를 억압하고 속이는 것으로 유일한 수단을 삼나니 어찌 영원한 강자가 될 수 있으리요. 약자라고 항상 약자가 아니라 점점 그 정신이 열리고 원기를 회복하면 그도 또한 강자의 지위에 서게 될 것이요, 약자가 깨쳐서 강자의 지위에 서게 되면 전일에 그를 억압하고 속이던 강자의 지위는 자연 타락될 것이니, 그러므로 참으로 지각 있는 사람은 항상 남이 궁할 때에 더 도와 주고 약할 때에 더 보살펴 주어서 영원히 자기의 강을 보전하나니라.」

27. 대종사 산업부에 가시니 목장의 돼지가 퍽 야위었는지라 그 연유를 물으시매, 이 동안(李東安)이 사뢰기를 「금년 장마에 약간의 상한 보리를 사료로 주는 동안에는 살이 날마다 불어 오르더니, 얼마 전부터 다시 겨를 주기 시작하였삽더니 그 동안 습관들인 구미를 졸지에 고치지 못하여 잘 먹지 아니하고 저 모양으로 점점 야위어 가나이다.」 대종사 말씀하시기를 「이것이

곧 산 경전이로다. 잘 살던 사람이 졸지에 가난해져서 받는 고통이나, 권세 잡았던 사람이 졸지에 위를 잃고 받는 고통이 이와 다를 것이 없으리라. 그러므로, 예로부터 성현들은 모두 이 인간 부귀를 심상시하여 부귀가 온다고 그다지 기뻐하지도 아니하고 부귀가 간다고 그다지 근심하지도 아니하였나니, 옛날 순임금은 밭 갈고 질그릇 굽는 천역을 하던 사람으로서 천자의 위를 받았으나 거기에 조금도 넘치심이 없으셨고, 서가세존께서는 돌아오는 왕위도 버리시고 유성 출가하셨으나 거기에 조금도 애착됨이 없으셨나니, 이 분들의 부귀에 대한 태도가 그 얼마나 담박하였으며 고락을 초월하는 힘이 그 얼마나 장하였는가. 그런즉, 그대들도 도에 뜻하고 성현을 배우려거든 우선 편하고 우선 즐겁고, 우선 권세 잡는 데에 눈이 어둡지 말고 도리어 그것을 사양하며, 설사 부득이 그러한 경우에 처할지라도 거기에 집착하지도 말고 타락하지도 말라. 그러면 참으로 영원한 안락, 영원한 명예, 영원한 권위를 누리게 되리라.」

28. 대종사 안빈 낙도의 뜻을 설명하시기를 「무릇, 가난이라 하는 것은 무엇이나 부족한 것을 이름이니, 얼굴이 부족하면 얼굴 가난이요, 학식이 부족하면 학식 가난이요, 재산이 부족하면 재산 가난인바, 안분을 하라 함은 곧 어떠한 방면으로든지 나의 분수에 편안하라는 말이니, 이미 받는 가난에 안심하지 못하고 이

를 억지로 면하려 하면 마음만 더욱 초조하여 오히려 괴로움이 더하게 되므로, 이미 면할 수 없는 가난이면 다 태연히 감수하는 한편 미래의 혜복을 준비하는 것으로 낙을 삼으라는 것이니라. 그런데, 공부인이 분수에 편안하면 낙도가 되는 것은 지금 받고 있는 모든 가난과 고통이 장래에 복락으로 변하여질 것을 아는 까닭이며, 한 걸음 나아가서 마음 작용이 항상 진리에 어긋나지 아니하고, 수양의 힘이 능히 고락을 초월하는 진경에 드는 것을 스스로 즐기는 연고라, 예로부터 성자 철인이 모두 이러한 이치에 통하며 이러한 심경을 실지에 활용하셨으므로 가난하신 가운데 다시 없는 낙도 생활을 하신 것이니라.」

29. 대종사 말씀하시기를 「세상 만사가 다 뜻대로 만족하기를 구하는 사람은 모래 위에 집을 짓고 천만 년의 영화를 누리려는 사람같이 어리석나니, 지혜 있는 사람은 세상을 살아 가는데 십분의 육만 뜻에 맞으면 그에 만족하고 감사를 느끼며 또한 십분이 다 뜻에 맞을지라도 그 만족한 일을 혼자 차지하지 아니하고 세상과 같이 나누어 즐기므로, 그로 인하여 재앙을 당하지 않을뿐더러 복이 항상 무궁하나니라.」

30. 대종사 말씀하시기를 「사람의 큰 죄악이 처음에는 작은 허물로부터 시작되는 수가 허다하나니, 그대들은 마땅히 때때로 자기의 행동을 살펴서 작은 허물이라도 발견되거든 미루지 말고 고치기에 힘쓰라. 남

방의 성성이라는 짐승은 그 힘이 세고 날래어 사람이 힘으로는 잡지 못하나, 그가 술을 즐겨하므로 술을 큰 그릇에 가득 담아서 그의 내왕하는 길목에 두어 두면 그가 지나면서 그것을 보고 처음에는 웃으며 그대로 가다가 다시 돌아와서 조금 마시고, 또 가다가 다시 돌아와서 더 마시고 하기를 여러 차례 한 뒤에는 그만 정신 없이 그 술을 다 마시고, 마침내 취하여 쓰러지면 그 때에 사람이 나와서 잡아 간다고 하니, 그가 처음에는 조금만 마시기로 한 술이 커져서 한 동이에 이르렀으며, 마침내 제 생명을 잃기도 하고 혹은 생포(生捕)도 당하게 되는 것이니라. 사람도 또한 그와 같아서 처음에는 한 두 가지의 작은 허물을 고치지 못하다가, 그 허물이 쌓이고 쌓이면 마침내 큰 죄업을 저질러서 전도를 크게 그르치나니 어찌 조심하지 아니하리요.」

31. 대종사 젊은 남녀 가운데 혹 공부의 바른 길을 잡지 못하여 헤매는 사람을 걱정하시며, 말씀하시기를 「그대들 가운데 처음에는 잘 하다가 나중에는 잘못 하는 사람도 있고 처음에는 잘못 하다가 나중에는 잘 하는 사람도 있으므로, 내가 미리 짐작하여 각각 적당하게 지도하나, 나이가 삼십이 넘으면 그 사람의 일생 인품이 대개 틀잡히는 때라, 만일 그 때까지 철이 들지 못하는 사람은 실상 나도 근심이 되지마는 자신들도 큰 걱정이 될 일이니라.」

32. 대종사 봉래 정사에 계실 때에 마침 큰 장마로 초당 앞 마른 못에 물이 가득하매 사방의 개구리가 모여 들어 많은 올챙이가 생기었더니, 얼마 후에 비가 개이고 날이 뜨거우매 물이 점점 줄어 들어 며칠이 못 가게 되었건마는 올챙이들은 그 속에서 꼬리를 흔들며 놀고 있는지라, 대종사 보시고 말씀하시기를 「참으로 안타까운 일이로다. 일분 이분 그 생명이 줄어 가고 있는 줄도 모르고 저와 같이 기운 좋게 즐기는도다. 그러나, 어찌 저 올챙이들 뿐이리요. 사람도 또한 그러하나니, 수입 없이 지출만 하는 사람과 현재의 강(强)을 남용만 하는 사람들의 장래를 지혜 있는 사람이 볼 때에는 마르는 물 속에 저 올챙이들과 조금도 다름 없이 보이나니라.」

33. 대종사 대중에게 말씀하시기를 「오늘은 그대들에게 마음 지키고 몸 두호하는 데에 가장 필요한 방법을 말하여 주리니 잘 들어서 모든 경계에 항상 공부하는 표어를 삼을지어다. 표어란 곧 경외심을 놓지 말라 함이니, 어느 때 어디서 어떠한 사람을 대하거나 어떠한 물건을 대하거나 오직 공경하고 두려워하는 마음을 가지고 대하라 함이니라. 사람이 공경하고 두려워하는 마음을 놓고 보면 아무리 친절하고 사이 없는 부자·형제·부부 사이에도 반드시 불평과 원망이 생기는 것이며, 대수롭지 않은 경계와 하찮은 물건에게도 흔히 구속과 피해를 당하나니, 그것은 처지가 무간하고 경계가 가볍다 하여

마음 가운데 공경과 두려움을 놓아 버리고 함부로 행하는 연고라, 가령 어떤 사람이 어느 가게에서 성냥 한 갑을 훔치다가 주인에게 발각되었다면 그 주인이 하찮은 성냥 한 갑이라 하여 그 사람을 그저 돌려 보내겠는가. 극히 후한 사람이라야 꾸짖음에 그칠 것이요, 그렇지 아니하면 모욕을 가할 수도 있을 것이니, 이것은 곧 그 성냥 한 갑이 들어서 그 사람을 꾸짖고 모욕한 것이며, 다시 생각하면 성냥을 취하려는 욕심이 들어서 제가 저를 무시하고 욕보인 것이요, 그 욕심은 성냥 한 갑에 대한 경외심을 놓은 데서 난 것이니, 사람이 만일 경외심을 놓고 보면 그 감각 없고 하찮은 성냥 한 갑도 그만한 권위를 나타내거든, 하물며 그 이상의 물질이며 더구나 만능의 힘을 가진 사람이리요. 그러므로, 우리는 항상 공경하고 두려워하자 함이니, 우리가 무엇이나 공경하고 두려워하는 마음을 가지고 의(義)로써 살아간다면 위로 창창한 하늘을 우러러보나, 아래로 광막한 대지를 굽어보나, 온 우주에 건설되어 있는 모든 물건은 다 나의 이용 물이요, 이 세상에 시행되는 모든 법은 다 나의 보호 기관이지마는, 만일 공경과 두려움을 놓아 버리고 함부로 동한다면 우주 안의 모든 물건은 도리어 나를 상해하려는 도구요, 이 세상 모든 법은 도리어 나를 구속하려는 포승이니, 어찌 두렵지 아니하리요. 그러므로, 그대들에게 이르노니, 물결 거센 이 세간에 나타난 그대들로서 마음을 잘 지키고 몸을 잘 두호하려거든 마땅히 이 표어를 마음에 깊이 새겨 두고 매사를 그대로 진행하라.」

34. 대종사 신년을 당하여 말씀하시기를 「내가 오늘 여러 사람에게 세배(歲拜)를 받았으니 세속 사람들 같으면 음식이나 물건으로 답례를 하겠으나, 나는 돌아오는 난세를 무사히 살아갈 비결(秘訣) 하나를 일러 줄 터인즉 보감을 삼으라.」하시고 선현(先賢)의 시 한 편을 써 주시니 곧 "처세에는 유한 것이 제일 귀하고(處世柔爲貴) 강강함은 재앙의 근본이니라(剛强是禍基) 말하기는 어눌한 듯 조심히 하고(發言常欲訥) 일 당하면 바보인 듯 삼가 행하라(臨事當如痴) 급할수록 그 마음을 더욱 늦추고(急地尙思緩) 편안할 때 위태할 것 잊지 말아라(安時不忘危) 일생을 이 글대로 살아 간다면(一生從此計) 그 사람이 참으로 대장부니라(眞個好男兒)" 한 글이요, 그 글 끝에 한 귀를 더 쓰시니 "이대로 행하는 이는 늘 안락하리라(右知而行之者常安樂)"하시니라.

35. 하루는 여러 제자들이 신문을 보다가 시사(時事)에 대하여 가부 평론함이 분분하거늘, 대종사 들으시고 말씀하시기를 「그대들이 어찌 남의 일에 대하여 함부로 말을 하는가. 참된 소견을 가진 사람은 남의 시비를 가벼이 말하지 아니하나니라. 신문을 본다 하여도 그 가운데에서 선악의 원인과 그 결과 여하를

자상히 살펴서 나의 앞 길에 거울을 삼는 것이 공부인의 떳떳한 행실이요, 참된 이익을 얻는 길이니, 이것이 곧 모든 법을 통해다가 한 마음을 밝히는 일이라, 이러한 정신으로 신문을 보는 사람은 신문이 곧 산 경전이 될 것이요, 혜복의 자료가 될 것이나, 그렇지 못한 사람은 도리어 날카로운 소견과 가벼운 입을 놀려 사람의 시비 평론하는 재주만 늘어서 죄의 구렁에 빠지기 쉽나니 그대들은 이에 크게 주의하라.」

36. 대종사 무슨 일로 김 남천을 꾸짖으시고, 문 정규에게 말씀하시기를 「내가 남천을 꾸짖는 것이 남천에게만 한한 것이 아닌데 정규는 어떻게 생각하는가. 내가 어떤 사람을 꾸짖든지 정규는 먼저 정규의 행실을 살펴 보아서 그러한 일이 있으면 고칠 것이요 없으면 명심하였다가 후일에도 범하지 않기로 할 것이며, 결코 책망당하는 그 사람을 흉보거나 비웃지 말라. 어리석은 사람은 남의 허물만 밝히므로 제 앞이 늘 어둡고, 지혜 있는 사람은 자기의 허물을 살피므로 남의 시비를 볼 여가가 없나니라.」

37. 대종사 말씀하시기를 「사람이 세상에서 무슨 일을 할 때에는 혹 남의 찬성도 받고 또는 비난도 받게 되나니, 거기에 대하여 아무 생각 없이 한갓 좋아만 하거나 싫어만 하는 것은 곧 어린 아이와 같은 일이니라. 남들이 무엇이라고 할 때에는 나는 나의 실지를 조사하여 양심에 부끄러울 바가 없는 일이면 비록

천만 사람이 비난을 하더라도 백절불굴의 용력으로 꾸준히 진행할 것이요, 남이 아무리 찬성을 하더라도 양심상 하지 못할 일이면 헌신같이 버리기를 주저하지 말 것이니, 이것이 곧 자력 있는 공부인이 하는 일이니라.」

38. 대종사 말씀하시기를 「사람이 무슨 일을 시작하여 한 가지도 그르침이 없을 때에는 그 일을 잘 해보려는 성의가 계속되다가도 중간에 혹 한 두 번 실수를 하고 보면 그만 본래 마음을 다 풀어 버리고 되는 대로 하는 수가 허다하나니, 이것은 마치 새 옷을 입은 사람이 처음에는 그 옷을 조심하여 입다가도 때가 묻고 구김이 지면 그 주의를 놓아 버리는 것과 같나니, 모든 일을 다 이와 같이 한다면 무슨 성공이 있으리요. 오직 철저한 생각과 큰 경륜을 가진 사람은 무슨 일을 하다가 혹 어떠한 실수를 할지라도 그것을 전감 삼아 미래를 더욱 개척은 할지언정 거기에 뜻이 좌절되어 당초의 대중을 놓아 버리지는 아니하나니, 이러한 사람에게는 작은 실수가 도리어 큰 성공의 바탕이 되나니라.」

39. 대종사 말씀하시기를 「사람이 누구나 이로운 일을 원하나 하는 바는 해로울 일을 많이 하며, 부귀하기를 원하나 빈천할 일을 많이 하며, 찬성 받기를 원하나 조소 받을 일을 많이 하여, 마음에 원하는 바와 몸으로 행하는 바가 서로 같지 못한 수가 허다하나니,

이것이 다 고락의 근원을 알지 못하는 연고이며, 설사 안다 할지라도 실행이 없는 연고라, 그대들은 이 원인을 깊이 생각하고 밝게 판단하며 그 실행을 철저히 하여 항상 그 원하는 바와 행하는 바가 서로 모순되지 않게 하라. 그리하면 모든 일이 다 뜻대로 성취되리라.」

40. 대종사 말씀하시기를 「사람의 직업 가운데에 복을 짓는 직업도 있고 죄를 짓는 직업도 있나니, 복을 짓는 직업은 그 직업을 가짐으로써 모든 사회에 이익이 미쳐 가며 나의 마음도 자연히 선하여지는 직업이요, 죄를 짓는 직업은 그 직업을 가짐으로써 모든 사회에 해독이 미쳐 가며 나의 마음도 자연히 악해지는 직업이라, 그러므로 사람이 직업을 가지는 데에도 반드시 가리는 바가 있어야 할 것이며, 이 모든 직업 가운데에 제일 좋은 직업은 일체 중생의 마음을 바르게 인도하여 고해에서 낙원으로 제도하는 부처님의 사업이니라.」

41. 대종사 말씀하시기를 「한 가정의 흥망이 호주의 정신 여하에도 달려 있나니, 한 가정이 흥하기로 하면 첫째는 호주의 정신이 근실하여야 할 것이요, 둘째는 집안 사람들이 서로 화합하여 모든 일에 힘을 모을 것이요, 세째는 무슨 실업이든지 먼저 지견과 경험을 얻은 뒤에 착수할 것이요, 네째는 이소성대(以小成大)의 준칙으로 순서 있게 사업을 키워 나갈 것이요, 다섯째는 폐물 이용의 법을 잘 이용할 것이요, 여섯째는 원업

(元業)과 부업(副業)을 적당하게 하며 생산 부분을 서로 연락 있게 할 것이요, 일곱째는 그 생산이 예정한 목표에 이르기 전에는 그 자금을 다른 곳에 함부로 유용하지 말 것이요, 여덟째는 목표에 달한 뒤에라도 무리한 폭리는 꾀하지 말고 매양 근거 있고 믿음 있는 곳에 자본을 심을 것이요, 아홉째는 수지를 항상 살펴서 정당한 지출은 아끼지 말고 무용한 낭비는 단단히 방지하여, 이와 같은 방법으로 치가에 전력하면 그대들의 살림이 자연 불어나고 그에 따라 마음 공부하는 데에도 또한 서로 도움이 되리라.」

42. 대종사 말씀하시기를 「한 가정은 한 나라를 축소하여 놓은 것이요, 한 나라는 여러 가정들을 모아 놓은 것이니, 한 가정은 곧 작은 나라인 동시에 큰 나라의 근본이 되나니라. 그러므로, 한 가정을 잘 다스리는 사람은 사회 국가에 나가도 그 사회 그 국가를 잘 다스릴 것이며, 또는 각자 각자가 그 가정 가정을 잘 다스리고 보면 국가는 따라서 잘 다스려질 것이니, 한 가정을 다스리는 호주의 책임이 중하고 큼을 알아야 할지니라.」

43. 대종사 말씀하시기를 「모범적인 가정을 이룩함에는 첫째 온 집안이 같이 신앙할 만한 종교를 가지고 늘 새로운 정신으로 새 생활을 전개해야 할 것이며, 둘째는 호주가 집안 다스릴 만한 덕위와 지혜와 실행을 갖추어야 할 것이며, 세째는 호주가 무슨 방법

으로든지 집안 식구들을 가르치기로 위주하되 자신이 먼저 많이 배우고 먼저 경험하여 집안의 거울이 되어야 할 것이며, 네째는 온 식구가 놀고 먹지 아니하며 나날이 수지를 맞추고 예산을 세워서 약간이라도 저축이 되게 할 것이며, 다섯째는 직업을 가지되 가림이 있어서 살생하는 직업이나 남의 정신 마취시키는 직업을 가지지 말며, 또는 권리를 남용하여 남의 생명·재산을 위협하거나 가슴을 아프게 하는 일이 없게 할 것이며, 여섯째는 될 수 있는 대로 부부 사이에도 물질적 생활을 각자 자립적으로 하면서 서로 부유한 가정과 부유한 국가·사회를 만들기에 힘쓸 것이며, 일곱째는 국가·사회에 대한 의무와 책임을 충실히 이행하며 특히 자력 없는 사람을 보호하는 기관과 교화·교육의 기관에 힘 미치는 대로 협력할 것이며, 여덟째는 자녀에게 과학과 도학을 아울러 가르치며 교육을 받은 후에는 상당한 기간을 국가나 사회나 교단에 봉사하게 할 것이며, 아홉째는 자녀에게 재산을 전해 줄 때에는 그 생활 토대를 세워 주는 정도에 그치고 국가나 사회나 교단의 공익 기관에 희사할 것이며, 열째는 복잡한 인간 세상을 살아 가는데 몸과 마음을 수양하기 위하여 매월 몇 차례나 매년 몇 차례씩 적당한 휴양으로 새 힘을 기를 것이니라.」

44. 대종사 임신한 부인을 대하시면 매양 「모진 마음을 내지 말며, 모진 말을 하지 말며, 모진 행동을

하지 말라.」하시고 특히 살생을 금하시며 말씀하시기를 「태아(胎兒)가 모태 가운데 있을 때는 그 영식(靈識)이 어리는 때라, 그 부모의 마음과 말과 행동이 태아의 장래 성질에 영향을 주기 쉽나니 그 동안 태모의 근신이 극히 중요하나니라.」

45. 대종사 말씀하시기를 「자녀를 가르치는 데에 네 가지 법이 있나니, 첫째는 심교(心敎)라 마음에 신앙처를 두고 바르고 착하고 평탄하게 마음을 가져서 자녀로 하여금 먼저 그 마음을 체받게 하는 것이요, 둘째는 행교(行敎)라 자신이 먼저 실행하고 행동에 법도가 있어서 자녀로 하여금 저절로 그 실행을 체받게 하는 것이요, 세째는 언교(言敎)라 매양 불보살 성현들과 위인 달사들의 가언(嘉言) 선행(善行)을 많이 일러 주어 그것을 기억하여 체받게 하며 모든 사리를 순순히 타일러서 가르치는 것이요, 네째는 엄교(嚴敎)라 이는 철없는 때에 부득이 위엄으로 가르치는 법이니 이는 자주 쓸 법은 아니니라. 그러므로, 한 가정에서 자녀를 가르치되 어머니 태중으로 비롯하여 성인(成人)이 되기까지 이 네 가지 법을 아울러 쓰면 착한 사람 되게 하는 데 큰 도움이 되리라.」

46. 대종사 말씀하시기를 「자녀를 가르치는 데에는 부모 자신이 먼저 상봉 하솔의 도에 어긋남이 없어야 할 것이니, 만일 자녀의 보는 바에 자신이 직접 불효를 한다든지 불경을 한다든지 기타 무슨 일이나 좋지

못한 행동을 한다면 그 자녀를 지도할 위신이 없게 되는 것이요, 둘째는 그 언동이 근엄(謹嚴)하여야 할 것이니 만일 부모를 무난하게 아는 때에는 그 자녀를 정당한 규율로 지도하기가 어려운 것이요, 세째는 친애(親愛)를 주어야 할 것이니 만일 근엄하기만 하고 친애하는 정이 건네지 아니하면 그 자녀를 진정으로 감화하지 못하는 것이요, 네째는 모든 언약에 신용을 잃지말아야 할 것이니 만일 신용을 잃고 보면 그 자녀에게 철저한 영(令)을 세우지 못하는 것이요, 다섯째는 상벌을 분명히 할 것이니 만일 상벌이 분명하지 못하면 그 자녀에게 참다운 각성을 주지 못하는 것이요, 여섯째는 어릴 때부터 정당한 신앙심을 넣어 주어야 할 것이니 만일 신앙심이 없으면 자라는 도중에 다른 외경의 유혹을 받기 쉬운 것이요, 일곱째는 어릴 때부터 공익심을 권장하여야 할 것이니 만일 공익심의 권장이 없으면 자연히 이기주의의 싹이 커나는 것이요, 여덟째는 어릴 때부터 남의 악평이나 훼담(毁談)등을 금해야 할 것이니 만일 그것을 금하지 아니하면 자연 경박한 습관이 커나서 구화(口禍)의 문이 열리게 되는 것이요, 아홉째는 어릴 때부터 예아닌 물건은 비록 적은 것이라도 취하지 못하게 할 것이니 만일 예 아닌 물건을 취하여 오게 하면 자연 염치 없는 습관이 커나게 되나니라.」

47. 대종사 말씀하시기를 「사람이 어릴 때에는 대개

그 부모의 하는 것을 보고 들어서 그 정신을 이어 받기가 쉽나니, 사람의 부모된 처지에서는 그 자손을 위하여서라도 직업의 선택에 신중하며 바른 사업과 옳은 길을 밟기에 노력하여야 하나니라.」

48. 대종사 희사위(喜捨位) 기념식에서 말씀하시기를 「우리 회상에서는 우리 회상의 창립에 귀중한 자녀를 생육 희사한 부모들의 공덕을 존숭하기 위하여 그 분들에게 희사위의 존호를 올리고 기념하나니, 과거나 현재의 세속 인심은 대개가 이기심에 충만하여 정신·육신·물질의 삼방면으로 다른 사람에게 이익을 주는 사람은 극히 적으며, 자녀를 둔 사람으로서도 우선 자기 일신을 의뢰할 생각만 주로하여 설혹 훌륭한 자질(資質)이 있는 자녀라도 애석하게 일생을 한 가정에 매어있게 한 일이 허다하였는데, 희사위 여러분은 일찍부터 이러한 생각에서 초월하여 자기의 영화와 안일을 불고하고, 그 귀중한 자녀들을 이 큰 세계 사업에 희사하였나니, 이는 곧 자비한 보살행의 일단이라, 우리는 이 희사위 여러분의 정신과 공덕을 영원히 추모하며 그 뜻을 받들어 어느 세상을 가든지 항상 공중을 위하는 참된 인물이 되어야 할 것이니라.」

49. 대종사 봉래 정사에서 모친 환후(患候)의 소식을 들으시고 급거히 영광 본가에 가시사 시탕하시다가 아우 동국(東局)에게 이르시기를 「도덕을 밝힌다는 나로서 모친의 병환을 어찌 불고하리요마는, 나의 현

재 사정이 시탕(侍湯)을 마음껏 하지 못하게 된 것은 너도 아는 바와 같이 나를 따라 배우기를 원하는 사람이 벌써 많은 수에 이르러 나 한 사람이 돌보지 아니하면 그들의 전도에 지장이 있을 것이요, 이제까지 하여 온 모든 사업도 큰 지장이 많을 것이니, 너는 나를 대신하여 모친 시탕을 정성껏 하라. 그러하면 나도 불효의 허물을 만일이라도 벗을 수 있을 것이요, 너도 이 사업에 큰 창립주가 될 것이다.」하시고, 또한 모친에게 위로하시기를 「인간의 생사는 다 천명(天命)이 있는 것이오니 모친께서는 안심하시고 항상 일심 청정의 진경에 주하시옵소서.」하시고 강연히 그 곳을 떠나 정사로 돌아오시어 제도 사업에 전심하시니라.

50. 한 제자 여쭙기를 「관·혼·상·제(冠婚喪祭)의 모든 예식에 다 절약을 주로 함이 옳사오리까.」 대종사 말씀하시기를 「모든 예식에 과도한 낭비는 다 삼갈 것이나, 공익 사업에 헌공(獻貢)하는 바도 없이 한갓 인색한 마음으로 절약만 하는 것은 혁신 예법의 본의가 아니며 또한 같은 절약 가운데도 혼례(婚禮)는 새 생활의 비롯이니 절약을 주로하여 생활의 근거를 세워 줌이 더욱 옳을 것이요, 장례(葬禮)는 일생의 마침이니 열반인의 공덕에 비추어 후인의 도리에 소홀함이 없게 하는 것이 또한 옳으리라.」

51. 대종사 하루는 근동 아이들의 노는 것을 보고 계시더니, 그 중 두 아이가 하찮은 물건 하나를 서로

제 것이라 하여 다투다가 대종사께 와서 해결하여 주시기를 청하면서 다른 한 아이를 증인으로 내세웠으나 그 아이는 한참 생각하다가 제게 아무 이해가 없는 일이라 저는 잘 모른다고 하는지라, 대종사 그 일을 해결하여 주신 뒤에 인하여 제자들에게 말씀하시기를 「저 어린 것들도 저에게 직접 이해가 있는 일에는 서로 다투고 힘을 쓰나 저에게 이해가 없는 일에는 별로 힘을 쓰지 아니 하나니, 자기의 이해를 떠나 남을 위하여 일하는 사람이 어찌 많을 수 있으리요. 그러므로, 자기의 이욕이나 권세를 떠나 대중을 위하여 일하는 사람은 대중이 숭배해야 할 가치가 있는 사람이며, 또한 마음이 투철하게 열린 사람은 대중을 위하여 일하지 아니 할 수 없는 것이니라.」

52. 대종사 말씀하시기를 「이 충무공(李忠武公)은 그 마음 쓰는 것이 도(道)가 있었도다. 그는 높은 위에 있으나 마음에 넘치는 바가 없이 모든 군졸과 생사 고락을 같이 하였고, 권세를 잃어 일개 마졸이 되었으나 또한 마음에 원망과 타락이 없이 말 먹이는 데에 전력을 다하여 말을 살찌게 하며, 때로 말에게 이르기를 "네 비록 짐승일지언정 국록(國祿)을 먹고 이만큼 자랐으니 국가 존망의 시기를 당하여 힘을 다하라"고 타일렀다 하며, 편안하고 명예스러운 일은 다른 장군에게 돌리고 어렵고 명색 없는 일은 자신이 차지하여 오직 위를 섬김에 충성을 다하였고 아래를 거느림에

사랑을 다하였으니, 과연 그는 지(智)와 덕(德)을 겸비한 성장(聖將)이라, 나라 일이나 천하 일을 하는 사람들이 다 같이 거울 삼을 만한 분이니라.」

53. 대종사 유 허일(柳虛一)에게 서전(書傳) 서문을 읽으라 하시고 "이제(二帝)와 삼왕(三王)은 이 마음을 보존한 이요, 하걸(夏桀)과 상수(商受)는 이 마음을 잃은 이라" 한 귀절에 이르매, 말씀하시기를 「이 귀절이 돌아오는 시대에 큰 비결(秘訣)이 되리라. 부귀와 권세를 탐하여 마음을 잊어버리는 사람은 장차 집이 패하고 몸이 망할 뿐 아니라, 국가나 세계의 영도자가 그러하면 그 화가 장차 국가와 세계에 미치리니, 그대들은 부귀와 권세에 끌리지 말고 오직 의·식·주 생활에 자기의 분수를 지켜서 본심을 잃지 아니하여야, 어떠한 난세를 당할지라도 위험한 일이 없을 것이요 따라서 천지의 좋은 운을 먼저 받으리라.」

54. 부호(富豪) 한 사람이 흉년을 당하여 약간의 전곡으로 이웃 빈민들을 구제한 후에 항상 송덕(頌德)하여 주기를 바라는지라 동민들이 의논하고 비(碑) 하나를 세웠더니, 그 사람이 오히려 만족하지 못하여 스스로 많은 돈을 들이어 다시 비를 세우고 굉장한 비각(碑閣)을 건축하거늘 동민들이 그 행사를 우습게 생각하여 험담과 조소가 적지 아니한지라, 김 광선(金光旋)이 이 말을 듣고 회화 시간에 발표하였더니, 대종사 들으시고 말씀하시기를 「이것이 곧 억지로 명예 구하는 사람들을 경

제 4 인도품 53·54·55

계하는 산 경전이로다. 그 사람은 제 명예를 나타내기 위하여 그 일을 하였건마는 명예가 나타나기는 고사하고 그 전의 명예까지 떨어진 것이 아닌가. 그러므로 어리석은 사람은 명예를 구한다는 것이 도리어 명예를 손상하게 하며, 지혜 있는 사람들은 따로이 명예를 구하지 아니하나 오직 당연한 일만 행하는 중에 자연히 위대한 명예가 돌아오나니라.」

55. 이 춘풍이 여쭙기를 「지난 번에 저의 자식이 산에 갔다가 포수의 그릇 쏜 탄환에 크게 놀란 일이 있사온데, 만일 그 때에 불행한 일을 당하였다 하오면 그 일을 어떻게 처리하는 것이 좋사올지 취사가 잘 되지 아니하나이다.」 대종사 말씀하시기를 「그대의 생각대로 한 번 말하여 보라.」 춘풍이 사뢰기를 「법률이 이러한 일을 다스리기 위하여 있는 것이오니, 법에 사실을 알리어 부자된 심정을 표함이 옳을 듯하나이다.」 대종사 다시 송 적벽(宋赤壁)에게 물으시니, 그가 사뢰기를 「모든 일이 다 인과의 관계로 되는 것이오니, 그 일도 인과의 보응으로 생각하옵고 아무 일 없이 하겠나이다.」 대종사 다시 오 창건(吳昌建)에게 물으시니 그가 사뢰기를 「저도 공부하는 처지가 아니라면 반드시 법에 호소하겠사오나, 또한 천명으로 돌리고 그만 두겠나이다.」 대종사 말씀하시기를 「세 사람의 말이 다 중도를 잡지 못하였도다. 대개 지금의 법령 제도가 사람이 출생하거나 사망하면 반드시 관청에 신고하게

되어 있으며, 더욱 횡액을 당하였거나 의외의 급사를 하였을 때에는 비록 관계 없는 사람이라도 발견한 사람이 관청에 보고할 의무를 가졌나니, 외인도 그러하거든 하물며 부자의 관계를 가지고 있는 처지리요. 그러므로, 나는 오직 국민의 처지에서 부모로서 즉시 관청에 사유를 보고할 것이요, 그 후의 일은 법을 가진 관청의 처리에 맡기고 나의 알 바 아니라 하겠노라.」

56. 대종사 하루는 역사 소설을 들으시다가 말씀하시기를 「문인들이 소설을 쓸 때에 일반의 흥미를 돋구기 위하여 소인이나 악당의 심리와 행동을 지나치게 그려내어 더할 수 없는 악인을 만들어 놓는 수가 허다하나니 이도 또한 좋지 못한 인연의 씨가 되나니라. 그러므로, 그대들은 옛 사람의 역사를 말할 때에나 지금 사람의 시비를 말할 때에 실지보다 과장하여 말하지 말도록 주의하라.」

57. 대종사 하루는 남화경(南華經)을 보시다가 공자(孔子)께서 도척(盜跖)을 제도하러 가시사 무수한 욕을 당하고 허망히 돌아오셨다는 귀절을 보시고, 말씀하시기를 「공자는 큰 성인이시라 스스로 위험과 욕됨을 무릅쓰고 그를 선으로 깨우치려 하사 후래 천만 년에 제도의 본의를 보이셨으나 사람을 제도하는 방편은 시대를 따라 다른 것이니, 지금 세상 사람들을 제도함에는 말로만 권면하기에 힘쓰는 것보다 실지를 먼저 갖추어서 그 결과가 드러난 후에 사람들로 하여금 스

스로 돌아 오게 해야 하리라. 무슨 까닭이냐 하면, 지금 사람들은 대개가 각자의 실지는 갖춤이 없이 남을 권면하기로만 위주하여 결국 허위에 떨어지는 사람이 많으므로 모든 인심이 권면만 가지고는 진실로 믿어 주지 않게 된 연고라, 그런다면 저 공자께서 직접 권면으로 도척을 제도하려 하심과는 그 방편이 서로 다르나, 직접 권면하는 것으로 세상을 제도하거나, 실지를 먼저 보이는 것으로 세상을 제도하거나, 그 본의는 다 같은 것이요, 오직 그 방편이 시기를 따라 다를 뿐이니라.」

58. 대종사 하루는 주(周)의 무왕(武王)이 자기의 천자인 주(紂)를 치고 천하를 평정한 후에 스스로 천자가 된 데 대하여 말씀하시기를 「나는 무왕의 경우를 당하면 백성의 원을 좇아 주를 치는 일은 부득이 행하려니와 그 위는 다른 어진 이에게 사양하겠노라. 그러나, 어진 이가 없거나 그 위를 사양하여도 천하 사람들이 듣지 아니할 때에는 또한 어찌할 수 없나니라.」

59. 어떤 사람이 금강산(金剛山)을 유람하고 돌아와서, 대종사께 사뢰기를 「제가 유람하는 중에 가마귀나 뱀을 임의로 부르기도 하고 보내기도 하는 사람을 보고 왔사오니 그가 참 도인인가 하나이다.」 대종사 말씀하시기를 「가마귀는 가마귀와 떼를 짓고 뱀은 뱀과 유를 하나니 도인이 어찌 가마귀와 뱀의 총중에 섞여 있으리요.」 그가 여쭙기를 「그러하오면 어떠한 사람

이 참 도인이오니까.」 대종사 말씀하시기를 「참 도인은 사람의 총중에서 사람의 도를 행할 따름이니라.」 그가 여쭙기를 「그러하오면 도인이라고 별다른 표적이 없나이까.」 대종사 말씀하시기를 「없나니라.」 그가 여쭙기를 「그러하오면 어떻게 도인을 알아 보나이까.」 대종사 말씀하시기를 「자기가 도인이 아니면 도인을 보아도 도인인 줄을 잘 알지 못하나니, 자기가 외국 말을 할 줄 알아야 다른 사람이 그 외국 말을 잘 하는지 못 하는지를 알 것이며 자기가 음악을 잘 알아야 다른 사람의 음악이 맞고 안 맞는 것을 알 것이니라. 그러므로, 그 사람이 아니면 그 사람을 잘 알지 못한다 하노라.」

제5 인 과 품(因果品)

1. 대종사 말씀하시기를 「우주의 진리는 원래 생멸이 없이 길이 길이 돌고 도는지라, 가는 것이 곧 오는 것이 되고 오는 것이 곧 가는 것이 되며, 주는 사람이 곧 받는 사람이 되고 받는 사람이 곧 주는 사람이 되나니, 이것이 만고에 변함 없는 상도(常道)니라.」

2. 대종사 말씀하시기를 「천지에 사시 순환하는 이치를 따라 만물에 생·로·병·사의 변화가 있고 우주에 음양 상승(陰陽相勝)하는 도를 따라 인간에 선악 인과의 보응이 있게 되나니, 겨울은 음(陰)이 성할 때이나 음 가운데 양(陽)이 포함되어 있으므로 양이 차차 힘을 얻어 마침내 봄이 되고 여름이 되며, 여름은 양이 성할 때이나 양 가운데 음이 포함되어 있으므로 음이 차차 힘을 얻어 마침내 가을이 되고 겨울이 되는 것과 같이, 인간의 일도 또한 강과 약이 서로 관계하고 선과 악의 짓는 바에 따라 진급 강급과 상생 상극의 과보가 있게 되나니, 이것이 곧 인과 보응의 원리니라.」

3. 대종사 말씀하시기를 「식물들은 뿌리를 땅에 박고 살므로 그 씨나 뿌리가 땅 속에 심어지면 시절의 인연을 따라 싹이 트고 자라나며, 동물들은 하늘에 뿌

리를 박고 살므로 마음 한 번 가지고 몸 한 번 행동하고 말 한 번 한 것이라도 그 업인(業因)이 허공 법계에 심어져서, 제 각기 선악의 연(緣)을 따라 지은 대로 과보가 나타나나니, 어찌 사람을 속이고 하늘을 속이리요.」

4. 대종사 말씀하시기를 「사람이 주는 상벌은 유심으로 주는지라 아무리 밝다 하여도 틀림이 있으나, 천지에서 주는 상벌은 무심으로 주는지라 진리를 따라 호리도 틀림이 없어서 선악간 지은 대로 역연히 보응을 하되 그 진리가 능소 능대(能小能大)하고 시방에 두루 있나니, 어찌 그를 속일 수 있으며 그 보응을 두려워하지 아니하리요. 그러므로, 지각 있는 사람은 사람이 주는 상벌보다 진리가 주는 상벌을 더 크고 중하게 여기나니라.」

5. 대종사 말씀하시기를 「그 사람이 보지 않고 듣지 않는 곳에서라도 미워하고 욕하지 말라. 천지는 기운이 서로 통하고 있는지라 그 사람 모르게 미워하고 욕 한 번 한 일이라도 기운은 먼저 통하여 상극의 씨가 묻히고, 그 사람 모르게 좋게 여기고 칭찬 한 번 한 일이라도 기운은 먼저 통하여 상생의 씨가 묻히었다가 결국 그 연을 만나면 상생의 씨는 좋은 과(果)를 맺고 상극의 씨는 나쁜 과를 맺나니라. 지렁이와 지네는 서로 상극의 기운을 가진지라 그 껍질을 불에 태워보면 두 기운이 서로 뻗지르고 있다가 한 기운이 먼

저 사라지는 것을 볼 수 있나니, 상극의 기운은 상극의 기운 그대로 상생의 기운은 상생의 기운 그대로 상응되는 이치를 이것으로도 알 수 있나니라.」

6. 대종사 말씀하시기를 「천지의 일기도 어느 때에는 명랑하고 어느 때에는 음울한 것과 같이, 사람의 정신 기운도 어느 때에는 상쾌하고 어느 때에는 침울하며, 주위의 경계도 어느 때에는 순하고 어느 때에는 거슬리나니, 이것도 또한 인과의 이치에 따른 자연의 변화라, 이 이치를 아는 사람은 그 변화를 겪을 때에 수양의 마음이 여여하여 천지와 같이 심상하나, 이 이치를 모르는 사람은 그 변화에 마음까지 따라 흔들려서 기쁘고 슬픈 데와 괴롭고 즐거운 데에 매양 중도를 잡지 못하므로 고해가 한이 없나니라.」

7. 대종사 말씀하시기를 「남에게 은의(恩義)로 준 것은 은의로 받게 되고, 악의(惡意)로 빼앗은 것은 악의로 빼앗기되, 상대편의 진강급 여하를 따라서 그 보응이 몇 만 배 더할 수도 있고, 몇 만분으로 줄어질 수도 있으나, 아주 없게 되지는 아니하며, 또는 혹 상대자가 직접 보복을 아니 할지라도 자연히 돌아오는 죄복이 있나니, 그러므로 남이 지은 죄복을 제가 대신 받아 올 수도 없고, 제가 지은 죄복을 남이 대신 받아 갈 수도 없나니라.」

8. 조 전권(曺專權)이 여쭙기를 「부처님들께서는 다생 겁래에 낮은 과보 받으실 일을 짓지 아니하셨을 것

이므로 또한 세세 생생에 고통 받으실 일이 없어야 할 것이온데, 과거 부처님께서도 당대에 여러 가지 고난이 없지 않으시었고 대종사께서도 이 회상을 열으신 후로 관변(官邊)의 감시와 대중의 인심 조정에 고통이 적지 않으시오니 저희들로는 그 연유를 모르겠나이다.」 대종사 말씀하시기를 「내가 알고는 죄를 짓지 아니하려고 공을 들인지 이미 오래이나, 다생을 통하여 많은 사람들을 교화할 때에 혹 완강한 중생들의 사기 악기가 부지중 억압되었던 연유인가 하노라.」하시고, 또 말씀하시기를 「정당한 법을 가지고 자비 제도하시는 부처님의 능력으로도 정업(定業)을 상쇄(相殺)하지는 못하고, 아무리 미천한 중생이라도 죄로 복이 상쇄되지는 아니하나니라. 그러나, 능력 있는 불보살들은 여러 생에 받을 과보라도 단생에 줄여서 받을 수는 있으나 아주 없애는 수는 없나니라.」

9. 한 사람이 여쭙기를 「사람이 만일 지극한 마음으로 수도하오면 정업이라도 가히 면 할 수 있겠나이까.」 대종사 말씀하시기를 「이미 정한 업은 졸연히 면하기가 어려우나 점진적으로 면해 가는 길이 없지 아니하나니, 공부하는 사람이 능히 육도 사생의 변화되는 이치를 알아서 악한 업은 짓지 아니하고, 날로 선업을 지은즉 악도는 스스로 멀어지고 선도는 점점 가까와 질 것이며, 혹 악한 인연이 있어서 나에게 향하여 옛 빚을 갚는다 하여도 나는 도심으로 상대하여 다시

보복할 생각을 아니한즉 그 업이 자연 쉬어질 것이며, 악과를 받을 때에도 마음 가운데 항상 죄업이 돈공한 자성을 반조하면서 옛 빚을 청산하는 생각으로 모든 업연을 풀어 간다면 그러한 심경에는 천만 죄고가 화로에 눈 녹듯 할 것이니, 이것은 다 마음으로 그 정업을 소멸시키는 길이요, 또는 수도를 잘한즉 육도 세계에 항상 향상의 길을 밟게 되나니, 어떠한 악연을 만날지라도 나는 높고 그는 낮으므로 그 받는 것이 적을 것이며, 덕을 공중에 쌓은즉 어느 곳에 당하든지 항상 공중의 옹호를 받는 지라, 그 악연이 감히 틈을 타서 무난히 침범하지 못할지니, 이는 위력으로써 그 정업을 경하게 하는 것이니라.」

10. 한 제자 어떤 사람에게 봉변을 당하고 분을 이기지 못하거늘, 대종사 말씀하시기를 「네가 갚을 차례에 참아 버리라. 그러하면, 그 업이 쉬어지려니와 네가 지금 갚고 보면 저 사람이 다시 갚을 것이요, 이와 같이 서로 갚기를 쉬지 아니하면 그 상극의 업이 끊일 날이 없으리라.」

11. 한 교도가 부부간에 불화하여 내생에는 또 다시 인연 있는 사이가 되지 아니하리라 하며 늘 그 남편을 미워하거늘, 대종사 말씀하시기를 「그 남편과 다시 인연을 맺지 아니하려면 미워하는 마음도 사랑하는 마음도 다 두지 말고 오직 무심으로 대하라.」

12. 대종사 봉래 정사에 계시더니 마침 포수가 산돼

지를 그 근처에서 잡는데 그 비명소리 처량한지라, 인하여 말씀하시기를 「한 물건이 이로움을 보매 한 물건이 해로움을 당하는도다.」하시고, 또 말씀하시기를 「산돼지의 죽음을 보니 전날에 산돼지가 지은 바를 가히 알겠고, 오늘 포수가 산돼지 잡음을 보니 뒷날 포수가 당할 일을 또한 가히 알겠도다.」

13. 대종사 말씀하시기를 「사람이 몸과 입과 마음으로 가지 가지의 죄업을 지어 그 과보 받는 종류가 실로 한이 없으나, 몇 가지 비근한 예를 들어 그 한 끝을 일러 주리라. 사람이 남에게 애매한 말을 하여 속을 많이 상하게 한즉 내세에 가슴앓이를 앓게 될 것이며, 사람이 남의 비밀을 엿보거나 엿듣기를 좋아한즉 내세에 사생아 등으로 태어나 천대와 창피를 당할 것이며, 사람이 남의 비밀을 잘 폭로하고 대중의 앞에 무안을 잘 주어서 그 얼굴을 뜨겁게 한즉 내세에는 얼굴에 흉한 점이나 흉터가 있어서 평생을 활발하지 못하게 사나니라.」

14. 한 제자 여쭙기를 「벼락을 맞아 죽는 것은 어떠한 죄업으로 인함이오니까.」 대종사 말씀하시기를 「부지불각간에 벼락을 맞아 죽는 것은 그 죄업도 또한 부지불각간에 중인에게 벼락을 준 연고이니, 예를 들면 자기의 권력이나 무력 등을 남용하여 많은 대중을 살생하였다든지, 또는 악한 법을 강행하여 여러 사람들에게 많은 해를 입혔다든지 하는 등의 죄업으로 인한

수가 많나니라.」

15. 대종사 서울 교당에서 건축 감역을 하시는데, 여러 일꾼들이 서로 말하기를, 사람이 아무리 애를 써도 억지로는 잘 살 수 없는 것이요, 반드시 무슨 우연한 음조(陰助)가 있어야 되는 것이라고 하는지라, 대종사 들으시고 그 후 제자들에게 말씀하시기를「대저 우리 인간이 이 세상에 살아 가자면 우연한 가운데 음조와 음해가 없지 아니하나니 모르는 사람들은 그것을 하나님이나 부처님이나 조상이나 귀신이 맡아 놓고 주는 것인 줄로 알지마는 아는 사람은 그 모든 것이 다 각자의 심신을 작용한 결과로 과거에 자기가 지은 바를 현재에 받게 되고, 현재에 지은 바를 또한 미래에 받게 되는 것이요, 짓지 아니하고 받는 일은 하나도 없는 줄로 아나니, 그러므로 어리석은 사람들은 이치 아닌 자리에 부귀와 영화를 억지로 구하며 빈천과 고난을 억지로 면하려 하나, 지혜 있는 사람은 이미 지어 놓은 죄복은 다 편안히 받으면서 미래의 복락을 위하여 꾸준히 노력을 계속하는 것이며, 같은 복을 짓는 중에도 국한 없는 공덕을 공중에 심어서 어느 때 어느 곳에서나 복록의 원천이 마르지 않게 하나니라.」

16. 대종사 말씀하시기를「모든 사람에게 천만 가지 경전을 다 가르쳐 주고 천만 가지 선(善)을 다 장려하는 것이 급한 일이 아니라, 먼저 생멸 없는 진리와 인과 보응의 진리를 믿고 깨닫게 하여 주는 것이 가장

급한 일이 되나니라.」

17. 대종사 말씀하시기를 「어리석은 사람은 남이 복 받는 것을 보면 욕심을 내고 부러워하나, 제가 복 지을 때를 당하여서는 짓기를 게을리하고 잠을 자나니, 이는 짓지 아니한 농사에 수확하기를 바라는 것과 같나니라. 농부가 봄에 씨 뿌리지 아니하면 가을에 거둘 것이 없나니 이것이 인과의 원칙이라, 어찌 농사에만 한한 일이리요.」

18. 대종사 말씀하시기를 「사람이 제가 지어 놓은 것이 없으면 내생에 아무리 잘 되기를 원하여도 그대로 되지 아니하는 것이 비하건대 현생에서도 아무리 좋은 집에 들어가 살고 싶으나 자기의 집이 아니면 들어가 살 수 없는 경우와 같나니라. 공칠(公七)이를 보라./ 이리(裡里) 역에 내리면 몇 층 양옥이 즐비하되 그 집에는 감히 들어가 볼 생심도 못 하고, 그 찌그러진 자기 집에만 찾아들지 아니하는가. 이것이 곧 자기가 지어 놓은 대로 가는 실례이며 지어 놓은 그대로 받는 표본이니라.」

19. 대종사 말씀하시기를 「복이 클수록 지닐 사람이 지녀야 오래 가나니, 만일 지니지 못할 사람이 가지고 보면 그것을 엎질러 버리든지 또는 그로 인하여 재앙을 불러 들이게 되나니라. 그러므로, 지혜 있는 사람은 복을 지을 줄도 알고, 지킬 줄도 알며, 쓸 줄도 알아서, 아무리 큰 복이라도 그 복을 영원히 지니나니라.」

20. 대종사 말씀하시기를 「어리석은 사람들은 명예가 좋은 줄만 알고 헛된 명예라도 드러 내려고만 힘을 쓰나니, 그는 헛 명예가 마침내 자신을 해롭게 하는 화근인 줄을 모르는 연고라, 세상 이치가 실상된 명예는 아무리 숨기려 하여도 자연히 드러나는 것이요, 헛된 명예는 아무리 드러내려고 힘을 쓰나 마침내 떨어지는 것이 사실이니, 그러므로 실상이 없이 말로 얻은 명예는 필경 말로 헒을 당하고, 권모 술수로 얻은 명예는 권모 술수로 헒을 당할 뿐아니라, 원래 있던 명예까지도 타락하게 될 것이며, 따라서 심하게 되면 생명 재산까지 빼앗기게 되나니 어찌 미리 주의할 바가 아니리요.」

21. 한 걸인이 김 기천에게 복을 지으라 하매, 기천이 묻기를 「내가 복을 지으면 그대가 나에게 복을 줄 능력이 있느냐.」하니, 그 걸인이 대답하지 못하는지라, 기천이 말하기를 「어리석은 사람들은 흔히 제 개인이 살기 위하여 남에게 복을 지으라 하니, 그것이 도리어 죄를 짓는 말이 되리로다.」하였더니 대종사 들으시고, 말씀하시기를 「기천의 말이 법설이로다. 세상 사람들이 복을 받기는 좋아하나 복을 짓는 사람은 드물고 죄를 받기는 싫어하나 죄를 짓는 사람은 많으니, 그러므로 이 세상에 고 받는 사람은 많고 낙 받는 사람은 적나니라.」

22. 대종사 말씀하시기를 「사람이 모든 악행을 방자히

하여 스스로 제재하지 못하면 반드시 사람이 제재할 것이요, 사람이 제재하지 못하면 반드시 진리가 제재하나니, 그러므로 지각 있는 사람은 다른 사람이 막기 전에 제 스스로 악을 행하지 아니하며 진리가 막기 전에 사람의 충고를 감수하므로, 그 악이 드러날 것을 겁내어 떨 일이 없으며 항상 그 마음이 편안하나니라.」

23. 대종사 말씀하시기를 「작은 재주로 작은 권리를 남용하는 자들이여./ 대중을 어리석다고 속이고 해하지 말라. 대중의 마음을 모으면 하늘 마음이 되며, 대중의 눈을 모으면 하늘 눈이 되며, 대중의 귀를 모으면 하늘 귀가 되며, 대중의 입을 모으면 하늘 입이 되나니, 대중을 어찌 어리석다고 속이고 해하리요.」

24. 총부 부근의 사나운 개가 제 동류에게 물리어 죽게 된지라, 대종사 보시고 말씀하시기를 「저 개가 젊었을 때에는 성질이 사나와서 근동 개들 가운데 왕 노릇을 하며 온갖 사나운 짓을 제 마음대로 하더니, 벌써 그 과보로 저렇게 참혹하게 죽게 되니 저것이 불의한 권리를 남용하는 사람들에게 경계를 주는 일이라, 어찌 개의 일이라 하여 범연히 보아 넘기리요.」하시고, 또 말씀하시기를 「사람도 그 마음 쓰는 것을 보면 진급기에 있는 사람과 강급기에 있는 사람을 알 수 있나니, 진급기에 있는 사람은 그 심성이 온유 선량하여 여러 사람에게 해를 끼치지 아니하고 대하는 사람마다 잘 화하며, 늘 하심(下心)을 주장하여 남을 높이고 배

우기를 좋아하며, 특히 진리를 믿고 수행에 노력하며, 남 잘되는 것을 좋아하며, 무슨 방면으로든지 약한 이를 북돋아 주는 것이요, 강급기에 있는 사람은 그와 반대로 그 심성이 사나와서 여러 사람에게 이를 주지 못하고 대하는 사람마다 잘 충돌하며, 자만심이 강하여 남 멸시하기를 좋아하고 배우기를 싫어하며, 특히 인과의 진리를 믿지 아니하고 수행이 없으며, 남 잘되는 것을 못보아서 무슨 방면으로든지 자기보다 나은 이를 깎아 내리려 하나니라.」

25. 대종사 말씀하시기를 「나쁜 일을 자행하여 여러 사람의 입에 나쁘게 자주 오르내리면 그 사람의 앞길은 암담하게 되나니, 어떤 사람이 군(郡) 도사령이 되어 가지고 혹독히 권리를 남용하여, 여러 사람의 생명과 재산을 많이 빼앗으므로 사람들이 동리에 모여 앉으면 입을 모아 그 사람을 욕하더니, 그 말이 씨가 되어 그 사람이 생전에 처참한 신세가 되어 그 죄 받는 현상을 여러 사람의 눈 앞에 보여 주었다 하니, 과연 여러 사람의 입은 참으로 무서운 것이니라.」

26. 대종사 말씀하시기를 「중생들이 철없이 많은 죄업을 짓는 가운데 특히 무서운 죄업 다섯 가지가 있나니, 그 하나는 바른 이치를 알지 못하고 대중의 앞에 나서서 여러 사람의 정신을 그릇 인도함이요, 둘은 여러 사람에게 인과를 믿지 아니하게 하여 선한 업 짓는 것을 방해함이요, 셋은 바르고 어진이를 헐고 시기함

이요, 넷은 삿된 무리와 당을 짓고 삿된 무리에게 힘을 도와 줌이요, 다섯은 대도 정법의 신앙을 방해하며 정법 회상의 발전을 저해함이라, 이 다섯 가지 죄업 짓기를 쉬지 아니하는 사람은 삼악도를 벗어날 날이 없으리라.」

27. 대종사 말씀하시기를 「세상에 무서운 죄업 세 가지가 있으니, 그 하나는 겉눈치로 저 사람이 죄악을 범하였다고 단정하여 남을 모함하는 죄요, 둘은 남의 친절한 사이를 시기하여 이간하는 죄요, 셋은 삿된 지혜를 이용하여 순진한 사람을 그릇 인도하는 죄라, 이 세 가지 죄를 많이 지은 사람은 눈을 보지 못하는 과보나, 말을 못하는 과보나, 정신을 잃어버리는 과보 등을 받게 되나니라.」

28. 대종사 말씀하시기를 「옛날 어떤 선사는 제자도 많고 시주도 많아서 그 생활이 퍽 유족하였건마는, 과실 나무 몇 주를 따로 심어 놓고 손수 그것을 가꾸어 그 수입으로 상좌 하나를 따로 먹여 살리는지라, 모든 제자들이 그 이유를 물었더니, 선사가 대답하기를 "그로 말하면 과거에도 지은 바가 없고 금생에도 남에게 유익 줄 만한 인물이 되지 못하거늘, 그에게 중인의 복을 비는 전곡을 먹이는 것은 그 빚을 훨씬 더하게 하는 일이라, 저는 한 세상 얻어 먹은 것이 갚을 때에는 여러 세상 우마의 고를 겪게 될 것이므로, 나는 사제의 정의에 그의 빚을 적게 해 주기 위하여 이와 같

이 여가에 따로 벌어 먹이노라" 하였다 하니, 선사의 그 처사는 대중 생활하는 사람에게 큰 법문이라, 그대들은 이 말을 범연히 듣지 말고 정신으로나 육신으로나 물질로나 남을 위하여 그만큼 일하는 바가 있다면 중인의 보시 받은 것을 먹어도 무방하려니와, 만일 제 일 밖에 못 하는 사람으로서 중인의 보시를 받아 먹는다면 그는 큰 빚을 지는 사람이라, 반드시 여러 세상의 노고를 각오하여야 하리라. 그러나, 대개 남을 위하는 사람은 오히려 보시 받기를 싫어하고 제 일 밖에 못 하는 사람이 도리어 보시 받기를 좋아하나니, 그대들은 날로 살피고 때로 살피어 대중에게 큰 빚을 지는 사람이 되지 아니하도록 조심하고 또 조심할지어다.」

29. 하루는 최 내선(崔內善)이 대중 공양(大衆供養)을 올리는지라 대종사 대중과 함께 공양을 마치신 후, 말씀하시기를 「사람이 같은 분량의 복을 짓고도 그 과를 받는 데에는 각각 차등이 없지 아니하나니, 그것이 물질의 분량에만 있는 것이 아니라 마음의 심천에도 있는 것이며, 또는 상대처의 능력 여하에도 있나니라. 영광에서 농부 한 사람이 어느 해 여름 장마에 관리 세 사람의 월천을 하여 준 일이 있어서 그로 인하여 그들과 서로 알고 지내게 되었는데, 그 농부는 한날 한시에 똑같은 수고를 들여 세 사람을 건네 주었건마는 후일에 세 사람이 그 농부의 공을 갚는 데에는 각각 자

기의 권리와 능력의 정도에 따라 상당한 차등이 있었다 하나니, 이것이 비록 현실에 나타난 일부의 말에 불과하나, 그 이치는 과거 현재 미래를 통하여 복 짓고 복 받는 내역이 대개 그러하나니라.」

30. 대종사 영산(靈山)에 계실 때 근동에 방탕하던 한 청년이 스스로 발심하여 과거의 잘못을 참회하고 대종사의 제자가 되어 사람다운 일을 하여 보기로 맹세하더니, 그 후 대종사께서 각처를 순회하시고 여러 달 후에 영산에 돌아오시니, 그가 그동안 다시 방탕하여 주색 잡기로 가산을 탕패하고 전일에 맹세 드린 것을 부끄러이 생각하여 대종사를 피하여 다니다가, 하루는 노상에서 피하지 못하고 만나게 된지라, 대종사 말씀하시기를 「무슨 연고로 한 번도 나에게 오지 않았는가.」 청년이 사뢰기를 「그저 죄송할 뿐이옵니다.」 대종사 말씀하시기를 「무엇이 죄송하다는 말인가.」 청년이 사뢰기를 「제가 전 일에 맹세한 것이 이제 와서는 다 성인을 속임에 불과하게 되었사오니 어찌 죄송하지 아니하오리까. 널리 용서하여 주시옵소서.」 대종사 말씀하시기를 「그 동안에 그대가 방심하여 그대의 가산을 탕진하고 그대가 모든 일에 곤란을 당하나니, 그러므로 나에게 용서를 구할 것이 따로 없나니라. 내가 그대를 대신하여 그대의 지은 죄를 받게 된다면 나에게 죄송하다고도 할 것이요, 나를 피하려고도 할 것이나, 화복간에 그대가 지은 일은 반드시 그

대가 받는 것이라, 지금 그대는 나를 속였다고 생각하나 실상은 그대를 속인 것이니, 이 뒤부터는 공연히 나를 피하려하지 말고 다시 그대의 마음을 단속하는 데에 힘쏠지어다.」

31. 대종사 영산에 계실 때에 하루는 채포(菜圃)에 나가시니, 채포 가에 있는 분항에 거름 물이 가득하여 뭇 벌레가 화생하였는데, 마침 쥐 한 마리가 그것을 주워 먹고 가는지라, 밭을 매던 제자들이 「저 쥐가 때로 와서 저렇게 주워 먹고 가나이다.」 하거늘, 대종사 말씀하시기를 「지금은 저 쥐가 벌레들을 마음대로 주워 먹으나 며칠 안에 저 쥐가 벌레들에게 먹히는 바 되리라.」 제자들이 말씀 뜻을 충분히 이해하지 못하여 "삼세 인과가 어찌 그리 빠르리요." 하였더니, 며칠 후에 과연 그 쥐가 분항에 빠져 썩기 시작하매 뭇 벌레가 그 쥐를 빨아먹고 있는지라, 대종사 말씀하시기를 「내가 전일에 한 말을 그대들은 이상히 생각하는 듯하였으나 나는 다만 그 기틀을 보고 말한 것 뿐이니라. 당시에는 분항 속에 거름이 가득하므로 쥐가 그 위를 횡행하며 벌레를 주워 먹었으나, 채소 밭을 매고서는 응당 그 거름을 퍼서 쓸 것이요, 그러면 그 항 속은 깊어져서 주의 없이 드나들던 저 쥐가 반드시 항 속에 빠져 죽을 것이며 그러하면 뭇 벌레의 밥이 될 수 밖에 없는 것을 미리 추측한 것이니라.」 하시고, 이어서 말씀하시기를 「사람의 죄복간 인과도 그

일의 성질에 따라 후생에 받을 것은 후생에 받고 현생에 받을 것은 현생에 받게 되는 것이 이와 다를 것이 없나니라.」

32. 김 삼매화(金三昧華)가 식당에서 육물을 썰고 있는지라 대종사 보시고 물으시기를 「그대는 도산 지옥(刀山地獄)을 구경하였는가.」 삼매화 사뢰기를 「구경하지 못하였나이다.」 대종사 말씀하시기를 「도마 위에 고기가 도산 지옥에 있나니 죽을 때에도 도끼로 찍히고 칼로 찢겨서 천 포 만 포가 되었으며 여러 사람이 사다가 또한 집집에서 그렇게 천 칼 만 칼로 써니 어찌 두렵지 아니하리요.」

33. 대종사 말씀하시기를 「과거에는 마음이 거짓되고 악한 사람도 당대에는 혹 잘 산 사람이 많이 있었으나, 앞으로는 마음이 거짓되고 악한 사람은 당대를 잘 살아 나가기가 어려울 것이니, 사람들이 자기 일생을 통하여 지은 바 죄복을 자기 당대 안에 거의 다 받을 것이요, 후생으로 미루고 갈 것이 얼마 되지 아니하리라. 그러므로, 세상이 밝아질수록 마음 하나가 참되고 선한 사람은 일체가 다 참되고 선하여 그 앞 길이 광명하게 열릴 것이나, 마음 하나가 거짓되고 악한 사람은 일체가 다 거짓되고 악하여 그 앞 길이 어둡고 막히리라.」

제 6 변 의 품 (辨疑品)

1. 대종사 선원 경강(經講) 시간에 출석하사 천지의 밝음이라는 문제로 여러 제자들이 변론함을 들으시다가, 말씀하시기를 「그대들은 천지에 식(識)이 있다고 하는가 없다고 하는가.」이 공주 사뢰기를 「천지에 분명한 식이 있다고 하나이다.」 대종사 말씀하시기를 「무엇으로 식이 있는 것을 아는가.」 공주 사뢰기를 「사람이 선을 지으면 우연한 가운데 복이 돌아오고 악을 지으면 우연한 가운데 죄가 돌아와서, 그 감응이 조금도 틀리지 않사오니 만일 식이 없다 하오면 어찌 그와 같이 죄복을 구분함이 있사오리까.」대종사 말씀하시기를 「그러면 그 구분하는 증거 하나를 들어서 아무라도 이해할 수 있도록 말하여 보라.」 공주 사뢰기를 「이것은 평소에 법설을 많이 들은 가운데 꼭 그렇겠다는 신념만 있을 뿐이요, 그 이치를 해부하여 증거로 변론하기는 어렵나이다.」대종사 말씀하시기를 「현묘한 지경은 알기도 어렵고 가령 안다 할지라도 충분히 증명하여 보이기도 어려우나, 이제 쉬운 말로 증거의 일단을 들어 주리니 그대들은 이것을 미루어 가히 증거하기 어려운 지경까지 통하여 볼지어다. 무릇, 땅으로 말하면 오직 침묵하여 언어와 동작이 없으므로

세상 사람들이 다 무정지물로 인증하나 사실에 있어서는 참으로 소소 영령한 증거가 있나니, 농사를 지을 때에 종자를 뿌려 보면 땅은 반드시 그 종자의 생장을 도와 주며, 또한 팥을 심은 자리에는 반드시 팥이 나게 하고, 콩을 심은 자리에는 반드시 콩이 나게 하며, 또는 인공을 많이 들인 자리에는 수확도 많이 나게 하고, 인공을 적게 들인 자리에는 수확도 적게 나게 하며, 인공을 잘못 들인 자리에는 손실도 나게 하여, 조금도 서로 혼란됨이 없이 종자의 성질과 짓는 바를 따라 밝게 구분하여 주지 아니하는가. 이 말을 듣고 혹 말하기를 "그것은 종자가 스스로 생의 요소를 가지고 있고 사람이 공력을 들이므로 나는 것이요, 땅은 오직 바탕에 지나지 못하는 것이라"고 하리라. 그러나, 종자가 땅의 감응을 받지 아니하고도 제 스스로 나서 자랄 수가 어디 있으며, 땅의 감응을 받지 아니하는 곳에 심고 거름하는 공력을 들인들 무슨 효과가 있겠는가. 뿐만 아니라, 땅에 의지한 일체 만물이 하나도 땅의 감응을 받지 아니하고 나타나는 것이 없나니, 그러므로 땅은 일체 만물을 통하여 간섭하지 않는 바가 없고, 생·멸·성·쇠의 권능을 사용하지 않는 바가 없으며, 땅뿐 아니라 하늘과 땅이 둘이 아니요, 일월 성신과 풍운 우로 상설이 모두 한 기운 한 이치어서 하나도 영험하지 않은 바가 없나니라. 그러므로, 사람이 짓는 바 일체 선악은 아무리 은밀한 일이라도 다 속이지 못하며, 또는 그 보응을 항거하지 못하나니 이것이 모두 천지의 식이며 천지의 밝은 위력이니라. 그러나, 천지의 식은 사람의 희·로·애·락과는 같지 않은 식이니 곧 무념 가운데 행하는 식이며 상 없는 가운데 나타나는 식이며 공정하고 원만하여 사사가 없는 식이라, 이 이치를 아는 사람은 천지의 밝음을 두려워하여 어떠한 경계를 당할지라도 감히 양심을 속여 죄를 범하지 못하며, 한 걸음 나아가 천지의 식을 체받은 사람은 무량 청정한 식을 얻어 천지의 위력을 능히 임의로 시행하는 수도 있나니라.」

2. 대종사 여러 제자에게 물으시기를 「사람이 마음 가운데 은밀히 악한 마음을 품으며 또는 은밀한 가운데 죄를 지어 놓고도, 천지 만물을 대면하기가 스스로 부끄러운 마음이 없지 아니하나니, 그것이 어떠한 연고일꼬.」 이 원화(李願華) 사뢰기를 「사람이 혼자 가만히 한 일이라도 천지 만물이 다 이를 아는 것이 마치 사람의 몸 한편에 조그마한 물것이 있어서 가만히 기어 다니되 사람의 전체가 다 아는 것 같아서, 너른 천지 사이에 조그마한 사람 하나의 일이라도 천지 만물이 자연히 다 알게 되므로, 천지 만물을 대면하기가 스스로 부끄러운가 하나이다.」 대종사 말씀하시기를 「원화의 말이 그럴듯하나, 내 한 말 더하여 주리라. 가령, 악한 일을 하는 사람이 저 혼자 마음으로 가만히 결정한 일을 누가 알리요 하지마는 제 마음에 이미

결정한 때에는 곧 세상에 베풀어 쓸 것이요, 세상에 베풀어 쓰면 곧 세상이 알게 되므로 비록 은밀한 죄과라도 부끄러운 생각이 나는 것이니, 그러므로 사람의 가만히 한 일을 알고자 할진대 그 일에 나타남을 볼 것이어늘 사람들은 공연히 다른 사람의 비밀을 미리 알고자 하나니라.」

3. 한 사람이 대종사께 여쭙기를「동양 학설에는 하늘은 동하고 땅은 정한다 하고, 서양 학설에는 땅은 동하고 하늘이 정한다 하여, 두 말이 서로 분분하오니 청컨대 한 말씀으로 이를 판단하여 주옵소서.」대종사 말씀하시기를「이 학설들이 난 지가 이미 오래되고, 이론이 또한 많으나, 나의 소견을 간단히 말하자면 하늘과 땅은 원래 둘이 아닌지라 그 동과 정이 서로 다르지 아니하여, 동하는 것으로 보면 하늘과 땅이 다 동하고 정하는 것으로 보면 하늘과 땅이 다 정하나니라. 이것이 비유하건대 한 사람의 기운과 형체가 그 동·정을 서로 같이 하는 것 같나니, 하늘의 기운과 땅의 바탕이 서로 연하여 끊임 없이 순환함으로써 조화를 이루나니라. 그러나, 주와 종으로 논하자면 기운은 주가 되고 바탕은 종이 되어 기운이 행함에 바탕이 따르게 되나니 이것이 곧 만고에 바꾸지 못할 원리이니라.」

4. 서 대원(徐大圓)이 여쭙기를 과거 부처님 말씀에「이 세계가 괴겁(壞劫)에는 소천 소지(燒天燒地)

로 없어진다 하오니 사실로 그러하오니까.」 대종사 말씀하시기를 「그러하나니라.」 또 여쭙기를 「소천 소지가 되오면 현재 나타나 있는 천지는 다 없어지고 다시 새 천지가 조판되나이까.」 대종사 말씀하시기를 「소천 소지가 된다 하여 일시에 천지가 소멸되는 것은 아니니, 비하건대 인간의 생·로·병·사와 같아서 인생이 한편에서는 낳고 한편에서는 늙고 한편에서는 병들고 한편에서는 죽는 것이 끊임 없이 계속되는 것 같이, 천지에도 성·주·괴·공(成住壞空)의 이치가 천만 가지 분야로 운행되어 지금 이 시간에도 이루어지는 부분도 있고 그대로 머물러 있는 부분도 있으며, 무너지는 부분도 있고 없어지는 부분도 있어서 늘 소천 소지가 되고 있나니라.」

5. 또 여쭙기를 「과거 부처님 말씀에 삼천 대천 세계가 있다 하오니 사실로 있나이까.」 대종사 말씀하시기를 「있나니라. 그러나, 삼천 대천 세계가 이 세계 밖에 따로 건립된 것이 아니라 이 세계 안에 분립된 가지 가지의 세계를 이른 것이니, 그 수효를 헤아려 보면 삼천 대천 세계로도 오히려 부족 하나니라.」 다시 여쭙기를 「현 천문학계에서도 이 우주에는 우리가 살고 있는 세계 밖에 더 큰 세계가 많이 있다 하옵는데 어떠하나이까.」 대종사 말씀하시기를 「부처님 말씀은 해석하는 사람의 견지에 따라 다른 것이며 현재의 학설도 비록 분분하나 멀지 않은 장래에 견성한

큰 학자가 나의 말을 인증할 것이니 나를 믿는 사람이라면 다시 의심하지 말라.」

6. 또 여쭙기를 「천지에 진강급(進降級)이 있다 하오니 조선이 지금 어느 기(期)에 있나이까.」 대종사 말씀하시기를 「진급기에 있나니라.」 다시 여쭙기를 「진강급의 기한은 얼마나 되나이까.」 대종사 말씀하시기를 「과거 부처님 말씀에 일대겁(一大劫)으로 천지의 한 진강급기를 잡으셨나니라.」

7. 또 여쭙기를 「이 천지가 성·주·괴·공이 될 때에는 무엇으로 되나이까.」 대종사 말씀하시기를 「과거 부처님 말씀과 같이 수·화·풍(水火風) 삼륜(三輪)으로 되어지나니라.」

8. 또 여쭙기를 「선성의 말씀에 일월과 성신은 천지 만물의 정령이라 한 바가 있사오니 사실로 그러하나이까.」 대종사 말씀하시기를 「그러하나니라.」

9. 전주의 교도 한 사람이 천주교인과 서로 만나 담화하는 중 천주교인이 묻기를 「귀하는 조물주를 아는가.」 하는데 그가 능히 대답하지 못하였더니, 그 사람이 「우리 천주께서는 전지 전능하시니 이가 곧 조물주라.」고 말하는지라, 후일에 대종사께서 그 교도의 보고를 들으시고 웃으시며 말씀하시기를 「그대가 그 사람에게 다시 가서, 귀하가 천주를 조물주라 하니 귀하는 천주를 보았느냐고 물어보라. 그리하여, 보지 못하였다고 하거든 그러면 알지 못하는 것과 같지 않

느냐고 말한 후에, 내가 다시 생각하여 보니 조물주가 다른 데 있는 것이 아니라 귀하의 조물주는 곧 귀하요, 나의 조물주는 곧 나며, 일체 생령이 다 각각 자기가 자기의 조물주인 것을 알았노라 하라. 이것이 가장 적절한 말이니 그 사람이 만일 이 뜻에 깨달음이 있다면 바로 큰 복음이 되리라.」

10. 한 제자 여쭙기를 「극락과 지옥이 어느 곳에 있나이까.」 대종사 말씀하시기를 「네 마음이 죄복과 고락을 초월한 자리에 그쳐 있으면 그 자리가 곧 극락이요, 죄복과 고락에 사로잡혀 있으면 그 자리가 곧 지옥이니라.」 또 여쭙기를 「어찌하여야 길이 극락 생활만 하고 지옥에 떨어지지 아니하오리까.」 대종사 말씀하시기를 「성품의 본래 이치를 오득하여 마음이 항상 자성을 떠나지 아니하면 길이 극락 생활을 하게 되고 지옥에 떨어지지 아니하리라.」

11. 한 제자 여쭙기를 「과거 부처님 말씀에 천상에 삼십 삼천이 있다 하오니 그 하늘이 저 허공계에 층층으로 나열되어 있나이까.」 대종사 말씀하시기를 「천상 세계는 곧 공부의 정도를 구분하여 놓은 것에 불과하나니 하늘이나 땅이나 실력 갖춘 공부인 있는 곳이 곧 천상이니라.」 또 여쭙기를 「그 가운데 차차 천상에 올라 갈수록 천인(天人)의 키가 커진다는 말씀과 의복 무게가 가벼워진다는 말씀이 있사온데 무슨 뜻이오니까.」 대종사 말씀하시기를 「키가 커진다는

것은 도력이 향상될수록 정신 기운이 커오르는 현상을 이른 것이요, 의복 무게가 가벼워진다는 것은 도력이 향상될수록 탁한 기운이 가라앉고 정신이 가벼워지는 현상을 이른 것이니라. 그러나, 설사 삼십 삼천의 구경에 이른 천인이라도 대원 정각을 하지 못한 사람은 복이 다하면 타락하게 되나니라.」

12. 조 전권이 여쭙기를 「제가 과거에 동리 근처의 오래된 나무를 베거나 혹 함부로 하여 벌을 받는 것을 본 일이 있사온데, 그러한 무정지물에도 인과 관계가 있어 그러하나이까.」 대종사 말씀하시기를 「그것은 나무와의 인과로 그리 된 것이 아니라, 과거 음 시대에는 몸을 받지 못한 이매망량(魑魅魍魎)의 무리가 많이 있어서 그러한 나무나 혹은 성황(城隍)이나 명산 대천에 의지하여 어리석은 대중의 정성을 많이 받고 있다가, 제 기운보다 약한 사람이 저를 해롭게 하면 혹은 병도 주고 혹은 벌도 내린 일이 없지 아니 하였으나, 지금은 양 시대가 되어 가는지라 앞으로는 그러한 무리가 감히 인간계를 해치지 못하리라.」

13. 한 제자 여쭙기를 「어떠한 주문을 외고 무슨 방법으로 하여야 심령이 열리어 도를 속히 통할 수 있사오리까.」 대종사 말씀하시기를 「큰 공부는 주문 여하에 있는 것이 아니요, 오직 사람의 정성 여하에 있나니, 그러므로 옛날에 무식한 짚신 장수 한 사람이 수도에 발심하여 한 도인에게 도를 물었더니 "즉심시

제 6 변의품 12 · 13 · 14 · 15

불(卽心是佛)"이라 하는지라, 무식한 정신에 "짚신 세 벌"이라 하는 줄로 알아 듣고 여러 해 동안 "짚신 세 벌"을 외고 생각하였는데 하루는 문득 정신이 열리어 마음이 곧 부처인 줄을 깨달았다 하며, 또 어떤 수도인은 고기를 사는데 "정한 데로 떼어 달라" 하니, 그 고기 장수가 칼을 고기에 꽂아 놓고 "어디가 정하고 어디가 추하냐"는 물음에 도를 깨쳤다 하니, 이는 도를 얻는 것이 어느 곳 어느 때 어느 주문에만 있는 것이 아님을 여실히 보이는 말이라, 그러나 우리는 이미 정한 바 주문이 있으니 그로써 정성을 들임이 공이 더욱 크리라.」

14. 여자 교도 한 사람이 대종사께 여쭙기를 「저도 전무출신들과 같이 깨끗이 재계하옵고 기도를 올리고 싶사오나 가정에 매이어 제 자유가 없는 몸이므로 그 뜻을 이루지 못하오니 어찌하면 좋겠나이까.」 대종사 말씀하시기를 「마음 재계하는 것은 출가 재가가 다를 것이 없나니, 그대의 마음만 깨끗이 재계하고 정성껏 기도를 올리라. 그러하면, 그 정성에 따라 그만한 위력을 얻는 것이 아무 차별이 없으리라.」

15. 한 사람이 이 재철(李載喆)에게 묻기를 「들은 즉 귀하의 선생님이 성인이시라 하니 사리간에 무엇이든지 다 알으시는가.」 재철이 말하기를 「다 알으시나니라.」 그 사람이 말하기를 「비행기나 기차 제조하는 법도 알으시는가.」 재철이 말하기를 「성인은 사리의 대

— 243 —

체를 알으시는 것이요, 그러한 기술 부분은 거기에 전문하는 사람이 아니니라.」 그 사람이 말하기를 「그러면 사리간에 다 알으신다는 것이 모순된 말이 아닌가.」 재철이 말하기를 「대체라 하는 것은 그 근본을 이름이니 무엇이든지 그 근본을 알면 가지와 잎은 다 그 가운데 있나니라. 이에 한 예를 들어 말하자면 가령 한 지방의 장관이나 한 나라의 원수가 저 말단에 가서는 한 서기나 기사의 아는 것을 다 알지 못할 수가 있으나 그 행정의 대체를 잘 알아서 각 부분을 순서 있게 지도한다면 그가 그 일을 알았다고 하겠는가 몰랐다고 하겠는가. 성현의 지견도 또한 이와 같아서 대소 유무와 시비 이해의 대의를 통달하시므로 사리를 다 알으신다 하는 것이요, 말단의 기술 부분까지 알으신다는 것이 아니니, 그 대의에 통달하시므로 천만 지식이 모두 그 강령과 범위 안에 들어 있나니라.」 하고, 돌아와 대종사께 그대로 고하였더니, 대종사 말씀하시기를 「일산(一山)의 말이 대의에 옳다.」 하시니라.

16. 대종사 서울에 계실 때에 민 자연화(閔自然華)가 매양 대종사의 공양하시고 남은 밥을 즐겨 먹거늘 대종사 그 연유를 물으시니 자연화 사뢰기를 「불서에 부처님 공양하고 남은 음식을 먹으면 천도도 받고 성불도 할 수 있다 하였삽기로 그러하나이다.」 대종사 말씀하시기를 「그것은 그대가 나를 지극히 믿고 존경함에서 나온 생각임을 알겠으나 그대가 그 말을 사실

로 해석하여 알고 믿는가 또는 알지 못하고 미신으로 믿는가.」 자연화 사뢰기를 「그저 믿을뿐이옵고 그 참 뜻을 분석해 보지는 못 하였나이다.」 대종사 말씀하시기를 「사람이 부처님의 공양하시고 남은 밥을 먹게 된 때에는 그만큼 부처님과 친근하게 된 것이라, 자연히 보는 것은 부처님의 행동이요, 듣는 것은 부처님의 말씀이요, 깨닫는 것은 부처님의 정법이요, 물드는 것은 부처님의 습관이 되어, 이에 따라 천도 받기도 쉽게 되고 성불도 쉽게 할 수 있을 것이 아닌가. 이것이 곧 그 말씀의 참 뜻이니라.」

17. 한 제자 여쭙기를 「사원의 탑을 많이 돌면 죽은 후에 왕생 극락을 한다 하와 신자들이 탑을 돌며 예배하는 일이 많사오니 사실로 그러하오니까.」 대종사 말씀하시기를 「그는 우리 육신이 돌로 만든 탑만 돌라는 말씀이 아니라, 지·수·화·풍으로 모인 자기 육신의 탑을 자기의 마음이 항상 돌아서 살피면 극락을 수용할 수 있다는 뜻이니 몸이 돌로 만든 탑만 돌고 육신의 탑을 마음이 돌 줄을 모른다면 어찌 그 참 뜻을 알았다 하리요.」

18. 한 제자 여쭙기를 「과거 부처님 말씀에 공부가 순숙되면 삼명 육통(三明六通)을 얻는다 하였사오니, 어느 법위에나 오르면 삼명 육통을 얻게 되나이까.」 대종사 말씀하시기를 「삼명 가운데 숙명(宿命)·천안(天眼)의 이명과 육통 가운데 천안(天眼)· 천이(天

耳)·타심(他心)·숙명·신족(神足)의 오통은 정식 법강항마위가 되지 못한 사람도 부분적으로 혹 얻을 수가 있으나 정식 법강항마위 이상 도인도 얻지 못하는 수가 있으며, 누진명(漏盡明)과 누진통은 대원 정각을 한 불보살이라야 능히 얻게 되나니라.」

19. 한 제자 여쭙기를 「금강경 가운데 사상(四相)의 뜻을 알고 싶나이다.」 대종사 말씀하시기를 「사상에 대하여 고래로 여러 학자들의 해석이 많이 있는 모양이나 간단히 실지에 부합시켜 말하여 주리라. 아상(我相)이라 함은 모든 것을 자기 본위로만 생각하여 자기와 자기의 것만 좋다 하는 자존심을 이름이요, 인상(人相)이라 함은 만물 가운데 사람은 최령하니 다른 동물들은 사람을 위하여 생긴 것이라 마음대로 하여도 상관 없다는 인간 본위에 국한됨을 이름이요, 중생상(衆生相)이라 함은 중생과 부처를 따로 구별하여 나 같은 중생이 무엇을 할 것이냐 하고 스스로 타락하여 향상이 없음을 이름이요, 수자상(壽者相)이라 함은 연령이나 연조나 지위가 높다는 유세로 시비는 가리지 않고 그것만 앞세우는 장노의 상을 이름이니, 이 사상을 가지고는 불지에 이르지 못하나니라.」 또 여쭙기를 「이 사상을 무슨 방법으로 없애오리까.」 대종사 말씀하시기를 「아상을 없애는 데는 내가 제일 사랑하고 위하는 이 육신이나 재산이나 지위나 권세도 죽는 날에는 아무 소용이 없으니 모두가 정해진 내것

이 아니라는 무상의 이치를 알아야 될 것이며, 인상을 없애는 데는 육도 사생이 순환 무궁하여 서로 몸이 바뀌는 이치를 알아야 될 것이며, 중생상을 없애는 데는 본시 중생과 부처가 둘이 아니라 부처가 매하면 중생이요 중생이 깨치면 부처인 줄을 알아야 될 것이며, 수자상을 없애는 데는 육신에 있어서는 노소와 귀천이 있으나 성품에는 노소와 귀천이 없는 줄을 알아야 할 것이니, 수도인이 이 사상만 완전히 떨어지면 곧 부처니라.」

20. 이 춘풍이 유가의 규모를 벗어나 출가하여 대종사를 뵈옵고 사뢰기를 「제가 대종사를 뵈오니 마음이 황홀하와 삼천 제자를 거느렸던 공자님을 뵈온 것 같사오나 원래 불교는 유교 선성들이 수긍하지 아니한 점이 있사와 늘 마음에 걸리나이다.」 대종사 말씀하시기를 「그 점이 무엇이던가.」 춘풍이 사뢰기를 「불교는 허무 적멸을 주장하므로 무부 무군(無父無君)이 된다고 하였나이다.」 대종사 말씀하시기를 「부처님의 본의가 영겁 다생에 많은 부모와 자녀를 위하사 제도의 문을 열어 놓으셨건마는 후래 제자로서 혹 그 뜻에 어그러진 바가 없지도 않았으나, 앞으로는 모든 법을 시대에 적응하게 하여 불교를 믿음으로써 가정의 일이 잘 되게 하고, 불교를 믿음으로써 사회 국가의 일이 잘 되도록 하려 하노니 무부 무군이 될까 염려하지 말 것이며, 또는 주역(周易)의 무극과 태극이 곧

허무 적멸의 진경이요, 공자의 인(仁)이 곧 사욕이 없는 허무 적멸의 자리요, 자사(子思)의 미발지중(未發之中)이 허무 적멸이 아니면 적연 부동한 중(中)이 될 수 없고, 대학의 명명덕(明明德)이 허무 적멸이 아니면 명덕을 밝힐 수 없는 바라, 그러므로 각종 각파가 말은 다르고 이름은 다르나 그 진리의 본원인즉 같나니라. 그러나, 허무 적멸에만 그쳐 버리면 큰 도인이 될 수 없나니 허무 적멸로 도의 체를 삼고 인·의·예·지로 도의 용을 삼아서 인간 만사에 풀어 쓸 줄 알아야 원만한 대도니라.」

21. 한 제자 여쭙기를 「어떠한 사람이 와서 대종사의 스승을 묻자옵기로 우리 대종사님께서는 스스로 대각을 이루셨는지라 직접 스승이 아니 계신다고 하였나이다.」 대종사 말씀하시기를 「후일에 또 다시 나의 스승을 묻는 사람이 있으면 너희 스승은 내가 되고 나의 스승은 너희가 된다고 답하라.」 또 한 제자 여쭙기를 「대종사의 법통은 어느 부처님이 본사(本師)가 되시나이까.」 대종사 말씀하시기를 「한 판이 바뀌는 때이나 서가 세존이 본사가 되시나니라.」

22. 한 제자 여쭙기를 「우리는 불상 숭배를 개혁하였사오니 앞으로 어느 때까지든지 대종사 이하 역대 법사의 기념상도 조성할 수 없사오리까.」 대종사 말씀하시기를 「기념상을 조성하여 유공인을 기념할 수는 있으나 신앙의 대상으로 삼지는 못하리라.」

23. 한 제자 여쭙기를 「사은에 경중이 있어서 천지·부모는 하감지위(下鑑之位)라 하고, 동포·법률은 응감지위(應鑑之位)라 하나이까.」 대종사 말씀하시기를 「경중을 따로 논할 것은 없으나 항렬(行列)로써 말하자면 천지·부모는 부모 항이요, 동포·법률은 형제 항이라 그러므로 하감·응감으로써 구분하였나니라.」

24. 한 제자 여쭙기를 「정전 가운데 천지 보은의 강령에 "사람이 천지 보은을 하기로 하면 먼저 그 도를 체받아 실행하라" 하였사오니, 천지는 우리에게 그러한 큰 은혜를 입혔사온데 우리는 한갓 천지의 도를 본받아 행하는 것만으로써 어찌 보은이 된다 하겠나이까.」 대종사 말씀하시기를 「이에 대하여 한 예를 들어 말한다면 과거 불보살의 회상이나 성현 군자의 문정(門庭)에 그 제자가 선생의 가르치신 은혜를 받은 후 설사 물질의 보수는 없다 할지라도 그 선생의 아는 것을 다 알고 행하는 것을 다 행하여 선생의 사업을 능히 계승한다면 우리는 그를 일러 선생의 보은자라 할 것인가, 배은자라 할 것인가. 이것을 미루어 생각할 때에 천지의 도를 본받아 행함이 천지 보은이 될 것임을 가히 알지니라.」

25. 한 제자 여쭙기를 「부모 보은의 조목에 "공부의 요도와 인생의 요도를 유루 없이 밟으라" 하셨사오니 그것이 어찌 부모 보은이 되나이까.」 대종사 말씀하시기를 「공부의 요도를 지내고 나면 부처님의 지

견을 얻을 것이요, 인생의 요도를 밟고나면 부처님의 실행을 얻을지니, 자녀된 자로서 부처님의 지행을 얻어 부처님의 사업을 이룬다면 그 꽃다운 이름이 너른 세상에 드러나서 자연 부모의 은혜까지 드러나게 될 것이라, 그리 된다면 그 자녀로 말미암아 부모의 영명(令名)이 천추에 길이 전하여 만인의 존모할 바 될 것이니, 어찌 단촉한 일생에 시봉만 드리는 것에 비하겠는가. 그러므로, 이는 실로 무량한 보은이 되나니라.」또 여쭙기를 「자력 없는 타인의 부모라도 내 부모와 같이 보호하라 하셨사오니 그것은 어찌 부모 보은이 되나이까.」대종사 말씀하시기를 「과거 부처님이 말씀하신 다생의 이치로써 미루어 보면 과거 미래 수천만 겁을 통하여 정하였던 부모와 정할 부모가 실로 한이 없고 수가 없을 것이니, 이 많은 부모의 은혜를 어찌 현생 부모 한 두 분에게만 보은함으로써 다하였다 하리요. 그러므로, 현생 부모가 생존 하시거나 열반하신 후나 힘이 미치는 대로 자력 없는 타인 부모의 보호법을 쓰면 이는 삼세 일체 부모의 큰 보은이 되나니라.」

26. 한 제자 여쭙기를 「정전 가운데 상시 응용 주의 사항 각 조목과 삼학과의 관계는 어떠하나이까.」대종사 말씀하시기를 「상시응용 주의 사항은 곧 삼학을 분해하여 제정한 것이니 오조는 정신 수양을 진행시키는 길이요, 이조·삼조·사조는 사리 연구를 진

행시키는 길이요, 일조는 작업 취사를 진행시키는 길이요, 육조는 삼학 공부 실행하고 아니한 것을 살피고 대조하는 길이니라.」 또 여쭙기를 「상시 응용 주의 사항 각 조목을 동·정 두 사이로 나누어 보면 어떻게 되나이까.」 대종사 말씀하시기를 「삼조· 사조·오조는 정할 때 공부로서 동할 때 공부의 자료를 준비하는 길이 되고, 일조·이조·육조는 동할 때 공부로서 정할 때 공부의 자료를 준비하는 길이 되나니, 서로 서로 도움이 되는 길이며, 일분 일각도 공부를 놓지 않게 하는 길이니라.」 또 여쭙기를 「상시 응용 주의 사항과 교당 내왕시 주의 사항의 관계는 어떠하나이까.」 대종사 말씀하시기를 「상시 응용 주의 사항은 유무식·남녀·노소·선악·귀천을 막론하고 인간 생활을 하여 가면서도 상시로 공부할 수 있는 빠른 법이 되고, 교당 내왕시 주의 사항은 상시 응용 주의 사항의 길을 도와 주고 알려 주는 법이 되나니라.」

27. 대종사 선원들의 변론함을 들으시니, 한 선원은 말하기를 「같은 밥 한 그릇으로도 한 사람에게만 주는 것보다 열 사람에게 고루 나누어 주는 공덕이 더 크다.」 하고, 또 한 선원은 말하기를 「열 사람이 다 만족하지 못하게 주는 것보다 한 사람이라도 만족하게 주는 공덕이 더 크다.」 하여 서로 해결을 못 짓고 있는지라, 대종사 판단하여 말씀하시기를 「같은 한 물건이지마는 한 사람에게만 주면 그 한 사람이 즐겨

하고 갚을 것이요, 또는 한 동리나 한 나라에 주면 그 동리나 나라에서 즐겨하고 갚을 것이요, 국한 없는 세계 사업에 주고 보면 전 세계에서 즐겨하고 갚게 될 것이라, 그러므로 같은 것을 가지고도 국한 있게 쓴 공덕과 국한 없이 쓴 공덕을 비교한다면 국한 없이 쓴 공덕이 국한 있게 쓴 공덕보다 한량 없이 더 크나니라.」

28. 한 제자 여쭙기를 「유상 보시(有相布施)와 무상 보시의 공덕의 차이가 어떻게 다르나이까.」 대종사 말씀하시기를 「보시를 하는 것이 비하건대 과수에 거름을 하는 것과 같나니 유상 보시는 거름을 위에다가 흩어 주는 것 같고 무상 보시는 거름을 한 후에 묻어 주는 것 같나니라. 위에다가 흩어 준 거름은 그 기운이 흩어지기 쉬운 것이요, 묻어 준 거름은 그 기운이 오래가고 든든하나니, 유상 보시와 무상 보시의 공덕의 차이도 또한 이와 같나니라.」

29. 조 원선(曺元善)이 여쭙기를 「동학 가사에 "이로운 것이 궁궁을을에 있다(利在弓弓乙乙)" 하였사오니 무슨 뜻이오니까.」 대종사 말씀하시기를 「세상에는 구구한 해석이 많이 있으나 글자 그대로 궁궁은 무극 곧 일원이 되고 을을은 태극이 되나니 곧 도덕의 본원을 밝히심이요, 이러한 원만한 도덕을 주장하여 모든 척이 없이 살면 이로운 것이 많다는 것이니라.」 또 여쭙기를 「궁을가를 늘 부르면 운이 열린다 하였사

오니 무슨 뜻이오리까.」 대종사 말씀하시기를 「그러한 도덕을 신봉하면서 염불이나 주송(呪誦)을 많이 계속하면 자연 일심이 청정하여 각자의 내심에 원심과 독심이 녹아질 것이며, 그에 따라 천지 허공 법계가 다 청정하고 평화하여질 것이라는 말씀이니 그보다 좋은 노래가 어디 있으리요. 많이 부르라.」

30. 최 수인화(崔修仁華)는 여러 대의 동학 신자로 우연히 발심하여 입교 하였더니 하루는 대종사께 여쭙기를 「저는 동학을 신앙하올 때 늘 수운(水雲) 선생의 갱생을 믿고 기다렸삽던바, 대종사를 한 번 뵈오니 곧 그 어른을 뵈옵는 것 같사와 더욱 정의가 두터워지고 기쁜 마음을 억제할 수 없나이다.」 하거늘, 대종사 웃으시며 말씀하시기를 「그러한 성현들은 심신의 거래를 자유 자재하시는지라 일의 순서를 따라 나신 국토에 다시 나기도 하고 동양에나 서양에 임의로 수생하여 조금도 구애를 받지 아니하시나니라. 과거에도 이 나라에 무등(無等)한 도인이 많이 나셨지마는 이 후로도 무등한 도인이 사방에서 모여들어 전무 후무한 도덕 회상을 마련할 것이니, 그대는 나를 믿을 때에 나의 도덕을 보고 믿을지언정 어디에 의지하는 마음으로 믿지는 말라.」

31. 한 제자 남의 시비를 함부로 논평하는 습관이 있어 하루는 증산(甑山) 선생을 광인이라 이르는지라 대종사 들으시고 말씀하시기를 「그대가 어찌 선인(先

人)들의 평을 함부로 하리요. 그 제자들의 허물을 보고 그 스승까지 논죄함은 옳지 못하며, 또는 그 사람이 아니면 그 사람을 모르는지라 저의 주견이 투철하게 열리지 못한 사람은 함부로 남의 평을 못하나니라.」 그 제자 여쭙기를 「그러하오면, 그 분이 어떠한 분이오니까.」 대종사 말씀하시기를 「증산 선생은 곧 드물게 있는 선지자요 신인이라, 앞으로 우리 회상이 세상에 드러난 뒤에는 수운 선생과 함께 길이 받들고 기념하게 되리라.」

32. 김 기천이 여쭙기를 「선지자들이 말씀하신 후천 개벽(後天開闢)의 순서를 날이 새는 것에 비유한다면 수운 선생의 행적은 세상이 깊이 잠든 가운데 첫 새벽의 소식을 먼저 알리신 것이요, 증산 선생의 행적은 그 다음 소식을 알리신 것이요, 대종사께서는 날이 차차 밝으매 그 일을 시작하신 것이라 하오면 어떠하오리까.」 대종사 말씀하시기를 「그럴 듯하니라.」 이 호춘(李昊春)이 다시 여쭙기를 「그 일을 또한 일년 농사에 비유한다면 수운 선생은 해동이 되니 농사 지을 준비를 하라 하신 것이요, 증산 선생은 농력(農曆)의 절후를 일러 주신 것이요, 대종사께서는 직접으로 농사법을 지도하신 것이라 하오면 어떠하오리까.」 대종사 말씀하시기를 「또한 그럴 듯하니라.」 송 도성이 다시 여쭙기를 「그 분들은 그만한 신인이온데 그 제자들로 인하와 세인의 논평이 한결같지 않사오니, 그 분들이

뒷 세상에 어떻게 되오리까.」 대종사 말씀하시기를 「사람의 일이 인증할 만한 이가 인증하면 그대로 되나니, 우리가 오늘에 이 말을 한 것도 우리 법이 드러나면 그 분들이 드러나는 것이며, 또는 그 분들은 미래 도인들을 많이 도왔으니 그 뒷 도인들은 먼젓 도인들을 많이 추존하리라.」

33. 한 사람이 여쭙기를 「우리 나라 전래의 비결에 "앞으로 정(鄭) 도령이 계룡산에 등극하여 천하를 평정하리라" 하였사오니 사실로 그러하오리까.」 대종사 말씀하시기를 「계룡산이라 함은 곧 밝아 오는 양(陽) 세상을 이름이요, 정도령이라 함은 곧 바른 지도자들이 세상을 주장하게 됨을 이름이니 돌아오는 밝은 세상에는 바른 사람들이 가정과 사회와 국가와 세계를 주장하게 될 것을 예시(豫示)한 말이니라.」

34. 김 기천이 여쭙기를 「견성을 못 한 사람으로서 정식 법강항마위에 승급할 수 있나이까.」 대종사 말씀하시기를 「승급할 수 없나니라.」

35. 또 여쭙기를 「보통급에서 항마위에 오르는 공력과 항마위에서 여래위에 오르는 공력이 어느 편이 어렵나이까.」 대종사 말씀하시기를 「그는 근기에 따라 다르나니 혹 최상 근기는 항마하면서 바로 여래위에 오르는 사람도 있고 항마위에 올라가서 오랜 시일을 지체하는 근기도 있나니라.」

36. 또 여쭙기를 「수도인이 공부를 하여 나아가면

대종경

시해법(尸解法)을 행하는 경지가 있다 하오니 어느 위(位)에나 승급하여야 그리 되나이까.」 대종사 말씀하시기를 「여래위에 오른 사람도 그리 안 되는 사람이 있고, 설사 견성도 못 하고 항마위에 승급도 못 한 사람이라도 일방 수양에 전공하여 그와 같이 되는 수가 있으나, 그것으로 원만한 도를 이루었다고는 못 하나니라. 그러므로, 돌아오는 시대에는 아무리 위로 천문을 통하고 아래로 지리를 통하며 골육이 분형되고 영통을 하였다 할지라도 인간 사리를 잘 알지 못하면 조각 도인이니, 그대들은 삼학의 공부를 병진하여 원만한 인격을 양성하라.」

37. 또 여쭙기를 「법강항마위 승급 조항에 생·로·병·사에 해탈을 얻어야 한다고 한 바가 있사오니, 과거 고승들과 같이 좌탈 입망(坐脫立亡)의 경지를 두고 이르심이오니까.」 대종사 말씀하시기를 「그는 불생 불멸의 진리를 요달하여 나고 죽는 데에 끌리지 않는다는 말이니라.」

38. 또 여쭙기를 「앞으로 종법사 선거에 어느 위에 오른 분이라야 추대될 수 있사오리까.」 대종사 말씀하시기를 「아무리 말세라도 항마위 이상이라야 종법사의 자격이 있나니라.」 또 여쭙기를 「혹 당대 종법사보다 법력 높은 도인이 날 때에는 법위 승급을 어떻게 하오리까.」 대종사 말씀하시기를 「대중의 공의를 얻어 하나니라.」

39. 한 제자 여쭙기를 「어느 위에나 오르면 불퇴전(不退轉)이 되나이까.」 대종사 말씀하시기를 「출가위 이상이라야 되나니라. 그러나, 불퇴전에만 오르면 공부심을 놓아도 퇴전하지 않는 것이 아니니, 천하의 진리가 어느 것 하나라도 그대로 머물러 있는 것이 없는지라 불퇴전 위에 오르신 부처님께서도 공부심은 여전히 계속되어야 어떠한 순역 경계와 천마 외도라도 그 마음을 물러나게 하지 못할지니 이것이 이른바 불퇴전이니라.」

40. 또 여쭙기를 「최상의 근기는 일시에 돈오 돈수(頓悟頓修)를 한다 하였사오니 일시에 오(悟)와 수(修)를 끝마치나이까.」 대종사 말씀하시기를 「과거 불조 가운데 돈오 돈수를 하였다 하는 이가 더러 있으나, 실은 견성의 경로도 천만 층이요 수행도 여러 계단을 거쳐서 돈오 돈수를 이루는 것이니 비하건대 날이 샐 때에 어둠이 가는지 모르게 물러가고 밝음이 오는 줄 모르게 오는 것 같나니라.」

제7 성 리 품 (性理品)

1. 대종사 대각을 이루시고 그 심경을 시로써 읊으시되 「청풍월상시(淸風月上時)에 만상자연명(萬像自然明)이라.」 하시니라.

2. 대종사 말씀하시기를 「사람의 성품이 정한즉 선도 없고 악도 없으며, 동한즉 능히 선하고 능히 악하나니라.」

3. 대종사 말씀하시기를 「선과 악을 초월한 자리를 지선(至善)이라 이르고, 고와 낙을 초월한 자리를 극락이라 이르나니라.」

4. 대종사 말씀하시기를 「큰 도는 원융(圓融)하여 유와 무가 둘이 아니요, 이(理)와 사(事)가 둘이 아니며, 생과 사가 둘이 아니요, 동과 정이 둘이 아니니, 둘 아닌 이 문에는 포함하지 아니한 바가 없나니라.」

5. 대종사 말씀하시기를 「큰 도는 서로 통하여 간격이 없건마는 사람이 그것을 알지 못하므로 스스로 간격을 짓게 되나니, 누구나 만법을 통하여 한 마음 밝히는 이치를 알아 행하면 가히 대원정각(大圓正覺)을 얻으리라.」

6. 대종사 말씀하시기를 「만일, 마음은 형체가 없으므로 형상을 가히 볼 수 없다고 하며 성품은 언어가

제7 성리품 1·2·3·4·5·6·7·8·9·10

끊어졌으므로 말로 가히 할 수 없다고만 한다면 이는 참으로 성품을 본 사람이 아니니, 이에 마음의 형상과 성품의 체가 완연히 눈 앞에 있어서 눈을 궁굴리지 아니하고도 능히 보며 입만 열면 바로 말할 수 있어야 가히 밝게 불성을 본 사람이라고 하리라.」

7. 대종사 말씀하시기를 「수도(修道)하는 사람이 견성을 하려는 것은 성품의 본래 자리를 알아, 그와 같이 결함 없게 심신을 사용하여 원만한 부처를 이루는 데에 그 목적이 있나니, 만일 견성만 하고 성불하는 데에 공을 들이지 아니한다면 이는 보기 좋은 납도끼와 같아서 별 소용이 없나니라.」

8. 대종사 말씀하시기를 「견성(見性)이라 하는 것은 비하건대 거부 장자가 자기의 재산을 자기의 재산으로 알지 못하고 지내다가 비로소 알게 된 것과 같고, 솔성(率性)이라 하는 것은 이미 자기의 소유인 것을 알았으나 전일에 잃어버리고 지내는 동안 모두 다른 사람에게 빼앗긴 바 되었는지라 여러모로 주선하여 그 잃었던 권리를 회복함과 같나니라.」

9. 대종사 말씀하시기를 「종교의 문에 성리를 밝힌 바가 없으면 이는 원만한 도가 아니니 성리는 모든 법의 조종이 되고 모든 이치의 바탕이 되는 까닭이니라.」

10. 대종사 봉래 정사에 계시더니 때마침 큰 비가 와서 층암 절벽 위에서 떨어지는 폭포와 사방 산골에

서 흐르는 물이 줄기차게 내리는지라, 한참 동안 그 광경을 보고 계시다가 이윽고 말씀하시기를 「저 여러 골짜기에서 흐르는 물이 지금은 그 갈래가 비록 다르나 마침내 한 곳으로 모아지리니 만법 귀일(萬法歸一)의 소식도 또한 이와 같나니라.」

11. 대종사 봉래 정사에서 제자들에게 글 한 수를 써 주시되 「변산구곡로(邊山九曲路)에 석립청수성(石立聽水聲)이라 무무역무무(無無亦無無)요 비비역비비(非非亦非非)라.」 하시고 「이 뜻을 알면 곧 도를 깨닫는 사람이라.」 하시니라.

12. 대종사 영산으로부터 봉래 정사에 돌아오사 한 제자에게 말씀하시기를 「내가 영산에서 윤선(輪船)으로 이 곳에 올 때에 바다 물을 보니 깊고 넓은지라 그 물을 낱낱이 되어 보았으며 고기 수도 낱낱이 헤어 보았노니, 그대도 혹 그 수를 알겠는가.」 하신데, 그 사람이 말씀 뜻을 짐작하지 못하니라.

13. 대종사 봉래 정사에서 모든 제자에게 말씀하시기를 「옛날 어느 학인(學人)이 그 스승에게 도를 물었더니 스승이 말하되 "너에게 가르쳐 주어도 도에는 어긋나고 가르쳐 주지 아니하여도 도에는 어긋나나니, 그 어찌하여야 좋을꼬" 하였다 하니, 그대들은 그 뜻을 알겠는가.」 좌중이 묵묵하여 답이 없거늘 때마침 겨울이라 흰 눈이 뜰에 가득한데 대종사 나가시사 친히 도량(道場)의 눈을 치시니 한 제자 급히 나가 눈가래

를 잡으며 대종사께 방으로 들어 가시기를 청하매, 대종사 말씀하시기를 「나의 지금 눈을 치는 것은 눈만 치기 위함이 아니라 그대들에게 현묘한 자리를 가르침이었노라.」

14. 대종사 봉래 정사에서 문 정규에게 물으시기를 「벽에 걸린 저 달마 대사의 영상을 능히 걸릴 수 있겠는가.」 정규 사뢰기를 「능히 걸리겠나이다.」 대종사 말씀하시기를 「그러면 한 번 걸려 보라.」 정규 곧 일어나 몸소 걸어가거늘 대종사 말씀하시기를 「그것은 정규가 걷는 것이니, 어찌 달마의 화상을 걸렸다 하겠는가.」 정규 말하기를 「동천에서 오는 기러기 남천으로 갑니다.」 하니라.

15. 대종사 봉래 정사에 계시더니 선승(禪僧) 한 사람이 금강산으로부터 와서 뵈옵는지라, 물으시기를 「그대가 수고를 생각하지 아니하고 멀리 찾아왔으니 무슨 구하는 바가 있는가.」 선승이 사뢰기를 「도를 듣고자 하나이다. 도의 있는 데를 일러 주옵소서.」 대종사 말씀하시기를 「도가 그대의 묻는 데에 있나니라.」 선승이 예배하고 물러 가니라.

16. 선승 한 사람이 봉래 정사에 와서, 대종사께 뵈옵고 여쭙기를 「여래(如來)는 도솔천(兜率天)을 여의지 아니하시고 몸이 이미 왕궁가에 내리셨으며, 어머니의 태중에서 중생 제도하시기를 다 마치셨다 하였사오니 무슨 뜻이오니까.」 대종사 말씀하시기를 「그대가

실상사(實相寺)를 여의지 아니하고 몸이 석두암(石頭庵)에 있으며, 비록 석두암에 있으나 드디어 중생 제도를 다 마쳤나니라.」

17. 대종사 봉래 정사에 계시더니 한 사람이 서 중안(徐中安)의 인도로 와서 뵈옵거늘 대종사 물으시기를 「어떠한 말을 듣고 이러한 험로에 들어왔는가.」 그가 사뢰기를 「선생님의 높으신 도덕을 듣고 일차 뵈오러 왔나이다.」 대종사 말씀하시기를 「나를 보았으니 무슨 원하는 것이 없는가.」 그가 사뢰기를 「저는 항상 진세(塵世)에 있어서 번뇌와 망상으로 잠시도 마음이 바로 잡히지 못하오니 그 마음을 바로잡기가 원이옵니다.」 대종사 말씀하시기를 「마음 바로잡는 방법은 먼저 마음의 근본을 깨치고 그 쓰는 곳에 편벽됨이 없게 하는 것이니 그 까닭을 알고자 하거든 이 의두(疑頭)를 연구해 보라.」 하시고 "만법귀일(萬法歸一)하니 일귀하처(一歸何處)오" 라고 써 주시니라.

18. 대종사 봉래 정사에 계실 때에 백 학명(白鶴鳴) 선사가 내왕하며 간혹 격외(格外)의 설(說)로써 성리 이야기 하기를 즐기는지라 대종사 하루는 짐짓 동녀이 청풍(李淸風)에게 몇 말씀 일러 두시었더니, 다음 날 선사가 월명암(月明庵)으로부터 오는지라, 대종사 맞으시며 말씀하시기를 「저 방아 찧고 있는 청풍이가 도가 익어 가는 것 같도다.」 하시니, 선사가 곧 청풍의 앞으로 가서 큰 소리로 「발을 옮기지 말고 도를 일러

오라.」하니, 청풍이 엄연히 서서 절굿대를 공중에 쳐들고 있는지라, 선사가 말 없이 방으로 들어오니, 청풍이 그 뒤를 따라 들어오거늘, 선사 말하되 「저 벽에 걸린 달마를 걸릴 수 있겠느냐.」 청풍이 말하기를 「있읍니다.」 선사 말하기를 「걸려 보라.」 청풍이 일어서서 서너 걸음 걸어가니, 선사 무릎을 치며 십삼세각(十三 歲覺)이라고 허락하는지라, 대종사 그 광경을 보시고 미소하시며 말씀하시기를 「견성하는 것이 말에 있지도 아니하고 없지도 아니하나, 앞으로는 그런 방식을 가지고는 견성의 인가(印可)를 내리지 못하리라.」 하시니라.

19. 하루는 학명 선사가 글 한 수를 지어 보내기를 「투천산절정(透天山絕頂)이여 귀해수성파(歸海水成波)로다 불각회신로(不覺回身路)하여 석두의작가(石頭倚作家)로다.」라 한지라, 대종사 화답하여 보내시기를 「절정천진수(絕頂天眞秀)요 대해천진파(大海天眞波)로다 부각회신로(復覺回身路)하니 고로석두가(高露石頭家)로다.」라 하시니라.

20. 김 광선이 여쭙기를 「천지 만물의 미생전(未生前)에는 무엇이 체(體)가 되었나이까.」 대종사 말씀하시기를 「그대가 말하기 전 소식을 묵묵히 반조(返照)하여 보라.」 또 여쭙기를 「수행하는 데 견성이 무슨 필요가 있나이까.」 대종사 말씀하시기를 「국문(國文)에 본문을 아는 것과 같나니라.」

21. 한 제자 여쭙기를 「견성을 하면 어찌 되나이까.」 대종사 말씀하시기를 「우주 만물의 본래 이치를 알게 되고 목수가 잣대와 먹줄을 얻은 것 같이 되나니라.」

22. 대종사 선원에서 김 기천의 성리 설하는 것을 들으시고 말씀하시기를 「오늘 내가 비몽 사몽간에 여의주(如意珠)를 얻어 삼산(三山)에게 주었더니 받아 먹고 즉시로 환골 탈태하는 것을 보았는데, 실지로 삼산의 성리 설하는 것을 들으니 정신이 상쾌하다.」 하시고, 말씀하시기를 「법은 사정(私情)으로 주고 받지 못할 것이요, 오직 저의 혜안이 열려야 그 법을 받아 들이나니, 용(龍)은 여의주를 얻어야 조화가 나고 수도인은 성품을 보아서 단련할 줄 알아야 능력이 나나니라.」 하시니, 문 정규 여쭙기를 「저희가 일찍부터 정산을 존경하옵는데 그도 견성을 하였나이까.」 대종사 말씀하시기를 「집을 짓는데 큰 집과 작은 집을 다 같이 착수는 하였으나, 한 달에 끝날 집도 있고 혹은 일년 혹은 수년을 걸려야 끝날 집도 있듯이 정산은 시일이 좀 걸리리라.」

23. 한 제자 여쭙기를 「견성 성불(見性成佛)이라 하였사오니 견성만 하면 곧 성불이 되나이까.」 대종사 말씀하시기를 「근기에 따라 견성하는 즉시로 성불하는 사람도 있으나 그는 드문 일이요 대개는 견성하는 공보다 성불에 이르는 공이 더 드나니라. 그러나, 과거에는 인지가 어두운 고로 견성만 하면 곧 도인이라 하였

지마는 돌아오는 세상에는 견성만으로는 도인이라 할 수 없을 것이며 거개의 수도인들이 견성만은 일찌기 가정에서 쉽게 마치고 성불을 하기 위하여 큰 스승을 찾아 다니며 공을 들이리라.」

24. 대종사 선원 대중에게 말씀하시기를 「성리를 말로는 다 할 수 없다고 하나 또한 말로도 여실히 나타낼 수 있어야 하나니, 여러 사람 가운데 증득하였다고 생각하는 사람이 있으면 나의 묻는 말에 대답하여 보라. 만법귀일이라 하였으니 그 하나로 돌아가는 내역을 말하여 보고 일귀하처오 하였으니 그 하나는 어디로 돌아가는가를 말하여 보라.」 대중이 차례로 대답을 올리되 인가하지 아니하시는지라. 한 제자 일어나 절하고 여쭙기를 「대종사께서 다시 한 번 저에게 물어 주옵소서.」 대종사 다시 그대로 물으시니, 그 제자 말하기를 「만법이 본래 완연(完然)하여 애당초에 돌아간 바가 없거늘 하나인들 어디로 돌려 보낼 필요가 있겠나이까.」 대종사 웃으시며 또한 말씀이 없으시니라.

25. 대종사 말씀하시기를 「근래에 왕왕이 성리를 다루는 사람들이 말 없는 것으로만 해결을 지으려고 하는 수가 많으나 그것이 큰 병이라, 참으로 아는 사람은 그 자리가 원래 두미(頭尾)가 없는 자리지마는 두미를 분명하게 갈라낼 줄도 알고, 언어도(言語道)가 끊어진 자리지마는 능히 언어로 형언할 줄도 아나니, 참으로 아는 사람은 아무렇게 하더라도 아는 것이 나

오고, 모르는 사람은 아무렇게 하여도 모르는 것이 나오나니라. 그러나, 또한 말 있는 것만으로 능사(能事)를 삼을 것도 아니니 불조(佛祖)들의 천경 만론은 마치 저 달을 가리키는 손가락과 같나니라.」

26. 대종사 선원 대중에게 말씀하시기를 「누가 이 가운데 허공 법계를 완전히 자기 소유로 이전 증명 낸 사람이 있느냐.」 대중이 묵연하여 답이 없는지라, 대종사 다시 말씀하시기를 「삼세의 모든 불보살들은 형상도 없고 보이지도 않는 허공 법계를 다 자기 소유로 내는 데에 공을 들였으므로 형상 있는 천지 만물도 자기의 소유로 수용하나, 범부와 중생들은 형상 있는 것만을 자기 소유로 내려고 탐착하므로 그것이 영구히 제 소유가 되지도 못할뿐 아니라 아까운 세월만 허송하고 마나니, 이 어찌 허망한 일이 아니리요. 그러므로, 그대들은 형상 있는 물건만 소유하려고 허덕이지 말고 형상 없는 허공 법계를 소유하는 데에 더욱 공을 들이라.」

27. 대종사 선원 대중에게 말씀하시기를 「대(大)를 나누어 삼라 만상 형형 색색의 소(小)를 만들 줄도 알고, 형형 색색으로 벌여 있는 소(小)를 한덩어리로 뭉쳐서 대(大)를 만들 줄도 아는 것이 성리의 체(體)를 완전히 아는 것이요, 또는 유를 무로 만들 줄도 알고 무를 유로 만들 줄도 알아서 천하의 모든 이치가 변하여도 변하지 않고 변하지 않는 중에 변하는 진리

를 아는 것이 성리의 용(用)을 완전히 아는 것이라, 성리를 알았다는 사람으로서 대와 무는 대략 짐작하면서도 소와 유의 이치를 해득하지 못한 사람이 적지 아니하나니 어찌 완전한 성리를 깨쳤다 하리요.」

28. 대종사 선원 대중에게 말씀하시기를 「사람 하나를 놓고 심·성·이·기(心性理氣)로 낱낱이 나누어도 보고, 또한 사람 하나를 놓고 전체를 심 하나로 합하여 보기도 하고, 성 하나로 합하여 보기도 하고, 이 하나로 합하여 보기도 하고, 기 하나로 합하여 보기도 하여, 그것을 이 자리에서 말하여 보라.」 대중이 말씀에 따라 여러 가지 답변을 올리었으나 인가하지 아니하시고 말씀하시기를 「예를 들면 한 사람이 염소를 먹이는데 무엇을 일시에 많이 먹여서 한꺼번에 키우는 것이 아니라, 키우는 절차와 먹이는 정도만 고르게 하면 자연히 큰 염소가 되어서 새끼도 낳고 젖도 나와 사람에게 이익을 주나니, 도가에서 도를 깨치게 하는 것도 이와 같나니라.」

29. 대종사 조실에 계시더니, 때마침 시찰단 일행이 와서 인사하고 여쭙기를 「귀교의 부처님은 어디에 봉안하였나이까.」 대종사 말씀하시기를 「우리집 부처님은 방금 밖에 나가 있으니 보시려거든 잠간 기다리라.」 일행이 말씀의 뜻을 알지 못하여 의아하게 여기더니, 조금 후 점심 때가 되매 산업부원 일동이 농구를 메고 들에서 돌아오거늘 대종사 그들을 가리키시며 말씀하

시기를 「저들이 다 우리 집 부처니라.」 그 사람들이 더욱 그 뜻을 알지 못하니라.

30. 대종사 선원에서 송 도성에게 「과거 칠불(七佛)의 전법게송을 해석하라.」하시니, 도성이 칠불의 게송을 차례로 해석하여 제칠 서가모니불에 이르러 「법은 본래 무법(無法)에 법하였고 무법이란 법도 또한 법이로다. 이제 무법을 부촉할 때에 법을 법하려 하니 일찌기 무엇을 법할꼬.」 하거늘, 대종사 「그 새김을 그치라.」하시고, 말씀하시기를 「본래에 한 법이라고 이름지을 것도 없지마는 하열한 근기를 위하사 한 법을 일렀으나, 그 한 법도 참 법은 아니니 이 게송의 참 뜻만 깨치면 천만 경전을 다 볼 것이 없으리라.」

31. 원기 이십육년 일월에 대종사 게송(偈頌)을 내리신 후 말씀하시기를 「유(有)는 변하는 자리요 무(無)는 불변하는 자리나, 유라고도 할 수 없고 무라고도 할 수 없는 자리가 이 자리며, 돌고 돈다, 지극하다 하였으나 이도 또한 가르치기 위하여 강연히 표현한 말에 불과하나니, 구공이다, 구족하다를 논할 여지가 어디 있으리요. 이 자리가 곧 성품의 진체이니 사량으로 이 자리를 알아내려고 말고 관조로써 이 자리를 깨쳐 얻으라.」

제 8 불 지 품 (佛地品)

  1. 대종사 말씀하시기를 「이 세상에 크고 작은 산이 많이 있으나 그 중에 가장 크고 깊고 나무가 많은 산에 수 많은 짐승이 의지하고 살며, 크고 작은 냇물이 곳곳마다 흐르나 그 중에 가장 넓고 깊은 바다에 수 많은 고기가 의지하고 사는 것 같이, 여러 사람이 다 각각 세상을 지도한다고 하나 그 중에 가장 덕이 많고 자비(慈悲)가 너른 인물이라야 수 많은 중생이 몸과 마음을 의지하여 다 같이 안락한 생활을 하게 되나니라.」

  2. 대종사 말씀하시기를 「부처님의 대자대비(大慈大悲)는 저 태양보다 다습고 밝은 힘이 있나니, 그러므로 이 자비가 미치는 곳에는 중생의 어리석은 마음이 녹아서 지혜로운 마음으로 변하며, 잔인한 마음이 녹아서 자비로운 마음으로 변하며, 인색하고 탐내는 마음이 녹아서 혜시하는 마음으로 변하며, 사상(四相)의 차별심이 녹아서 원만한 마음으로 변하여, 그 위력과 광명이 무엇으로 가히 비유할 수 없나니라.」

  3. 대종사 말씀하시기를 「대자(大慈)라 하는 것은 저 천진 난만한 어린 자녀가 몸이 건강하고 충실하여 그 부모를 괴롭게도 아니하고, 또는 성질이 선량하여

언어 동작이 다 얌전하면 그 부모의 마음에 심히 기쁘고 귀여운 생각이 나서 더욱 사랑하여 주는 것같이 부처님께서도 모든 중생을 보실 때에 그 성질이 선량하여, 나라에 충성하고 부모에게 효도하며, 형제간에 우애하고 스승에게 공경하며, 이웃에 화목하고 빈병인(貧病人)을 구제하며, 대도를 수행하여 반야지(般若智)를 얻어 가며, 응용에 무념하여 무루의 공덕을 짓는 사람이 있으면 크게 기뻐하시고 사랑하시사 더욱 더욱 선도로 인도하여 주시는 것이요, 대비(大悲)라 하는 것은 저 천지 분간 못 하는 어린 자녀가 제 눈을 제 손으로 찔러서 아프게 하며, 제가 칼날을 잡아서 제 손을 상하게 하건마는 그 이유는 알지 못하고 울고 야단을 하는 것을 보면 그 부모의 마음에 측은하고 가엾은 생각이 나서 더욱 보호하고 인도하여 주는 것같이, 부처님께서도 모든 중생이 탐·진·치에 끌려서 제 스스로 제 마음을 태우며, 제 스스로 제 몸을 망하게 하며, 제 스스로 악도에 떨어질 일을 지어, 제가 지은 그대로 죄를 받건마는 천지와 선령을 원망하며, 동포와 법률을 원망하는 것을 보시면 크게 슬퍼하시고 불쌍히 여기사 천만 방편으로 제도하여 주시는 것이니, 이것이 곧 부처님의 대자와 대비니라. 그러나, 중생들은 그러한 부처님의 대자 대비 속에 살면서도 그 은혜를 알지 못하건마는 부처님께서는 거기에 조금도 주저하지 아니하시고 천 겁 만 겁을 오로지 제도 사업에 정

제 8 불지품 4·5·6

성을 다 하시나니, 그러므로 부처님은 삼계의 대도사 요 사생의 자부라 하나니라.」

4. 대종사 말씀하시기를 「불보살들은 행·주·좌· 와·어·묵·동·정간에 무애 자재(無礙自在)하는 도 가 있으므로 능히 정할 때에 정하고 동할 때에 동하 며, 능히 클 때에 크고 작을 때에 작으며, 능히 밝을 때에 밝고 어둘 때에 어두우며, 능히 살 때에 살고 죽 을 때에 죽어서, 오직 모든 사물과 모든 처소에 조금 도 법도에 어그러지는 바가 없나니라.」

5. 대종사 말씀하시기를 「음식과 의복을 잘 만드는 사람은 그 재료만 있으면 마음대로 그것을 만들어내기 도 하고 잘못 되었으면 뜯어 고치기도 하는 것 같이, 모든 법에 통달하신 큰 도인은 능히 만법을 주물러서 새 법을 만들어 내기도 하고 묵은 법을 뜯어 고치기 도 하시나, 그렇지 못한 도인은 만들어 놓은 법을 쓰 기나 하고 전달하기는 할지언정 창작하거나 고치는 재 주는 없나니라.」 한 제자 여쭙기를 「어느 위(位)에나 올라야 그러한 능력이 생기나이까.」 대종사 말씀하시 기를 「출가위(出家位) 이상 되는 도인이라야 하나니, 그런 도인들은 육근(六根)을 동작하는 바가 다 법으 로 화하여 만대의 사표가 되나니라.」

6. 대종사 송 벽조에게 「중용(中庸)의 솔성지도(率 性之道)를 해석하여 보라.」하시니, 그가 사뢰기를 「유 가에서는 천리(天理) 자연의 도에 잘 순응하는 것을

솔성하는 도라 하나이다.」 대종사 말씀하시기를 「천도에 잘 순응만 하는 것은 보살의 경지요, 천도를 잘 사용하여야 부처의 경지이니, 비하건대 능한 기수(騎手)는 좋은 말이나 사나운 말이나 다 잘 부려 쓰는 것과 같나니라. 그러므로, 범부 중생은 육도의 윤회와 십이 인연에 끌려 다니지마는 부처님은 천업(天業)을 돌파하고 거래와 승강을 자유 자재하시나니라.」

7. 한 제자 여쭙기를 「진묵(震默) 대사도 주색에 끌린 바가 있는 듯하오니 그러하오니까.」 대종사 말씀하시기를 「내 들으니 진묵 대사가 술을 좋아하시되 하루는 술을 마신다는 것이 간수를 한 그릇 마시고도 아무 일이 없었다 하며, 또 한 번은 감나무 아래에 계시는데 한 여자가 사심을 품고 와서 놀기를 청하는지라 그 원을 들어 주려 하시다가 홍시가 떨어지매 무심히 그것을 주우러 가시므로 여자가 무색하여 스스로 물러갔다는 말이 있나니, 어찌 그 마음에 술이 있었으며 여색이 있었겠는가. 그런 어른은 술 경계에 술이 없었고 색 경계에 색이 없으신 여래(如來)시니라.」

8. 대종사 말씀하시기를 「중생은 희·로·애·락에 끌려서 마음을 쓰므로 이로 인하여 자신이나 남이나 해를 많이 보고, 보살은 희·로·애·락에 초월하여 마음을 쓰므로 이로 인하여 자신이나 남이나 해를 보지 아니하며, 부처는 희·로·애·락을 노복같이 부려 쓰므로 이로 인하여 자신이나 남이나 이익을 많이 보나

니라.」

 9. 대종사 말씀하시기를 「법위(法位)가 항마위(降魔位)에만 오르더라도 천인(天人) 아수라(阿修羅)가 먼저 알고 숭배하나니라. 그러나, 그 도인이 한 번 자취를 감추려 들면 그 이상 도인이 아니고는 그 자취를 알 수 없나니라.」

 10. 대종사 말씀하시기를 「공부가 최상 구경에 이르고 보면 세 가지로 통함이 있나니 그 하나는 영통(靈通)이라, 보고 듣고 생각하지 아니하여도 천지 만물의 변태와 인간 삼세의 인과 보응을 여실히 알게 되는 것이요, 둘은 도통(道通)이라, 천조의 대소 유무와 인간의 시비 이해에 능통하는 것이요, 셋은 법통(法通)이라, 천조의 대소 유무를 보아다가 인간의 시비 이해를 밝혀서 만세 중생이 거울하고 본뜰 만한 법을 제정하는 것이니, 이 삼통 가운데 법통만은 대원 정각(大圓正覺)을 하지 못하고는 얻을 수 없나니라.」

 11. 대종사 말씀하시기를 「아무리 큰 살림이라도 하늘 살림과 합산한 살림 같이 큰 살림이 없고, 아무리 큰 사람이라도 하늘 기운과 합한 사람 같이 큰 사람이 없나니라.」

 12. 대종사 말씀하시기를 「우주의 진리를 잡아 인간의 육근 동작에 둘러씌워 활용하는 사람이 곧 천인이요 성인이요 부처니라.」

 13. 대종사 말씀하시기를 「천지에 아무리 무궁한 이

치가 있고 위력이 있다 할지라도 사람이 그 도를 보아다가 쓰지 아니하면 천지는 한 빈 껍질에 불과할 것이어늘 사람이 그 도를 보아다가 각자의 도구같이 쓰게 되므로 사람은 천지의 주인이요 만물의 영장이라 하나니라. 사람이 천지의 할 일을 다 못 하고 천지가 또한 사람의 할 일을 다 못 한다 할지라도 천지는 사리간에 사람에게 이용되므로 천조의 대소 유무를 원만히 깨달아서 천도를 뜻대로 잡아 쓰는 불보살들은 곧 삼계의 대권을 행사함이니, 미래에는 천권(天權)보다 인권(人權)을 더 존중할 것이며, 불보살들의 크신 권능을 만인이 다 같이 숭배하리라.」

14. 대종사 말씀하시기를 「중생들은 그릇이 작은지라, 없던 것이 있어진다든지 모르던 것이 알아지고 보면 곧 넘치기가 쉽고 또는 가벼이 흔들려서 목숨까지 위태롭게도 하나, 불보살들은 그 그릇이 국한이 없는지라, 있어도 더한 바가 없고 없어도 덜할 바가 없어서 그 살림의 유무를 가히 엿보지 못하므로 그 있는 바를 온전히 지키고 그 명(命)을 편안히 보존하나니라.」

15. 대종사 선원 대중에게 말씀하시기를 「범부들은 인간락에만 탐착하므로 그 낙이 오래가지 못하지마는 불보살들은 형상 없는 천상락을 수용하시므로 인간락도 아울러 받을 수 있나니, 천상락이라 함은 곧 도로써 즐기는 마음락을 이름이요, 인간락이라 함은 곧 형

상 있는 세간의 오욕락을 이름이라, 알기 쉽게 말하자면 처자로나 재산으로나 지위로나 무엇으로든지 형상 있는 물건이나 환경에 의하여 나의 만족을 얻는 것은 인간락이니, 과거에 실달(悉達)태자가 위는 장차 국왕의 자리에 있고 몸은 이미 만민의 위에 있어서 이목의 좋아하는 바와 심지의 즐거워하는 바를 마음대로 할 수 있었던 것은 인간락이요, 이와 반면에 정각을 이루신 후 형상 있는 물건이나 환경을 초월하고 생사고락과 선악 인과에 해탈하시어 당하는대로 마음이 항상 편안한 것은 천상락이니, 옛날에 공자(孔子)가 "나물 먹고 물 마시고 팔을 베고 누웠을지라도 낙이 그 가운데 있으니, 의 아닌 부와 귀는 나에게는 뜬 구름 같다" 하신 말씀은 색신을 가지고도 천상락을 수용하는 천인의 말씀이니라. 그러나, 인간락은 결국 다할 날이 있으니, 온 것은 가고 성한 것은 쇠하며, 난 것은 죽는 것이 천리의 공도라, 비록 천하에 제일 가는 부귀 공명을 가졌다 할지라도 노·병·사의 앞에서는 저항할 힘이 없나니 이 육신이 한 번 죽을 때에는 전일에 온갖 수고와 온갖 욕심을 다 들여 놓은 처자나 재산이나 지위가 다 뜬 구름같이 흩어지고 말 것이나, 천상락은 본래 무형한 마음이 들어서 알고 행하는 것이므로 비록 육신이 바뀐다 할지라도 그 낙은 여전히 변하지 아니할 것이니, 비유하여 말하자면 이 집에서 살 때에 재주가 있던 사람은 다른 집으로 이사를 갈지라도 재주는 그대로 있는 것과 같나니라.」

16. 대종사 이어서 말씀하시기를 「그러므로, 옛 성인의 말씀에 "사흘의 마음 공부는 천년의 보배요, 백년의 탐낸 물건은 하루 아침 티끌이라" 하였건마는 범부는 이러한 이치를 알지 못하므로 자기의 몸만 귀히 알고 마음은 한 번도 찾지 아니하며, 도를 닦는 사람들은 이러한 이치를 알므로 마음을 찾기 위하여 몸을 잊나니라. 그런즉, 그대들은 너무나 무상한 모든 유(有)에 집착하지 말고 영원한 천상락을 구하기에 힘을 쓰라. 만일 천상락을 오래 오래 계속한다면, 결국은 심신의 자유를 얻어서 삼계의 대권을 잡고 만상의 유무와 육도의 윤회를 초월하여 육신을 받지 아니하고 영단(靈丹)만으로 시방 세계에 주유할 수도 있고, 금수 곤충의 세계에도 임의로 출입하여 도무지 생사 거래에 걸림이 없으며, 어느 세계에 들어가 색신을 받는다 할지라도 거기에 조금도 물들지 아니하고 길이 낙을 누릴 것이니 이것이 곧 극락이니라. 그러나, 천상락을 길게 받지 못하는 원인은 형상 있는 낙에 욕심이 발하여 물질에 돌아감이니 비록 천상락을 받는 사람이라도 천상락 받을 일은 하지 않고 낙만 받을 욕심이 한 번 발하면 문득 타락하여 심신의 자유를 잃고 순환하는 대자연의 수레바퀴에 끌려서 또 다시 육도의 윤회를 면하지 못하나니라.」

17. 한 사람이 대종사께 뵈옵고 여러 가지로 담화하

는 가운데 「전주·이리 사이의 경편철도(輕便鐵道)는 본래 전라도 각지의 부호들이 주식 출자로 경영하는 것이라, 그들은 언제나 그 경편차를 무료로 이용하고 다닌다.」하면서 매우 부러워하는 태도를 보이거늘, 대종사 말씀하시기를 「그대는 참으로 가난하도다. 아직 그 차 하나를 그대의 소유로 삼지 못하였는가.」 그 사람이 놀라 여쭙기를 「경편차 하나를 소유하자면 상당한 돈이 있어야 할 것이온데 이 같은 무산자로서 어떻게 그것을 소유할 수 있사오리까.」 대종사 말씀하시기를 「그러므로, 그대를 가난한 사람이라 하였으며, 설사 그대가 경편차 하나를 소유하였다 할지라도 나는 그것으로 그대를 부유한 사람이라고는 아니할 것이니, 이제 나의 살림하는 이야기를 좀 들어보라. 나는 저 전주 경편차뿐 아니라 나라 안의 차와 세계의 모든 차까지도 다 내 것을 삼은지가 벌써 오래 되었노니, 그대는 이 소식을 아직도 모르는가.」 그 사람이 더욱 놀라 사뢰기를 「그 말씀은 실로 요량 밖의 교훈이시므로 어리석은 소견으로는 그 뜻을 살피지 못하겠나이다.」 대종사 말씀하시기를 「사람이 기차 하나를 자기의 소유로 하려면 거액(巨額)의 자금이 일시에 들어야 할 것이요, 운영하는 모든 책임을 직접 담당하여 많은 괴로움을 받아야 할 것이나, 나의 소유하는 법은 그와 달라서 단번에 거액을 들이지도 아니하며, 모든 운영의 책임을 직접 지지도 아니하고, 다만 어디를 가게 되면 그 때마다 얼마씩의 요금만 지불하고 나의 마음대로 이용하는 것이니, 주야로 쉬지 않고 우리 차를 운전하며, 우리 철도를 수선하며, 우리 사무를 관리하여 주는 모든 우리 일꾼들의 급료와 비용이 너무 싸지 아니한가. 또, 나는 저번에 서울에 가서 한양 공원에 올라가 산책하면서 맑은 공기를 한 없이 호흡도 하고 온 공원의 흥취를 다 같이 즐기기도 하였으되, 누가 우리를 가라는 법도 없고 다시 오지 말라는 말도 아니하였나니, 피서 지대에 정자 몇 간만 두어도 매년 적지 않은 수호비가 들 것인데, 우리는 그러지 아니하고도 그 좋은 공원을 충분히 내 것으로 이용하지 아니 하였는가. 대저, 세상 사람이 무엇이나 제 것을 삼으려는 본의는 다 자기의 편리를 취함이어늘 기차나 공원을 모두 다 이와 같이 이용할 대로 이용하였으니 어떻게 소유한들 이 위에 더 나은 방법이 있겠는가. 그러므로, 나는 이것을 모두 다 내 것이라고 하였으며, 그뿐 아니라 세상의 모든 것과 그 모든 것을 싣고 있는 대지 강산까지도 다 내 것을 삼아 두고, 경우에 따라 그것을 이용하되 경위에만 어긋나지 않게 하면 아무도 금하고 말리지 못하나니, 이 얼마나 너른 살림인가. 그러나, 속세 범상한 사람들은 기국(器局)이 좁아서 무엇이나 기어이 그것을 자기 앞에 갖다 놓기로만 위주하여 공연히 일 많고 걱정되고 책임 무거울 것을 취하기에 급급하나니, 이는 참으로 국한 없이 큰 본가 살림을 발견하지 못한 연고니라.」

18. 대종사 동선 해제를 마치시고 제자 몇 사람으로 더불어 걸어서 봉서사(鳳棲寺)에 가시더니, 도중에 한 제자가 탄식하여 말하기를 「우리는 돈이 없어서 대종사를 도보로 모시게 되었으니 어찌 한스럽지 아니하리요.」 하는지라, 대종사 들으시고 말씀하시기를 「사람이 누구나 이 세상에 출신하여 자기의 육근을 잘 이용하면 그에 따라 모든 법이 화하게 되며, 돈도 그 가운데서 벌어지나니, 그러므로 각자의 심신은 곧 돈을 버는 기관이요, 이 세상 모든 것은 곧 이용하기에 따라 다 돈이 될 수 있는 것이니 어찌 돈이 없다고 한탄만 하리요. 그러나, 우리 수도인에 있어서는 돈에 마음을 끌리지 아니하고 돈이 있으면 있는 대로 없으면 없는 대로 안심하면서 그 생활을 개척하여 나가는 것이 그 본분이며 그 사람이 참으로 부유한 사람이니라.」

19. 한 제자 사뢰기를 「방금 서울에서 큰 박람회(博覽會)를 개최 중이라 하오니 한 번 관람하고 오심이 어떠하오리까.」 대종사 말씀하시기를 「박람회는 곧 과거와 현재를 비교하여 사·농·공·상의 진보된 정도를 알리는 것이요, 또는 견문을 소통하여 민지의 발달에 도움이 되게 하는 것이니, 참다운 뜻을 가지고 본다면 거기에서도 물론 소득이 많을 것이나, 나는 오늘 그대에게 참으로 큰 박람회 하나를 일러 주리니 잘 들어보라. 무릇, 이 박람회는 한 없이 넓고 커서 동서 남

북 사유(四維) 상하가 다 그 회장이요, 천지 만물 그 가운데 한 가지도 출품되지 않은 것이 없으며, 개회 기간도 몇 억만 년이든지 항상 여여하나니, 이에 비하면 그대의 말한 바 저 서울의 박람회는 한 터럭끝만도 못한 것이라 거기에서 아무리 모든 물품을 구비 진열한다 할지라도, 여기서 보는 저 배산이나 황등 호수는 옮겨다 놓지 못할 것이요. 세계에 유명한 금강산은 출품하지 못하였을 것이며, 또는 박물관에는 여러 가지 고물을 구하여다 놓았다고 하나 고물 가운데 가장 고물인 이 산하 대지를 출품하지는 못하였을 것이요, 수족관에는 몇 가지의 어류를 잡아다 놓았고 미곡관에는 몇 가지의 쌀을 실어다 놓았다 하나 그것은 오대양의 많은 수족 가운데 억만 분의 일도 되지 못할 것이며 육대주의 많은 쌀 가운데 태산의 한 모래도 되지 못할 것이요, 모든 출품이 모두 이러한 비례로 될 것이니, 큰 지견과 너른 안목으로 인조의 그 박람회를 생각할 때에 어찌 옹졸하고 조작스러움을 느끼지 아니 하리요. 그러므로, 이 큰 박람회를 발견하여 항상 이와 같은 도량으로 무궁한 박람회를 구경하는 사람은 늘 무궁한 소득이 있을 것이니, 보는 대로 얻을 것이요 듣는 대로 얻을 것이라, 그러므로 예로부터 지금까지 모든 부처와 성현들은 다 이 무궁한 박람회를 보아서 이 회장에 진열된 대소 유무의 모든 이치를 본받아 인간의 시비 이해를 지어 나가시므로 조금도 군색함이 없었나니라.」

20. 대종사 하루는 조 송광과 전 음광을 데리시고 교외 남중리에 산책하시는데 길가의 큰 소나무 몇 주가 심히 아름다운지라 송광이 말하기를 「참으로 아름다와라, 이 솔이여. 우리 교당으로 옮기었으면 좋겠도다.」 하거늘 대종사 들으시고 말씀하시기를 「그대는 어찌 좁은 생각과 작은 자리를 뛰어나지 못하였는가. 교당이 이 노송을 떠나지 아니하고 이 노송이 교당을 떠나지 아니하여 노송과 교당이 모두 우리 울안에 있거늘 기어이 옮겨놓고 보아야만 할 것이 무엇이리요. 그것은 그대가 아직 차별과 간격을 초월하여 큰 우주의 본가를 발견하지 못한 연고니라.」 송광이 여쭙기를 「큰 우주의 본가는 어떠한 곳이오니까.」 대종사 말씀하시기를 「그대가 지금 보아도 알지 못하므로 내 이제 그 형상을 가정하여 보이리라.」 하시고, 땅에 일원상을 그려 보이시며 말씀하시기를 「이것이 곧 큰 우주의 본가이니 이 가운데에는 무궁한 묘리와 무궁한 보물과 무궁한 조화가 하나도 빠짐 없이 갖추어 있나니라.」 음광이 여쭙기를 「어찌하면 그 집에 찾아 들어 그 집의 주인이 되겠나이까.」 대종사 말씀하시기를 「삼대력의 열쇠를 얻어야 들어갈 것이요, 그 열쇠는 신·분·의·성으로써 조성하나니라.」

21. 목사 한 사람이 와서 뵈옵거늘 대종사 말씀하시기를 「귀하가 여기에 찾아 오심은 무슨 뜻인가.」 목사

말하기를 「좋은 법훈을 얻어 들을까 함이로소이다.」 대종사 말씀하시기를 「그러면 귀하가 능히 예수교의 국한을 벗어나서 광활한 천지를 구경하였는가.」 목사 여쭙기를 「그 광활한 천지가 어느 곳이오니까.」 대종사 말씀하시기를 「한 번 마음을 옮기어 널리 살피는 데에 있나니, 널리 살피지 못하는 사람은 항상 저의 하는 일에만 고집하며 저의 집 풍속에만 성습되어 다른 일은 비방하고 다른 집 풍속은 배척하므로 각각 그 규모와 구습을 벗어나지 못하고 드디어 한 편에 떨어져서 그 간격이 은산 철벽(銀山鐵壁)같이 되나니, 나라와 나라 사이나 교회와 교회 사이나 개인과 개인 사이에 서로 반목하고 투쟁하는 것이 다 이에 원인함이라, 어찌 본래의 원만한 큰 살림을 편벽되이 가르며, 무량한 큰 법을 조각조각으로 나누리요. 우리는 하루 속히 이 간격을 타파하고 모든 살림을 융통하여 원만하고 활발한 새 생활을 전개하여야 할 것이니 그러한다면 이 세상에는 한 가지도 버릴 것이 없나니라.」

22. 대종사 또 말씀하시기를 「이 세상에 있는 좋은 것은 좋은 대로 낮은 것은 낮은 대로 각각 경우를 따라 그 곳에 마땅하게만 이용하면 우주 안의 모든 것이 다 나의 이용물이요, 이 세상 모든 법은 다 나의 옹호 기관이니, 이에 한 예를 들어 말하자면 시장에 진열된 모든 물건 가운데에는 좋은 물건과 낮은 물건이 각양 각색으로 있을 것이나 우리들이 그 좋은 것만 취

해 쓰고 낮은 것은 다 버리지는 아니하나니, 아무리 좋은 것이라도 쓰지 못할 경우가 있고 비록 낮은 것이라도 마땅히 쓰일 경우가 있어서, 금옥이 비록 중보라 하나 당장의 주림을 위로함에는 한 그릇 밥만 못할 것이요, 양잿물이 아무리 독한 것이라 하나 세탁을 하는 데에는 필수품이 될 것이니, 이와 같이 물건 물건의 성질과 용처가 각각이거늘, 이것을 이해하지 못하고 그 한 편만을 보아 저의 바라고 구하는 바 외에는 온 시장의 모든 물품이 다 쓸데 없는 것이라고 생각한다면 그 얼마나 편협한 소견이며 우치한 마음이리요.」 하시니, 목사 감동하여 말하기를 「참으로 광대하옵니다. 선생의 도량이시여.!」 하니라.

23. 대종사 말씀하시기를 「불보살들은 이 천지를 편안히 살고 가는 안주처를 삼기도 하고, 일을 하고 가는 사업장을 삼기도 하며, 유유 자재하게 놀고 가는 유희장을 삼기도 하나니라.」

제 9 천 도 품 (薦度品)

1. 대종사 말씀하시기를 「범상한 사람들은 현세(現世)에 사는 것만 큰 일로 알지마는, 지각이 열린 사람들은 죽는 일도 크게 아니니, 그는 다름이 아니라 잘 죽는 사람이라야 잘 나서 잘 살 수 있으며, 잘 나서 잘 사는 사람이라야 잘 죽을 수 있다는 내역과, 생은 사의 근본이요 사는 생의 근본이라는 이치를 알기 때문이니라. 그러므로, 이 문제를 해결하는 데에는 조만(早晚)이 따로 없지마는 나이가 사십이 넘으면 죽어 가는 보따리를 챙기기 시작하여야 죽어 갈 때에 바쁜 걸음을 치지 아니하리라.」

2. 대종사 말씀하시기를 「사람이 세상에 나면 누구를 막론하고 열반의 시기가 없지 아니한지라, 내 오늘은 그대들을 위하여 사람이 열반에 들 즈음에 그 친근자로서 영혼을 보내는 방법과 영혼이 떠나는 사람으로서 스스로 취할 방법을 말하여 주리니 이 법을 자상히 들으라. 만일, 사람이 급한 병이나 무슨 사고로 불시에 열반하게 된다든지, 또는 워낙 신심이 없어서 지도하는 바를 듣지 아니할 때에는 모든 법을 다 베풀기가 어려울 것이나, 불시의 열반이 아니고 또는 조금이라도 신심이 있는 사람에게는 이 법을 행하고 보면 최후

의 마음을 더욱 굳게 하여 영혼 구제에 큰 도움이 되리라. 열반이 가까운 병자에 대하여 그 친근자로서는, 첫째, 병실에 가끔 향을 불사르고 실내를 깨끗이 하라. 만일 실내가 깨끗하지 못하면 병자의 정신이 깨끗하지 못하리라. 둘째, 병자가 있는 곳에는 항상 그 장내를 조용히 하라. 만일 장내가 조용하지 못하면 병자의 정신이 전일하지 못하리라. 세째, 병자의 앞에서는 선한 사람의 역사를 많이 말하며 당인의 평소 용성(用性)한 가운데 좋은 실행이 있을 때에는 그 조건을 찬미하여 마음을 위안하라. 그러하면, 그 좋은 생각이 병자의 정신에 인상되어 내생의 원 습관이 되기 쉬우리라. 네째, 병자의 앞에서는 악한 소리와 간사한 말을 하지 말며, 음란하고 방탕한 이야기를 금지하라. 만일 그러하면, 그 악한 형상이 병자의 정신에 인상되어 또한 내생의 원 습관이 되기 쉬우리라. 다섯째, 병자의 앞에서는 가산에 대한 걱정이나 친족에 대한 걱정 등 애연한 말과 비창한 태도를 보이지 말라. 만일 그러하면, 병자의 애착과 탐착을 조장하여 영혼으로 하여금 영원히 그 곳을 떠나지 못하게 하며, 그 착된 곳에서 인도 수생의 기회가 없을 때에는 자연히 악도에 떨어지기가 쉬우리라. 여섯째, 병자의 앞에서는 기회를 따라 염불도 하고 경도 보고 설법도 하되, 만일 음성을 싫어하거든 또한 선정으로 대하라. 그러하면, 병자의 정신이 거기에 의지하여 능히 안정을 얻을 수 있으리라. 일곱째, 병자가 열반이 임박하여 곧 호흡을 모을 때에는 절대로 울거나 몸을 흔들거나 부르는 등 시끄럽게 하지 말라. 그것은 한갓 떠나는 사람의 정신만 어지럽게 할 따름이요, 아무 이익이 없는 것이니, 인정상 부득이 슬픔을 발하게 될 때에는 열반 후 몇 시간을 지내서 하라.」

3. 대종사 이어서 말씀하시기를 「열반이 가까운 병자로서는 스스로 열반의 시기가 가까움을 깨닫거든 만사를 다 방념하고 오직 정신 수습으로써 공부를 삼되 혹 부득이한 관계로 유언할 일이 있을 때에는 미리 처결하여 그 관념을 끊어서 정신 통일에 방해가 되지 않게 할지니, 그 때에는 정신 통일하는 외에 다른 긴요한 일이 없나니라. 또는 스스로 생각하되 평소에 혹 누구에게 원망을 품었거나 원수를 맺은 일이 있거든 그 상대자를 청하여 될 수 있는 대로 전혐(前嫌)을 타파할 것이며, 혹 상대자가 없을 때에는 당인 혼자라도 그 원심을 놓아 버리는 데에 전력하라. 만일 마음 가운데 원진을 풀지 못하면 그것이 내생의 악한 인과의 종자가 되나니라. 또는 스스로 생각하되 평소부터 혹 어떠한 애욕 경계에 집착하여 그 착을 여의지 못한 경우가 있거든 오직 강연히라도 그 마음을 놓아 버리는 데에 전력하라. 만일, 착심을 여의지 못하면 자연히 참 열반을 얻지 못하며, 그 착된 바를 따라 영원히 악도 윤회의 원인이 되나니라. 병자가 이 모든 조항을

힘써 오다가 최후의 시간이 이른 때에는 더욱 청정한 정신으로 일체의 사념을 돈망하고 선정 혹은 염불에 의지하여 영혼이 떠나게 하라. 그러하면, 평소에 비록 생사 진리에 투철하지 못한 사람일지라도 능히 악도를 면하고 선도에 돌아오게 되리라. 그러나, 이 법은 한갓 사람이 열반에 들 때에만 보고 행하라는 말이 아니라 평소부터 근본적 신심이 있고 단련이 있는 사람에게 더욱 최후사를 부탁함이요, 만일 신심과 단련이 없는 사람에게는 비록 임시로 행하고자 하나 잘 되지 아니하리니, 그대들은 이 뜻을 미리 각오하여 임시 불급(臨時不及)의 한탄이 없게 할 것이며, 이 모든 조항을 항상 명심 불망하여 영혼 거래에 큰 착이 없게 하라. 생사의 일이 큼이 되나니, 가히 삼가지 아니하지 못할지니라.」

4. 대종사 이공주·성 성원에게 「영천영지영보장생(永天永地永保長生) 만세멸도상독로(萬世滅度常獨露) 거래각도무궁화(去來覺道無窮花) 보보일체대성경(步步一切大聖經)」을 외게 하시더니, 이가 천도를 위한 성주(聖呪)로 되니라.」

5. 대종사 천도를 위한 법문으로 "열반 전후에 후생 길 인도하는 법설"을 내리시니 이러하니라. 「아무야 정신을 차려 나의 말을 잘 들으라. 이 세상에서 네가 선악간 받은 바 그것이 지나간 세상에 지은 바 그것이요, 이 세상에서 지은 바 그것이 미래 세상에 또

다시 받게 될 바 그것이니, 이것이 곧 대자연의 천업이라, 부처와 조사는 자성의 본래를 각득하여 마음의 자유를 얻었으므로 이 천업을 돌파하고 육도와 사생을 자기 마음대로 수용하나, 범부와 중생은 자성의 본래와 마음의 자유를 얻지 못한 관계로 이 천업에 끌려 무량 고를 받게 되므로, 부처와 조사며 범부와 중생이며 귀천과 화복이며 명지장단(命之長短)을 다 네가 짓고 짓나니라. 아무야 일체 만사를 다 네가 짓는 줄로 이제 확연히 아느냐. 아무야 또 들으라. 생사의 이치는 부처님이나 네나 일체 중생이나 다 같은 것이며, 성품 자리도 또한 다 같은 본연 청정한 성품이며 원만 구족한 성품이니라. 성품이라 하는 것은 허공에 달과 같이 참 달은 허공에 홀로 있건마는 그 그림자 달은 일천 강에 비치는 것과 같이, 이 우주와 만물도 또한 그 근본은 본연 청정한 성품 자리로 한 이름도 없고, 한 형상도 없고, 가고 오는 것도 없고, 죽고 나는 것도 없고, 부처와 중생도 없고, 허무와 적멸도 없고, 없다 하는 말도 또한 없는 것이며, 유도 아니요 무도 아닌 그 것이나, 그 중에서 그 있는 것이 무위이화(無爲而化) 자동적으로 생겨나, 우주는 성·주·괴·공으로 변화하고, 만물은 생·로·병·사를 따라 육도와 사생으로 변화하고, 일월은 왕래하여 주야를 변화시키는 것과 같이 너의 육신 나고 죽는 것도 또한 변화는 될지언정 생사는 아니니라. 아무야 듣고 듣느냐, 이제 이 성품

제 9 천도품 6

자리를 확연히 깨달아 알았느냐. 또 들으라. 이제 네가 이 육신을 버리고 새 육신을 받을 때에는 너의 평소 짓던 바에 즐겨하여 애착이 많이 있는 데로 좇아 그 육신을 받게 되나니, 그 즐겨하는 바가 불보살 세계가 승(勝)하면 불보살 세계에서 그 육신을 받아 무량한 낙을 얻게 될 것이요, 또한 그 반대로 탐·진·치가 승하고 보면 그 곳에서 그 육신을 받아 무량겁(無量劫)을 통하여 놓고 무수한 고를 얻을 것이니라. 듣고 듣느냐. 아무야 또 들으라. 네가 이 때를 당하여 더욱 마음을 견고히 하라. 만일 호리라도 애착 탐착을 여의지 못하고 보면 자연히 악도에 떨어져 가나니, 한 번 이 악도에 떨어져 가고 보면 어느 세월에 또 다시 사람의 몸을 받아 성현의 회상을 찾아 대업(大業)을 성취하고 무량한 혜복을 얻으리요. 아무야 듣고 들었느냐.」

6. 대종사 서울 박람회에서 화재 보험 회사의 선전 시설을 보시고 한 감상을 얻었다 하시며, 말씀하시기를 「우리가 항상 말하기를 생사 고락에 해탈을 하자고 하지마는 생사의 원리를 알지 못하면 해탈이 잘 되지 않을 것이니, 만일 사람이 한 번 죽으면 다시 회복되는 이치가 없다고 생각할진대 죽음의 경우를 당하여 그 섭섭함과 슬픔이 얼마나 더하리요. 이것은 마치 화재 보험에 들지 못한 사람이 졸지에 화재를 당하여 모든 재산을 일시에 다 소실한 것과 같다 하리라. 그러나, 그 원리를 아는 사람은 이 육신이 한 번 나고 죽는 것은

옷 한 벌 갈아 입는 것에 조금도 다름이 없을 것이니, 변함에 따르는 육신은 이제 죽어진다 하여도 변함이 없는 소소(昭昭)한 영식(靈識)은 영원히 사라지지 아니하고, 또 다시 다른 육신을 받게 되므로 그 일 점의 영식은 곧 저 화재 보험 증서 한 장이 다시 새 건물을 이뤄내는 능력이 있는 것 같이 또한 사람의 영생을 보증하고 있나니라. 그러므로, 이 이치를 아는 사람은 생사에 편안할 것이요, 모르는 사람은 초조 경동할 것이며, 또는 모든 고락에 있어서도 그 원리를 아는 사람은 정당한 고락으로 무궁한 낙을 준비할 것이나, 그렇지 못한 사람은 그러한 희망이 없고 준비가 없는지라 아득한 고해에서 벗어날 기약이 없나니, 생각이 있는 이로 이런 일을 볼 때에 어찌 걱정스럽지 아니하며 가련하지 아니하리요.」

7. 대종사 말씀하시기를 「사람이 행할바 도가 많이 있으나 그것을 요약하면 생과 사의 도(道)에 벗어나지 아니하나니, 살 때에 생의 도를 알지 못하면 능히 생의 가치를 발하지 못할 것이요, 죽을 때에 사의 도를 알지 못하면 능히 악도를 면하기 어렵나니라.」

8. 대종사 말씀하시기를 「사람의 생사는 비하건대 눈을 떳다 감았다 하는 것과도 같고, 숨을 들이 쉬었다 내쉬었다 하는 것과도 같고, 잠이 들었다 깼다 하는 것과도 같나니, 그 조만의 차이는 있을지언정 이치는 같은 바로서 생사가 원래 둘이 아니요 생멸이 원래

없는지라, 깨친 사람은 이를 변화로 알고 깨치지 못한 사람은 이를 생사라 하나니라.」

9. 대종사 말씀하시기를 「저 해가 오늘 비록 서천에 진다 할지라도 내일 다시 동천에 솟아 오르는 것과 같이, 만물이 이 생에 비록 죽어 간다 할지라도 죽을 때에 떠나는 그 영식이 다시 이 세상에 새 몸을 받아 나타나게 되나니라.」

10. 대종사 말씀하시기를 「세상 말이 살아 있는 세상을 이승이라 하고 죽어 가는 세상을 저승이라 하여 이승과 저승을 다른 세계 같이 생각하고 있으나, 다만 그 몸과 위치를 바꿀 따름이요 다른 세상이 따로 있는 것이 아니니라.」

11. 대종사 말씀하시기를 「사람의 영식이 이 육신을 떠날 때에 처음에는 그 착심을 좇아 가게 되고, 후에는 그 업을 따라 받게 되어 한 없는 세상에 길이 윤회하나니, 윤회를 자유하는 방법은 오직 착심을 여의고 업을 초월하는 데에 있나니라.」

12. 정 일성(鄭一成)이 여쭙기를 「일생을 끝마칠 때에 최후의 일념을 어떻게 하오리까.」 대종사 말씀하시기를 「온전한 생각으로 그치라.」 또 여쭙기를 「죽었다가 다시 나는 경로가 어떠하나이까.」 대종사 말씀하시기를 「잠자고 깨는 것과 같나니, 분별 없이 자 버리매 일성이가 어디로 간 것 같지마는 잠을 깨면 도로 그 일성이니, 어디로 가나 그 일성이인 한 물건이 저의 **업**

을 따라 한 없이 다시 나고 다시 죽나니라.」

13. 한 제자 여쭙기를 「영혼이 이 육신을 버리고 새 육신을 받는 경로와 상태를 알고 싶나이다.」 대종사 말씀하시기를 「영혼이 이 육신과 갈릴 때에는 육신의 기식(氣息)이 완전히 끊어진 뒤에 뜨는 것이 보통이나, 아직 육신의 기식이 남아 있는데 영혼만 먼저 뜨는 수도 있으며, 영혼이 육신에서 뜨면 약 칠·칠(七七)일 동안 중음(中陰)으로 있다가 탁태되는 것이 보통이나, 뜨면서 바로 탁태되는 수도 있고, 또는 중음으로 몇 달 혹은 몇 해 동안 바람 같이 떠돌아 다니다가 탁태되는 수도 있는데, 보통 영혼은 새 육신을 받을 때까지는 잠잘 때 꿈꾸듯 자기의 육신을 그대로 가진 것으로 알고 돌아다니다가 한 번 탁태를 하면 먼저 의식은 사라지고 탁태된 육신을 자기 것으로 아나니라.」

14. 한 제자 여쭙기를 「저는 아직 생사에 대한 의심이 해결되지 못하와 저의 사는 것이 하루살이 같은 느낌이 있사오며, 이 세상이 모두 허망하게만 보이오니 어찌하여야 하오리까.」 대종사 말씀하시기를 「옛 글에 "대개 그 변하는 것으로 보면 천지도 한 때를 그대로 있지 아니하고, 그 불변하는 것으로 보면 만물과 내가 다 다함이 없다."한 귀절이 있나니 이 뜻을 많이 연구하여 보라.」

15. 대종사 말씀하시기를 「세상의 유정(有情) 무정(無情)이 다 생의 요소가 있으며 하나도 아주 없어지

는 것은 없고 다만 그 형상을 변해 갈 따름이니, 예를 들면 사람의 시체가 땅에서 썩은즉 그 땅이 비옥하여 그 근방의 풀이 무성하여질 것이요, 그 풀을 베어다가 거름을 한즉 곡식이 잘 될 것이며, 그 곡식을 사람이 먹은즉 피도 되고 살도 되어 생명을 유지하며 활동을 하게 될 것이니, 이와 같이 본다면 우주 만물이 모두 다 영원히 죽어 없어지지 아니하고 저 지푸라기 하나까지도 백억 화신을 내어 갖은 조화와 능력을 발휘하나니라. 그러므로, 그대들은 이러한 이치를 깊이 연구하여 우주 만유가 다 같이 생멸 없는 진리 가운데 한량 없는 생을 누리는 것을 깨쳐 얻으라.」

16. 대종사 신년식에서 대중에게 말씀하시기를「어제가 별 날이 아니고 오늘이 별 날이 아니건마는, 어제까지를 일러 거년이라 하고 오늘부터를 일러 금년이라 하는 것 같이, 우리가 죽어도 그 영혼이요 살아도 그 영혼이건마는 죽으면 저승이라 하고 살았을 때에는 이승이라 하나니, 지·수·화·풍 사대(四大)로 된 육체는 비록 죽었다 살았다 하여 이 세상 저 세상이 있으나 영혼은 영원 불멸하여 길이 생사가 없나니, 그러므로 아는 사람에 있어서는 인생의 생·로·병·사가 마치 춘·하·추·동 사시 바뀌는 것과 같고 저 생(生)과 이 생이 마치 거년과 금년 되는 것 같나니라.」

17. 대종사 말씀하시기를「사람이 평생에 비록 많은 전곡을 벌어 놓았다 하더라도 죽을 때에는 하나도 가

져 가지 못하나니, 하나도 가져 가지 못하는 것을 어찌 영원한 내 것이라 하리요. 영원히 나의 소유를 만들기로 하면, 생전에 어느 방면으로든지 남을 위하여 노력과 보시를 많이 하되 상(相)에 주함이 없는 보시로써 무루(無漏)의 복덕을 쌓아야 할 것이요, 참으로 영원한 나의 소유는 정법에 대한 서원과 그것을 수행한 마음의 힘이니, 서원과 마음 공부에 끊임 없는 공을 쌓아야 한 없는 세상에 혜복의 주인공이 되나니라.」

18. 대종사 선원 대중에게 말씀하시기를 「그대들은 염라국(閻羅國)과 명부사자(冥府使者)를 아는가. 염라국이 다른 데가 아니라 곧 자기 집 울타리 안이며 명부 사자가 다른 이가 아니라 곧 자기의 권속이니, 어찌하여 그런고 하면 보통 사람은 이 생에 얽힌 권속의 정애(情愛)로 인하여 몸이 죽는 날에 영이 멀리 뜨지 못하고 도로 자기 집 울 안에 떨어져서 인도 수생의 기회가 없으면 혹은 그 집의 가축도 되며 혹은 그 집안에 곤충류의 몸을 받기도 하나니, 그러므로 예로부터 제불 조사가 다 착 없이 가며 착 없이 행하라고 권장하신 것은 그리하여야 능히 악도에 떨어지는 것을 면할 수 있기 때문이니라.」

19. 대종사 말씀하시기를 「사람이 평소에 착 없는 공부를 많이 익히고 닦을지니 재·색·명리와 처자와 권속이며, 의·식·주 등에 착심이 많은 사람은 그것이 자기 앞에서 없어지면 그 괴로움과 근심이 보통에 비

하여 훨씬 더 할 것이라, 곧 현실의 지옥 생활이며 죽어갈 때에도 또한 그 착심에 끌리어 자유를 얻지 못하고 죄업의 바다에 빠지게 되나니 어찌 조심할 바 아니리요.」

20. 대종사 말씀하시기를 「근래 사람들이 혹 좋은 묘터를 미리 잡아 놓고 거기에 자기가 묻히리라는 생각을 굳게 가지는 수가 더러 있으나, 그러한 사람은 명을 마치는 찰나에 영식이 바로 그 터로 가게 되어 그 주위에 인도 수생의 길이 없으면 부지중 악도에 떨어져서 사람 몸을 받기가 어렵게 되나니 어찌 조심할 바 아니리요.」

21. 한 제자 무슨 일에 대종사의 명령하심을 어기고 자기의 고집대로 하려 하는지라. 대종사 말씀하시기를 「작은 일에 그대의 고집을 세우면 큰 일에도 고집을 세울 것이니, 그러한다면 모든 일을 다 그대의 주견대로 행하여 결국은 나의 제도나 천도를 받지 못할지라 제도와 천도를 받지 못할 때에는 내 비록 그대를 구원하고자 하나 어찌할 수 없으리라.」

22. 대종사 선원 대중에게 말씀하시기를 「그대들이 이와 같이 세간의 모든 애착과 탐착을 여의고 매일매일 법설을 들어 정신을 맑히고 정력을 얻어 나가면 자신의 천도만 될 뿐 아니라 그 법력이 허공 법계에 사무쳐서 이 주위에 살고 있는 미물 곤충까지도 부지중 천도가 될 수 있나니, 비하건대 태양 광선이 눈과 얼음

을 녹히려는 마음이 없이 무심히 비치건마는 눈과 얼음이 자연 녹아지듯이 사심 잡념이 없는 도인들의 법력에는 범부 중생의 업장이 부지중에 또한 녹아지기도 하나니라.」

23. 대종사 말씀하시기를 「사람 가운데에는 하늘 사람과 땅 사람이 있나니, 하늘 사람은 항시 욕심이 담박하고 생각이 고상하여 맑은 기운이 위로 오르는 사람이요, 땅 사람은 항상 욕심이 치성하고 생각이 비열하여 탁한 기운이 아래로 처지는 사람이라, 이것이 곧 선도와 악도의 갈림 길이니 누구를 막론하고 다 각기 마음을 반성하여 보면 자기는 어느 사람이며 장차 어찌될 것을 알 수 있으리라.」

24. 대종사 말씀하시기를 「저 하늘에는 검은 구름이 걷혀 버려야 밝은 달이 나타나서 삼라 만상을 비쳐 줄 것이요, 수도인의 마음 하늘에는 욕심의 구름이 걷혀 버려야 지혜의 달이 솟아 올라서 만세 중생을 비쳐 주는 거울이 되며, 악도 중생을 천도하는 대법사가 되리라.」

25. 대종사 말씀하시기를 「내가 어느날 아침 영광에서 부안 변산 쪽을 바라다보매 허공 중천에 맑은 기운이 어리어 있는지라, 그 후 그 곳으로 가 보았더니 월명암에 수도 대중이 모여 들어 선을 시작하였더라. 과연 정신을 모아 마음을 맑히고 보면 더럽고 탁한 기운은 점점 가라앉고 신령하고 맑은 기운은 구천(九天)

에 솟아 올라서 시방 삼계가 그 두렷한 기운 안에 들고 육도 사생이 그 맑은 법력에 싸이어 제도와 천도를 아울러 받게 되나니라.」

26. 대종사 야회에 출석하사 등불 아래로 대중을 일일이 내려다 보시며 말씀하시기를 「그대들의 기운 뜨는 것이 각각 다르나니 이 가운데에는 수양을 많이 쌓아서 탁한 기운이 다 가라앉고 순전히 맑은 기운만 오르는 사람과, 맑은 기운이 많고 탁한 기운이 적은 사람과, 맑은 기운과 탁한 기운이 상반되는 사람과, 탁한 기운이 많고 맑은 기운이 적은 사람과, 순전히 탁한 기운만 있는 사람이 있도다.」하시고, 또 말씀하시기를 「사람이 욕심이 많을수록 그 기운이 탁해져서 높이 뜨지 못하나니, 그러한 사람이 명을 마치면 다시 사람의 몸을 받지 못하고 축생이나 곤충의 무리가 되기도 하며, 또는 욕심은 그다지 없으나 안으로 수양과 밖으로 인연 작복을 무시하고 아는 데에만 치우친 사람은 그 기운이 가벼이 뜨기는 하나 무게가 없으므로 수라(修羅)나 새의 무리가 되나니라. 그러므로, 수도인이 마음을 깨쳐 알고, 안 뒤에는 맑게 키우고 사(邪)와 정(正)을 구분하여 행을 바르게 하면 마침내 영단을 이루어 육도의 수레 바퀴에 휩쓸리지 아니하고 몸 받는 것을 마음대로 하며, 색신을 벗어나서 영단만으로 허공 법계에 주유(周遊)하면서 수양에만 전공하는 능력도 갖추나니라.」

27. 대종사 말씀하시기를 「정성과 정성을 다하여 항상 심지가 요란하지 않게 하며, 항상 심지가 어리석지 않게 하며, 항상 심지가 그르지 않게 하고 보면 그 힘으로 지옥 중생이라도 천도할 능력이 생기나니, 부처님의 정법에 한 번 인연을 맺어 주는 것만 하여도 영겁을 통하여 성불할 좋은 종자가 되나니라.」

28. 김 광선이 열반하매 대종사 눈물을 흘리시며, 대중에게 말씀하시기를 「팔산(八山)으로 말하면 이십여 년 동안 고락을 같이 하는 가운데 말할 수 없는 정이 들었는지라 법신은 비록 생·멸·성·쇠가 없다 하나, 색신은 이제 또 다시 그 얼굴로 대하지 못하게 되었으니 그 어찌 섭섭하지 아니하리요. 내 이제 팔산의 영을 위하여 생사 거래와 업보 멸도(滅度)에 대한 법을 설하리니 그대들은 팔산을 위로하는 마음으로 이 법을 더욱 잘 들으라. 그대들이 이 말을 듣고 깨달음이 있다면 그대들에게 이익이 있을 뿐 아니라 팔산에게도 또한 이익이 되리라. 과거 부처님 말씀에 생멸 거래가 없는 큰 도를 얻어 수행하면 다생의 업보가 멸도된다 하셨나니, 그 업보를 멸도시키는 방법은 이러하나니라. 누가 나에게 고통과 손해를 끼쳐 주는 일이 있거든 그 사람을 속 깊이 원망하거나 미워하지 말고 과거의 빚을 갚은 것으로 알아 안심하며 또한 그에 대항하지 말라. 이편에서 갚을 차례에 져 버리면 그 업보는 쉬어버리나니라. 또는 생사 거래와 고락이 구공

한 자리를 알아서 마음이 그 자리에 그치게 하라. 거기에는 생사도 없고 업보도 없나니, 이 지경에 이르면 생사 업보가 완전히 멸도되었다 하리라.」

29. 박 제봉(朴濟奉)이 여쭙기를 「칠·칠 천도재(薦度齋)나 열반 기념의 재식을 올리는 것이 그 영에 대하여 어떠한 이익이 있나이까.」 대종사 말씀하시기를 「천지에는 묘하게 서로 응하는 이치가 있나니, 사람이 땅에 곡식을 심고 비료를 주면 땅도 무정한 것이요, 곡식도 무정한 것이며, 비료도 또한 무정한 것이언마는, 그 곡출에 효과의 차를 내나니, 무정한 곡식도 그러하거든 하물며 최령한 사람이 어찌 정성에 감응이 없으리요. 모든 사람이 돌아간 영을 위하여 일심으로 심고를 올리고 축원도 드리며 헌공도 하고 선지식의 설법도 한즉, 마음과 마음이 서로 통하고 기운과 기운이 서로 응하여, 바로 천도를 받을 수도 있고, 설사 악도에 떨어졌다 하더라도 차차 진급이 되는 수도 있으며, 또는 전생에 많은 빚을 지고 갔을지라도 헌공금(獻貢金)을 잘 활용하여 영위의 이름으로 공중 사업을 하여 주면 그 빚을 벗어 버리기도 하고 빚이 없는 사람은 무형한 가운데 복이 쌓이기도 하나니, 이 감응되는 이치를 다시 말하자면 전기와 전기가 서로 통하는 것과 같다 하리라.」

30. 한 제자 여쭙기를 「예로부터 자녀나 친척이나 동지된 사람이 자기 관계인의 영을 위하여 혹 불전에 헌

공도 하고 선지식을 청하여 설법과 송경도 하게 하옵는바 그에 따라 어떠한 효과가 나타나오며 그 정성과 도력의 차등에 따라 그 효과에 어떠한 차이가 있사오리까.」 대종사 말씀하시기를 「영을 위하여 축원을 올리고 헌공을 하는 것은 그 정성을 표함이니, 지성이면 감천으로 그 정성의 등급을 따라 축원한 바 효과가 나타나게 되는 것이며, 또는 설법을 하여 주고 송경을 하여 주는 것도 당시 선지식의 도력에 따라 그 위력이 나타나는 것이니, 혹은 과거에 지은 악업을 다 받은 후에야 자기도 모르는 가운데 선도에 돌아오기도 하며, 혹은 모든 업장을 벗어나서 바로 선도에 돌아오기도 하며, 혹은 앞 길 미한 중음계에서 후생 길을 찾지 못하다가 다시 찾아 가기도 하며, 혹은 잠간 착에 걸려 있다가 그 착심을 놓아 버리고 천상 인간에 자유하여 복락 수용을 하는 수도 있으나, 만일 자녀의 정성이 특별하지 못하고 선지식의 도력이 부족하다면 그 영근(靈根)에 별스러운 효과를 주지 못하게 되나니, 어찌하여 그런고 하면 지극한 정성이 아니면 참된 위력이 나타나지 아니하는 것이, 비하건대 농부가 농사를 지을 때에 그 정성과 역량을 다 들이지 아니하면 곡출이 적은 것과 서로 같나니라.」

31. 서 대원이 여쭙기를 「천도를 받는 영으로서 천도 법문을 그대로 알아들을 수 있나니이까.」 대종사 말씀하시기를 「혹 듣는 영도 있고 못 듣는 영도 있으

나 영가(靈駕)가 그 말을 그대로 알아 들어서 깨침을 얻는 것보다 그 들이는 공력이 저 영혼에 쏟히어서 알지 못하는 가운데 천도의 인(因)이 되나니라. 그리하여 마치 파리가 제 힘으로는 천리를 갈 수 없으나 천리마의 몸에 붙으면 부지중에 천리를 갈 수도 있듯이 그 인연으로 차차 법연을 찾아오게 되나니라.」

32. 김 대거 여쭙기를 「오늘 두 살된 어린 아이의 사십 구일 천도재를 지냈사온데 어른도 모든 의식을 다 이해하여 천도 받기가 어려울 것이어늘, 그 어린 영이 어떻게 알아 듣고 천도를 받사오리까.」 대종사 말씀하시기를 「영혼에는 어른과 아이의 구별이 없나니, 천도되는 이치가 마치 식물에 거름하는 것 같으며 지남철 있는 곳에 뭇 쇠가 딸아 붙는 것 같나니, 일체 동물은 허공계에 영근을 박고 살므로 허공 법계를 통하여 진리로 재를 올리는 것이 그대로 영근에 거름이 되어 효과를 내나니라.」

33. 또 여쭙기를 「그렇게 재를 올리오면 각자의 평소에 지은 바 죄업이 그 경중을 물론하고 일시에 소멸되어 천도를 받게 되나이까.」 대종사 말씀하시기를 「각자의 업의 경중과 기념주의 정성과 법사의 도력에 따라서 마치 태양이 얼음을 녹이는 것과 같이 일시적으로 녹일 수도 있고, 오랜 시일이 걸릴 수도 있으나, 재를 올리는 공이 결코 헛되지는 아니하여 반드시 그 영혼으로 하여금 선연을 맺게 하여 주나니라.」

34. 또 여쭙기를 「천도재를 어찌 사십 구일로 정하였나이까.」 대종사 말씀하시기를 「사람이 죽으면 대개 약 사십 구일 동안 중음에 어렸다가 각기 업연(業緣)을 따라 몸을 받게 되므로 다시 한 번 청정 일념을 더하게 하기 위하여, 과거 부처님 말씀을 인연하여 그 날로 정해서 천도 발원을 하는 것이나, 명을 마친 즉시로 착심을 따라 몸을 받게 되는 영혼도 허다하나니라.」

35. 또 여쭙기를 「열반경(涅槃經)에 이르시기를 "전생 일을 알고자 할진대 금생에 받은 바가 그것이요, 내생 일을 알고자 할진대 금생에 지은 바가 그것이라"고 하였사온데, 금생에 죄 받고 복 받는 것을 보오면 그 마음 작용하는 바는 죄를 받아야 마땅할 사람이 도리어 부귀가에서 향락 생활을 하는 수가 있삽고, 또는 그 마음이 착하여 당연히 복을 받아야 할 사람이 도리어 빈천한 가정에서 비참한 고통을 받는 수가 있사오니, 인과의 진리가 적확하다 할 수 있사오리까.」 대종사 말씀하시기를 「그러므로 모든 불조들이 최후 일념을 청정하게 가지라고 경계 하셨나니, 이 생에서 그 마음은 악하나 부귀를 누리는 사람은 전생에 초년에는 선행을 하여 복을 지었으나 말년에는 선 지을 것이 없다고 타락하여 악한 일념으로 명을 마친 사람이며, 이 생에 마음은 선하나 일생에 비참한 생활을 하는 사람은 전생에 초년에는 부지중 악을 지었으나 말

년에는 참회 개과하여 회향(回向)을 잘 한 사람이니, 이와 같이 이 생의 최후 일념은 내생의 최초 일념이 되나니라.」

36. 또 여쭙기를 「사람이 죽은 후에는 유명(幽明)이 서로 다르온데 영식만은 생전과 다름 없이 임의로 거래할 수 있나이까.」 대종사 말씀하시기를 「그 식심(識心)만은 생전 사후가 다름이 없으나 오직 탐·진·치에 끌린 영과 탐·진·치를 조복 받은 영이 그 거래에는 다름이 있나니, 탐·진·치에 끌린 영은 죽어 갈 때에 착심에 묶인 바가 되어 거래에 자유가 없고, 무명의 업력에 가리워서 착심 있는 곳만 밝으므로 그 곳으로 끌려가게 되며, 몸을 받을 때에도 보는 바가 모두 전도되어, 축생과 곤충 등이 아름답게도 보여서 색정(色情)으로 탁태하되 꿈꾸는 것과 같이 저도 모르게 입태하며, 인도 수생의 부모를 정할 때에도 색정으로 상대하여 탁태하게 되며, 혹 무슨 결정보(決定報)의 원을 세웠으나 사람 몸을 받지 못할 때에는 축생이나 곤충계에서 그에 비슷한 보를 받게도 되어, 이와 같이 생사에 자유가 없고 육도 윤회에 쉴 날이 없이 무수한 고를 받으며, 십이 인연(十二因緣)에 끌려 다니나니라. 그러나, 탐·진·치를 조복 받은 영은 죽어 갈 때에 이 착심에 묶인 바가 없으므로 그 거래가 자유로우며, 바르게 보고 바르게 생각하여 정당한 곳과 부정당한 곳을 구분해서 업에 끌리지 않으며, 몸을 받을 때에도

태연 자약하여 정당하게 몸을 받고, 태중에 들어갈 때에도 그 부모를 은의로 상대하여 탁태되며, 원을 세운 대로 대소사간에 결정보를 받게 되어, 오직 생사에 자유하고 육도 윤회에 끌리는 바가 없이 십이 인연을 임의로 굴리고 다니나니라.」

37. 또 여쭙기를 「어떠한 연유로 하여 가까운 인연이 되나이까.」 대종사 말씀하시기를 「중생들은 보통 친애하는 선연과 미워하는 악연으로 가까운 인연을 맺게 되나 불보살들은 중생을 제도하기 위하여 자비로 모든 인연을 가까이 맺으시나니라.」

38. 또 여쭙기를 「사람이 죽은 후에만 천도를 받나이까.」 대종사 말씀하시기를 「천도에는 생사가 다름이 없으므로 죽은 후에 다른 사람이 하는 것보다 생전에 자기 스스로 하는 것이 더욱 효과가 있으리라. 그러므로, 평소에 자기 마음을 밝고 조촐하고 바르게 길들여, 육식(六識)이 육진(六塵) 가운데 출입하되 물들고 섞이지 아니할 정도에 이르면 남을 천도하는 데에도 큰 능력이 있을 뿐 아니라 자기 생전에 자기의 천도를 마쳤다 할 것이나, 이러한 사람은 그리 흔하지 아니하나니, 그러므로 삼세의 수도인들이 모두 바쁘게 수도하였나니라.」

제 10 신　성　품 (信誠品)

1. 대종사 말씀하시기를 「스승이 제자를 만나매 먼저 그의 신성을 보나니 공부인이 독실한 신심이 있으면 그 법이 건네고 공을 이룰 것이요, 신심이 없으면 그 법이 건네지 못하고 공을 이루지 못하나니라. 그런즉, 무엇을 일러 신심이라 하는가. 첫째는 스승을 의심하지 않는 것이니, 비록 천만 사람이 천만 가지로 그 스승을 비방할지라도 거기에 믿음이 흔들리지 아니하며 혹 직접 보는 바에 무슨 의혹되는 점이 있을지라도 거기에 사량심(思量心)을 두지 않는 것이 신이요, 둘째는 스승의 모든 지도에 오직 순종할 따름이요 자기의 주견과 고집을 세우지 않는 것이 신이요, 세째는 스승이 혹 과도한 엄교(嚴敎) 중책(重責)을 하며 혹 대중의 앞에 허물을 드러내며 혹 힘에 과한 고역을 시키는 등 어떠한 방법으로 대하더라도 다 달게 받고 조금도 불평이 없는 것이 신이요, 네째는 스승의 앞에서는 자기의 허물을 도무지 숨기거나 속이지 아니하고 사실로 직고하는 것이 신이니, 이 네 가지가 구비하면 특별한 신심이라, 능히 불조(佛祖)의 법기(法器)를 이루게 되리라.」

2. 대종사 말씀하시기를 「모든 공부인의 근기(根

機)가 천층 만층으로 다르나 대체로 그를 상·중·하 세 근기로 구분하나니, 상근기는 정법을 보고 들을 때에 바로 판단과 신심이 생겨나서 모든 공부를 자신하고 행하는 근기요, 중근기는 자세히 아는 것도 없고 혹은 모르지도 아니하여 항상 의심을 풀지 못하고 법과 스승을 저울질하는 근기요, 하근기는 사(邪)와 정(正)의 분별도 없으며 계교와 의심도 내지 아니하여 인도하면 인도하는 대로 순응하는 근기라, 이 세 가지 근기 가운데 도가에서 가장 귀히 알고 요구하는 것은 상근기이니, 이 사람은 자기의 공부도 지체함이 없을 것이요, 도문의 사업도 날로 확장하게 할 것이며, 둘째로 가히 인도할 만한 것은 하근기로서 독실한 신심이 있는 사람이니, 이 사람은 비록 자신은 없다 할지라도, 법을 중히 알고 스승을 돈독히 믿는 데 따라 그 진행하는 정성이 쉬지 않으므로 필경은 성공할 수 있나니라. 그러나, 그 중에 가장 가르치기 힘들고 변덕이 많은 것은 중근기니, 이 사람은 법을 가벼이 알고 스승을 업신여기기 쉬우며, 모든 일에 철저한 발원과 독실한 성의가 없으므로 공부나 사업이나 성공을 보기가 대단히 어렵나니라. 그러므로, 중근기 사람들은 그 근기를 뛰어 넘는 데에 공을 들여야 할 것이며 하근기로서도 혹 바로 상근기의 경지에 뛰어 오르는 사람이 있으나. 만일 그렇지 못하고, 중근기의 과정을 밟아 올라가게 될 때에는 그 때가 또한 위험하나니 주의하여야 하나니라.」

3. 한 제자 여쭙기를 「저는 본래 재질이 둔하온데 겸하여 공부하온 시일이 아직 짧사와 성취의 기한이 아득한 것 같사오니 어찌 하오리까.」 대종사 말씀하시기를 「도가의 공부는 원래 재질의 유무나 시일의 장단에 큰 관계가 있는 것이 아니라 오직 신(信)과 분(忿)과 의(疑)와 성(誠)으로 정진(精進)하고 못 하는 데에 큰 관계가 있나니, 누구나 신·분·의·성만 지극하면 공부의 성취는 날을 기약하고 가히 얻을 수 있나니라.」

4. 대종사 말씀하시기를 「보통 사람들은 어떠한 경계에 발심을 한 때에는 혹 하늘을 뚫는 신심이 나는 듯하다가도 시일이 좀 오래되면 그 신심이 까라지는 수가 있으며, 또는 없던 권리가 있어진다든지, 있던 권리가 없어진다든지, 불화하던 가정이 화락하게 되었다든지, 화락하던 가정이 불화하게 되었다든지 하는 등의 변동이 생길 때에 그 신심이 또한 변동되는 수가 있나니, 이러한 경계를 당할수록 더욱 그 신심을 살펴서 역경을 돌리어 능히 순경을 만들며, 순경이면 또한 간사하고 넘치는 데에 흐르지 않게 하는 꿋꿋한 대중이 계속되어야 가히 큰 공부를 성취하리라.」

5. 대종사 말씀하시기를 「세상에 지위가 높은 사람이나 권세가 있는 사람이나 재산이 풍부한 사람이나 학식이 많은 사람은 큰 신심을 발하여 대도에 들기가

어려운데, 그러한 사람으로서 수도에 발심하며 공도에 헌신한다면 그는 전세에 깊은 서원을 세우고 이 세상에 나온 사람이니라.」

6. 대종사 말씀하시기를 「여러 사람 가운데에는 나와 사제의 분의(分義)는 맺었으나 그 신을 오롯하게 하지 못하고 제 재주나 주견에 집착하여 제 뜻대로 하려는 사람이 없지 아니하나니, 나를 만난 보람이 어디 있으리요. 공부인이 큰 서원과 신성을 발하여 전적으로 나에게 마음을 바치었다면 내가 무슨 말을 하고 어떠한 일을 맡겨도 의심과 트집이 없을 것이니, 이리 된 뒤에야 내 마음과 제 마음이 서로 연하여 나의 공들인 것과 저의 공들인 것이 헛되지 아니하리라.」

7. 대종사 말씀하시기를 「도가에서 공부인의 신성을 먼저 보는 것은 신(信)이 곧 법을 담는 그릇이 되고, 모든 의두를 해결하는 원동력이 되며, 모든 계율을 지키는 근본이 되기 때문이니, 신이 없는 공부는 마치 죽은 나무에 거름하는 것과 같아서 마침내 결과를 보지 못하나니라. 그러므로, 그대들도 먼저 독실한 신을 세워야 자신을 제도하게 될 것이며, 남을 가르치는 데에도 신 없는 사람에게 신심 나게 하는 것이 첫째 가는 공덕이 되나니라.」

8. 대종사 말씀하시기를 「삼보(三寶)를 신앙하는 데에도 타력신과 자력신의 두 가지가 있나니, 타력신은 사실로 나타난 불(佛)과 법(法)과 승(僧)을 사실적

으로 믿고 받드는 것이요, 자력신은 자성 가운데 불과 법과 승을 발견하여 안으로 믿고 수행함이라, 이 두가지는 서로 근본이 되므로 자력과 타력의 신앙을 아울러 나가야 하나, 공부가 구경처에 이르고 보면 자타의 계한이 없이 천지 만물 허공 법계가 다 한 가지 삼보로 화하나니라.」

9. 대종사 제자들에게 물으시기를 「그대들이 나를 오랫동안 보지 못하면 보고 싶은 생각과 가까이 있고자 하는 마음이 얼마나 간절하던가.」 제자들이 사뢰기를 「심히 간절하더이다.」 대종사 말씀하시기를 「그러하리라. 그러나, 자녀가 아무리 효도한다 하여도 부모가 그 자녀 생각하는 마음을 당하기 어렵고, 제자가 아무리 정성스럽다 하여도 스승이 그 제자 생각하는 마음을 당하기 어려우리니, 만일 제자가 스승 신봉하고 사모하는 마음이 스승이 제자 사랑하고 생각하는 마음의 반만 되어도 가히 그 법이 건네게 되리라.」

10. 대종사 말씀하시기를 「제자로서 스승에게 법을 구할 때에 제 마음을 다 바치지 아니하거나 정성에 끊임이 있으면 그 법을 오롯이 받지 못하나니라. 옛날에 구정(九鼎) 선사는 처음 출가하여 몹시 추운 날 솥을 걸라는 스승의 명을 받고 밤 새도록 아홉 번이나 솥을 고쳐 걸고도 마음에 추호의 불평이 없으므로 드디어 구정이라는 호를 받고 중이 되었는데, 그 후 별다른 법문을 듣는 일도 없이 여러 십년 동안 시봉만 하되

스승을 믿고 의지하는 정성이 조금도 쉬지 아니하였고, 마침내 스승의 병이 중하매 더욱 정성을 다하여 간병에 전력하다가 홀연히 마음이 열려 자기가 스스로 깨치는 것이 곧 법을 받는 것임을 알았다 하니, 법을 구하는 사람이 이만한 신성이 있어야 그 법을 오롯이 받게 되나니라.」

11. 대종사 말씀하시기를 「봄 바람은 사(私)가 없이 평등하게 불어 주지마는 산 나무라야 그 기운을 받아 자라고, 성현들은 사가 없이 평등하게 법을 설하여 주지마는 신 있는 사람이라야 그 법을 오롯이 받아 갈 수 있나니라.」

12. 대종사 금강산을 유람하고 돌아 오시어 대중에게 말씀하시기를 「내가 이번에 산에서 유숙한 여관의 주인이 마침 예수교인으로서 그 신앙이 철저하여 대단한 낙생활을 하고 있기에 그의 경력을 물어보았더니, 그는 신앙 생활 삼십 여년에 자기의 생활상에 많은 풍파도 있었으나 그러한 굴곡을 당할 때마다 좋은 일이 돌아오면 하나님께서 사랑하여 주시니 감사하고 낮은 일이 돌아오면 저의 잘못을 경계하여 주시니 또한 감사하다 하여, 좋으나 낮으나 경계를 대할 때마다 마음이 더욱 묶어지고 신앙이 더욱 깊어져서 이렇듯 낙 생활을 하게 되었다고 하더라. 그런즉, 그대들도 각각 신앙 정도를 마음 깊이 대조하여 보라. 그 사람은 아직 타력 신앙에 그치어 진리의 근본을 다 더위잡지 못하였으나

그러한 생활을 하게 되었거든 하물며 자력신과 타력신을 병진하는 그대들로서 만일 파란 곡절에 조금이라도 마음이 흘러간다면 그 어찌 바른 신앙이며 참다운 정성이라 하겠는가. 그대들은 같은 신앙 가운데에도 이 원만하고 사실다운 신앙처를 만났으니 마음을 항상 챙기고 또 챙겨서 신앙으로 모든 환경을 지배는 할지언정 환경으로 신앙이 흔들리는 용렬한 사람은 되지 말라.」

13. 대종사 석두암에 계실 때에, 장 적조(張寂照) 구 남수(具南守) 이 만갑(李萬甲) 등이 여자의 연약한 몸으로 백리의 먼 길을 내왕하며 알뜰한 신성을 바치는지라, 대종사 기특히 여기시어 말씀하시기를 「그대들의 신심이 이렇게 독실하니 지금 내가 똥이라도 먹으라 하면 바로 먹겠는가.」하시니, 세 사람이 바로 나가 똥을 가져 오는지라, 대종사 「그대로 앉으라.」하시고 말씀하시기를 「그대들의 거동을 보니 똥보다 더한 것이라도 먹을 만한 신심이로다. 그러나, 지금은 회상이 단순해서 그대들을 친절히 챙겨 줄 기회가 자주 있지마는 이 앞으로 회상이 커지고 보면 그대들의 오고 가는 것조차 내가 일일이 알 수 없을지 모르니, 그러한 때에라도 오늘 같은 신성이 계속되겠는가 생각하여 보아서 오늘의 이 신성으로 영겁을 일관하라.」

14. 대종사 설법하실 때에 김 정각(金正覺)이 앞에서 조는지라, 꾸짖어 말씀하시기를 「앞에서 졸고 있는 것이 보기 싫기가 물소 같다.」하시니, 정각이 곧 일어

나 사배를 올리고 웃는지라, 대종사 말씀하시기를 「내가 그 동안 정각에게 정이 떨어질 만한 야단을 많이 쳤으나 조금도 그 신심에 변함이 없었나니, 저 사람은 죽으나 사나 나를 따라 다닐 사람이라.」하시고, 또 말씀하시기를 「제자로서 스승에게 다 못할 말이 있고 스승이 제자에게 다 못해 줄 말이 있으면 알뜰한 사제는 아니니라.」

15. 대종사 말씀하시기를 「내가 오늘 조실에 앉았으니 노 덕송옥(盧德頌玉)의 얼굴이 완연히 눈 앞에 나타나서 얼마동안 없어지지 아니하는 것을 보았노라. 그는 하늘에 사무치는 신성을 가진지라 산하가 백여 리에 가로 막혀 있으나 그 지극한 마음이 이와 같이 나타난 것이니라.」

16. 정 석현(鄭石現)이 사뢰기를 「저는 환경에 고통스러울 일이 많사오나 법신불 전에 매일 심고 올리는 재미로 사나이다.」 대종사 말씀하시기를 「석현이가 법신불의 공덕과 위력을 알아서 진정한 재미를 붙였는가는 알 수 없으나 그것이 곧 고 가운데 낙을 발견하는 한 방법이니 이러한 방법으로 살아 간다면 고통스러울 환경에서도 낙을 수용(受用)할 수가 없지 아니하나니라. 내가 봉래산에 있을 때에 같이 있는 몇몇 사람은 그 험산 궁곡(險山窮谷)에서 거처와 음식이 기구하고 육신의 노력은 과중하여 모든 방면에 고생이 막심하였으되 오직 법을 듣고 나를 시봉하는 재미로 항상 낙도

생활을 하여왔고, 또는 영광에서 최초에 구인으로 말하더라도 본래 노동도 아니 하여 본 사람들로서 엄동설한에 간석지(干潟地)를 막아 낼 때에 그 고생이 말할 수 없었건마는 조금도 불평과 불만이 없이 오직 이 회상을 창립하는 기쁨 가운데 모든 고생을 낙으로 돌렸으며 나의 하는 말이면 다 즐거이 감수 복종 하였나니, 그 때 그 사람들도 말하면 남 보기에는 못 이길 고생을 하는 것 같았으나 그 실은 마음 속에 낙이 진진하여 이 세상에서 바로 천상락을 수용하였나니라. 그런즉, 그대들도 기위 이 공부와 사업을 하기로 하면 먼저 굳은 신념과 원대한 희망으로 어떠한 천신 만고가 있을지라도, 이를 능히 초월하여 모든 경계를 항상 낙으로 돌리는 힘을 얻은 후에야 한 없는 세상에 길이 낙원의 생활을 계속할 수 있으리라.」

17. 제자 가운데 신(信)을 바치는 뜻으로 손을 끊은 사람이 있는지라, 대종사 크게 꾸짖어 말씀하시기를 「몸은 곧 공부와 사업을 하는 데에 없지 못할 자본이어늘 그 중요한 자본을 상하여 신을 표한들 무슨 이익이 있으며, 또는 진정한 신성은 원래 마음에 달린 것이요, 몸에 있는 것이 아니니, 앞으로는 누구든지 절대로 이러한 일을 하지 말라.」하시고, 이어서 말씀하시기를 「아무리 지식과 문장이 출중하고 또는 한 때의 특행(特行)으로 여러 사람의 신망이 높아진다 하더라도, 그것만으로는 이 회상의 종통을 잇지 못하는

것이요, 오직 이 공부 이 사업에 죽어도 변하지 않을 신성으로 혈심(血心) 노력한 사람이라야 되나니라.」

18. 문 정규 여쭙기를 「송 규·송 도성·서 대원 세 사람이 지금은 젊사오나 앞으로 누가 더 유망하겠나이까.」 대종사 한참 동안 묵연하시는지라, 정규 다시 여쭙기를 「서로 장단이 다르오니 저로서는 판단하기 어렵나이다.」 대종사 말씀하시기를 「송 규는 정규의 지량으로 능히 측량할 사람이 아니로다. 내가 송 규 형제를 만난 후 그들로 인하여 크게 걱정하여 본 일이 없었고, 무슨 일이나 내가 시켜서 아니 한 일과 두 번 시켜 본 일이 없었노라. 그러므로, 나의 마음이 그들의 마음이 되고 그들의 마음이 곧 나의 마음이 되었나니라.」

19. 대종사 말씀하시기를 「주세(主世)의 성인들은 천지의 대운을 타고 나오는지라, 중생들이 그 성인과 그 회상에 정성을 다 바치며 서원을 올리면 그 서원이 빨리 이루어지고, 그 반면에 불경하거나 훼방하면 죄벌이 또한 크게 미치나니, 다만 그 한 분뿐 아니라, 그러한 분과 심법(心法)이 완전히 합치된 사람도 그 위력이 또한 다름 없나니라.」

제 11 요 훈 품 (要訓品)

1. 대종사 말씀하시기를 「모든 학술을 공부하되 쓰는 데에 들어 가서는 끊임이 있으나, 마음 작용하는 공부를 하여 놓으면 일분 일각도 끊임이 없이 활용되나니, 그러므로 마음 공부는 모든 공부의 근본이 되나니라.」

2. 대종사 말씀하시기를 「수도인이 구하는 바는, 마음을 알아서 마음의 자유를 얻자는 것이며, 생사의 원리를 알아서 생사를 초월하자는 것이며, 죄복의 이치를 알아서 죄복을 임의로 하자는 것이니라.」

3. 대종사 말씀하시기를 「한 마음이 선하면 모든 선이 이에 따라 일어나고, 한 마음이 악하면 모든 악이 이에 따라 일어나나니, 그러므로 마음은 모든 선악의 근본이 되나니라.」

4. 대종사 말씀하시기를 「마음이 바르지 못한 사람이 돈이나 지식이나 권리가 많으면 그것이 도리어 죄악을 짓게 하는 근본이 되나니, 마음이 바른 뒤에야 돈과 지식과 권리가 다 영원한 복으로 화하나니라.」

5. 대종사 말씀하시기를 「선이 좋은 것이나, 작은 선에 얽매이면 큰 선을 방해하고, 지혜가 좋은 것이나, 작은 지혜에 얽매이면 큰 지혜를 방해하나니, 그

작은 것에 얽매이지 아니하는 공부를 하여야 능히 큰 것을 얻으리라.」

6. 대종사 말씀하시기를 「자기가 어리석은 줄을 알면, 어리석은 사람이라도 지혜를 얻을 것이요, 자기가 지혜 있는 줄만 알고 없는 것을 발견하지 못하면, 지혜 있는 사람이라도 점점 어리석은 데로 떨어지나니라.」

7. 대종사 말씀하시기를 「큰 도를 닦는 사람은 정과 혜를 같이 운전하되, 정 위에 혜를 세워 참 지혜를 얻고, 큰 사업을 하는 사람은 덕(德)과 재(才)를 같이 진행하되, 덕 위에 재를 써서 참 재주를 삼나니라.」

8. 대종사 말씀하시기를 「용맹 있는 사람이 강적 만나기 쉽고, 재주 있는 사람이 일 그르치기 쉽나니라.」

9. 대종사 말씀하시기를 「어리석은 사람은 근심과 걱정이 있을 때에는 없애기에 노력하지마는, 없을 때에는 다시 장만하기에 분주하나니, 그러므로 그 생활에 근심과 걱정이 다할 날이 없나니라.」

10. 대종사 말씀하시기를 「큰 도에 발원한 사람은 짧은 시일에 속히 이루기를 바라지 말라. 잦은 걸음으로는 먼 길을 걷지 못하고, 조급한 마음으로는 큰 도를 이루기 어렵나니, 저 큰 나무도 작은 싹이 썩지 않고 여러 해 큰 결과요, 불보살도 처음 발원을 퇴전(退轉)하지 않고 오래오래 공을 쌓은 결과이니라.」

11. 대종사 말씀하시기를 「큰 공부를 방해하는 두 마

장(魔障)이 있나니, 하나는 제 근기를 스스로 무시하고 자포자기하여 향상을 끊음이요, 둘은 작은 지견에 스스로 만족하고 자존 자대하여 향상을 끊음이니, 이 두 마장을 벗어나지 못하고는 큰 공부를 이루지 못하나니라.」

12. 대종사 말씀하시기를 「희망이 끊어진 사람은 육신은 살아 있으나 마음은 죽은 사람이니, 살·도·음(殺盜淫)을 행한 악인이라도 마음만 한 번 돌리면 불보살이 될 수도 있지마는, 희망이 끊어진 사람은 그 마음이 살아나기 전에는 어찌할 능력이 없나니라. 그러므로, 불보살들은 모든 중생에게 큰 희망을 열어 주실 원력(願力)을 세우시고, 세세 생생 끊임 없이 노력하시나니라.」

13. 대종사 말씀하시기를 「여의 보주(如意寶珠)가 따로 없나니, 마음에 욕심을 떼고, 하고 싶은 것과 하기 싫은 것에 자유 자재하고 보면 그것이 곧 여의 보주니라.」

14. 대종사 말씀하시기를 「다른 사람을 바루고자 하거든 먼저 나를 바루고, 다른 사람을 가르치고자 하거든 먼저 내가 배우고, 다른 사람의 은혜를 받고자 하거든 먼저 내가 은혜를 베풀라. 그러하면, 나의 구하는 바를 다 이루는 동시에 자타가 고루 화함을 얻으리라.」

15. 대종사 말씀하시기를 「다른 사람을 이기는 것이

그 힘이 세다 하겠으나, 자기를 이기는 것은 그 힘이 더하다 하리니, 자기를 능히 이기는 사람은 천하 사람이라도 능히 이길 힘이 생기나니라.」

16. 대종사 말씀하시기를 「세상에 두 가지 어리석은 사람이 있나니, 하나는 제 마음도 마음대로 쓰지 못하면서 남의 마음을 제 마음대로 쓰려는 사람이요, 둘은 제 일 하나도 제대로 처리하지 못하면서 남의 일까지 간섭하다가 시비 가운데 들어서 고통받는 사람이니라.」

17. 대종사 말씀하시기를 「모든 것을 구하는 데에 도가 있건마는 범부는 도가 없이 구하므로 구하면 구할수록 멀어지고, 불보살은 도로써 구하므로 아쉽게 구하지 아니하여도 자연히 돌아오는 이치가 있나니라.」

18. 대종사 말씀하시기를 「그 일을 먼저 하고 먹기를 뒤에 하는 사람은 군자요, 그 일을 뒤에 하고 먹기를 먼저 하는 사람은 소인이니라.」

19. 대종사 말씀하시기를 「어리석은 사람은 복을 받기는 좋아하나 복을 짓기는 싫어하고, 화(禍)를 받기는 싫어하나 죄를 짓기는 좋아하나니, 이것이 다 화복의 근원을 알지 못함이요, 설사 안다할지라도 실행이 없는 연고니라.」

20. 대종사 말씀하시기를 「정신·육신·물질로 혜시를 많이 하는 사람이 장차 복을 많이 받을 사람이요, 어떠한 경계를 당하든지 분수에 편안한 사람이 제일 편안한 사람이며, 어떠한 처지에 있든지 거기에 만족을

얻는 사람이 제일 부귀한 사람이니라.」

21. 대종사 말씀하시기를 「중생은 영리하게 제 일만 하는 것 같으나 결국 자신이 해를 보고, 불보살은 어리석게 남의 일만 해주는 것 같으나 결국 자기의 이익이 되나니라.」

22. 대종사 말씀하시기를 「지혜 있는 사람은 지위의 고하를 가리지 않고 거짓 없이 그 일에만 충실하므로, 시일이 갈수록 그 일과 공덕이 찬란하게 드러나고, 어리석은 사람은 그 일에는 충실하지 아니하면서 이름과 공만을 구하므로, 결국 이름과 공이 헛되이 없어지고 마나니라.」

23. 대종사 말씀하시기를 「제가 스스로 높은 체 하는 사람은 반드시 낮아지고, 항상 남을 이기기로만 주장하는 사람은 반드시 지게 되나니라.」

24. 대종사 말씀하시기를 「선은 들추어 낼수록 그 공덕이 작아지고 악은 숨겨둘수록 그 뿌리가 깊어지나니, 그러므로 선은 숨겨두는 것이 그 공덕이 커지고 악은 들추어 내는 것이 그 뿌리가 얕아지나니라.」

25. 대종사 말씀하시기를 「덕도 음조(陰助)하는 덕이 더 크고, 죄도 음해(陰害)하는 죄가 더 크나니라.」

26. 대종사 말씀하시기를 「선을 행하고도 남이 몰라 주는 것을 원망하면 선 가운데 악의 움이 자라나고, 악을 범하고도 참회를 하면 악 가운데 선의 움이 자라나나니, 그러므로 한 때의 선으로 자만 자족하여 향상

을 막지도 말며, 한 때의 악으로 자포 자기하여 타락하지도 말 것이니라.」

27. 대종사 말씀하시기를 「어리석은 사람은 공것이라 하면 좋아만 하고, 그로 인하여 몇 배 이상의 손해를 받는 수가 있음을 알지 못하나, 지혜 있는 사람은 공것을 좋아하지도 아니하려니와, 그것이 생기면 다 차지하지 아니하고 정당한 곳에 나누어 써서, 재앙이 따라 오기 전에 미리 액을 방비하나니라.」

28. 대종사 말씀하시기를 「진인(眞人)은 마음에 거짓이 없는지라 모든 행사가 다 참으로 나타나고, 성인(聖人)은 마음에 상극(相克)이 없는지라 모든 행사가 다 덕으로 나타나나니, 그러므로 진인은 언제나 마음이 발라서 삿됨이 없고 성인은 언제나 마음이 안온하여 괴로움이 없나니라.」

29. 대종사 말씀하시기를 「빈 말로 남에게 무엇을 준다든지 또는 많이 주었다고 과장하여 말하지 말라. 그 말이 도리어 빚이 되고 덕을 상하나니라. 또는 허공 법계에 빈 말로 맹세하지 말라. 허공 법계를 속인 말이 무서운 죄고의 원인이 되나니라.」

30. 대종사 말씀하시기를 「자기 마음 가운데 악한 기운과 독한 기운이 풀어진 사람이라야 다른 사람의 악한 기운과 독한 기운을 풀어 줄 수 있나니라.」

31. 대종사 말씀하시기를 「상극의 마음이 화(禍)를 불러 들이는 근본이 되고, 상생의 마음이 복을 불러

들이는 근본이 되나니라.」

32. 대종사 말씀하시기를 「아무리 한 때에 악을 범한 사람이라도 참 마음으로 참회하고 공덕을 쌓으면 몸에 악한 기운이 풀어져서 그 앞 길이 광명하게 열릴 것이요, 아무리 한 때에 선을 지은 사람이라도 마음에 원망이나 남을 해칠 마음이 있으면 그 몸에 악한 기운이 싸고 돌아서 그 앞 길이 암담하게 막히나니라.」

33. 대종사 말씀하시기를 「중생들은 열 번 잘 해준 은인이라도 한 번만 잘못하면 원망으로 돌리지마는 도인들은 열 번 잘못한 사람이라도 한 번만 잘하면 감사하게 여기나니; 그러므로 중생들은 은혜에서도 해(害)만 발견하여 난리와 파괴를 불러 오고, 도인들은 해에서도 은혜를 발견하여 평화와 안락을 불러 오나니라.」

34. 대종사 말씀하시기를 「선한 사람은 선으로 세상을 가르치고, 악한 사람은 악으로 세상을 깨우쳐서, 세상을 가르치고 깨우치는 데에는 그 공이 서로 같으나, 선한 사람은 자신이 복을 얻으면서 세상 일을 하게 되고, 악한 사람은 자신이 죄를 지으면서 세상 일을 하게 되므로, 악한 사람을 미워하지 말고 불쌍히 여겨야 하나니라.」

35. 대종사 말씀하시기를 「이용하는 법을 알면 천하에는 버릴 것이 하나도 없나니라.」

36. 대종사 말씀하시기를 「사람이 말 한 번 하고 글

한 줄 씩 가지고도 남에게 희망과 안정을 주기도 하고, 낙망과 불안을 주기도 하나니, 그러므로 사람이 근본적으로 악해서만 죄를 짓는 것이 아니라, 죄 되고 복 되는 이치를 알지 못하여 자신도 모르는 가운데 죄를 짓는 수가 허다하나니라.」

37. 대종사 말씀하시기를 「살·도·음 같은 중계(重戒)를 범하는 것도 악이지마는, 사람의 바른 신심을 끊어서 영겁 다생에 그 앞 길을 막는 것은 더 큰 악이며, 금전이나 의식을 많이 혜시하는 것도 선이지마는, 사람에게 바른 신심을 일으켜서 영겁 다생에 그 앞 길을 열어 주는 것은 더 큰 선이 되나니라.」

38. 대종사 말씀하시기를 「세상에 세 가지 제도하기 어려운 사람이 있나니, 하나는 마음에 어른이 없는 사람이요, 둘은 모든 일에 염치가 없는 사람이요, 셋은 악을 범하고도 부끄러운 마음이 없는 사람이니라.」

39. 대종사 말씀하시기를 「대중 가운데 처하여 대중의 규칙을 어기는 것은 곧 그 단체를 파괴하는 것이요, 대중의 뜻을 무시하는 것은 곧 천의를 어김이 되나니라.」

40. 대종사 말씀하시기를 「대중 가운데 처하여 비록 특별한 선과 특별한 기술은 없다 할지라도 오래 평범을 지키면서 꾸준한 공을 쌓는 사람은 특별한 인물이니, 그가 도리어 큰 성공을 보게 되리라.」

41. 대종사 말씀하시기를 「도가의 명맥(命脈)은 시

설이나 재물에 있지 아니하고, 법의 혜명(慧命)을 받아 전하는 데에 있나니라.」

42. 대종사 말씀하시기를 「참 자유는 방종(放縱)을 절제하는 데에서 오고, 큰 이익은 사욕을 버리는 데에서 오나니, 그러므로 참 자유를 원하는 사람은 먼저 계율을 잘 지키고, 큰 이익을 구하는 사람은 먼저 공심(公心)을 양성하나니라.」

43. 대종사 말씀하시기를 「중생들은 불보살을 복전(福田)으로 삼고, 불보살들은 중생을 복전으로 삼나니라.」

44. 대종사 말씀하시기를 「사람으로서 육도와 사생의 세계를 널리 알지 못하면 이는 한 편 세상만 아는 사람이요, 육도와 사생의 승강되는 이치를 두루 알지 못하면 이는 또한 눈 앞의 일 밖에 모르는 사람이니라.」

45. 대종사 말씀하시기를 「그 마음에 한 생각의 사(私)가 없는 사람은 곧 시방 삼계를 소유하는 사람이니라.」

제 12 실 시 품 (實示品)

1. 한 때에 대종사 법성(法聖)에서 배를 타시고 부안(扶安) 봉래 정사로 오시는 도중, 뜻밖에 폭풍이 일어나 배가 크게 요동하매, 뱃사람과 승객들이 모두 정신을 잃고, 혹은 우는 사람도 있고, 토하는 사람도 있으며, 거꾸러지는 사람도 있어서, 배 안이 크게 소란하거늘, 대종사 태연 정색하시고 말씀하시기를 「사람이 아무리 죽을 경우를 당할지라도 정신을 수습하여, 옛날 지은 죄를 뉘우치고 앞 날의 선업을 맹세한다면, 천력(天力)을 빌어서 살 길이 열리기도 하나니, 여러 사람들은 정신을 차리라.」 하시니, 배에 탄 모든 사람이 다 그 위덕에 신뢰하여 마음을 겨우 진정하였던 바, 조금 후에 점점 바람이 자고 물결이 평온하여지거늘, 사람들이 모두 대종사의 그 태연 부동하신 태도와 자비 윤택하신 성체를 뵈옵고 흠앙함을 마지 아니하니라.

2. 대종사 하루는 실상사에 가시었더니, 때에 노승 두 사람이 한 젊은 상좌에게 참선(參禪)을 하라 하되 종시 듣지 아니한다 하여 무수히 꾸짖고 나서, 대종사께 고하기를 「저런 사람은 당장에 천 불이 출세하여도 제도하지 못하리니 이는 곧 세상에 버린 물건이라.」

하거늘 대종사 웃으시며 말씀하시기를 「화상(和尙)들이 저 사람을 생각하기는 하였으나 저 사람으로 하여금 영영 참선을 못하게 하는 것도 화상들이로다.」 하시니, 한 노승이 말하기를 「어찌하여 우리가 저 사람에게 참선을 못 하게 한다 하시나이까.」 대종사 말씀하시기를 「남의 원 없는 것을 강제로 권하는 것은 그 사람으로 하여금 영영 그 일을 싫어하게 함이니라. 내가 지금 화상에게 저 산의 바위 속에 금이 들었으니 그것을 부수고 금을 캐라고 무조건 권하면 화상은 곧 나의 말을 믿고 바로 채굴을 시작하겠는가.」 노승이 한참 동안 생각한 후에 말하기를 「그 말씀을 믿고 바로 채굴은 못 하겠나이다.」 대종사 말씀하시기를 「화상이 그와 같이 확신을 하여 주지 않는데 내가 만일 강제로 권하면 화상은 어찌하겠는가. 필시 내 말을 더욱 허망하게 알고 말 것이니, 저 사람은 아직 참선에 대한 취미도 모르고 아무 발원도 없는데, 그것을 억지로 권함은 저 사람으로 하여금 참선을 도리어 허망하게 알게 함이요, 허망하게 아는 때에는 영영 참선을 아니 할 것이 아닌가. 그러므로, 이는 사람 제도하는 묘방이 아니니라.」 노승이 말하기를 「그러하오면 어떻게 하는 것이 제도하는 묘방이 되오리까.」 대종사 말씀하시기를 「저 바위 속에 금이 든 줄을 알았거든 내가 먼저 채굴하여다가 그것을 광채 있게 쓰면 사람들이 나의 부유해진 연유를 알고자 하리니, 그 알고자 하는 마음의 정도를 보아서 그 내역을 말하여 준다면 그 사람들도 얼마나 감사히 그 금을 채굴하려 할 것인가. 이것이 곧 사람을 제도하는 묘방일까 하노라.」 노승들이 고쳐 앉으며 말하기를 「선생의 제도하시는 방법은 참으로 광대하나이다.」 하니라.

3. 대종사 봉래 정사에 계실 때에 하루는 저녁 공양을 아니 드시므로 시봉하던 김 남천·송 적벽이 그 연유를 여쭈었더니, 대종사 말씀하시기를 「내가 이 곳에 있으매 그대들의 힘을 입음이 크거늘 그대들이 오늘 밤에는 싸움을 하고 내일 아침 해가 뜨기 전에 떠나갈 터이라 내 미리 밥을 먹지 아니하려 하노라.」 두 사람이 서로 사뢰기를 「저희 사이가 특별히 다정하온데 설령 어떠한 일로 마음이 좀 상한들 가는 일까지야 있겠나이까, 어서 공양에 응하소서.」 하더니, 몇 시간 뒤에 별안간 두 사람이 싸움을 하며 서로 분을 참지 못하여 짐을 챙기다가 남천은 대종사의 미리 경계하심이 생각되어 그대로 머물러 평생에 성훈을 지켰고, 적벽은 이튿날 아침에 떠나가니라.

4. 원기 구년에 익산 총부를 처음 건설한 후 가난한 교단 생활의 첫 생계로 한 동안 엿(飴) 만드는 업을 경영한 바 있었더니, 대종사 항상 여러 제자에게 이르시기를 「지금 세상은 인심이 고르지 못하니 대문 단속과 물품 간수를 철저히 하여 도난을 당하는 일이 없도록 하라. 만일 도난을 당하게 된다면 우리의 물품

을 손실할 뿐만 아니라 또한 남에게 죄를 짓게 해 줌이 되나니 주의할 바이니라.」하시고, 친히 자물쇠까지 챙겨 주시었으나 제자들은 아직 경험이 부족한 관계로 미처 모든 단속을 철저히 하지 못하다가, 어느 날 밤에 엿과 엿 목판을 다 잃어버린지라, 제자들이 황공하고 근심됨을 이기지 못하매, 대종사 말씀하시기를 「근심하지 말라. 어제 밤에 다녀간 사람이 그대들에게는 큰 선생이니, 그대들이 나를 제일 존중한 스승으로 믿고 있으나, 일전에 내가 말한 것만으로는 정신을 차리지 못하다가 이제부터는 내가 말하지 아니하여도 크게 주의를 할 것이니, 어제 밤 약간의 물품 손실은 그 선생을 대접한 학비로 알라.」

5. 한 제자 성행(性行)이 거칠어서 출가한 지 여러 해가 되도록 전일의 악습을 도무지 고치지 못하므로, 제자들이 대종사께 사뢰기를 「그는 비록 백년을 법하에 두신다 하더라도 별 이익이 없을 듯 하오니, 일찍 돌려 보내시어 도량(道場)의 풍기를 깨끗이 함이 좋을까 하나이다.」 대종사 말씀하시기를 「그대들이 어찌 그런 말을 하는가. 그가 지금 도량 안에 있어서도 그와 같으니 사회에 내 보내면 그 장래가 더욱 어찌 되겠는가. 또는 사회와 도량을 따로 보는 것은 소승의 생각이요 독선의 소견이니, 큰 견지로 본다면 사회의 부정이 곧 도량의 부정이요, 도량의 부정이 곧 사회의 부정이라, 도량의 부정만을 제거하여 사회에

옮기고자 하는 것이 어찌 원만한 일이라 하리요. 무릇 불법의 대의는 모든 방편을 다하여 끝까지 사람을 가르쳐서 선으로 인도하자는 것이어늘, 만일 선한 사람만 상대하기로 한다면 그 본분이 어디 있겠는가. 그러므로, 그대들은 가르쳐서 곧 화하지 않는 사람이라고 미리 미워하여 버리지 말고 끝까지 최선을 다하되, 제가 능히 감당하지 못하여 나간다면이어니와 그렇지 아니하면 다 같은 불제자로 함께 성불할 인연을 길이 놓지 말게 할지어다.」

6. 한 제자 교칙(敎則)에 크게 어그러진 바 있어 대중이 추방하기로 공사를 하는지라, 대종사 말씀하시기를 「너희가 어찌 차마 이러한 공사를 하느냐. 그는 나의 뜻이 아니로다. 나는 몇 만 명 제자만이 나의 사람이 아니요, 몇 만 평 시설만이 나의 도량이 아니라, 온 세상 사람이 다 나의 사람이요, 온 세계 시설이 다 나의 도량이니, 나를 따르던 사람으로 제가 나를 버리고는 갈지언정 내가 먼저 저를 버리지는 아니하리라.」 하시고, 그 제자를 직접 부르시사 혹은 엄히 꾸짖기도 하시고 혹은 타이르기도 하시어 마침내 개과천선의 길을 얻게 하여 주시니라.

7. 대종사 영산에 계실 때에 창부 몇 사람이 입교하여 내왕하는지라 좌우 사람들이 꺼리어 사뢰기를 「이 청정한 법석에 저러한 사람들이 내왕하오면 외인의 치소가 있을 뿐 아니라, 반드시 발전에 장애가 될 것이

오니, 미리 오지 못하게 하는 것이 좋을까 하나이다.」
대종사 웃으시며 말씀하시기를 「그대들은 어찌 그리 녹록한 말을 하는가. 대개 불법의 대의는 항상 대자 대비의 정신으로 일체 중생을 두루 제도하는 데에 있거니, 어찌 그들만은 그 범위에서 제외하리요. 제도의 문은 도리어 그러한 죄고 중생을 위하여 열리었나니, 그러한 중생일수록 더 반가이 맞아 들여, 그 악을 느껴 스스로 깨치게 하고, 그 업을 부끄러워 스스로 놓게 하는 것이 교화의 본분이라, 어찌 다른 사람의 치소를 꺼리어 우리의 본분을 저버리겠는가. 또는 세상에는 사람의 고하가 있고 직업의 귀천이 있으나, 불성에는 차별이 없나니, 이 원리를 알지 못하고 다만 그러한 사람이 내왕한다 하여 함께 배우기를 꺼려한다면, 도리어 그 사람이 제도하기 어려운 사람이니라.」

8. 기미년(己未年·1919) 이후 인심이 극히 날카로운 가운데 대종사에 대한 관헌의 지목이 날로 심하여, 금산사에 계시다가 김제 서에서와, 영산에 계시다가 영광 서에서 여러 날 동안 심문당하신 것을 비롯하여 평생에 수 많은 억압과 제재를 받으셨으나, 조금도 그들을 싫어하고 미워하시는 바가 없이 늘 흔연히 상대하여 주시었으며, 대중에게도 이르시기를 「그들은 그들의 일을 할 따름이요, 우리는 우리의 일을 할 따름이라, 우리의 하는 일이 옳은 일이라면 누구인들 끝내 해하고 막지는 못하리라.」

9. 일경(日警) 한 사람이 대종사의 명함을 함부로 부르는지라 오 창건이 그 무례함에 분개하여 크게 꾸짖어 보내거늘, 대종사 말씀하시기를 「그 사람이 나를 아직 잘 알지 못하여 그러하거늘 크게 탓할 것이 무엇이리요. 사람을 교화하는 사람은 항상 심복으로 저 편을 감화시키는 데 힘써야 하나니, 질 자리에 질 줄 알면 반드시 이길 날이 올 것이요, 이기지 아니할 자리에 이기면 반드시 지는 날이 오나니라.」

10. 한 제자의 사상이 불온하다 하여 일경이 하룻 동안 대종사를 심문하다가 「앞으로는 그런 제자가 다시 없도록 하겠다고 서약하라.」 하는지라, 대종사 말씀하시기를 「부모가 자녀들을 다 좋게 인도하려 하나 제 성행(性行)이 각각이라 부모의 마음대로 다 못 하는 것이요, 나라에서 만백성을 다 좋게 인도하려 하나 민심이 각각이라 나라에서도 또한 다 그렇게 해 주지를 못하나니, 나의 일도 그와 같아서 모든 사람을 다 좋게 만들고자 정성은 들이지마는 그 많은 사람들을 어찌 일조 일석에 다 좋게 만들 수 있겠는가. 그러므로, 앞으로도 노력은 계속하려니와 다시는 없게 하겠다고 서약하기는 어렵노라.」 하시고, 돌아오시어 대중에게 말씀하시기를 「오랫동안 강약이 대립하고 차별이 혹심하여 억울하게 묻어 둔 원한들이 많은지라, 앞으로 큰 전쟁이 한 번 터질 것이요, 그 뒤에는 세상 인지가 차차 밝아져서 개인들이나 나라들이 서로 돕고 우호 상

통할지언정 남의 주권을 함부로 침해하는 일은 없으리라.」

11. 한 사람이 대종사께 여쭙기를 「이러한 세상에도 견성한 도인이 있사오리까.」 대종사 말씀하시기를 「이러한 세상일수록 더욱 견성한 도인이 많이 나야 할 것이 아닌가.」 그 사람이 다시 말하기를 「선생께서는 참으로 견성 성불을 하셨나이까.」 대종사 웃으시며 말씀하시기를 「견성 성불은 말로 하는 것도 아니요 말만 듣고 아는 것도 아니므로, 그만한 지각을 얻은 사람이라야 그 지경을 알아볼 수 있는 것이며, 도덕의 참다운 가치는 후대의 천하 사람들이 증명할 바이니라.」

12. 형사 한 사람이 경찰 당국의 지령을 받아, 대종사와 교단을 감시하기 위하여 여러 해를 총부에 머무르는데, 대종사 그 사람을 챙기고 사랑하시기를 사랑하는 제자나 다름 없이 하시는지라, 한 제자 여쭙기를 「그렇게까지 하실 것은 없지 않겠나이까.」 대종사 말씀하시기를 「그대의 생각과 나의 생각이 다르도다. 그 사람을 감화시켜 제도를 받게 하여 안될 것이 무엇이리요.」 하시고, 그 사람이 있을 때나 없을 때나 매양 한결같이 챙기고 사랑하시더니, 그가 드디어 감복하여 입교하고 그 후로 교중 모든 일에 많은 도움을 주니 법명이 황 이천(黃二天)이러라.

13. 대종사 영산에 계실 때에, 하루는 그 면의 경관 한 사람이 이웃 마을에 와서 사람을 보내어 대종

사의 오시기를 요구하는데 대종사 곧 그에 응하려 하시는지라, 좌우 제자들이 그 경관의 무례함에 분개하여, 가심을 만류하거늘, 대종사 말씀하시기를 「내가 가서 그 사람을 보는 것이 무엇이 불가하다는 말인가.」 한 제자 사뢰기를 「아무리 도덕의 가치를 몰라주는 세상이기로 그와 같은 일개 말단 경관이 수백 대중을 거느리시는 선생님에게 제 어찌 사의(私意)로써 감히 오라 가라 하오리까. 만일 그대로 순응하신다면 법위의 존엄을 손상할뿐 아니라 교중에 적지 않은 치욕이 될까 하나이다.」 대종사 말씀하시기를 「그대의 말이 그럴 듯하나 이에 대하여는 조금도 염려하지 말라. 내 이미 생각한 바가 있노라.」 하시고, 바로 그 곳에 가시어 그를 면회하고 돌아 오시사, 제자들에게 말씀하시기를 「내가 가서 그를 만나매 그가 도리어 황공한 태도로 반가이 영접하였으며 더할 수 없이 만족한 표정으로 돌아갔으니, 그가 우리를 압제하려는 마음이 많이 줄어졌으리라. 그러나, 내가 만일 가지 아니하였다면 그가 우리를 압제하려는 마음이 더할 것이요, 그러하면 그 결과가 어찌 되겠는가. 지금 저들은 어떠한 트집으로라도 조선 사람의 단체는 다 탄압하려 하지 않는가. 그러므로, 이러한 경우에는 이렇게 대응하는 것이 가장 마땅한 길이 되나니라. 대저, 남의 대접을 구하는 법은 어느 방면으로든지 먼저 그만한 대접이 돌아올 실적을 세상에 나타내는 것이니, 그러한다면 그 실적의 정도에 따라 모든 사람이 다 예를 갖추게 되리라. 그러나, 불보살의 심경은 위를 얻은 뒤에도 위라는 생각이 마음 가운데 머물러 있지 아니 하나니라.」

14. 당시의 신흥 종교들 가운데에는 재(財)와 색(色) 두 방면의 사건으로 인하여 관청과 사회의 이목을 집중시킨 일이 적지 아니한지라, 모든 종교에 대한 관변의 간섭과 조사가 잦았으나 언제나 우리에게는 털끝만한 착오도 없음을 보고, 그들이 돌아가 서로 말하기를 「불법연구회(佛法研究會)의 조직과 계획과 실천은 나라를 맡겨도 능란히 처리하리라.」 한다 함을 전하여 들으시고, 대종사 말씀하시기를 「참다운 도덕은 개인·가정으로부터 국가·세계까지 다 잘 살게 하는 큰 법이니, 세계를 맡긴들 못 할 것이 무엇이리요.」

15. 대종사 서울 교당에서 친히 도량의 제초를 하시고 말씀하시기를 「오늘 내가 도량의 제초를 한 데에는 두 가지 뜻이 있었나니, 하나는 교당 책임자들이 매양 도량의 정리에 유의해야 한다는 것을 본보이기 위함이요, 또 하나는 우리의 마음을 자주 살피지 아니하면 잡념 일어나는 것이 마치 이 도량을 조금만 불고하면 어느 틈에 잡초가 무성하는 것과 같아서 마음 공부와 제초 작업이 그 뜻이 서로 통함을 알리어, 제초하는 것으로 마음 공부를 대조하게 하고 마음 공부하는 것으로 제초를 하게 하여 도량과 심전을 다 같이 깨끗하게 하라는 것이라, 그대들은 이 두 가지 뜻

을 항상 명심하여 나의 본의에 어긋남이 없기를 부탁하노라.」

16. 대종사 언제나 수용하시는 도구를 반드시 정돈하사 비록 어두운 밤에라도 그 두신 물건을 가히 더듬어 찾게 하시며, 도량을 반드시 정결하게 하사 한 점의 티끌이라도 머무르지 않게 하시며, 말씀하시기를 「수용하는 도구가 산란한 것은 그 사람의 마음이 산란한 것을 나타냄이요, 도량이 깨끗하지 못한 것은 그 사람의 마음 밭이 거친 것을 나타냄이라, 그러므로 마음이 게으르고 거칠면 모든 일이 다 다스려지지 못하나니 그 어찌 작은 일이라 하여 소홀히 하리요.」

17. 대종사 잠간이라도 방 안을 떠나실 때에는 문갑에 자물쇠를 채우시는지라, 한 제자 그 연유를 묻자오매, 말씀하시기를 「나의 처소에는 공부가 미숙한 남녀 노소와 외인들도 많이 출입하나니, 혹 견물 생심으로 죄를 지을까 하여 미리 그 죄를 방지하는 일이니라.」

18. 대종사 조각 종이 한 장과 도막 연필 하나며 소소한 노끈 하나라도 함부로 버리지 아니하시고 아껴 쓰시며, 말씀하시기를 「아무리 흔한 것이라도 아껴 쓸 줄 모르는 사람은 빈천보를 받나니, 물이 세상에 흔한 것이나 까닭없이 함부로 쓰는 사람은 후생에 물 귀한 곳에 몸을 받아 물 곤란을 보게 되는 과보가 있나니라.」

19. 대종사 일이 없으실 때에는 앞으로 있을 일의 기틀을 먼저 보시므로 일을 당하여 군색함이 없으시고, 비록 폐물이라도 그 사용할 데를 생각하사 함부로 버리지 아니하시므로 폐물이 도리어 성한 물건같이 이용되는 수가 많으니라.

20. 대종사 매양 의식이나 거처에 분수 밖의 사치를 경계하시며, 말씀하시기를 「사람이 분수 밖의 의·식·주를 취하다가 스스로 패가 망신을 하는 수도 있으며, 설사 재산이 넉넉하더라도 사치를 일삼으면 결국은 삿된 마음이 치성하여 수도하는 정신을 방해하나니, 그러므로 공부인들은 의식 거처 등에 항상 담박과 질소를 위주하여야 하나니라.」

21. 대종사 몇 제자와 함께 총부 정문 밖에 나오시매, 어린이 몇이 놀고 있다가 다 절을 하되 가장 어린 아이 하나가 절을 아니 하는지라, 대종사 그 아이를 어루만지시며 「네가 절을 하면 과자를 주리라.」하시니, 그 아이가 절을 하거늘, 대종사 웃으신 후 무심히 한참동안 걸으시다가, 문득 말씀하시기를 「그대들은 잠간 기다리라. 내가 볼 일 하나를 잊었노라.」하시고, 다시 조실로 들어가시어 과자를 가져다가 그 아이에게 주신 후 가시니, 대종사께서 비록 사소한 일이라도 항상 신을 지키심이 대개 이러하시니라.

22. 대종사 병환 중에 계실 때에 한 제자가 「이웃 교도의 가정에 편안히 비기실 의자가 있사오니 가져

오겠나이다.」하고 사뢰었더니, 대종사 말씀하시기를 「그만 두라. 그 주인이 지금 집에 있지 아니 하거늘 어찌 나의 편안한 것만 생각하여 가져오리요. 아무리 친한 사이라도 부득이한 경우 외에는 본인의 자원이나, 승락 없는 물건을 함부로 청하여다 사용하지 않는 것이 좋으니라.」

23. 대종사 편지를 받으시면 매양 친히 보시고 바로 답장을 보내신 후, 보관할 것은 정하게 보관하시고 그렇지 아니한 것은 모아서 정결한 처소에서 태우시며, 말씀하시기를 「편지는 저 사람의 정성이 든 것이라 함부로 두는 것은 예가 아니니라.」

24. 대종사 하루는 한 제자를 크게 꾸짖으시더니 조금 후에 그 제자가 다시 오매 바로 자비하신 성안으로 대하시는지라, 옆에 있던 다른 제자가 그 연유를 묻자오매, 대종사 말씀하시기를 「아까는 그가 끄리고 있는 사심(邪心)을 부수기 위하여 그러하였고, 이제는 그가 돌이킨 정심(正心)을 북돋기 위하여 이러하노라.」

25. 양 하운(梁夏雲) 사모께서는 대종사께서 회상을 창립하시기까지 대종사의 사가 일을 전담하사 갖은 수고를 다 하셨으며, 회상 창립 후에도 논과 밭으로 다니시면서 갖은 고역을 다 하시는지라, 일반 교도가 이를 죄송히 생각하여 거교적으로 성금을 모아 그 고역을 면하시도록 하자는 의논이 도는지라, 대종사 들으시고 말씀하시기를 「그 말도 예에는 그럴 듯

하나 중지하라. 이만한 큰 회상을 창립하는데 그 사람도 직접 나서서 창립의 큰 인물은 못 될지언정 도리어 대중의 도움을 받아서야 되겠는가. 자력이 없어서 할 수 없는 처지라면 모르거니와 자신의 힘으로 살 수 있다면 그것이 떳떳하고 행복한 생활이니라.」

26. 이 청춘이 돼지 자웅의 노는 것을 보다가 마음에 깊이 깨친 바 있어 세간 향락을 청산하고 도문에 들어와 수도에 힘쓰던 중, 자기의 소유 토지 전부를 이 회상에 바치려 하는지라, 대종사 말씀하시기를 「그대의 뜻은 심히 아름다우나 사람의 마음이란 처음과 끝이 같지 아니할 수 있으니, 더 신중히 생각하여 보라.」하시고 여러 번 거절하시니, 청춘은 한 번 결정한 마음에 변동이 없을 뿐 아니라 대종사의 여러 번 거절하심에 더욱 감동하여 받아 주시기를 굳이 원하거늘, 대종사 드디어 허락하시며 「덕을 쓸진대 천지 같이 상(相) 없는 대덕을 써서 영원히 그 공덕이 멸하지 않도록 하라.」

27. 대종사 마령 교당에 가시니 오 송암(吳松庵)이 와서 뵈옵고 말하되 「저의 여식 종순(宗順) 종태(宗泰)가 입교한 후로 출가(出嫁)를 거절하는 것이 제 뜻에는 맞지 아니하오나, 그들의 뜻을 굽히지 못하여 그대로 두오니, 그 장래 전정을 책임져 주소서.」 하거늘, 대종사 말씀하시기를 「나의 법은 과거 불교와 달라서 결혼 생활을 법으로 금하지는 아니하나, 그와 같

이 특별한 서원 아래 순결한 몸과 마음으로 공부 사업하겠다는 사람들에게 어찌 범연할 수야 있겠는가. 그러나, 그들의 장래는 부모나 스승에게보다 그들의 마음에 더 달려 있나니, 최후 책임은 그들에게 맡기고 그대나 나는 정성을 다하여 지도만 하여 보자.」하시니, 송암이 일어나 절하고 두 딸의 전무출신을 흔연히 승낙하니라.

28. 대종사 부산에 가시니 임 칠보화(林七寶華)가 와서 뵈옵고 「저의 집에 일차 왕림하여 주소서.」하거늘, 대종사 말씀하시기를 「그대는 신심이 지극하나 그대의 부군은 아직 외인이라 가히 양해를 하겠는가.」하시니, 칠보화 사뢰기를 「제가 남편에게 대종사 공양의 뜻을 말하옵고 생각이 어떠냐고 물었삽더니 그가 말하기를 "내 아직 실행이 철저하지 못하여 입교는 아니하였으나 그런 어른이 와 주신다면 우리 집안의 영광이 되겠다" 고 하더이다.」대종사 그 숙연(宿緣)을 짐작하시고 흔연히 그 청에 응하시니라.

29. 한 사람이 와서 제자되기를 원하는지라, 대종사 말씀하시기를 「다음 날 한 두번 다시 와 보고 함이 어떠하냐.」하시니, 그 사람이 말하기를 「제 뜻이 이미 견고하오니 곧 허락하여 주옵소서.」하거늘, 대종사 한참 동안 생각하시다가 그 법명을 일지(日之)라고 내리시더니 그 사람이 물러나와 대중에게 말하기를 「우리가 무슨 인연으로 이렇게 동문 제자가 되었

느냐.」고 하며, 자기에게 좋은 환약이 있으니 의심하지 말고 사서 쓰라 하였으나 대중이 사지 아니하매, 일지 노기를 띠며 「동지의 정의가 어찌 이럴 수 있느냐.」 하고 해가 지기 전에 가 버리니라.

30. 한 제자 교중 초가 지붕을 이면서 나래만 두르고 새끼는 두르지 아니 하는지라, 대종사 말씀하시기를 「밤 사이라도 혹 바람이 불면 그 이어 놓은 것이 허사가 아닌가.」하시었으나, 「이 지방은 바람이 심하지 아니하옵니다.」 하며 그대로 두더니, 그 날 밤에 때 아닌 바람이 일어나 지붕이 다 걷혀 버린지라, 그 제자 송구하여 어찌할 바를 알지 못하며 「대종사께서는 신통으로 미리 보시고 가르쳐 주신 것을 이 어리석은 것이 명을 어기어 이리 되었나이다.」 하거늘, 대종사 말씀하시기를 「이번 일에는 그 든든하고 떳떳한 길을 가르쳐 주었건마는 그대가 듣지 아니하더니, 이제는 도리어 나를 신기한 사람으로 돌리니 그 허물이 또한 더 크도다. 그대가 나를 그렇게 생각한다면 그대는 앞으로 나에게 대도 정법은 배우지 아니하고 신기한 일만 엿볼 터인즉, 그 앞 길이 어찌 위태하지 아니하리요. 그대는 곧 그 생각을 바로잡고 앞으로는 매사를 오직 든든하고 떳떳한 길로만 밟아 행하라.」

31. 이 운외(李雲外)의 병이 위중하매 그의 집안 사람이 급히 달려와 대종사께 방책을 문의하는지라, 말씀하시기를 「곧 의사를 청하여 치료하라.」 하시고, 얼

마 후에 병이 평복되니, 대종사 말씀하시기를 「일전에 운외가 병이 중하매 나에게 먼저 방침을 물은 것은 그 길이 약간 어긋난 일이니라. 나는 원래 도덕을 알아서 그대들의 마음 병을 치료해주는 선생이요, 육신 병의 치료는 각각 거기에 전문하는 의사가 있나니, 이 앞으로는 마음병 치료는 나에게 문의할지라도, 육신 병 치료는 의사에게 문의하라. 그것이 그 길을 옳게 아는 것이니라.」

32. 대종사, 차자 광령(光靈)이 병들매 집안 사람으로 하여금 힘을 다하여 간호하게 하시더니, 그가 요절하매 말씀하시기를 「오직 인사를 다할 따름이요, 마침내 인력으로 좌우하지 못할 것은 명이라.」 하시고, 공사(公事)나 법설하심이 조금도 평시와 다르지 아니하시니라.

33. 이 동안이 열반하매 대종사 한참동안 묵념하신 후 눈물을 흘리시는지라 제자들이 「너무 상심하지 마옵소서.」 하니, 대종사 말씀하시기를 「마음까지 상하기야 하리요마는 내 이 사람과 갈리면서 눈물을 아니 흘릴 수 없도다. 이 사람은 초창 당시에 나의 뜻을 전적으로 받들어 신앙 줄을 바로 잡았으며, 그 후 모든 공사를 할 때에도 직위에 조금도 계교가 없었나니라.」

34. 총부에서 기르던 어린 개가 동리 큰 개에게 물리어 죽을 지경에 이른지라 그 비명 소리 심히 처량하거늘, 대종사 들으시고 말씀하시기를 「생명을 아끼

어 죽기 싫어하는 것은 사람이나 짐승이나 일반이라.」 하시고, 성안에 불쌍히 여기시는 기색을 띠시더니 마침내 절명하매 재비(齋費)를 내리시며 예감(禮監)에게 명하사 「떠나는 개의 영혼을 위하여 칠·칠 천도재를 지내 주라.」 하시니라.

35. 대종사 비록 사람에게 친절하시나 그 사람이 감히 무난하지는 못하며, 혹 사람의 잘못을 엄책하시나 그 사람이 원망하는 마음을 내지는 아니하며, 비록 그 쓰지 못할 사람인 줄을 알으시나 먼저 그를 버리지는 아니하시니라.

36. 대종사 제자 가운데 말만 하고 실행이 없음을 경계는 하셨으나 그 말을 버리지 아니하셨고, 재주만 있고 덕 없음을 경계는 하셨으나 그 재주를 버리지 아니하시니라.

37. 대종사 대중을 통솔하심에 네 가지의 엄한 경계가 있으시니, 하나는 공물(公物)을 사유로 내는 것이요, 둘은 출가한 사람으로서 사가에 돌아가 이유 없이 오래 머무르거나 또는 사사(私事)를 경영하는 것이요, 셋은 자기의 안일을 도모하여 공중사에 협력하지 않는 것이요, 넷은 삼학 병진의 대도를 닦지 아니하고 편벽되이 정정(定靜)만 익히어 신통을 희망하는 것이니라.

38. 대종사 대중에게 상벌을 시행하시되 그 근기에 따르시는 다섯 가지 준칙이 있으시니, 첫째는 모든 것

을 다 잘하므로 따로이 상벌을 쓰지 아니하시는 근기요, 둘째는 다 잘하는 가운데 혹 잘못이 있으므로 조그마한 흠이라도 없게 하기 위하사 상은 놓고 벌만 내리시는 근기요, 세째는 잘하는 것도 많고 잘못하는 것도 많으므로 상벌을 겸용하시는 근기요, 네째는 잘못하는 것이 많은 가운데 혹 잘하는 것이 있으므로 자그마치 잘하는 것이라도 찾아서 그 마음을 살려 내기 위하사 벌은 놓고 상만 내리시는 근기요, 다섯째는 모든 것을 다 잘 못하므로 상벌을 놓아 버리고 당분간 관망하시는 근기니라.

39. 대종사 매양 신심 있고 선량한 제자에게는 조그마한 허물에도 꾸중을 더 하시고, 신심 없고 착하지 못한 제자에게는 큰 허물에도 꾸중을 적게 하시며 조그마한 선행에도 칭찬을 많이 하시는 지라, 한 제자 그 연유를 묻자오매 대종사 말씀하시기를 「열 가지 잘하는 가운데 한 가지 잘못하는 사람은 그 한 가지까지도 고치게 하여 결함 없는 정금 미옥을 만들기 위함이요, 열 가지 잘못하는 가운데 한 가지라도 잘하는 사람은 그 하나일지라도 착한 싹을 키워 주기 위함이니라.」

40. 대종사 사람을 쓰실 때에는 매양 그 신성과 공심과 실행을 물으신 다음 아는 것과 재주를 물으시니라.

41. 대종사 간혹 대중으로 더불어 조선 고악(古樂)

을 감상하신 바 특히 창극 춘향전·심청전·흥부전 등을 들으실 때에는 매양 그 정절과 효우(孝友)의 장함을 칭찬하시며, 공도 생활에 지조와 인화가 더욱 소중함을 자주 강조하시고, 말씀하시기를 「충·열·효·제(忠烈孝悌)가 그 형식은 시대를 따라 서로 다르나, 그 정신만은 어느 시대에나 변함 없이 활용되어야 하리라.」

42. 대종사 교중에 일이 생기면 매양 대중과 같이 노력하실 일은 노력하시고, 즐겨하실 일은 즐겨하시고, 근심하실 일은 근심하시고, 슬퍼하실 일은 슬퍼하사, 조금도 인정에 박한 일과 분수에 넘치는 일과 요행한 일 등을 취하지 아니하시니라.

43. 대종사 대중 출역이 있을 때에는 매양 현장에 나오시사 친히 모든 역사(役事)를 지도하시며, 항상 말씀하시기를 「영육(靈肉)의 육대 강령 가운데 육신의 삼강령을 등한시 않게 하기 위하여 이와 같이 출역을 시키노라.」 하시고, 만일 정당한 이유 없이 출역하지 않는 사람이 있거나 나와서도 일에 게으른 사람이 있을 때에는 이를 크게 경책하시니라.

44. 각처를 두루 돌아다닌 한 사람이 대종사를 뵈옵고 찬탄하기를 「강산을 두루 돌아다녔사오나 산 가운데는 금강산이 제일이었고, 사람을 두루 상대하였사오나 대종사 같은 어른은 처음 뵈었나이다.」 대종사 말씀하시기를 「그대가 어찌 강산과 인물만 말하는가.

고금 천하에 다시 없는 큰 도덕이 이 나라에 건설되는 줄을 그대는 모르는가.」

45. 안 도산(安島山)이 찾아온지라, 대종사 친히 영접하사 민족을 위한 그의 수고를 위로하시니, 도산이 말하기를 「나의 일은 판국이 좁고 솜씨가 또한 충분하지 못하여, 민족에게 큰 이익은 주지 못하고 도리어 나로 인하여 관헌들의 압박을 받는 동지까지 적지 아니하온데, 선생께서는 그 일의 판국이 넓고 운용하시는 방편이 능란하시어, 안으로 동포 대중에게 공헌함은 많으시면서도, 직접으로 큰 구속과 압박은 받지 아니하시니 선생의 역량은 참으로 장하옵니다.」하니라.

46. 대종사 말씀하시기를 「내가 재능으로는 남다른 손 재주 하나 없고, 아는 것으로는 보통 학식도 충분하지 못하거늘 나같이 재능 없고 학식 없는 사람을 그대들은 무엇을 보아 믿고 따르는가.」하시나, 능(能)이 없으신 중에 능하지 아니함이 없으시고, 앎이 없으신 중에 알지 아니함이 없으시어, 중생을 교화하심에 덕이 건곤(乾坤)에 승하시고, 사리를 통관하심에 혜광이 일월보다 밝으시니라.

47. 김 광선이 위연(喟然)히 찬탄하기를 「종문(宗門)에 모신 지 이십여 년에 대종사의 한 말씀 한 행동을 모두 우러러 흠모하여 본받아 행하고자 하되 그 만분의 일도 아직 감히 능하지 못하거니와, 그 가운데

가장 흠모하여 배우고자 하나 능하지 못함이 세 가지가 있으니 하나는 순일 무사하신 공심이요, 둘은 시종 일관하신 성의요, 셋은 청탁 병용(並容) 하시는 포용이라. 대저, 대종사의 운심 처사(運心處事) 하시는 것을 뵈오면 일언 일동이 순연히 공(公)하나 뿐이시요, 사(私)라는 대상이 따로 있지 아니하사, 오직 이 회상을 창건하시는 일 외에는 다른 아무 생각도 말씀도 행동도 없으시나니, 이것이 마음 깊이 감탄하여 배우고자 하는 바요, 대종사의 사업하시는 것을 뵈오면 천품이 우월하시기도 하지마는 영광 길룡리에서 우리 구인을 지도하사 간석지를 개척하실 때에 보이시던 성의나 오랜 세월을 지낸 지금에 보이시는 성의가 전보다 오히려 더하실지언정 조금도 감소됨이 없으시나니, 이 또한 마음 깊이 감탄하여 배우고자 하는 바요, 대종사의 대중 거느리시는 것을 뵈오면 미운 짓하는 사람일수록 더욱 잘 무마하시고 애호 하시며 항상 말씀하시기를 "좋은 사람이야 누가 잘못 보느냐. 미운 사람을 잘 보는 것이 이른바 대자 대비의 행이라" 하시니, 이 또한 마음 깊이 감탄하여 배우고자 하는 바라.」 하니라.

제 13 교 단 품 (教團品)

1. 대종사 말씀하시기를 「스승과 제자의 정의(情誼)가 부자(父子) 같이 무간하여야 가르치고 배우는 데에 막힘이 없고, 동지 사이의 정의가 형제 같이 친밀하여야 충고와 권장을 주저하지 아니하나니, 그러한 뒤에야 윤기(倫氣)가 바로 통하고 심법(心法)이 서로 건네어서 공부와 사업하는 데에 일단의 힘을 이루게 되나니라.」

2. 창립(創立) 십이년 기념식에 대종사 대중에게 말씀하시기를 「그대들이 우리 회상 창립 십이년 동안의 사업 보고와 성적 발표를 들었으니 그에 대하여 느낀 바를 각기 말하여 보라.」하시니, 여러 제자가 이어 나와 각자의 감상을 발표하는지라, 대종사 일일이 들으신 후 말씀하시기를 「그대들의 감상담이 대개 적절하기는 하나 아직도 한 가지 요지가 드러나지 아니하였으므로 내 그를 말하여 주리라. 지금, 이 법당 가운데에는 나와 일찌기 상종되어 여러 해 되는 사람도 있고 또는 늦게 상종되어 몇 해 안 되는 사람도 있어서 자연 선진(先進)과 후진(後進)의 별이 있게 되는 바, 오늘 이 기념을 맞이하여 선진과 후진 사이에 서로 새로운 감사를 느끼고 새로운 깨침을 가지라는 말이니,

후진들로 말하면 이 회상을 창립하느라고 아직 그다지 큰 애를 쓰지 아니하였건마는, 입교하던 그 날부터 미리 건설하여 놓은 기관과 제정하여 놓은 법으로 편안히 공부하게 되었으니, 이것은 선진들의 단심 혈성으로 분투 노력하여 놓은 덕이라, 만일 선진들이 없었다면 후진들이 그 무엇을 배우며 어디에 의지하겠는가. 그러므로, 후진들로서는 선진들에게 늘 감사하고 공경하는 마음이 나서 모든 선진들을 다 업어서라도 받들어 주어야 할 것이요, 또는 선진들로 말하면 시창 당초부터 갖은 정성을 다하여 모든 법을 세우고 여러 가지 기관을 벌여 놓았다 할지라도, 후진들이 이와 같이 이어 나와서 이 시설을 이용하고 이 교법을 숭상하며 이 기관을 운영하지 아니하였다면, 여러 해 겪어 나온 고생의 가치가 어디서 드러나며, 이 기관 이 교법이 어찌 영원한 세상에 유전하여 세세 생생에 끊임 없는 공덕이 드러나게 되겠는가. 그러므로, 선진들로서는 후진들에게 또한 늘 감사하고 반가운 생각이 나서 모든 후진들을 다 업어서라도 영접하여야 할 것이니, 선진 후진이 다 이와 같은 생각을 영원히 가진다면 우리의 교운도 한 없이 융창하려니와 그대들의 공덕도 또한 한 없이 유전될 것을 의심하지 아니하노라.」

3. 대종사 서울에 행가하시니, 여러 제자들이 와 뵈옵고 서로 말하되 「우리 동문(同門) 형제는 인연이 지중하여 같은 지방 같은 시대에 태어나 한 부처님 문하

에서 공부하게 되었으니 어찌 반갑지 아니하리요. 이는 실로 길이 갈리지 아니할 좋은 인연이라.」하거늘, 대종사 들으시고 말씀하시기를 「내가 그대들의 말을 들으니 한 편은 반갑고 한 편은 염려되노라. 반가운 것은 오늘날 그대들이 나의 앞에서 서로 화하고 즐겨함이요, 염려되는 것은 오늘날은 이와 같은 좋은 인연으로 서로 즐기나 이 좋은 가운데서 혹 낮은 인연이 되어질까 함이니라.」 한 제자 여쭙기를 「이같이 좋은 가운데서 어찌 낮은 인연이 될 수 있사오리까.」 대종사 말씀하시기를 「낮은 인연일수록 가까운 데서 생겨나나니 가령 부자 형제 사이나 부부 사이나 친우 사이 같은 가까운 사이에는 그 가까움으로써 혹 예(禮)를 차리지 아니하며 조심하는 생각을 두지 아니하여, 서로 생각해 준다는 것이 서로 원망을 주게 되고, 서로 가르쳐 준다는 것이 도리어 오해를 가지게 되어, 필경에는 아무 관계 없는 외부 사람만도 못하게 되는 수가 허다하나니라.」 한 제자 여쭙기를 「그러하오면 어떻게 하여야 가까운 사이에 낮은 일이 생기지 아니하고 영원히 좋은 인연으로 지내겠나이까.」 대종사 말씀하시기를 「남의 원 없는 일을 과도히 권하지 말며, 내가 스스로 높은 체하여 남을 이기려고만 하지 말며, 남의 시비를 알아서 나의 시비는 깨칠지언정 그 허물을 말하지 말며, 스승의 사랑을 자기만 받으려하지 말며, 친해 갈수록 더욱 공경하여 모든 일에 예를 잃지 아니하면, 낮은 인연이 생기지 아니하고 길이 이 즐거움이 변하지 아니하리라.」

4. 대종사 말씀하시기를 「이 세상 모든 사람을 접응하여 보면 대개 그 특성(特性)이 각각 다르나니, 특성이라 하는 것은 이 세상 허다한 법 가운데 자기가 특별히 이해하는 법이라든지, 오랫동안 견문에 익은 것이라든지, 혹은 자기의 의견으로 세워 놓은 법에 대한 특별한 관념이라든지, 또는 각각 선천적으로 가지고 있는 특별한 습성 등을 이르는 것이라, 사람 사람이 각각 자기의 성질만 내세우고 저 사람의 특성을 이해하지 못하면 다정한 동지 사이에도 촉(觸)이 되고 충돌이 생기기 쉽나니, 어찌하여 그런고 하면, 사람사람이 그 익히고 아는 바가 달라서, 나의 아는 바를 저 사람이 혹 모르거나, 지방의 풍속이 다르거나, 신·구의 지견이 같지 아니하거나, 또는 무엇으로든지 전생과 차생에 익힌 바 좋아하고 싫어하는 성질이 다르고 보면, 나의 아는 바로써 저 사람의 아는 바를 부인하거나 무시하며, 심하면 미운 마음까지 내게 되나니, 이는 그 특성을 너른 견지에서 서로 이해하지 못하는 까닭이니라. 그러므로, 사람이 꼭 허물이 있어서만 남에게 흉을 잡히는 것이 아니니, 외도들이 부처님의 흉을 팔만 사천가지로 보았다 하나 사실은 부처님에게 잘못이 있어서 그러한 것이 아니요, 그 지견과 익힌 바가 같지 아니하므로 부처님의 참된 뜻을 알지 못한 연고니라. 그런

즉, 그대들도 본래에 익히고 아는 바가 다른 여러 지방 사람이 모인 대중 중에 처하여 먼저 사람마다 특성이 있음을 잘 이해하여야만 동지와 동지 사이에 서로 촉되지 아니하고 널리 포섭하는 덕이 화하게 되리라.」

5. 대종사 여러 제자에게 말씀하시기를 「사람이나 물건이나 서로 멀리 나뉘어 있을 때에는 무슨 소리가 없는 것이나, 점점 가까와져서 서로 대질리는 곳에는 반드시 소리가 나나니, 쇠가 대질리면 쇠소리가 나고, 돌이 대질리면 돌소리가 나는 것 같이, 정당한 사람이 서로 만나면 정당한 소리가 날 것이요, 삿된 무리가 머리를 모으면 삿된 소리가 나나니라. 보라./ 과거의 모든 성인들은 회상을 펴신 지 여러 천년이 지났으되 자비에 넘치는 좋은 소리가 지금까지도 맑고 유창하여 일체 중생의 귀를 울리고 있으며, 그와 반면에 어질지 못한 무리들의 어지러운 곡조는 아직도 천만 사람의 마음을 경계하고 있지 아니한가. 그대들도 당초부터 아무 관계 없는 사이라면이어니와, 이왕 서로 만나서 일을 같이 하는지라 하여간 소리는 나고야 말 터이니, 아무쪼록 조심하여 나쁜 소리는 나지 아니하고 좋은 소리만 길이 나게 하라. 만일 좋은 소리가 끊임 없이 나온다면, 이것이 그대들의 다행한 일일 뿐 아니라 널리 세계의 경사가 되리라.」

6. 대종사 말씀하시기를 「사람이 이 세상에 활동할 때에 같은 인격 같은 노력을 가지고도 사업의 크고 작

제 13 교단품 5·6·7

음을 따라 가치가 더하고 덜한 것이며, 사업의 길고 짧음을 따라 역사가 길고 짧나니, 사업의 크고 작음으로 말하면 개인의 가정 사업도 있고, 한 민족 한 국가를 위하는 사업도 있고, 온 세계를 위하는 사업도 있으며, 사업의 길고 짧음으로 말하면, 그 역사를 몇 십년 유전할 사업도 있고, 몇 백년 유전할 사업도 있고, 몇 천년 유전할 사업도 있고, 무궁한 세월에 길이 유전할 사업도 있어서 그 대소와 장단이 각각 사업의 판국을 따라 나타나나니라. 그런즉, 이 세상에서 가장 넓은 범위와 오랜 성질을 가진 것은 어떠한 사업인가 하면, 그것은 오직 도덕 사업이라, 도덕 사업은 국경이 없으며 연한이 없으므로 옛날 서가여래께서 천 이백 대중으로 더불어 걸식 생활을 하실 때라든지, 공자께서 위를 얻지 못하고 철환천하(轍環天下) 하실 때라든지, 예수께서 십이 사도를 데리고 이곳 저곳으로 몰려다니실 때에는 그 세력이 참으로 미미하였으나, 오늘에 와서는 그 교법이 온 세계에 전해져서 세월이 지날수록 더욱 빛을 내고 있지 아니한가. 그대들도 이미 도가에 출신하였으니 먼저 이 도덕 사업의 가치를 충분히 알아서 꾸준한 노력을 계속하여 가장 넓고 가장 오랜 큰 사업의 주인공들이 되라.」

7. 대종사 말씀하시기를 「전무출신(專務出身)은 원래 정신과 육신을 오로지 공중에 바친 터인지라, 개인의 명예와 권리와 이욕은 불고하고, 오직 공사에만 전

력하는 것이 본분이어늘, 근래에 어떤 사람을 보면 점점 처음 마음을 잊어버리고 딴 트집이 생겨나서 공연한 원망을 품기도 하고 의 아닌 사량심(思量心)도 일어내어 남을 위한다는 사람이 자기 본위로 생각이 변해지고 있으니, 이 어찌 전무출신의 본분이라 하리요. 그대들의 당초 서원(誓願)은 영원한 장래에 무루(無漏)의 복을 짓자는 것이요, 중생 가운데서 보살의 행을 닦자는 것이어늘, 복을 짓기로 한 장소에서 도리어 죄를 얻게 되고, 보살의 행을 닦자는 공부에서 도리어 중생심이 길어난다면, 그 죄업이 보통 세상에서 지은 몇 배 이상으로 크게 될 것이니 어찌 두렵지 아니하리요. 그대들은 이 말을 명심하여 항상 자기 마음을 대조해 보되, 내가 남을 위하는 전무출신인가 남에게 위함을 바라는 전무출신인가를 잘 살펴서, 남을 위하는 전무출신이면 그대로 꾸준히 진행하려니와, 만일 남에게 위함을 바라는 전무출신이어든 바로 그 정신을 고치든지. 그 정신이 끝내 고쳐지지 못하거든 차라리 사가로 돌아가서 당초에 원하지 아니한 큰 죄업이 앞에 쌓이지 않도록 하라.」

8. 정 양선(丁良善) 등이 식당 고역에 골몰하여 얼굴이 빠져감을 보시고, 대종사 말씀하시기를 「너희가 일이 고되어 얼굴이 빠짐이로다. 너희들이 이 공부 이 사업을 하기 위하여 혹은 공장 혹은 식당 혹은 산업부(產業部) 등에서 모든 괴로움을 참아 가며 힘에 과한

일을 하는 것은 비하건대 모든 쇠를 풀무 화로에 집어 넣고 달구고 또 달구며 때리고 또 때려서 잡철은 다 떨어 버리고 좋은 쇠를 만들어 세상에 필요한 기구를 제조함과 같나니, 너희들이 그러한 괴로운 경계 속에서 진리를 탐구하며 삼대력을 얻어 나가야 범부의 잡철이 떨어지고 정금(精金) 같은 불보살을 이룰 것이라, 그러므로 저 풀무 화로가 아니면 능히 좋은 쇠를 이뤄내지 못할 것이요 모든 괴로운 경계의 단련이 아니면 능히 뛰어난 인격을 이루지 못하리니, 너희는 이 뜻을 알아서 항상 안심과 즐거움으로 생활해 가라.」

9. 한 제자 여쭙기를 「많은 생(生)에 금사망 보(報)를 받을 죄인은 속인에게 보다도 말세 수도인에게 더 많다는 말이 있사오니 어찌 그러하나이까.」 대종사 말씀하시기를 「속인들의 죄악은 대개 그 죄의 영향이 개인이나 가정에만 미치지마는 수도인들의 잘못은 정법을 모르고 남을 그릇 인도하면 여러 사람의 다생을 그르치게 되는 까닭이요, 또는 옷 한 벌 밥 한 그릇이 다 농부의 피와 직녀의 땀으로 된 것인데 그만한 사업이 없이 무위도식(無爲徒食) 한다면 여러 사람의 고혈을 빨아 먹음이 되는 연고요, 또는 사은의 크신 은혜를 알면서도 그 은혜를 보답하지 못하므로 가정·사회·국가·세계에 배은이 되는 연고라, 이 말을 들을 때에 혹 과하게 생각할 사람이 있을지도 모르나 실에 있어서는 과한 말이 아니니, 그대들은 때때로 반성하여 본래 목

적한 바에 어긋남이 없게 하기를 바라노라.」

10. 대종사 말씀하시기를 「우리는 고혈마(膏血魔)가 되지 말아야 할지니, 자기의 지위나 권세를 이용하고 간교(奸巧)한 수단을 부리어 자기만 못한 사람들의 피 땀으로 모인 재산을 정당한 댓가 없이 취하여 먹으며, 또는 친척이나 친우라 하여 정당하지 못한 의뢰심으로 이유 없는 의식을 구하여, 자기만 편히 살기를 도모한다면 이러한 무리를 일러 고혈마라고 하나니라. 그런즉, 우리도 우리의 생활을 항시 반성하여 보되 매일 여러 사람을 위하여 얼마나한 이익을 주고, 이와 같은 의식 생활을 하는가 대조하여 만일 그만한 노력이 있었다면 이는 스스로 안심하려니와, 그만한 노력이 없이 다만 공중을 빙자하여 자기의 의식이나 안일만을 도모한다면 이는 한 없는 세상에 큰 빚을 지는 것이며, 따라서 고혈마임을 면하지 못하나니 그대들은 이에 크게 각성할지어다.」

11. 대종사 서울 교당에서 이 완철(李完喆)에게 짐을 지고 역(驛)까지 가자 하시거늘, 완철이 사뢰기를 「제가 지금 교당 수축 관계로 십여 명의 인부를 부리고 있을 뿐더러 교무(敎務)의 위신상으로도 난처하나이다.」하니, 대종사 그 짐을 오 창건에게 지우시고 다녀오신 후 말씀하시기를 「완철은 아까 처사를 어떻게 생각하는가.」 완철이 사뢰기를 「크게 잘못한 일은 아닌가 하나이다.」 대종사 말씀하시기를 「그대의 이유에도

일리는 있으나 짐 하나 지기를 부끄러이 여겨 스승의 명을 어기고도 그 일을 크게 생각하지 아니한다면 이 것이 어찌 전무출신의 본분이라 할 것이며, 또한 그러한 마음을 가지고 어찌 만생을 널리 건지는 큰 일꾼 되기를 기약하리요.」하시고 「그러한 정신을 놓지 못하겠거든 차라리 사가로 돌아가라.」하시며 엄중히 경책하시는지라, 완철이 잘못을 사죄하고 그 후로는 위신을 생각하여 허식하는 일이 없는 공부를 계속하니라.

12. 한 제자 교중의 채포(菜圃)를 맡아 가꾸는데 많은 굼벵이를 잡게 된지라 이를 말리어 약방에 파니 적지않은 돈이 되거늘 당시 감원(監院)이 그 경과를 대종사께 사뢰고 「이것은 작업 중의 가외 수입이옵고 그가 마침 옷이 없사오니 그 돈으로 옷을 한 벌 지어 주면 어떠하오리까」하니, 대종사 말씀하시기를 「그것이 비록 가외 수입이나 공중 일을 하는 중에 수입된 것이니, 공중에 들여 놓음이 당연한 일이며, 또는 비록 연고 없이 한 것은 아니지마는 수 많은 생명을 죽인 돈으로 그 사람의 옷을 지어 입힌다면 그 과보를 또한 어찌하리요.」하시고, 친히 옷 한 벌을 내리시며, 말씀하시기를 「그 돈은 여러 사람이 널리 혜택을 입을 유표한 공익 사업에 활용하여 그에게 죄가 되지 않게 하라.」

13. 한 제자 교중의 과원(果園)을 맡음에 매양 소독과 제충(除虫) 등으로 수 많은 살생을 하게 되는지라,

마음에 불안하여 그 사유를 대종사께 사뢰니, 대종사 말씀하시기를 「과보는 조금도 두려워 말고 사심 없이 공사에만 전력하라. 그러하면, 과보가 네게 돌아오지 아니하리라. 그러나, 만일 이 일을 하는 가운데 조금이라도 사리(私利)를 취함이 있다면 그 과보를 또한 면하지 못할 것이니 각별히 조심하라.」

14. 한 제자 총부 부근에 살며 교중의 땔나무 등 소소한 물건을 사가로 가져가는지라, 대종사 말씀하시기를 「아무리 교중 살림이 어렵더라도 나무 몇 조각 못 몇 개로 큰 영향이 있을 것은 아니나, 여러 사람의 정성으로 모여진 물건을 정당하지 못하게 사사로이 소유하면 너의 장래에 우연한 재앙이 미쳐 그 몇 배의 손해를 당할 것이므로, 내가 그것을 예방하기 위하여 미리 경계하노라.」

15. 대종사 물으시기를 「전무출신이 사가(私家) 일에 끌리지 아니하고 공사에만 전력하게 하기 위하여, 곤궁한 사가는 교단에서 보조하는 제도를 두면 어떠하겠는가.」 전 음광이 사뢰기를 「앞으로 반드시 그러한 제도가 서야 될 줄 아나이다.」 또 물으시기를 「그러한 제도가 아직 서지 못한 때에 전무출신의 사가 형편이 아주 곤란한 처지에 이르러서 이를 돌보지 않을 수 없게 되면 어찌하는 것이 좋겠는가.」 서 대원이 사뢰기를 「만일, 보통 임원이면 적당한 기간을 주어 사가를 돌본 후 돌아오게 하옵고, 중요한 인물이면 회의의 결정

을 얻어 임시로라도 교중에서 보조하는 길을 취하게 함이 좋을 듯하나이다.」 또 물으시기를 「앞으로 그러한 제도가 시행될 때에 혹 보조를 바라는 사람이 많게 되면 어찌 하여야 하겠는가.」 유 허일이 사뢰기를 「그러한 폐단을 막기 위하여 일반 전무출신의 사가 생활을 지도하고 보살피는 기관이 총부 안에 서야 하겠나이다.」 대종사 말씀하시기를 「세 사람의 말이 다 좋으니 앞으로 차차 그러한 제도를 세워서 활용해 보되, 교중의 형편이 아직 그렇게 되지 못하는 때에는 기관을 적게 벌여서라도 현직에 있는 전무출신으로서 사가 일에 마음 빼앗기는 일이 없도록 하라.」

16. 대종사 말씀하시기를 「우리의 전무출신 제도는 가정을 이루고 공부 사업할 수도 있고, 특별한 서원으로 세상 욕심을 떠나 정남(貞男)·정녀(貞女)로 활동할 수도 있으므로, 교단에서는 각자의 발원에 따라 받아들이고 대우하는 법이 있으나, 혹 특별한 발원이 없이 어떠한 환경으로 인하거나 혹은 자기 몸 하나 편안하기 위하여 마음에는 세속 생활을 부러워하면서도 몸만 독신 생활을 한다면, 이는 자신으로나 교중으로나 세상으로나 적지 않은 손실이 될 뿐 아니라, 후생에는 인물은 좋으나 여러 사람의 놀림을 받는 몸이 되나니, 자신이 없는 일이면 스스로 미리 다시 작정하는 것이 옳을 것이요, 만일 자신하는 바가 있어서 출발하였다면 서원 그대로 굳은 마음과 고결한 지조(志操)로 이 사

바 세계를 정화시키고 일체 중생의 혜복 길을 열어 줄 것이니라.」

17. 대종사 정남·정녀들을 자주 알뜰히 살펴 주시며, 말씀하시기를 「그대들이 한 생 동안만 재·색·명리를 놓고 세상과 교단을 위하여 고결하고 오롯하게 활동하고 가더라도, 저 세속에서 한 가정을 위하여 몇 생을 살고 간 것에 비길 바가 아니니, 한 생의 공덕으로 많은 세상에 무루의 복락과 명예를 얻을 것이요, 결국 성불의 대과(大果)를 증득하게 될 것이나, 만일 형식만 정남·정녀요 특별한 보람 없이 살고 간다면 이는 또한 허망한 일이라, 참으로 정신차려 공부하라.」

18. 대종사 말씀하시기를 「전무출신 서원서를 낼 때에는 오직 깊이 생각 해야할 것이니, 만일 몸과 마음을 이 공부 이 사업에 오로지 바치며 성불 제중을 하겠다고 허공 법계와 대중의 앞에 맹세하고, 중도에 마음이 변하여 개인의 사업이나 향락에 떨어진다면, 이는 곧 천지를 속임이 되므로 진리가 용서하지 아니하여, 결국 그 앞 길이 막힐 것이요, 또는 대중을 지도하는 처지에 서게 되면 더욱 깊이 생각하는 바가 있어야 하나니, 혹 대각(大覺)을 하지 못하고 대각을 하였다 하여, 모든 사람의 전도를 그릇 인도한다면 이는 곧 진리를 속임이 되므로 또한 악도를 면하기 어려우니라.」

19. 대종사 여러 제자에게 말씀하시기를「우리들의 일이 마치 저 기러기 떼의 일과 같으니, 시절 인연을 따라 인연 있는 동지가 혹은 동에 혹은 서에 교화의 판을 벌이는 것이 저 기러기들이 철을 따라 떼를 지어 혹은 남에 혹은 북에 깃들일 곳을 벌이는 것과 같도다. 그러나, 기러기가 두목 기러기의 인솔하는 대열에서 벗어나든지 또는 따라 가면서도 조심을 하지 못하고 보면 그물에 걸리거나 총알에 맞아 목숨을 상하기 쉽나니, 수도하고 교화하는 사람들에게 그물과 총알이 되는 것은 곧 재와 색의 경계니라.」

20. 대종사 말씀하시기를「용맹이 뛰어난 사자나 범도 극히 미미한 비루가 몸에 퍼지면 필경 살지 못하게 되는 것 같이, 큰 뜻을 세우고 공부하는 사람도 극히 미미한 마음 경계 몇 가지가 비루가 되어 그 발원을 막고 평생사를 그르치게 하나니, 그러므로 공부인은 마음 비루가 오르지 않도록 늘 경계하고 살펴야 하나니라. 이제 그 마음 비루 몇 가지를 들어 보자면, 첫째는 여러 사람을 가르치는 공석(公席)에서 지도인이 어떠한 주의를 시키면 유독 자기만 들으라고 하였다 하여 섭섭하게 아는 일이요, 둘째는 공부하러 온 본의를 잊어버리고 공연히 자기 집에서나 받던 대우를 도량에서 구하는 일이요, 세째는 자기의 앞 길을 위하여 충고를 하면 사실이야 어떻든지 보감을 삼지는 아니하고 이 사람 저 사람에게 대질하며 또는 말해준 사람을 원수 같

이 아는 일이요, 네째는 지위와 신용이 드러남을 따라서 자존심이 점점 커나는 일이요, 다섯째는 대중 가운데서 항상 자기만 생각하여 달라 하고 자기만 편하려고 하는 일이요, 여섯째는 자기의 마음과 말은 조심하지 못하면서 지도인이나 동지들이 통정하여 주지 않는다고 원망하는 일이요, 일곱째는 생각해 줄수록 더욱 만족히 알지 아니하고 전에 없던 버릇이 생기는 일이라 이 모든 조건이 비록 큰 악은 아니나 능히 공부인의 정진심을 방해하는 비루가 되나니 그대들은 이 점에 크게 주의하라.」

21. 한 제자 지방 교무로 처음 부임할 때에 대종사 말씀하시기를 「내가 그동안 너를 다른 사람들같이 특별히 자주 챙겨 주지 못하고 그대로 둔 감이 있는데 혹 섭섭한 마음이나 없었느냐. 대개 토질이 나쁘고 잡초가 많은 밭에는 사람의 손이 자주 가야만 곡식을 많이 거둘 수 있으나, 그렇지 아니한 밭에는 큰 수고를 들이지 아니하여도 수확을 얻기가 어렵지 아니한 것 같이, 사람도 자주 불러서 타일러야 할 사람도 있고, 몇 번 타이르지 아니하여도 좋을 사람이 있어서 그러한 것이니 행여 섭섭한 마음을 두지 말라.」

22. 대종사 영산에서 봉래 정사에 돌아오사 여러 제자에게 말씀하시기를 「내가 오는 길에 어느 장 구경을 하게 되었는데, 아침에 옹기 장수는 옹기 한 짐을 지고 장에 오며, 또 어떤 사람은 지게만 지고 오더니,

그들이 돌아갈 때에는 옹기 장수는 다 팔고 지게만 지고 가며, 지게만 지고 온 사람은 옹기를 사서 지고 가는데, 두 사람이 다 만족한 기색이 엿보이더라. 나는 그것을 보고 생각하기를 당초에 옹기 장수가 지게만 지고 온 사람을 위하여 온 것이 아니었고, 지게만 지고 온 사람이 옹기 장수를 위하여 온 것이 아니어서, 각기 다 자기의 구하는 바만 구하였건마는, 결국에는 두 사람이 다 한가지 기쁨을 얻었으니, 이것이 서로 의지하고 바탕이 되는 이치로다 하였노라. 또 어떤 사람은 가게 주인이 거만하다 하여 화를 내고 그대로 가니, 사람들이 말하기를 저 사람은 물품을 사러 장에 온 것이 아니라 대우 받으러 장에 온 것이라고 비웃었으며, 또 한 사람은 가게 주인이야 어떠하든지 자기가 살 물품만 실수 없이 사는지라 좌우 사람들이 모두 그를 옳게 여기며 실속 있는 사람이라고 칭찬하더라. 나는 이 일을 보고 들을 때에 문득 그대들의 교단 생활하는 일과 비교되어서, 혼자 웃기도 하고 탄식도 하였노니 그대들은 이 이야기에서 깊은 각성을 얻어 보라.」

23. 대종사 말씀하시기를 「그대들이 다행히 이 도문을 찾아는 왔건마는 본래에 익히고 아는 바가 다르며, 또는 그 사람이 아니면 그 사람을 모르는지라, 조그마한 경계 하나를 못 이기어 도로 나가는 사람도 혹 있나니, 이러한 사람은 마치 소경이 문고리를 옳게 잡았건마는 문턱에 한 번 걸어 채이고는 화를 내어 도로 방

황하는 길로 나가는 것과 같나니라. 육안(肉眼)이 어두운 소경은 자신이 소경인 줄이나 알므로 미리 조심이라도 하지마는, 심안(心眼)이 어두운 소경은 자신이 소경인 줄도 모르므로 스스로 깊은 구렁에 빠지되 빠지는 줄도 알지 못하나니 어찌 위태롭지 아니하리요.」

24. 대종사 말씀하시기를 「내가 가게 하나를 벌이고 영업을 개시한 지 여러 해가 되었으되 조금도 이익을 보지 못하였노니, 어찌 그런고 하면 여러 사람들에게 모든 물품을 외상으로 주었더니, 어떤 사람은 그 물품을 가져다가 착실히 팔아서 대금도 가져오고 저도 상당한 이익을 보나, 그러한 사람은 가장 적고, 대개는 물품을 가져간 후에 팔지도 아니하고 그대로 제 집에 두었다가 얼마를 지낸 후에 물품 그대로 가져오거나, 혹은 그 물품을 잃어버리고 값도 주지 아니하는 사람이 허다하므로 자연 손실이 나게 되었노라. 그러나, 이 후부터는 물품을 잘 팔아서 자기도 이익을 보고 대금도 잘 가져오는 사람은 치하도 하고 물품도 더욱 잘 대어 줄 것이나, 물품으로 도로 가져오는 사람은 크게 책망을 할 것이요, 물품도 잃어버리고 값도 주지 않는 사람은 반드시 법에 알리어 처리하리라.」하시고, 「그대들이 내 말의 뜻을 짐작하겠는가.」하시니, 한 제자 사뢰기를 「가게를 개시하였다는 것은 도덕 회상을 여셨다는 말씀이요, 물품 값도 잘 가져오고 저도 상당한 이익을 본다는 것은 대종사께 법문을 들은 후 남에

게 선전도 잘 하고 자기도 그대로 실행하여 많은 이익을 얻는다는 말씀이요, 물품을 그대로 가져온다는 것은 법문을 들은 후 잊어버리지는 아니하나 실지 효과를 내지 못한다는 말씀이요, 물품도 잃어버리고 값도 주지 않는다는 것은 법문을 들은 후 남에게 선전도 아니 하고 자기가 실행도 아니 하며 그 법문조차 아주 잊어버린다는 말씀이요, 법에 알리어 처리한다는 것은 좋은 법문을 듣고도 실행도 아니 하고 잊어버리고 다니는 사람은 반드시 옳지 못한 일을 많이 행할 것이므로 자연히 많은 죄벌을 받게 되리라는 말씀인가 하나이다.」 대종사 말씀하시기를 「너의 말이 옳으니라.」

25. 대종사 새 해를 맞이하여 대중에게 말씀하시기를 「내가 어제 밤 꿈에 한 이인(異人)을 만났는데, 그가 말하기를 이 회상이 장차 크게 융성할 것은 의심 없으나 다만 세력이 커짐을 따라 혹 다른 사람이나 다른 단체를 업신여기게 될까 걱정인즉 대중에게 미리 경계하라고 부탁하더라. 꿈은 허망한 것이라 하나 몽사가 하도 역력하고 또는 환세(換歲)를 당하여 이러한 몽조가 있는 것은 범연한 일이 아니니, 그대들은 누구를 대하거나 공경심을 놓지 말고 아무리 미천한 사람이라도 이 회상의 발전에 도움을 줄 수도 있고 해독을 줄 능력도 있다는 것을 각성하여, 상불경(常不輕)의 정신으로 모든 경계를 처리하라. 이것이 우리 회상의 앞 길에 큰 관계가 있으리라.」

26. 어느 신문에 우리를 찬양하는 기사가 연재되는지라 대중이 모두 기뻐하거늘, 대종사 말씀하시되 「칭찬하는 이가 있으면 훼방하는 사람도 따라서 생기나니, 앞으로 우리 교세가 더욱 융성해지고 명성이 더욱 드러남을 따라 우리를 시기하는 무리도 생겨날 것인 즉, 그대들은 이 점을 미리 각오하여 세간의 칭찬과 비방에 너무 끌리지 말고 오직 살피고 또 챙기어 꾸준히 당연한 일만 행해 나가라.」

27. 대종사 말씀하시기를 「사람이 세상에서 무슨 일을 하기로 하면 각각 그 일의 판국에 따라 그만한 고난과 파란이 다 있나니 고금을 통하여 불보살 성현들이나 위인 달사 치고 고난 없이 성공한 분이 거의 없었나니라. 과거 서가모니 불도 한 나라 태자의 모든 영화를 다 버리시고 성을 넘어 출가하사, 육년 동안 갖은 난행과 고행을 겪으셨으며, 회상을 펴신 후에도 여러 가지 고난이 많으신 가운데 외도들의 박해로 그 제자가 악살까지 당하였으나, 부처님의 대도는 그 후 제자들의 계계 승승으로 오늘날 모든 생령의 한량 없는 존모를 받게 되었고, 공자께서는 춘추 대의를 바로잡기 위하여 천하를 철환 하실 때에 상가의 개 같다는 욕까지 들으셨으며, 진채의 난과 모든 박해를 입었으나 그 제자들의 꾸준한 노력으로 필경 인륜 강기를 바로잡아 오늘날 세계적 성인으로 존모를 받게 되었고, 예수께서도 갖은 박해와 모함 가운데 복음을 펴시다가

마침내 십자가에 형륙까지 당하였으나 그 경륜은 사도들의 악전 고투로 오늘날 가위 전 세계에 그 공덕을 끼치지 아니하는가. 우리도 파란 많은 이 세상에 나와서 큰 목표를 세우고 활동을 하게 되었으니 어찌 시비나 고생이 없으리요. 아직까지는 그다지 큰 비난이나 압박을 받은 일이 없었지마는 사람이 차차 많아지고 일이 점점 커짐에 따라 이 중에 잘못하는 사람이 생겨나 회상의 체면에 혹 낮은 영향이 올 수도 있으리라. 그러나, 우리의 목적이 진실로 세상을 이익 주는 데에 있고 우리의 교화가 참으로 제생 의세에 필요하다면 비록 한 두 사람의 잘못이 있고 한 두 가지 일에 그르침이 있다 할지라도 그로 인하여 우리 회상 전체가 어긋나지는 아니할 것이며, 설사 어떠한 모함과 박해를 당한다 할지라도 그 진체(眞體)는 마침내 그대로 드러나리라. 이를 비유하여 말하자면 안개가 산을 가리어 산의 면목이 한 때 흐리더라도 안개가 사라지면 산이 도리어 역력히 나타나는 것과 같나니, 그대들은 어떠한 고난과 파란에도 그 마음을 끌리지 말고 각자 각자가 본래의 양심만 잘 지켜서 끝까지 목적 달성에 매진한다면 우리의 대업은 원만히 성취될 줄로 확신하노라.」

28. 대종사 말씀하시기를 「모든 사업을 하는 데에 실패되는 원인이 세 가지가 있나니, 그 하나는 수고는 들이지 아니하고 급속히 큰 성공 얻기를 바람이요, 둘은 일의 본말과 선후 차서를 모르고 경솔하게 처사함이요,

셋은 일의 완성을 보기 전에 소소한 실패나 이익에 구애되어 결국 큰 실패를 장만함이니, 모든 사업을 경영하는 사람은 이 세 가지 점을 항상 조심하여야 되나니라.」

29. 산업부에서 군(郡) 당국의 후원을 얻어 양계(養鷄)를 하는데 하루는 부주의로 닭장의 물난로가 터져 많은 병아리가 죽은지라, 담임 부원이 크게 놀라 바로 당국에 사유를 고하였더니, 담당 주임이 듣고 말하되 「당신들이 앞으로 양계에 큰 성공을 하려면 이보다 더 큰 실패라도 각오해야 할 것이니, 많은 닭을 기르자면 뜻밖의 재해(災害)와 사고로 손해를 보는 수도 많은 동시에 살려내는 방식도 또한 여러 가지가 있는데, 규모가 작은 때에 이러한 실패를 해 보지 아니하면 규모가 커진 때에 큰 실패를 면하지 못하게 될 것이라, 그러므로 지금의 작은 손해는 후일의 큰 손해를 막는 산 경험이 될 것인즉 결코 실망하지 말고 잘해 보라.」하거늘, 부원이 돌아와 대종사께 아뢰었더니, 말씀하시기를 「그 주임의 말은 법문이로다. 옛말에 한 일을 지내지 아니하면 한 지혜를 얻지 못한다는 말이 있거니와, 이 작은 실패는 미래 성공의 큰 보감이 될 것이니 이것이 어찌 양계에만 한한 일이리요. 우리 교단에서도 공부와 사업을 하여 나가는데 잘된 일이 있어도 범연히 지내지 말고 잘못된 일이 있어도 범연히 지내지 말아서, 반드시 그 잘되고 못되는 원인을 살펴야 할

으로 되어 왔으나, 공중의 살림과 사업은 오직 공변된 정신으로 공변된 활동을 하는 공변된 사람에게 전해지는 것이니, 그대들이 이 이치를 깨달아 크게 공변된 사람이 되고 보면 우리의 모든 시설과 모든 법도와 모든 명예가 다 그대들의 소유요 그대들의 주관할 바라 이 회상은 오직 도덕 높고 공심 많은 사람들이 주관할 세계의 공물(公物)이니 그대들은 다 이 공도의 주인이 되기에 함께 힘쓰라.」

37. 대종사 일반 교무에게 훈시하시기를 「그대들은 이 혼란한 시기를 당하여 항상 사은의 크고 중하심을 참 마음으로 감사하는 동시에 일반 교도에게도 그 인식을 더욱 깊게 하여, 언제나 감사하는 생각을 가지고 그 정신이 온건(穩健) 착실한 데로 나아가게 할 것이며, 또는 근래 이 나라의 종교 단체들이 왕왕이 그 신자로부터 많은 재물을 거둬 들이고 집안 살림을 등한시하게 하여 일반 사회에 좋지 못한 영향을 미치게 하며, 수 많은 비난 가운데 그 존속(存續)도 못 하게 된 일이 간혹 있었나니, 우리는 일반 교도로 하여금 각자 직업에 근실하게 하여 어떠한 사람이든지 우리 공부를 함으로부터 그 생활이 전보다 향상은 될지언정 못하지는 않도록 지도 권면할 것이며, 또는 세태가 점점 달라져서 남녀 사이의 엄격하던 장벽이 무너진 지 오래된 바에 이제 다시 장벽을 쌓을 것은 없으나 아무쪼록 그 교제에 신중을 다하여 교단의 위신에 조금이라도 손상됨이 없

게 하라. 이 세 가지 조건을 주의하고 못 하는 데에 우리의 흥망이 좌우되리니 이 말을 범연히 듣지 말기 바라노라.」

38. 대종사 일반 교무에게 훈시하시기를 「교화선상에 나선 사람은 물질 주고 받는 데에 청렴하며, 공금 회계를 분명하고 신속하게 할 것이요, 뿌리 없는 유언(流言)에 끌리지 말며, 시국에 대한 말을 함부로 하지 말며, 다른 종교나 그 숭배처를 훼방하지 말 것이요, 교도의 허물을 잘 덮어 주며, 아만심을 없이하여 모든 교도와 두루 융화하되 예에 맞지 않는 과공(過恭)도 없게 하며, 남녀 사이에는 더욱 조심할 것이요, 다른 이의 공은 잘 드러내어 주고 자기의 공은 과장하지 말며, 교도의 신앙을 자기 개인에게 집중시키지 말며, 그 사업심이 지방에 국한되지 않게 할 것이요, 또는 교무는 지방에 있어서 종법사의 대리라는 것을 명심하여, 그 자격에 오손됨이 없이 사명을 다해 주기 부탁하노라.」

39. 대종사 연도(年度) 말에는 조 갑종(趙甲鍾)등을 부르시어 당년도 결산과 신년 예산을 정확히 하여 오라 하시고 세밀히 친감하시며 말씀하시기를 「한 가정이나 단체나 국가가 수입과 지출이 맞지 못하면 그 가정 그 단체 그 국가는 흥왕하지 못하나니, 과거 도가에서는 재물을 논하면 도인이 아니라 하였지마는 새 세상의 도가에서는 영육을 쌍전해야 하겠으므로 우리

회상에서는 총·지부를 막론하고 회계 문서를 정비시켜 수입과 지출을 대조하게 함으로써 영과 육 두 방면에 결함됨이 없게 하였으며, 교단 조직에 공부와 사업의 등위를 같이 정하였나니라.」

40. 대종사 교무들에게 말씀하시기를 「중생을 위하여 말을 하고 글을 쓸 때에 공연히 그들의 환심만을 얻기 위하여, 실생활에 부합되지 않는 공론(空論)이나, 사실에 넘치는 과장이나, 공교하고 신기하고 어려운 말이나, 수행상 한 편에 치우치는 말 등을 하지 말라. 그러한 말은 세상에 이익도 없고 도인을 만들지도 못하나니라.」

41. 대종사 말씀하시기를 「대중을 인도하는 사람은 항상 대중의 정신이 어느 곳으로 흐르는가를 자세히 살펴서, 만일 조금이라도 좋지 못한 풍기가 생기거든 그 바로잡을 방책을 연구하되, 말로써 할 일은 말로써 하고 몸으로써 할 일은 몸으로써 하여 어떻게 하든지 그 전환에 노력할 것이니, 가령 일반의 경향이 노동을 싫어하는 기미가 있거든 몸으로써 노동하여 일반의 경향을 돌리고, 아상이나 명리욕이 과한 사람에게는 몸으로써 굴기 하심(屈己下心)을 나타내어 명리욕 가진 사람이 스스로 부끄러운 마음을 내도록 하여 모든 일을 그와 같이 앞서 실행해서 그 폐단을 미연(未然)에 방지하고 기연(旣然)에 교정하는 것이 이른바 보살의 지도 법이며 중생을 교화하는 방편이니라.」

42. 대종사 말씀하시기를 「어느 시대를 물론하고 새로운 회상을 세우기로 하면 근본적으로 그 교리와 제도가 과거보다 우월하여야 할 것은 말할 것도 없으나 그 교리와 제도를 널리 활용할 동지들을 만나지 못하면 또한 성공하기가 어렵나니라. 그러므로, 과거 부처님 회상에서도 천 이백 대중 가운데 십대 제자가 있어서 각각 자기의 능한 대로 대중의 표준이 되는 동시에 부처님이 무슨 말씀을 내리시면 그 분들이 먼저 반가이 받들어 솔선 실행하며 여러 사람에게도 장려하여 각 방면으로 모범적 행동을 하였으므로 대중은 항상 십대 제자의 정신에 의하여 차차 교화의 힘을 입어서 마침내 영산 대 회상을 이루게 되었나니, 이제 십대 제자의 교화한 예를 들어 말하자면, 가령 대중가운데 어떤 사람이 잘못하는 일이 있는데 직접 잘못을 꾸짖으면 도리어 역효과를 내게 될 경우에는 십대 제자중 이·삼인이 조용히 의논하고 그 중 한 사람이 일부러 그 잘못을 하면 곁에서 보던 한 사람은 그 사람을 불러 놓고 엄중히 훈계를 하고 그 사람은 순순히 그 과실을 자백하여 감사한 태도로 개과를 맹세한 후 그 과실을 고침으로써 참으로 잘못하던 사람이 은연중 참회할 생각이 나며 무언중 그 과실을 고치게 하였나니, 이와 같은 일들이 곧 십대 제자의 행사이었으며 교화하는 방편이었나니라. 그뿐 아니라 어느 경우에는 대중을 인도하기 위하여 아는 것도 모르는 체하고 잘한 일도 잘

못한 체하며, 또는 탐심이 없으면서도 있는 듯이 하다가 서서히 탐심 없는 곳으로 전환도 하며, 애욕이 없으면서도 있는 듯이 하다가 애욕을 끊는 자리로 전환하기도 하여, 음적 양적으로 부모가 자녀를 기르듯 암닭이 달걀을 어루듯 모든 자비행을 베풀었으므로 부처님의 제도 사업에도 많은 수고를 덜었으며 모든 대중도 쉽게 정법의 교화를 받게 되었나니, 그 자비심이 얼마나 장하며 그 공덕이 얼마나 광대한가. 그런즉, 그대들도 대중 생활을 하여 갈 때에 항상 이 십대 제자의 행하던 일을 모범하여 이 회상을 창립하는 데에 선도자가 되고 중추 인물이 되기를 부탁하노라.」

제 14 전 망 품 (展望品)

1. 대종사 말씀하시기를 「세상이 말세가 되고 험난한 때를 당하면 반드시 한 세상을 주장할 만한 법을 가진 구세 성자(救世聖者)가 출현하여 능히 천지 기운을 돌려 그 세상을 바로잡고 그 인심을 골라 놓나니라.」

2. 대종사 대각하신 후 많은 가사(歌詞)와 한시(漢詩)를 읊어 내시사 그것을 수록하시어 "법의 대전(法義大全)"이라 이름하시니, 그 뜻이 심히 신비하여 보통 지견으로는 가히 이해하기 어려우나, 그 대강은 곧 도덕의 정맥(正脈)이 끊어졌다가 다시 난다는 것과 세계의 대세가 역수(逆數)가 지내면 순수(順數)가 온다는 것과 장차 회상 건설의 계획 등을 말씀하신 것이었는데, 그 후 친히 그것을 불사르사 세상에 다시 전하지 못하게 하셨으나 "개자태극 조판으로 원천이 강림어선절후계지심야(盖自太極肇判元天降臨於先絕後繼之心也)"라고 한 서문 첫 절과 다음의 한시 열 한 귀가 구송(口誦)으로 전해지니라.

만학천봉답래후(萬壑千峰踏來後)
무속무적주인봉(無俗無跡主人逢)

제14 전망품 1·2

야초점장우로은(野草漸長雨露恩)
천지회운정심대(天地回運正心待)

시사일광창천중(矢射日光蒼天中)
기혈오운강신요(其穴五雲降身繞)

승운선자경처심(乘雲仙子景處尋)
만화방창제일호(萬和方暢第一好)

만리장강세의요(萬里長江世意繞)
도원산수음양조(道源山水陰陽調)

호남공중하처운(湖南空中何處云)
천하강산제일루(天下江山第一樓)

천지방척척수량(天地方尺尺數量)
인명의복활조전(人名衣服活造傳)

천지만물포태성(天地萬物胞胎成)
일월일점자오조(日月一點子午調)

방풍공중천지명(放風空中天地鳴)
괘월동방만국명(掛月東方萬國明)

풍우상설과거후(風雨霜雪過去後)
일시화발만세춘(一時花發萬歲春)

연도심수천봉월(研道心秀千峰月)
수덕신여만곡주(修德身如萬斛舟)

3. 한 제자 한문 지식만을 중히 여기는지라, 대종사 말씀하시기를 「도덕은 원래 문자 여하에 매인 것이 아니니 그대는 이제 그 생각을 놓으라. 앞으로는 모든 경전을 일반 대중이 두루 알 수 있는 쉬운 말로 편찬하여야 할 것이며, 우리 말로 편찬된 경전을 세계 사람들이 서로 번역하고 배우는 날이 멀지 아니할 것이니, 그대는 어려운 한문만 숭상하지 말라.」

4. 대종사 익산(益山)에 총부를 처음 건설하실 제 몇 간의 초가에서 많지 못한 제자들에게 물으시기를 「지금 우리 회상이 무엇과 같은가 비유하여 보라.」 권대호(權大鎬) 사뢰기를 「못자리 판과 같나이다.」 다시 물으시기를 「어찌하여 그러한고.」 대호 사뢰기를 「우리 회상이 지금은 이러한 작은 집에서 몇 십명만 이 법을 받들고 즐기오나 이것이 근본이 되어 장차 온 세계에 이 법이 편만할 것이기 때문이옵니다.」 대종사 말씀하시기를 「네 말이 옳다. 저 넓은 들의 농사도 좁은 못자리의 모 농사로 비롯한 것 같이 지금의 우리가 장차 세계적 큰 회상의 조상으로 드러나리라. 이 말을 듣고 웃을 사람도 있을 것이나, 앞으로 제일대만 지내도 이 법을 갈망하고 요구하는 사람이 많아질 것이며, 몇 십년 후에는 국내에서 이 법을 요구하게 되고. 몇 백년 후에는 전 세계에서 이 법을 요구하게 될 것이니, 이렇게 될 때에는 나를 보지 못한 것을 한하는 사람이 수가 없을 뿐 아니라, 지금 그대들 백명 안에 든

사람은 물론이요 제일대 창립 한도 안에 참례한 사람들까지도 한 없이 부러워하고 숭배함을 받으리라.」

5. 대종사 금강산을 유람하고 돌아오시어 "금강이 현세계(金剛現世界)하니 조선이 갱조선(朝鮮更朝鮮)이라"는 글귀를 대중에게 일러 주시며 말씀하시기를 「금강산은 천하의 명산이라 멀지 않은 장래에 세계의 공원으로 지정되어 각국이 서로 찬란하게 장식할 날이 있을 것이며, 그런 뒤에는 세계 사람들이 서로 다투어 그 산의 주인을 찾을 것이니, 주인될 사람이 미리 준비해 놓은 것이 없으면 무엇으로 오는 손님을 대접하리요.」

6. 대종사 개교(開敎) 기념일을 당하여 대중에게 말씀하시기를 「우리에게 큰 보물 하나가 있으니 그것은 곧 금강산이라 이 나라는 반드시 금강산으로 인하여 세계에 드러날 것이요, 금강산은 반드시 그 주인으로 인하여 더욱 빛나서, 이 나라와 금강산과 그 주인은 서로 떠날 수 없는 인연으로 다 같이 세계의 빛이 되리라. 그런즉, 그대들은 우리의 현상을 비관하지 말고 세계가 금강산의 참 주인을 찾을 때에 우리 여기 있다 할 자격을 갖추기에 공을 쌓으라. 금강산의 주인은 금강산 같은 인품을 조성해야 할 것이니 닦아서 밝히면 그 광명을 얻으리라. 금강산 같이 되기로 하면 금강산 같이 순실하여 순연한 본래 면목을 잃지 말며, 금강산 같이 정중하여 각자의 본분사(本分事)에 전일하며 금

강산 같이 견고하여 신성과 의지를 변하지 말라. 그러하면, 산은 체(體)가 되고 사람은 용(用)이 될지라, 체는 정하고 용은 동하나니 산은 그대로 있으되 능히 그 체가 되려니와 사람은 잘 활용하여야 그 용이 될 것이니, 그대들은 어서어서 부처님의 무상 대도를 연마하여 세계의 모든 산 가운데 금강산이 드러나듯 모든 사람 가운데 환영 받는 사람이 되며, 모든 교회 가운데 모범적 교회가 되게 하라. 그러하면 강산과 사람이 아울러 찬란한 광채를 발휘하리라.」

7. 대종사 전주에 가시니 문 정규·박 호장(朴戶張) 등이 와서 뵈옵는지라, 말씀하시기를 「내가 오는 길에 우스운 일을 많이 보았노니, 아침에 어느 곳을 지나는데 날이 이미 밝아서 만물이 다 기동하여 사방이 시끄러우나 어떤 사람은 날이 밝은 줄을 모르고 깊이 잠자고 있으며, 어떤 사람은 찬 바람과 얼음 속에 씨를 뿌리고 있으며, 어떤 사람은 여름 옷을 그대로 입고 추위에 못 견디어 떨고 섰더라.」 하시니, 정규가 말씀 뜻을 짐작하고 여쭙기를 「어느 때가 되어야 백주에 잠자는 사람이 잠을 깨어 세상에 나오며, 얼음 속에 씨를 뿌리는 사람과 겨울에 여름 옷 입은 사람이 때를 알아 사업을 하겠나이까.」 대종사 말씀하시기를 「그 사람이 지금은 날이 밝은 줄을 모르고 깊이 자고 있으나 밖에서 만물이 기동하는 소리가 오래 가면 반드시 그 잠을 깰 것이요, 잠을 깨어 문을 열어 보면 바로 날

밝은 줄을 알 것이요, 알면 일어나서 사업을 잡을 것이며, 저 얼음 속에 씨를 뿌리는 사람과 겨울에 여름 옷을 입은 사람들은 때를 모르고 사업을 하니 반드시 실패할 것이요, 사업에 실패하여 무수한 고통과 곤란을 겪은 후에는 철 아는 사람의 사업하는 것을 보고 제 마음에 깨침이 생겨나서 차차 철 아는 사람이 되리라.」

8. 김 기천이 여쭙기를 「근래에 여러 사람이 각기 파당을 지어 서로 옳다 하며 사방에서 제 스스로 선생이라 일컬으오나 그 내용을 보면 무엇으로 가히 선생이라 할 가치가 없사오니, 그들을 참 선생이라 할 수 있사오리까.」 대종사 말씀하시기를 「참 선생이니라.」 기천이 여쭙기를 「어찌하여 참 선생이라 하시나이까.」 대종사 말씀하시기를 「그대가 그 사람들로 인하여 사람의 허(虛)와 실(實)을 알았다 하니 그것만 하여도 참 선생이 아닌가.」 기천이 다시 여쭙기를 「그것은 그러하오나 그들도 어느 때가 되오면 자신이 바로 참 선생의 자격을 갖추게 되오리까.」 대종사 말씀하시기를 「허를 지내면 실이 돌아오고 거짓을 깨치면 참이 나타나나니, 허실과 진위(眞僞)를 단련하고 또 단련하며 지내고 또 지내보면 그 중에서 자연히 거짓 선생이 참 선생으로 전환될 수 있나니라.」

9. 대종사 말씀하시기를 「근래의 인심을 보면 공부 없이 도통을 꿈꾸는 무리와, 노력 없이 성공을 바라는

무리와, 준비 없이 때만 기다리는 무리와, 사술(邪術)로 대도를 조롱하는 무리와, 모략으로 정의를 비방하는 무리들이 세상에 가득하여, 각기 제가 무슨 큰 능력이나 있는 듯이 야단을 치고 다니나니, 이것이 이른 바 낮도깨비니라. 그러나, 시대가 더욱 밝아짐을 따라 이러한 무리는 발 붙일 곳을 얻지 못하고 오직 인도 정의의 요긴한 법만이 세상에 서게 될 것이니, 이러한 세상을 일러 대명 천지(大明天地)라 하나니라.」

10. 대종사 서울에 가시사 하루는 남산 공원에 소요하시더니, 청년 몇 사람이 대종사의 위의(威儀) 비범하심을 뵈옵고, 와서 인사하며 각각 명함을 올리는 지라 대종사 또한 명함을 주시었더니, 청년들이 그 당시 사회에 큰 물의를 일으키고 있던 모 신흥 종교에 대한 신문의 비평을 소개하면서, 말하기를 「이 교(教)가 좋지 못한 행동이 많으므로 우리 청년 단체가 그 비행을 성토하며 현지에 내려가서 그 존재를 박멸하려 하나이다.」 대종사 말씀하시기를 「그 불미한 행동이란 과연 무엇인가.」 한 청년이 사뢰기를 「그들이 미신의 말로써 인심을 유혹하여 불쌍한 농민들의 재산을 빼앗으니, 이것을 길게 두면 세상에 나쁜 영향이 크게 미칠 것이옵기로 그것을 박멸하려 하는 것이옵니다.」 대종사 말씀하시기를 「그대들의 뜻은 짐작이 되나 무슨 일이든지 제 생각에 한 번 하고 싶어서 죽기로써 하는 때에는 다른 사람이 아무리 말려도 되지 않을 것이니, 무

슨 능력으로 그 교의 하고 싶은 일을 막을 수 있으리요.」 청년이 여쭙기를 「그러면 그 교가 박멸되지 아니하고 영구히 존속될 것이라는 말씀이옵니까.」 대종사 말씀하시기를 「나의 말은 다른 사람의 굳이 하고 싶은 일을 억지로 막지는 못한다는 말이요, 그 교에 대한 존속 여부를 말한 것은 아니나, 사람마다 이로움은 좋아하고 해로움은 싫어하는데, 서로 관계하는 사이에 항상 이로움이 돌아오면 길이 친근할 것이요, 해로움이 돌아오면 길이 친근하지 못할 것이라, 정도(正道)라 하는 것은 처음에는 해로운 것 같으나 필경에는 이로움이 되고, 사도(邪道)라 하는 것은 처음에는 이로운 것 같으나 필경에는 해독이 돌아오므로, 그 교가 정도이면 아무리 그대들이 박멸하려 하여도 되지 않을 것이요, 사도라면 박멸하지 아니하여도 자연히 서지 못하게 되리라.」

11. 그 청년이 다시 여쭙기를 「그러하오면 선생님께서는 어떠한 방법이라야 이 세상이 길이 잘 교화되리라고 생각하시나이까.」 대종사 말씀하시기를 「특별한 방법이 따로 있는 것은 아니나 오직 한 가지 예를 들어 말하리라. 가령, 큰 들 가운데 농사를 짓는 사람이 농사 방법도 잘 알고 일도 또한 부지런히 하여 그 수확이 다른 사람보다 훨씬 우월하다면, 온 들안 사람들이 그것을 보고 자연히 본받아 갈 것이나, 만일 자기 농사에는 실적이 없으면서 다른 사람에게 말로만 권한

다면 그 사람들이 따르지 않을 것은 물론이니, 그러므로 나는 늘 말하되 내가 먼저 행하는 것이 곧 남을 교화함이 된다 하노라.」 청년이 사뢰기를 「선생님께서는 그러한 통달하신 법으로 세상을 교화 하시거니와, 그 교는 좋지 못한 행동으로 백성을 도탄(塗炭) 가운데 넣사오니 세상에 없어야 할 존재가 아니오니까.」 대종사 말씀하시기를 「그 교도 세계 사업을 하고 있으며 그대들도 곧 세계 사업을 하고 있나니라.」 청년이 또 여쭙기를 「어찌하여 그 교가 세계 사업을 한다 하시나이까.」 대종사 말씀하시기를 「그 교는 비하건대 사냥의 몰이꾼과 같나니 몰이꾼들의 몰이가 아니면 포수들이 어찌 그 구하는 바를 얻으리요. 지금은 묵은 세상을 새 세상으로 건설해야 할 시기인 바 세상 사람들이 그 형편을 깨닫지 못하고 발원 없이 깊이 잠들었는데, 그러한 각색 교회가 사방에서 일어나 모든 사람의 잠을 깨우며 마음을 일으키니, 그제야 모든 인재들이 세상에 나서서 실다운 일도 지내보고 헛된 일도 지내보며, 남을 둘러도 보고 남에게 둘리기도 하여 세상 모든 일의 허실과 시비를 알게 되매 결국 정당한 교회와 정당한 사람을 만나 정당한 사업을 이룰 것이니, 이는 곧 그러한 각색 교회가 몰이를 해 준 공덕이라, 그들이 어찌 세계 사업자가 아니라 하리요.」 청년이 또 여쭙기를 「그것은 그러하오나 저희들은 또한 어찌하여 세계 사업자가 된다 하시나이까.」 대종사 말씀하시기를

제 14 전망품   12

「그대들은 모든 교회의 행동을 보아, 잘하는 것이 있으면 세상에 드러내고 잘못하는 것이 있으면 또한 비평을 주장하므로, 누구를 물론하고 비난을 당할 때에는 분한 마음이 있을 것이요, 분한 마음이 있을 때에는 새로 정신을 차려 비난을 면하려고 노력할 것이니, 그대들은 곧 세계 사업자인 모든 교회에 힘을 도와주고 반성을 재촉하는 사업자라, 만일 그대들이 없으면 모든 교회가 그 전진력을 얻지 못할 것이므로 그대들의 공덕도 또한 크다 하노라.」 청년들이 감복하여 절하고 사뢰기를 「선생님의 말씀은 두루 통달하여 하나도 막힘이 없나이다.」

12. 한 사람이 여쭙기를 「선생님의 교법이 시대에 적절할 뿐 아니라 정당한 법인 줄은 믿으오나 창립한 시일이 아직 천단하여 근거가 깊지 못하오니 선생님 후대에는 어떻게 되올지 의문이 되나이다.」 대종사 말씀하시기를 「그대가 이 법을 이미 정법으로 알았다 하니 그렇다면 나의 후대에 이 법의 확장 여하를 근심할 것이 없나니라. 보라./ 세상에 도둑질하는 법은 나쁜 법이라, 그 법을 나라에서 없애려 하고 사회에서 배척하건마는 그 종자가 없어지지 아니하고 남아 있어서 우리들을 괴롭게 하는 것은, 그 같이 나쁜 법도 필요를 느끼는 무리가 일부에 있기 때문이거든, 하물며 모든 인간이 다 필요로 하는 인도 정의의 정당한 법이리요. 다시 한 예를 더 들자면, 세상 사람들이 모든 물질과

기술을 사용하여 생활을 할 때에 그 발명가를 위하여 사용하는 것이 아니요 각각 자기의 편리를 생각하여 사용하므로 자기의 편리만 있으면 아무리 사용하지 말라 하여도 자연 사용하게 되는 것 같이 모든 교법도 또한 여러 사람이 믿고 사용한 결과에 이익이 있다면 아무리 믿지 말라 하여도 자연 믿을 것이며, 믿는 사람이 많을 때에는 이 법이 또한 널리 확장될 것이 아닌가.」

13. 한 사람이 여쭙기를 「동양이나 서양에 기성 교회도 상당한 수가 있어서 여러 천년 동안 서로 문호를 달리하여 시비가 분분한 가운데, 근래에는 또한 여러 가지 신흥 교회가 사방에 일어나서 서로 자가(自家)의 주장을 내세우고 다른 의견을 배척하여 더욱 시비가 분분하오니 종교계의 장래가 어떻게 되오리까.」 대종사 말씀하시기를 「어떤 사람이 서울에서 가정을 이루어 자녀를 두고 살다가 세계 여러 나라를 두루 유람할 제, 그 중 몇몇 나라에서는 각각 여러 해를 지내는 동안 그 나라 여자와 동거하여 자녀를 낳아 놓고 돌아왔다 하자. 그 후 그 사람의 자녀들이 각각 그 나라에서 자라난 다음 각기 제 아버지를 찾아 한 자리에 모였다면, 얼굴도 서로 다르고 말도 서로 다르며 습관과 행동도 각각 다른 그 사람들이 얼른 서로 친하고 화해질 수 있겠는가. 그러나, 여러 해를 지내는 동안 그들도 차차 철이 들고 이해심이 생겨나서 말과 풍습

이 서로 익어지고 그 형제되는 내역을 자상히 알고 보면 반드시 골육지친(骨肉之親)을 서로 깨달아 화합하게 될 것이니, 모든 교회의 서로 달라진 내역과, 그 근원은 원래 하나인 내역도 또한 이와 같으므로, 인지가 훨씬 개명되고 도덕의 빛이 고루 비치는 날에는 모든 교회가 한 집안을 이루어 서로 융통하고 화합하게 되나니라.」

14. 조 송광이 처음 와 뵈오니, 대종사 말씀하시기를 「그대가 보통 사람보다 다른 점이 있어 보이니 어떠한 믿음이 있는가.」 송광이 사뢰기를 「여러 십년 동안 하나님을 신앙하온 예수교 장로이옵니다.」 대종사 말씀하시기를 「그대가 여러 해 동안 하나님을 믿었다 하니 하나님이 어디 계시던가.」 송광이 사뢰기를 「하나님은 전지 전능하시고 무소 부재하사 계시지 아니하는 곳이 없다 하나이다.」 대종사 말씀하시기를 「그러면 그대가 늘 하나님을 뵈옵고 말씀도 듣고 가르침도 받았는가.」 송광이 사뢰기를 「아직까지는 뵈온 일도 없사옵고 말하여 본 적도 없나이다.」 대종사 말씀하시기를 「그러면 그대가 아직 예수의 심통(心通) 제자는 못 되지 아니하였는가.」 송광이 여쭙기를 「어떻게 하오면 하나님을 뵈올 수도 있고 가르침을 받을 수도 있겠나이까.」 대종사 말씀하시기를 「그대가 공부를 잘하여 예수의 심통 제자만 되면 그리할 수 있나니라.」 송광이 다시 여쭙기를 「성경에 예수께서 말세에 다시 오시되 도둑

같이 왔다 가리라 하였고 그 때에는 여러 가지 증거도 나타날 것이라 하였사오니 참으로 오시는 날이 있사오리까.」 대종사 말씀하시기를 「성현은 거짓이 없나니 그대가 공부를 잘하여 심령(心靈)이 열리고 보면 예수의 다녀가는 것도 또한 알리라.」 송광이 사뢰기를 「제가 오랫동안 저를 직접 지도하여 주실 큰 스승님을 기다렸삽더니, 오늘 대종사를 뵈오니 마음이 흡연(洽然)하여 곧 제자가 되고 싶나이다. 그러하오나, 한 편으로는 변절 같사와 양심에 자극이 되나이다.」 대종사 말씀하시기를 「예수교에서도 예수의 심통 제자만 되면 나의 하는 일을 알게 될 것이요, 내게서도 나의 심통 제자만 되면 예수의 한 일을 알게 되리라. 그러므로, 모르는 사람은 저 교 이 교의 간격을 두어 마음에 변절한 것 같이 생각하고 교회 사이에 서로 적대시하는 일도 있지마는, 참으로 아는 사람은 때와 곳을 따라서 이름만 다를 뿐이요 다 한 집안으로 알게 되나니, 그대의 가고 오는 것은 오직 그대 자신이 알아서 하라.」 송광이 일어나 절하고 제자되기를 다시 발원하거늘, 대종사 허락하시며 말씀하시기를 「나의 제자된 후라도 하나님을 신봉하는 마음이 더 두터워져야 나의 참된 제자니라.」

15. 대종사 말씀하시기를 「내가 어느 날 불경(佛經)을 보니 이러한 이야기가 있더라. 한 제자가 부처님께 여쭙기를 "저희들은 부처님을 뵈옵고 법설을 들으면

제 14 전망품

존경심과 환희심이 한 없이 나옵는데, 어떤 사람은 도리어 흉을 보고 비방도 하며 사람들의 출입까지 방해하기도 하오니, 부처님께서는 항상 자비심으로 가르쳐 주시거늘 그 중생은 무슨 일로 그러하는지 그 이유를 알고 싶나이다" 하매, 부처님께서 대답하시기를 "저 해가 동녘 하늘에 오름에 제일 높은 수미산(須彌山) 상봉에 먼저 비치고, 그 다음에 고원(高原)에 비치고, 그러한 후에야 일체 대지 평야에까지 비치나니, 태양이 차별심이 있어서 높은 산은 먼저 비치고 평야는 나중에 비치는 것이 아니라, 태양은 다만 무심히 비치건마는 땅의 고하를 따라 그와 같이 선후의 차별이 있게 되나니라. 여래의 설법도 그와 같아서 무량한 지혜의 광명은 차별 없이 나투건마는 각자의 근기에 따라서 그 법을 먼저 알기도 하고 뒤에 알기도 하나니 한 자리에서 같은 법문을 들을지라도 보살(菩薩)들이 먼저 알아듣고, 그 다음에 연각(緣覺), 성문(聲聞), 결정선근자(決定善根者)가 알아듣고, 그 다음에야 무연(無緣) 중생까지라도 점진적으로 그 혜광을 받게 되나니라. 그런데, 미한 중생들이 부처의 혜광을 받아 살면서도 불법을 비방하는 것은 마치 소경이 해의 혜택을 입어 살면서도 해를 보지 못하므로 해의 혜택이 없다 하는 것과 같나니라. 그런즉, 너는 너의 할 일이나 잘 할 것이요, 결코 그러한 어리석은 중생들을 미워하지 말며, 또는 낙심하거나 퇴굴심을 내지도 말라. 그 어찌

인지의 차등이 없으리요" 하셨다 하였더라. 그대들은 이 말씀을 범연히 듣지 말고 각자의 전정에 보감을 삼아서 계속 정진할 것이요. 결단코 남의 잘못하는 것과 몰라주는 것에 너무 관심하지 말라. 이 세상의 변천도 주야 변천되는 것과 다름이 없어서 어둡던 세상이 밝아질 때에는 모든 중생이 고루 불은(佛恩)을 깨닫고 불은에 보답하기 위하여 서로 노력하게 되나니라.」

16. 최 도화(崔道華) 여쭙기를 「이 세상에 미륵불(彌勒佛)의 출세와 용화회상(龍華會上)의 건설을 목마르게 기다리는 사람이 많사오니 미륵불은 어떠한 부처님이시며 용화 회상은 어떠한 회상이오니까.」 대종사 말씀하시기를 「미륵불이라 함은 법신불의 진리가 크게 들어나는 것이요, 용화 회상이라 함은 크게 밝은 세상이 되는 것이니, 곧 처처 불상(處處佛像) 사사 불공(事事佛供)의 대의가 널리 행하여지는 것이니라.」 장 적조 여쭙기를 「그러하오면, 어느 때나 그러한 세계가 돌아오겠나이까.」 대종사 말씀하시기를 「지금 차차 되어지고 있나니라.」 정 세월(鄭世月)이 여쭙기를 「그 중에도 첫 주인이 있지 않겠나이까.」 대종사 말씀하시기를 「하나하나 먼저 깨치는 사람이 주인이 되나니라.」

17. 박 사시화(朴四時華) 여쭙기를 「지금 어떤 종파들에서는 이미 미륵불이 출세하여 용화 회상을 건설한다 하와 서로 주장이 분분하오니 어느 회상이 참 용화 회상이 되오리까.」 대종사 말씀하시기를 「말만 가지고

제14 전망품 16·17·18·19

되는 것이 아니니, 비록 말은 아니 할지라도 오직 그 회상에서 미륵불의 참 뜻을 먼저 깨닫고 미륵불이 하는 일만 하고 있으면 자연 용화 회상이 될 것이요 미륵불을 친견할 수도 있으리라.」

18. 서 대원이 여쭙기를 「미륵불 시대가 완전히 돌아와서 용화 회상이 전반적으로 건설된 시대의 형상은 어떠하오리까.」 대종사 말씀하시기를 「그 시대에는 인지가 훨씬 밝아져서 모든 것에 상극이 없어지고 허실(虛實)과 진위(眞僞)를 분간하여 저 불상에게 수복(壽福)을 빌고 원하던 일은 차차 없어지고, 천지 만물 허공 법계를 망라하여 경우와 처지를 따라 모든 공을 심어, 부귀도 빌고 수명도 빌며, 서로서로 생불(生佛)이 되어 서로 제도하며, 서로서로 부처의 권능 가진 줄을 알고 집집마다 부처가 살게 되며, 회상을 따로 어느 곳이라고 지정할 것이 없이 이리 가나 저리 가나 가는 곳마다 회상 아님이 없을 것이라, 그 광대함을 어찌 말과 글로 다 하리요. 이 회상이 건설된 세상에는 불법이 천하에 편만하여 승속(僧俗)의 차별이 없어지고 법률과 도덕이 서로 구애되지 아니하며 공부와 생활이 서로 구애되지 아니하고 만생이 고루 그 덕화를 입게 되리라.」

19. 대종사 말씀하시기를 「근래 어떤 사람들은 이 세상은 말세가 되어 영영 파멸 밖에는 길이 없다고 하나 나는 그렇지 않다고 하노니, 성인의 자취가 끊어진 지

오래고 정의 도덕이 희미하여졌으니 말세인 것만은 사실이나, 이 세상이 이대로 파멸되지는 아니하리라. 돌아오는 세상이야말로 참으로 크게 문명한 도덕 세계일 것이니, 그러므로 지금은 묵은 세상의 끝이요, 새 세상의 처음이 되어, 시대의 앞 길을 추측하기가 퍽 어려우나 오는 세상의 문명을 추측하는 사람이야 어찌 든든하지 아니하며 즐겁지 아니하리요.」

20. 대종사 또 말씀하시기를 「오는 세상의 모든 인심은 이러하리라. 지금은 대개 남의 것을 못 빼앗아서 한이요, 남을 못 이겨서 걱정이요, 남에게 해를 못 입혀서 근심이지마는, 오는 세상에는 남에게 주지 못하여 한이요, 남에게 지지 못하여 걱정이요, 남을 위해 주지 못하여 근심이 되리라. 또 지금은 대개 개인의 이익을 못 채워서 한이요, 뛰어난 권리와 입신 양명을 못 하여서 걱정이지마는, 오는 세상에는 공중사(公衆事)를 못 하여서 한이요, 입신 양명할 기회와 권리가 돌아와서 수양할 여가를 얻지 못할까 걱정일 것이며, 또 지금은 대개 사람이 죄 짓기를 좋아하며, 죄 다스리는 감옥이 있고, 개인·가정·사회·국가가 국한을 정하여 울과 담을 쌓아서 서로 방어에 전력하지마는, 오는 세상에는 죄 짓기를 싫어할 것이며, 개인·가정·사회·국가가 국한을 터서 서로 융통하리라. 또 지금은 물질 문명이 세계를 지배하고 있지마는, 오는 세상에는 위 없는 도덕이 굉장히 발전되어 인류의 정신을

문명시키고 물질 문명을 지배할 것이며 물질 문명은 도덕 발전의 도움이 될 것이니, 멀지 않은 장래에, 산에는 도둑이 없고 길에서는 흘린 것을 줍지 않는 참 문명 세계를 보게 되리라.」

21. 대종사 또 말씀하시기를 「지금 세상의 정도는 어두운 밤이 지나가고, 바야흐로 동방에 밝은 해가 솟으려 하는 때이니, 서양이 먼저 문명함은 동방에 해가 오를 때에 그 광명이 서쪽 하늘에 먼저 비침과 같은 것이며, 태양이 중천에 이르면 그 광명이 시방 세계에 고루 비치게 되나니 그 때야말로 큰 도덕 세계요 참 문명 세계니라.」

22. 대종사 말씀하시기를 「과거 세상은 어리고 어두운 세상이라, 강하고 지식 있는 사람이 약하고 어리석은 사람들을 무리하게 착취하여 먹고 살기도 하였으나, 돌아오는 세상은 슬겁고 밝은 세상이라, 비록 어떠한 계급에 있을지라도 공정한 법으로 하지 아니하고 공연히 남의 것을 취하여 먹지 못하리니, 그러므로 악하고 거짓된 사람의 생활은 점점 곤궁하여지고, 바르고 참된 사람의 생활은 자연 풍부하여지게 되리라.」

23. 대종사 말씀하시기를 「조선은 개명(開明)이 되면서부터 생활 제도가 많이 개량되었고, 완고하던 지견도 많이 열리었으나, 아직도 미비한 점은 앞으로 더욱 발전을 보게 되려니와, 정신적 방면으로는 장차 세계 여러 나라 가운데 제일 가는 지도국이 될 것이니, 지

금 이 나라는 점진적으로 어변 성룡(魚變成龍)이 되어가고 있나니라.」

24. 대종사 이어서 말씀하시기를 「돌아오는 세상 사람들은 높은 산 좋은 봉우리에 여러 가지 나무와 화초를 심고, 혹은 연못을 파서 양어도 하며, 사이 사이에 기암 괴석이나 고목 등을 늘어놓아 훌륭한 공원을 만들고, 그 밑에 굴을 파서 집을 지은 후, 낮에는 태양 광선을 들여대고 밤이면 전등을 켜며, 그 밖에도 무엇이나 군색한 것이 없이 화려한 생활을 하다가, 밖에 나와서 집 위를 쳐다보면 울창한 나무 숲이요, 올라가 보면 기화 요초가 만발한 가운데 각종의 새와 벌레들이 노래하고 춤추는 모양을 보게 될 것이니, 이 나라에도 저 금강산이나 지리산 같은 명산과 구수산(九岫山) 같은 데에는 큰 세력이 있어야 거기에 주택을 짓고 살게 될 것이며, 혹은 조산(造山)이라도 하여서 주택을 지을 것이요, 건축을 하는 데에도 지금과 같이 인공적 조각을 좋아하지 아니하고 천연석을 실어다가 집을 짓는 등 일반이 다 자연의 아름다움을 사랑하며 취(取)하게 되리라.」

25. 대종사 또 말씀하시기를 「재산이 넉넉한 종교 단체에서는 큰 산 위에 비행장을 설비하고 공원을 만들며, 화려하고 웅장한 영정각(影幀閣)을 지어서 공도자들의 영정과 역사를 봉안하면 사방에서 관람인이 많이 와서 어떠한 귀인이라도 예배하고 보게 될 것이며, 유

명한 법사들은 각처의 경치 좋은 수도원에서 수양하고 있다가, 때를 따라 세간 교당으로 설법을 나가면 대중의 환영하는 만세 소리가 산악을 진동할 것이요, 모든 사람들이 법사 일행을 호위하고 들어가 공양을 올리고 법설을 청하면 법사는 세간 생활에 필요한 인도상 요법이나 인과 보응에 대한 법이나 혹은 현묘한 성리등을 설하여 줄 것이며, 설법을 마치면 대중은 그 답례로 많은 폐백을 바칠 것이요, 법사는 그것을 그 교당에 내주고 또 다른 교당으로 가서 그와 같은 우대를 받게 되리라.」

26. 대종사 또 말씀하시기를「면면 촌촌에 학교가 있을 것은 물론이요, 동리 동리에 교당과 공회당을 세워 놓고 모든 사람들이 정례로 법회를 보게 될 것이며, 관·혼·상·제 등 모든 의식이나 법사의 수시 법회나 무슨 회의가 있으면 거기에 모여 모든 일을 편리하게 진행할 것이며, 지금의 모든 종교는 그 신자들에게 충분한 훈련을 시키지 못하는 관계로 일반적으로 종교인이라 하여 특별한 신용을 받지 못하지마는 그 때에는 모든 종교의 교화 사업이 충분히 발달되므로 각 교회의 신자들이 각각 상당한 훈련을 받아 자연히 훈련 없는 보통 사람과는 판이한 인격을 가지게 될 것이요, 따라서 관공청이나 사회 방면에서 인재를 선발하는 데에도 반드시 종교 신자를 많이 찾게 되리라.」

27. 대종사 또 말씀하시기를「지금도 큰 도시에는 직

업 소개하는 곳이 있거니와 돌아오는 세상에는 상당한 직업 소개소가 도처에 생겨나서 직업 구하는 사람들에게 많은 편리를 주게 될 것이요, 또는 혼인 소개소가 있어서 구혼하는 사람들이 이 기관을 많이 이용하게 될 것이며, 또는 탁아소도 곳곳에 생겨나서 어린 아이를 가진 부녀들이 안심하고 직장에 나갈 수 있을 것이요, 의탁할 데 없는 노인들은 국가나 단체나 자선 사업가들이 양로원을 짓고 시봉을 하게 되므로 별 걱정 없이 편안한 생활을 하게 될 것이며, 지금은 궁벽한 촌에서 생활을 하기로 하면 여러 가지로 불편이 많으나 앞으로는 어떠한 궁촌에도 각종 시설이 생겨나서 무한한 편리를 줄 것이요, 또는 간이식당 같은 것도 생겨나서 각자의 가정에서 일일이 밥을 짓지 아니하여도 각자의 생활 정도에 따라 편의한 식사를 하게 될 것이며, 또는 재봉소나 세탁소도 많이 생겨서, 복잡한 생활을 하는 사람들도 의복을 지어 입거나 세탁을 하는 데에 곤란이 없게 되리라.」

28. 대종사 말씀하시기를 「과거에는, 자기의 재산은 다소를 막론하고 자기가 낳은 자손에게만 전해 주는 것으로 법례(法例)를 삼았고, 만일 낳은 자손이 없다면 양자라도 하여서 반드시 개인에게 그 재산을 상속하게 하였으며, 따라서 그 자손들은 자기 부모의 유산은 반드시 자기가 차지할 것으로 알았으나 돌아오는 세상에는 자기 자손에게는 적당한 교육이나 시켜 주고

치산의 기본금이나 약간 대어줄 것이요, 남은 재산은 일반 사회를 위하여 교화·교육·자선 등 사업에 쓰는 사람이 많을 것이며, 지금 사람들은 대개 남을 해롭게 하는 것으로써 자기의 이익을 삼지마는 돌아오는 세상 사람들은 남을 이익 주는 것으로써 자기의 이익을 삼을 것이니, 인지가 발달됨에 따라 남을 해한즉 나에게 그만한 해가 돌아오고 남을 이롭게 한즉 나에게 그만한 이익이 돌아오는 것을 실지로 경험하게 되는 까닭이니라.」

29. 대종사 설법하실 때에는 위덕(威德)이 삼천 대천 세계를 진압하고 일체 육도 사생이 한 자리에 즐기는 감명을 주시는지라, 이럴 때에는 박 사시화·문 정규·김 남천 등이 백발을 휘날리며 춤을 추고, 전 삼삼(田參參)·최 도화·노 덕송옥 등은 일어나 무수히 예배를 올려 장내의 공기를 진작하며, 무상의 법흥을 돋아 주니, 마치 시방 세계가 다 우쭐거리는 것 같거늘, 대종사 성안(聖顔)에 미소를 띠시며 말씀하시기를 「큰 회상이 열리려 하면 음부(陰府)에서 불보살들이 미리 회의를 열고 각각 책임을 가지고 나오는 법이니, 저 사람들은 춤추고 절하는 책임을 가지고 나온 보살들이 아닌가. 지금은 우리 몇몇 사람만이 이렇게 즐기나 장차에는 시방 삼계 육도 사생이 고루 함께 즐기게 되리라.」

30. 한 제자 여쭙기를 「우리 회상이 대운(大運)을 받

아 건설된 회상인 것은 짐작되오나 교운(教運)이 몇 만년이나 뻗어 나가올지 알고 싶나이다.」 대종사 말씀하시기를 「이 회상은 지나간 회상들과 달라서 자주 있는 회상이 아니요, 원시 반본(原始反本) 하는 시대를 따라서 나는 회상이라 그 운이 한량 없나니라.」

제 15 부 촉 품 (附囑品)

1. 대종사 여러 제자에게 말씀하시기를 「내가 그대들을 대할 때에 더할 수 없는 인정이 건네는 것은 수많은 사람 가운데 오직 그대들이 남 먼저 특별한 인연을 찾고 특별한 원을 발하여 이 법을 구하러 온 것이요, 같이 지내는 가운데 혹 섭섭한 마음이 나는 것은 그대들 가운데 수도에는 정성이 적어지고 다른 사심을 일어내며 나의 지도에 잘 순응하지 않는 사람이 생기는 것이라, 만일 그와 같이 본의를 잊어버리며 나의 뜻을 몰라주다가 내가 모든 인연을 뿌리치고 먼 수양길을 떠나 버리면 그 어찌하려는가. 그 때에는 아무리 나를 만나고자 하나 그리 쉽지 못하리라. 그런즉, 그대들은 다시 정신을 차리어 나로 하여금 그러한 생각이 나지 않도록 하라. 해탈한 사람의 심경은 범상한 생각으로 측량하지 못할 바가 있나니, 무슨 일이나 그 일을 지어 갈 때에는 천만 년이라도 그 곳을 옮기지 못할 것 같으나 한 번 마음을 놓기로 하면 일시에 허공과 같이 흔적이 없나니라.」

2. 원기 이십 육년(1941) 일월에 대종사 게송(偈頌)을 내리시고 말씀하시기를 「옛 도인들은 대개 임종 당시에 바쁘게 전법 게송을 전하였으나 나는 미리 그대

들에게 이를 전하여 주며, 또는 몇 사람에게만 비밀히 전하였으나 나는 이와 같이 여러 사람에게 고루 전하여 주노라. 그러나, 법을 오롯이 받고 못 받는 것은 그대들 각자의 공부에 있나니 각기 정진하여 후일에 유감이 없게 하라.」

3. 대종사 열반을 일년 앞두시고 그동안 진행되어 오던 정전(正典)의 편찬을 자주 재촉하시며 감정(鑑定)의 붓을 들으시매 시간이 밤중에 미치는 때가 잦으시더니, 드디어 성편되매 바로 인쇄에 붙이게 하시고, 제자들에게 말씀하시기를 「때가 급하여 이제 만전을 다하지는 못하였으나, 나의 일생 포부와 경륜이 그 대요는 이 한 권에 거의 표현되어 있나니, 삼가 받아 가져서 말로 배우고, 몸으로 실행하고, 마음으로 증득하여, 이 법이 후세 만대에 길이 전하게 하라. 앞으로 세계 사람들이 이 법을 알아 보고 크게 감격하고 봉대할 사람이 수가 없으리라.」

4. 대종사 열반을 몇 달 앞두시고 자주 대중과 개인에게 부촉하시기를 「내가 이제는 깊은 곳으로 수양을 가려 하노니, 만일 내가 없더라도 퇴굴심이 나지 않겠는가 스스로 반성하여 마음을 추어 잡으라. 지금은 정히 심판기라 믿음이 엷은 사람은 시들 것이요, 믿음이 굳은 사람은 좋은 결실을 보리라. 나의 법은 신성 있고 공심 있는 사람이면 누구나 다 받아 가도록 전하였나니, 법을 받지 못하였다고 후일에 한탄하지 말고, 하

루 속히 이 정법을 마음대로 가져다가 그대들의 피가 되고 살이 되게 하라.」

5. 대종사 하루는 송 규에게 말씀하시기를 「그대는 나를 만난 후로 오늘에 이르기까지 모든 일을 오직 내가 시키는 대로 할 따름이요 따로 그대의 의견을 세우는 일이 없었으니, 이는 다 나를 신봉함이 지극한 연고인 줄로 알거니와, 내가 만일 졸지에 오래 그대들을 떠나게 되면 그 때에는 어찌 하려는가. 앞으로는 모든 일에 의견을 세워도 보며 자력으로 대중을 거느려도 보라.」하시고 또 말씀하시기를 「요사이에는 관변의 지목이 차차 심하여 가니 내가 여기에 오래 머무르기 어렵겠노라. 앞으로 크게 괴롭히는 무리가 더러 있어서 그대들이 그 목을 넘기기가 힘들 것이나 큰 일은 없으리니 안심하라.」

6. 대종사 말씀하시기를 「그대들이 나를 따라 처음 발심한 그대로 꾸준히 전진하여 간다면 성공 못 할 사람이 없으리라. 그러나, 하근(下根)에서 중근(中根) 되는 때에나, 본래 중근으로 그 고개를 넘지 못한 경우에 모든 병증(病症)이 발동하여 대개 상근에 오르지 못하고 말게 되나니, 그대들은 이 무서운 중근의 고개를 잘 넘어서도록 각별한 힘을 써야 하리라. 중근의 병은, 첫째는 공부에 권태증이 생기는 것이니, 이 증세는 일체가 괴롭기만 하고 지리한 생각이 나서 어떤 때에는 그 생각과 말이 세속 사람보다 오히려 못

할 때가 있는 것이요, 둘째는 확실히 깨치지는 못했으나 순전히 모르지도 아니하여 때때로 말을 하거나 글을 쓰면 여러 사람이 감탄하여 환영하므로 제 위에는 사람이 없는 것 같이 생각되어 제가 저를 믿고 제 허물을 용서하며 윗 스승을 함부로 비판하며 법과 진리에 호의(狐疑)를 가져서 자기 뜻에 고집하는 것이니, 이 증세는 자칫하면 그 동안의 적공이 허사로 돌아가 결국 영겁 대사를 크게 그르치기 쉬우므로, 과거 불조들도 이 호의 불신증을 가장 두렵게 경계하셨나니라. 그런데, 지금 그대들 중에 이 병에 걸린 사람이 적지않으니 제 스스로 반성하여 그 자리를 벗어나면 좋으려니와, 만일 그러지 못한다면 이는 장차 제 자신을 그르치는 동시에 교단에도 큰 화근이 될 것이니, 크게 분발하여 이 지경을 넘는 공부에 전력을 다할지어다. 이 중근을 쉽게 벗어나는 방법은 법 있는 스승에게 마음을 가림 없이 바치는 동시에 옛 서원을 자주 반조하고 중근의 말로가 위태함을 자주 반성하는 것이니, 그대들이 이 지경만 벗어나고 보면 불지(佛地)에 달음질하는 것이 비행기 탄 격은 되리라.」

7. 원기 이십 팔년(1943) 계미(癸未) 일월에 대종사 새로 정한 교리도(教理圖)를 발표하시며 말씀하시기를 「내 교법의 진수가 모두 여기에 들어 있건마는 나의 참 뜻을 아는 사람이 몇이나 될꼬. 지금 대중 가운데 이 뜻을 온전히 받아갈 사람이 그리 많지 못한 듯하니

그 원인은, 첫째는 그 정신이 재와 색으로 흐르고, 둘째는 명예와 허식으로 흘러서 일심 집중이 못 되는 연고라, 그대들이 그럴진대 차라리 이것을 놓고 저것을 구하든지, 저것을 놓고 이것을 구하든지 하여, 좌우간 큰 결정을 세워서 외길로 나아가야 성공이 있으리라.」

8. 대종사 선원 대중에게 물으시기를 「너른 세상을 통하여 과거로부터 현재까지 어떠한 분이 어떠한 공부로 제일 큰 재주를 얻어 고해 중생의 구제선이 되었으며 또한 그대들은 어떠한 재주를 얻기 위하여 이 곳에 와서 공부를 하게 되었는가.」하시니, 몇몇 제자의 답변이 있은 후, 송 도성이 사뢰기를 「이 세상에 제일 큰 재주를 얻어 모든 중생의 구제선이 되어 주신 분은 삼세의 모든 부처님이시요. 저희들이 지극히 하고 싶은 공부도 또한 그 부처님의 재주를 얻기 위한 공부로서 현세는 물론이요 미래 수천만 겁이 될지라도 다른 사도와 소소한 공부에 마음을 흔들리지 아니하고, 부처님의 지행을 얻어 노·병·사를 해결하고 고해 중생을 제도하는 데에 노력하겠나이다.」 대종사 말씀하시기를 「그런데 근래 공부인 가운데에는 이 법문에 찾아와서도 외학(外學)을 더 숭상하는 사람이 있으며, 외지(外知)를 구하기 위하여 도리어 도문을 등지는 사람도 간혹 있나니 어찌 한탄스럽지 아니하리요. 그런즉, 그대들은 각기 그 본원을 더욱 굳게 하기 위하여 이 공

부에 끝까지 정진할 서약들을 다시 하라.」 이에 선원 대중이 명을 받들어 서약을 써 올리고 정진을 계속하니라.

9. 대종사 말씀하시기를 「내가 이 회상을 연지 이십 팔년에 법을 너무 해석적으로만 설하여 준 관계로 상근기는 염려 없으나, 중·하 근기는 쉽게 알고 구미호(九尾狐)가 되어 참 도를 얻기 어렵게 된 듯하니 이것이 실로 걱정되는 바라, 이 후부터는 일반적으로 해석에만 치우치지 말고 삼학을 병진하는 데에 노력하도록 하여야 하리라.」

10. 대종사 말씀하시기를 「내가 다생 겁래로 많은 회상을 열어 왔으나 이 회상이 가장 판이 크므로 창립 당초의 구인을 비롯하여 이 회상과 생명을 같이 할 만한 혈심 인물이 앞으로도 수를 헤아릴 수 없이 많이 나리라.」

11. 대종사 말씀하시기를 「내가 오랫동안 그대들을 가르쳐 왔으나 마음에 유감되는 바 셋이 있으니, 그 하나는 입으로는 현묘한 진리를 말하나 그 행실과 증득한 것이 진경에 이른 사람이 귀함이요, 둘은 육안으로는 보나 심안(心眼)으로 보는 사람이 귀함이며, 셋은 화신불은 보았으나 법신불을 확실히 본 사람이 귀함이니라.」

12. 대종사 말씀하시기를 「도가에 세 가지 어려운 일이 있으니, 하나는 일원의 절대 자리를 알기가 어렵

고, 둘은 일원의 진리를 실행에 부합시켜서 동과 정이 한결 같은 수행을 하기가 어렵고, 셋은 일원의 진리를 일반 대중에게 간명하게 깨우쳐 알려 주기가 어렵나니라. 그러나, 수도인이 마음을 굳게 세우고 한 번 이루어 보기로 정성을 다하면 아무리 어려운 일이라도 쉬운 일이 되어질 것이요, 아무리 쉬운 일이라도 안 하려는 사람과 하다가 중단하는 사람에게는 다 어려운 일이 되나니라.」

13. 대종사 말씀하시기를 「천지에 우로(雨露)의 덕을 어리석은 사람은 알지 못하고 세상에 성인의 덕을 범부들은 알지 못하나니, 그러므로 날이 가문 뒤에야 비의 고마움을 사람들이 다 같이 알게 되고, 성인이 떠난 뒤에야 그 법의 은덕을 세상이 고루 깨닫게 되나니라.」

14. 계미(1943) 오월 십육일 예회에 대종사 대중에게 설법하시기를 「내가 방금 이 대각전으로 오는데, 여러 아이들이 길가 숲에서 놀다가 나를 보더니 한 아이가 군호를 하매 일제히 일어서서 경례를 하는 것이 퍽 질서가 있어 보이더라. 이것이 곧 그 아이들이 차차 철이 생겨나는 증거라, 사람이 아주 어린 때에는 가장 가까운 부모 형제의 내역과 촌수도 잘 모르고 그에 대한 도리는 더욱 모르고 지내다가 차차 철이 나면서 그 내역과 촌수와 도리를 알게 되는 것 같이 공부인들이 미한 때에는 불보살 되고 범부 중생되는 내역

이나, 자기와 천지 만물의 관계나, 각자 자신 거래의 길도 모르고 지내다가 차차 공부가 익어 가면서 그 모든 내역과 관계와 도리를 알게 되나니, 그러므로 우리가 도를 알아 가는 것이 마치 철 없는 아이가 차차 어른 되어가는 것과 같다 하리라. 이와 같이, 아이가 커서 어른이 되고 범부가 깨쳐 부처가 되며, 제자가 배워 스승이 되는 것이니, 그대들도 어서어서 참다운 실력을 얻어 그대들 후진의 스승이 되며, 제생 의세의 큰 사업에 각기 큰 선도자들이 되라. 음부경(陰符經)에 이르기를 "생(生)은 사(死)의 근본이요, 사는 생의 근본이라"하였나니, 생사라 하는 것은 마치 사시가 순환하는 것과도 같고, 주야가 반복되는 것과도 같아서, 이것이 곧 우주 만물을 운행하는 법칙이요 천지를 순환하게 하는 진리라, 불보살들은 그 거래에 매하지 아니하고 자유하시며, 범부 중생은 그 거래에 매하고 부자유한 것이 다를 뿐이요, 육신의 생사는 불보살이나 범부 중생이 다 같은 것이니, 그대들은 또한 사람만 믿지 말고 그 법을 믿으며, 각자 자신이 생사 거래에 매하지 아니하고 그에 자유할 실력을 얻기에 노력하라. 우리가 이와 같이 예회를 보는 것은 마치 장꾼이 장을 보러 온 것과도 같나니, 이왕 장을 보러 왔으면 내 물건을 팔기도 하고 남의 물건을 소용대로 사기도 하여 생활에 도움을 얻어야 장에 온 보람이 있으리라. 그런즉, 각자의 지견에 따라 유익될 말은 대중에게 알려도 주고 의심 나는 점은 제출하여 배워도 가며 남의 말을 들어다가 보감도 삼아서 공왕 공래(空往空來)가 없도록 각별히 주의하라. 생사가 일이 크고 무상은 신속하니 가히 범연하지 못할 바이니라.」

15. 대종사 말씀하시기를 「우리의 사업 목표는 교화·교육·자선의 세 가지니 앞으로 이를 늘 병진하여야 우리의 사업에 결함이 없으리라.」

16. 대종사 말씀하시기를 「나의 교법 가운데 일원을 종지로 한 교리의 대강령인 삼학 팔조와 사은 등은 어느 시대 어느 국가를 막론하고 다시 변경할 수 없으나, 그 밖의 세목이나 제도는 그 시대와 그 국가에 적당하도록 혹 변경할 수도 있나니라.」

17. 대종사 말씀하시기를 「과거에는 도가나 정부나 민간에서 각각 차별 세우는 법을 주로하여 여러 사람을 다스려 왔지마는 돌아오는 세상에는 어떠한 처지에서나 그 쓰는 법이 편벽되면 일반 대중을 고루 화하게 하지 못할 것이니, 그러므로 우리 회상에서는 재가 출가와 남녀 노소를 물론하고 대각한 도인이 나면 다 여래위로 받들 것이요, 생일이나 열반 기념일이나 기타 모든 행사에도 어느 개인을 본위로 할 것이 아니라, 이 회상을 창립한 사람이면 다 같이 한 날에 즐겨 할 일은 즐겨하고 슬퍼할 일은 슬퍼하게 하여야 하리라.」

18. 대종사 말씀하시기를 「그대들이 나의 법을 붓으

로 쓰고 입으로 말하여 후세에 전하는 것도 중한 일이나, 몸으로 실행하고 마음으로 증득하여 만고 후세에 이 법통이 길이 끊기지 않게 하는 것은 더욱 중한 일이니, 그러하면 그 공덕을 무엇으로 가히 헤아리지 못하리라.」

19. 대종사 말씀하시기를 「스승이 법을 새로 내는 일이나, 제자들이 그 법을 받아서 후래 대중에게 전하는 일이나, 또 후래 대중이 그 법을 반가이 받들어 실행하는 일이 삼위 일체(三位一體)되는 일이라, 그 공덕도 또한 다름이 없나니라.」

불조요경

불조요경   차 례

금강반야바라밀경(金剛般若波羅蜜經) ················ 413

반야바라밀다심경(般若波羅蜜多心經) ················ 446

사십이장경(四十二章經) ································ 448

현자오복덕경(賢者五福德經) ·························· 468

업보차별경(業報差別經) ································ 471

수　심　결(修　心　訣) ································ 497

목우십도송(牧牛十圖頌) ································ 536

휴휴암좌선문(休休庵坐禪文) ·························· 541

금강반야바라밀경 (金剛般若波羅蜜經)

1. 이와 같음을 내가 듣사오니 한 때에 부처님께서 사위국(舍衛國) 기수급고독원(祇樹給孤獨園)에 계시사 대비구(大比丘)들 천 이백 오십 인으로 더불어 함께 하시더니 이 때에 세존께서 식때가 되어 가사를 입으시고 발우(鉢盂)를 가지시고 사위 대성(舍衛大城)에 드시사 걸식 하실새 그 성중에서 차례로 빌기를 마치시고 본처로 돌아와 공양을 마치시고 의발을 거두시고 발 씻기를 마치신 후 자리를 펴고 앉으시니라.

2. 때에 장로(長老) 수보리(須菩提) 대중 가운데에 있어 곧 자리로 좇아 일어나 바른 편 어깨 옷을 벗어 엇메며 바른 편 무릎을 땅에 붙이고 합장 공경하여 부처님께 사뢰어 말씀하되「희유하옵신 세존이시여 여래께서는 모든 보살을 잘 호념하시며 모든 보살에게 잘 부촉하시나니, 세존이시여 선남자 선녀인이 아뇩다라삼먁삼보리(阿耨多羅三藐三菩提＝無上正偏正覺)심을 발한 이는 마땅히 어떻게 주(住)하며 어떻게 그 마음을 항복 받으오리까.」부처님께서 말씀하시되「착하고 착하다 수보리야, 너의 말한 바와 같이 여래는 모든 보살을 잘 호념하며 모든 보살에게 잘 부촉하나니, 너는 이제 자세히 들으라. 마땅히 너를 위하여 말하리라. 선남자

선녀인이 아뇩다라삼먁삼보리심을 발한 이는 마땅히 이와 같이 주하며 이와 같이 그 마음을 항복받을지니라.」「예 그러하옵니다 세존이시여. 원컨대 즐거이 듣고자 하나이다.」

3. 부처님께서 수보리에게 고하시되 「모든 보살 마하살(摩訶薩)이 마땅히 이와 같이 그 마음을 항복받나니 "이 세상에 있는 바 일체 중생의 종류 가운데 혹 알로 생긴 것과 혹 태(胎)로 생긴 것과 혹 습(濕)으로 생긴 것과 혹 화(化)로 생긴 것과 혹 빛이 있이 된 것과 혹 빛이 없이 된 것과 혹 생각이 있이 된 것과 혹 생각이 없이 된 것과 혹 생각이 있지도 않고 생각이 없지도 않게 된 것 등을 내가 다 하여금 남음이 없는 열반에 넣어 멸도(滅度)시키리라." 이와 같이 한량이 없고 수가 없고 가 없는 중생을 멸도하되 실로 중생이 멸도를 얻은 이가 없나니, 어찌한 연고인고 수보리야 만일 보살이 아상(我相)과 인상(人相)과 중생상(衆生相)과 수자상(壽者相)이 있으면 곧 보살이 아니니라.」

4. 또한 수보리야 보살은 법에 마땅히 주함이 없이 보시를 행하나니 이른바 색에 주하지 않고 하는 보시며 소리와 냄새와 맛과 부딪침과 법(法)에 주하지 않고 하는 보시니라. 수보리야 보살이 마땅히 이와 같이 보시하여 상(相)에 주하지 말지니, 어찌한 연고인고 만일 보살이 상에 주하지 아니하고 보시하면 그 복덕

을 가히 사량하지 못할지니라. 수보리야 네 뜻에 어떠하냐 동방 허공을 가히 사량하겠느냐.」 「못하겠나이다 세존이시여.」 「수보리야 남 서 북방 사유(四維) 상하 허공을 가히 사량하겠느냐.」 「못하겠나이다 세존이시여.」 「수보리야 보살의 상에 주하지 않고 보시하는 복덕도 또한 다시 이와 같아서 가히 사량하지 못할지니라. 수보리야 보살이 다만 마땅히 가르친 바와 같이 주할지니라.」

5. 「수보리야 네 뜻에 어떠하냐. 가히 신상(身相)으로써 여래를 보겠느냐.」 「아니옵니다 세존이시여. 가히 신상으로써 여래를 얻어 보지 못할지니, 어찌한 연고인가 하오면 여래께서 말씀하신 신상이 곧 신상이 아닌 까닭이옵니다.」 부처님께서 수보리에게 고하시되 「무릇 형상 있는 바가 다 이 허망한 것이니 만일 모든 상이 상 아님을 보면 곧 여래를 보리라.」

6. 수보리 부처님께 사뢰어 말씀하되 「세존이시여 혹 중생이 있어 이와 같은 언설 장귀(章句)를 듣고 실다운 믿음을 내리이까.」 부처님께서 수보리에게 고하시되 「이런 말을 하지 말라. 여래 멸한 후 후 오백세에 계행을 지키고 복을 닦는 이가 있어서 이 장귀에 능히 신심을 내어 이로써 실다움을 삼으리니, 마땅히 알라 이 사람은 한 부처 두 부처 서너 다섯 부처에만 선근을 심었을 뿐 아니라 이미 무량 천만 부처님 처소에 선근을 심어 이 장귀를 듣고 내지 한 생각에 청정한

믿음을 낸 사람이니라. 수보리야 여래는 다 알고 다 보나니 이 모든 중생이 이와 같이 한량 없는 복덕을 얻나니라. 어찌한 연고인고 이 모든 중생이 또한 아상과 인상과 중생상과 수자상이 없으며 법상(法相)도 없으며 또한 법 아닌 상도 없기 때문이니라. 어찌한 연고인고 이 도든 중생이 만일 마음에 상을 취하면 곧 아·인·중생·수자에 집착할 것이니, 어찌한 연고인고 만일 법상을 취하여도 곧 아·인·중생·수자에 집착하며 만일 법 아닌 상을 취하여도 곧 아·인·중생·수자에 집착하리라. 이런 연고로 마땅히 법도 취하지 말며 마땅히 법 아님도 취하지 말지니, 이러한 뜻인 고로 써 여래가 항상 말하되 너희들 비구는 나의 설법을 떼배와 같다고 비유함을 알지니 법도 오히려 마땅히 놓을 것이어든 어찌 하물며 법 아닌 것이리오.」

7.「수보리야 네 뜻에 어떠하냐. 여래가 아뇩다라삼먁삼보리를 얻었느냐. 여래가 설법한 바가 있느냐.」
수보리 말씀하되 「제가 부처님께서 말씀하신 뜻을 아는 바와 같아서는 정한 법이 있지 아니함을 이름을 아뇩다라삼먁삼보리라 하오며 또한 정한 법이 있지 아니함을 여래께서 가히 설하시나니, 어찌한 연고인가 하오면 여래께서 설하신 바 법은 다 가히 취할 수도 없으며 가히 설할 수도 없으며 법도 아니며 법 아님도 아니니 어찌한 소이인가 하오면 일체 현성이 다 함이 없는 법으로써 차별이 있게 한 까닭이옵니다.」

8．「수보리야 네 뜻에 어떠하냐. 만일 어떠한 사람이 있어 삼천 대천 세계에 가득찬 칠보로써 보시에 쓰면 이 사람의 얻는 바 복덕이 정녕코 많다 하겠느냐.」 수보리 말씀하되 「심히 많나이다 세존이시여. 어찌한 연고인가 하오면 이 복덕은 곧 복덕성(福德性)이 아닐새 이런 고로 여래께서 복덕이 많다고 설하셨나이다.」「만일 다시 어떠한 사람이 있어 이 경 가운데 내지 사귀게(四句偈)등을 받아 가져서 다른 사람을 위하여 말하여 주면 그 복덕이 저 복덕보다 승하리니, 어찌한 연고인고 수보리야 일체 제불과 및 제불의 아뇩다라삼먁삼보리법이 다 이 경으로 좇아 나오는 까닭이니라. 수보리야 이른바 불법이란 것은 곧 불법이 아니니라.」

9．수보리야 네 뜻에 어떠하냐. 수다원(須陀洹)이 능히 이러한 생각을 하되 "내가 수다원 과(果)를 얻었다" 하겠느냐.」 수보리 말씀하되 「아니옵니다 세존이시여. 어찌한 연고인가 하오면 수다원은 성류(聖流)에 들었다 이름하오나 들어간 바가 없사오니 빛과 소리와 냄새와 맛과 부딪침과 법에 물들지 아니할새 이를 수다원이라 이름하나이다.」「수보리야 네 뜻에 어떠하냐. 사다함(斯陀舍)이 능히 이러한 생각을 하되 "내가 사다함 과를 얻었다" 하겠느냐.」 수보리 말씀하되 「아니옵니다 세존이시여. 어찌한 연고인가 하오면 사다함은 한 번 왕래한다 이름하오나 실은 가고 옴

이 없을새 이를 사다함이라 이름하나이다.」「수보리야 네 뜻에 어떠하냐. 아나함(阿那舍)이 능히 이러한 생각을 하되 "내가 아나함 과를 얻었다" 하겠느냐.」 수보리 말씀하되 「아니옵니다 세존이시여. 어찌한 연고인가 하오면 아나함은 오지 않는다고 이름하오나 실은 오지 않음이 없을새 이런 고로 아나함이라 이름하나이다.」「수보리야 네 뜻에 어떠하냐. 아라한(阿羅漢)이 능히 이러한 생각을 하되 "내가 아라한 도(道)를 얻었다" 하겠느냐.」 수보리 말씀하되 「아니옵니다 세존이시여. 어찌한 연고인가 하오면 실로 법 있음이 없을새 아라한이라 이름하나이다. 세존이시여 만일 아라한이 이러한 생각을 하되 "내가 아라한 도를 얻었다"고 하면 곧 아·인·중생·수자에 집착된 것이옵니다. 세존이시여 부처님께서 제가 "무쟁삼매(無諍三昧)를 얻음이 사람 가운데 가장 제일이라 이는 제일 욕심을 여읜 아라한이라"고 말씀하셨사오나 저는 이러한 생각을 하되 "내가 이 욕심을 여읜 아라한이라" 하지 아니하나이다. 세존이시여 제가 만일 이러한 생각을 하되 "내가 아라한 도를 얻었노라" 하면 세존께서 곧 "수보리가 이 아란나 행(阿蘭那行=無諍行)을 즐기는 자라"고 말씀하지 아니하시련마는 수보리가 실로 행하는 바가 없을새 "수보리가 아란나 행을 즐기는 자라"고 이름하신 것이옵니다.」

10. 부처님께서 수보리에게 고하시되 「네 뜻에 어떠

하냐. 여래가 옛적에 연등불(燃燈佛) 처소에 있어 법에 얻은 바가 있느냐.」「아니옵니다 세존이시여. 여래께서 연등불 처소에 계시사 법에 실로 얻은 바가 없나이다.」「수보리야 네 뜻에 어떠하냐 보살이 불토를 장엄 하느냐.」「아니옵니다 세존이시여. 어찌한 연고인가 하오면 불토를 장엄한다는 것은 곧 장엄이 아닐새 이것을 장엄이라 이름하나이다.」「이런고로 수보리야 모든 보살・마하살이 마땅히 이와 같이 청정한 마음을 낼지니, 마땅히 색에 주하여 마음을 내지도 말며, 마땅히 소리와 냄새와 맛과 부딪침과 법에 주하여 마음을 내지 말고, 응하여도 주한 바 없이 그 마음을 낼지니라. 수보리야 비유컨대 어떠한 사람이 있어 몸이 수미산왕과 같다 하면, 네 뜻에 어떠하냐 이 몸이 크다 하겠느냐.」수보리 말씀하되「심히 크옵니다 세존이시여. 어찌한 연고인가 하오면 부처님께서 말씀하신 몸 아닌 것을 이 큰 몸이라 이름하나이다.」

11. 수보리야 항하 가운데 있는 모래 수와 같이 이렇게 많은 항하를, 네 뜻에 어떠하냐 이 모든 항하 가운데 있는 모래가 정녕코 많다 하겠느냐.」수보리 말씀하되「심히 많나이다 세존이시여. 다만 모든 항하만도 오히려 많아서 수가 없거든 어찌 하물며 그 모래이오리까.」「수보리야 내가 지금 실다운 말로 너에게 고하노니, 만일 선남자 선녀인이 있어 일곱 가지 보배로써 저와 같은 항하 모래 수 삼천 대천 세계에 채워 보

시에 쓰면 복을 얻음이 많겠느냐.」 수보리 말씀하되 「심히 많나이다 세존이시여.」 부처님께서 수보리에게 고하시되 「만일 선남자 선녀인이 이 경 가운데 내지 사귀게 등을 받아 가져 다른 사람을 위해 설해 주면 이 복덕이 앞에 말한 복덕보다 승하리라.」

12. 「또한 수보리야 따라서 이 경을 설하되 이에 사귀게 등에 이르면 마땅히 알라 이 곳은 일체 세간 천인(天人) 아수라가 다 마땅히 공양하기를 부처님의 탑묘와 같이 할 것이어든 어찌 하물며 사람이 있어 다 능히 받아 가지며 읽어 외움이겠느냐. 수보리야 마땅히 알라 이 사람은 최상 제일 희유한 법을 성취할 것이니 이와 같은 경전이 있는 곳은 곧 부처님과 및 존중한 제자가 있음과 같나니라.」

13. 이 때에 수보리 부처님께 사뢰어 말씀하되 「세존이시여 마땅히 이 경을 무엇이라 이름하오며 우리들이 어떻게 받들어 가지오리까.」 부처님께서 수보리에게 고하시되 「이 경은 이름이 금강 반야바라밀이니 이 이름으로써 너희는 마땅히 받들어 가질지니라. 소이가 무엇인고 수보리야 불타의 설한 반야바라밀(般若波羅蜜=智慧到彼岸)이 곧 반야바라밀이 아닐새 이 이름이 반야바라밀이니라. 수보리야 네 뜻에 어떠하냐 여래가 법을 설한 바가 있느냐.」 수보리 부처님께 사뢰어 말씀하되 「세존이시여 여래께서 설하신 바가 없나이다.」 「수보리야 네 뜻에 어떠하냐 삼천 대천 세계에 있는

미진(微塵)이 이 많다고 하겠느냐.」 수보리 말씀하되 「심히 많나이다 세존이시여.」 「수보리야 모든 미진은 여래가 미진이 아니라고 말할새 이것을 미진이라 이름하며 여래의 말한 세계도 또한 세계가 아닐새 이것을 세계라고 이름하나니라. 수보리야 네 뜻에 어떠하냐. 가히 삼십 이상(三十二相)으로써 여래를 보겠느냐.」 「아니옵니다 세존이시여. 가히 삼십 이상으로써 여래를 얻어 보지 못하나이다. 어찌한 연고인가 하오면 여래께서 말씀하신 삼십 이상이 곧 이 상이 아닐새 이것을 삼십 이상이라고 이름하나이다.」 「수보리야 만일 선남자 선녀인이 항하의 모래 수와 같은 목숨으로써 보시할지라도 만일 다시 어떠한 사람이 있어 이 경 가운데 내지 사귀게 등을 받아 가져 다른 사람을 위하여 설하면 그 복이 심히 많으리라.」

14. 이 때에 수보리 이 경 설하심을 듣잡고 깊이 뜻을 알아 눈물을 흘리고 슬피 울며 부처님께 사뢰어 말씀하되 「희유하신 세존이시여 부처님께서 이와 같이 깊고 깊은 경전을 설하심은 제가 옛적으로부터 얻은 바 혜안(慧眼)으로 일찌기 이와 같은 경을 얻어 듣지 못하였나이다. 세존이시여 만일 다시 어떠한 사람이 있어 이 경을 얻어 듣고 믿는 마음이 청정하면 곧 실상(實相)을 내리니 마땅히 이 사람은 제일 희유한 공덕을 성취할 줄 아나이다. 세존이시여 이 실상이란 것은 곧 이 상이 아닐새 이런 고로 여래께서 이것을 실상이라고

이름하셨나이다. 세존이시여 제가 이제 이와 같은 경전을 얻어 듣고 믿어 알며 받아 가짐은 족히 어렵지 않거니와 만일 돌아오는 세상 후 오백세에 어떠한 중생이 있어 이 경을 얻어 듣고 믿어 알며 받아 가지면 이 사람은 곧 제일 희유함이 될 것이오니, 어찌한 연고인가 하오면 이 사람은 아상이 없으며 인상이 없으며 중생상이 없으며 수자상이 없는 까닭이옵니다. 소이가 무엇인가 하오면 아상이 곧 아상이 아니며 인상·중생상·수자상이 곧 이 상이 아니옵니다. 어찌한 연고인가 하오면 일체 상을 여의면 곧 부처라 이름하나이다.」 부처님께서 수보리에게 고하시되 「이와 같고 이와 같도다. 만일 다시 어떠한 사람이 있어 이 경을 얻어 듣고 놀라지도 않고 두려워 하지도 아니하면, 마땅히 알라 이 사람은 심히 희유함이 될지니, 어찌한 연고인고 수보리야 여래의 말한 제일 바라밀이 제일 바라밀이 아닐새 이것을 제일 바라밀이라 이름하나니라. 수보리야 인욕 바라밀을 여래가 인욕 바라밀이 아니라고 설할새 이것을 인욕 바라밀이라고 이름하나니, 어찌한 연고인고 수보리야 내가 옛적에 가리왕(歌利王)에게 신체를 베이고 끊어냄이 되었으되 내가 그 때에 아상도 없고 인상도 없으며 중생상도 없고 수자상도 없었노라. 어찌한 연고인고 내가 옛날에 마디 마디 끊어 냄이 될 때에 만일 아상·인상·중생상·수자상이 있었으면 응당 진심과 원한심을 내었으리라. 수보리야 또 생각컨대 과거 오백세 전에 인욕 선인이 되어 그 세상에서도 아상도 없고 인상도 없으며 중생상도 없고 수자상도 없었노라. 이런 고로 수보리야 보살이 일체 상을 여의고 아뇩다라삼먁삼보리심을 발할지니, 마땅히 색에 주하여 마음을 내지 말며 마땅히 소리와 냄새와 맛과 부딪침과 법에 주하여 마음을 내지 말고 마땅히 주한 바 없는 마음을 낼지니라. 만일 마음이 주하는 바 있으면 곧 참으로 주함이 아닐지니 이런 고로 불타가 말하되 "보살이 마음을 마땅히 색에 주하여 보시하지 아니한다" 하였나니라. 수보리야 보살이 일체 중생을 이롭게 하기 위하여 마땅히 이와 같이 보시하나니, 여래가 말한 일체 상이 곧 이 상이 아니며 또 말한 일체 중생이 곧 중생이 아니니라. 수보리야 여래는 이 참 말을 하는 이며 실다운 말을 하는 이며 변함 없는 말을 하는 이며 속이지 않는 말을 하는 이며 다르지 않은 말을 하는 이니라. 수보리야 여래의 얻은 바 법은 이 법이 실(實)함도 없고 허(虛)함도 없나니라. 수보리야 만일 보살이 마음을 법에 주하여 보시를 행하면 사람이 어두운 곳에 들어가매 곧 보이는 바가 없음과 같고 만일 보살이 마음을 법에 주하지 아니하고 보시를 행하면 사람이 눈이 있어 햇빛이 밝게 비치매 가지 가지의 색을 보는 것과 같나니라. 수보리야 돌아오는 세상에 만일 선남자 선녀인이 있어 능히 이 경을 받아 가지고 읽어 외우면 곧 여래가 부처의 지혜로써 다 이 사람을 알며 다 이 사람을 보나니 다 한량 없고 가 없는 공덕을 성취함을 얻으리라.」

15. 수보리야 만일 선남자 선녀인이 있어 아침 때에 항하사 등(恒河沙等) 몸으로써 보시하고 낮 때에 다시 항하사 등 몸으로써 보시하고 저녁 때에 또한 항하사 등 몸으로써 보시하여 이와 같이 한량 없는 백 천 만 억 겁을 몸으로써 보시할지라도 만일 다시 어떠한 사람이 있어 이 경전을 듣고 믿는 마음에 거슬리지 아니하면 그 복이 저 몸을 보시함보다 승하리니 어찌 하물며 붓으로 쓰고 받아 가지며 읽고 외워서 다른 사람을 위하여 말해 줌이겠느냐. 수보리야 요지로써 말할진대 이 경은 가히 생각하지 못하며 가히 칭량하지 못할 가 없는 공덕이 있나니 여래가 대승에 발심한 이를 위하여 설하며 최상승에 발심한 이를 위하여 설한 것이니라. 만일 어떠한 사람이 있어 능히 받아 가지며 읽고 외워서 널리 다른 사람을 위하여 설하면 여래가 다 이 사람을 알며 다 이 사람을 보아 다 헤아릴 수 없고 일컬을 수 없고 가 없고 생각할 수 없는 공덕을 성취함을 얻으리라. 이와 같은 사람들은 곧 여래의 아뇩다라삼먁삼보리를 짊어졌다 할지니 어찌한 연고인고 수보리야 만일 작은 법을 즐거워하는 이는 아견(我見)과 인견(人見)과 중생견(衆生見)과 수자견(壽者見)에 집착할새 곧 이 경을 능히 듣고 읽고 외워서 다른 사람을 위하여 해설하지 못하리라. 수보리야 곳곳마다 만일

이 경이 있으면 일체 세간 천인 아수라의 마땅히 공양할 바가 될지니, 마땅히 알라 이 곳은 곧 탑묘가 됨이라 다 마땅히 공경하며 예배를 올리고 둘러싸서 모든 꽃과 향으로써 그 곳에 흩으리라.」

16. 「또한 수보리야 선남자 선녀인이 이 경을 받아 가지며 읽고 외우되 만일 남에게 업신여김이 되면 이 사람은 선세(先世)의 죄업으로 마땅히 악도에 떨어지련마는 이 세상에서 남에게 천대를 받는 고로 선세 죄업이 곧 소멸하고 마땅히 아뇩다라삼먁삼보리를 얻으리라. 수보리야 내가 과거 무량 아승지겁(阿僧祇劫＝無數劫) 일을 생각하니 연등불 앞에 팔백 사천 만억 나유타(那由他) 모든 부처님을 얻어 만나 다 공양하고 받들어 섬겨서 한 분도 빼놓은 일이 없었노라. 만일 다시 어떠한 사람이 있어 이 후 말세에 능히 이 경을 받아 가지며 읽고 외우면 얻는 바 공덕이 내가 모든 부처님에게 공양한 바 공덕으로는 백분에 하나도 미치지 못하며 천 만 억분과 내지 숫자의 비유로는 능히 미치지 못할지니라. 수보리야 만일 선남자 선녀인이 이 후 말세에 능히 이 경을 받아 가지며 읽고 외우는 이가 있어서 얻은 바 공덕을 내가 다 말하면 혹 어떠한 사람이 있어 듣고 마음이 곧 어리둥절하여 여우같이 의심하고 믿지 아니할지니라. 수보리야 마땅히 알라 이 경은 뜻도 가히 생각하지 못하며 과보도 또한 가히 생각하지 못하나니라.」

17. 이 때에 수보리 부처님께 사뢰어 말씀하되 「세존이시여 선남자 선녀인이 아뇩다라삼먁삼보리심을 발한 이는 어떻게 주하며 어떻게 그 마음을 항복받으오리까. 부처님께서 수보리에게 고하시되 「만일 선남자 선녀인이 아뇩다라삼먁삼보리심을 발한 이는 마땅히 이와 같은 마음을 내되 "내가 마땅히 일체 중생을 멸도하리라. 일체 중생 멸도하기를 마친 후에는 한 중생도 실로 멸도함이 있지 않다" 하리니, 어찌한 연고인고 만일 보살이 아상과 인상과 중생상과 수자상이 있으면 곧 보살이 아니니라. 소이가 무엇인고 수보리야 실로 법이 있어서 아뇩다라삼먁삼보리심을 발하는 이가 없나니라. 수보리야 네 뜻에 어떠하냐 여래가 연등불의 처소에서 법이 있어 아뇩다라삼먁삼보리를 얻었느냐.」 「아니옵니다 세존이시여 제가 부처님의 설하신 뜻을 아는 바와 같아서는 부처님께서 연등불 처소에서 법이 있어 아뇩다라삼먁삼보리를 얻은 일이 없나이다.」 부처님께서 말씀하시되 「그러하고 그러하다. 수보리야 실로 법이 있어 여래가 아뇩다라삼먁삼보리를 얻은 일이 없나니라. 수보리야 만일 법이 있어 여래가 아뇩다라삼먁삼보리를 얻었다 할진대 연등불께서 곧 나에게 수기(授記)를 주시되 "네가 내세에 마땅히 부처가 되어 호(號)를 서가모니(釋迦牟尼)라 하리라" 하지 않으시련마는 실로 법이 있어 아뇩다라삼먁삼보리를 얻음이 없을새 이런고로 연등불께서 나에게 수기를 주시며

이 말씀을 하시되 "네가 내세에 마땅히 부처가 되어 호를 서가모니라 하리라" 하셨나니라. 어찌한 연고인고 여래라 함은 모든 법이 여여하다는 뜻이니 혹 사람이 있어 말하되 "여래가 아뇩다라삼먁삼보리를 얻었다"고 하나 수보리야 실은 법이 있어 불타가 아뇩다라삼먁삼보리를 얻음이 없나니라. 수보리야 여래의 얻은 바 아뇩다라삼먁삼보리는 이 가운데에 실함도 없고 허함도 없나니 이런 고로 여래가 설하되 "일체 법이 다 이 불법이라" 하나니라. 수보리야 말한 바 일체 법이란 것은 곧 일체 법이 아닐새 이런고로 일체 법이라 이름하나니라. 수보리야 비유컨대 사람의 몸이 장대하다 함과 같나니라.」 수보리 말씀하되 「세존이시여 여래께서 말씀하신 사람의 몸이 장대하다 함은 곧 큰 몸이 아닐새 이것을 큰 몸이라고 이름하나이다.」 「수보리야 보살도 또한 이와 같아서 만일 이러한 말을 하되 "내가 마땅히 무량 중생을 멸도하였노라" 하면 곧 보살이라고 이름하지 못할지니, 어찌한 연고인고 수보리야 실로 법 있음이 없을새 이를 보살이라 이름하나니 이런 고로 불타의 말이 "일체 법이 아(我)도 없고 인(人)도 없고 중생도 없고 수자도 없다"고 하나니라. 수보리야 만일 보살이 이러한 말을 하되 "내가 마땅히 불토를 장엄하노라" 하면 이는 보살이라 이름하지 못할지니, 어찌한 연고인고 여래의 말한 불토 장엄이란 것은 곧 장엄이 아닐새 이것을 장엄이라 이름하나니라. 수보리야 만일 보살이 무아의 법을 통달한 이는 여래가 참으로 이 보살이라고 이름하나니라.」

18. 「수보리야 네 뜻에 어떠하냐 여래가 육안이 있느냐.」「그러하옵니다 세존이시여. 여래께서 육안이 있나이다.」「수보리야 네 뜻에 어떠하냐 여래가 천안이 있느냐.」「그러하옵니다 세존이시여. 여래께서 천안이 있나이다.」「수보리야 네 뜻에 어떠하냐 여래가 혜안이 있느냐.」「그러하옵니다 세존이시여. 여래께서 혜안이 있나이다.」「수보리야 네 뜻에 어떠하냐 여래가 법안이 있느냐.」「그러하옵니다 세존이시여. 여래께서 법안이 있나이다.」「수보리야 네 뜻에 어떠하냐 여래가 불안이 있느냐.」「그러하옵니다 세존이시여. 여래께서 불안이 있나이다.」「수보리야 네 뜻에 어떠하냐 항하 가운데 있는 바 모래 같다고 불타가 이 모래를 설한 일이 있느냐.」「그러하옵니다 세존이시여. 여래께서 이 모래를 설하셨나이다.」「수보리야 네 뜻에 어떠하냐 한 개의 항하 가운데 있는 모래 수와 같이 이 같은 모래 수 등 항하가 있고 이 모든 항하에 있는 모래 수 대로 부처의 세계가 이러하다 하면 정녕코 많다 하겠느냐.」「심히 많나이다 세존이시여.」부처님께서 수보리에게 고하시되 「저 국토 가운데에 있는 중생의 여러가지 마음을 여래가 다 아나니 어찌한 연고인고 여래의 말한 모든 마음이 다 마음이 아닐새 이것을 마음이라 이름하나니라. 소이가 무엇인고 수보리야 과거의 마음도 가

히 얻지 못하며 현재의 마음도 가히 얻지 못하며 미래의 마음도 가히 얻지 못하나니라.」

19.「수보리야 네 뜻에 어떠하냐 만일 어떠한 사람이 있어 삼천 대천 세계에 가득 찬 칠보로써 보시에 사용하면 이 사람이 이 인연으로써 복을 얻음이 많겠느냐.」「그러하옵니다 세존이시여. 이 사람이 이 인연으로써 복 얻음이 심히 많겠나이다.」「수보리야 만일 복덕이 실상(實相)이 있을진대 여래가 복덕 얻음이 많다고 말하지 아니하련마는 복덕이 없음으로써 여래가 복덕이 많다고 말하나니라.」

20.「수보리야 네 뜻에 어떠하냐 불타를 가히 구족 색신으로 보겠느냐.」「아니옵니다 세존이시여. 여래를 마땅히 구족 색신으로써 보지 못하나이다. 어찌한 연고인가 하오면 여래께서 말씀하신 구족 색신이 곧 구족 색신이 아닐새 이것을 구족 색신이라 이름하나이다.」「수보리야 네 뜻에 어떠하냐 여래를 가히 구족한 모든 상으로써 보겠느냐.」「아니옵니다 세존이시여. 여래를 마땅히 구족한 모든 상으로써 보지 못하나이다. 어찌한 연고인가 하오면 여래께서 말씀하신 모든 상이 구족하다 함이 곧 구족이 아닐새 이것을 모든 상이 구족하다 이름하나이다.」

21.「수보리야 너는 여래가 이러한 생각을 하되 "내가 마땅히 설한 바 법이 있다" 하리라고 이르지 말라. 이러한 생각을 하지 말지니 어찌한 연고인고 만일 어

떠한 사람이 있어 말하되 "여래께서 설한 바 법이 있다" 하면 곧 부처를 비방함이라 능히 나의 설한 바를 알지 못한 연고니라. 수보리야 설법이란 것은 가히 설할 법이 없을새 이것을 설법이라 이름하나니라.」이 때에 혜명(慧命) 수보리 부처님께 사뢰어 말씀하되 「세존이시여 혹 중생이 있어 미래 세상에 이 법 설하심을 듣고 믿는 마음을 내오리까.」 부처님께서 말씀하시되 「수보리야 그가 중생이 아니며 중생 아님도 아니니, 어찌한 연고인고 수보리야 중생 중생이란 것은 여래가 중생이 아니라고 말할새 이것을 중생이라 이름하나니라.」

22. 수보리 부처님께 사뢰어 말씀하되 「세존이시여 부처님께서 얻으신 아뇩다라삼먁삼보리는 얻은 바가 없음이 되나이까.」 부처님께서 말씀하시되 「그러하고 그러하다 수보리야 내가 아뇩다라삼먁삼보리에 내지 작은 법도 가히 얻음이 없을새 이것을 아뇩다라삼먁삼보리라 이름하나니라.」

23. 「또한 수보리야 이 법이 평등하여 고하가 없을새 이것을 아뇩다라삼먁삼보리라 이름하나니 아도 없고 인도 없고 중생도 없고 수자도 없는 것으로써 일체 선법(善法)을 닦으면 곧 아뇩다라삼먁삼보리를 얻으리라. 수보리야 말한 바 선법이란 것은 여래가 곧 선법이 아니라고 말할새 이것을 선법이라 이름하나니라.」

24. 「수보리야 만일 삼천 대천 세계 가운데에 있는

모든 수미산왕과 같은 칠보 무더기를 어떠한 사람이 있어 가져다가 보시에 사용할지라도 만일 어떠한 사람이 이 반야바라밀경으로써 내지 사귀게 등을 수지 독송하며 다른 사람을 위하여 설해 주면 앞에 말한 복덕으로는 백분에 하나도 미치지 못하며 백 천 만 억분과 내지 숫자의 비유로는 능히 미치지 못하리라.」

25.「수보리야 네 뜻에 어떠하냐 너희들이 여래가 이러한 생각을 하되 "내가 마땅히 중생을 제도한다" 하리라고 이르지 말라. 수보리야 이러한 생각을 하지 말지니, 어찌한 연고인고 실로 중생을 여래가 제도함이 없나니 만일 중생을 여래가 제도함이 있다 할진대 여래도 곧 아상과 인상과 중생상과 수자상이 있는 것이니라. 수보리야 여래가 아(我)가 있음을 말함은 곧 아가 있음이 아니어늘 범부들이 써 하되 아가 있다 하나니라. 수보리야 범부라 함은 여래가 곧 범부가 아니라고 말할새 이것을 범부라 이름하나니라.」

26.「수보리야 네 뜻에 어떠하냐 가히 삼십 이상으로써 여래를 보겠느냐.」 수보리 말씀하되「그러하고 그러하옵니다. 삼십 이상으로써 여래를 보겠나이다.」 부처님께서 말씀하시되「수보리야 만일 삼십 이상으로써 여래를 볼진대 전륜성왕도 곧 이 여래로다.」 수보리 부처님께 사뢰어 말씀하시되「세존이시여 제가 부처님의 말씀하신 뜻을 아는 바와 같아서는 마땅히 삼십 이상으로써 여래를 볼 수가 없나이다.」 이 때에 세존께서

게송으로 설하여 말씀하시되 「만일 색으로써 나를 보거나, 음성으로 여래를 구한다면은, 이 사람은 사도(邪道)를 행하는 이라, 여래를 능히 보지 못하리라.」

27.「수보리야 네가 만일 이러한 생각을 하되 "여래가 구족상을 취하지 아니한 고로 아뇩다라삼먁삼보리를 얻었다"고 하느냐. 수보리야 이러한 생각을 하되 "여래가 구족상을 취하지 아니하는 고로 아뇩다라삼먁삼보리를 얻었다"고 하지 말라. 수보리야 네가 만일 이러한 생각을 하되 "아뇩다라삼먁삼보리심을 발한 이는 모든 법이 단멸한 것이라"고 말하는가. 이러한 생각을 하지 말지니 어찌한 연고인고 아뇩다라삼먁삼보리심을 발한 이는 법에 있어 단멸상(斷滅相)을 말하지 아니하나니라.」

28.「수보리야 만일 보살이 항하사 같은 세계에 가득 찬 칠보를 가져 보시에 사용할지라도 만일 다시 어떠한 사람이 있어 일체 법에 아(我)가 없음을 알아서 인(忍)을 성취함을 얻으면 이 보살이 앞에 말한 보살의 얻은 바 공덕보다 승(勝)하나니라. 어찌한 연고인고 수보리야 모든 보살이 복덕을 받지 아니하는 연고니라.」 수보리 부처님께 사뢰어 말씀하되 「세존이시여 어찌하여 보살이 복덕을 받지 아니한다 하시나이까.」 「수보리야 보살의 지은 바 복덕은 마땅히 탐착하지 않을새 이런 고로 복덕을 받지 않는다고 설하나니라.」

29.「수보리야 만일 어떠한 사람이 있어 말하되 "여

래가 혹 오고 혹 가며 혹 앉고 혹 눕는다"하면 이 사람은 나의 설한 뜻을 알지 못함이니, 어찌한 연고인고 여래란 것은 좇아 오는 것도 없으며 또한 가는 것도 없을새 그런 고로 여래라고 이름하나니라.」

30.「수보리야 만일 선남자 선녀인이 삼천 대천 세계를 부수어 미진(微塵)을 만든다면 네 뜻에 어떠하냐 이 미진들(微塵衆)이 정녕코 많다 하겠느냐.」 수보리 말씀하되 「심히 많나이다 세존이시여. 어찌한 연고인가 하오면 만일 이 미진들이 실로 있는 것일진대 부처님께서 곧 이 미진들이라고 말씀하지 아니하실 것이오니, 까닭이 무엇인가 하오면 부처님께서 말씀하신 미진들이 곧 미진들이 아닐새 이것을 미진들이라 이름하나이다. 세존이시여 여래의 말씀하신 삼천 대천 세계도 곧 세계가 아닐새 이것을 세계라 이름하나니, 어찌한 연고인가 하오면 만일 세계가 실로 있다 할진대 곧 이것이 일합상(一合相)이나 여래의 말씀하신 일합상도 곧 이 일합상이 아닐새 이것을 일합상이라고 이름하나이다.」「수보리야 일합상이란 것은 곧 가히 설할 수 없는 것이어늘 다만 범부들이 그 일에 탐착하나니라.」

31.「수보리야 만일 어떠한 사람이 있어 말하되 "불타가 아견과 인견과 중생견과 수자견을 말하였다" 하면 수보리야 네 뜻에 어떠하냐 이 사람이 나의 말한 뜻을 안다고 하겠느냐.」「아니옵니다 세존이시여. 이 사람이 여래께서 말씀하신 뜻을 알지 못함이오니, 어찌

한 연고인가 하오면 세존께서 말씀하신 아견과 인견과 중생견과 수자견은 곧 아견·인견·중생견·수자견이 아닐새 이것을 아견·인견·중생견·수자견이라 이름하나이다.」「수보리야 아뇩다라삼먁삼보리심을 발한 이는 일체 법에 마땅히 이와 같이 알며 이와 같이 보며 이와 같이 믿어 알아서 법상을 내지 말지니라. 수보리야 말한 바 법상이란 것은 여래가 곧 법상이 아니라고 말할새 이것을 법상이라고 이름하나니라.」

32.「수보리야 만일 어떠한 사람이 있어 무량 아승지(阿僧祇) 세계에 가득 찬 칠보를 가져다 보시에 사용할지라도 만일 선남자 선녀인이 보리심을 발한 이가 있어서 이 경을 가지되 내지 사귀게 등을 수지 독송하며 다른 사람을 위하여 연설하면 그 복이 저보다 승하리니 어떻게 함이 다른 사람을 위하여 연설함인고 상(相)을 취하지 말고 여여하여 동하지 말지니라. 어찌한 연고인고 모든 함이 있는 법(有爲法)은 꿈과 같고 환(幻)과 같으며 거품과 같고 그림자와 같으며 이슬과 같고 또한 번개와 같나니, 마땅히 이와 같이 관(觀)을 할지니라.」

부처님께서 이 경을 설하여 마치시니 장로 수보리와 모든 비구(比丘＝男僧) 비구니(比丘尼＝女僧) 우바새(優婆塞＝淸信士) 우바이(優婆夷＝淸信女)와 일체 세간 천인 아수라가 부처님의 설하신 바를 듣고 다 크게 기뻐하여 믿고 받아 받들어 행하니라.

〔附・漢文〕

1. 如是我聞하사오니 一時에 佛이 在舍衛國祇樹給孤獨園하사 與大比丘衆千二百五十人으로俱러시니 爾時에世尊이食時에着衣持鉢하시고入舍衛大城하사乞食하실새 於其城中에次第乞已하시고還至本處하사飯食訖하시고收衣鉢하시고洗足已하시고敷座而坐러시다

2. 時에 長老須菩提在大衆中하사 卽從座起하사 偏袒右肩하시며 右膝着地하시고 合掌恭敬하사 而白佛言하사대希有世尊이시여 如來善護念諸菩薩하시며善付囑諸菩薩하시나니世尊이시여 善男子善女人이 發阿耨多羅三藐三菩提心한이는 應云何住하며 云何降服其心하리이꼬 佛言하사대善哉善哉라須菩提야如汝所說하야如來善護念諸菩薩하며善付囑諸菩薩하나니汝今諦聽하라當爲汝說하리라善男子善女人이發阿耨多羅三藐三菩提心한이는應如是住하며如是降伏其心이니라 唯然世尊이시여 願樂欲聞하나이다

3. 佛이 告須菩提하사대 諸菩薩摩訶薩이 應如是降服其心하나니 所有一切衆生之類에 若卵生과若胎生과若濕生과若化生과若有色과若無色과若有想과若無想과若非有想非無想을我皆令入無餘涅槃하야而滅度之하리라如是滅度無量無數無邊衆生호대實無衆生得滅度者니何以故오須菩提야若菩薩이有我相人相衆生相壽者相하면卽非菩薩이니라

4. 復次須菩提야菩薩은於法에應無所住하야行於布施니所謂不住色布施며不住聲香味觸法布施니라須菩提야菩薩이應如是布施하야不住於相이니何以故오若菩薩이不住相布施하면 其福德을 不可思量이니라須菩提야於意云何오東方虛空을可思量不아 不也니이다世尊이시여 須菩提야南西北方四維上下虛空을可思量不아不也니이다世尊이시여須菩提야菩薩의無住相布施하는福德도亦復如

— 435 —

불조요경

是하야 不可思量이니라 須菩提야 菩薩이 但應如所敎住니라

5. 須菩提야 於意云何오 可以身相으로 見如來不아 不也니이다 世尊이시여 不可以身相으로 得見如來니 何以故오 如來所說身相은 卽非身相이니이다 佛이 告須菩提하사대 凡所有相이 皆是虛妄이니 若見諸相이 非相하면 卽見如來니라

6. 須菩提-白佛言하사대 世尊이시여 頗有衆生이 得聞如是言說章句하고 生實信不이까 佛이 告須菩提하사대 莫作是說하라 如來滅後 後五百歲에 有持戒修福者-於此章句에 能生信心하야 以此爲實하리니 當知하라 是人은 不於一佛二佛三四五佛에 而種善根이라 已於無量千萬佛所에 種諸善根하야 聞是章句하고 乃至一念生淨信者니라 須菩提야 如來-悉知悉見하나니 是諸衆生이 得如是無量福德이니라 何以故오 是諸衆生이 無復我相人相衆生相壽者相하며 無法相하며 亦無非法相이니라 何以故오 是諸衆生이 若心取相하면 卽爲着我人衆生壽者니 何以故오 若取法相이라도 卽着我人衆生壽者며 若取非法相이라도 卽着我人衆生壽者니라 是故로 不應取法이며 不應取非法이니 以是義故로 如來常說호대 汝等比丘는 知我說法을 如筏喩者니 法尙應捨어든 何況非法이리오

7. 須菩提야 於意云何오 如來-得阿耨多羅三藐三菩提耶아 如來-有所說法耶아 須菩提-言하사대 如我解佛所說義컨댄 無有定法名阿耨多羅三藐三菩提며 亦無有定法如來可說이니 何以故오 如來所說法은 皆不可取며 不可說이며 非法이며 非非法이니 所以者何오 一切賢聖이 皆以無爲法으로 而有差別이니이다

8. 須菩提야 於意云何오 若人이 滿三千大千世界七寶로 以用布施하면 是人의 所得福德이 寧爲多不아 須菩提-言하사대 甚多니이다 世尊이시여 何以故오 是福德은 卽非福德性일새 是故로 如來說福德多니이다 若復有人이 於此經中에 受持乃至四句偈等하야 爲他人說하면

— 436 —

其福이 勝彼하리니 何以故오 須菩提야 一切諸佛과 及諸佛의 阿耨多羅三藐三菩提法이 皆從此經出이니라 須菩提야 所謂佛法者는 卽非佛法이니라

9. 須菩提야 於意云何오 須陀洹이 能作是念호대 我得須陀洹果不아 須菩提-言하사대 不也니이다 世尊이시여 何以故오 須陀洹은 名爲入流로대 而無所入이니 不入色聲香味觸法일새 是名須陀洹이니이다 須菩提야 於意云何오 斯陀含이 能作是念호대 我得斯陀含果不아 須菩提-言하사대 不也니이다 世尊이시여 何以故오 斯陀含은 名一往來로대 而實無往來일새 是名斯陀含이니이다 須菩提야 於意云何오 阿那含이 能作是念호대 我得阿那含果不아 須菩提-言하사대 不也니이다 世尊이시여 何以故오 阿那含은 名爲不來로대 而實無不來일새 是故로 名阿那含이니이다 須菩提야 於意云何오 阿羅漢이 能作是念호대 我得阿羅漢道不아 須菩提-言하사대 不也니이다 世尊이시여 何以故오 實無有法일새 名阿羅漢이니이다 世尊이시여 若阿羅漢이 作是念호대 我得阿羅漢道라하면 卽爲着我人衆生壽者니이다 世尊이시여 佛說我得無諍三昧하야 人中에 最爲第一이라 是第一離欲阿羅漢이라하시나 我不作是念호대 我是離欲阿羅漢이라하나이다 世尊이시여 我若作是念호대 我得阿羅漢道라하면 世尊이 卽不說須菩提-是樂阿蘭那行者라하시련마는 以須菩提-實無所行일새 而名須菩提-是樂阿蘭那行이라하시나이다

10. 佛이 告須菩提하사대 於意云何오 如來-昔在燃燈佛所하야 於法에 有所得不아 不也니이다 世尊이시여 如來-在燃燈佛所하사 於法에 實無所得이니이다 須菩提야 於意云何오 菩薩이 莊嚴佛土不아 不也니이다 世尊이시여 何以故오 莊嚴佛土者는 卽非莊嚴일새 是名莊嚴이니이다 是故로 須菩提야 諸菩薩摩訶薩이 應如是生淸淨心이니 不應住色生心하며 不應住聲香味觸法生心이요 應無所住하야 而生其心이니라 須菩提야 譬如有人이 身如須彌山王하면 於意云何오 是身이 爲大

불조요경

不아 須菩提 - 言하사대 甚大니이다 世尊이시여 何以故오 佛說非身을 是名大身이니이다

11. 須菩提야 如恒河中所有沙數하야 如是沙等恒河를 於意云何오 是諸恒河沙 - 寧爲多不아 須菩提言하사대 甚多니이다 世尊이시여 但諸恒河도 尙多無數어든 何況其沙리이까 須菩提야 我今實言으로 告汝하노니 若有善男子善女人이 以七寶로 滿爾所恒河沙數三千大千世界하야 以用布施하면 得福이 多不아 須菩提言하사대 甚多니이다 世尊이시여 佛이 告須菩提하사대 若善男子善女人이 於此經中에 乃至 受持四句偈等하야 爲他人說하면 而此福德이 勝前福德하리라

12. 復次須菩提야 隨說是經호대 乃至四句偈等하면 當知하라 此處는 一切世間天人阿修羅가 皆應供養을 如佛塔廟어든 何況有人이 盡能受持讀誦함이리오 須菩提야 當知하라 是人은 成就最上第一希有之法이니 若是經典所在之處는 卽爲有佛과 若尊重弟子니라

13. 爾時에 須菩提 - 白佛言하사대 世尊이시여 當何名此經이며 我等이 云何奉持하리이꼬 佛이 告須菩提하사대 是經은 名爲金剛般若波羅蜜이니 以是名字로 汝當奉持하라 所以者何오 須菩提야 佛說般若波羅蜜이 卽非般若波羅蜜일새 是名般若波羅蜜이니라 須菩提야 於意云何오 如來有所說法不아 須菩提白佛言하사대 世尊이시여 如來 - 無所說이니이다 須菩提야 於意云何오 三千大千世界所有微塵이 是爲多不아 須菩提言하사대 甚多니이다 世尊이시여 須菩提야 諸微塵은 如來說非微塵일새 是名微塵이며 如來說世界도 非世界일새 是名世界니라 須菩提야 於意云何오 可以三十二相으로 見如來不아 不也니이다 世尊이시여 不可以三十二相으로 得見如來니 何以故오 如來說三十二相이 卽是非相일새 是名三十二相이니이다 須菩提야 若有善男子善女人이 以恒河沙等身命으로 布施하야도 若復有人이 於此經中에 乃至受持四句偈等하야 爲他人說하면 其福이 甚多하리라

— 438 —

14. 爾時에 須菩提－聞說是經하사옵고 深解義趣하사 涕淚悲泣하며 而白佛言하사대 希有世尊이시여 佛說如是甚深經典은 我從昔來所得慧眼으로 未曾得聞如是之經호이다 世尊이시여 若復有人이 得聞是經하고 信心淸淨하면 卽生實相하리니 當知是人은 成就第一希有功德이니이다 世尊이시여 是實相者는 卽是非相일새 是故로 如來說名實相이니이다 世尊이시여 我今得聞如是經典하고 信解受持는 不足爲難이어니와 若當來世後五百歲에 其有衆生이 得聞是經하고 信解受持하면 是人은 卽爲第一希有니 何以故오 此人은 無我相하며 無人相하며 無衆生相하며 無壽者相이니 所以者何오 我相이 卽是非相이며 人相衆生相壽者相이 卽是非相이니 何以故오 離一切相이 卽名諸佛이니이다 佛이 告須菩提하사대 如是如是하다 若復有人이 得聞是經하고 不驚不怖不畏하면 當知하라 是人은 甚爲希有니 何以故오 須菩提야 如來說第一波羅蜜이 非第一波羅蜜일새 是名第一波羅蜜이니라

須菩提야 忍辱波羅蜜을 如來說非忍辱波羅蜜일새 是名忍辱波羅蜜이니 何以故오 須菩提야 如我昔爲歌利王의 割截身體로대 我於爾時에 無我相하며 無人相하며 無衆生相하며 無壽者相호라 何以故오 我於往昔節節支解時에 若有我相人相衆生相壽者相이면 應生瞋恨일러니라 須菩提야 又念過去於五百世에 作忍辱仙人하야 於爾所世에 無我相하며 無人相하며 無衆生相하며 無壽者相호라 是故로 須菩提야 菩薩이 應離一切相하고 發阿耨多羅三藐三菩提心이니 不應住色生心하며 不應住聲香味觸法生心이요 應生無所住心이니라 若心有住면 卽爲非住니 是故로 佛說菩薩이 心을 不應住色布施라하나니라 須菩提야 菩薩이 爲利益一切衆生하야 應如是布施니 如來說一切諸相이 卽是非相이며 又說一切衆生이 卽非衆生이니라 須菩提야 如來는 是眞語者며 實語者며 如語者며 不誑語者며 不異語者니라 須菩提야 如來所得法은 此法이 無實無虛하니라 須菩提야 若菩薩이 心住於法하야 而行布施

불조요경

하면 如人이 入暗에 卽無所見이요 若菩薩이 心不住法하야而行布施하면 如人이 有目하야 日光明照에 見種種色이니라 須菩提야當來之世에 若有善男子善女人이 能於此經에 受持讀誦하면 卽爲如來以佛智慧로 悉知是人하며 悉見是人하나니 皆得成就無量 無邊功德하리라

15. 須菩提야若有善男子善女人이 初日分에 以恒河沙等身으로 布施하고 中日分에 復以恒河沙等身으로 布施하며 後日分에 亦以恒河沙等身으로 布施하야 如是無量百千萬億劫을 以身布施하야도 若復有人이 聞此經典하고 信心不逆하면 其福이 勝彼하리니 何況書寫受持讀誦하야爲人解說이리오 須菩提야 以要言之컨댄 是經은 有不可思議 不可稱量無邊功德하나니 如來爲發大乘者說이며 爲發最上乘者說이니라 若有人이 能受持讀誦하야廣爲人說하면 如來悉知是人하며 悉見是人하야 皆得成就不可量不可稱無有邊不可思議功德하리니 如是人等은 卽爲荷擔如來阿耨多羅三藐三菩提니 何以故오 須菩提야若樂小法者는 着我見人見衆生見壽者見 일새 卽於此經에 不能聽受讀誦하야爲人解說하리라 須菩提야在在處處에 若有此經하면 一切世間天人阿修羅의 所應供養이니 當知하라 此處는 卽爲是塔이라 皆應恭敬하며 作禮圍繞하야 以諸華香으로 而散其處하리라

16. 復次須菩提야 善男子善女人이 受持讀誦此經호대 若爲人輕賤하면 是人이 先世罪業으로 應墮惡道언마는 以今世人이 輕賤故로 先世罪業이 卽爲消滅하고 當得阿耨多羅三藐三菩提하리라 須菩提야我念過去無量阿僧祇劫하니 於燃燈佛前에 得値八百四千萬億那由他諸佛하야 悉皆供養承事하야 無空過者호라 若復有人이 於後末世에 能受持讀誦此經하면 所得功德이 於我所供養諸佛功德으로 百分에 不及一이며 千萬億分乃至算數譬喩로 所不能及이니라 須菩提야 若善男子善女人이 於後末世에 有受持讀誦此經하는 所得功德을 我若具說者면 或有人이 聞하고 心卽狂亂하야 狐疑不信하리니 須菩提야 當知

— 440 —

하라 是經은 義도 不可思議며 果報도 亦不可思議니라

17. 爾時에 須菩提-白佛言하사대 世尊이시여 善男子善女人이 發阿耨多羅三藐三菩提心한이는 云何應住며 云何降服其心이니꼬 佛이 告須菩提하사대 若善男子善女人이 發阿耨多羅三藐三菩提心者는 當生如是心이니 我應滅度一切衆生하리라 滅度一切衆生已하야는 而無有一衆生도 實滅度者니 何以故오 若菩薩이 有我相人相衆生相壽者相하면 卽非菩薩이니라 所以者何오 須菩提야 實無有法發阿耨多羅三藐三菩提心者니라 須菩提야 於意云何오 如來於燃燈佛所에 有法得阿耨多羅三藐三菩提不아 不也니이다 世尊이시여 如我解佛所說義컨댄 佛이 於燃燈佛所에 無有法得阿耨多羅三藐三菩提니이다 佛言하사대 如是如是하다 須菩提야 實無有法如來得阿耨多羅三藐三菩提니라 須菩提야 若有法如來得阿耨多羅三藐三菩提者인댄 燃燈佛이 卽不與我授記하사대 汝於來世에 當得作佛하야 號를 釋迦牟尼라하리라하시련마는 以實無有法得阿耨多羅三藐三菩提일새 是故로 燃燈佛이 與我授記하사 作是言하사대 汝於來世에 當得作佛하야 號를 釋迦牟尼라하리라하셨나니라

何以故오 如來者는 卽諸法如義니 若有人이 言如來得阿耨多羅三藐三菩提라하나 須菩提야 實無有法佛得阿耨多羅三藐三菩提니라 須菩提야 如來所得阿耨多羅三藐三菩提는 於是中에 無實無虛니 是故로 如來說-一切法이 皆是佛法이라하니라 須菩提야 所言一切法者는 卽非一切法일새 是故로 名一切法이니라 須菩提야 譬如人身長大니라 須菩提-言하사대 世尊이시여 如來說人身長大는 卽爲非大身일새 是名大身이니이다 須菩提야 菩薩도 亦如是하야 若作是言호대 我當滅度無量衆生이라하면 卽不名菩薩이니 何以故오 須菩提야 實無有法일새 名爲菩薩이니 是故로 佛說一切法이 無我無人無衆生無壽者라하나니라 須菩提야 若菩薩이 作是言호대 我當莊嚴佛土라하면 是不名菩薩이

니 何以故오 如來說莊嚴佛土者는 卽非莊嚴일새 是名莊嚴이니라 須菩提야 若菩薩이 通達無我法者는 如來說名眞是菩薩이니라

18. 須菩提야 於意云何오 如來-有肉眼不아 如是니이다 世尊이시여 如來-有肉眼이니이다 須菩提야 於意云何오 如來-有天眼不아 如是니이다 世尊이시여 如來-有天眼이니이다 須菩提야 於意云何오 如來-有慧眼不아 如是니이다 世尊이시여 如來-有慧眼이니이다 須菩提야 於意云何오 如來-有法眼不아 如是니이다 世尊이시여 如來-有法眼이니이다 須菩提야 於意云何오 如來-有佛眼不아 如是니이다 世尊이시여 如來-有佛眼이니이다 須菩提야 於意云何오 如恒河中所有沙를 佛說是沙不아 如是니이다 世尊이시여 如來說是沙니이다 須菩提야 於意云何오 如一恒河中所有沙하야 有如是沙等恒河어든 是諸恒河所有沙數佛世界-如是寧爲多不아 甚多니이다 世尊이시여 佛이 告須菩提하사대 爾所國土中所有衆生의 若干種心을 如來-悉知하나니 何以故오 如來說諸心이 皆爲非心일새 是名爲心이니 所以者何오 須菩提야 過去心도 不可得이며 現在心도 不可得이며 未來心도 不可得이니라

19. 須菩提야 於意云何오 若有人이 滿三千大千世界七寶로 以用布施하면 是人이 以是因緣으로 得福多不아 如是니이다 世尊이시여 此人이 以是因緣으로 得福이 甚多니이다 須菩提야 若福德이 有實인댄 如來不說得福德多언마는 以福德이 無故로 如來說得福德多니라

20. 須菩提야 於意云何오 佛을 可以具足色身으로 見不아 不也니이다 世尊이시여 如來를 不應以具足色身으로 見이니 何以故오 如來說具足色身이 卽非具足色身일새 是名具足色身이니이다 須菩提야 於意云何오 如來를 可以具足諸相으로 見不아 不也니이다 世尊이시여 如來를 不應以具足諸相으로 見이니 何以故오 如來說諸相具足이 卽非具足일새 是名諸相具足이니이다

21. 須菩提야 汝勿謂如來作是念호대 我當有所說法이라하라 莫

作是念이니 何以故오 若人이 言호대 如來有所說法이라하면 卽爲謗佛
이라 不能解我所說故니라 須菩提야 說法者는 無法可說일새 是名說法
이니라 爾時에 慧命須菩提- 白佛言하사대 世尊이시여 頗有衆生이 於
未來世에 聞說是法하고 生信心不이까 佛이 言하사대 須菩提야 彼非衆
生이며 非不衆生이니 何以故오 須菩提야 衆生衆生者는 如來說非衆
生일새 是名衆生이니라

22. 須菩提 - 白佛言하사대 世尊이시여 佛이 得阿耨多羅三藐三
菩提는 爲無所得耶이까 佛言하사대 如是如是하다 須菩提야 我於阿耨
多羅三藐三菩提에 乃至無有小法可得일새 是名阿耨多羅三藐三菩
提니라

23. 復次須菩提야 是法이 平等하야 無有高下일새 是名阿耨多羅
三藐三菩提니 以無我無人無衆生無壽者로 修一切善法하면 卽得阿
耨多羅三藐三菩提하리라 須菩提야 所言善法者는 如來說卽非善法
일새 是名善法이니라

24. 須菩提야 若三千大千世界中에 所有諸須彌山王如是等七寶
聚를 有人이 持用布施라도 若人이 以此般若波羅蜜經으로 乃至四句
偈等을 受持讀誦하며 爲他人說하면 於前福德으로 百分에 不及一이며
百千萬億分과 乃至算數譬喩로도 所不能及이니라

25. 須菩提야 於意云何오 汝等이 勿謂如來作是念호대 我當度衆
生이라하라 須菩提야 莫作是念이니 何以故오 實無有衆生如來度者니
若有衆生如來度者인댄 如來卽有我人衆生壽者니라 須菩提야 如來說
有我者는 卽非有我어늘 而凡夫之人이 以爲有我라하나니라 須菩提야
凡夫者는 如來說卽非凡夫일새 是名凡夫니라

26. 須菩提야 於意云何오 可以三十二相으로 觀如來不아 須菩提
言하사대 如是如是니이다 以三十二相으로 觀如來니이다 佛言하사대 須
菩提야 若以三十二相으로 觀如來者인댄 轉輪聖王도 卽是如來로다 須

불조요경

菩提白佛言하사대 世尊이시여 如我解佛所說義컨댄 不應以三十二相으로 觀如來니이다 爾時에 世尊이 而說偈言하사대 若以色見我커나 以音聲求我하면 是人은 行邪道라 不能見如來니라

27. 須菩提야 汝若作是念호대 如來-不以具足相故로 得阿耨多羅三藐三菩提아 須菩提야 莫作是念호대 如來不以具足相故로 得阿耨多羅三藐三菩提라하라 須菩提야 汝若作是念호대 發阿耨多羅三藐三菩提心者는 說諸法斷滅가 莫作是念이니 何以故오 發阿耨多羅三藐三菩提心者는 於法에 不說斷滅相이니라

28. 須菩提야 若菩薩이 以滿恒河沙等世界七寶로 持用布施라도 若復有人이 知一切法無我하야 得成於忍하면 此菩薩이 勝前菩薩의 所得功德이니 何以故오 須菩提야 以諸菩薩이 不受福德故니라 須菩提-白佛言하사대 世尊이시여 云何菩薩이 不受福德이니꼬 須菩提야 菩薩의 所作福德은 不應貪着일새 是故로 說不受福德이니라

29. 須菩提야 若有人이 言호대 如來若來若去하며 若坐若臥라하면 是人은 不解我所說義니 何以故오 如來者는 無所從來며 亦無所去일새 故名如來니라

30. 須菩提야 若善男子善女人이 以三千大千世界로 碎爲微塵하면 於意云何오 是微塵衆이 寧爲多不아 甚多니이다 世尊이시여 何以故오 若是微塵衆이 實有者인댄 佛이 卽不說是微塵衆이니 所以者何오 佛說微塵衆이 卽非微塵衆일새 是名微塵衆이니이다 世尊이시여 如來所說三千大千世界도 卽非世界일새 是名世界니 何以故오 若世界-實有者인댄 卽是一合相이나 如來說一合相도 卽非一合相일새 是名一合相이니이다 須菩提야 一合相者는 卽是不可說이어늘 但凡夫之人이 貪着其事니라

31. 須菩提야 若人이 言호대 佛說我見人見衆生見壽者見이라하면 須菩提야 於意云何오 是人이 解我所說義不아 不也니이다 世尊이시

— 444 —

여 是人이 不解如來所說義니 何以故오 世尊說我見人見衆生見壽者
見은 卽非我見人見衆生見壽者見일새 是名我見人見衆生見壽者見
이니이다 須菩提야 發阿耨多羅三藐三菩提心者는 於一切法에 應如是
知하며 如是見하며 如是信解하야 不生法相이니라 須菩提야 所言法相
者는 如來說卽非法相일새 是名法相이니라

32. 須菩提야 若有人이 滿無量阿僧祇世界七寶로 持用布施라도
若有善男子善女人이 發菩提心者ㅣ 持於此經호대 乃至四句偈等을
受持讀誦하며 爲人演說하면 其福이 勝彼하리니 云何爲人演說고 不取
於相하야 如如不動이니 何以故오 一切有爲法이 如夢幻泡影하며 如露
亦如電하니 應作如是觀이니라 佛이 說是經已하시니 長老須菩提와 及
諸比丘比丘尼와 優婆塞優婆夷와 一切世間天人阿修羅ㅣ 聞佛所說
하고 皆大歡喜하야 信受奉行하니라

반야바라밀다심경 (般若波羅蜜多心經)

 관자재보살께서 깊은 반야바라밀다 공부를 행할 때에 오온(五蘊=色受想行識)이 다 공한 것을 비추어 보고 일체 고액을 건넜나니라. 사리자야 색이 공에 다르지 아니하고 공이 색에 다르지 아니하여 색이 곧 공이요 공이 곧 색이니, 수·상·행·식도 또한 이와 같나니라. 사리자야 이 모든 법의 공한 상은 생하지도 아니하고 멸하지도 아니하며 더럽지도 아니하고 조촐하지도 아니하며 더하지도 아니하고 덜하지도 아니하나니, 이런 고로 공 가운데에는 색도 없고 수·상·행·식도 없으며 눈과 귀와 코와 혀와 몸과 뜻도 없으며 색과 소리와 냄새와 맛과 부딪침과 법도 없으며 눈 경계도 없고 내지 의식(意識) 경계도 없으며 무명도 없고 또한 무명이 다했다는 것도 없으며 내지 늙고 죽는 것도 없고 또한 늙고 죽는 것이 다했다는 것도 없으며 고·집·멸·도도 없고 지혜도 없고 또한 얻음도 없나니, 써 얻은 바가 없는 고로 보살이 이 반야바라밀다 공부에 의지한지라 마음에 걸림이 없고 걸림이 없는 고로 두려움이 없고 전도와 몽상을 멀리 떠나서 마침내 열반을 얻었으며 삼세 모든 부처님도 다 이 반야바라밀다 공부에 의지한지라 아뇩다라삼먁삼보리(阿

藐多羅三藐三菩提)를 얻었나니라. 그런 고로 알라. 반야 바라밀다는 이 크게 신비한 주문이요 이 크게 밝은 주문이요 이 위가 없는 주문이요 이 등(等)이 없는 자리에 등한 주문이라 능히 일체 고를 제거하며 진실하여 허하지 아니하나니라. 이런 고로 반야바라밀다의 주문을 설하노니, 곧 주문을 설하여 가로되 "아제아제 바라아제 바라승아제 모제사바하."

〔附·漢文〕

觀自在菩薩 行深般若波羅蜜多時 照見五蘊皆空 度一切苦厄 舍利子 色不異空 空不異色 色卽是空 空卽是色 受想行識 亦復如是 舍利子 是諸法空相 不生不滅 不垢不淨 不增不減 是故空中 無色 無受想行識 無眼耳鼻舌身意 無色聲香味觸法 無眼界 乃至無意識界 無無明 亦無無明盡 乃至無老死 亦無老死盡 無苦集滅道 無智亦無得 以無所得故 菩提薩埵 依般若波羅蜜多故 心無罣礙 無罣礙故 無有恐怖 遠離顚倒夢想 究竟涅槃 三世諸佛 依般若波羅蜜多故 得阿耨多羅三藐三菩提 故知般若波羅蜜多 是大神呪 是大明呪 是無上呪 是無等等呪 能除一切苦 眞實不虛 故說般若波羅蜜多呪 卽說呪曰, 揭諦揭諦 波羅揭諦 波羅僧揭諦 菩提薩婆訶

사십이장경 (四十二章經〈抄集意譯〉)

1. 부처님 말씀하시되 「집을 떠나 도를 배울진대 자기 마음을 알아 그 근본을 요달하고 함이 없는 법을 알아 가지는 것이 가로되 불제자라 항상 모든 계를 지키고 또한 참된 도를 행하여 뜻을 청정하게 하면 곧 아라한을 이루리라.」

2. 부처님 말씀하시되 「도를 배우는 이는 욕심과 애착을 끊어 버리고 불법의 깊은 이차를 깨쳐야 할 것이니 안으로 얻을 바가 없고 밖으로 구할 바도 없으며 마음이 도에도 얽매이지 아니하고 또한 업에도 얽매이지 아니하여 생각할 것도 없고 지을 것도 없고 닦을 것도 없고 밝힐 것도 없어서 모든 계단을 밟지 않고도 홀로 높고 청정한 것을 이르되 도라 하나니라.」

3. 부처님 말씀하시되 「불법을 배워 도를 지키는 이는 세상의 향락을 버리고 빈한에 안분하며 도를 이루기 위하여는 비록 천만 고통이 있다 할지라도 다시 욕심을 부리지 말라. 사람으로 하여금 어리석고 어둡게 하는 것은 다만 애착과 욕심이니라.」

4. 부처님 말씀하시되 「중생은 열 가지 계문을 지킴으로써 선을 삼고 또한 열 가지 계문을 범하므로써

사십이장경 1·2·3·4·5·6·7

악을 삼나니 무엇이 열 가지냐 하면 몸으로 셋이요 입으로 넷이요 뜻으로 셋이라, 몸으로 셋이라 함은 살생·도적·간음 이요 입으로 넷이라 함은 망어·기어(綺語)·양설(兩舌)·악구(惡口)요 뜻으로 셋이라 함은 탐심·진심·치심 이니 이 계문을 범하여 도를 거스린 사람을 십악을 행한다 이름하고 이 계문을 지켜서 도를 순하게 받은 이를 십선을 행한다 이름하나니라.」

5. 부처님 말씀하시되 「사람이 여러가지 허물이 있으되 스스로 회개 하여 그 허물을 고치지 아니하면 죄가 몸에 돌아오는 것이 물이 바다에 돌아오는 것과 같아서 점점 깊고 넓음을 이루리니 어찌 능히 그 죄를 벗어나리요. 만일 허물이 있을진대 그 그름을 알고 악을 고쳐서 선을 행하면 죄업이 날로 소멸하여 반드시 청정함을 얻으리라.」

6. 부처님 말씀하시되 「세상에 어리석은 사람이 있어 나에게 악을 행하면 나는 반드시 자비심으로써 보호하여 건지리라. 그리하여도 저 사람이 또한 나에게 악을 한다면 내 또한 선으로 대하리라. 이러하면 복덕의 기운은 항상 내게 있고 재앙의 기운은 도리어 저 사람에게 있나니라.」

7. 한 어리석은 사람이 있어 부처님이 크게 인자하다는 말을 듣고 부처님의 뜻을 시험코자 욕하고 꾸짖거늘 부처님께서 묵연하여 대답하지 아니하시고 다

만 그 어리석고 악한 것을 민망히 여기시더니, 그 사람이 악설을 그치매 물으시되 「그대가 예로써 사람에게 물건을 주되 그 사람이 받지 아니하면 어찌하려는가.」 대답하되 「도로 가지고 가겠나이다.」 부처님께서 말씀하시되 「이제 그대가 악으로써 나를 대하되 내 또한 받지 아니하면 그대 스스로 가지고 갈 터이니 그런다면 도리어 그대 몸에 재앙이 될 것이 아닌가. 비유컨대 그림자가 형상을 따름과 같아서 마침내 여의지 못하리니 삼가 악을 짓지 말지니라.」

8. 부처님 말씀하시되 「악한 사람이 어진 사람을 해하는 것은 하늘을 치어다 보고 침을 뱉는 것이라 침이 하늘에는 가지 않고 도리어 자기 몸에 떨어지며 또는 바람을 안고 티끌을 날리는 것이라 티끌이 저리로는 가지 않고 도리어 자기 몸을 더럽히나니 어진 사람을 해코자 하는 것은 도리어 제 몸을 망치는 일이니라.」

9. 부처님 말씀하시되 「오직 널리 듣고 많이 보는 것만으로써 도를 사랑하는 이는 도리어 도를 얻기가 어려울 것이요 먼저 신(信)을 세우고 뜻을 지켜서 천만 경계에 능히 흔들리지 아니함으로써 도를 가진 후에야 그 도가 반드시 크게 되리라.」

10. 부처님 말씀하시되 「대범 사람이 도를 행할진대 널리 불쌍히 여기고 널리 사랑하기를 힘쓰라. 남에게 덕을 베푸는 것은 보시 외에 더 큼이 없나니 뜻

을 세워 그 도를 행하면 복이 심히 크리라. 또 다른 사람이 남에게 보시하는 것을 보고 즐거운 마음으로써 도와주면 또한 많은 복을 얻으리라.」 한 사람이 질문하되 「그러면 저 사람의 복이 마땅히 감해지지 않겠나이까.」 부처님께서 대답하시되 「그는 비유컨대 저 횃불과 같아서 비록 수천 백 인이 와서 그 불을 붙여 간다 할지라도 저 횃불은 그로 인하여 조금도 적어지지 아니하고 그대로 있을 것이니 복도 또한 그러하나니라.」

11. 부처님 말씀하시되 「범상한 사람 백을 공양하는 것이 착한 사람 하나를 공양하는 것만 같지 못하고 착한 사람 천을 공양하는 것이 다섯 가지 계행 지키는 사람 하나를 공양하는 것만 같지 못하고 다섯 가지 계행 지키는 사람 만(萬)을 공양하는 것이 수다원 한 사람을 공양하는 것만 같지 못하고 수다원 백만 사람을 공양하는 것이 사다함 한 사람을 공양하는 것만 같지 못하고 사다함 천만 사람을 공양하는 것이 아나함 한 사람을 공양하는 것만 같지 못하고 아나함 일억만 사람을 공양하는 것이 아라한 한 사람을 공양하는 것만 같지 못하고 아라한 십억 사람을 공양하는 것이 벽지불 한 분을 공양하는 것만 같지 못하고 벽지불 백억 분을 공양하는 것이 부처님 한 분을 공양하는 것만 같지 못하고 부처님 천억 분을 공양하는 것이 생사 고락의 모든 차별법을 초월하여 닦을 것

도 없고 얻을 것도 없는 자성을 깨침만 같지 못하나 니라.」

12. 부처님 말씀하시되 「천하에 스무 가지 어려운 일이 있으니 가난함에 보시 하기가 어렵고 호귀 함에 도를 배우기가 어렵고 정의의 죽음을 당하여 무난히 죽기가 어렵고 부처님의 경전을 얻어 보기가 어렵고 부처님이 세상에 계실 때를 만나기가 어렵고 색을 참고 욕심을 참기가 어렵고 좋아하는 물건이나 일을 보고 구하지 않기가 어렵고 욕함을 듣고 성내지 않기가 어렵고 좋은 세력에 끌리지 않기가 어렵고 일을 당해서 무심하기가 어렵고 널리 배우고 널리 연구하기가 어렵고 아만심 없애기가 어렵고 배우지 못한 사람을 가벼이 아니하기가 어렵고 마음에 평등을 행하기가 어렵고 시비를 말하지 않기가 어렵고 선지식을 만나기가 어렵고 성품을 보아 도를 배우기가 어렵고 때를 따라 사람을 제도하기가 어렵고 경계를 대하여 동하지 않기가 어렵고 잘 방편을 알기가 어렵나니라.」

13. 한 제자 있어 부처님께 사뢰어 말하되 「어떠한 인연으로써 도를 얻으며 또 어떻게 하여야 전생 일을 알겠나이까.」 부처님께서 말씀하시되 「도는 현묘하여 범상한 생각으로써 가히 알지 못할지니 오직 뜻을 지켜 마음이 청정한 후에야 가히 도를 얻을 것이요 따라서 전생 일을 알게 될지라 비유컨대 거울에 있는 때만 닦아 버리면 스스로 밝은 빛이 나타나는 것과

같나니라.」

14. 부처님 말씀하시되 「무엇을 선이라 하는가 오직 참을 지키고 도를 행하는 것을 선하다 하나니라. 무엇을 제일 크다 하는가 뜻이 도로 더불어 합한 것을 크다 하나니라. 무엇을 가장 힘이 많다 하는가 욕된 것을 참는 것을 제일 힘이 많다 하나니라. 무엇을 제일 밝다 하는가 마음에 때가 다 없어지고 악행이 또한 다 멸하여 안과 밖이 맑고 맑아 마음 가운데 조금도 티끌이 없어서 천지가 생기기 전부터 오늘까지 이 우주 안에 벌여 있는 것을 하나도 모르는 것이 없고 보이지 않는 것도 없고 들리지 않는 바도 없어서 모든 것을 당하는 대로 막히는 곳이 없고 보면 가히 이르되 밝다 하리라.」

15. 부처님 말씀하시되 「내가 무엇을 생각할꼬 도를 생각하리라 내가 무엇을 행할꼬 도를 행하리라 내가 무엇을 말할꼬 도를 말하리라 하여, 잠간 사이라도 도 생각하는 마음을 잊지 말지니라.」

16. 부처님 말씀하시되 「사람이 애착과 탐욕을 품어 도를 보지 못하는 것은 비컨대 탁한 물 가운데 다섯 가지 물감을 풀어 힘대로 저어 놓으면 비록 사람이 그 물 위에 다다를지라도 능히 그림자가 보이지 않는 것과 같나니 사람도 애착과 욕심이 서로 얽혀서 마음이 맑지 못한 고로 또한 도를 보지 못하나니라. 또는 가마솥에 물을 붓고 불로써 끓이고 보면 그 물

이 펄펄 뛰어 비록 사람이 그 물을 들여다 볼지라도 또한 그림자가 보이지 아니하나니 사람의 마음 가운데에도 본래 삼독이 있어서 항상 펄펄 끓고 또는 다섯가지 욕심이 밖을 덮어 마침내 도를 보지 못하나니라. 그러나 사람이 만일 선지식을 가까이 하여 안으로 삼독심을 끊어버리고 밖으로 오욕 경계에 물들지 아니하여 마음만 청정히 하고 보면 곧 도를 보아 혼령의 소종래와 만물의 죽고 나는 이치와 제불 국토를 다 알으리라.」

17. 부처님 말씀하시되 「대저 도를 닦는 것은 비컨대 횃불을 들고 어두운 방에 들어가면 그 어둠이 곧 없어지고 밝은 것만 있게 되는 것 같아서 도를 배워 진리를 알고 보면 무명 번뇌가 자연히 소멸되어 밝지 아니함이 없으리라.」

18. 부처님 말씀하시되 「내 법은 함이 없는 생각을 생각하고 함이 없는 행을 행하고 함이 없는 말을 말하고 함이 없는 법을 닦는 것이니 아는 이는 곧 당처를 떠나지 아니하나 미(迷)한 이는 천리나 멀어지나니라. 만일 도를 닦는 사람이 진리에 호리라도 어긋남이 있다면 잠깐 사이라도 능히 본심을 지키지 못하리라.」

19. 부처님 말씀하시되 「천지를 볼 때에도 무상(無常)으로 생각하고 만물을 볼 때에도 무상으로 생각하고 세계를 볼 때에도 무상으로 생각하라. 그 중

에 오직 영각(靈覺)의 성품이 무상하지 아니하여 여여 자연 하나니라. 이와 같은 관법(觀法)을 가진다면 곧 빨리 도를 얻으리라.」

20. 부처님 말씀하시되「도를 닦는 이는 항상 자기 몸을 연구해 보라. 비록 부르는 이름은 있으나 그는 다만 이름 뿐이요 실상이 없는 것이며, 육신은 흙과 물과 불과 바람 네 가지의 합한 바라 또한 오래지 아니하여 흩어질 날이 있으리니 실상은 나 라는 것이 없고 이 몸은 실로 물 위에 거품 같은 것이니라.」

21. 부처님 말씀하시되「사람이 욕심을 따라 명예를 구하는 것은 비컨대 향을 태우는 것과 같아서 여러 사람은 그 향내를 맡고 좋아하나 그 향 자체에 있어서는 제 향내로 인하여 제 몸이 타게 되나니, 어리석은 사람이 외면의 명예를 탐하여 안으로 참 도를 지키지 못하면 그 얻은 명예로 인하여 몸에 재앙이 한량 없을지라 어찌 뒷날에 후회가 없으리오.」

22. 부처님 말씀하시되「재물과 색을 탐하는 사람은 비컨대 어린 아이가 칼날에 묻은 꿀을 탐하는 것과 같나니 한 때도 족히 달게 먹을 것은 없고 도리어 혀를 끊을 염려가 있나니라.」

23. 부처님 말씀하시되「사람이 처자와 집에 걸려 있음이 감옥보다 심하니 감옥은 나올 기약이 있으나 처자의 정욕은 죽어도 오히려 달게 아는고로 그 옥을 벗어날 날이 없나니라.」

불조요경

24. 부처님 말씀하시되 「애욕은 색에 더 심함이 없나니 색으로부터 나는 욕심이 그 큼이 가이 없나니라. 사람 사람이 그 하나 있음이 다행이요 만일 둘을 가졌다면 천하에 도를 행할 이가 하나도 없으리라.」

25. 부처님 말씀하시되 「애욕으로 들어가는 사람은 비컨대 횃불을 들고 바람을 거슬려 가는 것과 같나니, 어리석은 사람은 그 횃불을 놓지 아니하고 스스로 손을 태우는 환(患)이 있을 것이요 애욕이 많은 사람은 그 착심을 놓지 아니하고 스스로 그 몸을 멸하는 환이 있으리라.」

26. 한 때에 천신이 있어 옥녀를 부처님께 바쳐서 부처님의 뜻을 시험하고자 하거늘 부처님께서 말씀하시되 「가죽 주머니 모든 더러운 것으로 네가 와서 무엇을 하려 하느냐. 가히 범상한 사람은 속일지언정 나의 청정한 뜻은 움직이기 어려울지니, 가라, 내 너를 쓰지 아니하리라.」 천신이 더욱 부처님을 공경하고 인하여 도의 뜻을 묻거늘 부처님께서 일일이 해석해 주시사 곧 수다원을 얻게 하시니라.

27. 부처님 말씀하시되 「대저 도를 닦는 이는 나무 토막이 움틀굼틀한 좁은 내를 지나 큰 바다로 흘러 들어가는 것과 같나니 나무가 물결을 따라서 떠나가되 두 언덕에 닿지도 아니하고 사람이 건지지도 아니하고 무엇이 막지도 아니하고 웅덩이에 머물지도 아니하고 또한 썩지도 아니하면 나는 이 나무가 결정코

바다에 들어 가리라고 보증하노라. 도를 배우는 사람도 이 나무와 같아서 색에도 미혹하지 않고 재물에도 미혹하지 않고 사도에도 미혹하지 않고 기타 여러가지 환경에도 흔들리지 아니하고 오직 함이 없는 법에 정진하여 어느 곳에든지 걸리지만 아니하면 나는 이 사람이 반드시 도를 얻으리라고 보증하노라.」

28. 부처님께서 모든 제자에게 말씀하시되 「삼가 네 뜻을 믿지 말라. 네가 네 뜻을 믿지 못할진대 삼가 색으로 더불어 만나지 말라. 만일 색으로 더불어 만난즉 곧 재앙이 생기리라. 그러나 법이 강하여 모든 마군을 확실히 항복 받은 후에는 가히 네가 네 뜻을 믿을 것이요 비록 색을 대할지라도 재화가 나지 아니하리라.」

29. 부처님께서 여러 제자에게 말씀하시되「삼가 여인을 보지 말라. 만일 볼지라도 보지 않은 것 같이 하여 삼가 더불어 말하지 말라. 만일 더불어 말을 하게 되면 곧 마음을 가다듬고 몸을 단정히 하여 스스로 생각하되 "나는 도를 닦는 사람이라 비록 탁한 세상에 처하나 마땅히 연꽃과 같이 하여 진흙의 더럽히는 바가 되지 아니하리라" 하여 늙은 여인은 어머니 같이 생각하고 젊은 여인은 누이 같이 생각하고 어린 여자는 딸 같이 생각하여 예로써 공경할지니라. 또는 이 몸이 필경에 공한 것과 현재에 부정한 것을 보아서 곧 그 색심을 놓을지니라.」

30. 부처님 말씀하시되 「도를 닦는 이는 정욕 보기를 마른 섶 같이 볼지니 마른 섶은 불을 만나면 곧 위험해 질 것이요 정욕이 많은 사람은 경계를 만나면 또한 위험해지므로 처음 배우는 사람은 마땅히 먼저 그 욕심 경계를 멀리 할지니라.」

31. 한 사람이 색욕이 그치지 않음을 걱정하여 칼날로써 그 음(陰)을 끊으려하거늘 부처님께서 말씀하시되 「그 음을 끊음이 그 마음을 끊음만 같지 못하나니 마음은 곧 운전사라 운전만 그치면 모든 기관은 스스로 다 쉴 것이어늘 사심은 제하지 아니하고 그 음만 끊은들 무슨 이익이 있으리오」 하시고 부처님께서 다시 게송으로 설하시되 「욕심은 네 뜻에서 나오고, 뜻은 생각에서 나도다. 뜻과 생각을 끊으면, 색과 행에 안 끌리리라.」

32. 부처님 말씀하시되 「사람은 애욕으로부터 근심이 생기고 근심으로 좇아 무서움이 생기나니 애욕이 없으면 곧 근심이 없고 근심이 없으면 곧 무서움이 없으리라.」

33. 부처님 말씀하시되 「대저 도를 닦는 이는 비컨대 한 사람이 만인으로 더불어 싸우는 것과 같아서 갑옷을 입고 병기를 잡아 문에 나가 싸우고자 할새 혹 겁내어 달아나는 이도 있고 혹 중도에 퇴보하는 이도 있고 혹은 싸우다가 죽는 이도 있고 혹은 크게 승전을 하여 큰 공을 이룬 이도 있나니 공부하는 사람이

마땅히 그 뜻을 굳게하고 더욱 용맹심을 발하여 앞으로 나아가서 모든 경계를 두려워하지 아니하고 기어이 뭇 마군을 항복 받으면 반드시 도를 얻으리라.」

34. 한 제자 있어 공부를 급히 하고자 하여 밤에 경을 외울새 필경에 기운이 다하여 그 소리가 매우 가쁘고 장차 퇴보할 생각을 내거늘 부처님께서 그 제자를 불러 물으시되 「네가 집에 있을 때에 무엇을 많이 해 보았느냐.」 대답하되 「거문고를 많이 타 보았나이다.」 「거문고 줄이 늦으면 어떠하더냐.」 「소리가 나지 않더이다.」 「또 거문고 줄이 된 즉 어떠하더냐.」 「소리가 끊어 지더이다.」 「완급이 골라 맞은즉 어떠하더냐.」 「그러면 모든 소리가 다 골라 맞더이다.」 부처님께서 그 제자에게 말씀하시되 「도를 배우는 것도 또한 그러하여 너무 급히 하지도 말고 너무 게을리 하지도 말고 오직 중도로써 마음을 골라 써야만 몸에 병듦이 없고 마음에도 병듦이 없어서 청정 안락하여 마침내 도를 얻으리라.」

35. 부처님 말씀하시되 「사람이 도를 닦는 것은 쇠를 단련하는 것과 같아서 불에 녹히고 망치로 때려서 그 잡철을 다 빼어 버린 후에야 비로소 좋은 그릇을 이루는 것이니 사람이 도를 배울 때에도 점점 그 마음 가운데 때를 제거하면 행실이 곧 청정하여 스스로 불과를 얻으리라.」

36. 부처님 말씀하시되 「삼악도를 떠나서 사람 몸 받기가 어렵고 사람 몸을 받는 중에도 남자 되기가 어렵고 비록 남자가 되었을지라도 육근이 완비하기가 어렵고 육근이 완비하였을지라도 좋은 국토에 나기가 어렵고 좋은 국토에 났을지라도 부처님 세상을 만나기가 어렵고 부처님 세상을 만났을지라도 직접 부처님 회상에 들어 오기가 어렵고 부처님 회상에 들어 왔을지라도 신심 내기가 어렵고 신심을 내었을지라도 보리심을 발하기가 어렵고 보리심을 발하였을지라도 무상대도의 성품을 보기가 어렵나니라.」

37. 부처님 말씀하시되 「너희들 중에 나를 떠나서 수천 리 밖에 있다 할지라도 항상 내가 준 계문을 잘 지켜서 계행을 청정히 하면 이는 곧 나를 가까이 하는 사람이라 반드시 도를 얻을 것이요 비록 나의 좌우에 있어서 항시 나를 보고 같이 있다 할지라도 계행이 바르지 못하면 이는 곧 나를 멀리하는 사람이라 마침내 도를 얻지 못하리라.」

38. 부처님께서 모든 제자에게 물으시되 「사람의 목숨이 얼마 사이에 있느냐.」 한 제자 대답하되 「수일 사이에 있나이다.」 부처님께서 말씀하시되 「너는 도가 능하지 못하다.」 다시 다른 제자에게 물으시니 그 제자 대답하되 「밥 먹는 사이에 있나이다.」 부처님께서 말씀하시되 「너도 도가 능하지 못하다.」 다시 다른 제자에게 물으시니 그 제자 대답하되 「숨 한 번 쉬

는 사이에 있나이다.」 부처님께서 말씀하시되 「착하고 착하다. 네가 도를 알았도다.」

39. 부처님 말씀하시되 「도를 배우는 이는 나의 말하는 바를 다 믿고 순종하라. 비컨대 꿀을 먹음에 가운데나 가(邊)나 그 맛이 다 단 것과 같아서 나의 말도 또한 그러하나니라.」

40. 부처님 말씀하시되 「사람이 도를 행할진대 맷돌 돌리는 소같이 하지 말지니 소가 사람에게 이끌려 몸은 비록 돌기는 하나 마음에는 조금도 이해가 없는 것 같이 도를 닦는 이가 만일 형식에 의지하여 도를 행하고 마음 가운데 실지의 깨침과 실지의 정성이 없다면 어찌 참 도를 행하리오. 그러므로 도를 행하는 이가 먼저 마음의 도를 행하면 몸은 자연히 따르게 되나니라.」

41. 부처님 말씀하시되 「도를 닦는 이는 소가 무거운 짐을 지고 깊은 진흙 가운데를 밟아 가는 것과 같이 할지니 소가 무거운 짐을 지고 그 진흙 가운데를 밟아 가매 극히 고되고 가빠서 능히 좌우를 돌아보지 못하다가 그 진흙을 벗어난 뒤에야 비로소 숨을 내 쉬나니라. 우리도 도를 닦을진대 인간의 모든 세욕을 저 진흙보다 더 심한 줄 알아서 조금도 그 세욕을 돌아 보지 말고 오직 일심으로써 정진하면 가히 고를 면하리라.」

42. 부처님 말씀하시되 「내가 왕후의 위 보기를 과

객 같이 하며 금옥의 보배 보기를 자갈 같이 하며 좋은 비단 보기를 헌 걸레 같이 하노라.」

〔附·漢文〕

1. 佛言-辭親出家爲道인댄 識心達本하고 解無爲法이 名曰沙門이라 常行二百五十戒하고 爲四眞道行하야 進志淸淨하면 成阿羅漢하리라

2. 佛言-出家沙門者는 斷欲去愛하고 識自心源하며 達佛深理하야 悟無爲法이니 內無所得하고 外無所求하며 心不繫道하고 亦不結業하야 無念無作하고 無修無證하야 不歷諸位하고 而自崇最를 名之爲道니라

3. 佛言-除鬚髮하고 爲沙門하야 受道法者는 去世資財하고 乞求取足하며 日中一食하고 樹下一宿하야 愼不再矣어다 使人愚蔽者는 愛與欲也니라

4. 佛言-衆生은 以十事로 爲善하고 亦以十事로 爲惡하나니 何等爲十고 身三口四意三이라 身三者는 殺盜婬이요 口四者는 兩舌惡罵妄言綺語요 意三者는 貪恚癡니 如是十事로 不順聖道를 名十惡行이요 是惡若止하면 名十善行이니라

5. 佛言-人有衆過호대 而不自悔하야 頓止其心하면 罪來歸身이 猶水歸海하야 漸成深廣矣라 有惡知非하고 改惡行善하면 罪日消滅하야 後會得道也니라

6. 佛言-人愚-以吾爲不善이어든 吾以四等慈로 護濟之하리라 重以惡來者라도 吾重以善往하면 福德之氣는 常在此也하고 害氣重殃은 反在于彼니라

7. 有愚人이 聞佛道-守大仁慈하고 故來罵佛이어늘 佛이 默然不答하시고 愍之癡冥狂愚使然이러니 罵止커늘 問曰-子-以禮從人호

사십이장경 한문 부록 1~13

대 其人不納하면 如之乎아 曰 - 持歸니이다 曰 - 今子罵我호대 我亦不納하면 子自持歸요 禍子身矣라 猶響應聲하고 影之追形하야 終無免離리니 愼勿爲惡이어다

8. 佛言 - 惡人이 害賢者는 猶仰天而唾라 唾不汚天하고 還汚己身하며 逆風揚塵이라 塵不汚彼하고 還坌己身하나니 賢者는 不可毀요 過必滅己也니라

9. 佛言 - 博聞愛道하면 道必難會요 守志奉道하면 其道甚大니라

10. 佛言 - 夫人爲道인댄 務博愛博哀하라 施德은 莫大施니 守志奉道하면 其福甚大요 覩人施道하고 助之歡喜하면 亦得福報니라 質曰 - 彼福이 不當減乎이까 佛言 - 猶若炬火하야 數千百人이 各以炬來하야 取其火去라도 彼火如故니 福亦如之니라

11. 佛言 - 飯凡人百이 不如飯一善人이요 飯善人千이 不如飯持五戒者一人이요 飯持五戒者萬人이 不如飯一須陀洹이요 飯須陀洹百萬이 不如飯一斯陀含이요 飯斯陀含千萬이 不如飯一阿那含이요 飯阿那含一億이 不如飯一阿羅漢이요 飯阿羅漢十億이 不如飯辟支佛一人이요 飯辟支佛百億이 不如飯一佛이요 飯千億佛이 不如無念無住無修無證也니라

12. 佛言 - 天下에 有二十難하니 貧窮布施難이요 豪貴學道難이요 制命必死難이요 得覩佛經難이요 生値佛世難이요 忍色忍欲難이요 見好不求難이요 被辱不瞋難이요 有勢不臨難이요 觸事無心難이요 廣學博究難이요 除滅我慢難이요 不輕未學難이요 心行平等難이요 不說是非難이요 會善知識難이요 見性學道難이요 隨化度人難이요 對境不動難이요 善解方便難이니라

13. 有沙門이 問佛호대 以何緣得道하며 奈何知宿命이니꼬 佛言 - 道無形相이니 要當守志淨心하야 譬如磨鏡에 垢去明存하면 卽見道眞하며 知宿命矣리라

— 463 —

불조요경

14. 佛言 – 何者爲善고 唯守眞行道善이며 何者最大오 志與道合大며 何者多力고 忍辱最健이며 何者最明고 心垢除惡行滅하야 內外淸淨無瑕하야 未有天地로 逮于今日토록 十方所有를 未嘗無不知하고 無不見하고 無不聞하야 得一切智하면 可謂明矣니라

15. 佛言 – 吾何念고 念道하리라 吾何行고 行道하리라 吾何言고 言道하리라하야 吾念諦道를 不忘須臾也니라

16. 佛言 – 人懷愛欲하야 不見道는 譬如濁水에 以五彩로 投其中하야 致力攪之하면 衆人이 共臨水上이라도 無能覩其影者니 愛欲交錯하야 心中爲濁이라 故不見道요 猛火著釜下하면 中水湧躍하야 以布覆上하야 衆生이 照臨하여도 亦無覩其影者니 心中에 本有三毒하야 湧沸在內하고 五蓋覆外하야 終不見道니라 若人이 來近知識하야 惡心垢盡하면 乃知魂靈所從來와 生死所趣向과 諸佛國土道德所在耳라

17. 佛言 – 夫爲道者는 譬如持炬火入冥室中하면 其冥卽滅하고 而明猶存인듯하야 學道見諦하면 愚癡都滅하야 得無不見하리라

18. 佛言 – 吾法은 念無念念하고 行無行行하고 言無言言하고 修無修修니 會者는 近爾나 迷者는 遠乎인저 言語道斷이라 非物所拘니 差之毫釐하면 失之須臾니라

19. 佛言 – 觀天地호대 念非常하며 觀萬物호대 念非常하며 觀世界호대 念非常하며 觀靈覺이 卽菩提하라 執心如此하면 得道疾矣리라

20. 佛言 – 熟自念身中四大하라 名自有名이나 都爲無吾며 我者寄生이라 亦不久니 其事如幻耳니라

21. 佛言 – 人隨情欲하야 求華名은 譬如燒香에 衆人은 聞其香이나 然이나 香은 以熏自燒하나니 愚者 – 貪流俗之名譽하야 不守道眞하면 華名이 危己之禍라 其悔 – 在後時니라

22. 佛言 – 財色之於人이 譬如小兒 – 貪刀刃之蜜甜하야 不足一食之美요 然有截舌之患也니라

— 464 —

23. 佛言 －人繫於妻子寶宅之患이 甚於牢獄하나니 牢獄은 有原赦어니와 妻子情欲은 雖有虎口之禍라도 己猶甘心投焉이라 其罪無赦니라

24. 佛言 －愛欲은 莫甚於色이니 色之爲欲이 其大無外니라 賴有一矣요 假其二면 普天之民이 無能爲道者리라

25. 佛言 －愛欲之於人이 猶執炬火逆風而行이라 愚者는 不釋炬하고 必有燒手之患이요 貪婬恚怒愚癡之毒이 處在人身하야 不早以道로 除斯禍者는 必有危殃이니라

26. 天神이 獻玉女於佛하야 欲以試佛意어늘 佛言 －革囊衆穢로 爾來何爲오 以可誑俗이언정 難動六通이니 去하라 吾不用爾하리라 天神이 愈敬佛하고 因問道意어늘 佛爲解釋하사 卽得須陀洹케하시니라

27. 佛言 －夫爲道者는 猶木在水하야 尋流而行이니 不觸兩岸하고 不爲人所取하며 不爲蒐神所遮하고 不爲洄流所住하며 亦不腐敗하면 吾保此木이 決定入海矣요 學道之人이 不爲情欲所惑하고 不爲衆邪所誑하며 精進無爲하면 吾保此人이 必得道矣로라

28. 佛告沙門하사대 愼無信汝意하라 汝意를 終不可信인댄 愼無與色會니 與色會卽禍生이요 得阿羅漢道라사 乃可信汝意耳니라

29. 佛告諸沙門하사대 愼勿視女人하라 若見無見하야 愼無與言하며 若與言者인댄 勅心正行하야 曰 －吾爲沙門이라 處于濁世나 當如蓮花하야 不爲泥所汚리라하야 老者는 以爲母하고 長者는 以爲姊하며 少者는 如妹하고 幼者는 如女하야 敬之以禮하며 惟觀不淨種하야 以釋其意矣니라

30. 佛言 －人爲道에 去情欲을 當如草見火니 火來已却하듯 道人이 見愛欲하면 必當遠之니라

31. 有人이 患婬情不止하야 踞斧刃上하야 以自除其陰이어늘 佛이 謂之曰 －斷陰이 不如斷心이니 心爲功曹라 若止功曹면 從者都息

— 465 —

불조요경

이어늘 邪心不止 하고 斷陰何益 이리오 하시고 佛爲說偈 하사대 欲生於汝
意하고 意以思想生 이라 二心이 各寂靜 하면 非色亦非行 이로다 하시니라

32. 佛言 - 人從愛欲生憂 하고 從憂生畏 니 無愛卽無憂 하고 不憂
卽無畏 니라

33. 佛言 - 夫爲道者는 譬如一人이 如萬人戰 하야 被鉀操兵 하고
出門欲戰 할새 或意怯膽弱 하야 乃自退走 하며 或半道還 하며 或格鬪而
死 하며 或得大勝 하야 還國高遷 이니 夫人能牢持其心 하고 精銳進行 하
야 不畏前境 하고 破滅衆魔 하면 必得道矣 리라

34. 有沙門이 夜誦經 할새 其聲이 悲緊 하고 欲悔思返 이어늘 佛呼
沙門問之 하사대 汝處于家 하야 曾何修爲오 對曰 - 恒彈琴 이니이다 佛
言 - 絃緩 하면 何如오 曰 不鳴矣 니이다 絃急 하면 何如오 曰 聲絶矣 니
이다 急緩이 得中 하면 何如오 曰 諸音이 普矣 니이다 佛告沙門 하사대 學道
猶然 하야 執心調適 하야사 淸淨安樂 하야 道可得矣 니라

35. 佛言 - 夫人爲道 - 猶如鍛鐵에 去垢成器 라사 器卽精好 인듯
하야 學道에 漸去心垢 하야 精進就道 라사 行卽淸淨矣 니라

36. 佛言 - 夫人離三惡道 호대 得爲人難 이요 旣得爲人 호대 去女
卽男難 이요 旣得爲男 호대 六根完具難 이요 六根已具 호대 生中國難 이
요 旣生中國 호대 値佛世難 이요 旣値佛世 호대 遇道者難 이요 旣得遇道
호대 興信心難 이요 旣興信心 호대 發菩提心難 이요 旣發菩提心 호대 無
修無證難 이니라

37. 佛言 - 弟子 - 離吾數千里 라도 意念吾戒 하면 必得道요 在吾
左右 하야 雖常見吾 라도 不順吾戒 하면 終不得道 니라

38. 佛問諸沙門 하사대 人命이 在幾間고 對曰 - 在數日間 이니이다
佛言 - 子未能爲道 로다 復問一沙門 하사대 人命이 在幾間고 對曰 - 在
飯食間 이니이다 佛言 - 子未能爲道 로다 復問一沙門 하사대 人命이 在
幾間고 對曰 - 呼吸之間 이니이다 佛言 - 善哉라 子知道矣 로다

— 466 —

39. 佛言 – 學佛道者는 佛所言說을 皆應信順하라 譬如食蜜에 中邊皆甜인듯하야 吾經亦爾니라

40. 佛言 – 沙門行道호대 無如磨牛가 身雖行道나 心道不行이니 心道若行하면 何用行道리오

41. 佛言 – 夫爲道者는 如牛負重하고 行深泥中할새 疲極不敢左右顧라가 出離淤泥라사 乃可蘇息하듯 沙門도 視情欲을 甚於彼泥하야 直心念道라사 可免衆苦니라

42. 佛言 – 吾視王候之位를 如過客하며 視金玉之寶를 如礫石하며 視紈素之好를 如弊帛하노라

현자오복덕경 (賢者五福德經〈意譯〉)

이와 같음을 내가 듣사오니 한 때에 부처님께서 사위국 기수급고독원에 계시사 모든 제자에게 말씀하시되「어진 사람은 법을 설하여 다섯 가지 복덕을 얻나니 무엇이 다섯 가지 복덕이냐 하면 첫째는 사람이 세상에 나서 오래 사는 것이요 둘째는 세상에 큰 부자가 되어 재물과 보배가 많은 것이요 세째는 사람이 단정하게 잘 생기는 것이요 네째는 명예가 세상에 널리 드러나는 것이요 다섯째는 정신이 총명하고 지혜가 많은 것이니라.

어찌하여 법을 설함으로써 오래 사는 복을 받느냐 하면 그 사람이 전생에 법을 설할 때에 모든 말이 다 착하고 그 뜻이 또한 구비하여 누구나 그 법설을 들은 이로 집에 돌아가 살생하기를 좋아하는 사람이 없고 설사 전일에 아무리 살생을 잘하던 사람이라도 그 법설을 들은 후로 곧 살생을 아니하게 하였나니 이런 연고로 금생에 오래 사는 복을 받나니라.

또 어찌하여 법을 설함으로써 큰 부자가 되어 재물과 보배가 많게 되었느냐 하면 그 사람이 전생에 법을 설할 때에 모든 말이 다 착하고 그 뜻이 또한 구비하여 누구나 그 법설을 들은 이로 집에 돌아가 남의 물건을 도둑질 하는 사람이 없고 설사 전일에 도둑질을 하던 사람일지라도 그 법을 들은 후로 곧 참회 개과하여 도리어 남에게 보시를 많이 하였나니 이런 연고로 금생에 큰 부자가 되었나니라.

또 어찌하여 법을 설함으로써 얼굴이 단정한 사람이 되었느냐 하면 그 사람이 전생에 법을 설할 때에 모든 말이 다 착하고 그 뜻이 또한 구비하여 누구나 그 법설을 듣고 즐거워하지 않은 이가 없고 얼굴에 희색이 가득하여 집집마다 웃음의 꽃을 피게 하였나니 이런 연고로 금생에 얼굴이 단정한 사람이 되었나니라.

또 어찌하여 법을 설함으로써 명예가 세상에 널리 드러나는 사람이 되었느냐 하면 그 사람이 전생에 법을 설할 때에 모든 말이 다 착하고 그 뜻이 또한 구비하여 누구나 그 법설을 들은 이로 집에 돌아가 부처님이나 모든 성현들의 내어 놓으신 법이나 수도인들을 공경하지 않는 사람이 없게 하였나니 이런 연고로 금생에 명예 있는 사람이 되었나니라.

또 어찌하여 법을 설함으로써 총명하고 지혜 있는 사람이 되었느냐 하면 그 사람이 전생에 법을 설할 때에 모든 말이 다 착하고 그 뜻이 또한 구비하여 누구나 그 법설을 들은 후로 지혜를 많이 얻게 하였나니 이런 연고로 금생에 총명하고 지혜 많은 사람이 되었나니라. 이것이 다섯 가지 법이니 장래에 여러 사람을 대하여 법을 설할 사람들은 이런 말을 깊이 명념하라」

불조요경

하시거늘, 모든 제자들이 이 말씀을 듣고 즐거운 마음으로 부처님을 위하여 예배를 올리니라.

〔附·漢文〕

聞如是 하사오니 一時에 佛이 在舍衛國祇樹給孤獨園이러시니 佛告諸比丘하사대 賢者說法에 時有五福德하나니 何謂爲五福德고 其人所生에 則得長壽하나니 是爲一福德이요 其人所生에 卽得大富饒財多寶하나니 是爲二福德이요 其人所生에 卽端正無比하나니 是爲三福德이요 其人所生에 卽名譽遠聞하나니 是爲四福德이요 其人所生에 卽聰明大智하나니 是爲五福德이니라 何因賢者說法으로 得長壽오 用前世說法時에 上語亦善하고 中語亦善하며 下語亦善하고 其義備足하야 歸家無爲好殺之人이 聞法卽止하야 不殺이라 用是故로 得長壽니라 何因說法之人이 得大富饒財多寶오 用前世說法時에 上中下語-其義備悉하야 歸家無爲盜竊之人이 聞經卽止하야 不盜하고 便能施與라 用是故로 得大富니라 何因說法之人이 得端正無比오 用前世說法時에 上中下語-其義備悉하야 歸家無爲令聞法者로 和氣安之하고 卽顏色悅하야 自生光澤이라 用是故로 得端正이니라 何因說法之人이 得名譽遠聞고 用前世說法時에 上中下語-其義備悉하야 歸家無爲令聞法者로 敬佛敬法敬比丘僧이라 用是故로 得名聞이니라 何因說法之人이 得聰明大智오 用前世說法時에 上中下語-其義備悉하야 歸家無爲令聞法者로 曉了妙慧라 用是故로 得聰明大智니 是爲五法說經者得福也니라하시니 諸比丘-聞經歡喜하야 前爲佛作禮하니라

업보차별경 (業報差別經 〈抄略意譯〉)

1. 이와 같음을 내가 듣사오니 한 때에 부처님께서 사위국 기수급고독원에 계시더니, 도제야의 아들 수가 장자(首迦長者)에게 말씀하시되 「내 오늘은 너를 위하여 일체 중생의 선악 업보가 각각 다른 이유를 말하리니 잘 들어 보라」 하신대 장자 즐거이 법설 듣기를 원하거늘 부처님께서 말씀하시되 「이 세상 일체 중생들은 항상 그 짓는 바 업에 얽매이고 그 업에 의지하며 또한 그 업력을 따라 이리저리 윤회하여 상·중·하의 천만 차별이 생기게 되나니 내 이제 일체 중생들의 업력을 따라 천만 차별로 과보 받는 내역을 말하리라.」

2. 부처님께서 수가에게 말씀하시되 「열 가지 죄업이 있어서 중생이 단명보를 받게 되나니, 무엇이 열 가지냐 하면 첫째는 스스로 살생을 많이 함이요 둘째는 다른 사람을 권하여 살생을 시킴이요 세째는 살생하는 법을 찬성함이요 네째는 살생하는 것을 보고 따라서 좋아함이요 다섯째는 자기의 원수나 미운 사람을 죽이려는 마음을 가짐이요 여섯째는 자기의 원수가 죽는 것을 보고 환희심을 냄이요 일곱째는 생명이 깃들어 있는 태장(胎藏)을 파괴함이요 여덟째는 모든 사람에게 남의 것을 함부로 훼손하고 파괴 시키는 법을 가르침이

요 아홉째는 천사(天寺)를 세워 놓고 중생을 많이 살해함이요 열째는 스스로 싸움질을 잘 하고 다른 사람에게도 서로 잔해(殘害)하는 법을 가르침이니라.」

3. 「또한 중생이 장명보(長命報)를 받는 것은 열 가지 선업이 있어서 그리 되나니, 첫째는 스스로 살생을 아니함이요 둘째는 다른 사람에게도 살생을 하지 않도록 권함이요 세째는 살생 않는 법을 찬성함이요 네째는 다른 사람이 살생 않는 것을 보고 환희심을 냄이요 다섯째는 곧 죽게 된 이를 보고 방편으로써 구제하여 줌이요 여섯째는 죽는 것을 보고 무서워하는 이의 마음을 안위 시킴이요 일곱째는 공포심 많은 이를 보고 공포심이 나지 않도록 하여 줌이요 여덟째는 모든 일에 근심과 고통이 많은 사람을 보고 자민심(慈愍心)을 일어냄이요 아홉째는 다른 사람의 급하고 어려운 일을 보고 크게 불쌍히 여기는 마음을 일어냄이요 열째는 모든 음식으로써 중생에게 보시를 많이 함이니라.」

4. 「또한 중생이 다병보를 받는 것은 열 가지 죄업이 있어서 그리 되나니, 첫째는 일체 중생에게 매질하기를 좋아함이요 둘째는 다른 사람을 권하여 중생을 때리게 함이요 세째는 때리는 법을 찬성함이요 네째는 다른 사람의 맞는 것을 보고 좋아함이요 다섯째는 부모의 속을 많이 태워 줌이요 여섯째는 성인이나 현인을 많이 괴롭게 함이요 일곱째는 원수의 병든 것을 보

고 환희심을 냄이요 여덟째는 원수의 병 나았다는 말을 듣고 마음에 좋아하지 아니함이요 아홉째는 원수의 병에 적당하지 않은 약을 줌이요 열째는 음식을 과하게 먹음이니라.」

5.「또한 중생이 무병보(無病報)를 받는 것은 열 가지 선업이 있어서 그리 되나니, 첫째는 중생 매질하기를 좋아하지 아니함이요 둘째는 다른 사람에게도 남을 때리지 않도록 권함이요 세째는 때리지 않는 법을 찬성함이요 네째는 때리지 않는 것을 보고 환희심을 냄이요 다섯째는 자기 부모나 모든 병자에게 공양을 잘 함이요 여섯째는 성인과 현인의 병환 나신 것을 보고 지성으로 공양함이요 일곱째는 원수의 병 나았다는 말을 듣고 환희심을 냄이요 여덟째는 병으로 고생하는 이를 보고 좋은 약을 혜시하며 또한 타인에게도 이 법을 권함이요 아홉째는 병으로 고통 받는 중생을 보고 자민심을 일어냄이요 열째는 음식을 절도에 맞게 먹음이니라.」

6.「또한 중생이 추루보(醜陋報)를 받는 것은 열 가지 죄업이 있어서 그리 되나니, 첫째는 진심(瞋心) 내기를 좋아함이요 둘째는 남에게 혐의와 원한을 잘 품음이요 세째는 다른 사람을 많이 속임이요 네째는 중생을 많이 괴롭게 함이요 다섯째는 부모에게 애경심이 없음이요 여섯째는 성인이나 현인에게 공경심을 내지 아니함이요 일곱째는 선량한 사람들의 금전이나 토

지를 빼앗음이요 여덟째는 부처님의 탑묘에 등촉을 꺼 버림이요 아홉째는 추루한 사람을 보고 헐며 가볍고 천하게 여김이요 열째는 항상 모든 악행을 일삼음이니라.」

7.「또한 중생이 얼굴이 단정한 보(端正報)를 받는 것은 열 가지 선업이 있어서 그리 되나니, 첫째는 진심을 내지 아니함이요 둘째는 의복을 많이 혜시 함이요 세째는 부모와 존장에게 공경심을 가짐이요 네째는 성인과 현인의 도덕을 존중히 앎이요 다섯째는 항상 부처님의 탑이나 정사(精舍)를 잘 수리 함이요 여섯째는 집안을 항상 청정히 함이요 일곱째는 수도실 터나 수도실 들어 다니는 길을 잘 평평하게 골라 줌이요 여덟째는 부처님의 탑묘를 지성으로 쓸고 닦음이요 아홉째는 추루한 이를 보고 가볍고 천하게 여기지 아니하며 공경심을 일어냄이요 열째는 단정한 이를 보면 곧 전생의 선업으로써 그리 된 줄을 알아 그에 감탄함을 마지 아니함이니라.」

8.「또한 중생이 위의와 권세가 없이 되는 것(小威勢報)은 열 가지 죄업이 있어서 그리 되나니, 첫째는 모든 중생에게 질투심을 잘 냄이요 둘째는 다른 사람의 득리하는 것을 보고 마음에 열을 냄이요 세째는 다른 사람의 해 보는 것을 보고 마음에 좋아 함이요 네째는 다른 사람의 좋은 이름 얻는 것을 보고 미워하는 마음을 일어냄이요 다섯째는 다른 사람의 명예가

떨어지는 것을 보고 마음에 좋아함이요 여섯째는 공부심이 물러나서 부처님을 헒이요 일곱째는 부모에게나 모든 성현들에게 시봉심이 없음이요 여덟째는 다른 사람에게 위의와 덕이 없이 될 일을 권함이요 아홉째는 다른 사람의 큰 위의와 덕업 짓는 것을 방해함이요 열째는 위의와 덕이 없는 이를 보고 가볍고 천하게 여김이니라.」

9.「또한 중생이 위의가 많고 권세가 있게 되는 것(大威勢報)은 열 가지 선업이 있어서 그리 되나니, 첫째는 모든 중생에게 질투심이 없음이요 둘째는 다른 사람의 이익 보는 것을 보고 환희심을 냄이요 세째는 다른 사람의 해 보는 것을 보고 불쌍하고 민망한 마음을 냄이요 네째는 다른 사람의 좋은 명예 얻는 것을 보고 마음으로 좋아함이요 다섯째는 다른 사람의 명예가 떨어지는 것을 보고 마음에 실로 근심이 되고 그를 동정해 줌이요 여섯째는 보리심을 발하여 모든 부처님을 지성으로 모심이요 일곱째는 부모와 모든 현성들을 공경심으로써 잘 받들어 맞음이요 여덟째는 다른 사람에게 위의와 덕이 없이 될 일을 짓지 않도록 권유함이요 아홉째는 다른 사람들에게 위의가 있고 덕이 많게 될 일을 짓도록 권함이요 열째는 위의와 덕이 없는 이를 보고 가볍고 천하게 여기지 아니함이니라.」

10.「또한 중생이 하천한 집에 태어나는 것(下族姓報)은 열 가지 죄업이 있어서 그리 되나니, 첫째는 아

버지를 잘 공경하지 아니함이요 둘째는 어머니를 잘 공경하지 아니함이요 세째는 사문을 잘 공경하지 아니함이요 네째는 바라문을 잘 공경하지 아니함이요 다섯째는 모든 사우와 존장을 잘 공경하지 아니함이요 여섯째는 모든 사장들을 반가이 맞아 공양을 잘 하지 아니함이요 일곱째는 모든 존장들을 보고 반가이 맞아 앉기를 청하지 아니함이요 여덟째는 부모의 가르치심을 잘 듣지 아니함이요 아홉째는 모든 현성들의 가르치심을 잘 받지 아니함이요 열째는 하천한 집에 태어난 이를 보고 경멸히 여김이니라.」

11.「또한 중생이 귀족의 집에 태어나는 것(上族姓報)은 열 가지 선업이 있어서 그리 되나니, 첫째는 아버지를 잘 공경함이요 둘째는 어머니를 잘 공경함이요 세째는 사문을 잘 공경함이요 네째는 바라문을 잘 공경함이요 다섯째는 모든 존장을 공경하고 보호함이요 여섯째는 모든 사장을 받들어 맞음이요 일곱째는 모든 존장들을 보고 반가이 맞아 앉기를 청함이요 여덟째는 부모의 가르치심을 잘 받음이요 아홉째는 모든 현성들의 가르치심을 잘 받음이요 열째는 하천한 이를 경멸히 여기지 아니함이니라.」

12.「또한 중생이 생활이 곤란한 보(小資生報)를 받는 것은 열 가지 죄업이 있어서 그리 되나니, 첫째는 스스로 도둑질을 잘 함이요 둘째는 다른 사람을 권하여 도둑질을 하게 함이요 세째는 도둑질하는 법을 찬

성함이요 네째는 도둑질하는 것을 보고 마음에 좋아함이요 다섯째는 부모의 재산을 많이 없앰이요 여섯째는 선량한 사람들의 재물을 빼앗음이요 일곱째는 다른 사람의 득리하는 것을 보고 마음에 좋아하지 아니함이요 여덟째는 다른 사람의 이익될 일을 일부러 방해하여 애를 많이 태워 줌이요 아홉째는 다른 사람의 보시하는 것을 보고 마음에 즐거워하는 마음이 없음이요 열째는 세상 사람이 흉년을 당하여 굶는 것을 보고 조금도 불쌍하고 민망한 마음이 없이 도리어 좋아함 이니라.」

13.「또한 중생이 생활이 풍족한 보(多資生報)를 받는 것은 열 가지 선업이 있어서 그리 되나니, 첫째는 스스로 도둑질을 하지 아니함이요 둘째는 다른 사람에게 도둑질 말기를 권함이요 세째는 도둑질 않는 법을 찬성함이요 네째는 다른 사람의 도둑질 않는 것을 보고 환희심을 냄이요 다섯째는 부모의 재산을 없애지 아니하고 더욱 살림을 이뤄냄이요 여섯째는 모든 현성이나 존장들에게 보시를 많이 함이요 일곱째는 다른 사람의 득리하는 것을 보고 환희심을 냄이요 여덟째는 다른 사람의 이익 구하는 것을 보고 방편으로써 도와 줌이요 아홉째는 다른 사람의 보시하는 것을 보고 마음에 좋아함이요 열째는 흉년이 들어 세상 사람이 굶는 것을 보고 불쌍하고 민망한 마음을 냄이니라.」

14.「또한 중생이 삿된 지혜와 삿된 도를 좋아하는 보(邪智報)를 받는 것은 열 가지 죄업이 있어서 그리

되나니, 첫째는 지혜가 나보다 승한 이에게 묻기를 좋아하지 아니함이요 둘째는 악한 법을 나타내어 말함이요 세째는 정법을 닦지 아니함이요 네째는 정법 아닌 것을 찬성하여 정법이라고 숭배함이요 다섯째는 법을 아껴 말하지 아니함이요 여섯째는 삿된 지혜를 가진 사람과 친근히 함이요 일곱째는 바른 지혜를 가진 사람을 멀리 함이요 여덟째는 삿된 법을 찬탄함이요 아홉째는 바른 소견을 놓아 버림이요 열째는 우치하고 악한 사람을 보되 가볍고 천하게 여김이니라.」

15.「또한 중생이 바른 지혜와 정당한 도를 좋아하는 보(正智報)를 받는 것은 열 가지 선업이 있어서 그리 되나니, 첫째는 지혜가 나보다 승한 이에게 묻기를 즐거워함이요 둘째는 선한 법을 나타내어 말함이요 세째는 정법을 듣고 크게 보호함이요 네째는 정법 설함을 듣고 좋아하고 탄복함이요 다섯째는 참되고 바른 법 말하기를 즐거워함이요 여섯째는 바른 지혜가 있는 사람을 친근히 함이요 일곱째는 정법을 잘 보호함이요 여덟째는 부지런히 닦고 많이 들음이요 아홉째는 삿된 소견을 가진 악한 사람을 멀리함이요 열째는 우치하고 악한 사람을 보고 가볍고 천하게 여기지 아니함이니라.」

16.「또한 중생이 지옥보(地獄報)를 받는 것은 열 가지 죄업이 있어서 그리 되나니, 첫째는 몸으로 중한 악업을 지음이요 둘째는 입으로 중한 악업을 지음

이요 세째는 뜻으로 중한 악업을 지음이요 네째는 천지 만물이 본래 아무 것도 없다 하여 한갓 없음을 주장함이요 다섯째는 천지 만물이 떳떳이 있다 하여 한갓 있음을 주장함이요 여섯째는 인과가 없다는 소견을 가짐이요 일곱째는 구태어 선을 지으려고 애쓸 것이 없다는 소견을 가짐이요 여덟째는 모든 법을 볼 것도 없다는 소견을 가짐이요 아홉째는 편벽된 소견을 가짐이요 열째는 은혜 갚을 줄을 알지 못함이니라.」

17. 「또한 중생이 축생보를 받는 것은 열 가지 죄업이 있어서 그리 되나니, 첫째는 몸으로 중등 악업을 지음이요 둘째는 입으로 중등 악업을 지음이요 세째는 뜻으로 중등 악업을 지음이요 네째는 탐심의 번뇌로 좇아 모든 악업을 일어냄이요 다섯째는 진심의 번뇌로 좇아 모든 악업을 일어냄이요 여섯째는 치심의 번뇌로 좇아 모든 악업을 일어냄이요 일곱째는 중생을 훼방하고 꾸짖음이요 여덟째는 중생을 괴롭게 하고 해롭게 함이요 아홉째는 깨끗하지 못한 물건을 남에게 줌이요 열째는 간음을 행함이니라.」

18. 「또한 중생이 아귀보를 받는 것은 열 가지 죄업이 있어서 그리 되나니, 첫째는 몸으로 경한 악업을 지음이요 둘째는 입으로 경한 악업을 지음이요 세째는 뜻으로 경한 악업을 지음이요 네째는 탐심을 많이 일어냄이요 다섯째는 악한 탐심을 일어냄이요 여섯째는 질투심을 냄이요 일곱째는 삿된 소견을 가짐이요 여덟

째는 죽을 때에 재물에 착심을 가짐이요 아홉째는 음식에 탐착이 많으나 병으로 인하여 오래 먹지 못하고 굶어 죽음이요 열째는 괴로움과 핍박에 쪼들려 한을 품고 말라 죽음이니라.」

19.「또한 중생이 아수라보를 받는 것은 열 가지 죄업이 있어서 그리 되나니, 첫째는 몸으로 미(微)한 악업을 지음이요 둘째는 입으로 미한 악업을 지음이요 세째는 뜻으로 미한 악업을 지음이요 네째는 교만을 냄이요 다섯째는 나만 못한 이를 보고 자기가 잘난 체하며 또는 나와 같은 이를 보고 네나 내나 같다 하여 조금도 위해 주지 아니함이요 여섯째는 얻지 못한 법을 얻었다고 하여 거만을 부림이요 일곱째는 자기와 지행이 같은 이를 보고 자기가 승한 체하며 또는 자기보다 지행이 승한 이를 보고 자기와 같다하고 거만을 냄이요 여덟째는 삿된 도를 행하면서 그것을 제일로 알고 다른 정도(正道)를 무시함이요 아홉째는 자기보다 지행이 승한 이를 대하여 도리어 자기가 승한 체하고 거만을 냄이요 열째는 모든 선근을 그릇 돌려서 수라보 받을 짓만 함이니라.」

20.「또한 중생이 인도에 태어나는 것(人趣報)은 열 가지 선업이 있어서 그리 되나니, 첫째는 살생을 아니함이요 둘째는 도둑질을 아니함이요 세째는 간음을 아니함이요 네째는 망어를 아니함이요 다섯째는 속으로 불량한 마음을 품으면서 겉으로 비단 같이 꾸미는 말

을 아니함이요 여섯째는 한 입으로 두 말을 아니함이요 일곱째는 악한 말을 아니함이요 여덟째는 탐심을 내지 아니함이요 아홉째는 진심을 내지 아니함이요 열째는 삿된 소견을 가지지 아니하나 이 열 가지 선업에 결루(缺漏)가 없이 다 실행은 못함이니라.」

21.「또한 중생이 욕계천에 나는 것(欲天報)은 이상에 말한 열 가지 선업이 있어서 그리 되나니, 비록 열 가지 선을 행함이 인도에서 보다 훨씬 나으나 욕심이 아직도 남아 있음이요

또한 중생이 색계천에 나는 것(色天報)도 열 가지 선업이 있어서 그리 되나니, 열 가지 선을 행함이 욕계천보다 승하나 이에 겸하여 선정(禪定) 공부를 많이 함이요

또한 중생이 무색계천에 나는 것(無色天報)은 네 가지 선업이 있어서 그리 되나니, 첫째는 일체 명상을 떠나 순연히 공한 데에 의지하는 선법(禪法)을 닦음이요 둘째는 한갓 공한 데에만 의지할 것이 아니라 하여 식(識)에 의지하는 선법을 닦음이요 세째는 공과 색을 이미 잊었으면 식심(識心)도 다 잊을 것이라 하여 공과 식도 없는 데에 의지하는 선법을 닦음이요 네째는 생각도 아니요 생각 아님도 아닌 데에 의지하는 선법을 닦음이니라.」

22.「또한 중생이 결정보를 받는 것은 불·법·승 삼보에 대하여 신앙심과 향상심을 가지고 보시를 많이

하며 이 선업으로써 사후에 왕생할 곳을 서원하여 자기의 서원한 그대로 곧 왕생함이요

중생이 부정보(不定報)를 받는 것은 이상에 말한 결정보와 반대로 누구에게 보시도 아니하고 아무 원도 없으며 선업도 닦지 아니하여 되는대로 수생함이니라.」

23. 「또한 중생이 변지보(邊地報)를 받는 것은 모든 업을 지을 때에 불·법·승 삼보를 대하여 한 번 잘 해 보려는 향상심과 용맹심을 내지 아니하고 다만 약간의 보시를 행하여 이 선근 인연으로써 변지에 나기를 원하며 이 원을 따라 곧 변지에 나서 청정한 보나 부정한 보를 받음이요

중생이 중국보(中國報)를 받는 것은 모든 업을 지을 때에 불·법·승 삼보를 대하여 한 번 잘 해 보려는 향상심과 용맹심을 가지고 즐거이 보시하여 이 선근으로써 결정코 살기 좋은 나라에 나서 부처님을 만나 정법을 들어 무상 청정 과보 얻기를 서원하였음이니라.」

24. 「또한 중생이 한 번 지옥에 떨어져 그 수한(壽限)을 다 채우게 되는 것은 지옥에 들어갈 죄업을 짓고도 조금도 부끄러운 마음과 무서운 마음과 싫어하는 마음이 없이 도리어 즐거워하며 또는 조금도 후회하는 마음이 없이 더욱 지옥에만 들어갈 죄업을 지었음이요

중생이 지옥에 떨어졌다가 수한을 절반만 채우고 나오게 되는 것은 지옥에 들어 갈 죄업을 지어 놓고 뒤

에 무서운 마음과 부끄러운 마음과 싫어하는 마음을 내어 참회하였음이요

중생이 지옥에 잠간 들어갔다가 곧 나오게 되는 것은 지옥에 들어갈 업을 짓고 곧 무서운 마음과 부끄러운 마음과 싫어하는 마음이 나서 실심으로 즉시 참회하여 다시 그 죄업을 짓지 아니하였음이니라」하시고, 이어서 게를 송하시되,

「사람이 중한 죄업 지어 놓고도, 지은 뒤에 깊이 깊이 자책을 하고, 참회하여 다시 그 업 짓지 않으면, 능히 그 근본 업을 소멸하리라.」

25.「또한 중생이 모든 악업을 짓되 그 앞에 죄가 쌓이지 않는 것은 몸으로나 입으로나 뜻으로나 모든 악업을 많이 짓고 뒤에 무서운 마음과 싫은 마음이 나서 곧 이상과 같이 참회하여 스스로 자기를 꾸짖고 다시 그 죄업을 짓지 아니하며 또는 다른 사람을 권하여 그러한 악업을 짓지 않도록 하였음이요

또한 중생이 자기가 직접 죄는 짓지 아니하였으되 그 앞에 죄가 쌓이게 되는 것은 자기가 직접 죄는 짓지 아니하였으나 악한 마음을 가지고 다른 사람을 권하여 악업을 짓도록 하였음이요

또한 중생이 죄를 지어 그 죄가 태산 같이 쌓이게 되는 것은 스스로 많은 죄업을 짓고 조금도 참회심이 없으며 또한 다른 사람에게까지 권하여 악을 행하게 하였음이요

또한 중생이 죄를 짓지도 않고 받지도 않게 되는 것은 자기도 죄를 짓지 아니하고 다른 사람에게도 악을 권하지 아니하였음이니라.」

26.「또한 중생이 처음에는 낙을 받다가 뒤에 고를 받게 되는 것은 업을 지을 때에 다른 사람의 권유를 받아 즐거이 보시를 하였으나 그 보시하는 마음이 굳지 못하여 후회심을 내었음이요

중생이 처음에는 고를 받다가 뒤에 낙을 받게 되는 것은 업을 지을 때에 다른 사람의 권유를 받아 잠간 동안 약간의 보시를 하였으나 보시를 한 후로 환희심을 발하여 조금도 후회를 아니하였음이요

중생이 처음에도 고를 받고 뒤에도 고를 받게 되는 것은 선지식을 멀리하여 누가 보시하기를 권하는 이도 없는 고로 업을 지을 때에 조금도 보시를 아니하였음이요

중생이 처음에도 낙을 받고 뒤에도 낙을 받게 되는 것은 선지식을 가까이 하여 그의 권유를 받아 굳세고 즐거운 마음으로 보시를 많이 하였음이니라.」

27.「또한 중생이 비록 가난하나 보시하기를 좋아하는 것은 일찌기 남에게 보시한 일이 많이 있으나 아직 그 복전을 만나지 못함이니 그 복전을 만나지 못하여 비록 가난하기는 하나 본래 보시하던 습관이 남아 있는 고로 가난하면서도 보시하기를 좋아함이요

또한 중생이 부자이면서도 아끼고 탐하여 보시하기

를 싫어하는 것은 일찌기 한 번도 보시한 일이 없다가 선지식을 만나 잠깐 한 번 보시를 행하여 그 복전을 만남이니 그 복전을 만난 고로 비록 부자가 되었으나 본래 보시하던 습관이 적은 고로 비록 부자이면서도 그와 같이 아끼고 탐함이요

또한 중생이 부자로서 능히 보시를 좋아하는 것은 선지식을 만나 보시업을 많이 닦아 보았음이요

또한 중생이 가난한 이로서 아끼고 탐하여 보시할 줄을 모르는 것은 선지식을 멀리하여 누가 권하는 이도 없는 고로 능히 한 번도 보시를 행하여 보지 못하였음이니라.」

28.「또한 중생이 몸은 편하나 마음이 편하지 못한 보를 받는 것은 남에게 복은 지었으나 지혜는 닦지 아니하였음이요

또한 중생이 마음은 편하나 몸이 편하지 못한 보를 받는 것은 혜는 많이 닦았으나 복은 많이 짓지 아니하였음이요

또한 중생이 몸과 마음이 다 편안한 보를 받는 것은 복과 혜를 아울러 닦았음이요

또한 중생이 몸과 마음이 다 편하지 못한 보를 받는 것은 복도 짓지 아니하고 혜도 닦지 아니하였음이니라.」

29.「또한 중생이 수명은 다 되었으나 업이 아직도 남아 있게 되는 것은 중생이 지옥에서 죽어가지고 그 업보가 미진한 고로 도로 지옥에 나는 것이니 축생·

아귀 내지 인도·천도·수라 보를 받을 때에도 또한 이와 같음이요

또한 중생이 업은 다 되었으나 수명이 남아 있게 되는 것은 모든 중생이 낙이 다하면 고를 받고 고가 다하면 낙을 받는 것 등이요

중생이 업과 수명이 함께 다하게 되는 것은 중생이 지옥에서 죽어 그 업보가 다한 고로 곧 축생·아귀 내지 인도·천도·수라 등 세계로 옮겨 감이요

또한 중생이 업과 수명이 함께 영원하게 되는 것은 중생이 모든 번뇌를 다 제거하고 사과(四果) 곧 수다원과 사다함과 아나함과 아라한 등을 얻어 생·로·병·사를 해탈하고 과보를 초월함이니라.」

30.「또한 중생이 비록 악도에는 떨어졌으나 형용이 수묘(殊妙)하고 안목이 단엄하며 몸에 광채가 있어 사람들이 보기를 좋아하게 되는 것은 욕심의 번뇌로 인하여 계행을 지키지 아니하였음이요

또한 중생이 악도에 타락되어 형용이 추루하고 몸이 거칠어서 사람들이 보기를 싫어하게 되는 것은 진심의 번뇌로 인하여 계행을 지키지 아니하였음이요

또한 중생이 악도에 떨어져 몸과 입에서 악한 냄새가 나고 육근에 결함이 많게 되는 것은 치심의 번뇌로 인하여 계행을 지키지 아니하였음이니라.」

31.「또한 중생이 밖으로 항상 악한 경계를 당하게 되는 것(外惡報)은 열 가지 악업을 행하여 그리 되나

업보차별경 30·31·32

니, 첫째는 살생을 많이 한 고로 온 땅이 짜서 곡식을 심어도 나지 않고 약초가 무력함이요 둘째는 도둑질을 많이 한 고로 서리와 우박이 많이 내리고 해충이 많이 일어나서 흉년을 잘 당함이요 세째는 간음을 많이 한 고로 항상 급한 비와 독한 바람과 진애(塵埃)를 잘 만남이요 네째는 망어를 많이 한 고로 항상 그 몸 주위에 있는 물건에 악취를 느낌이요 다섯째는 한 입으로 두 말을 많이 한 고로 항상 그 몸 주위에 험한 언덕과 뾰족한 나무와 깊은 구렁이 많게 됨이요 여섯째는 악한 말을 많이 한 고로 항상 그 몸 주위에 돌과 모래가 추하고 껄껄하여 접근할 수 없게 됨이요 일곱째는 속으로는 불량한 마음을 품으면서 밖으로는 비단 같이 꾸미는 말을 많이 한 고로 항상 그 몸 주위에 초목이 빽빽하고 가시가 많이 돋힌 수풀이 많게 됨이요 여덟째는 탐심을 많이 낸 고로 농사를 지어도 모든 종묘나 열매가 가늘고 잘게 됨이요 아홉째는 진심을 많이 낸 고로 항상 그 몸 주위에 있는 과실이 쓰고 떫게 됨이요 열째는 삿된 소견을 쓴 연고로 비록 농사를 지어도 수확이 없게 됨이요

또한 중생이 밖으로 항상 좋은 경계를 당하게 되는 것(外勝報)은 이상에 말한 열 가지 악업의 반대인 열 가지 선업을 행하였음이니라.」

32. 부처님께서 설법을 마치시니 때에 수가 장자가 청정한 믿음을 발하여 일어나 부처님께 예배하고 말하되

불조요경

「저의 부친에게도 이러한 법을 한 번 들려 주시와 저의 부친과 및 일체 중생으로 하여금 길이 안락하게 하옵소서」한대 부처님께서 중생들을 위하사 곧 그를 허락하시거늘 수가 장자가 부처님의 말씀을 듣고 크게 환희심을 발하여 공경히 절하고 물러가니라.

〔附·漢文〕

1. 如是我聞하사오니 一時에 佛이 住舍衛國祇樹給孤獨園이러시니 爾時에 佛이 告忉提耶子首迦長者言하사대 首迦長者야 我當爲汝說善惡業報差別法門하리니 汝當諦聽하고 善思念之하라 是時에 首迦 卽白佛言하되 唯然世尊이시여 願樂欲聞하노이다 佛告首迦하사대 一切衆生이 繫屬於業하고 依止於業하며 隨自業轉하야 以是因緣으로 有上中下 - 差別不同하나니 略說世間諸業의 差別法門하리라

2. 佛告首迦하사대 有十種業하야 能令衆生이 得短命報하나니 一者는 自行殺生이요 二者는 勸他令殺이요 三者는 讚歎殺法이요 四者는 見殺隨喜요 五者는 於所怨憎之人에게 欲令喪滅이요 六者는 見怨滅已하고 心生歡喜요 七者는 壞他胎藏이요 八者는 敎人毀壞요 九者는 建立天寺하야 屠殺衆生이요 十者는 戰鬪自作하고 敎人互相殘害라 以是十業으로 得短命報니라

3. 復有十業하야 能令衆生이 得長命報하나니 一者는 自不殺生이요 二者는 勸他不殺이요 三者는 讚歎不殺이요 四者는 見他不殺하고 心生歡喜요 五者는 見彼殺者하고 方便救免이요 六者는 見死怖者하고 安慰其心이요 七者는 見恐怖者하고 施與無畏요 八者는 見諸患苦之人하고 起慈愍心이요 九者는 見諸急難之人하고 起大悲心이요 十者는 以諸飮食으로 惠施衆生이라 以是十業으로 得長命報니라

4. 復有十業하야 能令衆生이 得多病報하나니 一者는 好喜打拍一

업보차별경 한문 부록 1∼8

切衆生이요 二者는 勸他令打요 三者는 讚歎打法이요 四者는 見打歡喜요 五者는 惱亂父母하야 令心憂惱요 六者는 惱亂賢聖이요 七者는 見怨病苦하고 心大歡喜요 八者는 見怨病愈하고 心生不樂이요 九者는 於怨病所에 與非治藥이요 十者는 宿食不消에 而復更食이라 以是十業으로 得多病報니라

5. 復有十業하야 能令衆生이 得少病報하나니 一者는 不喜打拍一切衆生이요 二者는 勸他不打요 三者는 讚不打法이요 四者는 見不打者하고 心生歡喜요 五者는 供養父母 及 諸病人이요 六者는 見賢聖病하고 瞻視供養이요 七者는 見怨病愈하고 心生歡喜요 八者는 見病苦者하고 施與良藥하며 亦勸他施요 九者는 於病苦衆生에게 起慈愍心이요 十者는 於諸飮食을 能自節量이라 以是十業으로 得少病報니라

6. 復有十業하야 能令衆生이 得醜陋報하나니 一者는 好行忿怒요 二者는 好懷嫌恨이요 三者는 誑惑於他요 四者는 惱亂衆生이요 五者는 於父母所에 無愛敬心이요 六者는 於賢聖所에 不生恭敬이요 七者는 侵奪賢聖의 資生田業이요 八者는 於佛塔廟에 斷滅燈明이요 九者는 見醜陋者하고 毁訾輕賤이요 十者는 習諸惡行이라 以是十業으로 得醜陋報니라

7. 復有十業하야 能令衆生이 得端正報하나니 一者는 不瞋이요 二者는 施衣요 三者는 愛敬父母尊長이요 四者는 尊重賢聖道德이요 五者는 恒常塗飾佛塔이요 六者는 淸淨泥塗堂宇요 七者는 平治僧地伽藍이요 八者는 掃灑佛塔이요 九者는 見醜陋者하고 不生輕賤하며 起恭敬心이요 十者는 見端正者하고 曉悟宿因하야 知福德感이라 以是十業으로 得端正報니라

8. 復有十業하야 能令衆生이 得小威勢報하나니 一者는 於諸衆生에게 起嫉妬心이요 二者는 見他得利하고 心生惱熱이요 三者는 見他失利하고 其心歡喜요 四者는 見他得好名譽하고 起嫉惡心이요 五者는 見

— 489 —

불조요경

他失名譽하고 心大忻悅이요 六者는 退菩提心하야 毁佛形像이요 七者
는 於己父母及賢聖所에 無心奉侍요 八者는 勸人修習少威德業이요
九者는 障他修行大威德業이요 十者는 見少威德者하고 心生輕賤이라
以是十業으로 得少威勢報니라

9. 復有十業하야 能令衆生이 得大威勢報하나니 一者는 於諸衆生
에게 心無嫉妬요 二者는 見他得利하고 心生歡喜요 三者는 見他失利하
고 起憐愍心이요 四者는 見他得好名譽하고 心生忻悅이요 五者는 見他
失名譽하고 助懷憂惱요 六者는 發菩提心하야 造佛形像이요 七者는 於
己父母及賢聖所에 恭敬奉迎이요 八者는 勸人棄捨少威德業이요 九者
는 勸人修行大威德業이요 十者는 見無威德하고 不生輕賤이라 以是十
業으로 得大威勢報니라

10. 復有十業하야 能令衆生이 得下族姓報하나니 一者는 不知敬
父요 二者는 不知敬母요 三者는 不知敬沙門이요 四者는 不知敬婆羅門
이요 五者는 於諸師友尊長에게 而不敬仰이요 六者는 於諸師長에게 不
奉迎供養이요 七者는 見諸尊長하고 不迎逆請坐요 八者는 於父母所에
不遵敎誨요 九者는 於賢聖所에 亦不受敎요 十者는 輕蔑下族이라 以
是十業으로 得下族姓報니라

11. 復有十業하야 能令衆生이 得上族姓報하나니 一者는 善知敬
父요 二者는 善知敬母요 三者는 善知敬沙門이요 四者는 善知敬婆羅門
이요 五者는 敬護尊長이요 六者는 奉迎師長이요 七者는 見諸尊長하고
迎逆請坐요 八者는 於父母所에 敬受敎誨요 九者는 於賢聖所에 尊敬
受敎요 十者는 不輕下族이라 以是十業으로 得上族姓報니라

12. 復有十業하야 能令衆生이 得少資生報하나니 一者는 自行偸
盜요 二者는 勸他偸盜요 三者는 讚歎偸盜요 四者는 見盜歡喜요 五者
는 於父母所에 減撤生業이요 六者는 於賢聖所에 侵奪資財요 七者는
見他得利하고 心不歡喜요 八者는 障他得利하야 爲作留難이요 九者

는 見他行施하고 無隨喜心이요 十者는 見世饑饉하고 心不憐愍하며 而生歡喜라 以是十業으로 得少資生報니라

13. 復有十業하야 能令衆生이 得多資生報하나니 一者는 自離偸盜요 二者는 勸他不盜요 三者는 讚歎不盜요 四者는 見他不盜하고 心生歡喜요 五者는 於父母所에 供奉生業이요 六者는 於諸賢聖尊長에게 給施所須요 七者는 見他得利하고 心生歡喜요 八者는 見求利者하고 方便佐助요 九者는 見樂施者하고 心生忻悅이요 十者는 見世飢饉時하고 心生憐愍이라 以是十業으로 得多資生報니라

14. 復有十業하야 能令衆生이 得邪智報하나니 一者는 不能諮問智慧沙門과 婆羅門이요 二者는 顯說惡法이요 三者는 不能受持修習正法이요 四者는 讚非定法하야 以爲定法이요 五者는 悋法不說이요 六者는 親近邪智요 七者는 遠離正智요 八者는 讚歎邪見이요 九者는 棄捨正見이요 十者는 見癡惡人하고 輕賤毁訾라 以是十業으로 得邪智報니라

15. 復有十業하야 能令衆生이 得正智報하나니 一者는 善能諮問智慧沙門과 婆羅門이요 二者는 顯說善法이요 三者는 聞持正法이요 四者는 見說定法하고 歎言善哉요 五者는 樂說正法이요 六者는 親近正智人이요 七者는 攝護正法이요 八者는 勤修多聞이요 九者는 遠離邪見惡人이요 十者는 見癡惡人하고 不生輕賤이라 以是十業으로 得正智報니라

16. 復有十業하야 能令衆生이 得地獄報하나니 一者는 身行重惡業이요 二者는 口行重惡業이요 三者는 意行重惡業이요 四者는 起於斷見이요 五者는 起於常見이요 六者는 起無因見이요 七者는 起無作見이요 八者는 起於無見見이요 九者는 起於邊見이요 十者는 不知恩報라 以是十業으로 得地獄報니라

17. 復有十業하야 能令衆生이 得畜生報하나니 一者는 身行中惡業이요 二者는 口行中惡業이요 三者는 意行中惡業이요 四者는 從貪

불조요경

煩惱하야 起諸惡業이요 五者는 從瞋煩惱하야 起諸惡業이요 六者는 從癡煩惱하야 起諸惡業이요 七者는 毀罵衆生이요 八者는 惱害衆生이요 九者는 施不淨物이요 十者는 行於邪婬이라 以是十業으로 得畜生報니라

18. 復有十業하야 能令衆生이 得餓鬼報하나니 一者는 身行輕惡業이요 二者는 口行輕惡業이요 三者는 意行輕惡業이요 四者는 起於多貪이요 五者는 起於惡貪이요 六者는 嫉妬요 七者는 邪見이요 八者는 愛着資生하야 卽便命終이요 九者는 因病因飢而亡이요 十者는 惱逼枯渴而死라 以是十業으로 得餓鬼報니라

19. 復有十業하야 能令衆生이 得阿修羅報하나니 一者는 身行微惡業이요 二者는 口行微惡業이요 三者는 意行微惡業이요 四者는 憍慢이요 五者는 我慢이요 六者는 增上慢이요 七者는 大慢이요 八者는 邪慢이요 九者는 慢慢이요 十者는 廻諸善根하야 向修羅趣라 以是十業으로 得阿修羅報니라

20. 復有十業하야 能令衆生이 得人趣報하나니 一者는 不殺이요 二者는 不盜요 三者는 不邪婬이요 四者는 不妄語요 五者는 不綺語요 六者는 不兩舌이요 七者는 不惡口요 八者는 不貪이요 九者는 不瞋이요 十者는 不邪見이나 於十善業에 缺漏不全이라 以是十業으로 得人趣報니라

21. 復有十業하야 能令衆生이 得欲天報하나니 所謂具足修行增上十善이요

復有十業하야 能令衆生이 得色天報하나니 所謂修行有漏十善이 與定相應이요

復有四業하야 能令衆生이 得無色天報하나니 一者는 過一切色相滅有對想等하야 入於空處定이요 二者는 過一切空處定하야 入識處定이요 三者는 過一切識處定하야 入無所有處定이요 四者는 過無所有處定하야 入非想非非想處定이라 以是四業으로 得無色天報니라

22. 復有業하야能令衆生이得決定報함은若人이於佛法僧及持戒人에게所以增上心施하며以此善業으로發願廻向하야卽得往生이라是名決定報業이요

復有業하야能令衆生이得不定報함은若業非是增上心作도更不修習하며又不發願廻向受生이라是名不定報業이니라

23. 復有業하야能令衆生이得邊地報함은若業於佛法僧과淨持戒人과及大衆所에不生增上心施하야以此善根으로 願生邊地하며以是願故로卽生邊地하야受淨不淨報요

復有業하야能令衆生이得中國報함은若作業時에於佛法僧과淸淨持戒梵行人邊과及大衆所에起於增上殷重布施하야以是善根으로決定發願求生中國하야還得値佛하야及聞正法하야 受於上妙淸淨果報니라

24. 復有業하야能令衆生이盡地獄壽함은若有衆生이造地獄業已하고無慚無愧하야而不厭離하며心無怖畏하고反生歡喜하며又不懺悔하고而復更造重增惡業이라以是業故로盡地獄壽요

復有業하야能令衆生이墮於地獄이라가至半而夭하고不盡其壽함은若有衆生이造地獄業하고積集成已에後生怖畏하야慚愧厭離하며懺悔棄捨호대非增上心이라以是業故로墮於地獄이라가後追悔故로地獄半夭하고不盡其壽요

復有業하야能令衆生이墮於地獄이라가暫入卽出함은若有衆生이造地獄業하고作已怖畏하야起增上信하며生慚愧心하야厭惡棄捨하며慇重懺悔하야更不重造라暫入地獄이라가卽得解脫이니라하시고於是에世尊이卽說偈言하사대若人造重罪라도作已深自責하고懺悔更不造하면能拔根本業이니라

25. 復有業이作而不集함은若有衆生이身口意等으로造諸惡業하고造已怖畏하야慚愧遠離하며深自悔責하야更不重造니是名作而

불조요경

不集이요

復有業이 集而不作함은 若有衆生이 自不作業호대 以惡心故로 勸人行惡이니 是名集而不作이요

復有業이 亦作亦集함은 若有衆生이 造諸業已하고 心無改悔하야 而復數造하며 亦勸他人이니 是名亦作亦集이요

復有業이 不作不集함은 若有衆生이 自不造業하고 亦不敎他無記業等이니 是名不作不集이니라

26. 復有業하야 初樂後苦함은 若有衆生이 爲人所勸하야 歡喜行施로대 施心不堅하야 後還追悔라 以是因緣으로 生在人間하야 先雖富樂이나 後還貧苦니 是名先樂後苦요

復有業하야 初苦後樂함은 若有衆生이 爲人勸導하야 挽仰少施로대 施已歡喜하야 心無悔悔라 以是因緣으로 生在人間하야 初時貧苦나 後還富樂이니 是名初苦後樂이요

復有業하야 初苦後苦함은 若有衆生이 離善知識하야 無人勸導하야 乃至不能少行惠施라 以是因緣으로 生在人間하야 初時貧苦하고 後亦貧苦요

復有業하야 初樂後樂함은 若有衆生이 近善知識하야 勸令行施하면 便生歡喜하야 堅修施業이라 以是因緣으로 生在人間하야 初時富樂하고 後亦富樂이니라

27. 復有業하야 貧而樂施함은 若有衆生이 先曾行施나 不遇福田이니 流轉生死하야 在於人道로대 以不遇福田故로 果報微劣하야 隨得隨盡이나 以習施故로 雖處貧窮호대 而樂行施요

復有業하야 富而慳貪함은 若有衆生이 未曾布施라가 遇善知識하야 暫行一施하고 値良福田이니 以田勝故로 資生具足호대 先不習故로 雖富而慳이요

復有業하야 富而能施함은 若有衆生이 値善知識하야 多修施業하고

— 494 —

遇良福田이니 以是因緣으로 巨富饒財로서 而能行施요

復有業하야 貧而慳貪함은 若有衆生이 離善知識하야 無人勸導라 不能行施니 以是因緣으로 生在貧窮하며 而復慳貪이니라

28. 復有業하야 能令衆生이 得身樂而心不樂함은 如有福凡夫요

復有業하야 能令衆生이 得心樂而身不樂함은 如無福羅漢이요

復有業하야 能令衆生이 得身心俱樂함은 如有福羅漢이요

復有業하야 能令衆生이 得身心俱不樂함은 如無福凡夫니라

29. 復有業하야 能令衆生이 命盡而業不盡함은 若有衆生이 從地獄死하야 還生地獄이라 畜生餓鬼와 乃至人天과 阿修羅等도 亦復如是니 是名命盡而業不盡이요

復有業하야 能令衆生이 業盡而命不盡함은 若有衆生이 樂盡受苦하고 苦盡受樂等이니 是名業盡而命不盡이요

復有業하야 能令衆生이 業命俱盡함은 若有衆生이 從地獄滅하야 生於畜生 及以餓鬼와 乃至人天과 阿修羅等이니 是名業命俱盡이요

復有業하야 能令衆生이 業命俱不盡함은 若有衆生이 盡諸煩惱라 所謂須陀洹과 斯陀含과 阿那含과 阿羅漢等이니 是名業命俱不盡이니라

30. 復有業하야 能令衆生이 雖生惡道나 形容殊妙하고 眼目端嚴하며 膚體光澤하야 人所樂見함은 若有衆生이 因欲煩惱하야 起破戒業이니 以是因緣으로 雖生惡道나 形容殊妙하고 眼目端嚴하며 膚體光澤하야 人所樂見이요

復有業하야 能令衆生이 生於惡道하야 形容醜陋하고 膚體麁澁하야 人不喜見함은 若有衆生이 從瞋煩惱하야 起破戒業이니 以是因緣으로 生於惡道하야 形容醜陋하고 膚體麁澁하야 人不喜見이요

復有業하야 能令衆生이 生於惡道하야 身口臭穢하고 諸根殘缺함은 若有衆生이 從癡煩惱하야 起破戒業이니 以是因緣으로 生於惡道하야 身口臭穢하고 諸根殘缺이니라

불조요경

31. 復有十業하야能令衆生이得外惡報하나니若有衆生이於十不善業에多修習故로感諸外物이悉不具足이라一者는以殺生業故로令諸外報 - 大地鹹鹵하고藥草無力이요二者는以盜業故로感外霜雹과蟲蝗蟲等으로令世飢饉이요三者는邪淫業故로感惡風雨와及諸塵埃요四者는妄語業故로感生外物이皆悉臭穢요五者는兩舌業故로感外大地 - 高下不平하야峻崖嶮谷에株杌槎棻요六者는惡口業故로感生外報 - 瓦石沙礫과麁澁惡物로不可觸近이요七者는綺語業故로感生外報 - 令草木稠林하며枝條棘刺요八者는以貪業故로感生外報 - 令諸苗稼로子實微細요九者는以瞋業故로感生外報 - 令諸樹木으로果實苦澁이요十者는以邪見業故로感生外報 - 苗稼不實하야收穫尠少니以是十業으로得外惡報요

復有十業하야得外勝報하나니若有衆生이修十善業함이與上相違일새當知하라卽獲十外勝報니라

32. 爾時에世尊이說此法已하시니首迦長者 - 於如來所에得淨信心하야爾時首迦 - 頭面禮佛하고作如是言호대我今請佛하오니往舍婆提城하사到我父所切提長者家하사 願令我父及一切衆生이長夜安樂케하소서爾時에世尊이爲利益故로默然受請하시니爾時首迦 - 聞佛所說하고心大歡喜하야頂禮而退하니라

- 496 -

수 심 결 (修心訣)

1. 삼계의 뜨거운 번뇌가 마치 화택과 같거늘 거기에 참아 오래 머물러 긴 고통을 달게 받으랴. 윤회함을 면하고자 할진대 부처를 구함만 같지 못하고 만일 부처를 구하고자 할진대 부처는 곧 마음이니 마음을 어찌 멀리 찾으리오 각자의 몸 가운데를 여의지 아니하였도다. 색신은 이 거짓이라 생함도 있고 멸함도 있거니와 참 마음은 허공과 같아서 없어지지도 아니하고 변하지도 아니하나니라. 그런고로 "일백 뼈는 무너지고 흩어져서 불로 돌아가고 바람으로 돌아가되 한 물건은 길이 영령하여 하늘도 덮고 땅도 덮었다" 하였나니라.

2. 슬프다 이 세상 사람들이여 미하여 온 지가 오랜지라 자기의 마음이 이 참 부처인 줄을 알지 못하고 자기의 성품이 이 참 법인 줄을 알지 못하여 법을 구하고자 하되 멀리 모든 성현에게서 찾으며 부처를 구하고자 하되 자기의 마음을 관(觀)하지 아니하나니, 만일 마음 밖에 부처가 있고 성품 밖에 법이 있다고 하여 굳게 이 뜻에 집착하여 불도를 구하고자 하는 이 일진대 비록 티끌같은 겁(劫)을 지내도록 몸을 태우고 팔을 불사르며 뼈를 깨어 골수를 내며 피를 뽑아

경을 쓰며 길이 앉아 눕지 아니하며 일종을 행하며 내지 일대장교(一大藏敎)를 다 읽어서 가지가지의 고행을 닦는다 할지라도 마치 모래를 쪄서 밥을 지으려는 것과 같아서 다만 스스로 괴로울 뿐이니 다만 자기의 마음만 알면 항하의 모래 수와 같은 수 없는 법문과 한량없는 묘한 의지를 구하지 아니하여도 얻으리니 그런 고로 세존이 이르시되 "널리 일체 중생을 보니 모두 여래의 지혜와 덕상을 갖추어 있다" 하시고 또 이르시되 "일체 중생의 가지가지 환화가 다 여래의 원각묘심에서 생한다" 하시니, 이 알라 이 마음을 떠나서 부처를 가히 이루지 못할지로다.

3. 과거의 모든 부처님도 다만 이 마음을 밝힌 사람이며 현재의 모든 현성들도 또한 이 마음을 닦은 사람이며 미래에 공부하는 사람들도 마땅히 이 법에 의지하여 수행할 것이니 원컨대 모든 수도하는 이는 간절히 마음 밖을 향하여 구하지 말지어다. 심성이 물듦이 없어서 본래에 스스로 두렷이 이루었나니, 다만 망연만 여의면 곧 여여한 부처니라.」

4. 문되 「만일 불성이 현재 이 몸에 있다고 할진대 이미 몸 가운데 있는지라 범부를 여의지 아니하였거늘 무엇 때문에 나는 지금 불성을 보지 못하나이까. 다시 분명히 해석하여 하여금 다 깨치게 하소서.」 대답하되 「네 몸 가운데 있건마는 네가 스스로 보지 못하는도다. 네가 하루 열 두시 가운데 배고픈 줄도 알

고 목마른 줄도 알며 추운 줄도 알고 더운 줄도 알며 혹 진심(瞋心)도 내고 혹 기뻐하기도 하는 것이 필경에 이 어떠한 물건인고. 또 이 색신이라 하는 것은 흙과 물과 불과 바람 이 네 가지 인연의 모인 바라 그 바탕이 완특하여 정식(情識)이 없는 것이니 어찌 능히 보고 듣고 깨닫고 알리오. 능히 보고 듣고 깨닫고 아는 것은 반드시 너의 불성이라 그런 고로 임제대사께서 이르시되 "사대가 능히 법을 설하고 법을 듣지 못하고 허공이 능히 법을 설하고 법을 듣지 못하되 다만 너의 눈 앞에 역력히 홀로 밝아서 형상할 수 없는 것이라야 비로소 법을 설할 줄도 알고 법을 들을 줄도 안다" 하시니, 이른바 형상할 수 없는 것은 이 모든 부처님의 법인이며 또한 이 너의 본래심이니라.

5. 곧 불성이 현재 네 몸에 있거늘 어찌 밖에서 구하리오. 네가 만일 믿지 아니할진대 옛 성현들의 입도한 인연을 대략 들어서 너로 하여금 의심을 제거하게 하리니 너는 마땅히 진실히 믿을지어다. 옛적에 이견 왕이 바라제 존자에게 물어 가로되 "어떠한 것이 이 부처이오니까." 존자 가로되 "견성을 하면 이 부처이옵나이다." 왕이 가로되 "대사는 견성하셨나이까" 존자 가로되 "나는 불성을 보았나이다." 왕이 가로되 "성품이 어느 곳에 있나이까." 존자 가로되 "작용하는 데 있나이다." 왕이 가로되 "이 무엇이 작용이기에 나는 지금에 보지 못하나이까." 존자 가로되 "지금도 작

용을 하건마는 왕이 스스로 보지 못하나이다." 왕이 가로되 "그러면 나에게도 있나이까." 존자 가로되 "왕이 만일 작용을 하시면 불성 아님이 없거니와 왕이 만일 작용하지 않으시면 체(體)도 또한 보기가 어렵나이다." 왕이 가로되 "작용할 때에 당해서는 몇 군데로 출현하나이까." 존자 가로되 "만일 출현할 때에는 마땅히 여덟 군데가 있나이다." 왕이 가로되 "그 여덟 군데로 나타나는 것을 마땅히 나를 위하여 설하소서." 존자 가로되 "태중에 있을 때에는 몸이요 세상에 처할 때에는 사람이요 눈에 있어서는 보는 것이요 귀에 있어서는 듣는 것이요 코에 있어서는 냄새 맡는 것이요 혀에 있어서는 말하는 것이요 손에 있어서는 잡는 것이요 발에 있어서는 걸어 다니는 것으로서 펴 놓으면 항하의 모래 수효와 같은 세계에 가득 차고 거둬 들이면 한 미진 속에 들어가나니 아는 이는 이것을 불성이라 하고 모르는 이는 정혼(精魂)이라 하나이다." 왕이 이 말씀을 듣고 마음이 곧 열리었나니라. 또 어떠한 중이 귀종 화상에게 묻되 "무엇이 부처이오니까." 귀종이 이르시되 "내가 지금 네게 일러 주고자 하나 네가 믿지 아니할까 염려하노라." 중이 이르되 "화상의 진실하신 말씀을 어찌 감히 믿지 아니하오리까." 대사 이르시되 "곧 네가 부처니라." 중이 이르되 "어떻게 보림 공부를 하오리까." 대사 이르시되 "한 티끌이 눈에 있으매 허공 꽃이 요란하게 떨어지나니라" 하시니, 그 중이 언하에 크게 깨달으니라.

6. 이상에 들어 말한 바 옛 성인들의 도에 들어온 인연이 명백하고 간이하여 힘을 더는 데에 방해롭지 아니하니 이러한 공안을 인하여 만일 믿어 아는 곳이 있고 보면 곧 옛 성인으로 더불어 손을 잡고 한가지 행하리라.」

7. 문되 「그대가 말씀하는 견성이 만일 참으로 견성일진대 곧 이 성인인지라 마땅히 신통 변화를 나투어 사람으로 더불어 다름이 있을 것이어늘 어찌한 연고로 지금 시대의 마음 닦는 무리들은 한 사람도 신통 변화를 나타냄이 없나이까.」

8. 대답하되 「너는 함부로 망녕된 말을 하지 말라. 사(邪)와 정(正)을 분간하지 못하는 것이 이 미하고 전도한 사람이니 금시에 수도하는 사람들이 입으로는 진리를 말하되 마음으로는 퇴굴심을 내어 도리어 대중 없는 공부에 떨어진 이가 다 너의 의심하는 바이니, 도를 배우되 선후를 알지 못하며 이치를 설하되 본말을 가리지 못하는 이는 이 사견이라 이름할 것이요 수도라 이름하지 못할지니 오직 저만 그릇될 뿐 아니라 또한 다른 사람까지 그르쳐 주나니 어찌 가히 삼가지 아니할 바이랴.

9. 대범 도에 들어오는 문이 많으나 강령으로써 말할진대 돈오와 점수의 두 문에 벗어나지 않나니, 비록 가로되 돈오 돈수는 이 최상 근기를 가진 분들의

들어가는 바라 하나 만일 과거를 미루어 볼진대 이도 이미 여러 생에 깨달음을 의지하여 닦고 닦아서 점점 훈습 해오다가 금생에 이르러 법을 들으면 곧 발오(發悟)하여 한 때에 문득 깨달아 닦아 마치나니 사실로써 말할진대 이도 또한 먼저 깨달아 뒤에 닦은 근기니 이 돈오와 점수의 두 문은 일천 성현의 밟아온 궤도라 그러므로 모든 옛 성현들도 먼저 깨닫고 뒤에 닦으며 닦음을 인하여 증득하지 아니함이 없나니 이른바 신통 변화라 하는 것은 깨달음을 의지하여 닦아서 점점 훈습한 결과에 나타나는 것이요 견성하는 그 즉시에 발현하는 것이 아니니라.

10. 저 경에 이르시되 "이치는 곧 문득 깨달을지라 깨달음을 따라 모든 의심이 일시에 사라지려니와 다생에 익힌 습관은 단번에 없애지 못할지라 차례로써 닦음을 인하여 다한다" 하셨나니, 그런 고로 규봉 선사께서 깊이 먼저 깨닫고 뒤에 닦는 의지를 밝혀 가로되 "얼음 못이 온전히 이 물인 줄은 알았으나 양기를 빌려서 녹이고 범부가 곧 부처인 줄은 알았으나 법력을 의지하여 닦을지니, 얼음이 녹은즉 물 흐름이 윤활하여 곧 물 대고 씻는 공효를 나타낼 것이요 망념이 다한즉 심령이 통하여 마땅히 걸림 없는 광명을 얻어 임의로 활용하게 된다" 하시니, 밖으로 나타나는 신통 변화는 하룻날에 능히 이룰 바가 아니요 점점 훈습한 결과에 스스로 나타나는 것임을 이에 알겠도다.

하물며 신통 변화라 하는 것은 통달한 사람의 분상(分上)에는 오히려 요망하고 괴이한 일이며 또한 성현의 말변사라 비록 혹 나타났다 할지라도 아무 소용이 없거늘 금시에 미하고 어리석은 무리들은 망녕되이 한 생각을 깨달을 때에 곧 따라서 한량없는 묘용과 신통변화를 얻는다 하니 만일 이러한 견해를 가질진대 이른바 선후를 알지 못하며 또한 본말을 분간하지 못함이니 이미 선후 본말을 분간하지 못하고 불도를 구하고자 할진대 마치 모난 나무를 가지고 둥근 구멍에 맞추려 함이니 어찌 크게 어긋남이 아니리오.

11. 이미 공부하는 길을 알지 못하는 고로 어렵고 아득한 생각을 지어서 스스로 퇴굴심을 내어 부처의 종성(種性)을 끊는 이가 많지 않다 할 수 없는지라 이미 스스로 밝지 못할새 또한 다른 사람의 깨친 것을 믿지 아니하여 신통이 없는 이를 보면 이에 경만심을 내어 어진 이를 속이고 성현을 속이나니 진실로 가히 불쌍한 일이로다.」

12. 묻되「그대가 돈오와 점수의 두 문은 일천 성인의 궤도라 하니 깨치기를 이미 문득 깨쳤을진대 점수할 필요가 무엇이며 닦기를 만일 점점 닦았을진대 어찌 돈오라고 말하리오. 돈오와 점수의 두 가지 뜻을 다시 펴 말씀하시와 나로 하여금 남은 의심을 제거하게 하소서.」 대답하되「돈오라 하는 것은 범부가 미했을 때에 사대로 몸을 삼고 망상으로 마음을 삼아서

자성이 참 법신인 줄을 알지 못하며 자기 영지(靈知)가 이 참 부처인 줄을 알지 못하고 마음 밖에 부처를 구하여 물결과 물결을 따라서 허망히 돌아다니다가 홀연히 선지식의 지시를 힘입어서 정로에 찾아 들어 한 생각으로 빛을 도리켜 자기의 본성을 보니 이 성품 자리에는 원래에 번뇌가 없고 샘이 없는 지혜가 본래 스스로 구족하여 곧 모든 부처님으로 더불어 털끝 만치도 다름이 없는 것을 알았을새 그런 고로 돈오라 하는 것이요,

13. 점수라 하는 것은 비록 본성이 부처님으로 더불어 다름이 없음을 알았으나 다생 겁래로 익혀온 습기를 졸연히 다 제하기가 어려운 고로 깨달음에 의지하여 닦아서 점점 훈습하여 공을 이루어 성태(聖胎)를 장양하여 오래 오래 한 뒤에라야 성인을 이룰새 그런 고로 점수라 하나니, 비컨대 어린 아이가 처음 나는 날에 육근을 갖춤이 다른 사람과 조금도 다름이 없으나 그러나 그 힘이 충실하지 못하여 오랜 세월을 지낸 뒤에라야 비로소 성인(成人)이 되는 것과 같나니라.」

14. 문되 「어떠한 방편을 지어야 한 생각으로 기틀을 돌이켜 문득 자성을 깨치게 되오리까.」 대답하되 「다만 네 마음이어늘 다시 무슨 방편을 지으리오. 만일 방편을 지어서 다시 앎을 구할진대 비컨대 한 사람이 있어 자기의 눈을 보지 못하고 써 이르되 눈이 없다고 하여 다시 구해 보고자 하는 것과 같도다. 이미

자기의 눈이어니 어떻게 다시 볼 수가 있으리오. 만일 잃지 않은 줄만 알면 그것이 곧 눈을 본 사람이라 다시 구해 볼 마음이 없거니 어찌 보지 아니하였다는 생각이 있으리오. 자기의 영지(靈知)도 또한 이와 같아서 이미 자기의 마음이거니 어찌 다시 앎을 구하리오. 만일 앎을 구할진대 문득 얻지 못할 줄을 알 것이니 다만 알지 못할 줄을 알면 이것이 곧 견성한 것이니라.」

15. 묻되 「상상 근기를 가진 사람은 들으면 곧 쉽게 알려니와 중하 근기를 가진 사람은 의혹심이 없지 아니할지니 다시 방편을 말씀하사 미한 이로 하여금 깨쳐 들어가게 하옵소서.」 대답하되 「도는 알고 알지 못하는 데에 속하지 아니한 것이니 너는 미함을 가져 깨달음을 기다리는 마음을 제해 버리고 나의 말을 들으라. 모든 법이 꿈과 같으며 또한 환화와 같은 고로 망녕된 생각이 본래에 적적하고 티끌 경계가 본래에 공해서 모든 법이 다 공한 곳에 영령하게 아는 것이 매하지 아니하나니 이 공적한 가운데 영지하는 마음이 곧 네 본래 면목이며 또한 이 삼세 제불과 역대 조사와 천하 선지식의 밀밀히 서로 전하시는 법인이니라. 만일 이 마음을 깨달으면 참으로 이른 바 계단을 밟지 아니하고 지름길로 부처의 지위에 올라서 걸음 걸음이 삼계를 초월하며 집에 돌아와서 문득 모든 의심을 끊을지라 문득 인천의 스승이 되어 자비와 지혜가 서로

불조요경

도와서 자리이타를 아울러 행하여 인천의 공양을 능히 받되 날로 만량 황금을 소비시키리니 네가 만일 이러 할진대 참으로 대장부라 일생에 할 일을 이미 마치었다 할지니라.」

16. 묻되 「나의 분상에 있어서는 어떠한 것이 공적 영지의 마음이오니까.」 대답하되 「네가 지금 나에게 묻는 것이 이 너의 공적 영지의 마음이니, 어찌 반조해 보지 못하고 오히려 밖으로 찾는가. 내가 지금 너의 분상에 의지하여 바로 본심을 가리켜서 너로 하여금 문득 깨치게 하리니 너는 마땅히 마음을 청정히 하여 나의 말을 들으라. 아침으로부터 저녁에 이르도록 열 두 때 가운데 혹 보며 혹 들으며 혹 웃으며 혹 말하며 혹 성내며 혹 기뻐하며 혹 옳다 혹 그르다 하다 하여 가지가지로 베풀어 행하고 운전하나니, 말하여 보라 필경에 이 누가 능히 이렇듯 운전하고 베풀어 행하게 되는고.

17. 만일 색신이 운전한다 할진대 어찌하여 사람이 한 생각을 끊어 명(命)을 마치면 시체가 아직 썩고 무너지지 아니하였으되 곧 눈이 스스로 보지 못하며 귀가 능히 듣지 못하며 코가 냄새를 맡지 못하며 혀가 말하지 못하며 몸이 움직이지 못하며 손이 잡지 못하며 발이 걷지 못하느냐. 능히 보고 듣고 동작하는 것이 반드시 네 본심이요 네 색신이 아님을 이에 알겠도다. 하물며 이 색신은 사대의 성품이 공하여 저 거

— 506 —

울 속에 형상과 같으며 물 가운데 있는 달과 같나니, 어찌 능히 요요하게 항상 알며 밝고 밝아 어둡지 아니하여 드디어 항하의 모래 수와 같은 묘용을 느껴 통하리오. 그런 고로 이르시되 "신통과 아울러 묘용이 물 긷고 나무 운반하는 것이라" 하였나니라.

18. 또한 성리에 들어가는 길이 많으나 너에게 한 문을 가리켜서 너로 하여금 본원처에 돌아가게 하리니, 네가 또한 가마귀 울고 까치 지저귀는 소리를 듣느냐.」 가로되 「듣나이다」 가로되 「네가 또한 너의 듣는 성품 가운데에도 허다한 소리가 있음을 듣느냐.」 가로되 「이 속에 이르러서는 일체의 소리와 일체의 분별을 함께 가히 얻지 못하리이다.」 가로되 「기특하고 기특하다. 이것이 이 관음보살의 성리에 들어가신 문이로다. 내 지금 너에게 묻노니, 네가 이르되 "이 속에 이르러서는 일체의 소리와 일체의 분별을 다 가히 얻지 못한다" 하니, 이미 가히 얻지 못할진대 이러한 때를 당하여는 이 허공이 아니냐.」 가로되 「원래 공하지 아니하여 밝고 밝아 어둡지 아니하나이다.」 가로되 「어떤 것이 이 공하지 아니한 체성인고.」 가로되 「또한 형상과 얼굴이 없는지라 말로써 가히 미치지 못하리이다.」 가로되 「이 것이 이 모든 부처님과 모든 조사의 수명이니 다시 의심하지 말지어다.

19. 이미 형상과 모양이 없을진대 또한 크고 작음이 있겠느냐. 이미 크고 작음이 없을진대 또한 가와 즈음

이 있겠느냐. 가와 즈음이 없는 고로 안과 밖이 없고, 안과 밖이 없는 고로 멀고 가까운 것이 없고, 멀고 가까운 것이 없는 고로 피차가 없나니, 피차가 없은즉 오고 가는 것이 없고, 오고 가는 것이 없은즉 나고 죽는 것이 없고, 나고 죽는 것이 없은즉 예와 이제가 없고, 예와 이제가 없은즉 미하고 깨침이 없고, 미하고 깨침이 없은즉 범부와 성인이 없고, 범부와 성인이 없은즉 물들고 조촐함이 없고, 물들고 조촐함이 없은즉 옳고 그름이 없고, 옳고 그름이 없은즉 일체의 이름과 말을 다 가히 얻지 못할지니, 이미 다 없음이 이와 같아서 일체의 근(根)과 경(境)과 일체의 망념과 내지 가지가지의 형상과 모양과 가지가지의 이름과 말을 한가지 얻지 못할진대 이 어찌 본래에 공적하며 본래에 물(物) 없음이 아니리오.

20. 그러나, 모든 법이 다 공한 곳에 영지가 매하지 아니하여 무정물과 같지 아니하고 성품이 스스로 신기롭게 아나니 이것이 곧 네 공적 영지의 청정한 심체라 이 청정하고 공적한 마음이 이 삼세 모든 부처님의 가지신 밝은 마음이며 또 일체 중생의 본원 각성이니, 이것을 깨달아 지키는 이는 온전하고 한결같은 자리에 앉아 촌보도 움직이지 아니하고 해탈을 얻을 것이요 이것에 미하여 배반한 이는 육취(六趣)에 흘러 긴 겁을 윤회하나니라. 그런고로 이르되 "한 마음이 미하여 육취에 가는 이는 자성을 떠나는 것이요 동(動)하는

것이며 법계를 깨쳐 한 마음을 회복한 이는 자성에 돌아오는 것이요 정(靜)하는 것이라" 하시니, 비록 미하고 깨침이 다를지언정 그 본원인즉 하나라 그러므로 이르시되 "말한 바 법이란 것은 중생의 마음을 이름이라" 하시니라. 이 공적한 마음은 성인에게 있어 더하지 아니하고 범부에게 있어 덜하지 아니한지라 그런고로 이르시되 "성인의 지혜 가운데 있어서도 빛나지 아니하고 범부의 마음 가운데 숨어서도 매하지 아니한다" 하시니, 이미 성인에게 더하지도 아니하고 범부에게 덜하지 아니할진대 부처님과 조사가 무엇이 사람에 다름이 있으리오. 써 사람에 다르다 하는 것은 능히 스스로 마음을 잘 두호해 가지시는 것 뿐이니라.

21. 네가 만일 신심을 얻으면 모든 의심이 문득 쉬리니 장부의 뜻을 내며 진정한 견해를 발하여 친히 그 맛을 보아 스스로 긍정하는 땅에 이른즉 이것이 마음 닦는 사람의 깨친 곳이라 다시 계급과 차제가 없을새 그런고로 돈오라 한 것이니, 저 이르되 "믿는 인(因)의 가운데 모든 부처님의 과덕(果德)에 계합하여 털끝만치도 다르지 아니하여야 바야흐로 참 신심을 이룬다" 하니라.」

22. 묻되 「이미 이 이치를 깨쳤을진대 다시 계급이 없거늘 어찌 뒤에 닦아서 점점 훈습하며 점점 이룬다 하리이까.」 대답하되 「깨친 뒤에 점점 닦는 뜻을 앞에 이미 갖추어 말하였거늘 아직도 의심을 놓지 못하니

한 번 더 말하여 주는 것도 무방할지라 너는 마땅히 마음을 청정히 하여 자세히 듣고 자세히 들으라. 범부가 비롯이 없는 광대의 겁으로 부터 금일에 이르기까지 오도(五道)에 윤회하여 생을 받아 올 때나 죽어 갈 때나 나라 하는 것에 굳게 집착하여 망상 전도와 무명 습기로 오래 오래 습관이 되었을새 금생에 이르러서 문득 자성이 본래에 공적하여 부처님으로 더불어 다름이 없음을 알았으나 이 옛 습관을 졸연히 제거하기가 어려운 고로 역경과 순경을 만나매 성내고 기뻐하는 마음과 옳으니 그르니 하는 마음이 성하게 일어나서 객진 번뇌가 전과 더불어 다름이 없나니 만일 반야로써 공을 더하고 힘을 들이지 아니하면 어찌 능히 무명을 대치하여 크게 쉬고 크게 쉬는 땅에 이르게 되리오. 저 이르시되 "깨친 바가 비록 부처님과 같으나 다생에 습기가 깊은지라 바람은 잤건마는 물결은 오히려 출렁거리고 성리는 나타났건마는 망념은 오히려 침노한다" 하며, 또 종고 선사께서 이르시되 "왕왕히 재주 있는 무리들이 많은 힘을 들이지 아니하고 견성을 하면 문득 용이한 생각을 내어 다시 닦고 다스리지 아니하다가 날이 오래고 달이 깊으면 전과 같이 유랑하여 악도 윤회를 면하지 못한다" 하시니, 어찌 가히 한 때에 깨친 바로써 문득 뒤에 닦는 것을 저버리리오. 그런 고로 깨친 뒤에 항상 마땅히 비추고 살펴서 망념이 홀연히 일어나거든 도무지 따르지 말고 덜고 또 덜어서 덜 것이 없는 지경에 이르러야 비로소 구경처에 도달한 것이니, 천하 선지식들의 깨친 뒤에 목우행이 이것이니라.

23. 비록 뒤에 닦음이 있다 하나 이미 먼저 망념이 본래에 공하고 심성이 본래에 청정함을 깨쳤을새 악을 끊되 끊음이 끊는 바가 없고 선을 닦되 닦음이 닦는 바가 없나니 이것이 이에 참으로 닦고 참으로 끊는 것이라 그런고로 이르시되 "비록 만행을 갖추어 닦으나 오직 무념으로써 종(宗)을 삼는다" 하시고 규봉 선사께서 먼저 깨치고 뒤에 닦는 뜻을 총괄적으로 판단해 가로되 "이 성품이 원래 번뇌가 없고 샘이 없는 지혜 성품이 본래 스스로 구족함이 부처님으로 더불어 다름이 없음을 문득 깨쳐서 이에 의지하여 닦는 이는 이 최상승선이라 이름하며 또한 여래의 청정선이라 이름하나니라. 만일 능히 생각 생각을 닦아 익히면 자연히 점점 백천삼매를 얻으리니 달마 문하에 전전히 서로 전하여 온 것이 곧 이 선이라" 하나니, 곧 돈오와 점수의 두 뜻이 수레의 두 바퀴와 같아서 하나만 빠져도 옳지 못하나니라.

24. 어떤 이는 선악의 성품이 공함을 알지 못하고 굳이 앉아 움직이지 아니하여 몸과 마음을 억지로 눌러 항복 받기를 마치 돌로써 풀을 누르는 것과 같이 하면서 써 마음을 닦는다 하니 이것이 크게 미혹함이로다. 그런 고로 이르시되 "성문은 마음 마음이 미혹을

끊되 능히 끊는 마음이 이 도둑이라"하시니, 다만 살생과 도적과 간음과 망어가 성품으로 좇아 일어남을 자세히 관하면, 일어나되 곧 일어남이 없는지라 당처가 문득 고요하나니 어찌 반드시 다시 끊으리오. 그런고로 이르시되 "생각이 일어나는 것을 두려워 하지 말고 오직 깨침이 더딤을 두려워하라" 하며 또 이르시되 "생각이 일어나면 곧 깨치라. 깨치면 곧 없어진다" 하시니, 그런 고로 깨친 사람의 분상에는 비록 객진 번뇌가 있으나 한 가지로 제호를 이루나니 다만 미혹된 마음이 근본이 없는 자리를 비추어 보면 허공 꽃과 같은 삼계가 바람에 연기 같이 걷어지고 육진 번뇌가 끓는 물에 얼음 녹듯 하리라.

25. 만일 능히 이와 같이 생각 생각이 닦고 익혀서 본래 면목을 비추어 봄을 잊지 아니하여 정(定)과 혜(慧)를 평등하게 가지면 곧 사랑하고 미워하는 것이 자연히 담박해지고 자비와 지혜가 자연히 더하고 밝으며 모든 죄업이 자연히 없어지고 공부가 자연히 더 진보되어 모든 번뇌가 다하는 때에 생사가 끊어질 것이요 만일 미세한 번뇌까지라도 영원히 끊어 버리고 원각대지가 훤하게 홀로 나타나면 곧 천 백억 화신을 나투어 시방세계 어느 국토에든지 느낌에 다다르고 기틀에 응하되 마치 저 한 바퀴 둥근 달이 중천에 나타나매 그 그림자가 천강 만수에 비침과 같아서 응용함이 한량 없어서 유연중생을 제도하되 쾌락하여 근심이 없

으리니 이름을 대각 세존이라 하나니라.」

26. 묻되 「깨친 뒤 닦는 문 가운데 정과 혜를 평등하게 가진다는 뜻을 실로 밝게 알지 못하오니 다시 베풀어 말씀하시와 자세히 보이어 미한 소견을 열으사 하여금 해탈의 문에 들게 하소서.」 대답하되 「만일 법의를 베풀어 말할진대 성리에 드는 문이 많으나 정과 혜 아님이 없고 그 강요를 취하건대 다만 자성상의 체와 용 두 가지 뿐이니 앞에 말한 공적 영지가 이것이라 정은 이 체요 혜는 이 용이니 체에 나아가 용이 있는 고로 혜가 정을 여의지 아니하고 용에 나아가 체가 있는 고로 정이 혜를 여의지 아니하며 정이 곧 혜인 고로 고요한 가운데에도 항상 신령하게 아는 지혜가 있고 혜가 곧 정인 고로 신령하게 알면서도 항상 고요한지라 그러므로 육조 대사께서 이르시되 "심지가 요란하지 아니함이 자성의 정이요 심지가 어리석지 아니함이 자성의 혜라" 하시니, 만일 이와 같음을 깨쳐서 공적 영지를 임의로 운전하며 막히고 밝음이 둘이 아닌즉 이것이 곧 돈오 문에 정과 혜를 쌍으로 닦는 것이니라.

27. 만일 말하되 "먼저 적적함으로써 분별 망상을 다스리고 뒤에 성성함으로써 혼침에 떨어짐을 다스린다" 하여 선후로 대치하여 혼침과 산란을 고르게 골라서 써 정(靜)에 드는 이는 이 점수문 중에 하열한 근기의 행하는 바라 비록 성성하고 적적함을 평등하게 갖는다

불조요경

하나 고요함을 취하여 수행을 삼음을 면하지 못할지니 어찌 성품을 요달한 사람들의 본래 고요하고 본래 아는 자리를 여의지 아니하고 정과 혜를 임의로 운전하여 쌍으로 닦는 이가 되리오. 그런고로 육조대사께서 이르시되 "스스로 깨쳐 수행함은 다툼에 있지 아니하나니 만일 선후를 다투면 곧 이 미한 사람이라" 하시니라.

28. 곧 통달한 사람의 분상에 정과 혜를 평등하게 가지는 뜻은 공부하는 데 별로 딴 공력을 쓰지 아니하는지라 원래에 스스로 함이 없어서 다시 특별한 처소와 시절이 없을새 빛을 볼 때와 소리를 들을 때에도 다만 이러하며 옷 입고 밥 먹을 때에도 다만 이러하며 대소변 볼 때에도 다만 이러하며 사람을 대하여 말할 때에도 다만 이러하며 행하고 머물고 앉고 누울 때와 혹 말하고 혹 묵묵하고 혹 기뻐하고 혹 성내는 데에 이르기까지 일체 시중에 낱낱이 이와 같이 하되 마치 빈 배를 물결에 멍에하매 높은 것을 따르고 낮은 것을 따르는 것과 같으며 물이 산을 끼고 돌매 굽은 곳을 만나면 굽은대로 가고 곧은 곳을 만나면 곧은대로 가는 것과 같아서 마음 마음이 분별이 없나니 오늘에도 헌거롭게 임의로 운전하고 내일에도 헌거롭게 임의로 운전하여 모든 인연을 따라 순하되 막히고 걸림이 없으며 선을 닦되 닦는 상이 없고 악을 끊되 끊는 상이 없어서 순박하고 곧아서 거짓됨이 없고 보고 듣는 것이 심상한지

— 514 —

라 한 티끌도 상대되는 것이 없거니 어찌 방탕한 생각을 보내려고 하는 공력을 수고로이 하며 한 생각의 정욕도 내지 않는지라 망녕된 인연을 잊으려고 하는 힘을 빌릴 것이 없나니라.

29. 그러나, 업장이 두텁고 습관이 무거우며 법을 관하는 힘이 약하고 마음이 떠서 무명의 힘은 크고 반야의 힘은 작으므로 선악 경계에 동정이 서로 번갈아 번뇌를 일어냄을 면치 못하여 마음이 편하고 담담하지 못한 이는 인연을 잊고 방탕을 없애는 공부가 없지 못할지니 저 이르되 "육근이 경계를 대하되 마음이 경계에 끌리지 아니하는 것을 정이라 하고 마음과 경계가 한가지로 공하여 비추어 보는 것이 미혹됨이 없는 것을 혜라"하니 이 비록 수상문 정혜라 점수문 가운데 하열한 근기의 행하는 바이나 망연을 대치하는 문 가운데에는 가히 없지 못할지니라. 만일 산란심이 불같이 일어난즉 먼저 정으로써 자성 본리에 맞추어 흩어진 마음을 거두어 들여 마음이 망녕된 인연을 따르지 아니하여 본래 고요한 자리에 계합하게 하고 만일 혼침이 많은즉 혜로써 법을 택하고 공을 관하여, 비추어 보는 것이 미혹됨이 없어서 근본 지혜에 계합하게 할지니 정으로써 난상을 다스리고 혜로써 무기를 다스려 동정의 상이 없어지고 대치하는 공이 다한즉 경계를 대하여도 생각 생각이 근본에 돌아오고 인연을 만나도 마음 마음이 도에 계합하여 자유로이 운전하고 쌍으

로 닦아 곧 일 없는 사람이 될 것이니 만일 이와 같이 하면 참으로 정과 혜를 평등하게 가져 밝게 불성을 본 이라 할 것이니라.」

30. 문되 「그대의 판단한 바에 의지할진대 깨친 후에 닦는 문 가운데에 정과 혜를 평등하게 가지는 뜻이 두 가지가 있으니, 하나는 자성 정혜요 둘은 수상 정혜라 자성문 정혜는 가로되 "본래 고요하고 본래 아는 것을 임의로 운전하여 원래에 스스로 함이 없어서 한 티끌도 상대되는 것이 없거니 어찌 방탕한 생각을 보내려고 하는 공력을 수고로이 하며 일념의 정욕도 내지 아니하는지라 망녕된 인연을 잊으려 할 것이 없다" 하여, 판단해 말하되 "이것이 돈오문 가운데 자성을 떠나지 아니하고 정과 혜를 평등하게 가지는 것이라" 하고, 수상문 정혜는 가로되 "자성에 맞추어 흩어진 마음을 거두며 법을 택하고 공을 관하되 혼침과 산란을 고르게 골라 써 함이 없는 데에 들어 간다" 하여, 판단해 말하되 "이것이 점수문 가운데 하열한 근기의 행하는 바라" 하니 이 정 혜 두 문에 나아가 의심이 없지 아니하옵니다.

31. 만일 한 사람이 행할 바라 할진대 먼저 자성문에 의지하여 정과 혜를 쌍으로 닦은 연후에 다시 수상문 대치의 공을 쓰나이까. 그렇지 아니하면 먼저 수상문에 의지하여 혼침과 산란을 고르게 고른 연후에 자성문에 들어가나이까. 만일 먼저 자성문 정혜에 의지

한즉 공적 영지를 임의로 운전하여 다시 대치하는 공력이 없거니 어찌 모름지기 다시 수상문 정혜를 취하리오. 결백한 옥을 가져 문채를 아로새겨 덕을 상함과 같고, 만일 먼저 수상문 정혜로써 대치의 공을 이룬 연후에 자성문에 나아간즉 완연히 이 점수문 중에 하열한 근기의 깨치기 전에 점점 훈습하여 닦는 것이니 어찌 돈오문 가운데 먼저 깨치고 뒤에 닦아 공 없는 공을 쓰는 것이라 할 것이며,

32. 만일 한 때라 전후가 없은즉 두 문의 정혜에 돈과 점이 다름이 있나니 어찌 한 때에 아울러 행하리오. 곧 돈오문에는 자성문을 의지하여 공적 영지를 임의로 운전하여 공용이 없는 것이요 점수문에 하열한 근기는 수상문에 나아가 대치하는 공력을 수고롭게 하는 것이니 두 문의 근기가 돈점이 다르고 우열이 명백하거늘 어찌 먼저 깨치고 뒤에 닦는 문 가운데에 두 가지를 같이 해석하나이까. 청컨대 나를 위하여 알려 주시와 하여금 의심을 끊게 하소서.」 대답하되 「해석이 명백하거늘 네가 스스로 의심을 내는도다. 말을 따라 사량을 내면 점점 의혹이 날 것이요 뜻을 얻고 말을 잊으면 힐난할 것이 없나니라. 만일 돈오와 점수 두 문에 나아가 각각 행하는 바를 판단할진대 자성문 정혜를 닦는 이는 이것이 이 돈오문에 공 없는 공을 닦아 아울러 운전하고 쌍으로 고요하여 스스로 자성을 닦아 스스로 불도를 이루는 것이요,

불조요경

33. 수상문 정혜를 닦는 이는 이 깨치기 전 점수문의 하열한 근기가 대치하는 공력을 써서 마음 마음이 미혹을 끊어 고요함을 취하여 수행을 삼는 것이니 이 두 문의 행하는 바가 돈과 점이 각각 다른지라 가히 섞어 어지럽게 말지어다. 그러나 깨친 뒤에 닦는 문 가운데 수상문 대치를 겸해 말하는 것은 온전히 점수문 가운데 하열한 근기의 행하는 바를 취하는 것이 아니라 그 방편을 취하여 길을 빌려서 익힐 따름이니, 어찌한 연고인고 이 돈오문 중에서도 또한 근기가 승한 이도 있고 근기가 하열한 이도 있어서 가히 한 예로 그 행리(行李)를 판단하지 못할지니,

34. 만일 번뇌가 담박하고 몸과 마음이 가볍고 편안하여 선을 닦되 닦는 상을 떠나고 악을 끊되 끊는 상을 떠나서 팔풍(八風＝利・衰・毀・譽・稱・譏・苦・樂)에 동하지 아니하고 삼수(三受＝苦受・樂受・捨受)가 고요한 이는 자성의 정혜를 의지하여 공적 영지를 임의로 운전하고 쌍으로 닦아서 천진하여 짓는 바가 없고 동과 정이 항상 선(禪)인지라 자연의 이치를 성취하거니 어찌 수상문의 대치하는 법을 빌리리오. 병이 없으면 약을 구하지 않나니라. 비록 먼저 문득 깨쳤으나 번뇌가 농후하고 습기가 굳고 무거워서 경계를 대하매 생각 생각이 망정(妄情)을 내고 모든 인연을 만나매 마음 마음이 상대를 지어서 혼침과 산란의 부림을 입어 공적 영지의 떳떳함을 매각한 이는 곧 수

상문 정혜를 빌려 대치하는 공부를 잊지 말고 혼침과 산란을 고르게 골라 써 함이 없는 데에 들어가는 것이 곧 마땅한 일이니 비록 대치하는 공부를 빌려 잠간 동안 습기를 조복받으나 먼저 문득 심성이 본래 청정하고 번뇌가 원래 공한 자리를 깨쳤는 고로 곧 점수문 가운데 하열한 근기의 오염수에 떨어지지 아니하나니,

35. 왜냐 하면 깨지 못하고 닦는 것은 비록 공력을 써서 잊지 아니하여 생각 생각이 훈습해 닦으나 닿는 곳 마다 의심을 내어 마음 가운데 걸려 있음이 마치 한 물건이 가슴 가운데 걸려 있음과 같아서 편안하지 못한 모양이 항상 앞에 나타나 있다가 일구 월심하여 대치하는 공력이 순숙한즉 신심 객진이 가볍고 편안해 짐과 흡사하리니 비록 또한 가볍고 편안하다 하나 의심 뿌리를 끊지 못함이 돌로 풀을 누르는 것과 같아서 오히려 생사 경계에 자유함을 얻지 못할새 그런 고로 이르시되 "깨지 못하고 닦는 것은 참으로 닦는 것이 아니라" 하시니라. 깨친 사람의 분상에는 비록 대치하는 방편이 있으나 생각 생각이 의심이 없어서 오염수에 떨어지지 아니하나니 일구 월심하면 자연히 천진 묘성에 계합하여 공적 영지를 임의로 운전하여 생각 생각이 일체 경계를 반연 하되 마음 마음이 길이 모든 번뇌를 끊으며 자성을 여의지 아니하고 정과 혜를 평등히 가져 무상 보리를 성취하되 앞에 근기가 승한

이로 더불어 다시 차별이 없나니 곧 수상문 정혜가 비록 이 점수문에 하열한 근기의 행하는 바나 통달한 사람의 분상에는 가히 이르되 쇠를 단련하여 금을 이룸이라 만일 이와 같음을 안즉 어찌 두 문 정혜로써 선후 차제의 두 가지 소견을 내는 의심이 있으리오.」

36. 원컨대 모든 도 닦는 사람은 이 말을 잘 연구하고 맛을 붙여 다시 의심하여 스스로 퇴굴심을 내지 말지어다. 만일 장부의 뜻을 갖추어 무상 보리를 구하는 이 일진대 이것을 놓고 무엇을 하리오. 간절히 문자에만 집착하지 말고 바로 진실한 자리를 요달하여 낱낱이 자기의 본성에 나아가 본 종지에 계합하면 곧 스승 없는 지혜가 자연히 앞에 나타나고 천진의 성리가 뚜렷이 매하지 아니하여 혜신(慧身)을 성취하되 다른 사람의 깨침을 말미암지 아니하리라. 이 묘한 의지가 비록 모든 사람에게 다 있으나 만일 일찌기 반야 종지를 심은 대승 근기가 아니면 능히 한 생각에 정신을 내지 못하리니, 어찌 한갓 믿지만 아니하리오 또한 이에 비방하여 도리어 무간 지옥을 부르는 이가 종종 있나니라. 비록 믿어 받지는 아니할지라도 한 번 귀에 지내어 잠시라도 인연을 맺으면 그 공과 그 덕을 가히 칭량하지 못할지니 그러므로 저 유심결에 이르되 "듣고 믿지 아니할지라도 오히려 불성 종자의 인을 맺고 배워서 이루지 못할지라도 오히려 인천의 복이 덮인다" 하였나니 성불할 정인(正因)을 잃지 않거든 하물며 들

어 믿으며 배워 이루어서 항상 수호하여 잊지 아니하는 이야 그 공덕을 어찌 능히 헤아리리오.

37. 과거의 윤회하던 업을 미루어 생각할진대 그 몇 천겁을 흑암 지옥에 떨어지고 무간 지옥에 들어가 가지 가지의 고통을 받은지를 알지 못하겠으며 또한 그 얼마나 불도를 구하고자 하되 착한 벗을 만나지 못하고 긴 겁을 윤회에 빠져 어둡고 어두워 깨지 못하여 모든 악업을 지었는지 알지 못하겠도다. 이런 일을 생각하면 부지 불각에 한숨이 나오나니 어찌 가히 방심을 하여 두 번이나 전일의 재앙을 받으리오. 또한 누가 다시 나로 하여금 이제 사람으로 태어나 만물의 영장이 되어 참을 닦는 길에 매하지 않게 하였는지 진실로 눈 먼 거북이 나무를 만나고 작은 겨자에 바늘을 던짐이라 그 경사롭고 다행함을 어찌 다 말하리오. 내가 이제 만일 스스로 퇴굴심을 내거나 혹 해태심을 내어 항상 뒷날을 바라다가 잠간 사이에 목숨을 잃고 악도에 떨어져 모든 고통을 받을 때에 비록 한 마디 불법을 들어서 신해 수지하여 괴로움을 면하고자 한들 어찌 가히 얻으리오. 위태한데 이르러서는 뉘우쳐도 아무 이익이 없나니 원컨대 모든 수도하는 사람들은 방일심을 내지 말며 탐욕과 음욕에 착하지 말고 머리에 타는 불을 끄듯하여 자성 본리를 비추어 봄을 잊지 말지어다. 무상이 신속하여 몸은 아침 이슬과 같고 목숨은 서산에 걸린 해와 같은지라 금일에는 비록 있으나

명일을 또한 안보하기 어렵나니 간절히 뜻에 두며 간절히 뜻에 둘지어다.

38. 또한 세간에 함이 있는 선을 의지할지라도 또한 가히 삼도의 고륜(苦輪)을 면하고 천상 인간에 수승한 과보를 얻어 모든 쾌락을 받거든 하물며 이 최상승 심심 법문은 잠시 동안 믿음을 낼지라도 이루는 공덕을 가히 비유로써 그 조금도 말할 수가 없나니, 그러므로 저 경에 이르시되 "만일 사람이 삼천 대천 세계 칠보로써 그 곳 세계 중생에게 보시하여 다 충만함을 얻게 하며 또 그 곳 일체 중생을 교화하여 저로 하여금 사과(四果)를 얻게 하면 그 공덕이 한량없고 가 없으나 한 차례 밥 먹을 사이에 정히 이 법을 생각하여 얻는 공덕만 같지 못하다" 하시니, 나의 이 법문은 가장 높고 가장 귀하여 저 모든 공덕에 비하여 미치지 못함을 이에 알겠도다. 그런 고로 또 경에 이르시되 "한 생각 청정한 마음이 이 도량이라, 항사의 칠보 탑을 짓는 것보다 승하도다. 보탑은 필경에 부서져 티끌이 되려니와 한 생각 청정한 마음은 정각을 이룬다" 하시니, 원컨대 모든 수도하는 사람들은 이 말을 잘 연구하고 맛을 붙여 간절히 뜻에 둘지어다. 이 몸을 금생에 제도하지 아니하면 다시 어느 생을 기다려 이 몸을 제도하리오. 이제 만일 닦지 아니하면 만겁에 어그러질 것이요 이제 만일 강연히 닦으면 닦기 어려운 행이라도 점점 어렵지 아니함을 얻어 공부가 스스로 진보

되리라. 슬프다 지금 사람들이 주림에 좋은 음식을 만나되 먹을 줄을 알지 못하며 중병에 명의를 만나되 약 먹을 줄을 알지 못하나니, 가로되 "어찌할꼬 어찌할꼬 하지 않는 이는 나도 어찌할 도리가 없을 뿐"이로다.

39. 또한 세간에 함이 있는 일은 그 형상을 가히 보며 그 공을 가히 증험할 수 있을새 사람이 한 일만 얻을지라도 그 희유함을 찬탄하거니와 나의 마음 종지는 형을 가히 볼 수 없으며 상을 가히 볼 수 없어서 언어도가 끊어지고 심행처가 멸한 고로 천마 외도가 훼방하려 하여도 문이 없고 석범 제천이 칭찬하려 하여도 미치지 못하거든 하물며 범부 천식의 무리가 어찌 능히 방불하리오. 슬프다 우물 개구리가 어찌 창해의 넓은 것을 알며 여우가 어찌 능히 사자의 소리를 하리오. 그런 고로 알라. 말법세 가운데에 법을 듣고 희유한 생각을 내어 신해 수지하는 이는 이미 무량겁 중에 모든 성현을 받들어 모든 선근을 심어 깊이 반야의 정인(正因)을 맺은 최상 근성이로다. 그런 고로 금강경에 이르시되 "이 장귀에 능히 신심을 내는 이는 마땅히 알라 이 사람은 이미 무량불소에 모든 선근을 심었음이라"하시고, 또 이르시되, "대승심을 발한 이를 위하여 설하며 최상승심을 발한 이를 위하여 설한다" 하셨나니라.

40. 원컨대 모든 도를 구하는 사람은 겁약한 마음을 내지 말고 마땅히 용맹심을 발하라. 숙겁의 선인을 가

히 알지 못할지니라. 만일 자기의 수승한 것을 믿지
아니하고 하열한 것을 달게 여겨 어렵고 막힌 생각을
내어 지금에 닦지 아니한즉 비록 숙세의 선근이 있다
할지라도 지금에 끊어버리는 고로 더욱 그 어려운 데
에 처하여 갈수록 멀어지리라. 이제 이미 보소에 왔
을진대 가히 빈 손으로 돌아가지 말 것이니 한 번
사람의 몸을 잃어버리면 만겁에 희복하기 어려울지라
청컨대 마땅히 삼갈지어다. 어찌 지혜 있는 이가 그 보
소를 알고 도리어 구하지 아니하고 길게 외롭고 빈
한함을 원망하리오. 만일 보배를 얻고자 할진대 가죽
주머니를 놓아 버릴지니라.

〔附·漢文〕

1. 三界熱惱가 猶如火宅이어늘 其忍淹留하야 甘受長苦아 欲免輪廻인댄 莫若求佛이요 若欲求佛인댄 佛卽是心이니 心何遠覓고 不離身中이로다 色身은 是假라 有生有滅커니와 眞心은 如空하야 不斷不變이니라 故로 云百骸는 潰散하야 歸火歸風호대 一物은 長靈하야 盖天盖地라 하니라

2. 嗟夫라 今之人이여 迷來久矣라 不識自心이 是眞佛하고 不識自性이 是眞法하야 欲求法호대 而遠推諸聖하며 欲求佛호대 而不觀其心하나니 若言心外에 有佛하고 性外에 有法이라하야 堅執此情하야 欲求佛道者인댄 縱經塵劫토록 燒身燃臂하며 敲骨出髓하며 刺血寫經하며 長坐不臥하며 一食卯齋하며 乃至轉讀一大藏教하야 修種種苦行하야도 如蒸沙作飯하야 只益自勞爾니 但識自心하면 恒沙法門과 無量妙義를 不求而得하리니 故로 世尊이 云普觀一切衆生하니 具有如來智慧

— 524 —

德相이라하시고 又云一切衆生種種幻化가 皆生如來圓覺妙心이라하시니 是知커라 離此心外에 無佛可成이로다

3. 過去諸如來도 只是明心底人이며 現在諸賢聖도 亦是修心底人이며 未來修學人도 當依如是法하리니 願諸修道之人은 切莫外求어다 心性이 無染하야 本自圓成하니 但離妄緣하면 卽如如佛이니라

4. 問-若言佛性이 現在此身인댄 旣在身中이라 不離凡夫어니 因何我今에 不見佛性이니꼬 更爲消釋하야 悉令開悟케하소서 答-在汝身中컨만 汝自不見이로다 汝於十二時中에 知飢知渴하며 知寒知熱하며 或瞋或喜가 竟是何物고 且色身은 是-地水火風四緣의 所集이라 其質이 頑而無情이어니 豈能見聞覺知리오 能見聞覺知者는 必是汝의 佛性이니라 故로 臨濟-云四大가 不解說法聽法이요 虛空이 不解說法聽法이요 只汝目前에 歷歷孤明하야 勿形段者라사 始解說法聽法이라 하시니 所謂勿形段者는 是諸佛之法印이며 亦是汝의 本來心也니라

5. 則佛性이 現在汝身이어늘 何假外求리오 汝若不信인댄 略擧古聖의 入道因緣하야 令汝除疑하리니 汝須諦信이어다 昔에 異見王이 問婆羅提尊者曰 何者是佛이니꼬 尊者曰 見性是佛이니이다 王曰師-見性否이까 尊者曰 我見佛性이니이다 王曰性在何處니꼬 尊者曰 性在作用이니이다 王曰 是何作用이관대 我今不見이니꼬 尊者曰 今現作用이언마는 王自不見이니이다 王曰 於我에 有否이까 尊者曰 王若作用인댄 無有不是어니와 王若不用인댄 體亦難見이니이다 王曰 若當用時하야는 幾處出現이니꼬 尊者曰 若出現時에는 當有其八이니이다 王曰 其八出現을 當爲我說하소서 尊者曰 在胎曰身이요 處世曰人이요 在眼曰見이요 在耳曰聞이요 在鼻辨香이요 在舌談論이요 在手執捉이요 在足運奔하야 徧現하야는 俱該沙界하고 收攝하야는 在一微塵이니 識者는 知是佛性이요 不識者는 喚作精魂이니이다 王이 聞하고 心卽開悟하다 又僧이 問歸宗和尙호대 何者是佛이니꼬 宗云-我今向汝道하려하나 恐汝不信일까

— 525 —

하노라 僧이 云和尙誠言을 焉敢不信이리이꼬 師云卽汝是니라 僧이 云 如何保任이니꼬 師云一翳在眼에 空花亂墜니라하시니 其僧이 言下에 有省하니라

6. 上來所擧古聖의 入道因緣이 明白簡易하야 不妨省力하니 因 此公案하야 若有信解處면 卽與古聖으로 把手共行하리라

7. 問 - 汝言見性이 若眞見性인댄 卽是聖人이라 應現神通變化하 야與人有殊어늘 何故로 今時修心之輩는 無有一人도 發現神通變化 耶이까

8. 答 - 汝不得輕發狂言하라 不分邪正이 是爲迷倒之人이니 今 時學道之人이 口談眞理호대 心生退屈하야 返墮無分之失者는 皆汝 所疑니 學道而不知先後하며 說理而不分本末者는 是名邪見이요 不 名修學이니 非唯自誤라 兼亦誤他니 其可不愼歟아

9. 夫入道多門이나 以要言之컨댄 不出頓悟漸修兩門耳니 雖曰 頓悟頓修는 是最上根機의 得入也나 若推過去인댄 已是多生에 依悟 而修하야 漸薰而來라 至於今生에 聞卽發悟하야 一時頓畢이니 以實 而論컨댄 是亦先悟後修之機也니 則而此頓漸兩門은 是千聖軌轍也 라 則 - 從上諸聖이 莫不先悟後修하야 因修乃證이니 所言神通變化 는 依悟而修하야 漸薰所現이요 非謂悟時에 卽發現也니라

10. 如經에 云 - 理卽頓悟라 乘悟倂消어니와 事非頓除라 因次第 盡이라하시니 故로 圭峰이 深明先悟後修之義曰 識氷池 而全水니 借 陽氣以鎔消하고 悟凡夫而卽佛이나 資法力而薰修니 氷消則水流潤 하야 方呈漑滌之功이요 妄盡則心靈이 通하야 應現通光之用이라하니 是知事上神通變化는 非一日之能成이요 乃漸薰而發現也로다 況事 上神通은 於達人分上에는 猶爲妖怪之事며 亦是聖末邊事라 雖或現 之라도 不可要用이어늘 今時迷痴輩는 妄謂一念悟時에 卽隨現無量妙 用神通變化라하나니 若作是解인댄 所謂不知先後며 亦不分本末也니

수심결 한문 부록 6~15

旣不知先後本末하고欲求佛道인댄 如將方木하야 逗圓孔也니 豈非大錯이리오

11. 旣不知方便故로作懸崖之想하야自生退屈하야斷佛種性者 - 不爲不多矣라旣自未明일새 亦未信他人의 有解悟處하야見無神通者면乃生輕慢하야欺賢誑聖하나니 良可悲哉로다

12. 問 - 汝言頓悟漸修兩門은千聖軌轍也 라하니悟旣頓悟인댄 何假漸修며修若漸修인댄何言頓悟리오頓漸二義를更爲宣說하사令絶餘疑케하소서 答 - 頓悟者는凡夫迷時에四大로爲身하고妄想으로 爲心하야不知自性이是眞法身하며不知自己靈知가是眞佛也하고心外覓佛하야波波浪走라가忽被善知識의指示入路하야一念廻光하야見自本性함이而此性地에는 元無煩惱하고無漏智性이本自具足하야 卽與諸佛로 分毫不殊일새 故로云頓悟也요

13. 漸修者는雖悟本性이與佛無殊나無始習氣를卒難頓除故로依悟而修하야漸薰功成하야長養聖胎하야久久成聖일새 故로云漸修也니比如孩子 - 初生之日에諸根具足이與他無異나然이나 其力이未充하야頗經歲月하야사方始成人이니라

14. 問 - 作何方便하야사一念廻機하야便悟自性이니꼬 答 - 只汝自心이어늘 更作什麽方便고若作方便하야更求解會인댄 比如有人이不見自眼하고以謂無眼이라하야更欲求見이로다旣是自眼이어니如何更見이리오若知不失인댄卽爲見眼이라 更無求見之心이어니 豈有不見之想이리오自己靈知도 亦復如是하야旣是自心이어니何更求會리오若欲求會인댄便會不得이니但知不會하면是卽見性이니라

15. 問 - 上上之人은聞卽易會어니와 中下之人은不無疑惑하니 更說方便하사令迷者로趣入케하소서 答 - 道不屬知不知니汝는除却將迷待悟之心하고聽我指說하라諸法이如夢하며亦如幻化故로妄念이本寂하고塵境이本空하야諸法皆空之處에靈知不昧하나니卽此空寂

— 527 —

불조요경

靈知之心이 是汝의 本來面目이며 亦是三世諸佛과 歷代祖師와 天下善知識의 密密相傳底法印也니라 若悟此心이면 眞所謂不踐階梯하고 徑登佛地하야 步步超三界하며 歸家頓絕疑라 便與人天爲師하야 悲智相資하야 具足二利하야 堪受人天供養호대 日消萬兩黃金하나니 汝若如是인댄 眞大丈夫라 一生能事를 已畢矣니라

16. 問 - 據吾分上인댄 何者是空寂靈知之心耶이까 答 - 汝今問我者 - 是汝空寂靈知之心이니 何不返照하고 猶爲外覓고 我今據汝分上하야 直指本心하야 令汝便悟케하리니 汝須淨心하야 聽我言說하라 從朝至暮히 十二時中에 或見或聞하며 或笑或語하며 或瞋或喜하며 或是或非하야 種種施爲運轉하니 且道하라 畢竟是誰能伊麽運轉施爲耶아

17. 若言色身이 運轉인댄 何故로 有人이 一念命終에 都未壞爛호대 卽眼不自見하며 耳不能聞하며 鼻不辨香하며 舌不談論하며 身不動搖하며 手不執捉하며 足不運奔耶아 是知커라 能見聞動作이 必是汝의 本心이요 不是汝의 色身也로다 況此色身은 四大性空하야 如鏡中像하며 亦如水月하니 豈能了了常知하며 明明不昧하야 感而遂通恒沙妙用也리오 故로 云神通幷妙用이 運水及搬柴라하시니라

18. 且入理多端이나 指汝一門하야 令汝還源케하리니 汝 - 還聞鴉鳴鵲噪之聲麽아 曰聞이니다 曰汝 - 返聞汝의 聞性에 還有許多聲麽아 曰到這裏하야는 一切聲과 一切分別을 求不可得이니이다 曰奇哉奇哉라 此是觀音入理之門이로다 我更問爾하노니 爾道호대 到這裏하야는 一切聲과 一切分別을 總不可得이라하니 旣不可得인댄 當伊麽時하야는 莫是虛空麽아 曰元來不空하야 明明不昧니이다 曰作麽生是不空之體오 曰亦無相貌라 言之不可及이니이다 曰此是諸佛諸祖의 壽命이니 更莫疑也어다

19. 旣無相貌인댄 還有大小麽아 旣無大小인댄 還有邊際麽아 無

— 528 —

邊際故로 無內外하고 無內外故로 無遠近하고 無遠近故로 無彼此니 無彼此則無往來하고 無往來則無生死하고 無生死則無古今하고 無古今則無迷悟하고 無迷悟則無凡聖하고 無凡聖則無染淨하고 無染淨則無是非하고 無是非則一切名言을 俱不可得이니 旣總無如是하야 一切根境과 一切妄念과 乃至種種相貌와 種種名言을 俱不可得인댄 此豈非本來空寂이며 本來無物也리오

20. 然이나 諸法皆空之處에 靈知不昧하야 不同無情하고 性自神解하니 此是汝의 空寂靈知淸淨心體라 而此淸淨空寂之心이 是三世諸佛의 勝淨明心이며 亦是衆生의 本源覺性이니 悟此而守之者는 坐一如而不動解脫하고 迷此而背之者는 往六趣而長劫輪廻하나니라 故로 云하사대 迷一心而往六趣者는 去也요 動也며 悟法界而復一心者는 來也요 靜也라하시니 雖迷悟之有殊나 乃本源則一也니라 所以로 云하사대 言法者는 謂衆生心이라하시니라 而此空寂之心이 在聖而不增하고 在凡而不減이라 故로 云하사대 在聖智而不耀하고 隱凡心而不昧라 하시니 旣不增於聖하고 不少於凡인댄 佛祖가 奚以異於人이리오 而所以異於人者는 能自護心念耳니라

21. 汝-若信得及하면 疑情이 頓息하리니 出丈夫之志하며 發眞正見解하야 親甞其味하야 自到自肯之地則是爲修心人의 解悟處也라 更無階級次第일새 故로 云頓也니 如云於信因中에 契諸佛果德하야 分毫不殊하야사 方成信也라하니라

22. 問-旣悟此理인댄 更無階級이어늘 何假後修하야 漸薰漸成耶이까 答-悟後漸修之義를 前已俱說이어늘 而復疑情을 未釋하니 不妨重說이라 汝須淨心하야 諦聽諦聽하라 凡夫-無始曠大劫來로 至於今日히 流轉五道호대 生來死去에 堅執我相하야 妄想顚倒와 無明種習으로 久與成性일새 雖到今生에 頓悟自性이 本來空寂하야 與佛無殊나 而此舊習을 卒難除斷故로 逢逆順境에 瞋喜是非가 熾然起滅하야

客塵煩惱가 與前無異하나니 若不以般若로 加功着力이면 焉能對治無明하야 得到大休大歇之地리오 如云頓悟雖同佛이나 多生習氣深이라 風停波尙湧하고 理現念猶侵이라하며 叉杲禪師 - 云往往利根之輩가 不費多力하고 打發此事하면 便生容易之心하야 更不修致라가 日久月深하면 依前流浪하야 未免輪廻라하시니 則豈可以一期所悟로 便撥置後修耶아 故로 悟後에 長須照察하야 妄念이 忽起어든 都不隨之하고 損之又損하야 以至無爲하여야 方始究竟이니 天下善知識의 悟後牧牛行이 是也니라

23. 雖有後修나 已先頓悟妄念이 本空하고 心性이 本淨일새 於惡에 斷호대 斷而無斷하고 於善에 修호대 修而無修하나니 此乃眞修眞斷矣라 故로 云雖備修萬行이나 唯以無念으로 爲宗이라하시고 圭峰이 總判先悟後修之義云호대 頓悟此性이 元無煩惱하고 無漏智性이 本自具足함이 與佛無殊하야 依此而修者는 是名最上乘禪이며 亦名如來淸淨禪也라 若能念念修習하면 自然漸得百千三昧하리니 達摩門下에 展轉相傳者 - 是此禪也라하니 則頓悟漸修之義가 如車二輪하야 闕一不可니라

24. 或者는 不知善惡性空하고 堅坐不動하야 捺伏身心을 如石壓草하야 以爲修心하나니 是大惑矣로다 故로 云하사대 聲聞은 心心斷惑호대 能斷之心이 是賊이라하시니 但諦觀殺盜淫妄이 從性而起하면 起卽無起라 當處便寂이니 何須更斷이리오 所以로 云하사대 不怕念起하고 唯恐覺遲라하며 又云念起卽覺이라 覺之卽無라하시니 故로 悟人分上에는 雖有客塵煩惱나 俱成醍醐니 但照惑無本하면 空華三界가 如風券煙하고 幻化六塵이 如湯消氷하리라

25. 若能如是念念修習하야 不忘照顧하야 定慧等持하면 則愛惡가 自然淡薄하고 悲智가 自然增明하며 辜業이 自然斷除하고 功行이 自然增進하야 煩惱盡時에 生死가 卽絶이요 若微細流注를 永斷하고 圓

覺大智가朗然獨存하면卽現千百億化身하야於十方國中에 赴感應
機호대似月現九霄에影分萬水하야應用無窮하야度有緣衆生호대快
樂無憂하리니名之爲大覺世尊이니라

26. 問-後修門中에定慧等持之義를實未明了하오니更爲宣說
하사委示開迷하야引入解脫之門하소서 答-若說法義인댄入理千門
이나莫非定慧요取其綱要컨댄則但自性上體用二義니 前所謂空寂
靈知가是也라定是體요慧是用也니卽體之用故로慧不離定하고卽
用之體故로定不離慧하며定則慧故로寂而常知하고 慧卽定故로知
而常寂이라如曹溪云心地無亂이自性定이요心地無癡가自性慧라
하시니若悟如是하야任運寂知하며遮照無二則是爲頓門個者의雙修
定慧也니라

27. 若言先以寂寂으로治於緣慮하고後以惺惺으로治於昏住라
하야先後對治하야均調昏亂하야以入於靜者는是爲漸門劣機의所行
也라雖云惺寂等持나未免取靜爲行則豈爲了事人의不離本寂本知
하고任運雙修者也리요故로曹溪云自悟修行은不在於諍이니若諍先
後하면卽是迷人이라하시니

28. 則達人分上에定慧等持之義는不落功用이라元自無爲하야
更無特地時節일새見色聞聲時에但伊麽하며着衣喫飯時에但伊麽
하며屙屎送尿時에但伊麽하며對人接話時에但伊麽하며乃至行住坐
臥或語或默或喜或怒히一切時中에——如是호대似虛舟駕浪에隨
高隨下하며如流水轉山에遇曲遇直하야而心心無知니 今日에騰騰
任運하고明日에任運騰騰하야隨順衆緣호대無障無碍하며於善於惡
에不斷不修하야質直無僞하고視聽尋常이라卽絶一塵而作對어니何
勞遣蕩之功이며無一念而生情이라不假忘緣之力이니라

29. 然이나障濃習重하고觀劣心浮하야無明之力은大하고般若
之力은小하므로於善惡境界에未免被動靜互換하야心不恬淡者는不

— 531 —

無忘緣遣蕩功夫矣니 如云六根이 攝境에 心不隨緣을 謂之定이요 心境이 俱空하야 照鑑無惑을 謂之慧라하니 此雖隨相門定慧라 漸門劣機의 所行也나 對治門中에 不可無也니라 若掉擧가 熾盛則先以定門으로 稱理攝散하야 心不隨緣하야 契乎本寂케하고 若昏沈이 尤多則次以慧門으로 擇法觀空하야 照鑑無惑하야 契乎本知케할지니 以定으로 治乎亂想하고 以慧로 治乎無記하야 動靜相이 亡하고 對治功이 終하면 則對境而念念歸宗하고 遇緣而心心契道하야 任運雙修하야 方爲無事人이니 若如是則眞可謂定慧等持하야 明見佛性者也니라

30. 問 - 據汝所判컨댄 悟後修門中에 定慧等持之義가 有二種하니 一은 自性定慧요 二는 隨相定慧라 自性門則曰任運寂知하야 元自無爲하야 絶一塵而作對어니 何勞遣蕩之功이며 無一念而生情이라 不假忘緣之力이라하야 判云此是頓門箇者의 不離自性하고 定慧等持也, 라하고 隨相門則曰稱理攝散하며 擇法觀空호대 均調昏亂하야 以入無爲라하야 判云此是漸門劣機의 所行也라하니 就此兩門定慧하야 不無疑焉이로소이다

31. 若言一人所行也인댄 爲復先依自性門하야 定慧雙修然後에 更用隨相門對治之功耶이까 爲復先依隨相門하야 均調昏亂然後에 以入自性門耶이까 若先依自性定慧則任運寂知하야 更無對治之功이어니 何須更取隨相門定慧耶리오 如將皓玉하야 彫文喪德이요 若先以隨相門定慧로 對治成然後에 趣於自性門則宛是漸門中劣機의 悟前漸薰也니 豈云頓門箇者의 先悟後修하야 用無功之功也며

32. 若一時無前後則二門定慧頓漸이 有異하니 如何一時並行也리오 則頓門箇者는 依自性門하야 任運亡功하고 漸門劣機는 趣隨相門하야 對治勞功이니 二門之機 - 頓漸이 不同하고 優劣이 皎然이어늘 云何先悟後修門中에 並釋二種耶이까 請爲通會하사 令絶疑情케하소서 答 - 所釋이 皎然커늘 汝自生疑로다 隨言生解하면 轉生疑惑이요 得

意忘言하면 不勞致詰이니라 若就兩門하야 各判所行則修自性定慧者
는 此是頓門에 用無功之功하야 並運雙寂하며 自修自性하야 自成佛道
者也요

33. 修隨相門定慧者는 此是未悟前漸門劣機의 用對治之功하
야 心心斷惑하야 取靜爲行者니 而此二門所行이 頓漸이 各異라 不可
叅亂이어다 然이나 悟後修門中에 兼論隨相門中對治者는 非全取漸
機所行也라 取其方便하야 假道托宿而已니 何故오 於此頓門에도 亦
有機勝者하며 亦有機劣者하야 不可 一例로 判其行李也니

34. 若煩惱가 淡薄하고 身心이 輕安하야 於善에 離善하고 於惡에
離惡하야 不動八風하고 寂然三受者는 依自性定慧하야 任運雙修하야
天眞無作하고 動靜常禪이라 成就自然之理어니 何假隨相門對治之義
也리오 無病에 不求藥이니라 雖先頓悟나 煩惱濃厚하고 習氣堅重하야
對境而念念生情하고 遇緣而心心作對하야 被他昏亂使殺하야 昧却
寂知常然者는 卽借隨相門定慧하야 不忘對治하야 均調昏亂하야 以
入無爲가 卽其宜니 雖借對治功夫하야 暫調習氣나 以先頓悟心性이
本淨하고 煩惱가 本空故로 卽不落漸門劣機의 汚染修也니

35. 何者오 修在悟前則雖用功不忘하야 念念薰修나 着着生疑하
야 未能無礙함이 如有一物이 礙在胸中하야 不安之相이 常現在前이라
가 日久月深하야 對治功熟則身心客塵이 恰似輕安하리니 雖復輕安이
나 疑根未斷함이 如石壓草하야 猶於生死界에 不得自在일새 故로 云修
在悟前은 非眞修也라하니라 悟人分上에는 雖有對治方便이나 念念無
疑하야 不落汚染이니 日久月深하면 自然契合天眞妙性하야 任運寂知
하야 念念攀緣一切境호대 心心永斷諸煩惱하며 不離自性하고 定慧等
持하야 成就無上菩提호대 與前機勝者로 更無差別하나니 則隨相門定
慧가 雖是漸機所行이나 於悟人分上에는 可謂點鐵成金이라 若知如是
則豈以二門定慧로 有先後次第二見之疑乎아

불조요경

36. 願諸修道之人은 硏味此語하야 更莫狐疑하야 自生退屈이어다 若具丈夫之志하야 求無上菩提者인댄 捨此奚以哉리오 切莫執文하고 直須了義하야 一一歸就自己하야 契合本宗則無師之智가 自然現前하고 天眞之理가 了然不昧하야 成就慧身호대 不由他悟하리라 而此妙旨가 雖是諸人分上이나 若非夙植般若種智한 大乘根器者면 不能一念而生正信하리니 豈徒不信이리오 亦乃謗讟하야 返招無間者-比比有之하니라 雖不信受나 一經於耳하야 暫時結緣하면 其功厥德을 不可稱量이니 如唯心訣에 云聞而不信이라도 尙結佛種之因하고 學而不成이라도 猶盖人天之福이라하니 不失成佛之正因이온 況聞而信하고 學而成하야 守護不忘者야 其功德을 豈能度量이리오

37. 追念過去輪廻之業컨댄 不知其幾千劫을 墮黑闇入無間하야 受種種苦하며 又不知其幾何而欲求佛道호대 不逢善友하고 長劫沉淪하야 冥冥無覺하야 造諸惡業이런 時或一思에 不覺長吁로소니 其可放緩하야 再受前殃가 又不知誰復使我로 今值人生하야 爲萬物之靈하야 不昧修眞之路런고 實謂盲龜遇木이오 纖芥投鍼이라 其爲慶幸을 曷勝道哉아 我今에 若自生退屈커나 或生懈怠하야 而恒常望後라가 須臾失命하고 退墮惡趣하야 受諸苦痛之時에 雖欲願聞一句佛法하야 信解受持하야 欲免辛酸인들 豈可復得乎아 及到臨危하야는 悔無所益이니 願諸修道之人은 莫生放逸하며 莫着貪滔하고 如救頭燃하야 不忘照顧어다 無常이 迅速하야 身如朝露하고 命若西光이라 今日雖存이나 明亦難保니 切須在意하며 切須在意어다

38. 且憑世間有爲之善하야도 亦可免三塗苦輪하고 於天上人間에 得殊勝果報하야 受諸快樂이온 況此最上乘甚深法門은 暫時生信이라도 所成功德을 不可以比喩로 說其小分이니 如經에 云若人이 以三千大千世界七寶로 布施供養爾所世界衆生하야 皆得充滿하며 又敎化爾所世界一切衆生하야 令得四果하면 其功德이 無量無邊이나 不

— 534 —

如一食頃을正思此法所獲功德이라하시니是知我此法門이最尊最貴하야於諸功德에比況不及이로다故로經에云하사대一念淨心이是道場이라勝造恒沙七寶塔이로다寶塔은畢竟에碎爲塵이어니와一念淨心은成正覺이라하시니願諸修道之人은硏味此語하야切須在意어다此身을不向今生度하면更待何生度此身이리오今若不修하면萬劫差違요今若强修하면難修之行이漸得不難하야功行이自進하리라嗟夫라今時人이飢逢王饍호대不知下口하고病遇醫王호대不知服藥하나니不曰如之何如之何者는吾末如之何也已矣로다

39. 且世間有爲之事는其狀을可見이며其功을可驗일새人得一事라도歎其希有어니와我此心宗은無形可觀이며無狀可見하야言語道斷하고心行處滅故로天魔外道가毁謗無門하고釋梵諸天이稱讚不及이온況凡夫淺識之流가其能髣髴이리오悲夫라井蛙가焉知滄海之濶이며野干이何能獅子之吼리오故知하라末法世中에聞此法門하고生希有想하야信解受持者는已於無量劫中에承事諸聖하야植諸善根하야深結般若正因한最上根性也로다故로金剛經에云하사대於此章句에能生信心者는當知是人은已於無量佛所에種諸善根이라하시고又云하사대爲發大乘者說이며爲發最上乘者說이라하시니라

40. 願諸求道之人은莫生怯弱하고須發勇猛之心하라宿劫善因을未可知也니라若不信殊勝하고甘爲下劣하야生艱阻之想하야今不修之則縱有宿世善根이라도今斷之故로彌在其難하야展轉遠矣리라今旣到寶所인댄不可空手而還이니一失人身하면萬劫難復이라請須愼之어다豈有智者知其寶所하고反不求之하야長怨孤貧이리오若欲獲寶인댄放下皮囊이니라

목우십도송 (牧牛十圖頌)

1. 길들기 전

사나웁게 생긴 뿔에 소리 소리 지르며
산과 들에 달려가니 길이 더욱 멀구나.

한 조각 검정 구름 골 어귀에 비꼈는데
뛰어 가는 저 걸음이 뉘 집 곡식 범하려나.

2. 길들이기 시작하다

나에게 고삐 있어 달려들어 코를 뚫고
한 바탕 달아나면 아픈 매를 더하건만

종래로 익힌 습관 제어하기 어려워서
오히려 저 목동이 힘을 다해 이끌더라.

3. 길들어 가다

점점 차차 길이 들어 달릴 마음 쉬어지고
물 건너고 구름 뚫어 걸음 걸음 따라 오나

손에 고삐 굳이 잡아 조금도 늦추쟎고
목동이 종일토록 피곤함을 잊었어라.

4. 머리를 돌이키다

날 오래고 공이 깊어 머리 처음 돌이키니
전도하고 미친 기운 점점 많이 골라졌다.

그렇건만 저 목동은 방심할 수 전혀 없어
오히려 고삐 잡아 말뚝에다 매어 두네.

5. 길들다

푸른 버들 그늘 밑 옛 시내 물가에
놓아 가고 거둬 옴이 자연함을 얻었구나.

날 저물고 구름 끼인 방초의 푸른 길에
목동이 돌아갈 제 이끌 필요 없었더라.

6. 걸림 없다

한데 땅에 드러누워 한가하게 잠을 자니
채찍질을 아니해도 길이 구애 없을러라.

목동은 일이 없이 청송(靑松) 아래 편히 앉아
한 곡조 승평곡에 즐거움이 넘치더라.

7. 헌거롭다

버들 언덕 봄 물결 석양이 비쳤는데

담연(淡烟)에 싸인 방초 쭝긋쭝긋 푸르렀다.

배 고프면 뜯어 먹고 목 마르면 물 마시니
돌 위에 저 목동은 잠이 정히 무르녹네.

8. 서로 잊다

흰 소 언제든지 백운 중에 들었으니
사람 절로 무심하고 소도 또한 그러하다.

달이 구름 뚫어 가면 구름 자취 희어지니
흰 구름 밝은 달이 서와 동에 임의로다.

9. 홀로 비치다

소는 간 곳 없고 목동만이 한가하니
한 조각 외론 구름 저 봉 머리 떠 있도다.

밝은 달 바라보고 손뼉치며 노래하니
그래도 오히려 한 관문이 남아 있네.

10. 일원상만 나타나다

소와 사람 함께 없어 자취가 묘연하니
밝은 달 빛이 차서 만상이 공했더라.

누가 만일 그 가운데 적실한 뜻 묻는다면
들꽃과 꽃다운 풀 절로 총총(叢叢)하다 하리.

〔附·漢文〕

1. 未　　牧

生獰頭角恣咆哮하니 犇走溪山路轉遙라
一片黑雲橫谷口하니 誰知步步犯佳苗아

2. 初　　調

我有芒繩驀鼻穿하니 一廻奔競痛加鞭이라
從來劣性難調制하야 猶得山童盡力牽이라

3. 受　　制

漸調漸伏息犇馳하니 渡水穿雲步步隨라
手把芒繩無少緩하니 牧童終日自忘疲라

4. 廻　　首

日久功深始轉頭하니 顚狂心力漸調柔라
山童未肯全相許하야 猶把芒繩且繫留라

5. 馴　　伏

綠楊陰下古溪邊에 放去收來得自然이라
日暮碧雲芳草地에 牧童歸去不須牽이라

6. 無　　礙

露地安眠意自如하니 不勞鞭策永無拘라
山童穩坐靑松下하야 一曲昇平樂有餘라

7. 任　　運

柳岸春波夕照中에 淡烟芳草綠茸茸이라
饑湌渴飮隨時過하니 石上山童睡正濃이라

8. 相　　忘

白牛常在白雲中하니 人自無心牛亦同이라
月透白雲雲影白하니 白雲明月任西東이라

— 539 —

9. 獨 照

牛兒無處牧童閑하니 一片孤雲碧嶂間이라
拍手高歌明月下하니 歸來猶有一重關이라

10. 雙 泯

人牛不見杳無蹤하니 明月光寒萬象空이라
若問其中端的意인댄 野花芳草自叢叢이라

휴휴암좌선문 (休休庵坐禪文)

 대범 「좌선」이라 하는 것은 모름지기 지선의 자리에 사무쳐서 마땅히 스스로 성성하게 함이니, 온갖 생각을 끊고 끊으되 혼침한 데에 떨어지지 않는 것을 이르되 「좌」(坐)라 하고, 욕심 경계에 있으되 욕심이 없고 티끌 세상에 살되 티끌에 벗어나는 것을 이르되 「선」(禪)이라 하며, 바깥 경계가 안으로 들어오지도 아니하고 안 마음이 바깥 경계로 나가지도 아니하는 것을 이르되 「좌」라 하고, 주착하는 데도 없고 의지하는 데도 없어서 떳떳한 광명이 앞에 나타나는 것을 이르되 「선」이라 하며, 외경이 흔들어도 움직이지 아니하고 중심이 적적하여 요동하지 아니하는 것을 이르되 「좌」라 하고, 밖으로 쏠리는 정신 빛을 돌이켜 비쳐서 자성 본원에 사무치고 있는 것을 이르되 「선」이라 하며, 역경과 순경에도 끌리는 바가 없고 소리와 색에도 굴리어 가는 바가 없는 것을 이르되 「좌」라 하고, 깊숙한 데 비치매 그 광명이 일월에 넘치고 만물을 화육하매 그 덕이 건곤에 승하는 것을 이르되 「선」이라 하며, 차별 있는 경계에서 차별 없는 정에 드는 것을 이르되 「좌」라 하고, 차별 없는 경계에서 차별 있는 지혜를 나타냄을 이르되 「선」이라 하나니,

종합하여 말할진대, 천만 경계에 치연히 작용하나 마음의 정체가 여여 부동함을 이르되 「좌」요, 종으로나 횡으로나 묘용을 얻어서 일 일에 걸림 없음을 이르되 「선」이니, 대략 말하면 이와 같으나 자상히 들기로 하면 지묵으로 능히 다 할 바가 아니라, 나가(那伽=龍)의 큰 정은 정도 없고 동도 없으며 진여의 묘한 체는 생도 아니요 멸도 아니라, 보아도 보이지 아니하고 들어도 들리지 아니하며 공이로되 공도 아니요 유로되 유도 아니라, 크기로는 바깥 없는 데까지 포함하고 가늘기로는 안 없는 데까지 들어 가며 신통과 지혜와 광명과 수량과 대기와 대용이 다함이 없고 다함이 없나니, 뜻 있는 수도인은 마땅히 잘 참구하여 크게 깨치기까지 한정하고 공부하면 홀연히 깨치는 한 소리에 허다한 영묘가 다 스스로 구족할지니, 어찌 저 사마 외도의 전수하는 것만으로써 스승이니 제자니 하며 또는 얻은 바 있는 것으로써 구경처를 삼는 데에 비할 바이랴.

〔附·漢文〕

夫坐禪者는 須達乎至善하야 當自惺惺이니 截斷思想호대 不落昏沈을 謂之坐요 在欲無欲하고 居塵出塵을 謂之禪이며 外不放入하고 內不放出을 謂之坐요 無着無依하야 常光現前을 謂之禪이며 外撼不動하고 中寂不搖를 謂之坐요 廻光返照하야 徹法根源을 謂之禪이며 不爲逆順惱하고 無爲聲色轉을 謂之坐요 燭幽則明逾日月하고 化物則德勝乾坤을 謂之禪이며 於有差別境에 入無差別定을 謂之坐요 於無差別

휴휴암좌선문

境에 示有差別智를 謂之禪이니 合而言之컨댄 熾然作用이나 正體如如를 謂之坐요 縱橫得妙하야 事事無礙를 謂之禪이니 略言如是나 詳擧인댄 非紙墨能窮이라 那伽大定은 無靜無動하고 眞如妙體는 不生不滅이라 視之不見하고 聽之不聞하며 空而不空하고 有而非有라 大包無外하고 細入無內하며 神通智慧와 光明壽量과 大機大用이 無盡無窮하나니 有志之士는 宜善叅究하야 以大悟爲則하면 囨地一聲後에 許多靈妙—皆自具足하리니 豈同邪魔外道—以傳授로 爲師佐하고 以有所得으로 爲究竟者哉아

예 전

예 전 차 례

총 서 편(總序編) ······ 553

제1 통례편(通禮編)

제1장 총설(總說) ······ 556
제2장 평거(平居) ······ 557
평거에 대하여 · 평거시의 주의
제3장 태도(態度) ······ 559
태도에 대하여 · 태도 가지는 법
제4장 의제(衣制) ······ 561
의제에 대하여 · 의제의 법
제5장 경례(敬禮) ······ 562
경례에 대하여 · 경례하는 법
제6장 기거(起居)와 진퇴(進退) ······ 564
기거 진퇴에 대하여 · 기거하는 법 · 진퇴하는 법
제7장 언어(言語)와 응대(應對) ······ 568
언어 응대에 대하여 · 말하는 법 · 응대하는 법
제8장 수수(授受)와 진철(進撤) ······ 572

수수 진철에 대하여·수수하는 법·
진철하는 법
제 9 장 방문(訪問)과 응접(應接)·················· 574
방문 응접에 대하여·방문하는 법·
응접하는 법
제10장 초 대(招待) ···························· 578
초대에 대하여·초대하는 법·
초대 받는 법
제11장 식 사(食事) ···························· 580
식사에 대하여·식사하는 법
제12장 환영(歡迎)과 송별(送別)·················· 582
환영 송별에 대하여·환영하는 법·
송별하는 법·영송 받은 이의 답례
제13장 축하(祝賀)와 조위(吊慰)·················· 585
축하 조위에 대하여·축하하는 법·
조위하는 법·하위 받은 이의 답례
제14장 소개(紹介)와 증답(贈答) ················ 588
소개 증답에 대하여·소개하는 법·
증답하는 법
제15장 통신(通信)과 교통(交通)·················· 591
통신 교통에 대하여·통신에 대한 법·
교통에 대한 법
제16장 공중(公衆)과 공용(公用)·················· 594
공중 공용에 대하여·공중에 대한 법·

　　　　　공용에 대한 법
　제17장　국민(國民)과 국제(國際) ············· 597
　　　　　국민 국제에 대하여·국민의 예·
　　　　　국제의 예
　제18장　염치(廉恥)와 신의(信義) ············· 599
　　　　　염치 신의에 대하여·염치 가지는 법·
　　　　　신의 가지는 법

제 2 가 례 편(家禮編)

　제 1 장　총 설(總說) ······························· 603
　제 2 장　출 생(出生) ······························· 604
　　　　　출생에 대하여·입태와 출생·
　　　　　명명식·출생 칠주기원식
　제 3 장　성 년(成年) ······························· 606
　　　　　성년에 대하여·성년식
　제 4 장　혼 인(婚姻) ······························· 608
　　　　　혼인에 대하여·약혼·결혼식·
　　　　　혼례에 관한 처리
　제 5 장　회 갑(回甲) ······························· 612
　　　　　회갑에 대하여·회갑식·
　　　　　회갑에 관한 처리
　제 6 장　상 장(喪葬) ······························· 614
　　　　　상장에 대하여·열반 및 열반식·
　　　　　호상·입관 및 입관식·발인식 및 운상·

입장 및 葬事·服制
　제 7 장　재 (齋) ···621
　　　　　齋에 대하여·초재 및 칠재·종재·
　　　　　특별 천도재·재에 관한 처리
　제 8 장　제 사 (祭祀) ···625
　　　　　제사에 대하여·열반 기념제·
　　　　　제사에 관한 처리

제 3 교 례 편 (敎禮編)

　제 1 장　총 설 (總說) ···628
　제 2 장　봉 불 (奉佛) ··· 629
　　　　　봉불에 대하여·법신불조성 및 불단·
　　　　　봉불식·불전배례 및 신혼경례
　제 3 장　법 회 (法會) ···632
　　　　　법회에 대하여·월례법회 (예회·야회)·
　　　　　연례법회 (결제식·해제식)·수시법회·
　　　　　설법의례
　제 4 장　득 도 (得度) ···636
　　　　　득도에 대하여·득도 의식 (입교식·출가식)
　제 5 장　은법 결의 (恩法結義) ···························· 637
　　　　　은법 결의에 대하여·은법 결의식
　제 6 장　승 급 (昇級) ··· 638
　　　　　승급에 대하여·승급식
　제 7 장　대 사 (戴謝) ··· 640

戴謝에 대하여·戴謝 儀式
(대사식·종법사취임식)
제 8 장 봉 고 (奉告) ·················· 642
봉고에 대하여·봉고식
제 9 장 특별 기도 (特別祈禱) ············ 643
특별 기도에 대하여·특별 기도식
제10장 경 축 (慶祝) ·················· 644
경축에 대하여·신정절·대각개교절·
석존성탄절·법인절·수시경축
제11장 교회장 (教會葬) ················· 649
교회장에 대하여·교회장의위원회·
교회장의 의절
제12장 대 재 (大齋) ··················· 652
대재에 대하여·영모전·영모전 입묘·
대재의 의식
제13장 교 의 (教儀) ··················· 656
교의에 대하여·교기·교복·교구
기타 교의

부 (附)·예 문 편 (禮文編)

제 1 부 통용 경문 (通用經文) ············· 661
제 2 부 가례 예문 (家禮禮文) ············· 671
제 3 부 교례 예문 (教禮禮文) ············· 691
제 4 부 표기·위패·묘위 (標旗·位牌·廟位) 718

총 서 편 (總序編)

 옛 성인이 말씀하시기를 「예(禮)는 하늘 이치의 절문(節文)이요 사람 일의 의칙(儀則)이라」 하였나니, 사람으로서 만일 예가 없고보면 최령의 가치를 이루지 못할 것이며, 뿐만 아니라 공중 도덕과 사회 질서를 유지하기 어려울 것이니, 예법을 정하는 것이 우리 인류 생활에 어찌 중요한 일이 아니리요.

 그러나, 과거로부터 전해 오는 예법이 시대의 변천과 국토의 구분에 따라서, 과거에는 적합하던 예법이 현재에 와서는 혹 적합하지 못한 수가 있고, 저 나라에는 적절한 예법이 이 나라에는 혹 적절하지 않을 수가 있나니 마땅히 그 적절한 것만 취하여야 할 것이며, 또는 예법이 처음 성립될 때에는 그 절차가 매양 간략하여 소루(疎漏)한 느낌이 없지 아니하나, 시일이 오래되어 보충과 해석이 많은 때에는 도리어 번잡한 폐단이 생겨서 대중의 실생활에 혹 부합되지 않는 수가 있게 되나니, 마땅히 그 과불급(過不及)이 없는 중도를 잡아야 할 것이며, 또는 예의 작법은 대개 대인 접물하는 외경에 많이 관련되는지라, 예의 근본을 모르는 사람으로서는 한갓 형식에 흐르고 외화(外華)를 꾸며서 무슨 방면으로든지 그 때와 장소에 따라 외경만 잘 맞추면 이를 예의의 전체로 알기 쉽나니, 마땅히 그 근본을 찾아서 안으로 닦는 공부를 잘 하여야 할 것이니라.

그런즉, 예의 근본이란 무엇인가. 첫째는 널리 공경함이니 천만 사물을 대할 때에 항상 공경 일념을 잃지 않는 것이요, 둘째는 매양 겸양함이니 천만 사물을 대할 때에 항상 나를 낮추고 상대편을 높이는 정신을 잃지 않는 것이요, 세째는 계교하지 않음이니 천만 예법을 행할 때에 항상 내가 실례함이 없는가 살피고 상대편의 실례에 계교하지 않는 정신을 가지는 것이니라.

또한 예의는 상하 계급의 차별법을 많이 사용하는지라, 무슨 방면으로든지 차별법만 잘 밝히면 이를 예의의 정체(正體)로 알기 쉬우나, 원리에 있어서는 외경에 나타나기 전에 먼저 마음을 찾고, 차별법이 없는 자리에 주(住)하여 다시 차별법을 쓰는 것이 곧 예의의 전체를 닦는 것이며, 예의의 전체를 닦은 후에야 모든 예법이 다 본원에 돌아와서 천만 작용을 할지라도 지엽에 흐르는 폐단이 없을 것이니, 예를 공부하는 이가 마땅히 이에 크게 힘쓸 것이니라.

우리 회상에서는, 이 여러가지 점을 참작하고 신구간 필요한 예법을 가리어 먼저 통례의 법을 밝히고, 이어서 시대에 적응하고 공도를 본위한 가례와 교례의 모든 절차를 차례로 밝히어 이에 이 「예전」을 편성하노니, 누구든지 이대로 잘 실행한다면 능히 예의 본말

(本末)을 아울러 얻는 동시에 세상의 발전 향상에 한 도움을 얻게 될 것이니라.

제 1 통례편 (通禮編)

제 1 장 총설 (總說)

 사람이 세상에 살자면 반드시 예가 있어야 하나니, 만일 이 예를 알지 못하고 모든 동작을 매양 절차에 맞추지 아니하면 비록 자기의 몸을 자기가 사용할지라도 상대편에서는 이를 시비하며 세상은 자연히 질서가 문란하게 될지라, 그러므로, 어느 처소 어느 경우를 막론하고 예는 가히 잠간도 떠나지 못할 것이니라.

 예로부터 모든 성현이 먼저 이 예법을 밝히시어 사람으로 하여금 그에 따라 동작하게 하시었나니, 이른바「예가 아니면 보지 말고 예가 아니면 듣지 말고 예가 아니면 말하지 말고 예가 아니면 동하지 말라」하신 것이니라.

 그런즉, 시대의 변천에 따라 작법의 부분만은 혹 변할 수 있으나, 예를 행하는 근본 정신은 고금이 항상 다르지 아니할 것이니, 예를 공부하는 이가 먼저 그 정신을 세우고 경우에 응하여 성현의 교훈을 잘 지키며, 시대의 통례에 어긋나지 아니하여야 할 것이니라.

 또한 통례편의 모든 조항은 뜻과 절차가 심히 평범

하여 누구든지 일상 생활에 다 같이 행할 바 길인 것이나, 평범한 가운데에 진리가 있고 법도가 있어서, 정성으로써 수행하지 아니하고는 능히 그 실지에 맞기가 어려울 것이니, 마땅히 이에 깊이 각성하여야 할 것이니라.

제 2 장 평　　거 (平居)

제 1 절 평거에 대하여

예의는 안으로 마음에 원인하여 밖으로 위의에 나타나며, 일 없는 때에 비롯하여 일 있는 때에 시행되는 것이니, 그러므로, 평상시에 먼저 마음을 닦고 몸을 단련하는 것이 모든 예의의 근본이 되는 것이며, 옛 성인의 말씀에 「모든 예절에 그 대표되는 한 말은 공경하지 아니함이 없는 것(無不敬)이라」하였나니, 만일 공경을 놓고 예를 찾는 것은 근본을 놓고 가지를 취함이라, 그러므로, 예를 배우는 이가 먼저 이 평상시의 공경 공부에 힘 쓰는 것이 그 순서가 될 것이니라.

제 2 절 평거시의 주의

1. 기침(起寢)과 취침을 일정한 시간으로 하며, 식사와 청결과 집무와 휴양 등을 각각 적당한 시간으로 하여, 일상 행사를 규율 있게 할 것이요

예전 제1 통례편

2. 세면 양치 등을 매일 하고, 목욕과 세탁을 적당한 시일에 하여 몸을 항상 정하게 가질 것이요

3. 실내와 정원과 도로를 살펴서 도량을 항상 깨끗이 할 것이며, 수용 도구를 자주 정돈할 것이요

4. 한가한 때에 응용의 형세를 보아서 모든 사물에 미리 연마와 준비를 할 것이요

5. 혼자 있는 때에도 늘 마음을 경계하고 위의를 챙겨서 방심하거나 함부로 하는 일이 없게 할 것이요

6. 부모 사장(師長)을 모실 때에는 그 있는 바 처소를 따라 적당한 시간으로 문후(問候)하며 그 명하시는 바를 진실히 이행하여 각각 시봉의 도를 다할 것이요

7. 직접 자신을 감독하는 어른에게는 반드시 출고반면(出告反面)의 예를 분명히 할 것이며, 비록 수하 사람에게라도 측근자에게는 그 출입과 처소를 알릴 것이요

8. 매일 취침 전과 기침 후에는 일정한 정성으로 신혼경례(晨昏敬禮·교례편 2장 4절)를 올리며, 취침 전 경례 후에는 약 십분간 일기나 유무념법으로써 하루의 심신 작용을 대조할 것이요

9. 처처불상 사사불공과 무시선 무처선의 도리를 생각하여 천만 경계에 항상 공경 일념을 놓지 말 것이니라.

제 3 장 태   도 (態度)

제 1 절 태도에 대하여

 사람의 몸은, 보는 것과, 듣는 것과, 소리 내는 것과, 앉는 것과, 서는 것과, 걷는 것과, 눕는 것과, 얼굴 가지는 것 등 여덟 가지로 운용하나니, 이를 통칭하여 태도라 하나니라. 사람이 그 태도가 좋으면 모든 예의가 아름답게 되고 그 태도가 좋지 못하면 모든 예의가 다 아름답지 못하게 되나니, 그러므로, 태도는 곧 모든 예의의 첫 인상이 되나니라. 그런즉, 사람이 만일 몸에 무슨 고장이 있어서 자기의 몸을 자유로 못하면 할 수 없지마는 그렇지 아니하면 모든 동작에 항상 바르고 평화로운 태도를 가지도록 주의와 단련이 있어야 할 것이니라.

제 2 절 태도 가지는 법

1. 보는 태도를 바르게 할 것이니, 남을 볼 때에 그의 낯을 너무 쳐다 보거나, 상하를 훑어 보거나, 고개를 기웃거리고 보거나, 곁눈으로 보거나, 아랫눈으로 치켜 보지 말 것이요

2. 듣는 태도를 바르게 할 것이니, 남의 말을 들을 때에 고개를 틀고 듣거나, 고개를 기웃거리고 듣거나,

예전 제1 통례편

한 눈을 팔고 듣지 말 것이요

3. 소리의 태도를 평탄하게 할 것이니, 소리를 낼 때에 너무 급하게 내거나, 너무 느리게 내거나, 떨리는 소리를 내거나, 이상한 목소리를 일부러 지어서 내지 말 것이요

4. 앉는 태도를 바르게 할 것이니, 경우에 따라 꿇어 앉든지 평좌(平坐)하든지 의자에 걸터 앉든지간에 고개를 기울게 하거나, 가슴과 허리를 굽게 하거나, 입을 벌리거나, 손이나 다리를 흩어 두지 말 것이며, 또는, 고개를 빼고 발을 높이 개어서 거만한 형상이 나타나게 하지 말 것이요

5. 서는 태도를 바르게 할 것이니, 경우에 따라 훈련을 할 때에는 기운을 차려서 서고, 어른을 모시고 설 때에는 공손히 서고, 보통으로 설 때에는 평탄하게 서는 것을 주로 하되, 고개를 기울게 하거나, 가슴과 허리를 굽게 하거나, 입을 벌리거나, 어깨를 틀거나, 뒷짐을 지거나, 발을 함부로 하고 서지 말 것이요

6. 걷는 태도를 바르게 할 것이니, 경우에 따라 훈련을 할 때에는 대열에 보조를 맞추어서 걷고, 어른을 모신 때에는 보조를 조심하여 걷고, 바쁘게 걸을 때에는 보조를 빨리하고, 한가히 걸을 때에는 보조를 자연스럽게 하는 것을 주로 하되, 고개를 기울게 하거나, 가슴과 허리를 굽게 하거나, 어깨를 틀거나, 뒷짐을 지지 말 것이요

7. 눕는 태도를 평탄하게 할 것이니, 누울 때에는 좌우 형편을 보아서 눕되, 몸을 과히 오그리고 눕거나, 사지(四肢)를 함부로하고 눕지 말 것이요

8. 얼굴의 태도를 평화스럽게 할 것이니, 얼굴이 경우에 따라 여러 가지 표정으로 나타나되, 그 표정이 절도에 맞게 할 것이며, 평상시에는 대체로 평화한 얼굴을 잘 가질 것이니라.

제 4 장 의 제 (衣制)

제 1 절 의제에 대하여

의제는, 몸의 태도에 대하여 서로 떠나지 못할 관계가 있고, 모든 예의를 행하는 데 당하여 먼저 갖추는 요건이 되나니, 의제가 단정하지 못하면 일체 위의가 다 단정하지 못하게 보이고, 의제가 적당하지 못하면 일체 예의가 다 적당하지 못하게 되나니라. 그러므로, 어느 시대를 막론하고 예법을 제정할 때에는 먼저 이 의제를 밝히셨나니, 의제의 발달 여하에 따라 그 시대 문명의 형식을 볼 수 있고, 개인에 있어서는 의제를 잘 가지고 못 가짐에 따라 그 수행의 태도를 알게 되나니라.

제 2 절 의제의 법

1. 의복은 질소 정결을 주로 하며, 각자의 지위와 직업과 연령과 생활 정도에 맞추어서 분수에 적당하게 착용할 것이요

2. 의제는 항상 단정을 주로 하여, 모자를 바르게 쓰고, 옷깃을 정제(整齊)하며, 특히 여름철 의복은 과히 야하지 않도록 착용할 것이요

3. 시대에 맞지 않는 이상한 의복이나 난잡한 복색을 착용하지 말 것이요

4. 단체 생활을 하는 사람은 단체복을 착용하고 단체 안의 의제 규정을 존중히 지킬 것이며, 생활 형편에 따라 될 수 있는 데까지는 노동복과 평상복을 따로 둘 것이요

5. 예복은 경우와 장소에 따라 거기에 맞도록 착용할 것이며, 상복(喪服)은 간편하게 할 것이니라.

제 5 장 경   례 (敬禮)

제 1 절 경례에 대하여

경례는 마음 가운데 갚아 있는 경의를 밖으로 표시하는 첫 인사니, 그 방식은 비록 여러 가지로 다르나 경의를 표하는 것만은 다 같은 것이니라. 경례 가운데에는 서서 하는 예도 있고 앉아서 하는 예도 있고 악수 하는 예도 있고 거수하는 예도 있으며, 또는 대례

와 소례가 있나니, 대례는 불단 탑묘나 부모 존장 등 높은 자리에 하는 예가 되고, 소례는 평교간이나 수하 사람에게 하는 예가 되나니라. 그런즉, 예를 행하는 이가 마땅히 이 모든 방식을 두루 알아서 그 예가 때와 장소에 잘 맞도록 하여야 할 것이니라.

제2절 경례하는 법

1. 서서 하는 예는, 먼저 서는 자세를 바르게 하고 상대편의 정면을 향하여 두 손을 흉부 중앙에 단정히 합장한 다음, 윗몸을 천천히 굽히어 잠시 있다가 다시 펴는 동시에 본래 자세에 돌아오거나, 두 손을 두 다리 옆에 자연스럽게 내리고 몸을 굽히어 잠시 있다가 다시 펴서 본래 자세에 돌아오되, 대례는 허리 전체를 굽히는 것을 표준하고, 소례는 허리를 약간 굽히는 것을 표준하며, 상대편과의 거리는 너무 멀거나 너무 가깝지 않게 할 것이요

2. 앉아 하는 예는, 먼저 서서 하는 예의 경우와 같이 서는 자세를 갖춘 다음, 합장한 그대로 단정히 꿇어 앉아서 상체를 천천히 굽혀 엎드리면서 두 손을 팔(八)자 형(型)으로 하여 땅에 붙이고 잠시 엎드렸다가 일어나는 동시에 두 손을 다시 합장하였다가 바로 본래 자세에 돌아오거나, 두 손을 미리 팔(八)자 형으로 지어서 약간 올렸다가 다시 내린 다음 꿇어 앉아서 천천히 굽히어 잠시 엎드렸다가 일어나 본래 자

세에 돌아오되, 대례는 이마까지 땅에 닿는 것을 표준하고, 소례는 사체(四體)만 땅에 닿는 것을 표준할 것이요

3. 악수하는 예는, 먼저 서는 자세를 바르게 한 다음, 상대편을 보면서 그의 바른 손을 잡되, 잠시 가볍게 쥐었다가 놓을 것이며, 상하와 남녀가 상대된 경우에는, 일반 통례에 따라 어른이나 여인이 먼저 손을 낸 뒤에 할 것이요

4. 거수하는 예는, 먼저 서는 자세를 바르게 한 다음, 바른 팔을 들어서 안으로 굽히어 손 끝을 평직하게 모자 차양에 대었다가 상대편의 답례를 기다려 다시 떼어 본래 자세에 돌아올 것이며, 혹 대중 가운데에서 언권을 청할 때나, 찬의를 표할 때나, 또는 친지와 멀리 지나칠 때에 서로 알리는 예로써 바른 손을 평직하게 위로 올리어 뜻을 표하기도 할 것이요

5. 예는 아무리 어른의 처지에 있다 할지라도 예를 받으면 정도에 따라 반드시 답례할 것이며, 예를 먼저 하는 이로서는 상대편의 답례 여하에 불구하고 다만 자기의 예를 잃지 않도록 할 것이니라.

제 6 장 기거(起居)와 진퇴(進退)

제 1 절 기거·진퇴에 대하여

제 6 장 기거와 진퇴

 사람이 서로 대하면 반드시 기거의 예와 진퇴의 절차가 있어야 하나니, 이는 서로 신분을 존중히 대우하고 상하의 분의(分義)를 밝게 행하자는 것이니라. 예로부터 예를 가르칠 때에 먼저 이 기거 진퇴의 법을 가르친 것이 어렸을 때에 잘 배워 커서 더욱 순숙하라는 것이니, 만일 어렸을 때에 배우지 아니하고 커서 또한 함부로 하면 비컨대 길 안든 소와 같아서 당하는 곳마다 거친 행동이 나타나고 대하는 곳마다 남의 시비를 면하지 못할지라, 그러므로, 이 기거 진퇴의 법은 노소를 막론하고 다 같이 배우며 실천하여야 할 것이니라.

제 2 절 기거하는 법

 1. 누웠을 때에 사람이 오면 병중인 경우를 제외하고는 비록 수하 사람일지라도 일어나 앉아서 대할 것이요

 2. 앉아 있을 때에 사람이 오면, 어른이거든 일어서서 영접하여 어른이 자리에 앉으신 후 다시 앉으며, 평교간이나 수하 사람이거든 목례(目禮)로써 맞이한 후 자리에 앉기를 권할 것이요

 3. 앉아 있을 때에 사람이 앞을 지나가면, 어른이거든 일어섰다가 지나가신 후 다시 앉으며, 평교간이거든 목례로써 보낼 것이요

 4. 어른의 앞에서는 정당한 의자가 아니면 걸터 앉

지 말 것이며, 어른이 의자에 앉기를 권하거든 단정히 의자에 앉되, 될 수 있는대로 측면으로 앉을 것이요

5. 여러 사람이 앉은 앞에서는 특별한 연고가 있기 전에는 눕지 말 것이요

6. 어른의 앞에서는 몸을 기대거나 다리를 뻗거나 발을 높이 개고 앉지 말 것이요

7. 어른을 모시고 앉았을 때에 어른이 일어서시면 같이 일어섰다가 경우에 따라 뒤에 수행(隨行)하든지 다시 앉든지 할 것이요

8. 어른이 서서 무슨 말씀을 묻거든 앉아서 대답하지 말 것이며, 비록 수하 사람이라도 서서 묻는 말에 누워서 대답하지 말 것이요

9. 사람이 식사하는 앞에서는 눕거나 다리를 뻗지 말 것이요

10. 어른과 침소를 같이 할 경우에는 특별한 연고가 있기 전에는 먼저 취침하지 말 것이요

11. 어른이 무슨 수고스러운 일을 하시거든 다른 급무가 없으면 형편에 따라 조력도 하고 혹은 대신도 할 것이요

12. 남녀가 서로 대하는 좌석에서는 기거를 더욱 조심히 할 것이니라.

제3절 진퇴하는 법

1. 사람이 있는 앞에 당할 때에는 상대편의 고하를

제 6 장 기거와 진퇴

막론하고 보조를 조용히 할 것이요

2. 실내에서 어른이나 손님의 앞을 지날 때에는 몸을 굽히어 잠간 실례의 표정을 한 후 보조를 조심하여 지날 것이요

3. 불단이나, 세상이 숭배하는 성자 철인들의 탑묘 앞에서는 비록 신앙이 다를지라도 경례하고 참견하며, 보통 지날 때에도 또한 머리를 숙여 경의를 표하고, 타종교의 의식에 참예하였을 때에는 그 의식에 실례됨이 없게 할 것이요

4. 법석(法席)이나 공중이 모인 장소나 어른이 계시는 존중한 좌석에 출입할 때에는 경례하고 출입하며, 법당에서 입정 심고 등 순서가 진행될 때에는 될 수 있는대로 그 순서가 끝나기를 기다려 조용히 출입할 것이요

5. 어른이 혹 출입을 하셨거나 내가 혹 출입을 하여 격일로 뵈올 때에는 반드시 나아가 예를 올릴 것이며, 조석으로 대할 때에는 조석 인사를 하고 시간적으로 자주 대할 때에는 합장 또는 목례로써 경의만 표할 것이요

6. 사람이 실내에 조용히 있거든 실외에서 미리 오는 기척을 하여 대답이 있은 후에 들어갈 것이요

7. 남의 실내에 출입할 때에는 문(門)을 조용히 열고 닫을 것이며, 혹 열려 있는 문으로 출입하는 경우에는 열린 그대로 두고 출입할 것이요

예전 제1 통례편

8. 사람의 앞에서 소제를 할 때에는 미리 물을 뿌리며 또는 비를 조심히 사용하여 먼지가 저편으로 가지 않게 할 것이요

9. 어른이나 손님의 수용품은 반드시 중히 하여, 넘고 밟지 말 것이며, 또는 어른이나 손님의 그림자도 밟고 넘지 말 것이요

10. 어른을 모시고 갈 때에는 평탄한 길이면 뒤에 따르고 안내의 책임이 있으면 앞에 서서 갈 것이요

11. 남녀가 서로 대할 때에는 진퇴를 더욱 조심할 것이니라.

제7장 언어(言語)와 응대(應對)

제1절 언어·응대에 대하여

사람의 마음은 말로써 표시하고 말은 응대로써 실현되나니, 언어 응대는 곧 인도 행사와 사회 교제의 중심이 되나니라. 그러므로, 사람이 자녀를 양육할 때에 먼저 언어 응대의 법을 가르쳐서 사회 진출의 기본 지식을 삼게 하며, 제불 제성께서도 또한 언어 응대의 법을 중히 생각하사 많은 경계와 지도가 계시었나니, 사람이 만일 이 언어 응대의 예의를 갖지 못하면 인류의 공동 생활에 서로 장해가 생기고 사회의 문명이 자연 저속한 데 떨어질 것이니, 마땅히 이에 크게 주의

제 7 장 언어와 응대

하여야 할 것이니라.

제 2 절 말하는 법

1. 말은 비록 상하의 차별이 있으나, 그 정신만은 항상 사람을 서로 중히 알고 경홀히 아니하는 일반적 경의를 가질 것이요

2. 말은 매양 처지와 장소와 때를 잘 살펴서, 각각 그 경우에 망녕됨이 없게 할 것이요

3. 말은 매양 진실 정직하게 하고 간교한 수단으로써 거짓을 꾸미지 말 것이요

4. 말은 매양 신(信)과 의(義)를 주로 하고 한 입으로써 두 말을 하지 말 것이요

5. 말은 매양 간결하고 침착하게 하여 요령과 순서를 분명하게 할 것이요

6. 말은 매양 정중하고 평화롭게 하여 악한 말과 독한 소리를 하지 말 것이요

7. 말은 매양 너그럽고 여유 있게 하여 막된 말을 하지 말 것이요

8. 말은 매양 사람의 천륜을 보호하며, 사람의 인연을 좋게 인도하도록 할 것이요

9. 말은 매양 사람의 향상하는 길을 열어 주도록 할 것이요

10. 어른에게 하는 경칭 경어와 선진 평교 수하에게 하는 호칭을 각각 적당하게 하며 자칭하는 말도 또한

예전 제 1 통례편

거기에 맞추어서 적당하게 할 것이요

11. 대중적 존모를 받는 어른에게는, 비록 내가 직접 신봉하는 연원이 아닐지라도 매양 정중한 경어를 쓸 것이며, 법호나 아호가 있는 이에게는 호를 부르고 관직에 있는 이에게는 직명을 부르되 시대의 통례에 의하여 각각 과불급이 없게 할 것이요

12. 비록 수하 사람에게라도 경박하고 거만한 말을 쓰지 말며, 자기에게는 수하일지라도 그의 수하 사람에게 그의 말을 할 때에는 적당한 경칭과 경어를 써 줄 것이요

13. 남녀간에는 더욱 경어를 쓸 것이니라.

제 3 절 응대하는 법

1. 응대할 때에는 부드러운 얼굴과 화한 기운으로 명쾌한 담화를 교환하도록 할 것이며, 응대 전에 혹 다른 일로 성내거나 불평한 일이 있었을지라도 상대편에 그 것을 나타내지 말 것이요

2. 응대하는 가운데 싫증나는 기색과 거만한 태도를 나타내지 말 것이며, 몸이 과히 괴로운 때에는 그 사실을 말하여 양해를 얻을 것이요

3. 대화할 때에는 상대편의 말을 공손히 들어서 그 요령을 잘 기억할 것이며, 자기의 말도 또한 간명히 하여 그 요령이 확실하게 할 것이요

4. 대화는 상대편의 말이 끝남을 기다려서 하며,

제 7 장 언어와 응대

또는 자기의 말만으로 시간을 독점하지 말 것이요

5. 보통 담화를 할 때에는 매양 쉬운 말을 쓰고, 그 자리에 맞지 않는 옛 말이나 새 말이나 외국어나 학술어 등을 함부로 써서 상대편을 난처하게 하지 말 것이요

6. 응대할 때에 혹 기침 등이 나오거든 자리를 피하거나 몸을 돌려 조용히 처리하여 그 불결한 빛을 보이지 말 것이요

7. 여러 사람이 서로 담화할 때에 망녕되이 입을 열어 다른 사람의 담화를 방해하지 말 것이요

8. 응대할 때에 딴 곳을 보거나 책이나 신문 등을 보아 상대편에 무성의를 표하지 말 것이요

9. 응대할 때에 자주 시계를 보아 바쁘고 초조한 태도를 보이지 말며, 만일 무슨 급한 일이 있으면 그 사실을 바로 말하여 상대편의 이해를 얻을 것이요

10. 대화할 때에 친소를 막론하고 과한 농담이나 궤변이나 상대편을 모멸하는 언사와 태도를 삼갈 것이요

11. 대화할 때에 학벌이나 기술이나 자기 집의 권세나 재산 등을 자랑하는 언사와 태도를 삼가며, 또는 자기의 궁상을 늘어 놓지도 말 것이요

12. 대화하는 가운데, 남을 비방하고 조소하는 말을 삼가며, 사람의 신분에 관한 비밀을 함부로 드러내지 말 것이요

13. 다른 사람이 있는 앞에서 상대한 사람의 과실

예전 제1 통례편

(過失)과 단점을 지적하여 말하지 말 것이요

14. 대화하는 가운데 상대편의 말이 혹 비위에 맞지 않는다 할지라도 유문 무답(有問無答)하지 말 것이요

15. 대화하는 가운데 혹 감정이 상한다 할지라도, 대화하는 예의는 잃지 말 것이니라.

제 8 장 수수 (授受) 와 진철 (進撤)

제 1 절 수수·진철에 대하여

수수는 어른이나 손님에 대하여 예로써 물품 등을 주고 받는 것이요, 진철은 또한 예로써 음식 등을 나수고 물리는 것이니, 이것이 비록 쉬운 일 같으나 또한 절차에 맞지 아니하면 자연 실례가 되나니라. 그러므로, 일상 상대하는 집안 사람이나 평교간이나 수하 사람에게 보통 주고 받을 때에도 서로 경홀히 하지 않는 경의만은 매양 잃지 아니하여야 할 것이며, 어른이나 손님에게 수수하고 진철할 때에는 반드시 정중한 예로써 하여야 할 것이니, 경의 없는 수수 진철은 누구나 다 마음에 만족하지 아니하며, 혹은 불평이 나오기 쉬울 것인즉, 예를 행하는 이가 마땅히 이에 주의 하여야 할 것이니라.

제 2 절 수수 (授受)하는 법

제8장 수수와 진철

1. 무슨 물품을 예로써 주고 받을 때에는 주는 이와 받는 이가 서로 예하고 주고 받을 것이요

2. 포장 할만한 물품이거든 포장을 단정히 하여 대(臺)에 받쳐서 드릴 것이며, 포장 못할 물품이나 대에 받치기가 어려운 물품은 그대로 드릴 것이요

3. 자루가 있는 물품이나 표서(表書)가 있는 서적 등은 그 자루와 표서를 받는 이 편으로 향하여 드릴 것이요

4. 사령장이나 상장이나 졸업증서 등을 줄 때에도 표서를 받는 이 편으로 향하여 주며, 받는 이는 공손히 나아가서 예하고 받을 것이요

5. 어른에게 무엇을 드릴 때에는 비록 보통 수수일지라도 두 손으로써 받들어 드리며, 받을 때에도 또한 두 손으로 받을 것이요

6. 남녀간에 주고 받을 때에는 더욱 조심히 할 것이요

7. 아무리 철모르는 어린이에게라도 무엇을 줄 때에 던져 주지 말 것이요

8. 남에게 무엇을 줄 때에는, 평화한 얼굴과 성의 있는 태도로 줄 것이요

9. 남에게 무엇을 받을 때에는 비록 뜻에 맞지 않는 물건일지라도 감사한 얼굴로 받을 것이며, 받을 물건이 의리에 부당하면 좋은 말로써 받지 않는 것은 좋으나, 많고 적은 것과, 좋고 낮은 것으로 불만한 기색

을 보이지 말 것이니라.

제 3 절 진철(進撤)하는 법

1. 어른이나 손님에게 무슨 음식을 나술 때에는 상(床)에 받쳐서 나술 것이요

2. 불단 탑묘 등에 꽃이나 향촉 등을 나수고 물릴 때에는 먼저 경례하고 공손히 나수고 물리며, 다한 뒤에도 또한 경례하고 물러나올 것이요

3. 어른이나 손님에게 차(茶)나 과실 등을 나술 때에는 소반에 받쳐서 나술 것이며, 다과에 곁들일 물건들을 챙겨서 나술 것이요

4. 다과를 나순 후에는 다과가 다하기를 기다려 그 그릇을 거둘 것이며, 또는 좌석의 형편을 살펴서 다과의 그릇을 거둘 것이요

5. 다과를 나술 때와 그 그릇을 거둘 때에는 조심스러운 보조로써 탁자 앞에 나아가서 그릇 소리가 나지 않게 조용히 나수고 거둘 것이며, 어른이나 손님 앞을 함부로 다닌다든지, 소반 등을 머리 위로 넘겨 다니지 않도록 주의할 것이니라.

제 9 장 방문(訪問)과 응접(應接)

제 1 절 방문·응접에 대하여

제 9 장 방문과 응접

 사람을 방문할 때에는 방문하는 예가 있고 응접할 때에는 또한 응접하는 예가 있나니, 민중의 지식과 생활 수준이 골라지는 때에는 그 예가 사회 교제의 공통 상식으로 한결같이 될 것이나, 신구의 지식이 다 통하지 못하고 일반의 생활이 고르지 못할 때에는 피차의 처지와 생활과 습속과 가옥 구조 등에 따라 예가 있게 되는 것이며, 그 예에 맞추고 못 맞춤에 따라 인간의 정의(情誼)가 잘 화하고 못 화하게 되는 것이니, 예를 행하는 이가 마땅히 이를 잘 살펴서 서로 실례되는 점이 없이 하여야 할 것이니라.

제 2 절 방문하는 법

1. 사람을 처음 방문할 때에는 먼저 명함을 챙기어 교환하도록 할 것이며, 명함을 챙기지 못할 때에는 성명을 말로써 알릴 것이요

2. 같은 시간에 여러 사람을 방문할 경우에는 여러 사람에게 각각 명함을 드리며, 여러 사람이 같은 시간에 방문할 경우에도 또한 각각 명함을 드릴 것이요

3. 지위가 높은 이나 사무가 많은 이를 방문할 때에는 될 수 있는대로 미리 연락하여 시간의 약속을 얻은 후에 할 것이요

4. 긴급한 일 외에는 식전(食前)이나 밤이나 식사하는 시간에 방문하는 것을 피할 것이요

5. 주인이 바쁜 기색이 보이거든 과히 급한 일이 아

예전 제 1 통례편

니면 간단히 온 뜻만 말하고 물러갈 것이며, 자기의 사정이 장시간 요담할 일이거든 다시 여유 있는 시간을 약속할 것이요

6. 방문하는 집에 당도하면 초인종 또는 공손한 소리로 안내인이나 주인을 부를 것이며, 안내인에게 객실로 먼저 인도된 경우에는 거기에서 주인의 응접을 기다릴 것이요

7. 실내에 들어갈 때에는 모자와 외투를 벗고 들어갈 것이며, 객실에서나 주인실에서 주인을 상대하기 전에는 윗자리에 앉지 말며, 주인과 인사를 마친 후에는 주인의 지도에 좇아서 착석할 것이요

8. 혹 다과가 나오면, 주인의 권(勸)을 기다려 들 것이며, 어른과 동석하였을 경우에는 어른보다 먼저 들지 말 것이요

9. 용무로 사람을 방문할 때에는 간단히 인사한 후 즉시 용건을 말하고 끝나면 물러갈 것이며, 관직자(官職者)를 공석(公席)으로 방문한 경우에는 더욱 간단하게 하여 공무에 방해되지 않게 할 것이요

10. 방문을 마치고 물러갈 때에는 주인의 전송은 한 차례 사양하며, 만일 다른 손님이 있는 때에는 더욱 사양할 것이요

11. 사람의 방문에 수행원(隨行員)이 된 경우에는 기거와 진퇴에 더욱 조심하여 수행하는 예의를 잘 지킬 것이니라.

제 9 장 방문과 응접

제 3 절   응접하는 법

1. 객실 응접실은 항상 청결 정돈에 주의하고, 언제나 손님을 맞이하는 생각으로 집안을 잘 정돈할 것이요

2. 손님이 온 때에는 안내인을 시켜 객실로 먼저 인도하거나, 주인 스스로 맞이하여 응접하되, 수하 손님이 아닐 때에는 손님을 상좌(上座)에 앉히고 예를 행할 것이요

3. 안내인은 손님의 용모나 의복을 보아서 대우를 차별하지 말며, 명함을 받거든 함부로 하지 말고 소중히 다룰 것이요

4. 손님이 객실에서 기다릴 때에는 주인은 즉시 나아가 응접할 것이며, 부득이 면회하지 못할 경우가 있거나 혹은 시간이 늦어질 경우에는 안내인에게 정중히 그 이유를 전하여 손님의 양해를 얻게 할 것이요

5. 주인이 혹 의자나 좌석에 앉아 있을 때에 손님이 실내에 들어오면, 일어서서 손님을 맞이할 것이며, 모든 응접을 친절히 하여 손님에게 불쾌감을 주지 않도록 노력할 것이요

6. 손님을 응접할 때에, 주인은 집안 사람들에 대하여 노기를 발하거나 질책을 하지 말 것이며, 집안 사람들은 함부로 객실에 출입하거나 옆에서 큰 소리로 떠들지 말 것이요

7. 응접하는 가운데 새 손님이 있어서 한 실내에서 응접할 경우에는 주인은 그 새 손님에게 예를 마친 다음 서로 소개하여 인사를 시킬 것이요

8. 손님이 물러갈 때에는, 주인은 문 밖까지 전송함이 예에 마땅하나, 만일 존장 손님이 떠나지 않고 있을 때에는 그 뜻을 말하고 편의상 시종인으로 대행하게 할 것이요

9. 손님이 떠난 후 아직 소리가 들릴만한 거리에서 문을 요란하게 닫거나 떠들고 담소하지 말 것이요

10. 응접할 때에 안내나 시종의 책임이 있는 이는 기거와 진퇴에 더욱 조심하여 그 시중드는 예의를 잘 지킬 것이니라.

제10장 초   대 (招待)

제1절 초대에 대하여

사회 생활이 발달됨에 따라 서로 초대하는 경우가 많아질 것이니, 초대하는 사람이나 초대에 응하는 사람이 그 장소와 처지에 맞는 예를 차리지 아니 할 수 없나니라. 만일 손님을 초대하여 놓고 불쾌한 느낌을 주게 된다면 차라리 초대하지 않음만 같지 못하고, 초대 받은 사람이 또한 예에 어그러지는 일이 있다면 주인의 호의를 저버리게 될 것이므로, 서로 주의하여 성

의와 예로써 대하여야 할 것이니라.

제 2 절 초대하는 법

1. 손님을 초대하고자 할 때에는 그 사유와 일시 장소 등을 미리 명확히 통지할 것이며, 그 경우에 맞도록 응분의 준비를 하고 성의로써 임(臨)할 것이요

2. 많은 손님을 초대한 경우, 손님의 좌석 순은 주빈(主賓)을 주로 하고 기타는 신분 연령 등을 참작하여 적당히 정하되, 만일 남녀가 동석하게 될 때에는 남의 이목에 벗어나는 일이 없도록 주의할 것이요

3. 좌석은 주빈의 자리를 중심으로 하여 차차 순서를 정하고, 주인은 주빈의 맞은 편에 앉도록 할 것이요

4. 손님의 착용품·휴대품은 잘 정리하여 둘 것이요

5. 손님을 초대하여 접대할 때에는 주인은 물론, 거기에 시중드는 사람도 응분의 정결한 복장을 갖추며, 공손하고 민첩한 동작으로 손님을 유쾌하게 하여 드릴 것이요

6. 손님이 도착 또는 퇴거할 때에 주인이나 안내인은 문 밖에서 영접 또는 전송할 것이니라.

제 3 절 초대 받는 법

1. 초대를 받았을 때에는 곧 출석의 여부를 회답하되, 만일 참석하지 못할 경우에는 그 후의(厚意)에 감사하고 이유를 통지할 것이요

예전 제 1 통례편

2. 출석의 회답을 낸 후 부득이 참석 못하게 된 때에는 곧 그 뜻을 통지하고 사과할 것이요

3. 의복은 초대의 경우에 맞도록 착용할 것이요

4. 참석은 정각 약 오분 전 정도로 할 것이요

5. 초대 받은 처소에 이르러 선착의 객이 있으면 인사할 것이며, 연회 중에는 화제나 동작 등에 주의하여 일반에게 좋지 못한 인상을 주지 않도록 할 것이요

6. 좌석은 될 수 있는 한 윗자리는 사양하되, 주인이 지정하여 주는 때에는 그에 순응할 것이요

7. 회식(會食) 중에는 더욱 예의를 잃지 말며 불쾌한 안색이나 지루한 태도를 나타내지 말 것이요

8. 회식이 대강 끝나면 적당한 시간을 보아 떠나되, 자기가 주빈이 아닌 때에는 주빈이 떠난 후에 떠날 것이며, 도중에 부득이 떠날 때에는 조용히 나갈 것이요

9. 초대를 받은 후에는 경우에 따라 서신 또는 전화로 간단히 사례하거나 후일 면대할 때에 감사의 뜻을 말할 것이니라.

제11장 식 사 (食事)

제1절 식사에 대하여

식사는 사람의 생존상 떠날 수 없는 일이니, 식사로 사람의 생명을 유지하기 때문이요, 세 때의 식사를

제11장 식사

비롯하여 수시로 먹을 경우가 있는 까닭이니라. 그러므로, 사람이 만일 이 식사하는 예에 소홀하면 일상 남에게 불쾌감을 주기가 쉬우며, 더욱 여러 사람이 회식하는 자리에서 실례함이 있다면 자연히 여러 사람의 천시(賤視)를 받게 될 것이니 여기에 매양 주의하여야 할 것이니라.

제 2 절 식사하는 법

1. 식사를 시작할 때에는 잠간 마음을 모아 이 음식이 천지 자연의 혜택과 동포들의 많은 노력의 결과로 자기의 생명을 보호하여 줌을 감사하는 동시에 보은을 결심하면서 합장 또는 묵념한 후 착수할 것이요

2. 식사는 자세를 바르게 하고, 너무 급히 하거나 더디 하지 말며, 조용하고 단정하게 할 것이요

3. 다른 사람과 식탁을 같이 할 경우에는 식사를 혼자 먼저 하지 말며, 음식이 합동으로 된 때에는 그 중 맛 있는 음식을 자기만 먹지 말 것이요

4. 식사에 술이 따를 때에는 비록 계문을 받지 아니한 사람일지라도 서로 삼가서 과히 취하지 않도록 할 것이요

5. 외국 요리를 먹을 때에는 또한 그 절차를 잘 알아서 할 것이요

6. 음식물을 다루고 공급하는 이는 정결과 위생에 특별히 유의하며, 그릇은 함부로 다루지 말 것이니라.

예전 제 1 통례편

제12장 환영(歡迎)과 송별(送別)

제 1 절 환영·송별에 대하여

친근한 사람을 만날 때에 반갑고 이별할 때에 섭섭한 것은 사람의 상정(常情)이지마는 사회 생활이 미개한 시대에는 그 반갑고 섭섭한 표정을 한갓 각자의 뜻대로 나타낼 따름이었으나, 사회 생활이 차차 진보됨에 따라 자연히 환영 송별의 격식이 서게 되고 그 가운데에는 사회적 모든 의례를 갖추게 되었으며, 그 의례에는 개인적으로 영송(迎送)하는 예와 대중적으로 영송하는 예가 있고, 대중적 영송에는 또한 환영·환영식·환영 연회와 송별·송별식·송별 연회 등이 있나니, 예를 배우는 이가 마땅히 이 모든 절차를 잘 알고 매양 성의로 임하여 영송하는 경우에 서로 실례됨이 없게 하여야 할 것이니라.

제 2 절 환영하는 법

1. 부모 사장(師長)이나 친척 친지가 먼 곳에 있다가 귀환 또는 내방한다는 통지를 받았을 때에는 각 관계인이 그 처지에 따라 적당한 장소에 출영할 것이요

2. 국가·사회·단체의 지도자나 외국 귀빈이 내방 또는 착임 한다는 통지를 받았을 때에는 각 관계 관청

제12장 환영과 송별

과 사회 대표가 그 소당 장소에 출영할 것이며, 경우에 따라 대중의 출영과 환영식을 거행할 것이요

3. 출영 인사는 피차의 처지에 따라 악수나 경례나 박수로 하며, 또는 직접 인사를 못할 경우에는 명함을 관계 사무처에 제출하여 그 출영을 알릴 것이요

4. 환영식을 하게 된 경우에는 주최자측이 당시 사회의 일반 관례에 의하여 식을 행할 것이요

5. 환영식을 마친 후에는 또한 경우에 따라 적당한 시일 장소를 택하여 환영 연회를 베풀어 위로하되, 공비로 베푼 연회가 아닌 경우에는 연회비를 지참할 것이며, 처지에 따라 친절한 인사와 환담을 교환할 것이요

6. 출영과 환영식과 환영 연회는 허식과 남비에 흐르지 말며, 그 행사가 매양 과불급이 없이 경우와 처지에 맞도록 할 것이니라.

제 3 절 송별하는 법

1. 부모 사장이나 친척 친지가 먼 곳에 여행하거나 또는 전거(轉居) 이동을 할 때에는 각 관계인이 그 소당 장소에서 전송할 것이며, 혹은 출발을 전기(前期)하여 송별회를 베풀어 석별의 정을 표할 것이요

2. 국가·사회·단체 등의 지도자나 외국 귀빈이 원행(遠行)을 하거나 또는 전거 이동을 할 때에는 각 관계 관청과 사회 단체 대표가 그 소당 장소에 전송할

것이며, 경우에 따라 대중이나 혹은 대표자가 출발을 전기하여 송별식이나 송별 연회를 행할 것이요

3. 송별과 송별식과 송별 연회는 매양 적당하게 할 것이며, 식이나 연회는 경우에 따라 생략하고 그 대신 기념품이나 송별금을 적당히 진정 하여도 좋을 것이니라.

제4절 영송 받은 이의 답례

1. 환영을 받은 이가 당지에 오래 머물게 될 때에는, 먼저 환영한 대표들을 역방하여 답례의 인사를 할 것이요

2. 새로 착임(着任)한 이나 내주(來住)한 이는 환영 여하에 불구하고 그 지방 각 관계처와 지명 인사를 역방하여 신임 이주의 인사를 할 것이요

3. 송별의 예를 받은 이가 이동한 주소에 도착한 때에는 먼저 송별하여 준 각 대표에게 지면으로 답례의 인사를 할 것이요

4. 전근 또는 이사로 살던 곳을 떠날 때에는 그 지방의 어른들과 일상 은혜를 입은 각 관계처를 역방하여 옛 정의에 감사하는 고별 인사를 할 것이요

5. 영송의 예를 받을 때에는 매양 감사하는 표정을 나타내며 될 수 있는 데까지는 사양하여 상대편의 폐가 적도록 할 것이니라.

제13장　축하 (祝賀) 와 조위 (吊慰)

제 1 절　축하·조위에 대하여

축하는 사람의 행운이나 경사를 당하여 그 기쁜 마음을 치하하는 인사요 조위는 사람의 재해나 상사를 당하여 그 괴롭고 슬픈 심경을 위문하는 인사니, 길경 (吉慶) 과 재상 (災喪) 은 인간 생활에 면할 수 없는 일이며 그것을 치하하고 위문하는 것은 또한 인간 사회가 서로 친화하는 좋은 도리라, 물론, 그 형식 절차를 잘 차려야 할 것이나, 그 중에는 특히 충심으로 같이 기뻐하고 같이 근심하는 정성이 잘 표현되어야 할 것이니라.

제 2 절　축하 하는 법

1. 친척 친지간에 귀한 자녀를 출생하였을 때에는 특별히 방문하여 축하할 것이요

2. 친척 친지간에 성년·결혼·회갑·회혼식 등이 있는 때에는 특별히 참례하여 축하할 것이요

3. 친척 친지간에 취직·영전·당선·완쾌·개업·신축 등 일이 있을 때에도 또한 방문하여 축하할 것이요

4. 친척 친지로서 어떠한 큰 사업을 하여 대중의 칭송을 받는다든지, 또는 정당한 인망으로 높은 지위를

예전 제 1 통례편

언어 사회에 명성이 나타날 때에는 특별히 방문하여 그 명성을 축하할 것이요

5. 도가에서 수도하는 동지로서 득도 결의(結義) 승급 등의 식이 있을 때에는 특별히 참례하여 축하할 것이요

6. 이 모든 축하 방문이나 참례를 할 때에는 경우와 정의에 따라 축하금 또는 축하 물품을 지참할 것이며, 방문이나 참례를 못할 경우에는 축전 또는 서면으로 축하하는 뜻을 표할 것이니라.

제 3 절 조위(吊慰)하는 법

1. 친척 친지간에 부모상이나 기타 상고(喪故)를 당한 때에는 특별히 방문하여 그 상사를 조문할 것이요

2. 조문은 대개 부고를 받은 뒤에 하는 것이나, 친밀한 사이에는 부고를 기다리지 아니하고 곧 조문하며, 치상(治喪) 등에 협력하여 줄 것이요

3. 상가(喪家)에 도착하면, 먼저 호상소의 안내를 얻어, 영위(靈位)와 상주 있는 곳에 조문한 후, 다시 호상소에 나와서 조객록 기록과 부의를 하며, 만일 의식을 집행중일 때에는 폐식 후에 조문 인사를 할 것이요

4. 조문하는 절차는, 매양 처지와 경우에 맞추어 하되, 영위를 뵈올 때에 교도의 가정이면 심고 송경 등의 예로써 하고, 친척이면 혹 곡(哭)으로 하고, 보통

제13장 축하와 조위

은 다만 예배로써 할 것이며, 상주에게 조문하는 말도 그 경우에 따라 적당한 말로써 할 것이요

5. 조위 금품이나 조위 시문(詩文)등은 형편과 정의에 따라 진정할 것이요

6. 친척 친지간에 병고가 있을 때에는 특별히 방문하여 위문하되, 혹 병자에게 적당한 물품을 가지고 갈 것이며, 병자와 면접할 때에는 기분을 좋게 하고 담화를 근신하여, 지루한 말, 흥분될 말, 걱정될 말, 착심될 말 등은 하지 말 것이요

7. 친척 친지간에 수화풍 등 재난을 당한 때에는 특별히 방문하여 위문하되, 경우에 따라 원조금을 지참할 것이며, 또는 무슨 방법으로든지 그 구호에 힘써 줄 것이요

8. 친척 친지간에 무슨 횡액이나 큰 고통이 있을 때에는 특별히 방문하여 법(法)다운 말로써 그 심경을 잘 위안하고 그 고통을 위로할 것이요

9. 먼 거리에 떨어져 있거나, 또는 무슨 일로 직접 조위하지 못할 때에는 전보나 서면으로라도 조위하는 뜻을 표할 것이니라.

제4절 하위(賀慰)받은 이의 답례

1. 축하를 받은 이는 항상 그 감사한 정의를 잊지 아니하고, 경우에 따라서 몸소 회사(回謝)하거나 또는 서면으로 사례할 것이며, 축하인의 성명과 그 축하

금품을 잘 기록하였다가 상대편에 축하할 일이 생긴 때에 잊지 말고 축하할 것이요

2. 조위를 받은 때에도 항상 그 감사한 정을 잊지 아니하고, 경우에 따라서 몸소 회사하거나 또는 서면으로 사례할 것이며, 조위인의 성명과 그 위문 금품을 잘 기록하였다가 상대편에 조위할 일이 생긴 때에 잊지 말고 조위할 것이요

3. 축하 조위로 특별한 정의가 건넨 사이에는 자손에게까지 전언하여 세의(世誼)를 잊지 않도록 할 것이니라.

제14장 소개(紹介)와 증답(贈答)

제1절 소개·증답에 대하여

소개는 사람과 사람 사이에 인연을 통하여 주는 것이요, 증답은 무슨 물품을 정의로써 증정하고 답례하는 것이니, 이것이 또한 인간 사회에 없지 못할 일이니라. 그러나, 소개하는 인연이 서로 좋게 화한다면 이는 소개의 본의에 맞는 일이지마는 만일 나쁘게 화한다면 차라리 소개하지 않음만 같지 못하며, 증답하는 물품이 도리에 떳떳하다면 이는 증답의 본의에 적당한 일이지마는 만일 도리에 떳떳하지 아니하면 차라리 증답하지 않음만 같지 못하나니, 이 두 가지 점을 매

제14장 소개와 증답

양 잘 살펴서 소개하고 증답하는 데 신중한 주의와 예절이 있어야 할 것이니라.

제 2 절 소개하는 법

1. 사람의 소개는, 경력이나 성품 등을 잘 알아서 책임지고 할 것이요

2. 사람을 서면으로 소개할 때에는 반드시 소개 당자의 경력 성품 요건과 자기와의 관계 등을 정중 명백하게 기재하여 보낼 것이요

3. 당자가 소개 받을 사람을 방문할 때에는 방문하는 예를 잘 지킬 것이며, 소개받는 이는 또한 될 수 있는대로 속히 면회하고 친절히 접응하여 줄 것이요

4. 어른이나 여인에게 사람을 소개하고자 할 때에는 미리 그 의견을 물어 승락을 얻은 후에 당자를 보낼 것이요

5. 응접실이나 연회 석상 등에서 우연히 동석하게 되어 일시적으로 사람을 소개하는 등 직접으로 면접 소개를 할 때에는, 연소자를 먼저 연장자에게, 지위 낮은 사람을 먼저 지위 높은 이에게 차례로 소개할 것이요

6. 소개 받을 사람이 다수일 경우에는 소개 당자의 성명 경력 등을 간단히 일차 소개하고, 그 중 지위 높은 이에게 먼저 인사 시키고 그 외는 좌순(座順)을 따라 인사하게 할 것이요

7. 혼인이나 결의(結義)에 관한 소개 등 사람의 일

예전 제 1 통례편

생에 관계되는 소개는 반드시 진실한 말로 더욱 신중히 할 것이니라.

제 3 절 증답 (贈答) 하는 법

1. 사람에게 물품 등을 증정함에는 정성을 표시하는 데에 그치고, 분수와 도의에 맞도록 할 것이요

2. 증정하는 물품은 경우와 관습에 따라서 그 종류와 수량 등을 적당히 선정할 것이며, 혹 상하거나 변색 변질된 것은 증정하지 말 것이요

3. 증정하는 물품은 깨끗하고 단정하게 포장할 것이며, 경우에 따라 포지(包紙)의 표면에 「근축(謹祝)」「근조(謹吊)」「위문품(慰問品)」「근정(謹呈)」등 적당한 문구와 자기의 성명을 기재할 것이요

4. 사람을 시켜서 물품을 보낼 때에는, 상대편의 주소와 성명을 분명히 알려서 착오가 없이 할 것이며, 소포 등으로 부칠 때에는 포장에 더욱 유의하여 물품이 파손되지 않도록 할 것이요

5. 증정하는 물품을 드릴 때에는 수수(授受)하는 예를 잘 지킬 것이며, 집안 사람 등에게 간접으로 전할 때에는 그 뜻을 잘 알리도록 할 것이요

6. 증정하는 물품을 받을 때에는 감사히 받아 조용히 놓고 호의에 감사할 것이며, 전인(傳人)으로 받은 경우에는 명함이나 혹은 서신으로 그 받은 것을 알릴 것이요

7. 예에 맞지 아니한 증물(贈物)은 받지 말 것이며, 모든 증물은 그 보답할 바를 생각하여 받을 것이니라.

제15장 통신(通信)과 교통(交通)

제1절 통신・교통에 대하여

통신은 상하를 막론하고 서로 인연 있는 사람이 각지에 떠나 있을 때에 시절을 따라 문후하며, 또는 자기의 안부나 용건도 알리는 것이니 이것이 곧 통신 예의요, 교통은 대중이 오고 가는 때에 서로 질서를 정연하게 하는 것이니 이것이 곧 교통 도덕이니라. 그러므로, 우리는 사회・국가・세계가 서로 한 집안을 이루어 나아가는 시대에 처하여 이 통신과 교통의 예에 특별히 주의하고 단련하여 서로 애호 존중하는 미덕을 양성 발휘하여야 할 것이니라.

제2절 통신에 대한 법

1. 멀리 계시는 부모 사장이나 기타 특별한 인연에게는 때때로 문안 편지를 내고, 자기의 안부도 잘 알릴 것이요

2. 편지는 피차의 처지에 맞추어 쓰되, 보통에 있어서는 매양 경어를 주로 사용할 것이요

예전 제1 통례편

3. 편지는 알기 쉬운 말로 간단 명료하게 쓸 것이며, 피봉의 쌍방 주소 성명도 정확하게 쓸 것이요

4. 우편·전신 등을 이용할 때에는 통신 규정을 존중히 지켜 상대편에 실례됨이 없게 할 것이며, 전문(電文)은 요약하되, 상대방이 이해할 수 있도록 할 것이요

5. 지면(知面)이 없거나 과히 친밀하지 않은 사이나, 또는 신분이 높은 어른에게 편지를 보내면서 답장을 구할 때에는 처지를 따라 반신용(返信用) 우표나 엽서 등을 보낼 것이요

6. 편지를 받았을 때에는, 존장·동료에게는 물론이요, 비록 수하 사람에게라도 반드시 답장을 낼 것이요

7. 우편물이 혹 잘못 전달되어 왔을 때에는 지체 말고 수신란(受信欄)에 그 사유를 써서 반송할 것이요

8. 전화를 이용할 때에는 부탁하여 될 일이면 될 수 있는대로 존장을 불러 내지 않도록 하고, 부득이할 경우에는 먼저 그 실례를 사과한 다음 간단하게 그 용건을 말할 것이요

9. 전화는 친절히 응대하고 요담만으로 그칠 것이며, 말이 끝난 것을 확인한 후에 서로 인사하고 끊을 것이요

10. 우편·운송편으로 물품을 보낼 때에는 즉시 그 사유를 편지로 낼 것이며, 받은 이는 또한 지체 없이 그 받은 사유를 통지할 것이니라.

제15장 통신과 교통

제 3 절 교통에 대한 법

1. 교통을 할 때에는, 매양 그 지역과 그 경우의 교통 규칙을 잘 지켜서 서로 혼잡함이 없게 할 것이요

2. 선차(船車)나 비행기에 오를 때에는 내리는 사람이 다 내리는 것을 기다려 오를 것이며, 노인이나 어린이나 여자나 병자에게는 될 수 있는대로 좌석을 양보하여 줄 것이요

3. 좌석 지정이 없는 선차 안에서 남이 먼저 차지한 좌석을 침범하지 말며, 좌석을 얻었다 하여 두 사람 분의 좌석을 독점하지 말 것이요

4. 선차 안에서, 휴대 물품을 좌석이나 통로에 함부로 두어 여러 사람에게 불편을 끼치지 말며, 휴지 등을 함부로 버려 여러 사람에게 불쾌감을 주지 말 것이요

5. 노약이나 여자로서 혹 선차 안의 좌석을 양보 받은 때에는 반드시 감사하는 인사를 할 것이며, 양보한 사람이 계속해서 서 있을 때에는 교대하여 앉기를 권할 것이요

6. 집무 중의 운전원에게 함부로 말을 걸지 말 것이요

7. 선차 안에서 큰 소리로 떠들거나, 술에 취하여 이상한 행동을 하거나, 담배를 함부로 피우거나, 난잡한 행동을 하거나, 혹은 잠잘 시간에 떠들어서 옆 사

람의 수면을 방해하는 등 다른 승객에게 불쾌와 불편 끼칠 일을 하지 말 것이요

8. 선차에 오르 내릴 때에나 길거리에서 혹 노약이 휴대품 운반에 곤란을 당하거든 힘 미치는대로 도와 줄 것이며, 혹 거마(車馬)등이 짐이 무거워 전진 못하는 것을 보거든 다른 일에 큰 지장이 없는 한 힘 미치는대로 도와 줄 것이요

9. 혹 길을 물을 때에는 간단히 예하고 공손히 물을 것이며, 물음을 받은 이는 간단히 답례한 후 자기 아는 데까지 그 길을 친절하게 일러 줄 것이니라.

제16장 공중(公衆)과 공용(公用)

제1절 공중·공용에 대하여

공중은 사회의 여러 사람을 말함이요, 공용은 공중이 공동 사용하는 것들을 이름이니, 공중과 공용은 곧 사회 생활의 요건이요, 그를 중히 생각하고 잘 보호하는 것은 또한 사회 생활을 향상 발전시키는 요소가 되나니라. 그러므로, 개인이나 사회를 막론하고 선악의 근본을 찾아본다면 오직 공(公)과 사(私) 두 가지에 달려 있나니, 공을 더 중히 아는 민중은 다같이 향상의 길을 얻게 되고, 사를 더 중히 아는 민중은 다같이 낙후(落後)의 길을 밟게 되나니라. 그러므로, 우리는 이에 각

제16장 공중과 공용

성하여 공중과 공용을 중히 아는 향상의 길은 얻을지언정 사리(私利)와 사욕에만 몰두하는 낙후의 길은 밟지 않도록 서로 경계하고 주의하여야 할 것이니라.

제2절 공중(公衆)에 대한 법

1. 개인 자신이 곧 공중의 한 분자임을 알아서, 모든 언동을 항상 공중에게 끼칠 바 영향을 생각하여 행할 것이요

2. 어떠한 단체에 참가한 때에는, 단체의 공법(公法)을 철저히 지킬 것이요

3. 공중이 회집한 장소에서는 그 장내의 규율을 지키되, 시간을 엄수할 것이며, 좌석을 차서 있게 할 것이며, 사삿말과 질서 없는 행동으로 장내를 소란하게 하지 말 것이요

4. 회의를 진행할 때에는 회의 규칙을 엄수하고, 말은 언권을 얻어서 순서 있게 할 것이요

5. 공중을 상대하여 말할 때에는, 매양 더욱 경어를 쓸 것이요

6. 공중을 상대하여 이해(利害)를 가릴 경우에는 정당한 경위를 찾아서 처리하되, 항상 공중을 본위로 할 것이요

7. 공중의 안전을 보장하는 책임에 당한 때에는, 비록 어떠한 위험이 있을지라도 반드시 그 임무를 다할 것이요

8. 공중 사업은 다소를 막론하고 힘 미치는대로 의무적으로 할 것이요

9. 공도(公道)에 헌신한 인물을 극진히 숭배할 것이요

10. 공중에게 미상한 일을 확언하지 말 것이요

11. 무슨 일이나 공중에게 이익될 일을 발견한 때에는 힘 미치는대로 미루지 말고 행할 것이니라.

제 3 절 공용(公用)에 대한 법

1. 우주 안의 모든 산물이 자타의 소유를 막론하고 다 공용인 것을 알아서 비록 어떠한 물건이라도 함부로 하지 말 것이요

2. 남의 소유나 공공 소유를 항상 나의 소유같이 아낄 것이요

3. 공용물을 관리하는 책임자는 그 책임이 더욱 중함을 알아서 정성껏 잘 관리 할 것이요

4. 공공 시설물은 일반이 다 주인인 것을 알아서 의무적으로 다 같이 보호하며, 공공 미화에 협력할 것이요

5. 공용 지대나 공원의 설비를 조심히 사용하고, 비록 일초일목(一草一木)이라도 손상하지 말며, 경내에 더러운 물건을 함부로 버리지 말고, 공동 변소 등을 깨끗이 사용할 것이요

6. 가로수나 동리 주변의 수목 등을 애호할 것이며,

저수지·제방·우물 등은 자타의 소유를 막론하고 다 같이 애호할 것이요

7. 관사 사택 등에 거주하거나 공청(公廳)·공사(公舍)·선차 등 공물을 사용할 때에는 매양 조심하여 손상하거나 더럽히지 말 것이며, 만일 잘못하여 손상한 때에는 자진하여 변상하도록 할 것이요

8. 공금은 더욱 절용할 것이며, 또한 범하여 쓰지 말 것이요

9. 공가(公家)에서 무고히 놀고 먹지 말 것이요

10. 모든 공용 기관과 문화재는 관민이 공동 협력하여 항상 건설적으로 보호 육성할 것이니라.

제17장 국민(國民)과 국제(國際)

제1절 국민·국제에 대하여

국민으로서 국가에 대한 예와 국제에 있어서 국제에 당한 예를 대체적으로도 알지 못한다면 국민 또는 세계인으로서 부끄러운 일이라 아니할 수 없을 것이니, 그에 당한 구체적인 예의는 필요에 따라 전문적으로 배워야 할 것이나, 대체에 있어서는 누구나 상식으로 알고 상식으로 행함이 있어야 할 것이니라.

제2절 국민의 예

예전 제 1 통례편

1. 국민으로서 국사(國史)의 대강과 그 연원을 알아서 보본 숭조(報本崇祖)의 사상을 잘 가질 것이요

2. 국가의 헌법과 법률을 존중히 옹호하고 지킬 것이요

3. 국가의 최고 영도자와 입법·행정·사법 등 삼부(三府)의 요인을 정당하게 경애(敬愛)할 것이요

4. 국가의 기원(紀元)과 각 기념일을 잘 기억하며, 기념 행사에 매양 성의로 응할 것이요

5. 국기(國旗)를 존중하며, 그 게양과 보관에 소홀함이 없도록 할 것이요

6. 국민의 공통된 의무는 자각한 정신으로 이행할 것이요

7. 무엇이나 국가에 이익되는 일이면 일반 국민이 다 같이 합심하여 나아갈 것이니라.

제 3 절 국제의 예

1. 현 세계의 국제 기구와 그 헌장을 존중히 할 것이요

2. 자기 나라와 특별한 친의 있는 우방을 잘 알 것이며, 국제적 후원과 협조에 대하여는 감사한 마음을 가질 것이요

3. 외국 사람을 대할 때에는 어떤 사람을 막론하고 손님을 대하는 심경으로 친절하고 공경히 대할 것이요

4. 자신이 외국에서 생활할 때에는 모든 언동을 항

상 자기 나라에 끼칠 영향을 생각하여 할 것이며, 그 나라의 법률을 존중히 지킬 것이요

5. 외국의 국기는 자기 나라 국기와 같이 존중히 할 것이며, 우방간 특별한 친선을 표할 때에는 양국 국기를 함께 게양하되 그 게양 규례를 잘 지킬 것이요

6. 경우에 따라 국제에 관한 예의를 잘 배워 둘 것이니라.

제18장   염치 (廉恥) 와 신의 (信義)

제1절   염치·신의에 대하여

염치는 어떠한 예(禮)아닌 경계를 당하여 양심상 스스로 부끄러운 생각을 일어내고 청렴을 지키는 것이요, 신의는 모든 사물을 대할 때에 신용과 대의를 잃지 않는 것이니, 염치·신의는 곧 인간 예의의 기본이 되나니라. 사람이 만일 염치 없이 다만 욕심에 따라 동작하거나, 신의 없이 당하는대로 변태한다면 어찌 사람의 예의를 행할 수 있으리요. 그러므로, 사람의 예의를 행하기로 하면 반드시 이 염치와 신의가 있어야 할 것이니라.

제2절   염치 가지는 법

1. 내 물건이 아닌 바에는 어떠한 물건이라도 의

예전 제 1 통례편

(義)아닌 욕심을 내지 말 것이요

2. 정당치 못한 부귀에는 마음을 빼앗기지 말 것이요

3. 정당한 연고 없이 남에게 의뢰하지 말 것이요

4. 남의 은혜를 받았거든 반드시 보은할 생각을 가질 것이요

5. 남이 대우를 하거든 반드시 겸양하며, 더 과분한 대우를 요구하지 말 것이요

6. 남의 잘못을 찾는 마음으로 나의 잘못을 먼저 찾을 것이요

7. 공사(公私)를 막론하고 남에게 손해를 끼쳤거든 비록 고의가 아닐지라도 미안한 마음을 잊지 말 것이며, 무슨 방법으로든지 그에 대한 보상을 강구할 것이요

8. 비록 땅에 흘린 것이라도 남의 것을 사사로 취하지 말 것이요

9. 모든 말이나 행동을 거짓으로 꾸미지 말 것이요

10. 주위 사람의 생활이 궁핍한 가운데에서 혼자 호화한 생활을 자랑하지 말 것이요

11. 대중의 경제가 위험한 기회를 이용하여 혼자 과도한 이익을 도모하지 말 것이요

12. 대중을 지도하는 책임자로서 권리를 남용하여 사리(私利)를 도모하지 말 것이요

13. 대중이나 이웃이 어떠한 재난을 당한 때에는 비록 책임자가 아닐지라도 무관심 하지 말 것이며, 무슨

제18장 염치와 신의

방법으로든지 그 도울 바를 연구하며, 개인의 유흥 같은 것은 삼갈 것이요

14. 일생을 통하여 자신의 공중에 대한 공헌을 자주 반성하여, 그 실적이 부족하거든 늘 새로운 정신으로 전진하여야 할 것이니라.

제 3 절 신의 지키는 법

1. 무슨 일이나 정당히 약속한 것은 반드시 실행할 것이며, 만일 부득이한 일로 실행하지 못할 경우에는 그 사유를 알려서 상대편의 양해를 얻을 것이요

2. 무슨 물건이나 남의 것을 빌어 온 때에는 약속한 기일 안에 반드시 돌려 보낼 것이며, 빌어 온 물건은 자기 물건 이상으로 조심히 사용할 것이요

3. 무슨 일이나 남의 부탁을 승락하였을 때에는, 성의껏 그 일에 힘써 줄 것이요

4. 무슨 물건이나 남의 것을 맡게 된 경우에는 주인에게 전할 때 까지 성의껏 보관할 것이며, 만일 함부로 하여 손실이 생긴 때에는 그 손실을 자진하여 변상할 것이요

5. 공사(公私)를 막론하고 무슨 회계할 경우가 있을 때에는, 그 회계를 매양 신속 또는 분명히 할 것이요

6. 사람의 환경을 따라 옛 정의(情誼)를 변하지 말 것이며, 나의 환경을 따라 근본 마음을 고치지 말 것

이요

7. 이해의 경우를 따라 의리를 저버리지 말 것이며, 후일에 섭섭한 것으로 전일의 은혜를 잊지 말 것이요

8. 사회나 단체에 있어서 선진과 후진 사이에 서로 공경하고 사랑하는 예도를 잃지 말 것이며, 사람의 외관(外觀)만으로 예를 행하지 말 것이요

9. 사람의 한 가지 잘못으로 다른 잘한 것까지 말살하지 말 것이요

10. 대의(大義)를 확실히 발견한 때에는, 어떠한 난관을 당할지라도 죽기로써 실천할 것이요

11. 진리에 근본한 서원은 영세(永世)를 일관(一貫)할 것이니라.

제 2 가 례 편 (家禮編)

제 1 장 총 설 (總說)

 가정이 이룩되면 자연히 자녀가 출생되고, 따라서 성년·혼인·회갑·상장(喪葬)·재(齋)·제사 등 일이 없지 아니하게 되나니, 이와 같이 가정에 관련되는 모든 의례를 일러 「가례(家禮)」라 하나니라.

 이 가례가 바르면 사회·국가의 예가 따라서 바르게 되고, 가례가 바르지 못하면 사회·국가의 예가 따라서 바르지 못하게 되나니, 이는 가정이 곧 사회·국가의 근본이 되는 까닭이니라.

 예로부터 관혼상제의 네 가지 예를 가례라 하여 그 절차가 심히 번거하였으나, 근래에 와서는 시대의 변천을 따라 널리 실행되지 않는 바가 있으므로 이를 개선하는 동시에, 다시 출생·성년·회갑·재(齋) 등의 의례를 더하되, 간소를 위주하여 이를 편성하는 바, 그 대지(大旨)는 사실을 주로하고 허례를 줄이며, 정신을 주로하고 형식을 따르게 하는 법이니, 예를 행하는 이가 먼저 이 뜻을 깨친 후에야 모든 예법이 항상 실지에 맞게 될 것이니라.

제 2 장 출   생 (出生)

제 1 절 출생에 대하여

출생은, 사람이 세상에 나오는 처음이라, 그 일생에 제일 중요한 시기이며, 가정과 사회에서는 후사(後事)를 맡길 새 주인을 맞이함이라, 인간에 더할 수 없는 큰 일이니라.

그러나, 과거에 있어서는 출생에 대한 정당한 의례의 제정이 없었으므로, 모든 사람이 각자의 지견에 따라 행사하여, 혹은 미신에 흐르게 되고 혹은 아무 주견이 없이 당하는대로 지내게 되어, 산모와 산아의 위생에 혹 지장이 없지 아니하였나니, 그러므로, 출생의 예는 태교의 법과 산모의 위생과 산아의 장래 혜복에 중점을 두어야 할 것이니라.

제 2 절 입태 (入胎) 와 출생

1. 입태를 기다리는 부부는 과거와 같이 사사한 미신에 의뢰하지 말고, 그 정신을 돌려서 부부간 위생에 주의하며, 생리적 고장 유무를 조사하여 치료할 것이요

2. 입태 후에는 「태교의 법」(世典)을 준수하여, 몸을 삼가고 마음을 깨끗이 하며, 행실을 더욱 바르게 할 것이요

제 2 장 출생

3. 태모가 해산 때에 당하면, 가족에게 부탁하여 미리 준비한 해산 수용품 등을 챙긴 다음, 몸을 경동하지 말고 마음을 편안히 하여 순산하기를 기다릴 것이요

4. 가족은 조산원이나, 해산에 경험 있는 사람을 미리 초청하여 그 보호에 당하게 할 것이요

5. 산실(產室)은 정결히 하고 주위를 정숙히 하며, 산모와 가족이 한 가지 법신불의 가호하심을 묵상할 것이요

6. 해산 후에는 산모와 산아의 금침(衾枕) 의류를 깨끗이 하며, 산실의 정결에 계속 유의할 것이요

7. 산실 부근에서는 정당치 못한 말과 악독한 소리를 피하며, 살생 등을 금할 것이니라.

제 3 절 명 명 식 (命名式)

1. 유아의 출생후 7일이 되면 그 이름을 짓고, 자택이나 교당에서 명명식을 거행하되, 1. 개식 2. 입정 3. 명첩(名帖) 봉헌(奉獻) 및 헌배(佛前獻拜) 4. 독경(서원문 예문1) 5. 기원문(祈願文예문12) 및 일동 불전 헌배 6. 명명식 노래(성가 40) 7. 폐식의 순으로 할 것이요

2. 명명 식순 중 명첩 봉헌 및 헌배는 유아의 부모가 불전에 명첩을 봉헌하고 이어서 4배할 것이요

3. 폐식 후에는 출생 표기(出生標旗예문 75)를 산실(產室) 앞에 걸었다가, 출생 제 7주일에 거둘 것이니라.

예전 제2 가례편

제4절 출생 칠주(週) 기원식

1. 출생후 7주일이 되면 유아의 장래 혜복을 위하여, 자택이나, 교당에서 출생 7주 기원식을 거행하되 1.개식 2.입정 3.불전 헌공 및 부모 헌배 4.독경 (서원문) 5.출생 7주 기원문(예문 13) 및 일동 불전 헌배 6.애유의 노래(성가101) 7.폐식의 순으로 할 것이요

2. 식을 마친 후에는 「출생 표기」를 거두고, 가세 (家勢)의 정도에 따라 간소한 음식으로 친척 친우를 청하여 한 때의 공양을 올리며, 친척 친우는 가세의 정도에 따라 약간의 축하금을 희사하여 불전 헌공에 보조할 것이요

3. 불전 헌공금은 불사(佛事)나 공공(公共)사업에 사용하여 유아의 무형한 복을 빌 것이며, 혹은 이를 별도로 저축하였다가 유아의 장래 교육비 등에 쓸 것이니라.

제3장 성 년 (成年)

제1절 성년에 대하여

남녀를 막론하고 공민(公民)의 연령에 도달하면 성년이라고 하나니, 성년이라 함은 모태 중에서 출생한

제 3 장 성년

자력 없는 한 어린 몸이 천지·부모의 생육하신 큰 은혜와, 동포·법률의 보호하신 너른 혜택으로 차차 기골(氣骨)이 장성하고 기력이 향상되어 능히 자력 생활을 하게 되며, 나아가 가정·사회·국가에 하나의 인격을 이루게 된 것을 이름이니, 성년식은 곧 당인의 성년을 축하하는 것이며, 인간 사회의 모든 의무와 권리를 부여하는 것이며, 자력 생활과 이타적(利他的) 보은행을 격려하는 의식이니라.

제 2 절 성 년 식 (成年式)

1. 성년식은 부모·사장(師長)의 주최와 동지·친우의 후원으로써 당인의 생일 또는 적당한 날자에 교당이나 자택에서 거행하되 1. 개식 2. 입정 3. 심고 (예문 14) 4. 설법(예문 15) 5. 부모전 헌배(2배) 6. 친족 상견례 7. 동지 상견례 8. 축사 9. 답사 (예문 16) 10. 성년식 노래(성가 41) 11. 폐식의 순으로 할 것이요

2. 성년 식순 중 설법을 마치면 성년자는 2배하며 친족 상견례와 동지 상견례는 서로 단배하되 어른은 앉아 목례하며, 교단 주최의 합동 성년식인 경우에는 교가(성가 2)와 교단 간부의 회고 순 등을 더하여 행할 것이요

3. 성년식을 마친 후, 형편에 따라 간소한 음식으로 대중에게 한 때의 공양을 올리는 것도 좋으며, 친

척 친지들은 약간의 기념품을 진정하여 축의를 표하는 것도 또한 좋을 것이니라.

제 4 장 혼　　인 (婚姻)

제 1 절 혼인에 대하여

혼인은 남녀 양성(兩性)이 상합하여 한 가정을 이루는 것이니, 이로 인하여 자녀가 출생되며, 따라서 부락이 구성되고 사회·국가가 조직되므로, 혼인은 곧 가정·사회·국가의 근원이니라. 그러므로, 한 사람 한 사람의 혼인이 정당함에 따라 사회·국가에 그만한 좋은 결과가 나타나고, 한 사람 한 사람의 혼인이 부당함에 따라 사회·국가에 그만한 낮은 결과가 나타나나니, 예로 부터 혼인을 인간 대사(大事)라 하여 의식 절차를 가장 정중히 하여 온 것이 어찌 범연한 일이리요. 그런즉, 혼인을 할 때에는 각자의 성격과 상대방의 건강·이상(理想) 등을 자상히 알며, 처지와 형편을 깊이 생각한 후에 반드시 끝까지 신의를 지킬 굳은 약속과 정중한 의식으로 성립하여야 할 것이요 한 때의 감정이나 소홀한 방식으로 성립하여서는 아니될 것이니라.

제 2 절 약　　혼

1. 혼인 연령은 성년(成年) 이상을 표준으로 할 것

제 4 장 혼인

이요

 2. 결혼을 원할 때에는 혼인 소개소에 자기의 호적 등본과 이력서와 건강 진단서와 사진과 희망서 등을 제출하고, 혼처 선택도 여러 사람의 모든 서류를 열람하여 자기 의사에 맞는 인물을 발견할 때에는 소개소를 통하여 상대방에 청혼할 것이요

 3. 청혼을 받은 이는 상대방의 실상(實狀)을 잘 알아보고, 당인과도 만나본 후 자기의 뜻에 맞을 때에는 그 응락서를 소개소에 제출하여 상대방에 전달하게 하고, 만일 불응할 때에는 또한 그 사유를 소개소에 통지할 것이요

 4. 위 절차를 밟은 다음, 양방의 뜻이 마침내 상합될 때에는 양방 당사자와 부모와 증참인이 회합하여 약혼하고, 혼인에 대한 제반 행사를 정식으로 의논할 것이요

 5. 약혼은, 현행 관례에 의하여 식을 가짐도 무방하나 될 수 있는대로 번폐를 피하고, 결혼증서에 예비 서명함으로써 약혼을 표하도록 할 것이요

 6. 만일 약혼식을 가지게 될 경우에는 1. 개식 2. 약력 소개 3. 신물(信物)교환 4. 심고 5. 친족 인사 소개 6. 훈화 7. 폐식의 순서로 거행할 것이요

 7. 혼인 소개소는 교당 또는 일반 공공 기관에 병설하여 이용함이 좋을 것이며, 경우에 따라 친척 친지의 구두(口頭) 소개나 당인들의 선택에 의하여 정혼함

예전 제2 가례편

도 무방할 것이요

8. 재래와 같이 미신에 의하여 사주·궁합을 보고 택일하는 등 예는 폐지하며, 결혼 일자는 양방 사정에 구애되지 않도록 적당히 결정할 것이요

9. 혼인에 관한 희망서와 그에 대한 답서는 당인들의 형편에 따라 작성할 것이며, 결혼 증서는 예문 17에 의하여 작성할 것이니라.

제 3 절 결 혼 식

1. 결혼식은 교당에서 거행하되, 혹 형편에 따라 일반 공회당이나 자택에서 거행하여도 무방하며, 식은 신랑 신부 입장에 이어 1. 개식 2. 불전 헌공 및 고유문(예문 18) 3. 심고(예문 19) 4. 결혼 증서 교환 및 배례 5. 설법(예문 20·21) 또는 주례사 6. 축사 7. 결혼식 노래(성가 42) 8. 신랑 신부 및 가족 대표 인사 9. 폐식 및 신랑 신부 퇴장의 순으로 할 것이요

2. 결혼 식순 중 양가(兩家) 형편에 따라 신랑 신부 배례에 이어 예물 교환을, 설법에 이어 부모전 헌배(2배)와 친족 상견례(1배)를 행할 수 있으며, 혹 축전·축창·축화 등이 있을 때에는 축사에 이어 소개 또는 진정(進呈)하게 할 것이요

3. 고유문은 주례가 불전에 대독하고, 마치면 신랑 신부가 불전에 2배하며, 결혼 증서 교환은 주례가 신랑 신부를 향하여 전문(全文)을 1독한 후 양방에 교

환하고 신랑 신부 배례는 양방이 같이 2배하며, 설법 후 신랑 신부는 법사전에 1배하되 이 모든 예는 다 정중한 경례로 대행할 것이요

4. 신랑 신부의 예복과 입장 퇴장할 때의 주악과 보호인의 대동 등은 당시의 일반 관례와 양측 형편에 좇아 분(分)에 맞도록 할 것이니라.

제4절 혼례에 관한 처리

1. 혼수품은 간소를 위주하고 필요 없는 외구화식(外具華飾)을 폐지하며, 연회는 간소한 음식으로 내빈을 접대하는 것은 좋으나, 분수 밖의 비용을 써서 2중 3중으로 연회하지 말고, 그 절약된 비용을 생활 기금으로 적립 할 것이요

2. 신랑 신부가 예를 마친 후에는 당일로 신행(新行)함을 원칙으로 하고, 양가를 서로 내왕할 때에 주고 받는 예물은 극히 간소하게 하며, 만일 경제가 곤란한 이는 이를 전폐하고 후객(後客)은 양방이 다 2·3인을 넘지 않도록 할 것이요

3. 결혼식을 마친 후에는 바로 법적 절차를 완결할 것이요

4. 불전 헌공은 양방에서 혼비를 절약하여 그 대액을 불전에 바치고 그 금액은 불사나 기타 공공 사업에 사용하여 결혼인의 영원한 기념이 되게 할 것이니라.

제 5 장 회 갑 (回甲)

제 1 절 회갑에 대하여

회갑은 출생 후 60주년을 맞이하는 기념이니, 소년기와 장년기를 지내서 가정・사회・국가・세계를 통하여 모든 공부와 사업에 결실을 회고하는 뜻 깊은 시기라, 그러므로, 당인에 있어서는 사은의 지중하신 은혜로 긴 세월을 지내 온 감사를 다시금 회상하는 동시에 보은 사업에 얼마나한 노력이 있었는가를 반성하여 보자는 것이며, 친척・친우에 있어서는 또한 사은의 은혜로 얻은 수(壽)의 기쁨을 축하하는 동시에 그의 일생에 끼친 바 공덕을 찬양하고 여년을 더욱 격려하자는 것이니라.

제 2 절 회 갑 식

1. 회갑식은 교당에서 거행하되 혹 형편에 따라 자택에서 거행하여도 무방하며, 식은 1. 개식 2. 입정 3. 약력 보고 4. 불전 헌공 및 감사문(예문 22) 5. 심고(예문 23) 6. 설법 7. 축사 8. 답사 9. 가족 대표 인사 10. 회갑식 노래(성가 43) 11. 폐식의 순으로 할 것이요

2. 회갑 식순 중 약력 보고는 당인의 생장・학력・

경력・입교・법계(法階)・사업・자녀에 관한 사항 등을 상세히 보고할 것이며, 혹 축전・축창・축화 등이 있을 때에는 축사에 이어 소개 또는 진정하고, 교단 주최의 합동 회갑식일 경우에는 교례편 경축 6절 3항에 의할 것이요

3. 진상(進床) 헌수(獻壽)등의 예는 폐식한 후 별석에서 행하며, 만일 예물을 바칠 이가 있을 때에는 진상과 동시에 드릴 것이요

4. 회갑식의 설법은 당시 법사가 회갑의 의의를 설명한 다음 회갑인의 일생 공덕을 치하하며 그의 여년 수양을 격려하는 요지로써 할 것이니라.

제3절 회갑에 관한 처리

1. 식을 마친 다음 간소한 음식으로 내빈을 접대하는 것은 좋으나 분수 밖의 비용을 써서 2중 3중으로 연회하지 말고, 그 절약된 비용을 양로 기금 등으로 적립할 것이요

2. 불전 헌공은 회갑 비용을 절약하여 그 대액을 불전에 바치고, 그 금액은 불사나 기타 공공 사업에 사용하여 회갑인의 영원한 기념이 되게 할 것이니라.

제 6 장　상　　장 (喪葬)

제 1 절　상장에 대하여

상장은 사람의 일생을 마치고 보내는 일이라 친근자에 있어서는 그 섭섭함이 비할 데 없는 것이요, 당인에 있어서는 이 몸을 버리고 새 몸을 받을 시기라 반드시 올바른 천도를 얻어야 할 것이니라. 그러므로, 그 의식 가운데에는 두 가지 의의(意義)가 있으니, 하나는 친척·친지를 본위하여 그 정곡(情曲)을 풀며 절차를 갖추는 것이요, 하나는, 당인을 본위하여 그 참 열반과 천도를 기원하는 것이라, 이 두 가지가 다 이치에 당연하여 하나가 결함되어도 원만한 의식이 되지 못할 것이니라. 그러나, 그 중에도 주(主)와 종(從)을 말한다면 천도를 주로 하고 형식을 따르게 하는 것이 옳을 것이니라.

제 2 절　열반(涅槃) 및 열반식

1. 사람이 열반에 가까운 때에는 자신이나 그 측근자로서 「열반의 도」(世典)를 더욱 진실히 이행할 것이요

2. 사람이 열반에 들면 측근자는 조용히 수족을 거두고 백포(白布)로써 시체를 덮으며, 장내를 정돈하여 청정히 하고 주위를 정숙히 할 것이요

제 6 장　상장

3. 열반실의 실내 공기를 서늘하게 하고, 시체의 정결에 주의할 것이요

4. 만일 열반인의 병이 전염의 염려가 있는 때에는 열반 전부터 소독에 주의하며, 소독 또는 입관이 끝나기 전에는 독경 법사나 조객을 직접 시체실에 안내하지 말고, 따로 사진 봉안소를 설치하여 행사하게 할 것이요

5. 열반 후 약 1시간이 지나면, 관계인이 일제히 모이어 열반식을 거행하되 1분간 좌종이나 요령을 울린 다음 1. 개식 2. 입정 3. 심고(예문 24) 4. 성주 3편(예문 3) 5. 천도 법문(예문 4·5) 6. 독경(서원문·심경) 7. 염불(5분내지 10분간) 8. 폐식의 순으로 할 것이요

6. 천도 법문은 원문본(原文本 예문 4)과 경어본(敬語本 예문 5)의 두 가지가 있나니, 각각 그 경우에 따라 적당하게 선택하여 사용할 것이며, 법계(法階) 정사(正師) 이상된 분의 영가에 대하여는 교례편 교의(教儀) 5절 7항의 경우를 제하고는 초종(初終) 일체 행사에 그 낭독을 생략할 것이요

7. 열반식이 끝나기 전에는 곡성을 내지 말 것이요

8. 열반식이 끝난 후에는 장막 등을 둘러 시체실을 정리하고, 그 앞에 사진을 봉안하여 조상(吊喪)을 받으며, 때로 독경·염불 등을 할 것이니라.

제 3 절　호　　상 (護喪)

— 615 —

예전 제 2 가례편

1. 초종(初終) 장례에 상장(喪葬)을 보호하며 사무를 처리하기 위하여 호상소를 두되, 친척 친우 중에 경험 있는 이로 호상과 위원을 정하고, 일체 상장에 관한 내무·외무·응접·의식·상구(喪具)·장역(葬役)·회계 등 모든 일을 분담하며, 부의록·조객록·상중일기 등을 기록하여 후일 상주의 비망에 대비할 것이요

2. 친척 친지 중 서로 인연이 있는 곳에는 부고를 발송하며, 조위는 정의에 따라 직접 참예하는 것이 당연하나, 만일 먼 거리에 있어서 참예하지 못할 때에는 조전·조장(吊狀)등으로 위문할 것이요

3. 부고와 조장 등은 신구간 처지에 적당한 문례(文例)를 선택하여 예에 맞게 할 것이요

4. 친척 친지는 정의에 따라 각자의 경제 생활에 적당한 정도로 금전이나 물품 등을 부의할 것이요

5. 상가에서 불 피우고 달야(焚薪達夜)하는 구습은 폐지하고, 등촉을 가옥 주위에 밝힐 것이요

6. 상주의 머리 풀고(散髮) 옷 엇매고(袒衣) 발 벗는(跣足)등 구습은 폐지할 것이요

7. 교회장이나 기타 공적인 장례에 해당하는 상사(喪事)인 때에는 매양 해당 장의 위원회의 지시에 따라 그 절차를 존중히 밟을 것이니라.

제 4 절 입관(入棺) 및 입관식

1. 입관은 수의(襚衣)와 관(棺)이 준비되는 대로

제 6 장 상장

하되, 착의(着衣)하기 전에 시체를 정결히 할 것이며, 착의한 다음 시체를 묶는 구습은 폐지할 것이요

2. 수의는 굳이 고급류로 새로 제조할 것이 아니라, 당인의 의복 가운데 정결한 것을 선택하여 착의하되, 생전의 예복이나 출타시의 복식과 같이 할 것이요

3. 관(棺)의 장광(長廣)은 넉넉히 제작하되, 어떠한 방식으로든지 시즙(屍汁)이 새지 않도록 단속하여 입관할 것이요

4. 입관할 때에 금포(衾布) 면포(面布) 등 보조물의 사용은 관례와 필요에 따라 적당히 할 것이요

5. 입관을 마치면, 관포(棺布)를 덮고 장막 등을 둘러 영구실을 정리한 다음 그 앞에 사진을 봉안하고 관계인이 일제히 모이어 입관식(入棺式)을 거행하되, 1. 개식 2. 입정 3. 심고(예문 24) 4. 헌배 5. 성주(예문 3) 6. 천도법문(예문 4·5) 7. 독경(서원문·심경) 8. 염불(5분내지 10분간) 9. 폐식의 순으로 할 것이요

6. 폐식 후에는 열반 표기(예문 76)를 영구실 앞에 걸었다가, 운상할 때에 장렬의 선두에 행진하게 하며, 장례 후에는 영위 봉안소 앞에 걸었다가 종재 후 거두되, 종사·대봉도·대호법·대희사 등 법훈인의 열반 표기(예문 77)에는 법호·법훈만 표기하나니라.

제 5 절 발인식 및 운상(運喪)

1. 발인은, 특별한 경우를 제하고는 열반 후 제 3

예전 제 2 가례편

일에 행함을 원칙으로 하고, 식장은 교당 또는 자택으로 하며, 발인식은 사진 혹은 위패(位牌 예문 78)를 대상으로 하여 거행하되, 1. 개식 2. 착복 및 고유문(예문 25) 3. 상주 대표 고사(예문 26·27·28) 4. 심고(예문 24) 및 일동 경례 5. 성주 1편 6. 천도 법문(예문 4·5) 7. 독경(서원문) 및 축원문(예문 29) 8. 폐식의 순으로 할 것이요

2. 발인 식순 중 형편에 따라 입정·약력 보고·설법·조사·일반 분향·조가 등을 가하여 행할 수 있으며, 착복 및 고유문은 복제(服制)의 정한 바에 따라 각각 복표(服票)를 착(着)한 다음 주례가 고유문을 대독하고 착복인들이 일제히 영전(靈前)에 2배하며, 축원문은 주례가 낭독한 다음 상주들이 본석에서 주례와 함께 불전에 4배할 것이요

3. 발인식의 상주 대표 고사(예문 26·27·28)는 형편에 따라 가감 사용할 것이며, 기타 관계인의 고사는 생략하는 것을 원칙으로 하되, 혹 특히 낭독할 필요가 있을 때에는 상주 고사에 준하여 처지에 맞도록 간결하게 제작 사용할 것이요

4. 발인식의 축원문(예문 29) 가운데 "열반인은 평소에 천성이"로부터 "수행이 있었사오니"까지는 한 예를 표시한 것이니, 이 밖의 특점이 있으면 부연(敷衍) 기입하고 없으면 약하되, 모든 것을 사실로 하고 조금도 허찬(虛讚)을 말 것이며, 법계(法階) 정사(正師)

— 618 —

제 6 장 상장

이상된 분의 경우에는 전문을 처지에 맞도록 적의 가감 사용하되, 특히 "사견을 버리고 정견을 가지며"로부터 "도덕의 인연을 떠나지 아니하며"까지의 부분은 생략 사용할 것이요

5. 폐식하면 바로 발인하되 운상 중 상여소리(薤歌)나 곡성(哭聲)은 폐지하고 엄숙한 가운데 진행할 것이요

6. 운상할 때에는 열반 표기·사진 화환 등속을 상여에 앞세우고, 상여 뒤에는 상주·친족·은족 등 관계자와 일반 조객이 질서 있게 열을 지어 행진할 것이요

7. 장의 때의 주악과 장렬의 장엄 등은 당시의 일반 관례와 상가의 형편과 열반인의 경우에 따라 분의(分義)에 맞도록 간소히 할 것이니라.

제 6 절 입장식(入葬式) 및 장사 (葬事)

1. 영구가 장지에 당도하여, 화장이면 점화 후와 매장이면 평토 후에 입장식을 거행하되, 1. 개식 2. 심고(예문 24) 및 일동 경례(2배) 3. 성주 1편 4. 독경(심경) 5. 영결사 (예문 30) 6. 폐식의 순으로 할 것이요

2. 법계 정사 (正師) 이상된 분의 입장식에는 영결사의 낭독은 생략할 것이요

3. 장사(葬事)는 매장과 화장 두 가지 법 가운데 형편에 따라 적당히 하되, 매장에도 재래식으로 분묘

예전 제 2 가례편

를 만드는 법과 평토 후 4각 또는 원형으로 평평한 단 (壇)을 만들고 그 중앙에 표석(標石)을 세우는 법이 있으며, 화장에도 유해를 분쇄하여 정결한 산에 뿌리거나 맑은 물에 띄우는 법과 앞에 말한 매장법으로 성분(成墳)하는 법과 탑을 세우고 탑 안에 봉안하는 법이 있나니, 경우와 형편에 따라 분의에 맞게 할 것이요

4. 장지는 옛 풍속에 따라 풍수설에 의하여 자손의 화복을 논하는 습관은 폐지하고 형편에 따라 적당한 장소에 할 것이요

5. 장례 후에는 열반인의 사진이나 위패(예문 78)를 정결한 실내에 49일간 봉안하고, 상주와 각 관계인이 수시로 염불·독경 등으로 그 천도를 축원할 것이요

6. 재래식의 영위 설치와, 우제(虞祭)·조석 삭망 상식(朔望上食)·소상(小祥) 대상(大祥) 등 일체 번잡한 예는 폐지할 것이니라.

제 7 절 복 제 (服制)

1. 복제는 전기복(全期服)과 반기복(半期服)과 당일복(當日服)이 있나니, 전기복은 49일(7·7일)간, 반기복은 21일(3·7일)간 착복하는 것이며, 당일복은 장례 당일 착복하는 것이요

2. 전기복은 부모·자녀·부부간으로 비롯하여 내외 속 3촌간 까지에 착하며, 반기복은 열반인과의 척분과

평소 정의에 따라 기타 관계인이 자량(自量)착복하는 것이며, 당일복은 일반 조객이 장례 당일에 한하여 착하는 것이요

3. 복은 일률로 평상복 또는 보통 예복의 왼편 가슴에 복표만을 착할 것이요

4. 교회장 등 공적인 관련으로 인하여 착하게 되는 복기가 2항에 정한 복기와 상치(相差)될 경우에는 더 장기인 복기에 좇을 것이요

5. 복기 중 거듭 복을 착하게 된 경우에도 복표는 하나만을 착하며, 중복된 복표는 정하게 보관하였다가 각각 해당 탈복의 예를 행할 때에 사용할 것이요

6. 반기의 복인(服人)은 3·7재(齋)에 참예하여 탈복의 예를 행하고, 3·7재에 동참 못한 경우에는 각자 처소에서 탈복한 후 종재식에 참예하여 전기 복인과 함께 탈복의 예를 행할 것이요

7. 복기 중에는 추모하는 정성으로 심신을 더욱 재계하고 행동을 특히 근신할 것이니라.

제 7 장 재 (齋)

제 1 절 재에 대하여

재(齋)는 열반인의 천도를 위하여 베푸는 법요 행사니, 초재(初齋)로부터 종재(終齋)에 이르기까지 7·7

예전 제2 가례편

헌재(獻齋)를 계속하게 하는 것은, 열반인의 영식이 대개 약 7·7일동안 중음(中陰)에 있다가 각기 업연을 따라 몸을 받게 되므로, 그 동안에 자주 독경 축원 등으로 청정한 일념을 챙기게 하고 남은 착심을 녹히게 하며, 선도 수생의 인연을 깊게 하는 동시에 헌공 등으로써 영가의 명복을 증진하게 하자는 것이며, 또는 모든 관계인들로 하여금 이 각 기간으로써 추도 거상(居喪)의 예를 지키도록 하자는 것이니, 그러므로 재(齋)를 행하는 이가 이 두가지 의의(意義)에 유의하여 어느 하나에도 결함됨이 없도록 모든 성의를 다 하여야 할 것이니라.

제2절 초재(初齋) 및 칠재(七齋)

1. 열반일로부터 7일이 되면 영위 봉안소 또는 교당에서 초재를 거행하고, 7일마다 7재를 거행하되, 1. 개식 2. 입정 3. 헌공 및 재주(齋主) 헌배 4. 심고 및 일동 경례 5. 성주 3편 6. 천도법문(예문 4·5) 7. 독경(서원문·심경) 및 축원문(예문 29) 8. 반기복인 탈복 헌배(3·7재) 9. 폐식의 순으로 할 것이요

2. 초재 및 7재의 축원문은 발인식 축원문을 준용하며, 초재 및 7재의 식순 중 특별한 경우에는 입정에 이어 법공의 노래(성가46), 성주에 이어 염불 7편, 축원문에 이어 설법을 행할 수 있나니라.

제3절 종 재(終齋)

1. 열반 후 49일 즉 7·7일이 되면 종재를 거행하되, 1.개식 2.입정 3.약력 보고 4.법공의 노래(성가 46) 5.헌공 및 재주 고사(예문 31·32) 6.심고 및 일동 경례 7.성주(3편) 및 염불(7편) 8.천도 법문(예문 4·5) 9.독경(서원문·심경·참회문·금강경) 및 축원문(예문 33) 10.설법 11.일반 분향 12.탈복 및 고유문(예문 34) 13.헌공 보고 14.위령가(성가 44·52 기타) 15.폐식의 순으로 할 것이요

2. 종재 식순 중 약력 보고는 열반인의 생장·학력·경력·입교·법계(法階)·사업·자녀 등에 관한 사항과 열반 및 장의(葬儀) 경과의 개요를 상세히 보고할 것이며, 독경은 시간 형편에 따라 참회문 대신 참회게(예문 7)를 3편하고 금강경은 약하거나 5장까지만 독송할 것이요

3. 종재 축원문(예문 33) 가운데 "열반인은 천성이…"로부터 "수행이 있었사오니"까지는 발인식 및 7재식 축원문의 경우와 같이 부연 또는 생략 사용할 것이며, 법계 정사(正師) 이상 된 분의 경우에는 전문을 처지에 맞도록 가감하여 사용하되, 특히 "아직 수행력이 부족한 중생계에 있어서…"로부터 "부처님의 구원을 구하게 되옵나니"까지의 부분은 "그의 수행은 비록 ○○위의 성위(聖位)에 있사오나 (어떠한) 사정

예전 제 2 가례편

으로 인하여 혹 본분에 추호라도 매(昧)함이 있을까 하와 이에 지심 축원하오니"등의 예로 수정 사용할 것이요

4. 종재의 설법은 형편에 따라 천도 법문 다음 독경에 앞서서 행할 수 있으며, 그 내용은 해당 법어를 낭독하거나 당시 법사가 열반인의 실정에 맞도록 원력과 천도와 회향과 인연 등에 관한 도를 주로 하여 설할 것이니라.

제 4 절 특별 천도재

1. 열반인의 특별한 천도를 위하여 재주(齋主)의 발원에 따라 열반 후 백일에 백일 천도재를 거행할 수 있고, 또는 그 밖의 경우라도 재주의 특별한 발원에 의하여 단독 또는 합동으로 과거 열반인의 특별 천도재 합동 위령재 또는 수륙재 등을 거행할 수 있나니, 백일재의 절차와 예문은 대체로 종재의 예에 준하고, 특별 천도재 등의 경우는 대체로 제사의 예에 준하되 독경은 종재의 예로 할 것이니라

제 5 절 재(齋)에 관한 처리

1. 재(齋)의 장소는 교당으로 하는 것을 원칙으로 하되, 초재에서 6·7재 까지는 자택의 영위 봉안소에서 거행할 수 있으며, 재주(齋主)는 종재일까지 영위 봉안소의 정결과 심신의 재계(齋戒)에 계속 유의할 것

이요

  2. 교당이나 자택을 막론하고 재를 거행할 때에는 매양 주례의 지도에 의하여 할 것이요

  3. 재주는 참재한 대중에게 간소한 음식으로 공양하는 것은 좋으나 분수 밖의 비용을 들여서 접대하는 것은 폐지할 것이요

  4. 헌공은 상장(喪葬) 또는 치재(致齋)의 비용에서 절약한 대액이나 기타 특별 성금을 불전에 바쳐, 불사나 기타 공공 사업에 사용하여 열반인의 명복을 빌되, 재주는 이를 성의로써 헌공하여야 할 것이니라.

제 8 장   제   사 (祭祀)

제 1 절   제사에 대하여

 제사는 열반인에 대하여 추모의 정성을 바치는 것인바, 그 의식 가운데에는 두 가지 뜻이 있나니, 하나는 청정한 마음으로 불전에 발원하여 숙세의 업장을 녹히고 도문(道門)에 인연을 깊게하며 헌공금으로 공도 사업에 활용하여 그 미래의 명복을 증진하고 사회의 발전을 돕는 것이요, 하나는 열반인의 재세 당시에 끼친 바 공덕을 추모하며 자손 대대에 그 근본을 찾게 하여 후생의 보본 사상을 권장하는 것이니, 이 두가지가 다 이치에 당연하여 하나가 결함되어도 완전한 의

예전 제 2 가례편

식이 되지 못할 것이라, 그러므로, 제사를 행하는 이가 마땅히 이 양방에 유의하여 각각 성의를 다하여야 할 것이니라.

제 2 절 열반 기념제 (紀念祭)

1. 부모·사장 (師長) 등의 열반일에는 열반 기념제를 거행하여, 자손이나 제자로서 추모하는 정성을 바치는 동시에 열반인의 영원한 명복을 축원할 것이요

2. 부모나 사장의 기념제는 해당 일자에 각각 거행함을 원칙으로 하고, 조부모로부터 선조의 기념제는 적당한 일자를 정하여 연중 일차 합동 거행하도록 할 것이요

3. 기념제의 장소는 교당으로 하는 것이 좋으나, 형편에 따라 자택에서 하는 것도 무방하며, 제주는 전일부터 도량의 정결과 심신의 재계에 유의할 것이요

4. 교당이나 자택을 막론하고 기념제를 거행할 때에는 매양 주례의 지도에 따라 하되, 식은, 1. 개식 2. 입정 3. 약력 보고 4. 법공의 노래 (성가46) 5. 헌공 및 기념문(예문 35·36) 6. 심고(예문 37) 및 일동 경례 7. 성주 3편 8. 독경(서원문·심경) 및 축원문 (예문 38) 9. 헌공 보고 10. 열반 기념가(성가 47) 11. 폐식의 순으로 할 것이요

5. 법계 정사(正師) 이상 된 분의 제사인 경우에는 축원문(예문 38)을 처지에 맞도록 가감 사용하되, 특

제 8 장 제 사

히 "사견을 버리고 정견을 가지며"로부터 "도덕의 인연을 떠나지 아니하며"까지의 부분은 생략 사용할 것이요

6. 형편에 따라 축원문에 이어 설법을 행할 수 있나니라.

제 3 절 제사에 관한 처리

1. 제주(祭主)는 참제한 분들을 위하여 간소한 음식으로 공양하는 것은 좋으나 분수 밖의 비용을 들여서 접대하는 것은 폐지할 것이요

2. 헌공은 제사 비용을 절약하고 그 대액을 불전에 바쳐서, 불사나 기타 공공 사업에 사용하여 열반인의 명복을 빌되, 제주는 이를 성의로써 헌공할 것이요

3. 제주는 원에 따라 단독이나 합동을 막론하고 규정에 의한 헌공 자금을 교당에 바치고, 교당에서는 매년 그 이율로써 헌공하며, 교당 주최로 기념제를 거행하도록 할 것이요

4. 제주는 열반인의 사진과 역사를 잘 보관하며, 기념제 후에는 각 관계인이 서로 그 추모담을 교환하여 보본의 정성을 새롭게 할 것이니라.

제3 교례편 (教禮編)

제1장 총설 (總說)

 교례는 교단을 중심으로 교당에서 행사하는 의례를 이름이니, 교단이 건설되면 그 교리를 공부하고 교화를 주재하는 교당이 서게 되고, 교당에서는 또한 그 교단이 제정한 의례를 일률로 시행하게 되나니, 이는, 그 신앙과 연원과 제도가 새로 기원된 까닭이며, 또는 과거에 제정하여 시행하던 의례가 오랜 시일을 지내면 혹 개선이나 혁신을 요하게 되나니, 이는 그 시대와 인심을 따라 실생활에 맞는 법을 취하게 되는 까닭이니라.

 그러므로 우리 회상에서는 개교의 정신에 근원하여 혹 새로 정한 예도 있고 혹 개선한 예도 있으며, 혹 종래의 법을 그대로 쓰는 예도 있나니, 이는 곧 고금을 두루 살피고 중도를 잡아서 우리의 교단 행사에 새로운 길을 삼게 한 것이니라.

제 2 장 봉　　불 (奉佛)

제 1 절 봉불에 대하여

　봉불은 법신불 일원상을 봉안함을 이름이니, 법신불의 근본을 말씀하자면 언어와 명상이 끊어진 자리며, 그 실체를 말씀하자면 우주 만유가 모두 법신불 아님이 없으므로, 따로이 일원상을 봉안할 것이 없으나, 우리 일반 대중에 있어서는 신앙의 대상을 보이지 아니하면 마음의 귀의처와 수행의 표준을 알기가 어려우며, 설령 안다 할지라도 마음 대조에 때때로 그 표준을 잃기 쉬우므로 교당이나 가정을 막론하고 법신불의 상징인 이 일원상을 봉안하여 행주좌와 어묵동정간에 신앙의 대상과 수행의 표본으로 받들자는 것이니라.

제 2 절 법신불 조성(造成) 및 불단(佛壇)

1. 법신불 일원상은 제재(製材)·척법·색채 등을 법(敎規)에 맞도록 신성하게 조성할 것이요
2. 법신불 일원상을 봉안하는 법당(法堂)은「대각전」이라 하며, 개인 가정의 봉안 처소는 다만「불단」이라고 통칭할 것이요
3. 대각전은 될 수 있는대로 구내의 가장 신성한 위

치에 있어서 일상 거소와 서로 혼잡됨이 없게 하며, 초창기의 교당에서 따로 건축을 못하는 경우에는 혹 임시로 통용할 수도 있으나 항상 정결과 정숙에 주의 할 것이요
4. 개인 가정의 불단은 가옥안의 제일 정결한 곳에 설치하되, 가옥을 신축할 때에는 될 수 있는대로 불단을 미리 설계에 넣어 할 것이요
5. 대각전이나 개인 가정을 막론하고 불단은 그 실내의 정면 중앙에 위치 하도록 할 것이니라.

제 3 절 봉불식 (奉佛式)

1. 법신불 일원상을 봉안할 때에는 약 3일 전기하여 도량을 청소하고 심신을 재계하며, 당일은 대중의 참석과 법사의 주례 아래 봉불식을 거행하되, 1. 개식 2. 입정 3. 교가(성가 2) 4. 심고 5. 봉불(除幕) 및 법신불찬송가(성가 4) 6. 봉안문(예문 39) 7. 독경(서원문) 8. 설법 9. 폐식의 순으로 할 것이요
2. 봉불 식순 중 개인 가정의 봉불식에는 교가·설법을 약할 수 있으며, 혹 형편에 따라 독경에 심경(예문 39) 참회문(예문 6)을 추가할 것이요
3. 봉불식의 봉안문(예문 39) 가운데 개인 가정의 봉불인 경우에는 「○○(주소)에 새로운 도량」을 「○○ 거주 불제자 ○○(성명)의 가정에 새로운 불단」

제 2 장 봉불

으로 하고, 이안식(移安式)인 경우에는, 또한 그에 맞도록 수정 사용할 것이며, 심고는 각자의 소회 (所懷)를 따라 할 것이요

4. 봉불식의 설법은, 당시 법사가 그 경우에 맞도록 봉불의 의의(意義)와 신앙과 수행에 관한 도(道)를 주로 하여 설할 것이요

5. 대각전을 이축하거나 불단을 개수하고, 다시 봉불을 하게된 경우에는 이안식을 거행하되, 그 식순은 봉불식에 준하여 할 것이니라.

제 4 절   불전 배례 및 신혼경례(晨昏敬禮)

1. 대각전이나 불단이 있는 실내에 출입할 때에는, 입구에서 불단을 향하여 합장 경례한 다음, 출입할 것이요

2. 불전 배례는 대례로써 합장 4배함을 원칙으로 하되, 평시에는 경례로 2배하며, 법회나 의식중 대중의 회집으로 인하여 대례로 4배하기가 곤란할 경우에는, 주례의 지시에 따라 일제히 경례로 4배할 것이요

3. 교도는, 매일 취침 전과 기침 후에 일정한 정성으로 신혼경례를 올리되, 일정한 신호나 각자의 대중에 의하여, 일어나 마음을 바루고 1분간 심고한 후 삼세의 제불 제성과 삼세의 부모 조상에게 각각 한 번씩 경례하며, 봉불이 된 실내에서는 불

단을 향하여 서서 하고, 그 밖의 경우에는 각각 본래의 방향대로 서서 할 것이니라.

제 3 장 법   회 (法會)

제 1 절 법회에 대하여

법회는, 법을 강론하며 법을 훈련하며 기타 신앙을 중심으로 하여 진행하는 법의 모임을 통칭하는 것이니, 법회에는 정례 법회가 있고 수시 법회가 있으며, 정례 법회에는 월례 법회와 연례 법회가 있고, 월례 법회에는 예회와 야회가 있고, 연례 법회에는 동선·하선과 특별 강습회가 있으며, 수시 법회는 형편에 따라 적당한 시기에 개최하는 것이니, 그 회기 중에는, 세간의 모든 번잡한 일을 쉬고 오직 신성한 생각과 청정한 마음으로 참예하여, 모든 절차에 법의 감명을 받으며 법의 실력을 얻으며 법으로써 행사하자는 것이니라.

제 2 절 월례 법회(月例法會)

1. 월례 법회는, 매월 중 모든 교도의 수행을 대조하고 지견을 연마하게 하는 법회로서 그 지방 일반 교도의 생활 형편에 따라 일요일이나 3·6일 또는 적당한 일자를 택하여 개최하되, 일요일 예회

에는 수요일 야회를, 3·6일 예회에는 3·1일 야회를 개최하며, 혹 신설 지소나 선교소에 출장 예회를 보게 되는 경우에는, 그 지방 교화 책임자가 적당한 일자를 정하여 행할 것이요

2. 예회는 1. 개회 2. 입정 3. 교가(성가 2) 4. 심고(예문 40·41) 5. 법어 봉독 6. 일상 수행의 요법(예문 9) 7. 경강 및 성가 8. 설교 9. 법의(法義)문답 10. 기타(선서문·광고) 11. 산회가(성가 31) 12. 폐회의 순으로 진행할 것이요

3. 야회는 1. 개회 2. 입정 3. 교가(성가 2) 4. 심고(예문 40·41) 5. 일상 수행의 요법(예문 9) 6. 경강·설교 7. 기타 8. 폐회의 순으로 진행하되, 경우에 따라 산회가(성가 31)와 기타 성가를 적의히 가하여 행할 것이요

4. 매월 첫 예회에는 기타 순서에 선서문(예문 42)을 낭독할 것이니라.

제3절 연례 법회(年例法會)

1. 연례 법회는 모든 교도에게 교의(教義)와 수행의 전문 훈련을 받게 하는 법회로서, 삼하(三夏)에 하선(夏禪), 삼동(三冬)에 동선(冬禪)을 개최함을 원칙으로 하고, 형편에 따라 3개월 선(禪)을 실행하지 못할 경우에는 법에 따라 단기선·강습회 등으로 대행할 것이요

예전 제3 교례편

2. 선(禪)의 결제식(結制式)은 1. 개식 2. 입정 3. 교가(성가 2) 4. 심고(예문 43) 5. 법어 봉독 6. 일상 수행의 요법(예문 9) 7. 입선인 보고 8. 훈사 9. 담임 회고(誨告) 10. 선원 규정 설명 11. 결제가(성가 32) 12. 폐식의 순으로 거행할 것이요

3. 선(禪)의 해제식(解制式)은 1. 개식 2. 입정 3. 교가(성가 2) 4. 심고(예문 44) 5. 법어 봉독 6. 일상 수행의 요법(예문 9) 7. 선원 호명(呼名) 8. 훈사 9. 담임 회고 10. 성적 보고 및 상장 수여(賞狀授與) 11. 신분 검사 보고 발표 12. 축사 및 답사 13. 해제가(성가 33) 14. 폐식의 순으로 거행할 것이요

4. 결제 식순 중 선원 규정 설명은 교규에 의하여 할 것이며, 해제 식순 중 성적 보고 및 상장 수여와 신분 검사 보고 발표 등은 형편에 따라 약할 것이요

5. 상설 선원의 개원식 또는 졸업식은 결제식 또는 해제식의 식순에 준하여 적의히 가감 시행할 것이니라.

제4절 수시 법회(隨時法會)

1. 수시 법회는 수시로 개최하는 설법의 회합과 교당 의례를 갖추어야 할 교단의 모든 집회를 통칭

하는 것이니, 이는 그 교당과 법사·강사의 형편에 따라 수시 개최하는 것이며, 회순은 예회 또는 야회의 순에 준하여 적의 가감 시행할 것이요
2. 교당 의례는 입정·심고니, 모든 법회의 순서에 반드시 편입 시행할 것이며, 비록 사무적인 회합일지라도 법당에서 개최되는 대중적 교단 집회에는 반드시 그 순서에 편입 시행할 것이요
3. 어느 법회에나, 그 법회의 주(主)가 되는 법사 또는 강사의 좌석은 그 위의에 손색이 없도록 마련할 것이며, 정식 법사의 설법에는 반드시 설법의 례를 갖출 것이니라.

제 5 절 설법 의례(說法儀禮)

1. 법계(法階) 정사(正師) 이상된 분을 법사(法師)라 하고, 그 분이 법을 설함을 설법(說法)이라 하고, 그 분의 설한 바를 법설(法說)이라 할 것이요
2. 법사가 설법을 하게 될 때에는, 법상(法床)을 미리 정비하고, 대중이 일제히 설법 장소에 회집하며, 사회는 예행 순서를 밟은 다음 법사 앞에 나아가 설법 하시기를 권청(勸請)할 것이요
3. 법사가 법상에 오르면 대중은 일제히 합장 경례하고 청법(聽法)하며, 법사가 설법을 마치면 또한 일제히 합장 경례할 것이니라.

제 4 장 득   도 (得度)

제 1 절 득도에 대하여

 득도라 함은, 세상에서 보통 생활을 하다가 법문에 귀의하여 부처님의 제도를 얻게 된다는 뜻으로, 입교와 출가의 두 가지가 있는 바, 입교는 처음으로 불문에 들어와 교도가 되는 것이요, 출가는 한 걸음 더 나아가 전무출신을 서원하는 것이니, 득도의 의식은 곧 당인의 발원과 서원을 더욱 굳게 하며 그 실행을 촉구하는 의식이니라.

제 2 절 득도 의식

1 . 입교식은 교당 또는 자택에서 예회일이나 기타 적당한 날에 거행하되, 1. 개식 2. 입정 3. 교가 (성가 2) 4. 심고(예문 46) 5. 교도증 수여 6. 교강 설명(일상수행의 요법) 7. 계문 수여(보통급 십계문) 8. 발원문(예문 45) 9. 득도의 노래(성가 48) 10. 폐식의 순으로 할 것이요

2 . 출가식은, 사장(師長)과 동지 친우 등의 참석 아래 거행 하되, 1. 개식 2. 입정 3. 교가 (성가 2) 4. 심고(예문 48) 5. 약력 보고 6. 서원문(예

문 47) 7. 설법 8. 축사 9. 답사 10. 득도의 노래(성가 48) 11. 폐식의 순으로 할 것이요

3. 입교식은, 혹 형편에 따라 약례로써 교도증 수여와 심고만 행할 수도 있으며, 출가식을 혹 합동으로 할 경우에는 동지 상견례, 교단 간부 회고(誨告) 등의 순서를 적의히 가하여 행할 것이요

4. 출가식의 설법·회고 등은, 당시의 법사가 경우에 맞도록 적의히 할 것이니라.

제5장 은법 결의 (恩法結義)

제1절 은법 결의에 대하여

은법 결의라 함은, 교도 가운데 재가·출가를 막론하고 공부와 사업을 서로 권장하며 정신과 육신을 서로 보호하기 위하여, 처지가 적당하고 뜻이 서로 맞는 사이에 법(教規)의 정한 바에 따라, 특별히 은부자와 은모녀의 의(義)를 맺어 한 가족의 정의로써 일생에 그 의무를 각각 이행하자는 것이니, 결의식은 곧 그 결의(結義)됨을 사장(師長)과 동지 친우들에게 공개하며, 서로 끝까지 그 의리를 지킬 것을 서약하는 의식이니라.

제2절 은법 결의식

예전 제3 교례편

1. 은법 결의식은, 1. 개식 2. 입정 3. 교가(성가 2) 4. 심고(예문 50) 5. 약력 보고 6. 불전 헌공 7. 고유문(예문 49) 8. 은법 결의서(예문 51)교환 9. 은 부모전 헌배(2배) 10. 설법 11. 축사 및 답사 12. 은법 결의가(성가 49) 13. 폐식의 순으로 거행할 것이요
2. 은법 결의식의 고유문은 주례가 불전에 대독하고, 마치면 결의인들은 불전에 4배하며, 결의서 교환은 주례가 결의인들을 향하여 일독한 다음 양방에 교환하고, 설법 후 결의인들은 법사에게 경례할 것이요
3. 은법 결의식의 설법·축사·답사 등은 당시의 경우에 맞도록 적의히 할 것이니라.

제6장 승 급 (昇級)

제1절 승급에 대하여

승급은 교도의 공부 정도를 사정하여, 법의 정한 바에 따라 그 법계(法階)를 승진케 하는 것이니, 승급식은 곧 그 법계의 승진을 공시 경축하는 의식으로서, 법마 상전급까지는 특별한 의식을 행하지 아니 하나, 법강 항마위 부터는 특별한 대중적 의식을 거행하여 이를 교단적으로 공표하고 경하하며, 숭성(崇聖)의 예

제 2 절 승 급 식

1. 승급식은, 교단 각계의 대표와 내외 대중이 모인 가운데 거행하되, 1. 개식 2. 입정 3. 교가(성가 2) 4. 심고(예문 52) 5. 약력 보고 6. 법위 승급조항 설명(正典) 7. 법위증 및 법계장(法階章) 수여 8. 설법 9. 승급인 불전 헌배 10. 교단 대표 및 내빈 축사 11. 답사 12. 승급식 노래(성가 50) 13. 만세 3 창 14. 폐식의 순으로 할 것이요
2. 승급식의 심고(예문 52) 중, 만일 여래위(如來位) 승급식인 경우에는 「마침내 대각의 불지에 오르게 하옵시며」를 「대각의 경계가 길이 한이 없게 하옵시며」로 할 것이요
3. 승급인의 약력 보고는 당인의 생장(生長)·학력·경력·입교·사업과 법계의 승급 연보와 입교 및 견성의 연원 등을 상세히 보고할 것이요
4. 법위증 및 법계장 수여와 설법은 종법사가 친히 행하며, 설법을 마치면 승급인은 법사에게 2배할 것이니라.

예전 제 3 교례편

제 7 장 대 사 (戴謝)

제 1 절 대사에 대하여

대사(戴謝)는, 종법사의 취임과 퇴임을 축하 또는 사례하는 의례를 이름이니, 대(戴)라 함은 종법사의 새로운 취임을 봉대 축하한다는 뜻이요, 사(謝)라 함은 종법사가 그 직위를 마치고 퇴임함에 따라 그 간의 근고를 사례한다는 뜻이라, 대사식은 곧 신구 종법사의 취임과 퇴임이 병행되는 경우에 거행하는 의식이요, 궐위로 인한 추대의 경우에는 추대식 만으로 거행할 것이니라.

제 2 절 대사 의식(戴謝儀式)

1. 대사식은, 교단 각계의 대표와 내외 대중이 모인 가운데 거행하되, 주악(奏樂)에 따라 신구 종법사 입장(入場)에 이어, 1. 개식 2. 입정 3. 교가 (성가 2) 4. 심고(예문 55) 5. 신구 종법사 약력 보고 6. 전 종법사 퇴위 고유문(예문 53) 7. 전 종법사 설법 및 직위 전수 8. 교단 대표 전 종법사 사례사 9. 신 종법사 취임 고유문(예문54) 10. 교단 대표 신 종법사 전 추대사 11. 신 종법사 취임사 12. 축사 13. 대사식 노래(성가 51)

제 7 장 대사

14. 만세 3창 15. 폐식의 순으로 할 것이요

2. 대사식순 중, 전 종법사 설법 및 직위 전수는, 설법이 끝나면 신 종법사와 대중이 일제히 기립하여 2배하며, 전 종법사가 종법사장(宗法師章)과 법의(法衣) 법장(法杖)을 신 종법사에게 전수하면, 신 종법사는 다시 2배하며, 신 종법사 취임사 순에는 신 종법사가 전 종법사께 경례하고 승좌하여 할 것이며, 만세는 신구 종법사의 만세를 3창할 것이요

3. 궐위로 인한 종법사 추대식은, 종법사 입장에 이어, 1. 개식 2. 입정 3. 교가(성가 2) 4. 심고(예문 56) 5. 약력 보고 6. 취임 고유문 7. 종법사장 봉헌 및 법의 법장 봉헌 8. 교단 대표 추대사 9. 종법사 취임사 10. 축사 11. 종법사 찬가(성가 15) 12. 만세 3창 13. 폐식의 순으로 거행할 것이요

4. 대사식의 사례사(謝禮辭)·추대사·취임사 등은 당시의 경우에 맞도록 제작 사용할 것이며, 축전·축문·예물 등이 있을 때에는 축사에 이어 소개할 것이요

5. 궐위로 인한 추대식의 취임 고유문과 추대사·취임사는 그 경우에 맞도록 수정 또는 제작 사용할 것이요

6. 대사식을 마친 신구 종법사나 추대식을 마친 신종

법사는 당일 안으로 영모전에 봉고식을 거행하되, 식순은 봉고식(교례 8장) 순에 의할 것이며, 봉고문은 전기 각항의 해당 고유문(예문 53·54)을 영모전 봉고의 예에 맞도록 「제자」를 「소자(小子)」, 「법신불 사은」을 「대종사 이하 열위 선령」 등으로 수정 사용할 것이니라.

제 8 장 봉 고 (奉告)

제 1 절 봉고에 대하여

봉고는, 교단 안에 특별히 큰 일을 시작할 때와 그 일을 마칠 때에 대각전이나 영모전에 그 시(始)와 종(終)을 봉고하는 의식이니, 이는 교단의 신앙처와 조상에게 정성과 공경을 바쳐서 그 일의 성취를 기원하며 그 일의 성공에 감사를 올리자는 것이니라.

제 2 절 봉고식 (奉告式)

1. 봉고식은, 1. 개식 2. 입정 3. 교가(성가 2) 4. 심고 5. 봉고문(예문 57·58) 6. 폐식의 순으로 할 것이요
2. 봉고식의 심고는 각자의 소회에 따라 할 것이며, 영모전 봉고는 대각전 봉고문(예문 57·58) 중 「법신불 사은」을 「대종사 이하 열위 선령」 등 예로

　　　　　　　　　제 8 장 봉고　제 9 장 특별 기도

수정 사용할 것이요
3. 지방 교당이나, 개인의 가정에서도 특별히 큰 일의 시(始)와 종(終)에는 그 지방 대각전 또는 가정 불단에서 봉고식을 행할 수 있나니, 식순은 교단의 봉고 식순에 준하고, 봉고문은 지방 대표 또는 호주의 명으로 작성할 것이니라.

제 9 장　특별 기도 (祈禱)

제 1 절　특별 기도에 대하여

특별 기도라 함은, 보통으로 행하는 일반 기도 외에 특별한 정성으로 1일 내지 7·7일 등의 기간을 정하고, 계속 치재(致齋)하는 기도 의식을 이름이니, 혹 개인에 관한 기도도 있고, 교단에 관한 기도도 있고, 국가와 세계에 관한 기도도 있고, 이 모든 조건을 합한 기도도 있을 것인 바, 이는 누구를 막론하고 그 처지와 시기와 발원에 의하여 행할 것이요, 미신 또는 타의에 의하거나 위탁에만 의존하는 기도는 행하지 말 것이니라.

제 2 절　특별 기도식

1. 특별 기도식은 주로 야간이나 새벽에 행하되, 도

량의 청소와 심신의 재계에 특별 주의하며, 기도 기간 중에는 어느 때를 막론하고 기도하는 심경을 지속하며, 될 수 있는 대로 송주(誦呪)와 선정(禪定)에 주력할 것이요

2. 기도 기간 중 독송하는 주문은, 열반인을 위한 기도에는 성주(예문 3)를, 생존인의 소원 성취를 위한 기도에는 영주(예문 10)를, 특별히 재액이나 원진(寃瞋)의 소멸을 위한 기도에는 청정주(예문 11)를 주로 독송할 것이요

3. 특별 기도식은, 1. 개식 2. 입정 3. 송주(3·7誦) 4. 기원문 5. 심고 6. 독경(서원문·심경) 7. 폐식의 순으로 거행할 것이요

4. 특별 기도식의 기도문은 그 기도 내용에 따라 일반 축원문이나 고유문 등의 예에 준하여 적의히 제작 사용하되, 그 내용은 진리와 사실에 부합되는 정당한 발원으로 할 것이며, 심고는 각자의 소회를 따라 할 것이니라.

제10장 경   축 (慶祝)

제1절 경축에 대하여

경축에는 정례 경축과 수시 경축이 있나니, 정례경축은, 신정절·대각 개교절·석존 성탄절· 법인절의

사대 경절이요, 수시 경축은 교당의 낙성, 사업 기관의 창설 확장, 교단적 특별 사업의 완성, 유공인의 합동 회갑, 법훈장·연화장 등의 수여, 교단적 특별 공로자의 표창, 교단적 특별 여행의 송영 등을 전 교단적 혹은 지방적으로 경축하는 것이니, 이는 모두 제도사업을 위하여 그 근원이 되고 발전이 되는 것을 경하하며, 전도의 양양함을 헌축하는 동시에 그 공덕을 찬양하자는 것이니라.

제 2 절 신정절(新正節)

1. 신정절은 1월 1일에 법신불과 사장(師長)에게 세배를 올리고, 동지간에 서로 인사를 교환하며, 과거 일년을 결산하고 새 해의 계획을 세우는 동시에 양양한 전도를 헌축하는 경절이니, 식은, 1. 개식 2. 입정 3. 교가(성가 2) 4. 심고(예문 59) 5. 불전 헌배 6. 종법사전 세배 7. 동지간 세배 8. 법어 봉독 9. 독경(서원문·심경) 10. 종법사 신년사 11. 신정절 노래(성가 34) 12. 만세 3창 13. 폐식의 순으로 거행할 것이요
2. 신정절의 종법사전 세배는 지방에서는 망배(望拜)로 하고, 동지간 세배는 남녀 별로 일제히 교환할 것이니라.

제 3 절 대각 개교절(大覺開教節)

예전 제 3 교례편

1. 대각 개교절은 4월 28일에 대종사의 대각 성도와 탄생일을 기념하며, 본교의 개교와 교도의 공동 생일을 겸하여 우리 회상의 근원이 되는 날로 이를 헌축하는 경절이니, 식은, 1. 개식 2. 입정 3. 교가(성가 2) 4. 봉축사(예문 62) 5. 심고 6. 법어 봉독(일원상법어·게송) 7. 대각 경축가(성가 35) 8. 독경(서원문) 9. 종법사 경축사 10. 내빈 축사 11. 개교 경축가(성가 36) 12. 폐식의 순으로 거행 할 것이요

2. 대각 개교절의 심고는 각자의 소회를 따라 할 것이요

3. 대각 개교절 전후 1개월 동안을 대각 개교 경축 기간으로 정하고, 교단적 모든 경축 행사를 될 수 있는 대로 이 기간 중에 거행하여, 다채로운 경축이 되게 할 것이니라.

제 4 절 석존 성탄절(釋尊聖誕節)

1. 석존 성탄절은 4월 8일에 본교의 연원불이신 서가모니불의 탄생을 헌축 하례하는 경절이니, 식은, 1. 개식 2. 삼귀의(예문 60) 3. 석존 찬송가(성가 12) 4. 예참(禮懺 예문 60) 5. 봉축사(예문 61) 6. 심고 7. 독경(심경·금강경) 8. 설법 9. 석존 성탄절 노래(성가 37) 10. 사홍서원(예문 60) 11. 회향(回向 예문 60) 12. 폐식의 순

제10장 경축

으로 거행할 것이요
2. 석존 성탄절의 심고는 각자의 소회를 따라 할 것이요
3. 석존 성탄절은, 혹 그 국토 또는 지역의 특수한 관습에 따라 음력(陰曆) 4월 8일이나 양력 5월 만월일(滿月日)에 행사할 수 있으며, 혹 지역적 전래 행사를 겸행할 수도 있으나 미신이나 남비에 흐르지 않게 할 것이니라.

제5절 법인절(法認節)

1. 법인절은, 8월 21일에, 우리 회상의 구인 선진(先進)이 백지 혈인(白指血印)의 법인 성사(法認聖事)로써 본교 창립 정신의 표준을 보여 주신 것을 기념 경축하는 경절이니, 식은, 1. 개식 2. 입정 3. 교가(성가 2) 4. 기도문(예문 63) 5. 심고 6. 법어 봉독 7. 독경(서원문) 8. 설법 9. 법인절 노래(성가 38) 10. 폐식의 순으로 거행할 것이요
2. 법인절의 기도문(예문 63)에는, 당시 교단에 큰 일이 있으면 그에 대한 조항을 가할 것이며, 심고는 각자의 소회를 따라 할 것이요
3. 법어 봉독은, 「교전」 「교사」 중 법인(法認)에 관련 있는 부분을 봉독할 것이니라.

제 6 절 수시 경축 의식

1. 교당 낙성(落成) 경축식은, 봉불식과 합동 거행함이 통례이니, 봉불 식순(교례 2장) 중, 설법 전에 경과 보고순을, 설법 후에 축사·답사·공로자 표창순 등을 가하여 거행할 것이요

2. 사업 기관의 창설 또는 확장이나 교단적 특별 사업의 완성을 경축하는 식은, 봉고식과 합동 거행함이 통례이니, 봉고식(교례 8장) 식순 중 심고에 이어 경과 보고·설법·성가·만세 3창 등의 순을 가하여 거행할 것이요

3. 유공인의 합동 회갑식은 가례 회갑식(가례 5장)순을 준용하되, 입정에 이어 교가를, 설법에 이어 교단 대표 하례사·화환 봉정 등을 가하여 거행할 것이요

4. 법훈장(종사장·대봉도장·대호법장·대회사장)·연화장(정남 정녀장) 등의 수여를 경축하는 식은, 승급식(교례 6장)순을 준용하되「법위 승급 조항 설명」을「○○장 수여 조항 설명」으로,「법위증 및 법계장 수여」를「○○증 및 ○○장 수여」로, 승급식 노래를 해당 찬송가로 하여 거행할 것이며, 법호증 수여식도 이 예에 준할 것이요

5. 교단적 특별 공로자를 표창하는 식은, 대각 개교절의 부속 행사로서 표창 내역 설명·상장 및 상

품 수여 등의 순을 가하여 거행하거나, 당시 일반 표창식의 예에 교당 의례를 가하여 별도 거행할 것이요

6. 교단적 특별 여행을 환송 또는 환영하는 식은, 당시 일반 송영하는 의식의 예에 교당 의례를 가하여 거행할 것이요

7. 이 밖에도 교단적으로 특별히 경축할만한 사항이 있는 때에는, 교단의 공의(公議)에 의하여 앞에 말한 모든 식순에 준하여 적의히 거행할 것이며, 국가적, 사회적인 경축 행사를 교단 단위로 교당에서 거행하게 될 경우에는 일반식순의 적당한 순서에 교당 의례를 편입하여 시행할 것이니라.

제11장 교 회 장 (教會葬)

제 1 절 교회장에 대하여

교회장이라 함은, 본교에서 주상(主喪)이 되어 상장(喪葬)에 대한 비용과 의식을 담당 거행하는 것이니, 이는, 일생을 오로지 본교에 공헌한 전무출신과 기한 전무출신이라도 집무 도중 열반한 이에 대한 사후 대우 방법의 하나이며, 기한 전무출신으로서 그 기한을 이미 마친 이와 거진출진 유공인의 상장에 대하여도 그 의식만은 본교에서 주장이 되어 행례하나니, 그 안에

비록 교회 전체장·교회 연합장·교당장 등의 등별은 있으나 통칭하여 이를 교회장이라 하나니라.

제 2 절 교회 장의(教會葬儀) 위원회

1. 교회장에 해당할 유공인이 열반한 때에, 중앙 총부 또는 해당 교당에서는 지체 없이 법(教規)의 정한 바에 따라, 장의(葬儀)의 등별을 결정하고 그에 해당하는 장의 위원회를 조직하여 초종(初終) 일체 행사에 당하게 할 것이요
2. 장의 위원회는, 일체 상장에 관한 내무·외무·응접·의식·상구(喪具)·장역(葬役)·회계·기록 등의 모든 일을 분담하고, 공사간 관계 있는 곳에 부고를 발송하며, 장의에 대한 행례 의절(行禮儀節)을 신속히 관계 각 교당과 각 기관에 알릴 것이요
3. 열반식·발인식·입장식·재(齋) 등의 절차와 예문은 가례편에 정한 바를 준용하되, 모든 행사에 매양 공가(公家)의 상주가 사가(私家)의 상주에 앞서며, 고사·축원문 등도 교중(教中) 명의분을 주로 하고, 열반 표기도 주례 교당에 세우는 것을 원칙으로 할 것이며, 발인식의 조가와 종재의 위령가는 교회 연합장까지는 위령가(성가 44)와 교회장 조가(성가 52)를 통용하고, 전체장에는 정곡(情曲)에 맞추어 새로 지어 사용할 것이요

제11장 교회장

4. 장의 위원회는, 49일 종재 때에, 초종 제반 행사에 대한 경과와 상장비의 수지 내역 등을 보고하고 해산할 것이니라.

제 3 절 교회장의 의절(儀節)

1. 교회 전체장은 원성적 특등 유공인에 대한 장례니, 중앙 총부가 주례 교당이 되고, 총지부 각 기관의 전체 간부와 교도 대표가 분상(奔喪)하며, 일반 교도는 장례 당일 그 지방 교당이나 기관에 모여 추도 및 착복의 식을 행하고, 49일에는 종재식을 행할 것이요
2. 교회 연합장은 원성적 1등·2등 유공인에 대한 장례니, 중앙 총부나 특별 유연 교당이 주례 교당이 되고, 해당 총 지부 기관의 대표가 분상하며, 해당 교당이나 기관에서는 장의 위원회의 지시에 따라 그 교당 기관에서 추도 및 착복의 식을 행하고 49일에는 종재식을 행할 것이요
3. 교당장은 원성적 3등·4등·5등의 유공인과 재임(在任) 중 열반한 보통 출가 교도에 대한 장례니, 열반지 교당이 주례 교당이 되고, 열반지 교당에서 착복·탈복과 종재식을 행할 것이요
4. 교회장을 거행할 때에는, 장례 당일 해당 교당과 기관에 일제히 교기(敎旗)를 반게(半揭)할 것이요
5. 교회 전체장을 혹 형편에 따라 지방 교당이나 사

— 651 —

가에서 거행할 수도 있고, 연합장이나 교당장을 또한 사가에서 거행할 수도 있으나, 매양 해당장의 위원회의 의결을 거쳐서 교중의 명의와 해당 주례 교당의 주관아래 행사할 것이요

6. 교당장에 해당하는 장례라도, 혹 특별히 인연 있는 기타 지방과 교도는 자진하여 각자의 지방 교당에서 추도와 착복·탈복의 예를 행할 수 있으며, 동지 단우(團友) 등의 관계로 개인적으로 자진하여 복을 착하는 것은 제한하지 아니하나니라.

제12장 대 재 (大齋)

제 1 절 대재에 대하여

대재는, 대종사 이하 본교의 모든 조상을 길이 추모하여 정례로 합동 향례를 올리는 것이니, 이는 곧 추원 보본(追遠報本)의 예를 실행하는 바로서 해마다 두 번 행례하되, 6월 1일 「육일 대재」와 12월 1일 「명절 대재」에 대종사를 위시한 역대 선령 열위를 영모전에 공동 향례하여, 모든 교도로 하여금 마음을 이에 합하며, 정성을 이에 바치며, 위의를 이에 갖추어서 법계 향화(法系香火)가 한 없는 세월에 길이 유전하게 하자는 것이니라.

제 2 절 영모전(永慕殿)

1. 영모전은, 대종사 이하 역대 선령 열위의 법은(法恩)을 영원히 사모하기 위하여 건설한 묘우(廟宇)이니, 이는 곧 추원 보본의 정신을 잊지 않기 위함인 바, 그 설위(設位)는, 대종사 위패 외에는 개별적 위패를 봉안하지 아니하고 공동 위패를 봉안하나니, 이는, 과거의 번잡한 건묘(建廟) 설위(設位)의 폐단을 없이하고 한 묘우 안에 많은 수의 입묘를 쉽게 하여, 한량 없는 세월에 모든 선령을 공동 추모하자는 것이요

2. 영모전의 묘위(廟位)는 예문편(79)에 의하여 설위하되, 본좌에는 대종사위를 비롯한 재가·출가의 역대 선령 열위, 좌편 별좌에는 희사위와 일반 부모 선조위, 우편 별좌에는 선성위와 일체 생령위를 설위할 것이요

3. 영모전에는, 매대(每代)에 작성한 법보(法譜)를 보관하되, 법보에는 법(敎規)의 정한 바에 따라 각 등위에 해당한 열위의 명호(名號)·역사·영상 등을 수록하며, 각 교당에도 그 영인본(影印本)을 보관하여 추모에 자(資)할 것이요

4. 총부나 지방을 막론하고, 영모전이 별동(別棟) 건설되기 전에는, 대각전 불단에 임시로 묘위를 설위하고 향례를 올릴 것이요

5. 영모전의 주위 지역에나 또는 경치가 수려한 지대에 대종사 이하 역대 성현의 기념 공원을 만들고 이름을 영모원이라 하며, 영모원 안에는 대종사의 성탑과 역대 종사 및 특별 유공 제사(諸師)의 기념탑과 일반 유공인의 공동 기념 탑 등을 건립하되, 형편이 허용되면 탑안에 유골 등을 봉안하며, 그 근처에는 기념관을 건축하고 문집·유물·탑보(塔譜) 등을 보존하여, 후진으로 하여금 언제나 참배하고 영원히 추모하게 할 것이니라.

제 3 절 영모전 입묘(入廟)

1. 영모전 묘위에 해당되는 유공인이 열반하여 영모전에 입묘할 때에는, 당인의 종재를 마친 후나 다음 대재 때에 단독 또는 합동으로 영모전에서 입묘식을 거행하되, 1. 개식 2. 입정 3. 교가(성가 2) 4. 심고 5. 입묘인 약력 보고 6. 입묘 봉고문(예문 64) 7. 입묘 고유문(예문 65) 8. 성가(해당찬송) 9. 폐식의 순으로 할 것이요

2. 영모전 입묘를 합동으로 할 경우의 봉고문과 고유문은 각각 경우에 맞도록 수정 사용할 것이니라.

제 4 절 대재(大齋) 의식

1. 대재는, 3일 전기하여 도량을 청소하고 식장을

제12장 대재

장엄하고 심신을 재계한 다음, 당일 본좌와 별좌에 아울러 행례하되, 식은, 1. 개식 2. 입정 3. 교가(성가 2) 4. 심고 5. 묘위보고 6. 봉청(예문 66) 및 고축찬송 7. 일동 헌배 8. 독경(서원문) 9. 내빈 분향 10. 폐식의 순으로 거행할 것이요

2. 묘위 보고 순에는 각 등위 별 총 위수(位數)와 당년에 새로 입묘한 묘위의 명호를 보고할 것이요

3. 대재의 봉청은, 대중이 기립한 가운데 주례가 봉청하고, 대중은 각 위호(位號)를 봉청할 때마다 경례하되, 육일대재 때에는 대종사 봉청 및 고축·찬송을 선행(先行)한 다음, 이어서 열위(列位)의 봉청 및 고축·찬송을 행하며, 명절대재 때에는 대종사와 열위의 봉청 및 고축·찬송을 아울러 행하되, 고축·찬송은 ① 대종사전 고축문(예문 67)·대종사 찬송가(성가 6) ② 종사위 고축문(예문 68)·종사위 찬송가(성가 7) ③ 대봉도 대호법전 고축문(예문 69)·대봉도 대호법 찬송가(성가 8) ④ 전무출신전 고축문(예문 70)·전무출신 찬송가(성가 9) ⑤ 거진출진전 고축문(예문 71)·거진출진 찬송가(성가 10) ⑥ 보통 출가 재가 교도전 위령문(예문 72)·불자의 노래(성가 18) ⑦ 희사위전 고축문(예문 73)·희사위 찬송가(성가 11) ⑧ 일반 부모 선조전 고축문(예문 74)·열반 기념가 (성

가 47)의 순으로 하고, ⑨ 선성위와 생령위에는 각각 분향 재배만 한 다음 삼동윤리가(성가 75)로 찬송·위령할 것이요

4. 대재의 대종사 이하 열위전 각 고축문은 고축인만 낭독 후 대례(大禮)로 2배하고 대중은 앉은 대로 합장 경례하며, 각 찬송은 고축이 끝나는 즉시로 성가대 또는 대중이 합창할 것이요

5. 육일대재 후에는 대종사 추모 법회를 개최하여 추원 보본의 의의를 더욱 드러내고, 명절대재 후에는 열위 선영의 추모 법회나 공동 명절 행사 등을 개최하여 추모의 정성과 교도 상호간의 친목 화합을 더욱 도탑게 할 것이요

6. 명절대재는 혹 지방 형편에 따라 정례일(12월 1일) 전후의 가까운 예회일 등 적의한 일자에 거행할 수 있나니라.

제13장 교 의 (教儀)

제1절 교의에 대하여

교의라 함은, 모든 의례를 시행함에 있어서 교단의 면목과 의식의 위의(威儀)를 표하는데 필요한 교기·교복·교구와 기타 도구 등을 통칭함이니 이 모든 교의의 제작과 시용 규례는 일정하게 하여, 모든 위의와 의식에 모순 혼잡이 없게 하여야 할 것이니라.

제 2 절   교 기(教旗)

1. 교기는 교단을 상징하는 기(旗)이니, 그 제재(製材)·척법(尺法)·색채 등을 법(教規)에 맞도록 조성할 것이며, 기간(旗竿)·기두(旗頭)도 법에 맞게 제작할 것이요
2. 교기는, 교단의 정례 축제일과 기타 특별한 교단적 행사가 있을 때에 각 기관과 교당에 이를 게양할 것이요
3. 교회장 등으로 인하여 교기를 반기(半旗)로 게양할 경우와, 다른 종교나 단체기와 아울러 게양이 필요할 경우에는, 국기와 외국기 게양하는 일반 준례에 의하여 게양할 것이니라.

제 3 절   교 복(教服)

1. 교복은 상주 도량이나 모든 법요(法要) 행사에 위의를 갖추는 교단적 예복으로서 교복과 법락(法絡) 두 건(件)이 있나니, 평상 행사에는 교복만을 착용하고, 특별 행사에는 교복에 법락을 가하여 착용할 것이요
2. 교복과 법락은 그 제재·척법·색채 등을 법(教規)에 맞도록 제작할 것이요
3. 교복과 법락의 착용은, 그 시기 범위 등을 법(教規)에 맞도록 할 것이니라.

예전 제3 교례편

제4절　교　구(教具)

1. 교구는 불단의 위의를 갖추는 불전 도구와, 법요 행사 때에 사용하는 법요 도구와 특별 법요 행사 때에 임시로 사용하는 장엄 도구의 세 가지로 할 것이요
2. 불전 도구는 향로·촉대로 하고, 금연화(金蓮花)·헌공합(獻供盒)은 경우에 따라 더할 것이요
3. 법요 도구는 경상(經床)·목탁·좌종과 죽비·요령 및 청수기 등으로 할 것이요
4. 장엄 도구는 조화(造花)·생화(生花) 등으로 할 것이요
5. 모든 교구는 그 규식(規式)과 색채를 법(教規)에 맞도록 통일할 것이며, 특별 법요의 식장을 장엄할 때에 시대를 따라 일반적으로 시행되는 장엄 양식은 공의를 거쳐서 이를 적의히 채용할 것이니라.

제5절　기타 교의

1. 교표(教標)는 교도임을 표시하는 표이니, 법(教規)에 맞도록 제작하여, 일반 교도가 상의 왼편 가슴에 차는 것이요
2. 교화(教花)는 교단을 상징하는 꽃이니, 법(教規)의 정한 바에 따라 교당의 정원에나 교도의 가정에

제13장 교의

　적의히 심어서 관상할 것이요
3. 법종은 도량의 일상 생활과 법회의 시종을 알리는 도구니, 각 교당에 이를 비치하되, 범종을 원칙으로 할 것이요
4. 염주·단주와 법고는 염불이나 송주 때에 대중을 잡고 운곡을 맞추는 수행 도구니, 필요에 따라 사용할 것이요
5. 거교적인 큰 의식 법회 때에는 법(敎規)에 따라 받은 각자의 기장(記章＝宗法師章·法階章·法勳章·蓮花章 등)을 패용(佩用)하여 그 위의를 표할 것이요
6. 모든 의식에서 배례를 할 때에는, 법신불전과 영모전에는 4배를 올리고, 일반 영전에는 2배, 기타에는 단배(單拜)를 대례(大禮)로 행함을 원칙으로 하되, 경우에 따라 약례로 할 수도 있으며, 이 예전의 해당 식순에 특별한 지정이 있는 때에는 그에 좇을 것이요
7. 모든 의식에서 법위가 있는 영가에 대하여는 위패나 예문 등에 법호·법명·법계(法階) 또는 법훈(法勳)을 아울러서 존칭할 것이며, 비록 법계 정사 이상된 분의 영가에게라도 ① 사후에 특례로 추존되거나 ② 과히 노혼하여 열반하거나 ③ 급환 또는 사고로 인하여 졸연히 열반한 경우에는 천도 법문을 낭독할 것이니라.

부록·예 문 편

제 1 부 통 용 경 문

1. 一圓相 誓願文

〈일원상 서원문〉 일원은 언어도단의 입정처이요 유무초월의 생사문인 바, 천지 부모 동포 법률의 본원이요 제불 조사 범부 중생의 성품으로, 능이성 유상하고 능이성 무상하여, 유상으로 보면 상주 불멸로 여여 자연하여 무량 세계를 전개하였고, 무상으로 보면 우주의 성주괴공과 만물의 생로병사와 사생의 심신 작용을 따라 육도로 변화를 시켜 혹은 진급으로 혹은 강급으로 혹은 은생어해로 혹은 해생어은으로 이와 같이 무량 세계를 전개하였나니, 우리 어리석은 중생은 이 법신불 일원상을 체받아서 심신을 원만하게 수호하는 공부를 하며, 또는 사리를 원만하게 아는 공부를 하며, 또는 심신을 원만하게 사용하는 공부를 지성으로 하여 진급이 되고 은혜는 입을지언정 강급이 되고 해독은 입지 아니하기로써 일원의 위력을 얻도록까지 서원하고 일원의 체성에 합하도록까지 서원함.

2. 般若波羅蜜多心經

〈반야바라밀다심경〉 관자재보살 행심반야바라밀다시 조견오온개공 도일체고액 사리자 색불이공 공불이색 색즉시공 공즉시색 수상행식 역부여시 사리자 시제법공상 불생불멸 불구부정 부증불감 시고공중 무색 무수상행식 무안이비설신의 무색성향미촉법 무안계 내지무의식계 무무명 역무무명진 내지무노사 역무노사진 무고집멸도 무지역무득 이무소득고 보리살타 의반야바라밀다고 심무괘애 무괘애고 무유공포 원리전도몽상 구경열반 삼세제불 의반야바라밀다고 득아뇩다라삼먁삼보리 고지반야바라밀다 시대신주 시대명주 시무상주 시무등등주 능제일체고 진실불허 고설반야바라밀다주 즉설주왈 아제아제 바라아제 바라승아제 모제사바하.

3. 聖　呪

〈성주〉 영천영지 영보장생 (永天永地永保長生) 만세멸도 상독로 (萬世滅度常獨露) 거래각도 무궁화 (去來覺道無窮花) 보보일체 대성경 (步步一切大聖經)

4. 薦度法門 (1)

〈열반 전후에 후생 길 인도하는 법설〉 ○○야 정신을 차려 나의 말을 잘 들으라. 이 세상에서 네가 선악간 받은 바 그것이 지내간 세상에 지은 바 그것이요,

제 1 부 통용경문 2·3·4

이 세상에서 지은 바 그것이 미래 세상에 또 다시 받게 될 바 그것이니, 이것이 곧 대자연의 천업이라 부처와 조사는 자성의 본래를 각득하여 마음의 자유를 얻었으므로 이 천업을 돌파하고 육도와 사생을 자기 마음대로 수용하나, 범부와 중생은 자성의 본래와 마음의 자유를 얻지 못한 관계로 이 천업에 끌려 무량고를 받게 되므로, 부처와 조사며 범부와 중생이며 귀천과 화복이며 명지장단을 다 네가 짓고 짓나니라. ○○야 일체만사를 다 네가 짓는 줄로 이제 확연히 아느냐. ○○야 또 들으라. 생사의 이치는 부처님이나 네나 일체 중생이나 다 같은 것이며 성품자리도 또한 다 같은 본연 청정한 성품이며 원만 구족한 성품이니라. 성품이라 하는 것은 허공에 달과 같이 참 달은 허공에 홀로 있건마는 그 그림자 달은 일천 강에 비치는것과 같이, 이 우주와 만물도 또한 그 근본은 본연 청정한 성품 자리로 한 이름도 없고, 한 형상도 없고, 가고 오는 것도 없고, 죽고 나는 것도 없고, 부처와 중생도 없고, 허무와 적멸도 없고, 없다 하는 말도 또한 없는 것이며, 유도 아니요 무도 아닌 그것이나, 그 중에서 그 있는 것이 무위이화 자동적으로 생겨나 우주는 성주괴공으로 변화하고, 만물은 생로병사를 따라 육도와 사생으로 변화하고, 일월은 왕래하여 주야를 변화시키는 것과 같이, 너의 육신 나고 죽는 것도 또한 변화는 될지언정 생사는 아니니라. ○○야 듣고 듣느냐 이제

이 성품 자리를 확연히 깨달아 알았느냐. 또 들으라. 이제 네가 이 육신을 버리고 새 육신을 받을 때에는 너의 평소 짓던 바에 즐겨하여 애착이 많이 있는 데로 좇아 그 육신을 받게 되나니, 그 즐겨하는 바가 불보살 세계가 승하면 불보살 세계에서 그 육신을 받아 무량한 낙을 얻게 될 것이요, 또한 그 반대로 탐진치가 승하고 보면 그 곳에서 그 육신을 받아 무량겁을 통하여 놓고 무수한 고를 얻을 것이니라. 듣고 듣느냐. ○○야 또 들으라. 네가 이 때를 당하여 더욱 마음을 견고히 하라. 만일 호리라도 애착 탐착을 여의지 못하고 보면 자연히 악도에 떨어져 가나니, 한 번 이 악도에 떨어져 가고 보면 어느 세월에 또 다시 사람의 몸을 받아 성현의 회상을 찾아 대업을 성취하고 무량한 혜복을 얻으리요. ○○야 듣고 들었느냐.

5. 薦度法門(2)

〈열반 전후에 후생 길 인도하는 법설〉 ○○ 영가시여. 정신을 차려 부처님의 법문을 잘 들으소서. 이 세상에서 영가가 선악간 받은 바 그것이 지내간 세상에 지은 바 그것이요, 이 세상에서 지은 바 그것이 미래 세상에 또 다시 받게 될 바 그것이니 이것이 곧 대자연의 천업이라, 부처와 조사는 자성의 본래를 각득하여 마음의 자유를 얻었으므로 이 천업을 돌파하고 육도와 사생을 자기 마음대로 수용하나, 범부와 중생은

제 1 부 통용경문

자성의 본래와 마음의 자유를 얻지 못한 관계로 이 천업에 끌려 무량고를 받게 되므로 부처와 조사며 범부와 중생이며 귀천과 화복이며 명지장단을 다 영가가 짓고 짓나이다. ○○ 영가시여./ 일체 만사를 다 영가가 짓는 줄로 이제 확연히 아시나이까. ○○ 영가시여./ 또 들으소서. 생사의 이치는 부처님이나 영가나 일체 중생이나 다 같은 것이며 성품 자리도 또한 다 같은 본연 청정한 성품이며 원만 구족한 성품이외다. 성품이라 하는 것은 허공에 달과 같이 참 달은 허공에 홀로 있건마는 그 그림자 달은 일천 강에 비치는 것과 같이 이 우주와 만물도 또한 그 근본은 본연 청정한 성품 자리로 한 이름도 없고, 한 형상도 없고, 가고 오는 것도 없고, 죽고 나는 것도 없고, 부처와 중생도 없고, 허무와 적멸도 없고, 없다 하는 말도 또한 없는 것이며, 유도 아니요 무도 아닌 그것이나 그 중에서 그 있는 것이 무위이화 자동적으로 생겨나, 우주는 성주괴공으로 변화하고 만물은 생로병사를 따라 육도와 사생으로 변화하고 일월은 왕래하여 주야를 변화시키는 것과 같이 영가의 육신 나고 죽는 것도 또한 변화는 될지언정 생사는 아니외다. ○○ 영가시여./ 듣고 들으시나이까. 이제 이 성품 자리를 확연히 깨달아 아르셨나이까. 또 들으소서. 이제 영가가 이 육신을 버리고 새 육신을 받을 때에는 영가의 평소 짓던 바에 즐겨하여 애착이 많이 있는 데로 좇아 그 육신을 받게 되나니, 그 즐겨하는 바가 불보살 세계가 승하면 불보살 세계에서 그 육신을 받아 무량한 낙을 얻게 될 것이요, 또한 그 반대로 탐진치가 승하고 보면 그 곳에서 그 육신을 받아 무량겁을 통하여 놓고 무수한 고를 얻을 것이외다. 듣고 들으시나이까. ○○ 영가시여! 또 들으소서. 영가가 이 때를 당하여 더욱 마음을 견고히 하소서. 만일 호리라도 애착 탐착을 여의지 못하고 보면 자연히 악도에 떨어져 가나니, 한 번 이 악도에 떨어져 가고 보면 어느 세월에 또 다시 사람의 몸을 받아 성현의 회상을 찾아 대업을 성취하고 무량한 혜복을 얻으리요. ○○ 영가시여! 듣고 들으셨나이까.

6. 懺 悔 文

〈참회문〉 음양 상승의 도를 따라 선행자는 후일에 상생의 과보를 받고 악행자는 후일에 상극의 과보를 받는 것이 호리도 틀림이 없으되, 영원히 참회 개과하는 사람은 능히 상생 상극의 업력을 벗어나서 죄복을 자유로 할 수 있나니, 그러므로 제불 조사가 이구 동음으로 참회문을 열어 놓으셨나니라. 대범, 참회라 하는 것은 옛 생활을 버리고 새 생활을 개척하는 초보이며, 악도를 놓고 선도에 들어오는 초문이라, 사람이 과거의 잘못을 참회하여 날로 선도를 행한즉 구업은 점점 사라지고 신업은 다시 짓지 아니하여 선도는 날로 가까와지고 악도는 스스로 멀어지나니라. 그러므로 경에 이르시되 전심 작악은 구름이 해를 가린 것과 같고 후심 기선은 밝은 불이 어둠을 파함과 같나니라 하시었나니, 죄는 본래 마음으로부터 일어난 것이라 마음이 멸함을 따라 반드시 없어질 것이며, 업은 본래 무명인지라 자성의 혜광을 따라 반드시 없어지나니 죄고에 신음하는 사람들이여 어찌 이 문에 들지 아니하리요. 그러나 죄업의 근본은 탐진치라 아무리 참회를 한다 할지라도 후일에 또 다시 악을 범하고 보면 죄도 또한 멸할 날이 없으며, 또는 악도에 떨어질 중죄를 지은 사람이 일시적 참회로써 약간의 복을 짓는다 할지라도 원래의 탐진치를 그대로 두고 보면 복은 복대로 받고 죄는 죄대로 남아 있게 되나니, 비하건대 큰 솥 가운데 끓는 물을 냉하게 만들고자 하는 사람이 위에다가 약간의 냉수만 갖다 붓고 밑에서 타는 불을 그대로 둔 즉 불의 힘은 강하고 냉수의 힘은 약하여 어느 때든지 그 물이 냉해지지 아니함과 같나니라. 세상에 전과를 뉘우치는 사람은 많으나 후과를 범하지 않는 사람은 적으며, 일시적 참회심으로써 한 두 가지의 복을 짓는 사람은 있으나 심중의 탐진치는 그대로 두나니 어찌 죄업이 청정하기를 바라리요. 참회의 방법은 두 가지가 있으니, 하나는 사참이요 하나는 이참이라, 사참이라 함은 성심으로 삼보전에 죄과를 뉘우치며 날로 모든 선을 행함을 이름이요, 이참이라 함은 원래에 죄성이 공한 자리를 깨쳐 안으로 모든 번뇌 망상을 제거해 감을 이름이니 사람이 영원히 죄악을 벗어나고자 할진대 마땅히 이를 쌍수하여 밖으로 모든 선업을 계속 수행하는 동시에 안으로 자신의 탐진치를 제거할지니라. 이같이 한즉, 저 솥 가운데 끓는 물을 냉하게 만들고자 하는 사람이 위에다가 냉수도 많이 붓고 밑에서 타는 불도 꺼버림과 같아서 아무리 백천 겁에 쌓이고 쌓인 죄업일지라도 곧 청정해 지나니라. 또는 공부인이 성심으로 참회 수도하여 적적 성성한 자성불을 깨쳐 마음의 자유를 얻고 보면, 천업을 임의로 하고 생사를 자유로 하여, 취할 것도 없고 버릴 것도 없고 미워할 것도 없고 사랑할 것도 없어서, 삼계 육도가 평등 일미요, 동정 역순이 무비 삼매라, 이러한 사람은 천만 죄고가 더운 물에 얼음 녹듯 하여 고도 고가 아니요 죄도 죄가 아니며 항상 자성의 혜광이 발하여 진대지가 이 도량이요 진대지가 이 정토라 내외 중간에 털끝만한 죄상도 찾아볼 수 없나니, 이것이 이른바 불조의 참회요 대승의 참회라, 이 지경에 이르러야 가히 죄업을 마쳤다 하리라.

7. 懺 悔 偈

〈참회게〉 아석소조 제악업 (我昔所造諸惡業) 개유무시 탐진치 (皆由無始貪瞋痴) 종신구의 지소생 (從身口意之所生) 일체아금 개참회 (一切我今皆懺悔) 죄무자성 종심기 (罪無自性從心起) 심약멸시 죄역망 (心若滅時罪

亦亡) 죄망심멸 양구공(罪亡心滅兩俱空) 시즉명위 진참회(是即名謂眞懺悔)

8. 金剛般若波羅蜜經

〈금강반야 바라밀경〉 여시아문 일시 불재사위 국기수급고독원 여대비구중 천이백오십인구 이시세존 식시 착의지발 입사위대성 걸식 어기성중 차제걸이 환지본처 반식흘 수의발 세족이 부좌이좌 시 장로수보리 재대중중 즉종좌기 편단우견 우슬착지 합장공경 이백불언 희유세존 여래 선호념제보살 선부촉제보살 세존 선남자 선여인 발아뇩다라삼먁삼보리심 응운하주 운하항복기심 불언 선재선재 수보리 여여소설 여래 선호념제보살 선부촉 제보살 여금제청 당위여설 선남자선여인 발아뇩다라삼먁삼보리심 응여시주 여시항복기심 유연세존 원요욕문 불고 수보리 제보살마하살 응여시항복기심 소유일체 중생지류 약란생 약태생 약습생 약화생 약유색 약무색 약유상 약무상 약비유상비무상 아개영입무여열반 이멸도지 여시멸도 무량무수무변중생 실무중생득멸도자 하이고 수보리 약보살 유아상인상 중생상수자상 즉비보살 부차 수보리 보살어법 응무소주 행어보시 소위부주색보시 부주성향미촉법보시 수보리 보살응여시보시 부주어상 하이고 약보살 부주상보시 기복덕 불가사량 수보리 어의운하 동방허공 가사량부 불야세존 수보리 남서북방사유상하허공 가사량부 불야세존 수보리 보살 무주상보시복덕 역부여시 불가사량 수보리 보살 단응여소교주 수보리 어의운하 가이신상 견여래부 불야세존 불가이 신상 득견여래 하이고 여래소설신상 즉비신상 불고수보리 범소유상 개시허망 약견제상비상 즉견여래.

9. 日常 修行의 要法

〈일상 수행의 요법〉 1. 심지는 원래 요란함이 없건마는 경계를 따라 있어지나니 그 요란함을 없게 하는 것으로써 자성의 정을 세우자. 2. 심지는 원래 어리석음이 없건마는 경계를 따라 있어지나니 그 어리석음을 없게하는 것으로써 자성의 혜를 세우자. 3. 심지는 원래 그름이 없건마는 경계를 따라 있어지나니 그 그름을 없게하는 것으로써 자성의 계를 세우자. 4. 신과 분과 의와 성으로써 불신과 탐욕과 나와 우를 제거하자. 5. 원망생활을 감사생활로 돌리자. 6. 타력생활을 자력생활로 돌리자. 7. 배울 줄 모르는 사람을 잘 배우는 사람으로 돌리자. 8. 가르칠 줄 모르는 사람을 잘 가르치는 사람으로 돌리자. 9. 공익심 없는 사람을 공익심 있는 사람으로 돌리자.

10. 靈 呪

〈영주〉 천지영기 아심정 (天地靈氣我心定) 만사여의 아심통 (萬事如意我心通) 천지여아 동일체 (天地與我同一體) 아여천지 동심정 (我與天地同心正)

11. 淸淨呪

〈청정주〉 법신청정 본무애 (法身淸淨本無碍) 아득회광 역부여 (我得廻光亦復如) 태화원기 성일단 (太和元氣成一團) 사마악취 자소멸 (邪魔惡趣自消滅)

제 2 부 가 례 예 문

12. 命名式 祈願文

〈기원문〉 원기 ○○년 ○월 ○일에, 불제자 父 ○○와 母 ○○는 ○월 ○일 ○시에 출생한 제○남 (녀)를 「○○」라 命名하옵고, 삼가, 법신불 사은전에 그 장래 혜복을 발원하오니, 거룩하신 은혜와 위력을 항상 加被하시와 이 어린이의 심신이 고루 건전 발육되게 하옵시고, 장성하여서는 바로 옳은 지도인을 만나서 정당한 법을 배우며 국한 없는 공도 사업에 獻誠 활동하는 보은 인물이 되게 하여 주시옵소서. 법신불 사은의 거룩하신 은혜와 위력 아래 출생한 공변된 어린이 「○○」를 저희들도 잘 기르고 가르쳐서 반드시 그러한 인물이 되도록까지 모든 사랑과 정성을 이에 다하겠사오니, 법신불 사은이시여 ✔ 통촉하시옵소서.

예전 부록·예문편

13. 出生 7週 祈願式 祈願文

〈기원문〉 원기 ○○년 ○월 ○일에 불제자 父 ○○와 母 ○○는 제 ○남(녀) ○○의 출생 후 7주일을 맞이하와, 삼가, 법신불 사은전에 그 장래 혜복을 발원하오니 거룩하신 은혜와 위력을 항상 가피하시와 이 어린이의 심신이 고루 건전 발육되게 하옵시고 장성하여서는 바로 옳은 지도인을 만나서 정당한 법을 배우며 세간의 모든 소원을 성취하는 동시에 국한 없는 공도사업에 헌성 활동하는 보은 인물이 되게 하여 주시옵소서. 법신불 사은의 거룩하신 은혜와 위력 아래 자라는 공변된 어린이 ○○를 저희들도 잘 기르고 가르쳐서 반드시 그러한 인물이 되도록까지 모든 사랑과 정성을 이에 다하겠사오니, 법신불 사은이시여/ 통촉하시옵소서.

14. 成年式 心告

법신불 사은이시여/ 불제자 ○○가 사은의 따뜻하신 품안에 자라고 커서, 오늘 이 성년식을 거행하게 되오니 감사하옵나이다. 앞으로 더욱 끊임 없는 은혜와 힘을 주시와, 그로 하여금 건전한 심신을 길이 보존하여, 인생의 의무와 책임을 충실히 이행하고 선업을 날로 확장하여 어느 곳에 가든지 당하는 대로 항상 공중에 이익 주는 좋은 인물이 되게하여 주시옵소서. 일심으로 비옵나이다.

15. 成年式 法說

〈훈사〉 너 ○○는 과거 ○○년간 천지 부모의 생육하신 은혜와 동포 법률의 보호하신 혜택으로 무사히 장양되어 오늘 이 자리에서 성년식을 거행하게 되니 실로 경하하여 마지 않는 바이다. 과거를 회상하면 모태 중에서 출생한 자력 없는 한 어린 몸이 자라고 커서 人道의 大義를 배워 한 성인의 자격을 갖추게 되었으니, 오늘까지 그 입은 은혜 얼마나 지중한가. 감사를 느껴 마땅히 마음에 깊이 새길 것이며, 그 은혜 속에서 얻게된 성장한 체력과 智力으로써 인류 사회로부터 부여된 모든 의무와 권리를 충실히 이행할 것이요, 널리 세상을 위하여 보은행에 노력함으로써 천직을 삼아서 인생의 최령한 가치를 잘 발휘할지어다.

16. 成年式 答辭

〈답사〉 오늘, 저의 성년식을 거행함에 당하여 정중히 훈계하여 주시고, 간곡히 치하하여 주심을 깊이 감사하옵나이다. 스승님께서 주신 훈사와 내빈 제위께서 주신 축사의 뜻을 명심하여, 저를 낳아 기르고 가르치고 보호하여 주신 사은의 지중한 은혜를 잊지 아니 하겠사오며, 앞으로 자력을 다하여 인류 사회에 대한 의무와 책임에 게으름이 없겠사오며 나아가, 널리 세상을 위하여 모든 정성과 힘을 다하여 洪恩의 萬一에 보답하옵기로 이 자리에 맹세하오니 父師 尊長께서와 내빈 제위께서 이를 증명하시고 길이 편달하시와 완전한 실행이 있도록 큰 힘을 밀어 주시기 간절히 바라나이다.

17. 結婚 證書

〈결혼증서〉(신랑의 주소·성명·생년월일) (신부의 주소·성명·생년월일) 위 양방이 같이 부모의 명을 받들고 당인들의 뜻이 상합하여 生民의 비롯이요 만복의 근원이 되는 혼인의 예를 다음 조항으로 진실 서약한다. 1. 인륜을 존중히 하고 신의를 견고히 하여 영원히 고락을 함께 한다. 2. 정당한 신앙과 공부 사업 하는 데에 서로 권면하고 扶助하여 절대로 구속과 방해되는 행동을 아니한다. 3. 양방이 같이 부모에게 효성하고 형제간에 우애함으로써 제가의 근본을 세운다. 4. 인격을 서로 존중하고 서로 경애하여, 세상에 드러난 大惡 외에는 어떠한 과실과 불평이 있다 할지라도 이를 관용한다. 위 조항을 確守하기 위하여 당사자와 양방 부모 및 주례 증참인의 연서 날인으로써 이 증서 2통을 작성, 양방에 교환하여 영구 보존한다. (년 월 일) (신랑 성명·印) (신부 성명·印) (신랑의 부모 성명·印) (신부의 부모 성명·印)(주례 주소, 성명·印)(증참인 주소, 성명·印)

18. 結婚式 告由文

〈고유문〉 원기 ○○년 ○월 ○일에 ○○(주소) 거주 신랑 ○○와 ○○ 거주 신부 ○○는, 한 가지 청정한 마음을 받들어, 삼가, 법신불 사은전에 고백하옵나이다. 법신불 사은이시여./ 대자대비하옵신 큰 위력을 나리시와, 저희들의 혼인이 길이 화합되게 하옵시고 가정이 항상 명랑하와 지장과 고난이 없게 하옵시고, 세간 복락과 출세간 복락을 아울러 수용하여 영원히 혜복의 길이 열리게 하여 주시옵소서. 저희들은 법신불 사은의 무량한 은혜 속에서 다시금 이 원을 올리오며, 모든 실행을 오직 대도에 귀의하와 洪恩의 萬一에 보답하옵기를 더욱 결심하오니, 법신불 사은이시여./ 통촉하시옵소서.

19. 結婚式 心告

법신불 사은이시여./ 불제자 신랑 ○○와 신부 ○○가 사은의 따뜻하신 품안에 각각 자라고 커서 오늘 이 혼인을 맺게 되오니 감사하옵나이다. 앞으로 더욱 끊임없는 은혜와 힘을 주시와 두 사람의 인연이 길이 화합되게 하옵시고, 모든 복락을 원만히 수용하며, 일체 선을 서로 권면하여, 국가 사회에 모범된 가정을 이루고 표준적 인물들이 되게 하여 주시옵소서. 일심으로 비옵나이다.

132 예전 예문편

20. 結婚式 法說(1)

〈법설〉 결혼은 일생에 중요한 일이요 오늘 儀式은 두분에게 또한 중요한 기념이 될 것이다. 이 중요한 기념을 당하여, 영원한 장래에 가지고 쓸 법문 몇 가지를 주노니 이것을 명심하여 잘 실행하기 바라는 바이다. 1. 화합은 혼인에 근본되는 정신이니, 화합이 없고는 혼인이 아무러한 가치가 없는 것이다. 그러므로, 두분은 일생을 통하여 화합에 힘쏠 것이요. 2. 신의는 사람의 조약에 근본되는 가치이니, 신의가 없고는 모든 조약이 아무러한 효과가 없는 것이다. 그러므로, 두 분은 일생을 통하여 신의를 지킬 것이요. 3. 근검은 경제 생활에 근본되는 자산이니, 근검이 없고는 자립 생활에 아무러한 근거가 없는 것이다. 그러므로, 두 분은 일생을 통하여 근검에 힘쏠 것이요. 4. 신앙은 정신 생활에 근본되는 요건이니, 신앙이 없고는 영원한 세상에 향할 바 지침이 없는 것이다. 그러므로, 두 분은 일생을 통하여 신앙을 굳게 가질 것이요. 5. 공부는 인격 양성에 근본되는 요소이니, 공부가 없고는 인간 생활에 아무러한 향상이 없는 것이다. 그러므로, 두 분은 일생을 통하여 공부를 놓지 말 것이요. 6. 인륜은 사람의 세상에 근본되는 궤도이니, 인륜이 없고는 인생 사회에 가히 참예할 자격이 없는 것이다. 그러므로, 두 분은 일생을 통하여 인륜을 존중히 할 것이요. 7. 보은은 사람의 도리에 근본되는 의무이니, 은혜를 모르는 이는 금수에 다름이 없는 것이다. 그러므로, 두 분은 일생을 통하여 보은에 노력할 것이요. 8. 공익은 인생의 근본되는 특징이니, 공익이 없고는 인생의 최령을 말할 것이 없는 것이다. 그러므로, 두 분은 일생을 통하여 공익에 최선을 다할 것이다. 인생의 도리를 찾자면 어찌 이 몇 가지에 한하리요마는 그 중에 우선 요긴한 법을 들어 이른 바이니, 두 분은 서로 깨우치고 서로 권면하여 모든 선을 행할 때에 선이 적다고 輕하게 알지 말고, 악을 끊을 때에 악이 적다고 경하게 알지 말지어다. 사람이 누구나 친절한 벗이 없지 아니하나 부부 사이와 같이 친절하기가 어렵나니, 그 친절한 벗이 선을 권장하면 선에 돌아오기가 쉽고, 악을 조장하면 악에 化하기가 쉬운 것이다. 그런즉, 두 분은 일생을 같이 할 때에, 서로 善을 권장하는 좋은 벗이 될지언정 악을 조장하는 낮은 벗은 되지 말며, 또는 친절한 사이에는 무난하기가 쉽고 무난한 사이에는 원망이 있기 쉽나니, 두 분은 서로 공경하고 사랑하여, 미래 세상에 길이 화합하는 좋은 인연이 될지언정 서로 원망하고 배척하는 악한 인연이 되지 말아서 부부의 화합으로써 사회 평화의 종자를 짓게 하고 가정의 행복으로써 세계 복리의 근본이 되게 하여 주기를 간절히 부탁하는 바이다.

21. 結婚式 法說 (2)

〈법설〉신랑·신부여./ 신의는 모든 선의 근본이 되고 화합은 모든 복의 근원이 되나니, 두 분은 일생을 통하여 서로 권면하고 서로 깨우쳐, 신의와 화합의 공부로 선하고 복된 가정과 선하고 복된 사회를 앞장서 이룩하라.

22. 回甲式 感謝文

〈감사문〉원기 ○○년 ○월 ○일에, 불제자 ○○는 출생 만 60년 회갑을 당하와, 삼가, 법신불 사은전에 감사의 말씀을 올리나이다. ○○는 세상에 나온 후 60년의 긴 세월을 지내온 바, 그 동안 사은의 끊임 없는 혜택으로써 먹고 입고 의지하여 육체의 생명을 보전해 왔사옵고, 보고 듣고 배우고 하여 인간의 지식을 얻게 되었사오니, 그 피은된 조항을 낱낱이 생각하여 본다면 이 몸의 살 한 점 피 한 방울이 다 사은의 주신 바이요, 이 마음의 한 지식 한 기술이 다 사은의 주신 바이며, 이 심신을 보호하는 주위의 모든 인연과 기구도 다 사은의 주신 바이라, 어찌 작은 입으로써 다 형언하오며 짧은 붓으로써 다 기록하오리까. 그러하오나, 이 지중한 은혜를 입은 ○○로서 보은 행사에 항상 유감된 바가 많사옵고, 공도 사업에 매양 만족의 감이 없사오니 과거를 회상하오면 모두가 부족이요 한이 되옵나이다. 오늘, 회갑을 맞이하와 과거의 부족을 깊이 뉘우치옵고 미래의 정신을 다시 분발하와, 무상 대도를 깨우치며 무궁한 세월에 길이 보은자가 되옵기를 다시금 서원하오니, 법신불 사은이시여./ 대자대비하옵신 위력을 더욱 나리시와 이 서원을 완전히 성취하게 하여 주시옵소서. 영원한 장래를 통하여 일심을 받들어 축원하옵나이다.

23. 回甲式 心告

법신불 사은이시여./ 불제자 ○○가 사은의 애호하옵신 은덕을 힘입어서 60년의 긴 세월을 무고히 지내옵고 오늘 회갑을 맞이하게 하여 주시오니 기쁘고 감사하옵나이다. 앞으로 더욱 끊임 없는 은혜와 힘을 주시와 그로 하여금 건강이 길이 보전되고 도업이 날로 향상하여, 정신에 양식을 더욱 장만하고 세간에 복리를 더욱 베풀어서 모든 후진에게 좋은 지침이 되게 하여 주시옵소서. 일심으로 비옵나이다.

24. 涅槃式心告 (發靷式·初齋·七齋·終齋 通用)

법신불 사은이시여./ 새 열반인 ○○의 영로에 한량 없는 법력과 광명을 나리시와 그로 하여금 생사 거래에 항상 바른 소견을 가지게 하옵시며, 모든 착심과 원진을 여의고 완전한 해탈 천도를 얻어서 악도 윤회에 들지 아니하고 바로 불토 인연에 돌아와서 세세 생생

예전 부록·예문편

에 길이 성불 제중하는 성자가 되게 하여 주시옵소서. 일심으로 비옵나이다.

25. 發靷式 着服 告由文

〈고유문〉 본인들은 친척 또는 동지의 관계로 복제의 정한 바에 따라 이제 각기 해당 복을 착하오니, 존령은 조감하시옵소서.

26. 發靷式 告辭(通用)

〈고사〉 ○○님이시여./ 이제 거연히 열반하시오니 오직 애통하고 망극하옵니다. 저희들을 이만큼 보호 훈육하실 제 그 정성 그 수고가 과연 어떠하셨나이까. 산보다 높고 바다보다 깊으신 그 은혜에, 모시고 보은할 길 아득하오나, 오직, 평소의 교훈과 원력 받들어 종신토록 보은지도에 정진하겠사오니, 바라옵건대 ○○님이시여./ 모든 일을 돈연히 잊으시고 청정한 일념에 圓寂하셨다가 법연 따라 하루 속히 돌아 오시옵소서.

27. 發靷式 父母前 告辭

〈고사〉 원기 ○○년 ○월 ○일에, 소자녀 ○○등은 두어줄 애사를 받들어 ○○님 존령전에 고백하옵나이다. 오호 ○○님이시여./ 이제 영영 열반의 길을 떠나시었나이까. 저희들은 태산이 무너진듯 정신이 아득하여 이 망극함을 무엇이라 다 사뢰지 못하겠나이다. ○

○님께서는 저희들을 낳으사 자력 없는 연약한 몸을 길러 내실제 온갖 수고를 잊으시고 모든 사랑을 이에 다하셨으며, 철 없는 우치한 마음을 지도하실 때에 온갖 방편을 가리지 않으시고 모든 정성을 이에 다하시어, 이제 와서는 자력 없던 몸이 차차 자력을 얻게 되고 철 모르던 마음이 차차 철을 알게 되어 인류 사회에 한 사람의 자격으로써 같이 참여하게 되었사오니, 오늘날 저희들의 생활은 모두가 ○○님의 주신 선물이요 정성을 쌓으신 결정이옵나이다. 그러하오나 저희들은 孝心이 부족하옵고 또는 (어떠한) 관계로 생전에 보은 도리와 시봉 절차를 변변히 이행하지 못하옵고 ○○님의 마음에 매양 만족과 위안을 드리지 못하옵다가 이제 거연히 永訣의 슬픔을 당하게 되오니, 과거를 회상하오매 모두가 유감이요 恨이 되옵나이다. ○○님이시여! 昊天이 망극한 이 은혜를 다시 어느 때에 갚사오며, 창해가 無盡한 이 여한을 다시 어느 때에 풀으오리까. ○○님이시여! 저희들의 불초함을 널리 용서하옵시고, 또는 저희들로 인하여 미진한 착심도 다 잊으시옵고 오직 청정일념에 주하시와 부처님의 대도에 근원하여 모든 혹업을 초월하시고, 인연을 따라 몸을 나투실 때 반드시 수행에 정진하시어 필경 불과를 성취하시며, 자비의 법력을 베푸시와 널리 세상을 이익주고 대중을 구원하는 성자가 되시옵기를 깊이 축원하옵나이다. ○○님 존령이시여! 하감하시옵소서.

28. 發靷式 師傅前 告辭

〈고사〉 원기 ○○년 ○월 ○일에, 소자 ○○등은 삼가 두어줄 애사를 받들어 스승님 존령전에 고백하옵나이다. 오호 스승님이시여./ 이제 영영 열반의 길을 떠나셨나이까. 저희들은 태산이 무너진듯 정신이 아득하여 그 망극함을 무엇이라 다 사뢰지 못하겠나이다. 스승님께서는 몽매한 저희들을 가르치고 지도하실 제, 온갖 수고를 잊으시고 모든 사랑을 이에 다하시와 천만 방편과 무량 법문으로써 어둠에 헤매던 저희들의 앞길을 인도하셨사오니, 스승님이 아니시면 蜉蝣 같은 이 중생으로서 어찌 영원한 생명을 찾을 수 있었사오며, 스승님이 아니시면 주객을 구분하지 못하던 이 愚者로서 어찌 죄복의 근원을 알 수 있었사오며, 스승님이 아니시면 유혹이 많은 이 세간에서 어찌 정당한 인도를 깨칠 수 있었사오며, 스승님이 아니시면 끝 없는 이 迷淪에서 어찌 성불의 길을 감히 바랄 수 있었사오리까. 은혜를 생각하오면 蒼天이 한이 없사옵고 情誼를 말씀하오면 河海가 더욱 깊나이다. 그러하오나, 저희들은 불초 불민하와 스승님의 가르치심을 충실히 이행하지 못하옵고 매양 스승님의 뜻에 위안과 만족을 드리지 못하옵다가 이제 거연히 영결의 슬픔을 당하고 보오니 과거를 회상하오매 모두가 유감이요 한이 되옵나이다. 스승님이시여./ 정신의 생명을 길러주신 한 없는 그 은혜를 다시 어느 때에 갚사오며, 도리에 부족한 철 없는 옛 기억을 다시 어느 때에 하소연하오리까. 스승님이시여 ! 저희들의 불민함을 널리 용서하시며, 교단 사업에도 과한 염려를 놓으시고 잠깐 동안 삼매에 드시와 濟度에 피로하신 그 정신을 쉬시옵다가 다시 사바에 출현하시와 이 도법을 더욱 밝히시며 고해에 시달리는 모든 중생을 널리 구제하여 주시옵소서. 저희들이 비록 불민하오나 스승님의 뜻을 이어 이 공부와 사업에 더욱 정진하옵고 끼치신 공덕을 선양하여 홍은의 만일에 보답하옵기를 다시금 맹세하옵나이다. 스승님 존령이시여 ! 하감하시옵소서.

29. 發靷式 祝願文(初齋·七齋 通用)

〈축원문〉 원기 ○○년 ○월 ○일에 원불교 ○○지방 예감 ○○는 새 열반인 ○○의 발인식을 당하와 정심재계 하옵고 삼가 법신불 사은전에 그 천도 발원을 올리나이다. 법신불 사은이시여 ! 열반인 ○○는 평소에 천성이 (어떠)하고 행실이 (어떠)하며, 공익으로는 (어떠)한 사업을 하였사옵고, 도문에 입참하여는 (어떠)한 신심과 수행이 있었사오니, 본인의 일생에 지은 바 약간의 선근을 굽어 살피시옵고 또는 그의 (친자녀)○○ 외 일반 가족의 지극한 정성과 동지 친우들의 공동 발원함을 널리 통촉하시와 열반인의 영근에 혹 어떠한 업장이 남아 있삽거든 진여의 법력으로써 이를 청소하여 주시옵고, 그의 영로에 혹 무명이 가리울 때에는 반야의 혜광으로써 이를 인도하시와, 사견을 버리고 정견을 가지며 속박을 여의고 해탈을 얻어서, 악도 윤회에 들지 아니하고 바로 불토 낙지에 돌아와서, 생생에 사람의 몸을 잃지 아니하고 세세에 도덕의 인연을 떠나지 아니하며, 정법 수행을 길이 정진하여 성불 제중의 대과를 원만 성취하게 하여 주시옵소서. 일심 봉축하옵고 사배 복고하옵나이다.

30. 入葬式 永訣辭

〈영결사〉 ○○ 영가시여.／ 영가의 가지고 있던 그 형체는 지수화풍 四緣이 이미 흩어지옵고 안이비설신의 육근도 이제 그 명색을 감추게 되오니, 이에 따라 영가의 수용하던 재색과 명리가 영가에게는 이미 한 꿈으로 화하였으며, 친근 권속도 전일에 대하던 그 얼굴로는 서로 영결이 되었사오니, 생각한들 무슨 이익이 있으며 애착한들 무슨 실효가 있으리까. 영가의 과거 일생은 고락 영고를 막론하고 이미 다 마쳤사오니, 과거의 세간 애착은 조금도 염두에 남기지 마시옵고 오직 생멸 거래가 없고 망상 번뇌가 끊어진 본래의 참 주인을 찾아서 미래 세상에 반드시 불과를 얻고 대중을 이익주며 금생에 모였던 모든 선연도 불토 극락에 다시 만나서 한 가지 도업을 성취하옵기를 깊이 축원하오며 간절히 부탁하옵나이다.

제 2 부　가례예문　30·31·32

31. 終齋 父母前 告辭

〈고사〉 원기 ○○년 ○월 ○일에 소자녀 ○○등은 삼가 두어줄 애사를 받들어 ○○님 존령전에 고백하옵나이다. 세월이 머물지 아니하여 ○○님의 열반하신 후 어느덧 49일 종재를 맞이하오니 소자녀 등의 마음 다시 붙일 곳이 없는 듯 하오며 천지를 보나 만물을 보나 모두 무상을 느낄 뿐이옵니다. 자비에 넘치신 그 儀容과 情曲에 사무친 그 교훈을 다시 어느 곳에서 받들어 보오리까. ○○님께서는 저희들을 낳으사 (이하〈27, 發靷式父母前告辭〉準用)

32. 終齋 師傅前 告辭

〈고사〉 원기 ○○년 ○월 ○일에 소자 ○○등은 삼가 두어줄 애사를 받들어 스승님 존령전에 고백하옵나이다. 세월이 머물지 아니하여 스승님의 열반하신 후 어느덧 49일 종재를 맞이하오니 소자 등의 마음 다시 붙일 곳이 없는 듯하오며 천지를 보나 만물을 보나 모두 무상을 느낄 뿐이옵니다. 자비에 넘치신 그 의용과 정곡에 사무친 그 교훈을 다시 어느 곳에서 받들어 보오리까. 스승님께서는 몽매한 저희들을 …… (이하〈28, 發靷式師傅前告辭〉준용)

33. 終齋 祝願文

〈축원문〉 원기 ○○년 ○월 ○일에 원불교 ○○지방 예감 ○○는 ○○의 열반 후 49일 종재를 당하와, 정심재계하옵고 삼가 법신불 사은전에 그 천도 발원을 올리나이다. 법신불 사은이시여 / 열반인은 평소에 천성이 (어떠)하고 행실이 (어떠)하며 공익으로는 (어떠)한 사업을 하였사옵고 도문에 입참하여는 (어떠)한 신심과 수행이 있었사오니, 본인의 일생에 지은 바 약간의 선근을 굽어 살피시옵고 또는 그의 (친자녀) ○○외 일반 가족의 7·7 헌재하는 지극한 정성과 동지 친우들의 공동 발원하는 선의를 널리 통촉하여 주시옵소서. 더욱 오늘 이 49일은 열반인 ○○의 중음을 옮기는 중요한 기일이 되온 바, 아직 수행력이 부족한 중생계에 있어서 어찌 그 천업을 자력으로써 돌파할 수 있사오리까. 어린 아이가 질고가 있으면 먼저 그 부모를 찾게 되옵고 迷한 靈識이 冥路를 당하면 먼저 부처님의 구원을 구하게 되옵나니, 대자대비하옵신 법신불 사은이시여 / 이 모든 정경을 애민히 여기시옵고 가호의 힘을 나리시와 열반인의 영근에 혹 어떠한 업장이 남아 있삽거든 진여의 법력으로써 이를 청소하여 주옵시고, 그의 영로에 혹 무명이 가리울 때에는 반야의 혜광으로써 이를 인도하시와, 사견을 버리고 정견을 가지며 속박을 여의고 해탈을 얻어서 악도 윤회에 들지 아니하고 바로 불토 낙지에 돌아와서, 생생에 사람의 몸을 잃지 아니하고 세세에 도덕의 인연을 떠나지 아니하며, 정법 수행을 길이 정진하여 필경은 성불제중의 대과를 원만 성취하게 하여 주시옵소서. 일심 봉축하옵고 사배 복고하옵나이다.

34. 終齋 脫服 告由文

〈고유문〉 본인들은 친척 또는 동지의 관계로 복제의 정한 바에 따라 각각 복을 착하였다가 이제 탈복하오니 존령은 조감하시옵소서.

35. 涅槃紀念祭 父母前 紀念文

〈기념문〉 원기 ○○년 ○월 ○일에 소자녀 ○○등은 삼가 두어줄 기념문을 받들어 ○○님 존영전에 고백하옵나이다. 세월이 흐르고 흘러서 또 다시 ○○님의 열반일을 맞이하오니 세월이 지낼수록 추모하는 생각 더욱 간절하오며, 세상 일을 경험할 수록 망극한 은혜 더욱 느끼오나 ○○님의 儀容은 뵈올 길 없사옵고 ○○님의 음성은 들을 길 없사오니, 소자녀 등의 가슴에 쌓인 이 회포를 어느 세월에 또 다시 풀어 보오리까. ○○님이시여! 지금 어느 곳에 계시오며 무슨 업을 행하시나이까. 삼천 세계의 너른 국토에 부처님 국토가 가장 높으옵고 구류중생의 많은 류에 사람의 몸이 제일 귀하오며 오욕 번뇌 세도 가운데 수도의 길이 가장 광명하오니 ○○님이시여. / 지금 수도의 길을 찾으셨나이까. 수도의 길을 찾으셨으면 성불의 근원이 되는, 중생이 가이 없으나 맹세코 제도하기를 원하며, 번뇌가 끝이 없으나 맹세코 끊기를 원하며, 법문이 한량없으나 맹세코 배우기를 원하며, 불도가 위가 없으나 맹세코 이루기를 원하는, 이 사홍서원에 회향하시옵소서. 저희들이 해마다 ○○님의 열반 기념제를 모시는 것은 ○○님의 영원한 세상에 완전한 천도를 기원함이오니, ○○님 존령이시여. / 저희들의 미성에 감응하시며 부처님의 법은에 목욕하시와, 만일 불토에 들지 못하셨거든 이 인연으로 바로 불토에 드시옵고, 만일 인도를 얻지 못하셨거든 이 인연으로 바로 인도를 얻으시옵고, 만일 수도의 길을 찾지 못하셨거든 이 인연으로 바로 수도의 길을 찾으시와, 삼세의 묵은 업장을 녹이시옵고 청정한 자성을 회복하시와, 반드시 불과를 성취하시며 자비의 법력을 베푸시와 일체 대중을 구원하는 성자가 되시옵소서. 저희들도 불법 문하에 마음을 바쳐서 길이 수도자가 되기를 서원하오며, ○○님과의 옛 인연도 부처님의 법연을 따라 다시 만나서 영원한 세상에 같이 즐기옵기를 기원하옵나이다. ○○님 존령이시여. / 하감하시옵소서.

36. 涅槃紀念祭 師傅前 紀念文

〈기념문〉 원기 ○○년 ○월 ○일에 소자 ○○등은

삼가 두어줄 기념문을 받들어 스승님 존령전에 고백하옵나이다. 세월이 흐르고 흘러서 또 다시 스승님의 열반일을 맞이하오니, 세월이 지낼수록 추모하는 생각 더욱 간절하오며 세상 일을 경험할수록 망극한 은혜 더욱 느끼오나, 스승님의 의용은 뵈올 길 없사옵고 스승님의 음성은 들을 길 없사오니 소자 등의 가슴에 쌓인 이 회포를 어느 세월에 또 다시 풀어 보오리까. 스승님이시여! 지금 어느 곳에 계시나이까. 입정 삼매하사 수양에 전공하시나이까. 삼계에 주유하사 소요 자재하시나이까. 모든 중생을 잊지 못하시와 다시 사바에 출현하셨나이까. 파란이 중첩한 세상은 평온한 법계를 그리워하옵고 어둠에 헤매는 중생은 광명한 지도를 기다리고 있나이다. 스승님이시여! 숙세에 가지시던 그 법력을 더욱 연마하시며 자성에 나타나신 그 혜광을 더욱 발휘하시와 대자대비의 방편으로써 저희들의 수행을 다시 지도하시며, 일체 대중의 앞 길을 길이 열어 주시옵소서. 저희들이 비록 불민하오나 스승님의 정신을 영원히 계승하옵고, 끼치신 바 공덕을 널리 선양하여 다시 뵈올 그 시절에 이 회상에 즐기기를 간절히 축원하옵나이다. 스승님 존령이시여! 하감하시옵소서.

37. 涅槃紀念祭 心告

법신불 사은이시여! 오늘 열반 기념제를 맞이하는

(○親) ○○에 대하와 대자대비하옵신 법력을 길이 나리시어, 그가 만일 선도에 들지 못하였거든 바로 선도에 들게하여 주옵시고, 만일 정법을 찾지 못하였거든 바로 정법을 찾게 하여 주옵시고, 만일 성불의 길이 열리지 못하였거든 바로 성불의 길이 열리게 하여 주시옵소서. 일심으로 비옵나이다.

38. 涅槃紀念祭 祝願文

〈축원문〉 원기 ○○년 ○월 ○일에 원불교 ○○지방 예감 ○○는 고 ○○의 열반 기념제를 당하와, 정심 재계하옵고 두어줄 축원문을 받들어 삼가 법신불 사은전에 고백하옵나이다. 대범, 진여 묘체는 법계에 충만하옵고 반야 대지는 시방에 통철하사와 어느 사물이 그 묘리에 계합되지 않는 바 있사오며 어느 생령이 그 慈蔭에 들지 않는 이 있사오리까. 고 ○○는 열반에 든지 이미 오래되오나 인연 과보는 길이 쉬지 아니하오며, 또는 그의 (친자녀) ○○ 외 일반 가족은 매년 이 기념을 맞이하와 더욱 지극한 정성을 바쳐서 영원한 장래에 완전한 천도를 기원하오니, 법신불 사은이시여 ! 이 모든 정경을 굽어 살피시옵고 그들의 報本 사상에 깊이 감응하시와 열반인의 영근에 혹 어떠한 업장이 남아 있삽거든 진여의 법력으로 이를 청소하여 주옵시고 그의 영로에 혹 무명이 가리울 때에는 반야의 혜광으로써 이를 인도하시와, 사견을 버리고 정견을 가지며 속박을 여의고 해탈을 얻어서, 악도 윤회에 들지 아니하고 바로 불토 낙지에 돌아와서 생생에 사람의 몸을 잃지 아니하고 세세에 도덕의 인연을 떠나지 아니하오며, 정법 수행에 길이 정진하여 필경은 성불 제중의 대과를 원만 성취하게 하여 주시옵소서. 일심 봉축하옵고 사배 복고하옵나이다.

제3부 교례예문

39. 奉佛式 法身佛奉安式

〈봉안문〉 원기 ○○년 ○월 ○일 ○○(주소)에 새로운 도량을 건설하옵고 법신불 일원상을 삼가 봉안하오니, 법신불 사은이시여! 밝으신 혜광을 길이 조감하옵시고 거룩하신 위력을 항상 加被하시와 모든 邪氣를 정화하여 주옵시고 청정한 법계를 이루어 주시오며, 저희들의 공부와 사업이 늘 진취되와 영원한 세상에 길이 혜복의 문로가 열리게 하여 주시옵소서. 일심 봉축하옵고 사배 복고하옵나이다.

40. 例會・夜會 心告(1)

법신불 사은이시여! 우리 모든 중생에게 대자대비하옵신 광명과 힘을 나리시와, 저희들로 하여금 바로 도덕에 회향하고 정법에 귀의하여, 우치한 마음을 돌려 지혜의 마음을 얻게 하옵시고, 사납고 악한 마음을 돌려 자비의 마음을 얻게 하옵시며, 삿되고 거짓된 마음을 돌려 바르고 참된 마음을 얻게 하옵시고, 시기하고 원망하는 마음을 돌려 사랑하고 감사하는 마음을 얻게 하옵시며, 탐하고 욕심내는 마음을 돌려 청렴하고 공정한 마음을 얻게 하옵시고, 서로 싸우고 해 하는 마음을 돌려 서로 화하고 두호하는 마음을 얻게 하옵시와, 죄업의 근성이 청정하여 지옵고 혜복의 문로가 열리게 되오며, 시국 정세가 날로 호전되어 이 나라의 복조가 한이 없게 하옵시고, 이 세상의 평화가 영원하게 하옵시와, 일체 대중의 앞 길에 오직 광명과 평탄과 행복 뿐으로써 길이 부처님의 성지에 살게 하여 주시옵소서. 일심으로 비옵나이다.

41. 例會·夜會 心告 (2)

법신불 사은이시여 ! 이 예회에 모인 저희들에게 특별한 광명과 힘을 나리시와, 저희들로 하여금 신성의 근원이 더욱 깊어지옵고 혜복의 문로가 길이 열리게 하옵시며, 수양 연구 취사의 삼대력이 날로 전진하여, 중생계를 벗어나 보살도에 오르게 되옵고 보살도를 닦아 부처의 경지에 들게 하옵시며, 공부와 사업을 하는 데에 모든 마장을 다 소멸하여 주옵시고 동서남북이 다 통달하여, 어느 곳에 가든지 매양 대중을 이익주는 동시에 또한 대중의 환영과 보호를 받게 하옵시며, 언어 동정이 다 진실하여 어느 시간을 당하든지 항상 진리를 어기지 않는 동시에 또한 진리의 음조와 은덕을 입게 하옵시며, 동지 교우가 화합 단결하여 이 회상의 위신이 두루 시방세계에 드러나고 이 교법의 공덕이 널리 일체중생을 제도하게 하여 주시옵소서. 일심으로 비옵나이다.

42. 例會 宣誓文

〈선서문〉 우리는 다행히 이 대도 회상을 만나서 성불 제중의 대업을 한 가지 목적하온 바, 이 목적을 달성하기 위하여 더욱 굳은 결심과 지극한 원으로써 다음 조항을 선서하오니 법신불 사은이시여/ 이를 증명하옵소서. 1. 우리는 대종사의 정법 아래 오로지 신앙을 바쳤으니 어떠한 역경 난경을 지낼지라도 영원히 이 마음을 퇴전하지 아니하겠나이다. 2. 우리는 삼학의 바른 길을 찾았으니 어떠한 유혹과 마장이 있을지라도 영원히 이 공부를 쉬지 아니하겠나이다. 3. 우리는 사은의 근본 원리를 알았으니 어떠한 역경과 원망할 일을 당할지라도 끝까지 이 감사생활을 변하지 아니하겠나이다. 4. 우리는 무아봉공의 대의를 배웠으니 어떠한 천신만고가 있을지라도 끝까지 이 공도에 정성을 다하겠나이다. 5. 우리는 법문의 연원을 받았으니 그 법통을 호리도 문란히 아니하며, 종법사의 명령에는 절대로 복종하겠나이다. 6. 우리는 단체의 생명이 곧 규율인줄을 알았으니 그 궤도를 엄중히 준행하여 대중의 공법을 조금도 어기지 아니하겠나이다. 7.우리는 숨은 것과 나타난 것이 곧 둘 아닌 이치를 알았으니 어떠한 과오가 있는 때에는 진정으로써 참회하여 스스로 이 양심을 속이지 아니하겠나이다. 8.우리는 무량 중생을 널리 제도하기로 발원하였으니, 항상 증애와 편착을 떠난 심경으로써 많은 대중을 원만히 다 포용하겠나이다.

43. 結制式 心告

법신불 사은이시여 ! 오늘 이 결제에 모인 저희들에게 특별한 광명과 힘을 나리시와, 번뇌에 속타던 저희들이 이 禪의 공덕으로 定力이 날로 증진되게 하옵시고, 어둠에 헤매던 저희들이 이 선의 공덕으로 혜광이 날로 밝아지게 하옵시고, 죄악에 시달리던 저희들이 이 선의 공덕으로 계행이 날로 청정하여지게 하옵시와, 중생계를 벗어나 보살도에 오르게 되옵고 보살도를 닦아 부처님의 경계에 들게 하옵시며, 선기 중에 아무런 마장도 없이 수선 대중이 서로 화합 정진하여 이 선의 공덕이 두루 시방 세계에 드러나고 널리 일체 중생을 제도하게 하여 주시옵소서. 일심으로 비옵나이다.

44. 解制式 心告

법신불 사은이시여 ! 끊임 없는 은혜와 위력 아래 저

희들이 이번 **修禪**을 원만히 마치옵고 오늘 이 자리에 해제의 식을 거행 하게 되오니 감사하옵나이다. 오늘 해제하옵고 각각 직장과 처소에 돌아가오면 그 동안 훈련 받은 바를 실지에 활용하여, 천만 경계에 항상 부처님의 뜻을 어기지 아니하옵고 당하는 곳마다 모든 대중에게 정법의 감화를 받게하여, 이 회상의 위신이 두루 시방 세계에 드러나고 이 교법의 공덕이 널리 일체 중생을 제도하도록 힘쓰겠사오니, 더욱 끊임 없는 광명과 힘을 나리시와 이 서원이 길이 실현되도록 하여 주시옵소서. 일심으로 비옵나이다.

45. 入敎式 發願文

〈발원문〉 오늘 법신불 사은의 은덕으로 대도에 발심하와 거룩하온 이 회상에 들게 되었나이다. 길이 부처님의 공부와 사업에 힘쓰기로 맹세하오니, 늘 거룩하신 은혜로써 보호하여 주시옵소서.

46. 入敎式 心告

법신불 사은이시여./ 오늘 이 법문에 들게 된 새 교우 ○○에게 특별한 광명과 힘을 나리시와, 그로 하여금 영원한 세상에 신심이 길이 물러나지 아니하옵고, 공부와 사업에 길이 정진하여 필경 성불 제중의 대과를 원만히 성취하게 하여 주시옵소서. 일심으로 비옵나이다.

예전 부록·예문편

47. 出家式 誓願文

〈專務出身 誓願書〉 본인이 사중 보은의 근본 의무를 깊이 느끼옵고, 본교의 공부와 사업에 專務하기 위하여, 다음 조항으로써 진실 서원하나이다. 1.마음은 회상에 드리고 몸은 공중에 바쳐서, 세세 생생에 이 법륜을 떠나지 아니하겠나이다. 2. 본교의 지정한 명령에는 수화라도 불피하고 복종하겠나이다. 3.개인의 명예와 권리와 이욕은 일체 포기하고 오직 본교를 위하여 정진하겠나이다. 4. 전무출신에 관한 규정을 일일이 준수하겠나이다. 위와 같이 서원하오니 법신불 사은께옵서 통촉하옵시고 제불제현께옵서 증명하시와 본인의 이 서원 실행에 위력과 교훈을 주시오며, 혹 이 서원에 위반되는 행동이 있을 때에는 어떠한 징벌이라도 나려 주시옵소서. 본인은 오직 참회와 실천이 있을 뿐이요 다른 여한이 없겠음을 이에 서원하나이다. (年月日)(주소·서원인 성명·印) (주소·보증인 성명·印)

48. 出家式 心告

법신불 사은이시여./ 오늘 전무출신을 서원한 동지 ○○에게 특별한 광명과 힘을 나리시와, 그로 하여금 영원한 세상에 이 서원의 정신을 길이 변하지 아니하옵고 무아봉공의 실천으로써 항상 공도를 진흥시키고 대중을 이익 주며, 필경 성불 제중의 대과를 원만히 성취하게 하여 주시옵소서. 일심으로 비옵나이다.

49. 恩法結義式 告由文

〈고유문〉원기 ○○년 ○월 ○일에, 불제자 恩(父母) ○○와 恩(子女) ○○는 한 가지 청정한 마음을 받들어 이 결의 사유를 삼가 법신불 사은전에 고백하옵나이다. 법신불 사은이시여./ 대자대비하옵신 광명과 위력을 나리시와, 저희들의 이 결의가 길이 은의로써 계속되게 하옵시며, 영원한 세상에 공부와 사업을 하는 데에 서로 의지가 되고 바탕이 되어 한 가지 불과를 성취하는 선연이 되게 하여 주시옵소서. 저희들도 이 결의의 인연으로 대도 수행에 더욱 정진하와 洪恩의 萬一에 보답하옵기를 결심하오니, 법신불 사은이시여./ 통촉하시옵소서.

50. 恩法結義式 心告

법신불 사은이시여./ 오늘 이 자리에서 은법 결의하옵는 恩(父母) ○○와 恩(子女) ○○의 앞 길에 끊임없는 광명과 힘을 나리시와 두 사람의 결의가 길이 은의로써 계속되게 하옵시며, 그로 인하여 두 사람의 공부와 사업이 더욱 전진하여, 이 결의의 공덕이 널리 대중을 이익주는 선과를 얻게 하여 주시옵소서. 일심으로 비옵나이다.

예전 부록・예문편

51. 恩法結義書

〈結義書〉(恩父(母)의 주소・성명・생년월일) (恩子(女)의 주소・성명・생년월일)

위 양방이 같이 뜻이 상합하여 본교 은족법에 의하여 다음 조항으로써 은부(모) 자(녀)의 의를 진실 체결한다. 1. 은부(모)는 은자(녀)에 대하여 생부(모)와 같은 은의로써 은자(녀)의 정신적 지도에 당하며, 은자(녀)가 자력을 얻을 때까지 육신적 물질적 원조에 당하기로 한다. 2. 은자(녀)는 은부(모)에 대하여 생자녀와 같은 은의로써 은부모의 지도에 순종하며, 은부(모)가 무자력한 때에 시봉의 도와 열반 후 상주 및 기념주의 의무에 당하기로 한다. 3. 본교 은족법에 관한 조목을 일일이 준수하기로 한다. 위 조항을 確守하기 위하여 당사자와 주례 증참인의 연서 날인으로써 이 결의서 2통을 작성, 양방에 교환하여 영구 보존한다. (년월일) (은부(모) 성명・印) (은자(녀)성명・印) (주례 성명・印) (증참인 성명・印)

52. 昇級式 心告

법신불 사은이시여./ 우리의 존경하는 ○○동지가 거룩하신 은혜를 힘입사와 수도문중에서 수행에 정진한 결과 ○○位의 증과를 얻어, 오늘 이 승급식을 거행하게 되오니 감사하옵나이다. 앞으로 더욱 끊임 없는 광명과 힘을 나리시와 그의 법력이 더욱 증진되고 덕행이 더욱 圓成하여 마침내 대각의 불지에 오르게 하옵시며, 그로 인하여 이 회상의 위신이 널리 세계에 드러나고 일체 대중이 한 가지 제도를 받도록 하여 주시옵소서. 일심으로 비옵나이다.

53. 戴謝式 宗法師 退任告由文

〈고유문〉 원기 ○○년 ○월 ○일에 제자 ○○는 종법사 퇴임에 당하와 재계하옵고 삼가 법신불 사은전에 고백 하옵나이다. 제자, 법이 약하옵고 덕이 엷은 몸으로 외람히 교단을 대표하여 그 중임에 당하온지 우금 ○년, 그간 교정 행사에 대과 없사옵고 교단의 발전에 별 지장 없었사옴은 이 실로 거룩하신 법신불 사은의 가호하옵신 은덕과 교단 동지들의 一心 輔翼하여 준 혜택으로 믿사옵나이다. 제자, 이제 임기 이미 다하옵고(몸이 이미 노쇠 하옵고), 현덕 ○○同志가 능히 임을 계승하게 되었삽기로 종법사의 임을 그에게 인계하옵고 퇴임하오니, 법신불 사은이시여./ 거룩하신 은혜와 위력을 끊임 없이 나리시와 이 후로 교세가 더욱 융성하옵고 성자가 길이 계승되어 일체 대중과 함께 성불 제중의 대원을 이루게 하여 주시옵소서.

54. 戴謝式 宗法師 就任告由文

〈고유문〉 원기 ○○년 ○월 ○일에 제자 ○○는 종

예전 부록·예문편

법사 취임에 당하와 재계하옵고 삼가 법신불 사은전에 고백하옵나이다. 제자, 법이 약하옵고 덕이 엷은 몸으로 교단 동지들의 진실한 추대와 전종법사의 간절하신 부촉을 끝내 고사하지 못하옵고 외람히 교단의 대표로써 그 대임에 당하게 되오니, 황송하고 과중한 마음 그지 없사오나, 위에 항상 법신불 사은의 가호가 계시오며 좌우에 늘 동지들의 輔翼이 있을 것을 신뢰하옵고, 제생의세의 이 사업에 盡瘁竭力하기를 서약하오니, 법신불 사은이시여./ 거룩하신 은혜와 위력을 끊임 없이 나리시와 교단의 사업이 늘 전진되옵고 내외의 인심이 다 통달하여 일체 대중과 함께 성불 제중의 대원을 이루게 하여 주시옵소서.

55. 戴謝式 心告

법신불 사은이시여./ 끊임 없는 은혜와 위력 아래 전종법사의 임기중 교세가 날로 융창되옵고 선지식이 많이 배출되와 한량 없이 감사하옵나이다. 앞으로 더욱 큰 은혜와 광명을 나리시와 전종법사의 퇴임후 건강이 무강하옵고 위덕이 길이 빛나게 하여 주시옵소서. 또한, 법신불 사은의 끊임 없는 은혜와 위력 아래 신종법사와 같은 각행이 원만한 성자를 교단의 영도자로 받들게 되오니 더욱 감사하옵나이다. 앞으로 더욱 끊임 없는 은혜와 광명을 나리시와 신종법사의 계승하신 위덕이 날로 빛나게 하여 주옵시고 내외의 인심이 두루 통달하여 교단 통리의 대임을 원만히 성취하게 하여 주시옵소서. 저희들도, 전종법사의 재임중 쌓으신 공덕을 잘 계승하고 신종법사의 지도에 잘 순응하여 공부와 사업에 더욱 정진하며 모든 대중과 함께 한없는 세월에 길이 낙원의 생활을 건설하겠나이다. 일심으로 비옵나이다.

56. 宗法師推戴式 心告

법신불 사은이시여./ 끊임 없는 은혜와 위력 아래 신종법사와 같은 각행이 원만한 성자를 교단의 영도자로 받들게 되오니 감사하옵나이다. 앞으로 더욱 끊임 없는 은혜와 광명을 나리시와 신종법사의 계승하신 위덕이 날로 빛나게 하여 주옵시고 내외의 인심이 두루 통달하여 교단 통리의 대임을 원만히 성취하게 하여 주시옵소서. 저희들도 신종법사의 지도에 잘 순응하여 공부와 사업에 더욱 정진하옵고 모든 대중과 함께 한없는 세계에 길이 낙원의 생활을 건설하겠나이다. 일심으로 비옵나이다.

57. 奉告式 奉告文(始)

〈봉고문〉 원기 ○○년 ○월 ○일에 원불교 종법사 ○○는 재계하옵고 본교단을 대표하와 삼가 법신불 사은전에 봉고하옵나이다. 봉고 사유는 이제 (어떠한) 목적 아래 (어떠한) 사업을 경영하기로 하옵고 ○월 ○일을 기하여 이를 착수하오니, 법신불 사은이시여 ! 하감하옵시고 거룩하신 광명과 위력을 나리시와 이 사업의 진행에 고난과 마장이 없게 하여 주옵시며, 모든 운영이 일체 통달하와 끝까지 원만 성취의 선과를 얻게 하여 주시도록 일동이 마음을 합하여 기원하옵나이다.

58. 奉告式 奉告文 (終)

〈봉고문〉원기 ○○년 ○월 ○일에 원불교 종법사 ○○는 재계하옵고 본 교단을 대표하와 삼가 법신불 사은전에 봉고하옵나이다. 봉고 사유는 ○년 ○월 ○일에 착수하온 ○○사업이 법신불 사은의 거룩하신 은혜와 위력을 힘입사와 이제 그 완성을 보게 되었삽기로 이에 봉고하오며, 크옵신 은덕에 일동이 다 같이 감사의 정성을 올리나이다.

59. 新正節 心告

법신불 사은이시여 ! 끊임 없이 거룩하신 은혜 속에서 지난 해를 보내옵고, 오늘 다시 새 해를 맞이하여 새로운 계획 아래 빛나는 새 출발을 하게 하여 주시니 감사하옵나이다. 새 해에는 더욱 크옵신 은혜를 우주에 나리시와, 이 나라 모든 백성이 전 세계 인류와 함께 평화의 성지에서 행복하게 살도록 하여 주옵시고, 이 교단의 발전과 아울러 천하의 인심이 도덕에 회향하여 일체 중생으로 더불어 함께 불도를 이루게 하여 주옵시고, 저희들도 청정한 마음과 건강한 몸으로 이 공부이 사업에 정진하여 기필코 성불제중의 저 언덕에 이르도록 하여 주시옵소서. 일심으로 비옵나이다.

60. 釋尊聖誕節 各 禮文

〈三歸依〉歸依佛兩足尊 歸依法離欲尊 歸依僧衆中尊.
〈禮懺〉南無三界大師四生慈父兜率來儀相 是我本師釋迦牟尼佛. 南無三界大師四生慈父毘藍降生相 是我本師釋迦牟尼佛. 南無三界大師四生慈父四門遊觀相 是我本師釋迦牟尼佛. 南無三界大師四生慈父逾城出家相 是我本師釋迦牟尼佛. 南無三界大師四生慈父雪山修道相 是我本師釋迦牟尼佛. 南無三界大師四生慈父樹下降魔相 是我本師釋迦牟尼佛. 南無三界大師四生慈父鹿苑轉法相 是我本師釋迦牟尼佛. 南無三界大師四生慈父雙林涅槃相 是我本師釋迦牟尼佛. 南無靈山會上經藏律藏論藏 甚深法寶. 南無靈山會上菩薩緣覺聲聞 淸淨僧寶.

〈四弘誓願〉衆生無邊誓願度 煩惱無盡誓願斷 法門無量誓願學 佛道無上誓願成.

〈回向文〉願以此功德 普及於一切 我等與衆生 當生極樂國 同見無量壽 皆共成佛道.

61. 釋尊聖誕節 奉祝辭

〈봉축사〉오늘 4월 8일은 본교의 연원불 서가 세존의 성탄 경절이온 바, 서가세존께서는 삼천년의 과거에 이 세상에 誕降하시와 불생 불멸과 인과 보응의 큰 진리를 대각하시고, 영산 회상을 건설하시와 후래 만대의 우리 중생에게 영원한 구원의 길을 열어 주시는 동시에 우리 대종사께서 새 세상의 새 회상을 건설하실 교법의 연원을 지어 주셨사오니, 앞으로 무량겁을 통하여 이 도운이 길이 융창하옵고 이 교법이 널리 발전됨을 따라 부처님의 법은은 더욱 드러나서 전 세계 모든 중생의 한 가지 앙모 찬송하는 바가 될 것으로 예상하옵나이다. 이에 제불 제성을 비롯하여 허공 법계와 삼라만상과 일체 인류와 일체 유정과 일체 무정과 일체 유상과 일체 무상이 다 함께 이 도에 감응하시고 이 법을 호위하시고 이 사업을 조장하시고 이 날을 경축하여 길이 길이 이 법연에 즐기옵기를 삼가 시방세계에 봉축 선언하나이다.

62. 大覺開敎節 奉祝辭

〈봉축사〉오늘 4월 28일은 본교 대종사 대각 개교의 경절이온 바, 새 세상의 새 부처님이신 우리 대종사께서 구원겁래에 세우신 큰 서원으로 도덕이 희미한 위기에 출현하시와, 어리실 때부터 비상한 생각을 가지시고 우주의 대진리를 깨치시고자 스스로 큰 의심을 발하시고 스스로 고행을 닦으시고 스스로 대각을 이루신 후 제생의세의 목적아래 대법고를 울리시고 대법륜을 굴리시며 종래에는 서로 막혀서 통하지 못하던 모든 도를 다 통하게 하시고 낱낱이 나누어 있던 모든 법을 다 통일하기 위하사 우주 만유의 근본이시요 천만 사리의 통일체인 법신불 일원상을 크게 드러내시어 수양 연구 취사의 원만한 수행 길을 밝히시고, 사은 사요의 광대한 도리로써 시방 세계 일체 중생의 윤리를 두루 통하여 주시니, 앞으로 무량겁을 통하여 이 도운이 길이 융창하옵고 이 교법이 널리 발전됨을 따라 세계는 전부 일원의 극락으로 화하게 되옵고 중생은 모두 참다운 성자가 될 것으로 예상하옵나이다. 이에 제불 제성을 비롯하여 허공 법계와 삼라 만상과 일체 인류와 일체 유정과 일체 무정과 일체 유상과 일체 무상이 다 함께 이 도에 감응하시고 이 법을 호위하시고 이 사업을 조장하시고 이 날을 경축하여 길이 길이 이 법연에 즐기옵기를 삼가 시방 세계에 봉축 선언하나이다.

63. 法認節 祈禱文

오늘 8월 21일은 본교 법인의 경절이온 바, 저희들 교도 일동은 삼가 재계하옵고 일심을 다하와 법신불 사은전에 고백하옵나이다. 대범 사람은 양심이 근본이요 물질은 그 끝이며 세상은 도덕이 근본이요 권모 술수는 그 끝이어늘 아직도 시국의 본말이 그 위를 바루지 못하고 인심이 그 본처에 돌아오지 못하여 천하가 크게 혼란하오니 바라옵건대 법신불 사은이시여 / 하루 속히 일원대도가 권위를 얻고 정법도량이 널리 세상에 드러나서 시국의 본말이 위를 바루고 대중의 혜복이 길이 고르게 하여 주시옵소서. 제생의세의 중대한 의무를 가진 저희들은 오늘 법인의 날을 맞이하와, 첫째, 대종사님의 정법을 더욱 봉대하고 역대 종법사의 정신을 바로 체득하여 영겁 다생에 길이 이 공부를 떠나지 않기로 다시 서원하오며, 둘째, 아홉분 법인 대선진을 비롯한 초창기 선진들의 대신성 대단결 대봉공 정신을 오롯이 이어 받아, 이 회상을 한량 없이 발전시키고 이 정신을 후진 만대에 길이 상속시키기로 다시 서원하오며, 세째, 재가 출가가 한 마음 한 뜻이 되어 영욕 고락에 진퇴를 같이 하되, 혹 과오 있는 동지에게는 진정으로 충고하여 끝까지 구제의 정신을 놓지 아니하고, 혹 공도를 크게 방해 하는 자에게는 단체의 공법으로 이를 조절하기로 다시 서원하오니, 법신불 사은께서는 더욱 크옵신 은혜와 위력을 가피하시와 이 모든 조항을 실행하는 중 혹 낙오 변심하는 이가 없게 하여 주시며, 앞으로 동참하올 수많은 동지들도 다같이 이 서원 실행에 원만한 노력과 성과를 보게 하여 주시옵소서. 일심을 모아 받들어 기도하옵나이다.

64. 永慕殿 入廟奉告文

〈봉고문〉 원기 ○○년 ○월 ○일에 원불교 예감 ○○는 일동을 대표하와 삼가 대종사 이하 열위 선영 전에 고백하옵나이다. 고 ○○(성명) ○○(法階)는 ○○

○○(해당묘위) 제 ○등 위에 해당하옵기로 본교 유공인 대우법과 영모전 묘위법에 의하여 이제 영모전에 입묘하오니, 대종사 이하 열위 선령이시여./ 하감하시옵소서.

65. 永慕殿 入廟告由文

〈고유문〉원기 ○○년 ○월 ○일에 원불교 예감 ○○는 일동을 대표하와 삼가 새로 입묘하시는 ○○○○(성명 法階) 존령전에 고백하옵나이다. ○○(法階)께서는 일찌기 수행과 사업이 출중하시와 ○○○○(해당묘위) 제 ○등위에 해당하시옵기로 본교 유공인 대우법과 영모전 묘위법에 의하여 이제 영모전에 입묘하옵고 대종사 이하 열위 선영과 함께 본교의 영원한 조상으로 길이 받드오니, 존령이시여./ 조감하시옵소서.

66. 大齋 奉請

〈奉請〉一圓大道 大覺하사 一圓大業 創建하신 圓覺聖尊大宗師 少太山 如來位. 저희 모두 一心으로 삼가 奉請하옵나니, 이 道場에 照鑑하사 이 微誠에 應하소서.
....

〈奉請〉一圓大道 繼承하사 一圓大業 運轉하신 傳佛心宗 法輪常轉 宗師位. 一圓大道 奉贊하고 一圓大業 護衛하신 廣行佛事 化被大衆 大奉道位·大護法位. 一圓大道 奉戴하고 一圓大業 專務하신 貢獻佛事 無我奉公

專務出身 各等位. 一圓大道 信奉하고 一圓大業 協贊하신 協贊佛事 護法奉公 居塵出塵 各等位. 一圓大道 發願하고 이 會上에 同參하신 普通出家 教徒位・普通在家 教徒位.

〈奉請〉聖位子女 生育하사 이 大業에 喜捨하신 啓生聖子 援護大業 喜捨各位. 等內教徒 生育하고 同參教徒 根源이신 追遠感慕 歷代祖上 一般父母 先祖位.

〈奉請〉大道大德 證得하사 濟生醫世 先唱하신 同源道理 圓通萬法 先聖各位. 이 大齋의 因緣으로 이 大道에 回向하실 同氣連契 六道四生 一切 生靈位. 저희 모두 一心으로 삼가 奉請 하옵나니, 이 道場에 照鑑하사 이 徵誠에 應하소서.

67. 大宗師前 告祝文

〈고축문〉원기 ○○년 ○월 ○일에 저희들 교도 일동은 재계하옵고, 삼가 대종사 성령전에 고백하옵나이다. 대범, 세상에는 도덕이 있으므로 사람의 정신이 개척되고 도덕은 부처님이 계시므로 천명되며, 부처님은 또한 회상이 있으므로 그 광명을 널리 미치게 되옵나니, 부처님의 광명은 곧 세상의 등불이요 중생의 정신적 생명이옵나이다. 오호라, 영산 회상이 지낸지 이미 삼천년이 되옵고 동서 각지에 성자의 자취가 끊어진지 또한 오래 되오매, 참된 교화가 행하지 못하고 바른 법이 서지 못하며, 따라서 물질의 문명이 극도로 발달되는 반면에 정신의 세력이 날로 쇠퇴하여, 세상은 형식의 가면으로 변환하고 사람은 욕심의 구렁에 빠지게 되어, 천하의 형세가 크게 어지럽고 창생의 도탄이 날로 자심하여졌었나이다. 그러한 위기에 당하여 대종사께옵서 구원 겁래에 세우신 큰 서원으로 이 세상에 탄생하시와, 어려서부터 비상한 생각을 가지시고 우주의 대진리를 깨치고자 하사, 온갖 정성을 바치시고 갖은 고행을 닦으시어 스스로 도를 얻으신 후, 고해에 헤매는 모든 중생을 불쌍히 여기시와 정신 개벽이란 표어를 높이 외치시고 법신불 일원상을 크게 드러내시며 삼학 팔조와 사은 사요의 원만한 교리로써 제생 의세의 대업을 건설하시와, 희미한 불일을 도로 밝히시고 쉬려는 법륜을 다시 굴려 주시니, 앞으로 무량겁을 통하여 이 도운이 길이 융창하옵고 이 교법이 널리 발전됨을 따라 세계는 전부 일원의 극락으로 화하게 되옵고 중생은 모두 참다운 성자가 될 것으로 예상하옵나이다. 저희들은 다행히 숙세 인연으로 일찌기 대종사의 법하에 귀의하와 한량없는 법은에 목욕하오며 영원한 장래에 길이 이 법을 봉대하기로 맹세하옵고, 오늘 心香一炷를 받들어 이에 보본의 정성을 올리오니, 대종사 성령이시여╱ 하감하시옵소서.

68. 宗師前 告祝文

〈고축문〉원기 ○○년 ○월 ○일에 저희들 교도 일

동은 재계하옵고, 삼가 종사 제위 성령전에 고백하옵나이다. 대범, 천지에는 사시가 순환하고 일월이 대명하므로 만물이 영원한 생성의 은을 입게 되옵고, 세상에는 성인이 계출하시고 교화가 쉬지 아니하므로 중생이 영원한 정신의 양육을 얻게 되옵나이다. 오호라, 도덕이 희미한 말법 위기에 대종사께옵서는 새 세상의 새 회상을 창건하시어 제생의세의 너른 도로써 어둠에 쌓인 모든 생령에게 새로운 광명을 열어 주시고, 뒤를 이어 역대 종사 제위께서는 그 종통을 바로 전하시고 그 교의를 널리 밝히시와 한 없는 세상에 불일을 더욱 빛내시고 법륜을 길이 굴리셨나니 그 얼마나 거룩하시옵나이까. 과거 불성의 유업은 대종사로 인하여 그 공덕이 다시 드러나옵고, 대종사의 도법은 역대 종사 제위로 인하여 그 광명이 길이 전하게 되옵나니, 이것이 곧 전성 후성이 서로 마음을 연하고 법을 이어서 사시의 순환과 일월의 代明 같이 이 세상을 끊임 없이 제도하는 常理로 생각하옵나이다. 이와 같이 중대한 임무에 당하셨던 종사 제위께옵서 구원 겁래로부터 세워 오신 그 서원과 因行은 그 얼마나 거룩하시었으며, 중생 제도를 위하사 교화를 주재하실 때에 그 정력과 수고는 또한 어떠하시었나이까. 법을 위하여 몸을 잊으신 정성은 창천이 길이 무궁하옵고 徃聖을 잇고 來學을 열으신 공덕은 河海가 길이 양양하여 한갓 사량으로써 다 말씀하지 못하겠나이다. 저희들은 다행히 거룩한 회상에 참예하여 한량 없는 법은에 목욕하오며, 영원한 장래에 길이 이 법륜을 떠나지 않기로 맹세하옵고, 오늘 心香 一炷를 받들어 이에 보본의 정성을 올리오니, 역대 종사 제위 성령이시여／ 조감하시옵소서.

69. 大奉道·大護法前 告祝文

〈고축문〉원기 ○○년 ○월 ○일에 저희들 교도 일동은 재계하옵고, 삼가 대봉도 대호법 제위 존령전에 고백하옵나이다. 대범, 사람은 영육의 쌍전이 아니면 능히 원만한 생활을 유지하지 못할 것이요, 회상은 理·事의 병진이 아니면 능히 완전한 교화를 이루지 못하나니, 그러므로, 어느 시대를 막론하고 제생 의세의 거룩한 회상이 열릴 때에는 반드시 교화를 주재하는 법의 주인이 있는 동시에 또한 그 교화를 널리 선양하고 법을 크게 호위하는 사업의 주인이 있어서, 즉 이 사 양면의 동일한 힘으로써 그 회상의 위신을 너른 세상에 드러내는 것이 고금의 통례이온 바, 우리 회상에서는 대봉도 대호법 제위께서 그 대임을 행하셨나이다. 특히 본교는 그 유래가 당시의 유세한 가문에서 시작한 바가 아니므로, 처음 건설에 그 간난함이 이루 말할 수 없었고, 일반 사회의 신용 토대가 심히 박약한 당시에 심신을 이에 다 바치신 창립의 고생이 그 얼마나 많으셨사오며, 본교의 발전시대가 과거와 같이 단순한 시대가 아니므로 회상의 기구가 심히 복잡한 가운데 교화와 사업을 두루 널리 진흥하신 그 역량이 또한 얼마나 크시었나이까. 제위께서는 숙겁 이래에 세우신 큰 서원으로 우리 회상에 출현하시와 이와 같은 대법훈을 세우셨사오니, 제위의 공덕은 태산이 왜왜하고 河海가 양양하여 우리 회상의 도운을 따라 한 없는 세상에 길이 지혜와 복록의 주인공이 되실 줄로 믿나이다. 저희들도 다행히 이 거룩한 회상에 참예하여 끼치신 은혜에 목욕하오며 성스러운 이 사업을 길이 계승하기로 맹세하옵고 이에 감사의 정성을 올리오니 대봉도 대호법 제위 존령이시여 / 조감하시옵소서.

70. 專務出身前 告祝文

〈고축문〉 원기 ○○년 ○월 ○일에 저희들 교도 일동은 재계하옵고 삼가 전무출신 각 등위 존령전에 고백하옵나이다. 대범, 이 세상은 성인이 아니면 능히 중생을 제도하지 못할 것이요, 성인은 또한 진실한 동지가 아니면 능히 그 회상을 건설하지 못하나니, 진실한 동지는 곧 회상의 중심이요 제도의 문호이옵나이다. 그러므로, 어느 시대를 막론하고 거룩한 회상이 열리고 훌륭한 법이 전해질 때에는 반드시 보필지사와 심복지인이 성인을 받들고 계속 출세하사, 마음을 연하고 기운을 합하여 악도 중생을 널리 제도하고 병든 세상을 길이 치료하였나니, 제위께서는 옛날 회상의 인연으로써 또한 이 세상에서 대종사의 법을 받들고,

혹은 건설 시대에 혹은 守成 시대에 각각 인연을 따르고 기회에 응하사 이 대도 사업에 직접 전무하실 때에, 자신의 영욕과 사가의 흥폐를 불고하시고, 오직 순일한 정성으로써 마음은 회상에 드리고 몸은 공중에 바쳐서 천신만고와 역경 난경을 당할지라도 이를 감내하시고 초월하시며 혹은 동 혹은 서와 혹은 추위 혹은 더위에 정신을 태우고 땀을 흘리되 이를 의무로 알고 낙으로 여기사 무아봉공의 대의를 끝까지 다하셨사오니, 전무출신으로서 일심동력하신 제위의 결합이 아니시면 이 회상을 어찌 건설할 수 있었사오며, 비록 건설은 하였다 할지라도 어찌 長久한 시일에 계속 발전을 볼 수 있었사오리까. 제위의 일단 정성은 천지도 가히 감동할만 하고 빛나는 공덕은 일월이 길이 광명하옵나이다. 저희들도 다행히 거룩한 이 회상에 참예하여 끼치신 은혜에 목욕하오며, 성스러운 이 유업을 길이 계승하기로 맹세하옵고 이에 감사의 정성을 올리오니, 전무출신 각 등위 존령이시여./ 조감하시옵소서.

71. 居塵出塵前 告祝文

〈고축문〉 원기 ○○년 ○월 ○일에 저희들 교도 일동은 재계하옵고, 삼가 거진출진 각 등위 존령전에 고백하옵나이다. 대범, 세상의 제불 제성은 진실한 신자가 아니면 능히 회상을 구성하지 못하나니 진실한 신자는 곧 회상의 바탕이요 기본이옵나이다. 오호라, 천

예전 부록·예문편

운이 다시 밝을 즈음에 있고 세도가 다시 열릴 시기에 당하와, 천하의 인심이 크게 어지럽고 말세의 물결이 오래 거칠던 그 위기에, 대종사께옵서 고해에 헤매는 모든 중생을 건지시고자 정신 개벽의 큰 이상과 제생의세의 새 도덕으로써 이 세상에 출현하시었으나 당시에 성인을 아는 이 극히 드물었고 정법을 믿는 이 또한 많지아니하여 회상의 토대가 아직 서지 못한 그 때에, 제위께옵서 일찌기 숙세의 인연으로 남 먼저 참예하사 이 교법에 독실한 신봉자가 되시고, 이 사업에 진실한 협력자가 되시와 이 회상의 토대를 차차 완전히 쌓으셨으며, 뒤를 이어 오랜 세월에 끊임없이 계승하여 혹은 정신으로 혹은 육신으로 혹은 물질로 처지와 환경을 따라 직접 간접으로 이 회상의 사업 발전에 각각 그 정성을 다하시었으니, 제위께서는 이른바 진흙 속의 연화요 세간의 보살로서 몸은 비록 진세에 처하였으나 정신은 항상 법계에 자재하시고 생활은 비록 한 가정에 있었으나 사업은 매양 공도에 나타내시와 영원한 세상에 이 회상의 주인이 되셨사오니, 제위의 공덕은 산이 높고 물이 깊어서, 본교의 도운을 따라 그 복덕이 또한 무량할 줄로 믿나이다. 저희들도 다행히 거룩한 이 회상에 참예하여 끼치신 은혜에 목욕하오며, 성스러운 이 사업을 길이 계승하기로 맹세하옵고 이에 감사의 정성을 올리오니, 거진출진 제위 존령이시여./ 조감하시옵소서.

72. 普通 出家 在家 敎徒前 慰靈文

〈위령문〉 원기 ○○년 ○월 ○일에 저희들 교도 일동은 재계하옵고, 삼가 보통 출가 교도·보통 재가 교도 제위 영령전에 고백하옵나이다. 성인의 말씀에 이 세상에는 세 가지 어려움이 있으니, 하나는 사람의 몸을 얻기가 어렵고, 둘은 결함 없는 몸을 얻기가 어렵고, 셋은 부처님 회상을 만나기가 어렵다 하시었는데, 제위께서는 다행히 숙세의 인연으로써 이 삼난을 돌파하시고 우리 회상을 찾으시어, 혹은 전무 출신의 귀중한 발원으로 출가하시고 혹은 일반 교도로 재가하셨사오니 이 얼마나 다행한 일이오니까. 그러나, 유감되는 바는 어떠한 환경에 지배되셨든지 또는 무슨 사정에 구애되셨든지 전무출신 등내와 거진출진 등내에 참예하여 꽃다운 이름이 法譜에 오르지 못하시고 한갓 보통 교도로 오늘 이 자리에 모시게 된 것은 저희들 후생으로서도 또한 섭섭한 회포를 금하지 못하겠나이다. 그러하오나, 제위께서는 돌아오는 시일에 출세하실 기연이 많으시옵고 우리 회상은 영원한 장래에 길이 제도의 문을 열 것이오니, 과거에 미숙하던 그 마음을 다시 챙기시고 미진한 그 사업에 더욱 분발하사, 걸음걸음이 신성의 힘을 쌓으시고 세상 세상에 실지의 공을 드러내시와, 훌륭하고 거룩한 전무출신·거진출신으로써 길이 이 법연에 즐기시옵기를 비옵나니, 보통 출가 교도·보통 재가 교도 제위 영령이시여./ 조감하시옵소서.

73. 喜捨位前 告祝文

〈고축문〉원기 ○○년 ○월 ○일에 저희들 교도 일동은 재계하옵고, 삼가 대희사·중희사·소희사 제위 존령전에 고백하옵나이다. 대범, 대해 장강도 근원이 있어서 汪洋한 물결을 이루는 것이요 태산 교악도 祖宗이 있으므로 연면한 봉세를 지었나니, 대도가 창설되고 법해가 길이 유통된 것은 실로 희사 제위의 성자를 계생하사 대업을 원호하옵신 거룩한 공덕에 근원한 것이로소이다. 희사 제위께옵서는 일찌기 광제중생의 대의를 생각하시고, 대종사 이하 역대 제성 제현 등 성자를 낳으사 모든 정성과 사랑을 다하여 기르시고 가르쳐서 본교에 희사하시와 불일 祖灯을 면면 상속하고 법계 현풍을 承承 대진케 하시었사오니, 만일 희사 제위의 공덕이 아니시면 오늘날 우리 회상의 광명이 어찌 너른 세상에 드러나며 저희들이 어찌 성스러운 구제를 받게 되었사오리까. 그러므로, 대종사를 위시하여 대원정사·원정사·정사 등 현성을 생육 희사하옵신 제위에게 대희사·중희사·소희사의 존위를 올리고, 후손 만대에 이르도록 본교의 조상으로 길이 봉대하옵고, 오늘 心香 一炷를 받들어 이에 보본의 정성을 올리오니, 대희사·중희사·소희사 제위 존령이시여./ 조감하시옵소서.

74. 一般父母 先祖前 告祝文

〈고축문〉 원기 ○○년 ○월 ○일에 저희들 교도 일동은 재계하옵고, 삼가 일반 부모 선조 제위 존령전에 고백하옵나이다. 오호라 제위 존령이시여! 지금 어느 곳에 계시오며 무슨 업을 행하시나이까. 삼천세계의 너른 국토에 부처님 국토가 가장 높으옵고 구류 중생의 많은 류에 사람의 몸이 제일 귀하오며, 오욕 번뇌 세도 가운데 수도의 길이 가장 광명하오니 제위 존령이시여! 지금 수도의 길을 찾으셨나이까. 혹은 아직 탐진치 세계에서 苦를 받으시나이까. 생각하오면 추원 감모의 정회, 때를 따라 간절함을 금치 못하겠나이다. 그러므로, 우리 회상에서는 제위 존령을 다 일반 부모 선조위로 받들어 오늘 대재에 합동 향례하는 동시에, 영원한 세상에 완전한 천도를 공동 축원하오니 제위 존령이시여! 저희들의 이 미성에 감응하시고 부처님의 이 법은에 목욕하시와 하루 속히 불토에서 인도를 얻어 다함께 수도에 정진하시와, 삼세의 업장을 녹이시고 청정한 자성을 회복하시어 반드시 불과를 성취하시며 길이 길이 불연 따라 다시 만나고 또 만나서 영원한 세상에 의법 동락하옵기를 비옵나니, 일반 부모 선조 제위 존령이시여! 조감하시옵소서.

예전 부록·예문편

제4부 標旗·位牌·廟位

75. 出生標旗

出　生　標　旗

父(姓名)
母(姓名) 第○ (男女)
出生人(姓名)
圓紀○○年
○月○日生

76. 涅槃標旗(1)

涅　槃　標　旗

職位(또는 事業等位)
出生地
出生日 ○○年 ○月 ○日
涅槃人(法號·法名·法階)
涅槃日 ○○年 ○月 ○日
涅槃地
法位

子人　女人　兄人　弟人　親友人

77. 涅槃標旗(2)

涅　槃　標　旗

(法號·法勳)

法位 ○○○○位
職位 (또는 事業等位)

78. 位牌

(法號·法勳) 位

※法勳있는 분에게만 이 位牌書式을 씀

(法號·法名·法階) 位

※普通敎徒는 (法名)敎徒位
非敎徒는 (姓名)靈位

— 718 —

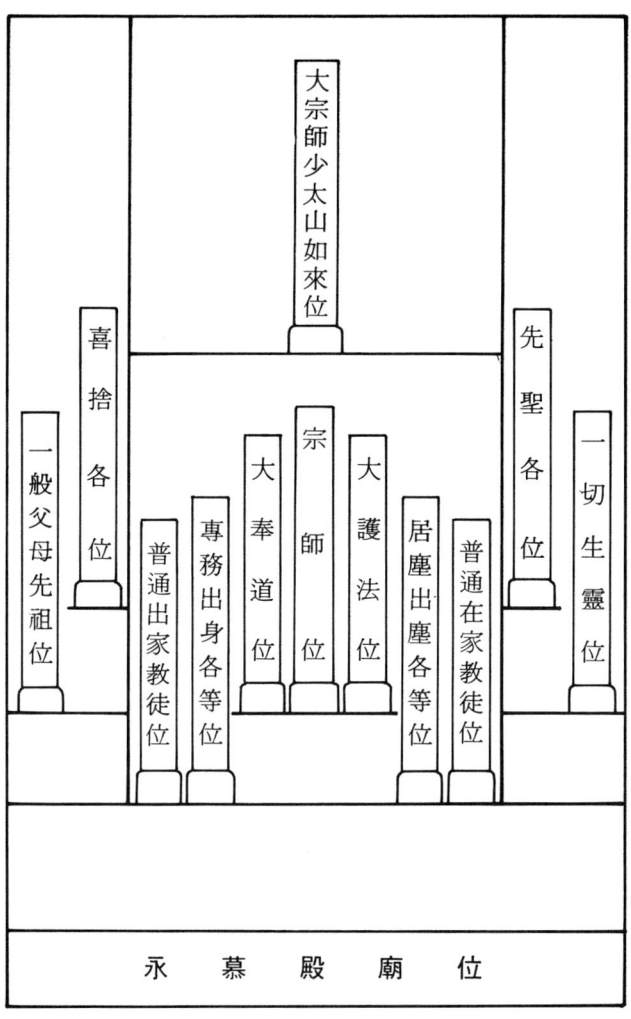

정산종사법어

한 울안 한 이치에

한 집안 한 권속이

한 일터 한 일꾼으로

일원 세계 건설하자

제1부 세전(世典)

세 전　차 례

제 1 장　총　서 (總序)···729

제 2 장　교　육 (敎育)···730

제 3 장　가　정 (家庭)···734

제 4 장　신　앙 (信仰)···738

제 5 장　사　회 (社會)···740

제 6 장　국　가 (國家)···743

제 7 장　세　계 (世界)···745

제 8 장　휴　양 (休養)···747

제 9 장　열　반 (涅槃)···750

제10장　통　론 (通論)···752

제 1 장 총 서 (總序)

　사람의 영식(靈識)이 모태에 들면서부터 이 세상에 나고 자라서 일생을 살다가 열반에 들기 까지에는 반드시 법받아 행하는 길이 있어야 그 일생이 원만할 것이며 영원한 세상에 또한 원만한 삶을 누리게 되나니라.
　그러므로, 태중에 있어서는 태교의 도가 있어야 하고, 세상에 난 후 어린 때에는 유교(幼敎)의 도가 있어야 하고, 더욱 자라면서는 과학과 도학을 통한 통교의 도가 있어야 하며, 가정에 있어서는 부부의 도와 부모 자녀의 도와 형제 친척의 도가 있어야 하며, 도문에 있어서는 신앙의 도와 신자의 도가 있어야 하며, 사회에 있어서는 남녀의 도와 노소의 도와 강약의 도와 공중의 도가 있어야 하며, 국가에 있어서는 치교의 도와 국민의 도가 있어야 하며, 세계에 있어서는 인류의 도가 있어야 하며, 세상에서 모든 사업을 하다가 노년기에 당하여는 휴양의 도와 해탈의 도가 있어야 하며, 열반기에 당하여는 열반의 도와 천도의 도가 있어야 하나니, 사람이 한 세상 동안 법받아 밟아 행하여 나아갈 도리가 실로 한이 없으나 이에 그 모든 도리의 대강을 밝히고 이름을 「세전(世典)」이라 하노라.

세 전

제 2 장 교 육 (教育)

1. 교육에 대하여

교육은 세계를 진화시키는 근원이요 인류를 문명케 하는 기초니, 개인 가정 사회 국가의 성쇠와 흥망을 좌우하는 것이 교육을 잘하고 잘못함에 있다할 것이니라.

사람이 비록 만물 가운데 가장 영특하다 하나 교육의 힘이 아니면 능히 그 최령의 자격을 이루지 못할 것이며, 가정 사회 국가 세계가 비록 이루어져 있을지라도 또한 교육의 힘이 아니면 능히 유지 발전을 보지 못할 것이니, 그러므로, 사람의 일생에 기초가 되는 태중의 기간으로부터 나고 자라는 여러 기간을 통하여 반드시 태교와 유교와 통교의 모든 도가 잘 베풀어져야만 가정 사회 국가 세계에 유용한 사람이 될 것이니라.

또한, 교육에는 크게 나누어 두 가지 부문이 있나니, 하나는 과학 교육이요 하나는 도학 교육이라, 과학 교육은 물질 문명의 근본으로서 세상의 외부 발전을 맡았고 도학 교육은 정신 문명의 근원으로서 세상의 내부 발전을 맡았나니, 마땅히 이 두 교육을 아울러 나아가되 도학으로써 바탕되는 교육을 삼고 과학으로써 사용하는 교육을 삼아야 안과 밖의 문명이 겸전하고 인류의 행복이 원만하리라.

2. 태교(胎教)의 도

사람의 교육은 태교로부터 비롯되나니, 옛날 문왕의 어머니 태임(太姙)이 문왕을 태중에서부터 가르쳤다 하여 태교라는 말이 세상에 전하게 되었는 바, 사람의 영식이 모태에 들었을 때에 태교를 잘하면 원래에 좋은 영식은 그 기질이 더 좋아질 수 있고 원래에 좋지 못한 영식이라도 어느 정도 그 기질이 좋아질 수 있으며, 태모가 몸과 마음을 함부로 하여 태교를 잘못하고 보면 영식의 좋고 낮음을 막론하고 그 기질이 또한 낮아질 수 있나니, 그러므로, 대종사께서 말씀하시기를 「태아가 모태 가운데 있을 때는 그 영식이 어리는 때라 그 부모의 말과 마음과 행동이 태아의 장래 성질에 영향을 주기 쉽나니 그 동안 태모의 근신이 극히 중요하다」고 하셨나니라.

태교의 법은, 먼저 몸을 삼가는 것이니, 힘에 과한 무거운 물건을 들지 말며 기울어 지고 위태한 곳에 오르 내리기를 삼가며 차고 덥고 마르고 습함이 고르지 못한 곳을 피하며 익지 않은 과실이나 상한 음식을 먹

세 전

지 말며 주리고 배부르고 수고롭고 편안함이 과하지 않기를 주의할 것이요, 다음은 마음을 청정히 하는 것이니, 탐내는 마음과 성내는 마음과 어리석은 마음을 내지 말며 원망하거나 시기하거나 무시하는 마음을 두지 말며 슬프고 즐거운 데와 사랑하고 미운 데에 끌리지 말며 근심과 번뇌를 가라 앉히고 무섭고 놀라운 경우에 안심하기를 주의하며 자주 법회에 참예하여 부처님과 어진이의 가르치심을 잘 듣고 언제나 마음 공부의 대중을 놓지 말 것이요, 다음은 행실을 바르게 하는 것이니, 몸으로 살생과 도적과 간음을 범하지 말며 입으로 망녕된 말과 꾸미는 말과 악한 말과 한 입으로 두 말을 하지 말며 모든 일을 항상 공변되고 정당하게 처리하며 대중을 널리 공경하고 힘 미치는 대로 보시(布施)를 행하며 어느 곳에 가든지 그 곳의 규율과 공중 도덕을 잘 지킬 것이니라.

3. 유교(幼敎)의 도

사람의 성품은 원래 청정하여 선과 악이 없건마는 경계를 따라 선하기도 하고 악하기도 하므로, 선한 환경에 처하면 자연히 그 선에 화하기 쉽고 악한 환경에 처하면 자연히 그 악에 물들기 쉽나니라.

그 중에도 천진난만한 어린 시절에는 아직 의식이 충분히 다 발달되지 못한 까닭에 보는 대로 듣는 대로 화하는지라, 옛날 맹자의 어머니는 삼천지교를 행하여 마침내 맹자를 성현 되게 하였다 하나니, 어린 때의 교육을 어찌 소홀히 할 바이리요.

어린이 교육의 법에 대하여는 대종사께서 네 가지 길을 말씀하여 주시었나니, 첫째는 심교라, 마음에 신앙처를 두고 바르고 착하고 평탄하게 마음을 가져서 자녀로 하여금 그 마음을 먼저 체받게 하는 것이요, 둘째는 행교라, 자신이 먼저 실행하고 행동에 법도가 있어서 자녀로 하여금 저절로 그 실행을 체받게 하는 것이요, 세째는 언교라, 매양 불보살 성현들과 위인 달사들의 가언 선행을 많이 일러 주어 그 것을 기억하여 체받게 하며 모든 사리를 순순히 타일러서 가르치는 것이요, 네째는 엄교라, 이는 철 없는 때에 부득이 위엄으로 가르치는 법이니 이는 자주 쓸 법은 아니니라.

4. 통교(通教)의 도

태교가 올바르고 어린 때의 교육이 떳떳하였다 할지라도 청소년 시절에 또한 시대에 알맞은 과학 교육을 받지 못한다든지 일생을 통하여 근본적인 인격을 기르는 도학의 훈련을 받지 못한다면 평생을 값 없이 보내기 쉬우므로, 청소년 때부터 장년기까지 시대의 학업과 도덕의 훈련을 아울러 받아야 하나니 이를 일

세 전

러 통교라 하나니라.

　일생을 통한 교육은, 첫째는 학술 교육이니, 이는 주로 과학 교육을 통하여 지식과 기술을 배우게 하는 것이요, 둘째는 정신 교육이니, 이는 주로 도덕의 훈련을 통하여 마음 단련과 도의의 실행을 얻게 하는 것이요, 세째는 예의 교육이니, 이는 가정 사회 국가 세계를 통하여 각각 그에 당한 모든 의례를 익히고 행하게 하는 것이요, 네째는 근로 교육이니 이는 평소부터 부지런한 정신을 기르며 생산적인 작업을 실습하는 것이니라.

제 3 장 가 정 (家庭)

1. 가정에 대하여

　가정은 인간 생활의 기본이라, 사람이 있으면 가정이 이루어 지고 가정에는 부부로 비롯하여 부모 자녀와 형제 친척의 관계가 자연히 있게 되는 바, 그 모든 관계가 각각 그에 당한 도를 잘 행하여야 그 가정이 행복한 가정, 안락한 가정, 진화하는 가정이 될 것이니라.

2. 부부의 도

가정의 비롯은 부부라, 부부 사이에 먼저 도가 있어야 하나니, 옛 성인의 말씀에「군자의 도가 부부로 비롯된다」하신 것이 곧 이 뜻이니라.

 부부의 도는 첫째 화합이니, 부부가 서로 경애하고 그 특성을 서로 이해하며 선을 서로 권장하고 허물을 서로 용서하며 사업을 서로 도와서 끝까지 알뜰한 벗이 되고 동지가 될 것이요, 둘째는 신의니, 부부가 서로 그 정조를 존중히 하고 방탕하는 등의 폐단을 없이 하며 세상에 드러난 대악이 아니고는 어떠한 과실이라도 관용하고 끝까지 고락을 한 가지 할 것이요, 세째는 근실이니, 부부가 서로 자립하는 정신 아래 부지런하고 실답게 생활하여 넉넉한 가정을 이룩하며 인륜에 관한 모든 의무를 평등하게 지켜 나갈 것이요, 네째는 공익이니, 부부가 합심하여 국가나 사회에 대한 의무와 책임을 서로 충실히 이행하며 자선 사업이나 교화 교육 사업 등에 힘 미치는 대로 협력할 것이니라.

3. 부모의 도

 사람의 부모된 이는 부모로서 지킬 바 도가 있나니, 첫째는 어느 방면으로든지 자녀가 자력을 얻을 때까지 양육하고 보호하는 데 힘을 다할 것이요, 둘째는 어느 방면으로든지 시기를 잃지 말고 자녀를 교육시키는

세 전

데 힘을 다 할 것이요, 세째는 자녀로 하여금 한 가정에 얽매이지 아니하고 널리 공도에 공헌하도록 희사하여 인도 정의를 빠짐 없이 밟으며 제도 사업에 노력하게 할 것이요, 네째는 자녀의 효와 불효를 계교하지 말고 오직 의무로써 정성과 사랑을 다할 것이니라.

4. 자녀의 도

자녀는 자녀로서 지킬 바 도가 있나니 「정전(正典)」에 밝혀 주신 「부모 보은의 조목」을 일일이 실행하여 참다운 큰 효가 되게 할 것이니라. 그러나 만일 부모의 마음을 편안하게 한다 하여 혹 의아닌 명령에도 순종한다면 이는 작은 효로써 큰 효를 상함이요, 부모를 봉양한다 하여 혹 공중을 위한 큰 사업을 못하게 된다면 이도 또한 작은 효로써 큰 효를 상함이니, 부모가 혹 노혼하여 대의에 어두운 경우가 있을 때에는 온화한 기운과 부드러운 말씨로 간(諫)하고 또 간하여 그 마음을 돌려 드리기에 힘쓸 것이요, 공사에 큰 관계가 있어서 직접 시봉을 드리기가 어려운 경우에는 형제나 친척에게 이를 대신하게 하고 그 공사를 원만히 이룩함으로써 참다운 큰 효가 되게 할 것이며, 혹 부모가 나에게 자애가 적은 경우가 있다 할지라도 불평하거나 원망하지 말고 오직 자녀의 도리만 다할 것이니라.

5. 형제 친척의 도

 형제는 한 부모의 기운을 받아 나서, 한 기운으로 자라난지라 형이 아우와 우애하고 아우가 형을 공경함은 천륜의 자연한 차서니, 형제는 좋은 일에 같이 기뻐하고 낮은 일에 같이 걱정할지언정 부당하게 이해를 다투거나 공명을 시기하지 말며, 형은 형의 도리만 다하고 아우의 공경을 계교하지 말며 아우는 아우의 도리만 다하고 형의 우애를 계교하지 말아서 그 천륜의 정의를 길이 지킬 것이요, 모든 친척은 일체 대중을 두루 친애하는 가운데 한 층 더 챙겨서 허물이어든 서로 깨우치고 어려운 일이어든 서로 구원하고 좋은 일이어든 서로 권하여 한 가지 복락의 길로 나아가야 할 것이니라.
 그러나, 형제 친척이라 하여 옳지 못한 의뢰를 구하거나, 부당한 의세를 행한다면 이는 형제 친척의 도가 아니니, 내가 먼저 힘을 써서 혜택이 형제와 친척에게 미치게는 할지언정 내가 먼저 형제와 친척에게 구하고 바라는 마음을 가지지는 아니하여야 영원한 화목을 누리게 되나니라.

제 4 장 신 앙 (信仰)

1. 신앙에 대하여

신앙은 사람의 정신 생활에 근본되는 요건이니, 사람이 세상을 살아 가기로 하면 반드시 정당한 믿음을 가져서 순역 고락의 모든 경계에 마음의 안온과 평화를 유지하며 근원 있는 마음의 힘으로써 큰 공부와 큰 사업을 이루는 동시에 영원한 세상에 지침을 삼을 것이니, 그러므로, 신앙에도 도가 있어야 하는 것이며, 그 도 있는 믿음을 계속하여야 근원 있는 신앙, 실효 있는 신앙, 영원한 신앙이 될 것이니라.

2. 신앙의 도

신앙의 도는 첫째 잘 가려서 믿는 것이니, 신앙의 대상에는 좁은 대상과 원만한 대상이 있고 허망한 대상과 진리에 맞는 대상이 있으며, 신앙하는 방법도 사사한 방법과 정당한 방법이 있고 미신스러운 방법과 사실다운 방법이 있음을 잘 알아서, 그 가장 원만하고 진리에 맞는 대상과 정당하고 사실다운 방법을 가리어 믿을 것이요, 둘째는 타력신과 자력신을 아울러 나아

제 4 장 신 앙

가는 것이니, 신앙의 대상을 우러러 믿고 받들어 나아가는 것과 자기의 성품 가운데 모든 이치가 본래 갖추어져 있음을 발견하여 안으로 믿고 닦는 것을 병진할 것이요, 세째는 연원 계통을 성심으로 공경하고 믿는 것이니, 각자의 신앙의 종지를 밝혀 주신 큰 스승님과 그 법과 그 법의 계통을 성심으로 공경하고 믿는 동시에, 한 걸음 나아가 이 세상 모든 도리가 본래 다 한 이치에 근원하였음을 알아서 삼세의 모든 부처님과 성인들을 두루 공경하고 믿을 것이요, 네째는 신성을 일관하는 것이니, 그 믿음이 환경과 시일을 따라 물러나거나 끊어지지 아니하고 어떠한 어려운 경계를 당할지라도 한결 같은 신성으로 영생을 일관할 것이니라.

3. 신자의 도

사람이 한 종교의 신자가 되고 보면 교단에 대한 신자의 도를 지켜야 하나니, 신자는 첫째 교법의 신앙과 수행에 믿음과 정성을 다할 것이요, 둘째는 교단 행사와 교의의 이해에 정성을 다할 것이요, 세째는 교단의 법규를 잘 지키며 교단의 지도자들을 정당하게 신봉할 것이요, 네째는 힘미치는 대로 전도와 교화에 노력할 것이요, 다섯째는 교단을 유지하고 발전시키는 데에 정신 육신 물질로 응분의 의무를 이행할 것이

세　전

니라.

제 5 장　사　회 (社會)

1. 사회에 대하여

　사람과 사람이 서로 어울리면 사회가 이룩되나니 몇몇 사람이 모인 단체로부터 국가나 세계가 다 크고 작은 한 사회인 것이며, 사회에는 남녀와 노소의 별이 있고 강약과 지우(智愚)의 차가 있으며 또한 각각 그 관계에 따라 여러가지 단체와 계급이 이루어 지나니, 이 모든 관계들 사이에 서로 도가 있으면 그 사회는 평화와 번영을 누리게 될 것이요, 만일 그렇지 못하고 보면 그 사회는 반목과 다툼이 그치지 아니 하나니라.

2. 남녀의 도

　사회에는 먼저 남녀 사이의 도가 있어야 할 것이니, 남녀의 도는 첫째 공경이라, 남녀가 서로 공경하는 예의를 잃지 아니하여 피차의 인격을 존중히 할 것이요, 둘째는 근신이니, 남녀가 서로 교제를 공명 정대히 하여 사회의 풍기를 건전하게 할 것이요, 세째는 양보 협조니, 남녀가 서로 양보하는 아량과 협조하는 미덕

제 5 장 사 회

을 발휘하여 명랑한 사회 건설에 함께 힘쓸 것이니라.

3. 노소의 도

옛 말씀에 「내 집안 어른을 받드는 마음으로 남의 어른을 받들고 내 집안 어린이를 사랑하는 마음으로 남의 어린이를 사랑하라」고 하였나니, 어른을 공경하고 어린이를 사랑함은 그 사회의 아름다운 풍속이 될 것이니라.

어른이 젊은이를 대할 때에 도가 있나니, 첫째는 날로 진보하는 새 기풍을 충분히 이해해 주며 모든 후생들을 기대와 촉망으로 북돋아 주는 것이요, 둘째는 나이의 높고 낮은 것만을 계교하지 말고 지혜와 덕행을 본위로 하여 경우에 맞도록 대우하여 줄 것이니라.

젊은이가 어른을 대할 때에 또한 도가 있나니, 첫째는 어른들의 많은 경험과 깊은 생각을 존중해 드리며, 신뢰와 공경으로 받들 것이요, 둘째는 자력 없는 노인들에게 동정과 위안을 잊지 말며 힘 미치는 대로 보호하고 봉양하여 드릴 것이니라.

4. 강약의 도

사회에는 또한 빈부 귀천의 차와, 상하 선후의 차와, 유무식 지우의 차등이 각각 있나니, 이 모든 관계를 통칭하여 강약이라 하나니라. 만일 강약 사이에 도가 없이 압박과 대항으로만 나아간다면 강자와 약자가 다 같이 재화를 입을 것이요, 서로 도가 있어서 협조와 진화의 길로 나아간다면 그 사회는 평화와 번영을 이루게 되나니라.

그러므로 강자와 약자는 「정전」에 밝혀 주신 「강자 약자의 진화상 요법」을 일일이 실행하여 강약이 한 가지 영원한 강자로 진화되기 까지 끊임 없이 노력하여 나아갈 것이니라.

5. 공중의 도

사람이 사회에서 생활할 때에는 자신이 공중의 한 사람이 되기도 하고 또는 공중을 상대하는 자리에 서기도 하나니, 그러므로 사회에는 공중의 도가 없지 못할지니라.

공중의 도는 첫째 공의를 존중함이니, 공의라 함은 곧 그 사회가 대체로 옳다고 여기는 바라, 모든 개인은 그 공법과 공론을 존중하며 그에 순응할 것이요, 둘째는 예의를 지킴이니, 지도하는 사람과 지도받는 사람이며 남녀와 노소며 지우와 강약이 다 각각 적당한 예의를 서로 잃지 말 것이요, 세째는 공익을 위주함이니, 모든 일에 공과 사가 상대되는 경우에는 공을 본위로 처리하며 힘 미치는 대로 공익을 위하여 노력하는 동시에 공용물을 아끼고 공도자를 알뜰히 숭배할 것이요, 네째는 공의 원리를 자각함이니, 공을 존중하는 것이 곧 자기를 존중함이 되고 공을 유익케 하는 것이 곧 자기를 이롭게 함이 되는 원리와 공도 사업은 곧 보은의 근본적 의무임을 철저히 깨쳐 알고 행할 것이니라.

제 6 장 국 가 (國家)

1. 국가에 대하여

국가에는 다스리는 이와 다스림을 받는 이가 있게 되고 교화하는 이와 교화를 받는 이가 있게 되며, 다스리는 이와 다스림을 받는 이들이 각각 그 도를 잘 행하고 못함에 따라 나라의 흥망이 좌우되고, 교화하는 이와 교화 받는 이들이 각각 그 도를 잘 행하고 못함에 따라 나라의 성쇠가 좌우되나니라.

그러므로, 나라의 지도자들은 「정전」에 밝혀 주신 「지도인으로서 준비할 요법」을 먼저 갖추는 동시에 반드시 그 도를 잘 이행하여야 나라의 운명과 민중의 앞 길에 지장이 없을 것이요, 국민은 또한 국민의 도를 잘 이행하여야 그 나라가 흥성하고 그 국민이 한 가지 행복을 누리게 되나니라.

세 전

2. 치교의 도

다스리고 교화하는 도에는 여러 가지가 있을 것이나 강령을 들어 말하자면 첫째는 「도」로써 다스리고 교화함이니, 모든 사람으로 하여금 각각 자기의 본래 성품인 우주의 원리를 깨치게 하여 불생 불멸과 인과 보응의 대도로 무위이화의 교화를 받게 하는 것이요, 둘째는 「덕」으로써 다스리고 교화함이니, 지도자가 앞서서 그 도를 행함으로써 덕화가 널리 나타나서 민중의 마음이 그 덕에 화하여 돌아 오게 하는 것이요, 세째는 「정(政)」으로써 다스리고 교화함이니, 법의 위엄과 사체(事體)의 경위로 민중을 이끌어 나아가는 것이라, 과거에는 시대를 따라 이 세 가지 가운데 그 하나만을 가지고도 능히 다스리고 교화할 수 있었으나 앞으로는 이 세 가지 도를 아울러 나아가야 원만한 정치와 교화가 베풀어지게 되나니라.

3. 국민의 도

국민은 곧 그 나라의 주인이니 모든 국민이 각각 그 도를 다하면 나라가 흥성하고 민중이 행복을 얻으려니와, 만일 그 도를 다하지 못한다면 그 나라는 쇠망할 것이요 그 민중은 불행을 면치 못하나니라.

국민의 도는 첫째 국법을 존중함이니, 다스리는 이
나 다스림을 받는 이를 막론하고 나라의 법을 엄정하
게 지키며 정당하게 복종할 것이요, 둘째는 국민의 의
무를 이행함이니, 교육과 경제와 국방과 근로 등에 관
한 모든 의무를 국민이 다 같이 이행할 것이요, 세째
는 직업 영역에서 봉공함이니, 모든 국민이 각자의 직
업 영역 안에서 항상 자리 이타와 봉공 정신으로써 활
동하여 자기의 생활을 건실히 향상시키는 것으로 나
라의 생산과 문화에도 봉공이 되게 할 것이요, 네째
는 합심 단결이니, 나라의 발전과 나라의 이익을 위
하여는 모든 국민이 삿된 욕심과 삿된 이익을 도모하
지 말고 크게 뭉치어 나아갈 것이니라.

제 7 장 세 계 (世界)

1. 세계에 대하여

 세계는 곧 온 인류를 한 단위로 한 큰 집이니, 인
류는 개인 가정 사회 국가에 있어서 각각 그 도를 다
하는 동시에 또한 다 같이 한 세계 동포로서의 도를
잘 이행하여야 할 것이니라.
 이 세상 모든 일을 접응할 때에 개인의 일이나 가
정의 일이나 사회의 일이나 국가의 일이나 세계의 일

이 결국 한 일임을 철저히 알아서, 어느 경우에든지 항상 대를 저버림이 없이 소를 운용하여야 할 것이며, 따라서 세계에 있어서는 온 인류가 한결 같이 세계의 평화와 인류의 공동 이익을 위하여 염원하고 이해하고 협력하여야 할 것이니라.

2. 인류의 도

우리 인류는 온 인류가 함께 잘 살고 함께 번영할 길로 다 같이 합심하여 나아가야 할 것이니, 그 도를 강령으로써 말하자면 첫째는 세계의 모든 종교인들이 다 같이 종파의 울을 벗어나 이 세상 모든 도리가 한 울안 한 이치임을 알고 한 울안 한 이치임을 알리고 한 울안 한 이치인 자리에서 하나의 세계 건설에 합심하여 나아갈 것이요, 둘째는 세계의 모든 인종과 민족들이 다 같이 종족의 테두리에서 벗어나 이 세상 모든 종족이 한 집안 한 겨레임을 알고 한 집안 한 겨레임을 알리고 한 집안 한 겨레인 자리에서 하나의 세계 건설에 합심하여 나아갈 것이요, 세째는 세계의 모든 사업인들이 다 같이 사업의 편견에서 벗어나 이 세상 모든 일이 한 일터 한 사업임을 알고 한 일터 한 사업임을 알리고 한 일터 한 사업인 자리에서 하나의 세계 건설에 합심하여 나아갈 것이니라.

제 8 장 휴 양 (休養)

1. 휴양에 대하여

천지에는 사시의 절서가 있고 사람에게는 일생에 시기가 있나니, 천지가 그 절서를 어기지 아니하므로 만물이 나고 자라고 열매 맺고 거두는 차서를 얻게 되는 것 같이 사람은 그 시기를 잃지 아니하여야 일생의 생활과 생사 거래에 원만함을 얻나니라.

그러므로, 대종사께서 말씀하시기를「특수한 경우를 제외하고는 유년기에는 문자를 배우게 하고, 장년기에는 도학을 배우며 제도 사업에 노력하게 하고, 노년기에는 경치 좋은 한적한 곳에 들어가서 세상의 애착 탐착을 다 여의고 생사 대사를 연마하게 한다」하시었나니, 사람이 청소년기에는 주로 학업에 전력하여 인격의 기초를 이루어야 할 것이요, 장년기에는 주로 사업에 종사하여 인생의 가치를 나타내어야 할 것이요, 노년기에는 주로 수양에 전일하여 영원한 세상에 정신의 종자를 충실히 길러야 하나니라.

그러므로, 사람이 젊어서 사업을 하는 가운데에도 적당한 시기를 따라 휴양을 취함이 필요하거니와 만년에 있어서는 더욱 전문적인 휴양이 긴요한 것이며 휴양하는 도와 해탈하는 도를 잘 밟아 나아가야 영원한 세상의 영육 생활에 결함이 없나니라.

2. 휴양의 도

사람이 휴양기에 당하여는 생사에 대한 일과 정신 통일이 가장 크고 긴요한 일임을 철저히 알아서 일상 생활을 오직 수양에 집중할 것이니, 휴양의 도는, 첫째 눈에 보이지 않는 일을 기어이 보려하지 말 것이요, 둘째는 귀에 들리지 않는 일을 기어이 들으려 하지 말 것이요, 세째는 설사 보이고 들리는 일이라도 나에게 관계없는 일을 기어이 간섭하지 말 것이요, 네째는 의식 용도를 자녀나 책임자에게 맡긴 후에는 대우의 후박을 마음에 두지 말 것이요, 다섯째는 젊은 시절에 지내던 일을 생각하여 스스로 한탄하는 생각을 두지 말 것이요, 여섯째는 재산이나 자녀나 그 밖의 관계 있는 일에 착심을 두지 말 것이요, 일곱째는 과거나 현재에 원망스럽고 섭섭한 생각이 있으면 다 없앨 것이요, 여덟째는 자기의 과거에 대한 시비에 끌리지 말 것이요, 아홉째는 염불과 좌선 공부를 더욱 부지런히 할 것이요, 열째는 무시선 공부에 노력을 계속할 것이니라.

3. 해탈의 도

세상 일은 한량이 없고 착심도 한계가 없는지라, 인간의 모든 일을 착심으로써 하기로 하면 그 착이 한이 없고 해탈로써 해결하기로 하면 어떠한 순역 경계에도 괴로움과 걸림이 없나니라.

그러므로, 우리가 세간의 모든 일에 해탈을 얻기로 하면 먼저 모든 이치의 근원을 관조하여야 할 것이요, 다음은 그 진리를 모든 경계에 잘 응용하여야 할 것이니, 해탈의 도는 첫째 생사가 원래 없는 불생불멸의 근본 진리를 철저히 관조하고 그 진리를 생사의 경계에 실지로 응용하여 죽고 나는 데에 해탈을 얻는 것이요, 둘째는 고락이 원래 돈공한 자성의 원리를 철저히 관조하고 그 진리를 고락의 경계에 실지로 응용하여 괴롭고 즐거운 데에 해탈을 얻는 것이요, 세째는 모든 차별과 이해가 원래 공한 자리에서 인과 보응되는 이치를 철저히 관조하고 그 진리를 차별과 이해의 경계에 실지로 응용하여 모든 차별과 이해에 해탈을 얻는 것이니, 반야심경에「오온이 다 공함을 비쳐 보아 일체의 고액을 건넌다」하신 것이 곧 해탈 공부의 강령이 되나니라.

제 9 장 열 반 (涅槃)

1. 열반에 대하여

열반이라 함은 우리 말로는 두렷하고 고요하다는 뜻인 바, 두렷하다 함은 우리의 자성이 원래 원만 구족하고 지공 무사한 자리임을 이름이요, 고요하다 함은 우리의 자성이 본래 요란하지 아니하고 번뇌가 공한 자리임을 이름이니, 사람이 이 자성의 도를 깨쳐서 자성의 원래를 회복함을 열반이라 하며, 그 자리를 단련하여 언제나 자성을 떠나지 아니하고 극락을 수용함을 일러 열반락을 얻었다 하나니라.

그러나, 세상 사람들이 열반의 참 낙을 얻어서 언제나 한결같이 원적을 수용하는 이는 극히 적으므로 불가에서 형식상 사람이 죽는 것을 열반이라 하여 왔으나, 같은 열반 가운데에도 근본 진리를 잘 체득하여 실지로 열반에 드는 이도 있고 색신은 비록 열반하였으되 망연(妄緣)은 길이 쉬지 아니하여 참다운 열반을 얻지 못하는 이가 많으므로, 공부하는 이들이 평소부터 이 열반의 도를 잘 단련하여 생전에도 열반락을 잘 수용하는 동시에 색신이 열반하는 때를 당하여 참다운 열반을 얻자는 것이니라.

2. 열반의 도

열반의 도에 대하여는, 대종사께서 사람이 열반에 들 즈음에 그 친근자로서 영혼을 보내는 방법과 떠 나는 사람으로서 스스로 취하는 방법을 자상히 일러 주신 바 있나니 (대종경 천도품 2·3장) 그 법을 힘써 실행할 것이요, 최후의 시간에는 성불 제중의 큰 원력을 더욱 굳게 세우고 청정 일념으로 떠날 것이니 「서원은 부처 되어 중생 제도하는 데에 세우고 마음은 청정한 한 생각에 돌아가 의지 하라」한 것이 곧 열반의 도의 강령이 되나니라.

3. 천도의 도

천도라 함은 악한 이를 착한 이로 돌리고 낮은 데에서 높은 데로 이끌어 제도하여 주는 것이니, 자기 자신이 스스로를 천도하기도 하고 타력에 의지하여 천도를 받게도 되나니라.

천도의 도는 첫째 불연(佛緣)을 맺음이니, 정법 회상에 인연이 없으면 천도 받기가 어려우므로 먼저 불연을 맺을 것이요, 둘째는 믿음을 세움이니, 정당한 타력신과 자력신을 아울러 확립하여 자력과 타력이 한데 어울리게 할 것이요, 세째는 깨달음이니, 자타력의 병진으로 정진을 계속하여 마침내 스스로 깨달음을 얻어서 그 광명으로 능히 바른 길을 떳떳이 밟아 나아가게 할 것이요, 네째는 공덕을 쌓음이니, 평소에 정신 육신 물질로 모든 동포에게 고루 덕을 베풀며 특히 제도 사업에 보시를 많이 하면 그 은덕을 흠모하고 칭송하는 사람이 많게 되므로 오고 가는 데에 장애와 마장이 없이 언제 어디서나 천도를 받게 될 것이요, 다섯째는 일심을 청정하게 함이니, 일심이 청정한 근본 공덕을 알아서 평소에 세상 오욕에 물들고 집착하지 아니하여야 공덕이 공덕대로 거름이 되고 생사 거래에도 자유 활발하여 세세 생생 끊임 없는 천도를 얻게 되나니라.

제10장 통 론 (通論)

모든 일이 결과에는 반드시 원인이 있고 원인에는 반드시 결과가 있나니, 과거와 현재와 미래가 인연과의 관계로써 서로 연관하여 한 없이 돌고 돌아 무량 세계가 전개되었나니라.

여기에 한 식물이 있어 현재 무성하다면 그 종자가 원래 좋고 토양과 비료 관리가 적당하였음을 가히 알 수 있으며, 현재 좋은 종자를 좋은 토양에 심고 비료 관리를 적당히 하면 그 식물이 미래에 무성하고 충실할 것을 가히 알지라, 유정 무정과 모든 사물이 다 이 이치에 벗어나지 아니하고 나고 자라며 변화하나니라.

그러므로, 영식(靈識)의 종자와 인연의 토양과 모든 도리의 비료 관리로써 한 세상을 잘 살고 보면 모든 공덕의 결과가 거기에 따라서 나타날 것이며, 다시 휴양과 열반의 도로써 후생의 종자를 잘 기르고 보면 영원한 미래가 또한 보장될 것이니, 일생의 비롯과 중간과 마침에 있어서 이 모든 도리가 서로 바탕하여 우리의 세세 생생을 좌우하게 되나니라.

여기에 다시 이 모든 도리의 근본되는 정신을 강령으로써 말씀하자면 태교로부터 열반에 이르기까지 청정한 마음과 상생의 마음과 공변된 마음을 배양하고 활용하는 것이 영원한 세상에 제일 큰 법이 되고 제일 큰 보배가 되나니, 옛 사람이 이르기를「한 생각 청정한 마음이 이 도량이라, 항하사 칠보탑을 조성함보다 승하도다. 보배 탑은 필경에 부서져 티끌이 되거니와, 한 생각 조촐한 마음은 정각을 이룬다」고 하였나니라.

제2부 법어(法語)

법 어 차 례

제 1 기 연 편(機緣編)·················· 759

제 2 예 도 편(禮道編)·················· 768

제 3 국 운 편(國運編)·················· 782

제 4 경 륜 편(經綸編)·················· 799

제 5 원 리 편(原理編)·················· 818

제 6 경 의 편(經義編)·················· 839

제 7 권 도 편(勸道編)·················· 867

제 8 응 기 편(應機編)·················· 888

제 9 무 본 편(務本編)·················· 906

제 10 근 실 편(勤實編)·················· 930

제 11 법 훈 편(法訓編)·················· 941

제 12 공 도 편(公道編)·················· 951

제 13 도 운 편(道運編)·················· 976

제 14 생 사 편(生死編)·················· 992

제 15 유 촉 편(遺囑編)··················1006

제 1 기 연 편 (機緣編)

1. 원기 2년 7월에 대종사께서 이 회상 최초의 단을 조직하실 제 먼저 8인으로 8방의 단원만 정하시고 중앙위는 임시로 대리케 하시며 말씀하시기를 「이 자리에는 맞아 들일 사람이 있느니라」하시고 기다리기를 마지 아니하시더니, 드디어 정산 종사(鼎山宗師)를 맞아 중앙위를 맡기시니라.

2. 대종사께서 초창 당시에 몇몇 제자에게 글을 지으라 하시며 정산 종사에게는 「일원(一圓)」이라는 제목을 주시매, 「萬有和爲一 天地是大圓」이라 지으시니, 번역하면 「만유는 일(一)로써 되고 천지는 크게 둥근 것」이라 하심이러라.

3. 원기 4년 7월 26일, 최후의 법인 기도 때에 대종사께서 구인에게 마지막 남길 말을 물으시니, 정산 종사 사뢰기를 「저희들은 이대로 기쁘게 가오나 남으신 대종사께서 혹 저희들의 이 일로 하여 추호라도 괴로우실 일이 없으시기를 비나이다」하시니라.

4. 다음 달에 대종사께서 정산 종사를 부안 변산 월명암에 보내시며 말씀하시기를 「불경은 보지 말라」하시었더니, 경상(經床)까지 외면하고 보지 아니하시

며, 그 후 다시 진안 만덕산에 보내시며 말씀하시기를 「전주에는 들르지 말라」 하시었더니, 전주를 바라보지도 아니하고 지나시니라. 후일, 학인에게 말씀하시기를 「내 일찍 대종사께 물건으로 바친 것은 하나도 없으되 정(情)과 의(義)에 조금도 섭섭함이 없었노니, 마음으로 한 때도 그 어른을 떠나 본 일과 일로 한 번도 그 어른의 뜻을 거슬려 본 일이 없었노라.」

5. 정산 종사 월명암에서 글을 지으시니 「地氣薰濛雲萬里 天心洞徹月中間」이라, 번역하면 「땅기운은 구름 만리 훈더이 적시우고, 하늘 맘은 달 중간에 깊숙이 사무치다」라 하심이러라.

6. 정산 종사 말씀하시기를 「내가 일찍 경상도에서 구도할 때에 간혹 눈을 감으면 원만하신 용모의 큰 스승님과 고요한 해변의 풍경이 눈 앞에 떠오르더니, 대종사를 영산에서 만나 뵈오니 그 때 떠오르던 그 어른이 대종사시요 그 강산이 영산이더라.」

7. 정산 종사 구도 일념으로 전라도에 방황하실 제, 정읍 화해리 김 해운(金海運)이 뵈옵고 크게 기쁜 마음을 내어 집에 청하여 알뜰히 공경하며 시봉하더니, 드디어 그의 집에서 대종사와 만나시니라. 후일, 학인이 여쭙기를 「화해리에서 대종사님 만나시기 전에는 종종의 이적을 나투셨다 하오니 어떠한 공부의 결과이오니까.」 대답하시기를 「내가 그 때는 도를 몰랐기 때문에 부질 없는 일이 나타났으며, 혹 때로 나도 모르는

가운데 이상한 자취가 있었을 따름이니라.」

8. 말씀하시기를 「나는 평생에 기쁜 일 두 가지가 있노니, 첫째는 이 나라에 태어남이요, 둘째는 대종사를 만남이니라.」 또 말씀하시기를 「모든 사람이 스승님의 은혜를 다 같이 느낄 것이나, 나는 특히 친히 찾아 이끌어 주신 한 가지 은혜를 더 입었노라.」

9. 말씀하시기를 「나는 8, 9세 때부터 보통 인간의 길을 벗어나 모든 것을 다 알고 살 수는 없을 것인가 하고 마음 고통이 심하여, 혹은 집을 뛰쳐 나와 이인을 찾기도 하고 혹은 하늘에 축원도 하여 9년간을 여기 저기 방황하다가, 다행히 대종사를 뵈온 그 날부터는 그 모든 고통이 일소되고, 다만 나의 심리 작용이 추호라도 사에 끌리어 허공 같이 되지 못하는가 걱정이요 삼대력이 부족하고 공심이 널리 미치지 못하는가 근심이 될 뿐, 학문이나 기술이나 명리 등에는 조금도 끌리거나 부러운 바가 없었노라.」

10. 말씀하시기를 「나는 대종사를 뵈온 후로는 일호의 이의가 없이 오직 가르치시는 대로만 순종하였으며, 다른 것은 모르지마는 이 법으로 부처 되는 길만은 확실히 자신하였노니, 그대들이 기필 성불하고자 하거든 대종사의 교법 대로만 수행하고 나의 지도에 순종하라. 법을 알기 전에는 고행도 하고 편벽되이 헤매기도 하지마는 스승을 만나 안 후에는 스승의 지도 대로만 하면 되나니라.」

정산종사 법어

11. 말씀하시기를 「과거에 모든 부처님이 많이 지나가셨으나 우리 대종사의 교법처럼 원만한 교법은 전무 후무하나니, 그 첫째는 일원상을 진리의 근원과 신앙의 대상과 수행의 표본으로 모시고 일체를 이 일원에 통합하여 신앙과 수행에 직접 활용케 하여 주셨음이요, 둘째는 사은의 큰 윤리를 밝히시어 인간과 인간 사이의 윤리 뿐 아니라 천지 부모 동포 법률과 우리 사이의 윤리 인연을 원만하게 통달시켜 주셨음이요, 세째는 이적을 말씀하지 아니하시고 오직 인도상 요법으로 주체를 삼아 진리와 사실에 맞은 원만한 대도로써 대중을 제도하는 참다운 법을 삼아 주셨음이라, 아직도 대종사를 참으로 아는 이가 많지 않으나 앞으로 세상이 발달하면 할수록 대종사께서 새 주세불이심을 세상이 고루 인증하게 되리라.」

12. 정산 종사 일찌기 대중으로 더불어 대종사께 선서하시기를 「우리는 다행히 이 대도 회상을 만나서 성불 제중의 대업을 한 가지 목적하온 바, 이 목적을 달성하기 위하여 더욱 굳은 결심과 지극한 원으로써 다음 조항을 선서하나이다. ① 우리는 대종사의 정법 아래 오로지 신앙을 바쳤으니 어떠한 역경 난경을 지낼지라도 영원히 이 마음을 퇴전하지 아니하겠나이다. ② 우리는 삼학의 바른 길을 찾았으니 어떠한 유혹과 마장이 있을지라도 영원히 이 공부를 쉬지 아니하겠나이다. ③ 우리는 사은의 근본 원리를 알았으니 어떠한

역경이나 원망할 일을 당할지라도 끝까지 이 감사 생활을 변하지 아니하겠나이다. ④ 우리는 무아봉공의 대의를 배웠으니 어떠한 천신 만고가 있을지라도 끝까지 이 공도에 정성을 다하겠나이다.」

13. 원기 28년 6월, 대종사 영결식에서 성령전에 고하시기를「대종사께옵서는 몽매한 저희들을 가르치시고 지도하실 제 온갖 수고를 잊으시고 모든 사랑을 이에 다 하시와 천만 방편과 무량 법문으로써 어둠에 헤매던 저희들의 앞 길을 인도하셨사오니, 스승님이 아니시면 부유(蜉蝣)같은 이 중생으로서 어찌 영원한 생명을 찾을 수 있었사오며, 스승님이 아니시면 주객을 구분하지 못하던 이 우자로서 어찌 죄복의 근원을 알 수 있었사오며, 스승님이 아니시면 유혹이 많은 이 세간에서 어찌 정당한 인도를 깨칠 수 있었사오며, 스승님이 아니시면 끝 없는 이 미륜(迷淪)에서 어찌 성불의 길을 감히 바랄 수 있었사오리까. 은혜를 생각하오면 창천이 한이 없사옵고 정의(情誼)를 말씀하오면 하해가 더욱 깊나이다.」

14. 다음 날, 종법사 취임식에서 대종사 성령전에 고하시기를「소자는 일찌기 종부주(宗父主)를 모시고 이 공부와 사업에 착수하온 이래, 항시 태산 같은 믿음으로써 모든 일을 오로지 종부주께 의뢰해 오옵다가, 이제 돌연히 천붕지통을 당하오니 마치 어린 양이 목자를 잃은 것 같사와 창황망조함을 금키 어렵사

정산종사 법어

오나, 종부주께서 그 동안 소자 등에게 주신 그 정신은 뚜렷이 저의 뇌수에 남아 있어 영겁을 지내도록 변하지 아니하기로 맹세하옵나이다. 이제 소자 같이 불민한 것으로 후계의 대임을 담당케 되옴은 실로 송구함이 있사오나, 오직 평일의 교의에 의하여 전긍리박(戰兢履薄)의 태도로써 종부주의 정신을 체득 실현하기에 노력하겠사오니, 안으로 동지들의 협력이 있고 위로 종부주 성령의 감호(鑑護)하심이 있으시기를 지심 복망하옵나이다.」

15. 매년 6월, 대종사 성령전에 고하시기를 「대범, 세상에는 도덕이 있으므로 사람의 정신이 개척되고 도덕은 부처님이 계시므로 천명되며, 부처님은 또한 회상이 있으므로 그 광명을 널리 미치게 되옵나니, 부처님의 광명은 곧 세상의 등불이요 중생의 정신적 생명이옵나이다. 오호라, 영산회상이 지난지 이미 삼천년이 되옵고 동서 각지에 성자의 자취가 끊어진지 또한 오래 되오매 참된 교화가 행하지 못하고 바른 법이 서지 못한 위기에 당하여, 대종사께옵서 희미한 불일을 도로 밝히시고 쉬려는 법륜을 다시 굴려 주시니, 앞으로 무량겁을 통하여 이 도운이 길이 융창하옵고 이 교법이 널리 발전됨을 따라 세계는 전부 일원의 극락으로 화하게 되옵고 중생은 모두 참다운 성자가 될 것으로 예상하옵나이다.」

16. 매년 3월, 대종사의 대각 개교를 봉축하시기를

「오늘 3월 26일은 본교 대종사 대각 개교의 경절이온 바, 새 세상의 새 부처님이신 우리 대종사께서 구원 겁래에 세우신 큰 서원으로 도덕이 희미한 위기에 출현하시와, 어리실 때부터 비상한 생각을 가지시고 우주의 대진리를 깨치시고자 스스로 큰 의심을 발하시고 스스로 고행을 닦으시고 스스로 대각을 이루신 후, 제생 의세의 목적 아래 대법고를 울리시고 대법륜을 굴리시어, 종래에는 서로 막혀서 통하지 못하던 모든 도를 다 통하게 하시고 낱낱이 나누어 있던 모든 법을 다 통일하기 위하사 우주 만유의 근본이시요 천만 사리의 통일체인 법신불 일원상을 크게 드러내시어 수양 연구 취사의 원만한 수행 길을 밝히시고 사은 사요의 광대한 도리로써 시방 세계 일체 중생의 윤리를 두루 통하여 주셨나이다.」

17. 원기 38년 4월, 원각성존 소태산 대종사 비(圓覺聖尊 少太山 大宗師碑)를 영모원에 세우시며 비에 새기시기를 「대범, 천지에는 사시가 순환하고 일월이 대명(代明)하므로 만물이 그 생성의 도를 얻게 되고, 세상에는 불불이 계세하고 성성이 상전하므로 중생이 그 제도의 은(恩)을 입게 되나니 이는 우주 자연의 정칙이다. 옛날 영산 회상이 열린 후 정법과 상법을 지내고 계법 시대에 들어와서 바른 도가 행하지 못하고 삿된 법이 세상에 편만하며 정신이 세력을 잃고 물질이 천하를 지배하여 생령의 고해가 날로 증심하였나니 이

것이 곧 구주이신 대종사께서 다시 이 세상에 출현하시게 된 기연이다」하시고, 대종사의 약력을 기술하신 후 「오호라, 대종사는 일찌기 광겁 종성(曠劫種聖)으로 궁촌 변지에 생장하시어, 학문의 수습이 없었으나 문리를 스스로 알으시고 사장의 지도가 없었으나 대도를 자각하시었으며, 판탕한 시국을 당하였으나 사업을 주저하지 아니하시고 완강한 중생을 대할지라도 제도의 만능이 구비하시었으며, 기상은 태산교악 같으시나 춘풍화기의 자비가 겸전하시고 처사는 뇌뢰낙락(磊磊落落)하시나 세세곡절의 진정을 통해 주시며, 옛 법을 개조하시나 대의는 더욱 세우시고 시대의 병을 바루시나 완고에는 그치지 않게 하시며, 만법을 하나에 총섭하시나 분별은 오히려 역력히 밝히시고 하나를 만법에 시용하시나 본체는 항상 여여히 드러내사, 안으로는 무상 묘의의 원리에 근거하시고 밖으로는 사사 물물의 지류까지 통하시어, 일원 대도의 바른 법을 시방 삼세에 한 없이 열으시었으니, 이른 바 백억 화신의 여래시요 집군성이대성(集群聖而大成)이시라」하시니라.

18. 말씀하시기를 「과거 부처님의 일대(一代)는 팔상(八相)으로 기록하였거니와 대종사의 일대는 십상(十相)으로 기록하리니, 대종사의 십상은 첫째 하늘 보고 의문 내신 상(觀天起疑相), 둘째 삼밭재에서 기원하신 상(蔘嶺祈願相), 세째 스승 찾아 고행하신 상(求師苦行相), 네째 강변에서 입정하신 상(江邊入定相), 다

제1 기연편 18

섯째 노루목에서 대각하신 상(獐項大覺相), 여섯째 영산 앞에 방언하신 상(靈山防堰相), 일곱째 혈인으로 법인 받은 상(血印法認相), 여덟째 봉래산에서 제법하신 상(蓬萊制法相), 아홉째 신룡리에서 전법하신 상(新龍轉法相), 열째 계미년에 열반하신 상(癸未涅槃相)이시니라.」

정산종사 법어

제 2 예 도 편(禮道編)

1. 원기 36년 9월에, 정산 종사 수계 교당에서 새 예전의 편찬을 마치시고 시자 이 공전에게 말씀하시기를 「예는 원래 시대와 국토를 따라 그 형식이 한결 같지 아니할 뿐 아니라, 지금은 묵은 세상을 새 세상으로 건설하는 중요한 시기에 당한지라, 이로써 새 세상 예법의 만전을 기하기는 어려울 터인즉, 우선 이를 등사하여 한 십년 임시로 시행하여 본 후 앞으로 차차 새 시대의 예전으로 완정하자」하시고, 또 말씀하시기를 「예의 근본 정신은 공경이요, 우리 예전의 요지는 널리 공경하고 공(公)을 존숭하자는 데에 있나니라. 예를 밝히는 데 만고에 바꾸지 아니할 예의 체가 있고 수시로 변역할 예의 용이 있나니, 예의 체를 바꾸면 그 법이 서지 못하고 예의 용을 수시로 변역할 줄 모르면 그 법이 쓰이치 못하나니라.」

2. 시자 묻기를 「조신(操身)의 예를 밝히신 첫 편의 모든 조항은 그 설명이 너무 자상하고 비근하여 경전의 품위에 혹 손색이 없지 않을까 하나이다.」 말씀하시기를 「무슨 법이나 고원하고 심오한 이론은 기특하게 생각하나 평범하고 비근한 실학은 등한히 아는 것

제 2 예도편 **1·2·3·4·5**

이 지금 사람들의 공통된 병이니, 마땅히 이에 깊이 각성하여 평상시에 평범한 예절을 잘 지키는 것으로 예전 실행의 기본을 삼을 것이며, 너무 자상한 주해 설명은 앞으로 예전을 완정할 때에 줄일 수 있는 데까지 줄이자.」

3. 또 묻기를 「모든 의식이 매양 일원상을 대상으로 하여 거행되는데, 만일 일원상을 봉안하지 못한 장소에서는 어떻게 하여야 하오리까.」 답하시기를 「예를 행하는 이의 마음에 일원상을 대상으로 하면 유상(有相) 무상(無相)이 다 일원상의 진리이며 상하 팔방이 다 법신불의 전신이 되므로 그 마음을 따라 감응하지 않는 곳이 없나니라.」

4. 또 묻기를 「열반에 따른 모든 의식은 법신불 앞에 바로 사진이나 위패를 모시게 되고, 식순 중에도 불전에 대한 예와 영전에 대한 예를 한 장소에서 하게 되오니 서로 혼잡하지 않사오리까.」 답하시기를 「법신불의 진리는 우주를 다 포섭하는지라 영위를 불전에 모시는 일도 좋은 일이며 구분에 있어서는 예를 행하는 이의 마음에 불전과 영전을 구분하면 그 마음을 따라 자연히 구분되나니라.」

5. 또 묻기를 「재래 풍속에 혼인 회갑 상장(喪葬) 제사 등 의식에는 힘 미치는 대로 장엄과 음식을 성대히 차리어 많은 손님을 접대하는 것을 영광으로 알며 자녀와 친족간의 도리로 알아 왔사온데, 우리 회상에서

— 769 —

정산종사 법어

는 모든 것을 간소 절약만 위주하고 그 절약된 금액을 불전에 바쳐서 사업 부문에 쓰게 하오니, 그것이 너무나 현실에 무미한 일이며 또는 부처님을 빙자하여 금전을 취하는 방법으로 오인되지 않사오리까.」 답하시기를 「모든 의식에 장엄과 음식을 성대히 차리는 것이 현장에서는 대단히 광채나는 일이나 그것은 한 때의 소비에 지나지 못하는 것이며, 또는 생활이 가난한 이는 그로 인하여 장래에 곤궁을 불러 들이는 수가 없지 않나니, 그러므로 정도에 맞게 간소 절약하여 생활에 위협을 받지 않도록 하자는 것이요, 생활이 넉넉한 이는 그 한 때의 소비를 절약하여 교화 교육 자선 등 공익 사업에 이용한다면 이것은 참으로 영원한 기념이 되는 동시에 당인에게도 명복이 쌓이게 되고 사회에도 그만한 이익이 되지 않겠는가. 만일 그 헌공금을 주례자가 개인 생활에 유용한다면 부처님을 빙자하여 사리를 취하는 데 불과하지마는 그것으로써 공익 사업에 이용한다면 이른 바 자리 이타요 끊임 없는 공덕이 될 것이니라. 그러나 절약도 정도 문제니 현장에 적당히 쓸 것은 쓰고 다만 허비나 과한 부문만 절약하라는 것이니 이것을 잘 이해하여야 할 것이요, 또는 절약하는 이가 한갓 인색한 마음으로 현장에 절약만 하고 헌공이나 공익 사업에 정성을 바치지 아니한다면 그것은 예의 원리에 모순된 일이며, 또는 주례자가 그 헌공금을 공사에 운용하되 조금이라도 사적 처분이 있다면 그것은 죄업이 쌓이는 것이요, 또는 그것으로써 교육이나 원호를 받은 이가 신심과 공심이 없거나 공중에 아무러한 공헌이 없다면 그것은 큰 빚이 쌓이는 것이니 이러한 이치를 잘 알아야 할 것이니라.」

6. 또 묻기를 「재래 풍속에 열반인의 수의(襚衣)등속은 대개 값 비싼 옷감으로 새로 지으며, 혹은 영전에 바친다는 뜻으로 옷을 지어 불태우는 일까지 있사온데, 우리 회상에서는 수의 등속은 묵은 옷이라도 깨끗만 하면 쓰라 하였사오니 마지막 가는 그 신체에 너무 섭섭하지 아니하오며, 또는 제사 때에는 제단에 음식을 차리어 영혼의 흠향을 구하며, 기타 시제에도 모두 음식으로써 정성을 표하옵는데, 본교에서는 제사에 제물을 차리지 않사오니 그 영을 대접하는 데에 또한 섭섭하지 아니하오리까.」 답하시기를 「수의는 깨끗한 묵은 옷이 없으면 새 옷을 짓는 것도 좋으나 묵은 옷이라도 새 옷과 다름 없는 옷이 있다면 기어이 새로 지을 것이 없다는 것이니, 그것은 이미 토석으로 화한 신체에 지나친 소비를 내지 말자는 것이며, 더욱이 옷을 지어 태우는 것 등은 알지 못하는 믿음으로써 공연한 소모를 내어 열반인의 미래에 복을 감할 따름이니 이것은 마땅히 금하여야 할 것이니라. 또는 제단에 음식을 차리는 것은 그 관계자의 정성을 바치는 한 형식이 되는 것은 사실이나 영혼이 흠향한다는 것은 이해하기에 분명치 못한 바가 있나니, 몸이 이미 없는 이상

다시 인간 음식을 취하여 생활할 리 없으며 또는 각자의 과보를 따라 수생한 이상 이 음식이 무슨 관계가 있으리요. 만일 영혼이 음식을 취하는 감이 있다고 하면 이는 다만 생전에 익힌 바 업식으로써 취하는 데 불과할 것이니, 재래 예법도 영혼이 음식으로 생활하는 줄로 꼭 믿었다면 어찌 1년에 한 두번의 제사 음식에 한하였을 것인가. 그러므로 제사를 행하는 이가 마땅히 이 이치를 알아서 위에 말한 바와 같이 음식 차리는 정신을 돌려서 마음으로써 천도 기원을 극진히 하며, 물질 희사로써 그 명복을 비는 것이 영을 대접하는 데에 참다운 방법이 되는 것이니라.」

7. 또 묻기를 「재래 복제에는 부모가 열반하시면 일부러 흉복을 입어서 그 슬픈 정성을 표하며, 복제 기간도 "자식이 난지 3년 후에야 부모의 품을 면한다" 하여 최고 3년복으로부터 각 관계에 따라 복제 등급이 있사온데, 우리 회상에서는 간소한 의복에 작은 복표 하나를 차서 그 복을 표할 뿐이요 복제 기간도 최고 49일로 비롯하여 차차 기별을 정하였사오니 이것이 인정상 너무 가볍지 않사오리까。」 답하시기를 「슬퍼하고 추모하는 정성은 마음에서 우러나는 것이라, 흉복을 입고 안 입는 데에만 있는 것이 아니며, 또는 복제 기간이 길고 짧은 데에만 있는 것이 아니라, 오직 관계자의 보은 사상이 철저하고 못한 데에 있는 것이니라. 사람의 정도가 유치한 때에는 형식으로써 그 마

음을 감동시킬 수 있으므로 상주가 일부러 흉복을 입으며 3년을 거상(居喪)케 하여 그 슬퍼하고 추모하는 정성을 장려하였으나, 지금에 와서는 인지가 밝은지라 한갓 형식으로써 그 마음을 지도하기가 어려우며, 또는 사회의 생활 체제가 분망한 이 때에 졸연히 흉복을 갖추며 3년간이나 직업에 등한하며 사회 교제를 끊기가 어렵게 되었으니 이는 일반적으로 실행하기가 어려울뿐 아니라, 흉복을 입고 3년 거상을 함으로써 열반인의 영근(靈根)에 혹 이익이 있다면 능히 행할 수 있는 이에게 혹 권장도 하겠지마는 열반인의 영근에는 아무 관계가 없나니 어찌 진리와 시대에 맞지 않는 법을 그대로 고집할 것인가. 무슨 방법으로든지 오직 보은 사상을 보급시키면 인륜 정의가 그 가운데에서 자연히 건널 줄로 믿노라.」

8. 또 묻기를 「재래 풍속에 부모가 열반하시면 자손이 음양 지리에 의하여 산지에 장사함으로써 모든 정성을 다하며 그로써 자손의 화복을 말하옵는데, 우리 회상에서는 매장이나 화장 간에 적당한 대로 하라 하였사오니 그것이 어떠한 까닭이오니까.」 답하시기를 「부모가 열반하시면 자손이 토질 좋은 산지를 골라 장사하는 것은 좋으나, 거기에다 자손의 화복을 부쳐서 공연한 노력을 과히 하며 혹 무슨 연고가 있으면 백골 천동(遷動)을 자주 하는 것은 옳지 못하나니, 보통 식물도 살아 있는 때에는 땅의 정기를 받으나 말

라 죽은 이상에는 땅의 정기를 받지 못하거늘 생기가 이미 떠나서 토석으로 화한 그 백골이 어찌 땅의 정기를 받아서 자손의 화복을 좌우할 수 있으리요. 이것도 또한 과거에 보은 사상을 장려한 한 형식이요 방편인 줄을 알아야 할 것이니라. 또는 화장이 우선 보기에는 좀 박절한 것 같으나 영식이 이미 없고 토석으로 화한 백골에 매장과 화장이 무슨 차별이 있으리요. 불교의 해석에는 사람의 육체는 이 업의 결합된 바라 하였으니 영을 위하여서는 화장하는 것이 도리어 유익될 점이 없지 아니할 것이니라.」

9. 또 묻기를 「모든 의식 가운데 법신불을 상대로 하거나 열반인의 영을 상대로 하는 것이 오직 무형한 마음으로써 무형한 세계를 상대하게 되었사오니 이것을 한갓 신앙적으로 생각하오면 다시 더 이론을 부칠 것이 없사오나 만일 현실적 해석으로 본다면 무형한 가운데 서로 감응된다는 것이 좀 이해하기 어렵지 아니하오리까.」 답하시기를 「우주 만유의 본원은 법신불의 체요, 그 체 가운데에 한 기운이 순환하여 천변 만화를 행하는 것은 법신불의 용이요, 그 체용 가운데에 형상도 없고 소리도 없고 냄새도 없어서 무엇으로 가히 말할 수가 없으나 항상 허령 불매하여 엄연히 체용을 주재하는 것은 법신불의 영지(靈知)니, 체와 용과 영지가 다 법신불 하나이며 우리들의 육체와 기운과 마음도 또한 법신불의 한 분자로서 서로 통하여 둘이 아

니니, 그 둘이 아니므로 생로병사와 인과 보응이 다 법신불의 도를 따라 호리도 어긋나지 않는 것이요, 그 둘이 아니므로 마음에 법신불을 상대하여 무슨 서원을 올린 때에도 일심이 지극하면 자연 우주의 위력을 얻을 수 있는 것이며, 그 둘이 아니므로 열반인의 영을 상대하여 무슨 행사를 할 때에도 일심이 지극하면 비록 어떠한 세계에 있을지라도 서로 통하여 감응되고 또는 그 위력이 미쳐 가나니 이것이 곧 일원의 융통한 진리니라. 무선 전신을 이용하면 천만리 밖의 소리를 듣게 되는 것도 기운이 서로 통한 까닭이며, 무정한 식물도 그 주위에 비료를 주면 자연히 흡수할 줄 아는 것도 기운이 서로 통한 까닭이니, 만일 이 둘 아닌 이치를 통달하며 또는 모든 현실이 다 무형한 가운데 근원된 이치를 깨친다면 무형한 마음으로써 무형한 세계를 상대하는 것이 과히 이해하기 어렵지 아니할 것이니라.」

10. 또 묻기를 「열반인을 위하여 법요(法要) 행사를 하오면 영가에게 어떻게 공덕이 미쳐 가나이까.」 답하시기를 「법요 행사를 하는 것은, 첫째 열반인으로 하여금 도문에 인연을 맺게 하는 것이요, 또는 재주(齋主)나 주례나 대중이 일심으로 기원하면 법신불과 우리가 둘 아닌 이치를 따라 영가의 업장이 자연 녹아지는 수도 있고, 또는 도력 있는 선지식이 독경이나 설법을 하면 부지중 열반인의 혜로가 혹 열리는 수도

있고, 또는 헌공을 바쳐서 공사에 도움이 있으면 영가의 명복에 도움이 되는 것이며, 또는 한 때의 행사 뿐 아니라 관계자가 그 영을 위하여 많은 공사를 하고 모든 선행을 닦으며 수도 문중에 도력을 얻은 자손이 있다면 그 음덕이 또한 그 영에 미쳐 갈 수 있나니, 이것이 다 무위자연한 이치를 따라 되는 것이므로 다만 현장에 나타난 것만으로는 능히 판단하지 못하나니라.」

11. 또 묻기를 「우리 회상에서는 법신불을 신앙의 대상으로 모시고 모든 의식에 심고하는 예가 있사오나, 서가모니불이나 대종사에 대하여는 심고하는 예가 없사오니, 법신불과 인격 부처님과의 관계가 어떠하오며 신앙하는 도가 어떻게 구분되어 있나이까.」 답하시기를 「이것은 대종사께서 모든 신앙처를 통일하기 위하사 법신불 신앙법을 정하신 것이니, 법신불은 우주 만유의 근본이시요 제불 제성의 본성이신 바, 제불제성께서는 또한 자성을 떠나지 아니하신 어른들이시니, 그러므로 법신불에 대하여 심고를 올리는 것이 곧 제불 제성에 대하여 심고를 올리는 것이 되며, 또는 신앙하는 도에 있어서도 인격 부처님이 계시므로 법신불의 진리를 알게 되고 법신불의 진리가 있으므로 인격 부처님이 이를 천명하시게 되었으니 신앙하는 도가 둘이 아니나 구분하여 말하자면 법신불 신앙은 진리적 신앙이요 인격 부처님 신앙은 교법적 신봉이라고 할 것이니라.」

12. 또 묻기를 「종래 불교에서는 서가모니불이 본사(本師)가 되시므로 모든 신자들의 신봉하는 정성이 거기에 집중되어 있었사온데, 우리 회상에서는 대종사에 대하여 봉대하는 정성이 서가모니불에 비하여 더 깊사오니, 서가모니불과 대종사와의 관계는 어떠하오며 그 신봉하는 도는 어떻게 구분 되나이까.」 답하시기를 「대종사께서 대각을 하신 후, 모든 종교 가운데 불교가 제일 근본이 되고 모든 성현 가운데 부처님이 제일 거룩하신 것을 알으시고 당신이 스스로 부처님에게 연원을 정하셨고, 우리들은 또한 대종사의 회상을 만나서 대종사에게 법을 받았으니, 그 관계를 말하자면, 서가모니불은 조부님과 같고 대종사는 아버님과 같으며, 신봉하는 도에 있어서도 조부님은 조부님으로 받들고 아버님은 아버님으로 받드나 그 윤기와 인정이 직접 아버님께 더 쏠리는 것이 또한 피할 수 없는 일이니라.」

13. 또 묻기를 「영모전 위패에 대종사에게 여래의 명호를 바쳤사온데 종래 불교에서는 서가모니불 이외에는 함부로 쓰지 못하게 한 명호이오니 혹 외람되이 생각하는 이가 있지 아니하오리까.」 답하시기를 「여래는 부처님의 열 가지 명호 중 하나로서 대단히 존중한 명호인 것은 사실이나, 여래의 명호를 가지신 어른이 한 분에만 그치고 다시 이어 나오는 인물이 없다면 이는 쇠퇴하는 불교에 지나지 못하는 것이요, 또는

그러한 인물이 있음에도 불구하고 공연히 그 명호를 금한다면 이는 정신적 제압에 지나지 못할 것이니라. 우리가 추상으로 생각하여 보아도 서가모니불께서 삼천년 동안에 중생을 위하사 여러 번 이 세상에 출현하셨을 것인데 그 한 부처님 한 법력으로써 같은 명호를 갖지 못하셨다면 도리어 이치에 모순된 일이 아니겠는가. 그러므로, 우리 회상에서는 여섯 가지 법위 가운데 대각여래위의 최고 법위를 정식으로 두어서 대종사 뿐 아니라 어느 대를 막론하고 선진 도인이 인가를 하시든지 또는 많은 대중이 일제히 봉대할 때에는 그 실력을 따라 여래의 명호를 제한하지 아니할 것이니라. 그러나 이것이 그 중한 명호를 함부로 쓰는 것도 아니요, 또는 종래의 법통을 문란히 하는 것이 아니라, 법위를 올릴 때에는 반드시 승진에 대한 조례가 있고, 법통에 대하여도 조상은 조상이요 자손은 자손인 그 대수(代數) 구분이 역력히 있나니, 이를 무조건하고 외람이라고만 평한다면 다시 변명할 것이 없지마는 만일 조리를 찾아서 말한다면 이것이 외람이 아니라 도리어 불법의 문을 크게 열어 주는 것이라고 생각하노라.」

14. 또 묻기를 「영모전 위패가 대종사 이외에는 다 공동 위패를 봉안하였사오니 그 수 많은 선령께옵서 어찌 작은 위패 하나에 공동으로 머무실 수 있사오리까.」 답하시기를 「위패를 봉안하는 것은 선령께옵서 그 위패에 상주해 계신 것을 의미하는 것이 아니라 어

느 세계에 계시든지 통하여 조감하는 것을 의미하는 것이니, 조감하시는 것이야 천리 만리가 무슨 계한이 있으며 천령 만령이 한 곳에 조감하지 못할 것이 무엇 있겠는가. 그런즉 공동 위패를 봉안하는 것이 영계에 조금도 착란하지 않나니라.」

15. 또 묻기를 「모든 예식에서 예문에 의하여 심고하는 방법은 어떠하나이까.」 답하시기를 「심고하는 법이 단독으로 하는 경우에는 대개 묵상으로 심고를 올리는 것이요, 대중적 의식에는 대중의 심고 내용을 통일하기 위하여 설명 기도를 올리게 되는 것인바, 의식에서 예문에 의하여 심고하는 방법은 주례자나 대중의 대표 한 사람이 예문을 설명 기도로 하면 대중은 일제히 그 기도에 정신을 집중하고 있다가 끝나면 마음으로 "일심으로 비옵나이다" 하고 마치는 것이며, 각 예문은 표준으로 한 예를 보인 것인즉 혹 예외로 심고할 일이 있을 때에는 경우에 따라 가감하여 쓸 것이니라.」

16. 말씀하시기를 「무슨 일이나 준비가 없는 일은 분망하고 질서가 맞지 아니하나니, 그러므로 예의 실현이 먼저 연마와 준비로 부터 시작되는 것이요, 혼자 있는 때에 방심하고 몸을 함부로 가지면 남이 있는 때에도 그 습관이 나오게 되나니, 옛 성현의 말씀에 "그 혼자 있을 때를 삼가라" 하신 것은 숨은 것과 나타난 것이 곧 둘 아닌 까닭이니, 예를 행하는 이의 먼

저 주의할 바이니라.」

17. 말씀하시기를 「불의한 말로써 사람의 천륜을 끊는 것은 곧 인간의 강상을 파괴하는 큰 죄가 되며, 고의로나 또는 무의식 중일지라도 사람과 사람 사이에 좋지 못한 말을 함부로 전하여 서로 원망과 원수가 나게 한다면 그 죄가 심히 큰 것이니, 방편이나 사실을 막론하고 사람과 사람 사이에 좋은 말을 잘 연락시켜서 종래에 있던 원망과 원수라도 풀리게 하며, 옳은 일에는 상대로 하여금 매양 발심이 나게 하고 그 잘한 일을 추진해 주는 것이 곧 사람의 정신을 향상시키는 참다운 예가 되고 좋은 공덕이 되나니라.」

18. 말씀하시기를 「저 사람의 환경이 좋을 때에는 아첨하고 낮을 때에는 모멸함은 소인의 일이니, 저 사람의 환경이 낮을 때에 더욱 정의를 잃지 않는 것이 군자의 예요, 이해를 따라 의리를 잊거나 사람이 보는 곳에서는 예를 행하고 보지 않는 곳에서는 예를 폐하는 것은 예의 본의를 알지 못함이니, 이해와 은현을 막론하고 의리와 예의를 잃지 않는 것이 예의 본의를 알아 행하는 것이니라.」

19. 말씀하시기를 「사람이 처세할 때에 세 가지 도가 있으니, 하나는 승상(承上)의 도요, 둘은 접하의 도요, 셋은 교제의 도니라.」

20. 학인이 묻기를 「단독 제사와 공동 제사에 공덕의 차이가 있사오리까.」 답하시기를 「공덕의 차이는

제주의 정성과 법사의 법력 여하에 따라 나타나는 것이요 단독이나 합동으로 차가 있는 것은 아니나, 교단적으로 합동 행사를 하면 많은 대중의 공동 추모와 많은 선지식의 합동 축원을 받게 되므로 그만큼 공덕이 크게 되나니라.」 또 묻기를 「큰 도력을 갖추지 못한 교역자가 재를 모시어도 천도가 되나이까.」 말씀하시기를 「큰 도력을 갖추지 못하였다 할지라도 예전에 정한대로 사심 없이 정성을 다하면 천도를 받게 되나니라.」

21. 예전을 편찬하시며 「영주(靈呪)」를 내리시니 「천지영기 아심정(天地靈氣我心定) 만사여의 아심통(萬事如意我心通) 천지여아 동일체(天地與我同一體) 아여천지 동심정(我與天地同心正)」이요, 그 후 다시 「청정주(淸淨呪)」를 내리시니 「법신청정 본무애(法身淸淨本無碍) 아득회광 역부여(我得廻光亦復如) 태화원기 성일단(太和元氣成一團) 사마악취 자소멸(邪魔惡趣自消滅)」이러라.

제 3 국 운 편(國運編)

1. 원기 29년 갑신 10월 어느 날, 정산 종사 옛 글 한귀를 써 주시며 「국운과 교운의 장래가 이러하리라」 하시니 「稽山罷霧鬱嵯峨 鏡水無風也自波 莫言春度芳菲盡 別有中流採菱荷」라, 번역하면 「계산에 안개 개면 울창하고 높을지요, 경수에 바람 자도 잔 물결은 절로 있다. 봄철 지나 꽃다운 것 다 시든다 말을 마라, 따로이 저 중류에 연밥 따는 철이 있다」함이러라.

2. 이듬 해인 을유 7월, 부산에 가시사 초량 교당 법당에 써 붙이시기를 「사은상생지(四恩相生地) 삼보정위소(三寶定位所)」라 하시고, 시국의 진정을 위하여 기도하시니라.

3. 어느 날 한 교도가 묻기를 「기미년 만세 운동 때 대종사께서 시국에 대하여 특별히 하신 말씀은 없었나이까.」 말씀하시기를 「"개벽을 재촉하는 상두 소리니 바쁘다 어서 방언 마치고 기도 드리자" 하셨나니라.」

4. 8·15 해방 후 「건국론(建國論)」을 지으사 건국에 관한 소감을 밝히시기를 「8월 15일 이후 여러 대표의 선언도 들었고 그 지도 방식도 보았으며 인심

의 변천 상태도 대개 관찰한 나머지, 어느 때는 혹 기뻐도 하고 어느 때는 혹 근심도 하며 어느 때는 혹 이렇게 하였으면 좋지 아니할까 하는 생각도 자연 나게 되므로, 그 자연히 발로되는 생각 일면을 간단히 기술하고 이름을 건국론이라 하노니, 그 요지는 정신으로써 근본을 삼고, 정치와 교육으로써 줄기를 삼고, 국방 건설 경제로써 가지와 잎을 삼고, 진화의 도로써 그 결과를 얻어서 영원한 세상에 뿌리 깊은 국력을 잘 배양하자는 것이니라.」

5. 건국의 정신에 대하여 말씀하시기를「건국 정신의 첫째는 마음의 단결이니, 무엇이나 합하면 강하고 나누이면 약하며 합하면 흥하고 나누이면 망하는 것이 이치라, 만년 대업을 경영하는 건국에 있어서 먼저 이 근본되는 마음 단결이 없고야 어찌 완전하고 강력한 나라를 감히 세울 수 있으리요. 그러므로 건국은 단결로써 토대를 삼고 단결은 우리의 심지가 명랑함으로써 이룩되며, 명랑은 각자의 가슴 속에 깔아 있는 장벽을 타파함으로써 얻게 되나니, 그 장벽이란 각자의 주의에 편착하고 중도의 의견을 받지 아니하여 서로 조화하는 정신이 없는 것이요, 각자의 명예와 아상에 사로잡혀 저 편 존중하는 마음을 갖지 못하는 것이요, 불 같은 정권 야욕에 끌리어 대의 정론을 무시하는 것이요, 시기와 투쟁을 일으키며 간교한 수단으로써 대중의 마음을 어지럽히는 것이요, 일의 본말을 알

지 못하고 한 편의 충동에 끌려서 공정한 비판력을 가지지 못하는 것이요, 지방성과 파벌 관념에 집착하여 대동의 정신을 가지지 못하는 것이요, 남의 작은 허물을 적발하고 사사 혐의와 묵은 원한을 생각하여 널리 포용하는 아량이 없는 것이요, 사심과 이욕이 앞을 서고 독립에 대한 정신이 사실 철저하지 못한 것이요, 진정한 애국지사의 충정을 잘 받들지 못하는 것이요, 단결의 책임을 남에게 미루고 각자의 마음에는 반성이 없는 것이니, 우리가 이 모든 장벽만 타파한다면 단결은 자연히 될 것이나, 만일 마음 속에 장벽이 남아 있게 되면 아무리 단결을 부르짖어도 사실 효과를 얻기가 어려울지니, 그러므로, 건국 공사는 먼저 이 근본 문제를 해결하는 데 있나니라.」

6. 또 말씀하시기를 「건국 정신의 둘째는 자력 확립이니, 우리에게 자유를 선물한 연합 제국에 대하여 우리는 깊이 감사하여야 할 것이나, 공평한 태도와 자주의 정신으로 우방 여러 나라를 친하지 못하고 자기의 주의나 세력 배경을 삼기 위하여 어느 한 나라에 편착하여 다른 세력을 대항하지는 말아야 할 것이니, 우리의 정세를 살필진대 중도가 아니고는 서지 못할 것이며 연합국의 다 같은 원조가 아니고는 건국이 순조로이 되지 못할 것인즉 우리는 단결을 주로하고 자주의 힘을 확립하여야 할 것이니라.」

7. 또 말씀하시기를 「건국 정신의 세째는 충의 봉

공이니, 충은 거짓이 없는 일정한 마음을 이름이요, 의는 자타의 경계를 초월하여 지극히 바른 것을 이름이요, 봉공은 충과 의 그 마음으로 사회 국가에 공헌함을 이름이니, 어느 시대를 막론하고 충의의 정신이 세상에 서지 못하면 그 사업과 그 사회 그 국가는 한갓 거짓을 꾸미는 장난에 불과하여 반드시 허망한 데 돌아 가고 마나니라. 그런즉 우리는 각자의 마음을 조사하여, 충의의 정신이 있다면 그를 더욱 확충시키고, 충의의 정신이 없다면 강연히라도 그 마음을 일어내어, 아무리 하고 싶어도 의로써 참고 아무리 하기 싫어도 의로써 하여, 일반 대중이 오직 충의로써 나아간다면 건국 사업은 성공할 것이요 국가의 기초가 태산 반석 같이 완전할 것이니라.」

8. 또 말씀하시기를 「건국 정신의 네째는 통제 명정이니, 건국을 하는 데에는 지도자와 지도 받는이가 있어야 하고 숭배자와 숭배 받는 이가 있어야 하나니, 만일 지도자에게 지도의 권위가 없고 지도 받을 이에게 지도 받을 마음이 없으며 숭배 받을 이에게 숭배 받을 지위가 없고 숭배할 이에게 숭배할 용의가 없다면 이른 바 각자가 대장이 되어 통제 있는 정사를 잘 펴기 어려우리니 이것이 어찌 건국에 모순되는 일이 아니리요. 그러므로, 우리는 어젯 날 지도 받던 이라도 오늘날 지도하는 처지에 서면 그 지도를 잘 받고, 오늘날 지도하던 이라도 내일날 지도 받을 자리에 서면

그 지도를 잘 받으며, 숭배에 있어서도 원근 친소와 주의의 같고 다름을 초월하여 그 시대에 그 인물로서 정당한 지위에 있다면 경우에 맞게 대우하여 협력 병진하는 것이 문명한 사람들의 건국하는 바른 길인가 하노라.」

9. 또 말씀하시기를 「건국 정신의 다섯째는 대국 관찰이니, 다만 눈 앞의 일과 임시의 욕심에 끌려 모든 일을 진행하지 말고 국제 정세를 잘 살피고 국내 각계의 현상을 잘 알아서 원만한 대책을 발견할 것이요, 개인의 명예에 편착하지 말고 국가의 명예를 잘 드러낼 것이요, 개인의 세력을 다투지 말고 국가의 세력을 잘 키울 것이요, 개인의 이해에 몰두하지 말고 국가의 이해를 잘 생각할 것이요, 개인의 선 불선이 국가의 가치를 오르 내리게 하는 이치를 알아서 특히 외국인이 보는 데에서 비루한 행동을 말 것이요, 목전에 좋은 일이 혹 주위에 불안을 주는 이치를 알아서 대중적 정신을 가질 것이요, 임시 유익되는 일이 혹 미래에 손해되는 이치를 알아서 영원한 이해를 잘 계산할 것이요, 우주의 원리가 항시 변천 있는 것을 알아서 때를 따라 법을 세우고 한 가지 법에 고집하지 말 것이요, 무슨 법이나 과하면 폐단되는 이치를 알아서 한 편에 기울어진 마음을 두지 말 것이니라.」

10. 정치에 대하여 말씀하시기를 「정치는 어느 한 편에 권리 편중이 없고 각자의 권리를 정당히 잘 운용하게

할 것이요, 모든 시정은 간이하고 민속히 하되 중요한 일은 법률과 공론을 아울러 들어서 해결할 것이요, 법은 상하가 다 엄정히 지키며 국가의 정론을 세운 후에는 국민 총 훈련을 실시하여 애국 정신과 공중 도덕을 보급시킬 것이요, 모든 지도는 신의에 근본하여 민중이 지도자를 신뢰하게 하며 인물의 양성과 경제의 개발을 조금도 게을리 아니하여 자립 자위하고 자작 자급하는 실력을 기를 것이요, 국민의 정신 지도에는 정치와 종교가 표리 병진하게 할 것이니라.」

11. 종교에 대하여 말씀하시기를「국민의 종교에 대한 신념이 박약하면 정신 통제와 양심 배양의 힘이 부족하므로 순역 경계에 꺼림 없이 자행 자지하여 범죄율이 높아지며, 종교를 믿는 이 중에도 혹은 미신에 빠지고 혹은 한 편에 집착하여 국민의 참다운 생활과 대중의 원만한 도덕을 널리 발휘하지 못하는 예가 적지 않나니, 국가에서는 국민 지도에 적당한 종교를 장려하여 각지에 행정 사법 교육 종교 등 네 가지 기관이 각각 그 임무를 분담 진행하게 한다면 이것이 또한 국가의 만년 대계에 하나가 될 것이니라.」

12. 교육에 대하여 말씀하시기를「교육은 국민 진화의 대도니, 의무 교육을 실시하며 교육 기관을 확장할 것이요, 재래와 같이 과학만을 위주하고 정신 교육을 등한히 할 것이 아니라 애국 정신과 공중 도덕을 본위로 하는 충분한 교과를 편성하여 교육하게 할 것

이요, 예의 교육을 향상시켜 국민 예의의 보급과 예법 통일의 근본이 되게 할 것이요, 국민 근로의 기풍을 진작하기 위하여 작업 실습 등으로 국가 산업 장려의 첫 교육이 되고 국민 근실성 배양의 원동력이 되게 할 것이니라.」

13. 진화의 길에 대하여 말씀하시기를 「진화의 길 첫째는 공로자 우대니, 정치와 국방에 출중한 실적 있는 이와 교화 교육에 특별한 실적 있는 이와 재산을 많이 희사하여 공익의 큰 자원이 되게 한 이와 정신 육신으로 공익 사업에 큰 공로 있는 이와 발견 발명 등 무슨 방면으로든지 국가 사회에 큰 이익 큰 발전 있게 한 이를 우대할 것이요, 둘째는 교육 장려니, 국가나 단체나 개인을 막론하고 영재의 교육을 적극 장려하여 어느 방면으로든지 항상 새로운 지견을 얻게 하며 연구 기관을 적극 후원하여 국가 건설과 사회 발전에 모든 묘법을 동원하게 할 것이요, 세째는 세습 철폐와 상속 제한이니, 모든 영전(榮典)은 본인 자신에 한하여 자손들이 공연히 의세하지 않게 하며, 재산의 상속은 생활 자본 정도에 그치고 나머지는 바로 공익 사업에 바치어, 부모 자녀가 한 가지 선업을 지으며 자력 생활로써 국가 사회의 발전과 모든 사람의 생활 실력을 얻게 할 것이니라.」

14. 건국론을 결론지어 말씀하시기를 「위에 말한 모든 조항의 요지는 어느 계급을 막론하고 평등히 보

제 3 국운편 13·14·15

호하여 각자의 자유와 생활의 안정을 얻게 하자는 것이요, 외부의 혁명을 하기 전에 먼저 마음의 혁명을 하자는 것이요, 유산자의 자발적 선심으로써 공익 기관이 점차 불어나고 그에 따라 국민의 생활이 자연 골라지게 하자는 것이요, 관영과 민영의 사업을 차별하지 아니하여 한 가지 건국에 협력하게 하자는 것이요, 생활의 자유를 좀 구속하는 중에도 공로자의 대우를 분명히 하여 공사간 진화의 도를 얻게 하자는 것이니라.」

15. 또 말씀하시기를 「이 때를 당하여 우리의 최대 급무는 각자의 마음을 반성하여 항시 그 개선에 전력하는 것이요, 각 지도급에서는 민중에 대하여 매양 바른 지도를 잘 실시하는 것이니, 마음이 선량하지 못하면 아무리 좋은 주의를 두대할지라도 도리어 좋지 못한 결과를 초래하게 되나니라. 남의 권리를 무시하고 무상취득에만 정신이 어둔 것이 어찌 균등의 원리리요, 먼저 우주의 공도를 깨쳐서 자기 사유에 국한 없는 정신을 가지며 노력의 대가 없이는 의식을 구하지 않는 정신을 잘 가져야 진실한 균등의 가치가 드러날 것이니라. 또는 누구의 제재도 받지 아니하고 자행 자지하여 궤도 없는 생활에 빠지는 것이 어찌 자유의 원리리요, 먼저 각자의 마음이 공중 도덕과 통제 생활에 위반되지 아니할 정도에 있으며 남의 정당한 의견과 정당한 권리를 침해 구속하지 않는 데에서 참다운 자유의 가치가 나타날 것이니라.」

16. 또 말씀하시기를 「요사이 인심의 상태를 본다면 공연히 민심을 충동하여 혹은 평지에 풍파를 일으키고 혹은 사랑하는 동포를 원수같이 상대함으로써 무슨 건국 사업이나 하는듯이 아는 이 적지 않으나, 참다운 건국은 있던 풍파라도 안정시키고 묵은 원수라도 은혜로 돌려서 어느 계급을 막론하고 같이 악수하여 동심 합력하는 데에서 실력이 발생되나니, 평등한 가운데 순서를 잃지 말고 자유 가운데 규율을 범하지 아니하여, 유산자는 유산자로, 무산자는 무산자로, 관리는 관리로, 민중은 민중으로 각각 그 도를 다하고 마음을 합한다면 건국 공사는 그 가운데 자연히 성립될 것이니라. 건국이 있은 후에야 주의도 있고 평등도 있고 자유도 있고 권리도 있어서, 우리의 행복을 우리 스스로 누릴 것이니, 소아를 놓고 대아를 주장하면 소와 대가 한 가지 구원을 받을 것이나 대아를 놓고 소아를 주장한다면 소와 대가 한 가지 멸망되는 법이니라.」

17. 말씀하시기를 「물건에 본말이 있고 일에 종시가 있나니 그 선후를 안 후에야 건국이 순서로 진행될 것이니라. 국내 단결이 있은 후에야 국제 신용이 나타나고 국제 신용이 나타난 후에야 외교의 성공을 얻게 되고 외교의 성공을 얻은 후에야 국가의 주권이 서게 되고 국가의 주권이 선 후에야 평등과 자유가 다 우리에게 있나니, 만일 평등과 자유를 희망하는 이로서 국내 단결을 파괴하는 것은 살기를 원하면서 스스

로 죽을 일을 하는 것과 같나니라.」

18. 말씀하시기를 「마음이 깨끗하지 못하면 아무리 좋은 주의라도 도리어 그 주의를 오손시키고 사체가 바르지 못하면 아무리 훌륭한 노력이라도 한갓 그 노력만 허비하나니라.」 또 말씀하시기를 「무리로 나를 선전하고 모략으로 남을 공격하는 이는 혹 일시적 인심 선동은 하나 최후의 승리는 반드시 얻지 못하나니라.」 또 말씀하시기를 「자기 욕망을 위하여 그른 줄을 알고도 짐짓 행하는 이는 사실 반역자요, 처음에는 혹 미(迷)했으나 그른 줄 알면 바로 고치는 이는 진정한 애국자니라.」

19. 말씀하시기를 「대의를 모르고 날뛰는 사람은 살아도 가치 없는 인생이요 죽어도 값 없는 죽음이니라.」 또 말씀하시기를 「양심을 굽혀 형세에 따르는 이는 혹 일시의 보신은 된듯 하나 도리어 만년의 치욕을 면하지 못하나니라.」 또 말씀하시기를 「밖으로 공을 두대하고 안으로 사를 도모하는 이는 일체 말이 다 거짓 말이 되고 일체 행이 다 거짓 행이 되나니라.」

20. 말씀하시기를 「사람의 투쟁이 처음에는 사상전에서 시작하여 다음에는 세력전에 옮기고 다음에는 증오전에 옮겨서 필경은 무의미한 투쟁으로써 공연히 대중에게 해독을 끼치기 쉽나니라.」

21. 말씀하시기를 「남의 옷이 좋다 하여 그대로 입으면 내게는 맞지 않는 법이니 나의 품과 키에 맞춰서

지어야 내 옷이 되나니라.」 또 말씀하시기를 「문화가 교류하는 이 때에 순연히 내 것만 고집하는 것은 고집 불통이요, 순연히 남에게만 팔리는 것은 정신 없는 사람이니, 그러므로 안으로 자립하고 밖으로 화하며 장점은 취하고 단점은 버리는 것이 시대의 양책이니라.」

22. 말씀하시기를 「무엇이나 극하면 변고가 생기고 과하면 폐단이 있나니, 그러므로 극과 과(過)에 치우치지 않는 것이 구세의 요법이 되나니라.」 또 말씀하시기를 「빼앗고 빼앗기는 것과 주고 받는 것이 그 차이가 천양 같나니, 빼앗고 빼앗기는 것은 한과 원수가 맺혀서 불안의 종자가 숨어 있고, 주고 받는 것은 은혜와 인정이 화하여 평화의 건설을 얻게 되나니라.」

23. 말씀하시기를 「선을 장려하고 공을 대우하는 것은 진화의 큰 길이니, 만일 선을 등한히 알고 공을 무시한다면 이는 퇴보의 길을 걷는 것이니라.」 또 말씀하시기를 「분에 넘는 생활을 방지하고 공익 사업을 장려하며 상속을 법으로 제한하면 그 사이에 진흥되는 것은 사업열이요 불어나는 것은 공익 자산이요 그 결과는 민중의 공동 행복이니라.」

24. 말씀하시기를 「훈련이 없고는 실행하기 어렵고 준비가 없고는 성공하기 어렵나니, 그러므로 훈련기와 준비기가 있어야 하나니라.」 또 말씀하시기를

「나무를 휘기로 하면 서서히 하여야 하나니 만일 급히 하기로 하면 꺾어질 염려가 있나니라.」 또 말씀하시기를 「어린 아이에게 대학을 가르치지 못하고 이기주의자에게 공사를 맡기지 못하나니라.」

25. 말씀하시기를 「머리가 어지러우면 끝이 따라서 어지럽고 머리가 바르면 끝이 따라서 바르나니, 그러므로 일체의 책임이 다 지도자에게 있나니라.」 또 말씀하시기를 「죄악이 중하면 하늘이 용서하지 아니하고 공심이 지극하면 자연의 도움이 있나니라.」 또 말씀하시기를 「사필귀정은 우주의 원리니, 그러므로 천의인심이 떳떳이 향하는 곳이 있나니라.」

26. 한 정객이 묻기를 「지금 이 건국 초기에 시국이 아직 불안하고 나라에 일이 많으며 종교도 나라가 있은 연후의 일이오니 바라건대 건국을 위하여 힘을 써 주심이 어떠하겠나이까.」 말씀하시기를 「내 비록 능력 없으나 본교를 통하여 나라 일에 전력하고 있거늘 귀하는 또 다시 건국 사업에 힘쓰라 하니 그 어떠한 말씀인지요.」 객이 말하기를 「정당에도 참여하시고 민족 운동도 일으키라는 말씀입니다.」 말씀하시기를 「가령 집을 짓는 데에도 주초와 기둥과 들보가 각각 책임이 있어서 그 있는 바 위치에서 서로 힘을 합하지 아니하면 능히 집을 건설하지 못하는 것 같이 나라를 건설하는 데에도 정치와 교화와 생산이 각각 책임이 있어서 그 맡은 바 직장에서 서로 힘을 합하지 아니하

면 능히 나라를 건설하지 못하는 것이니, 정치가는 무슨 방법으로든지 그 정치를 잘 하는 데에 주력하고, 종교가는 무슨 방법으로든지 그 국민을 교화하는 데에 주력하고, 생산가는 무슨 방법으로든지 그 생산을 잘 하는 데에 주력하여, 그 합력으로써 한 가지 나라를 건설하는 것이며, 귀하의 말씀 같이 지금은 시국이 아직 불안한지라 건국 공사에 인심 선도가 제일 급선무인 즉 정치 당국에서 먼저 각 교회를 살피어 시국에 도움이 될 교회에 힘을 밀어주어 교화 사업을 더욱 추진케 하는 것이 건국에 좋은 길이 아닐까 합니다. 본교도 창립한 시일이 오래지 아니하여 아직 많은 대중을 포섭하지는 못하였으나 해방 직후의 구호 사업을 비롯하여 무슨 방면으로든지 인심을 선도하는 데에 많은 내조가 있는 줄로 믿고 있읍니다.」 객이 말하기를 「그러면 귀교에서는 내조만 하고 사람을 직접 내세우지는 아니할 예정이십니까.」 말씀하시기를 「전무출신자는 기위 교단 일에 전임하고 있으니 일신양역은 어려우나, 재가 교도는 얼마든지 능히 정치에 출신할 수도 있으니, 아마 장차 세상에는 종교의 교화를 잘 받은 사람이라야 능히 훌륭한 정치가가 될 줄로 생각하는 바입니다.」

27. 말씀하시기를 「요사이 세간에서 우리를 좌냐 우냐 하여 말이 많다 하나, 이는 종교의 대의를 모르는 말이니, 종교 즉 도덕은 정치의 체가 되고 정치는 도

덕의 용이 될 뿐이니라. 우리 사대 강령에 무아 봉공은 고금 좌우를 통한 도덕 정치의 근본이니, 진정한 주의자는 무아의 이치를 철저히 깨쳐서 사심 없이 봉공하는 이요 명예나 권력에 추세하여 망동하는 이는 한 국가의 건설에 주인이 될 수 없나니라. 정치의 근본은 도덕이요 도덕의 근본은 마음이니, 이 마음을 알고 이 마음을 길러 우리의 본성대로 수행하는 것이 우리의 본분이며 소임이니라.」 또 말씀하시기를 「지금은 정치인들이 주연이 되어 정치극을 벌이는 도중이나, 그 막이 끝나면 도덕막이 오르나니 지금은 도덕가의 준비기라, 바쁘게 준비하라.」 또 말씀하시기를 「집을 짓는 데 터를 닦고 목수 일을 하며 그 다음에 토수 일과 도배를 한 후 집 주인이 들어가 살게 되는 것 같이 지금 좌우당은 터를 닦고 이후 정부는 목수 일을 하고 그 후 도덕은 토수 일과 도배를 하여 완전한 좋은 국가를 이룩하리라.」

28. 말씀하시기를 「해방 후 이 나라가 큰 난국에 처해 있으나 앞으로 오는 대세는 크게 양양하나니, 날이 새고 봄이 오는 것도 일시에 되는 것이 아니요, 차차 그 절차와 순서가 있나니라.」 또 말씀하시기를 「지금은 이른 봄에 얼음이 있는 것 같아서 안으로는 녹기 시작하였으나 겉으로는 아직도 그대로 있는 것이니 멀지 아니하여 모르는 사이에 그 얼음이 다 녹아 없어지나니라.」 또 말씀하시기를 「세상이 열릴수록 싸우

기 좋아하는 이는 망하나니, 앞으로는 국가간의 싸움이나 개인간의 싸움이나 먼저 덤비는 이가 패하리라.」

29。 6·25 동란 중 처음 맞는 원조에 말씀하시기를 「새 해를 맞아 믿음을 더욱 굳게 하라. 복과 죄는 다 내 자신이 짓고 받나니 먼저 내 자신을 옳게 믿으며, 허공은 소리 없고 냄새도 없으나 속일 수 없고 어길 수도 없는 위력이 있나니 이 진리를 철저히 믿고 받들라. 또는 희망을 잃지 말라. 영원한 세상을 통해 볼 때에 당장에는 아무리 난경에 처해 있다 할지라도 자포자기하지 않고 희망을 잃지 않는 이는 여진이 있고 진보가 있으리라. 또는 평화한 마음을 놓지 말라. 평화를 먼 데서 구할 것이 아니라 가까운 내 마음 가운데서 먼저 구하라. 어떠한 난경에 들었다 하여도 평화한 심경을 놓지 아니하여야 앞으로 세상에 평화를 불러 오는 주인이 되리라.」

30. 동란 중 자주 챙겨 말씀하시기를 「혼자라도 이 공부 이 사업에 정진하겠는가. 다른 사람이 다 비방하고 박해하여도 꿋꿋이 이 회상을 지키겠는가」 하시며 「과거에는 새 회상을 창건할 때에 적지 않은 순교자를 내었으나, 우리의 법은 새 세상의 상생 대도라 그런 일은 없으리니 안심하라」 하시고 「신심이 없는 이는 지척에 살아도 천리 만리 떠나 있는 사람이요 신심이 독실한 이는 천리 밖에 있어도 함께 있는 사람이니, 항상 어느 곳에서나 남을 위하고 회상을 위하는

사람이 되라. 그러면 피란은 절로 되리라.」

31. 말씀하시기를 「옛날 공자께서는 어느 때 도둑의 무리에게 둘러 쌓임을 당하사 7일동안 양식이 끊어졌으되 태연히 앉아서 말씀하시기를 "기후가 추운 뒤에야 송백의 절개를 알고 환란이 있은 후에야 공부의 참된 힘을 얻을 것이라" 하시니 대중의 마음이 조금도 요란하지 아니하여 서로 평온한 음성으로 노래하며 화답하거늘 도둑의 무리가 그 광경을 엿보고 크게 놀래어 가로되 "이는 반드시 하늘 사람의 무리라" 하고 드디어 물러 갔다 하나니 이는 만고에 안심하는 표본이 될만 하니라.」

32. 산동교당에서 글을 지으시니 「曉天雷雨一聲後萬戶千門次第開」라, 번역하면 「새벽 하늘 우뢰 비 한 소리 뒤에, 모든 집 모든 문이 차례로 열리리라」하심이요, 이어 말씀하시기를 「근세의 동란이 갑오 동란을 기점으로 하여 일어났나니 동란의 비롯이 이 나라에서 된지라 평화의 발상도 이 나라에서 되리라. 우리가 경제나 병력으로 세계를 어찌 호령하리요, 새 세상의 대운은 성현 불보살들이 주장하나니 이 나라의 새로운 대도덕으로 장차 천하가 한 집안 되리라.」 또 말씀하시기를 「세계 대운이 이제는 동남으로 돌고 있으므로 앞으로 동남의 나라들이 차차 발전될 것이며 이 나라는 세계의 정신적 중심지가 되리라.」

33. 산동교당 뜰 앞의 무궁화와 태극기를 보시며 말

말씀하시기를 「무궁화는 그 이름이 좋으니, 무궁은 한량 없고 변치 않음을 뜻함이라 이 나라가 새 세상 대도덕의 근원이 될 것을 저 무궁화가 예시하고 있으며, 태극기는 그 이치가 깊으니, 태극은 곧 우주의 원리로서 만물의 부모가 되는 것이요 태극은 무극이며 무극은 일원이라 일원대도가 장차 온 인류의 귀의처가 되고 그 발원지인 이 나라가 전생령의 정신적 부모국이 될 것을 저 태극기가 예시하고 있나니라.」

제4 경륜편(經綸編)

1. 객이 묻기를 「귀교의 교명을 원불교라 하였으니 원의 뜻을 알고자 합니다.」 정산 종사 말씀하시기를 「원은 형이상으로써 말하면 언어와 명상이 끊어진 자리라 무엇으로써 이를 형용할 수 없으나, 형이하로써 말하면 우주 만유가 다 이 원으로써 표현되어 있으니, 이는 곧 만법의 근원인 동시에 또한 만법의 실재인지라, 그러므로 이 천지 안에 있는 모든 교법이 비록 천만 가지로 말은 달리 하나 그 실에 있어서는 원 외에는 다시 한 법도 없는 것입니다.」 말하기를 「원의 뜻이 그와 같이 원융하다면 당돌한 말씀 같사오나 원도(圓道)라 또는 원교(圓敎)라고 이름하시는 것이 모든 교법을 포용하는데 더 원만하지 않을까요. 불교가 비록 노대 종교일지라도 아직도 세상 인식이 일부의 교의로 짐작하는 이 적지 않은 듯 하오니 거기에 대하여 한 번 더 생각해 보심이 어떠하실까요.」 말씀하시기를 「불(佛)은 곧 깨닫는다는 말씀이요 또는 마음이라는 뜻이니, 원의 진리가 아무리 원만하여 만법을 다 포함하였다 할지라도 깨닫는 마음이 없으면 이는 다만 빈 이치에 불과한 것이라, 그러므로 원불(圓佛) 두 글자는 원래 둘이 아닌 진리로서 서로 떠나지 못할 관계가 있

으며, 또는 과거의 불교로 말할지라도 근본 교의가 일부에 치우치는 것은 아니건마는 그 제도 여하에 따라 세상 사람들이 자연 일부의 교의로 오인한 것이니 그 제도를 새로이 하면 불법의 정체가 진리 그대로 원만하게 세상에 나타나게 될 것입니다.」

2. 객이 묻기를「귀교의 발전 계획에 대하여는 어떻게 생각하고 계십니까.」말씀하시기를「옛 성인의 말씀과 같이 물건에 본말이 있고 일에 종시가 있으니 그 선후를 알아 준비하면 발전은 자연히 될 줄로 믿습니다.」말하기를「선후는 어떻게 생각하고 계십니까.」말씀하시기를「첫째는 교재를 정밀히 준비하는 것이요, 둘째는 인재를 많이 양성하는 것이요, 세째는 이 모든 사업을 운용할 경제의 힘을 얻는 것인 바, 현하 시국 관계로 그것이 마음대로 되지 아니하여 애를 쓰고 있는 중입니다.」말하기를「어떤 교회는 선전에 열중하여 심지어 가두 선전까지 하고 있는데 귀교에서는 그러한 일은 하지 않습니까.」말씀하시기를「선전도 적당한 방법으로는 하겠지마는 가두 선전까지 해 본 적은 없읍니다.」말하기를「기위 선전을 하시기로 하면 적극적으로 하시는 것이 좋지 않을까요.」말씀하시기를「비컨대 장사하는 사람이 상점에 좋은 상품을 준비하여 놓고 오는 손님에게 적당히 매매하여 대중에게 이익만 준다면 그 상점이 자연 발전되는 것 같이 종교의 교화도 모든 교재를 완전히 준비해 놓고 누구

에게든지 해를 주지 아니하고 이익만 준다면 자연히 발전이 될 것이니, 과거로부터 현재까지는 형식의 선전이 발전의 중심이 되어 왔지마는 장차 세상에는 실지의 활동이 발전의 중심이 될 줄로 믿고 있읍니다.」

3. 원기 31년, 금강단 창립 총회에 훈시하시기를 「그대들의 단을 "금강단"이라 이름한 것은 그 뜻이 깊나니, 그대들은 항상 "금강" 두 글자를 잊지 아니하여 금강의 실적을 잘 드러내기 바라노라. 그대들은 안으로 각자에게 갖추어 있는 금강 자성을 찾을 것이요, 자성을 찾은 후에는 금을 단련하는 이가 금 가운데 갊아 있는 잡철 사석의 유를 제거하고 정금을 만드는 젓 같이 잡념을 제거하고 또 제거하여 기어이 청정 심지를 만들 것이요, 저 금을 단련한 사람이 금을 잘 활용하듯이 마음을 또한 기틀을 따라 선용하여 만행을 구비하는 성자가 되라. 그대들은 또한 밖으로 이 조직이 일정한 신의 아래 금강 같이 단결하도록 할 것이요, 단원 가운데 혹 어떠한 계율 범과가 보일 때에는 단의 힘으로 서로 경책하고 미리 타일러 온 단원이 다 정금 같은 자태를 갖출 것이요, 단의 힘이 확충됨을 따라 봉공의 힘을 더욱 촉진하여 대종사의 정법을 널리 포양하고 선진들의 유업을 길이 계승하여 금강 같은 광명을 세계에 잘 드러내도록 하라.」

4. 원기 31년 5월, 유일학림(唯一學林) 개학식에 훈시하시기를 「유일학림은 대종사께서 재세 당시에 직

접 뜻을 두시고 유일(唯一)이라는 교명까지 정하셨으나, 시국 관계로 그 뜻을 다 펴지 못하셨던 바를 해방을 맞아 이제 개학하게 된 것이니, 그대들은 먼저 유일의 참 뜻을 알아 유일한 목적과 유일한 행동과 유일한 성과를 얻으라. 유일한 목적이란 곧 제생의세요, 유일한 행동이란 곧 무아봉공이요, 유일한 성과란 곧 일원세계 건설이니, 지금은 비록 좁은 교실에 학인의 수효도 많지 못하나 장차 수 없는 도인들이 여기에서 쏟아져 나와 넉넉히 세계를 제도하게 되리라.」

5. 원기 33년 4월, 원불교 교헌(敎憲)을 제정 반포하시니, 총강 제 1 조에 「원불교는 우주의 원리요 제불의 심인인 즉 일원의 대도에 근본하여 정신 정각 정행을 종지로 한다」하시고, 제 2 조에 「본교는 인생의 요도 사은 사요와 공부의 요도 삼학 팔조로써 전세계를 불은화하고 일체 대중을 선법화하여 제생의세하기로 목적한다」 하시고, 제 3 조에 「본교는 법신불 일원상을 본존으로 한다. 일원은 사은의 본원이요, 법보화(法報化) 삼위의 대상이며, 서가모니불과 소태산 대종사의 정전 심인 이심을 신봉하여 진리로써 신봉한다」하시니라.

6. 원기 34년 4월, 유일학림 제 1 회 졸업식에 훈시하시기를 「그대들이 3년간 만족한 공부는 하지 못하고 고생만 너무 하여 미안하나, 그대들은 우리 교단의 사업 경로를 회고하여 보라. 처음 방언으로부터 숯장사 엿장사를 한다 농사를 짓고 축산을 한다 과수원

과 약국을 경영한다 개인적으로는 제사공장 고무공장에를 다닌다 하여 3년 학림은 고사하고 3개월 선한 번 마음 놓고 난 선진이 그대들 이전에는 없었나니, 어느 사업을 막론하고 그 성립의 순서가 대개 이러하며 후진이 선진을 특별히 추숭하는 이유가 여기에 있나니라. 종교의 생명은 신심이요 사업의 동력은 공심이라, 그대들에게 이 두 가지만 갖추어 있다면 학식이 부족하여도 전도가 양양하리니, 다른 것에 부족을 느끼지 말고 오직 여기에 부족을 느끼며, 다른 것을 갖추려 애쓰지 말고 오직 여기에 애를 쓰라. 이제 그대들은 학림의 학과는 마쳤지마는 정말로 큰 공부를 시작하게 되었나니 그 큰 공부란 곧 일하면서 공부하고 공부하며 일하는 사상(事上)공부라, 그대들의 일언 일동이 앞으로 학림과 교단의 사업에 중대한 영향을 가져 올 것을 한 때라도 잊지 말고 신성과 공심에 근원하여 이 사상 공부에 부지런히 잘 힘써서 부처의 공부와 부처의 사업을 원만히 성취하기 바라노라.」

7. 원기 34년 5월,「원광(圓光)」을 창간하시며「일원지광 편조시방(一圓之光 遍照十方)」이라는 제자(題子)를 내리시고, 다시 요언을 내리시기를「무엇이나 진실한 일은 아무리 없애려 하여도 필경은 있어지는 것이요, 거짓된 일은 아무리 있으려 하여도 필경은 없어지고 마나니라.」

8. 학인이 묻기를「우리의 기관지와 우리가 세운 학

교들의 이름을 원광이라 하셨사오니 그 뜻이 무엇이오니까.」 답하시기를 「일반적으로는 일원 대도를 빛내라는 뜻이나, 원광 두 글자에 더욱 깊은 이치가 들어 있나니, 원은 곧 일원의 당체로서 만유와 만법의 근본 자리요, 광은 곧 그 자리에서 만유와 만법이 나타나는 것이라, 원은 체요 광은 용으로 모든 법이 여기에 다 포함되어 있나니, 이 뜻을 잊지 말고 잘 궁리하여, 생각과 말과 행동을 원광으로써 하라. 우리 회상의 발전은 그 가운데 있으리라.」

9. 원기 38년 4월, 제 1대 총결산 후 말씀하시기를 「공부의 등위와 사업의 등급에 공정을 기하고자 애를 썼으나, 어찌 그 숨은 공부와 숨은 공로가 다 드러나기를 바랄 수 있으리요. 그런즉 우리는 참다운 사정은 호리도 틀림 없는 진리에 맡기고, 이번에 나타난 등급으로는 앞 날의 적공에 더욱 분발할 대중만 삼는다면 이 분들이 참으로 알뜰한 우리 동지요 참으로 등급 높은 공인이니, 후일 영모전에서 등위보다 실적이 넉넉한 선령은 제사 받기가 떳떳하지마는 실적이 혹 등위만 못한 선령은 혓 대접 받기가 얼마나 부끄러우리요.」

10. 원기 39년 4월, 수위단회와 교무연합회에 유시하시기를 「수위 단원 여러분과 중앙 간부들과 각 기관 및 지방 교당 책임자 여러분의 진실과 공심으로 일관한 그 간의 노력이 보람 있어서 교단 각 부면에 현

저한 발전을 보게된 데 대하여 심심한 치하를 드리며, 신병으로 거년의 1대 총회에도 원만한 기쁨을 함께 하지 못하고 금년 역시 서로 만족히 대하지 못하니, 말 없는 가운데 상조하는 심월이야 언제나 한 모양으로 두렷하지마는 오래 서로 떠나 있던 회포를 다 풀지 못하는 유감은 피차가 일반이라」하시고, 당면 문제로서 중앙 기관의 통제 및 위신 확립에 관하여 말씀하시기를 「그간은 우리 사업이 대외적 확장보다 대내적 충실에 주안을 두었으므로 모든 정사를 거의 다 집안 살림 하듯 구두 공론으로 하여 왔었고, 모든 직위에 대하여도 특별한 위신을 따로 챙기지 아니하고 그대로 지내온 점이 많았으나, 현재와 미래에는 모든 기관이 확장되고 활동하는 사람 수가 많아지며 따라서 대외적으로 면목이 뚜렷이 드러나게 되므로, 언제나 중앙 기관의 통제에 잘 순응하며 그 위신을 세워주는 일에 협조하자」하시고, 거교적 사업 추진에 관하여 말씀하시기를 「그간은 각 기관과 교당 육성에 주로 힘써 온 관계로 총부로서 직접 할 거교적인 사업들을 거의 미루어 왔으나, 이제 부터는 각 기관 교당이 일치하여 거교적 사업에 힘을 모으며 총부의 유지에도 더욱 관심을 가지자」 하시고, 이단치교에 관하여 말씀하시기를 「중앙에서는 수위단회의 위신과 직능을 더욱 강화하여 교단 통치의 핵심체를 삼으며, 각 교당에서는 교화단 조직을 강화하여 이로써 공부 사업

촉진의 기관을 삼는다면 사반 공배의 좋은 결과를 얻게 되리라.」

11. 원기 39년도 연원 의무 특별 이행자 시상식에 치사하시기를 「구인 이상의 동지를 이 회상에 인도하여 대종사의 법은에 다 같이 목욕하게 하는 것은 우리 원불교인들의 신성한 의무 가운데 하나이니, 대종사께서 처음 회상 문을 여실 적에 먼저 구인 동지를 얻으사 모든 기초를 닦으신 다음 "앞으로 그대들도 매인 아래 구인 이상을 인도하여 이 방식으로 이 법을 포양 한다면 미구한 장래에 이 도덕이 천하에 편만하리라" 하시고 그것이 마치 한 근원의 물줄기를 사방 팔방에 끌어대어 만생이 고루 은혜를 입게 함과 같다는 의미로써 이를 연원 의무라 이름하사 여러 방면으로 그 실행을 권장하셨나니라. 그러므로 우리가 누구나 아홉사람 이상을 인도하여 끝까지 연원된 인연과 의리를 가지고 공부 사업간에 공덕이 미치도록 권장한다면 그것은 바로 대도 창립의 훌륭한 사업이 되는 것이며, 그 중에서 거룩한 성자나 훌륭한 사업가가 생겨난다면 그 연원되는 공덕을 무엇으로 가히 비유할 수 없나니, 식을 행하고 상을 주는 것은 그 실행을 촉진하는 한 방편에 불과한 것이요, 나타나지 않는 가운데 참으로 큰 복업이 쌓일 것을 알아야 할 것이니라.」

12. 원기 40년 3월, 원광대학 제 1 회 졸업식에 훈시하시기를 「원광대학이 학사의 학위를 주는 졸업식을

가지기는 이번이 처음이나, 원광대학이 오늘을 가지게 된 데에는 수 십년의 땀에 젖은 역사가 뒤에 숨어 있나니, 그대들은 이날에 그 점을 다시 한 번 돌이켜 생각하여, 그간 배운 바를 실지에 활용할 때에 국한 있는 작은 사업에만 활용하지 말고 일체 대중을 위하여 국한 없는 큰 사업에 널리 활용하여 이 대학과 이 회상의 공덕을 널리 세상에 드러내는 동시에, 이제부터 그대들은 온 세상을 더욱 큰 학교로 삼고 온 세상 모든 것을 다 큰 스승으로 여겨 끊임 없이 실지의 힘을 쌓기에 노력하라. 그대들이 오늘을 기념하여 그 공부에 힘을 쓰기로 다시 작정하고 앞으로 꾸준히 계속한다면 그대들은 그야말로 대장부의 일생 능사를 훌륭히 졸업하게 될 것이니라.」

13. 원기 41년 4월, 정관평 재방언 공사 착공식에 치사하시기를 「대종사께서 우리 회상 창립 첫 사업으로 구인 단원과 함께 이 방언 대 공사를 시작하신 것은 교단 건설의 경제 기초를 세우실 목적도 있었지마는 내면으로 그보다 더 깊은 뜻이 계셨던 것이니, 이제 재방언의 대역(大役)을 시작함에 당하여 우리는 이번 사업도 그 의의와 가치에 있어서 첫 방언 사업과 둘이 아님을 알고, 구인 정신과 우리의 정신이 둘이 아닌 큰 정신을 발휘하여, 이번 일의 진행으로써 우리 동지들의 신심 정도를 더욱 알아보며, 우리 동지들의 사업 역량을 더욱 알아보며, 복록의 유래와 영육쌍전의

표본을 이번 일로 인연하여 다시 더욱 절실히 각성하자」하시니라.

14. 원기 41년 11월, 중앙선원 제 1회 결제식에 훈시하시기를「우리 선원은 다른 데서 볼 수 없는 특수한 목표 몇 가지가 있나니, 첫째는 형식보다 실력을 본위하여 실질적인 남녀 교역자들을 많이 양성하는 것이요, 둘째는 과학 지식보다 도학을 본위하여 실지 수행과 실지 신앙을 직접 단련하는 것이요, 세째는 한 몸 한 가족을 위한 개인 본위의 학업보다 시방 세계의 구제를 목표하는 대공도 본위의 사상을 극력 진작하는 것이니라. 이 세 가지 목표는 곧 새 세상이 요구하는 표준 인물이 되는 대표적 조건이기도 하나니, 형식 주장이 극하면 실질을 찾는 세상이 오는 것이요, 과학 만능이 극하면 도학을 찾는 세상이 오는 것이요, 개인주의가 극하면 공도를 받드는 세상이 오는 것이라, 그대들은 이 뜻을 깊이 깨달아 훌륭한 선풍을 이에 진흥하여, 영원한 미래에 수 많은 교단 용상(龍象)을 배출하는 대도량이 되게 하여 주기를 간절히 부탁하노라.」

15. 동산선원 졸업식에 훈시하시기를「선은 불법의 정수요, 선원은 그 정수를 전문으로 단련하는 도량이며, 동산선원은 우리가 가지는 전문 선원들 중에서 맨 먼저 개원되었던 것이니, 아직 초창기의 가난한 형편을 벗어나지 못하고 있으나, 실질 본위 도학 본위 공도 본위의 정신으로 그 동안 훈련 받은 선풍을 이 교

단과 이 세상에 널리 진흥하여, 이 선원과 교단의 위신이 너른 세상에 길이 빛나도록 힘써주기 부탁하노라.」

16. 교무선 결제식에 훈시하시기를 「사람을 교화하는 이는 먼저 사람 다스리고 교화하는 세 가지 길을 알고 행하여야 할 것이니, 개인을 다스리고 교화하는 데에나 가정 사회와 국가 세계를 다스리고 교화하는 데에나 도치와 덕치와 정치의 세 가지 길이 있나니라. 이 세 가지 치교의 도에 대하여는 세전에 자상히 밝히려 하거니와 이 세 가지 교화가 아울러 행하여지면 원만한 세상이 되는 것이요, 이 세가지 길에 결함이 있는때에는 원만을 이루지 못하나니, 여러분은 이 세 가지 길에 매하지 말고 이 세 가지 길에 근원하여 개인을 상대할 때나 가정 사회와 국가 세계를 상대할 때나 항상 이를 잘 병진하여 한량 없는 대도 사업의 훌륭한 선도자가 되라.」

17. 한 교무 사뢰기를 「저희들이 지방 교화를 할 때에 직접 이 세 가지로 다스리는 방법을 일러 주옵소서.」 말씀하시기를 「도치의 교화는 곧 원리와 신앙으로 교화함이니, 자기 자신이 먼저 법신불의 원리와 대종사의 교법에 전일한 신심과 철저한 자각으로 앞장을 서서 일반 교도의 신앙과 수행을 이끌어 가며 모든 신심과 사업심을 근본에 집중시킴이요, 덕치의 교화는 곧 인정과 덕화로 교화함이니, 모든 인심을 잘 파악하여 개인 개인의 세정을 잘 보살펴 주며 측 없는 마음으로

대중을 두루 포섭 교화함이요, 정치의 교화는 곧 규칙과 방편으로 교화함이니, 세상의 대세도 잘 알고 교도 일반의 동향도 잘 살펴서 경우에 맞고 규칙에 모순됨이 없도록 능력 있는 천만 방편으로 교화를 행함이니라.」

18. 원기 42년에 장학회를 설립하시고 말씀하시기를 「초(楚)나라는 오직 어진이를 보배 삼았다는 말이 대학에 있거니와, 우리는 오직 신심 있고 공심 있는 모든 인재를 교단의 보배로 삼아야 하나니, 건물이나 토지나 금전 등이 사업을 하여 나가는 데 자본이 되지 않는 바 아니지마는 그것은 다만 사업을 하기 위한 한 사용물이요, 오직 사업의 근본적 자본은 그 사업의 주인인 사람이며 그들의 알뜰한 정신이니라. 구인이 처음에 무슨 물질적 자본이 있었던가. 오직 대종사를 신봉하는 철저한 정신과 멸사봉공하는 알뜰한 정신이 우리의 기초를 확립시켰나니, 우리는 오직 철저한 신심과 알뜰한 공심 가진 혈성 동지들을 기르고 또 길러서 우리의 무궁한 사업에 실다운 보배를 삼고 자산을 삼자.」

19. 원기 42년의 개교 경축식에 치사하시기를 「우리가 거년 1월부터 시작한 도운 융창과 세계 평화 특별 대기도 행사에 남은 정성을 더욱 합치며 정관평 재방언 사업과 대종경 편수 사업과 장학회 사업 등에 서로 주인이 되어 한 가지 이 대업을 계속 수행하자」 하시고 「오늘을 기념하여 우리 대종사의 개교 정신을

제4 경륜편 18·19·20·21

더욱 철저히 인식 체득하여 물질이 개벽되니 정신을 개벽하자 하신 제생의세의 대이상을 이 지상에 실현하기 위하여, 각자 각자가 먼저 각자의 정신 개벽에 노력하여 마음 중생의 제도와 마음 세계의 치료에 끊임 없이 정진하는 동시에, 이 정신으로 국가와 세계에 널리 호소하며 이 정신을 국가와 세계에 널리 베풀어서, 우리가 다 같이 바라는 마음의 자유에 의한 대자유세계와, 마음의 평화에 의한 대평화 세계와, 마음의 문명에 의한 대문명 세계를 건설하여, 영육이 쌍전하고 이사가 병행하는 일대 낙원에 모든 동포가 함께 즐기자.」

20. 원기 42년 4월, 법훈 증여식에 치사하시기를 「주산(主山) 구타원(九陀圓) 팔산(八山) 팔타원(八陀圓) 네 분 원훈에게 종사 대봉도 대호법 등 법훈위를 드리는 이 식전에 나는 그 분들이 초창기 우리 회상에 공헌한 공부 사업 두 방면의 위대한 법훈을 모든 대중과 더불어 높이 찬양하는 동시에, 재가 출가의 남녀 동지들이 여기에 마음을 다시 새로이 하여, 앞으로 우리 회상에 수 많은 종사와 수 많은 대봉도와 수 많은 대호법이 끊임 없이 배출되기를 빌고 바라노라.」

21. 원기 43년 5월, 교전 교서의 편수 기관으로 정화사를 설립하시고 「일심 합력(一心合力)」네 글자를 써 내리시며 「복전(福田)을 만났으니 법열(法悅) 속에 일을 하고 정의(情誼)를 서로 주어 동련(同連)

으로 정진하라.」

22. 원기 44년 4월, 종법사 3차 중임 취임식에 설법하시기를 「계미 6월에 대종사의 열반을 당하여 망극한 가운데 이 대임을 계승하여 교단 대표의 중책에 처한지 어언 십칠년 동안, 위로는 법신불 사은의 가호하심과 대종사 이하 열위 선령의 명호하심을 받들고, 좌우로 총지부 각 기관에 직접 당무하신 임원 동지 여러분의 알뜰하신 열성과 일반 남녀 교우들의 합력하신 공로를 힘입어, 이 회상을 운전하는 모든 행사에 대과 없었고 교세의 발전이 늘 새로와 국가와 사회에서 우리의 존재를 점차로 두루 인식하게 되었을 뿐 아니라, 장차 세계 포교에 진출할 모든 터전이 차차 성숙되어 가고 있는 이 때에, 다시 여러분의 밀어 주심을 고사(固辭)하지 못하고 새 임기를 거듭하게 되니 과중하고 송구한 마음 이를 데 없으나, 위로 늘 법신불과 대종사 성령께서 가호하심이 계실 것이요, 좌우에 늘 동지들의 알뜰하신 합력이 계속될 것을 신뢰하고, 이 대업에 있는 역량을 다하기로 거듭 맹세하는 동시에 여기에서 다시 "우리는 대 세계 주의자가 되자"는 요지의 말로써 오늘을 기념하며 동지 여러분과 함께 본래의 서원을 다시 한번 새로이 하고자 하노라.」

23. 제1회 특별 공로자 시상식에 치사하시기를 「상(賞)은 원래 몇 몇 분의 드러난 공로를 치하함으로써 남은 대중의 일반 공로도 간접으로 치하하는 뜻을 표

하자는 것이요, 몇몇 분을 드러난 표준으로 내세워서 남은 대중에게도 그러한 노력을 더욱 권장하자는 한 형식이므로, 표창을 받게 된 분들도 그 숨은 공로를 다 표창 받기가 어렵지마는 표창 받지 않는 분들 가운데 혹 깊은 공로가 있어도 우리가 그것을 다 드러 내어 표창하기도 또한 어려운 것이므로, 참으로 정확 하고 큰 시상은 명명하신 진리가 소소히 보응하시는 것이요 인간의 시상은 그 드러난 일면을 표창하는 데 에 불과한 것이니라. 그러므로, 우리 회상에 이러한 형식의 상을 받는 동지들도 앞으로 수 없이 계속해 나 와야 하겠고, 마음 가운데 참다운 진리의 상을 깨달아 얻는 동지들도 많이 배출되어야 우리 회상이 너른 세 계에 더욱 찬란한 빛을 내게 되리라.」

24. 원기 44년 5월, 수위단 선서식에 훈시하시기 를 「단이란 뭉쳐서 하나 된다는 말이니, 우리가 잘 뭉쳐야 이 단의 원리에 계합되어, 하늘의 기운 하나 가 무위이화 자동적으로 우주 만유를 생성하듯이 우리 의 정성 하나가 새로운 도덕으로 만생을 제도할 것이 니라. 그러므로, 대종사께서 처음 이 단을 짜시고 천지 의 원리를 본받아서 시방 세계의 주인이 되라 당부하 셨나니, 이 원리를 체득 활용하는 것이 우리의 사명이 요 영광인 바, 일국의 주인 되기도 힘들거든 시방의 주인 되기가 과연 어떠하리요. 시방의 주인은 낱으로 나누인 마음으로는 되지 못하나니, 얼굴로 주인 되는

것도 아니요 지식으로 주인 되는 것도 아니라, 낱 없는 마음, 사 없는 마음으로 주인이 되나니라. 우리가 항시 이 조건으로 대조하고 반조하여 노력하면 자연히 시방의 주인이 될 것이요, 노력 없이 헛 자리만 차지하면 진리의 벌이 있나니, 대종사의 성덕을 힘입어 우리가 여기 참석하였으니 시방의 주인될 자격에 모자람이 없도록 함께 노력하자.」

25. 수위단회를 개회하시며 말씀하시기를 「우리가 이 회를 진행할 때에 천심(天心)을 가지고 천어(天語)로써 진행하여야 할 것이니, 수위단은 곧 천지의 정기(正氣)를 응하여 조직 운영하는 것이므로 이 운영에 천심 천어가 아니면 껍질 회의니라. 진리와 대종사와 우리가 둘 아닌 마음이 천심이요 그 마음 따라 발하는 말이 곧 천어니, 우리가 천인이 되어 천심 천어로써 의논을 하면 이 회상의 발전은 여반장이니라.」

26. 원기 45년, 회갑에 앞서 당부하시기를 「금년 내 회갑에 대비하여 각지에서 여러 동지들이 여러가지 준비를 하고 있다 하나, 내가 대종사께 일찌기 이러한 인사를 받들어 드리지 못하였고, 초창기 모든 동지들에게 그러한 인사를 드린 바 없거늘 어찌 나만이 이러한 인사를 받을 것이며, 나는 지금 병중에 여러 동지들의 알뜰한 정성을 받고 있으나, 각처에서 혈심 노력하다가 병약한 전무출신 동지들에게는 아직 이에 대한 교중의 재원이 서 있지 못하여 때로 내 마음이 아프고

불안하거늘 어찌 나의 대우만을 더 받을 것이며, 본교의 창립 정신과 예전 정신이 허례 낭비를 없애고 검소한 생활을 하자는 것이요, 출가 수행자가 이러한 일에 일반 사회에 시범이 되어야 할 것이어늘 만일 이에 분에 넘치는 바가 있고 보면 이것이 다 도리가 아닌즉 기어이 정의를 표하고자 하는 동지들은 전무출신 요양 대책의 재단 하나를 세우는 일로 나의 회갑을 기념하여 준다면 이것이 대종사의 근본 정신과 그 법은에 보답하는 도리도 될 것이며, 전무출신 전체가 편안할 수 있는 이 사업이 또한 내 마음을 편안케 하는 참 인사도 될 것이니, 이대로 하여, 적당한 날짜에 우리 예전에 준하여 간소한 의식만을 갖추어 뒷날의 법이 되게 하여 주기를 간절히 부탁하노라.」

27. 이듬해 4월, 회갑식에서 설법하시기를 「동지 여러분이 나의 부탁한 바를 잘 받아들여, 행사는 식에만 그치고, 그 대신 교중의 장래에 유용한 사업 하나를 기념으로 이루어 준다는 점에 감사하여, 나는 또한 기념으로 우리가 장차 하나의 세계를 이룩할 기본 강령이 되는 삼동윤리의 대지를 설명하여 동지 여러분과 함께 우리의 본래 서원을 다시 새로이 하고자 한다」하시고, 삼동윤리 법문을 공표하신 후, 당일의 성금으로 본교 전무출신 요양 기관의 모체인「법은재단」을 설립하시니라.

28. 전무출신의 친목 단체로 수덕회를 조직하라 하

시며 「대의는 물같이 합하고 예절은 구슬 같이 분명하라」 하시고, 다시 정남 정녀의 친목 단체로 정화단을 조직하라 하시며 「정결은 연화 같고 지조는 송죽 같으라.」

29. 전무출신 권장 부인들의 친목 수양 단체로 정토회를 조직하라 하시며 「터전이 발라야 만물이 올바른 화육을 얻고, 내조와 권장이 튼튼하여야 교단의 일꾼들이 사없는 봉공을 하게 되나니라」하시고, 또 말씀하시기를 「땅이 그 기운을 바르게 하면 지상의 만물이 다 바른 생성을 얻을 것이요, 아내가 그 권장을 바르게 하고 어머니가 그 감화를 바르게 하면 그 남편 그 자녀가 바른 활동 바른 성장을 얻을 것이니, 이것이 곧 교단을 바루고 세계를 바루는 바탕이 되나니라.」

30. 전무출신 도중에 환속한 동지들을 알뜰히 챙기시며 말씀하시기를 「세속에 살더라도 항상 본원을 반조하여 철저한 거진출진 생활을 하며, 본인이 재출발을 못할 형편이면 자녀라도 권면하여 공도를 받들게 하여, 법계에 큰 빚이 되지 않게 하라」하시고, 그 분들의 친목 수양 단체로 모원회(慕源會)를 조직하라 하시니라.

31. 예비 교역자들의 친목 단체로 교우회를 조직하라 하시고 표어로써 훈시하시기를 「선은 서로 권장하고 악은 서로 경계하며 정진은 서로 권장하고 해태(懈

怠)는 서로 경계하라.」

32. 총부 임원회에 훈시하시기를 「중앙 총부는 사람의 심장부와 같아서 수족인 각 지부를 통리하는 것이니, 거리의 원근과 친 불친의 국한을 벗어나서 자신의 수족 같이 아끼고 살피는 것으로써 중앙 총부의 직분을 다하라.」

33. 김 대거(金大擧)에게 글을 주시니 「名大實小 後無可觀 最後勝利 實力爲上」이라, 번역하면 「이름만 크고 실이 작으면 뒤에 가히 볼 것이 없고, 최후의 승리는 실력이 위니라」하심이요, 이어 말씀하시기를 「개인의 실력에 세 가지가 있으니 안으로 정력(定力)을 닦는 것과 진리를 연마하는 것과 계율을 바르게 가지는 것이요, 교단의 실력에 세 가지가 있으니 안으로 교재를 정비하는 것과 교역자를 양성하는 것과 교단 경제를 안정케 하는 것이라, 우리 요인들과 우리 교단이 이 모든 실력을 잘 갖추는 동시에 안으로 서로 화합하고 밖으로 교우가 증가하면 교세의 발전은 스스로 그 가운데 있으리라.」

제 5 원 리 편 (原理編)

1. 정산 종사 교당 봉불식에 설법하시기를 「법신불의 근본을 말씀하자면 언어와 명상이 끊어진 자리며 그 실체를 말씀하자면 우주 만유가 모두 법신불 아님이 없으므로, 따로이 일원상을 봉안하지 아니하여도 법신불의 진리는 항상 여여히 있으나, 우리 일반 대중에 있어서는 신앙의 대상을 보이지 아니하면 마음의 귀의처와 수행의 표준을 알기가 어려우며, 설령 안다 할지라도 마음 대조에 때때로 그 표준을 잃기가 쉬우므로, 대종사께서 교당이나 가정을 막론하고 법신불의 상징인 이 일원상을 봉안하여 행주좌와 어묵동정간에 신앙의 대상과 수행의 표본으로 받들게 하신 것이니, 우리는 마땅히 저 표준의 일원상을 봉안하고 신앙함으로 인하여 참 일원상을 발견하여야 할 것이며, 일원의 참된 성품을 지키고 일원의 원만한 마음을 실행하여, 일원상의 진리와 우리의 생활이 완전히 합치함으로써 다같이 한량 없는 복락과 한량 없는 지혜의 주인공이 되어야 할 것이니라.」

2. 말씀하시기를 「일원상의 원리는 모든 상대가 끊어져서 말로써 가히 이르지 못하며 사량으로써 가히 계교하지 못하며 명상으로써 가히 형용하지 못할지라

이는 곧 일원의 진공체(眞空體)요, 그 진공한 중에 또한 영지 불매하여 광명이 시방을 포함하고 조화가 만상을 통하여 자재하나니 이는 곧 일원의 묘유요, 진공과 묘유 그 가운데 또한 만법이 운행하여 생멸 거래와 선악 과보가 달라져서 드디어 육도 사생으로 승급 강급하나니 이는 곧 일원의 인과인 바, 진공과 묘유와 인과가 서로 떠나지 아니하여 한 가지 일원의 진리가 되나니라. 대종사께서 이 일원상으로써 교리의 근원을 삼아 모든 공부인으로 하여금 이를 신앙케 하고 이를 연구케 하며 이를 수행케 하신 것은 곧 계단을 초월하여 쉽게 대도에 들게 하고 깊은 이치를 드러내어 바로 사물에 활용케 하심이니, 그러므로, 진리를 구하는 이가 이 외에 다시 구할 곳이 없고 도를 찾는 이가 이 외에 다시 찾을 길이 없으며 그 밖에 일체 만법이 이 외에는 다시 한 법도 없나니라.」

3. 말씀하시기를 「일원상을 신앙하자는 것은 자기의 마음이 곧 부처이며 자기의 성품이 곧 법인 것을 확인하자는 것이요, 인과의 묘리가 지극히 공변되고 지극히 밝아서 가히 속이지 못하며 가히 어기지 못할 것을 신앙하자는 것이요, 죄복 인과를 실지 주재하는 사은의 내역을 알아 각각 그 당처를 따라 실제적 신앙을 세우고 일을 진행하자는 것이요, 곳곳이 부처요 일일이 불공이라는 너른 신앙을 갖자는 것이니, 이는 곧 진리를 사실로 신앙하는 길이라, 능히 자력을 양성하고 타

정산종사 법어

력을 바르게 받아 들여 직접 정법 수행의 원동력이 되게 하신 것이니라.」

4. 말씀하시기를 「일원의 수행은 곧 일원의 진리를 그대로 수행하자는 것이니, 그 방법은 먼저 일과 이치를 아는 공부를 하되 그 지엽에만 그치지 말고 바로 우리 자성의 근본 원리와 일원 대도의 전모를 원만히 증명하자는 것이요, 다만 아는 데에만 그칠 것이 아니라 또한 회광 반조하여 그 본래 성품을 잘 수호하자는 것이요, 다만 정(定)에만 그칠 것이 아니라 천만 사물을 접응할 때에 또한 일원의 도를 잘 운용하자는 것이니, 이 세 가지 공부는 곧 일원의 체와 용을 아울러 닦는 법이라 할 것이니라.」

5. 말씀하시기를 「법신불이라 함은 곧 만법의 근원인 진리불을 이름이요, 보신불과 화신불은 그 진리에서 화현한 경로를 이름인 바, 화신불 가운데에는 진리 그대로 화현한 정화신불이 있고 또는 진리 그대로 받지 못한 편화신불이 있으니, 정화신불은 곧 제불 제성을 이름이요 편화신불은 곧 일체 중생을 이름인 바, 비록 지금은 중생이나 불성만은 다 같이 갖아 있으므로 편화신불이라 하나니라. 그러므로, 우리의 마음이 청정하고 바른 때에는 곧 내가 정화신불이요 삿되고 어두울 때에는 편화신불임을 알아야 할 것이니라.」

6. 말씀하시기를 「사람도 보지 못한 사람을 이름으로만 있다고 일러 주면 허허해서 알기가 어려우나 사

진으로 보여 주면 더 절실히 알게 되는 것 같이 대종사께서는 일원상으로 진리 그 당체의 사진을 직접 보여주셨으므로 학인들이 그 지경을 더우잡기가 훨씬 편리하게 되었나니라. 일원상은 곧 진리 전체의 사진이니, 이 진리의 사진으로써 연구의 대상을 삼고 정성을 쌓으면 누구나 참 진리 자리를 쉽게 터득할지라, 대종사께서 "과거 회상은 일여래 천보살 시대였으나 앞으로는 천여래 만보살이 출현하리라" 하셨나니라.」

7. 말씀하시기를 「한 큰 원상이 돌매 천만 작은 원상이 따라 도나니, 마치 원동기가 돌매 모든 작은 기계 바퀴가 따라 도는 것 같나니라.」

8. 말씀하시기를 「우주의 분별 없는 자리를 깨쳐 아는 것을 부처의 지견을 얻었다 하고, 우주의 분별 있는 자리를 알아서 천만 경계에 그와 같이 행하는 것을 부처의 행을 한다 하나니라.」

9. 말씀하시기를 「견성에 다섯 계단이 있나니, 첫째는 만법 귀일의 실체를 증거하는 것이요, 둘째는 진공의 소식을 아는 것이요, 세째는 묘유의 진리를 보는 것이요, 네째는 보림하는 공부를 하는 것이요, 다섯째는 대기 대용으로 이를 활용함이니라.」

10. 말씀하시기를 「우리의 성품은 원래 청정하나, 경계를 따라 그 성품에서 순하게 발하면 선이 되고 거슬러 발하면 악이 되나니 이것이 선악의 분기점이요, 바르게 발하면 정(正)이 되고 굽게 발하면 사(邪)가

되나니 이것이 정사의 분기점이요, 가리움을 받으면 어둠이 되고 참이 나타나면 밝아지나니 이것이 지우의 분기점이니라.」

11. 말씀하시기를 「본래 선악 염정이 없는 우리 본성에서 범성과 선악의 분별이 나타나는 것은 우리 본성에 소소영령한 영지가 있기 때문이니, 중생은 그 영지가 경계를 대하매 습관과 업력에 끌리어 종종의 망상이 나고, 부처는 영지로 경계를 비추되 항상 자성을 회광반조하는지라 그 영지가 외경에 쏠리지 아니하고 오직 청정한 혜광이 앞에 나타나나니, 이것이 부처와 중생의 다른 점이니라.」

12. 정정요론(定靜要論)을 설하실 때에 성품과 정신과 마음과 뜻을 분석하여 말씀하시기를 「성품은 본연의 체요, 성품에서 정신이 나타나나니, 정신은 성품과 대동하나 영령한 감이 있는 것이며, 정신에서 분별이 나타날 때가 마음이요, 마음에서 뜻이 나타나나니, 뜻은 곧 마음이 동하여 가는 곳이니라.」 학인이 묻기를 「영혼이란 무엇이오니까.」 답하시기를 「영혼이란 허령불매한 각자의 정신 바탕이니라.」

13. 말씀하시기를 「우주 만유가 영(靈)과 기(氣)와 질(質)로써 구성되어 있나니, 영은 만유의 본체로서 영원 불멸한 성품이며, 기는 만유의 생기로서 그 개체를 생동케 하는 힘이며, 질은 만유의 바탕으로서 그 형체를 이름이니라.」

14. 말씀하시기를 「기(氣)가 영지(靈知)를 머금고 영지가 기를 머금은지라, 기가 곧 영지요 영지가 곧 기니, 형상 있는 것 형상 없는 것과 동물 식물과 달리는 것 나는 것이 다 기의 부림이요 영의 나타남이라, 대성(大性)이란 곧 영과 기가 합일하여 둘 아닌 자리니라」하시고 「氣含靈知 靈知含氣 氣則靈知 靈知則氣 有相無相 動物植物 走者飛者 氣之所使 靈之所現 大性者 卽靈氣合一無二者也」라 써 주시니라.

15. 학인이 묻기를 「기와 영지가 둘이 아니라 하셨사온데 어찌하여 식물에는 영지를 볼 수 없나이까.」 답하시기를 「만물이 화생하는 데 구분이 있나니, 영지가 주가 되어 기운을 머금은즉 동물이 되고, 기운이 주가 되어 영지를 머금은 것이 식물이라, 동물은 개령이 있으나 식물은 대령만 있나니라.」 또 묻기를 「대령과 개령과의 관계는 어떠하나이까.」 답하시기를 「마음이 정한즉 대령에 합하고 동한즉 개령이 나타나, 정즉합덕(靜則合德)이요 동즉분업(動則分業)이라, 사람이 죽어서만 대령에 합치는 것이 아니라 생사일여니라.」

16. 학인이 묻기를 「우리의 본성에 무명이 생하는 기원을 알고자 하나이다.」 답하시기를 「비하건대 허공은 본래 청정한 것이나 한 기운이 동함에 따라 바람이 일어나고 바람이 일어나면 구름이 일어나 천지가 어둡게 되는 것 같이 우리의 성품은 본래 청정한 것이나 마음의 동정으로 인하여 무명이 발생하게 되나니, 마음

이 정하면 청정하여 명랑하고 마음이 동하면 요란하여 무명이 발생하나니라. 그러나 마음이 동하되 정한 가운데 동하면 동하여도 부동이라 그대로 밝고, 동하는 가운데 요란하게 동하면 무명이 생하여 어둡나니라.」

17. 말씀하시기를 「일월은 허공을 통하여 밝게 비치고 인과는 공한 진리를 통하여 공정히 나투나니, 지극히 빌수록 밝은 것이요, 지극히 밝기 때문에 영령히 통하나니라.」

18. 말씀하시기를 「산하 대지에 가을이 오면 초목들이 낙엽이 되고 봄이 오면 다시 잎이 피는 것도 형상도 없고 잡을 수도 없는 한 기운의 조화요, 우리가 생로병사를 면할 수 없는 것도 무형한 한 힘이 들어서 그렇게 되는 것이며, 우주가 성주괴공되는 것도 형상 없는 한 기운의 작용에 의하여 변화하나니, 형상 있는 것을 지배하는 것은 곧 형상 없는 힘이니라.」

19. 말씀하시기를 「형상을 가진 이 육신도 무형한 마음이 들어서 지배하나니, 형상 있는 물건은 국한이 되어 모자람과 남음이 있으나 일체가 공한 그 자리는 모든 것이 구족하여 일체의 근원이 되나니라.」

20. 말씀하시기를 「허공이 천하 만물의 주인이니 천지는 허공을 이용하여 그 덕을 베풀며, 빈 마음은 만물의 주인이니 그대들은 이 빈 마음을 잘 이용하여야 물질 이용도 잘 하게 되리라. 선(禪)은 마음 허공을 알리며 마음 허공 이용하는 법을 가르치는 대학이니,

마음 허공을 잘 알아 이용하면 세계의 주인이 되리라.」

21. 말씀하시기를 「불경의 정수는 공(空)이요 대종사께서도 공원정(空圓正)을 말씀하시었나니, 그대들은 공의 원리를 알고 공의 진리를 체받아 항상 청정한 마음을 닦아 기르며 무사(無私)한 심념을 닦아 행하라.」

22. 말씀하시기를 「마음이 허공 같이 비고 보면 윤회의 승강을 벗어나나니, 이 빈 마음을 근본하면 항상 진급이 되고, 이 빈 마음을 바탕하여 상(相)을 떠나면 항상 은혜를 입게 되나니라. 언제든지 은혜 입혔다는 상이나 해 입었다는 상을 없애고 항상 자신의 덕 미침이 부족함을 살필지니라.」

23. 말씀하시기를 「그대들은 허공이 되라. 허공은 비었으므로 일체 만물을 소유하나니 우리도 대인이 되려면 그 마음이 허공 같이 되어야 하나니라. 자신을 다스리되 빈 마음으로써 하고, 가정을 다스리되 빈 마음으로써 하고, 나라를 다스리되 빈 마음으로써 하며, 모든 동지와 모든 동포를 대할 때에도 또한 빈 마음으로써 화하여, 매사에 상이 없고 원근이 없으며 증애가 끊어지면 불보살이니라.」

24. 말씀하시기를 「선악 미추와 자타 미오의 상(相)이 없는 자리에서 나툰 분별이라야 그 분별이 바르며, 그 분별로 진리를 증득하고 실천하여야 원만한 도인이 되나니라.」

25. 말씀하시기를 「나(我)가 죄의 근본도 되고 복의

근본도 되나니라. 옛 말에 "땅으로 인하여 거꾸러지고 땅으로 인하여 일어난다" 하였나니, 나로 인하여 죄도 짓고 나로 인하여 복도 짓나니라.」

26. 말씀하시기를 「가리어서 끌리고 끌려서 그르고 글러서 죄가 되나니, 어리석은 이는 자기 생각 하나뿐이라 자기란 것에 가리어서 모든 작용이 글러지나 그도 타인을 비판하는 데에는 걸림이 없으므로 밝나니, 그 밝음을 돌려다가 자기 허물 고치는 데 이용하면 대지(大智)와 대복을 얻으리라.」

27. 말씀하시기를 「있는 것보다 없는 것이 더 큰 것이며 유념보다 무념이 더 크나니, 대개 유는 테가 있으나 무는 테가 없는 까닭이니라. 유념의 공덕에는 유루의 복이 오고 무념의 공덕에는 무루의 복이 오나니 옛 사람이 "상천의 덕은 소리도 없고 냄새도 없다" 하였나니라.」 또 말씀하시기를 「자취 없는 덕을 쓰는 이는 하늘 같은 덕을 쓰는 이라 능히 시방을 거느리나니, 인간 복만 타려 하지 말고 천복을 짓고 받으며 사람의 스승만 되려 말고 삼계의 스승이 되라.」

28. 말씀하시기를 「천지의 이치를 생각할 때에 형상 있는 것이 어디서 왔느냐 하면 없는 데에서 온 것이며, 있는 것이 어디로 돌아가느냐 하면 없는 데로 돌아가는 것이어늘, 세상 사람들은 형상 있는 데에만 공을 들이고 형상 없는 데에다 참다운 공을 들일 줄 모르나니 어찌 허망한 일이 아니리요. 형상 있는 데에 들이

는 공을 형상 없는 마음에 반만이라도 들이면 훌륭한 공부가 될 것이며 형상 있는 것이 여기에 따르리라. 또는 사람과 상대할 때에 아주 마음이 시원하도록 이겨버린다면 그 뒤는 볼 것이 없으며, 복을 지어도 상을 내거나 당장에 그 댓가를 받아버리면 그 뒤의 복이 남지 않나니, 그대들은 행을 하되 여유 있는 행을 할 것이요 복을 짓되 음덕을 많이 쌓으라. 돈도 저축하여 두면 시일이 오래 될수록 그 이자가 많아지는 것 같이 지은 복도 남이 알아주지 않는 가운데 그 복이 더 커지는 것이며, 내가 조금 부족한 자리 고생된 자리에 있어야 앞으로 펴일 날이 있나니, 천강성이란 별은 자리는 흉방에 있으나 그 가리키는 곳은 길방이라 한 것이 곧 부족한 자리에 있어야 장차 잘 될 수 있는 것을 말한 것이니라.」

29. 말씀하시기를 「사람의 마음을 천진이라 천심이라 하는 것은 하늘과 사람의 마음이 하나요 둘이 아닌 까닭이니, 사람이 이 자리를 알아야 진리를 두려워 하고 숨은 공을 쌓을 줄 아나니라.」

30. 말씀하시기를 「정당한 일에 지극한 정성을 들이면 그 정성의 정도와 일의 성질에 따라서 조만은 있을 지언정 이루어지지 않는 일이 없으며, 그 이루어지는 것은 사실적으로 그 일이 잘 진행되어 점차로 목적을 달성하는 수도 있고 또는 불가사의한 기운이 응하여 일시에 그 목적이 이루어지는 수도 있나니라. 구인의

정산종사 법어

혈인이 날 때 우리 회상은 법계의 인증을 받았나니, 현실의 큰 일들은 다 음부의 결정이 먼저 나야 하나니라.」

31. 말씀하시기를 「그대들은 조석 심고를 올릴 때에 우주의 진리와 자신이 부합이 되어 크게 위력을 얻을 수 있다는 확고한 신념이 서 있는가. 얼른 생각에는 마음으로 잠간 고하는 것이 무슨 위력이 있을까 싶지마는 우리가 마음으로 생각하는 것이 다 허공 법계에 스며 드나니, 그대들은 심고할 때 뿐 아니라 언제나 마음의 움직임에 주의하며, 조석 심고를 일심으로 드리는 것이 큰 공부가 되고 큰 위력이 있음을 잊지 말라. 동란을 우리가 무사히 넘긴 것은 우리 대중이 일심으로 심고 올린 위력에도 크게 힘입었나니, 우리가 낱 없는 마음으로 남을 위하고 상 없는 마음으로 공부하면 그 기운으로 교단이나 나라나 세계가 큰 위력을 얻을 수 있나니라.」

32. 말씀하시기를 「다른 사람의 마음을 좋게 하여 항상 화평한 마음을 가지게 하면 나도 또한 화평한 얼굴을 가지게 될 것이요, 남을 불안하게 하면 나도 또한 우울한 얼굴을 갖게 될 것이니, 사람을 대할 때에는 안과 밖이 같은 진실한 마음으로 대하며, 은악양선하여 저 사람을 도와주면 저 사람도 나에게 도움을 주게 되나니라. 그런즉 비록 마음에 싫은 사람이라도 상생으로써 말을 하고 기운을 터야 나에게 기운이 응하나니

― 828 ―

라.」

33. 말씀하시기를 「물이 극히 유한 것이지마는 한 방울 한 방울이 모이고 모여 마침내 대해 장강을 이룸과 같이, 마음이 극히 미(微)한 것이지마는 뭉치고 또 뭉치면 큰 위력을 얻게 되며, 뭉쳐서 키운 마음이라야 지혜의 광명도 크게 솟아 나나니라.」

34. 말씀하시기를 「이 세상은 변하는 이치와 불변하는 이치로 이룩되어 있나니, 우주의 성주괴공과 사시의 순환이며 인간의 생로병사와 길흉화복은 변하는 이치에 속한 것이요, 불변하는 이치는 여여자연하여 시종과 선후가 없는지라 이는 생멸 없는 성품의 본체를 이름이니라. 우리는 변하는 이치를 보아서 묵은 습관을 고치고 새로운 마음을 기르며 묵은 제도를 고치고 새로운 제도로 발전시키는 동시에, 그 변화 가운데 불변하는 이치가 바탕해 있음을 깨달아서 한 없는 세상에 각자의 본래 면목을 확립하여 천만 변화를 주재하며, 원래에 세운 바 서원을 계속 실천하여 천지로 더불어 그 덕을 합하여야 할 것이니, 이는 곧 천지의 변하는 이치를 보아서 변할 자리에는 잘 변하며, 천지의 불변하는 이치를 보아서 변치 아니할 자리에는 또한 변치 말자는 것이나, 변과 불변은 곧 둘 아닌 진리로서 서로 떠나지 못할 관계를 가지고 있나니, 그대들은 이 변 불변이 둘 아닌 이치를 아울러 깨달아서 각자의 공부 길을 개척하라.」

35. 말씀하시기를 「유와 무가 둘 아닌 이치를 알지 못하면 고를 당하매 거기에 구애되고 낙을 당하매 거기에 집착하여 길이 고를 벗어나지 못하며, 빈천을 당하매 거기에 구애되고 부귀를 당하매 거기에 집착하여 길이 빈천을 초래하나니, 유에 처하여 무의 심경을 놓지 아니하고 무에 처하여 유의 심경을 놓지 아니하여야 능히 유무를 초월하여 고락과 화복을 임의로 수용하는 큰 도인이 되나니라.」

36. 말씀하시기를 「양이 극한 한 더위에 삼복이 있나니, 이는 음이 새로 일어나려다가 극성한 양에게 눌리어 세 번 항복한다는 뜻이니라. 그러나, 말복이 지나면 양은 차차 쇠해지고 음이 차차 힘을 타게 되나니, 이것이 곧 극하면 변하고 미하면 나타나는 우주 자연의 이치라, 정권의 소장도 그러하며 단체나 개인의 성쇠도 그러하므로, 도인들은 이 원리를 미리 알아서 그 성할 때에 항상 미리 겸손하고 사양하며 남을 위하나니라.」

37. 학인이 묻기를 「진급과 강급은 반드시 수행 여하에만 따라서 되나이까.」 답하시기를 「진급과 강급에는 자연히 되는 것과 인력으로 되는 것이 있으니, 자연으로 되는 것은 천지의 운행하는 도수에 따라서 저절로 진급 혹은 강급이 되는 것이요, 인력으로 되는 것은 수도와 행동 여하에 따라서 각자 업인으로 진급 혹은 강급이 되는 것이니라.」

38. 말씀하시기를 「진급하는 길 여섯 가지가 있나니, 하나는 스스로 타락심을 내지 아니하고 꾸준히 향상함이요, 둘은 견실한 신성을 가져 천만 역순 경계에 부동할 신근을 확립함이요, 셋은 나 이상의 도덕 가진 이를 친근 공경하고 숭배 신봉하며 정진함이요, 넷은 나만 못한 근기를 항상 포용 보호하여 나 이상이 되도록 인도함이요, 다섯은 공부와 사업에 대하여는 스스로 만족하지 않고 항상 부족한 생각으로 계속 적공함이요, 여섯은 모든 수용에 대하여는 언제나 스스로 만족하며 부족한 이웃에게 보시하기를 좋아함이니라.」

39. 말씀하시기를 「진급하는 사람은 인자하고 겸손하고 근실하며 공한 마음으로 굴기하심하고 경외지심으로 남을 공경하며 덕화로써 상하를 두루 포용하고 공부와 사업을 쉬지 않는 사람이며, 강급하는 사람은 성질이 거칠고 공경심이 없으며 시기하고 질투하며 자기의 욕심만 채우려 하고 학식 재산 권세 기술 등 한 가지 능함이라도 있으면 상을 내고 자만 자족하는 사람이니라. 그대들은 더 한 층 수도와 봉공에 알뜰하여 진급에 진급을 거듭하되 진급에 상(相)이 없어야 참으로 진급을 하게 될 것이며, 우리의 여섯가지 법위 등급 가운데 어느 위에 있든지 그 법위에 있다는 상이 없어야 참으로 그 위에 있는 사람이니, 이러한 사람이라야 참으로 위 없이 향상하여 무상 진급으로 불퇴전할 지위와 능력을 얻게 되나니라.」

정산종사 법어

40. 말씀하시기를 「음양 상승의 도가 곧 인과의 원리인 바, 그 도를 순행하면 상생의 인과가 되고 역행하면 상극의 인과가 되나니, 성인들은 이 인과의 원리를 알아서 상생의 도로써 살아 가시나 중생들은 이 원리를 알지 못하고 욕심과 명예와 권리에 끌려서 상극의 도로써 죄업을 짓게 되므로 그 죄고가 끊일 사이 없나니라.」

41. 말씀하시기를 「인과의 관계를 상생의 인과, 상극의 인과, 순수의 인과, 반수의 인과 등 네 가지로 대별할 수 있나니라. 상생의 인과는 선인 선과로서 인과의 원리가 상생으로 순용됨을 이름이니, 그 인연이 서로 돕고 의지하여 모든 일을 원만히 성취하게 되는 좋은 인과 관계요, 상극의 인과는 악인 악과로서 인과의 원리가 상극으로 역용됨을 이름이니, 그 인연이 서로 대립되어 여러 모로 미워하고 방해하는 좋지 못한 인과 관계요, 순수의 인과는 자신이 좋은 발심, 좋은 희망, 좋은 서원 등을 세우고 정진하여 좋은 뜻 그대로 소원을 성취하는 등 순하게 받게 되는 인과법이요, 반수의 인과는 마음에 교만심이 많아서 남을 무시하고 천한 사람을 학대함으로써 도리어 자기가 천한 과보에 떨어지는 등 마음과는 반대로 받게 되는 인과법이니라.」

42. 말씀하시기를 「사람이 눈으로 보지 아니하여도 진리의 눈은 사람의 선악을 허공에 도장 찍나니 이 세

상에 제일 무서운 것은 곧 진리니라. 인간 세상에서 지은 죄는 법망을 면할 수도 혹 있으나 진리의 보응은 무념 가운데 자연히 되는지라 속일 수도 피할 수도 없나니라.」

43. 말씀하시기를 「세간의 재판에도 삼심(三審)이 있듯이 법계의 재판에도 삼심이 있나니, 초심은 양심의 판정이요, 이심은 대중의 판정이요, 삼심은 진리의 판정이라, 이 세 가지 판정을 통하여 저 지은대로 호리도 틀림없이 받게 되나니, 이것이 세간의 재판만으로는 다 하기 어려운 절대 공정한 인과 재판이니라.」

44. 말씀하시기를 「세상에 혹 선한 사람이 잘못 사는 수가 있고 악한 사람이 잘 사는 수도 있으나, 이생에는 비록 선하여도 전생의 악업이 남아 있으면 그 과는 받아야 하고 현재에는 비록 악하여도 전생의 선업이 남아 있으면 그 과는 받게 되는 까닭이니, 세상 일을 목전의 일만으로 단언 말라.」

45. 말씀하시기를 「우리의 모든 업이 그 성질에 따라 그 성과에 조만과 장단이 각각 있나니, 복을 좀 지어놓고 복이 바로 오지 않는다고 한탄하는 것은 처음 못자리 하여놓고 바로 쌀이 나오지 않는다고 한탄하는 것 같나니라.」

46. 말씀하시기를 「사람 사람이 전생 일과 내생 일이 궁금할 것이나 그것은 어렵고도 쉬운 일이니, 부처님께서 "전생 일을 알려거든 금생에 받는 바요 내생 일

정산종사 법어

을 알려거든 금생에 짓는 바라" 하신 말씀이 큰 명언이시니라. 자기가 잘 지었으면 금생에 잘 받을 것이요, 잘못 받으면 전생에 잘못 지은 것이라, 아는 이는 더 잘 짓기에 노력하고 모르는 이는 한탄만 할 따름이니라.」

47. 말씀하시기를 「사람들은 몸과 입과 마음으로 모든 죄복을 짓는 바, 도인들은 형상 없는 마음에 중점을 두시나 범부들은 직접 현실에 나타나는 것만을 두렵게 아나니라. 그러나 영명한 허공 법계는 무형한 마음 가운데 나타나는 모든 것까지도 밝히 보응하는지라 우리는 몸과 입을 삼갈 것은 물론이요 마음으로 짓는 죄업을 더 무섭게 생각하여 언제나 그 나타나기 전을 먼저 조심하여야 하나니라.」

48. 말씀하시기를 「사람들의 마음 가운데 원한을 맺어 주고 불평을 갖게 해주면 그것이 곧 자기 자신에게 무형한 감옥이 되나니라.」 또 말씀하시기를 「모든 죄의 근본은 오직 마음에 있나니 소소한 일이라도 남에게 척을 걸지 말라. 그것이 모든 악연의 종자가 되나니라.」

49. 말씀하시기를 「남을 해하면 해가 나에게 돌아오나니 곧 자기가 자기를 해하는 것이 되며, 남을 공경하고 높이면 이것이 또한 나에게 돌아오나니 곧 자기가 자기를 공경하고 높임이 되나니라.」

50. 말씀하시기를 「곱장리 빚을 내어 일푼이나 남는

장사를 한다면 그 사람이 어리석은 줄은 알면서도 공중의 소유를 축내어 제 가족 몇을 돕는다면 그 사람이 더 크게 어리석은 줄 아는 이는 적으며, 몇 되 종자로 몇 섬 곡출을 얻는 것이 농사인 줄은 알면서도 적은 공덕이라도 공도에 지으면 몇 십배의 큰 복이 돌아오는 것이 인과의 이치인 줄을 아는 이는 적으니 어찌 참다운 이해를 안다 하리요.」

51. 김 홍철(金洪哲)이 묻기를 「공을 위하여 상극의 업을 지으면 그 과보가 어떻게 되나이까.」 답하시기를 「사적으로 상극의 과보는 면할 수 없으나 그 일로 인하여 공중에 큰 공덕이 되었다면 그 공덕으로 인하여 크게 진급이 되므로 그 과가 경하게 받아지나니라.」 또 말씀하시기를 「인과가 무서워서 옳은 일을 못하는 사람은 인과를 모르는 사람만 못하나니라.」

52. 학림 경강 시간에 학인들에게 말씀하시기를 「그대들이 명부 시왕이 되어 천어로써 나의 물음에 대답하여 보라. 천어란 치우치고 결함됨이 없이 공정 무사하게 하는 말이니라.」 물으시기를 「사람으로서 사람의 도리와 예의 염치를 알지 못하고 자행 자지한 사람은 어찌 될꼬.」 박 은국(朴恩局)이 답하기를 「인생의 도리를 지키지 못하였으니 사람답지 못한 사람이 되며, 생을 마치면 인도를 떠나 악도에 나게 되겠나이다.」 또 물으시기를 「몸은 도문에 있으나 마음은 세속에 흘러간 사람은 어찌 될꼬.」 서 세인(徐世仁)이 답하기를 「불연

이 점차 엷어지고 속세로 떨어지겠나이다.」 또 물으시기를 「전무출신으로서 공중에 별 이익을 주지 못하고 정신 육신 물질로 손해만 주거나, 빙공영사 등으로 지도자의 정신을 많이 괴롭힌 사람은 어찌 될꼬.」 이 은석(李恩錫)이 답하기를 「진리가, 공중에 진 빚이 훨씬 더 크다 하오니, 그 빚을 갚기가 힘에 겨울 것이오며, 고의로 해독을 준 사람은 후생에 우마보로라도 그 빚을 갚게 될 것이요, 지도자의 정신을 많이 괴롭게 한 관계로 어두운 세상에 나게 되겠나이다.」 또 물으시기를 「부처님 사업하는 데에서 도둑질을 하는 사람과 소소한 물건이라도 남의 것을 불의하게 취 하는 사람은 어찌 될꼬.」 김 정용(金正勇)이 답하기를 「대종사의 법설에 "길에 흘린 물건이라도 줍지 말라"하시고 "흘려서 마음 아플 그 액과 물건을 같이 가져 온다"고 하셨사오니, 마땅히 우마보로 갚거나 인도에 나되 빈천하며, 속을 많이 상하고 실물을 많이 하게 되겠나이다.」 또 물으시기를 「사실을 알지 못하고 함부로 말을 하여 회상에 재앙을 끼치거나, 사람의 비밀을 함부로 폭로하여 남의 전정을 막고 여러 사람의 신심과 공심을 상하게 하는 사람은 어찌 될꼬.」 김 윤중(金允中)이 답하기를 「구업을 잘못 지었으니 자신도 구설중에 들 것이며, 부처님 사업을 방해한 죄로 자기 전정이 막힐 것이며, 중하면 말 못하는 과보 등을 받게 되겠나이다.」 말씀하시기를 「그대들의 말이 다 천어로다.」

53. 이 정은(李正恩)이 묻기를 「무엇이 선근 종자가 되겠나이까.」 말씀하시기를 「선을 좋아하는 습관이 선근 종자가 되나니, 과거의 습관은 현재의 종자가 되고 현재의 습관은 미래의 종자가 되나니라.」

54. 학인이 묻기를 「십이인연법 대로 부처님도 무명으로 수생 하시나이까.」 답하시기를 「부처님은 자유로 수생하시나니라.」 또 묻기를 「부처님께서도 성도 이전에는 매하셨던 것이 아니오니까.」 답하시기를 「수생하는 과정에서 잠깐 매할 수도 있으나 곧 본성이 자각되나니, 누구나 전생에 닦은 바는 오래지 아니하여 그대로 나타나므로 전생에 닦은 데까지는 수월하나니라.」

55. 말씀하시기를 「인연에는 좋은 인연과 낮은 인연이 있나니, 좋은 인연은 나의 전로를 열어주고 향상심과 각성을 주는 인연이요, 낮은 인연은 나의 전로를 막고 나태심과 타락심을 조장하며 선연을 이간하는 인연이니라.」

56. 고 현종(高賢種)에게 말씀하시기를 「복 중에는 인연 복이 제일이요 인연 중에는 불연이 제일이니라. 오복의 뿌리는 인연 복이니 부지런히 선근자와 친근하라.」

57. 말씀하시기를 「유망한 동지와 법 있는 스승을 존숭하며, 친견치 못한 과거의 성인이라도 숭배하는 마음을 항상 가지면 그 이들과 인연이 가깝게 되어 그 분들의 도움을 받게 되나니라.」

58. 말씀하시기를 「소중한 인연에 두 가지가 있나니 혈연과 법연이라, 혈연은 육친의 가족이요 법연은 법의 가족이니, 혈연과 법연이 다 소중하나 영생을 놓고 볼 때에는 혈연보다 법연이 더 소중하나니라.」 또 말씀하시기를 「공부하는 동지라야 영겁의 동지가 되나니, 일시적인 사업이나 이해만으로 맺어진 인연은 풀어지기 쉽나니라.」

59. 말씀하시기를 「이치에 통달하고 망념이 없어지면 이것이 곧 다시 없는 낙원이니, 처지에 편안하면 몸에 욕됨이 없고, 원리를 미리 알면 마음이 항상 한가하리라. 망념이 끊어지면 천진이 나타나나니, 이렇게 일심이 되면 낙원이 무궁하리라.」

제 6 경 의 편(經義編)

1. 정산 종사 말씀하시기를 「정전은 교리의 원강을 밝혀주신 "원(元)"의 경전이요 대종경은 그 교리로 만법을 두루 통달케 하여주신 "통(通)"의 경전이라, 이 양대 경전이 우리 회상 만대의 본경(本經)이니라.」 시자 이 공전 사뢰기를 「예전 등 기타 교서의 주지(主旨)는 무엇이오니까.」 말씀하시기를 「예전은 경(敬), 성가(聖歌)는 화(和), 세전(世典)은 정(正)이 각각 그 주지가 되나니라.」

2. 말씀하시기를 「본교의 설립 동기는 과학의 문명에 반대하는 것이 아니라, 모든 물질 문명을 선용하기 위하여 그 구하는 정신과 사용하는 정신을 바로 세우자는 것이라.」

3. 말씀하시기를 「일원상은 우주 만물 허공 법계와 진리불의 도면이니, 견성 성불하는 화두요, 진리 신앙하는 대상이요, 일상 수행하는 표준이니라.」

4. 말씀하시기를 「신앙을 하는 데 세 가지 구분이 있나니, 하근기는 우치하여 무슨 형상 있는 것이라야 믿고, 좀 지각이 난 이는 우상은 배척하고 어떠한 명상에 의지하여 믿으며, 좀 더 깨치면 명상도 떠난 진리 당체를 믿나니라. 어린 아이는 과자나 노리개로 달

래고, 좀 더 자라면 어른의 이름을 빙자하여 이해시키고, 어른이 되면 경위로 일러 주어야 자각하는 것이 각각 지각 나기에 있는 것 같나니라. 지금 시대의 일반 정도는 어른의 이름을 빙자하여 달래야 하는 정도나 앞으로 차차 모든 사람의 지각이 장년기에 드나니 멀지 아니하여 천하의 인심이 일원 대도에 돌아 오리라.」

5. 천지은 가운데 "공정한 도"를 해설하시기를 「공(公)은 천지가 어느 한 물건만을 위함이 아니고 일체 만물의 공유가 된 것이요, 정(正)은 각각 저의 하는 바에 따라 원근 친소가 없이 응하여 주는 것이니라.」 다시 "합리와 불합리"를 해설하시기를 「합리란 될 일이요, 불합리란 안될 일이니라.」

6. 권 동화(權動華) 묻기를 「천지도 사람 같이 원이 있으며 보은하면 좋아하는 느낌이 있나이까.」 답하시기를 「응용에 무념하는 것이 천지의 도나, 천지의 하는 것을 보면 그 원을 가히 알 것이요 우리의 좋아하는 것을 미루어 생각하면 천지의 좋아할 것을 가히 알 것이니라. 일체 유정 무정이 천지 아님이 없나니라.」

7. 학인이 묻기를 「공부의 요도와 인생의 요도를 밟음이 부모 보은 되는 내역을 더 자상히 알고 싶나이다.」 말씀하시기를 「그 부모의 영명이 천추에 영전됨이요, 그러한 불보살을 세상에 희사한 공덕으로 자연 하늘 복이 돌아감이요, 현생과 후생을 통하여 도

덕 있는 자녀의 감화를 받기가 쉬움이니라.」

8. 말씀하시기를 「대종사께서는 이 우주의 진리 가운데 상생의 도를 주로 드러내시사 우리가 네 가지 큰 은혜를 입고 사는 것을 밝혀 주시었나니, 그대들은 대종사의 상생 대도인 사은의 교리가 만생령을 제도하는 가장 큰 길이며 사중 보은의 도리가 이 세상을 평화롭게 하는 가장 큰 원동력임을 깨달을지니라.」

9. 사요의 주지를 설명하시기를 「자력 양성은 자력과 타력을 병행하되 자력을 본위로 하자는 것이 그 주지요, 지자 본위는 지와 우가 근본적으로 차별이 없으나 지자가 선도하게 하자는 것이 그 주지요, 타자녀 교육은 자기 자녀 타자녀를 막론하고 국한 없이 가르쳐서 교육을 융통시키자는 것이 그 주지요, 공도자 숭배는 공과 사를 결함 없이 쌍전하되 공도를 우선으로 하자는 것이 그 주지니라.」

10. 자력 양성의 대지를 해설하시기를 「먼저 생활 방면에 자력을 본위하여 사람으로서 면할 수 없는 의무와 책임을 같이 지키자는 것이요, 정신 방면에 있어서도 자력 신앙을 근본하여 모든 신앙을 자기가 주인이 되어 믿자는 것이며, 모든 공부를 자기가 주인이 되어 수행하자는 것이며, 모든 사업을 자기가 주인이 되어 정성을 바쳐서 모든 일에 자타력을 병진하되 자력을 근본으로 실행하자는 것이니라.」

11. 각성하지 못한 사람들의 의뢰하는 심리를 말씀

하시기를 「첫째는 자기가 능히 할 일을 남에게 미루고 자기는 편히 지내자는 것이요, 둘째는 죄와 복이 자기에게 근본해서 자타력이 병진하는 이치를 알지 못하고 한갓 이치 없는 타력의 믿음에 미혹함이니라.」

12. 과거 공도 사업의 결함 조목 중 "모든 교육이 자력을 얻지 못하고 타력을 벗어나지 못하였다" 함을 해설하시기를 「정부의 강압이 심하므로 민중이 합심하여 무슨 일을 개척하거나 건설할만한 정신을 기르고 펼 수 없었음이요, 도가에서도 과거의 인습에 집착된 점이 많아서 대중적 교리가 되지 못하고 타력적 교화에만 그쳤음이요, 일반 가정에서도 대개 미신 행사나 풍수 예언 등에 끌리어 모든 것을 운명으로 돌리고 바라고만 앉아 있었음이라, 그러므로 공도 사업이 결함되었나니라.」

13. 삼학에 대하여 말씀하시기를 「과거에도 삼학이 있었으나 계정혜와 우리 삼학은 그 범위가 다르나니, 계는 계문을 주로 하여 개인의 지계에 치중하셨지마는 취사는 수신 제가 치국 평천하의 모든 작업에 빠짐 없이 취사케 하는 요긴한 공부며, 혜도 자성에서 발하는 혜에 치중하여 말씀하셨지마는 연구는 모든 일 모든 이치에 두루 알음알이를 얻는 공부며, 정도 선정에 치중하여 갈씀하셨지마는 수양은 동정간에 자성을 떠나지 아니하는 일심 공부라, 만사의 성공에 이 삼학을 벗어나지 못하는 것이니 이 위에 더 원만한 공부 길은 없

나니라.」

14. 다시 삼학에 대하여 말씀하시기를 「공부하지 않는 이에게도 삼학은 있으나 이는 부지중 삼학이요 주견없는 삼학이요 임시적 삼학이며, 공부인의 삼학은 공부적 삼학이요 법도 있는 삼학이요 간단 없는 삼학이니라.」

15. 말씀하시기를 「수양의 방법은 염불과 좌선과 무시선 무처선이 주가 되나 연구와 취사가 같이 수양의 요건이 되며, 연구의 방법은 견문과 학법(學法)과 사고가 주가 되나 수양과 취사가 같이 연구의 요건이 되며, 취사의 방법은 경험과 주의와 결단이 주가 되나 수양과 연구가 같이 취사의 요건이 되나니라.」

16. 말씀하시기를 「수양의 결과는 생사 자유와 극락 수용과 만사 성공이요, 연구의 결과는 사리 통달과 중생 제도와 만사 성공이요, 취사의 결과는 만행 구족과 만복 원만과 만사 성공이니라.」

17. 삼대력에 대하여 말씀하시기를 「정할 때 마음 나가는 번수와 동할 때 마음 끌리는가 아니 끌리는가를 대조하면 수양력 정도를 알 것이요, 안으로 성리 연마와 경전 해득과 밖으로 사물 판단하는 능력을 대조하면 연구력의 정도를 알 것이요, 안으로 일기하여 계문을 조사하고 밖으로 일을 당하여 수시 응변하는 능력을 대조하면 취사력의 정도를 알 것이니라.」

18. 말씀하시기를 「우리가 수양 연구 취사의 삼학

으로써 공부를 진행하는 바, 결국 수양은 해탈이 표준이 되며, 연구는 대각이 표준이 되며, 취사는 중정(中正)이 표준이 되나니라.」

19. 또 말씀하시기를 「수양은 망념을 닦고 진성을 기름(修其妄念 養其眞性)이 그 대지요, 연구는 지혜를 연마하며 본원을 궁구함(硏其智慧 究其本源)이 그 대지요, 취사는 중정을 취하고 사곡을 버림(取其中正 捨其邪曲)이 그 대지니라.」

20. 말씀하시기를 「삼대력 공부에 저축 삼대력 공부와 활용 삼대력 공부가 있나니, 저축 삼대력 공부는 정할 때에 안으로 쌓는 공부요, 활용 삼대력 공부는 동할 때 실지 경계에 사용하는 공부라, 아무리 저축 삼대력 공부를 하였다 할지라도 활용하지 못하면 마치 그늘에 자란 나무 같아서 힘이 없을 것이요, 활용 삼대력 공부 역시 저축 삼대력 공부가 없으면 마치 뿌리 튼튼하지 못한 나무 같아서 힘이 없으리라. 그러므로, 항상 저축 삼대력 공부와 활용 삼대력 공부를 병진하여 체용이 겸전하고 동정이 서로 근원하는 원만한 삼대력을 얻을지니라.」

21. 학인이 묻기를 「우(愚)와 치(痴)가 어떻게 다르나이까.」 답하시기를 「우는 시비를 모르는 어린 마음이요, 치는 알기는 하나 염치 없고 예의 없는 마음이니라. 하근기에 우자가 많고 중근기에 치자가 많나니 우와 치를 벗어나야 상근기가 되나니라. 일기할 때

에, 헛 치사에 좋아했거든 치심에 끌린 것으로 기록하라. 치심의 병근은 명예욕이며, 천치와 우는 비슷하나니라.」

22. 일기법 가운데 유념과 무념을 해설하시기를 「착심 없는 곳에 신령하게 알고 바르게 행함이 유념이니 이는 생각 없는 가운데 대중 있는 마음이요, 착심 있는 곳에 미혹되어 망녕되이 행함이 무념이니 이는 생각 있는 가운데 대중이 없는 마음이니라.」

23. 유념 공부에 대하여 말씀하시기를 「유념의 공부는 곧 일용 행사에 그 마음 대중을 놓지 않는 것이니, 이른 바 보는 데에도 대중 있게 보고 듣는 데에도 대중 있게 듣고 말하는 데에도 대중 있게 말하고 동할 때에도 대중 있게 동하고 정할 때에도 대중 있게 정하여 비록 찰나간이라도 방심을 경계하고 정념(正念)을 가지자는 공부니라. 그러므로, 대종사께서 상시 훈련법으로 공부인의 정도를 따라 혹은 태조사를 하게 하시고 혹은 유무념을 대조케 하시고 혹은 일기를 대조케 하시니, 이것이 비록 명목은 다르나 모두 이 유념 하나를 공부케 하신 데 지나지 않나니라.」

24. 말씀하시기를 「이제 몇 가지 조항으로 유념공부의 실례를 들어본다면 ① 사람이 어떠한 사업을 성공하자면 먼저 그 마음이 오로지 그 일에 집주되고 그 생각이 그 일을 연마하는 데 있어야 할 것이요, ② 어떠한 사업을 성공한 후에 영원히 그 사업을 유지하기

로 하면 모든 것을 무심히 하지 말고 마음을 오로지 그 일에 집주하여 연마하는 생각이 있어야 할 것이요, ③ 마음이 경계를 당하여 넉넉하고 급함이 골라 맞아서 군색과 실패가 없기로 하면 미리 연마하는 생각이 있어야 할 것이요, ④ 모든 일을 응용함에 시비를 잘 분석하여 매사에 중도를 행하기로 하면 항상 취사하는 생각이 있어야 할 것이요, ⑤ 모든 일을 지낸 뒤에 장래의 보감을 얻기로 하면 항상 반성하는 생각이 있어야 할 것이요, ⑥ 공간시에 처하여 망상이나 혼침에 빠지지 않기로 하면 그 망상을 제거하는 한 생각이 있어야 할 것이요, ⑦ 무슨 직무를 담당하여 그것을 잘 이행하기로 하면 항상 책임에 대한 관념이 깊어야 할 것이요, ⑧ 모든 은혜를 입은 후에 반드시 그 은혜를 갚기로 하면 먼저 피은에 대한 생각이 깊어야 할 것이요, ⑨ 무슨 서약을 이룬 후에 반드시 그 서약을 실행하기로 하면 항상 신의를 존중히 하는 생각이 있어야 할 것이니, 만일 이상에 말한 바 모든 생각이 없이 당하는 대로 행동 한다면 일체 행사에 실패와 배은과 불신을 초래하여 필경은 세상에 배척자가 되고 말 것이니라. 세상 만사 어느 일이 유념이 아니고 되는 일이 있으리요, 과연 크도다 유념의 공덕이여.」

25. 무념 공부에 대하여 말씀하시기를 「무념의 공부는 곧 일용 행사에 오직 염착하는 생각을 없게 하는 것이니, 이른 바 보는 데에도 착이 없이 보고, 듣는

데에도 착이 없이 듣고, 말하는 데에도 착이 없이 말하고, 동할 때에도 착이 없이 동하고, 정할 때에도 착이 없이 정하여, 항상 그 망상을 멸도케 하고 진여를 자득케 하는 공부라 할 것이니라. 그러므로, 대종사께서 공부의 진실처를 말씀하실 때 필경 이 무념으로써 최상 법문을 삼으시고, 부처님께서도 도덕의 본지를 해석하실 때에 다 이 무념으로써 표준하셨나니라.」

26. 말씀하시기를 「다시 몇 가지 조항으로 무념 공부의 실례를 들어 본다면 ① 사람이 도덕을 공부하여 능히 불성(佛聖)의 지위를 얻는 것은 그 마음에 내가 불성의 위를 얻었거니 하는 생각이 없는 까닭이요, ② 공도에 헌신하여 영원한 공익자가 되는 것도 그 마음에 내가 공익을 하였거니 하는 생각이 없는 까닭이요, ③ 세상에 처하여 영원한 안락을 누리는 것도 그 마음에 이것이 낙이거니 하여 집착하는 생각이 없는 까닭이요, ④ 누구에게 은혜를 베푼 후 그 은혜를 영원히 보전하는 것도 그 마음에 내가 은혜를 베풀었거니 하는 생각이 없는 까닭이요, ⑤ 어떠한 권위를 얻어서 영원히 그 권위를 유지하는 것도 그 마음에 내가 권위를 가졌거니 하는 생각이 없는 까닭이요, ⑥ 어떠한 처사에 당하여 항상 공정을 잘 지키는 것도 그 마음에 오직 편착의 생각이 없는 까닭이요, ⑦ 동정간에 항상 정신의 안정을 얻는 것도 그 마음에 오직 애욕의 생각이 없는 까닭이요, ⑧ 사람이 대도를 증득하여 법진

(法塵)에 끌리지 않는 것도 그 마음에 또한 무념을 하였거니 하는 생각이 없는 까닭이니, 만일 어떠한 생각에 집착되어 행동한다면 천만가지 계교 망상이 따라서 일어나 이른 바 일파자동만파수(一波纔動萬波隨)의 격이 되고 말 것이니라. 우주 만유의 대도 대덕이 모두 이 무념으로써 구성되었나니, 과연 크도다 무념의 공덕이여.」

27. 이어 말씀하시기를 「수도하는 동지들이여./ 유념 가운데 무념의 공부가 있고 무념 가운데 유념의 공부가 있음을 잘 해득하여, 유념할 곳에는 반드시 유념을 잊지 말고 무념할 곳에는 반드시 무념을 잊지 말아서 유무념의 참된 공덕을 일일이 다 수용하도록 하라. 만일 이 유념과 무념의 길을 알지 못하면 유념할 곳에는 무념을 주장하고 무념할 곳에는 유념을 주장하여 유념과 무념이 한 가지 죄업을 지으며 무궁한 저 고해에 길이 침몰하게 될 것이니 어찌 한심치 아니하리요. 공부하는 사람은 모름지기 여기에 잘 주의하여야 할 것이니라.」

28. 말씀 하시기를 「염불에 몇 가지 단계가 있나니, 부처님의 명호를 구송만 하거나 그 상호 등을 염하고 있는 것은 하열한 근기의 염불이요, 부처님의 원력과 부처님의 마음과 부처님의 실행을 염하여 염불 일성에 일념을 집주함은 진실한 수행자의 염불이니라.」

29. 말씀하시기를 「무시선 무처선의 공부법에는 정

시(定時)의 선과 정처(定處)의 선 공부도 잘 하라는 뜻이 들어있고, 처처 불상 사사 불공의 불공법에는 정처(定處)의 불상에 대한 정사(定事)의 불공도 착실히 하라는 뜻이 들어 있나니라.」

30. 양 원국(梁元局)이 묻기를 「무시선의 강령 중 일심과 정의(正義)의 관계는 어떠하오며 잡념과 불의의 관계는 어떠하나이까.」 답하시기를 「일심이 동하면 정의가 되고 잡념이 동하면 불의가 되나니라.」

31. 사참(事懺)의 방법에 대하여 말씀하시기를 「첫째는 대원을 발하여 작은 욕심을 끊는 것이요, 둘째는 사실을 대조하여 선악의 이해를 판단해 보는 것이요, 세째는 진정한 마음으로 항상 법신불전에 참회의 기도를 올리는 것이요, 네째는 일일신 우일신(日日新 又日新)으로 매양 악업을 고치기에 노력하는 것이니라.」

32. 이참(理懺)의 방법에 대하여 말씀하시기를 「첫째는 일체를 다 자기 마음이 짓는 것임을 요달하는 것이요, 둘째는 인과가 우주의 원리인 것을 요달하는 것이요, 세째는 자성의 원래가 죄업이 돈공한 것을 요달하는 것이요, 네째는 자성의 공한 것을 관하여 동정간에 삼매의 힘을 얻는 것이니라.」

33. 참회의 결과에 대하여 말씀하시기를 「사참의 결과는 첫째는 악업이 날로 소멸함이요, 둘째는 선업이 날로 증장함이요, 세째는 세간 복이 계속됨이며, 이참의 결과는 육도 일미의 극락을 수용하게 됨이니라.」

34. 계문에 대하여 말씀하시기를 「살생계를 지키는 동시에 연고 없이 생명을 상해하지도 말며, 도적계를 지키는 동시에 의아닌 재물을 취하지도 말며, 간음계를 지키는 동시에 부부라도 남색(濫色)을 하지 말 것이니라.」

35. "고락의 근원을 알지 못함이 낙을 버리고 고로 들어가는 원인이 됨"을 해석하시기를 「고락의 근원을 알지 못하면 설혹 부지중 낙을 취한다 할지라도 필경에는 낙을 잃고 고로 가게 되는 것이, 비유하면 설탕과 비상을 구분 못하는 사람이 두 가지 가운데서 부지중 설탕을 먹을 수도 있으나 여러 차례 모르고 먹는 가운데 마침내 비상을 먹게 되는 것과 같나니라.」

36. "대소 유무의 이치를 따라 인간의 시비 이해를 건설한다"는 법위 조항을 해설하시기를 「성인은 반드시 우주의 진리를 응하여 인간의 법도를 제정하시나니, 우리 법으로 말씀하면 일원상의 종지는 대자리를 응하여 건설된 법이요, 사은의 내역들은 소자리를 응하여 건설된 법이요, 인과와 계율 등 모든 법은 유무자리를 응하여 건설된 법인 바, 성인의 법은 어느 법이나 이치에 위반됨이 없이 시비 이해가 분명하게 짜여지나니라. 또는 이를 개인 공부에 운용하는 방법으로는 항상 일원의 체성을 체받아서 일심 즉 선(禪)을 잘 닦으라 하신 것은 대를 운용하는 법이요, 사사 처처에 보은 불공하는 도를 잘 알아 행하라 하신 것은 소를 운용하는

법이요, 유무에 집착하지 아니하고 유무를 따라 마음을 활용하며 변천의 도를 알아 미리 준비하여 사업을 성공하게 하신 것은 유무를 운용하는 법이니라.」

37. 학인이 묻기를 「우리의 여섯 가지 법위 가운데, 같은 법위에 오른 도인은 그 도력이 다 한결 같나이까.」 답하시기를 「명필에도 초서에 능한 사람 해서에 능한 사람 전서에 능한 사람이 있듯이 항마 이상의 도인들도 그 능한 방면이 각각 다를 수 있으며, 같은 위에 있다 할지라도 그 도력이 꼭 한결 같지는 아니하나니라.」

38. 학인이 묻기를 「법강항마위 승급 조항에 "생로병사에 해탈을 얻은 사람의 위"라는 말씀이 있사오니, 항마위만 되면 육도를 자유 자재할 수 있나이까.」 답하시기를 「항마위에서는 생로병사에 끌리지만 않는 정도요, 출가위에 가야 자유 자재할 수 있나니라.」

39. 시자 사뢰기를 「우리 회상을 과거 회상의 한 종파로 아는 이가 있나이다.」 말씀하시기를 「과거 부처님께서 바라문의 교리를 인순(因循)하신 점이 있고, 예수께서 구약(舊約)을 연원하시었으되, 불교나 기독교를 과거 종교의 한 종파라 하지는 않나니라.」 또 사뢰기를 「과거 교법과 우리 교법과의 관계는 어떠하나이까.」 말씀하시기를 「주로 창조하시고, 혹 혁신, 혹 인용(因用) 하셨나니라.」

40. 객이 묻기를 「귀교는 무신입니까, 유신입니까.」

답하시기를 「우리는 어디에 따로 계시는 인격적 신은 인정하지 아니하나, 우주를 관통하여 두루 있는 신령한 진리는 이를 인정하나니, 우리의 마음을 단련하여 우주의 그 진리를 이용하며 그 위력을 얻자는 것이 우리의 주장이니라.」 또 묻기를 「귀교는 유심입니까, 유물입니까.」 답하시기를 「물심일여로 보나니, 우주 만유의 본체는 물과 심이 둘이 아닌 동일체이나 운용하는 데 있어서는 심이 체가 되고 물이 용이 되나니라.」

41. 금강경을 설하실 때에 "색상이나 음성으로 능히 여래를 보지 못한다" 하신 말씀을 해설하시기를 「가령 사람의 인물을 외모만 보고 전부를 다 보았다 할 수 없고 그 사람의 위의 언어 지식 용심 등을 다 보아야 그 인물을 참으로 본 사람이라고 할 수 있는 것 같이, 여래를 보는 법도 보통 사람으로서는 가히 볼 수 없는 경지가 있나니, 모든 상이 공하고 자타 피차가 없는 유무 초월한 자리를 깨쳐 법신 보신 화신 전부를 체득해 보아야 비로소 여래의 전부를 본 것이니라.」

42. 금강경 해설을 마치고 말씀하시기를 「우주가 공에 바탕하여 원래 낳이 없기 때문에 불생 불멸하여 인과 보응의 진리가 소소 하나니, 우리가 무상 대도를 닦기로 하면 첫째 상 없는 공부 즉 사상 법상 비법상까지도 다 공하여 허공 같은 심경을 가질 것이며, 둘째는 주함이 없는 공부를 하여 색성향미촉법에 끌리지 않는 원만한 심법을 가질 것이며, 세째는 묘유의 공부

로써 희로애락 원근친소에 편착함이 없이 지공 무사한 마음을 써야 할 것이니, 능히 이러하면 곧 대도를 성취할 것이며 금강경을 완전히 신해수지한 것이니라.」

43. 학인이 반야심경 설명함을 들으시고 말씀하시기를 「반야심경은 조견오온개공(照見五蘊皆空)이라는 조견 법문에서 그 공부의 강령이 다 드러났다 할 것이니, 조견이란 사량 분별이 아닌 자성의 황명으로 반조하는 것이요, 어느 상에도 주착함이 없이 원만 구족하고 지공무사하게 직관함인 바, 이 조견 공부의 순서를 부연 설명하자면 첫째는 관(觀)하는 공부니, 어느 상에도 주함이 없이 우주와 인생의 실상을 똑바로 보고 옳게 판단하는 것이요, 둘째는 각(覺)하는 공부니, 바르게 보고 옳게 판단하는 동시에 자성 본원의 진공한 영지를 걸림 없이 단련하여 크게 깨침을 얻는 것이요, 세째는 행(行)하는 공부니, 걸림이 없이 깨치는 동시에 그 깨친대로 모든 행동을 단련하여 해탈과 만능을 갖추는 것이라, 관하고 각하고 행하는 공부를 잘 조화하여 익숙해지면 조견 공부를 마쳐 일체의 고액을 건너게 되나니라.」

44. 학인이 사제(四諦) 법문 설명함을 들으시고 말씀하시기를 「고제(苦諦)의 팔고 가운데 생로병사 등 앞 사고는 이미 어찌할 수 없는 자연적 고요, 구부득고 등 뒷 사고는 새로이 지어가는 작용적 고라 할 것이며, 집제(集諦) 가운데 지수화풍 사대의 소집인 색

신은 또한 어찌할 수 없는 자연적 집이요, 수상행식 사온의 소집인 의식은 늘 새로이 지어 일으키는 작용적 집이라, 자연적 고나 집은 편안히 달게 받아나가는 것이 공부가 되고, 작용적 고나 집은 편안하고 즐거운 선업으로 지어나가는 것이 공부가 되나니라.」

45. 학인이 십이인연(十二因緣) 설명함을 들으시고 말씀하시기를 「십이연기는 부처님이나 중생이 한 가지 수생하는 과정이지마는, 부처님은 그 이치와 노정을 알기 때문에 매하지 아니함이 다르며, 그 중에서도 현재 삼인(三因)인 애(愛)와 취(取)와 유(有)에 특별한 공부가 있나니, 부처님은 천만 사물을 지어갈 때에 욕심나는 마음으로 갈애(渴愛)하거나 주착하지 아니하며 또한 갈애하고 주착하는 마음으로 취하지 아니하며 또한 모든 업을 지음은 있으되 그 업에 주착하는 마음은 있지 아니하나니, 그러므로 일체 모든 업이 청정하여 윤회에 미혹되지 아니하고 윤회를 능히 초월하나니라.」

46. 학인의 삼신불에 대한 질문에 답하시기를 「법신불은 본연 청정하여 제법이 개공한 부처님의 자성진체를 이름이요, 보신불은 원만한 영지로써 부처님의 자성에 반조하는 반야의 지혜를 이름이요, 화신불은 천백억 방편으로 중생을 교화하신 부처님의 분별심과 그 색신을 이름이니라.」

47. 학인의 돈점(頓漸)과 오수(悟修)에 대한 질문에 답하시기를 「점수 돈오는 보통 근기로서 선지식의 지

도에 의하여 모든 수행을 쌓아가다가 점점 지혜의 발달을 따라서 문득 자성의 원리를 깨치는 것이니 이는 보편적 수행하는 길이요, 돈오 점수는 지혜의 힘으로써 이미 견성은 하였으나 아직도 다생 습관이 그대로 남아 있어서 그 법력에 의하여 점점 옛 습관을 고쳐가는 것이니 이는 과거 세상에 지혜의 단련은 이미 많으나 수행의 실력이 적은 이의 공부하는 길이요, 돈오 돈수는 지혜의 힘으로써 견성함과 동시에 수행의 힘이 또한 한결 같아 지행의 공부가 한 때에 다 성취되나니 이는 다생 겁래로 삼학의 공부가 구비하여 조금도 부족함이 없는 불보살로서 인도에 잠간 매하였다가 일시에 그 광명이 발현된 것이니라.」

48. 학인의 자성 정혜(自性定慧)와 수상문 정혜(隨相門定慧)에 대한 질문에 답하시기를 「경계를 대하여 정하되 정한 상 없음이 자성 정이요, 밝되 혜의 상 없음이 자성 혜며, 정을 닦되 정하는 상 있음이 수상문 정이요, 혜를 닦되 혜의 상 있음이 수상문 혜니라.」

49. 학인의 삼귀의에 대한 질문에 답하시기를 「귀의불 양족존(歸依佛兩足尊)이라 함은 복족 혜족한 선각자에게 의지하여 사는 것이니, 저 초목의 종자가 땅을 만나야 뿌리를 박고 생장하듯이 복혜 양족한 선각자이신 부처님에게 마음의 뿌리를 단단히 박고 순역 경계에 흔들리지 아니할 굳은 신앙에 살며, 안으로 자심불에 의지하여 공부해 나가자는 것이요, 귀의법 이

욕존(歸依法離慾尊)이라 함은 부처님의 법에 의지하여 욕심을 여읨이니 거미가 줄을 타고 살듯이 우리는 불성의 법도와 規칙을 타고 살며, 안으로 자성을 회광반조하여 공부해 나가자는 것이요, 귀의승 중중존(歸依僧衆中尊)이라 함은 도덕 높은 스승에 의지하여 공부함이니, 승려나 교역자들 뿐 아니라 착하고 신앙심 있는 모든 사람으로 부터 모든 성현에 이르기 까지 선지식들에 의지하여 진리와 도덕을 배우며, 안으로 자기 양심을 스승 삼고 공부해 나가자 함이니라.」

50. 학인이 묻기를 「등상불 숭배는 한갓 헛된 형식일 따름이오니까.」 답하시기를 「등상불을 숭배하여도 그 마음 가짐에 따라 실효를 얻을 수도 없지 않나니, 그 앞에 알뜰히 예배 공양할 때에 그 마음은 청정하여 질 것이며, 그러한 마음으로 착한 인을 지으면 또한 선한 과보를 받을 것이니, 이도 한 방편은 되나니라.」 또 묻기를 「그러하오나 음식 불공은 허례가 아니오니까.」 답하시기를 「마음의 표현을 물질로써 나타내는 한 방편은 되나, 마음의 정성은 마음의 재계(齋戒)와 실다운 사업으로 하는 것이 그 실효가 훨씬 크나니라.」

51. 학인의 삼계(三界)에 대한 질문에 답하시기를 「삼계로 벌여 있는 중생의 세계는 중생의 끌리는 마음 세계에 벌여 있나니, 욕계는 식 색 재 등 물욕에 끌려서 오직 자기 구복 하나를 위하여 예의 염치도 모

르고 종종의 악업을 지으며 정신 없이 허덕이는 중생의 마음 세계요, 색계는 명상에 끌려서 모든 선행을 하고 사업을 하되 자신의 명예욕에 끌려 하므로 자칫하면 승기자를 시기하고 저만 못한 자를 무시하며 그에 따라 사량과 계교가 많은 중생의 마음 세계요, 무색계는 명상에 끌리는 바도 없고 사량과 계교도 없다는 생각 즉 법상에 끌려서 명리에 끌리는 사람이나 사량과 계교에 끌리는 사람을 싫어하는 중생의 마음 세계니, 이 마음마저 멸도되어야 삼계를 초월 하나니라.」

52. 학인의 육도 사생에 대한 질문에 답하시기를 「육도 사생으로 건설되는 이 세계는 우리 마음의 차별심으로부터 생겨서 나열된 세계니라. 천도란 모든 경계와 고락을 초월하여 그에 끌리지 아니하며 고 가운데서도 낙을 발견하여 수용하는 세계요, 인도란 능히 선도 할만하고 악도 할만하여 고도 있고 낙도 있으며, 향상과 타락의 기로에 있어 잘하면 얼마든지 좋게 되고 자칫 잘못하면 악도에 떨어지게 되는 세계요, 축생계란 예의 염치를 잃어버린 세계요, 수라란 일생 살다 죽어버리면 그만이라고 하여 아무것도 하지 않고 허망히 살기 때문에 무기공에 떨어진 세계요, 아귀란 복은 짓지 아니하고 복을 바라며, 명예나 재물이나 무엇이나 저만 소유하고자 허덕이는 세계요, 지옥이란 항상 진심을 내어 속이 끓어올라 그 마음이 어두우며 제 주견만 고집하여 의논 상대가 없는 세계니라. 이와

같이 육도 세계가 우리의 마음으로 건설되는 이치를 알아서 능히 천도를 수용하며 더 나아가서는 천도도 초월하여야 육도 세계를 자유 자재하나니라.」

53. 말씀하시기를 「부처님 세계는 모든 언동이 바른 생각의 지배를 받고, 인도 세계는 생각과 정욕의 세력이 반이 되고, 삼악도 중생의 세계는 정욕의 세력이 모두를 지배하나니, 인도에서 바른 생각의 세력이 점점 더해가는 것은 악도의 세계가 점점 멀어지는 것이요, 그 세력이 줄어가는 것은 악도의 세계가 차차 가까와지는 것이라, 이를 잘 살펴보면 그 사람의 앞길을 가히 알 수 있나니라. 그러나, 정욕을 아주 없애라는 것이 아니라, 바른 생각의 지배 아래 정욕을 선용하라는 것이니라.」

54. 학인이 묻기를 「정토가 서방에 있다 하오니 무슨 뜻이오니까.」 말씀하시기를 「서방은 오행으로 금에 속하고 금은 가을 기운에 속한다 하나니, 가을은 맑고 서늘한지라 맑고 가라앉은 우리의 마음 기운을 서방으로 상징한 것이니라. 그러므로, 우리의 정신이 온전하여 맑고 서늘하면 시방 세계 어디나 다 정토니라.」

55. 학인이 묻기를 「사찰 명부전에 시왕(十王)이 있고, 또 일직 사자와 월직 사자가 있다 하오니 사실로 있나이까.」 말씀하시기를 「명부 시왕이란 곧 진리계의 시방을 말한 것으로 시방 세계에 편만한 영명한

진리가 다 우리의 선악 죄복을 조감하고 있다는 것이요, 일직 사자 월직 사자란 해와 달이 번갈아 흐르고 흘러서 죽음과 심판을 재촉하고 있다는 뜻이니라.」

56. 일종과 생전 예수재(豫修齋)에 대한 학인의 질문에 답하시기를 「일종의 본 뜻은 자기의 수용을 절약하여 빚은 덜 지고 보시하며 끼니를 잊고 정진하자는 뜻이요, 생전 예수재의 본 뜻은 생전에 미리 마음을 닦고 복을 지으라 함이거늘, 공부의 대중 없이 끼니만 굶은들 무슨 실효가 있으며, 실지의 공덕이 없이 죽을 임시에 큰 재 한 번 지낸 복이 어찌 큰 공덕이 되리요.」

57. 인의(仁義)에 대하여 말씀하시기를 「인(仁)이란 어질다는 말이니, 부처님의 자비요 예수의 박애며, 의(義)란 옳은 것이니, 모든 일을 천도에 거슬리지 않고 인도에 어긋남이 없이 행하는 것이니라. 인의에도 큰 인의가 있고 작은 인의가 있나니, 인의를 행하되 작은 인의로 부터 큰 인의를 행하며, 인과 의를 겸전하여 능히 만물을 포용하는 덕화의 바탕 위에 백천 마군을 무찌르고도 엄연 자약하는 의기를 베풀어 써야 하나니라.」

58. 충효열(忠孝烈)에 대하여 말씀하시기를 「충이라 함은 가운데 마음이 곧 충이니, 내외심이 없는 곧 거짓이 없는 참된 마음을 이름이니라. 사람 사람이

다 이 참된 마음으로써 서로 교제하며 사회에 공헌하며 국가에 봉사하며 어느 직장 어느 처소에 있든지 항시 사 없는 노력을 다하는 것이 모두 이 충의 활용 아님이 없는지라, 이는 옛날 세상에 좁은 해석으로 임금 한 분에게 바치는 마음만을 충이라고 국한한 그것이 아니요, 또는 국가 전체의 이해를 불고하고 비록 악한 임금이라도 그 임금 하나를 위하여 자기를 희생하던 어리 석은 충도 아니니, 충의 의의는 실로 광대하고 진실하여 천하 고금에 길이 세상의 강령이 되고 인류의 정기(正氣)가 되나니라. 현하 시대 인심을 본다면 충에 병든지 이미 오랜지라, 안으로 양심을 속이되 스스로 뉘우치지 아니하고 밖으로 사회를 속이되 스스로 부끄러워하지 아니하여, 인간의 생활이 피차 복잡해가고 세상의 혼란이 또한 그치지 아니 하나니, 이 혼란한 세상을 돌이켜서 신성하고 진실한 세상을 만들기로 하면 무슨 방법으로든지 이 충의 정신을 진흥하여 모든 인심이 충에 돌아오지 아니하고는 도저히 어려울 것이니라.」

59. 이어 말씀하시기를 「효라 함은 무슨 일이나 보은의 도를 행하는 것은 다 효에 속하나니, 이는 모든 보은 가운데 부모 보은이 제일 초보가 되는 까닭이라, 그 부모의 은혜를 모르는 이가 어찌 다른 은혜를 먼저 알며 널리 천지와 동포와 법률의 근본적 은혜를 알게 되리요. 그러므로, 효의 실행은 부모은으로부터 시작하

여 이 모든 은혜를 발견하는 데에 있나니, 사람 사람이 이 모든 은혜를 발견하여 어느 처소 어느 시간을 막론하고 천만 경계를 오직 이 감사 하나로 돌리는 것이 다 효의 활용 아님이 없는지라, 이는 옛날 세상에 좁은 해석으로 부모가 자력이 있는 때에도 평생을 그 곁을 떠나지 않는 것만 효로 생각하고 사회의 모든 책임과 일체의 보은 행사에 등한하는 등의 일면적인 효가 아니니, 그러므로, 효의 의의는 실로 광대하고 원만하여 천하 고금에 길이 세상의 강령이 되고 인도의 비롯이 되나니라. 현하 시대의 인심을 본다면 효에 병 듦이 또한 오래인지라, 가정에 있어서는 부모를 원망하고 세상에 나오면 천지와 동포와 법률을 원망하여 세상 공기가 침울하여 지고 인간 생활이 위험에 당하나니, 이 위험한 시국을 돌이켜서 평화 안락한 세상을 만들기로 하면 무슨 방법으로든지 이 효의 정신을 진흥하여 모든 인심이 효에 돌아오지 아니하고는 도저히 어려울 것이니라」

60. 이어 말씀하시기를 「열이라 함은 무슨 일이나 그 지조를 잘 지키는 것은 다 열에 속하나니, 이는 누구를 막론하고 그 지조를 중히 아는 것이 여자가 정조를 중히 아는 것과 같은 까닭이라, 여자의 신분으로 그 정조를 중히 알지 않는 이가 다른 조행에 얼마나 성의를 내리요. 그러므로, 열의 실행은 남녀 노소간에 여자의 정조로써 비롯하여 천만 경우에 각각

그 지조를 잃지 않는 것이니, 어느 처지에 있든지 항시 자기의 마음을 굳게 하고 자기의 신분을 잘 가져서, 정당한 일이면 죽기로써 실행하고 부당한 일이면 죽기로써 않는 것이 다 이 열의 활용 아님이 없는지라, 이는 옛날 세상에 좁은 해석으로 약혼만 한 남자가 죽을지라도 평생을 그 집에 가서 늙는다든지, 또는 남편이 죽으면 인도에 따르는 의무와 책임은 다 불고하고 오직 그 한 남자를 위하여 순사(殉死)하는 등 우치한 열에 한한 것이 아니니, 그러므로, 열의 의의는 실로 광대하고 통달하여 천하 고금에 길이 세상의 강령이 되고 인도의 표준이 되나니라. 현하 시대 인심을 본다면 열에 병듦이 오래인지라, 본말과 주객을 바꾸어 생각하며 아침에 먹은 마음이 저녁에 달라지고 어젯날에 하던 이론이 오늘에 변경되는 자 많아서, 세상의 질서가 밝지 못하고 인도의 표준이 정확하지 못하여, 성현의 교법이 권위를 잃고 사람의 생활이 더욱 착란해지므로, 이 착란한 생활을 돌이켜서 신성한 세상을 만들기로 하면 무슨 방법으로든지 이 열의 정신을 진흥하여 모든 인심이 열에 돌아오지 아니하고는 도저히 어려울 것이니라.」

61. 이어 말씀하시기를 「선지자의 유훈에 "세상에 충이 없고 세상에 효가 없고 세상에 열이 없으니, 이런 고로 천하가 다 병들었다" 하였고 "천하의 병에는 천하의 약을 쓰라" 하였으니 이는 장차 충 효 열이 병

든다는 말씀과 충효열을 잘 살리라는 부탁이라, 충효열의 병은 곧 천하의 병이요, 천하의 병을 고치는 화제는 또한 우리 대종사의 교법이시니, 우리가 매일 우리의 참 성품을 잘 연마하는 것은 곧 충을 살리는 공부요, 사중 보은에 힘을 쓰는 것은 효를 살리는 공부요, 신앙을 굳게 하고 계율을 지키는 것은 곧 열을 살리는 공부라, 우리의 공부가 아니면 어찌 충효열을 살릴 수 있으며, 충효열을 살리지 아니하면 고해에 빠진 모든 병자들을 어찌 구원할 수 있으리요. 그러므로, 그대들은 부지런히 공부하여 먼저 각자의 마음 병을 고쳐서 우리 하나 하나가 모두 병 없는 사람이 되는 동시에, 그 힘을 합하여 우리 교단 전체가 병 없는 교단이 되게 하며, 그 힘을 추진하여 천하 만방의 병을 다 고치는 좋은 의왕(醫王)이 되는 데 노력하기를 간절히 바라노라.」

62. 오륜(五倫)에 대하여 말씀하시기를 「오륜은 동양 윤리 도덕의 표준으로서 가정 사회 국가의 모든 규범이 이에 근본하여 세워져 있던 것이나, 근래에 와서는 이 법이 해이해 지고 실천의 능력이 약화되었으므로, 이를 시대에 맞도록 하여야 할 것이니 "부자유친(父子有親) 군신유의(君臣有義) 부부유별(夫婦有別) 장유유서(長幼有序) 붕우유신(朋友有信)"을 "부모와 자녀는 친함이 있으며, 위와 아래는 의리가 있으며, 남편과 아내는 화함이 있으며, 어른과 어린이는 차서가

정산종사 법어

있으며, 동포와 동포는 신의가 있으라"로 함이 그 법의 본의를 살려서 전성의 뜻을 원만히 이룩하는 길인가 하노라.」

63. 성경신(誠敬信)에 대하여 말씀하시기를 「성이란 계교 사량을 떠나서 순일한 마음으로 하는 것이요, 경이란 성이 체가 되어 매사를 소홀히 아니하고 공경히 해가는 것이요, 신이란 성과 경을 바탕하여 끝까지 믿어가는 것이니, 성경신은 나누면 셋이요 합하면 하나며, 성이 가장 근본이니라.

64. 학인이 묻기를 「동학의 글에 "복록은 한울님께 빌고 수명은 내게 빌라" 한 말씀은 무슨 뜻이오니까.」 말씀하시기를 「인과 보응의 이치는 곧 하늘의 공도니 죄복의 인을 따라 과를 받는 것은 공공한 천지에게서 받을 것이요, 불생불멸의 원리를 깨쳐 한량없는 수(壽)를 얻는 이치는 천도를 깨달으신 성인에게 배울 것이니, 그러므로 당신에게 빌라 하신 것이니라.」 후일에 말씀하시기를 「동학의 글에 "도기장존 사불입(道氣長存邪不入) 세간중인 부동귀(世間衆人不同歸)"라 하신 도귀(道句)는 끝 귀를 "일심청정 만사안(一心淸淨萬事安)"이라 하였으면 더 좋지 않겠는가」 하시니라.

65. 수심정경(修心正經)의 강령을 밝히시며 외수양(外修養)과 내수양(內修養)에 대하여 말씀하시기를 「외수양은 밖으로 경계를 대치하는 공부인 바, 첫째는 피

경 공부니, 처음 공부할 때에는 밖에서 유혹하는 경계를 멀리 피하는 것이요, 둘째는 사사(捨事)공부니, 긴하지 않는 일과 너무 번잡한 일은 놓아 버리는 것이요, 세째는 의법(依法)공부니, 해탈의 법을 믿어 받들고 진리로 안심을 구하는 것이요, 네째는 다문(多聞)공부니, 위인들의 관대한 실화를 많이 들어 항상 국량을 크게 하는 것이라, 이러하면 자연히 바깥 경계가 평정되어 마음이 편안하리라. 내수양은 안으로 자기 마음을 닦는 공부인 바, 첫째는 집심(執心)공부니, 염불좌선을 할 때와 일체 때에 마음을 잘 붙잡아 외경에 흘러가지 않게 하기를 소 길들이는 이가 고삐를 잡고 놓지 않듯 하는 것이요, 둘째는 관심(觀心)공부니, 집심 공부가 잘 되면 마음을 놓아 자적(自適)하면서 다만 마음 가는 것을 보아 그 망념만 제재하기를 소 길들이는 이가 고삐는 놓고 소가 가는 것만 제재하듯 하는 것이요, 세째는 무심(無心)공부니, 관심 공부가 순숙하면 본다는 상도 놓아서 관하되 관하는 바가 없기를 소 길들이는 이가 사람과 소가 둘 아닌 지경에 들어가 동과 정이 한결같이 하는 것이라, 한 마음이 청정하면 백천 외경이 다 청정하여 경계와 내가 사이가 없이 한 가지 정토를 이루리라.」

66. 이어 외정정과 내정정에 대하여 말씀하시기를 「외정정은 밖으로 입지가 부동하게 하는 공부인 바, 첫째는 큰 원을 발함이니, 원하는 마음이 지극하여 천

만가지 세상 인연이 앞에 가로놓여도 보되 보이지 않고 조금도 마음에 걸리지 않기를 서가세존께서 한 번 대도에 발심하매 왕궁의 낙과 설산의 고가 조금도 마음에 머물지 않듯 하는 것이요, 둘째는 큰 신심을 발함이니, 신심이 지극하여 천만가지 세상 법이 비록 분분하여도 다시 사량 취사하는 마음이 없기를 혜가(慧可)께서 한 번 믿어 뜻을 결정하매 몸을 잊고 법을 구하듯 하는 것이요, 세째는 큰 분심을 발함이니, 분심이 지극하여 천만 장애가 포위 중첩하여도 두렵고 물러나는 마음이 없기를 십이사도가 위험을 무릅쓰고 도를 지켜 죽어도 말지 않듯 하는 것이라, 이 세 가지가 있으면 자연 뜻이 태산 같이 서서 흔들림이 없으리라. 내정정은 안으로 마음이 요란하지 않게 하는 공부인 바, 첫째는 염불 좌선을 할 때와 일체 일 없는 때에 어지러운 생각이 일어나지 않게 하여 그 일심을 기르는 것이요, 둘째는 행주 동작과 일체 일 있는 때에 그 뜻이 올발라서 비록 찰나간이라도 망념이 동하지 않게 하는 것이요, 세째는 사상(四相)이 공하고 육진(六塵)이 조촐하여 경계를 대하되 경계를 잊고 착되지도 물들지도 않는 것이라, 이 세 가지 힘을 얻으면 자연히 마음 바다가 평정하고 번뇌가 길이 끊어지리라.」

제 7 권 도 편 (勸道編)

1. 정산 종사 말씀하시기를 「법은 듣는 이의 마음 정도에 따라, 평범하게 한 말이 소중한 법설이 되기도 하고, 애를 써서 설한 법문이 범상한 말이 되기도 하나니라. 그러므로, 법을 듣는 이는 먼저 돈독한 신성과 극진한 공경을 바치고 무조건 봉대하는 심경으로써 한 마디라도 그 말씀을 헛된 데에 돌려 보내지 아니 하리라는 갈망하는 마음을 가지고 들어야 그 법이 깊이 감명되어 길이 잊혀지지 아니하며 실지 경계에 활용되어 실다운 이익을 얻나니라.」

2. 말씀하시기를 「들을 때에만 흥취 있고 들은 뒤에 취할 것이 없는 말은 공교한 말이요, 들을 때에는 비록 담담하나 생각할수록 묘미가 있는 말이 좋은 법문이며, 말이 너줄하기만 하고 별로 추려 잡을 것이 없는 말은 번거한 말이요, 말은 간략하나 뜻이 풍부하여 활용할 길이 분명한 말이 좋은 법문이니라. 지혜 있는 사람들은 시장 사람들의 헌화 잡담 속에서도 법설을 발견하는지라 비록 초학인의 서투른 말 속에서도 깨달음과 느낌을 얻으나, 그렇지 못한 사람은 상당한 선지식이 법을 설하여도 날 넘는 재주로 사량만 하고 거기에서 실지 이익을 취할 줄 모르나니 이 어찌 손해

가 아니리요. 법을 설하는 이는 스스로 그 지견과 행실을 돌아보아 말을 할 필요가 있지마는 듣는 이는 설하는 이의 행실에 구애하지 말고 오직 그 말만 취해다 쓰면 자신에게는 이익이 되나니라.」

3. 말씀하시기를 「큰 소견이 열린 사람은 우주 만물을 모두 부처님으로 모시고 때 없이 상주 설법을 듣나니 이는 상근기요, 지각 있고 배우기를 좋아 하는 사람은 선지식을 자주 친근하여 좋은 말씀 듣기를 즐기나니 이는 그 다음 근기요, 어리석은 사람은 아무 대중이 없이 되는대로 일생을 살며 비록 좋은 법문을 듣는다 할지라도 법으로 응용할 줄을 알지 못하나니 이는 하근기니라.」

4. 말씀하시기를 「뿌리 깊은 나무는 바람에 아니 뽑히고 원천이 깊은 물은 가뭄에 아니 마르나니, 인생 생활에 신앙은 뿌리요 수행은 원천이라, 신앙이 깊은 생활은 아무러한 역경 난경에도 꿋꿋하여 굽히지 아니할 것이요 수행이 깊은 생활은 어떠한 유혹에도 초연하여 평온함을 얻나니라.」

5. 말씀하시기를 「옛날 부처님께서는, 몸은 금색신을 얻었고 위는 왕궁의 태자 위에 있으며 부귀는 장차 일국을 그 아래 두었고 처첩의 아름다움과 사령의 편리함과 거처 음식의 미려함이 천하에 비할 바 없으되, 그것이 다 허망하여 길이 보전하지 못할 것을 예측하시고, 야반에 성을 넘어 무수한 고통을 다 지내

신 후 필경 불생 불멸의 참된 보물을 발견하여 길이 인천의 큰 도사가 되시었나니, 이는 만고에 구도하는 표본이 될 만 하니라.」

6. 말씀하시기를 「이 세상 여러가지 원 가운데 사홍서원은 가장 큰 원이니, 먼저 중생이 가 없으나 맹세코 제도하려는 원을 세우고, 그 원을 실현하기 위하여 번뇌를 끊임없이 끊으며, 법문을 성심껏 배우며, 불도를 영생토록 닦고 또 닦으면 결국 성불 제중의 대원을 성취하리라. 불보살과 중생의 차이가 마치 큰 나무와 돋아나는 싹 같나니, 장성하면 작은 싹도 큰 나무가 될 것이요, 꾸준히 수행하면 중생도 불보살이 되나니라. 그러므로, 아무리 어려운 일이라도 하려고 하면 못될 일이 없고 안하려고 하면 되는 것이 없나니, 우리는 부처와 내가 둘이 아니라는 큰 각오 아래 이 사홍서원으로 꾸준히 닦아 나아가면 못 이룰 것이 없나니라.」

7. 말씀하시기를 「우리의 공부가 승급되고 강급되는 원인은 그 발원의 국한이 크고 작은 데와 자만심을 두고 안두는 데와 법 높은 스승을 친근하고 안하는 데에 있나니, 우리는 공부를 할 때에 먼저 한정과 국한이 없는 큰 원을 세우고 조금이라도 자만심을 내지 말며 이상 사우(師友)를 친근하여 계속 정진하여야 영원한 세상에 강급되지 아니하고 길이 승급으로 나아가나니라.」

8. 신 제근(辛濟根)에게 말씀하시기를 「영생을 통하여 이 회상을 여의지 아니할 큰 서원과 큰 신념이 확실히 섰는가를 생각해 보라. 이러한 회상 만났을 때에 기필코 진리 오득하기를 발원하며, 대각하신 스승님의 법연 여의지 않기를 발원하고, 부지런히 공부하여 성불과 제중으로 영겁을 일관하라.」

9. 말씀하시기를 「대종사께서 "누가 참 나를 알 것인가" 하신 말씀이 지금에 와서 극절하신 말씀임을 더욱 느끼노니, 참으로 믿는 마음이 있어야 한 마디 말씀이라도 금옥 같이 알아서 실행에 옮기게 되는 것이요, 실행에 성의 있는 사람이라야 참으로 대종사를 알고 믿는 사람이니라.」

10. 말씀하시기를 「대종사의 말씀에 "너무 미련한 사람도 제도하기 어렵고 너무 겉 영리한 사람도 제도하기 어려우나 이왕이면 미련한 사람이 겉 영리한 사람보다 낫다" 하시었나니, 참으로 영리하여 한 말씀에 대의를 짐작하고 신(信)이 완전히 서 버리든지, 아니면 차라리 어리석은 듯 외길로 나아가야지 겉 똑똑한 사람은 신의 뿌리가 서지 못하므로 제도하기가 힘드나니라.」

11. 말씀하시기를 「신근(信根)에 심천이 있나니, 아무 주견 없이 여러 학설에 끌리고 여러 사람의 주의 주장에 끌려서 이리 흔들리고 저리 흔들려 자행 자지 하다가 자신을 그르치는 정도는 낙엽 같은 신근이

요, 정당한 법에 믿음이 서서 약간의 경계에는 흔들리지 않으며 큰 경계를 당하면 흔들리기는 하나 타락하지 않는 정도는 나무 뿌리 같은 신근이요, 믿음이 깊어서 어떠한 역경 난경을 당할지라도 조금도 흔들리지 아니하며 일체 행동을 하되 언제나 양심이 주장하여 죄고에 빠지지 않는 정도는 태산 교악 같은 신근이니라.」

12. 말씀하시기를 「자력과 타력은 서로 떠날 수 없는 관계를 가지고 있는 바, 혹은 타력에만 편중하여 신앙만 하면 되는 것으로 고집하는 사람도 있고, 혹은 자력에만 편중하여 마음이 곧 부처니 계율과 인과가 필요 없다는 사람도 있나니, 이 두 가지가 다 과불급을 면치 못한 것이니라. 부처님을 믿는 것도 깨닫고 행하신 인격 부처님을 믿는 것은 타력이요, 자기의 마음이 곧 부처인 진리를 알아서 부처와 합일된 자심불을 닦아 나가는 것은 자력이며, 법을 믿는 것도 부처님의 깨달으신 경지에서 밝혀 놓으신 법을 믿는 것은 타력이요, 자기 마음의 심법을 알아 일거수 일투족이 법에 맞게 하는 것은 자력이며, 승을 믿는 것도 도문의 스승들을 믿는 것은 타력이요, 자기의 참된 양심을 발견하여 그대로 행함은 자력이니, 이와 같이 자력과 타력을 겸하여 신앙하고 수행하여야 자타가 서로 힘을 합하여 원만한 성공을 보게 되리라.」

13. 선(禪) 결제식에 설법하시기를 「내 절 부처를

내가 잘 위하여야 남이 위한다는 말이 있나니, 자신에게 갚아 있는 부처를 발견하여 정성 들여 불공하라. 불공에는 자기 불공과 상대 불공이 있는 바, 이 두 가지가 쌍전하여야 하지마는 주종을 말하자면 자기 불공이 근본이 되나니, 각자의 마음 공부를 먼저 하는 것은 곧 불공하는 공식을 배우는 것이니라.」

14. 학인이 묻기를 「정(定)공부의 길로는 염불과 좌선 뿐이오니까.」 말씀하시기를 「무슨 일이나 마음이 한 곳에 일정하여 끌리는 바 없으면 정 공부가 되나니, 기도도 정 공부의 길이 되며, 매사를 작용할 때에 온전한 생각으로 그 일 그 일의 성질을 따라 취할 것은 능히 취하고 놓을 것은 능히 놓으면 큰 정력을 얻나니라.」 또 말씀하시기를 「좌선은 정 공부의 큰 길이 되고 기도는 정 공부의 지름길이 되나니, 기도 드리며 일심이 되면 위력과 정력을 아울러 얻나니라.」

15. 말씀하시기를 「어떠한 소원을 위하여 축원하는 기도를 드리는 것도 좋으나, 자기의 수행을 위하여 서원하는 기도를 정성스럽게 드리면 부지중 전날의 습관이 녹아지고 공부가 점차 향상되어 만사를 뜻대로 성공할 수 있나니라.」

16. 말씀하시기를 「내가 항상 하는 말 같이 조석 심고를 올릴 때에도 제몸을 위해서만 빌지 말고 세상과 회상을 위하여 빌기를 잊지 말라. 그 공덕이 훨씬 크리라.」

17. 말씀하시기를 「나는 일상 이렇게 심고 하노라. "법신불 사은이시여./ 우리 모든 중생에게 대자대비하옵신 광명과 힘을 내리시와, 저희들로 하여금 바로 도덕에 회향하고 정법에 귀의하여 우치한 마음을 돌려 지혜의 마음을 얻게 하옵시고 사납고 악한 마음을 돌려 자비의 마음을 얻게 하옵시며, 삿되고 거짓된 마음을 돌려 바르고 참된 마음을 얻게 하옵시고 시기하고 원망하는 마음을 돌려 사랑하고 감사하는 마음을 얻게 하옵시며, 탐내고 욕심내는 마음을 돌려 청렴하고 공정한 마음을 얻게 하옵시고 서로 싸우고 해하는 마음을 돌려 서로 화하고 두호하는 마음을 얻게 하옵시와, 죄업의 근성이 청정하여 지옵고 혜복의 문로가 열리게 되오며, 세계 정세가 날로 호전되어 이 나라의 복조가 한이 없게 하옵시고 이 세상의 평화가 영원하게 하옵시와, 일체 대중의 앞 길에 오직 광명과 평탄과 행복 뿐으로써 길이 부처님의 성지에 살게 하여 주시옵소서. 일심으로 비옵나이다."」

18. 또 말씀하시기를 「모든 법회에서는 이러한 예로 심고하라. "법신불 사은이시여./ 이 예회에 모인 저희들에게 특별한 광명과 힘을 내리시와, 저희 들로 하여금 신성의 근원이 더욱 깊어지옵고 혜복의 문로가 길이 열리게 하옵시며, 수양 연구 취사의 삼대력이 날로 전진하여 중생계를 벗어나 보살도에 오르게 되옵고 보살도를 닦아 부처의 경지에 들게 하옵시며, 공부와

정산종사 법어

사업을 하는 데에 모든 마장을 다 소멸하여 주옵시고 동서 남북이 다 통달하여 어느 곳에 가든지 매양 대중을 이익 주는 동시에 또한 대중의 환영과 보호를 받게 하옵시며, 언어 동작이 다 진실하여 어느 시간을 당하든지 항상 진리를 어기지 않는 동시에 또한 진리의 음조와 은덕을 입게 하옵시며, 동지 교우가 화합 단결하여 이 회상의 위신이 두루 시방 세계에 드러나고 이 교법의 공덕이 널리 일체 중생을 제도하게 하여 주시옵소서. 일심으로 비옵나이다."」

19. 학림 기도인들에게 말씀하시기를 「한 개인과 약속한 일을 어길지라도 그 마음을 속인 죄벌이 없지 못하려거든 천지 신명전에 제생의세의 큰 서원을 올렸으니 그 서약이 중하고 큰지라 만일 중도에 어기고 보면 중한 죄벌을 면치 못하리니 깊이 명심하여 하라.」

20. 말씀하시기를 「불보살들은 전심(前心)과 후심(後心)이 한결 같아서 불보살이 되었으나, 범부들은 처음 발심과는 달리 경계를 따라 그 마음이 흔들려 퇴보하므로 성공을 보지 못하나니, 그대들은 언제나 도(道) 즐기는 마음과 공(公) 위하는 마음으로 전심과 후심이 한결 같게 하라.」

21. 말씀하시기를 「우리 공부인이 중생계에서 부처의 세계로 가는 길에 몇 가지 어려운 관문이 있나니, 하나는 지견이 차차 생겨날 때요, 둘은 신망이 차차 드러날 때요, 셋은 대우가 차차 높아질 때요, 넷은

물질이 차차 돌아 올 때요, 다섯은 권리가 차차 생겨 날 때라,」이 관문을 미리 알아서 거기에 구애되지 아니하여야 능히 큰 공부를 이루게 되리라.」

22. 말씀하시기를 「하근기는 식욕 색욕 재욕 등에 얽매어 솟아 오르지 못하고, 중근기는 명예욕에 걸리어 솟아 오르지 못하고, 좀 더 윗 근기는 상에 걸리어 크게 뛰어나지 못하나니, 오욕과 사상을 여의면 상근기니라.」

23. 말씀하시기를 「명필이 되기로 하면 먼저 명필의 필법을 체받아서 필력을 잘 길러야 하듯이 부처를 이루기로 하면 먼저 부처님의 심법을 체받아 일일시시로 불심을 잘 길러야 하나니, 우리는 대종사의 심법을 큰 쳇줄 삼고 정전의 말씀대로 꾸준히 실행하여 대종사의 법통을 오롯히 이어 받는 참 제자가 되어야 할 것이니라.」

24. 말씀하시기를 「자녀가 부모를 닮아 가듯 불제자도 부처님을 닮아 가야하나니, 끊임없이 모든 일에 부처님을 닮아 가서, 법신 보신 화신을 전부 닮으면 곧 여래의 지경이니라.」

25. 송 현풍(宋玄風)이 무한 동력을 연구중이라 하거늘, 말씀하시기를 「기계의 동력에도 무한 동력이 필요하지마는 우리의 수도에도 무한 동력이 필요하나니 수도의 무한 동력은 곧 신성이라, 이 신성이야말로 범부를 성인 만드는 가장 큰 원동력이니라.」

26. 말씀하시기를 「마음 가운데 사심이 뿌리 박거든 마음에 일원상을 묵상하여 그 공하고 둥글고 바른 본성을 돌이키기에 힘쓸 것이요, 대종사의 성안을 묵상하여 그 공명하고 정대하고 자비하신 심법을 체받기에 힘쓸 것이요, 나는 불제자요 공도자라는 자부심을 일으키어 그 사심을 제거하기에 힘쓰라. 그러하면 그 사심이 쉽게 정심으로 돌아오리라.」

27. 새 해 아침에 설법하시기를 「성불하고 성인 되는 길이 멀고 다른 데에 있는 것이 아니요 가까이 내 마음으로 공부하기에 달린 것인즉, 우리는 늘 마음 고쳐 나가는 것을 직업으로 알고 재미로 알아서, 새 해에는 더욱 새로운 마음으로 다 같이 성불하는 데에 노력하자.」 또 말씀하시기를 「새 해의 새로움은 날에 있는 것이 아니요 우리의 마음에 있는 것이며 따라서 새로운 마음으로 공부와 사업에 더욱 정진하는 것이 새 해를 맞는 참 뜻이라, 그러므로, 새 마음을 챙기면 늘 새 날이요 새 해며, 이 마음을 챙기지 못하면 비록 새 해가 와도 참다운 새 해를 맞이하지 못하나니라.」

28. 신년식에서 말씀하시기를 「새 해를 맞이하여 우리가 다 같이 거듭 새 사람이 됨으로써 새 나라와 새 세계를 우리 힘으로 건설하여 우리가 다 같이 일원의 새 낙원에 함께 즐겨야 할 것인 바, 새 사람이 되는 길은 나날이 새 마음으로써 좋은 습관을 길들이며 묵

어 있는 공부 사업을 추어 잡아서 늘 새로운 공덕을 세상에 끼칠 것이며, 또한 우리의 본래 성품을 닦고 잘 닦아서 본래 구족한 자성을 회복하는 것이니라.」

29. 말씀하시기를 「우리가 새 마음을 가지고 공부와 사업에 힘 쓰고 보면 우리 일생이 새롭고 우리 회상도 새롭고 우리 세계가 새로울 것인 바, 새로운 마음의 근원은 철저한 큰 신심을 근본하여 큰 공심을 가지고 대자비를 활용하는 데 있나니라.」

30. 영산에서 학인들에게 교강에 부연하여 "구성심(九省心) 조항"을 써 주시니 「심지가 요란하지 아니 함에 따라 영단(靈丹)이 점점 커져서 대인의 근성을 갖추게 되고, 심지가 어리석지 아니함에 따라 지혜의 광명이 점점 나타나서 대인의 총명을 얻게 되고, 심지가 그르지 아니함에 따라 정의의 실천력이 점점 충장하여 대인의 복덕을 갖추게 되고, 신과 분과 의와 성을 운전함에 따라 불신과 탐욕과 나와 우가 소멸되어 대도의 성공을 볼 수 있고, 원망 생활을 감사 생활로 돌림에 따라 숙세에 맺혔던 원수가 점점 풀어지고 동시에 복덕이 유여하고, 타력 생활을 자력 생활로 돌림에 따라 숙세에 쌓였던 빚이 점점 갚아지고 동시에 복록이 저축되고, 배울 줄 모르는 사람을 잘 배우는 사람으로 돌리며 가르칠 줄 모르는 사람을 잘 가르치는 사람으로 돌림에 따라 세세 생생에 항상 지식이 풍부하여지고, 공익심 없는 사람을 공익심 있는 사람

으로 돌림에 따라 세세 생생에 항상 위덕이 무궁하리라.」

31. 말씀하시기를 「송죽의 가치를 상설(霜雪)이 드러내듯이 공부인의 가치는 순역 경계가 드러나나니, 각자에게 난관이 있는 때나 교중에 난관이 있는 때에 그 신앙의 가치가 더 드러나고 그 공부의 가치가 더 드러나나니라. 국가에서 군인을 양성하는 것은 유사시에 쓰자는 것이요 도인이 마음 공부를 하는 것은 경계를 당하여 마음 실력을 활용하자는 것이니라.」

32. 말씀하시기를 「신 분 의 성을 마음 공부에 들이대면 삼학 공부에 성공하고 사 농 공 상에 들이대면 직업에 성공하나니라.」

33. 학인에게 말씀하시기를 「큰 지혜를 얻으려 하면 큰 정에 들어야 한다고 하나, 내가 월명암에서 무심을 주장하는 정만 익히었더니 사물에 어둡다고 대종사께서 크게 주의를 내리시더라. 마음 놓는 공부와 잡는 공부를 아울러 단련하여 숨 들이 쉬고 내 쉬는 것 같이 놓기도 자유로 하고 잡기도 자유로 할 수 있어야 원만한 공부를 성취하나니라.」

34. 말씀하시기를 「공부를 하는 데에는 대중을 잡는 것이 제일 중요하나니, 경전도 대중없이 건성으로 읽으면 비록 몇 백권을 읽어도 서자서 아자아(書自書我自我)로 아무 소득이 없나니라. 또는 공부가 책 보고 글 배우는 데에만 있는 것이 아니니, 일동 일정에

대중 잡는 마음만 있으면 모두 다 공부의 참 결과를 얻나니라.」

35. 학인들에게 말씀하시기를 「모든 것이 간절히 구하는 이에게 돌아 오나니, 과거 부처님께서 새벽 별을 보시고 득도를 하신 것은 그 별 자체에 무슨 뜻이 있어서 깨치신 것이 아니라, 인간의 생로병사에 모든 의문을 풀어 보시려는 간절한 구도심이 쌓이고 쌓여 지극하셨기 때문에 드디어 깨치신 것이며, 대종사께서도 7세 때부터 우주의 자연 현상을 보시고 싹 트신 간절한 구도의 정성이 쌓이고 쌓여 드디어 대각을 이루신 것이니라. 그러므로, 법문을 들을 때에 공력 없이 듣는 것과 공력을 들여 듣는 것이 다르고, 모든 사리에 연구심을 가지고 견문하는 것과 범연히 듣고 보는 것이 다르나니, 정전을 항상 염두에 두고 모든 학설을 연마하면 교리에 더욱 밝아질 것이요, 그렇지 아니하고 학설만 들으면 머리만 산란하리라. 그러므로, 새벽에는 좌선으로 마음을 맑히고 낮에는 경전으로 이치를 연마하라 하셨나니라.」

36. 말씀하시기를 「독경에 세 가지가 있나니, 하나는 과거 성현들이 책으로 지어 놓은 경전들을 읽어 거기에서 지견을 밝히는 것이요, 둘은 모든 사람의 선악을 보아 거기에서 스승과 거울을 얻는 것이요, 셋은 모든 사물을 접응할 때에 그 사사물물 가운데에서 진리의 교훈을 발견하는 것이라, 통달한 사람은 이 세 가

지 독경을 아울러 하므로 보보일체 대성경(步步一切 大聖經)이 되나니라.」

37. 우리 회상의 창건사 서문에 쓰시기를 「역사는 세상의 거울이라 하였나니, 이것은 어느 시대를 막론하고 모든 일의 흥망 성쇠가 다 이 역사에 나타나는 까닭이니라. 그러나, 역사를 보는 이가 다만 문자에 의지하여 지명이나 인명이나 연대만 보고 잘 기억하는 것으로 능히 역사의 진면을 다 알았다고 할 수 없나니, 반드시 그 때의 대세와 그 주인공의 심경과 그 법도 조직과 그 경로를 잘 해득하여야만 능히 역사의 진면을 볼 수 있고 내외를 다 비치는 거울이 될 것이니라. 그런즉, 본교는 과연 어떠한 사명을 가졌으며 시대는 과연 어떠한 시대이며 대종사는 과연 어떠한 성인이시며 법은 과연 어떠한 법이며 실행 경로는 과연 어떻게 되었으며 미래에는 과연 어떻게 결실될 것인가를 잘 연구하여야 할 것이니라.」

38. 말씀하시기를 「그대들이여 화두를 들고 지내는가. 화두를 연마하는 데에는 의리선 여래선 조사선을 차서 있게 병행함이 옳으나, 과거의 선방 공부 같이 온 종일 화두만 계속할 것이 아니요 화두를 마음 가운데 걸어 놓고 지내다가 마음이 맑고 조용할 때에 잠간 잠간 연구해 볼지니라. 그러하면 마치 저 닭이 오래 오래 알을 품고 굴리면 그 속에서 병아리가 생기듯 마음의 혜문(慧門)이 열리리라.」

39. 말씀하시기를 「연구 공부 하는 데 세 가지 요긴함이 있나니, 첫째는 바르게 봄이요, 둘째는 바르게 앎이요, 세째는 바르게 깨침인 바, 이 세 가지 가운데 바르게 깨침이 그 구경이 되나니라. 안으로 버리고자 하되 버릴 수 없고 잊고자 하되 잊을 수 없고 숨기고자 하되 숨길 수 없으며, 밖으로 길흉이 능히 그 뜻을 움직이지 못하고 순역이 능히 그 마음을 유혹하지 못하고 백가지 묘한 것이 능히 그 생각을 끌지 못하면 이것이 이에 바르게 깨친 진경이니라.」

40. 말씀하시기를 「옛날 우(禹)는 선한 일을 들으면 반드시 일어나 절을 하매 좌우에서 말하되 "상하를 불고하고 절하는 것이 너무 예에 과하지 않나이까"하거늘, 우는 "내가 절하는 것은 그 위를 보고 절하는 것이 아니요, 그 선을 보고 절하였으니 선은 상하와 귀천이 없는 것이라" 하셨다 하니, 이는 만고에 선(善) 좋아하는 표본이 될만 하니라.」

41. 말씀하시기를 「국방을 하는 데에도 육·해·공 삼방면의 방어가 필요한 것 같이 공부인에게도 삼방면의 항마가 필요하나니, 그는 곧 순경과 역경과 공경(空境)의 세 경계라, 순경은 내 마음을 유혹하는 경계요, 역경은 내 마음에 거슬리는 경계요, 공경은 내 마음이 게을러진 경계니, 법강항마할 때까지는 방어에 주로 주력하고 항마 후에는 이 모든 경계를 노복처럼 부려 쓰나니라.」

42. 말씀하시기를 「공부를 할 때에 육신을 돌보지 않고 너무 독공을 하여 몸을 상한다거나 또는 육신만 위하고 공부에 방종하는 사람은 다 공부할 줄 모르는 사람이니, 자기의 정신과 육신의 정도를 보아 능히 놓고 능히 잡을 줄 알아야 병 없는 공부를 성취하리라.」

43. 말씀하시기를 「지혜 있는 사람의 공부하는 법은 각자의 힘을 헤아려 보아서 그 경계를 능히 인내할만 하면 이어니와 그렇지 못할 정도라면 미리 그 경계를 피하여 어느 정도의 실력을 길러 경계를 대치해 가나니라. 만일 그렇지 아니하고 억센 경계 속에서 억지로 경계를 이기려 하면 심신만 괴롭힐 뿐이요 아무 효력을 얻지 못하는 수가 허다하나니라.」

44. 말씀하시기를 「병자의 맥이 너무 급하면 느리게 하고 너무 미하면 강하게 약을 써서 그 혈맥이 골라져야 병 없는 육신이 되는 것 같이, 우리의 마음 쓰는 데에도 과불급과 편착심이 있다면 그것을 불편불의한 중도에 골라서게 하여야 병 없는 성질이 될 것이니라. 사람의 성질이 진착하기만 하면 조그마한 경계 하나도 넘어서지 못하는 병이 있고, 활발하기만 하면 너무 허허하여 함부로 하는 병이 있으며, 너무 정중한 사람은 민첩하지 못한 병이 있고, 재주만 있고 보면 경망하고 박덕한 병이 있으며, 뜻이 너무 고상하기만 하면 오만한 병이 있고, 마음이 겸손하기만 하면 향상하려는 용기가 적은 병이 있으며, 원대한 생

각만 가진 사람은 작고 가까운 일에 소홀한 병이 있고, 너무 세밀한 사람은 대체와 강령을 잡지 못하는 병이 있으며, 열성이 너무 과한 사람은 걸핏하면 승기자를 미워하는 병이 있고, 뜻 없이 평범하기만 하면 모든 일에 열이 적은 병이 있으며, 위엄만 내는 사람은 온순한 태도가 적은 병이 있고, 너무 온순한 사람은 위엄이 적은 병이 있으며, 성질이 곧기만 하면 사람이 잘 따르지 않는 병이 있고, 뜻 없이 화하기만 하면 청탁을 가리지 못하는 병이 있으며, 너무 강한 사람은 잔인한 병이 있고, 유하기만 하면 모든 일에 결단력이 적은 병이 있나니, 우리는 우리의 성질을 잘 짐작하여 어느 편이든지 기울어지는 병이 있거든 항시 골라 세우는 데에 노력할 것이며, 또는 공부를 하는 가운데 어느 과정 하나에만 편착하거나 사업을 하는 가운데 어느 부분 하나에만 편착하는 병이 없게 하며, 공부를 좋아하는 가운데 사업을 등한시 하거나 사업을 좋아하는 가운데 공부를 등한시 하는 병이 없게 할 것이니, 이러한 공부를 계속하는 사람은 점점 원만한 도를 성취하여 쓸모 많은 사람이 될 것이며 그 성질은 흠 없는 성질이 되고 그 인격은 더욱 완전한 인격이 될 것이니라.」

45. 말씀하시기를 「옛 선사의 말씀에 "평상심이 곧 도"라 하였나니, 평(平)은 고하의 계급과 물아(物我)의 차별이 없는 것이요, 상(常)은 고금의 간격과

유무의 변환이 끊어진 것이라, 이는 곧 우리의 자성을 가리킴이요 우리의 자성은 곧 우주의 대도니라. 그러므로, 이 평상의 진리만 분명히 해득한다면 곧 견성자이며 달도자라 할 것이나, 마음의 용처에 있어서는 설혹 그 진리를 다 깨닫지 못하였다 할지라도 경우에 따라 능히 평상심을 실행할 수 있으므로 우리는 이 평상의 진리를 연구하는 동시에 또한 평상의 마음을 잘 운용하여야 할 것이니라.」

46. 이어 말씀하시기를 「평상심을 운용하는 몇 가지 실례를 들어 해석하자면 ①어느 일이나 한 번 정당한 곳에 입각한 이상에는 그 지키는 바 신의가 항상 여일함이 평상심이니, 그 신념이 항상 환경에 초월하여 환영과 배척이 능히 마음을 더하고 덜하게 하지 못하며 환란과 영화가 능히 마음을 변하고 옮기지 못하여, 한 번 뜻을 정한 후에는 능히 천만 난경을 돌파하고 마침내는 생사 관문에 이른다 할지라도 오직 태연자약하여 조금도 요동하거나 의구하는 기색을 보이지 않는 것은 신의에 나타난 평상심이요, ②우리가 대중을 상대하여 은의(恩誼)를 서로 맺은 이상에는 그 교제의 정신이 항상 원만하고 순일함이 평상심이니, 그 정신이 능히 파당에 초연하고 증애에 안끌려서 일을 당하여는 오직 공정을 주장하고 은혜를 베풀 때에는 오직 무념을 주장하여, 여기는 이(利)주고 저기는 해주며 어느 때는 좋아하고 어느 때는 싫어하는 마음이

없으며, 설혹 저 피은자가 배은하는 일이 있다 할지라도 은혜 베풀 때의 마음을 조금도 변하지 아니하는 것은 교제에 나타난 평상심이요, ③ 우리가 세상에 처하여 빈부의 환경을 당할 때에 그 응하는 감정이 항상 담박함이 평상심이니, 그 태도가 항상 평탄하여 가난하여도 가난한 데에 구구한 바가 없고 부하여도 부한 데에 넘치는 바가 없으며 금의 옥식을 할지라도 외면에 교만한 빛이 보이지 아니하고 추의 악식을 할지라도 내심에 부끄러운 생각이 없게 되는 것은 빈부에 나타난 평상심이요, ④ 우리가 세상에 출신하여 안위의 모든 경우를 당할 때에 그 가지는 바 정신이 오직 전일함이 평상심이니, 편안한 때에도 항상 조심하는 대중을 놓지 아니하고 위급한 때에도 항상 규모 절도를 범하지 아니하여 한가히 거(居)하나 난중에 처하나 그 부동하고 유유한 정신이 조금도 변하지 않는 것은 안위에 나타난 평상심이니라.」

47. 이어 말씀하시기를 「이를 다시 강령적으로 말한다면 어느 곳에 있으나 어느 때를 당하나 항상 일심을 놓지 않는 것이 평상심을 운용하는 원동력이 되나니, 공부하는 이가 평상의 진리를 깨치면 능히 생사고락에서 해탈하는 묘법을 얻을 것이요, 평상의 마음을 운용할 때에는 능히 성현의 실행을 나타내게 될 것이니, "평상심이 곧 도"라 하는 것이 어찌 적절한 법문이 아니리요.」

정산종사 법어

48. 말씀하시기를 「마음을 지나치게 급히 묶으려 하지 말고 간단 없는 공부로써 서서히 공부하며, 집심(執心)과 관심(觀心)과 무심(無心)을 번갈아 하되, 처음 공부는 집심을 주로 하고 조금 익숙하면 관심을 주로 하고 좀 더 익숙하면 무심을 주로 하며, 궁극에 가서는 능심(能心)에 이르러야 하나니라.」

49. 말씀하시기를 「무엇이나 안에 인력이 있으면 밖에서 기운이 응하게 되나니, 주막에 주객이 모이는 것은 술의 인력이 있기 때문이요, 덕인에게 사람이 모이는 것은 덕의 인력이 있기 때문이니라. 공부인이 형상 없는 마음 공부를 잘하고 보면 무형한 심력이 생겨나서 무한한 우주의 큰 기운을 능히 이끌어 응용할 수 있게 되나니, 이것을 일러서 삼계의 대권이라 하나니라.」

50. 말씀하시기를 「참다운 자유는 완전한 해탈에서 오나니, 자유의 구경 원리는 곧 우주와 자성의 진리에 근원되어 있나니라.」

51. 말씀하시기를 「법강항마위까지는 "부처는 누구며 나는 누구냐" 하는 큰 발분을 가지고 기운을 돋우며 정진하여야 하고, 법강항마위부터는 중생과 부처가 본래 하나라는 달관을 가지고 상(相)을 떼고 티를 없애는 것으로 공부를 삼아야 그 공부가 길이 향상되나니라.」

52. 말씀하시기를 「정(定)을 쌓되 동정에 구애 없

는 정을 쌓으며, 혜(慧)를 닦되 지우에 집착 않는 혜를 닦으며, 계(戒)를 지키되 선악에 속박 없는 계를 지키라.」

53. 말씀하시기를 「옛 말씀에 "심심창해수(心深滄海水)요 구중곤륜산(口重崑崙山)"이라 하였나니, 마음을 쓰되 창해수 같이 깊고 깊어서 가히 헤아릴 수 없이 하고, 입을 지키되 곤륜산 같이 무겁게 하라. 안으로 큰 사람이 되어 갈수록 그 심량을 가히 헤아리지 못하나니, 작은 그릇은 곧 넘쳐 흐르나 큰 그릇은 항상 여유가 있나니라.」

54. 말씀하시기를 「큰 바다는 백천 골짜기 물을 다 받아 들이되 흔적이 없듯이 대인은 공부나 사업 간에 흔적이 없어서, 모든 사리에 다 통달하되 통달하다는 흔적이 없고 만중생을 두루 구원하되 구원한다는 흔적이 없나니라.」

제 8 응 기 편 (應機編)

1. 정산 종사 말씀하시기를 「지도하는 이와 지도 받는 이 사이나 동지와 동지 사이에 자주 챙겨야 하는 처지와 특히 챙기지 아니하여도 좋은 처지가 있나니, 자주 챙겨야 하는 처지는 안챙기면 틈이 생길 우려가 있는지라 아직 알뜰한 권속이 다 되지 못한 것이요, 특히 챙기지 아니하여도 좋은 처지는 의리와 인정이 형식에 구애되지 아니하는지라 그야말로 마음을 합하고 기운을 연한 알뜰한 권속이니라. 지도하는 이가 지도 받는 이를 상대할 때에 사량과 방편을 쓸 필요가 없게 되고, 지도 받는 이가 지도하는 이를 상대할 때에 기망(欺罔)과 조작이 없게 되면 그 사이에는 자연중 대의가 확립되고 법맥이 연하게 되므로, 그러한 권속이 수가 많을수록 이 회상은 쉽게 융창하리라.」

2. 말씀하시기를 「"잡초가 잘 나는 밭에는 농부의 손이 자주 가야 함과 같이 변덕이 많은 공부인에게는 지도하는 공력이 더 든다"고 대종사께서도 말씀하셨나니, 이는 지도하는 이에게 편심이 있어서 그러는 것이 아니요, 그에게는 그만한 공력을 들이지 아니하면 버리기 쉬운 연고라, 그러므로 공부하는 이는 지도하는 이의 사랑을 저만 독특히 받으려 하지 아니하고 대

제8 응기편 1·2·3·4·5

범스럽게 상대하되 의리와 인정이 그 중에 있어야 하나니라.」

3. 말씀하시기를 「큰 선인이 되고자 하는 이는 먼저 남의 선(善) 좋아하는 공부를 하여야 하나니, 남의 선을 좋아하지 아니하고 큰 선인 이루기는 어렵나니라. 남의 선을 좋아하지 아니하면 선인과 친근하지 못할 것이요, 선인을 친근하지 아니하면 선심이 자연 희미해질 것이며, 선심이 마음에서 희미해지면 선 행하기를 즐기지 아니할 것이니, 어찌 선인 이루는 길이 멀어지지 아니하리요. 그러므로, 남의 선을 따라서 좋아하고 드러내는 것은 선인 되는 공부의 주요한 조건이 되나니라.」

4. 영산에서 학인들에게 말씀하시기를 「밖으로 죄해가 돌아 오는 것은 전생 금생에 내가 스스로 지은 것이요, 사은의 이치는 항상 여여하여 변함이 없나니라. 선은 선으로써 나를 깨우쳐 주고 악은 악으로써 나를 깨우쳐 주나니, 아울러 나를 인도하는 좋으신 선생이라. 생각 생각이 항상 이와 같으면 당하는 곳마다 길이 평화를 보존하나니라」 하시고 「害由自作 恩本無窮 善惡之師 並導我善 念念如是 永保其和」라 써 주시니라.」

5. 양 도신(梁道信)이 전무출신할 때 영생의 보감될 법문을 청한 바, 네 가지 서약 조항을 써 주시니 이러하니라. 「① 대도의 수행은 영겁의 보물이 되고 일시적 영욕은 한 조각 부운 같으니, 나는 이 영원한 희망으

로써 목전의 애욕에 초월하리라. ②순경과 역경이 모두 공부의 기회를 주시고 선인과 악인이 다 같이 공부의 길을 인도하시니, 나는 여기에 항상 재미 있고 감사한 생각을 잊지 아니하리라. ③부지런함은 만복의 근원이 되고 배우기를 좋아함은 큰 지혜의 바탕이 되나니, 나는 항상 부지런과 배움 두 가지로써 일생의 사업을 삼으리라. ④나는 역겁난우인 대성 회상에 참예하였고 겸하여 시방 세계에 헌신 희생하자는 전무출신에 가입하였나니, 이러한 어려운 기회를 당한 자로서 어찌 일시인들 허송하며 이러한 큰 서원을 올린 자로서 어찌 작은 욕심에 구속되어 스스로 만년의 전정을 그르치리요. 나는 이 어려운 기회, 중대한 책임을 명심하리라.」

6. 이 중정(李中正)에게 글을 내리시니 「發大願, 營私利己 如露如烟 成佛濟衆 萬願之宗. 立大信, 妙無他妙 寶無他寶 鐵柱中心 石壁外面. 起大忿, 絶利一源 用師百倍 三反晝夜 用師萬倍. 懷大疑, 大信之下 必有大疑 一心所到 金石可透. 行大誠, 眞實無僞 內外不二 始終一貫 天地同功. 運一圓道 濟無量生 脫永劫苦」라, 번역하면 「큰 원을 발하라. 사를 경영하고 저만 이롭게 함은 이슬 같고 연기 같으니, 부처 되어 중생 건지려 함이 모든 원의 머리니라. 큰 믿음을 세우라. 묘함이 다른 묘함이 없고 보배가 다른 보배가 없으며, 철주의 중심이요 석벽의 외면이니라. 큰 분을 일으키라. 이익

을 한 근원에 끊으면 그 공이 백배요, 세 번 주야를 반복하면 그 공이 만 배라 하였나니라. 큰 의심을 품으라. 큰 믿음 아래 큰 의심이 있나니, 일심 이르는 곳에 금석도 뚫리리라. 큰 정성으로 행하라. 진실되어 거짓 없으면 안과 밖이 둘이 아니요, 시종이 한결 같으면 천지로 공이 같으리라. 일원대도 운전하여 무량 중생 제도하고 영겁 고를 해탈하라」하심이러라.

7. 학인들에게 글을 주시니「松竹以經雪得其節 菩薩以忍辱養其心. 忍辱之工 初如筍 中如竹 終如泰山喬嶽 有萬歲不拔之力. 恢心之功 初如溪 中如江 終如大海滄洋 有不可思議之量也. 客塵之撓撓 雖朝暮而變幻 眞性之如如 亘萬古以長存. 不逐物移 是名上根 廻光返照 是爲佛道」라, 번역하면 「송죽은 상설을 지냄으로써 그 절개를 얻고, 보살은 인욕으로써 그 마음을 기르나니, 인욕의 공부는 처음에는 죽순 같고 다음에는 대 같고 마침내는 태산 교악 같아 만세에 뽑지 못할 힘이 있고, 마음 넓히는 공부는 처음에는 시내 같고 다음에는 강(江)같고 마침내는 대해 창양 같아서 불가사의한 역량이 있나니라. 객진의 요요함은 비록 조석으로 변환하나, 참 성품의 여여함은 만고를 통하여 길이 있나니, 물(物)을 따라 옮기지 아니하면 이것을 상근기라 이름하고 빛을 돌이키어 자성에 비치면 이것이 곧 불도니라」하심이러라.

8. 합동 성년식에 설법하시기를「나이만 먹고 백발

만 난다고 어른이 아니라, 남을 잘 용납하고 덕을 입히는 것이 어른이니, 남을 용납하고 덕을 입히는 이는 곧 연령이 적어도 성년이요, 남의 용납만 받고 덕을 입기만 하는 이는 언제나 미성년이니라. 그대들은 이미 성년이 되었으니 남을 용납하는 사람이 되고 용납 받는 사람은 되지 말며, 남을 위하는 사람이 되고 위함만 받으려는 사람은 되지 말며, 새로운 복을 짓는 사람이 되고 복을 받기만 하려는 사람은 되지 말라. 또는 남을 이기는 법이 강으로만 이기기로 하면 최후의 승리는 얻기가 어려우나, 부드러운 것으로써 지혜로이 이기면 최후에 승리하는 법이 있나니, 물이 지극히 부드러운 것이로되 능히 산을 뚫는 것 같나니라.」

9. 하루는 학인들이 각기 일방적인 의견을 주장하면서 상대방을 이해하지 못함을 보시고 말씀하시기를 「모든 사물의 양면을 두루 살피지 못하고 하나에 집착하면 편벽되어 원만하지 못하나니, 그대들은 제 주견에 끌리지 말고 그 때 그 처소에 일의 양면을 두루 보아서 적당한 비판과 취사를 하여 나가기에 노력하라.」

10. 학인이 사뢰기를 「우리 교단에서도 장차 세대 전무출신 제도를 고려하고 계시온데 저의 소견으로는 신성한 도량 생활에는 맞지 않을 듯 하나이다.」 말씀하시기를 「돌아 오는 세상의 법은 국한 없는 법이라야 하므로 많은 중생을 포용하여 불은을 두루 입게 하기 위하여서는 희망에 따라 내외가 다 포교할 수 있는 길

을 마련해 보아야 하나니라.」

11. 학인이 사뢰기를 「이러한 단체 생활에서는 상벌이 분명하여야 할 듯 하나이다.」 말씀하시기를 「상(賞) 없는 가운데 큰 상이 있고 벌 없는 가운데 큰 벌이 있나니, 그대들은 나타나는 상벌에만 끌리지 말고 참과 거짓에 대한 마음 대중을 놓지 말라.」

12. 김 서룡(金瑞龍)이 묻기를 「욕심으로 구하여도 얻어지나이까.」 답하시기를 「바라는 마음이 없어야 크게 와 지나니라.」 또 묻기를 「가장 크고 원만한 법을 가르쳐 주옵소서.」 대답하시기를 「마음을 찾아서 잘 닦고 잘 쓰는 법이니라.」

13. 이 명훈(李明勳)이 묻기를 「제가 재주 하나를 배워 가지려 하오니, 이 세상에 어떠한 재주가 제일 크나이까.」 답하시기를 「사람과 잘 화하는 재주를 배워 가질지니라.」

14. 장 성진(張聖鎭)이 묻기를 「마음은 항상 어떻게 가지오며 언행은 어떻게 하오리까.」 말씀하시기를 「항상 넉넉한 마음과 넉넉한 언행을 가질지니라.」

15. 학인이 사뢰기를 「누구나 다 하여야 할 변치 않는 공부법 하나를 일러 주옵소서.」 말씀하시기를 「매사에 과불급 없이 중도를 잡는 법이니라.」 다시 묻기를 「어떠한 공부가 제일 어렵나이까.」 말씀하시기를 「평상심을 쓰는 공부니라.」

16. 전 이창(全二昌)이 묻기를 「과거 현재 미래를

정산종사 법어

위하여 어떠한 어른이 제일 큰 발견을 하여 주셨나이까.」 답하시기를 「제일 큰 은혜를 발견하여 주신 어른이니라.」 또 묻기를 「어떠한 사이에 큰 원수가 맺어지나이까.」 말씀하시기를 「가장 가까운 사이에 큰 원수를 짓기 쉽나니, 가까운 사이일수록 조심할지니라.」

17. 안 이정(安理正)이 사뢰기를 「저는 이제 처음으로 교화 선상에 나가오니 보감될 말씀을 가르쳐 주옵소서.」 말씀하시기를 「몸으로써 먼저 실행할 것이니라.」

18. 황 주남(黃周南)이 묻기를 「어떻게 하여야 천지의 위력을 얻어 큰 일을 하오리까.」 말씀하시기를 「사(邪)만 떨어지면 큰 일을 할 수 있나니라.」

19. 학인이 묻기를 「사람의 일 가운데 무슨 일이 제일 급선무가 되나이까.」 말씀하시기를 「각자의 허물을 찾아 고치는 일이니라.」

20. 이 제성(李濟性)이 묻기를 「무슨 방법으로 하여야 큰 공부를 하오리까.」 답하시기를 「스승과 사이가 없어야 하나니라.」 또 묻기를 「사이가 없기로 하면 어떻게 하오리까.」 답하시기를 「신(信)만 돈독하면 자연 사이가 없나니라.」

21. 학인이 묻기를 「오욕과 삼독과 착(着)과 상(相) 등을 떼는 공부를 할 때에 따로 따로 한 조목씩 유념하여 떼어 나가는 것이 어떠하오리까.」 말씀하시기를 「그것도 좋으나 경계를 당하여 마음 일어나는 것을 보아 나쁜 마음의 싹이 보이거든 그 즉시로 제거하고 또

제거하면 여러가지 사심이 저절로 일어나지 않게 되나니라.」

22. 학인이 묻기를 「오욕이 인간에 나쁜 것이오니까.」 답하시기를 「오욕 자체는 좋고 나쁠 것이 없으나 분수 이상의 욕심을 내면 죄고로 화하고, 분수에 맞게 구하고 수용하면 그것이 세간의 복락이니라.」

23. 이 광정(李廣淨)이 사뢰기를 「그 일 그 일에 일심을 모아 보려고 노력하오매 그 노력하는 마음이 일심을 방해 하나이다.」 말씀하시기를 「일을 시작할 때에만 공부심으로 하여 보리라는 대중을 가지고, 일단 착수한 뒤에는 그 마음도 놓아 버려야 일심이 되나니라.」

24. 김 인철(金仁喆)이 묻기를 「제 힘에 겨운 난처한 삿된 경계에 끝까지 대결하여 싸우는 것이 선책이오리까.」 답하시기를 「무지 포악한 사람이 와서 시비를 걸 때에는 슬그머니 그 경계를 피하였다가 뒤에 타이르듯이 하라. 공부 도상에 고비가 없지 않나니, 그 고비를 억지로 뚫으려고만 하지 말고 수월스럽게 돌아 갈 길을 찾는 것이 선책이니라.」

25. 말씀하시기를 「공부는 경계를 지내고 나야 자신의 실력을 알 수 있으며, 없던 힘이 생겨 나기도 하고 있던 힘이 더욱 강해 지기도 하나니라.」

26. 학인이 묻기를 「평소에 마음을 어떻게 다스려 가오리까.」 말씀하시기를 「대체로는 좋은 생각은 그대

로 두고 사심만 제거하는 것으로 표준을 삼되, 때로는 선악간 모든 생각을 다 끊는 기회도 가져 보라.」 또 묻기를 「평소에 챙기지 못하였던 좋은 일이 좌선할 때 문득 생각나면 어떻게 하오리까.」 대답하시기를 「바로 명념하고 놓아버렸다가 좌선 후에 다시 챙기어 처리하라.」

27. 학인이 묻기를 「어찌하면 공심(公心)이 양성되오리까.」 답하시기를 「이 몸이 사은의 공물임을 알 것이요, 그러므로 보은은 의무임을 알 것이요, 인생의 참가치는 이타(利他)에 있음을 알 것이요, 자리(自利)의 결과와 공익의 결과를 철저히 자각할 것이니라.」

28. 학인이 묻기를 「도통(道通) 법통(法通) 영통(靈通)에 대하여 알고 싶나이다.」 말씀하시기를 「도통은 견성함이요 법통은 이치를 응하여 법도를 건설함이요 영통은 신령한 밝음을 얻음이니라.」 또 말씀하시기를 「도통 법통을 먼저하고 끝으로 영통을 하여야 하나니, 만일 영통을 먼저하면 사람이 사(邪)에 떨어져 그릇되기 쉽고 공부도 커 나가지 못 하나니라.」 또 말씀하시기를 「신통은 성인의 말변지사라 주세성자가 신통으로 일을 삼으면 인도 정의를 누가 붙잡으리요. 새 세상 도인들은 신통을 쓸 필요가 없나니, 과학의 모든 문명이 모두 신통이니라.」

29. 양 도신에게 말씀하시기를 「동정간에 일심을 여의지 않는 것이 곧 입정이며, 그 일심으로써 육근 동

작에 바른 행을 나타내는 것이 곧 신통이니라.」

30. 학인에게 말씀하시기를 「공부하는 데 큰 마(魔)는 내가 무던하거니 하는 것이니 이것은 법식(法食)의 체증이니라.」

31. 시자 묻기를 「무슨 일이나 다 사뢰고 처리하오리까.」 말씀하시기를 「일상의 일 외에는 먼저 말하고 처리하라. 내가 알고 있어야 기운이 상통하여 그 일이 잘 되어 가나니라.」 또 묻기를 「지도인의 허물이 눈에 뜨일 때에는 어떻게 하오리까.」 말씀하시기를 「꼭 의지해야 할 사람의 허물이 눈에 뜨이거든 스스로 박복함을 한할 것이요 의혹이 풀리지 아니하거든 직접 고하여 해혹할지니라.」

32. 학인이 묻기를 「부처님에게도 친소와 원근이 있나이까.」 말씀하시기를 「친소와 원근이 없지는 아니하나, 일을 처리할 때에 오직 공변되고 치우침이 없이 두루 보아 처리하시나니라. 대종사께서도 "공심 있고 착한 사람을 보면 정이 더 건넌다"고 하셨나니라.」

33. 학인이 묻기를 「안분을 하면 세상에 전진이 없지 않겠나이까.」 말씀하시기를 「의욕이 없고 게으른 것이 안분이 아니요, 순서를 바르게 잡아 태연히 행하는 것이 안분이니, 자기의 정도에 맞추어 전진할지니라.」

34. 학인이 묻기를 「끝내 불의한 사람을 어떻게 대처하는 것이 자비이오니까.」 말씀하시기를 「불의한 사람을 아무리 타일러도 듣지 않으면 큰 경계를 써서 개

과를 시키는 것도 자비니, 선악을 불고하는 자비는 참 자비가 아니요, 죄고를 방지하여 주는 것이 곧 활불의 자비니라. 그러나 마음에 미워서 해할 마음이 있으면 자비가 아니니라.」

35. 학인이 묻기를 「자리 이타는 물질로만 하는 것이오니까.」 말씀하시기를 「말과 행실을 잘하여 남의 수행에 모범이 되어 주는 것도 훌륭한 자리 이타가 되나니라.」

36. 이 은석, 김 정용에게 글을 주시니 「方圓合道」라 「모나고 둥글기를 도에 맞게 하라」하심이요, 이 중정에게 글을 주시니 「中正之道」라 「중정의 길을 잡으라」 하심이요, 시자에게 글을 주시니 「力行不惑」이라 「힘써 행하며 미혹되지 말라」하심이러라.

37. 시자 사뢰기를 「제가 꿈에 "무저단하(無抵端下)"라는 한 글귀를 얻었나이다.」 말씀하시기를 「밖으로 대질리지 아니함은 화합의 근본이요, 안으로 단정히 하심함은 양덕의 근본이라, 좋은 글귀니 잘 지키라. 대개 너무 기승한 사람은 측 없고 겸손한 공부에 먼저 힘써야 돌아 오는 인화 시대에 가히 대성을 보리라.」

38. 박 장식(朴將植)에게 글을 주시니 「養性之本 運心蕩蕩 優優自在 鍊成金剛」이라, 번역하면 「수양 공부 근본은 마음 널리 씀이니, 넉넉하고 수월히 금강 성품 이루라」하심이러라.

39. 이 성신(李聖信)에게 말씀하시기를 「심량(心

量)이 호대하면 모든 경계가 스스로 평온해지나니 이것이 곧 낙원의 길이요, 심량이 협소하면 모든 경계가 사면을 위협하나니 이것이 곧 고해의 길이라, 고락이 다만 자신의 견지 여하에 있나니라」하시고 「至誠修道德 坦坦前路開」라 써 주시니, 번역하면 「지성으로 도덕 닦으면 탄탄한 앞길 열리리라」 하심이러라.

40. 김 정관(金正貫)에게 글을 주시니 「動靜得度」라, 번역하면 「동하고 정하기를 법도에 맞게 하라」하심이요, 이 정화(李正和)에게 글을 주시니 「吾心正則天下之心 以正應之 吾心和則 天下之心 以和應之」라, 번역하면 「내 마음이 바르면 천하의 마음이 정(正)으로 응하고, 내 마음이 화하면 천하의 마음이 화(和)로 응한다」하심이러라.

41. 범과한 학인들에게 말씀하시기를 「대중과 불전에 알뜰히 참회하라」하시고, 글을 주시니 「眞實無自欺 誓願不貳過」라, 번역하면 「진실하여 스스로 속임이 없고 다시는 범과 않기로 서원을 하라」하심이러라.

42. 유 기현(柳基現), 한 정원(韓正圓)에게 글을 주시니 「念念無念 是靜時工夫 事事明事 是動時工夫 有念無念各隨意 大道蕩蕩無所碍」라, 번역하면 「생각 생각이 생각 없음은 정할 때 공부요, 일일이 일에 밝음은 동할 때 공부라, 유념 무념이 뜻대로 되면 대도 탕탕하여 걸림 없으리라」하심이러라.

43. 정 종희(鄭宗喜)에게 글을 주시니 「修道養德

日新又日新」이라, 번역하면 「도를 닦고 덕을 기르되 날로 새롭고 또 날로 새로우라」하심이요, 윤 주현(尹周現)에게 글을 주시니 「先務修道 天下歸道」라, 번역하면 「먼저 수도에 힘써야 천하가 이 도에 돌아 오리라」 하심이러라.

44. 문 동현(文東賢)에게 글을 주시니 「在家出家 在於心 不在於身 菩薩與衆生 在於心 不在於身 念念菩提心 步步超三界」라, 번역하면 「재가와 출가가 마음에 있고 몸에 있지 아니하며, 보살과 중생이 마음에 있고 몸에 있지 아니하나니, 생각 생각 보리심으로 걸음 걸음 삼계를 뛰어 나라」하심이러라.

45. 집에 돌아 간 학인에게 글을 주시니 「念佛修行 千里咫尺 背佛合塵 咫尺千里」라, 번역하면 「부처를 생각하며 닦아 행하면, 천리 밖에 있어도 서로 지척이요, 부처를 등지고 티끌에 합하면, 지척 안에 있어도 천리 밖이라」하심이러라.

46. 결혼하는 학인에게 글을 주시니 「信爲萬善之本 和爲萬福之源」이라, 번역하면 「믿음은 모든 선의 근본이요, 화합은 모든 복의 근원이라」하심이요, 후일에 따로이 한 귀를 더 써 주시니 「誠爲萬德之宗」이라, 번역하면 「정성은 모든 덕의 조종이라」하심이러라.

47. 학인들을 서울 직장에 보내시며 훈시하시기를 「잘 인내하고 부지런하며 정직하고 관대하며 세속에 흐르지 않도록 조심하라.」

48. 동화병원 직원들에게 말씀하시기를 「의업 또한 제중의 성업이니, 친절과 성의와 정직을 신조로 삼으라.」

49. 해방 후 개성이 몇 개월 막혔을 때에 이 경순(李敬順)에게 글을 써 주시며 외우고 심고하라 하시니 「法身元淸淨 禪味又淸淨 開城本無碍 通達便無碍 公道自坦坦 奉公亦坦坦 三世一切佛 齊齊從此行」이라, 번역하면 「법신 원래 청정이라 선미 또한 청정하다. 개성 본래 걸림 없어 통달하면 무애로다. 공도 절로 탄탄하고 봉공 또한 탄탄하다. 삼세 모든 부처님들 다 이대로 행하니라」하심이요, 이어 송 달준(宋達俊)에게 말씀하시기를 「대하는 곳마다 척을 짓지 말고 저 고양이에게 까지도 덕을 끼치며, 있어도 없는 듯, 알고도 모르는 듯 살라. 이것이 피란의 요결이니라.」

50. 동란 중 국민병으로 떠나는 총부 청년들에게 말씀하시기를 「법신불과 대종사를 언제나 머리 위에 모시고 매사를 작용하며, 구내를 떠났으되 구내에 상주하는 심경으로 지내며, 어떠한 난경에 부딪쳤을 때에는 온전한 심경으로 심고를 드린 후 생각이 즉시 미치는 대로 처사하며, 잠시 나의 지도를 벗어 났지마는 언제나 지도를 받고 있는 심경으로 지내라.」

51. 동란 중 대중에게 훈계하시기를 「늘 척 없는 말을 하며 여진 있는 행을 하며 기한과 도탄에 빠진 동포들이 평화를 누리고 안락한 생활을 하도록 정성스럽

게 기도하라」하시고 「조석으로 사심 없이 기도를 드리면 첫째는 자기 마음이 대자 대비한 부처님 심경을 이루어 자기에게 먼저 이익이 돌아 오고, 둘째는 그 소원이 마침내 달성되어 대중에게 그 이익이 돌아 가나니라.」

52. 동란 후 혼란을 틈타 규율을 어기고 방종하는 무리가 있어 대중이 그의 조처를 누차 진언하매 하루는 최 해월 선생의 법문 가운데 "내 혈괴(血塊)가 아니거니 어찌 혈기가 없으며, 오장 육부가 있거니 어찌 감정이 없으리요. 다만 그를 탓하지 아니함은 천심을 상할까 함이라" 한 귀절을 인용하시며 「나 또한 대의를 모르고 시비를 몰라서 말하지 않겠는가, 오직 대종사께서 키우셨던 제자를 내가 어찌 먼저 버려 법연을 끊으며, 한 사람의 전정인들 내가 어찌 먼저 막으리요. 대종사께서는 지어 일초 일목도 먼저 버리지 않으셨나니라.」

53. 한국 보육원 십 주년 기념식에 축하 법문을 보내시기를 「萬和成圓 一心貫天」이라 하시니 「만인과 화합하여 원을 이루고, 한결된 마음으로 하늘과 통하라」하심이러라.

54. 황 정신행(黃淨信行)이 도미할 때에 글을 주시니 「水陸空 數萬里 去平安 來平安」이라, 번역하면 「수륙공 수 만리에, 가시기도 평안히, 오시기도 평안히」하라 하심이요, 박 광전(朴光田)이 도미할 때에 한 귀

를 더하여 주시니 「應機緣 傳法光 初如意 後如意」라, 번역하면 「기연 따라 법광을 전하되, 처음도 뜻 같이, 나중도 뜻 같이」하라 하심이러라.

55. 임 칠보화(林七寶華) 회갑식에 법문을 보내시기를 「세상에는 금 은 유리 호박 진주 자거 마노 등 일곱가지를 칠보라 하고, 수도문중에서는 신심 분심 의심 성심 안정심 연마심 결단심 등 일곱가지 마음으로 칠보를 삼나니, 동지는 삼세를 통하여 이 일곱 가지 마음 보배를 근본 삼아 영세의 일체 혜복을 소유하시기 기원하는 바라」하시니라.

56. 윤 석인(尹碩仁) 회갑식에 설법하시기를 「천지에 우로가 있건마는 그 우로를 이용하여 농사를 짓는 사람이 복을 더 받는 것 같이 세상에 좋은 법이 있건마는 그 법을 잘 이용하여 복을 짓는 사람이 복을 더 받나니, 회갑 기념도 한갓 무의미한 외화로 하루를 지내지 아니하고 우리 예법을 이용하여 세상에 새 법을 세우며 새 복을 지으면 세상에서 무의미하게 수 만의 금전을 소비하는 것보다 그 영광이 몇 배나 더하며, 자손들의 부모에 대한 보은도 또한 몇 배나 더하나니라.」

57. 김 현관(金玄觀)에게 편지하시기를 「사람이 선악간 업을 지을 때에 중생은 명예와 권리와 이욕으로써 하고, 불보살은 신념과 의무와 자비로써 하나니, 그러므로 불보살에게는 참된 명예와 권리와 이익이 돌아오게 되며, 중생은 실상없는 명예와 권리와 이욕에

방황하나니라.」

58. 송 자명(宋慈明)에게 편지하시기를 「몸은 산천의 격활(隔濶)에 있으나 마음은 법회의 일석(一席)에 있으며, 일은 백천만 가지가 비록 다르나 정신은 신성 일념에 근원하여 부지런히 부지런히 잘 힘쓰면 이것이 나를 떠나지 않는 공부요 바로 부처의 경계에 오르는 도가 되나니라.」

59. 요양하는 시자에게 편지하시기를 「사람이 육신이 병들지언정 근본 마음은 병이 없나니, 그 병듦이 없는 마음으로써 육신을 치료하면 육신이 따라서 건강을 얻을 수 있나니, 거기에 공부하기를 간절히 부탁하는 바이다.」

60. 병이 중한 김 백련(金白蓮)에게 편지하시기를 「不生不滅 不垢不淨 修以自安 永樂佛土」라 하시니, 번역하면 「나고 죽음도 없고 병들고 성함도 없나니 스스로 안심 공부로 불토에 길이 즐기라」하심이러라.

61. 오랜 요양 중에 구미의 증감이 잦으신지라, 인하여 말씀하시기를 「구미가 있으면 소사채갱도 오히려 달아서 몸에 영양이 되고, 구미가 없으면 고량진미도 맛이 없어서 소화불량을 일으키나니, 자신에게 도가 있으면 역경도 능히 좋게 운전하여 복락을 수용할 수가 있고, 자신에게 도가 없으면 순경도 나쁘게 운전하여 재앙의 밑천을 짓는 수 있나니라. 그러므로, 세상 살아 나가기의 재미 있고 재미 없는 것이 밖의 경계에만 있

는 것이 아니요 실은 안으로 자기의 도력과 도미(道味) 유무에 달려 있나니라.」

정산종사 법어

제9 무 본 편 (務本編)

1. 정산 종사 말씀하시기를 「무엇이나 근본에 힘써야 끝이 잘 다스려지나니, 육근의 근본은 마음이요 마음의 근본은 성품이며, 처세의 근본은 신용이요 권리 명예 이욕 등은 그 끝이니라.」

2. 말씀하시기를 「마음의 본말을 알고, 마음 닦는 법을 알고, 마음 쓰는 법을 잘 아는 것이 모든 지혜 중에 제일 근본되는 지혜가 되나니, 경에도 "사람이 삼세의 일체사를 알려면 법계의 모든 일이 마음으로 된 줄 알라" 하셨나니라.」

3. 말씀하시기를 「모든 일에 본말과 선후를 찾아 미리 준비함이 있어야 하나니, 눈 앞의 이해에 얽매이지 말고, 영원한 장래를 놓고 보아 근본되는 일에 힘을 쓰라. 범상한 사람들이 일생을 산다 하나, 결국 육신 하나 돌보는 데 그치고, 근본되는 정신을 돌볼 줄 모르나니, 어찌 답답하지 아니하리요.」

4. 학인이 묻기를 「굶주려 죽어가는 사람에게는 법보다 밥이 더 중요하지 않사오리까.」 말씀하시기를 「본말로 논하자면 법이 근본이요 밥이 말이되나, 우리의 육신을 보호하는 데에는 밥이 선(先)이 되고 법은 후가 되나니, 그러한 경우에는 밥을 먼저 먹어야 되고,

제9 무본편 1·2·3·4·5·6·7·8

일생 생활의 체를 잡는 데에는 정신을 근본 삼아 수양 연구 취사로써 의식주를 구해야 하나니라.」

5. 말씀하시기를 「근본되는 법으로 체를 삼고, 때에 따라 선후를 가려 물질을 잘 이용하라. 마음의 조화가 큰 것이요 물질의 소유가 큰 것이 아니니라.」

6. 학인이 묻기를 「이 세상에서 어떠한 공부가 제일 근본되는 공부가 되나이까.」 말씀하시기를 「마음 공부가 제일 근본되는 공부가 되나니라. 마음 공부는 모든 공부를 총섭하나니, 마음 공부가 없으면 모든 공부가 다 바른 활용을 얻지 못하나니라.」 또 묻기를 「이 세상에서 어떠한 기술이 제일 근본되는 기술이 되나이까.」 말씀하시기를 「인화하는 기술이 제일 근본되는 기술이 되나니라. 사람 잘 화하는 기술은 모든 기술을 총섭하나니 인화하는 기술이 없으면 모든 기술이 다 잘 활용되지 못하나니라.」

7. 말씀하시기를 「진화의 근본은 교육이요, 교육 가운데에는 정신 교육이 근본이 되나니, 학문이나 기술은 발전에 필요하기는 하나, 진실과 공심의 정신 위에 갖추어진 학문과 기술이라야 세상에 이익 주는 학술이 되나니라.」

8. 학인이 묻기를 「도의 교육의 근본은 무엇이오니까.」 말씀하시기를 「보본과 보은의 사상을 잘 배양함이 도의 교육의 근본이니, 도의 교육을 잘 실현한 사회라야 새 세상의 대운을 먼저 타리라.」

9. 말씀하시기를 「과수를 기르는 데에도 뿌리에 거름을 주어야 그 과수가 잘 자라고 훌륭한 결실을 보게 되는 것 같이, 사람의 뿌리는 마음이라 무엇 보다 먼저 마음 공부에 힘써야 훌륭한 인격을 이루나니, 이 마음 공부를 여의고 어찌 혜복의 결실을 바라리요.」

10. 말씀하시기를 「우리가 세상에서 구하고자 하는 것을 간단히 말하자면 복과 혜 두가지인 바, 세상은 복의 밭이요 우주는 진리의 덩치이며, 우리에게는 다 부처님 같이 복과 혜를 얻을 수 있는 요소가 갚아 있건마는 구하는 데 노력하지 아니하므로 오지 않나니, 구하기에 노력만 한다면 누가 이를 막으리요. 그러나 아무리 구하여도 되지 않는 일은 진리에 어긋나게 구하는 연고라, 우리는 원하거든 먼저 구해야 하며, 구하되 진리로써 구해야 하나니라.」

11. 말씀하시기를 「물에 근원이 있고 나무에 뿌리가 있어야 그 물과 나무가 마르지 않듯이, 현재에 복락을 누리는 것 보다 그 용성(用性)에 복덕의 종자가 박혀 있어야 그 복락이 유여하나니, 자기 마음에 어떠한 싹이 트고 있는가를 늘 살피어, 좋은 싹을 기르기에 힘을 쓰라. 복덕의 종자, 복덕의 싹은 곧 신심과 공심과 자비심이니라.」

12. 말씀하시기를 「복 받기를 원하거든 형상 없는 마음에 복의 싹을 길러 내고, 죄 받기를 싫어하거든 형상 없는 마음 가운데 죄의 뿌리를 없애라. 마음으로만

남을 위하여도 복덕이 되나니라.」

13. 말씀하시기를 「측량하는 사람이 먼저 기점을 잡음이 중요하듯이 우리의 공부 사업에도 기점을 잡음이 중요하나니, 공부의 기점은 자기의 마음 공부에 두고, 제도의 기점은 자신의 제도에 둘지니라. 그러나, 자신을 다 제도한 후에 남을 제도하라는 말은 아니니, 마음 공부에 근본하여 모든 학술을 공부하고, 자신 제도에 힘쓰면서 제도 사업에 힘을 쓰라 함이니라.」

14. 해방 후 전재 동포 구제 사업을 하게 하시며, 말씀하시기를 「구제 사업에는 구호 사업과 제도 사업의 두 가지 뜻이 있나니, 전재 동포에게는 우선 구호 사업이 시급하나, 거기에 그치지 말고 반드시 제도 사업을 아울러 하여야 하나니라. 물질과 무력으로 어찌 참다운 행복과 평화를 이룰 수 있으리요, 오직 심지를 바르게 제도하여야 참다운 행복과 평화가 오나니, 이 세상 모든 사업 중에 가장 큰 사업은 종교 사업이며, 우리는 항상 구호 사업과 제도 사업의 양면을 쌍전하여 나아가야 할 것이니라.」

15. 말씀하시기를 「남에게 이익을 줌이 길이 많으나 바른 발원 하나 일어나게 하는 것에 승함이 없고, 남에게 해독을 줌이 길이 많으나 나쁜 발원 하나 일어나게 하는 것에 더함이 없나니, 발원은 곧 그 사람의 영생에 선악의 종자가 되는 까닭이니라.」

16. 말씀하시기를 「지방 교당 하나 생기는 것이

쉬운 것 같으나 그 지방에 복 있는 사람이 많아야 교당이 서는 것이며, 교당 하나 설립하는 것이 다른 물질의 보시보다 공이 훨씬 더하나니, 흉년에 기민을 주는 것도 좋지마는 어떠한 사업 기관을 벌여 여러 사람이 생활하게 한다면 그 공이 더 클 것이며, 한 때 물질적 이익을 주는 것보다 학교 하나를 설립하여 모든 인재가 배우게 한다든지, 훌륭한 연구로 만인의 편리를 도와준다면 그 공이 더 나을 것이 아닌가. 하물며, 그 보다 더한 도학의 기관으로 교당을 세우고 도덕을 가르쳐서 모든 사람이 함께 길이 선인이 되게 한다면 그 보다 더 큰 복이 어디 있으리요.」

17. 말씀하시기를 「불보살들은 널리 천지 허공 법계를 내 집안 살림으로 삼고 시방 세계에 복록을 심어 세세 생생 그치지 않고 복록을 수용하시나니, 크다 크다 하여도 국한 없는 부처님 포부보다 더 크며, 넓다 넓다 하여도 국한 없는 부처님 곡간보다 더 넓으리요.」

18. 말씀하시기를 「공덕을 짓는 데에 세 가지 법이 있나니, 첫째는 심공덕(心功德)이라, 남을 위하고 세상을 구원할 마음을 가지며 널리 대중을 위하여 기도하고 정성을 들이는 것이요, 둘째는 행공덕(行功德)이니, 자기의 육근 작용으로 덕을 베풀고 자기의 소유로 보시를 행하여 실행으로 남에게 이익을 주는 것이요, 세째는 법공덕(法功德)이니, 대도 정법의 혜명을 이어받아 그 법륜을 시방 삼세에 널리 굴리며, 정신 육신

물질로 도덕 회상을 크게 발전시키는 공덕이라, 이 공덕이 가장 근본되는 공덕이니라.」

19. 말씀하시기를 「우리가 이 도량에 사는 것이 근본에 있어서는 마음 공부 하나 하기 위함이니, 공부를 하려 함에 의식을 준비하게 되고, 그러기 위하여 나 하나만이 아닌 여러 대중이 같이 일도 하고 사업도 하고 기관도 벌였거늘 공부인 가운데 혹 그 근본을 잊어 버리고 속된 욕심과 헛된 영화에 마음을 흘려 보내는 이 적지 않으니, 본말을 전도한 그 전정이 어찌 근심되지 아니하리요.」

20. 학인들에게 말씀하시기를 「한 도량에 같이 생활하여도 사람들의 마음 뽑히는 형상이 각각 다르나니, 생각과 소원이 이 공부 이 사업에만 오롯이 집중된 사람도 있고, 혹 다른 데에 마음이 뽑히나 스스로 반조하여 바로 본원에 돌아 오는 사람도 있고, 상당히 많이 뽑히나 스승과 동지들의 말을 듣고 다시 본분을 챙기는 사람도 있고, 그 뽑히는 마음이 행동으로 나타나 대중의 시비를 듣되 스스로 반성이 없고 스승과 동지들의 충고를 듣지 않고 일을 그르치는 사람도 있나니, 그대들의 마음은 어느 정도에 있는가 반조하여 영원한 세상에 큰 후회가 없도록 하라.」

21. 말씀하시기를 「이 구내에 살면서도 공부심은 다 놓아 버리고 사는 사람을 보면 그 사람들의 과거 업장이 얼마나 두터운가 민망스러운 생각이 나며, 생

사의 이치와 죄복의 이치를 생각할 때에 한 번 깜짝 놀랄 일이로되, 이 법문에 들어 와서도 아무 생각 없이 생활하는 것을 보면 오직 불쌍할 따름이니라.」

22. 말씀하시기를 「한 마음이 일어날 때 공사(公私)와 정사(正邪)를 대조하여 그 마음의 시작부터 공변되고 바르게 하라. "바늘 구멍으로 소 바람 들어 온다"는 말이 있나니, 한 구석에 삿된 마음이 들어 오기만 하면 바로 본원에 반조하여 바른 마음으로 돌려야 후일에 후회가 없으리라. 도량에서도 알뜰한 공부가 없이 억지로 체면에 끌리어 시일만 보내면 이 생은 혹 그대로 지낼지 모르나 다음 생에는 자연히 회상을 등지고 타락하게 되며, 공가에서 짓는 죄는 사가에서 짓는 죄보다 훨씬 더 중한 보응을 받게 되나니, 크게 각성하여 영원한 길에 유감이 없도록 하라. 본원에 반조하는 한 마음이 곧 부처와 가까와지는 마음이니, 수도인은 오직 도만을 생각하고 부처만을 부러워해야 하나니라.」

23. 말씀하시기를 「그대들이 도량에서 생활하는 가운데 주심(主心)과 객심(客心)을 분간하여야 하나니 우리의 주심은 무엇인가. 우리가 이 곳에 와서 사는 것이 돈을 얻고자 함인가, 권리를 얻고자 함인가, 명예를 얻고자 함인가, 기타 어떠한 향락을 구하고자 함인가. 우리는 성불 제중을 목적하고 이 도량에 모여 사나니, 성불하고자 함이 주심이요, 제중하고자 함이

주심이라, 우리가 만일 그 주심을 놓고 객심에 사로 잡혀서 주객이 바뀐 생활을 하게 된다면 우리의 전도는 어찌 될 것인가. 그런즉 그대들은 항상 그 주심을 철석 같이 견고히 하고 경우에 따라 객심을 잘 이용할지언정 객심으로 하여금 도리어 주심을 지배하지는 못하게 하여야 그 근본이 확립되리라.」

24. 말씀하시기를 「성불 제중의 서원은 우리 인류의 소원 가운데 제일 높고 제일 큰 서원이요, 성불 제중을 하기 위하여 모여 사는 곳은 세상에서 제일 신성하고 귀중한 곳이니, 우리의 의무가 그 얼마나 중하며 우리의 생활이 그 얼마나 귀한가. 그러나, 마음이란 오래되면 풀어지기 쉽고 경계에 부딪히면 흔들리기 쉬우며, 시국의 어지러움과 생활의 복잡함을 따라 모든 인심이 조석으로 변환하는 이 때에 도량에서도 조금만 방심하고 챙기지 아니하면 부지 불식간에 본분을 매각할 염려가 없지 않나니, 그대들은 이에 크게 주의하여 시간을 지낼 때마다 경계를 당할 때마다 한결 같이 우리의 본래 목적에 반조하기를 잊지 말라. 이 공부가 오래 오래 순숙되면 필경에는 반조할 것 없이 저절로 목적에 적중될 것이요, 우리의 공부가 순숙하면 세계가 자연 불국으로 화하게 되리라.」

25. 이어 말씀하시기를 「신혼 경례(晨昏敬禮)는 우리의 근본을 사모하는 예요, 우리의 마음을 챙기는 일정한 시간이니, 심신의 권태에 끌려 혹 등한한 생

각이 나거든 본래 목적에 반조하여 새로운 정신으로 힘써 행할 것이요, 새벽 좌선은 우리의 천진 면목을 찾아보는 좋은 시간이니, 몸에 어떠한 지장이 있으면 이어니와 권태로 인하여 혹 등한한 생각이 나거든 본래 목적에 반조하여 비록 짧은 시간이라도 그 시간을 지킬 것이요, 예회나 야회는 우리 정신의 양식을 장만하는 특수한 날이니, 생활의 복잡에 사로 잡혀 혹 등한한 생각이 나거든 본래 목적에 반조하여 끊임 없는 정성으로 참석할 것이요, 계율은 수행자의 생명이요 성불의 사다리니, 심신의 철없는 요구에 추종하여 혹 등한한 생각이 나거든 본래 목적에 반조하여 죽기로써 기어이 실행할 것이요, 경전은 우리의 전도를 바로 인도하는 광명의 등불이니, 시간의 틈을 다른 데에 빼앗기어 그 연습에 혹 등한한 생각이 나거든 본래 목적에 반조하여 그 연습에 힘쓸 것이니라.」

26. 이어 말씀하시기를 「헌규는 대중을 총섭하는 생명선이니, 개인의 사의와 편견에 집착하여 혹 위반할 생각이 나거든 본래 목적에 반조하여 대중의 공법을 자기의 생명 같이 보호할 것이요, 우리는 개인의 명예와 권리를 위하여 모인 것이 아니요 오직 교단의 명예와 권리를 얻음으로써 다 같은 영광을 삼자는 것이니, 혹 개인의 명예와 권리에 편착하는 삿된 생각이 나거든 본래 목적에 반조하여 전체의 명예와 권리를 얻는 데에 노력할 것이요, 우리는 개인의 안일과

이욕을 채우기 위하여 모인 것이 아니요 오직 대중을 위하여 희생하기로 모인 것이니, 혹 개인의 안일과 이욕에 치우쳐서 대중의 안위와 전체의 이해를 불고하는 우치한 생각이 나거든 본래 목적에 반조하여 무아봉공의 서원을 조금도 손상하지 말 것이요, 우리는 세상에서 배우는 일반적 학문을 구하기 위하여 모인 것이 아니요 오직 모든 학문의 근본이 되는 도학을 주로 가르치고 배우자는 것이니, 혹 복잡한 외전(外典)에 치우쳐서 도학의 원경(元經)을 가벼이 아는 생각이 나거든 본래 목적에 반조하여 주(主)와 종(從)의 대의를 잃지 말 것이요, 우리는 화려한 세속 생활과 인간의 일시적 향락을 구하기 위하여 모인 것이 아니요 오직 담담하고 영원한 심락을 얻기 위하여 모인 것이니, 혹 번화한 욕심 바다에 정신이 끌려서 수도인의 참된 생활에 부질없는 생각이 나거든 본래 목적에 반조하여 영원한 세상에 큰 경륜을 매각하지 말 것이니라.」

27. 이어 말씀하시기를 「목적 반조(目的返照)의 공부와 아울러 또한 자성 반조(自性返照)의 공부를 하여야 하나니, 참다운 자성 반조의 공부는 견성을 하여야 하게 되지마는 견성을 못한 이라도 신성 있는 공부인은 부처님의 법문에 의지하여 반조하는 공부를 할 수 있는 바, 그 요령은 정전 가운데 일상 수행의 요법을 표준하여 천만 경계에 항시 자성의 계

정 혜를 찾는 것이요, 부연하여 그 실례를 들어 본다면, 때로 혹 자타의 분별이 일어나서 무슨 일에 공정하지 못한 생각이 있거든 바로 자성 반조하여 원래에 자타없는 그 일원의 자리를 생각할 것이요, 때로 혹 차별의 마음이 일어나서 나의 아랫 사람을 없수이 여기는 생각이 나거든 바로 자성에 반조하여 원래에 차별 없는 그 평등한 자리를 생각할 것이요, 때로 혹 번뇌가 치성하여 정신이 스스로 안정되지 못하거든 바로 자성에 반조하여 원래에 번뇌 없는 그 청정한 자리를 생각할 것이요, 때로 혹 증애에 치우쳐서 편벽된 착심이 일어나거든 바로 자성에 반조하여 원래에 증애 없는 그 지선한 자리를 생각할 것이요, 때로 혹 있는 데에 집착하여 물욕을 끊기가 어렵거든 바로 자성에 반조하여 원래에 있지 않은 그 진공의 자리를 생각할 것이요, 때로 혹 없는 데에 집착하여 모든 일에 허망한 생각이 일어나거든 바로 자성에 반조하여 원래에 없지 않은 묘유의 자리를 생각할 것이요, 때로 혹 생사의 경우를 당하여 삶의 애착과 죽음의 공포가 일어나거든 바로 자성에 반조하여 원래에 생멸 없는 그 법신 자리를 생각할 것이요, 때로 혹 법상(法相)이 일어나서 대중과 더불어 동화하지 못하거든 바로 자성에 반조하여 원래에 법상도 없는 그 상 없는 자리를 생각하라. 이와 같이 하면 견성 여부를 막론하고 마음의 작용이 점차로 자성에 부합될 것이며,

공부를 오래오래 계속하면 일체시 일체처에 항상 자성을 떠나지 아니하여, 필경은 자성의 진리를 밝게 깨닫는 동시에 자성의 광명이 그대로 나타나게 될 것이니, 이것이 곧 부처님의 경계요 성현의 작용이니라.」

28. 말씀하시기를 「사람의 육신 생활상 직업 강령으로 사 농 공 상이 있거니와 정신 생활에 있어서도 사 농 공 상이 있나니, 선비로는 도덕을 배우고 가르치는 도학의 선비가 제일가는 선비가 되고, 농사로는 인재를 기르는 사람 농사가 제일가는 농사가 되고, 공장으로는 마음을 개조시키는 마음 공장이 제일 가는 공장이 되고, 장사로는 정법을 받들어 세상에 전파하는 법의 장사가 제일가는 장사가 되나니라.」

29. 말씀하시기를 「물질이란 우리의 일상 생활에 보조물 밖에 되지 않는 것이요, 끝까지 놓을래야 놓을 수 없는 것은 우리의 마음이니, 우리는 항상 내 마음에 삼대력을 쌓고 또 쌓아 영원한 세상을 위하여 항상 미리 준비하여야 하나니라.」

30. 말씀하시기를 「형상 있는 창고만 채우려 힘쓰지 말고 무형한 진리 세계의 창고를 채우기에 힘쓰라. 수도인이 세속을 부러워하고 거기에 마음을 집착시키면, 그것이 종자가 되어 내세에 그 세욕을 이룰 수는 있으나 수양이 매하여져서 잘못하면 타락하기 쉽나니라.」

31. 말씀하시기를 「세상 사람들이 금은 보패를 가

장 보물이라 하나 실은 모든 상(相) 있는 것이 다 허망한 것이요, 인생의 참다운 보물은 두 가지가 있나니 하나는 영원히 불멸하여 세세 생생 참 나의 주인공이 되는 우리의 참 마음이요, 둘은 우리의 그 참 마음을 찾아 참다운 혜복(慧福)을 얻게 하는 바른 법이니, 안으로 참 마음과 밖으로 바른 법이 우리의 영원한 보물이 되나니라.」

32. 학인에게 써 주시기를 「有大寶焉 玉不可比也 金不可比也 此何寶 一生所修之德是也 最後一念淸淨是也」라 하시니, 번역하면 「큰 보배 있다, 옥으로도 못 견줄, 금으로도 못견줄, 무슨 보밴고, 평생 닦은 덕이요, 최후 일념 맑은 것」이라 하심이러라.

33. 말씀하시기를 「불보살은 함 없음에 근원하여 함 있음을 이루게 되고, 상 없는 자리에서 오롯한 상을 얻게 되며, 나를 잊은 자리에서 참된 나를 나타내고, 공을 위하는 데서 도리어 자기를 이루시나니라」하시고, 「有爲爲無爲 無相相固全 忘我眞我現 爲公反自成」이라 써 주시니라.

34. 말씀하시기를 「대종사께서 고경 한 귀를 인용하사 혜복 이루는 요도를 간명히 밝혀 주셨나니 곧 "자성을 떠나지 않는 것이 가장 큰 공부요, 응용에 무념하는 것이 가장 큰 덕"이라 하심이니라.」 또 말씀하시기를 「상(相)에 주착한 공덕은 오히려 죄해의 근원이 되기 쉽나니, 사람이 다 자식을 기르되 부모에게

는 상이 없으므로 큰 은혜가 되듯 복을 짓되 상이 없어야 큰 공덕이 되나니라.」

35. 말씀하시기를 「무진장의 보고가 다른 것이 아니라, 안으로 삼대력이요 밖으로 무념 공덕이니, 이 두 가지가 무궁한 복락의 원천이니라.」

36. 말씀하시기를 「도인은 복을 받는 가운데 끊임없이 복을 닦아 한 없는 복을 얻고, 범부는 조금 지은 복을 받으면 거기에 탐착하거나 오만하여 타락하는 수가 허다하나니. 복도 잘못 이용하면 도리어 재앙의 밑천이 되고 재앙도 잘 이용하면 도리어 복의 밑천이 되나니라.」

37. 말씀하시기를 「복을 지으면서 알아 주지 않는다고 한탄 말라. 복을 짓고 칭찬을 받아버리면 그 복의 반을 받아 버리는 것이니, 내가 복을 지음이 부족함을 생각할지언정 당장에 복 받지 못함을 한탄하지 말라.」 또 말씀하시기를 「오는 복을 아끼면 길이 복을 받나니라.」

38. 말씀하시기를 「장기와 바둑에만 수가 있는 것이 아니라 세상 만사에도 수가 있나니, 범부는 눈앞의 한 수 밖에 보지 못하고, 성인은 몇 십수 몇 백수 앞을 능히 보시므로 범부는 항상 목전의 이익과 금생의 안락만을 위하여 무수한 죄고를 쌓지마는 성인은 항시 영원한 혜복을 위하여 현재의 작은 복락을 희생하고라도 안빈 낙도하시면서 마음 공부와 공도 사업에 계속

노력하시나니라.」

39. 말씀하시기를 「성인들은 현재의 작은 이익을 취하지 않고 오히려 해를 입어 가면서 영원 무궁한 참 이익을 얻으시나, 범부들은 작은 이익을 구하다가 죄를 범하여 도리어 해를 얻나니, 참된 이익은 오직 정의에 입각하고 대의에 맞아야 얻어 지나니라.」

40. 말씀하시기를 「명예 지위 권리를 도(道)로써 구하면 죄도 짓지 않는 동시에 그것으로 복을 더 짓게 되며, 내가 응당히 수용할만 하고 그 자리에 앉을만 하여도 사양하고 수용치 아니하면 이것이 또한 숨은 복으로 쌓이게 되나니, 복을 받아 버림은 곧 소모요, 아니 받고 베푸는 것은 곧 식리함이니라.」 또 말씀하시기를 「도인도 위를 얻지 못한즉 경륜 포부를 다 실현하지 못하나니, 위가 나쁜 것이 아니고 필요도 한 것이나, 처지를 잘 살피어 오직 대의에 따라 그 위를 얻고, 얻은 후에는 그 권리를 독차지 아니하고 아껴 써야 그 위를 길이 안보하나니라.」

41. 말씀하시기를 「불보살이나 범부나 좋은 것을 좋아하고 낮은 것을 싫어함은 같으나, 불보살은 아무리 좋아도 의리에 부당하면 취하지 않으시고 범부는 의리에 부당하여도 취하는 점이 다르며, 불보살은 희로애락의 경계를 당하여도 증애에 착심이 없으시나, 범부는 좋고 낮은 데 집착하는 점이 다르며, 이 세상에 살 때에 위를 얻어야 각자의 이상 포부를 실현함

은 같으나, 범부는 지위 권리 재물을 모두 죄 짓는 도구로 사용하는 수가 많고, 불보살은 이것으로 세상 사람들에게 이익을 주어, 복을 수용하시면 할수록 세상 만인에게 복록을 끼치게 되는 점이 다르시나니, 그러므로 불보살들은 복록이 항상 유여하시며 따라서 불보살께 바치는 모든 수용품도 세상을 이익 주는 거룩한 물건으로 화하게 되나니라.」

42. 말씀하시기를 「자기가 자기를 대우하지 못하나니, 남을 대우함이 자기의 대우가 되며, 자기의 공을 자기가 드러내지 못하나니, 남의 공을 잘 드러내어 줌이 자기의 공을 드러냄이 되나니라.」

43. 말씀하시기를 「하루 품삯은 곧 나오나 일년 농사는 가을에야 수확되듯이, 큰 이익은 늦게 얻어지고 큰 공부는 오래 걸리나니라. 복을 조금 지어 놓고 곧 안돌아온다 하여 조급증을 내지 말고 계속하여 더 지으며, 죄를 지어 놓고 곧 안돌아 온다고 안심하지 말고 곧 참회 개과하라. 한도가 차면 돌아 올 것은 다 돌아 오나니, 꾸준히 방심하지 말고 공을 쌓으라.」

44. 말씀하시기를 「하루살이는 하루만 보고 버마재비는 한 달만 보므로 하루살이는 한 달을 모르고 버마재비는 일 년을 모르며, 범부는 일생만 보므로 영생을 모르나, 불보살들은 능히 영생을 보시므로 가장 긴 계획을 세우시고 가장 근본되는 일에 힘쓰시나니라.」

45. 말씀하시기를 「중생들은 무상 변천하는 세간

락에 마음을 붙이어 마침내 복이 다하면 타락하고, 불보살 성현들은 무형 불변하는 출세간락에 마음을 길들여 극락을 수용하나니, 그대들은 일시적 향락과 영화에 집착하지 말고 불변 담박하고 영원한 도덕의 복락과 영화를 수용하라.」

46. 말씀하시기를 「길일 양신(吉日良辰)이 일진에 있는 것이 아니라 각자의 마음과 행동 가짐에 있나니, 특별한 길일은, 진정한 지도인을 만나는 날이요, 진정한 법에 결정심을 세우는 날이요, 자성의 원리를 깨치는 날이며, 보통 길일은, 계문을 잘 지키고 사심을 방지하며, 욕됨을 참고 안심하며, 전과를 뉘우치고 죄를 짓지 않은 날이요, 이타행으로써 복을 지으며, 우연한 고를 잘 극복하여 묵은 빚을 잘 갚는 날이니라.」

47. 말씀하시기를 「수도하는 사람에게는 육신의 생일보다 마음의 생일이 더 중요하나니, 우리의 마음이 불생 불멸의 대도에 큰 서원을 발한 날이 곧 마음의 큰 생일이요, 수도하는 가운데 혹 퇴굴하는 마음을 다시 추어 잡아서 새로운 마음을 분발하는 날이 또한 마음의 생일이며, 경계를 따라 한 생각 밝은 마음과 한 생각 좋은 마음이 일어나는 날이 곧 마음의 생일이니라. "일일 시호일(日日是好日)"이라는 옛 도인의 말씀과 같이 우리는 일일시생일(日日是生日)로써 지내야 할 것이니, 그대들은 날과 달로 세운 바 본원을 반조하여 좋은 생각을 내고 또 내어서 한량없는 세상에 빛나는

삶을 누리며, 영원토록 너른 세상을 이익 주는 큰 인물이 되기를 바라노라.」

48. 말씀하시기를 「세간의 오복과 출세간의 오복에는 그 기준에 다른 일면이 있나니, 서전 홍범(書傳洪範)에는 수(壽) 부(富) 강녕(康寧) 유호덕(攸好德) 고종명(考終命)을 오복이라 하였으나, 일반 세상에서는 수와 부와 귀와 강녕과 다남자를 오복이라 하는 바, 보통 사람들은 그 몸이 오래 사는 것만으로 수를 삼으나, 수도인들은 생함도 없고 멸함도 없는 진리를 깨닫는 것으로 수를 삼으며, 보통 사람들은 자기 소유의 재산이 많은 것만으로 부를 삼으나, 수도인들은 시방 세계가 오가의 소유임을 아는 것으로 부를 삼으며, 보통 사람들은 명예와 벼슬을 얻는 것만으로 귀를 삼으나, 수도인들은 모든 행동이 다 법도에 맞아서 최령의 가치를 다하는 것으로 귀를 삼으며, 보통 사람들은 몸에 병이 없는 것만으로 강녕을 삼으나, 수도인들은 마음에 번뇌와 착심이 없는 것으로 강녕을 삼으며, 보통 사람들은 자기의 생자녀가 많은 것만으로 다 자손을 삼으나, 수도인들은 시방 세계 일체 중생을 다 한 권속 삼는 것으로 다 자손을 삼나니라. 또한 이 출세간의 오복만 갖추고 보면 세간의 오복도 자연중 돌아 오는 이치가 있나니, 그대들은 이 근본적인 오복의 원천을 얻어서 세간 출세간의 오복을 아울러 수용하는 데에 힘쓰라.」

49. 말씀하시기를 「현실 생활의 예산 결산과 수도 생활의 예산 결산은 그 수입 지출을 대조하는 기준에 다른 일면이 있나니, 현실 생활에서는 현실적 수입이 많아야 그 생활이 윤택하고 편안할 것이요, 진리 면에 있어서는 현실적 손실을 볼지라도 진리적 저축이 많아야 영원한 세상에 복록이 유족하나니라. 그러나, 어리석은 사람은 수지의 참 뜻을 알지 못하고, 어떠한 술책으로든지 다른 사람을 속여서라도 우선 당면한 수입만 취하므로 이는 마치 빚진 사람이 더욱 채무의 구렁으로 들어가는 격이라 어느 세월에 그의 앞에 복록이 돌아 오리요. 그러므로, 여러분은 수지의 바른 길을 알아서 자리 이타의 정신 아래 현실적 수지도 잘 맞추려니와 마음과 말과 행동으로써 늘 남을 더욱 이익 주며, 날로 달로 참다운 수지 대조로 한량없는 복전을 개척하라.」

50. 말씀하시기를 「벼슬에 두 가지가 있나니 곧 인작(人爵)과 천작(天爵)이라, 인작은 사람이 주는 것이므로 빼앗을 수도 있으나, 천작은 진리가 주는 것이므로 빼앗을 수 없나니라. 불보살들은 이 천작을 중히 여기시어 안으로 삼대력 얻는 것으로 참다운 영화를 삼고 밖으로 세상 구제하는 것으로 참다운 직업을 삼아 길이 천하 만민의 찬송을 받나니 이것이 곧 천작이며, 이 천작만 잘 닦으면 인작도 저절로 돌아 와서 영원 무궁토록 천작과 인작을 아울러 누릴 수 있나니

라.」

51. 새 해에 독경 해액(讀經解厄)이라는 제목으로 말씀하시기를「이 나라의 재래 습관에 새 해가 되면 모든 가정에서 승려나 장님을 청하여 독경으로 해액을 축원하는 행사가 있으나, 그에 따라 액이 풀리고 복이 오는 증거가 확실하지 않으며, 모든 경을 읽는 이가 다만 입으로만 읽고 그 경의 본의를 알지 못하면 모든 행사가 일종의 미신에 흐르고 말게 되나니, 우리는 새 해 벽두에 다른 이를 시켜서 하룻밤 읽고 마는 경이 아니라 각자 각자가 매일 읽는 경으로 액을 풀며, 소리를 내어 읽는 경만이 아니라 묵묵한 가운데 마음으로 읽는 경으로 액을 풀며, 시간을 잡아 책상에서만 읽는 경이 아니라 동정간 모든 경계에 염두에서 항상 읽는 경으로 액을 풀기로 하고, 우리의 경전들을 숙독 실행하는 동시에 현실 세상에 나타나 있는 실지의 경전들을 잘 읽고 활용한다면 자신의 모든 재액을 능히 보낼 수 있으며, 가정 사회 국가의 행복을 오게 할 수 있으리라.」

52. 말씀하시기를 「부처님께서는 근기 따라 읽게 하는 세 가지 경전을 설하시었나니, 첫째는 지묵으로 기록된 경전들이요, 둘째는 삼라만상으로 나열되어 있는 현실의 경전이요, 세째는 우리 자성에 본래 구족한 무형의 경전이라, 지묵의 경전보다 현실의 경전이 더욱 큰 경전이요 현실의 경전보다 무형의 경전이 더

욱 근본되는 경전이니라.」 또 말씀하시기를 「"성인이 나시기 전에는 도가 천지에 있고 성인이 나신 후에는 도가 성인에게 있고 성인이 가신 후에는 도가 경전에 있다" 하시었나니, 우연 자연한 천지의 도가 가장 큰 경전이니라.」

53. 말씀하시기를 「수도인에게 세 가지 스승이 있나니, 말로나 글로나 행동으로써 나를 가르쳐 주시는 사람 스승과, 눈앞에 벌여있는 무언의 실재로써 나를 깨우쳐 주는 우주 스승과, 스스로 자기를 일깨워 주는 양심 스승이라, 사람이 큰 도를 이루고자 하면 이 세 가지 스승의 지도를 다 잘 받아야 하나니라.」

54. 말씀하시기를 「사은이 모두 우리의 복전이로되, 불보살들은 국한 없는 세계의 공변된 밭에 세세 생생 교화의 종자를 심으시어 사생의 자부요 삼계의 도사가 되시나, 범부들은 국한 있는 사사로운 밭에 이욕의 종자를 심어 평생 골몰하되 마침내 별 공효가 남지 않으며, 불보살들은 형상 없는 마음밭 농사에 세세 생생 공을 들이시어 미래 세상 영원히 무루의 복과 무량한 혜를 얻으시나, 범부들은 재색명리 등 형상 있는 일에만 공을 들이므로 공을 들일 때에는 실효가 있는 듯 하나 떠날 때에는 허망하나니라.」

55. 말씀하시기를 「우리가 영겁을 통하여 공부하는 데 가장 중요한 조건은 서원과 법연이니, 서원은 우리의 방향을 결정해 주고 법연은 우리의 서원을 이

끌어 주며 북돋아 주시나니라.」

56. 조 전권(曺專權)에게 말씀하시기를 「저 과수도 종자가 좋고, 땅을 잘 만나고, 우로지택이 고르고, 사람의 적공이 잘 들어야 훌륭한 결실을 보게 되는 것 같이, 사람도 훌륭한 인격을 완성함에는 이 네 가지 요소를 갖추어야 되나니라. 사람은 습관성이 종자가 되나니, 이 세상 모든 사람이 다 마음도 다르고 행동도 다르게 태어나는 것은 익힌 바 습관의 종자가 각각 다른 까닭이라, 그대들은 각자 각자가 좋은 습관을 들여서 좋은 종자를 장만하기에 힘쓰라. 사람의 땅은 부모 형제 사우(師友)등과 회상의 인연이니, 이러한 인연을 잘 만나야 훌륭한 인물이 될 수 있을 것이요, 만일 잘못 만나서 바른 지도를 받지 못하거나 옳은 일을 하려할 때에 반대하고 막거나, 설사 그렇지 아니하여도 서원의 종자를 심을 때에 정법 회상이 아니면 좋은 싹을 발하지 못하고 말 것이니, 그대들은 좋은 인연을 많이 맺는 데에 전력하라. 사람의 우로(雨露)는 곧 법의 우로니, 자주 성경 현전을 보고 이상 사우의 법설도 들어야 마음의 좋은 싹이 잘 자라서 향상 진보할 수 있을 것인즉 그대들은 종종 법의 우로를 잘 받으라. 인격 완성에 있어서 인공(人功)이란 곧 자기의 공력이니, 사람이 좋은 습관을 가졌고 좋은 인연을 만났고 또 좋은 법설을 들었다 하더라도 각자의 적공과 능력이 들지 않고는 훌륭한 인격을 이룰 수 없나니라.

그러므로, 범부가 변하여 부처 될 때까지 각자 각자가 하나 하나 실지의 공을 쌓아야만 성불 제중하는 큰 인격을 이루게 되나니라.」

57. 말씀하시기를 「한 사람이 세 딸을 출가 시키며 벼 한 말씩을 주어 보냈는데, 몇 해 후에 살펴보니, 한 딸은 바로 식량으로 소비하고 가난하게 살며, 한 딸은 기념삼아 달아 매어 두고 그대로 살며, 한 딸은 그것으로 종자를 삼아 많은 농사를 지어 잘 살더라는 이야기와 같이, 사람 사람이 이 세상에 나올 때에 복과 혜의 종자를 다 가지고 나왔으나, 과거에 지어 놓은 복과 혜를 다 소비만 하여 없애버리고 빈천하고 무식하게 사는 사람도 있고, 근신하여 방탕은 아니하나 새로운 복과 혜는 닦을 줄 모르고 늘 한 모양으로 사는 사람도 있고, 끊임 없이 복과 혜를 장만하여 삼대력을 키우며 복도 그 일부만을 수용하고 그 대부분을 정당한 사업에 써서 그 복이 더욱 쌓이게 하는 사람도 있나니, 자기가 타고난 복이라도 남용을 하거나 허비만 하면 복을 덜어 앞 길이 볼 것 없는 것이요, 심신의 수고와 재물을 아끼지 아니하고 정당한 공부 사업에 힘쓰는 이는 혜복이 항상 유여하나니라.」

58. 말씀하시기를 「신통은 지엽 같고 견성 성불은 그 근본이니, 근본에 힘을 쓴즉 지엽은 자연히 무성하나, 지엽에 힘을 쓴즉 근본은 자연 말라 지나니라. 신통은 성현의 말변지사이므로 대종사께서도 회상을 공

개하신 후에는 이를 엄금하시고 오직 인도상 요법을 주체 삼아, 중생을 제도하시되 일용 범절과 평범한 도로써 하시었나니 이것이 무상대도니라.」

제 10 근 실 편 (勤實編)

1. 정산 종사 말씀하시기를 「이 세상 사람들은 대개 나타나 보이는 것은 믿으나 나타나지 않는 것은 믿지 아니하며, 외부의 영화에는 정신이 몰두하나 내면의 진실은 찾아 보지 아니하며, 당장의 이해에는 추호를 살피나 장래의 죄복은 생각하지 못하므로, 그 행동이 매양 형식과 거짓을 꾸며서 근원 있는 실력을 기르지 못하고 그날 그날의 허영과 이욕에 날뛰다가 필경은 죄업의 구렁에 떨어지나니 어찌 애석하지 아니하리요. 화려한 제 뿔만을 사랑하고 잘못 생긴 제 다리는 미워하던 사슴이 포수에게 쫓기어 숲속을 헤쳐 나올 때 저를 살려 준 것은 잘못 생겼으되 잘 뛰어준 다리였고 저를 죽일 뻔 하게 한 것은 화려하되 숲에 거리끼기만 하던 뿔이었다라는 이야기는 한낱 우화에 불과하나, 돌이켜 생각하면 이 세상을 여실히 풍자한 경어라 할 것이니라.」

2. 이어 말씀하시기를 「현하 물질 문명의 발달을 따라 세상의 장엄이 날로 찬란해져서 기묘한 일체 문명이기를 마음껏 소유하고 수용하기로 하면 명예와 권리와 재산이 필요한지라, 모든 인심이 자연 거기에 휩쓸려, 다소라도 구하는 바를 얻고 보면 스스로 거만

하고 자부하며, 얻지 못한 이는 어떠한 비루한 일을 해서라도 그 욕망을 채우려 애를 써서, 온갖 죄과를 범하고 갖은 원수의 종자를 심다가, 하루 아침에 역경의 포수가 신변을 위협할 때에는 경황 망조하여 피할 곳을 찾으며 일심과 알음알이와 실행을 다하여 그 위경을 돌파하려 하나, 평소에 단련 없는 실력이 잘 효과를 내기가 어려우며, 기왕 저질러 놓은 명예 권리 재산 등이 이모 저모로 거리껴서 더욱 사지에 들게 할 것이니 그 얼마나 가련한가. 더구나 사람 사람이 누구나 다 당하는 죽음의 시간에는 그 일생에 가지고 있던 명예 권리 재보 등이 아무 소용이 없고, 그것으로 도리어 업장이 덮이고 애착이 얽혀서 영혼의 자유가 구속되고 선도의 인연이 방해되나니, 여러분은 마땅히 깊이 생각하고 크게 명심하여, 어느 때 어느 사물을 당하든지 매양 마음의 실력을 대조하며 수양 연구 취사의 삼대력을 양성하는 데 모든 정성을 다할지어다.」

3. 이어 말씀하시기를 「그대들은 기위 수도문중에 들어 왔으니 허실(虛實)의 내용을 대체로는 짐작할 것이나, 그러한 가운데에도 일일시시로 잘 살피지 못하면 모르는 사이에 외화에 끌리기가 쉬우며, 수행을 하는 가운데에도 학식이 많다든지 문장이 능하다든지 변론이 능하다든지 하면 그것으로 공부의 실력이나 있는 듯이 자부하며, 또는 어떠한 칭찬을 듣는다든지 어떠한 대우가 돌아올 때에는 그것으로 무슨 대과나 얻

은 듯이 자만하기 쉬우나, 참 공부는 언어와 문자에 있는 것이 아니요, 오직 정신이 자유의 힘을 얻어서 육도 사생을 임의할 만한 능력이 있으며, 사리의 근원을 깨달아서 허실 사정에 의혹이 없을 만한 능력이 있으며, 모든 취사가 법도에 맞아서 일체 계율이 저절로 지켜질 만한 능력이 있어야 부처가 되었다고 이름하나니, 그러므로 도가에서는 아무리 무식하고 천하고 구변이 부족한 이라도 법에 신근이 있고 마음에 공부가 있으면 그를 조금도 가벼이 알지 아니하고 장래의 큰 법기(法器)로 기대하나니라.」

4. 이어 말씀하시기를 「더구나 이 마음 공부는 한번 실력을 얻고 보면 능히 우주 만유를 지배할 수 있으며, 명예와 재보와 일체 모든 학식을 다 참되게 사용할 수 있는 것이니, 실력 있는 외화는 근원에서 흐르는 물 같고 실체에서 나타난 그림자 같아서 그 물과 그림자가 전부 참으로 화하게 되나니라. 보라 예로부터 지금까지 모든 불보살 성현들의 명예를 누가 헐이 있으며, 그 권위를 누가 앗을 이 있으며, 그 모든 장엄을 누가 싫어할 이 있는가. 세월이 지날수록 더욱 찬란해지고 인간이 깨달을수록 더욱 높아져서, 이른 바 욕심 없는 자리에서 도리어 큰 욕심을 이루게 되나니, 그대들은 이 욕심 없는 경계를 잘 닦고 형상 없는 실력을 잘 양성하여, 우리 대종사의 정신 개벽 공사에 각각 큰 일꾼이 되어 주기를 바라노라.」

5. 말씀하시기를 「사람이 한 때의 이름 드러내기는 쉬우나, 그 실을 충실히 쌓기는 어려우며, 나타난 명상(名相) 알기는 쉬우나, 그 실상의 진리를 투득하기는 어려우며, 일시의 드러나는 선행을 하기는 쉬우나, 그 근본적 선근을 배양하기는 어렵나니, 명상은 그림자 같은 것이요, 오직 실상이 서야 그가 참 소득이요 참 명예니라.」

6. 말씀하시기를 「교만이 많으면 사람을 잃고 외식이 많으면 진실을 잃나니, 사람을 잃으면 세상을 버림이요 진실을 잃으면 자기를 버림이라, 이 두 가지를 잃고 도를 구함은 종자를 잃고 결실을 구하는 것 같나니라.」

7. 말씀하시기를 「소인의 선은 잘 묻히고 악은 잘 드러나나니, 그것은 부정한 것을 아무리 비단으로 싸도 그 냄새가 밖으로 풍김을 막을 수 없는 것 같고, 군자의 허물은 잘 묻히고 선은 더욱 드러나나니 그것은 누더기 속에 금옥을 싸도 금옥의 가치는 한 가지인 것 같나니라. 그러므로, 군자는 외식에 힘쓰지 아니하고 내수(內修)를 철저히 하며, 항상 그 실력을 충실히 기르기에 힘쓰나니라.」

8. 말씀하시기를 「매사에 허식을 즐기지 말라. 겉으로 화려하고 안으로 보잘 것 없는 것은 개인 가정 사회 국가를 쇠망케 하는 근본이니라.」

9. 말씀하시기를 「인조견은 결국 비단 행세를 못

하나니, 외식에 힘쓰지 말고 오직 실(實)을 기르라.」

10. 말씀하시기를 「거짓은 무너질 때에는 여지 없이 무너지고, 진실은 천지도 없앨 수 없나니라.」

11. 말씀하시기를 「옛 말에 신언서판(身言書判)이라 하여 풍채와 언변과 문장과 판단으로 사람의 인격을 논한다 하였으나, 그 중 가장 중요한 것은 판단이며, 그 보다 더욱 중요한 것은 오직 그 사람의 마음이니라.」

12. 말씀하시기를 「시속 사람들은 외모만으로 인물을 논하는 수가 많으나, 도가에서는 그 마음 바탕에 복덕의 종자가 싹터나고 있는가 없는가로 인격을 판단하며, 시속 사람들은 학벌이나 간판 등으로 인물을 논하는 수가 많으나, 도가에서는 그 마음 가운데 진리를 알아 가는 진취성이 있는가 없는가로 인격을 판단하며, 시속 사람들은 현재의 지위나 명예로 인물을 논하나, 도가에서는 그 행동이 정의의 길을 밟고 있는가 못하는가로 인격을 판단하나니라.」

13. 말씀하시기를 「사람의 병이 눈이나 귀나 수족 같은 외부에 든 것은 바로 그 생명까지 위독하지는 않지마는, 병이 내부에 들고 그 중에도 심장이 마비되면 즉시 생명을 잃게 되는 것 같이, 마음 병도 부지중 습관상으로 외부에 나타나는 약간의 허물들은 위독한 증세는 아니지마는, 만일 내심을 속이며, 그 중에도 양심상 가책되는 행동을 하되 조금도 뉘우침이 없어서 양심

이 마비되면 그 인격은 무너지고 마나니라.」

14. 말씀하시기를 「밖으로 나타난 인물 학벌 등은 겉 인격이요 안으로 양심을 갖춘 것은 속 인격이라, 이를 나무에 비유하자면 겉 인격은 지엽이요 속 인격은 뿌리니, 그 뿌리를 잘 가꾸어야 지엽도 무성하고 결실도 충실하나니라.」

15. 말씀하시기를 「배움에 세 가지가 있나니, 하나는 밖으로 모든 학문을 듣고 배워 알아 감이요, 둘은 안으로 연마하고 궁구하여 자각으로 지견을 기르는 것이요, 셋은 배우고 깨친 바를 실지에 베풀어서 지행이 일치하게 하는 것인 바, 세 가지 중에 실지 공부가 가장 중요하나니라.」

16. 학인들에게 말씀하시기를 「옛날 중국에 마을 문지기 후영(候嬴)은 한낱 문지기로되 그 역량과 재주가 장하므로 그 영명이 세상에 널리 떨칠 뿐더러 그 보잘 것 없는 마을 문까지 따라서 드러나게 되었다 하나니, 그대들 가운데서도 앞으로 큰 실력과 큰 실행 있는 인물이 배출된다면 마을 문이 드러나듯 학림이 따라서 드러나게 되리라. 이제 세상은 형식 시대가 지나가고 실력과 실행이 주가 되어, 알되 실지로 알고, 하되 실지로 실천하는 인물이라야 세상에서 찾게 되고 쓰이게 될 것이니, 그대들은 바깥 형식에 끌리지 말고 오직 실력을 갖추기에 힘을 쓰며, 앞으로 어느 직장에 간다 하여도 그 자리 자리에서 실력을 발휘하여,

정산종사 법어

후영이 마을 문을 드러내듯 그대들과 직장이 한 가지 드러나게 하여 주기 바라노라.」

17. 말씀하시기를 「돌아 오는 세상에는 실력이 충실하여야 서게 되는 바, 실력의 조건은 지식이나 수완보다 첫째 진실함이요, 둘째 공심 있음이요, 세째 덕 있음이니라.」 또 말씀하시기를 「돌아 오는 세상의 주인될 이는 법위 있고 진실되며 어느 모로나 대중에게 이익을 주는 이니라.」

18. 말씀하시기를 「미륵불 세상이란 곧 근실(勤實)한 세상을 이름이니, 종교도 그 교리가 사실에 맞고 자력을 주로하는 종교라야 세상에 서게 될 것이요, 개인도 자력으로써 실업에 근면하며 진실한 도덕으로 대중을 위하는 실적이 있어야 세상에 서게 되리라.」

19. 말씀하시기를 「정치가들은 소리가 많으나, 도인들은 소리 없이 큰 일을 하나니, 밥 먹고 집안 일 하듯 천하 일을 하나니라.」

20. 말씀하시기를 「대종사께서 항상 "앞으로는 형식을 주장하는 이는 허망한 세상을 보리라" 하시었나니, 돌아 오는 세상에는 진실하고 실력 있어야 출세할 수 있으며, 신심 있고 공심 있어야 세상에 쓰이게 되며, 덕 있고 활동력 있는 사람이라야 큰 사업을 하게 되리라.」

21. 전 음광(全飮光)에게 글을 주시니 「上智以信義爲寶 中智以名利爲寶 下智以物貨爲寶. 物貨之寶 虛

似浮雲 危如累石. 名利之寶 外似榮光 內無眞實. 信義之寶 與道合一 其壽無疆 內外通徹 名物俱焉」이라, 번역하면 「상지는 신의로써 보배를 삼고, 중지는 명리로써 보배를 삼고, 하지는 물화로써 보배를 삼나니, 물화의 보배는 허망하기 뜬 구름 같고 위태하기 누석 같으며, 명리의 보배는 밖으로는 영광스러운 듯 하나 안으로 진실이 없으며, 신의의 보배는 도로 더불어 합일한지라, 그 수한이 한 없고 안과 밖이 통철하여 명리와 물화가 함께 하나니라」 하심이러라.

22. 산동 교당에서 일언첩에 쓰시기를 「潦霽任天」이라 하시고 「장마 지고 개는 것은 하늘에 맡겼노라」 하시더니, 그 후 남원 교당에 오시어 「말이 갖추어지지 못하였다」 하시고 「"稼穡由人" 네 글자를 더하여야 산 법구(法句)가 되리라」 하시며 「심고 가꾸기는 사람에게 달렸다」 하시니라.

23. 하루는 살구를 잡수신 후 박 정훈(朴正薰)에게 말씀하시기를 「이 씨를 버리지 말고 도량에 심으라. 나무 심기를 좋아하는 마음은 덕 있는 마음 이니라」 하시고 「설사 자기 당대에 결과를 보지 못한다 하더라도 후세에 덕을 심는 것이 되므로 여진 있는 도인의 심경이니, 나무 심기를 좋아하라.」

24. 한 선비가 늦게 출가하여 별 다른 책임 없이 구내에 거주하매 감원(監院)이 이를 불평히 여기거늘, 말씀하시기를 「그만한 선비가 여기 와서 사는 것만으

로도 은연중 다른 이들에게 권장이 되며, 그 분에게도 법연을 맺어 두어야 내세에라도 이 회상에 와서 큰 일을 하여 주지 않겠는가.」

25. 한 학인이 어떠한 고민 끝에 발작을 일으키매, 담당 지도인이 그를 바로 귀가 시키자고 진언하거늘, 말씀하시기를 「사람의 육신에 곽란이 난 때에 사관만 통해주면 그 체증이 내리듯, 사람의 정신에 곽란이 난 때에도 막힌 점 몇 가지만 잘 살펴 통해 주면 그 발작이 그칠 수 있나니, 보내려고만 하지 말고 정신적 사관을 잘 통해 주어 보자.」

26. 정산 종사, 교당이나 기관의 요인이 오면 언제나 그 사정을 일일이 알아 보시고 어려운 사정이 있을 때에는 반드시 기억하셨다가 알뜰히 챙겨서 그 해결책을 일러 주시니라.

27. 사감(舍監)이 사뢰기를 「학생 한 사람이 아무리 지도하여도 말을 듣지 아니하오니 어찌하오리까.」말씀하시기를 「사람을 지도하는 이가 자기의 성질대로 사람을 굽히려 하면 되지 않나니, 먼저 그 사람의 근기나 성질을 살피고 소질과 소원을 잘 알아서 서서히 순리로 지도하여야 교화가 잘 되나니라.」

28. 한 학인이 사뢰기를 「의리 없는 동지는 추방함이 의(義)가 아니오리까.」 말씀하시기를 「의리가 없다하여 동지를 추방함은 자기의 의리도 상함이 되나니 곧 의 가운데 소의(小義)요, 그를 용서하고 끝

까지 그 의리를 찾게하여 본래의 서원을 함께 이루는 것이 곧 대의(大義)니라.」

29. 한 교역자가 대중의 인심 모으기에 주력하여 파당을 짓고 있거늘, 말씀하시기를 「짐짓 지어서 얻는 인망은 무너질 때 허망하나니, 인망을 계교하지 말고 도력과 공심만 갖추고 보면 제자 없어서 교화 못할 일은 없나니라.」

30. 한 교역자가 정계에 투신할 뜻을 보이거늘, 말씀하시기를 「기위 성불 제중의 대업에 서원한 사람이 이 일을 놓고 다시 무슨 일을 취하리요. 도인들은 정치가가 되는 것 보다 그들을 인도하는 스승이 되어야 하나니라.」

31. 하루는 정계 요인의 부인이 온다하여 일부에서는 환영 준비를 하고 일부에서는 이를 반대하거늘, 말씀하시기를 「예에 과하지 않은 준비는 하라. 그 분에게 이미 그만큼 지은 복이 있었으며, 또한 그 분도 호감을 가지게 되면 앞으로 제도의 연이 될 수 있지 않겠는가.」

32. 종법실 앞 감나무에 새들이 자주 앉아 홍시를 쪼아서 버려 놓음을 보시고, 시자에게 말씀하시기를 「저러한 새들도 대회상의 창립에 도움은 주지 못할망정 빚을 져서야 쓰겠느냐. 쫓으라.」 하시고, 시자가 없을 때에는 손수 쫓으시니라.

33. 정산 종사를 처음 뵈온 김 진구(金珍丘)는 말

하기를 「제월광풍(霽月光風)」이라 하고, 황 성타(黃聖陀)는 말하기를 「화풍경운(和風慶雲)」이라 하고, 안병욱(安秉煜)은 말하기를 「내가 이 세상에서 본 가장 좋은 얼굴」이며, 「얼마나 정성껏 수양의 생활을 쌓았기에 저와 같이 화열과 인자가 넘치는 얼굴이 되었을까」 하니라.

제11 법 훈 편 (法訓編)

1. 정산 종사 말씀하시기를 「육신 생활은 부업이요 정신 생활이 원업이니라.」

2. 말씀하시기를 「계 정 혜는 우리 정신의 의 식 주니라.」

3. 말씀하시기를 「소시에 대각하고, 중년에 제도 사업하고, 말년에 해탈하면 원만한 일생이니라.」

4. 말씀하시기를 「도량 안에서 법 중한 줄을 알지 못하면 제도하기가 더 어렵나니라.」

5. 말씀하시기를 「소소한 계문부터 중히 지키라. 이 법을 우리가 중히 지켜야 세상 사람들이 중히 여기나니라.」

6. 말씀하시기를 「자신의 계행은 소승으로 지키고, 세상의 교화는 대승으로 하여, 소승과 대승을 병진하라.」

7. 말씀하시기를 「옛날 한 선비는 평생 소학(小學)만 읽었다 하나니, 우리는 평생 "일상 수행의 요법"만 읽고 실행하여도 성불에 족하리라.」

8. 말씀하시기를 「천하의 대도는 간이하나니, 공부 길을 잡은 이는 팔만장경을 단련하여 한 두어 마디로 강령 잡아 실행하나니라.」

정산종사 법어

9. 말씀하시기를 「결심은 특이하게 하고, 처신은 평범하게 하라.」

10. 말씀하시기를 「법을 들으며 조는 것은 꿈에 떡을 먹는 것 같고, 건성으로 앉아서 듣는 것은 그림의 떡을 보는 것 같나니라.」

11. 말씀하시기를 「지식과 자각이 다르나니, 지식을 얻은 뒤에 자각이 따르지 아니하면 평생 지식의 종 노릇 밖에 못하나니라.」

12. 말씀하시기를 「믿고 행하기를 놓지 아니하면 마침내 증득할 수 있나니라.」

13. 말씀하시기를 「신앙 불교, 학자 불교, 실행 불교를 다 갖춘 불법이 참 불법이니라.」

14. 말씀하시기를 「미신이 따로 없나니라. 모르고 믿으면 미신이니라.」

15. 말씀하시기를 「일상 인사에 육신의 안녕만 묻지 말고 "마음 공부 잘하자"고 인사하라. 이것이 수도인의 참 인사가 되리라.」

16. 말씀하시기를 「옛 성인은 제자들에게 소금이 되라고 하셨거니와 나는 그대들에게 연꽃이 되라고 권하노라. 연꽃은 진흙 속에 뿌리 박았으되 그 잎이 더러움을 받지 않으며, 그 꽃은 아름답고 향기롭나니, 새 세상 수도인들의 상징이니라.」

17. 말씀하시기를 「탐(貪) 진(瞋) 치(痴)를 대치하는 데 염(廉) 공(公) 명(明) 세 가지가 필요하나니,

— 942 —

청렴은 탐심을 대치하며, 공심은 진심을 대치하며, 명심은 치심을 대치하나니라.」

18. 말씀하시기를 「충고를 감수할 경지만 되면 그 공부는 일취월장 하나니라.」

19. 말씀하시기를 「어떠한 사람이 눈이 밝은가 자기의 그름 잘 살피는 이가 세상에 참으로 눈 밝은 이요, 어떠한 사람이 귀가 밝은가 알뜰한 충고 잘 듣는 이가 세상에 참으로 귀 밝은 이니라.」

20. 말씀하시기를 「죽음을 생각 않는 임종인에게 천도법문 설해 주기가 어렵듯이 스스로 살필 줄 모르는 사람에게 충고의 말 해주기가 어렵나니라.」

21. 말씀하시기를 「눈이 제 눈을 보지 못하고 거울이 제 자체를 비추지 못하듯이 중생은 아상에 가려 제 허물을 보지 못하고 남의 시비만 보나, 공부인은 자타를 초월하여 자기를 살피므로 자타의 시비를 바르게 아나니라.」

22. 말씀하시기를 「마음에 발원이 없고 향상코자 노력함이 없는 이는 곧 살았으되 죽은 이니라.」

23. 말씀하시기를 「서원과 욕심이 비슷하나 천양의 차가 있나니, 서원은 나를 떠나 공(公)을 위하여 구하는 마음이요, 욕심은 나를 중심으로 사(私)를 위하여 구하는 마음이니라.」

24. 말씀하시기를 「세상을 떠나는 이의 가장 중요한 일은 최후의 일념을 청정히 챙김이요, 세상에 나

서는 이의 가장 중요한 일은 최초의 발원을 크게 세움이니, 성불 제중의 원이 모든 발원 가운데 으뜸이니라.」

25. 말씀하시기를 「여행자에게 목적지가 있듯이 공부인의 목적지는 불지니라.」

26. 말씀하시기를 「사필귀정(事必歸正)도 맞지마는 실은 정할 정자 사필귀정(事必歸定)이요, 앙급자손(殃及子孫)이라고 하거니와 실은 앙급자신(殃及自身)이니라.」

27. 말씀하시기를 「실 끝만한 사심이 단서가 되어 영겁 대사를 그르치게 되나니, 중도에 변심하여 타락한 사람들이 다 그대들의 스승이니라.」

28. 말씀하시기를 「욕심과 착심에 끌려 죄 무서운 줄을 모르는 것이 마치 물고기가 미끼에 끌려 죽을것을 모르는 것 같고, 진리를 속일 수도 있고 면할 수도 있다고 생각하는 것이 마치 그물 안의 물고기가 그물 안을 숨을 곳으로 아는 것 같나니라.」

29. 말씀하시기를 「천진하여 사(邪)없는 마음이 곧 천심(天心)이요, 천심으로 하는 심판이 곧 하늘의 심판이니, 자신의 선악을 자신이 천심으로 판정해 보면 곧 하늘의 심판을 알 수 있으리라.」

30. 말씀하시기를 「과학이 아무리 발달되어도 천리(天理)가 할 일은 천리가 하고, 사람이 할 일은 사람이 하나니라.」

31. 말씀하시기를 「극하면 변하는 것이 천지의 이치라, 개인이나 가정이나 단체나 국가나 모두 그 왕성할 때를 조심하여야 하나니라.」

32. 말씀하시기를 「덕(德)이라는 글자를 큰 덕자라 하나니, 능히 육도와 사생을 감화시킬 근본이 이 덕이라 이 위에 더 큰 것이 어디 있으리요.」

33. 말씀하시기를 「인정이 과하면 착심이 되나, 적당하면 바로 그것이 덕이니라.」

34. 말씀하시기를 「모든 일을 화(和)와 유(柔)로써 해결하면 능히 강(剛)을 이길 수 있고 촉 없이 그 일을 성취할 수 있으나, 아무리 화와 유로 하여도 되지 않는 경우에는 부득이 강을 쓰기도 하나니라.」

35. 말씀하시기를 「강자가 약자를 진화시키는 데에 순수적(順數的) 진화가 있고 역수적 진화가 있나니, 순수적 진화는 도와 주어 잘 되게 하는 것이요, 역수적 진화는 그 마음을 거슬려 분심을 일으켜서 잘 되게 하는 것이니라.」

36. 말씀하시기를 「참다운 덕인은 밝을 자리에 능히 밝고 어둘 자리에 능히 어둡나니라.」

37. 말씀하시기를 「덕인은 매양 나만 못한 사람에게 더욱 조심하나니라.」

38. 말씀하시기를 「아랫 사람이 윗 사람 섬기기도 어렵지마는 윗 사람이 아랫 사람 위하기는 더욱 어렵나니라.」

39. 말씀하시기를 「구시화문(口是禍門)이라 하거니와 실은 구시화복문(口是禍福門)이니, 잘못 쓰면 입이 화문이지마는 잘 쓰면 얼마나 복문이 되는가.」

40. 말씀하시기를 「말 한 마디에 죄와 복이 왕래하나니, 한 마디 말이라도 함부로 말라.」

41. 말씀하시기를 「말은 후하게 하고 일은 민첩하게 하라.」

42. 말씀하시기를 「수도인이 혜수만 좋아하고 공부를 잘못하면 악도에 떨어지나니, 될 수 있는 대로 남의 덕을 적게 입고 공부하여야 빚이 적나니라.」

43. 말씀하시기를 「혜시 받기를 좋아 말며, 신심 깊은 이의 혜시를 함부로 받지 말라. 자칫하면 노적에 불 질러 놓고 튀밥 주워 먹는 격이 되나니라.」

44. 말씀하시기를 「육신의 발 자취는 땅에 남고, 마음이 발한 자취는 허공에 도장 찍히며, 사람의 일생 자취는 끼쳐 둔 공덕으로 세상에 남나니라.」

45. 말씀하시기를 「불보살 성현들은 운명을 초월하여 화복을 자유로이 수용하시나, 범부와 중생들은 운명에 끌리어 화복의 지배를 받나니라.」

46. 말씀하시기를 「잘 참기가 어렵나니, 참고 또 참으면 영단(靈丹)이 모이고, 꾸준히 하기가 어렵나니, 하고 또 하면 심력(心力)이 쌓이어 매사에 자재함을 얻나니라.」

47. 말씀하시기를 「일심의 힘은 위대하나니, 팔,

구인이 삼동에 방언할 때에 얼음을 깨고 물 속에 들어가 일을 하였으되, 무오년 감기처럼 심한 때에도 아무 일 없이 지냈나니라.」

48. 말씀하시기를 「참고 돌리는 공부를 입으로만 하는 것과 마음으로 알뜰히 하는 것이 크게 다르나니, 어려운 일을 몇 번만 능히 참고 돌리고 나면 그 다음 일들은 수월하나니라.」

49. 말씀하시기를 「주자(朱子)는 "가시나무는 쳐내도 다시 길어나는데 지란(芝蘭)은 길러도 죽기 쉽다" 하였거니와, 우리가 선은 하기 어렵고 악은 범하기 쉽나니 악심은 처음 날 때에 끊어 버리고 선심은 놓치지 말고 잘 배양하여 수 만생 불종 선근이 뿌리 깊이 박히도록 힘을 쓰라.」

50. 말씀하시기를 「성인도 시비나 증애는 있으나, 오직 공(公)을 표준하여 시비를 가리고, 끌림 없는 마음으로 증애를 하시나니라.」

51. 말씀하시기를 「선은 악이 있으므로 드러나고, 악은 선이 있으므로 개선 발전하는 것이나, 참다운 선은 상대적인 선악을 초월하여 선으로 나타나게 되나니라.」

52. 말씀하시기를 「범부는 작은 선에 걸리어 큰 선을 행치 못하고, 작은 지혜에 걸리어 큰 지혜를 얻지 못하나, 성인은 작은 선으로 부터 큰 선을 행하고, 작게 아는 것으로 부터 크게 아는 것을 얻나니라.」

53. 말씀하시기를 「악한 사람을 불쌍히 여길지언정 미워하지 말며, 선한 사람을 추앙할지언정 시기하지 말라.」

54. 말씀하시기를 「상근기는 천연적으로 선한 근성을 가진 사람이요, 중근기는 배워 안 후에야 선을 행하는 사람이요, 하근기는 배워 알고도 선을 행하지 못하는 사람이니라.」

55. 말씀하시기를 「당장에는 이겼다 할지라도 교만하고 방심하면 다음에는 질 것이요, 당장에는 졌다 할지라도 겸손하며 분발하면 다음에는 이기리라.」

56. 말씀하시기를 「범부는 요구 조건만 많으므로 빚만 더 지고, 성인은 의무 조건만 많으시므로 복이 늘 족족하시나니라.」

57. 말씀하시기를 「한 부분의 해를 받았다 하여 큰 은혜를 모르고 원망하는 것은 한끼 밥에 체했다 하여 밥을 원수로 아는 것 같나니라.」

58. 말씀하시기를 「범부들은 작은 은혜와 처음 주는 은혜는 느낄 줄 아나 큰 은혜와 계속되는 은혜는 잘 모르나니, 근본적 큰 은혜를 잘 알아야 참다운 보은행을 하게 되나니라.」

59. 말씀하시기를 「감사 생활만 하는 이는 늘 사은의 도움을 받게 되고, 원망 생활만 하는 이는 늘 미물에게서도 해독을 받으리라.」

60. 말씀하시기를 「한 물건도 미워하지 아니하여

야 한 물건도 나에게 원한이 없나니라.」

61. 말씀하시기를 「무슨 일이나 방심하면 이루지 못하나니라.」

62. 말씀하시기를 「방심하지 않는 데에 성공이 있나니, 끝까지 중단 말고 결과를 내라.」

63. 말씀하시기를 「"아무 소용 없다"는 말은 그 사업과 그 물건에 인연을 끊는 말이니 쓰지 말라.」

64. 말씀하시기를 「하늘은 짓지 않은 복을 내리지 않고, 사람은 짓지 않은 죄를 받지 않나니라. (天不降不作之福 人不受不作之罪)」

65. 말씀하시기를 「원은 큰 데에 두고, 공은 작은 데 부터 쌓으며, 대우에는 괘념치 말고 공덕 짓기에만 힘을 쓰면 큰 공과 큰 대우가 돌아 오나니라.」

66. 말씀하시기를 「사람이 한 세상을 살고 갈 때에 의(義)가 유여하여야 하며, 덕(德)이 유여하여야 하며, 원(願)이 유여하여야 하나니라.」

67. 말씀하시기를 「세상에서 몰라 준다고 한하지 말라. 진리는 공정한지라 쌓은 공이 무공으로 돌아가지는 않으며, 같은 덕이라도 음덕과 무념의 덕이 최상의 공덕이 되나니라.」

68. 말씀하시기를 「용맹에 세 가지가 있나니, 일의 선후를 알지 못하고 완력만 주장하는 것은 만용(蠻勇)이요, 정의를 세우기 위하여 불의를 치는 것은 의용(義勇)이요, 외유 내강으로 정당한 뜻을 굽히지 않고

정산종사 법어

꾸준히 정진하는 것은 도용(道勇)이니라.」

69. 말씀하시기를 「부끄러움에 세 가지가 있나니, 알지 못하되 묻기를 부끄러워 함은 우치(愚恥)요, 나타난 부족과 나타난 과오만을 부끄러워 함은 외치(外恥)요, 양심을 대조하여 스스로 부끄러워 하고 의로운 마음을 길이 챙김은 내치(內恥)니라.」

70. 말씀하시기를 「세속에도 네 가지 기쁜 때가 있다 하거니와, 묵은 병이 절로 나은 때(宿病自解時) 얼마나 기쁘며, 널리 영약을 보시하는 때(普施靈藥時) 얼마나 기쁘며, 모든 법이 통달하게 밝아지는 때(諸法通明時) 얼마나 기쁘며, 만생이 다 귀의하는 때(萬生歸依時) 얼마나 기쁘리요.」

71. 말씀하시기를 「옛 충신은 "죽어서 솔이 되어 독야청청하리라" 하였거니와, 우리는 살아서 솔이 되어 다 함께 청정하며 회상과 세계에 충(忠)을 다하자.」

72. 말씀하시기를 「있은즉 막히고 공한즉 통하며, 막힌즉 어둡고 통한즉 밝나니라.」

73. 말씀하시기를 「평상심 공부 잘한 이가 참 도인이니, 빈부 귀천 고락간에 도심(道心)이 일관하여야 큰 도인이니라.」

제12 공 도 편 (公道編)

1. 정산 종사, 전무출신들에게 훈시하시며 「經綸通宇宙 信義貫古今」이라 써 주시고, 말씀하시기를 「경륜은 우주에 통하고 신의는 고금을 일관하라. 경륜이란 발원이요 계획이니, 발원과 계획이 커야만 성공도 클 것이요, 신의란 신념과 의리니, 그 발원을 이루기까지 정성과 노력을 쉬지 아니하여야 큰 일을 성취하나니라.」

2. 말씀하시기를 「한 번 전무출신하기로 말로 하고 글로 쓰고 천지 허공 법계와 대종사 성령과 대중 앞에 고하였거든 그 신의를 영원히 지키라. 천하 사람이 다 이 공부를 아니하고 천하 사람이 다 이 사업을 아니하고 천하 사람이 다 비평 조소할지라도 나는 이 정신을 굽히지 않고 나아가리라는 굳은 마음으로 끝까지 이 일에 전무하라.」

3. 말씀하시기를 「전무출신이 아무 자각이 없이 억지로 끌려 다니면서 고통을 이기지 못하고 근본 정신에 어긋나는 생활을 한다면 차라리 재가하여 교중 일을 돕는 것만 못하나니, 세상 여인들의 수절하는 것도 그 대의를 모르고 억지로 하다가는 극하면 도리어 크게 타락하는 수가 있듯이 자각 없는 수도인도 근본 정

신에 아무 반성이 없으면 도리어 크게 타락하는 수가 없지 않나니라. 그러므로, 옳은 법을 만나고 옳은 지도인을 만났을 때에 항시 구도 일념으로써 낙도를 하며, 닥쳐 오는 순역 경계를 능히 이기고 각자의 직장에 안분하면서 회상을 받들어 미래를 개척하여야 영원한 장래에 꽃다운 전무출신이 되리라.」

4. 말씀하시기를 「의로운 일에 고난과 굴곡이 많은 역사는 많을수록 만고에 영예로우나 옳지 못하게 환락에 젖었던 역사는 만고에 부끄러움만 남게 되나니라. 옛날 예수께서는 모든 사람을 위하여 스스로 십자가의 형벌을 감수하셨고, 신라의 이차돈(異次頓)은 부처님의 법음을 세상에 전하기 위하여 스스로 몸을 바쳐 이적으로 죄업 중생을 제도 하시었으니, 공중을 위하여는 죽는 것도 이 같이 아끼지 아니하셨거든 하물며 그 남은 고행 난행이야 다시 말할 것이 무엇이리요. 이는 실로 만고에 공심의 표본이 될만 하나니라.」

5. 말씀하시기를 「억울한 경계에도 안분하고 위에서 몰라 주어도 원망이 없으며, 공이야 어디로 가든지 나라 일만 생각하던 이 순신(李舜臣) 장군의 정신과, 세상 사람이 비겁하게 여길지라도 나라를 위하여는 정적(政敵)을 피해 가던 조(趙)나라 인(藺相如)정승과, 지조 없다는 누명을 무릅쓸지라도 민중을 위하여는 벼슬을 맡았던 황(黃喜)정승의 정신은 공사를 하는 이들의 본받을 만한 정신이니라.」

제12 공도편 4·5·6·7

6. 백범(白凡) 서거의 소식을 들으시고 민족의 손실을 통탄하시며, 그 백절 불굴의 의(義)와 주도 면밀한 신(信)과 근검 실행의 역(力)을 찬양하신 후 말씀하시기를 「우리는 선생의 그 장한 정신을 추모하는 동시에 우리 회상의 운전에도 또한 그와 같은 마음으로 일일이 추진한다면 이 회상의 발전에 큰 힘이 될 것이니, 그대들도 한 번 정당한 도에 입각하였거든 어떠한 천신 만고를 당할지라도 이해와 고락과 생사를 불고하고 끝끝내 굴하지 아니할 대의를 세우며, 한 번 동지로써 동고 동락을 맹세하고 정의로써 사귀었거든 어떠한 처지에 있게 되든지 그 지키는 바 신을 길이 변하지 말며, 한 번 이 사업을 성취하기로 발원하였거든 어떠한 일을 하게 되든지 활동은 늘 부지런히 하고 수용은 늘 검소히 하여 영원한 세상에 이 대업을 원만히 성취하도록 노력하라.」

7. 말씀하시기를 「교목 세신(喬木世臣)이라는 말이 있나니, 세신이란 곧 대대로 나라를 받들어 나라와 가문이 운명을 같이 할 만한 중한 신하를 이름이라, 우리는 또한 이 회상과 생사 고락을 같이 할 만한 동지가 곧 이 회상의 세신이니라. 이 회상과 이 교법을 위하여는 신라의 이차돈(異次頓)같이 삼세를 통하여 고락과 근심을 함께 하며, 이 법이 없어지면 나도 없어지고 이 법이 흥하면 나도 흥하는 것으로 알고 생명도 바칠 만한 혈심 인물이 다름 아닌 이 회상의 세신이니

라. 옛날 백제(百濟)는 처음에는 열 사람의 세신이 있어 십제(十濟)라 이름하였다가 후일 백 명의 세신이 있게 되어 백제라 이름하였다 하나니, 우리도 천 인이면 천 인, 만 인이면 만 인이 다 이 회상과 생명을 같이 하여 천하의 권리로도 흔들지 못하고 금 은과 보패로도 달래지 못할 참다운 전무출신이 많이 나면 날수록 우리 회상은 영원히 흥왕하고 시방에 빛나리라.」

8. 말씀하시기를 「모든 사업의 성공과 파괴의 원인이 그 사업의 주인들의 존심(存心)과 방심(放心)에 달려 있나니, 시종이 한결 같이 꾸준한 정성심과 주의심을 놓지 않는 것이 존심이라 이것이 성공의 원인이요, 좀 고생이 된다하여 열의가 식거나 좀 오래 되었다하여 함부로 하는 것이 방심이라 이것이 파괴의 원인이니라. 부처님 사업을 하고 부처될 공부를 하는 우리는 부단한 정성과 끊임 없는 주의심을 놓지 말고 영원히 퇴전치 않는 큰 성공을 거두도록 힘써야 할 것이니라.」

9. 말씀하시기를 「도량에 산다 하여 다 도인이며, 출가를 하였다 하여 다 참다운 전무출신이리요. 우리가 대종사와 선진들의 피땀으로 이루신 이 사업의 근본을 한 때라도 잊어서는 아니되나니, 영산에서 숯을 팔고 삼동에 언을 막던 일, 변산에 내왕하시면서 강밥으로 끼니를 때우시고 돗자리 행상으로 노자를 장만하던 일, 익산 총부 건설 당시에 농사 짓고 엿을 곱던 일 등, 이 회상의 창립사를 생각한다면 흙 한줌 기둥 하나가 다

대종사와 선진들의 피땀의 결정체라, 언제나 검소하고 낭비하지 말며, 소(小)로써 대(大)를 이루신 근실한 창립 정신을 대대로 잊지 말고 이어 나아가야 할 것이니라.」

10. 말씀하시기를 「서울의 어떤 부호 집에서는 사당에 소금 지게를 보관하여 그 조상이 소금 장사로 살림 이룬 것을 기념하는 동시에 자손 대대로 그 근검한 정신을 잊지 아니한다 하니 얼마나 본받을 만한 일인가. 우리 회상도 대종사와 구인 선진들의 근검하신 혈성으로 이루어진 이 사업의 근본을 한 때라도 잊어서는 아니 되나니, 어떠한 곤궁과 고난이라도 창립 초기의 가난하던 때를 추모하여 무난히 즐겁게 돌파하여야 영원히 이 회상이 발전하리라.」

11. 말씀하시기를 「공금은 곧 여러 사람을 위한 대중의 돈이므로 개인의 돈을 범용한 것보다 그 죄가 훨씬 중하나니 공금 쓰기를 무서워 하라. 또는 불보살 성현같은 큰 공인(公人)을 비방하고 모해하면 생함 지옥에 든다 하였나니, 그 죄에는 천지 허공 법계의 노여움이 따르기 때문이니라.」

12. 말씀하시기를 「학식이 적고 인물이 출중하지 못하여 비록 하급의 직을 가지고 평생을 지내더라도 대중을 위하고 도를 위하여 낙도하는 마음이 쉬지 않는다면 그는 곧 큰 도인이요 참 전무출신이며, 그 마음이 항상 처지에 안분하지 못하고 자기의 인격은 생각하지

않고 과분한 대우나 바란다면 그는 참다운 전무출신이 아니니라.」

13. 말씀하시기를 「전무출신은 스스로 발원하고 스스로 주인 되어 영생토록 몸 바칠 각자의 성직이므로, 누가 나를 알아 주지 않음을 근심할 일도 아니요 또는 나에게 대우 없음을 성낼 일도 없나니라.」

14. 말씀하시기를 「회상과 자기를 하나로 보고 활동하는 사람은 남이 알아 주든 몰라 주든 언제나 마음이 한가롭지마는, 회상과 자기를 둘로 알고 활동하는 사람은 몰라 주면 야속하고 원망이 나오게 되나니, 그대들은 항상 자기의 심신을 완전히 이 회상에 바치는 사람인가 회상을 이용하여 사사나 도모하려는 사람인가를 반성하여 지공무사한 공도자가 되기에 힘을 쓰라.」

15. 말씀하시기를 「공부나 사업이나 주인의 심경으로 하는 이가 있고 머슴의 심경으로 하는 이가 있나니, 주인의 심경으로 하는 공부는 삼세를 통하여 이 공부만이 영원히 제도 받을 길인 것을 자신하고 하기 싫으나 하고 싶으나 남이 알아 주나 몰라 주나 간에 꾸준히 힘을 쌓아 가는 것이요, 머슴의 심경으로 하는 공부는 스승이나 남의 이목에 끌리어 마지 못해 하는 공부며, 사업계에서도 공중의 소유를 내 것 같이 알뜰히 아끼고 교중의 권속을 가족 같이 알뜰히 챙기며, 교중의 근심을 자기의 근심으로 삼고 교중의 낙을 자기의 낙으로 삼아서, 이해와 고락을 교단과 같이 하는 것이 주인의

사업이요, 교중의 재물이 소모되고 교중의 명예가 손상되어도 자기에게는 상관이 없는 것 같이 건성으로 대하며, 약간의 공이 있으면 상(相)만 남아서 불평이나 하고 남이 알아 주는 것이나 헤아리는 것은 머슴의 사업이니라. 주인은 알뜰하고 상이 없기 때문에 알뜰하고 국한 없는 공이 돌아 오나니, 주인의 공부와 주인의 사업을 꾸준히 계속하면 마침내 시방 세계가 오가의 소유인 지경에 이르게 되며, 이러한 인물들이 우리 회상의 큰 주인이 되나니라.」

16. 말씀하시기를 「한 가정의 살림에도 주인은 머슴보다 걱정이 많나니, 자기 살림이기 때문에 더 생각을 하게 되며, 살림 속을 더 알므로 걱정을 먼저 하게 되나니라. 걱정을 하는 것도 알아야 걱정이 있나니, 불보살들은 생사 대사를 알고 인과 보응을 알고 만생령이 다 한 권속임을 알기 때문에 걱정 없는 가운데 큰 걱정이 있으시고, 범부 중생들은 모두 모르고 자행 자지를 하기 때문에 걱정 바다 속에서도 참 걱정이 없나니라. 그러므로, 교중 살림에 대하여서도 걱정스러운 일은 앞장 서서 함께 걱정하고 알뜰히 챙기어 그 해결에 힘쓰는 이가 공도의 참다운 주인이니라.」

17. 말씀하시기를 「주인은 모든 일에 앞장을 서며, 자기가 주인이기 때문에 불평이 없으며, 중심되는 일이나 변두리의 일이나 모든 일꾼들을 다 아끼고 챙기며, 모든 고락을 전체와 같이 하며, 순역 경계를 따라 그

일을 버리지 아니하고 그 성취를 위하여 끝까지 힘쓰나니, 그대들은 이러한 대도 회상에 참예하여 얼마나 주인의 심념을 가졌는가 자주 살펴서 거룩한 이 공도에 알뜰한 주인이 되라.」

18. 말씀하시기를 「나는 공산(公山) 동지에게 잠시 요양할 것을 권하다가 알뜰한 법설을 들었노라. "기위한 세상 바친 몸이니, 맡은 이 일이나 잘하여 도인들 많이 나오고 동지들 건강하게 할 수 있다면 그것으로 족하고 아무 한이 없으니 자신의 걱정은 말라"고 하더라. 공사를 하자면 자신도 돌보아야 하겠지마는 이러한 마음이 전무출신의 참 정신이요 공도의 주인 된 심경이니라.」

19. 학인들에게 말씀하시기를 「단체의 생명은 규율이니, 한 번 지도인을 정하여 지도를 받기로 서원하였으면 알뜰히 신봉하고 그 지도에 순종하며, 의논을 할 때에는 자유로운 뜻을 말하되 공의를 거쳐 발령이 된 후에는 기꺼이 공의에 순응하여야 법다운 공가의 인물이니라.」

20. 말씀하시기를 「모든 인사에 관계되는 의논은 기관 기관이 서로 양보하고 사람 사람이 서로 대의를 잡아 적재적소로 마땅하게 배치하되, 의견이 끝내 상대되는 때에는 양방의 의견을 난만히 들어 본 후 다수의 의견에 복종할 것이니라.」

21. 말씀하시기를 「교단 생활을 하는 사람이 공변

된 규율을 함부로 어기거나, 한 두 사람의 감정으로 교중의 발전에 지장을 주거나, 인과와 불생불멸의 도에 의혹을 품게 하여 여러 사람의 복혜 양전(兩田)을 파괴하거나, 대중에게 신심과 공심을 장려하지 못하고 은근히 형식과 외화로 흐르게 하면 공가와 법계에 중죄가 되나니, 중죄를 짓지 말지니라.」

22. 말씀하시기를 「교단 생활을 하는 가운데, 그 사람을 가까이 하면 까라지던 공부심도 일어나고 없던 사업심도 생겨나며, 의혹이나 원망심도 풀어지고 있던 걱정 근심도 사라지게 하는 사람이 있나니, 이러한 사람은 곧 그 마음이 살아 있는 사람이요, 따라서 동지들의 마음을 살려 주고 이 회상을 이뤄 내는 주인공이니라.」

23. 말씀하시기를 「우리 전무출신 하나 하나의 잘 잘못이 우리 회상 전체의 잘 잘못으로 되나니, 아무쪼록 법도 있고 줄맞은 규칙 생활을 하라. 단체는 규칙과 법도로써 얽어 놓은 것이니, 우리 하나 하나가 이 법을 어기지 않고 잘 지키며, 총부로 비롯하여 지방 지방 기관 기관 전체가 하나 같이 법답게 움직여 가야 우리 회상이 끊임 없이 발전되고 이 법으로 세계를 제도하게 되리라.」

24. 원기 39년 갑오 2월에 남녀 대중에게 말씀하시기를 「교단의 발전이 해를 지낼수록 뚜렷해지나니, 남들이 별로 관심을 가지지 않던 과거와는 달리 교단의

중심부인 총부 대중이 먼저 공부 사업 생활 어느 모로나 세상에 표준이 되고 교단에 모범이 되어야 할 것인 바, 구인 당시 같은 정신 통일은 기대하기 어렵다 하더라도 대중의 정신이 지도인의 정신에 이탈되지는 아니하여야 할 것이니, 자주 지도를 청하고 그 지도에 잘 순응하라. 지도인의 말이 서지 아니하면 그 단체는 어지러워 지나니라. 또한, 세상을 부러워 말고 오직 여기에 모든 희망을 걸고 사(私)없이 노력을 하라. 천록(天祿)이 내리지 아니하면 큰 영광은 누리지 못하나니, 우리의 교운은 큰 천록이라 이 교단의 발전과 함께 우리의 생활은 따라서 향상되리라. 지금 우리의 의식 생활이 비록 곤궁하다 하나, 초창기에 비하면 수도하는 생활로는 족하며, 이러한 생활 가운데에서 잘 하면 도인 되고 후세에 덕까지 끼치게 되었으니, 이 어찌 대종사의 은혜가 아니신가. 정신을 차리어 두 마음 먹지 말고 오직 외길로 힘써 나아가라.」

25. 그 해 5월에 다시 말씀하시기를 「근본 정신은 다 같이 교단을 위하는 공심이라도, 그것을 실지에 베풀어 쓰는 방법에는 우열 장단이 없지 않나니, 언제나 대국적 견지에서 좋은 방법을 골라서 쓰며, 또한 그 법에 잘 순응하라. 한 가지 일을 가지고도 말하기에 따라서 일이 커지기도 하고 작아지기도 하나니, 모든 일을 될 수 있는 대로 작게 만들어 수월스럽게 처리하고 의리에 근거하여 처사하는 것이 도가 정치의 근본이니

라. 갈라지는 것으로 발전을 도모하는 것은 단합하는 것으로 발전을 도모함만 같지 못하나니, 남자나 여자나 늙은이나 젊은이나 다 같이 힘을 합하여, 좋은 일은 서로 격려하고 밀고 나아가며, 좋지 못한 일은 서로 충고하고 고쳐 나가서 어떻게든지 이 회상만 발전시키면 그만이 아닌가. 남자계가 남자계만 생각하지 않고 여자계 일을 앞장 서서 협력해 주고 여자계가 여자계만 생각하지 않고 남자계 일을 앞장 서서 협력해 주며, 재가 출가와 노인 청년이 또한 다 그렇게 한다면 의리는 의리대로 서고 일은 일대로 잘 될 것이니, 이것이 얼마나 아름답고 넉넉한 도가의 풍속이겠는가. 오직 그 일에 대한 시비만 표준할 것이요 남녀나 노소의 상을 표준하지 말며, 오직 그 대의를 표준할 것이요 자타나 원근을 차별하는 상(相)을 표준하지 말라. 개인의 잘 잘못은 어디까지 개인을 상대하여 권장하고 교정할 것이요, 몇몇의 잘못을 전체에 둘러 씌워 시비하지 말라. 우리 남녀 대중이 모든 일을 이와 같이 화합과 의리를 표준하여 진행한다면 이 회상은 분열 없이 꾸준히 발전하리라.」

26. 이어 말씀하시기를 「고금을 막론하고 모든 단체의 성공의 근본은 대중의 정신 통일에 있나니, 우리 남녀 대중이 다 구인의 정신을 그대로 이어 받아 모든 근심과 낙을 오직 여기에 붙이고, 한 마음 한 뜻으로 나아간다면 우리 회상은 날로 달로 발전을 볼 것이나,

남녀 대중의 마음 마음에 무슨 고장이 있으면 우리의 발전은 지체되리라. 구인의 창립 정신에는 자신이나 사가에 대한 걱정은 없었나니, 중생을 위하는 이는 자신의 노후나 병들 때 일 등을 스스로 생각할 겨를이 없으며, 남녀나 자타의 상에 끌려 대체를 그르치지 아니하나니라. 자기 일만 앞 세워 걱정하면 사람이 옹졸하고 비루해지며, 이웃을 먼저 생각하고 동지를 먼저 근심해 주어야 참다운 동지요 불보살이니라.」

27. 말씀하시기를 「우리 회상에서도 과거 일이 좋으면 과거사를 참고하고 새 의견이 옳으면 그 의견에 좇아서, 누구의 의견으로든지 교단만 발전시키면 될 것이어늘, 자기가 낸 의견은 세우려고 애를 쓰면서 남이 낸 의견은 비록 좋은 의견이라도 기꺼이 따르지 않고 방관하는 수가 없지 않나니, 이러한 생각은 단체나 국가의 진보를 막고 그 힘을 약하게 하는 독소라, 대중 생활을 하는 사람들은 좋은 의견이어든 자타의 상을 떠나 기쁘게 따르고 협력하는 정신을 먼저 가져야 하나니라.」

28. 말씀하시기를 「회룡고조(回龍顧祖)라는 말이 있나니, 이는 산의 지맥이 뻗어 내려 오다가 그 본산을 돌아다 보는 형국을 이름이라, 무정한 산맥도 그 근본을 잊지 아니하고 돌아다 보므로 그 지기(地氣)가 매양 승하다 하나니라. 돌이켜 살펴보면 우주 만유는 허공에 근본해 있고, 모든 유정은 각기 마음에 근본해

있고, 모든 인류는 각기 조상에 근본해 있고, 여러 단체는 그 단체의 창도자와 선진자들과 그 단체를 총관하는 중앙에 근본해 있나니, 우리 회상도 대종사를 비롯하여 여러 선진들의 피땀 어린 노력으로 이루어졌고, 각 지방과 각 기관은 중앙을 인하여 건립되어 있으므로 우리들은 항상 대종사와 선진 여러분의 노고를 잊지 아니하고 감사와 경모의 뜻을 길이 가져야 할 것이며, 또한 각 지방과 기관은 그 근본이 되는 중앙을 잊지 아니하고 항상 받들고 협조하는 정신을 가져야 할 것이니라.」

29. 이어 말씀하시기를 「그러나 본(本)과 말(末)은 둘이 아니며, 선진과 후진이 둘이 아니며, 중앙과 지방 기관이 둘이 아니니, 선진이 없으면 후진이 어찌 있으며, 후진이 없으면 선진의 공로가 어찌 드러나며, 중앙이 없으면 지방과 기관이 어찌 있으며, 지방과 기관이 없으면 중앙이 어찌 그 계획을 실현하리요. 그러므로, 우리는 매양 각자의 서원을 발하는 데에도 그 근본을 잘 살펴서 근본에 세울 것이요, 각자의 공부를 진행하는 데에도 근본을 잘 살펴서 근본되는 공부에 정진할 것이요, 모든 사업을 진행하는 데에도 각자의 처지를 잘 살펴서 선진자는 선진자의 임무를 다하고 후진자는 후진자의 도리를 다하며, 부모 사장은 부모 사장의 책임을 다하고 자녀 제자는 자녀 제자의 의무를 다하여, 각자 각자가 다 그 근본과 처지를 살펴서

자기의 의무와 책임을 다한다면 모든 일에 결함됨이 없을 것이나, 발원이나 수행이 그 근본을 놓고 끝에 흐르며, 후진이 선진을 망각하고 지방과 기관이 중앙을 저버린다면 이는 본을 놓고 말을 취함이라, 그 사업이 성실하기를 기대하기 어려울 것이며, 또는 선진과 중앙이 후진과 기관을 잊어 버리고 자기의 이익과 대우만을 바란다면 이는 본만 취하고 말을 놓는 것이라, 어찌 본과 말이 합치된 원만한 성과를 보리요. 그러므로, 우리들은 모든 일에 매양 그 근본과 처지를 잘 살펴서 서로 바탕하고 서로 의지하는 정신으로써 회상의 발전과 각자의 발원 성취에 매진하여야 할 것이니라.」

30. 말씀하시기를 「우리 사업 기관이 여러 가지로 벌여 있으나, 전체가 다 우리 사업이니, 항상 자기 맡은 사업만 생각하지 말고 전체의 사업을 두루 생각하라. 맡은 일에 구분이 있고 선후 대소는 있을지라도 다른 사업을 무시하면 원만히 우리 사업이 추진되지 못하나니, 맡은 임무에 충실하면서 전체 사업을 내 일 같이 살펴야 참으로 큰 사업의 주인이니라.」

31. 말씀하시기를 「우리의 육신은 육근이 들어서 운전해 가는 바, 육근 가운데 어느 한 부분에 일이 생기면 다른 부분에서는 그 일에 직접 소임이 아닐지라도 총력을 집중하여 그 부분의 공을 세워 주어서, 그 일의 잘 됨을 따라 육신 전체의 공이 드러나게 되는 것같이, 한 단체의 단합도 서로 서로가 각자의 소임을

다하면서 원만하고 아량 있는 마음으로써 전체의 일에 잘 협동하고 한 사람 한 사람의 공을 전체의 공으로 돌려야 그 단체가 길이 흥왕하고 크게 성공하나니, 우리는 이름과 책임이 서로 다를지라도 우리의 근본인 교단을 위해서는 여러 몸이 한 몸이 되고 여러 마음이 한 마음이 되어 틈 없는 심경으로 서로 도우며, 동지의 능력과 공을 나의 능력과 공으로 알아서 일심 합력하여야만 교단의 사업이 크게 발전되리라.」

32. 말씀하시기를 「사심(私心)이 공(空)하여야 공심(公心)이 나고, 공심이 나야 단합이 되며, 단합이 되어야 시방을 화하는 참 주인이 되나니라.」

33. 말씀하시기를 「무엇이나 본래에는 큰 것도 아니요 작은 것도 아니지마는 아무리 작은 것이라도 모으면 능히 큰 것을 이루고 아무리 큰 것이라도 흩어지면 마침내 작은 것이 되나니라. 저 하늘은 무형한 공기와 공기의 결합이요, 이 지구는 작은 먼지와 먼지의 결합이며, 한 방울 두 방울의 물이 대해 장강을 이루었고, 한 사람 두 사람이 세계의 인류를 이루었으며, 억만 거액도 한 푼 두 푼이 그 근본이요, 불보살 성현의 큰 정신도 온전한 한 생각이 모이고 모인 것이라, 무엇이나 합하면 큰 것이요 거기에서 큰 위력이 생기나니, 저 하늘과 땅을 보고 저 바다를 보라. 그러므로, 남다른 경륜으로 남다른 사업을 뜻하는 이는 반드시 먼저 단결의 위력을 통찰하고, 그 대의를 체득하여 단결의 실

현에 노력하나니, 우리의 급선무는 단결이니라.」

34. 말씀하시기를 「천지 만엽으로 흩어진 마음을 본래의 성품에 돌이켜서 일심이 되게 함은 곧 마음의 단결이요, 가권의 마음이 일심이 되어 단란하고 화평하게 살도록 함은 곧 가정의 단결이요, 흉금을 토로하고 생사를 같이 하여 동심 합력하게 함은 곧 동지의 단결이요, 의식 용도에 낭비를 막고 근검 절약을 장려하여 공익의 큰 재단을 조성하는 것은 곧 정재(淨財)의 단결이요, 우리 대도 정법으로 세계의 인류를 지도 교화하여 동귀일체(同歸一體)를 실현하자 함은 곧 세계의 단결이니, 인격은 반드시 마음의 단결로 향상될 것이며, 가정은 반드시 가족의 단결로 융창할 것이며, 단체는 반드시 동지의 단결로 발전될 것이며, 공익 기관은 반드시 정재의 단결로 조성될 것이며, 세계는 반드시 인류의 단결로 크게 발달되리라.」

35. 말씀하시기를 「중근기의 단합은 모래와 같아서 아무리 모아 놓아도 낱낱이 부스러지고, 하근기의 단합은 진흙과 같아서 낱은 가늘지마는 뭉치면 덩이를 이루고, 상근기의 단합은 큰 바위와 같아서 그대로 큰 단합을 이루나니라.」

36. 말씀하시기를 「물도 낱이 없고 허공도 낱이 없어서 항상 잘 단합하나니, 우리가 단합하려면 먼저 마음에 낱을 없애고, 오직 지공무사한 자리에 돌아 가야 하나니라. 일체의 낱을 찾아 볼 수 없는 큰 단합은 우

주의 원리와 합치되므로 그 위력이 천지로 더불어 같나니라.」

37. 말씀하시기를 「집 하나를 짓는 데에도 대들보도 있어야 하고 기둥도 있어야 하고 서까래도 있어야 하며, 소소한 모래 한 줌 종이 한 장이라도 필요한 것은 다 있어야 하듯이, 이 회상을 이뤄 내고 발전시키는 데에도 여러 방면의 크고 작은 인재들이 다 모여서 각자의 임무를 다하여 주어야만 되는 것이니, 각 방면의 모든 동지가 한 분 한 분 얼마나 정답고 소중한가. 그러므로, 대종사께서 "선후진의 모든 동지가 서로 서로 업어서라도 받들고 반기라" 하시었나니, 우리 동지들은 늘 서로 애호하고 돕고 받들며, 어떠한 허물이 있다 할지라도 감싸주고 용서하고 이끌어 주어서, 한 가지 이 대업에 동심 합력하여야 우리의 교운이 무궁하리라.」

38. 어떤 일로 학인들이 불화함을 보시고, 말씀하시기를 「그대들이 아무리 천하를 차지하는 큰 공을 세운다 할지라도, 불화하면 내 마음이 불안할 뿐아니라, 일도 또한 잘 되지 못 할 것인즉, 오직 한 가지 일을 할지라도 화합하는 속에서 일을 하여야 내 마음도 기쁘고 그 일도 잘 되리니, 큰 성공을 하려거든 먼저 화합부터 하라.」

39. 말씀하시기를 「어떠한 일이 대의에 크게 어긋나거나 큰 손해 날 일이 아니거든 지나치게 상대적으로

처사하지 말라. 작은 일에 불화하여 상대가 되면 큰 일에 큰 손해를 보는 수가 있나니라.」 또 말씀하시기를 「져서 큰 손해 없을 터이니, 대의를 좇아 2, 3할만 이기라. 대인은 이길 능력이 있으면서도 져주고, 소인은 이길 능력이 없으면서도 이기려 드나니라.」

40. 말씀하시기를 「항상 심고할 때에 세상을 좋게 하며, 동지들을 좋게 하며, 천하의 모든 사람들을 다 좋게 하기로 심고하라. 천하와 동지의 고락을 자신의 고락으로 알고 나아가야 윤기가 바로 닿고 맥맥이 상통하여 큰 성공을 보나니라.」

41. 말씀하시기를 「전무출신의 집단 공동 생활은 정신 일체(一體)와 육신 일체의 본지를 잘 이해하여 매사에 서로 친애(親愛)를 주로 하되, 동지간에 혹 정신상 과오가 있을 때에는 간격 없는 애정으로 진실히 충고하고 그 과오가 외부에 누설되지 않도록 주력하며, 충고를 받은 이는 감사한 마음으로 회개에 힘쓸 것이요, 동지간에 지식 우열이 상대할 때에는 그 우(優)한 이가 열(劣)한 이를 절대로 하시하지 말고 힘 미치는 대로 지식을 알려 주는 데에 노력하며, 어떠한 묘법이나 독특한 견문이 있을 때에는 때를 따라 모든 동지에게 전해 주는 데에 노력할 것이요, 동지간에 혹 육체상 병고가 생긴 때에는 가족의 정의에 의하여 힘 미치는 대로 정성껏 원조하며, 애경재상(哀慶災祥)등 일이 있을 때에는 힘 미치는 대로 서로 동정할 것이

니라.」

42. 말씀하시기를 「옛 성인이 "돕는 벗 세 가지가 있나니, 곧고 너그럽고 앎이 많은 벗이라"하셨는 바, 삼세의 숙연과 윤기로 얽힌 우리 동지들은 세세 생생 서로 도울 동지요 도반이라, 서로 서로 곧고 바르게 깨우치며 너그럽고 알뜰히 인도하여, 진실한 동심 동체의 동지가 되어야 할 것이니라.」

43. 말씀하시기를 「공(公)과 사(私)는 원래 둘이 아니니, 국한을 크게 잡으면 사도 다 공이 되고, 국한을 작게 잡으면 공도 다 사가 되나니라.」

44. 말씀하시기를 「사욕에 끌리어 근본 큰 서원을 잊지 말 것이니, 각자의 공부도 "나만 특별한 공부를 하여 내가 오직 특별한 사람이 되리라"하면 사가 낀 공부라 큰 공부를 이루지 못할 것이요, 사업도 또한 사가 든 마음으로 공을 계교한다면 큰 사업을 이루지 못할 것이니, 그 마음의 출발부터 사욕이 없이 오직 무아 무욕한 공부를 하고, 지공 무사한 사업을 하여야 큰 공부 큰 사업을 이루나니라.」

45. 말씀하시기를 「대종사의 가장 꺼리신 바는 독선 기신으로 공중도 불고하고 동지도 불고하고 저 혼자만 독특한 공부를 꾀하는 제자였나니, 모든 동지와 함께 동정이 한결 같은 대승의 공부를 하고, 모든 동지와 함께 고락을 나누는 대승의 사업을 하여야 대종사의 참다운 제자요 우리의 알뜰한 동지니라.」

46. 말씀하시기를 「불경에 삼륜(三輪) 청정이란 말이 있나니, 주는 이와 받는 이와 주는 것 등 세 가지가 다 공(空)하여야 참다운 희사가 된다 하심이니라. 그러므로, 부처님 사업에 물질이나 자녀나 자신을 바치되, 오직 빈 마음으로 바치는 것이 참 희사가 되고, 그렇게 희사한 이가 참다운 법계의 조상이 되나니라.」

47. 말씀하시기를 「우리가 사은의 지중한 은혜를 알아 그 은혜에 보답하는 세 가지 사업이 있나니, 교육과 교화와 자선이라, 자신이 교육을 받은 후에는 후진을 가르치고 이웃을 교화하며 자비와 선행을 널리 베풀어 교육 교화 자선을 아울러 실천하라. 교육 교화 자선은 교단의 세 가지 사업 목표일 뿐 아니라 우리 공도 사업자들의 영생의 세 가지 봉공 요건이니라.」

48. 말씀하시기를 「적극적인 포교도 좋지마는 대도 정법이라도 너무 강권하거나 지나치게 선전만 하면 도리어 가치 없이 인식되기 쉽나니, 포교를 하는 이는 먼저 상대자의 근기를 잘 살펴서 기연에 맞게 도를 권할 것이며, 자신의 수행으로써 자연중 권도가 되게 하여야 실효 있는 포교가 될 것이니라.」

49. 말씀하시기를 「연원을 많이 다는 것이 제도의 한 방법은 되나, 벌제위명으로 입교만 시키는 것은 참 제도가 아니요, 신심이 확실히 설 때까지 자주 보살펴 주어야 참 제도를 받게 되나니, 이왕에 입교의 연원이 되었거든 제도를 받도록까지 꾸준히 공을 들여 참다운

연원이 되어야 할 것이니라.」

50. 말씀하시기를 「사람을 교화하는 이는 자신이 먼저 실지로 느끼고 체험하여 신념에서 우러나오는 말로 설교하며, 진실하게 참다운 인연을 널리 맺고 대중을 두루 살펴 감화시켜야 모든 사람과 참다운 법연이 맺어지고 기운이 서로 응하여 참된 교화가 이뤄지나니라.」

51. 지방 교무들에게 말씀하시기를 「우리들의 몸이 곧 대종사의 분신이요 회상의 일부라, 우리가 잘하면 대종사의 위덕과 회상의 명예가 더욱 드러나고 우리가 잘못하면 대종사의 위덕과 회상의 명예가 오손되나니, 우리는 항상 각자의 몸을 가벼이 알지 말고 일동 일정을 신중히 할 것이요, 교도를 교화하는 데에는 비록 소소한 일이라도 먼저 몸으로써 성의껏 시범하며, 항상 기울지 않는 태도로 대중을 널리 포섭할 것이요 교도들의 신앙심과 사업심을 항상 중앙에 잘 연락시켜야 하나니, 교무가 만일 본부 연락에 힘쓰지 아니하고 편벽되게 신심을 집중하거나 지방의 사업에만 국한되게 한다면 통일적 교화가 되지 못할 뿐 아니라, 회상은 반드시 병들게 되나니라.」

52. 교무들에게 말씀하시기를 「교화에 종사하는 사람은 항상 당파와 친소에 초월할 것이요, 대하는 곳마다 진실한 정성을 다할 것이요, 질병 재난 애경 등에 그 인사를 잃지 말 것이요, 상하를 막론하고 공경히

대응하여 모든 교제에 결함이 없도록 할 것이니라.」

53. 교무들에게 말씀하시기를 「자신이 먼저 몸으로써 시범할 것이요, 동지들에게 권고하여 같이 법을 실행할 것이요, 항상 본부에 연락을 잘 하고 지방 요인들과 의논을 잘 할 것이니라.」

54. 김 창준(金昌峻)이 부임할 때에 글을 주시니, 「道德在天地 天地默無言 唯人用其理 有言有導化 擧止行其道 宗化大流通」이라, 번역하면 「도덕이 천지에 있으나 천지는 말이 없고, 사람이 그 이치를 쓰매 말도 있고 교화도 있나니, 동하나 정하나 그 도를 행하여 대종사의 교화를 크게 유통케 하라.」하심이러라.

55. 서 세인이 부임할 때에 말씀하시기를 「모든 일을 사심 없이 알뜰히 하면 총부를 떠난다고 우리가 멀리 있는 것이 아니니, 일은 공(公)과 사(私)를 분명히 하고 남녀와 재정에 관한 일은 더욱 공명히 하며, 매사를 자신이 먼저 실천하여 대중이 스스로 따라 오게 하라. 자신 공부를 한다 하여 공사에 등한한다면 전무출신의 본분이 아니니, 공부는 사업을 하기 위한 것이 되고 사업은 공부를 하기 위한 것이 되어 둘이 아니게 하라. 교화는 덕화보다 더한 것이 없고 공부는 일심 공부가 근본이 되나니, 밖으로 널리 덕을 베풀고 안으로 심력 얻는 데에 노력하면 자연히 천지와 합력이 되어 교화와 공부에 큰 힘이 되리라.」

56. 말씀하시기를 「사람에게 가장 중요한 것은 마

음이라, 인생의 가치가 그 마음이 바르고 바르지 못한 데에 달려 있으며, 가정 사회 국가 또한 그 지도자들의 마음 여하로 흥망과 성쇠가 좌우되나니, 교단의 지도자들은 반드시 정심(正心)에 입각하여 모든 일을 공정하게 처리하여야 자신들도 신망을 잃지 않을 것이요 대중이 미로(迷路)에 방황함이 없이 참다운 수행과 공덕을 쌓아서 이 회상이 무궁하게 흥왕하리라.」

57. 말씀하시기를 「먼저 자기의 기운을 화하게 한 후에 사람을 널리 교화하는 것이 공부인의 심법이요 지도자의 덕이니, 지도자들은 은악양선을 주로 하여 저 사람이 폭력으로써 대하면 인(仁)으로 용서하고, 저 사람이 교사(巧詐)로써 대하면 진(眞)으로 바루며, 저 사람이 권세와 이해로써 대하면 공의(公義)와 정의(情誼)로 응하여, 능히 천하 창생을 심화(心和) 기화(氣和)로써 두루 교화하여야 하나니라.」

58. 말씀하시기를 「예로부터 권세 밑에는 원망과 위태함이 따른다 하였나니, 종교도 그 법을 잘못 이용하여 어디에 의세하거나 세력을 부리고 보면 그 종교는 병들기 시작하나니라. 그런즉, 교단의 지도자들은 교세가 왕성하면 왕성할수록 추호라도 세력을 부리거나 교만하는 일이 없게 하며, 자신들도 앎이 있을수록 더욱 하심하고 지위가 높을수록 더욱 겸손하여 영원히 병들지 않는 교단이 되게 하라. 성품자리에는 원래 상하와 귀천의 차별이 없나니라.」

59. 말씀하시기를 「앞으로 이 회상에 무등(無等)한 도인들이 많이 날 것이며, 세상에서 도인들에게 많은 지도를 청하게 될 것이나, 도인들은 물욕에 담박하고 명예에 초월하여, 혹 대중을 위하여 부득이 위를 가질지라도 오직 상(相)없는 봉공을 할 따름이요, 물욕이나 명예심으로 사업을 한다든지 권리를 탐하여 오래 그 위에 머물지는 아니하리라.」

60. 말씀하시기를 「큰 지도자가 무념의 대덕으로써 대중을 두루 포섭하는 것이 비컨대 한 몸 가운데 심장이 가슴 속 깊이 들어 있어 전신을 총섭함과 같다 할 것이니라.」

61. 말씀하시기를 「공사를 경륜하고 지도하는 이는 먼저 대의를 바로 잡고 인심을 두루 살피며, 계획을 잘 세우고 경리에 밝아야 하나니라.」

62. 말씀하시기를 「지도자의 처사에 네 가지 요령이 있나니, 첫째는 법규에 탈선됨이 없고 친소에 편착함이 없이 공평 정직하게 처사함이요, 둘째는 소아(小我)를 놓고 전체를 살피며 근(近)에 얽매이지 않고 원(遠)을 관찰하여 대국적으로 처사함이요, 세째는 인정과 의리에 바탕하여 화기롭고 유여하게 처사함이요, 네째는 회계가 분명하고 시종이 한결 같이 명백하게 처사함이니라.

63. 말씀하시기를 「대중을 지도 하는 이는 일동 일정에 항상 사심 없는 온전한 마음으로 취사를 하여,

말을 할 때에도 그 말이 굴러 가면 인류 사회에 어떠한 이해가 미칠 것인가를 잘 살펴서 한 마디 말이라도 신중히 하여야 하나니라.」

64. 말씀하시기를 「대중의 마음은 마침내 덕 있는 이를 따르고, 하늘 뜻은 마침내 사 없는 이에게 돌아 가나니라.」 하시고 「群心竟順有德者 天命終歸無私人」이라 써 주시니라.

제 13 도 운 편 (道運編)

1. 정산 종사 말씀하시기를 「대종사께서 우리 회상 초창 당시에 친히 구술하신 가사 가운데 "사 오십 년 결실(結實)이요, 사 오백 년 결복(結福)이라"고 하신 말씀이 있었나니, 이는 우리 회상의 전도를 예언하심이니라. 결실이라 함은 새 회상의 법종자가 이 국토에서는 분명한 결과를 보게 될 것을 의미함이요, 결복이라 함은 그 법종자가 세계에 널리 전파되어 온 세상에 고루 복과(福果)를 맺게 될 것을 의미함이니, 우리 회상은 창립 사 오십 년대 안에 이 나라에서 완실한 결과를 볼 것이요, 사 오백 년대 안에 온 세계에 편만하여 일체 생령의 한 가지 귀의하는 바가 되리라.」

2. 말씀하시기를 「우리의 목표는 세계니, 조금 이루어 놓은 것에 만족하지도 말고, 목전의 소소한 고난에 실망하지도 말라. 일대(代) 기념 총회 이후로 은연중 밀려 오는 기운만을 살펴 보아도 우리가 완실한 기운을 탈 날이 멀지 않나니, 천지 운수도 철 바뀌는 것 같아서 동지 이후가 오히려 추운 것 같으나, 실은 그 때에 일양(一陽)이 시생(始生)한 것이요, 정이월의 추운 품이 아직 봄이 아득한 듯하나, 삼월 동풍이 한 번 불어 오면 문득 천지에 봄이 가득함을 보나니라.」

3. 말씀하시기를 「정법 회상도 초창기에는 대개 그 존재가 미약한 듯 하나 새 세상을 맡은 기운이요 바른 기운인지라, 때가 되면 일시에 큰 기운을 발하게 되나니, 원불교의 간판 아래 진실한 공심으로 활동을 하면 우리 회상의 받은 기운이 그 사람과 그 일에도 통하여져서 처음에는 혹 고단하고 어렵던 일도 차차 무난히 성취가 되며, 가는 곳마다 옹호와 우대를 받게 될 것이나, 만일 거짓을 꾸미거나 공을 빙자하여 사사를 경영하면 그 일도 잘 되지 않을 뿐 더러 모르는 사이에 그의 앞 길이 막히며, 대중의 싫어함과 미워함을 받아 점점 재앙의 구렁에 빠지게 되나니, 아무쪼록 더욱 지극한 정성과 알뜰한 공심으로 꾸준히 노력하여, 능히 천지의 기운을 움직이며, 천지의 기운을 인수하여 이 좋은 교운의 주인공이 되기에 노력하라.」

4. 말씀하시기를 「새로운 큰 도운이 돌아 오고 있건마는 그 도운을 받고 못 받는 것은 오직 각자의 마음 가지기에 달려 있는 것이 마치 방송 시간이 되어 방송을 하고 있건마는 듣는 사람이 수신 조절을 하지 않으면 그 방송을 들을 수 없는 것 같고, 농사 시기가 돌아 와 대풍(大豊)의 전조가 보이지마는 농부가 때에 맞추어 씨 뿌리고 가꾸지 아니하면 수확을 얻을 것이 없는 것 같나니라.」

5. 말씀하시기를 「새 도운은 진실한 법이 주장하

는 운수니, 거짓 없고 꾸밈 없고 허장성세가 없이 안에 실다운 힘만 있으면 때를 따라 기국대로 발천이 되려니와, 행동이 말만 못하고 실이 이름만 못하고 숨은 것이 나타난 것만 못하여, 어느 모로나 허망하고 거짓됨이 드러나는 이는 자연히 세상에 서지 못하게 되리라. 새 도운은 화하는 법이 주장하는 운수니, 개인이나 단체나 국가나 간에 좀 어리석은 듯 숫하고 너그럽고 덕기가 있어서 남과 잘 화동하면 성공이 있을 것이요, 너무 약빠르고 경위지고 각박하고 막된 티가 있어서 남과 자주 상충하면 대소사간에 이루기가 어려우리라. 새 도운은 공변된 법이 주장하는 운수니, 알뜰하고 공심 있고 부지런하여 어느 모로나 대중에게 이익을 주는 이는 스스로 서려 하지 아니하여도 자연히 모든 지위와 권리가 돌아 올 것이요, 저만 알고 사욕만 부리어 어느 모로나 대중에게 해독을 주는 이는 아무리 서려 하여도 필경 세상에 서지 못하게 되리라.」

6. 말씀하시기를 「과거에는 도인들이 누더기 옷으로 초야에 묻히어 가난과 천함을 스스로 달게 받았으나, 미래에는 도가 있을수록 부와 귀가 스스로 따르게 될 것이니, 오직 못난 도인이 의식을 걱정하며, 세상에 서지 못함을 근심하리요. 그러나, 도인들은 수도를 명리보다 귀히 여기므로 돌아 오는 지위도 힘써 사양할 것이요, 청빈을 사치보다 자랑스럽게 여기므로

돌아 오는 물질도 공사에 쓰나니라. 다시 말하거니와 새 도운은 곧 원만하고 사 없는 대 도덕의 운수라, 그 도운을 받는 데에는 또한 원만하고 무사한 도덕의 마음이 근본이 되나니, 다 같이 마음 개조에 더욱 힘써서 이 희유한 대 도운의 주인공이 되기를 부탁 하노라.」

7. 학인이 묻기를 「돌아 오는 세상에는 어떠한 법이 제일 주장이 되겠나이까.」 말씀하시기를 「제일 원만하고 바르고 사실된 법이 주장이 되리니, 과거 시대에는 모든 교법이 각각 편협한 지역에서 일어나 그 시대의 인심에 맞추어 성립되었으므로, 비록 일면에 치우치는 법이라도 능히 인심을 지도할 수 있었으나, 앞으로는 세상의 교통이 더욱 열리고 시대의 사상이 서로 교환되므로, 사면을 다 통하는 원만한 법과 과불급이 없는 바른 법이 아니면 대중의 마음을 두루 지도하기가 어려울 것이며, 또는, 과거 시대에는 인심이 대개 미개하므로 모든 교법이 방편과 장엄을 많이 이용해 왔으나, 앞으로는 인심이 차차 밝아지므로 사리를 바로 해석하고 사실로 활용하는 법이 아니면 또한 대중의 마음을 지도하기가 어려운 까닭이니라.」

8. 또 묻기를 「돌아 오는 세상에는 어떠한 사람이 제일 귀한 사람이 되겠나이까.」 말씀하시기를 「참되고 공심 많은 사람이 제일 귀한 사람이 되리니, 과거 시대에는 영웅과 호걸들이 권모 술수로 인심을 농락

하여 자기의 욕망을 채워 왔었고, 지금도 사람들이 모략과 수단으로 지위를 얻는 수가 더러 있으나, 앞으로는 인지가 고루 밝아짐을 따라 그 모략 그 수단을 서로 알게 되므로, 속이는 이와 속을 이가 따로 없고 오직 참되고 거짓 없는 사람을 환영할 것이며, 또는 과거 시대에는 사회의 생활이 국한이 많고 사람의 견문이 너무나 고루하므로, 이기주의와 가족주의의 유가 인심을 지배해 왔으나, 앞으로는 천하일가의 도운이 열리게 되므로, 이기주의와 가족주의로는 사회에 출세하기가 어렵고, 오직 큰 공심을 가진 사람이라야 대중의 환영을 받으며, 널리 세상에 드러나게 되는 까닭이니라.」

9. 말씀하시기를 「종교의 귀일처는 일원(一圓)이요, 정치의 표준은 중도(中道)니, 일원의 진리를 깨닫고 그 진리를 해석해 보면 모든 진리의 귀일할 곳이 일원임을 알게 될 것이며, 정치의 도에 여러 조건이 많으나 모든 정치의 요점을 세상에 맞도록 종합하면 과불급 없는 중도 정치라야 능히 모든 정치의 표준이 될 것이니, 종교가 일원에 돌아 오고 정치가 중정이 되어야 시끄러운 이 세상이 안정될 것이며, 앞으로 세상이 밝아질수록 일원과 중정의 법이 차차 세상에 서게 되리라.」 또 말씀하시기를 「도에는 일원의 도가 제일이요, 정치에는 중정의 정치가 제일이니, 일원은 진리의 체(體)요 중정은 진리의 용(用)이니라.」

10. 학인이 묻기를 「선천(先天) 기운이란 어떤 기운이오니까.」 답하시기를 「선천 기운이란 새 시대에 어긋나는 정신이니, 지난 해의 묵은 잎은 어쩔 수 없이 떨어지고 새 해의 새 잎이 득세를 하는 것 같이, 이기욕이나 미신 등 과거 시대의 묵은 정신은 결국 새 세상에서는 발 붙일 곳이 없게 되리라.」 또 말씀하시기를 「동양의 옛 성인들은 통달한 어른들이라, 하도 낙서(河圖洛書)에 이미 선후천의 대운을 밝혀 놓으셨나니라.」

11. 천은(天恩)이 사뢰기를 「음(陰) 세계와 양 세계에 대하여 알고 싶나이다.」 말씀하시기를 「음 세계와 양 세계는 곧 밤 세계와 낮 세계 같나니라. 밤은 어두운지라, 모든 사물을 바로 분간하기가 어렵고, 설사 안다 할지라도 국한된 범위만 알게 되며, 또는 밤이 되면 서로 문호를 닫고 잠을 자게 되는 것 같이 음 세계의 시대는 막히고 좁고 활동이 적고 또한 치우침이 많나니라. 그러나, 양 세계는 곧 대 낮과 같아서 인지가 고루 진화하고, 주의 주장이 밝고 원만해지며, 문호가 서로 열리게 되고, 서로 만나 넘나 들며 활동하는 세상이라, 이른 바 대 문명 세계니라.」

12. 말씀하시기를 「과거 시대에는 상극되는 복마(伏魔)의 도로써 세상 일을 할 수도 있었으나, 미래 시대에는 상생하는 해마(解魔)의 도가 아니면 무슨 일이든지 이루지 못하나니, 이는 천지의 대운이 해원 상

생(解寃相生)의 시기에 이른 까닭이니라.」

13. 말씀하시기를 「한 몸의 주장은 마음이요, 교(敎) 가운데 주장은 마음 잘 밝힌 교라, 불법이 마음 법을 가장 잘 밝혀 놓았나니, 불법의 정맥을 올바로 살려낸 회상이 새 세상의 주교(主敎)가 되나니라.」

14. 말씀하시기를 「대종사께서 이 회상을 여실 준비로 여러 차례 이 땅에 수생(受生)하시었나니, 혹은 드러나게 혹은 숨어서 이 나라에 많은 인연을 미리 심으셨나니라.」 또 말씀하시기를 「금강산(金剛山)이 법기(法起) 보살 도량이라는 전설은 세상을 구제할새 법이 이 나라에서 일어날 것을 예시함이요, 서역에서 상제(常啼) 보살이 법기 보살을 만나러 온다는 것은 서양 사람들이 동방에 법을 구하러 오리라는 뜻이니라.」

15. 학인들에게 말씀하시기를 「그대들의 책임이 무겁나니, 이 나라를 세계의 일등국으로 만들라. 일등국을 돈으로나 힘으로 만드는 것이 아니니, 도덕으로 만들면 이 나라가 세계의 중심국이 되리라.」

16. 말씀하시기를 「과거에는 모든 지역의 교통이 불편하고 인지가 몽매하므로 불보살 성현들이 동서남북에 각각 지방을 맡아 분산 출현하시어 부분적으로 회상을 펴시었으나, 현재와 미래에는 세계가 한집 처럼 가까와진 까닭에 모든 불보살 성현들이 한 회상에 모이시어 판이 큰 회상을 벌이시나니라.」

17. 말씀하시기를 「앞으로 세상이 더욱 열리면 나

라와 나라 사이에 국경이 따로 없고 이 지방에서 살다가 저 지방에 가서 사는 것 같이 이주와 왕래가 쉬울 것이요, 인종과 국적의 차별이 없이 덕망 있고 유능한 사람이 그 나라 인민들의 지지를 받으면 그 나라의 지도자가 될 수도 있는 것이 지금 나라 안에서 다른 지방 사람이라도 그 지방의 장관이 될 수 있는 것 같으리라.」

18. 말씀하시기를 「세상이 개벽되는 시기에는 순수의 일꾼들과 역수의 일꾼들이 서로 대립하는 가운데 서로 발전하여 좋은 세상 건설을 촉진하나니라.」 또 말씀하시기를 "동란자(動亂者)도 성인이요 정란자(靖亂者)도 성인이라" 하셨나니, 때를 맞추어 일으키고 때에 맞게 진정시키는 이를 성인이라 하고 그렇지 못한 이를 배은자라 하나니라. 일에는 순서가 있나니, 사체(事體)의 순서를 알아 그에 맞는 방편을 베푸는 것이 곧 성인의 자비 방편이니라.」

19. 말씀하시기를 「물질 위주로 균등 사회가 되겠는가. 공도 정신이 골라져야 균등 사회가 되고, 투쟁 위주로 평화 세계가 되겠는가. 은혜를 서로 느껴야 참다운 평화 세계가 되나니라.」

20. 말씀하시기를 「선전이나 광고 등으로 이 회상이 주교가 되겠는가. 오직 참다운 사람이 많이 나서 대종사의 정신을 크게 드러내고, 개인의 수양으로나 교단의 사업으로나 오직 실적이 드러나서 민중의 인심

이 쏠리고 세상의 인증을 받는 곳에 이 회상의 발전이 있나니라.」

21. 말씀하시기를 「지금 물질 문명에 도취한 세상 사람들에게 정신 문명을 말한들 어찌 다 알아 들으리요마는, 앞으로 오는 세상에는 사람들의 정신이 훨씬 밝아져서, 자기가 지은 죄복과 자기 성품의 내역과 전생의 모든 일들을 자기가 이생에서 살아온 젊었을 때 일 같이 잘 알 것이며, 물질 문명과 정신 문명이 쌍전 병행하는 시대가 될 것이니, 조금만 더 지내 보라 참으로 좋은 세상이 오고 있나니라.」

22. 말씀하시기를 「세계 평화를 실현하는 데 세 가지 큰 요소가 있나니, 주의는 일원주의요, 제도는 공화 제도요, 조직은 십인 일단의 조직이니라.」

23. 말씀하시기를 「천하에 큰 도 셋이 있나니, 하나는 서로 이해하는 도요, 둘은 서로 양보하는 도요, 셋은 중정의 도라, 이 세가지 도를 가지면 개인으로부터 세계에 이르기까지 능히 평화를 건설할 수 있나니라.」

24. 말씀하시기를 「옛날 초(楚) 나라 사람이 실물을 하매, 초왕은 "초인이 잃으매 초인이 얻으리라" 하였는데, 그 후 공자께서는 "사람이 잃으매 사람이 얻으리라" 하셨고, 우리 대종사께서는 "만물이 잃으매 만물이 얻으리라" 하시었나니, 이는 그 주의의 발전됨을 보이심이라, 초왕은 나라를, 공자는 인류를,

대종사는 우주 만물을 한 집안 삼으셨나니, 이가 곧 세계주의요 일원주의니라.」

25. 말씀하시기를 「근래에 여러 방면에서 공화(共和)라는 말이 많이 쓰이나니 이는 참으로 좋은 소식이라, 이 세상이 모두 이름과 실이 함께 공화의 정신을 가진다면 천하에 어려운 일이 무엇 있으리요. 그러므로, 우리는 세상을 상대할 때에 권리를 독점하려 하지 말며, 이익을 독점하려 하지 말며, 명예를 독점하려 하지 말며, 대우를 독점하려 하지 아니하면, 스스로 공화가 되어 평화는 자연히 성립되리라.」

26. 말씀하시기를 「세계 평화는 한 사람 한 사람의 화하는 마음에서 부터 이루어지나니, 화하는 마음이 곧 세계 평화의 기점이니라.」

27. 말씀하시기를 「요순은 천하를 서로 사양하고, 제후는 아홉 고을을 서로 사양하매, 그 화기가 천하에 충만한지라, 그 정경을 풍류에 올린즉 봉황이 춤을 추었다 하나니, 인화(人和)는 양보로써 이루어지고, 화(和)가 지극하면 천하의 기운이 따라서 통해 지나니라.」

28. 말씀하시기를 「개인으로 부터 세계에 이르기까지 평화를 요구는 하면서도 평화를 얻지 못하는 것은 서로 은혜를 모르거나 알고도 보은의 실행이 없기 때문이니, 그러므로, 대종사께서는 네 가지 큰 은혜를 발견하시어 모든 사람에게 보은 감사의 생활을 하게

하심으로써 참다운 세계 평화의 길을 터 놓으셨나니라.」

29. 말씀하시기를 「심량(心量)이 광대하다 함은 마음에 막힘이 없는 것을 이름이니, 마음이 증애에 편착이 없고, 국경에 국한이 없고, 순역에 집착이 없고, 고락에 잡힘이 없으면 곧 심량이 광대하다 하나니라.」 또 말씀하시기를 「천하를 구제할 큰 법은 유형한 지역의 한계와 무형한 마음의 한계가 함께 툭 트이어 사통오달이 되어야 하나니라.」

30. 말씀하시기를 「과거의 도는 주로 천하 다스리는 도로써 평천하에 이르게 하려 하였으나, 미래에는 평천하의 도로써 근본을 삼고, 천하 다스리는 도를 이용하여 평천하에 이르게 할것이니, 천하 다스리는 도는 정치의 길이요, 평천하의 도는 도치 덕치의 길이니라.」

31. 말씀하시기를 「불교의 진수는 공(空)인 바 그릇 들어 가면 공망(空妄)에 떨어지며, 유교의 진수는 규모인 바 그릇 들어 가면 국집하며, 도교의 진수는 무위 자연인 바 그릇 들어 가면 자유 방종에 흐르며, 과학의 진수는 분석 정확인 바 그릇 들어 가면 유(有)에 사로 잡혀 물질에만 집착하나니, 이 네 가지 길에 그릇 들어가지 아니하고 모든 진수를 아울러 잘 활용하면 이른 바 원만한 법통을 이루며 원만한 인격이 되리라.」

32. 말씀하시기를 「인지가 미개하고 계한이 편협

한 시대에는 개인만을 본위로 하는 이기적 개인 주의나, 한 가족을 본위로 하는 가족 주의나, 한 단체 한 사회를 본위로 하는 단체 주의나, 한 국가를 본위로 하는 국가 주의가 각각 그 시대와 국한 안에서 인심을 지배하였고, 아직도 그 여풍이 도처에 남아 있음을 볼 수 있으나, 불보살 성현들은 일찍부터 이 모든 국한을 초월하여 세계를 본위로 하는 큰 정신을 주로 고취하시었나니, 이른 바 대자 대비가 세계 주의며, 인의의 정신이 세계 주의며, 박애의 정신이 세계 주의라, 이 모든 성인들은 천하를 일가로 보고 만민을 한 권속으로 삼아, 세계 인류가 다 같이 구제 받을 대 도덕을 제창하시었으며, 특히 불교에서는 세계와 인류 뿐 아니라 시방 세계 육도 사생을 다 같이 본위로 하는 대 정신을 크게 창도하시었나니, 곧 세계 주의의 극치라 할 것이니라.」

33. 말씀하시기를 「현하 시국의 대운을 촌탁하건대 인지가 새로 개벽되고 국한이 점차 확장되어 바야흐로 대 세계 주의가 천하의 인심을 지배할 초기에 당하였나니, 이는 곧 대도 대덕의 대 문명 세계가 건설될 큰 조짐이라, 이 주의는 지극히 원만하고 지극히 공변되어 모든 낡은 국한들을 돈연히 벗어나서 육도 사생이 다 같이 위 없는 낙원에서 공존 공영하게 하고야 말 것이니라. 그러나, 또한 개인 주의나 가족 주의나 단체 주의나 국가 주의를 아주 없애자는 것이 아

니라, 세계 주의를 본위로 하여 그 강령하에 이 모든 주의를 잘 운용하고 보면 대 세계 주의 낙원(大世界主義 樂園)을 건설하는 데 또한 도움이 있을 것이니, 이러한 좋은 시운에 처하여 전무 후무한 대도 회상의 창립 사도가 된 우리 대중들은 먼저 각자의 마음에 세계 일가의 큰 정신을 충분히 확립하며, 그 큰 정신을 세상에 널리 베풀어서, 일체 생령과 함께 광대무량한 큰 낙원의 생활자가 되기를 더욱 발원하며, 날로 달로 마음을 새로이 하고 이 공부 이 사업에 더욱 정진하여, 원만 구족하고 지공 무사한 대 세계 주의의 선도자가 되어 주기를 간절히 부탁하노라.」

34. 원기 46년 4월에 삼동윤리(三同倫理)를 발표하시며, 말씀하시기를 「삼동윤리는 곧 앞으로 세계 인류가 크게 화합할 세 가지 대동(大同)의 관계를 밝힌 원리니, 장차 우리 인류가 모든 편견과 편착의 울 안에서 벗어나 한 큰 집안과 한 큰 권속과 한 큰 살림을 이루고, 평화 안락한 하나의 세계에서 함께 일하고 함께 즐길 기본 강령이니라. 지금 시대의 대운을 살펴보면 인지가 더욱 열리고 국한이 점차 넓어져서 바야흐로 대동 통일의 기운이 천하를 지배할 때에 당하였나니, 이것은 곧 천하의 만국 만민이 하나의 세계 건설에 함께 일어설 큰 기회라, 오래지 아니하여 세계 사람들이 다 같이 이 삼동윤리의 정신을 즐겨 받들며, 힘써 체득하며, 이 정신을 함께 실현할 기구를 이룩하여 다 같이

이 정신을 세상에 널리 베풀어서 이 세상에 일대 낙원을 이룩하고야 말 것이니라. 그러므로, 이러한 좋은 시운에 이러한 회상을 먼저 만난 우리 대중들은 날로 달로 그 마음을 새로이 하고, 이 공부 이 사업에 더욱 정진하여 다 같이 이 좋은 세상 건설에 선도자가 되어 주기를 간절히 부탁하노라.」

35. 이어 말씀하시기를 「삼동윤리의 첫째 강령은 동원도리(同源道理)니, 곧 모든 종교와 교회가 그 근본은 다 같은 한 근원의 도리인 것을 알아서, 서로 대동 화합하자는 것이니라. 이 세상에는 이른 바 세계의 삼대 종교라 하는 불교와 기독교와 회교가 있고, 유교와 도교 등 수 많은 기성 종교가 있으며, 근세 이래 이 나라를 비롯하여 세계 각처에 신흥 종교의 수도 또한 적지 아니하여, 이 모든 종교들이 서로 문호를 따로 세우고, 각자의 주장과 방편을 따라 교화를 펴고 있으며, 그 종지에 있어서도 이름과 형식은 각각 달리 표현되고 있으나, 그 근본을 추구해 본다면 근원되는 도리는 다 같이 일원의 진리에 벗어남이 없나니라. 그러므로, 모든 종교가 대체에 있어서는 본래 하나인 것이며, 천하의 종교인들이 다 같이 이 관계를 깨달아 크게 화합하는 때에는 세계의 모든 교회가 다 한 집안을 이루어 서로 넘나 들고 융통하게 될 것이니, 먼저 우리는 모든 종교의 근본이 되는 일원 대도의 정신을 투철히 체득하여, 우리의 마음 가운데 모든 종

교를 하나로 보는 큰 정신을 확립하며, 나아가 이 정신으로써 세계의 모든 종교를 일원으로 통일하는데 앞장서야 할 것이니라.」

36. 이어 말씀하시기를 「삼동윤리의 둘째 강령은 동기연계(同氣連契)니, 곧 모든 인종과 생령이 근본은 다 같은 한 기운으로 연계된 동포인 것을 알아서, 서로 대동 화합하자는 것이니라. 이 세상에는 이른 바 사색 인종이라고 하는 인종이 여러 지역에 살고 있으며, 같은 인종 중에도 여러 민족이 있고, 같은 민족 중에도 여러 씨족이 여러 지역에 각각 살고 있으나, 그 근본을 추구해 본다면 근본되는 기운은 다 한 기운으로 연하여 있는 것이므로, 천지를 부모 삼고 우주를 한 집 삼는 자리에서는 모든 사람이 다 같은 동포 형제인 것이며, 인류 뿐 아니라 금수 곤충까지라도 본래 한 큰 기운으로 연결되어 있나니라. 그러므로, 천하의 사람들이 다 같이 이 관계를 깨달아 크게 화합하는 때에는 세계의 모든 인종과 민족들이 다 한 권속을 이루어 서로 친선하고 화목하게 될 것이며, 모든 생령들에게도 그 덕화가 두루 미칠 것이니, 우리는 먼저 모든 인류와 생령이 그 근본은 다 한 기운으로 연결된 원리를 체득하여 우리의 마음 가운데 일체의 인류와 생령을 하나로 보는 큰 정신을 확립하며, 나아 가서는 이 정신으로써 세계의 인류를 평등으로 통일하는데 앞장서야 할 것이니라.」

37. 이어 말씀하시기를 「삼동윤리의 세째 강령은 동척사업(同拓事業)이니 곧 모든 사업과 주장이 다 같이 세상을 개척 하는 데에 힘이 되는 것을 알아서, 서로 대동 화합하자는 것이니라. 지금 세계에는 이른바 두 가지 큰 세력이 그 주의와 체제를 따로 세우고 여러가지 사업을 각각 벌이고 있으며, 또한 중간에 선 세력과 그 밖에 여러 사업가들이 각각 자기의 전문 분야와 사업 범위에 따라 여러가지 사업들을 이 세상에 벌이고 있어서, 혹은 그 주장과 방편이 서로 반대되는 처지에 있기도 하고 혹은 서로 어울리는 처지에 있기도 하나, 그 근본을 추구하여 본다면 근원되는 목적은 다 같이 이 세상을 더 좋은 세상으로 개척하자는 데 벗어남이 없는 것이며, 악한 것 까지라도 선을 각성하게 하는 한 힘이 되나니라. 그러므로, 모든 사업이 그 대체에 있어서는 본래 동업인 것이며, 천하의 사업가들이 다 같이 이 관계를 깨달아 서로 이해하고 크게 화합하는 때에는 세계의 모든 사업이 다 한 살림을 이루어 서로 편달하고 병진하다가 마침내 중정(中正)의 길로 귀일하게 될 것이니, 우리는 먼저 이 중정의 정신을 투철히 체득하여 우리의 마음 가운데 모든 사업을 하나로 보는 큰 정신을 확립하며, 나아가서는 이 정신으로써 세계의 모든 사업을 중정으로 통일하는 데 앞장서야 할 것이니라.」

정산종사 법어

제14 생 사 편 (生死編)

1. 정산 종사 말씀하시기를 「생사대사(生死大事)를 해결하는 데에 세 가지 계단이 있나니, 하나는 본래에 생사가 없고 생사가 둘 아닌 자리를 깨달아 아는 것이요, 둘은 본래에 생사가 없고 생사가 둘 아닌 자리를 체받아 지키는 것이요, 셋은 본래에 생사가 없고 생사가 둘 아닌 자리를 베풀어 활용하는 것이라, 이 세 가지 계단의 실력을 구비하여야 생사 대사를 완전히 해결하였다 하나니라.」

2. 말씀하시기를 「생사 거래에 세 가지 근기의 차가 있나니, 하나는 애착 탐착에 끌려서 거래하는 근기라, 가고 오는 길에 정견을 하지 못하고 항상 전도가 되어 닥치는 대로 수생하여 취생 몽사하며 또는 원한이나 증오에 끌려 악도에 타락함이요, 둘은 굳은 원력을 세우고 거래하는 근기니, 정법 회상에 철저한 신념과 발원을 가지고 평소에 수행을 하며 최후의 일념을 청정히 하면 오나 가나 부처님 회상에 찾아 드는 것이 마치 자석에 쇠가 따르는 것 같이 됨이요, 셋은 마음의 능력으로써 생사를 자유하는 근기니, 이는 철저한 수행의 결과 삼대력을 원만히 얻은 불보살 성현들이 육도 거래를 임의로 하심이니라.」

3. 학인이 사뢰기를 「"정업(定業)을 면치 못한다" 하신 말씀과 "천업(天業)을 돌파한다" 하신 말씀에 대하여 일러 주소서.」 말씀하시기를 「정업을 면치 못한다 함은, 이미 정해진 업에 대하여는 죄복을 주는 권능이 상대방에 있기 때문에 한 번 결정된 업은 면할 도리가 없이 받게 된다는 말씀이요, 천업을 돌파한다 함은, 그렇게 주어지는 업이라도 받는 이는 곧 자신이기 때문에 마음의 자유를 얻은 이는 그 죄복에 마음이 구애되지 아니하고 항상 그 마음이 편안하므로 곧 그 업을 자유로 함이니 이것이 천업을 돌파함이니라.」

4. 말씀하시기를 「욕심과 착심이 많을수록 그 영식(靈識)이 높이 솟지 못하고 악도에 떨어지게 되나니, 마치 탁하고 무거운 것은 아래로 가라 앉는 것 같고, 욕심과 착심이 없을수록 그 정신이 높이 솟아서 선도에 수생하게 되나니, 마치 맑고 가벼운 것이 높이 오르는 것 같나니라.」

5. 말씀하시기를 「사람의 영식이 최후의 일념을 확실히 챙기며 청정한 마음으로 구애 없이 떠난즉 가고 오는 길에 매함이 없으나, 그렇지 못한 영은 그 영로에 미혹이 많나니, 더욱 천도 행사가 필요하나니라.」

6. 말씀하시기를 「천도라 함은 영가(靈駕)로 하여금 이고득락(離苦得樂)케 하며, 지악수선(止惡修善)케 하며, 전미개오(轉迷開悟)케 하는 것이니, 일심이 청정하여 천도할 것 없는데 까지 천도함이 참다운 천

정산종사 법어

도가 되나니라. 우리의 마음은 무형한 것이나, 일심이 되면 우주의 큰 기운과 합치하므로, 수도인들이 청정 도량에 모여 지성으로 축원을 하면 영근(靈根)에 감응이 되어 쉽게 천도를 받게 되나니, 이는 자손이나 후인이 열반인을 위하여 행하여야 할 가장 중요한 일 가운데 하나가 되나니라. 그러나, 한갓 치재(致齋) 행사만이 능사가 아니니, 제일 중요한 것은 본인이 평소에 본인의 천도를 위하여 적공을 하는 것이요, 후인들도 행사에만 그치지 말고 항시 열반인을 위하여 심고도 하고 열반인을 위하여 적선도 하여, 열반인의 공덕이 길이 세상에 미치게 하는 것이 또한 천도에 중요한 조건이 되나니라.」

7. 물으시기를 「무엇이 악도에 떨어지지 아니하는 중요한 밑천이 될꼬.」 조 전권(曺專權)이 답하기를 「철저한 신심과 법에 대한 이해와 고락 증애에 끌리지 않는 마음이 중요한 밑천이 되겠나이다.」 말씀하시기를 「거기에 더 할 말은 없을까.」 이 동진화(李東震華) 사뢰기를 「자각이 있어야 하겠나이다.」 말씀하시기를 「거기에 더 할 말은 없을까.」 시자 사뢰기를 「원력과 일심이 또한 소중한 밑천이 되겠나이다.」 말씀하시기를 「세 사람의 대답이 다 옳으니라.」

8. 박 제권(朴濟權)이 묻기를 「무엇이 천도의 가장 큰 요건이 되나이까.」 답하시기를 「서원 일심과 청정 일념이니라.」 또 묻기를 「어떠한 것이 서원이며, 어떻

— 994 —

게 하여야 청정해 지나이까.」 답하시기를 「욕심을 떠나 마음을 발함이 서원이요, 밉고 사랑스러운 데 끌리지 아니하면 청정해 지나니라. (離慾發心曰誓願　不着憎愛曰淸淨)」

9. 말씀하시기를 「열반을 앞 두고 갖추어야 할 보물 세 가지가 있나니, 하나는 공덕이요, 둘은 상생의 선연이요, 셋은 청정한 일념인 바, 그 중 가장 중요한 것이 청정 일념이니라. 아무리 공덕을 쌓고 선연을 맺었다 하더라도 평소에 공부 없는 사람은 이것이 다 아상이나 착심의 자료로 화하기 쉽나니, 공수래 공수거의 원리를 철저히 깨달아 최후 일념을 청정하게 하는 것이 제일 큰 보배가 아니고 무엇이리요.」

10. 학인이 묻기를 「영가를 위하여 치재하는 효과가 어떠하나이까.」 답하시기를 「인연이 없던 영가에게는 불연을 맺어 줌이 되고 신심이 있던 영가에게는 서원을 굳혀 줌이 되며, 공부가 깊은 영가에게는 특별히 필요는 없으나 대중과의 법연에 또한 도움이 되나니라.」

11. 말씀하시기를 「가을을 지낸 과수에는 꽃도 없고 잎도 졌으나, 그 뿌리에 거름을 하고 그 줄기에 소독을 하여 주어야 새 봄에 꽃과 잎이 무성하며 과실도 충실하게 여는 것 같이, 영가를 위하여 재를 지내는 것도 그 육신은 지수화풍이 이미 흩어 졌으나, 그 영근에 정성과 법력으로써 거름을 하고 소독을 하여 주는

격이라, 그 영가가 새 육신을 받는 길에 큰 도움이 되는 것이며, 우리가 수행을 하는 데에도 일 없을 때 준비를 잘하여 놓아야 동할 때에 걸림 없이 잘 활용하게 되나니라.」

12. 말씀하시기를 「상장(喪葬)은 사람의 일생을 마치고 보내는 일이라, 친근자에 있어서는 그 섭섭함이 비할 데 없는 것이요 당인에 있어서는 이 몸을 버리고 새 몸을 받을 시기라, 반드시 올바른 천도를 얻어야 할 것인 바, 그 중에도 주(主)와 종(從)을 말한다면 천도를 주로하고 정곡(情曲)과 형식은 종으로 하는 것이 옳을 것이며, 재(齋)는 열반인의 천도를 위하여 베푸는 법요 행사니, 독경 축원 등으로 청정한 일념을 챙기게 하고 남은 착심을 녹이게 하며, 선도 수생의 인연을 깊게 하는 동시에, 헌공 등으로써 영가의 명복을 증진하게 하자는 것이요, 또는 모든 관계인들로 하여금 추도 거상(居喪)의 예를 지키도록 하자는 것이니, 어느 하나에도 결함됨이 없도록 모든 성의를 다하여야 할 것이니라.」

13. 예전을 편찬하시며 영결사를 지으시니 이러하니라. 「영가시여 ! 영가의 가지고 있던 그 형체는 지수화풍 사연(四緣)이 이미 흩어 지읍고, 안이비설신의 육근도 이제 그 명색을 감추게 되오니, 이에 따라 영가의 수용하던 재색과 명리가 영가에게는 이미 한 꿈으로 화하였으며, 친근 권속도 전일에 대하던 그 얼굴로

는 서로 영결이 되었사오니, 생각한들 무슨 이익이 있으며 애착한들 무슨 실효가 있으리까. 영가의 과거 일생은 고락 영고를 막론하고 이미 다 마쳤사오니, 과거의 세간 애착은 조금도 염두에 남기지 마시옵고, 오직 생멸 거래가 없고 망상 번뇌가 끊어진 본래의 참 주인을 찾아서 미래 세상에 반드시 불과를 얻고 대중을 이익 주며, 금생에 모였던 모든 선연도 불토 극락에 다시 만나서 한 가지 도업을 성취하옵기를 깊이 축원하오며 간절히 부탁하옵나이다.」

14. 친제 도성(道性) 종재식에 설법하시기를 「오늘을 당하여 할 말이 없으나, 여러분이 나보다 더 슬퍼하니 그 정의를 가히 알 수 있으며, 대중이 한결같이 아까와 하는 충정을 보니 주산(主山)에 대하여도 좋은 일이요, 우리 회상으로도 좋은 기운이 도는 것을 느끼노라. 일전에 한 교우가 무수히 낙루하며 말하기를 "우리 회상이 발전의 한 고비에 대종사 떠나시고 주산까지 가니 이것이 우리에게 큰 비운이 아닌가"하기에 나는 답하기를 "그대는 큰 공사판에 가 본 일이 있는가. 큰 공사판의 도감독들은 처음부터 끝까지 한 공사장에만 매어 있는 것이 아니라, 다른 데에도 볼 일이 있으면 이쪽 일 끝나기 전에 저쪽에 가 보기도 하고, 미리 준비할 것이 있으면 준비를 해 오기도 하며, 또 쉴 때면 잠시 쉬기도 하듯이, 한 회상의 큰 주인들도 혹은 동, 혹은 서에 바쁘게 준비할 일이 있기도 하

고, 또 잠시 쉴 일이 있기도 하나, 큰 눈으로 볼 때에는 결국 다 한 일판 한 일이라, 너무 슬퍼 말라" 고 말하였노라. 그런즉, 우리는 대종사께서나 여러 선진들이 앞서서 바쁘게 가시었으되, 가셔도 아주 가신 것이 아니요 새로운 준비를 위하여 잠시 가신 것으로 믿고, 다 같이 안심하면서 후사만 잘 이어 받아 나아가며 이와 같이 알뜰하고 순일한 정으로써 이 회상의 발전에 배전의 노력을 기울인다면 우리의 교운은 영천영지 무궁토록 양양하리라.」

15. 이 명훈이 병이 중하매 한 송을 주시니,「舊業日償 來頭淸淨 死生一如 不斷不休 佛緣深重 萬事無憂 永生之寶 信與誓願 理懺事懺 道場淸淨」이라, 번역하면「묵은 업 갚아 가니, 오는 날 청정하고, 죽고 삶 한결 같아, 언제나 이 일이라, 불연이 심중하니, 모든 일 근심 없고, 영생에 보배될 것, 믿음과 서원이라, 이참하고 사참하니, 도량이 청정이라.」 하심이러라.

16. 이 명훈 추도식에 설법하시기를「나무도 못다 크고 중도에 꺾이면 아깝겠거든, 사람으로서 큰 서원과 포부를 다 펴지 못하고 중도에 떠나니 어찌 애석하지 아니하리요. 그러나, 한량 없는 진리 자리로 볼 때에는 생사도 없고 거래도 없어서 영원히 불멸하는 수(壽)가 있나니, 비록 젊은 죽음이라도 거룩한 서원과 뿌리 깊은 신심을 가졌다면 영생의 보물을 간직한지라, 진리적으로는 도리어 축복할 만한 일이 들어 있으

며, 더욱 정녀로서 일생을 오롯이 마쳤으니, 그의 일생은 값 없는 백년에 비할 바 아니리라. 그런즉, 여러 동지는 그를 위하여 슬퍼하고 애석해 하는 데 그치지 말고, 그가 할 일까지 더 담당할 만한 힘을 길러서 그가 다 펴지 못한 뜻을 이루어 주기로 결심하는 것이 떠나 가는 동지를 참으로 위하는 마음이니라.」

17. 박 창기(朴昌基) 위령재에 설법하시기를「사람이 어렸을 때 첫 출발을 잘 하기가 어려운데 화려한 도시 생활을 기쁘게 버리고 대종사 법하에서 고이 자랐으며, 풍족한 생활 속에서 사치를 않기가 어려운데 새 옷 새 신발을 사양하면서 공사에 공헌하였으며, 위험을 무릅쓰고 의(義)를 행하기가 어려운데 생명을 걸고 동지를 보호하다 떠났으니, 그 영의 앞 길에 혜복이 족할 것을 믿거니와, 모든 것을 천업(天業)으로 돌리고 서원을 더욱 굳게 하며, 모든 한과 상대를 여읜 곳에 영지불매한다면 이것이 오직 참된 천도의 길이니라.」

18. 6·25동란 중 희생 교도 합동 위령재에 표어로 설법하시기를「일념이 청정하면 숙업이 자멸하고, 상생 상화하면 만복이 흥륭하리라」하시고,「한 풍랑이 일어나매 사해(四海)물이 요란하더니, 한 풍랑이 그치매 천하가 안연하도다. 우리 마음도 또한 이와 같아서, 한 생각이 요란함에 모든 업이 뒤를 따르더니, 한 생각이 안연함에 천하 만방이 장차 부처님 세계로 화하

여 일체 중생이 다 함께 부처님 세계에서 즐기리로다. 모든 영가여./ 원망도 없고 시비도 없는 부처님의 참다운 세계를 알아 길이 길이 참다운 극락을 수용할지어다.」

19. 이날 다시 설법하시기를 「동란 중 애석하게 참변 당한 몇몇 교우를 생각하면 섭섭하기 이를 데 없으나, 옛날 육조대사 같은 대 도인도 묵은 업으로 인하여 생명을 앗으러 온 자까지 있었다 하거든, 여러 영가가 과거 무수겁을 드나들 때에 어찌 상극의 업이 없었으리요. 그러므로, 이번 참변은 다 묵은 큰 빚을 크게 갚아 버린 기연이 되었나니, 오히려 통쾌히 생각하고 앞으로 다시는 상극의 빚을 지지 아니하기로 작정하면 영로가 길이 광명하려니와, 만일 다시 투쟁으로 갚으려 하면 상극의 원인이 되어 악연이 길이 끊일 사이 없으리라. 여러 영가는 모든 원진과 집착을 놓아 버리고 원융 무애한 부처님의 상생 대도에 귀의하라. 한 생각 돌리면 너도 살고 나도 사는 상생의 길이 열리어 다 같이 화하게 되고, 한 생각 잘못하면 너도 죽고 나도 죽는 상극의 길에서 같이 망하게 되리라. 일체 중생이 한 진리 한 천지 가운데 생을 받은 동포 형제들인 바, 이 속에서 지옥을 만드는 것도 천당을 건설하는 것도 다 우리에게 달린 것이니, 이왕이면 좋은 세상, 살기 좋은 극락을 만들어야 할 것이 아닌가. 여러 영가에게 설사 앞으로 죄업이 더 남아 있다 할지라도

마음에 원망이 없고 거는 마음이 없으면 악업이 점차 스스로 소멸되어 가려니와, 비록 남은 죄업이 없다 할지라도 원망하고 거는 마음이 있으면 악업은 영원히 사라지지 않을 것이니, 여러 영가는 과거에 잘 지냈거나, 잘못 지냈거나, 원통했거나, 억울 했거나 간에 모든 것을 다 잊어 버리고 오직 조촐한 마음과 상생의 대도로써 완전한 해탈과 천도를 얻어서, 선도 낙지에 웃음을 머금고 출현할 지어다.」

20. 부친의 임종이 가까우신지라, 한 귀의 송(頌)으로써 최후를 부탁하시니 「誓願成佛濟衆 歸依淸淨一念」이라, 번역하면 「부처 되어 제중하기 서원하시고 청정한 한 생각에 귀의하소서」러라.

21. 송 혜환(宋慧煥) 영가에게 고하시기를「공산(公山) 동지의 몸은 가시었으나, 참 공산은 간 것이 아니며, 공산의 그 알뜰한 봉공 정신과 창립 공로는 우리 회상의 발전과 아울러 한 없는 세월에 길이 빛날 것이요, 최후 일념에까지 굳게 뭉치어진 대 서원력과 깊은 정의는, 앞으로 이 회상에 천 공산 만 공산을 배출할 큰 원동력이 될 것을 믿고 또한 기원하는 바이다.」

22. 박 제봉(朴濟奉) 부보를 장수(長水)에서 들으시고 영가에게 고하시기를 「제산(霽山) 동지 영가시여. 성품의 본래 자리에는 와도 왔다 할 것이 없고 가도 갔다 할 것이 없으며, 그에 따라 따로이 슬퍼할 것도 없고 기뻐할 것도 없으나, 현실 나타난 것으로 볼 때

에는 또한 오매 온 것이 분명하고 가매 간 것이 분명하여 이에 따라 만나매 반갑고 갈리매 섭섭한 정이 또한 없지 아니한지라, 멀리 부보를 듣고 석별의 정을 금할 수 없는 동시에 가서 애도의 정을 다 펴지 못함을 섭섭히 여기는 바입니다. 그러나, 우리가 한 가지 이 대업을 위하여 한 없는 세상을 드나들 적에 본래의 그 서원과 본래의 그 신성을 그대로 지니고 나아가면 우리가 와도 이 일에 벗어나지 아니하고 가도 이 일에 벗어나지 아니하여, 오고 감이 오직 본래의 이 일 뿐이라, 무슨 봉별지회(逢別之懷)가 따로 있으리요. 제산 동지 영가시여 오고 감이 없는 가운데 고이 가셨다가, 오고 감이 없는 가운데 고이 돌아 오시기를 부탁하는 바입니다.」

23. 최 도화(崔道華) 영가에게 고하시기를「사람의 육신은 지수화풍 네 가지 인연이 합했다 흩어졌다 하는 것이요, 사람의 마음은 희로애락 애오욕(喜怒哀樂愛惡欲)의 일곱 가지 뜻이 일어났다 가라앉았다 하는 것이니, 이것은 모두 거짓된 몸 거짓된 마음이요, 그 가운데 오직 맑고 조촐하여 생멸과 거래가 없는 중에 영령하고 소소하여 능히 만법의 근본이 되는 참 몸 참 마음이 있나니, 이것이 이른 바 자성 광명이라, 삼타원 영가시여 이것을 아시는지요, 오직 여기에 의지하여 미래의 서원을 세우시며 미래의 인연을 찾고 지으시기를 심축하는 바입니다.」

24. 최 은혜화(崔恩惠華) 영가에게 고하시기를 「희우애락(喜憂哀樂) 생사터니, 가고 오니 본지(本地)로다. 일직심(一直心) 그대로 가셨다가 일직심 그대로 오시어 길이 길이 부처님 회상의 참 일꾼이 되소서.」

25. 송 창허(宋蒼虛) 영가에게 고하시기를 「"한 생각 조촐한 마음이 이 도량이라, 항하사 칠보탑을 지음보다 승하도다. 보탑은 필경에 부서져 티끌이 되려니와 한 생각 조촐한 마음은 정각을 이룬다" 하였나니, 진산(晋山) 영가시여 이에 청정 일념으로 길이 광대한 원을 잊지 마소서.」

26. 조 송광(曺頌廣) 영가에게 고하시기를 「전념(前念)이 청정하면 후념(後念)이 청정할 것이니, 청정 일념으로써 음양 거래의 노선을 삼으소서.」

27. 유 허일(柳虛一) 영가에게 고하시기를 「사람이 세상에 처하여 무슨 일을 할 때에는 최초의 한 생각이 잘 나기가 어렵고 또한 한 세상을 끝마칠 때에는 최후의 한 생각을 잘 챙기기가 어렵나니, 그 일 그 일에 최초의 한 생각이 바르면 일생에 모든 일이 발라질 것이요, 일생을 끝마칠 때에 최후의 한 생각이 바르면 영원한 장래가 능히 바를 수 있는지라, 바른 생각으로써 오시고 바른 생각으로써 가시면 오고 가는 사이에 항상 미한 길에 주저하지 아니하고, 바로 부처님 회상에 돌아 오게 되시리니, 이것은 영가의 평소 소원이요, 미래 길이요, 우리 대중의 함께 기원하는 바라, 영가

시여 거듭 부탁하노니, 서원은 부처되어 중생 제도하는 데 세우시고, 마음은 바르고 조촐한 한 생각에 의지하소서.」

28. 4·19 희생 학생 영가들에게 고하시기를 「이 세상에는 살아도 죽은 사람이 있고, 죽어도 산 사람이 있나니, 이것은 그 마음과 의기가 살고 죽은 데 달린 것이라, 이번에 희생된 학생 여러분은, 몸은 비록 짧은 일생으로 끝마쳤다 할지라도 민족을 위하고 세계에 끼친 그 공심은 영원히 살아 멸하지 아니할지니, 이것이 곧 여러분의 영원 불멸할 대 생명이라, 여러분은 세세 생생 조금도 퇴화치 말고 분원(忿怨)치 말며, 더욱 전진하여 길이 대중의 선도자가 되기를 축원합니다.」

29. 병상에서 글을 지으시니 「空寂靈知是自性 前後左右本蕩然」이라, 번역하면 「공적하고 영지함이 이 자성이라, 전후 좌우 본래부터 탕연하도다」하심이요, 또 글을 지으시니 「自性中樞 萬法元平 本無去來 豈有苦樂」이라, 번역하면 「우리 자성 가운데, 만법 원래 평등해, 본래 거래 없거니, 어찌 고락 있으랴」 하심이러라.

30. 병환이 침중하신지라 시봉진이 다시 특별 기도를 드리고자 사뢰니, 말씀하시기를 「법계에서 아는 사람은 법계에서 알아 하리니, 이 후 기도는 그만 두라.」

31. 말씀하시기를 「사람이 서로 진심으로 후세를 약

조하면 그대로 되는 수가 흔히 있으나, 인연을 특별히 지정치 않고 대중을 두루 친화하다가 그 영이 사심 없이 뜨고 보면 모두 친절한지라 아무에게라도 적당한 인연 기회 있는 대로 수생을 하게 되지마는 편착으로 특별히 지정한 인연은 거기에서 기회가 어긋나면 그 착을 따라 그 인연의 주위에서 좋지 못한 수생을 하기 쉽나니라.」

32. 한 교우가 약용으로 산 잉어를 바치거늘「죽은 것은 없더냐」하시고 그가 간 후 시자에게「못에 놓아 기르라」하시니라.

33. 병상에서 말씀하시기를「약을 쓰되 살생을 하여 약을 만들지는 말라.」또 말씀하시기를「이 생도 함부로 못하려니와 영생 일은 더욱 어렵게 알지니라.」

34. 병상에서 글을 부르시며「이 글을 적어 전하라」하시니,「人間苦樂元無實 自性觀照本蕩平」이라, 번역하면「인간의 모든 고락, 원래 실상 없는 것, 자성을 관조하니, 본래 탕평하도다」하심이러라.

정산종사 법어

제15 유 촉 편 (遺囑編)

1. 정산 종사 병상에서 물으시기를 「우리의 본의가 무엇인지 아느냐.」 시자 사뢰기를 「도덕으로 천하를 한 집안 만드시려 하는 것이옵니다.」 말씀하시기를 「네 말이 옳다. 도덕천하 위일가(道德天下爲一家)가 우리의 본의니라.」

2. 김 대거와 시자에게 말씀하시기를 「이 시대는 개벽 시대요 교역 시대라, 모든 것이 교역되고 융통되나니, 우리의 경전 가운데 그 범위가 혹 지역이나 종파에 국한된 듯 해석될 부분은 이 시기에 잘 정리하여 대종사의 근본 성지를 남음 없이 드러내고 주세 경전의 존엄에 조금도 손됨이 없게 하라. 그 대체는 이미 다 정해 있으니, 더 드러낼 데는 드러내고 그대로 둘 데는 두되, 사은 사요와 삼학 팔조만 잘 드러나면 만고 대법이니라.」

3. 말씀하시기를 「묵은 세상과 새 세상이 바꾸이고 있나니, 낡은 것은 가고 새 것이 서는 것이 상도니라. 우리가 모두 새 사람이 되어야 하나니, 그대들이 지금 새 세상의 기운으로 몇 살이나 되었는지 살피어 보라.」

4 말씀하시기를 「과거 시대는 좁은 시대요 새 시대

는 훨씬 더 너른 시대라, 판이 마구 넓어지나니 이런 세상 만나기가 어렵나니라. 대종사 말씀하신 대명국(大明局)이란 곧 대명 세계라는 말씀이니라.」

5. 말씀하시기를 「지금은 동서양이 두루 통하는 시대라, 모든 법을 한 법으로 융통시켜야 하나니라. 물질 문명은 서양이 위주니 기회 따라 바꾸어 오고, 정신 문명은 동양이 위주니 기회 따라 바꾸어 주면 이 세상이 전반 세계가 되리라. 대종사는 동서양의 대운을 겸하셨나니, 대종사의 도덕이 세계를 주재하게 될 것이며, 개벽의 공덕이 시방으로 미쳐 가나니, 곧 일원 대도가 시방 공덕이 되리라.」

6. 말씀하시기를 「태평 세계가 돌아 오고 있으나, 그러한 세상이 하나 둘의 힘으로 이뤄지지 아니하나니, 다 힘을 어울러야 하고 우리들 부터 실천하여야 쉽게 이뤄지리라. 지금은 세상이 통하는 때요 사통 오달이 대 도인의 심경이니, 국한에 얽매이지 말고 원망이나 섭섭은 풀기에 힘쓰라. 그러하면 만인이 다 은인이 되어 태평 세계가 절로 이룩되리라.」

7. 말씀하시기를 「우리가 세세 생생 이 일하고 다녔나니, 불보살들은 혹은 동, 혹은 서에 오시고 또 오시어 세세 생생 이 일하고 다니시나니라.」

8. 말씀하시기를 「우리의 주의는 세계 주의니, 이 주의를 세상에 반드시 실현하자. 대종사 같으신 큰 부처님은 전무 후무하시나니, 모든 것을 대종사께 집중

하고, 국한 없는 공부와 국한 없는 사업에 힘을 모으자.」

9. 말씀하시기를 「이제는 천하가 한 집안 되는 때라, 앞으로는 어떤 지도자든지 세계 주의로 나아가야 크게 성공하리라. 세계 사업을 하는 이는 각국 사람을 고루 생각해 주고, 세세 생생 세계 평화를 책임지고 나아가야 하나니라.」

10. 말씀하시기를 「대종사께서 대도를 깨치신 후, 서가모니 부처님께 연원을 정하시어 새 회상의 대의를 세우셨으므로 이 회상이 길이 발전할 기틀이 확립되었나니, 우리도 연원 계통을 실하게 대어야 법통의 대의가 확립되어 이 회상이 무궁하게 융창하리라.」

11. 말씀하시기를 「맥이 떨어지면 죽는다 하나니, 도가에서 법맥이 상통되지 않으면 그 회상은 위축되고 마나니라. 스승과 제자 사이에는 심법(心法)의 맥이 서로 통하고 동지와 동지 사이에는 정의(情誼)의 맥이 서로 통하여야 이 회상이 무궁한 번영을 누리리라.」

12. 말씀하시기를 「동지간의 잘못을 서로 제 잘못으로 알고 자기의 잘못을 살필지언정 동지를 원망하고 미워하지 말며 서로가 용서하고 깨우쳐 나아가면 정의가 상통하여 법의 맥이 서로 연할 것이요, 언제나 당시의 법주재하는 이에게 기운을 모아서 모르면 묻고 양심대로 직고하며, 법을 듣되 귀하게 알고 중하게 여

겨야 심법이 상통하여 법의 맥이 길이 끊어지지 아니하리라.」

13. 말씀하시기를 「부처님의 법통이 올바로 이어져 나가는 것을 법의 수명이라 하나니, 스승은 대대로 후계할 제자들을 잘 길러야 하고, 제자는 대대로 연원 계통을 올바로 이어 받아야 그 법의 수명이 무궁하나니라. 우리는 대종사의 정신을 오로지 이어 받는 것이 대종사의 법의 수명을 올바로 이어 받음이니, 기위 법의 수명을 이어 받으려면 크고 온전하게 이어 받고 크고 온전하게 전해 주어야 법계의 큰 조상이 될 것이니라. 우리 회상의 법의 수명은 곧 일원 대도의 혜명(慧命)이니라.」

14. 말씀하시기를 「물이 근원 있는 물이라야 오래 가듯이, 우리도 법의 근원이신 대종사를 오롯이 받들고 끊임 없이 알뜰히 사모하는 가운데 그 심법이 건네고 그 법맥이 끊임 없으리라. 대종사 이하 법 높은 스승들을 알뜰히 신봉하여야 그 가운데 이 회상이 발전되리니, 우리에게는 위에 연원하고 아래로 유전해야 할 막중한 중간 소임이 주어져 있나니라.」

15. 말씀하시기를 「옛 글에 "유실 무실 오동실(有實無實梧桐實)"이라 한 글귀가 있나니, 저 어린 이들의 장난하는 것을 보면 무슨 큰 일이나 하는 것 같이 종일 떠드나, 그 결과는 별 것 없는 것 같이 세상 일도 별 일이나 하는 것 같이 서둘고 떠들던 일이

결과는 별로 볼 것 없는 일이 얼마나 많은가. 그러므로, 가정이나 사회나 간에 여진이 있기로 하면 형식보다 실이 있어야 하고, 실이 있은 후에는 또한 실다운 계승자가 끊임없이 있어야 하나니, 우리 회상도 신근이 두텁고 실다운 공부가 있어 삼세를 일관할 인물들이 많이 있어야 유실 무실(有實無實)이 아니되고 무궁한 발전이 있게 되리라.」

16. 시자에게 말씀하시기를 「옛날에 한 사람이 "양류천사록(楊柳千絲綠) 도화만점홍(桃花萬點紅)"이라는 글귀를 지어 놓고 스스로 만족하거늘, 그 스승이 보고 말하되 "양류가 어찌 천실 뿐이며, 도화가 어찌 만점 뿐이리요. 양류사사록(楊柳絲絲綠) 도화점점홍(桃花點點紅)이라 하라" 하여 그 글을 크게 살렸다 하나니, 법문을 기록하고 편찬하는 이의 크게 유의할 이야기니라.」

17. 병상에서 학인들의 성가를 들으시고, 말씀하시기를 「내 어려서 천어처럼 생각되기를 "풍류로써 세상을 건지리라" 하였더니 옛 성인도 "풍기를 바루고 시속을 바꾸는 데에는 풍류 같음이 없다" 하셨나니라. 성가를 일종의 노래로만 알지 말라. 그 속에 진리가 들어 있나니, 그 가사를 새기며 경건히 부르라.」

18. 말씀하시기를 「우리들이 과거 세상에 출세간 인연으로도 권속된 적이 수 없이 많았지마는 세간 인연으로도 서로 지친한 가족의 연(緣)을 이룬 적이 적

지 않았나니라.」

19. 말씀하시기를 「부모 자녀의 인연도 지중하나, 사제의 인연 또한 지중하나니라. 우리가 언제나 한 권속이니, 고생도 같이 하고 즐거움도 같이 보며, 이생 뿐 아니라 영생을 그러하자. 평생을 동거하며 영생을 동거하자.」

20. 말씀하시기를 「세상에 제일 중한 것이 동지간의 정의니, 우리들의 정의는 억 만 년도 더 갈 정의니라. 동지간의 의리를 배반하지 말며, 잘못한 동지라도 아주 버리지 말며, 동지간의 정의를 많이 역설하라.」

21. 시봉진에게 말씀하시기를 「그대들이 남이 아니요, 여러 생의 다정한 형제간이니라. 그대들은 서로 사랑하기를 금 같이 하고, 서로 위하기를 옥 같이 하라.」

22. 말씀하시기를 「가까운 인연을 잘 두어야 큰 일을 하기가 수월하나니라. 가까운 인연을 잘못 두면 평생에 어려움이 많나니라.」

23. 이 동진화에게 말씀하시기를 「인정과 의리가 도덕의 근본이니라.」 또 말씀하시기를 「도덕을 어기는 사람과 자력을 못 얻은 사람은 새 세상에 서지 못하게 되리라.」

24. 이 경순 등에게 말씀하시기를 「앞으로 중정의 도가 천하의 벼릿줄이 되리라.」 영봉(靈鳳) 등에게 말씀하시기를 「삼동윤리(三同倫理)는 천하의 윤리요 만고의 윤리니라.」

25. 황 정신행에게 말씀하시기를 「신이 있어야 법연이 계속되나니라.」 또 말씀하시기를 「우리가 만고 동업자니라.」 또 말씀하시기를 「귀인이 되라. 욕심 없는 사람이 제일 귀인이니라.」

26. 성 성원(成聖願) 등에게 말씀하시기를 「유아 작용(唯我作用)으로 공부를 하라. 자기를 대중삼아 공부를 하라.」 후일 다시 유 장순(柳壯順) 등에게 말씀하시기를 「유아 작용으로 자기 공부를 하고 유화 작용(唯和作用)으로 세계 평화를 이룩하자.」

27. 송 자명 등에게 말씀하시기를 「여자들이 과거에는 천하 일을 하기가 어려웠으나, 그대들은 대종사의 덕으로 천하의 일꾼이 되었나니, 서로 용서하고 서로 위해 주며, 세세 생생 알뜰하게 이 사업에 전공하라. 단순한 몸으로 순결을 지키며, 영원한 세상에 더욱 큰 세계인이 되라.」

28. 이 보원(李普圓)에게 말씀하시기를 「지혜 많은 사람이 복은 적기 쉬우니, 잘 조절해야 하나니라.」 또 말씀하시기를 「앞으로는 모든 일이 사양으로 이루어지고 억지로는 아니되며, 자기 양심 가진대로 대우 받게 되고 거짓으로는 대우 받지 못하게 되리라.」

29. 순봉(順鳳)에게 말씀하시기를 「누구나 대인 될 소질이 없지 않나니, 마음을 키우고 국을 더 넓혀서 대인 되는 공부를 부지런히 하라. 몸은 작아도 마음이 크면 대인이요, 몸은 커도 마음이 작으면 소인이

니라.」 또 말씀하시기를 「대인 되는 공부의 요령은 만사종관(萬事從寬)이니라.」

30. 말씀하시기를 「우리가 모두 일원의 전체 후손이니라. 앞으로는 종족이나 씨족의 구별을 특히 따지지 아니하고 세계 사람들이 다 한 집안 자손으로 지내리라.」

31. 말씀하시기를 「위친계의 범위를 크게 널리어 세계 자손된 도리를 널리 다하라. 모든 것을 좁게 말고 널리 짜야 하나니, 동리 마다 동련계(同連契)를 두어 서로 돕고 미풍 양속을 북돋우면 태평 세계가 멀지 않으리라.」

32. 의사들이 올 때마다 반기시며 말씀하시기를 「당신들은 모든 사람의 육신 병을 치료해 주는 양의가 되고, 우리는 모든 사람의 마음 병을 고쳐 주는 양의가 되어, 다 함께 이 세상을 좋게 만들자.」 간호원들에게 말씀하시기를 「좋은 세상이 돌아 오고 있으니, 마음을 좋게 가져 다 같이 새 세상의 큰 일군이 되자.」

33. 시자에게 말씀하시기를 「어항을 치우라, 못에서 마음 대로 헤엄침을 보리라. 화병을 치우라, 정원에 피어 있는 그대로를 보리라. 조롱(鳥籠)을 열어 주라, 숲에서 마음대로 날으는 것을 보리라.」

34. 시자에게 말씀하시기를 「삼원(三元)과 오성(五成)이 새 세상의 개벽을 주재한 뒤에 영세중정(永世中正)하리라.」 이어 말씀하시기를 「선천(先天)이 열

리는 때에 삼황 오제(三皇五帝)가 차례로 나와, 개벽의 역사를 맡아 하시었다는 동양의 설화와 같이, 후천이 열리는 데에도 삼원 오성이 차례로 나와, 동서양을 망라한 개벽의 큰 공사를 주재할 것이요, 그런 후에는 영세토록 중정의 인물들이 중정의 다스림을 계속하여 태평 성대가 한이 없으리라.」 시자 여쭙기를 「삼원은 이미 다녀 가셨고 대종사께서 인증하신 바도 있삽거니와 오성은 앞으로 언제 나오시며 누가 또한 그 분들을 인증하게 되오리까.」 말씀하시기를 「오직 때를 따라 차례로 나올 것이며, 때를 따라 그 일을 하신 분들을 천하의 후인들이 저절로 추숭하여 천하가 스스로 인증하게 되리라.」

35. 병상에서 시자에게 대종경 초안을 읽게 하시고는 반드시 일어나 앉아서 들으시고 피로를 느끼시면 읽기를 그치게 하신 후 누우시니라.

36. 원기 46년 12월, 병상에서 물으시기를 「내가 전에 세웠던 네 가지 계획을 기억하느냐.」 시자 사뢰기를 「교재 정비(敎材整備) 기관 확립(機關確立) 정교 동심(政敎同心) 달본 명근(達本明根) 네 가지였나이다.」 말씀하시기를 「그 내역을 설명하여 보라.」 시자 사뢰기를 「교재 정비는 정전과 대종경을 완정하고 예전 성가 등 모든 교서를 편수하여 대중 교화의 재료를 완전히 갖추자는 것이오며, 기관 확립은 교화 교육 자선 생산의 모든 기관을 더욱 충실히 세워서 인재와 경제

와 사업의 근거를 완전히 갖추자는 것이오며, 정교 동심은 국가나 세계의 지도자들과 합심하여 정치 교화 양면으로 평화 세계 건설에 함께 힘쓰자는 것이오며, 달본 명근은 이 모든 사업에 힘쓰는 중에도 각자의 수양에 등한하지 말아서 우리의 본래사를 요달하며 항상 그 근본을 잘 밝혀서 불망기본하자는 것으로 아옵나이다.」 말씀하시기를 「네 말이 옳다. 그러나 이 모든 계획이 반이나 이루어 졌느냐.」 하시며 잠시 추연한 기색을 보이시더니, 25일 드디어 최후의 특별 유시를 내리시어, 김 대거(金大擧) 이 공주(李共珠) 이 완철(李完喆) 박 광전(朴光田) 이 운권(李雲捲) 박 장식(朴將植) 여섯 분에게 교전 교서의 감수를 위촉하시고 시자 이 공전(李空田)에게 교전 편수의 조속 추진을 촉구하시니라.」

37. 이듬해 1월부터 환후가 더욱 침중해 지시는지라 각 기관과 지방의 요인들이 거의 모이었더니, 22일에는 간략한 목욕을 마치신 후 운집한 대중에게 말씀하시기를 「우리가 다생 겁래에 함께 공부 사업한 사람들이요, 처음 만난 사람들이 아니며, 앞으로도 늘 만나서 이 일을 할 사람들이니라.」 다시 말씀하시기를 「누가 한번 삼동윤리를 설명해 보라.」 시자의 청을 받아 김 대거 사뢰기를 「동원도리는 이 세상 모든 종교가 한 울안 한 이치인 것을 말씀하신 것이오며, 동기연계는 이 세상 모든 생령이 한 집안 한 권속인 것

을 말씀하신 것이오며, 동척사업은 이 세상 모든 사업이 한 일터 한 일꾼임을 말씀하신 것이온 바, 이는 곧 대종사의 일원 대도에 근거한 대세계 주의로서 스승님께서 말씀하신 그대로 곧 천하의 윤리요 만고의 윤리가 되나이다.」 말씀하시기를 「그 말이 옳으며, 세상의 대세가 차차 이 길로 돌아 오고 있나니, 여러분이 먼저 잘 지키고 보급시켜서 우리의 법이 천하만고의 대법이 되게 하라.」

38. 이어서 한 번 더 설명을 하게 하신 후, 말씀하시기를 「물을 말이 있으면 물어 보라.」 잠시 후 시자가 대중의 뜻을 받아 여쭙기를 「이 삼동윤리의 요지로써 스승님의 게송을 삼으오리까.」 말씀하시기를 「그러하라. 과거에는 천하의 도가 다 나뉘어 있었으나 이제부터는 천하의 도가 모두 합하는 때이니, 대세계 주의인 일원 대도로 천하를 한 집안 만드는 데 같이 힘쓰라」 하시고 산회하라 하시더니, 이 날 오후 송(頌)하시기를 「한 울안 한 이치에 한 집안 한 권속이 한 일터 한 일꾼으로 일원 세계 건설하자」 하시고 24 일 거연히 열반하시니라.

원불교교사

佛 日 重 輝 (부처의 해 거듭 빛나고)

法 輪 復 轉 (법의 수레 다시 굴리다)

원불교 교사 차 례

개교 반백년 교단사

제 1 편 개벽(開闢)의 여명(黎明)

제 1 장 동방(東方)의 새 불토(佛土)··········1025
1. 서설 2. 한민족과 한반도 3. 한반도의 종교 4. 선지자들의 자취 5. 일대전환의 시대 6. 말법현상과 구주출세

제 2 장 소태산 대종사(少太山大宗師)··········1032
1. 대종사의 탄생과 유시 2. 대종사의 발심 3. 대종사의 구도 4. 대종사의 입정 5. 대종사의 대각

제 3 장 제생 의세(濟生醫世)의 경륜(經綸)···1040
1. 교법의 연원 2. 최초의 법어 3. 첫 제도의 방편과 구인제자 4. 첫 조단과 훈련 5. 법의 대전과 창립한도

제 4 장 회상 건설(會上建設)의 정초(定礎)··1048
1. 저축조합 운동 2. 정관평 방언공사 3. 첫 교당건축과 공부사업 병행 4. 구인단원의 기도 5. 백지혈인의 법인성사

제 5 장 교법(敎法)의 초안(草案)············· 1057

　　　　1. 불법에 대한 선언　2. 봉래산 법회와
　　　일원상 구상　3. 교강 선포와 첫 교서 초안
　　　4. 창립인연들의 결속　5. 회상공개의 준비

제2편　회상(會上)의 창립(創立)

제1장　새 회상(會上)의 공개(公開) ………1066
　　　1. 불법연구회 창립총회　2. 총부기지의
　　　확정과 건설　3. 전무출신의 공동생활
　　　4. 훈련법의 발표와 실시　5. 첫 교서의 발
　　　간과 교당들의 설치

제2장　새 제도(制度)의 마련 ……………1074
　　　1. 상조조합과 산업·육영창립단　2. 공부
　　　사업고시법과 유공인대우법　3. 의례제도의
　　　개혁과 사기념례　4. 제일대 제일회 기념총회

제3장　교단 체제(教團體制)의 형성(形成) ‥1080
　　　1. 교화기관지의 발행　2. 초기교서들의
　　　발간　3. 각조단의 정비와 새 회규의 시행
　　　4. 일원상봉안과 교무의 훈련　5. 산업부
　　　의 발전과 산업기관 창설　6. 제이회의 교
　　　세와 사회여론

제4장　끼쳐 주신 법등(法燈) ……………1092
　　　1. 시국의 긴박과 계획의 보류　2. 최종회
　　　규의 시행과 전법게송　3. 불교정전의 편

　　　　수발간　4. 대종사의 열반과 정산종법사추대
　제5장　교단 체제(體制)의 완비(完備)……… 1101
　　　　1. 일정의 탄압과 해방　2. 전재동포구호와
　　　　건국사업　3. 유일학림의 개설　4.「원불교」
　　　　선포와 교헌 반포　5. 수위단회의 기능화
　　　　6.「원광」창간과 6·25 경난

제3편　성업(聖業)의 결실(結實)

　제1장　성업 봉찬(聖業奉贊) 사업 ……………1112
　　　　1. 대종사성탑의 봉건과 봉찬사업 준비
　　　　2. 제일대성업봉찬대회　3. 제일대의 교세
　　　　4. 새 예전편성과 보본행사 5. 정관평 재방
　　　　언과 성지사업
　제2장　목표 사업 기관(目標事業機關)의 확립… 1121
　　　　1. 삼대목표사업과 재단기업의 시련
　　　　2. 교육사업 진흥과 원광학원군　3. 삼대선
　　　　원개설과 장학사업　4. 자선사업개척과　요
　　　　양사업
　제3장　일원 세계(一圓世界)의 터전 ………… 1129
　　　　1. 사종의무 勵行과 교헌개정　2. 도운융창
　　　　대기도와 해외포교모색　3. 대종경 편수와
　　　　정전 재편　4. 삼동윤리선포와 법은재단설립
　제4장　결실 성업(結實聖業)의 전진(前進)…· 1136
　　　　1. 정산종법사 열반과 대산종법사 추대

2. 교전발간과 교서결집 3. 교화삼대목표 추진과 법위향상 운동 4. 고시제도 실시와 기관단체정비 5. 종협참여와 해외포교진출
제5장 개교 반백년(開敎半百年)의 결실(結實)‥1147
1. 새 회상의 확인과 반백년 준비 2. 수양기관 설립과 재단기업 계열화 3. 청년운동과 출판 언론 진흥 4. 반백년의 교세 5. 기념관·영모전·정산종사 성탑 봉건 6. 개교 반백년 기념대회

부(附) : 교사별록(敎史別錄)

제1편 개벽(開闢)의 여명(黎明)

제1장 동방(東方)의 새 불토(佛土)

1. 서 설

 일찌기 정산 종사(鼎山宗師)는 새 회상의 창건사 서문에 쓰시기를「역사는 세상의 거울이라 하였나니, 이것은 어느 시대를 막론하고 모든 일의 흥망 성쇠가 다 이 역사에 나타나는 까닭이니라. 그러나, 역사를 보는 이가 다만 문자에 의지하여 지명(地名)이나 인명(人名)이나 연대(年代) 만 보고 잘 기억하는 것으로 능히 역사의 진면(眞面)을 다 알았다고 할 수 없나니, 반드시 그 때의 대세와, 그 주인공의 심경과, 그 법도(法度) 조직과, 그 실행 경로를 잘 해득하여야만 능히 역사의 진면을 볼 수 있고, 내외를 다 비치는 거울이 될 것이니라. 그런즉 우리 회상은 과연 어떠한 사명을 가졌으며, 시대는 과연 어떠한 시대이며, 대종사(大宗師)는 과연 어떠한 성인이시며, 법은 과연 어떠한 법이며, 실행 경로는 과연 어떻게 되었으며, 미래에는 과연 어떻게 결실될 것인가를 잘 연구하여야 할 것이니라」하시었다.

교사 제1편 개벽의 여명

이에 따라, 이 교사는 먼저 동방의 새 불토인 한반도의 내력과, 선지자들의 자취와, 말세 말법의 현상을 대략 더듬고, 창건사에 의하여, 새 부처님 대종사의 출세 기연(出世機緣)과, 성도 경로(成道經路)를 기술한 다음, 제생 의세의 크신 경륜 아래 첫 교화를 베푸시고 회상 건설을 정초(定礎)하시며, 새 교법을 초안하신 후, 새 회상의 창립을 공개하신 경로를 살폈다. 대종사께서 교법과 교제(敎制)를 정비하신 후 열반하시매, 정산 종사께서 시국의 만난(萬難) 중에 법등(法燈)을 이어, 교단 체제를 형성 완비하시며, 보본 사업(報本事業)을 주재(主宰)하시며, 모든 목표 사업 기관을 확립하시며, 교전의 편수, 삼동윤리의 선포 등으로 일원 세계 건설의 터전을 다지신 경과를 살피고, 정산 종사 열반 후 교헌에 따라 대산(大山)종법사를 추대하고, 대중이 합력하여, 교전 교서의 결집 발간, 법위 향상 운동, 종협 참여, 해외 포교, 제2차 보본 사업, 반백년 기념대회 등으로 결실의 성업에 정진한 개교 반백년 동안의 대체 과정(大體過程)을 살폈다.

우리는 이로써, 대종사께서 일찌기 예시 하신 사 오십 년 결실(四五十年結實)의 자취를 대관(大觀)하고, 사 오백 년 결복(四五百年結福) 향한 앞으로의 무궁한 전진에 반조하는 거울을 삼게 될 것이다.

2. 한민족과 한반도

제 1 장 동방의 새 불토

하늘의 자손임을 믿는 인류의 한 갈래가 밝음의 근원을 찾아 동으로 동으로 옮겨 와서 극동의 한 반도에 정착하니 이것이 한민족이라 한다. 한민족은 대략 반만년 전에 이미 나라를 세우고, 아름다운 강산, 알맞은 기후와, 기름진 풍토, 넉넉한 물산에 의좋게 살면서 슬기로운 문화를 한반도에 이룩하여 왔다.

밝음을 숭배하고 예의를 숭상하며 평화를 사랑하는 한민족의 나라는, 이웃 나라들로 부터 예의 동방 군자국이라는 기림을 받았으며, 부당한 침략을 용감히 물리치기는 하였으나, **일찌기** 한 번도 이웃을 침략하는 부당한 싸움을 일으키는 일은 없었다. 하나라는 뜻과 크다는 뜻을 겸하여 갖춘 「한」민족 가운데, 대대로 신령한 인물들이 이어 나왔지마는, 시대의 대운이 하나의 세계로 향하여 크게 열리는 새 세상 개벽의 여명에 도덕으로 천하를 한 집안 삼을 큰 주세 성자가 한민족 가운데서 출현하게 된 것은 무엇보다 복된 일이 아닐 수 없다.

세계 지도상의 한반도는 아시아 대륙 동쪽 끝에서 북으로 부터 남을 향하여 뻗어 내려, 양대륙이 좌우에서 감싸고 있으니, 이는 마치 세계의 추기(樞機)를 이룰 지형이며, 삼면 바다 일면 **대륙**에 연결된 그 위치는 세계의 문호가 됨직하다. 더구나 금강산은 천하의 명산이라, 대종사께서 「이 산은 장차 세계의 공원이 될 것이라. … 이 나라는 금강산으로 인하여 세계에 크게 드러나리라」하셨을 뿐더러, 일찍부터 금강산에 얽혀 온 불가(佛家)의 여러 인연 설화들은, 다 고요한 아침 나라 한반도가 장차 동방의 새 불토로 무궁한 영광을 길이 누릴 것을 예시하여 왔다.

3. 한반도의 종교

아득한 옛날 부터 한민족도 숱한 신앙을 가졌겠지마는, 역사의 첫 장을 넘기게 되는 때에는 이미 태양 숭배를 알맹이로 하는 민족적 종교를 가지게 되었으니, 이것이 한반도 고유의 신앙이다. 그 후 대륙과의 교통이 활발해 지면서 불교가 들어 오고, 유교·도교가 들어 와서, 서로 공존도 하고 배척도 하는 가운데, 각각 그 시대의 정신계를 지배하였고, 이웃 나라의 문화에 까지 적지 않은 이바지를 하였으며, 회회교도 전래된 흔적이 있으나 희미해 졌다.

근세에 이르러 개화의 물결을 타고 기독교가 서양에서 들어 왔으며, 기울어져 가는 국운을 개탄하고 무기력해진 유·불·선 삼교(儒佛仙三教)의 총화를 이루어, 서교(西教)에 대응하면서, 보국 안민(輔國安民) 광제 창생(廣濟蒼生) 하기를 주장하는 동학(東學)이 일어나고, 동학이 여러 가지 변모와 분파를 이루면서 특히 호남을 중심으로 펴지는 가운데 증산교(甑山教)가 일어나, 동학과 쌍벽을 이룸으로써, 한반도에는 고유의 민간 신앙에 전래(傳來)의 비결들을 결부시켜 개

제1장 동방의 새 불토

벽의 대운을 기다리는 수 많은 신생 종파가 뒤를 이어 일어 났다.

4. 선지자(先知者)들의 자취

서가모니 불께서 정법(正法)·상법(像法)·계법(季法)을 말씀하시고 여래 멸후 후 오백년을 말씀하시어, 삼시(三時) 또는 오시(五時)로 불법의 성쇠와 재흥(再興)을 예언하신 것이나, 미륵 보살을 당래 교주로 수기(授記)하신 것 등은 다 불문에 널리 알려진 일이다. 그 중 특히 한반도에서, 금강산이 법기 도량(法起道場)으로, 이 나라가 불국 연토(佛國緣土)로 믿어져 온 것은, 미륵불을 기다리는 신앙 행사가 다른 어느 지역에서 보다 성행하였던 사실과 더불어 주목할 일이다. 이는 실로 이 땅 불문의 선지자들이 한반도가 장차 새 불토로 될 것을 예견하고, 민중의 마음 속에 그 믿음을 뿌리 깊이 심어 준 것이다.

그 후, 한반도에는 유명 무명의 많은 선지자들이, 혹은 비결로, 혹은 도참(圖讖)으로, 혹은 가요로, 미래의 조선이 세계가 우러르는 거룩한 국토로 된다는 신념을 더욱 고취하였고, 원기 전(圓紀前) 50년 대(1860~1864)에 동학의 최 수운(崔水雲 名濟愚)은 후천의 개벽을 외치면서 「유도(儒道)·불도(佛道) 누천년(累千年)에 운(運)이 역시 다했던가. …만고(萬古) 없는 무극 대도 이 세상에 날 것이니, …운수(運數)

있는 그 사람은 차차 차차 받아다가 차차 차차 가르치니 나 없어도 다행일세」라 하였으며, 원기 전 10년대(1900~1909)에 강 증산(姜甑山 名一淳)은 「내가 곧 대선생(代先生)이로라」고 말하고, 「예수교도는 예수의 재강림을 기다리고, 불교도는 미륵의 출세를 기다리고, 동학 신도는 최 수운의 갱생을 기다리나니, 누구든지 한 사람만 나오면 각기 저의 스승이라 하여 따르리라」고 말하여, 이 땅에 새 세상의 주세 성자가 뒤이어 출세하여 새 세상의 큰 회상을 건설할 것임을 밝히 예언하였다.

5. 일대 전환의 시대

대종사께서 이 세상에 오신 시대는 인류 역사상 일찌기 없었던 큰 격동의 시대요 일대 전환의 시대였다. 19세기 말엽부터 밖으로는 열강 여러 나라의 침략주의가 기세를 올려, 마침내 세계 동란의 기운이 감돌았고, 급속한 과학 문명의 발달은 인류의 정신 세력이 그 주체를 잃게 하였다. 안으로 한국의 국정은 극도로 피폐되고, 외세의 침범으로 국가의 존망이 경각에 달려 있었으며, 수백년 내려 온 불합리한 차별 제도 아래서 수탈과 탄압에 시달린 민중은 도탄에 빠져 있는 가운데, 개화의 틈을 타서 재빠르게 밀려 든 서양의 물질 문명은 도덕의 타락과 사회의 혼란을 가중시켜 말세의 위기를 더욱 실감하게 하였다.

당시의 일대 위기를, 후일, 대종사께서는 「현하 과학의 문명이 발달됨에 따라, 물질을 사용하여야 할 사람의 정신은 점점 쇠약하고, 사람이 사용하여야 할 물질의 세력은 날로 융성하여, 쇠약한 그 정신을 항복받아, 물질의 지배를 받게 하므로, 모든 사람이 도리어 저 물질의 노예 생활을 면하지 못하게 되었으니, 그 생활에 어찌 파란 고해가 없으리요」라고 개교의 동기 설명에 요약하여 개탄하시고, 「이제 부터는 묵은 세상을 새 세상으로 건설하게」된다고 말씀하시었다.

6. 말법 현상과 구주 출세

당시 한반도의 종교계 또한 걷잡을 수 없는 혼란에 빠지게 되었으니, 고유의 신앙과 유·불·선 삼교는, 혹은 무당들의 미신 무대로 화하고, 혹은 유교의 세력에 밀려 산중에 숨어 들었으며, 혹은 허례와 공론으로 형식만 남게 되고, 혹은 일 없는 이의 양생술로 그림자만 남았으며, 서교(西教)는 숱한 박해를 받아 겨우 명맥을 유지하였고, 동학은 갖은 경난(經難) 끝에 숨을 돌리지 못하고 있었으며, 그 밖의 여러 교파들은 혹세 무민으로 민심의 혼란에 부채질을 더할 따름이었다. 이에 따라, 민중은 갈피를 잡지 못하고, 새로운 삶에 대한 갈망으로써, 새 성자에 의한 새 사상 새 종교를 더욱 기다리게 되었다. 이러한 때에 소태산 대종사께서는 구원 겁래의 크신 서원으로 이 땅에 다시 오신 것이다.

 후일 정산 종사는 대종사의 성비(聖碑)에 쓰시기를 「대범, 천지에는 사시가 순환하고 일월이 대명(代明)하므로 만물이 그 생성의 도(道)를 얻게 되고, 세상에는 불불(佛佛)이 계세(繼世)하고 성성(聖聖)이 상전(相傳)하므로 중생이 그 제도(濟度)의 은(恩)을 입게 되나니, 이는 우주 자연의 정칙(定則)이다」하시고, 「옛날 영산 회상이 열린 후, 정법과 상법을 지내고 계법 시대에 들어 와서, 바른 도가 행하지 못하고 삿된 법이 세상에 편만하며, 정신이 세력을 잃고 물질이 천하를 지배하여 생령의 고해가 날로 증심 하였나니, 이것이 곧 대종사께서 다시 이 세상에 출현하시게 된 기연이다」라고 밝히시어, 대종사께서는 새 세상의 주세불로 이 땅에 다시 오시었고, 새 부처님께서 세우신 새 회상은 새 세상의 주세 회상임을 분명히 하여 주시었다.

제 2 장 소태산 대종사 (少太山大宗師)

1. 대종사의 탄생과 유시

 대종사의 성(姓)은 박(朴)씨요, 이름은 중빈(重彬)이시요, 호(號)는 소태산(少太山)이시니, 원기 전(圓紀前) 25년(1891·辛卯) 음 3월 27일에 한반도의 서

제 2 장 소태산 대종사

남 해변, 전라 남도 영광군 백수면 길룡리(全羅南道 靈光郡 白岫面 吉龍里) 영촌(永村)에서 탄생하시어, 이웃 마을 구호동(九虎洞)에서 성장하시었다. 부친은 박 회경(法名晦傾 字成三)이시요, 모친은 유 정천(江陵劉氏 法名正天)이시며, 신라 시조왕 박 혁거세(新羅始祖王朴赫居世)의 후예이시다. 본관(本貫)은 밀양(密陽)이시니, 신라 밀성 대군(景明王長子密成大君)에 의하여 본(本)을 얻었고, 그 후, 지금의 경기도 양주군(楊州郡)에 세거(世居)하다가, 대종사의 7대조 때 영광군에 이거하였으며, 처음에는 군서면 마읍리에 거주하다가, 대종사 탄생 전 7년(1884·甲申) 길룡리로 이사하시었다.

부친은, 가난하여 학문은 없었으나, 천성이 명민하여 평생에 사람들의 경모함을 받았고, 모친은, 천성이 인후하여 이웃에서 항상 덕인이라는 칭호를 받았으며, 대종사는 그 3남이시었다.

대종사, 어려서 부터 기상이 늠름하시고 도량이 활달하시며, 모든 사물을 대함에 주의하는 천성이 있어, 보고 듣고 말하고 행동함을 항상 범연히 아니하시며, 매양 어른들을 좇아 그 모든 언행에 묻기를 좋아 하시며, 남과의 약속에 한 번 하기로 한 일은 아무리 어려운 일이라도 반드시 실행하시었다. 어리신 때에 마을 앞 개울 가에서 큰 뱀을 보고도 놀라지 않고 그를 쫓으신 일과, 4세 때 부친과의 약속을 지켜 동학군

왔다는 경보로 부친을 크게 놀라게 하신 일과, 10세 때 한문 서당 선생과의 약속을 지켜 그 날 해 전에 화재(火災)로 그를 크게 놀라게 하신 일 등은, 대종사의 비범한 성격 일단을 보이는 일화들로서 당시 참견한 여러 사람은, 혹은 장차 큰 일을 저지를 사람이라고 비방도 하고, 혹은 장차 큰 인물이 되리라고 찬탄도 하였다.

2. 대종사의 발심

대종사, 7세 되시던 해, 어느 날, 화창한 하늘에 한 점 구름이 없고, 사방 산천에 맑은 기운이 충만함을 보시다가, 문득 「저 하늘은 얼마나 높고 큰 것이며, 어찌하여 저렇게 깨끗하게 보이는고」하는 의심이 일어 나고, 뒤를 이어 「저와 같이 깨끗한 하늘에서 우연히 바람이 일고 구름이 일어나니, 그 바람과 구름은 또한 어떻게 일어 나는 것인가」하는 의심이 일어 났다.

이러한 의심이 시작됨을 따라 모든 의심이 꼬리를 물고 일어 나서, 9세 때 부터는 나를 생각한즉 내가 스스로 의심이 되고, 부모와 형제간을 생각한즉 부모와 형제간 되는 일이 의심이 되고, 물건을 생각한즉 물건이 또한 의심이 되고, 주야가 변천하는 것을 생각한즉 그것이 또한 의심이 되어, 이 의심 저 의심이 한 가지로 대종사를 답답하게 하였다.

제 2 장 소태산 대종사

그 후 10세 때 부터 부모의 명에 의하여 겉으로는 비록 한문 서당에 다니시었으나, 글 배우는 데에는 뜻이 적으시며, 의복·음식·유희 등에는 조금도 생각이 없으시고, 오직 이 수 많은 의심을 풀어 알고자 하는 한 생각으로 마음이 차 있었다.

3. 대종사의 구도

대종사, 한 번 의심을 발하신 후로는 날이 갈수록 그 마음이 더욱 간절하시어, 밤 낮으로 오직 소원 성취의 길을 찾기에 노심(勞心)하시더니, 11세 때 마읍리 선산 묘제(先山墓祭)에 참례하셨다가, 산신을 먼저 제사하고 선조를 뒤에 제사함을 보시고 친족 중 한 사람에게 그 연유를 물어, 산신은 크게 신령하다 함을 들으시고는 나의 이 모든 의심을 산신에게 물으면 알 수 있으리라 생각하시어, 그 날 부터 내심(內心)에 산신을 만나기로 작정하시었다.

그 후로는, 매일 산중을 더듬어 산과(山果)를 거두시며, 혹 정한 음식을 보시면 그것을 가지고 마을 뒷산 「삼밭재」에 오르시어, 「마당바위」라는 바위 위에 제물을 진설하시고, 전후 사방을 향하여 종일토록 예배하시다가, 해 진 후에야 귀가하시기를 매일 과정으로 하시되, 혹은 그 곳에서 밤을 지내기도 하고, 혹은 비가 오고 눈이 와도 하루도 빠짐 없이 5년 간을 일관하시었으며, 처음에는 부모 모르게 그 일을 시작하시었으나, 마침내 모친께서 알으시고 그 정성에 감동하여 많은 후원을 하시었다.

대종사, 15세 때에 부모의 명에 의하여 면내 홍곡리의 규수 양 하운(濟州梁氏 法名夏雲)과 결혼하시고, 16세 되시던 정월, 환세 인사 차로 처가에 가셨다가, 마침 마을 사람이 고대 소설(朴太傳傳 趙雄傳등) 읽는 것을 들으시는 중, 그 소설의 주인공들이 천신 만고 끝에 도사(道士)를 만나 소원을 성취하는지라, 대종사의 심중에 큰 변동이 생기게 되었다. 「내가 지금까지 만나고자 하던 산신은, 5년 간 한결 같이 정성을 들였으나 한 번도 보이지 않으니, 가히 믿을 수 없을 뿐 더러, 그 유무를 확실히 알 수도 없는 것인즉, 나도 이제 부터는 저 소설의 주인공 같이 도사 만나는 데에 정성을 들인다면, 도사는 사람이라 반드시 없지도 아니하리라」 생각하시고, 전날의 결심을 도사 만날 결심으로 돌리시었다.

그 후로는 길에 이상한 사람이나 걸인이 있어도 그가 혹 도사나 아닌가 하여 청하여 시험해 보시며, 또한 어디에 이인(異人)이나 은사(隱士)가 있다고 하면 반드시 찾아 가 보시고, 혹은 청하여 같이 지내시며 시험해 보기도 하여, 그 후 6년 간 도사를 찾아 일천 정성을 다 들이시었다.

4. 대종사의 입정

제 2 장 소태산 대종사

　대종사, 어려서 부터 글 공부와 살림에는 뜻이 없으시고, 오직 도(道) 구하는 데에만 뜻을 두시매, 부친께서 처음에는 이해를 못하다가, 마침내 대종사의 정성에 감동되어 그 구도를 적극 후원하셨으며, 대종사께서 20세에 이르도록 도사 만날 소원도 이루지 못함을 보시고는 「마당바위」 부근에 수간의 초당을 지어 심공(心功)을 들이게도 하시더니, 원기 전 6년(1910·庚戌) 10월 마침내 별세하시었다. 이에 대종사께서는 생활과 구도의 후원을 일시에 잃게 되신 데다가, 이미 큰 형과 아우는 출계(出系) 분가하고, 중형은 일찍 별세한지라, 모친의 봉양과 권속의 부양을 다 대종사께서 책임지시게 되니, 뜻 없는 살림과 경험없는 고생에 그 괴로움은 이루 다 말할 수 없으시었다.

　뿐만 아니라, 6년 동안 구하고 바라던 도사도, 수많은 사람을 접응하여 보시었으나, 바른 스승을 찾을 곳이 없게 되매, 22세 때 부터는 도사 만날 생각도 차차 단념하시고 「이 일을 장차 어찌할꼬」하는 한 생각만 점점 깊어져 갔다. 처음에는 생활에 대한 계교심도 혹 있었고, 고생이라는 느낌도 혹 있었으나, 세월이 갈수록 다른 생각은 다 잊으시고, 오직 그 한 생각으로 아침에서 저녁에 이르고 저녁에서 아침에 이르시며, 때로는 저절로 떠 오르는 주문(呪文)도 외우시고, 때로는 고창 연화봉(全北高敞郡心元面蓮花峰) 초당 등으로 장소를 옮기어 정신을 수습도 해 보시었으나, 25

세 때 부터는 「이 일을 장차 어찌할꼬」하는 그 생각 마저도 잊어버리게 되어, 점점 행하여도 행하는 줄을 모르고, 말하여도 말하는 줄을 모르며, 음식을 드시어도 드는 줄을 모르는 지경에 이르렀다.

그 동안 두 번 이사에 집은 두 번 다 무너지고, 생계는 막연하여 조석 공양이 어려운 데다가, 복중(腹中)에는 큰 적(癪)이 들고, 온 몸에는 종기가 가득하여, 가족들의 근심은 말할 것도 없고, 마을 사람들은 다 폐인으로 인증하게 되었으며, 그 정신이 어느 때에는 혹 분별이 있는 듯 하다가 다시 혼돈하여 지고, 혹 기억이 나타나는 듯 하다가 다시 어두어 지니, 부인은 대종사의 정신 회복을 위하여 다년간 후원 별처(後園別處)에서 기도를 드리기도 하였다.

5. 대종사의 대각

원기 원년(1916·丙辰) 음 3월 26일 이른 새벽에, 대종사, 묵연히 앉으셨더니, 우연히 정신이 쇄락해 지며, 전에 없던 새로운 기운이 있으므로, 이상히 여기시어 밖에 나와 사면을 살펴 보시니, 천기가 심히 청랑하고 별과 별이 교교(皎皎) 하였다. 이에, 맑은 공기를 호흡하시며 뜰 앞을 두루 배회하시더니, 문득 이 생각 저 생각이 마음에 나타나, 그동안 지내 온 바가 모두 고생이 아닌가 하는 생각이며, 고생을 면하기로 하면 어떻게 하여야 하겠다는 생각이며, 날이 밝으면

제 2 장 소태산 대종사

우선 머리도 빗고 손톱도 자르고 세수도 하리라는 생각이 일어 났다. 날이 밝으매, 대종사, 먼저 청결하는 기구들을 찾으시는지라, 이를 본 가족들은 대종사의 의외 행동에 한 편 놀라고 한 편 기뻐하여 그 동작을 주시하였으니, 이것이 곧 대종사 출정(出定)의 초보이었다.

그 날 조반 후, 이웃에 사는 몇 몇 마을 사람이 동학의 「동경대전(東經大全)」을 가지고 서로 언론(言論)하는 중, 특히 「오유영부 기명선약 기형태극 우형궁궁(吾有靈符其名仙藥其形太極又形弓弓)」이란 귀절로 논란함을 들으시매, 문득 그 뜻이 해석되는지라, 대종사 내심에 대단히 신기하게 여기시었다. 얼마 후, 또한 유학자 두 사람이 지나다가 뜰 앞에 잠간 쉬어 가는 중, 「주역」에 「대인 여천지합기덕 여일월합기명 여사시합기서 여귀신합기길흉(大人與天地合其德與日月合其明與四時合其序與鬼神合其吉凶)」이라는 귀절을 가지고 서로 언론함을 들으시매, 그 뜻이 또한 환히 해석 되시었다. 이에 더욱 이상히 여기시어 「이 것이 아마 마음 밝아지는 증거가 아닌가」하시고, 전 날에 생각하시던 모든 의두를 차례로 연마해 보신즉, 모두 한 생각에 넘지 아니하여, 드디어 대각을 이루시었다.

대종사, 이에 말씀하시기를 「만유가 한 체성이며 만법이 한 근원이로다. 이 가운데 생멸 없는 도와 인과 보응되는 이치가 서로 바탕하여 한 두렷한 기틀을 지

— 1039 —

었도다」하시었다. 이로 부터 대종사의 심경은 날이 갈수록 명랑해 지고, 야위던 얼굴과 몸에 기혈이 충만하여, 그 간의 모든 병증도 차차 저절로 회복되니, 보는 이들 누구나 정신이 황홀하지 않을 수 없었다.

　대종사의 생장하신 길룡리는 산중 궁촌으로, 견문이 심히 적었고, 대종사께서도 글 공부한 시일이 2년에 불과하였으므로, 그 동안 어떤 종교의 교의(敎義)와 역사를 듣고 배우신 바가 없었으나, 듣고 보신 바가 없이 스스로 원을 발하시고, 스스로 정성을 다하시고, 스스로 정(定)에 드시고, 스스로 대각을 성취하여, 필경은 천만 교법의 대소 본말을 일원의 이치로써 관통하시었으니, 이는 곧 영겁에 수도의 종성(種性)이 매(昧)하지 아니한 까닭이라 할 것이다.

제 3 장　제생 의세(濟生醫世)의 경륜(經綸)

1. 교법의 연원

　대종사, 대각을 이루신 후, 마음에 홀로 기쁘고 자신이 충만(心獨喜自負)하여, 그 경로를 생각하시되「순서 알기가 어렵다」하시고,「강연히 말하자면 자력으로 구하는 중 사은의 도움이라」하시었다.

　대종사, 다시 생각하시기를「동양에는 예로 부터 유·불·선 삼교(儒佛仙三敎)가 있고, 이 나라에도 근래

제 3 장 제생의세의 경륜

에 몇 가지 새 종교가 일어났으며, 서양에도 몇 가지 종교가 있다 하나, 내가 지금까지 그 모든 교의(教義)를 자상히 들어 본 적이 없었으니, 이제 그 모든 교서를 한번 참고하여, 나의 얻은 바에 대조하여 보리라」하시고, 이웃 사람들에게 부탁하여 그 경전들을 약간 구하여 대략 열람하시었다. 당시 열람하신 경전은, 유교의 사서(四書)와 소학(小學), 불교의 금강경(金剛經)· 선요(禪要)·불교 대전(佛教大典)·팔상록(八相錄)· 선가(仙家)의 음부경(陰符經)·옥추경(玉樞經), 동학의 동경 대전(東經大全)·가사(歌詞), 기독교의 구약 (舊約)·신약(新約) 등인 바, 그 중 특히 「금강경」은 꿈으로 그 이름을 알으셨다 한다.

대종사, 경전들을 열람하신 후 말씀하시기를 「나의 안 바는 옛 성인들이 또한 먼저 알았도다」하시고, 「모든 경전의 뜻이 대개 적절하여 별로 버릴 바가 적으나, 그 중에도 진리의 심천(深淺)이 없지 아니한 바, 그 근본적 진리를 밝히기로는 불법이 제일이라, 서가모니 불은 진실로 성인들 중의 성인이라」 하시었다. 대종사 또 말씀하시기를 「내가 스승의 지도 없이 도를 얻었으나, 발심한 동기로 부터 도 얻은 경로를 돌아 본다면 모든 일이 은연 중 과거 부처님의 행적과 말씀에 부합되는 바 많으므로, 나의 연원을 부처님에게 정하노라」 하시고, 「장차 회상을 열 때에도 불법으로 주체를 삼고, 모든 교법도 마땅한 바를 따라 응용하

— 1041 —

여, 완전 무결한 큰 회상을 이 세상에 건설하리라」고 내정하시었다.

2. 최초의 법어

대종사, 안으로 모든 교법을 참고하신 후, 다시 밖으로 시국을 살펴 보시어, 정신 도덕의 부활이 무엇보다 시급함을 느끼시고, 「물질이 개벽되니 정신을 개벽하자」는 표어를 제창하시니, 이것이 곧 개교 표어이다. 대종사, 다시 시국에 대한 감상과, 그에 따른 새 세상 건설의 대책을 최초 법어로 발표하시니, 곧 수신의 요법, 제가의 요법, 강자 약자의 진화상 요법, 지도인으로서 준비할 요법이다.

「수신의 요법」은, 시대를 따라 학문을 준비하고, 수양 연구 취사를 놓지 아니하여야 새 세상의 새 사람이 된다는 것이요, 「제가의 요법」은 실업과 근검 저축, 교육과 의견 교환, 도덕과 정치 복종, 희망과 방법 참조를 주의 하여야 새 가정 새 국가를 이룩한다는 것이요, 「강자 약자의 진화상 요법」은, 강자는 자리이타로 약자를 진화시키며, 약자는 강자를 선도자로 삼아, 강약이 서로 진화하는 길로 나아가야 상극없는 새 세상을 이룩한다는 것이요, 「지도인으로서 준비할 요법」은, 이상 지식을 가지고, 신용을 잃지 말며, 사리를 취하지 말고, 지행을 대조하여야 제생 의세의 경륜을 충분히 실현할 수 있다는 것이었다.

3. 첫 제도의 방편과 구인제자

 대종사, 표어와 법어를 발표하신 후, 스스로 생각하시기를 「이제 나의 안 바는 곧 도덕의 정체(正體)요, 나의 목적하는 바는 곧 새 회상을 이 세상에 창건하여 창생을 낙원으로 인도하자는 것이나, 내가 몇 달 전까지도 폐인으로 평을 받았고, 일찌기 어떤 도가에 출입하여 본 바가 없었으며, 현재의 민중은 실생활의 정법은 모르고 허위와 미신에만 정신이 돌아 가니, 이 일을 장차 어찌할꼬」하시고, 포교할 기회를 기다리시었다.

 때 마침 증산 교파가 사방에 일어 나서 모든 인심을 충동 하던 중, 길룡리 부근에도 그 전파가 성한지라, 이 기회를 이용하여 방편으로 여러 사람의 단결과 신앙을 얻은 후에 정도를 따라 차차 정법 교화를 하리라 결심하시고, 원기 원년(1916·丙辰) 7월 경, 친히 그 교파 선전원을 청하여 치성하는 절차를 물어, 마을 사람들과 함께 특별한 정성으로 7일 치성을 지낸 후, 보통 생각으로는 가히 추상할 수 없는 말씀과 태도로 좌우 사람들의 정신을 황홀케 하시니, 몇 달 아니되어 이웃 각 처에서 믿고 따르는 사람이 40여명에 달하였다.

 대종사, 40여명의 신자들과 서로 내왕한 지 4·5개월이 되었으나, 그들은 대개 일시적 허영심으로 모였고, 또한 그 동안 어떤 통제 있는 생활을 하여 본 바가 없는 이들이라, 그들을 일률 지도할 생각을 뒤로 미루시고,

그 해(원기원년·1916) 12월 경, 그 중에서 특별히 진실하고 신심 굳은 여덟 사람을 먼저 선택하시니, 곧 김 성섭(金成燮)·김 성구(金聖久)·박 한석(朴漢碩)·오 재겸(吳在謙)·이 인명(李仁明)·박 경문(朴京文)·유 성국(劉成國)·이 재풍(李載馮) 등이었으며, 그 후 송 도군(宋道君)을 맞으시니, 이들이 곧 새 회상의 첫 구인 제자이다.

9인 중 첫 제자는 김 성섭이니, 그는 본래 대종사의 가정과 교의(交誼)가 있어 친절함이 형제 같은 중, 대종사의 입정 전후에 많은 보조가 있었고, 박 한석은 대종사의 친제(親弟)요, 유 성국은 외숙이요, 박 경문은 족질이며, 이 인명·김 성구·오 재겸은 모두 근동 지우(近洞知友)이고, 군서(郡西) 사람 이 재풍은 오 재겸의 인도로 처음 만났으며, 송 도군은 경북 성주 사람으로, 정법을 찾아 방황하다가 원기 3년(1918·戊午) 3월에 대종사께 귀의하였다.

4. 첫 조단과 훈련

대종사, 일찌기 공부인의 조단 방법을 강구하시어, 장차 시방 세계 모든 사람을 통치 교화할 법을 제정하시니, 그 요지는, 오직 한 스승의 가르침으로 원근 각처의 모든 사람을 고루 훈련하는 빠른 방법이었다. 그 대략을 말하자면, 9인으로 1단을 삼고, 단장 1인을 가(加)하여 9인의 공부와 사업을 지도 육성케

제 3 장 제생의세의 경륜

하며, 9단이 구성되는 때에는 9단장으로 다시 1단을 삼고, 단장 1인을 가하여 9단장의 공부와 사업을 지도 육성케 하되, 이십팔수(二十八宿)(角亢氐房心尾箕斗牛女虛危室壁奎婁胃昴畢觜參井鬼柳星張翼軫)의 순서를 응용하여, 이상 단장도 계출(繼出)되는 대로 이와 같은 예로 다시 조직하여, 몇 억만의 많은 수라도 지도할 수 있으나 그 공력은 항상 9인에게만 들이면 되는 간이한 조직이었다. 또한 단의 종류도, 위에 수위단이 있고, 그 아래 모든 사람의 처지와 발원과 실행에 따라 전무출신단·거진출진 단·보통 단 등으로 구분하기로 하시었다.

대종사, 이 방법에 의하여, 원기 2년(1917·丁巳) 7월 26일에, 비로소 남자 수위단을 조직하시니, 단장에 대종사, 건방(乾方) 이 재풍, 감방(坎方) 이 인명, 간방(艮方) 김 성구, 진방(震方) 오 재겸, 손방(巽方) 박 경문, 이방(离方) 박 한석, 곤방(坤方) 유 성국, 태방(兌方) 김 성섭이었고, 중앙은 비워 두었다가 1년 후(원기 3년·戊午 7월) 송도군을 서임(叙任)하였다.

대종사, 최초의 단을 조직하신 후, 단원들의 신성이 날로 전진은 하나, 아직도 마음에 원하는 바는, 이해하기 어려운 비결이며, 난측한 신통 묘술이며, 수고 없이 속히 되는 것 등이요, 진리의 당체와 인도의 정의를 분석하는 공부는 원하지 아니함을 보시고, 종종 하늘에 제사하여 그 마음을 결속케 하시고, 친히 지도하실 말씀도 천제(天帝)의 말씀이라 하여 그 실행을 권면하시

있다.

그 후, 차차 법을 정하여 매월 예회 보는 법을 지시하시니, 곧 삼순일(三旬日) (1일 · 11일 · 21일)로써 모이되, 신(信)을 어긴 이는 상당한 벌이 있게 하시고, 또는 「성계명시독(誠誡明示讀)」이라는 책을 두시사, 단원들의 10일 동안 지낸 바 마음을 청(靑)·홍(紅)·흑점(黑點)으로 조사하여, 그 신성 진퇴와 실행 여부를 대조케 하시니, 단원들은 한 편 두려워 하고 한 편 기뻐하여, 그 마음의 결합됨과 신성의 철저함은 이루 다 말할 수 없었다.

5. 법의 대전과 창립 한도

원기 2년(1917·丁巳)이래로, 대종사, 종종 김 성섭에게 붓을 잡으라 하시고, 친히 수 많은 문장과 시가 등을 읊어 내어 기록케 하시고, 편집하여 「법의대전(法義大全)」이라 이름하시었다. 「법의대전」의 내용은 그 뜻이 심히 신비하여, 보통 지견으로는 가히 다 헤아려 말할 수 없었으나, 그 대강은, 곧 도덕의 정맥이 끊어 졌다가 다시 난다는 것과, 세계의 대세가 역수가 지내면 순수가 온다는 것과, 새 회상을 건설하실 계획 등 이었다.

단원들은 「법의대전」을 재미 있게 읊고 노래 하여, 그 신심 고취에 큰 자료가 되었으나, 이는 한 때의 발심 조흥은 될지언정 많은 사람을 제도할 정식 교서

제 3 장 제생의세의 경륜

는 아니라 하여, 후일 봉래산에서 새 교강(教綱) 발표 후 거두어 불사르게 하심으로써, 서문 첫 절과 11귀의 한시가 구송(口誦)으로 전하여 대종경(大宗經·전망품 2장)에 수록되었을 뿐, 세상에 전하지 못하게 되었다. 이 밖에도 백일소(白日嘯)·심적편(心迹篇)·감응편(感應篇) 등의 저술과, 봉래산에서 지으신 회성곡(回性曲)이 있었으나, 그도 다 불사르게 하심으로써 후세에 남지 못하였다.

원기 3년(1918·戊午) 10월에, 대종사, 새 회상의 창립 한도를 발표하시니, 앞으로 회상의 대수(代數)는 기원 연수(紀元年數)로 구분하되, 매대(每代)를 36년으로 하고, 창립 제일대(第一代) 36년은 이를 다시 3회(回)로 나누어, 제 1회 12년은 교단 창립의 정신적 경제적 기초를 세우고 창립의 인연을 만나는 기간으로, 제 2회 12년은 교법을 제정하고 교재를 편성하는 기간으로, 제 3회 12년은 법을 펼 인재를 양성 훈련하여 포교에 주력하는 기간으로 하며, 시창 기원은 대종사의 대각하신 해(1916·丙辰)로 기준 실시할 것도 아울러 발표하시었다.

제4장 회상 건설(會上建設)의 정초(定礎)

1. 저축 조합 운동

원기 2년(1917 丁巳) 8월에, 대종사, 「저축 조합」을 창설하시고, 단원들에게 말씀하시기를 「우리가 장차 시방 세계를 위하여 함께 큰 공부와 사업을 하기로 하면, 먼저 공부할 비용과 사업할 자금을 예비하여야 하고, 예비를 하기로 하면 어떠한 기관과 조약을 세워야 할 것이므로, 이제 회상 기성(期成)의 한 기관으로 저축 조합을 설시하여 앞 일을 준비하려 하노라」 하시었다.

이에 모든 단원이 술·담배를 끊어 그 대액(代額)을 저축하며, 의복·음식 등에 절약할 정도가 있으면 그 대액을 저축하며, 재래의 여러 명절 휴일을 줄여 특별 노동 수입을 저축하며, 각자 부인에게도 끼니마다 시미(匙米)(후일 報恩米)를 저축케 하며, 그 간 실행해 온 천제(天祭)도 폐지하여 그 소비 대액을 조합에 저축하기로 하고, 대종사, 친히 조합장이 되시어 그 실행을 장려하시니, 불과 몇 달에 저축된 금액이 상당한 액수(200여원)에 달하였다.

대종사, 조합원들에게 명하여, 그 동안의 저축금으로 숯을 사 두라 하시고, 한 편으로는 이웃 마을 부호

제4장 회상건설의 정초

한 사람에게 빚(400원)을 얻으며, 대종사께서 그 간 준비해 두신 사재(400원)도 판출 제공하사 다 숯을 사 두게 하시니, 7·8개월 후 그 값이 일약 10배(倍)로 폭등하여 조합은 1년 안에 큰 자금을 이루게 되었다. 대종사의 사재는 대각 이후로 본 댁에 남아 있는 가구 등속을 매각 작전(賣却作錢)하여 운용 조성한 것이요, 빚은 당시 조합의 신용으로는 얻기 어려운 일이었으나, 대종사께서 명령하신 다음 날, 부호가 자진하여 빚을 주었다. 조합원들은 뜻 밖의 성공에 기뻐하는 동시에, 이것은 아마 하늘이 우리 사업을 도와 주심이라 하여, 더욱 신심과 용기를 얻게 되었고, 숯 무역은 제1차 대전으로 숯 시세의 일대 변동을 당하여 그러한 이익을 보게 되었다.

2. 정관평 방언 공사

원기 3년(1918·戊午) 3월에, 대종사, 저축 조합의 저축금을 수합하신 후, 조합원들에게 말씀하시기를 「이제는 어떠한 사업이나 가히 경영할 만한 약간의 기본금을 얻었으니, 이것으로 사업에 착수하여야 할 것인 바, 나의 심중에 일찌기 한 계획이 있으니, 그대들은 잘 생각해 보라」하시고, 길룡리 앞 바닷물 내왕하는 간석지를 가리키시며 「이것은 모든 사람의 버려 둔 바라, 우리가 언(堰)을 막아 논을 만들면 몇 해 안에 완전한 논이 될 뿐 더러 적으나마 국가 사회의 생산에 한 도움도 될 것이다. 이러한 개척 사업부터 시작하여 처음부터 공익의 길로 나아감이 어떠하냐」하시었다. 조합원들은 원래 신심이 독실한 중에 몇 번의 증험도 있었으므로, 대종사의 말씀에는 다른 사량 계교를 내지 아니하고 오직 절대 복종 하였다. 이에, 일제히 명을 받들어 오직 순일한 마음으로 지사 불변(至死不變) 하겠다는 서약을 올리고, 다음날로 곧 방언 공사에 착수하였다.

조합원들이 공사에 착수하니, 근방 사람들은 이 말을 듣고 모두 냉소하며, 혹은 장차 성공치 못할 것을 단언하여 장담하는 이도 있었다. 그러나, 조합원들은 그 비평 조소에 조금도 끌리지 아니하고, 용기를 더욱 내며 뜻을 더욱 굳게 하여, 일심 합력으로 악전고투를 계속 하였다. 삼복 성염(三伏盛炎)에는 더위를 무릅쓰고, 삭풍 한설에는 추위를 헤치면서, 한 편은 인부들을 독촉하고 한 편은 직접 흙짐을 져서, 조금도 피곤한 기색을 보이지 아니 하였다.

방언 공사는 이듬해인 원기 4년(1919·己未) 3월에 준공되니, 공사 기간은 만 1개년이요 간척 농토 면적은 2만6천여평(坪)이었다. 대종사, 피땀의 정성어린 새 농장을 「정관평」이라 이름하시니, 이는 오직 대종사의 탁월하신 영도력과 9인 제자의 일심 합력으로써 영육 쌍전의 실지 표본을 보이시고, 새 회상 창립의 경제적 기초를 세우신 일대 작업이었다.

공사를 마친 후에도 조합원들의 노력과 고생은 쉬지

제 4 장 회상건설의 정초

아니하였으니, 넉넉지 못한 힘으로 근근히 준공은 하였으나, 아직 굳어지지 않은 언(堰)의 뒷 일과 4·5년 간의 해독(海毒)으로 수 년간 작농에 손실을 보게 되었으며, 이에 따라 여러 해를 두고 조합원 외에도 육신과 재력(財力)으로써 직접 간접으로 후원을 한 이가 적지 않았으니, 특별 후원자는 유 정천(劉正天) 등 18인(별록 1)이었다.

3. 첫 교당 건축과 공부 사업 병행

원기 3년(1918·戊午) 10월, 옥녀봉(玉女峰) 아래 도실(道室) 건축을 착수하여, 12월에 준공하니, 이것이 곧 새 회상의 첫 교당인 옥녀봉 구간 도실이다. 그 동안 조합원들이 모이는 장소가 일정치 못하여, 처음에는 이웃 마을 범현동(帆懸洞)의 재각(齋閣) 한 편을 빌려 썼고, 다음에는 강변 주점을 임시 방언 관리소로 정하였으나, 모두 비좁아 여러가지 행사에 불편이 많으므로, 이에, 비로소 도실을 건축한 것인 바, 조합원들이 한 편으로는 방언에 종사하고 한 편으로는 건축에 주력 하여, 산에 올라 나무를 베고 땅을 녹여 흙을 이겨서, 풍설을 무릅쓰고 근근히 성조(成造)하였다. 대종사, 그 상량에 쓰시기를 「사원기일월 직춘추법려(梭圓機日月織春秋法呂)」라 하시고, 또 그 아래에 쓰시기를 「송수만목여춘립 계합천봉세우명(松收萬木餘春立·溪合千峰細雨鳴)」이라 하시었다.

첫 교당을 준공한 후, 대종사, 낮에는 방언 공사를 총감하시어 잠시도 쉬실 여유가 없고, 밤에는 또한 설법으로써 밤을 지내실 때가 많았다. 조합원들은 낮에 비록 그와 같이 힘겨운 노동을 하나, 밤마다 법설 듣는 재미가 진진하여 그 즐거운 마음과 활달한 태도는 이루 다 말할 수 없었으며, 사업과 공부의 병진으로 지혜의 길도 점차 개척되어, 재래에 가졌던 허영의 마음이 차차 진실한 마음으로 전환되고, 미신의 생각이 차차 올바른 믿음으로 돌아 오며, 타력에만 의뢰하던 생각이 차차 자력을 찾게 되고, 공부의 정도도 또한 점점 진보되어, 정법 선포의 기연이 날로 가까와 졌다.

4. 구인 단원의 기도

원기 4년(1919·己未) 3월, 방언 공사를 마친 후, 대종사, 9인 단원에게 말씀하시기를 「지금 물질 문명은 그 세력이 날로 융성하고, 물질을 사용하는 사람의 정신은 날로 쇠약하여, 개인·가정·사회·국가가 모두 안정을 얻지 못하고, 창생의 도탄이 장차 한이 없게 될지니, 세상을 구할 뜻을 가진 우리로서 어찌 이를 범연히 생각하고 있으리요. 옛 성현들도 창생을 위하여 지성으로 천지에 기도 하여 천의(天意)를 감동시킨 일이 없지 않나니, 그대들도 이 때를 당하여, 전일한 마음과 지극한 정성으로 모든 사람의 정신이 물질에 끌리지 아니하고 물질을 사용하는 사람이 되어 주

제 4 장 회상건설의 정초

기를 천지에 기도하여 천의에 감동이 있게 하여 볼지어다. 그대들의 마음은 곧 하늘의 마음이라, 마음이 한번 전일하여 조금도 사(私)가 없게 되면, 곧 천지로 더불어 그 덕을 합하여 모든 일이 다 그 마음을 따라 성공될 것이니, 그대들은 각자의 마음에 능히 천의를 감동시킬 요소가 있음을 알아야 할 것이며, 각자의 몸에 또한 창생을 제도할 책임이 있음을 항상 명심하라」하시니, 9인은 황송하고 기쁜 마음으로 일제히 지도하심을 청하였다.

이에, 3월 26일에 시작하여, 10일간 재계(齋戒)로써 매 삼륙일(每三六日)(6일·16일·26일)에 기도식을 거행하되, 치재(致齋) 방식은, 첫째 마음 정결을 위주하고, 계문(戒文)을 더욱 준수하며, 육신도 자주 목욕 재계하고, 기도 당일에는 오후 8시 안으로 일찌기 도실에 모여 대종사의 교시를 받은 후, 9시 경에 기도 장소로 출발하게 하였다.

기도는, 10시부터 12시 정각까지 하며, 기도를 마친 후 또한 일제히 도실에 돌아오되, 단원들이 각각 시계를 가져, 기도의 시작과 그침에 서로 시각이 어긋나지 않게 하였다. 장소는 각각 단원의 방위를 따라 정하되, 중앙봉으로 비롯하여 8방의 봉우리(峰巒)를 지정하고, 단기(團旗)인 팔괘기(八卦旗)를 기도 장소 주위에 세우게 하며, 기도식을 시작할 때에는 먼저 향촉과 청수를 진설하고 헌배와 심고를 올리며, 축문을 낭독

5. 백지 혈인의 법인 성사

원기 4년(1919·己未) 7월 16일에, 대종사, 단원들에게 말씀하시기를 「그대들이 지금까지 기도해 온 정성은 심히 장한 바 있으나, 나의 증험하는 바로는 아직도 천의(天意)를 움직이는 데는 그 거리가 먼 듯하니, 이는 그대들의 마음 가운데 아직도 어떠한 사념(私念)이 남아 있는 연고라, 그대들이 사실로 인류 세계를 위한다고 할진대, 그대들의 몸이 죽어 없어지더라도 우리의 정법이 세상에 드러나서 모든 창생이 도덕의 구원만 받는다면 조금도 여한 없이 그 일을 실행하겠는가」 하시니, 단원들이 일제히 「그러하겠읍니다」고 대답하였다.

대종사, 더욱 엄숙하신 어조로 「옛 말에 살신 성인이란 말도 있고, 또는 그를 실행하여 이적을 나툰 사람도 있었으니, 그대들이 만일 남음 없는 마음으로 대중을 위한다면 천지 신명이 어찌 그 정성에 감동치 아니하리요. 멀지 않은 장래에 대도 정법이 다시 세상에 출현되고 혼란한 인심이 점차 정돈되어 창생의 행복이 한 없을지니, 그리 된다면, 그대들은 곧 세상의 구주요, 그 음덕은 만세를 통하여 멸하지 아니할 것이다. 그런즉 그대들은 각자의 실정으로 대답해 보라」 하시니, 9인은 잠간 비장한 태도를 보이다가 곧 일제히

제 4 장 회상건설의 정초

희생하기로 고백하였다. 대종사, 크게 칭찬하시며, 이에 10일간 치재를 더하게 하시어, 다음 기도일(7월 26일)을 최후 희생일로 정하고, 그 날 기도 장소에 가서 일제히 자결 하기로 약속하였다.

 7월 26일(음)에, 9인은 모두 만면(滿面)한 희색으로 시간 전에 일제히 도실에 모이는지라, 대종사, 찬탄함을 마지 아니하시었다. 밤 8시가 되매, 대종사, 청수를 도실 중앙에 진설케 하시고, 각자 가지고 온 단도를 청수상 위에 나열케 하신 후, 일제히 「사무여한」이라는 최후 증서를 써서 각각 백지장(白指章)을 찍어 상(床) 위에 올리고, 결사(決死)의 뜻으로 엎드려 심고(伏地心告)하게 하시었다. 대종사, 증서를 살펴 보시니, 백지장들이 곧 혈인(血印)으로 변하였는지라, 이를 들어 단원 들에게 보이시며 「이것은 그대들의 일심에서 나타난 증거라」하시고, 곧 불살라 하늘에 고(燒火告天)하신 후 「바로 모든 행장을 차리어 기도 장소로 가라」하시었다.

 대종사, 한참 후에 돌연히 큰 소리로 「내가 한 말더 부탁할 바가 있으니 속히 도실로 돌아오라」하시고, 말씀하시기를 「그대들의 마음은 천지 신명이 이미 감응하였고 음부 공사가 이제 판결이 났으니, 우리의 성공은 이로 부터 비롯하였다. 이제 그대들의 몸은 곧 시방 세계에 바친 몸이니, 앞으로 모든 일을 진행할 때에 비록 천신 만고와 함지 사지를 당할지라도 오직 오늘의 이 마음을 변하지 말고, 또는 가정 애착과 오욕의 경계를 당할 때에도 오직 오늘 일만 생각한다면 거기에 끌리지 아니할 것인즉, 그 끌림 없는 순일한 생각으로 공부와 사업에 오로지 힘쓰라」하시었다. 9인은 대종사의 말씀을 듣고 여러 가지 이해는 얻었으나, 흥분된 정신이 쉽게 진정되지 아니하였다.

11시가 지난 뒤, 대종사, 다시 일제히 중앙봉에 올라가 기도를 마치고 오라 하신 후, 돌아 온 난원들에게 법호(法號)와 법명(法名)을 주시며 말씀하시기를 「그대들의 전 날 이름은 곧 세속의 이름이요 개인의 사사 이름이었던 바, 그 이름을 가진 사람은 이미 죽었고, 이제 세계 공명(世界公名)인 새 이름을 주어 다시 살리는 바이니, 삼가 받들어 가져서 많은 창생을 제도하라」하시니, 이것이 거룩한 백지 혈인(白指血印)의 법인 성사(法認聖事)였다. 9인의 법호 법명은 일산 이재철(一山李載喆)·이산 이 순순(二山李旬旬)·삼산 김기천(三山金幾千)·사산 오 창건(四山吳昌建)·오산 박세철(五山朴世喆)·육산 박 동국(六山朴東局)·칠산 유건(七山劉巾)·팔산 김광선(八山金光旋)·정산 송규(鼎山宋奎)였다.

그 후로도 단원의 기도는 여전히 계속하여 모든 절차에 조금도 해이함이 없더니, 그 해 10월, 대종사의 명에 의하여 드디어 해재(解齋)하였다. 이 9인 기도와 법인 성사는 곧 무아 봉공의 정신적 기초를 확립하고, 신성·단결·공심을 더욱 굳게 한 새 회상 건설의 일대 정신 작업이었다.

제 5 장 교법(教法)의 초안(草案)

1. 불법에 대한 선언

 원기 4년(1919·己未) 10월 6일에, 대종사 「저축조합」의 이름을 고쳐 「불법연구회 기성조합(佛法研究會 期成組合)」이라 하시고, 모든 기록에도 일제히 불법의 명호(名號)를 쓰게 하시며 말씀하시기를 「이제는 우리가 배울 바도 부처님의 도덕이요 후진을 가르칠 바도 부처님의 도덕이니, 그대들은 먼저 이 불법의 대의(大義)를 연구해서 그 진리를 깨치는 데에 노력하라. 내가 진작 이 불법의 진리를 알았으나, 그대들의 정도가 아직 그 진리 분석에 못 미치는 바가 있고, 또는 불교가 이 나라에서 여러 백 년 동안 천대를 받아 온 끝이라, 누구를 막론하고 불교의 명칭을 가진 데에는 존경하는 뜻이 적게 된지라, 열리지 못한 인심에 시대의 존경을 받지 못할까 하여 짐짓 법(法)의 사정 진위(邪正眞僞)를 막론하고 오직 인심의 정도를 따라 순서 없는 교화로 한갓 발심 신앙에만 주력하여 왔거니와, 이제 그 근본적 진리를 발견하고 참다운 공부를 성취하여 일체 중생의 혜복 두 길을 인도하기로 하면 이 불법으로 주체를 삼아야 할 것이며, 불교는 장차 이 나라의 주교(主教)가 될 것이요, 또한 세계적 주교가 될 것이니라.

그러나, 미래의 불법은 재래와 같은 제도의 불법이 아니라, 사 농 공 상을 여의지 아니하고, 또는 재가 출가를 막론하고 일반적으로 공부하는 불법이 될 것이며, 부처를 숭배하는 것도 한갓 국한된 불상에만 귀의하지 않고 우주 만물 허공 법계를 다 부처로 알게 되므로, 일과 공부가 따로 있지 아니하고, 세상 일을 잘 하면 그것이 곧 불법 공부를 잘 하는 사람이요, 불법 공부를 잘 하면 세상 일을 잘 하는 사람이 될 것이며, 또는 불공하는 법도 불공할 처소와 부처가 따로 있는 것이 아니라, 불공하는 이의 일과 원을 따라 그 불공하는 처소와 부처가 있게 되나니, 이리 된다면 법당과 부처가 없는 곳이 없게 되며, 부처의 은혜가 화피초목(化被草木) 뇌급만방(賴及萬方)하여 상상하지 못할 이상의 불국토가 되리라.

그대들이여./ 시대가 비록 천만 번 순환하나 이 같은 기회 만나기가 어렵거늘 그대들은 다행히 만났으며, 허다한 사람 중에 아는 사람이 드물거늘 그대들은 다행히 이 기회를 알아서 처음 회상의 창립주가 되었나니, 그대들은 오늘에 있어서 아직 증명하지 못할 나의 말일지라도 허무하다 생각하지 말고 모든 지도에 의하여 차차 진행하면 멀지 않은 장래에 가히 그 실지를 보게 되리라」하시었다.

2. 봉래산 법회와 일원상 구상

제 5 장 교법의 초안

　대종사, 일찍부터 새 회상 창립의 준비를 위한 휴양처를 물색하시어, 원기 4년(1919·己未) 3월에 오 창건을 데리시고 전라북도 부안 봉래산(全羅北道 扶安郡 蓬萊山 本名邊山) 월명암(月明庵)에서 10여일 유하신 후 돌아 오시고, 7월 말에는 다시 송 규를 보내시어 미래의 근거를 정하게 하시더니, 10월에 이르러 조합의 뒷일을 여러 사람에게 각각 부탁하시고, 몇 해 동안 수양하실 계획 아래 월명암에 행차 하시었다. 대종사, 서해 연변을 돌아 월명암에 오시니, 오랫동안 고대하던 송 규는 환희 용약하였고 백 학명(白鶴鳴) 주지도 반가이 영접하였다. 대종사의 입산 동기는, 다년간 복잡하던 정신을 휴양하시며, 회상 창립의 교리 제도를 초안하시고, 사방 인연을 연락하여 회상 공개를 준비하시며, 험난한 시국에 중인의 지목을 피하시기 위함이었다.

　한 편 대종사, 이 해(1919·己未) 8월에 휴양처를 물색차, 김제 금산사에 가시어 잠시 머무는 동안, 거처 하시던 별채 문미(門楣)에 일원상을 그리신 바 있었으니, 이는 장차 새 교법의 종지(宗旨)인 일원상을 그림으로 그려 보신 첫 구상의 표현이었다.

　대종사, 월명암에 계실 제, 전주 김제 등지에서 송적벽(宋赤壁) 등(별록 2)이 달려와 모시기를 원하는지라, 그 해(원기 4년·1919) 12월, 봉래산 중앙지인 실상사 옆 몇 간 초당에 거처를 정하시고, 몇 몇 제자(별록3)로 더불어 간고한 살림을 하시면서 심신의 휴양에 주력하시었다. 그러나, 새 해(원기 5년·1920)부터 영광·김제·전주 등지의 신자들이 은연 중 서로 소식을 통하여 그 심산 궁곡에 찾아 오는 사람이 차차 많아지는지라, 대종사, 그들의 정성에 감응하시어, 매양 흔연 영접하시며 조석으로 설법하시니, 당시의 법설 요지는 대개 관심 입정(觀心入定)과 견성 성불하는 방법이었다.

3. 교강 선포와 첫 교서 초안

원기 5년(1920·庚申) 4월에, 대종사, 봉래산에서 새 회상의 교강을 발표하시니, 곧 인생의 요도 사은·사요와 공부의 요도 삼강령(三綱領)·팔조목(八條目)이었다.

사은은, 천지은 부모은 동포은 법률은으로서, 그 피은(被恩) 보은(報恩) 배은(背恩)을 말씀한 것이요, 사요는 그 후 누차 연마하여 완정하신 바, 남녀 권리동일 지우 차별(智愚差別) 무자녀자 타자녀교양(無子女者他子女教養) 공도헌신자 이부사지(公道獻身者以父事之)니, 이는 인생의 마땅히 행할 바 도로서 세상을 구원할 요법이 되고, 삼강령은, 정신 수양 사리 연구 작업 취사니, 이는 곧 공부인의 마땅히 밟을 도로서, 부처님의 말씀하신 계·정·혜를 단련하여 생령을 제도하는 요법이 되며, 팔조목(八條目)은 신(信) 분(忿) 의(疑) 성(誠)과 불신(不信) 탐욕(貪慾) 나(懶) 우(愚)니, 신·

제 5 장 교법의 초안

분・의・성 사조(條)로는 진행건(進行件)을 삼고, 불신・탐욕・나・우 사조로는 사연건(捨捐件)을 삼아, 삼강령 공부를 운용하는 요법이 되는 바, 그 강령이 간명하고 교의가 원만하여, 모든 신자로 하여금 조금도 미혹과 편벽에 끌리지 아니하고, 바로 대도(大道)에 들게 하는 새 회상의 기본 교리이다.

이 때에, 대종사, 또한 밖으로 승려들과 교제하사, 재래 사원의 모든 법도를 일일히 청취하시고, 안으로 제자들로 더불어 새 회상의 첫 교서 초안에 분망하시니 「조선불교 혁신론(朝鮮佛敎革新論)」과 「수양 연구 요론(修養硏究要論)」 등이 차례로 초안되었다. 「혁신론」은 재래의 불교를 시대에 맞도록 하여 대중 교화를 하자는 것이요, 「수양 연구 요론」은 전문 수양의 방법과 각 항 연구 조목을 지정하여 공부인으로 하여금 수양과 연구의 실지경(實地境)을 밟게 하자는 경전이니, 「수양 연구 요론」은 원기 12년(1927・丁卯) 5월에, 「혁신론」은 원기 20년(1935・乙亥) 4월에 발간하여, 각각 상당한 동안 새 회상 초기 교서의 일부로 사용하였다.

원기 6년(1921・辛酉) 7월에, 김 남천(金南天)・송 적벽 등의 발의(發議)로 실상 초당(實相草堂) 윗 편에 몇 간 초당의 건축을 착공하여 그 해 9월에 준공하고 이름을 「석두암(石頭庵)」이라 하니, 이것이 곧 「봉래 정사」이다. 대종사, 봉래 정사에서 새로 초안된 교강과 교서로 여러 사람의 근기에 따라 예비 훈련을 시험해 보시니, 그 성적이 매우 좋아 모든 신자의 정법에 대한 이해가 한 층 진보하였다.

4. 창립 인연들의 결속

대종사, 봉래산에서, 각지 신자가 불어남을 보시고, 다시 조단 교화(組團教化)를 시험하기 위하여, 원기 6년(1921·辛酉) 6월에 영광 지방에 남자 1단을 조직하시고, 8월에 영광·김제·전주 등지를 합하여 남자 1단, 여자 1단을 조직하시었으나, 그 후 정원이 고르지 못하고 통치가 귀일치 못하므로 후일을 기다려 다시 실행하기로 하고 종전대로 직접 교화를 시행하시었다. 대종사의 그 동안 교화하신 순서를 대략 말하자면, 대각 직후에는 어떠한 법을 인용하든지 오직 발심으로써 교화의 주체를 삼으시었고, 원기 2년(1917·丁巳)부터 4년(1919·己未)까지는 신성 단결 공심으로 교화의 주체를 삼으시었고, 원기 5년(1920·庚申) 새 교강 선포 후로는 교강으로써 교화의 주체를 삼으시었다.

대종사, 입산 후 수년을 경과하여, 장차 정식 회상 열만한 기연이 성숙함을 보시고, 하산의 시기를 기다리시었다. 원기 7년(1922·壬戌) 9월에는 송 규를 진안(鎭安) 지방에 보내시어, 만덕산(萬德山) 미륵사(彌勒寺)에서 최 도화(崔道華)를 만나게 하시고, 그 해 12월, 오 창건·송 도성(宋道性)을 데리시고 친히 가시어, 최 도화·전 삼삼(田三三)·전 음광(全飮光)·노 덕송옥(盧德頌玉) 등을 만나신 후, 이듬 해(원기 8년·1923) 3월에 봉래산에 돌아 오시어, 5월에 김제 서 동풍(徐東風)·서 중안(徐中安) 형제를 만나시었다.

이 밖에도, 원평(院坪) 구 남수(具南守)·이 만갑(李萬甲)·장 정수(張正守)·장 적조(張寂照) 등과, 전주 문 정규(文正奎)·박 호장(朴戶張), 이리(裡理) 박 원석(朴元石) 등 초창의 주요 인연들을 차례로 만나시었고, 원기 9년(1924·甲子) 2월에는 정읍 내장사에서 송 만경(宋萬京)을 만나시었으며, 이어, 최 도화의 안내로 서울에 가시어, 박 사시화(朴四時華) 형제와 성 성원(成聖願)·이 동진화(李東震華)·김 삼매화(金三昧華)를 만나시고, 그 후 이 공주(李共珠) 등을 차례로 만나시었다.

5. 회상 공개의 준비

원기 8년(1923·癸亥) 6월에 서 중안이 부인 정세월(鄭世月)과 함께 다시 봉래 정사에 와서 사뢰기를 「이 곳은 길이 험난하여 교통이 불편하고 장소가 협착하오니 마땅히 교통과 장소가 편리한 곳을 택하여, 모든 사람의 앞 길을 널리 열어 주심이 시대의 급무일까 하나이다」하며, 대종사의 하산(下山)을 지성으로 간청하였다.

대종사, 그의 말에 응하사 장차 정식 회상 열 계획을 함께 의논하시더니, 때마침 영광으로 부터 모친의 병보가 온지라, 겨울에 만날 것을 약속하시고, 급거 본댁에 가시어, 7월에 모친 상사(喪事)를 당하시었다. 이 때에 각지 신자들이 문상 차 영광에 많이 모이니, 옥녀봉 도실은 너무 비좁아 대중을 수용하기가 심히 불편하고, 또는 기지가 비습(卑濕)하여 영원한 교당 위치로는 적당치 아니하므로, 이에 교당의 이축을 발론하시어, 드디어 범현동 기슭에 새 터를 정하고 목조 초가 10간(間) 1동(棟)과 8간(間) 2동(棟)의 건축을 10월에 마치니, 이것이 곧 영산원(靈山院)의 첫 건설이었다.

11월에, 대종사, 이리(朴元石집)를 거쳐 전주로 가시어, 박 호장·이 청춘(李靑春) 등이 주선한 10여간(餘間)의 집을 임시 출장소로 정하시고, 회상 공개에 관한 취지 규약의 작성 인쇄와 제반 준비를 서 중안에게 일임하신 후 봉래산에 돌아 오시었다. 대종사, 그 동안의 취지와 경과를 백 학명 주지에게 말씀하시니, 그가 크게 동감하여, 자신의 새 임지인 내장사의 일부를 빌려 드릴 터인즉 거기에서 취지를 실현해 보시라고 제의하였다. 대종사 말씀하시기를 「사찰은 공유라, 어찌 한 두 사람의 생각대로 되리요마는, 될 수만 있다면 미래 불교계에 많은 서광(瑞光)이 될 것이라」하시고, 우선 송 규 등 5인(별록 4)을 내장사로 보내시었다.

원기 9년(1924·甲子) 2월에, 대종사, 이리 김제를

제 5 장 교법의 초안

거쳐 내장사에 이르시니, 전 날의 의논은 승려들의 반대로 좌절되고, 백 학명 주지는 크게 미안히 여기는지라, 대종사 여러 모로 그를 위안하신 후, 몇 몇 제자들을 데리고 서울에 가시어 서 중안이 주선한 집(唐珠洞)에 임시 출장소를 정하시고, 한 달 동안 머무시며 여러 인연들(본장 4 절기술)을 얻으시었다.

제 2 편   회상(會上)의 창립(創立)

제 1 장 새 회상의 공개

1. 불법연구회 창립 총회

 원기 9년(1924·甲子) 3월에, 대종사, 서울에서 이리를 거쳐 전주(全飮光집)에 오시니 각 처에서 다수의 신자들이 모였다. 이에, 서 중안 등 7인(별록 5)이 발기인이 되어「불법연구회」창립 준비를 토의할 제, 대종사, 총부 기지에 대하여 말씀하시기를「이리 부근은 토지도 광활하고 교통이 편리하여, 무산자(無產者)들의 생활과 각처 회원의 내왕에 편리할 듯 하니 그 곳으로 정함이 어떠하냐」하심에, 일동이 그 말씀에 복종하였다. 또한 창립 총회 개최 장소는, 이리 부근 보광사(普光寺)로 예정하고 총부 건설지는 후일 실지 답사 후 확정하기로 하였다.
 원기 9년 4월 29일 보광사에서 불법연구회 창립 총회를 열어 종래의 기성 조합을 발전적으로 해체하고「불법연구회」라는 임시 교명으로 새 회상을 내외에 공개하였다. 총회는, 영광·김제·익산·전주 지방에서 김 기천 등 14인(별록 6)이 각각 그 지방 대표 자격

제 1 장 새 회상의 공개

으로 참석하여, 송 만경의 개회사로 개회하고, 서 중안이 임시 의장이 되어 창립 취지를 설명한 후, 규약 초안을 채택하였다. 규약에 따라, 총재로 대종사를 추대하고, 회장에 서 중안, 서기에 김 광선을 선정하였으며, 총부 본관 건설을 위하여 회원들에게 의연금을 수납하되 그 일을 회장에게 일임하기로 하고, 축사(시대일보鄭翰朝)와 회장의 답사가 있은 후 폐회하였다.

이 때 채택된 규약은, 총칙·임원·회의·회원의 권리 의무·가입 및 탈퇴·회계 및 기타 등 총 6 장 22 조로 되어 있는 바, 서무·교무·연구·상조조합·농업·식사·세탁의 7 부를 두고, 총재 1인, 회장 1인, 부장 평의원 간사 각 약간인을 두며, 정기 총회·임시 총회·평의원회·월예회 등 4종의 회의를 두고, 유지는 입회금 연연금(年捐金) 의연금 농작 식리금 등으로 충용할 것을 규정하였다.

2. 총부 기지의 확정과 건설

창립 총회 후, 대종사, 각지 대표를 데리시고 이리 부근을 일일 순시하여 총부 건설의 기지를 택하시더니, 원기 9년(1924·甲子) 8월, 전라북도 익산군 북일면 신룡리(全羅北道益山郡北一面新龍里現裡里市新龍洞)에 그 터를 확정하시었다. 회장 서 중안이 기지(3천여평)대금과 건축비 일부(6백여원)를 의연하였고, 각처 회원으로부터 상당한 의연금(근 8백원)이 수납되었다.

9월에 임시 요인회를 열고 총부 본관 건축을 결의한 후, 바로 공사에 착수하여, 엄동의 추위를 무릅쓰고 10여명의 전무출신과 특별 후원인들의 성심 노력으로, 11월에 비로소 목조 초가(木造草家) 2동(棟) 도합 17간(間)을 성조(成造)하니, 이것이 새 회상 총부 본관의 첫 건설이며「불법연구회」간판을 세상에 드러내는 처음이었다.

창립 총회 당년(원기 9년・1924)의 교세는 영산(靈山) 신흥(新興) 김제(金堤) 전주(全州) 부안(扶安) 서울(京城) 진안(鎭安) 각지의 회원이 남자 60여명, 여자 70여명으로 도합 130여명이었고, 전무출신은 영광 익산을 통하여 김 광선 등 13명(별록 7)이었다. 부서의 조직은 인원과 사무의 미비로, 7부 중 서무부(부장吳昌建서기宋道性) 교무부(부장宋萬京) 상조조합부(서기全飮光)의 형식만 두어 사무를 취급하였고, 자산은 정관평 언답과 영산 신흥 부안 익산에 약간의 건물이 있을 뿐이었으며, 언답은 아직 해독(海毒)이 다 해소되지 않아 수익이 아주 적었다. 따라서 비록 회상의 체제는 성립되었으나, 총부의 운영과 전무출신들의 생활 방로는 심히 아득하였다.

3. 전무출신의 공동 생활

이 때 전무출신 김 광선 등은 이리(朴元石집)에 임시 주접(住接)하였으나, 적수공권으로 생활 방로가 심

제1장 새 회상의 공개

히 막연하던 중, 부근 송학리(松鶴里)에 척식회사 소유 토지 약간을 빌려 근근 작농한 결과, 약간의 추수를 얻어 공부의 자금을 삼게 되었으니, 이것이 새 회상 산업부의 효시이다.

그 후 재가 출가의 일심 합력으로 근근히 총부의 첫 건설은 마쳤으나, 그 유지와 생활 방로는 계속 막연하므로, 송 적벽 등이 발의하여 원기 9년(1924·甲子) 12월에 엿 제조업(製飴業)을 시작하였다. 이에, 몇 사람이 주무(主務)가 되고, 모든 인원은 행상(行商)이 되어, 그 이익으로 1년간 호구(糊口)를 하게 되었으나, 이익도 박하고 외경 접촉이 심하여 공부에 방해될 우려도 있으므로, 이듬해(원기 10·1925) 7월에 드디어 폐지하였다. 그 후의 생활 대책으로는 만석리(萬石里)에 척식회사 소유답 약간을 다시 빌려, 출장 작농으로 선비(禪費)를 마련하였으며, 총부 경비는 약간의 회금(會金) 수입과 임원들의 출역 농작 등으로 충당하였으니, 이는 곧 생활 종교의 체제를 세우기 시작한 작업이라 할 것이다.

당시 총부의 전무출신들은 평소 각자 가정에서 일찍이 한 번도 노동이나 행상을 경험해 보지 못한 처지였다. 폭염(暴炎)을 무릅쓰고 논과 밭에 작업하며 풍설을 무릅쓰고 거리와 마을을 배회할 때에 그 고생이 오죽하였으며, 대개는 엿밥으로 끼니를 대신하고 침구조차 부족한 누습한 방에서 종일 피곤한 몸을 쉬게 되었으니 그 간난함이 어떠하였으리요. 그러나, 그들은 조금도 고생으로 생각지 아니하고, 오직 새 회상 만난 기쁨으로 유일한 낙을 삼아서 모든 일에 조금도 거리끼는 바가 없었다. 석반 후에는 한 자리에 모여, 하루의 경과를 보고하고 감상과 처리건을 토론하며, 대종사께서는 간간히 법설로 대중의 공부를 지도해 주시니, 그 단란한 공동 생활은 이른 바 지상의 천국이었다.

4. 훈련법의 발표와 실시

원기 9년(1924·甲子) 5월에, 대종사, 진안 만덕산에 가시어, 한 달 동안 선(禪)(金光旋주관)을 나시며, 김대거(金大擧)를 만나시었고, 이듬해(원기 10·1925) 3월에 새 교법을 지도 훈련하기 위하여 정기 훈련법과 상시 훈련법을 제정 발표하시었다.

정기 훈련은, 매년 정기로 공부를 훈련시키는 방법으로서, 동하 양기(冬夏兩期)의 선(禪)으로 하되, 하선은 음 5월 6일에 결제하여 8월 6일에 해제하고, 동선은 11월 6일에 결제하여 이듬해 2월 6일에 해제하며, 과정은, 염불(念佛) 좌선(坐禪) 경전(經典) 강연(講演) 회화(會話) 문목(問目) 성리(性理) 정기 일기(定期日記) 주의(注意) 조행(操行) 수시 설교(隨時說教) 등 11과로 정하였다.

상시 훈련은, 상시로 공부하는 방법으로서「상시 응용 주의 사항」6조와「공부인이 교무부에 와서 하는

제 1 장 새 회상의 공개

책임」6조(條)를 정하였고, 이 모든 조항을 실질적으로 대조 연습하기 위하여, 유무념 조사와 상시 일기 조사법을 정하였으며, 문자 서식에 능치 못한 사람을 위하여 태조사(太調査) 법을 두어 유무념을 대조하게 하였다. 특히 일기 조사법은 매일 공부의 실행 여부만 조사 기재하는 것이 아니라, 정신 육신 물질 삼방면으로 혜시 혜수한 것도 대조 기재하며, 공부 사업 생활 삼방면의 의견 제출과 삼십 계문의 범과 유무도 대조 기재하되, 이 공부를 달로 검사하기 위하여 매월 단장 조사법을 정하고, 해로 검사하기 위하여 매년 교무부 보고법을 정하였으니, 그 방법이 심히 간명하고 맥락이 또한 서로 관통하여, 유무식 남녀 노소를 막론하고 근기를 따라 바로 정법에 들게 하는 훈련의 강령이 되었다.

원기 10년(1925·乙丑) 5월 6일에, 대종사, 새 훈련법에 의하여 첫 정기 훈련을 실시하실 제, 총부 가옥이 아직 협착하므로 임시로 구내 개인 가옥(全飮光집) 일부를 빌려 교무 송 규의 지도 아래 10여명의 남녀 선원(禪員)이 하선 훈련을 받게 하시고, 11월에는 교무 이 춘풍(李春風)의 지도 아래 20여명의 남녀 선원이 동선 훈련을 받게 하시니, 이 양기(兩期)의 선(禪)이 새 회상 정기 훈련의 원시(元始)가 되었다.

이 정기 훈련은 일반 선원(禪員)의 공부를 단련하는 중요한 기간이 될 뿐 아니라, 초창기에 교무를 양성하

— 1071 —

는 유일한 방도로 활용되었으며, 훈련의 장소는 그 후 공회당을 신축하여, 간고한 가운데 선원 훈련의 명맥을 이어 나왔다.

5. 첫 교서의 발간과 교당들의 설치

창립 총회 때에 서 중안의 주선으로 「취지 규약서」를 임시 인쇄하였으나 그 내용이 미비하여, 이듬해 부터 매년 2회의 정기 공부에 모든 교재(敎材)를 등서 학습(謄書學習) 하던 바, 원기 12년(1927·丁卯) 3월에 이 공주의 주선으로 「불법연구회 규약」「수양 연구 요론」「상조조합 규약」 등 3종의 교서를 발간하니 새 회상의 첫 교서가 비로소 공부인들에게 보급되었다.

취지 규약서로 알려진 「불법연구회 규약」에는 회상의 유래와 취지 설명과 규약을 먼저 수록하고, 연구인 공부 순서라 하여 삼강령 팔조목 삼십 계문 솔성 요론 고락 법문 등과 재가 출가 공부인들의 훈련 방법을 수록한 다음, 14개 항의 각항 세칙을 수록하여, 새 회상 교리 제도의 개요를 알게 하였고, 「수양 연구 요론」에는 정정요론 상하편과 연구의 강령·연구의 진행 조건·연구의 사연 조건·각항 연구 문목·공부의 진행 순서 등 7편이 수록되어, 수양 공부와 연구 공부의 지침이 되게 하였으며, 「상조조합 규약」은 조합의 총칙·저금 방식·지불 방식 등을 밝혀, 신자들의 생활 향상에 도움이 되게 하였다.

제1장 새 회상의 공개

한 편, 교당들의 설치 상황은, 원기 9년(1924·甲子)에 익산 총부가 건설됨으로써, 영산원은 영광 지부라 이름하여 초대 지부장에 김 기천, 초대 교무에 송 벽조가 임명되었고, 봉래산 석두암은 부안 수양소로 개칭되었다. 원기 11년(1926·丙寅) 7월에는 서울 이 동진화가 창신동에 목조 초가 2동을 희사하고, 이 공주 등(별록 8)이 유지를 부담하며, 김 삼매화가 치산을 담당함으로써, 경성 출장소가 발족되어, 송 도성이 초대 교무로 파견되었다. 원기 12년(1927·丁卯) 3월에는 영광군 묘량면 신천리 신흥(靈光郡畝良面新川里新興)에 신흥 출장소가 설치되니, 이는 회상 초기에 이 동안이 대종사께 귀의한 후, 원기 5년(1920·庚申) 3월에 이 완철 등 10여명(별록 9)과 함께 공부 비용 장만을 목적하는 묘량 수신조합(畝良守信組合)을 조직하여, 길룡리 기성조합을 법받아 소비 절약과 근검 저축을 장려하더니, 이에 이르러 신흥 출장소로 개칭하고 모든 조합원이 입교하는 동시에 조합의 전재산을 교산에 편입하였고 교화는 당분간 영광 지부(現靈山支部)에서 출장 지도 하였다.

제 2 장 새 제도(制度)의 마련

1. 상조조합과 산업·육영 창립단

 원기 9년(1924·甲子), 창립 총회를 마치고, 대종사, 상조조합을 신설하여 종래의 기성조합 업무를 이어 받게 하시고, 각종 자금의 저축 제도를 마련하시니, 그 종류는, 총부 각부의 자산을 통일 저축하는 각부 자금, 회원의 유지 의무금 납입을 위한 의무 자금, 정기 훈련의 선비(禪費) 조달을 위한 공부비 자금, 선조의 제사 기념을 위한 헌공 자금, 회원의 각종 사업을 위한 사업비 자금, 회원의 자녀 교육을 위한 교육비 자금, 회원의 생활을 위한 생활비 자금 등이었다.

 이 각종 자금은, 토지 매입과 작농, 양잠 과원 축산 원예 등에 투자하는 한 편, 영세 생활자에게 저리 융자도 하여 증식하였으며, 처음에는 조합 본점을 총부에 두었으나, 그 업무량이 영광 지방에 많으므로, 원기 12년(1927·丁卯)에 본점을 영산에 두고 총부는 지점 형식으로 업무를 분담 운영하였다. 상조조합은 초기 회상의 금고역을 담당하였으며, 초창기 교단 경제의 발전에 큰 기반이 되었다.

 한편, 총부의 7부(部) 중 하나로 예정된 농업부가 창립 총회 후에도 4·5인의 조합 작농으로 근근히 기

제 2 장 새 제도의 마련

초를 유지할 뿐 계속 미미 부진하더니, 원기 12년(1927·丁卯)에 송 만경의 제안으로 산업부 창립단을 조직하고, 오 창건 등 8인(별록10)의 발기인이 총지부 각단에 호소하여 영육 쌍전의 이념 구현을 위한 산업부 창립 자금의 확립 운동을 전개하였다. 또한, 그 해에 송 도성의 제안으로 육영부 창립단을 조직하고, 이 동안 등 7인(별록11)의 발기인이 총지부 각단에 호소하여 제생의세의 인재 양성을 위한 육영부 창립 자금의 확립 운동을 전개하였다.

발기인들을 비롯한 각처의 모든 단원은 혼연 일체가 되어, 이듬해(원기 13·1928)에는 각각 기성창립연합단(農業部創立聯合團 人材養成所創立聯合團)으로 발전, 두 기관의 창립을 위하여 갖은 노력을 다한 바, 서울 단원들은 절용 절식 운동, 영광 단원들은 공동 작농, 익산 단원들은 공동 양잠, 각처 임원들은 근로 작업 등 특별한 활동으로 이에 합력하였다.

2. 공부·사업 고시법과 유공인 대우법

원기 10년(1925·乙丑) 8월에, 대종사, 학력 고시법을 발표하시니, 고시 과목은 수양 연구 취사의 3과(科)로 하고, 각 과목 안에 갑(甲) 을(乙) 병(丙) 정(丁) 무(戊)의 5개 반(班)을 두어, 공부인의 3과에 대한 실력을 개별 고시한 후, 그 실력에 따라 반별을 정하게 하시었다. 이어서 학위 등급법을 발표하시니, 공부

교사 제2편 회상의 창립

인의 공부 등급으로 보통부 특신부 법마상전부 법강항마부 출가부 대각여래부 등 6급을 두고, 그 중간에 각 예비부를 두어 승급을 준비하게 하시며, 승급 조항의 조사 기간은 만 3개년씩으로 하고, 승급 때에는 승급 증서의 수여와 승급 의식의 거행으로 회상의 영광을 축하하게 하시었다.

대종사, 그 해(원기 10·1925)에 또한 사업 고시법을 발표하시니, 고시 과목은 창립 요론 11개조(대종경교단품 34)로써 하되, 매회 12년 기념 때에나, 유공인이 열반한 때에 그 조항으로써 축조 심사하여 회상 창립에 관한 모든 성적 등급을 정하게 하시었다. 사업 등급은 창립 제1회(回)의 1등(4천원이상)을 기준하여, 2회는 그 배(倍)요, 3회는 또한 2회의 배로 정하고, 그 이하의 등수는 매등(每等)에 반액씩을 내려서 정하며, 성적 총계는 공부 등급을 환산한 액수와 사업 등급의 액수를 아울러 편성하되, 사업 성적은 정신 육신의 근로와 물질의 의연(義捐)과 특별 시상금을 총합하여 보게 하시고, 임원은 대소 계급을 막론하고 전무출신자로 실무를 잡게 하되, 그 성적을 사업액으로 계산하여 편입하게 하시었다.

원기 12년(1927·丁卯) 1월에, 대종사, 또한 새 회상의 유공인 대우법을 발표하시니, 그 유공 종별은 ① 정남 정녀로 회상을 위하여 헌신 노력한 이, ② 전무출신으로 회상을 위하여 헌신 노력한 이, ③ 재가 회원으

제 2 장 새 제도의 마련

로 회상을 위하여 공적이 있는 이, ④ 법강 항마부 이상에 승급한 자녀를 희사하여 희사위에 해당한 이 등 4종(種)으로 하고, 각각 성적의 등급과 경우를 따라, 노쇠한 때 봉양하는 법과, 열반한 때 상장(喪葬)하는 법과, 열반 후 기념하는 법 등을 정하시고, 또한 사당(祠堂)을 건설하여 영원히 후세의 추모를 받게 하는 규례를 정하시어, 일제히 시행하게 하시었다.

3. 의례 제도의 개혁과 4기념례

대종사, 당시의 예법이 너무나 번거하여 사람들의 생활에 많은 구속을 주고, 경제 방면에도 공연한 허비를 내어, 사회의 발전에 장해가 있음을 개탄하시어, 원기 11년(1926·丙寅) 2월에 신정 의례를 발표하시었다. ① 출생의 예로는 입태 전후에 산모와 가권이 주의하는 법과, 산아 명명하고 출생 표기 세우는 법과, 축의 등을 저축하여 교육비에 충용하는 법 등을 정하시고, ② 성년의 예로는 성년식 거행하는 법과, 성인으로 대우하는 법을 정하시고, ③ 혼인의 예로는 혼인 소개소 두는 법과, 약혼하는 법과, 새 식순에 의하여 결혼하는 법과, 절약된 금액으로 공익 사업 하는 법 등을 정하시었다. ④ 상장(喪葬)의 예로는 간략한 복표로 최고 49일 착복하는 법과, 새 식순에 의하여 출상(出喪)하는 법과, 절약된 금액으로 공익 사업 하는 법과, 풍수 명당설을 타파하고 공원 묘각(廟閣) 건설하는 법 등을 정하시고, ⑤ 제사의 예로는 장차 자녀와 은법자녀가 동일한 기념주 되는 법과, 새 식순으로 기념하는 법과, 절약된 금액으로 공익 사업하는 법 등을 정하시어, 이해 있는 이들 부터 먼저 실행하라 하시었다.

이 해(원기 11·1926)에, 대종사, 또한 새 회상의 4기념 예법(四紀念禮法)을 발표하시니, ① 공동 생일 기념은, 회상의 생일과 교도들의 공동 생일을 한 날로 합동 기념하자는 것이요, ② 명절 기념은 재래의 수 많은 명절들을 한 날로 교당에서 합동 기념하자는 것이요, ③ 공동 선조 기념은 부모 이상 선대의 모든 제사를 한 날로 공동 기념하자는 것이요, ④ 환세 기념은 새 해를 교당에서 공동 기념하자는 것인 바, 이 모든 법을 실행함으로써 절약된 금액으로 공익 사업을 하는 동시에 각자의 생활에도 도움을 얻자는 것으로, 이해 있는 이들 부터 먼저 실행하라 하시었다.

신정 예법을 발표하신 후, 출생의 예는 진안 노덕송옥의 손자(金榮奉)와 대종사의 3남(朴光振) 출생 때에, 혼인의 예는 영광 김 광선의 장남(金洪哲)과 김태상옥(金泰尙玉)의 장녀(李普應華) 결혼 때와, 송 벽조의 차남(宋道性)과 대종사의 장녀(朴吉善) 결혼 때에, 상장의 예는 김제 서 동풍의 열반 때에, 제사의 예는 전 음광의 부친 제사 때에 각각 먼저 단행하였으며, 4기념 예법 또한 모든 인심이 아직도 번문 욕례(繁文縟禮)와 미신 풍속에 깊이 쩌려 있는 때, 각 교

제 2 장 새 제도의 마련

당 신자들이 서로 앞장서서 이를 먼저 실행함으로써, 새 세상 건설 대업에 다 같이 거룩한 선행자가 되었다.

4. 제 1 대 제 1 회 기념 총회

원기 13년(1928·戊辰) 3월 26일은 제 1대 제 1회 기념일에 정기 총회를 겸한 날이었다. 총회 준비를 위하여 연초부터 송 규 등 5인(별록 12)이 창립 12년 간의 사업 보고서와 각 교도의 공부 사업 성적을 사정편성 하였고, 당일 총회는 송 만경의 개회사로 시작하여, 12년 간의 사업 보고·역사 보고를 마친 후, 2대 회장에 조 송광(曺頌廣)을 선정하고, 각급 임원을 선임하였으며, 산업부 창립단과 육영부 창립단의 상황 보고 후 폐회 하였다.

27일 오전에는 사업 각등 유공인과 10년 이상 전무 출신자 등 각항 유공인들의 기념 촬영을 하고, 오후에는 대종사 주재 아래 제 1회 사업 성적표 수여식을 거행하였다. 대종사께서는 「선진 후진이 서로 공덕을 알아 없어서라도 받들고 영접하여, 교운이 한 없이 융창하고 그대들의 공덕도 한 없이 유전되게 하라」는 간곡한 부촉을 하시었다. 제 1회 1등 유공인은 이 청춘·이 동진화·서 중안·전 삼삼·김 광선 등 5인, 2등 유공인은 김 기천·이 공주 등 2인, 3등 유공인은 이 재철·송 벽조·유 정천·송 규 등 4인, 4등 유공인은 박 사시화 등 11인(별록13), 5등 유공인은 박 세철 등 13인(별록14)으로 5등 이상 입등인이 도합 35인이요, 6등에서 12등 유공인이 278인이었다.

28일에는, 또한 대종사 주재 아래 예비 특신부 이상 승급자 68인에 대한 새 회상의 첫 승급 예식을 거행하니, 정식 법강항마부에 사후 승급으로 박 세철·서 동풍, 정식 특신부에 송 벽조 등 6인(별록15), 예비 특신부에 이 춘풍 등 60인(별록16)이었다.

제1회 기념 총회 당년의 교세 개요를 보면, 교도 상황은, 영광·익산·서울·김제·부안·진안 등 각지를 통하여 남자 176명, 여자 262명으로 총 438명이었고, 전무출신은 20여명으로 영광·익산·서울 등지를 통하여 임원 혹은 산업부원으로 노력 중이었으며, 재산 상황은 익산 총부·영광 지부·신흥 출장소·부안 수양소·경성 출장소 등의 토지·건물·집기 등(3만3천1백9십원여)과, 상조조합에 출자금(5백여원)·저축금(2천여원) 등이 있었다.

제3장 교단 체제(敎團體制)의 형성(形成)

1. 교화 기관지의 발행

제1회 기념 총회(원기13년3월)를 마치고 제2회에 접어 들면서 새 회상이 먼저 착수한 중요한 일은 교

제 3 장 교단체제의 형성

화 기관지의 발행이었다.

 원기 13년(1928·戊辰) 5월에 월간(月刊)「월말 통신(月末通信)이 송 도성(研究部書記) 주간(主幹)으로 창간되어 복사판으로 34호(원기 15년 12월호)까지 발행하다가, 교서 편찬 등 사무 관계로 부득이 한 동안 중단되었으며, 원기 17년(1932·壬申) 4월에 복간,「월보(月報)」로 개제하여, 전 음광(研究部長) 주간 아래 등사판으로 48호(원기 18년 6월호)까지 발행하다가, 출판법 관계로 적발되어 48호 전부를 일경(日警)에게 압수 당하고 폐간되었다.

 원기 18년(1933·癸酉) 9월, 총독부 당국의 정식 허가를 얻어, 월간「회보(會報)」(全飮光주간)를 창간, 등사판 발행을 계속하다가, 원기 19년(1934·甲戌) 12월호(會報 13호)부터 이 공주(通信部長) 주간으로 인쇄판을 발행, 점차 부수가 증가되었으나, 25년(1940· 庚辰) 제 2차 세계 대전이 급박해지면서 계간으로 바꾸었다가, 26년(1941·辛巳) 1월, 통권(通卷) 65호를 마지막으로 마침내 휴간하였다.

 「월말 통신(月末通信)」은 당시 몇 개소의 지방 교당에 법설 요지와 총부 전달 사항 및 교단 소식을 주로 보도하였고,「월보」와 등사판「회보」는 거기에 의견 교환의 역할도 겸하였으며, 인쇄판「회보」는 차차 교화와 문화 기능도 겸하게 되어, 일정(日政) 압제 아래 유일한 문화 활동의 명맥이 되었고, 법설 기재와 감각·감상·의견·처리·문목건 등의 제출이 많이 권장되어, 초기 교단의 정신적 유산으로 길이 남게 되었다.

2. 초기 교서들의 발간

제 1 회 기념 총회(원기13년 3월) 이후 교단이 진행한 중요 사업의 또 하나는 초기 교서들의 편집 발간과 「회규」의 개정 시행이었다. 이미 간행된 첫 교서로 「취지규약서」와 「수양 연구 요론」이 있으나, 다 교리의 원강(元綱)이 두루 밝혀지지 못하였을 뿐더러, 제도 조직도 교세의 발전을 유감 없이 뒷받침하지 못할 형편에 이르렀다.

원기 15년(1930·庚午)부터 대종사 몇 몇 제자(별록17)에게 그 동안 편편으로 제정 발표하신 교리 제도의 강령들을 정리 편집케 하신 후, 친감(親鑑)을 거쳐 이를 차례로 발간하시니, 원기 16년(1931·辛未) 7월에는 「불법연구회 통치조단 규약」이, 17년(1932·壬申) 4월에는 「보경 육대요령(寶經六大要領)」이 발간되었고, 19년(1934·甲戌) 5월에는 개정판 「불법연구회 회규」가, 그 해 12월에는 「보경 삼대요령(寶經三大要領)」이 발간되었으며, 20년(1935·乙亥) 4월에는 과거 봉래산에서 초안하신 「조선불교 혁신론」이, 그 해 8월에는 「예전(禮典)」이 발간되었고, 21년(1936·丙子)에는 「회원수지(會員須知)」와 「불법연구회 약보」가, 24년(1939·

제 3 장 교단체제의 형성

己卯)에는 「불법연구회 근행법」이 각각 발간되었으며, 25년(1940·庚辰)에는 새 회가와 찬불가·찬송가 등이 제정 발표되어, 창립 제 2 회 12년 간은 가위 초기 교서 편집 발간의 황금 시기를 이루었다.

「통치 조단 규약」은, 총론에서 조단의 대지를 말하고, 총칙·남녀 구별의 조직·수위단의 조직과 선거 방식·각단의 조직·회의·상벌 등을 밝힌 후, 세칙으로 일기 조사법 등을 밝혔다. 「육대요령」은 권두에 개교 표어·교리도·총론을 싣고, 제 1 장 인생의 요도 사은 사요·제 2 장 공부의 요도 삼강령 팔조목·제 3 장 훈련편·제 4 장 학력 고시편·제 5 장 학위 등급편·제 6 장 사업 고시편 등으로 편찬되어 있다. 개정판 「회규」는 다음 절에 설명할 바와 같고, 「삼대요령」은 육대요령 가운데 제 3 장 까지가 촬요 편찬된 바, 심고와 기도에 대한 설명이 제 1 장 끝에 들어 있다. 「조선불교 혁신론」은 총론에 혁신의 대요를 밝히고, 과거 조선 사회의 불법에 대한 견해·조선 승려의 실생활·세존의 지혜와 능력·외방의 불교를 조선의 불교로·소수인의 불교를 대중의 불교로·분열된 교화 과목을 통일하기로·등상불 숭배를 불성 일원상(佛性一圓相)으로 등 7개 장(章)으로 편찬된 바, 일원상 신앙법과 일원상 조성법이 비로소 나타나 있다. 「예전」은 총론에서 신정 의례의 대요를 밝히고, 제 1 편 출생례·제 2 편 성년례·제 3 편 혼례·제 4 편 상장례(喪葬禮)·

제5편 제례(祭禮)·제6편 유공인 상장례(有功人喪葬禮)·제7편 4기념례·제8편 학위 승급례·제9편 설법례 등으로 되어 있고,「회원수지」·「약보」·「근행법」등은 다른 모든 교서 중에서 발췌 편찬한 작은 책자들이다.

3. 각 조단의 정비와 새 회규의 시행

「단규」로 알려진「불법연구회 통치조단 규약」이 발간된 것은 원기 16년(1931·辛未) 7월이었으나, 그 원칙과 세칙 초안을 대종사께서 친감 완정하신 것은 그 해 초였다. 2월에, 대종사 친히 각급 조단에 착수하시어, 그 동안 경우에 따라 남녀 합동으로 조직하였던 각급 단을 다 남녀 구분으로 조직하시고, 남자 수위단원 중 실무 불능한 3명의 대리를 확정하시는 동시에, 여자 수위단 시보단을 내정하시며, 갑·을·병 3종의 예비 수위단을 각 1단씩 조직하시는 동시에, 산업·육영 두 창립단도 남녀를 구분하여 조직하시었다.

한편, 그 해(원기 16·1931) 3월 26일에는, 대종사, 제2차 법위 승급자를 발표하시니, 예비 법마상전부에 송도성·김 기천·전 음광·송 규·이 동진화·이 공주·송 벽조 등 7인이었고, 총지부를 망라하여 정식 특신부가 문 정규 등 54인(별록 18), 예비 특신부가 양 하운 등 48인(별록 19)이었다.

또한, 새「회규」제정에 앞서 이미 입법된 주요 법

제 3 장 교단체제의 형성

규는, 원기 12년(1927·丁卯) 2월에 신분 검사법, 14년(1929·己巳) 4월에 은부모 시자녀법, 16년(1931·辛未) 3월에 임원 등급 및 용금 제도, 18년(1933·癸酉)에 정남 정녀에 관한 종법사 명령과 같이 일기법 등이 있어 시행되었다.

그 중 특히 신분 검사법은, 당연 등급 각 조항과 부당 등급 각 조항을 자기가 검사하여, 선악의 근성과 죄복의 요소가 어느 정도에 있는가를 스스로 비판하며, 혜수·혜시와 대부·차용을 자기가 검사하여, 복록과 부채가 어느 정도에 있는가를 스스로 알게 하여, 기질 변화와 복록 저축을 스스로 촉진하고, 회상의 인재 선택에도 도움을 얻기 위한 법으로, 연중 1차씩 행하게 하시었고, 은부모 시자녀 법은 교도간에 특별한 은의로 공부 사업을 권장하기 위하여 은부자 은모녀의 의를 맺는 것인 바, 이 법의 시행으로 이 무렵(원기14~15)에 대종사를 비롯한 회상 원로 요인들과 후진 청년들 사이에 은부자 은모녀의 결의가 상당히 많았다.

앞 절(본장 2절)에서도 언급한 바와 같이, 창립 총회(원기9년 4월)에서 채택한 「회규」는 시대의 추이와 교세의 발전에 따라 그 개정이 절실히 요청되었다. 원기 18년(1933·癸酉)부터 대종사께서 송 규에게 명하여 「회규」의 개정 작업을 진행케 하시더니, 드디어 19년(1934·甲戌) 3월, 총대회의 찬성을 얻어, 그 동안 시행해 온 총재·회장 아래 7부제로 된 회규를 대폭 개정하여, 종법사·회장 아래 이원 십부제(二院十部制)를 골자로 하는 총 9장 29조의 원칙(原則)과 총 12장 75조의 세칙(細則)으로 된 새 회규를 제정 시행하게 되었다. 이는 실로 새 회상이 교단의 새 체제를 형성하게 된 중요한 작업이었다.

이에 따라, 그 동안 총재라 칭하여 오던 회상의 최고 직위를 종법사라 하게 되었고, 그 아래, 회장과 2원(院) 10부(部)를 두어 회무를 분장하되, 교정원에 교무·연구·통신·감사 4부를 두어 공부계의 모든 사무를 총관하게 하고, 서정원에 서무·상조·산업·공익·육영·공급 6부를 두어 사업계의 모든 사무를 총관하게 하였으며, 총대회를 대의 기관으로 두고, 회원은 통상 회원·특별 회원 2종으로 하되, 의무를 지키지 않는 신도 제도를 두었으며, 지방에는 지부와 출장소를 두고, 중앙에 입법 위원회를 두어 규약의 실행 장려와 감시 독려를 하게 하였다.

이 때, 종법사에 대종사, 회장에 조 송광이 유임되고, 초대 교정원장에 송 규, 초대 서정원장에 이 재철이 선임되었으며, 원기 22년(1937·丁丑)에 3대 회장에 이 용광(李庸廣), 2대 교정원장에 송 도성이 선임되었다.

4. 일원상 봉안과 교무의 훈련

원기 20년(1935·乙亥) 4월에 익산 총부 대각전이 준공되고, 그 정면 불단에 심불 일원상(心佛一圓相)이 정

제 3 장 교단체제의 형성

식으로 봉안되니, 이는 새 회상이 신앙의 체계를 확립하여 종교의 체제를 완전히 갖춘 또 하나의 중대한 사실이었다. 대종사 대각 직후 일원 대도의 제일성을 발하시고, 원기(圓機)·일원(一圓) 등의 어귀(語句) 사용과 함께 일원상을 그려 보신 바도 있었으며, 교법을 제정하실 때, 사은 곧 일원(四恩卽一圓)의 신앙법을 꾸준히 구상은 해 오시었으나, 이에 이르러 비로소 일원상을 신앙의 대상으로 확정 시행하신 것이다.

이어서 이듬해(원기 21·1936) 9월에 초량 교당, 12월에 영산 대각전과 신흥 교당, 그 이듬해(원기 22·1937) 3월에 용신 교당과 원평 교당을 신축하면서 다 일제히 불단을 마련하고 일원상을 봉안하였으며, 뒤이어, 모든 교당도 일제히 불단을 신설하여 일원상을 봉안하게 하시는 동시에, 혹은 설법 혹은 법문으로 일원의 종지를 더욱 천명해 오시다가, 원기 23년(1938·戊寅) 11월 동선에는 심불 일원상 봉안법을 정식으로 제정하여 선포하시고, 「심불 일원상 내역급 서원문」을 친제 발표하시었다. 이리하여 일원상은 새 회상의 최고 종지로서 신앙의 대상과 수행의 표본이 되었으며, 그 봉안은 교당 뿐 아니라 교도 가정에도 적극 권장하여, 원기 25년도(1940·庚辰)의 각지 심불 봉안 실시 상황을 보면, 13개 지방을 통하여 180가정이 일원상을 봉안하였다.

한편, 원기 23년(1938·戊寅) 11월 21일에는 새 회상 처음으로 교무 강습회(교감柳虛一)를 개최하고 각 지방 교무를 총부에 소집하여, 대종사 친히 설법하시는 아래 40일간의 교리 훈련을 실시하시니, 이것이 새 회상 교무 훈련의 효시가 되었다. 창립 후 지부 교당이 늘어남을 따라 교무의 수효도 점차 불어났으나, 당시의 교무들은 일정한 훈련 기간을 거침이 없이 일선 교화에 나서게 되었으므로 통일적 교화를 실시하는데 아쉬움이 적지 않던 바, 이에 이르러 교리가 새롭게 이해되고, 모든 법도가 고루 단련되어 통제 있는 대중 교화에 새로운 기틀을 잡게 되었다.

또한, 교도는 매인 아래 9인 이상을 인도하여 입교하게 하자는 연원 의무 실행을 적극 권장하기 위하여, 원기 21년도(1936·丙子)에는 교무부에 연원부를 비치하고 일반 회원의 포교 활동을 장려한 바, 원기 23년도 (1938·戊寅) 말에는 최고 이행자 박 사시화(364명)를 비롯하여 각 지방의 연원 의무 이행자 수가 96명에 달하였다.

5. 산업부의 발전과 산업 기관 창설

원기 12년(1927·丁卯)에 발족한 산업부 창립단은 꾸준히 기금 조성에 노력하여 오다가, 원기 13년(1928·戊辰) 10월에 박 대완(朴大完)의 의견을 받아 들여 총부앞(現大覺殿貞和院間)에 복숭아 과수원을 시작하여 좋은 성과를 보게 되었다. 이에 따라 진안 만덕산에 4

제 3 장 교단체제의 형성

천 여주의 감 과수원, 황등(益山郡黃登面)에 2천 4백 주와 총부 뒤 알봉(謁峰)에 7백 주의 밤 과수원, 총부 부근(現圓光大學敷地一部)에 1천 여주와 영산 교당 앞에 1천 여주의 복숭아 과수원, 신흥 교당 부근 이흥(驪興)에 2천 여주의 종합 과수원이 창설되었고, 21년(1936·丙子)에는 산업부의 가옥을 독립 신축하고, 각종 묘목·약초·야채의 재배와 양계·양돈·양토(養兎) 등을 병행하여 큰 성과를 보게 되었다. 또한 22년(1937·丁丑) 9월에는 산업부의 양계를 대폭 확장하여 총 18간(間)의 계사(鷄舍)를 신축하였고, 생산된 계란은 멀리 만주에 까지 대량 수출하여 새 회상 산업 활동의 기세를 올렸다.

한 편, 원기 19년(1934·甲戌) 8월에는 이리에 보화당 한약방을 합자 회사 형식으로 창설하니, 이것이 후일 새 회상 수익 기관의 으뜸을 이루는 기업으로 성장하였다. 이는 대종사께서 앞으로 교단 자선 병원(慈善病院이름濟衆院)의 설립 기금과 교화 교육 사업의 기금을 마련하실 뜻으로 설립하신 것인 바, 그 동안 신정 예법의 실행에 의하여 저축된 총지부 일반 교도의 공익금(公益金 1만원)을 총 투자하였으며, 대표 이사 이 재철(庶政院長겸임)과 첫 실무 임원(이사 李東安 의사 朴理碩)이 그 발전의 기반을 다졌다.

또한, 원기 25년(1940·庚辰) 2월에는 삼례 수계리(三禮岫溪里)에 임야 7만평을 사들여 삼례 과수원을 창설하니, 자본금은 각 지부 출장소의 유지비 자금(維持費資金 7천여원)을 수합 투자하였으며, 초대 감독에 이 동안(産業部長 겸임)이 발령되고, 첫 실무 임원(주무 金碩奎 기사 丁一持)이 파견되어 황도(黃桃)를 주로 하는 종합 과수원을 시작하였다. 삼례 과수원은 그 후 삼창 과원(三昌果園)·수계 농원(岫溪農園)·은산재단 수계 농원 등으로 개칭되면서 주로 새 회상 기본 인재 양성의 산업 도량으로 발전하였다.

6. 제 2 회의 교세와 사회 여론

원기 25년(1940·庚辰) 4월은 창립 제 1 대 제 2 회의 결산 총회기에 해당하였으나, 시국 관계로 기념 행사는 일체 갖지 못하고 정례 총회에 지방 회원의 교리 강연회를 처음 겸행하여 성황을 이루었다.

당년도 말 사업 보고에 의하면 교도 수는 특별 회원 871명, 통상 회원 5,083명, 합계 5,954명이었고, 전무출신은 80여명이었으며, 교당 수는 제 1회(원기 13년 3월) 이전에 설립된 영산·익산·서울·신흥과, 원기 14년(1929·己巳)에 마령, 15년에 좌포·원평, 16년에 하단, 19년에 남부민, 20년(1935·乙亥)에 전주·대판(日本大阪), 21년에 관촌·초량, 22년에 대마·신하·용신·개성, 23년에 남원·이리, 24년에 운봉·화해 등 교당이 차례로 설립되어 도합 21개소가 되었고, 당년(원기 25·1940)에 대덕·호곡 등 교당이 신설되었다.

제 3 장 교단체제의 형성

 그 중 특히 일본 대판에 교당이 설립되어 초대 교무 박 대완이 부임한 일은 새 회상 해외 포교의 효시이며, 원기 22년(1937·丁丑)에 신 영기(申永基)는 총부 사무실을 희사하고, 25년(1940·庚辰)에 몇 몇 특지가(별록20)는 총부 도서실을 마련, 총부의 면모를 향상시켰다.

 한 편, 새 회상 공개 이후, 일반 사회의 여론은 한결같이 우호적이고 고무적이었다. 그 중 중요한 몇 가지를 들면, 원기 13년(1928·戊辰) 11월 25일자 동아일보가 「세상 풍진 벗어나서 담호반(淡湖畔)의 이상적 생활, 정신 수양·사리 연구·작업 취사의 강령하에 움직이는 4백 회원, 익산 불법연구회의 특별한 시설」이라는 제목으로 새 회상 탐방 기사를 낸 후, 19년(1934·甲戌) 5월 28일자 일본의 대판 조일신문이 「불교의 진리에 입각, 근검 역행을 실천, 동지 5백이 공동 생활을 하는 반도의 새 마을」이라는 제목으로 새 회상을 소개하였다. 20년(1935·乙亥) 7월에 조선 총독부가 발간한 조사자료 제 42집에는 「본회는 대체로 미신을 타파하고 자연의 원리에 바탕하여, 민중의 근면을 장려한 바 있어 종교적 진흥회로서 의미 있는 활동을 하고 있다」고 평하고, 그 자료 「전선 교별 영향표」에는 「계몽상 좋은 영향 있다. 근로 정신을 양성하고, 일면, 실지 작업으로써 일반에게 범(範)을 보인다」고 되어 있다.

원기 21년(1936·丙子)에는 민족 지도자 안 도산(島山安昌浩)이 총부에 내방하여 찬양과 격려(대종경실시품 45)를 아끼지 않았고, 22년(1937·丁丑)에 조광 6월호가 인식 부족한 비방 기사를 실었다가 다음 호에 찬양 기사를 낸 후, 그 달부터 매일신보·조선일보·중앙일보와, 26년(1941·辛巳)에 경성일보 등이 각각 수일 간에 연재 기사로 새 회상의 심전 계발 운동·종교 혁신 운동·문자 보급 운동·종교 생활화 운동을 대대적으로 찬양 보도하여, 창립기 새 회상의 발전을 알뜰히 격려하고 그 참 면목을 일반 사회에 널리 인식시켰다.

제 4 장 끼쳐 주신 법등(法燈)

1. 시국의 긴박과 계획의 보류

원기 25년(1940·庚辰) 4월로 새 회상은 창립 제1대 제3회를 맞았으나, 때는 이미 중일 전쟁이 고비에 올라, 일경의 주목과 간섭은 날로 심하고, 대종사 또한 스스로 오래 머무르시기 어려움을 짐작하시어, 그 동안 뜻해 오신 몇 가지 계획 사업을 추진 해 보시었으나, 일정의 방해로 다 좌절되는 가운데, 갈수록 조심스러운 나날을 지내시게 되었다.

전쟁이 일어나자 일정 당국은 우리의 예회 순서에

제 4 장 끼쳐 주신 법등

이른바 국민 의례를 강제 편입시키고, 모든 의식 수입은 국방 헌금하도록 강요하였으며, 형사를 파견하여 대종사와 교단을 감시하고, 가지 가지 구실로 여러 차례 간부를 구속하였으며, 그 동안 써 내려 온 회상의 시창 연호 사용을 금지하고, 회보 발행의 중지를 불가피하게 하였으며, 26년(1941·辛巳) 12월에 소위 대동아 전쟁이 일어나자, 이듬 해 3월에는 임시 보안령이라는 것을 발표하여 결사 존속계 (結社存續屆)를 제출케 한 후 교당의 신설에 은연 중 제약을 가하고, 불교 연맹이라는 일인 승려 주동 단체에 참가시켜 시국 행사에 자주 동원케 하였으며, 동하 선기와 예회 횟수를 감축시켜 일어 보급과 근로 작업에 동원시키고, 더러는 교당을 그들의 소위 연성 도장 (鍊成道場)으로 임의 사용하였다.

이러한 가운데서도 대종사께서는 의연(毅然)하신 태도로 그들을 대처하시고 소극적인 협력으로 그들을 무마하시다가, 25년(1940·庚辰) 1월에는 교역자 양성 전수 학원으로 유일 학원 설립의 청원서를 제출하였으나, 시일만 천연하다가 이듬해에 좌절되었고, 27년(1942·壬午) 4월에는 탁아소 겸 보육원으로 자육원 (慈育園) 설립을 청원하였으나, 그것도 좌절되었으며, 이미 설립된 산업 기관들도 시국이 날로 긴박해 짐을 따라 거의가 답보 또는 중단 상태를 면치 못하였다.

당시 일정 당국은 친일적 단체를 제외하고는 대소를 막

론하고 한인 단체의 존립을 허용하지 않았으나, 일본이 본시 불교국이라 불법을 두대하는 회상을 공공연히 탄압하지는 못하고, 사전 검열 사후 보고라는 엄격한 규제 밑에 새 회상의 일동 일정을 샅샅이 감시 제약하였다. 이에, 대종사께서는 모든 신규 계획 사업을 다 보류하시고, 그 동안 몇 몇 중진 제자(宋道性등)의 개인 명의로 등기되어 있던 교산들을 27년(1942·壬午) 5월에 공증 증명케 하시었으며, 그 해 10월부터는 강연히 기회를 지어 각지 교당을 최후로 순회하시어, 교도들의 신성과 결속을 다져 주시었다.

2. 최종 회규의 시행과 전법 게송

이원 십부제(二院十部制)를 골자로 하는 새 회규를 시행한 후 만 7년만인 원기 27년(1942·壬午) 4월26일에, 종법사와 회무총장 아래 5부(部)를 두는, 불법연구회 시대 최후의 회규가 채택 시행되었다.

원기 26년(1941·辛巳)부터 박 장식(朴將植)에게 명하여 기초케 하신 이 회규는 총 12장 250조로 되어 있는 바,「하시(何時)든지 그 임무를 대행 할 자격자가 있을 때 교체」하기로 되어 있던 종법사의 임기를 6년제로 규정하고, 회장과 양원장 대신 회무총장 1인을 두며, 종전의 10부를 총무·교무·서무·공익·산업 5부로 줄이고, 총부 중요 직원으로 원의(院議)를 조직하여 총부 사무의 원활을 기하며, 지방에는 수반 지부

제 4 장 끼쳐 주신 법등

를 두어 관내 교당을 통할하게 하고, 총지부 중요 직원으로 본지부 연합회를 조직하여, 종법사 선거, 수위단원 선거 등을 하게 하며, 임기 6년인 남녀 각 9인의 수위단원과 단장 1인으로 수회단회를 조직하여, 종법사를 보좌하는 최고 기관으로 하였고, 선원(禪院)과 강원(講院)의 제도를 상세히 규정한 것 등이 특색으로 되어 있다.

이에 따라 초대 회무총장은 대종사께서 겸대하셨고, 새 인물로 5부장(별록21)이 임명되어, 사무 체제는 간소화 되었으나, 시국이 더욱 긴박해 짐에 따라 새 체제는 충분한 기능을 다 발휘하지 못하였다.

이 무렵 부터 대종사께서는 열반의 시기가 임박함을 짐작하신 듯, 그 동안 진행 중이던 정전(正典)의 편수를 자주 재촉하시고, 26년(1941·辛巳) 1월 28일에는 선원 대중에게 「유(有)는 무(無)로 무는 유로 돌고 돌아 지극하면 유와 무가 구공(俱空)이나 구공 역시 구족(具足)이라」는 게송과, 동정간 불리선 법(動靜間不離禪法)을 함께 내리시며 「옛 도인들은 대개 임종 당시에 바쁘게 전법 게송을 전하였으나, 나는 미리 그대들에게 이를 전하여 주며, 또는 몇 사람에게만 비밀히 전하였으나, 나는 이와 같이 여러 사람에게 고루 전하여 주노라. 그러나, 법을 오롯이 받고 못받는 것은 그대들 각자의 공부에 있나니, 각기 정진하여 후일에 유감이 없게 하라」하시었다.

대종사, 그 후 부터는 예회·야회·선(禪) 시간 등 모든 법회에서 생사 인과에 대한 법설들을 주로 많이 하시고, 자주 제자들에게 부촉 하시기를 「내가 이제는 깊은 곳으로 수양을 가려 하노니, 내가 만일 없더라도 마음을 더욱 추어 잡으라」하시고, 하루는 송 규에게 「내가 여기에 오래 머무르기 어렵겠노라」하시며, 「자력으로 대중을 거느려도 보라」고 부촉하시었다.

또한 28년 (1943·癸未) 1월에는 새로 정한 표어(處處佛像事事佛供無時禪無處禪)들과 교리도를 발표하시며 「내 교법의 진수가 여기에 들어 있건마는 나의 참 뜻을 아는 사람이 몇이나 될꼬」하시며 「큰 결정을 세워서 외길로 나아가야 성공이 있으리라」하시고, 「스승이 법을 새로 내는 일이나 제자들이 그 법을 받아서 후래 대중에게 전하는 일이나 또 후래 대중이 그 법을 반가이 받들어 실행하는 일이 삼위 일체 되는 일이라 그 공덕도 또한 다름이 없나니라」하시었다.

3. 「불교정전」의 편수 발간

원기 25년(1940·庚辰) 9월부터 대종사께서는 교리에 능숙한 몇몇 제자(별록 22)에게 명하시어 그 동안의 모든 초기 교서들을 통일 수정케 하시고, 27년(1942·壬午)부터는 그 편찬을 자주 재촉하시며, 감정(鑑定)의 붓을 들으시매 시간이 밤중에 미치는 때가 잦으시더니, 드디어 성편(成編)되매, 바로 인쇄에 부치라 하시

제 4 장 끼쳐 주신 법등

고 「때가 급하여 이제 만전(萬全)을 다하지는 못하였으나, 나의 일생 포부와 경륜이 그 대요는 이 한 권에 거의 표현되어 있나니, 삼가 받아 가져서, 말로 배우고 몸으로 실행하고 마음으로 증득하여, 이 법이 후세 만대에 길이 전하게 하라. 앞으로 세계 사람들이 이 법을 알아 보고 크게 감격하며 봉대할 사람이 수가 없으리라」하시었다.

그러나, 「불교정전」은, 일정 당국의 출판 불허로 발간이 지연되다가, 불교시보 사장 김태흡(金泰洽)의 명의로 허가를 얻어, 28년(1943·癸未) 3월에야 인쇄에 회부, 대종사 열반 후인 그 해 8월 비로소 발행 되었다. 이 「불교정전」이 후일 「원불교 교전」이 발간되기까지 19년 동안 새 회상의 유일한 통일 교서였다.

「불교정전」의 편차는, 권두에 일원상과 사대 강령·표어·교리도·설립 동기·서 등이 있고, 전 3권 중 권 1에는 제 1편 개선론 제 2편 교의 제 3편 수행으로 새 회상의 원경(元經)이, 권 2에는 금강경·반야 심경·사십 이장경·죄복 보응경·현자 오복덕경·업보 차별경 등 6편의 불경이, 권 3에는 수심결·목우 십도송·휴휴암 좌선문·의두 요목 등 4편의 조론(祖論)이 편입되어 있었다.

원경인 권1의 세차(細次)를 보면, 제 1편 개선론은 총 11장으로 종전의 혁신론 내용이 거의 그대로 수정 편입되었고, 제 2편 교의(教義)에는 사대 강령·일원

— 1097 —

상・게송・사은・사요・삼학・팔조・삼대력・인생의 요도와 공부의 요도 관계 등 9개 장이 편입되었으며, 제3편 수행에는 일상 수행의 요법・공부의 요도 정기 훈련 과목급 해석・공부의 요도 상시 훈련 과목급 해석・일기법・염불법・좌선법・무시선법・계문・솔성 요론・최초 법어・참회문・고락에 대한 법문・병든 가정과 그 치료법・영육 쌍전문・법위 등급과 그 해의(解義) 등 15개 장이 편입되어 있었다.

이 중 새로 보이는 장(章)들로는 권두의 표어, 권1의 사대강령・일원상・게송・염불법・좌선법・무시선법・참회문・병든 가정과 그 치료법・영육 쌍전문 등이고, 교리도가 수행・신앙 양문(兩門)으로 바뀌었으며, 심불 일원상이 법신불 일원상으로, 사요가 자력 양성 지자 본위 타자녀 교육 공도자 숭배로, 삼강령 팔조목이 삼학 팔조로, 법위의 6부(簿)가 3급(級) 3위(位)로 되는 동시에, 권2・권3이 전적(全的)으로 새로 편입되어 불법과의 연원 관계가 더욱 뚜렷해 졌고, 최초 판에만 있던 양대은(兩大恩)(교의 3장)은 출판 허가 과정에서 편입되었다가 해방 후 삭제되었다.

4. 대종사의 열반과 정산 종법사 추대

원기 28년(1943・癸未) 6월 1일, 대종사께서 열반하시었다. 이해 5월 16일, 총부 예회에서 설법하시기를「아이가 커서 어른이 되고, 범부가 깨쳐 부처가 되며, 제

제 4 장 끼쳐 주신 법등

자가 배워 스승이 되는 것이니, 그대들도 어서어서 참다운 실력을 얻어 그대들 후진의 스승이 되며, 제생 의세의 큰 사업에 각기 큰 선도자들이 되라. 육신의 생사는 불보살이나 범부 중생이 다 같은 것이니, 그대들은 또한 사람만 믿지 말고 그 법을 믿으며, 공왕 공래가 없도록 각별히 주의하라. 생사가 일이 크고 무상은 신속하니 가히 범연하지 못할 바이니라」하시고, 그 날 오후 위석(委席)하시어, 15일 후인 이 날 오후 두시 반 거연히 열반하시니, 세수(世壽) 53세요 개법(開法) 28년 이었다. 모든 제자의 애통함은 이루 말할 수 없었고, 일반 사회의 차탄(嗟嘆)하는 소리 연하여 마지 아니하였으며, 허공 법계와 삼라 만상이 다 같이 슬퍼하는 기상을 보이었다.

6월 6일 오전 10시, 총부 대각전에서 경향 각지의 수천 대중과 불교 연맹 이리 7종(宗) 승려들이 참석한 가운데 장엄한 영결식을 거행하고, 이리 화장장에서 다비한 후, 7월 19일 종재식을 마치고 이리시외(金江里) 묘지에 유해를 안장하였다. 대중이 다 창황 망조한 가운데 초종 장례는 김 태흡이 주례하였고, 종재에는 총독부 고관들의 존경을 받던 일본 명승 상야 순영(上野 舜頴)이 참석하여 설법 중 흐느낌을 금치 못하였다.

대종사의 장례 행사를 마치고, 6월 7일, 수위단회에서는, 초창기 이래 수위단 중앙단원이던 정산(鼎山) 송규 법사를 후계 종법사로 추대하고, 6월 8일에 새 종법사 취임식을 총부 대각전에서 거행하였다.

정산 종법사는 원기 전 16년(1900·庚子)음 8월 4일에 경상북도 성주군 초전면 소성동(慶尙北道星州郡草田面韶成洞)에서 구산 송 벽조(久山宋碧照)와 준타원 이운외(準陀圓李雲外)의 3남매 중 장자로 나시었다. 어려서부터 천품이 총명하고 국량이 호대하며, 기상이 화청하여 신성한 풍이 보였으며, 8세부터 가문의 전통에 따라 유서(儒書)를 대강 통독하시었으나, 거기에는 재미를 얻지 못하고, 과거 성현들의 사적을 즐겨 읽으며「나도 장차 천하의 큰 공부로 천하의 큰 사업을 하여, 천하의 주인이 되어 보리라」고 스스로 발원하게 되었다. 이에 따라, 혹은 이인 은자를 찾아 강호와 산곡을 순력도 하고, 한 칸 초당에 두문 정좌(杜門靜坐)하여 심공을 계속도 하시다가, 종종의 이적이 스스로 나타나 이웃을 놀라게 한 일도 간혹 있었다. 그러나, 마음 속의 발원은 날로 깊어져, 17세 때, 전라도로 건너와, 여러 교파를 차례로 역방하시다가, 정읍 화해리(井邑花海里金海運집)에 우거 중 대종사의 친영을 받아, 원기 3년(1918·戊午) 7월에 대종사께 오시고, 약관 19세로 수위단 중앙위에 서임(叙任)되시며, 법인 성사를 8인 동지와 함께 혈인의 이적으로 성취하시었다.

그 후, 봉래산에서 대종사를 모시고 5년 동안 새 교법의 초안을 보좌하시고, 원기 9년(1924·甲子)부터는 익산 총부 건설에 모든 동지와 수고를 함께 하시며,

12년 동안 교재 연구와 인재 양성에 주로 당무하시었다. 원기 21년(1936·丙子)부터 6년 간은 영산에서 성직, 사업과 후진 육성에 심혈을 기울이시며「창건사」를 초안하시고, 원기 27년(1942·壬午)부터는 다시 총부에서「정전」편찬을 도우시며, 교정 전반에 보필의 역을 다하시다가, 대종사의 열반에 따라 후계 종법사로 추대 되시었다.

제 5 장 교단 체제(體制)의 완비(完備)

1. 일정의 탄압과 해방

정산 종법사 취임 후 당면한 첫 난관은 패전의 빛이 날로 짙어져 가는 일정 당국의 노골적인 탄압과 수탈에 대처하는 일이었다. 일경은 대종사께서 열반하시면 내분으로 교단이 자멸할 것을 은근히 기대하였으나, 일사 불란한 계승 전진을 보고는 탄압과 수탈을 가중하였다. 총부를 비롯한 각 교당의 범종이 헌납이라는 미명 아래 강제 공출되고, 모든 법회는 집회계를 제출하여 임석 경관의 설교 감청(監聽)을 받아야 했으며, 국방 헌금과 근로 동원이 가중됨은 물론, 산업부의 농작물은 강제 공출 되어 총부 대중의 식량 사정이 절박해 졌고, 징병 징용 훈련 등으로 남자 청년 임원들은 집단 생활이 어렵게 되어, 산업대라는 이름으로 각지에 분산되고, 여자 청년 임원들도 정신대를 면하기 위하여 사무 요원을 제하고는 공장 혹은 병원에 분산 취업하였다.

원기 30년(1945·乙酉)부터 그들은 교화단 조직을 위험시하여 이를 금지하였고, 필경에는 군부를 앞장 세워 소위 불교의 황도화(皇道化)라는 마지막 계획에 새 회상을 끌어들여 「정전」과 「회규」까지 그들의 국체 국책에 맞도록 개편 시행할 것을 강요하고 나섰다. 이에, 정산 종법사는 일찍부터 대종사를 존경하던 박문사(博文寺)의 상야 순영 등 몇 사람에게 부탁하여 그 예봉을 서서히 무마하는 한 편, 지방 순회를 빙자하여 부산에서 시일을 천연하시다가, 8·15 해방을 맞아 그 위경을 면하고, 희망이 양양한 교단 발전사의 새 장(章)을 기록하게 되었다.

2. 전재 동포 구호와 건국 사업

고대하던 해방은 맞았으나, 과도기의 무질서와 혼란이 이루 말할 수 없는 가운데, 전재 동포들은 만주에서 일본에서 물밀듯이 돌아 왔다. 건국 사업에 협력하는 첫 길은 귀환 전재 동포의 구호라고 생각하신 정산 종법사는 원의(院議)의 찬동을 얻어, 원기 30년(1945·乙酉) 9월 4일 이리 역전과, 9월 10일 서울 역전에 「귀환 전재 동포 구호소」를 설치하게 하여, 서울에서는 6개월 반 동안, 이리에서는 13개월 반 동안, 굶주

제 5 장 교단체제의 완비

리고 헐벗고 병들어 방황하는 전재 동포들에게 식사 의복의 공급과 숙소 안내, 응급 치료와 분만 보조 및 사망자 치상(治喪) 등으로 자비의 손길을 뻗치게 하시었다.

구호 사업은, 총부 간부 일부와 청년 임원들이 동원되어 주로 지휘에 당하고, 20 여개 지방의 교도들이 자진 동원하여 1주일씩 교대로 노력 한 바, 그 알뜰한 활동은 당시 모든 구호 단체의 사표가 되었고, 일반 사회의 칭송이 자자하였으며, 부산에서도 3개월, 전주에서도 5개월 동안 부(府) 당국의 구호 사업에 재가 출가의 많은 인원이 동원하여 적극 협력하였다. 당년도 사업 보고에 의하면 4개 지구의 구호소에서 구호 받은 동포 수가 80 여만명, 구호에 동원된 교도 수가 5백 여명, 교도 동원 연 일수(延日數)가 1만 3천 여일, 동원 대신 노임 제공과, 동원에 따른 제반 비용이 상당액 (약 1백 2 십만원)에 달하였다. 이 때 서울 구호소에서는 「허영의 생활을 안분의 생활로, 원망의 생활을 감사의 생활로!」등 교강(教綱)의 정신으로 작성한 전단(傳單) 수 십만매(枚)를 구호 받는 동포들에게 돌렸고, 귀환 학병들을 위한 사상 강연회를 주최하였으며, 한남동 정각사(漢南洞正覺寺)에 수 많은 전재 고아를 수용, 서울 보화원 (초대원장 黃淨信行)을 발족시킴으로써 새 회상 자선 사업 기관의 효시를 이루었고, 수위단 중앙 단원 송 도성은 구호 중 전염병으로 마침내 순직하였다.

 한 편으로는, 종전의 총부 야학원을 개방하여 구내 아동들에게 한글을 교육하고, 이듬해(원기 31·1946) 1월, 교무 강습회에 한글 학회 강사를 초청하여 교육을 받아, 전국 교당에서 일제히 문맹 퇴치 운동을 전개한 바, 수강생이 도합 4천 여명에 달하였다. 또한, 총부 서울 간에 연락할 사항이 빈번해 짐에 따라 정각사에 총부 출장소(초대소장 金大擧)를 병설하여 대외 교섭, 방송 교화, 서울 교구의 지도 등에 당하게 하였으며, 한 편으로는 서울 용산의 용광사(龍光寺), 부산 서정(釜山西町)의 신사, 이리 동산동의 신사 터 등 귀속 재산을 불하 받아, 서울 지부·경남 지부·이리 지부로 각각 발전시켰다.

 이 때(1945년 10월)에 정산 종법사는 「건국론」을 지어, 시국에 대한 소감을 밝히시니, 그 요지는 정신으로써 근본을 삼고, 정치와 교육으로써 줄기를 삼고, 국방 건설 경제로써 가지와 잎을 삼고, 진화의 도로써 그 결과를 얻어서, 영원한 세상에 뿌리 깊은 국력을 잘 배양하자는 것이었다.

3. 유일학림의 개설

 해방 이듬 해인 원기 31년(1946·丙戌) 5월 1일, 전문적 교역자 양성 기관으로 총부 구내에 유일 학림(학장 朴將植 학감 朴光田)이 개설되었다. 일찍부터 대종사께서 교단 인재 양성 전문 기관의 설립을 뜻하시어, 총부에 선원(禪院)과 영산에 학원(學院)을 두어 오시었다. 그러나 교역자 양성의 구실을 다하지는 못하므로, 원기 25년(1940·庚辰)에「유일 학원」을 총부 구내에 설립코자 각방 노력하시었으나, 일정의 방해로 뜻을 이루지 못하셨던 바, 이에 이르러 그 유지의 실현을 보게 된 것이다.

유일 학림은 수업 연한 각 3년인 중등부와 전문부의 2부 편제로 발족하여, 정전을 비롯한 교학(敎學)과목과 불교학을 비롯한 교양 과목들을 아울러 학습하게 하였는데, 중등부 남녀 46명, 전문부 남녀 34명이 제1기로 입학하였고, 그 중 교단 공비생이 31명이었다.

정산 종법사는 개학식에 훈시 하시기를「그대들은 먼저 유일(唯一)의 참 뜻을 알아 유일한 목적과 유일한 행동과 유일한 성과를 얻으라. 유일한 목적이란 곧 제생 의세요 유일한 행동이란 곧 무아 봉공이요 유일한 성과란 곧 일원세계(一圓世界)의 건설이니, 지금은 비록 좁은 교실에 학인의 수효도 많지 못하나, 장차 수 없는 도인들이 여기에서 쏟아져 나와 넉넉히 세계를 제도하게 되리라」하시었다. 이 유일 학림이 모체가 되어 중등부는 후일 원광 남녀 중고등 학교로, 전문부는 원광 대학교로 각각 발전하였다.

4.「원불교」선포와 교헌 반포

교사 제2편 회상의 창립

해방이 되자 총부에서는 교명을「원불교」라 내정하여 교헌을 새로 기초하며, 재단 법인 등록 절차도 밟아, 원기 32년(1947·丁亥) 1월 16일「재단법인 원불교」(이사장柳虛一)의 등록 인가가 나옴으로써 그 해 4월 총회에 공식으로 교명의 결정을 보고하였고, 1년 동안 교헌을 더 손질하여 이듬 해인 33년(1948·戊子) 4월 26일 총대회(總代會)에서「원불교 교헌」의 정식 통과를 보는 동시에, 27일 총부 대각전에서 교명 선포식을 가져, 새 회상은「원불교」라는 정식 교명을 천하에 공시하였다.

정산 종법사는「원(圓)은 곧 만법의 근원인 동시에 또한 만법의 실재인지라, 모든 교법이 원(圓) 외에는 다시 한 법도 없는 것이며, 불(佛)은 곧 깨닫는다는 말이요 마음이라는 뜻이니, 원(圓)의 진리가 아무리 원만하여 만법을 다 포함하였다 할지라도 깨닫는 마음이 없으면 이는 다만 빈 이치에 불과한 것이다. 그러므로 원(圓) 불(佛) 두 글자는 원래 둘이 아닌 진리로서 서로 떠나지 못할 관계가 있는 것이라」고 교명의 뜻을 설명하시었다.

한 편, 총 2편 24장 225조로 된「원불교 교헌」의 반포는 새 회상이 정식 교명과 함께 교단의 새 체제를 정립하여, 명(名)과 실(實)이 함께 하나의 새 종교로 거듭 출발하게 된 획기적인 사실이었다.「원불교 교헌」은 제1편 교정(教政)이 총 15장 138조로서 교

제 5 장 교단체제의 완비

명을 원불교, 본존을 일원상, 본경을 불교정전, 대표를 종법사로 규정하는 동시에, 교단 최고 결의 기관으로 중앙 교의회와 최고 집행 기관으로 중앙 총부를 두되, 중앙 총부에 교정원과 감찰원을 두며, 교정원에 교무·서무·산업·재무 4부와, 감찰원에 감사·사서 2부를 두게 되어 있으며, 종법사의 최고 자문 기관으로 수위단회를 규정하였다. 제 2편 교제(敎制)에는 전무출신·거진출진·희사위·공부 등위·사업 등급·법계·연원·은족·부칙 등 9개 장이 있는 바, 「교조 소태산 대종사로 위시하여 법계를 계산한다」는 것과 「법계는 연수로써 계산하되 매대수를 36년으로 한다」는 것과 「영모전을 건설한다」는 것과 「영모전 향례는 연중 2차씩 거행한다」는 것 등이 규정되어 있다.

또한 새 교헌에 의한 제 1회 중앙 교의회는 종법사와 수위단원은 제 1대 기념 총회 연도(원기 38년 4월)까지 유임케 하기로 하고, 초대 교정원장에 유 허일(柳虛一) 초대 감찰원장에 오 창건을 선임하였으며, 중앙 교의회 의장은 당연직으로 교정원장이 겸임하였다.

5. 수위단회의 기능화

불법연구회의 최종 「회규」가 수위단회를 종법사 보좌 기관으로 하고 1개 항의 의결 사항만을 규정한데 대해 「원불교 교헌」은 수위단회를 「종법사의 최고 자문에 응하는 기관」으로 하고 5개 항의 의결 사항을 규정하여 법적으로 수위단회의 기능을 확대하였으며, 사실상 이로 부터 수위단회는 이단치교의 중심이 되기 시작하였다.

초창기 남자 수위단의 첫 조직과 법인 성사의 성취 사실은 이미 기술하였거니와, 원기 11년(1926·丙寅)에 박 세철의 열반으로 이 동안이 입단하고, 이 순순·박 동국·유 건의 대리로 송 도성·전 음광·조 갑종이 내정되었다가 16년(1931·辛未) 2월에 정식 입단하였으며, 그 해 3월에 여자 수위단 시보단이 처음 조직되었으나, 기도 행사 중 뒤로 미루었다. 원기 20년(1935·乙亥)에 김 기천의 열반으로 유 허일, 24년에 김 광선의 열반으로 박 대완, 26년에 이 동안의 열반으로 서 대원(徐大圓), 28년 4월 개편 조단으로 이 완철이 입단하는 동시에, 여자 수위단이 대종사에 의하여 새로 내정되었다. 여자 수위단은, 단장 대종사, 건방(乾方) 일타원 박 사시화(一陀圓朴四時華대리金永信), 감방(坎方) 이타원 장 적조(二陀圓張寂照대리曹專權), 간방(艮方) 삼타원 최 도화(三陀圓崔道華대리曺一貫), 진방(震方) 사타원 이 원화(四陀圓李願華대리徐大仁), 손방(巽方) 오타원 이 청춘(五陀圓李青春대리吳宗泰), 이방(离方) 육타원 이 동진화(六陀圓李東震華), 곤방(坤方) 칠타원 정 세월(七陀圓鄭世月), 태방(兌方) 팔타원 황 정신행(八陀圓黃淨信行), 중앙(中央) 구타원 이 공주(九陀圓李共珠)였다.

제 5 장 교단체제의 완비

그 해(원기 28·1943) 6월, 대종사 열반 후 개편 조단으로 송 혜환, 29년, 이 재철 열반으로 김 대거가 입단하였으며, 30년(1945·乙酉) 1월 25일, 여자 수위단이 실무단으로 발족함에 이르러, 5인의 대리 단원이 정식 입단하고, 「남녀 정수위단」이 비로소 「회규」에 따라 실무 체제를 갖추었다. 그 후 31년 4월에 남자 수위단 제8차 보결 조단이 있었고, 38년(1953·癸巳) 4월에 창립 제2대를 맞아 첫 총선거로 상당수 남녀 단원의 개편이 이루어 졌다.

39년(1954·甲午) 4월에 정산 종법사는 수위단회와 교무 연합회에 내리신 유시로 「수위단회의 위신과 직능을 더욱 강화하여 교단 통치의 핵심체를 삼으라」하시었고, 이 뜻은 44년(1959·己亥)의 교헌 개정에 충분히 반영되었다. 54년(1969·己酉) 5월에는 그 동안 총무부가 겸행해 온 수위단회 사무처를 독립 발족(초대 처장金允中)하여 분과제와 전문위원제를 실시함으로써 수위단회는 명(名)과 실(實) 함께 교단 최고의 의결 통치 기관이 되었으며, 창립 제2대에 들어서서 반백년 기념대회 연도까지 4차의 총선거와 남녀 각 3차의 보결 조단이 있었다.

6. 「원광」 창간과 6·25 경난

월간 「회보」가 휴간 된지 9년만인 원기 34년(1949·己丑) 4월에 원광사가 발족되고, 그 해 7월에 월간 「원광」(주간李恩錫편집李空田)이 창간 됨으로써 교단의 교화 기관지가 다시 나오게 되었다. 정산 종법사는 창간호 권두에 「일원지광 편조시방(一圓之光遍照十方)」이라 휘호(揮毫)하시고, 「무엇이나 진실한 일은 아무리 없애려 하여도 필경은 있어지는 것이요, 거짓된 일은 아무리 있으려 하여도 필경은 없어지고 마나니라」는 요언을 실으시었다.

「원광」은 5호를 내고 6·25 동란으로 중단되었다가, 37년(1952·壬辰) 4월에 보화당(이사宋慧煥)과 이리 고등선원(교감李雲捲)이 합력하여 복간 하였으며, 40년 (1955·乙未) 3월에 다시 총부로 옮긴 후, 42년(1957· 丁酉) 2월에 교도(부산金白蓮)의 후원으로 자영(自營) 인쇄 시설을 갖추고, 교단 출판 업무의 일부까지 담당하기에 이르렀다.

원기 35년(1950·庚寅)에 6·25 동란이 일어나, 호남 지구가 위태롭게 되자 총부도 모든 사무를 쉬고 상주 대중의 지방 분산을 개시하였다. 7월 19일 공산군이 이리 익산 지구에 침입, 호남 주둔군 본부를 총부에 두게 되매, 부득이 총부 구내의 모든 건물과 시설을 내어 주고, 몇 몇 남은 임원(별록 23)이 총부 외곽에서 정산 종법사를 모시고 폭격 아래 작업으로 총부의 명맥을 유지하였다. 9월 29일, 연합군이 이리 익산 지구를 수복하자 생기를 겨우 회복하여, 지리 멸렬된 문서 주택 등을 수습하는 한 편, 사무 태세를 정비하기

제 5 장 교단체제의 완비

시작하였다.

10월 4일에는, 정산 종법사의 명에 의하여, 각지 교당에 공한을 발송, ① 감정이나 복수의 행동에 흐름이 없이 일원(一圓)의 진리에 입각한 원만의 행을 쌓도록 철저 지도할 것, ② 전화를 입은 교도 가정에는 빠짐 없이 위문하고, 희생자에게는 공동 천도재를 교당에서 거행할 것, ③ 위험이 없는 교당에서는 예회 야회를 다시 여행(勵行)할 것 등을 지시하였다.

당시, 경난이 자심하였던 예로는, 서울 보화원의 완전 소실과, 영광 지방 각 교당의 장기 수난 중, 특히 영산원의 완전 소개와, 개성·춘천 교당의 일시 소개 등이었으며, 희생자는 전무출신 3명, 재가 요인 5명이 있을 뿐이었다.

제 3 편 성업(聖業)의 결실(結實)

제 1 장 성업 봉찬(聖業奉贊) 사업

1. 대종사 성탑의 봉건과 봉찬사업 준비

 원기 34년(1949·己丑) 4월 25일, 총부 구내 영모원(永慕園) 송림 안에 대종사 성탑을 봉건하고, 성탑에 성해 입탑식(聖骸入塔式)을 거행 함으로써 대종사 성업 봉찬 보본 사업이 그 막을 올렸다. 그 동안 각지 교도의 알뜰한 성금을 모아, 황등산 화강석으로 조성한 대종사 성탑은, 연화를 양각(陽刻)한 기단(基壇) 위에 연화대석을 받치고, 원석(圓石)을 올려, 그 안에 성해(聖骸)를 봉안한 후 5층의 탑신과 개석(蓋石)을 쌓아, 그 해 10월에 준공한 바, 이로써 대종사 열반 후 6년만에 성해가 성탑에 모셔지게 되었고, 이에 따라 성탑을 중심한 영모원 일대가 길이 보본 숭모의 성역으로 화하였다.
 다음 날 열린 중앙 교의회에서는 「대종사주 성업 봉찬회」가 조직되었고, 이듬 해(원기 35·1950)의 중앙 교의회에서는 「창립 제 3 회 1대 기념사업 준비 위원회」(위원장 李共珠)가 구성 되었으나, 6·25 동란으로 준

제 1 장 성업봉찬사업

비가 부진하여, 그 해 10월의 임시 중앙 교의회에서 기념 총회를 1년 연기하기로 하고, 성업 봉찬회와 기념 준비 위원회를 「3회 성업 봉찬회」로 종합 발족하는 동시에, 위원장 이 공주 주관 아래 교단의 연혁 편찬과 대종사 성비 봉건을 준비하는 한편, 제1대 전체 교도의 사업 성적 총 결산 사무를 추진하기로 하였다.

이 때 감찰원(원장 李雲捲)에서는 전체 교도의 법위 사정 사무를 아울러 시작하니, 이는, 원기 16년(1931·辛未) 3월에 대종사께서 제2차 법위 사정을 실시하신 후 만 20년 만에 시행되는 제3차 법위 사정 작업이었다.

한편, 원기 33년(1948·戊子)에는 오 창건의 발기와 감역으로 봉래정사 석두암을 중수하여 제법 성지의 면목을 일신케 하였으나, 불행히 6·25 동란 중 소실 되었으며, 성탑을 준공한 그 해(원기34년 ·1949)에는 「불교정전」의 부분 개쇄(部分改刷)를 행하여, 대종사의 본의에 유감 되었던 점을 1차로 없이 하였다.

2. 제1대 성업 봉찬 대회

원기 38년(1953·癸巳) 4월 26일에 제1대 성업 봉찬 대회가 열렸다. 여러 가지 사정으로 원정 기일(元定期日)을 1년 연기하였으나 새 회상이 창립 제

교사 제3편 성업의 결실

1대를 공적으로 마감하는 동시에, 제2대를 맞게 되는 뜻 깊은 기념 일이었다. 이날 오전 10시, 새로 다듬은 원광대학 광장의 대회장에는 수 많은 축하 인사와 5천 여명의 남녀 교도가 운집한 가운데 수위단 중앙단원 유 허일의 대회사로 대회가 개회되고, 종법사의 치사와 봉찬회장 이 공주의 기념사에 이어, 제1대 전체 교도의 공부 사업 원성적 내역 발표와 성적표 수여가 있은 후, 중앙 정계 인사들의 축사에 이어, 원불교 만세 삼창으로 폐회 되었다.

이 날 오후에는 김 영신·조 전권에 대한 첫 연화장 수여식이 있었으며, 다음날의 중앙 교의회에서는 정산 종법사를 연임 추대하고, 첫 총선거로 수위단이 개편되었으며, 교정원장에 김 대거, 감찰원장에 이 공주를 선임하여, 제2대 교단의 첫 운영을 맡겼다. 또한 새 회상은 당년 부터 시창 연호를 원기로 기록하기로 하고, 새 대향 예법을 실행하며, 대종사 성비를 봉건함으로써, 동란 중 경제 공황 속에 재가 출가가 정성을 모은 제1차 대종사 성업 봉찬 사업의 막을 내렸다.

제1대 전체 교도의 공부 사업 원성적 내역은, 준 5등 이상 입등자 1,754명 중, 전무출신 입등자 258명, 거진출진 입등자 1,496명인 바, 전무출신은 준특등 8명, 정 1등 17명, 준 1등 20명, 정 2등 6명, 준 2등 40명, 정 3등 28명, 준 3등 48명, 정 4등 31명, 준 4등 31명, 정 5등 10명, 준

— 1114 —

제1장 성업봉찬사업

5등 13명, 확정 보류자 6명이요, 거진출진은 준 특등 1명, 정 1등 3명, 준 1등 6명, 정 2등 8명, 준 2등 16명, 정 3등 23명, 준 3등 78명, 정 4등 51명, 준 4등 179명, 정 5등 211명, 준 5등 881명, 특별 추증자 39명 이었다.

전무출신 준 특등자는 이 공주·송 도성·김 광선·김 기천·이 동안·이 동진화·오 창건·이 재철이요, 거진출진 준 특등자는 황정신행 이었으며, 법위 정사(正師) 이상자는 원정사(圓正師) 송 도성, 정사(正師) 김 광선·김 기천·이 동안·오 창건·이 재철·박 세철·이 인의화(李仁義華)·서 동풍 이었다.

총 결산 후, 정산 종법사는 「공부의 등위와 사업의 등급에 공정을 기하고자 애를 썼으나, 어찌 그 숨은 공부와 숨은 공로가 다 드러나기를 바랄 수 있으리요. 그런즉 우리는, 참다운 사정(査定)은 호리도 틀림 없는 진리에 맡기고 이번에 나타난 등급으로는 앞 날의 적공에 더욱 분발할 대중만 삼는다면, 이 분들이 참으로 알뜰한 우리 동지요, 참으로 등급 높은 공인(功人)이니, 후일, 영모전에서 등위보다 실적이 넉넉한 선령은 제사 받기가 떳떳하지마는, 실적이 혹 등위만 못한 선령은 헛 대접 받기가 얼마나 부끄러우리요」 하시었다.

3. 제1대의 교세

창립 제1대의 총 교도수는, 의무 교도 32,244명, 일반 신도 290,196명, 합계 322,440명으로 되어 있으며, 전무출신은 260여명이고, 교당은 익산·이리·남선·수계·삼례·영산·신흥·대마·도양·광주·봉동·왕촌·서울·개성·춘천·마령·전주·좌포·관촌·중길·임실·장수·당리·경남·초량·용암·진영·다대·금산·용신·신태인·화해·정읍·승부·남원·운봉·호곡·금평·오수·군산 등 40개 교당에, 함열·덕룡·산서·목동·인월·창평·순창·목포·마산 부안 등 준지소(准支所)를 합하여 50개 교당으로 되어 있는 바, 여기에 열거되지는 아니하였으나, 원기 26년(1941·辛巳)에 장 적조가 만주 목단강에 교당 설립을 모색, 박 대완 교무를 파송까지 하였다가 일정의 탄압으로 철수한 일은 국외 포교 제2차의 사실 이었다.

또한, 기관은, 교육기관이 원광 대학, 원광 중고등학교, 도양의 원광 중학원 등 3개, 자선 기관이 서울 보화원, 익산 보화원, 신룡 양로원, 전주 양로원, 기타 등 7개, 산업기관이 삼창 공사, 보화당 약방, 유일 정미소, 삼창 과원, 이흥 과원, 영산 과원, 금산 과원 등 7개소 였고, 출판 기관인 원광사를 합하여 모두 18개 기관이었다.

4. 새 「예전」의 편성과 보본 행사

정산 종법사는 일찍부터 일반 예의 교육의 긴급함

제 1 장 성업봉찬사업

과 발전 교단의 의례 보완이 절실히 필요함을 통감하여, 원기 36년(1951·辛卯) 9월에 새 「예전」 전 3편을 탈고하고, 이듬 해(원기 37·1952) 7월에 이를 임시판으로 발간하시었다.

새 「예전」은, 제1편 조신의 예, 제2편 가정의 예, 제3편 교회의 예로 되어 있는데, 종전의 「예전」에 비하여, 조신의 예 총 19장이 새로 편입되었고, 가정의 예에 회갑·천도재가 증보 되었으며, 교회의 예에 봉불·법회·득도·은법 결의·대사·봉고·특별기도·축하·영모전·영모원·대향·교의 등이 새로 편입되고, 그 밖의 예도 많이 개편되었다.

그 중, 조신의 예는 개인의 몸 가지는 통례로서 모든 사람이 예의 근본을 닦게 하는 요법이 되고, 영모전 대향 예법은 기념 일과 기념 묘우(廟宇)를 통일하여 대종사 이하 역대 열위 선령께 공동 향례를 받들도록 제정되었다. 이에 따라, 원기 38년(1953·癸巳) 6월 1일, 교단 일제히 하향(夏享)을 거행함으로써, 새 회상은 새 대향 예법을 실행하기 시작하였고, 그 날 오후 영모원에 봉건한 원각성존 소태산 대종사 비를 제막하였다.

정산 종법사 지으신 비문은, 새 회상이 새 세상의 주세 회상임과 대종사께서 새 시대의 주세 성자이심을 처음으로 금석(金石)에 각하여 천하에 고한 것으로서, 그 끝절에, 「대종사는 일찌기 광겁 종성(曠劫種聖)으로

— 1117 —

궁촌 변지에 생장하시어, 학문의 수습(修習)이 없었으나 문리를 스스로 알으시고, 사장의 지도가 없었으나 대도를 자각하시었으며, 판탕(板蕩)한 시국을 당하였으나 사업을 주저하지 아니하시고, 완강한 중생을 대할지라도 제도의 만능이 구비하시었으며, 기상은 태산교악 같으시나 춘풍 화기의 자비가 겸전하시고, 처사(處事)는 뇌뢰 낙락(磊磊落落) 하시나 세세 곡절의 진정을 통해 주시며, 옛 법을 개조하시나 대의(大義)는 더욱 세우시고 시대의 병을 바루시나 완고에는 그치지 않게 하시며, 만법을 하나에 총섭하시나 분별은 오히려 역력히 밝히시고, 하나를 만법에 시용(施用)하시나 본체는 항상 여여히 드러내사, 안으로는 무상 묘의(無上妙義)의 원리에 근거하시고, 밖으로는 사사 물물의 지류(支流)까지 통하시어 일원 대도의 바른 법을 시방 삼세에 한 없이 열으시었으니, 이른 바 백억 화신의 여래시요 집군성이대성(集群聖而大成) 이시라」고 새겨 있다.

 한 편, 새 회상은, 원기 40년(1955·乙未) 7월에 원광지가 발기한 혈인 기념일 행사를 41년(1956·丙申) 부터 거교적 행사로 시행하여, 후일 사대 경축의 하나인 법인절로 지정하였고, 그 해(원기 41·1956) 8월에는 영모전 묘위법을 일부 개정하여, 종사 위 위패를 대종사 위 정면 중단에 설위하고, 그 좌편에 대봉도 위, 그 우편에 대호법 위를 설위하기로 한 후, 42

제 1 장 성업봉찬사업

년(1957· 丁酉) 4월 대회에서 주산 송 도성에게 종사위, 팔산 김 광선과 구타원 이 공주에게 대봉도 위, 팔타원 황 정신행에게 대호법 위를 드리는 새 회상의 첫 법훈 증여식을 거행하였다.

정산 종법사는 치사에서 「나는 이 네 분 원훈(元勳)이 초창기 우리 회상에 공헌한 공부 사업 두 방면의 위대한 법훈(法勳)을 모든 대중과 더불어 높이 찬양하는 동시에, 재가 출가의 남녀 동지들이 여기에 마음을 다시 새로이 하여, 앞으로 우리 회상에 수 많은 종사와 수 많은 대봉도와 수 많은 대호법이 끊임 없이 배출되기를 믿고 바란다」고 하시었다.

5. 정관평 재방언과 성지 사업

정관평 첫 방언 공사 후 30여년이 경과함을 따라, 언(堰)은 대대적인 보수를 요하게 되었고, 이를 확장 재방언하게 될 경우 국가 부흥 계획의 일부 원조를 받을 것이 확실하게 되어, 원기 40년(1955 ·乙未) 8월에는 정산 종법사를 총재, 송 혜환을 위원장, 김 홍철을 실무 부위원장으로 하는 영광 정관평 재방언 추진 위원회가 구성되고, 이듬 해 4월에 그 착공식을 거행하였다.

공사는, 각지 교당 봉공대의 봉공 작업과, 작업에 참가 못하는 교도들의 노임 대전(勞賃代錢)으로 기초 작업을 마친 후, 정부의 보조를 받아, 방조제 및 방수

제, 2개소의 배수 갑문, 저수 호안 및 배수 암거 등 다양한 모든 공사를 44년도(1959·己亥)에 완공하여, 27,000여평의 새 농토와 그에 따른 완전 수리 시설을 갖추게 되었다. 또한 새 언의 축조로 농토 안에 들어가게 된 구언(舊堰)은 보존 기념하기로 하였으며, 총 공사비(3,000여만원) 중 7할은 정부 보조에 힘입었다.

한편, 동란 중 황폐된 영산 성지의 복구 운동이 성지에서 요양 중이던 김 대거에 의하여 발기되어, 원기 43년(1958·戊戌)부터 대종사 성탄지와 대각 성지 일대가 매입 되었고, 재방언 공사가 끝난 44년(1959·己亥)부터 성지의 개척 사업이 더욱 활발해 져서, 성탄지와 구간 도실 일대의 토지 임야, 삼밭재 일대의 임야를 매입하는 동시에, 성지 순례 도로의 확대 보수 공사를 추진하였다. 45년(1960·庚子) 1월에는 교정위원회에서 「영산성지 개척공사 추진위원회」를 구성하고, 우선 주요 지점의 녹화 사업을 진행하였으며, 반백년 기념 사업회가 발족되면서 성지 장엄을 그 사업 종목에 넣어, 대각 성지 주변 임야의 매입, 영산 대각전의 수축 등 성역의 확대 보수에 힘쓰게 되었다.

제 2 장　목표 사업 기관(目標事業機關)의 확립

1. 삼대 목표사업과 재단 기업의 시련

　대종사, 평소에 말씀하시기를 「우리의 사업 목표는 교화·교육·자선의 세 가지니, 앞으로 이를 늘 병진하여야 우리의 사업에 결함이 없으리라」하시고, 이 3대 목표의 사업 기관을 고루 시설해 보시려고 노력하시었으나, 험난한 시국 관계로 그 뜻을 다 펴지 못하고 떠나시었다. 해방 후, 「원불교 교헌」은 「본교는, 유치원·학교·수양원·요양원·병원·양로원·고아원 등을 수의(隨宜) 설치한다」고 하고, 「유치원· 학교는 일반 교육기관으로, 수양원·요양원은 본교 유공인의 수양과 요양기관으로, 병원·양로원·고아원은 일반 자선기관으로 한다」고 규정하여, 교단은 이 3대 목표 사업 기관의 균형 있는 확립을 지향하기 시작하였다.

　그런데, 그 동안 교단의 유지와 사업을 뒷 받침해 온 산업 기관은 주로 농원과 과원이었고, 교산 또한 정관평을 비롯, 대부분이 농토와 임야로 되어 있었다. 해방 후 법인으로 등록된 새 회상 재단의 농지 중 직접 경작하지 않던 논 20여만 평과 밭 8만 여평이 원기 35년(1950·庚寅)에 실시된 농지 개혁법에 의하여 전부 정부에 매상 되었다. 그에 따라, 교단은 해당 농지에 대한 문교재단 보상금(地價證券 : 正租 2,771石 4 斗整)을 상공업 병진 기업체로 전환 운영할 것을 결의하고, 삼례 과원에서 다량 생산되는 통조림 제조용 황도가 그 방면에 수급되지 못함을 전용(轉用) 하여, 과정 양조(果精釀造)를 주 종목으로 하는 대기업체 하나를 창설하기로 하고, 36년(1951·辛卯) 8월, 이리에 있는 귀속 재산을 사들여 재단 기업체 삼창 공사(三昌公社)를 창립하였다.

삼창이란 3대 사업을 창성케 하자는 뜻이었고, 재단의 지가 증권이 거의 다 투자되었으며, 삼례 과원을 직속 기관으로 까지 하였으나, 삼창 공사는 시국의 격동으로 인한 경제 불안, 편법에만 따른 부적당한 기업 종목, 관리의 경험 부족 등으로 운영 3년 여에 기대했던 결과를 보지 못하고 끝나, 그 후 여러 해 동안 총부 경제가 큰 시련을 겪게 되었고, 42년(1957·丁酉) 11월에 총부 유지대책 위원회를 발족시켜, 이듬해 5월에야 총부 유지답(7,000여평)을 겨우 장만하게 되었다.

2. 교육 사업 진흥과 원광학원군

유일학림 개설 후 5년 동안 새 회상은 간고한 가운데서도 학림 중등부를 중학교로, 학림 전문부를 대학교로 승격 육성코자 꾸준히 활동하여, 원기 36년

제 2 장 목표사업기관의 확립

(1951·辛卯) 6월, 이리에 원광 중학교의 설립 인가를, 그 해 9월, 총부 동편에 원광 대학의 설립 인가를 얻어, 학장 박 장식을 초대 중학교장으로, 학감 박 광전(朴光田)을 초대 대학장으로 임명하였다. 이로써 새 회상의 교육 사업은, 초기의 영산 학원·총부 학원 및 총부를 비롯한 각처의 야학원 사업과, 해방 후의 국문 강습소 및 학림 교육을 거쳐, 이제 회상의 개교 정신과 국가의 교육 이념을 조화한 본격적 교육사업으로 발전하여, 마침내 원광학원 군(圓光學園群)을 형성하기에 이르렀다.

원광 대학은 당초 교학과(教學科) 단과의 초급 대학으로 총부 구내에서 출발, 원기 37년(1952·壬辰) 7월에 제1대 성업 봉찬 사업의 일환으로 교지(校地) 확보와 교사(校舍)의 첫 건축에 착수하여, 38년(1953·癸巳) 1월에 교학(教學)·국문학(國文學) 2과의 4년제 대학으로 승격되었으며, 3월에 제1 본관을 준공하고, 39년(1954·甲午)에 도서관을 신축하여 총부 도서실 장서(藏書) 전부를 이양 받은 후, 해마다 학과 증설과 교사 증축을 거듭하다가, 52년(1967·丁未)에 대학원을 설립하고, 56년(1971·辛亥) 12월에 종합 대학교로 승격되었다. 원광 대학교는 대학 교육으로 국가 사회에 공헌함은 물론, 원불교학과로 새 회상 교역자를 많이 양성 하였으며, 부설 원불교학 연구회와 종교 문제 연구소는 새 회상의 교학 수립 및 타종교와의 비교 연구에, 해외 포교 연구소는 새 회상의 해외 포교 준비에 상당히 공헌하였다.

원광 중학교는 원기 37년(1952·壬辰) 10월에 교지를 확보하고, 39년(1954·甲午) 2월에 고등학교를 설립하였으며, 그 해 4월에 제1 본관, 40년(1955·乙未) 5월에 제2 본관을 준공하고, 그 해 9월과 41년(1956·丙申) 9월에 증축 공사, 42년(1957·丁酉) 4월에 여자 중학생 분리 운영, 50년(1965·乙巳) 6월에 제3 본관 신축 착수, 51년(1966·丙午) 4월에 2대 교장 정 광훈(丁光薰)이 임명되었다.

원광 여자 중고등학교는 원기 41년(1956·丙申) 4월에 원광대학 부속 여자 고등학원(원장 朴將植)으로 발족, 익산 보화원 강당에서 수업하다가 42년(1957·丁酉) 4월에 원광 중학교 일부를 빌려 여자 중학생을 흡수, 45년(1960·庚子) 2월에 여자 중학교와 여자 상업 고등학교 설립 인가를 받아, 초대 교장에 정 성숙(丁盛熟)이 임명되었고, 법은 재단을 비롯, 각 교당의 후원으로 47년(1952·壬寅) 7월에 교지·교사를 확보하여 독립하였다.

원광 남녀 중고등학교 또한 일반 교육으로 국가 사회에 공헌은 물론, 적지 않은 전무출신 지원자를 배출하여 교단 인재 양성에 기여하였다.

이 밖에도, 원기 37년(1952·壬辰)에 도양지부 부설로 발족한 원광 중학원은 그 후 도양 고등 공민학

제 2 장 목표사업기관의 확립

교·해룡 농업 기술학교로 발전, 마침내 반백년 기념 사업의 일환으로 세운 해룡 중학교의 기초가 되어, 성지 근화(聖地近化)에 이바지가 되었고, 원기 20년 대(年代) 이래 꾸준히 계속해 온 총부 야학원을 계승하여 익산 보화원 원내 교육기관으로 40년(1955·乙未)에 발족한 원광 고등 공민학교도 총부 근화와 인재 배출에 상당히 공헌하였다.

3. 삼대 선원(三大禪院) 개설과 장학 사업

원기 40년(1955·乙未) 1월, 교무 연합회에서 중앙 직할 3대 선원 설립이 공고되었다. 이는, 원기 38년(1953·癸巳) 6월에 설립된 이리 고등선원을 동산 선원으로, 그 동안의 총부 선원을 중앙 선원으로, 영산 학원을 영산 선원으로 각각 발전시키되, 이 3대 선원을 중앙 직할 선원으로 하여 장차 새 회상 교역자 양성의 본거를 삼자는 것이었다.

그리하여, 동산 선원은 고등선원 교감 이 운권을 초대 원장으로 발령, 그 해 3월에 제1회 수료생을 내고, 그 후 조 전권·안 이정(安理正)이 원장의 대(代)를 이어, 매년 수선(修禪)을 계속, 원광 대학 교학과와 함께 새 회상 교역자 배출의 쌍벽을 이루었다. 중앙 선원은 동산 선원장(李雲捲)을 초대 원장으로 겸임 발령하여 종전 제도로 지내오다가, 42년(1957·丁酉)에 이 완철을 전임(專任) 원장으로 발령하여, 그 해

교사 제3편 성업의 결실

11월 6일 첫 결제식을 가졌다. 그러나, 어려워진 교단 경제 아래 자체의 유지 토대가 확립되지 못하여, 휴원·재개원을 거듭하다가, 한 동안 동산 선원과 병합 운영도 하고, 54년(1969·己酉)부터는 총부 구내 상주 선원(常住禪院)으로 명맥을 유지하다가 그 후 중앙 훈련원으로 발전하였다.

영산 선원은 전재 복구와 재방언 등 관계로 쉽게 발족을 보지 못하다가 47년(1962·壬寅)에 우선 영산 지부에서 학원 제도 형식을 복구하였고, 49년(1964·甲辰) 3월에 초대 원장 안 이정을 임명, 중등·고등 2부 편제의 초등 선원으로 개원하여 정관평 작농도 겸한 선농 일치 교육을 실시, 54년(1969·己酉)에 2대 원장 오 종태가 단일 편제로 상급 선원 진학의 길을 계속 열어 주어, 교역자 육성에 기여하였다.

한편, 원기 42년(1957·丁酉) 4월에 원불교 장학회가 발족하였다. 회상 초기부터 꾸준히 염원되어 온 교단 인재 양성의 꿈은, 원기 12년(1927·丁卯)에 육영부 창립단 활동이 시작되고, 19년(1934·甲戌)의 새 회규는 십부 중 육영부를 두어 기금 육성을 전담케 하였으나, 시국 관계로 소기의 재단이 이루어 지지 않자, 27년(1942·壬午), 부서에서 제외되었다가, 그 후 학교와 선원들의 교역자 양성 작업이 차차 진전되자, 이에 이르러 장학회를 발족하고, 이어, 교헌 개정(원기 44·1959)으로 육영부(부장·徐大仁)를 부활시켜 육영 장학을 더욱 강력히 추진하게 하였다. 정산 종법사는 장학회 치사에서 「초(楚) 나라는 오직 어진 이를 보배 삼았다 하거니와, 우리는 오직 철저한 신심과 알뜰한 공심 가진 혈성 동지들을 기르고 또 길러서 우리의 무궁한 사업에 실다운 보배를 삼고 자산을 삼자」하시었다.

또한, 43년(1958·戊戌)에 목포 김현관(金玄觀)은 육영 사업을 발원, 연차 계획으로 수계 농원에 상당 규모의 인삼 재배를 실시하여, 46년(1961·辛丑) 5월에 은산 육영재단을 설립하였고, 그 해 10월에 원불교 육영재단 정관을 제정, 11월 부터 거교적인 장학회원 모집 운동을 일으키어, 상당한 재단이 형성되자, 47년(1962·壬寅) 5월에 육영재단 이사회(이사장·文東賢)를 구성하여 교단 만년 대계인 육영 장학을 계속 뒷받침하게 하였다.

4. 자선 사업 개척과 요양 사업

대종사 재세시부터 그토록 염원하시던 새 회상의 자선 사업은, 해방 직후에 전재 동포 구호로 그 막을 열었고, 그 해(1945·乙酉) 11월, 서울 보화원을 한남동에 설립함으로써 첫 결실을 보았으며, 36년(1951·辛卯) 1월, 1·4후퇴 때 총부로 피난 온 서울 보화원 원아 일부를 수용한 익산 보화원(초대원장·宋慧煥)이 발족되고, 38년(1953·癸巳) 5월에 이리시로 부터

인수한 이리 보육원을 운영하면서 부터 새 회상의 무의탁자 보호 사업은 그 기반을 굳히게 되었다.

한 편, 양로 사업도 34년(1949·己丑) 4월 부터 총부 일부에 그 설립을 모색해 오다가 37년(1952·壬辰) 3월에 당국의 인가를 얻어, 총부에 신룡 양로원(초대원장·宋慧煥)을 설립하여, 41년(1956·丙申) 7월, 원사(院舍) 신축과 함께 중앙 수양원으로 개칭하고 이사하였으며, 때를 같이 하여 설립된 전주 양로원과 48년(1963·癸卯) 4월에 설립된 동래 수양원도 무의탁 노인들의 보호 사업과 회상 유공 노인들의 수양에 상당한 공헌을 하게 되었다.

또한, 전무출신 요양기관 겸 자선병원을 설립하기 위하여 원기 35년(1950·庚寅) 3월에는 보화당 자금으로 금산 과원을 인수, 금산 요양원(초대원장·李東震華)을 설립하여 38년(1953·癸巳)에 총부로 이전, 39년(1954·甲午) 4월에 중앙 요양원(원장·宋慧煥)으로 발전하였으며, 40년(1955·乙未) 5월, 북일면 진료소를 겸한 원사(院舍)를 신축하고, 42년(1957·丁酉) 10월에는 동화병원 설립 인가와 함께 정부의 보조를 받아 44년(1959·乙亥) 10월 총 건평 220평의 2층 병원을 완공 하였으나, 그 후 인사난과 운영난으로 이전·휴원·재개원을 거듭하다가, 법은 재단(法恩財團)과 제휴하여 설립 목적 달성에 부심하게 되었다.

제 3 장 일원 세계(一圓世界)의 터전

1. 사종 의무 여행(勵行)과 교헌 개정

 원기 40년(1955·乙未) 4월 26일, 개교 40년 축하식에서 교도 4종 의무 강조 기간의 설정이 선포되었다. 4종 의무란 조석 심고·보은미·연원 지도·법규 준수 등 네 가지로서, 이를 거교적으로 강조 실행하여 교세의 내실과 확장을 기하자는 것이었다.

 이에 앞서, 39년(1954·甲午)에는 연원 지도 강조 연간을 실시하고, 정례 포교 방송을 시작하였으며, 그 동안 교당 별로 자치 운영해 오던 학생회 조직을 교무부에서 주도하는 동시에, 40년(1955·乙未) 1월에는 새「예전」반포 후 처음으로 합동 성년식을 거행하는 등 교화 활동에 박차를 가해 온 교정원(원장·金大擧)이, 이에 이르러 종합적 교화 발전책으로 4종 의무 강조 기간을 선포한 것이다.

 이 운동은 각 교당의 열렬한 호응을 얻어, 42년(1957·丁酉) 4월 대회에서는 교화상(教化賞)에 11개 교당, 연원상 개인 특상에 24명, 교화단 상에 11개 단이 포상되었으며, 44년(1959·己亥)부터는 교화 계획안의 수립, 보은 사상 강조 연간의 설정, 특별 강송(講誦) 정진의 달 설정 등으로 교화의 내실을 더욱 다

졌다.

한편, 그 해(원기 44·1959) 4월 25일, 중앙 교의회에서 교헌 개정안이 통과 되었다. 그 동안 총 2편 24장 225조이던 교헌이 총 11장 81조로 대폭 축약되었으며, 따로 제정된 교정원 조직법과 감찰원 조직법도 이 때 아울러 채택되었다. 개정 교헌은 40년 (1955·乙未) 6월에 박 장식 등 5인(별록 24)의 교헌 연구위원이 교헌의 거강적 재기초(擧綱的再起草)와 중앙 직제의 개편, 교정 위원회의 신설, 기타 사항 등에 관하여 숙의를 거듭한 끝에 성안한 것으로, 첫 교헌 제2편 교제(敎制)는 그 강령만 조문화 하고, 세목은 다 교규로 미룬 것이 두드러진 특색으로 되어 있다.

교헌 개정 다음날, 정산 종법사는 3차 연임 취임식 설법에서 「교세의 발전이 늘 새로워, 국가와 사회에서 우리의 존재를 점차로 두루 인식하게 되었을 뿐 아니라, 장차 세계 포교의 모든 터전이 차차 성숙되어 가고 있다」고 말씀하고, 「우리는 대세계 주의자가 되자」고 강조하시었다.

개정 교헌은 5년 후(원기 49·1964) 다시 개정되니, 총 11장 86조가 10장 90조로 되고, 「정전을 본경(本經)으로」가 「교전을 본경으로」로 되었으며, 협의 기관 형태이던 교정 위원회가 실질적으로 중앙 교의회에 앞서는 교정 의결 기관이 된 반면에, 종법사 권한 규정 3개 조에 「수위단회의 의결을 거쳐」가 삽

입되었으며, 종법사 자문위원, 법무실, 수위단회 사무처, 중앙 교의회 사무처 등이 신설되고, 법훈(法勳) 제도와 원성적 제도 등이 조문화 되었다.

2. 도운융창 대기도와 해외 포교 모색

원기 40년(1955·乙未) 1월 27일 부터 정산종법사의 유시로 세계 평화 및 도운 융창 정례 대기도회가 교단 일제히 시작되었다. 새 회상은, 구인 기도 당시 부터 세계 인류의 행복과 도운의 융창을 기도해 왔으며, 그 동안 계속하여 매월 1일의 정례 기도로 세계 평화를 기원해 왔던 바, 이 때 세계 불교도 대회에서 앞으로 모든 불교도가 매월 만월일(滿月日)을 기하여 세계 평화 대기도회를 가지기로 한다는 소식에 접하고 「우리도 이에 더욱 기운을 합하며 일원(一圓)으로써 상응케 하기 위하여」 이달 부터 매월 만월일에 세계 모든 불교도들과 함께 대기도회를 가지기 시작한 것이다.

이 정례 대기도회는 41년(1956·丙申) 5월 14일까지 17개월 동안 실시되었는데, 이는 새 회상이 해외 포교의 모색을 앞 두고 먼저 그 기운을 합하는 큰 행사였으며, 이에 참가한 교도 수는 연(延) 10만 여명에 달하였다.

원기 40년(1955·乙未) 1월에 새 회상은 원광 대학장 박 광전을 구미(歐美)에 보내어 종교·문화·교육 등 각 분야를 시찰하는 동시에, 해외 포교의 기연을 모색토록 하였고, 그 해의 교무 연합회에서는 교수(敎樹)로 보리수, 교화(敎花)로 연화를 지정하였으며, 원광 대학은 교학 연구회를 발족시켰다.

43년(1958·戊戌) 10월에는 아시아 재단 특별 고문이며 미국의 불교학자인 「리챠-드 A·가-드」박사가 총부에 내방하여 「한국 불교의 전망」이라는 제목의 강연을 하였고, 그 해 11월 태국에서 열린 세계 불교도 대회에 박 광전을 교단 대표로 파견하였으며, 45년(1960·庚子) 11월에는 해외 포교 연구회(회장·朴光田)를 발족, 정화사(正化社)의 교서 번역 업무를 위임하였고, 이를 원광 대학 부설 해외 포교 연구소(소장·全八根)로 개편, 47년(1962·壬寅)부터 영문 포교지 「원부디즘」을 발간하게 하였다.

3. 「대종경」 편수와 「정전」 재편

원기 41년(1956·丙申) 5월, 수위단회 의결로 대종경 편수 위원회가 정산 종법사를 총재, 수위단 남녀 중앙단원(金大擧 李共珠)을 지도위원, 수위단원 전원(별록 25)을 자문위원으로 하고, 전문 편수위원(李空田)을 임명하여 발족 되었다. 대종경 편수의 논의는 대종사 열반 직후 부터 발론되었고, 그 과업이 제1대 성업 봉찬회에 위임도 되었으나 진전을 보지 못한 바, 이에 이르러, 대종사 재세 당시에 이미 수필(受筆)

제 3 장 일원세계의 터전

공표된 법설들과 대종사 열반 후 송 도성 등(별록26) 친시 제자(親侍弟子)들에 의하여 편편이 기록된 법설들이 공식적으로 수집 정리되기 시작하였다.

　대종경 편수 위원회는 발족 후 1년 반 동안 자료의 대체 수집을 마친 다음, 42년(1957·丁酉) 10월부터 편수 장소를 남원 산동(山東)교당에 정하고 그간 수집한 모든 자료의 축약 분품(縮約分品) 작업을 반년 동안에 대강 매듭지었다. 이에, 당시 장수(長水)교당에서 요양 중이시던 정산 종법사는 수위단회의 협찬을 얻어, 원기 43년(1958·戊戌) 5월에 교전 교서 편수 발간 기관으로 정화사를 발족시켰다. 진전하는 교세에 부응하여 대종경 뿐 아니라 각종 교서의 편찬을 조속 추진하며, 그 번역과 출판의 소임을 담당할 정화사는, 대종경 편수 위원회의 체제를 그대로 계승한 위에, 편찬·번역·연구·경제의 각 위원을 두어 각 항 업무를 분담하였고, 사무장에 이 공전이 임명되어 우선 대종경의 편수를 계속, 그 해 7월부터 초안의 자문과 재편수 및 감수 작업을 진행 하였다.

　한 편, 원기 45년(1960·庚子) 1월, 수위단회에서 「정전의 자귀 수정과 그 재간의 추진」이 의결됨으로써 정화사는 대종경의 편수와 정전의 재편을 아울러 진행하게 되었다. 대종사 열반 전년에 서둘러 성편(成編)되고, 일정 압제의 고비에 어렵게 발간된 「불교정전」은, 대종사께서 설법하신 바(대종경 부촉품 3장)

— 1133 —

와 같이 때가 급하여 그 만전(萬全)을 다하지는 못하였던 것이다. 그러므로, 원기 34년(1949·己丑)에 일부 개쇄(一部改刷)로 수정된 부분 외에, 대종사의 본의가 한 지역이나 한 교파에 국한된 듯 해석될 부분들을 대종사의 본의대로 바로 잡고, 명칭도 「정전」으로 환원하며, 편차도 대종경과 연관하여 다시 가다듬되, 그 일은 종법사 친재 아래 정화사를 통하여 행하시기로 하였다.

이에 따라, 편수 작업을 진행하는 도중, 정산 종법사의 환후가 점차 침중해 지시어, 46년(1961·辛丑) 12월 25일에는 최후의 특별 유시로 김 대거·이 공주·이 완철·박 광전·이 운권·박 장식에게 교전 교서의 감수가 위촉되고, 담당 위원에게 편수의 조속 추진이 촉구되었다.

4. 삼동 윤리 선포와 법은 재단 설립

원기 46년(1961·辛丑) 4월 26일에는 개교 46년 축하식과 정산 종법사 회갑 경축식을 총 지부 각 교당에서 일제히 겸행하였다. 이 날 오전, 총부에서는 「일체 허례는 이를 생략하고 간소한 의식에만 그치라」하신 사전 부촉을 받들어 간소한 식만을 거행하였으며, 정산 종법사는 기념 법문으로 「우리가 장차 하나의 세계를 이룩할 기본 강령이 되는 삼동 윤리의 대지를 설명하여, 동지 여러분과 함께 우리의 본래 서원을 다

제 3 장 일원세계의 터전

시 새로이 하고자 한다」하시고, 삼동 윤리를 공식으로 선포하시었다.

정산 종법사 말씀하시기를 「삼동 윤리의 첫째 강령은 동원 도리(同源道理)니, 곧 모든 종교와 교회가 그 근본은 다 같은 한 근원의 도리인 것을 알아서 서로 대동 화합하자는 것이요, 그 둘째 강령은 동기 연계(同氣連契)니, 곧 모든 인종과 생령이 근본은 다 같은 한 기운으로 연계(連契)된 동포인 것을 알아서, 서로 대동 화합하자는 것이요, 그 세째 강령은 동척 사업(同拓事業)이니, 곧 모든 사업과 주장이 다 같이 세상을 개척하는 데에 힘이 되는 것을 알아서, 서로 대동 화합하자는 것」이라고 하시었다.

이 해(원기 46·1961) 5월, 정산 종법사의 원력 사업으로 전무출신 요양 재단인 법은 재단이 설립되고, 그 운영 위원회가 구성되었다. 정산 종법사는 회갑식에 앞서 당부하시기를 「나는 지금 병중에 여러 동지들의 알뜰한 정성을 받고 있으나, 각처에서 혈심 노력하다가 병약한 전무출신 동지들에게는 아직 이에 대한 교중(敎中)의 재원(財源)이 서 있지 못하여, 때로 내 마음이 아프고 불안하니, 기어히 정의(情誼)를 표하고자 하는 동지들은 전무출신 요양 대책의 재단 하나를 세우는 일로 나의 회갑을 기념하여 주기 바란다」고 하시었다. 재가 출가의 동지들은 이 뜻을 받들어 회갑 당일 총지부 각 교당에서 축하 성금을 모아 재단을 이룩하고, 정관을 제정하여 운영 위원회를 발족 시킨 것이다.

그 후, 법은 재단은 52년(1967·丁未) 7월에 후원 회인 법은회(회장 邊衆船)가 발족되어 54년(1969·己酉)까지 기금 증자 운동을 전개, 재단의 많은 확장을 보게 되었으며, 이 재단의 운용으로 수 많은 전무출신 요양자가 계속 법은을 입게 되었다.

제 4 장 결실 성업(結實聖業)의 전진(前進)

1. 정산 종법사 열반과 대산(大山) 종법사 추대

원기 47년(1962·壬寅) 1월 24일, 정산 종법사께서 열반하시었다. 대종사의 뒤를 이어 3차 연임을 거듭하신 19년 동안, 일정 압제의 고비와, 건국 초기의 혼란과, 교단 경제의 간난 가운데, 교단 체제를 완비하고, 성업 봉찬 사업을 주도하시며, 목표 사업 기관들을 확립하고, 일원 세계 건설의 터전을 다지신 정산 종법사는, 만년에는 요양을 겸행하면서, 정력을 기울여 이 해 1월까지 교전 편수를 친감하시다가, 22일, 대중에게 삼동 윤리를 거듭 설하시고 「한 울안 한 이치에 한 집안 한 권속이 한 일터 한 일꾼으로 일원세계 건설하자」는 송(頌)을 남기신 후, 24일 열반에 드시니, 세수는 63세요 법랍은 45년이었다.

제 4 장 결실 성업의 전진

이에, 교정원장(李完喆)이 종법사의 권한을 대행하여 긴급 수위단회와 간부 연석 회의를 열고, 그 법위를 정식 대각여래위로 추존하는 동시에 장의 위원회(위원장·朴光田)를 구성하여, 28일 오전, 원광 대학 광장에서 영결식을 마치고, 이리 화장장에서 다비한 후, 성해(聖骸)를 총부에 모시고, 총지부 일제히 봉도식과 초종 재식을 엄수하였다.

장례를 마치고, 1월 31일 수위단회에서는 당시 수위단의 남자 중앙 단원인 대산 김 대거 법사를 후계 종법사로 선거하고, 2월 23일 중앙 교의회의 절차를 거쳐, 새 종법사 추대식을 총부 대각전에서 거행하였다.

대산 종법사는, 원기 전 2년(1914·甲寅)음 3월 16일에 전라북도 진안군 성수면 좌포리(全羅北道鎭安郡聖壽面佐浦里)에서 연산 김 인오(連山金仁悟)와 봉타원 안경신(鳳陀圓安敬信)의 5남매중 장남으로 나시었다. 어려서 부터 기상이 늠름하고 성격이 대범하여 대인(大人)의 풍이 보였으며, 11세 때 조모를 따라 만덕산에서 대종사께 귀의하고, 16세에 출가하여, 3년간 총부에서 학원 생활 중 대종사와 은부자의 의(義)를 맺었으며, 그 후 7년간 서무·상조·공익, 육영·교무 각 부의 서기를 차례로 역임하면서 5년간 대종사의 시봉을 겸행하였다. 원기 22년(1937·丁丑)부터 서무부장·교무부장·감사부장·총부 교감 겸 예감 등에 차례로 임명되었으며, 원기 28년(1943·癸未), 수위단원에 보선되고, 31년(1946·丙戌)에는 총부 서울 출장소장에 피임, 해방 직후 다난한 교단 발전에 3년간 공헌하였다. 그 후로는 원평·총부·진영·다대 등지에서 요양하면서 대종경 자료를 정리하다가 37년(1952·壬辰)에는 수위단 중앙에 피선, 대산(大山) 법호를 받고, 교정원장에 피임되었으며, 44년(1959·己亥)에는 중앙 선원장에 피임되었으나 영산에서 요양하면서 정관평 재방언과 성지 사업의 기초를 세웠다. 46년(1961·辛丑)부터 하섬·신도 등지에서 교재를 연마 중, 정산 종법사 특별 유시로 정화사 감수위원에 위촉되었고, 정산 종법사의 열반에 따라 후계 종법사로 추대 되시었다.

한편, 이 때 중앙 총부 각 부면의 인사 개편으로, 수위단 남자 중앙 단원에 박 광전이 선정되고, 교정원장에 박 장식, 감찰원장에 이 완철, 중앙 교의회 의장에 문 동현이 각각 선임되었다.

2 「교전」 발간과 교서 결집

원기 47년(1962·壬寅) 2월, 수위단회에서는 정화사의 제안을 채택하여, 그 동안 「불교정전」 권일(卷一)이던 「정전」과 새로 편수한 「대종경」을 합간하여 「원불교 교전」으로 발행할 것을 결의하였고, 이에 따라 재편수된 교전 초안은 감수 감정의 절차와 수위단회의 봉찬을 거쳐 인쇄에 회부, 이 해 (원기 47·1962) 9월 26일 드디어 발간 되었다. 이로써 새 회상은 만대의 본경을

제 4 장 결실 성업의 전진

완정하였으며, 10월 7일, 총부 대각전에서는 교전 간행 봉고 및 경축식이 거행되었다.

대산 종법사는 설법에서 「우리 교전은 앞으로 천여 래 만보살을 배출하여, 무변 중생이 다 함께 제도를 받으며, 일체 생령의 혜복 문로를 열어 줄 전만고 후만고에 희유한 대법보」라고 말씀하고, 「우리 동지들은 시방 삼계 육도 사생과 함께 이 교전의 발간을 환희 경축하는 동시에, 이 공부 이 사업에 더욱 힘써서 이 법은이 무량 세계 무량 중생에게 고루 미치도록 전하자」고 하였으며, 때 마침 개최 중이던 교무선은 6일간의 교전 일독회로써 선 과정을 해제하였다.

한 편 정화사는, 국내 각계와 해외 각계에 신간 교전을 널리 증정하여 새 회상의 원음을 시방에 전파하였고, 그 후 「거룩한 50년대 결집으로 결실하자」는 표어 아래, 정산 종사께서 내정해 두신 편수 방침을 토대로 새 회상의 교서들을 차례로 결집 발간하였다.

원기 50년(1965·乙巳) 12월에는 연원 고경으로 「불조요경」을 발간하였다. 이는 일찌기 대종사께서 「불교정전」권2·권3에 편입하신 바 있는 금강경 등 오경(五經)과 수심결 등 삼론(三論)을 개역(改譯) 발간한 것이다.

53년(1968·戊申) 3월에는 그 동안 수정 보완을 거듭해 온 새 「예전」과 총 126곡을 담은 「성가」를 동시에 발간하고, 성가 발간 기념 발표회를 총부 대각전에서 성대히 열었다.

교사 제3편 성업의 결실

57년(1972·壬子) 1월, 제1부 세전·제2부 법어로 된 「정산 종사 법어」를 발간한 정화사는, 새 회상 개교 반백년의 결실 과정을 거울할 이 「원불교 교사」와, 새 회상 백년대를 대중할 「원불교 교헌」을 편정 발간하고 그 과업을 마칠 것이다.

3. 교화 삼대목표 추진과 법위 향상운동

원기 48년(1963·癸卯)부터, 개교 반백년 기념 대회를 앞 두고, 새 회상은 사 오십 년 결실을 알차게 실현하기 위하여, 교화 3대 목표를 설정, 이를 거교적으로 추진하였다. 교화 3대 목표는, 연원 달기·교화단 불리기·연원교당 만들기인 바, 연원 달기란, 9인 이상의 연원을 가지라는 것이 대종사 교화의 일대 정신이시니, 우선 한 사람이 한 사람 이상의 연원을 달자는 것이요, 교화단 불리기란, 이단치교의 법을 더욱 진흥시켜, 모든 교도가 4종 의무를 잘 이행케 하며, 우선 한 단에서 새로 한 단 이상을 불리자는 것이요, 연원교당 만들기란, 각 교당에서 연원 교당을 이룩하여, 나라나 세계에 일원 대도가 편만하도록, 우선 한 교당에서 한 교당 이상을 만들자는 것이다.

이 3대 목표를 연차 계획으로 실시하고 통계 시상한 바, 첫 연도부터 매년 성과가 올라, 56년(1971·辛亥)까지 86,014명의 교도, 1,687개의 교화단, 108개소의 교당이 불어, 반백년 결실대회를 앞 두고 교세 확

제 4 장 결실 성업의 전진

장에 한 전기를 지었다.

 한 편, 원기 49년(1964·甲辰) 10월에 수위단회는, 삼산 김 기천에게 종사 위, 도산 이 동안·사산 오 창건·일산 이 재철·공산 송 혜환·육타원 이 동진화 등에게 대봉도 위를 드리기로 하고, 이듬 해 10월에는 응산 이 완철에게 대봉도 위를 드리니, 이는 새 회상의 제 2차 법훈 증여였다.

 또한, 대산 종법사는 반백년 결실의 참다운 내실을 위하여 전 교도의 법위 향상 운동을 제창, 수위단회의 협찬을 얻어, 50년(1965·乙巳) 11월부터 5개월 동안, 전 교도의 법위 예비 사정을 실시한 바, 준 정사(准正師) 이상은 보류하고, 교정(教正) 124명, 준 교정(准教正) 470명, 교선(教選) 1,638명, 준 교선(准教選) 2,824명, 도합 5,056명으로 나타났다.

 그 후, 법위 향상의 준비 행사로, 특별 기도·가정 봉불·교리 연마·교리 실천·본인 사정·교구 사정 등을 거쳐, 55년(1970·庚戌) 3월, 수위단회에서 법위 사정 실시 요강을 채택하고, 각 지구별 담당 위원을 선정하여 면밀 사정한 후, 3월 20일 수위단회 심사와 종법사 감정으로 개교 반백년도 전 교도의 법위를 확정하니, 정사(正師)부터 이상은 보류하고, 준 정사 22명, 교정 503명, 준 교정 826명, 교선 3,167명, 준 교선 5,326명으로, 60만 교도 중 준 교선 이상 준 정사까지의 법위자 총 수가 9,844명이었다.

이에 뒤이어 55년(1970·庚戌) 9월에는, 교도의 교리에 대한 올바른 이해 연마와 신앙 수행의 촉진으로 교단적 공부 풍토를 더욱 조성하기 위하여 교도의 교리 연마 실력 평가를 실시하였고, 교역자의 교화단 조직을 시도하였다.

4. 고시 제도 실시와 기관 단체 정비

원기 46년(1961·辛丑)에 포교사 자격 고시 규정이 제정되고, 49년(1964·甲辰) 4월에 교역자 고시 규정으로 개정된 교역자 고시 제도가 49년도 부터 실시 되었다. 첫 고시 위원회(위원장·朴將植)는 여러 차례 회합을 거듭한 끝에 50년(1965·乙巳) 2월 4일 부터 3일간 시행한 첫 고시로 24명의 합격자를 내었다.

고시는, 수양·연구·취사의 3과(科)로 하되, 수양과는 염불 좌선 등에 대한 성의의 평가로, 연구과는 정전 대종경 불조요경 예전 교헌 교사 등에 대한 이해와 강연 정기 일기 등의 실력 점수로, 취사과는 주의 조행 등에 대한 평가로 채점하여, 3과의 종합 점수로 합격을 결정하는 것이다. 그 후 매년 시행된 고시에 의하여, 반백년 기념 총회 년도 (원기56·1971)까지 도합 218명이 새 교역자의 자격을 공인 받았다.

원기 40년(1955·乙未) 4월에 전무출신 친목 단체로 수덕회가 창립된 후, 44년(1959·己亥)에는 전무출신 권장인들의 친목 수양 단체로 정토회가 발족되었으며,

제 4 장 결실 성업의 전진

45년(1960·庚子)에는 학생회 연합회가 창립되고, 47년(1962·壬寅)에는 교우회 연합회가 결성되었으며, 48년(1963·癸卯)에는 중앙 청년회가 결성되고, 자선기관 연합회가 발족하였으며, 교학과생 하계 봉사 활동이 시작되고, 12월에는 어린이회 교재 시안(敎務部案)이 작성되었으며, 49년(1964·甲辰)부터는 유년회가 강습회를 시작하였고, 55년(1970·庚戌)에는 영광 지구에서 성지개발 협의회가 발족하였다.

또한, 49년(1964·甲辰) 3월 28일자로 종교 재단 원불교에서 학원 재단 원광학원이 분립되었고, 54년(1969·己酉) 5월에는 교화 재단의 발족이 시도되었으며, 55년(1970·庚戌) 3월에는 영산 출장소(소장·李中和)가 영산 선원과 영산 지부에서 분리 운영되기 시작하였고, 56년(1971·辛亥) 1월에는 원불교 신용조합(이사장·宋圓徹)이 설립되었다.

한 편, 41년(1956·丙申) 5월에는 신생활 운동안을 현상 모집하여 새 생활 운동의 전개를 시도하였고, 그 해 7월에는 교역자들의 생활 개선 방안을 위한 연구 위원회를 구성하였으며, 47년(1962·壬寅) 12월에는 이흥 과원을 매각하여 총부 유지답을 확장하였고, 48년(1963·癸卯) 2월에는 황등 율원(黃登栗園)을 매각하여 원광사 시설을 확장하였다. 또한 50년(1965·乙巳) 4월에는 익산 보화원이 이리 보육원(원장·趙甲鍾)에 통합되고 51년(1966·丙午) 11월 부터는 자선의 달(주관

事業部)이 실시되었으며, 52년(1967·丁未) 7월에는 서울 보화원이 수도원의 방침에 따라 홍제원 분원에 흡수되는 등 40년대와 50년대 초반에는 각 기관 단체의 설립 정비 폐합 등이 성행하였다.

5. 종협 참여와 해외 포교 진출

원기 50년(1965·乙巳) 4월에 총부 서울 사무소(소장·李雲捲)를 다시 열었다. 이는 50년대에 접어 든 새 회상이 국내에서 그 결실을 더욱 촉진하기 위한 한 조치였다. 드디어 그 해 6월, 「크리스챤 아카데미」가 주최한 한국 6대 종교인의 대화에 황 정신행 등 3인(별록27)이 교단 대표로 참석하여, 불교·유교·천주교·기독교·천도교 등 국내에 공존하는 대표적 종교 지도자들과 2일간의 대화를 가짐으로써 그 해 12월에 한국 종교인 협회가 창립되었고, 새 회상이 그 6개 창립 종교 중의 하나가 되었다.

또한, 그 때에 서울 사무소는 월간지 「종교계」(주간 李恩錫)를 창간하고, 사무소 안에 종협 사무소를 두게 함으로써 실질적으로 종협 활동의 중심이 되는 듯하였으며, 자금난 등 사정으로 통권 7호에 휴간은 되었으나, 「종교계」지에 제기된 새 회상 논의 등은 새 회상의 위치를 천명하는 데 한 계기를 지었다.

51년(1966·丙午) 2월에는 새 회상의 교무를 군종으로 파견할 대정부 교섭을 시작하였으며, 그 해 10월

제 4 장 결실 성업의 전진

15일에는 종협 제 3 차 연구 모임인 원불교 이해의 모임을 총부에서 개최, 이웃 종교인들에게 새 회상을 많이 인식시켰고, 그 후 계속 종협 활동에 적극 참여하다가, 55년(1970·庚戌) 2월에는 교정원장(朴將植)이, 56년(1971·辛亥) 12월에는 중앙 교의회 의장(文東賢)이 각각 그 부회장에 피선되었다.

한 편, 교단의 종협 활동에 발맞추어 51년(1966·丙午) 5월 부터 원광 대학 교학 연구회에서는 대학생 종교제를 발기하여 여러 해 동안 정례 행사화 하였으며, 52년(1967·丁未) 11월에는 청년회 대표가 7대 종교 청년 대표자 간담회에 참석하여 종협 강화책을 제의하였고, 55년(1970·庚戌) 10월에는 서울에서 열린 세계 불교 지도자 대회에, 56년(1971·辛亥) 7월에는 부산에서 열린 한일 불교 친선 「세미나」에 박 장식 등 다수 대표가 참석하여 국제적 종협 활동에도 합력하기 시작하였다.

또 한, 원기 40년대 초기부터 모색하기 시작한 해외 포교는, 48년(1963·癸卯) 11월에 박 광전 등 3인(별록 28)이 1개월간 일본을 방문하여 일본 재포교의 기연을 모색하였고, 당년도 중 영문지 「원부디즘」과 해외 불교지들의 새 회상 관계 기사를 보고 미국인 2명이 처음으로 입교하였으며, 50년(1965·乙巳)에는 「원불교 요람」 중역(中譯)·독역(獨譯)·일역판(日譯版)을 각각 임시판으로 간행하는 동시에, 중국 신문에 새

교사 제3편 성업의 결실

회상이 처음 소개되었다. 51년(1966·丙午) 3월에는 일본 순교감(徐世仁)을 발령, 2개월 간 일본 재포교를 다시 모색하였고, 11월 태국에서 열린 세계 불교도 대회에 황 정신행을 파견하였으며, 12월에 이 공주가 홍콩·태국·일본 등지를 순방하였고, 52년(1967·丁未) 8월에는 미국 유학생(全八根·鄭惟誠)에게 처음으로 미국 교무를 발령하였다. 이 해에 또한 중역「정전」이 임시판으로 발간되었고, 53년(1968·戊申) 9월에는 이 운권이 1개월간 중국 불교계를 시찰하였으며, 12월에는 뉴욕의 미국인 교도 가정에 처음으로 법신불이 봉안되고, 종교학자 강 위조(姜渭祚박사)는 미국 종교학회에서 「한국의 원불교와 한국 사회」란 제목의 연구 발표로 미국 학계에 새 회상을 소개하였다.

54년(1969·己酉) 4월에는 말레이지아에서 열린 세계 불교도 대회에 김 정용을 파견하고, 영문판「요람」을 간행하였으며, 7월에는 중국 유학생(金大鉉)에게 처음으로 중국 교무를 발령하였다. 55년(1970·庚戌) 7월에는 박 장식이 10일 동안 일본 종교계를 시찰하였고, 10월, 일본에서 열린 제1차 세계 종교자 평화 회의에 박 광전 등 4인(별록29)이 파견되어 처음으로 세계 종협 활동에 참가, 저명 종교인들을 반백년 대회에 직접 초청하였으며, 56년(1971·辛亥) 5월, 일본의 세계 연방 촉진 종교인 평화 회의에도 박 광전 등 4인(별록30)이 참석하고, 10월에는 반백년 기념 사업의

― 1146 ―

하나로 「영역 교전」(全八根역)을 발간하는 등 50년대에 들어서면서 새 회상은 해외 포교 진출에 더욱 힘을 기울이기 시작하였다.

제 5 장　개교 반백년(開敎半百年)의 결실(結實)

1. 새 회상의 확인과 반백년 준비

새 회상은 처음부터 하나의 새 종교로 창건되었고, 불법을 주로 연원하되, 모든 종교의 교지(敎旨)도 이를 통합 활용하여 광대하고 원만한 종교를 이룩하자는 것이 대종사의 본회(本懷)시었다. 이는 원기 33년(1948·戊子)에 원불교라는 교명을 공포하고, 교헌에 대종사를 교조로 규정함으로써 더욱 분명해 졌으며, 교전의 교법 총설과, 새 예전의 대향 예법과, 대종사 성비에 그 뜻이 더욱 천명되었다.

그러나, 국가 사회의 이에 대한 충분한 이해를 확인하지 못하고 있던 중, 원기 46년(1961·辛丑) 5·16 혁명 후 포고령에 의하여 교단의 제반 등록을 새로이 한 바, 이듬 해 8월에 불교계의 분쟁을 종식시키기 위한 불교 재산 관리법을 공포 시행하면서 새 회상에도 그 법을 적용, 등록을 촉구하였다. 이에 4인(별록 31)의 위원이 관계 당국에 건의서를 제출하고 각방으로 직접 절충하여, 새 회상의 입장을 강력히 천명한 바, 47년

(1962·壬寅) 11월 22일자로 「원불교는 창립 경위와 현재 상황 및 본질상 불교 재산 관리법의 적용을 받을 성질의 단체가 아니라」는 종교 심의 위원회 의결에 따른 정부의 회보를 받았고, 53년(1968·戊申) 11월에는 정부 간행 문서에 새 회상의 입장이 거듭 확인 공표되었다.

원기 48년(1963·癸卯) 10월, 수위단회는 개교 55주년 경축 기념 행사를 56년(1971·辛亥)에 거행하기로 하고, 이어 열린 교정 위원회에서는 연구위원 20명을 선정하여 사업 추진의 요강 작성을 위임하였다. 49년(1964·甲辰) 4월, 중앙 교의회에서 개교 반백년 기념 사업회(회장·朴光田 사무장·丁光薰)가 발족되고, 사업 종목은 기념관·영모전·정산종사 성탑 등의 건립, 영모원 및 총부의 기지 확장 정리, 영산 성지의 확장 및 장엄, 영역 교전·기념 문총의 발간, 대회 행사 등으로 책정하였다.

51년(1966·丙午) 4월에는 사업회 임원이 일부 개편(사무장·金正勇)이 되고, 54년(1969·己酉)부터 총부 및 영모원의 기지 확장 정리와 종법실 신축이 진행 되었으며, 55년(1970·庚戌)에는 반백년 기념관·영모전·정산종사 성탑이 차례로 착공되고, 「반백년 기념 문총」의 편집과 「교전」영역도 착수 되었다. 55년(1970·庚戌) 4월, 교정 위원회에서는 반백년 기념 사업으로 서울 기념관 건설도 추가하기로 하여, 그 해 10월, 남한강에 거대한 회관을 기공하였으나, 그 후 이로 인하여 거교적인 수습 대책 위원회를 구성하지 않을 수 없는 시련을 겪게 되었고, 56년(1971·辛亥) 3월에는 교정 위원회와 수위단회의 합의로 기념대회를 10월에 개최하기로 확정하였다.

2. 수양 기관 설립과 재단 기업 계열화

원기 48년(1963·癸卯) 4월, 수위단회에서는 정남 정녀 휴양 기관으로 수도원의 설립이 의결 되었다. 일찍이 대종사께서 계획하시고 정산 종사 당시부터 그 설립을 모색, 자체에서 기금을 길러 온 수도원이, 이에 이르러 공식으로 발족되고, 초대 원장에 이 공주가 선임 되었다. 수도원은, 그 후 서울 한남동 대지를 인수, 그 완전 불하에 공헌하였으며, 한동안 양주 농장 등을 경영하였고, 55년(1970·庚戌) 1월에는 종로 5가에 건물을 매입하여 한의원 발족을 모색하였다.

한 편, 원기 39년(1954·甲午)에 부안 교당(교무·丁良珍) 발의로 수도원에서 매입한 변산 하섬은 봉래산 제법 성지의 기슭에서 새 회상의 해상 수양원 겸 편수 도량이 되었으며, 46년(1961·辛丑)에 정산 종사의 발기로 대지(9백여평)를 매입, 남선 교당을 옮겨 둠으로써 시작된 충남 신도 수양 기관은 대산 종법사의 직접 후원 아래 7년 동안 기지 확장과 건물 매입을 계속해 오다가, 52년(1967·丁未) 10월, 수위단회에서 삼동 수양원(초대원장·李炳恩) 설립이 의결됨으로써 유서 깊은 지역에 특수한 수양원 기능을 발휘하게 되었다. 또한 회상 초기부터 특별 연지(緣地)이던 진안 만덕산은 52년(1967·丁未)부터 복구 개발에 착수, 앞으로 선농 일치의 수양 기관을 모색 중이고, 기타 각처의 교단 양로원들이 다 수양원의 기능을 겸행하여 노후 유공인들의 수양에 공헌하고 있다.

한 편, 새 회상이 반백년을 지내오는 동안, 교단의 여러 산업 기관들이 기복과 성쇠를 거듭하는 가운데, 보화당은 이 동안·송 혜환·조 희석이 차례로 대표이사의 대를 이으며, 각 부면의 경제에 많은 공헌을 하는 중, 49년(1964·甲辰) 4월에는 이리 삼중당 제약사를 흡수하여, 그 해 9월에 보화 경옥고를 주종목으로 하는 보화당 제약사(사장·趙暄錫)를 창설함으로써 보화당은 상공업 병진 기업체가 되었고, 55년(1970·庚戌) 7월에는 기업의 중앙 진출과 해외 시장 개척을 위하여 종로 5가에 서울 보화당(회장·李共珠 사장·李喆行)을 개설하고, 이어서 57년(1972·壬子) 7월에는 이리 역전 보화당(사장·李喆行)을 개설함으로써 재단 기업체 보화당은 차차 계열 기업화하기 시작하였다.

3. 청년 운동과 출판 언론 진흥

원기 48년(1963·癸卯)에 중앙 청년회가 결성되고,

제 5 장 개교 반백년의 결실

49년(1964·甲辰) 7월에 초대 회장(權世英)을 선정한 원불교 청년회는 각 대학별 교우회의 조직, 사회 봉사를 통한 개교 이념의 구현, 청년 회관의 건립, 교당별 청년회의 조직 확대 등을 결의하고, 50년(1965·乙巳) 7월에는 교패(教牌) 달기·청소 실시·교서 보내기 등 세 가지 운동을 벌였다. 51년(1966·丙午) 9월에는 2대 회장(金正勇)이 월간 「원불교 청년회보」를 발간하여 교단의 선교에도 도움을 주었고, 52년(1967·丁未) 4월부터 서울을 비롯한 전국 주요 도시에서 원불교 사상 강연회를 개최하였으며, 55년(1970·庚戌) 7월에는 총부에서 청년 대회를 개최, 반백년 사업에 청년회의 공헌을 다짐하였고, 56년(1971·辛亥) 7월에는 총부에서 전국 청년 지도자 대회, 하섬에서 전국 청년 수련 대회를 개최, 청년들의 반백년 결실을 더욱 다졌다.

한 편, 원기 42년(1957·丁酉) 2월에 자체 인쇄 시설을 갖춘 원광사는, 격월간 또는 계간으로 「원광」발간을 계속하면서, 총부와 각 교립 학교 간행물들을 발행하였고, 47년(1962·壬寅) 7월에는 원불교 기념 사진첩 편집 위원회가 서편(序編)·대종사 추모의 편 등 전 4편으로 된 「원불교 기념 사진첩」을 간행하였으며, 49년(1964·甲辰) 5월에는 총무부(부장·金勤修)가 월간 「원불교 교보」를 창간하여, 54년(1969·己酉) 3월 까지 60호를 발행하였다.

53년(1968·戊申)에는 정화사가 「원불교 교고 총간」

사업을 시작, 회상 초기의 정기 간행물(月末通信・月報・會報)들과 초기 교서 기본 사료 각 항 자료들을 전 6권에 수록, 연차 간행하였고, 54년(1969・己酉) 3월에는 원불교 신보사(사장・金正勇편집・趙正勤)를 설립, 반월간「원불교 신보」를 창간함에 이르러, 교단의 언론이 많이 창달되고 문화 공보에 큰 소임을 하게 되었다. 또한 그 해 7월에는 원불교 출판사를 원광사에 병설, 정화사가 이양한 판형으로「원불교 교전」과 축쇄판「교전・성가」를 계속 간행하였으며, 56년도(1971・辛亥)에는 개교 반백년 기념 사업회가「반백년 기념 문총」을 발간하였고, 원광대학 부설 종교문제 연구소(소장・柳基現)는「한국 종교 대계」를 발간하고,「원불교 사전(圓佛教事典)」을 편찬하는 등 40년대 후반기부터 새 회상의 언론 출판 부문은 상당한 활기를 띠기 시작하였다.

4. 반백년의 교세

반백년 기념 대회를 앞 두고 56년(1971・辛亥) 3월에 결산된 원기 55년도의 교세 개요를 보면, 재가 교도 수는 신도를 합하여 6십 여만명, 출가 교도 수는 예비 교역자를 합하여 1천 여명으로 되어 있고, 교산은 종교 재단(宗教財團圓佛教)과 학원 재단(學園財團圓光學園)으로 분할되어 있으나, 이사진의 단일화로 관리는 귀일되어 있었다.

제 5 장 개교 반백년의 결실

　기관은 중앙 총부 각 부처와, 서울 사무소·영산 출장소 등 중앙 직할 기관이 24개소, 중앙 훈련원·동산선원·영산선원·원광 대학교·원광 중 고등학교·원광 여자 중 고등학교·원광 고등공민학교·해룡 농업 기술학교·해룡 중학교·원광 유치원 등 훈련 및 교육 기관이 12개소, 원광사·정화사·원불교 신보사·원불교 출판사 등 출판 문화 기관이 4개소, 수도원·삼동 수양원·하섬 수양원·동래 수양원·중앙 수양원·전주 양로원 등 수양 및 양로 기관이 6개소, 동화병원·중앙 요양원·이리 보육원 등 요양 및 자선 기관이 3개소, 보화당·보화당 제약사·서울 보화당·총부 농원·수계 농원·만덕산 농원·유일 정미소(재무부직할) 등 산업 기관이 7개소로 되어 있고, 청년회·학생회·유년회·수덕회·정토회 등 단체가 총지부를 망라하여 도합 50 여개로 되어 있다.

　교당은, 전라북도에 이리·동이리·남중동·전주·교동·동전주·서전주·군산·익산·함라·금마·팔봉·수계·삼례·동산·봉상·마령·좌포·진안·백운·안천·무주·장수·산서·관촌·임실·오수·금평·지사·남원·수지·운봉·산동·아영·보절·북아영·인월·순창·화해·신태인·승부·정읍·용각·감곡·소성·태인·칠보·고부·덕천·고창·흥덕·해리·부안·원평·용신·화포·김제·금구·만경·임산 등 60개소, 전라 남도에 광주·서광주·남광주·계림·목포·여수·

교사 제3편 성업의 결실

순천·영산·신흥·왕촌·대마·도양·불갑·영광·군남·백수·법성·장성·해보·창평·곡성·겸면·구례·보성·영암·불목·완도·압해도 등 28개소, 서울 특별시에 서울·종로·원남·돈암·송천·신촌·사직·정릉·답십리·화곡·불광동·필동·청파·제기동 등 14개소, 경기도에 의정부·인천·수원·강화·부천·안양 등 6개소, 강원도에 춘천·남춘천·화천 등 3개소, 충청 남도에 대전·금산·제원·추부·유성·신도·도곡·강경 등 8개소, 충청 북도에 청주·괴산 등 2개소, 부산 직할시에 당리·경남·초량·다대·부산진·서면·동래·대신·구포·영도·남부민·해운대·청학·거제동 등 14개소, 경상 북도에 대구·서성로·봉덕·삼덕·경주·김천·포항·안동·성주 등 9개소, 경상 남도에 마산·신마산·진주·통영·진해·울산·삼천포·용암·진영·김해·함양·지곡·밀양·창원·합천·기장·고성·의령·양산 등 19개소, 제주도에 제주·서귀포 등 2개소, 출장 교화 장소로, 전북에 덕진·고산·중평·장계·사매·복흥·창동·무장·마포·봉황 등 10개소, 전남에 담양·나주, 충남에 장항, 경북에 경산 등이 있었고, 당년도 신설이 충남의 천안, 전남의 산동(求禮山東), 서울의 이문동, 전북의 함열 등이고, 전남의 장산도, 강원의 강릉이 개척 중에 있었다.

5. 기념관・영모전・정산 종사 성탑 봉건

 원기 56년(1971・辛亥) 10월, 반백년 기념 대회를 앞두고 반백년 기념관이 준공되었다. 불단 제도를 새롭게 하여, 정면 벽상에 대형 일원상만을 봉안한 대법당과, 1층・3층에 몇 개의 부속실을 둔 기념관은 교단의 중요 행사에 쓰이게 되며, 각 부속실은 얼맞동안 각부의 사무실로 쓰이게 되었다.

 아울러, 이 때에 영모전이 준공되니, 영모전 법이 교헌에 규정된 후, 실로 22년만의 성사(盛事)였다. 영모전은, 영모원 송림 아래 정초(定礎)하여 봉건한 바, 묘위는 새「예전」에 의하여 본좌 상단 중앙에 대종사 소태산 여래 위, 중단 중앙에 종사 위, 그 좌우에 대봉도 위와 대호법 위, 대봉도 위 좌편에 전무출신 각등 위와 보통 출가 교도 위, 대호법 위 우편에 거진출진 각등 위와 보통 재가 교도 위를 모셨고, 좌편 별좌 상단에 희사 각 위와 그 하단에 일반 부모 선조위, 우편 별좌 상단에 선성 각위와 그 하단에 일체 생령 위를 각각 모셔, 대종사와 열위 선령을 중심으로 시방 삼세 만성 만생이 다함께 배향 되었으며, 이 때 본좌에 입묘된 입등 선령은 총 7백여 위였다.

 또한, 영모전 옆에 정산 종사 성탑이 봉건 되었다. 탑은 화강석 기단(基壇) 위에 3개의 사각 석물을 쌓아, 장방형 탑신을 이루고, 그 안에 성해를 봉안한 후,

앞 뒤로 탑호와 탑명을 새겼으며, 탑신 위에 연화대석과 원석을 올려 조성한 바, 정산 종사 열반 후 9년 동안 송대(松臺)에 임시 봉안하였던 성해가 이에 이르러 성탑에 모셔 지게 되었다.

대산 종법사 지은 정산 종사 탑명에는 「정산 종사는 한 없는 세상을 통하여 대종사를 받들고 제생 의세의 대업을 운전하실 제, 신의는 고금을 일관하시고 경륜은 우주를 관통하시며, 시국의 만난(萬難) 중에서도 대도를 이어 받아 드러내시고, 흉흉한 세도 인심 속에서도 대자 대비로 모든 생령을 두루 안아 길러 주시며, 새 질서를 갈망하는 세계를 향하여 일원 세계 건설의 큰 길을 높이 외쳐 주셨으니, 후래 제자로서 묵묵히 우러러 뵈올 때에 대종사는 하늘이요 태양이시라면 정산 종사는 땅이요 명월이시며, 대종사는 우리의 정신을 낳아 주신 영부(靈父)시라면 정산 종사는 그 정신을 길러 주신 법모(法母)시라」고 결론되어 있다.

6. 개교 반백년 기념 대회

원기 56년(1971・辛亥) 10월 7일부터 6일 동안 새 회상은 대종사께서 예시하신 사 오십 년 결실의 뜻을 되새겨 다지는 개교 반백년 기념 대회를 열었다. 대산 종법사의 제창으로 「진리는 하나, 세계도 하나, 인류는 한 가족, 세상은 한 일터, 개척하자 일원세계./」라는 주제 아래 열린 이 기념 대회는, 7일에, 대종사

제 5 장 개교 반백년의 결실

유품 전시회, 영모전 낙성 및 묘위 봉안 봉고제, 정산 종사 성탑 제막식, 대회 전야제를 거행하고, 8일에, 반백년 기념관 봉불 및 낙성식을 거행한 후, 원광대학 광장에서 반백년 기념식을 거행하였다.

반백년 기념식에는 3부(府)의 요인, 종교계 대표, 언론인들과, 미국·중국·일본 등 해외 종교인들이 다수 참석하였고, 전국 2백여 교당과 기관에서 4만여 교도 대표가 모였으며, 박 광전 대회장의 대회사와, 대산 종법사의 치사에 이어, 경과 보고와 시상, 정계·종교계·해외 종교계 각 대표의 축사가 있은 다음, 이 운권 교정원장의 제창으로 4개 항의 대회 결의문이 채택되고, 원불교 만세를 3창한 후, 폐회하였다.

대회사에서는, 인류를 위한 인류의 새 종교인 새 회상이 강조되었고, 치사에서는, 삼학 공부로 대 중화력, 사중 보은으로 대 감화력, 사요 실천으로 대 평등력을 발휘하는 일이 교단 만대의 뿌리요 제생 의세의 활력소라고 설법되었으며, 4개 항의 결의문은, 앞으로 새 회상이 ① 일체 종교와 세계 인류를 하나로 보아 세계 평화에 앞장서는 주인 될 것과 ② 빈부의 격차, 종족의 차별 없는 평등으로 세계의 질서를 정립할 것과 ③ 유구한 민족의 전통적 슬기를 바탕하여 세계적 정신 운동을 이 땅에서 달성할 것과 ④ 국제적 종교 연합 기구를 통하여 모든 종교의 융통을 토의하고, 진리적 종교의 신앙, 사실적 도덕의 훈련으로 종교를 생활화 할 것이 다짐되었다.

　기념식에 이어, 교립 남녀 중고등학교 학생들의 장엄한 매스게임이 펼쳐지고, 오후에는 신축 기념관에서 기념 대사상 강연회가 열려 한·미·일 3개국 학자들 (별록 32)의 강연이 있은 후, 경축 예술제가 열렸다.
9일에는 체육 대회와 교리 강연 대회가 있었고, 10일에는 교역자 총회가 열려 교단의 새 방향에 관한 논의를 거듭, 9개 항의 교역자 결의문을 채택하였으며, 12일에는 이 공주 원력 사업인 대종사 대각 성비가 영산 성지에서 제막됨으로써 6일간의 개교 반백년 기념 대회는 그 막을 내리고, 이로 부터 새 회상은 대종사께서 예시하신 사 오백 년 결복 향한 거룩한 대전진을 계속하게 되었다.

부(附) : 교 사 별 록 (教史別錄)

1 劉正天 辛正浪 李願華 梁夏雲 金順天 金華玉 徐奇彩 朴永煥 金明朗 劉奇滿 金永喆 申練淑 宋碧照 金東順 辛正權 李共珠 李東安 李雲外

2 宋赤壁 金南天 金慧月 李淸風

3 宋 奎 宋道性 吳昌建

4 宋 奎 金光旋 吳昌建 李東安 李俊鏡

5 徐中安 宋萬京 李靑春 李春風 文正奎 朴元石 全欽光

6 金幾千 金光旋 吳昌建 李東安 李俊鏡 徐中安 宋萬京 金斗煥 李一根 具南守 朴元石 文正奎 全欽光 林東岳

7 金光旋 吳昌建 李東安 李俊鏡 宋 奎 宋道性 全欽光 宋萬京 文正奎 金南天 宋赤壁 趙甲鍾 李願華

8 李共珠 閔自然華 李性覺 朴孔明善 李玄空 成聖願 李正圓 沈五雲 金樂園 金哲玉 李東震華

9 李完喆 申正局 李亨局 李千甲 李昊春 丁一秀 申奉局 李光洙 朱公仁 陳廣信 朴用先

10 吳昌建 崔道華 趙甲鍾 李靑春 金幾千 金南天 全欽光 宋 奎

11 李東安 金光旋 李春風 李載喆 文正奎 李寶局 徐中安

12 宋 奎 宋道性 趙甲鍾 金幾千 全欽光

13 朴四時華 張寂照 宋道性 李願華 李玄空 梁夏雲 李東安 吳昌建 金東淳 趙甲鍾 崔道華

14 朴世喆 徐東風 金南天 宋月守 李萬甲 全欽光 金鏡

— 1159 —

교사

照　閔自然華　具南守　申練淑　金雪上華　朴普順華　李亨局

15　宋碧照　金幾千　宋　奎　宋道性　李東震華　李共珠

16　李春風　全猷光　李東安　宋萬京　李載喆　金光旋　金南天　趙甲鍾　李完喆　吳昌建　文正奎　李昊春　李亨局　曺頌廣　成丁哲　朴大完　宋奉煥　李俊鏡　李靑春　田三三　崔道華　朴四時華　辛正浪　金順天　張寂照　閔自然華　具南守　李萬甲　李願華　李雲外　呂淸雲　李玄空　權動華　鄭世月　文化順　李淸風　趙循環　金永信　孫學敬　金滿空月　李江蓮華　李成初　李哲玉　金樂園　沈五雲　金正覺　李正圓　李性覺　盧德頌玉　鄭三寶華　崔尙玉　金三昧華　朴解顧玉　成聖顧　朴孔明善　李大教　李出塵華　李萬善華　曺專權　鄭一成

17　宋　奎　宋道性　全猷光　柳虛一

18　文正奎　金光旋　田三三　孫學敬　權動華　金秉哲　李俊鏡　鄭世月　李萬善華　李大教　丁羅善　金正覺　金洪哲　田宗煥　李昊春　徐大圓　李完喆　李東安　朴吉善　朴老信　田九一　李靑春　李寶局　宋奉煥　具南守　趙甲鍾　崔尙玉　金大擧　成丁哲　權大鎬　李亨局　李載文　李願華　李雲外　呂淸雲　卓普信甲　朴四時華　金三昧華　曺專權　金永信　李玄空　成聖顧　閔自然華　朴孔明善　李正圓　李性覺　李哲玉　曺頌廣　張正守　崔道華　盧德頌玉　鄭三寶華　朴解顧玉　趙循環

19　梁夏雲　閔聖經　金日鉉　丁一持　劉龍峻　曺元善　周仁權　徐大仁　李商行　金東壽　韓貴哲　李普應華　金東日　金泰尙玉　金正道　吳哲秀　金完守　李建陽　金伯玄　權

洪濟華　權偶然華　金喜淳　全龍順玉　金良淑　曺一貫　宋慧煥　宋日煥　吳順覺　尹彩雲　安敬信　李慧明華　李正局　崔鳳摸華　辛正浪　丁花潭玉　崔南京　崔玉順　金順天　申輪碩　金泰善　金高雲　盧道峰華　陳廣信　丁一秀　金靈山華　全貞觀玉　金長信甲　金海東玉

20　李共珠　愼元堯　朴光田　黃淨信行
21　朴將植(총무부장)　金大擧(교무부장)　全猷光(서무공익부장)　李載喆(산업부장)
22　宋道性　徐大圓　李共珠　朴將植　宋　奎
23　李完喆　朴濟奉　丁光薰　李光悟　李恩錫　外數人
24　朴將植　李雲捲　丁光薰　李空田　金允中
25　朴將植　李雲捲　宋慧煥　趙甲鍾　柳虛一　金洪哲　朴光田　李完喆　吳宗泰　李敬順　金永信　曺專權　徐大仁　李泰然　梁道信　李東震華
26　宋道性　徐大圓　李共珠　金大擧　宋　奎　外數人
27　黃淨信行　李雲捲　李空田
28　朴光田　宋靈鳳　全八根
29　朴光田　金正勇　李空田　全八根
30　朴光田　金正勇　金允中　牟相峻
31　朴光田　李雲捲　李空田　金允中
32　柳基現　리챠―드A・가―드　山中龍淵

성가

성 가 차 례

차 례 ·· 3

제 1 부 새 회상(會上)

제 1 장 〈序曲〉노래 부르세 우리 새회상(人類의 合唱) ··· 10
제 2 장 영산회상 봄 소식이(圓佛教教歌) ······················ 11
제 3 장 동방에 새 불토(聖地讚歌) ································ 12

제 2 부 찬 송(讚頌)

제 4 장 둥그신 그 체성이여.∕(法身佛讚頌歌) ················ 13
제 5 장 해와 달로 비쳐주고(四恩讚頌歌) ······················ 14
제 6 장 영산 춘풍 다시 불어(大宗師讚頌歌) ·················· 16
제 7 장 쌓으신 그 법력은(宗師位讚頌歌) ······················ 17
제 8 장 숙겁에 세운 서원(大奉道 大護法讚頌歌) ············ 18
제 9 장 한 기관 한 기관이(專務出身讚頌歌) ·················· 19
제10장 몸을 티끌 세상에(居塵出塵讚頌歌) ···················· 20
제11장 마음 바탕 어지러워(喜捨位讚頌歌) ···················· 21
제12장 어리석은 우리 중생(釋尊讚頌歌) ························ 22
제13장 하늘은 땅을 두고(鼎山宗師讚頌歌) ···················· 23
제14장 순결하신 그 젊음이(貞男貞女讚頌歌) ·················· 24

제 3 부 교 단(教團)

제15장 일월이 대명하고(宗法師讚歌) ···························· 25
제16장 이 땅에 새 회상이(首位團讚歌) ·························· 26
제17장 우리는 대종사님 혜명의 등불(教役者의 노래) ······ 27
제18장 불자야 듣느냐(佛子의 노래) ······························ 28

제19장	부처님 법 바다에(教徒의 노래)	29
제20장	나날이 발전하는(教化團 노래)	30
제21장	푸른 뜻 드높아라(青年會歌)	31
제22장	깊고도 도타운(教友會歌)	32
제23장	부처님 이 회상에(學生會歌)	33
제24장	우리는 겨레의 꽃(어린이회 노래)	34
제25장	물은 세상 만물을(水德會歌)	35
제26장	땅이 세상 만물을(正土會歌)	36
제27장	거룩한 임의 큰 뜻(貞和團歌)	37
제28장	구름이 가리어도(慕源會歌)	38
제29장	둥그신 임 은혜에(教務頌)	39
제30장	이 마음 그늘질 때(教堂의 노래)	40

제4부 법 회(法會)

제31장	거룩한 회상에(散會歌)	41
제32장	번뇌에 속 타던(結制歌)	42
제33장	거룩하신 스승님들(解制歌)	43
제34장	첫 아침 붉은 햇빛(新正節 노래)	44
제35장	먼동이 터 오르는(大覺慶祝歌)	45
제36장	우리 회상 법고 소리(開教慶祝歌)	46
제37장	일체 중생 제도키로(釋尊聖誕節 노래)	47
제38장	구수산 굽이 굽이(法認節 노래)	48
제39장	삼귀의, 사홍서원(三歸依, 四弘誓願)	49

제5부 의 식(儀式)

| 제40장 | 슬기를 내리소서(命名式 노래) | 50 |
| 제41장 | 천지 부모 은덕으로(成年式 노래) | 51 |

제42장 숙세의 좋은 인연(結婚式 노래) ·················· 52
제43장 육십 평생 인생 길에(回甲式 노래) ················ 53
제44장 풍랑이 그치었으니(慰靈歌) ······················ 54
제45장 어이 어이 서러워라(輓歌) ······················· 55
제46장 청정법계 둘 아니니(法供의 노래) ················· 56
제47장 임 가신 뒤 세월은(涅槃紀念歌) ·················· 57
제48장 어둔 길 괴로운 길(得度의 노래) ·················· 58
제49장 생각하면 과거 세상(恩法結義歌) ·················· 59
제50장 계정혜 닦아서(昇級式 노래) ····················· 60
제51장 사자좌에 오르신지(戴謝式 노래) ·················· 61
제52장 가신들 아주 가심(敎會葬吊歌) ··················· 62
제53장 스승님을 뵈옵던 그 날부터(追慕의 노래) ·········· 63

제6부 교 리(敎理)

제54장 높고 크고 거룩하온(敎典讚歌) ··················· 64
제55장 둥그러운 한 기운이(一圓相歌) ··················· 65
제56장 거룩할사 우리 천지(天地恩讚頌歌) ················ 66
제57장 거룩할사 우리 부모(父母恩讚頌歌) ················ 67
제58장 반가울사 우리 동포(同胞恩讚頌歌) ················ 68
제59장 이 우주에 법 없으면(法律恩讚頌歌) ··············· 69
제60장 부모도 형제도(自力養成歌) ······················ 70
제61장 아는 것이 힘이다(智者本位歌) ··················· 71
제62장 세상의 흥망이(他子女敎育歌) ···················· 72
제63장 내 한 몸 내 한 가정(公道者崇拜歌) ··············· 73
제64장 달보다 두렷하고(精神修養歌) ···················· 74
제65장 천지에 크고 작은(事理硏究歌) ··················· 75
제66장 마음이 일어날제(作業取捨歌) ···················· 76

제67장　믿음은 이 마음을(信忿疑誠歌) ············· 77
제68장　일원의 참된 이치(四大綱領歌) ············· 78

제7부　신　조(信條)

제69장　곳곳이 부처님(標語의 노래) ············· 79
제70장　온 천지 그대로가(無時禪歌) ············· 80
제71장　온 천지 일체 만물(事事佛供歌) ············· 81
제72장　묵은 세상 지내가고(精神開闢歌) ············· 82
제73장　몸과 마음 어울리어(靈肉雙全歌) ············· 83
제74장　문명의 센 물결에(濟生醫世歌) ············· 84
제75장　이 세상 교회마다(三同倫理歌) ············· 85
제76장　천 가지 만 잎사귀(性理의 노래) ············· 86
제77장　원인 결과 끊임 없이(因果의 노래) ············· 87
제78장　공부와 사업중에(無相의 노래) ············· 88

제8부　수　행(修行)

제79장　오늘도 도를 닦자(日常修行歌) ············· 89
제80장　세상에 내 한 몸이(修身의 노래) ············· 90
제81장　가정은 복의 터전(齊家의 노래) ············· 91
제82장　세상의 강자들아(進化의 노래) ············· 92
제83장　사람을 지도하기(指導人의 노래) ············· 93
제84장　한 마음 한 소리로(念佛坐禪歌) ············· 94
제85장　스승님 가르치심(經講疑頭歌) ············· 95
제86장　임 주신 삼십 계문(操行日記歌) ············· 96
제87장　내가 지은 모든 죄업(懺悔의 노래) ············· 97
제88장　이 병이 어디서 왔나(療養의 노래) ············· 98
제89장　괴롭다 즐겁다 하는 이들아(苦樂의 노래) ············· 99

제90장 불문에 들어오니(法位等級歌) ················ 100

제9부 일 과(日課)

제91장 원컨대 이 종소리(法鍾頌) ················· 101
제92장 거룩하신 법신불 사은이시여 ╱ (아침 祈禱) ······· 102
제93장 은혜로운 법신불 사은이시여 ╱ (저녁 祈禱) ······· 103
제94장 정하게 쓸고 닦자(淸掃의 노래) ·············· 104
제95장 네 가지 크신 은혜(供養의 노래) ············· 105
제96장 거룩하신 부처님께(歸依의 노래) ············· 106
제97장 가 없는 중생(誓願의 노래) ················ 107
제98장 사람 되기 어려운데(發忿의 노래) ············ 108
제99장 대종사님 펴신 뜻을(禪悅의 노래) ············ 109
제100장 남녀 청장 우리들을(敬老의 노래) ············ 110
제101장 천진하온 어린이는(愛幼의 노래) ············ 111
제102장 저희들이 이불사로(回向의 노래) ············ 112
제103장 영산 변산 익산 각지(先進後進敬愛歌) ·········· 113

제10부 낙 도(樂道)

제104장 영천 영지(聖呪) ····················· 114
제105장 세계 조판 이 가운데(報恩慶祝歌) ············ 115
제106장 망망한 너른 천지(圓覺歌) ················ 116
제107장 저 허공에 밝은 달은(心月頌) ·············· 117
제108장 임께서 내 마음(安心曲) ················· 118
제109장 찼다면 다북 차고(眞境) ················· 119
제110장 연 잎에 비 내리니(蓮花臺) ··············· 120
제111장 조그마한 우주선에(沙工) ················ 121
제112장 이 몸이 성도하여(나의 願) ··············· 122

제113장 저마다 갊아 있는(靈性의 노래) ············· 123
제114장 하늘이 주신 보배(마음 거울) ················ 124
제115장 우리 일찍 영산회상(雲水의 情) ············· 125

제11부 무궁한 성업(聖業)

제116장 영산 대회 삼천년에(第一代聖業奉讚歌) ········ 126
제117장 위대할사 이 탑 이름(功德塔 노래) ············ 127
제118장 거룩하셔라 우리 대종사(大宗師永慕歌) ········ 128
제119장 중생이 병들매(法恩의 노래) ················· 129
제120장 물욕 충만 이 세상에(佛法硏究會會歌) ········· 130
제121장 심고 올리자(四種義務歌) ···················· 131
제122장 송이 송이 꽃 송이는(教化三大目標歌) ········ 132
제123장 새 세상에 새 진리를(五十五周年紀念歌) ······· 133
제124장 오대양 육대주를(海外布教歡送歌) ············ 134
제125장 한 기운 한 마음을(人類의 노래) ············· 135
제126장 〈跋曲〉새 회상 만난 기쁨(새 會上 讚歌) ······· 136

제12부 교 화(教化)

제127장 원하옵니다(心願頌) ························· 138
제128장 서원을 이루어 주소서(心告歌) ··············· 139
제129장 오 사은이시여 ····························· 140
제130장 내 마음 어둠이 오면 ······················· 142
제131장 사은님 사은님 ····························· 143
제132장 항상 밝은 빛 ······························ 144
제133장 믿음은 우리의 집 ·························· 146
제134장 둥그신 임의 광명 ·························· 148
제135장 고요한 법당 ······························· 149

제136장	진리는 하나	150
제137장	유는 무로	151
제138장	나 없으매	154
제139장	부처는 누구이며	155
제140장	고요한 밤 홀로 앉아	156
제141장	새벽하늘 맑은 기운	158
제142장	지난날 일들을	160
제143장	자비로운 법신불(새 生命 주신 恩惠)	162
제144장	해와 달이 돌고 돌아(一圓家庭의 노래)	164
제145장	길이 정정하소서	165
제146장	건강을 주소서	166
제147장	크게 안정하리라	168
제148장	생멸 없는 고향으로	169
제149장	오 법신불 사은이시여(참 涅槃에 들도록)	170
제150장	이 세상 낙원 이룰	171
제151장	저희들의 이 가정에	172
제152장	사은님 가호 아래	173
제153장	일터를 주셨네	174
제154장	혈인되어 어렸네	176
제155장	반가이 만난 인연(送別의 노래)	177
제156장	대종사님 영촌 마을(大宗師 十相歌)	178
제157장	법성에 굽이치는(聖地巡禮의 노래)	180
제158장	수려한 변산반도(制法聖地 讚歌)	181
제159장	우리님 대자 대비(總部를 찾아가리)	182
제160장	우리는 원불교 젊은 일꾼들	183
제161장	광겁의 한 울림에	184
제162장	자비로운 스승님께(法을 説하소서)	186

5. 해와 달로 비쳐 주고

四恩 讚頌歌

1. 해 와 달로 비쳐주고 우로 베푸시니
2. 사 농공상 직업으로 공급해 주시니

죽고 살고 못면할사 천지님은 혜
자리이타 감사할사 동포님은 혜

낳고 길러 보호하고 가르쳐 주시니
정의불의 판단하여 지도해 주시니

호천망극 지중할사 부모님은 혜
안녕질서 유지할사 법률님은 혜

5

8 숙겁에 세운 서원

大奉道 大護法 讚頌歌

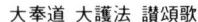

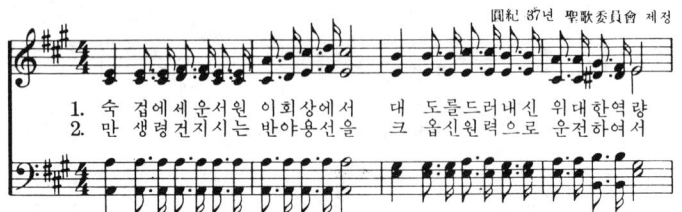

12 어리석은 우리 중생

釋尊 讚頌歌

佛紀 25년 聖歌委員會 제정, 52년 편곡

1. 어리석은 우리중생 고해중에 건지고자
2. 삼계도사 우리석존 만령자부 우리석존
3. 묘법으로 장경되고 장경으로 묘법삼아

우리석존 강생하사 제도문을 여시었네
거룩할사 자비바람 육도중생 춤을추네
무삼도리 생각타가 생사고락 해탈하세

(후렴)

영겁에서 영겁으로 찬송하고 찬송하세

무량세계 무량겁을 찬송하고 찬송하세

15 일월이 대명하고

宗法師 譜歌

圓紀 37년 聖歌委員會 제정

1. 일월이 대명하고 사시연하니 온 세계 많은유가
2. 대종사 전해주신 일원대도를 대 대로 바로이어

생 성을 얻고 성인이 법을이어 교 화연하니
법 륜굴리고 동 서와 남북으로 가 없는세 상

(후렴)
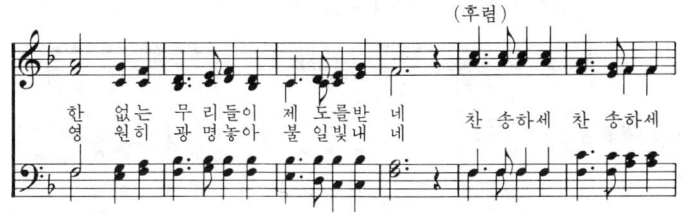
한 없는 무리들이 제도를받 네 찬 송하세 찬 송하세
영 원히 광명놓아 불 일빛내 네

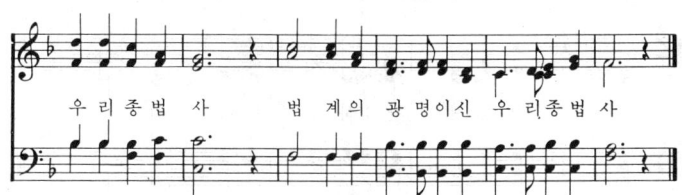
우리종법사 법계의 광명이신 우리종법사

우리는 대종사님 혜명의 등불   17

敎役者의 노래

행진곡풍으로 씩씩하게   圓紀 52년 正化社 제정

1. 우리는 대종사님 혜명의 등불
2. 어디라 보살들의 일터아니며

보람찬 낙원건설 앞장선 일꾼 거룩한 일원대
누구라 내어버릴 중생이리요 앞서서 손을 끌

도 누리의 빛을 시방에 두루비칠
어 도를 권하고 뒤에서 보살피어

(후렴)

광명의 사도 나가세 무량국토 무변중생
덕을 퍼가세

계 다함께 무상불도 이루기까지

20. 나날이 발전하는

敎化團 노래

圓紀 50년 敎務部, 52년 正化社 제정

1. 나날이 발전하는 일원의 회상
   믿음으로 뭉치어진 우리 교화단
   대종사님 처음 법륜 굴리실 적에
   이 단으로 세계 교화 하자 하셨네

2. 한 사람이 아홉 사람 손을 이끌어
   시방세계 모든 사람 제도하는 길
   단원마다 단장되어 다시 아홉씩
   한없이 뻗어가니 무량단 일세

3. 이 공부 이 사업에 힘을 합하여
   어떠한 비바람도 헤쳐 나가며
   한 사람도 빠짐없이 교화단으로
   성불하여 온누리를 밝게 빛내세

푸른 뜻 드높아라

青年會歌

24 우리는 겨레의 꽃

어린이회 노래

1. 우 리 는 겨 레 의 꽃 세 계 의 보 배
2. 법 당 에 모 시 어 진 법 신 불 같 이

자 비 하 신 부 처 님 의 귀 여 운 아 기
둥 — 글 게 올 바 르 게 살 겠 읍 니 다

착 — 하 고 씩 씩 하 게 자 라 고 커 서
우 리 들 의 부 처 님 — 대 종 사 같 이

새 세 상 의 좋 은 일 꾼 되 겠 읍 니 다
제 일 큰 일 거 룩 한 일 하 겠 읍 니 다

거룩한 임의 큰 뜻 27

貞和團歌

부드럽게

紀元 52년 正化社 제정

1. 거룩한 임의 큰 뜻 높이 받들고 젊음도 이에 걸고 일어선 우리
2. 오욕에 흐린 세상 연꽃이 되고 억만년 우리 회상 향기가 되세

(후렴)

아 아 금강같이 굳은 지조로 아 아 백옥같이 맑은 정절로 남음없이 오로지 오직 이 길에 남음없이 오로지 오직 이 길에

29 둥그신 임 은혜에

敎務頌

30 이 마음 그늘질 때

敎堂의 노래

圓紀 52년 正化社 제정

1. 이 마음 그늘질때 불을켜주고
2. 이 마음 매마를때 물을대주고

허 전할 때 외로울때 힘을얻는 곳
답 답할 때 괴로울때 힘을얻는 곳

지낸일 돌아보며 깨침을얻고
법문을 열어놓고 기다리시니

가 뿐한 마음으로 돌아가리라
법 회에 나가리라 입선하리라

34 첫 아침 붉은햇빛

新正節 노래

먼동이 터 오르는

大覺 慶祝歌

35

1. 먼동이 터오르는 봄날의 이른 아침 우렁찬 한소리 새
2. 우담화 피어오른 봄날의 이른 아침 우주와 만생을 품

하늘 열렸어라 만유가 한체성 만법이 한근원
안에 안으셨네 거룩한 큰사랑 여래의 만능을

(후렴)

두렷이 깨치셨네 새부처님 대종사 기쁘다 대각하셨네
두렷이 갖추셨네 새부처님 대종사

새 회상 열으―셨네 기리세 대종사님 새부처님 우리대종사

일체 중생 제도키로

釋尊 聖誕節 노래

40 슬기를 내리소서

命名式 노래

천지 부모 은덕으로

成年式 노래

육십 평생 인생 길에

回甲式 노래

圓紀 37년 聖歌委員會 제정

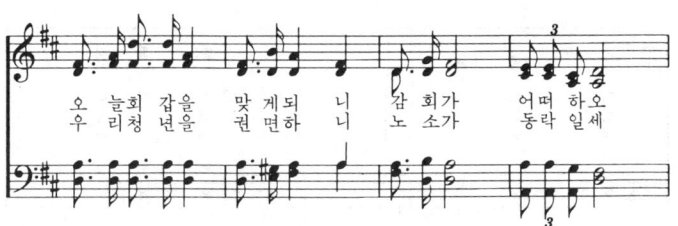

어이 어이 서러워라

輓 歌

48 어둔 길 괴로운 길

得度의 노래

圓紀52년 正化社 제정

1. 어둔 길 괴로운 길 헤매이다가 즐거이 이법문에 들었나이다 이 몸이 보살되고 부처 되도록 나아갈 뿐 물러서지 말게 하소서 이 몸이 보살되고 부처 되도록 나아갈 뿐 물러서지 말게 하소서
2. 이 한 몸 이 한 마음 온통 받들어 이 회상 이 공도에 바치나이다 이로부터 끊임없이 이 법륜따라 네가 지크신 은혜 갚게 하소서 이로부터 끊임없이 이 법륜따라 네가 지크신 은혜 갚게 하소서

생각하면 과거 세상 49

恩法結義歌

佛紀 37년 聖歌委員會 제정

1. 생각하면 과거세상 몇천만생을
2. 숙세에서 건넨은의 다시이회상

한 회상에 드나들며 즐기었던 가
법연으로 부모자녀 의름이루니

서로서로 보호하며 선을권하여
긴 세월이 일조같을 두분의언약

부처님의 참된법을 배워왔었네리
우리회상 도운따라 무궁하오리

둥그러운 한 기운이

―圓相歌―

55

천천히 장엄하게

원기 52년 正化社 제정

1. 둥그러운 한기운이 모 두에 두 루하니 하나 이신
2. 시―작도 끝도없고 한 생각 이전소식 텅―비이신

임이 시라 일원으로 둥그시네 돌고 도는 기운으로
임이 시라 일원으로 둥그시네 더― 하도 덜도 않고

모 두를 거느리니 돌고도는 임이시라 일원으로 둥그시네
저 마다 갖춘자리 가득하온 임이시라 일원으로 둥그시네

56 거룩할사 우리천지

天地恩 讚頌歌

거룩할사 우리 부모

父母恩 讚頌歌

58 반가울사 우리 동포

同胞恩 讚頌歌

장엄하면서 화기에 넘치게

圓紀 52년 正化坤 제정

1. 반 가 울 사 우 리 동 포 한 기 운 의 형 제 이 요
2. 모 든 사 람 모 든 직 업 서 로 서 로 은 혜 되 고
3. 서 로 주 고 서 로 받 아 서 로 도 움 되 었 으 니

감 사 할 사 우 리 동 포 한 집 안 의 권 속 일 세
자 기 살 림 하 는 것 이 세 상 살 림 되 어 지 네
너 나 없 는 사 랑 으 로 함 께 번 영 하 여 가 세

(후렴)

지 중 하 온 동 포 은 혜 찬 송 하 고 찬 송 하 세

그 은 혜 를 본 받 아 서 보 은 하 며 찬 송 하 세

59 이 우주에 법 없으면

法律恩 讚頌歌

1. 이 우주에 법 없으면 천지운행 어찌되며
2. 성자천인 지으신법 인도정의 바른법도
3. 소중할사 모든법률 금지권장 은혜되니

이 세상에 법 없으면 사회질서 어찌되리
개인가정 국가세계 어디서나 은혜로세
말자는일 범치말고 하자는일 실행하세

(후렴)

지중하온 법률은혜 찬송하고 찬송하세

그 은혜를 본받아서 보은하며 찬송하세

65. 천지에 크고 작은

事理研究歌

♩=72 〔장엄하고 씩씩하면서 부드럽게〕   圓紀 52년 正化社 제정

1. 천지에 크고작은 현묘한 이치 인간에 옳고그른 하고많은 일 그 중에 나고죽고 짓고받나니 연마하고 궁구하고 깨쳐나가 세 연마하고 궁구하고 깨쳐 나가는 이 길이 사리연구 공부길일세
2. 고요히 경전보고 의두밝히고 지견을 교환하여 서로깨치세 모든 일 생각없이 지내지 말고 일마다 이치마다 알아나가 세 일마다 이치마다 알아 나가는 이 길이 사리연구 공부길일세

곳곳이 부처님 69

標語의 노래

圓紀 52년 正化社 제정

곳곳이 부처님 일마다불공 때 없는
마음공부 어디나선방 불법이생활이요
생활이불법 동과정 한결같이 영육아울
러 물질이개벽되니 정신을개벽
아 아 거룩하온 우리표어들

72 묵은 세상 지내가고

精神開闢歌

몸과 마음 어울리어 73

靈肉雙全歌

씩씩하고 흥겹게

開紀 52년 正化社 제정

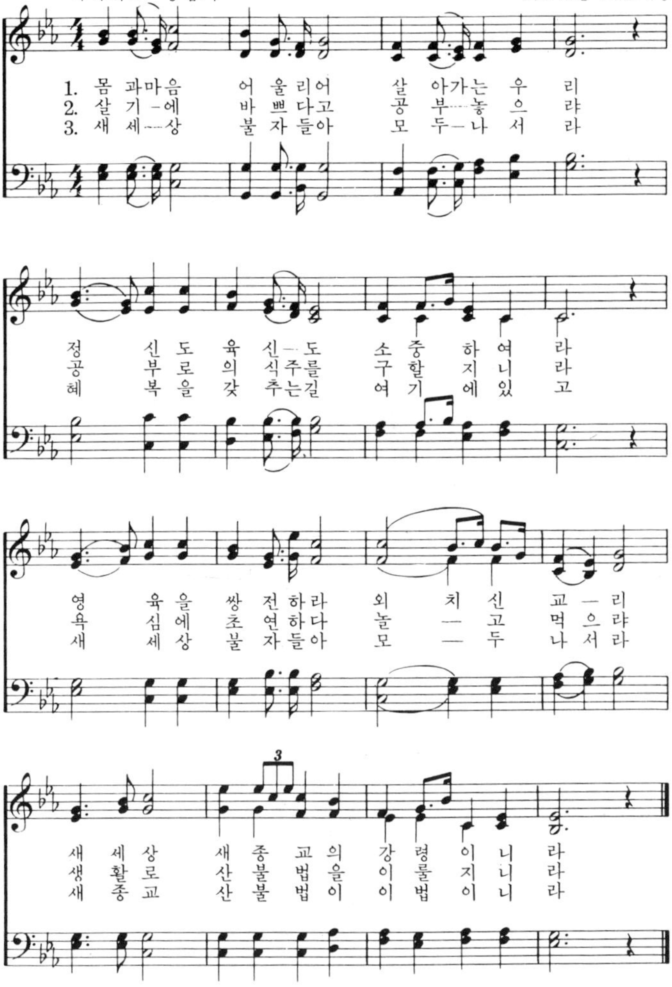

1. 몸 과마음 어 울 리어 살 아가는 우 리
2. 살 기 -에 바 쁘 다고 공 부—놓 으 랴
3. 새 세—상 불 자 들아 모 두—나 서 라
정 신 도 육 신—도 소 중 하 여 라
공 부 로 의 식주를 구 할 지 니 라
혜 복 을 갖 추는길 여 기 에 있 고
영 육 을 쌍 전 하 라 외 치 신 교—리
욕 심 에 초 연 하 다 놀 — 고 먹 으 랴
새 세 상 불 자 들아 모 — 두 나 서 라
새 세 상 새 종 교 의 강 령 이 니 라
생 활 로 산 불 법 을 이 룰 지 니 라
새 종 교 산 불 법 이 이 법 이 니 라
3

74 문명의 센 물결에

濟生醫世歌

圓紀 52년 正化社 제정

1. 문명의 센물결에 휩쓸린 정신 중생들 헤 매인다
2. 고해의 저중생들 그대로두랴 마음공부 권 면하여
3. 우리의 삼학팔조 공부의 요도 만생령 건 져낼길

하 셨느니라   미움과 사욕으로 들끓는 사회
건 져내주고   병이든 이세상을 그대로두랴
여 기에있고   우리의 사은사요 인생의 요도

세 상이 병들었다 하 셨느니라 아
은 혜의길 널리펴서 고 쳐나가자 아
이 세상 고쳐낼법 이 법이니라 아

아
아 세상이 병들었다 하셨느니라
아 은혜의길 널리펴서 고쳐나가자
    이세상 고쳐낼법 이법이니라

이 세상 교회마다 75

三同倫理歌

장엄하고 화기롭게

圓紀 52년 正化社 제정

1. 이 세상 교회마다 여러도리 일러오나 본래는 동원도리
2. 이 세상 모든생령 여러갈래 되었으나 실상은 동기연계
3. 이 세상 사업마다 여러분야 갈렸으나 필경은 동척사업

한 근원 한이치라 한울안 한이치에 한집안 한권속이
한 집안 한겨레라 한울안 한이치에 한집안 한권속이
한 일터 한일이라 한울안 한이치에 한집안 한권속이

한 일터 한 일꾼으로 일원세계건설하자
한 일터 한 일꾼으로 일원세계건설하자
한 일터 한 일꾼으로 일원세계건설하자

한 일터 한 일꾼으로 일원세계건설하자
한 일터 한 일꾼으로 일원세계건설하자
한 일터 한 일꾼으로 일원세계건설하자

76 천 가지 만 잎사귀

性理의 노래

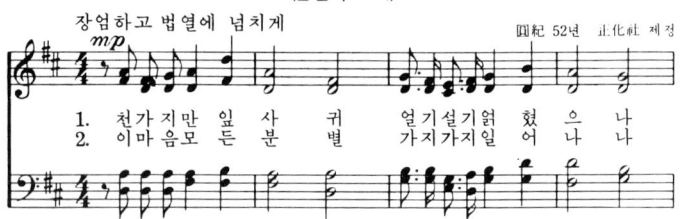
1. 천가지만 잎 사 귀 얼기설기얽 혔 으 나
2. 이마음모든 분 별 가지가지일 어 나 나

파헤쳐들어 가 면 그근본은뿌 리 하 나
사무쳐들어 가 면 본래맑은성 품 하 나

우 주의삼라만 상 여기저기벌 였 으 나
아 아 그 뿌 리 그 기운그성 품 을

간 추 려들어 가 면 영명하온기 운 하 나
밝 히 어북돋우 세 바로찾아활 용 하 세

오늘도 도를 닦자

日常修行歌

장엄하게 씩씩하게

圓紀 52년 正化社 제정

1. 오늘도 도를 닦자 아홉 가지 길
2. 오늘도 일상 수행 아홉 가지 길

한 걸음 또 한 걸음 살펴 나가자
한 가지 또 한 가지 닦아 나가자

자—성의 정과 혜와 계를 세우고
서로 서로 감사 하고 힘을 기르며

신 성으로 불신 탐 욕 물리쳐 가 자
배—우고 가르치고 남을 받들 자

80. 세상에 내 한 몸이

修身의 노래

가정은 복의 터전 81

齊家의 노래

82 세상의 강자들아

進化의 노래

사람을 지도하기

指導人의 노래

83

경건하고 간절하게

圓紀 52년 正化社 제정

1. 사람을 지도하기 쉽지않나 니
2. 사리를 꾀하며는 따르지않고

어쩌다 한 때인들 마음놓으랴
지행이 어긋나면 안믿느니라

따르는 뒷사람들 믿을 수 있는
그 중에 불보살의 거룩한 지도

참 지식 참 인격을 갖출지니라
원만한 대도대덕 제일이니라

84 한 마음 한 소리로

念佛 坐禪歌

佛紀 52년 正化社 제정

1. 한 마음 한 소리로 부처를 부르오니
2. 자리에 바로앉아 단전에 힘을주니

부르면 부를수록 부처도 나도없네
이윽고 물 오르고 참 마음 솟아나네

한 마음 아미타불 이 몸이 부처일세
고요한 그 가운데 두렷이 밝은마음

한 소리 아미타불 여기가 극락일세
있는듯 없는곳에 즐거움 그지없네

스승님 가르치심

經講 疑頭歌

85

내가 지은 모든 죄업 87

懺悔의 노래

91 원컨대 이 종소리

法鍾頌

경건하고 장엄하게 圓紀 52년 正化社 제정

원컨대 이 종소리 법계에 두루 울려

원음 시방을 고루 맑히고

삼계 육도의 모든 중생이

다 함께 대원각을 이뤄지이다

은혜로운 법신불 사은이시여! 93

저녁 祈禱

장엄하면서 화기에 차게, 조용하게 圓紀 52년 正化社 제정

1. 은혜로운 법신불 사은이시여
2. 은혜로운 법신불 사은이시여
3. 은혜로운 법신불 사은이시여

은혜 속에 이 하루를 보냈나이다
은혜 속에 이 하루를 보냈나이다
은혜 속에 이 하루를 보냈나이다

오늘도 부지런히 부처님의 길
오늘도 인연마다 두루화한 꽃
오늘도 모두 함께 더 좋은 세상

닦아가게 하신 은혜 감사합니다
피어나게 하신 은혜 감사합니다
이뤄가게 하신 은혜 감사합니다

94 정하게 쓸고 닦자

清掃의 노래

圓紀 52년 正化社 제정

1. 정 하게 쓸 고 닦 자 우 리 집 우리도량
2. 청 정 한 도 량에 야 법 력 이 솟아나고

따 라 서 더 욱 맑은 이마음이 — 하 루
정 결 한 집 안에 야 불은이내리신 다

도 량 을 쓸 자 집 안 을 닦 자
도 량 을 쓸 자 집 안 을 닦 자

따 라 서 더 욱 맑 아지 는 이 마음 이 불 토
따 라 서 더 욱 맑 아지 는 이 마음 이 불 토

95 네가지 크신 은혜

供養의 노래

圓紀 52년 正化社 제정

네 가지 크 신 은 혜 한 데 어 울 려

알 알 이 은 혜 로 운 거 룩 한 공 양

몸 은 길 러 공 도 사 업 더 욱 힘 쓰 고

마 음 길 러 무 상 불 도 이 뤄 지 이 다

96 거룩하신 부처님께
歸依의 노래

장엄하게　　　　　　　　　　　　　　圓紀 52년　正化社 제정

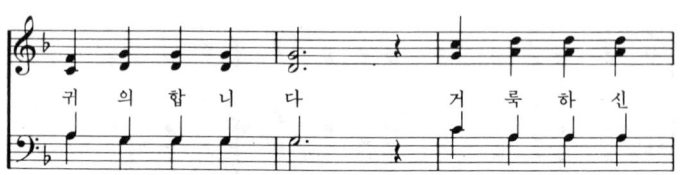

가 없는 중생 97

誓願의 노래

Moderato〔장엄하면서 화기에 넘치게〕

圓紀 52년 正化社 제정

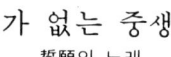

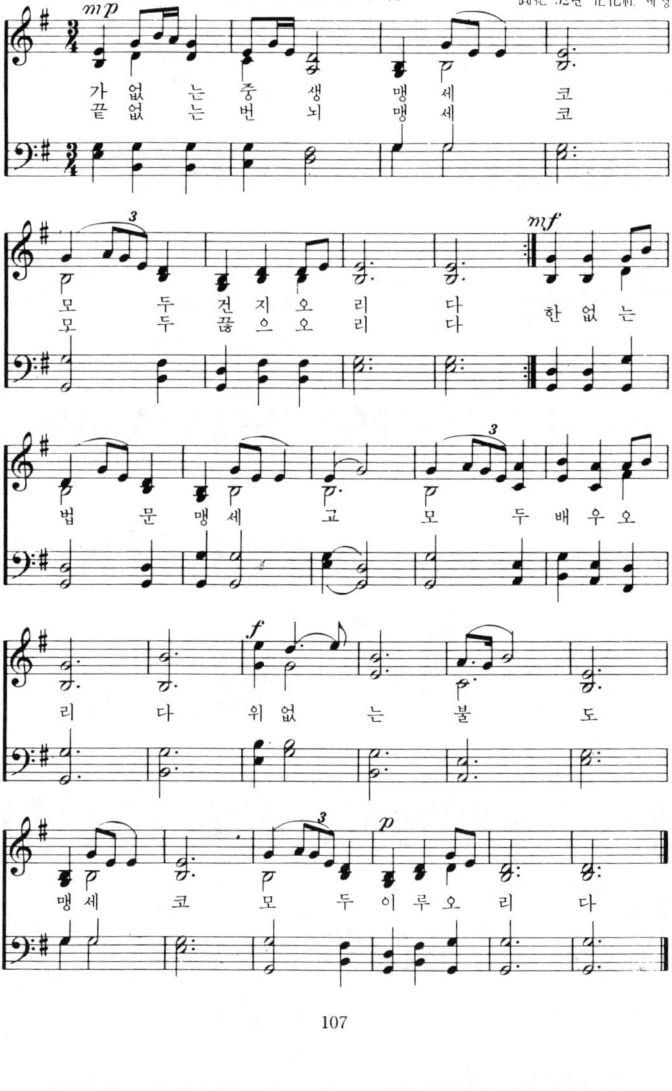

98 사람 되기 어려운데

發怨의 노래

간절하고 씩씩하게 圓紀 52년 正化社 제정

사 람되기 어려운데 이 미되었고

불 법듣기 어려운데 이 미듣나니

이내 몸을 이생에 제 도못하면

어 느 생을 기다려서 제 도하 리 요

대종사님 펴신 뜻을 99

禪悅의 노래

흥겹게

圓紀 52년 正化社 제정

1. 대종사님 펴신뜻을 시방세계 전하옵고 한 마음 스승님네 한 자리에 또만나니 어여루화경사로세
2. 법당의 무상설법 도량에 솟는법열 마음마다 청정심에 혜안이 트여온다

(후렴)
어여루화경사로세 선진은 이끌어주고 후진은 받들으며 이 공부 이사업을 한 자리에 맹세하니 어여루화경사로세 일원대도만만세라

100 남녀 청장 우리들을
敬老의 노래

장엄하게 圓紀 47년 敎務部 제정, 52년 편곡

1. 남 녀 청 장 우 리 들 을 태 평 세 계 이 끌 고 자
2. 우 리 조 상 옛 터 전 을 고 이 고 이 이 어 받 아
3. 백 발 성 성 원 로 님 들 그 공 덕 을 찬 양 하 며

우 리 원 로 수 고 하 사 곱 던 얼 굴 늙 으 셨 네
만 반 으 로 공 을 들 여 갖 은 공 덕 남 기 셨 네
결 함 없 이 드 러 내 고 지 치 신 몸 섬 겨 보 세

(후렴)

선 진 후 진 인 연 깊 이 공 경 하 고 공 경 하 세

자 비 하 신 원 로 님 들 만 세 상 수 하 옵 도 록

천진하온 어린이는

愛幼의 노래

101

102 저희들이 이 불사로
回向의 노래

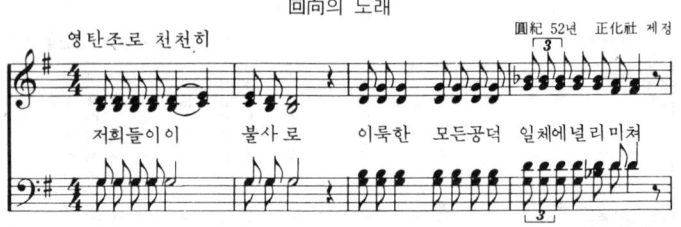

104 영천영지

聖呪

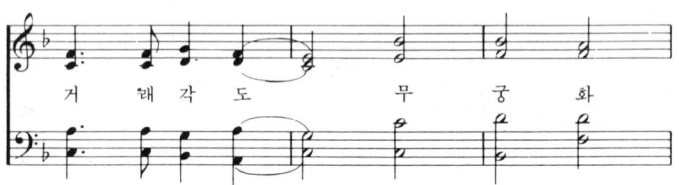
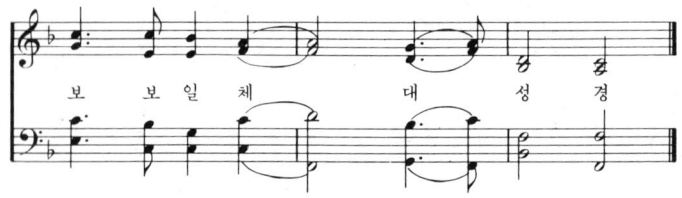

105 세계 조판이 가운데

報恩慶祝歌

大宗師, 圓紀 28년 聖歌委員會 제정

106 망망한 너른 천지

圓覺歌

장엄하고 흥겹게 鼎山宗師, 圓紀 52년 正化社 제정

1. 망—망한 너른천지 길고긴 저 세—월에
2. 봄이 변해 여름되니 만화방창 하여있고
3. 천지 변화 이 가운데 만물변화 자연이요

과 거미 래촌 탁하 니 변—불변 이 이치로다
여 름변 해가 을되 니 숙살만—물 하여 있고
만 물변 화하 는때 에 인생변—화 아닐런가

변 화변 화하 는것은 천지 순환 아 닐런가
가 을변 해겨 울되니 풍설 산하 하 여있고
인 생변 화하 고보니 세계 변화 절 로된다

천 지—순 환하는 때에 주야 사 시 변 화로다
겨 울—변 해봄이 되니 만물 다 시 화 생일레
변 화에 싸인생 령들아 이런 이 치 알 아내세

108 임께서 내 마음

安心曲

찾다면 다북 차고   109

眞 境

장엄하고 흥겹게

會報, 圓紀 52년 正化社 제정

1. 찾다면 다북 차고 비었다면 텅 비어 서서 두렷한 거울 속에 파도없는 잔물결이라 고요히 움――직이나니 진――경인가 하노라
2. 닦자니 본래맑고 기르자니 본 용 못 할 조참 극한 라 동 가근 옥을 아 로 새김 병통이기에 남 마 도 수양심 놓음이 참수양인가 하노라
3. 소리로 못 전하고 동작으로 형 용 못 할 참 극 라 가는 길을 누구에게 물었기에 남 먼 저 찾아온이――들 홀――로즐겨 하더라

조그마한 우주선에 111
沙工

장엄하고 흥겹게
會報, 圓紀 52년 正化社제정

112 이 몸이 성도하여

나의 願

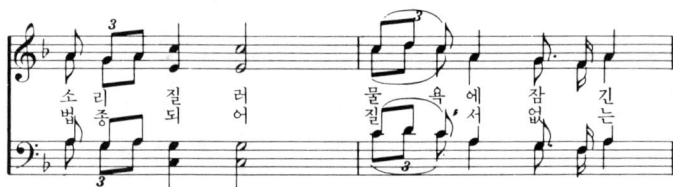

저마다 값아 있는 113

靈性의 노래

114 하늘이 주신 보배

마음 거울

우리 일찍 영산 회상 115

雲水의 情

정을 담아서

圓紀 52년 正化社 제정

우리 일찍 영산 회상 운형
수 제 아 니 던 가 오 래
두고 그리던 이를 만난 듯함
무슨 일고 말없이 마주 앉은
정 이 삼천 년을 더 듬 네

중생이 병들매 119
法恩의 노래

123. 새 세상에 새 진리를

開教五五周年紀念歌

조금 빠르고 힘차게

開敎 50년 55周年 事業會 제정

1. 새 세상에 새 진리를 밝혀주시러 이 나라에
2. 이제는 동녘하늘 밝아오나니 보은의

일원대도 터전을 닦고 눈비바람 반 백년
깃발을 높이 펴들고 오십오주년 성업의

걸어온 길엔 자욱마다 피와 땀이 어리었어라
찬란한 일터 재가출가 모두나서 꽃을 피우세

(후렴)
법신불 새 역사를 누비어 가는

우리는 이 회상 창업의 일꾼

한 기운 한 마음을 125

人類의 노래

圓紀 52년 正化社 제정

1. 한 기운 한 마음을 서로—이은동포들 참 되고 착하고 아름답고 성스러웠다 자 우리는 다같이 한형제의 노래를부르세
2. 어찌하다 물—욕에 구속된우리형제들 삼학과 팔조는 무—상의 공부법이다 자 우리는 다같이 자—유의 노래를부르세

일원의 진리를 생활에 활용하는 인류 사은사 요깃 발을 높이들어라 자 우리는 다같이 평화의 노래를부르세

126 새 회상 만난 기쁨

跋曲 · 새 會上 讚歌

정중하고 거룩하게　　　　　　　　　　圓紀 52년 正化社 제정

1. 새 회상 만난기쁨 거듭난이
2. 법 고를 울리어라 두리둥둥

즐거움 온 누리 합창으로
울리어라 만 생령 한 우리를

한 빛일레 기리느니 은혜에 목욕하
한 빛으로 기르느니 진리여 거룩한

였네 그 품 안에 안겼네
뜻을 길이길이 퍼내리

새 성 가

129

132. 항상 밝은 빛

圓紀 75년 敎化部 제정

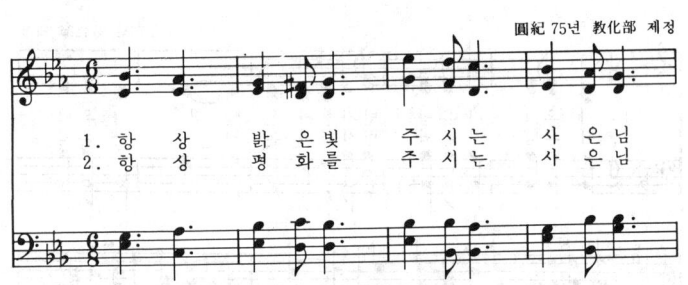

1. 항 상 밝은빛 주시는 사은님
2. 항 상 평화를 주시는 사은님

내 영생을 이 공도에 바치옵니다—
내 영생을 이 회상에 바치옵니다—

어—둠에 헤매는 사람을위하여—
일—원의 법음이 울—려퍼져서—

132

믿—음이 없—는 사람을위 하여 —
모———든 이웃이 빛—을얻도록 —

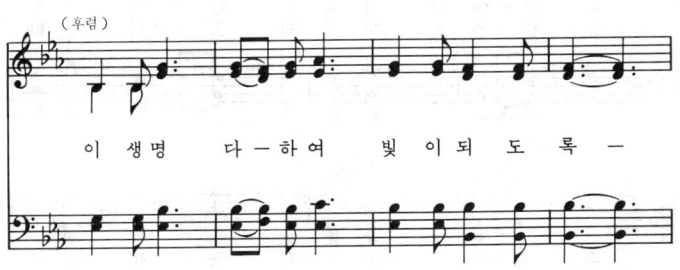

이 생명 다—하여 빛이되도록 —

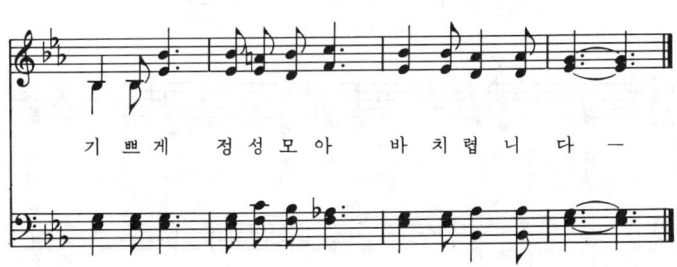

기쁘게 정성모아 바치렵니다 —

133 믿음은 우리의 집

圓紀 75년 教化部 제정

1. 믿음은 우리의 집 우리의 살— 곳 믿—음 앞—에는 어려움 없—네 믿음은 힘을주는 용기의 근—원 믿—음 앞—에는 괴로움 없—네 이세
2. 믿음은 우리의 집 우리의 살— 곳 믿—음 앞—에는 희망이 있—네 진리의 굳은믿음 부—처 되었고 아홉 분 굳은믿음 바—다 막았네 진리

134 둥그신 임의 광명

圓紀 75년 教化部 제정

1. 둥그신 임의광명 영원하여라 따뜻한 임의은혜 한량없어라 이 마음 이정성을 바치오리니 그 광명— 그은혜를 내려주소서
2. 이 한길 믿음으로 이어가리니 영겁을 한결같이 힘을주소서 위없는 보은의길 들어섰으니 기쁨으로 살아가는 은혜주소서

고요한 법당   135

圓紀 75년 教化部 제정

136 진리는 하나

137

137

부처는 누구이며 139

140 고요한 밤 홀로 앉아

圓紀 75년 教化部 제정

1. 고 요한－－ 밤 홀 로앉－－ 아
2. 일 이있－－ 어 동 할때－－ 는

마 음고 향 찾아가－ 니 뜬 구름－－ 도
일 행삼 매 놓지말－ 고 일 이없－－ 어

자 취없－－ 고 바 람조 차 흔적없 네
정 할때－－ 는 일 상삼 매 놓지마 오

140

맑고밝은 강물속에 둥근달로벗을삼아
지난날의 성현님도 이길따라닦았나니

걸림없는 일엽선에 이내한몸 넌짓싣고
동정없는 일엽선에 이내한몸 넌짓싣고

오고감도 한가로이 두리둥실 가오리다
자나깨나 두리둥실 삼매중에 노닐레라

141 새벽하늘 맑은 기운

圓紀 75년 敎化部 제정

1. 새벽하늘 맑은 기운 하루를 시작하며
2. 푸른하늘 밝은 마음 하루를 살아가며
3. 고요한 밤 홀로 앉아 하루를 반성하며

법신불 사은님께 서원기도 올리고
만나는 인연마다 감사한 마음으로
법신불 사은님께 감사기도 올리고

맑은 정신 고요한 맘 큰 기운 기르네
일마다 일터마다 보은하는 한길일세
거듭난 새 맘으로 내일을 다짐하네

141

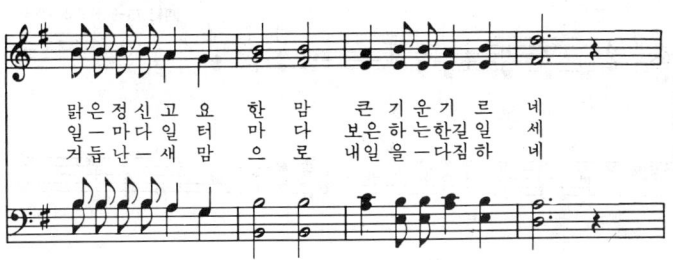

142 지난날 일들을

圓紀 75년 敎化部 제정

지난날 일들을 돌이켜 보니
괴로움도 즐거움도 내가지었네
진정코 참회하여 임께 나아가
새마음 새생활 다짐하오니

142

길이 정정하소서

145

圓紀 75년 敎化部 제정

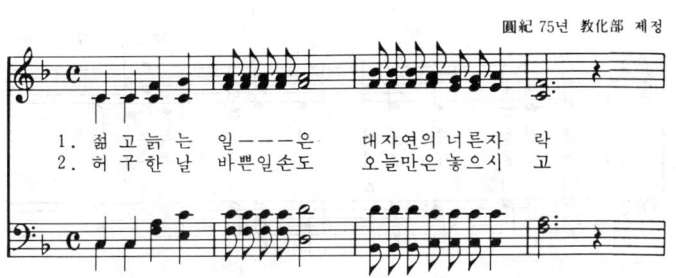

1. 젊고늙는 일———은 대자연의 너른자 락
2. 허구한 날 바쁜일손도 오늘만은 놓으시 고

온 통 다—— 바쳐주고도 한평생이모—자 라——
여 기 두렷이 모—신자리 무량은을기리느 니——

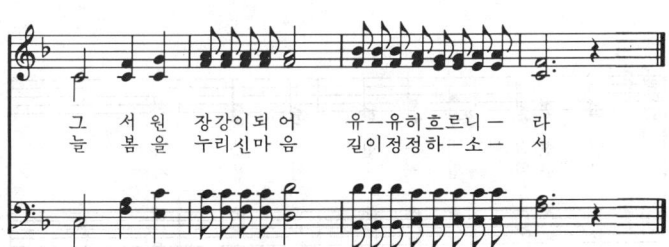

그 서 원 장강이되어 유—유히흐르니— 라
늘 봄을 누리신마음 길이정정하—소— 서

147 크게 안정하리라

圓紀 75년 敎化部 제정

1. 크게 안정하리라 음식 조절하리라 병을 잊으리—라 보고 듣는것도 놓으리라 이 생각 저 생각도 놓으리—라 새 힘 기르리—라 새 힘을 기르리라
2. 크게 안정하리라 음식 조절하리라 병을 잊으리—라 보고 듣는것도 놓으리라 한 생각 적멸궁에 소요하면서 새 힘 기르리—라 새 힘을 기르리라

사은님 가호 아래 152

圓紀 75년 敎化部 제정

1. 사은님 가호아래 오늘을맞이하니 은혜로운 새일터 보은하는새일터 뜻하온 이 사업이 나날이 번영토록 법신불 사은이시여 은혜를 내리소서
2. 온 가족 한맘되어 오늘을맞이하니 공부하는 새일터 보은하는새일터 공부하는 마음으로 이뤄가는 복의터 전 법신불 사은이시여 광명을 내리소서

153 일터를 주셨네

圓紀 75년 敎化部 제정

일 터를 주셨네 일 터를 주셨네 사 은에 보 은할

일터를주셨네 천 지부모동포법률 지중한 은—혜

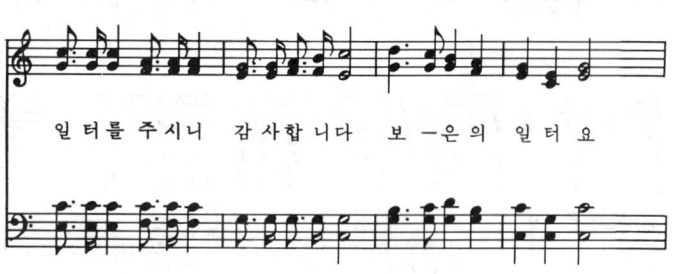

일 터를 주시니 감사합 니다 보—은의 일 터 요

153

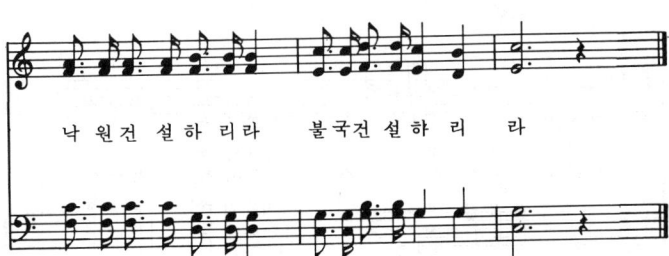

154 혈인되어 어렸네

반가이 만난 인연

送別의 노래

155

圓紀 75년 敎化部 제정

1. 반가이 만난 인연 떠나시는 마음속에
   우리들의 깊은정을 한아름 드립니다
   오 나가나 은혜로운 사은님 품안에서
   믿음과 수행으로 그보람 거두소서

2. 가시는 걸음걸음 일원종자 뿌리시고
   계시는 그곳마다 낙원세계 이루소서
   사은님의 크신은혜 어찌다 갚사오리
   공부사업 쉼임없이 보은하고 보은하세

156 대종사님 영촌 마을
大宗師 十相歌

圓紀 75년 教化部 제정

1. 대종사님   영촌마을   농가에 서   태어나사 —
2. 이—일을   어찌할꼬   산신도 사   허망쿠나 —
3. 죽—어도   여한없소   법계인 증   혈인법인 상

칠세부터   천리의심   비롯해 서   관천기의 상
한생—각   마저놓고   정에드 니   강변입정 상
삼학팔조   사은사요   펴내시 니   봉래제법 상

산신령 —   만나려고   정성모 아   오년이니
병진년 —   봄날아침   일원대 도   깨치시니
익산총부   세우시고   만—생령   안으시니

156

삼밭재 — 마당바위 원력뭉쳐 삼령기원 상
만고의 — 대도정법 찬란하다 장항대각 상
삼천대천 온세상에 법을전해 신룡전법 상

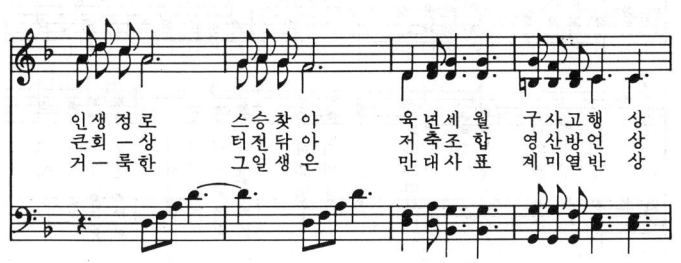

인생정로 스승찾아 육년세월 구사고행 상
큰회-상 터전닦아 저축조합 영산방언 상
거-룩한 그일생은 만대사표 계미열반 상

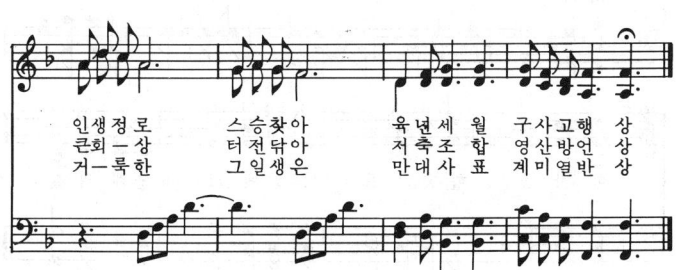

인생정로 스승찾아 육년세월 구사고행 상
큰회-상 터전닦아 저축조합 영산방언 상
거-룩한 그일생은 만대사표 계미열반 상

우리는 원불교 젊은 일꾼들 160

161 광겁의 한 울림에

圓紀 75년 敎化部 제정

광 겁의 한 울림에 이 천지가 열리 었 고

한 빛을 떨 치시 니 온 누리가 밝았 도 다

우 러러 억조 창생이 새 날일레 기리 니 라

161

162 자비로운 스승님께
法을 説하소서

圓紀 75년 教化部 제정

162

163.

圓 佛 敎 全 書

1977(원기 62)년 10월 26일 초판 1쇄 발행
2025(원기110)년 10월 30일 초판 43쇄 발행

편　　찬　**圓佛敎 正化社**
발　　행　**圓佛敎 出版社**

(우) 54536 전북특별자치도 익산시 익산대로 501
☎ 063)854-0784, Fax 063)852-0784
등록번호 1980. 4. 25 (제1980-000001호)

《판권소유 재단법인 원불교》

wonbook.co.kr